EUROPA-FACHBUCHREIHE
für Metallberufe

J. Burmester
J. Dillinger
W. Escherich
R. Gomeringer
B. Schellmann
C. Scholer

Rechenbuch Metall

Lehr- und Übungsbuch

32. Auflage

VERLAG EUROPA-LEHRMITTEL · Nourney, Vollmer GmbH & Co. KG
Düsselberger Straße 23 · 42781 Haan-Gruiten

Europa-Nr.: 10307

Autoren:

Burmester, Jürgen	Dipl.-Ing., Studienrat	Soest
Dillinger, Josef	Studiendirektor	München
Escherich, Walter	Studiendirektor	München
Gomeringer, Roland	Dipl.-Gwl., Studiendirektor	Balingen
Schellmann, Bernhard	Oberstudienrat	Wangen i. A.
Scholer, Claudius	Dipl.-Ing., Dipl.-Gwl., Studiendirektor	Metzingen

Lektorat und Leitung des Arbeitskreises:
Claudius Scholer, Metzingen

Bildentwürfe: Die Autoren

Bildbearbeitung:
Zeichenbüro des Verlags Europa-Lehrmittel, Ostfildern

32. Auflage 2016
Druck 5 4 3
Alle Drucke derselben Auflage sind parallel einsetzbar, da sie bis auf die Behebung von Druckfehlern untereinander unverändert sind.

ISBN 978-3-8085-1856-4

Satz: Satz+Layout Werkstatt Kluth GmbH, 50374 Erftstadt
Umschlag: Grafische Produktionen Jürgen Neumann, 97222 Rimpar
Umschlagfotos: Sauter Feinmechanik GmbH, 72555 Metzingen
Druck: Kessler Druck + Medien GmbH & Co. KG, 86399 Bobingen

Vorwort

Das Rechenbuch Metall ist ein Lehr- und Übungsbuch für die Aus- und Weiterbildung in Fertigungs- und Werkzeugberufen. Es vermittelt rechnerische Grund- und Fachkenntnisse, fördert und vertieft das Verständnis für technische Abläufe und technologische Zusammenhänge. Das Buch eignet sich sowohl für den unterrichtsbegleitenden Einsatz als auch zum Selbststudium.

Zielgruppen:

- Industriemechaniker
- Feinwerkmechaniker
- Zerspanungsmechaniker
- Werkzeugmechaniker
- Fertigungsmechaniker
- Technischer Produktdesigner
- Verfahrensmechaniker
- Meister und Techniker

Der Inhalt des Rechenbuchs wurde dem Stand der Technik angepasst. Die Lernbereiche wurden neu gegliedert und erweitert, sodass sich die Lernfeldkonzeption im Unterricht umsetzen lässt.

Eine klare Gliederung in **Teil A Fachrechnen, Teil B Vertiefungsaufgaben** und **Teil C Projektaufgaben** unterstützt die Arbeit des Anwenders.

Im **Teil A Fachrechnen** bildet jeder Lernbereich eine in sich geschlossene Einheit mit identischem methodischem Aufbau. Nach der Einführung in das Fachgebiet werden die notwendigen Formeln hergeleitet und erläutert. Nachfolgende Musterbeispiele zeigen die technische Anwendung. Daran schließen sich Übungaufgaben an, die nach steigendem Schwierigkeitsgrad geordnet sind. Aufgaben mit höherem Schwierigkeitsgrad sind durch einen roten Punkt (●) gekennzeichnet. Auf weitere **Vertiefungsaufgaben** im Teil B wird jeweils durch einen grünen Pfeil (►) verwiesen.

Der **Teil B Vertiefungsaufgaben** stellt einen Querschnitt durch alle Stoffgebiete dar und kann zur Leistungskontrolle und zur **Prüfungsvorbereitung** verwendet werden.

Im **Teil C Projektaufgaben** wird die Unterrichtskonzeption nach **Lernfeldern** in besonderer Weise unterstützt. Die Projektaufgaben umfassen neben den fachmathematischen Aufgaben auch Fragen der Technologie, Werkstofftechnik, Steuerungstechnik und Arbeitsplanung.

Der Inhalt des Rechenbuches wurde in der **32. Auflage** dem Stand der Technik angepasst und um 8 Seiten erweitert. Die folgenden Lernbereiche wurden ergänzt bzw. neu aufgenommen:

- **Beanspruchung auf Torsion**
- **Wahrscheinlichkeitsnetz**
- **Projektaufgabe Drehteil**
- **Wärmelehre**
- **Pneumatik/Hydraulik mit neuer Schaltplanbezeichnung**

Die zahlreichen Bilder zu den Beispielen und Aufgaben sind in Form eines **„Klebeanhanges"** erhältlich. Die **„Lösungen" zum Rechenbuch Metall** ermöglichen nicht nur das Überprüfen der Ergebnisse, sondern enthalten außerdem den ausführlichen Lösungsweg der Aufgaben.

Kritische Hinweise und Verbesserungsvorschläge nehmen wir gerne entgegen über lektorat@europa-lehrmittel de.

Dank

Herzlich bedanken wir uns bei Herrn Roland Kilgus, der sich über viele Jahre als Lektor und Autor mit großem Engagement und mit hoher fachlicher Kompetenz für die Weiterentwicklung des Rechenbuchs Metall eingesetzt hat.

Im Sommer 2016 Autoren und Verlag

Inhaltsverzeichnis

Maschinenelemente

Fertigungsplanung

Fertigungstechnik

Teil B – Vertiefungsaufgaben

Teil C – Projektaufgaben

Lernfelder für Industrie- und Werkzeugmechaniker und die hierzu passenden Abschnitte im Rechenbuch Metall

Lern-feld	Industrie-mechaniker	Kapitel im Rechenbuch	Werkzeug-mechaniker	Kapitel im Rechenbuch
1	Fertigen von Bauelementen mit handgeführten Werkzeugen	Längen ... S. 44 Flächen ... S. 48 Volumen ... S. 54 Masse ... S. 55 Gewichtskraft ... S. 55 Maßtoleranzen ... S. 151 Umformen, Biegen ... S. 240	Fertigen von Bauelementen mit handgeführten Werkzeugen	Längen ... S. 44 Flächen ... S. 48 Volumen ... S. 54 Masse ... S. 55 Gewichtskraft ... S. 55 Maßtoleranzen ... S. 151 Umformen, Biegen ... S. 240
2	Fertigen von Bauelementen mit Maschinen	Passungen ... S. 153 Konstante Bewegungen ... S. 65 Drehen (v_c; n; f) ... S. 201 Bohren (v_c; n; f) ... S. 217 Fräsen (v_c; n; f) ... S. 211 Kostenrechnen ... S. 190	Fertigen von Bauelementen mit Maschinen	Passungen ... S. 153 Konstante Bewegungen ... S. 65 Drehen (v_c; n; f) ... S. 201 Bohren (v_c; n; f) ... S. 217 Fräsen (v_c; n; f) ... S. 211 Kostenrechnen ... S. 190
3	Herstellen von einfachen Baugruppen	Kräfte ... S. 72 Hebel ... S. 76 Einfache Maschinen ... S. 91	Herstellen von einfachen Baugruppen	Kräfte ... S. 72 Hebel ... S. 76 Einfache Maschinen ... S. 91
4	Warten technischer Systeme	Diagramme ... S. 61 Ohmsches Gesetz ... S. 135 Schaltung v. Widerständen ... S. 138	Warten technischer Systeme	Diagramme ... S. 61 Ohmsches Gesetz ... S. 135 Schaltung v. Widerständen ... S. 138
5	Fertigen von Einzelteilen mit Werkzeugmaschinen	Prozesskennwerte Stichproben ... S. 157 Drehen (F_c; P_c; t_h) ... S. 201 Bohren (F_c; P_c; t_h) ... S. 217 Fräsen (F_c; P_c; t_h) ... S. 211	Formgeben von Bauelementen durch spanende Fertigung	Drehen (F_c; P_c; t_h) ... S. 201 Bohren (F_c; P_c; t_h) ... S. 217 Fräsen (F_c; P_c; t_h) ... S. 211 Indirektes Teilen ... S. 226
6	Installieren und Inbetriebnehmen steuerungstechnischer Systeme	Druck und Kolbenkräfte ... S. 94 Logische Verknüpfungen ... S. 106 Projekt: Pneumatische Steuerung ... S. 305 Hydraulische Presse ... S. 98	Herstellen technischer Teilsysteme des Werkzeugbaus	Biegen, Rückfedern ... S. 240 Tiefziehen ... S. 244 Exzenter- und Kurbelpressen ... S. 247
7	Montieren von technischen Teilsystemen	Festigkeitslehre ... S. 119 Lagerkräfte ... S. 78 Zugversuch ... S. 113	Fertigen mit numerisch gesteuerten Werkzeugmaschinen	Berechnungen im Dreieck ... S. 35 Koordinaten in NC-Programmen . S. 228
8	Fertigen auf numerisch gesteuerten Werkzeugmaschinen	Berechnungen im Dreieck ... S. 35 Koordinaten in NC-Programmen . S. 228	Planen und Inbetriebnehmen steuerungstechnischer Systeme	Druck und Kolbenkräfte ... S. 94 Logische Verknüpfungen ... S. 106 Ohmsches Gesetz ... S. 135 Leiterwiderstand ... S. 136
9	Instandsetzen von technischen Systemen	Reibung ... S. 82 Wärmelehre ... S. 129 Kostenrechnung ... S. 190	Herstellen von formgebenden Werkzeugoberflächen	Hauptnutzungszeit beim Schneiden ... S. 234 Arbeit, Energie, Leistung, Wirkungsgrad ... S. 84 Wechselspannung und Wechselstrom ... S. 144
10	Herstellen und Inbetriebnehmen von technischen Systemen	Zahnradmaße ... S. 171 Übersetzungen ... S. 175 Arbeit, Energie, Leistung, Wirkungsgrad ... S. 84 Wechselspannung und Wechselstrom ... S. 144 El. Leistung ... S. 147 El. Energiekosten ... S. 149	Fertigen von Bauelementen in der rechnergestützten Fertigung	Berechnungen im Dreieck ... S. 35 Koordinaten in NC-Programmen . S. 228
11	Überwachen der Produkt- und Prozessqualität	Qualitätsmanagement ... S. 157 Projekt: Qualitätsmanagement am Bsp. eines Stirnradgetriebes ... S. 302	Herstellen der technischen Systeme des Werkzeugbaus	Trennen durch Schneiden ... S. 236 Werkstoffprüfung ... S. 113 Festigkeitslehre ... S. 119
12	Instandhalten von technischen Systemen	Werkstoffprüfung ... S. 113 Festigkeitslehre ... S. 119	Inbetriebnehmen und Instandhalten von technischen Systemen des Werkzeugbaus	Qualitätsmanagement ... S. 157 El. Leistung ... S. 147 El. Energiekosten ... S. 149 Projekt: Folgeschneidwerkzeug .. S. 293
13	Sicherstellen der Betriebsfähigkeit automatisierter Systeme	Logische Verknüpfungen ... S. 106 Projekt: Pneumatische Steuerung ... S. 305 Projekt: Elektropneumatik ... S. 308	Planen und Fertigen technischer Systeme des Werkzeugbaus	Spritzgießen ... S. 249 Projekt: Spritzgießwerkzeug ... S. 299 Projekt: Tiefziehwerkzeug ... S. 296
14	Planen und Realisieren technischer Systeme	Projekt: Vorschubantrieb einer CNC-Fräsmaschine ... S. 281 Projekt: Hubeinheit ... S. 284	Ändern und Anpassen technischer Systeme des Werkzeugbaus	Qualitätsmanagement ... S. 157 Projekt: Qualitätsmanagement am Bsp. eines Stirnradgetriebes ... S. 302
15	Optimieren von technischen Systemen	Projekt: Zahnradpumpe ... S. 287 Projekt: Hydraulische Spannklaue ... S. 290	–	–

Lernfelder für Zerspanungs- und Feinwerkmechaniker und die hierzu passenden Abschnitte im Rechenbuch Metall

Lern-feld	Zerspanungs-mechaniker	Kapitel im Rechenbuch	Feinwerk-mechaniker	Kapitel im Rechenbuch
1	Fertigen von Bauelementen mit handgeführten Werkzeugen	Längen ... S. 44 Flächen ... S. 48 Volumen ... S. 54 Masse ... S. 55 Gewichtskraft ... S. 55 Maßtoleranzen ... S. 151 Umformen, Biegen ... S. 240	Fertigen von Bauelementen mit handgeführten Werkzeugen	Längen ... S. 44 Flächen ... S. 48 Volumen ... S. 54 Masse ... S. 55 Gewichtskraft ... S. 55 Maßtoleranzen ... S. 151 Umformen, Biegen ... S. 240
2	Fertigen von Bauelementen mit Maschinen	Passungen ... S. 153 Konstante Bewegungen ... S. 65 Drehen (v_c; n; f) ... S. 201 Bohren (v_c; n; f) ... S. 217 Fräsen (v_c; n; f) ... S. 211 Kostenrechnen ... S. 190	Fertigen von Bauelementen mit Maschinen	Passungen ... S. 153 Konstante Bewegungen ... S. 65 Drehen (v_c; n; f) ... S. 201 Bohren (v_c; n; f) ... S. 217 Fräsen (v_c; n; f) ... S. 211 Kostenrechnen ... S. 190
3	Herstellen von einfachen Baugruppen	Kräfte ... S. 72 Hebel ... S. 76 Einfache Maschinen ... S. 91	Herstellen von einfachen Baugruppen	Kräfte ... S. 72 Hebel ... S. 76 Einfache Maschinen ... S. 91
4	Warten technischer Systeme	Diagramme ... S. 61 Ohmsches Gesetz ... S. 135 Schaltung v. Widerständen ... S. 138	Warten technischer Systeme	Diagramme ... S. 61 Ohmsches Gesetz ... S. 135 Schaltung v. Widerständen ... S. 138
5	Herstellen von Bauelementen durch spanende Fertigungsverfahren	Passungen ... S. 153 Drehen (F_c; P_c; t_h) ... S. 201 Bohren (F_c; P_c; t_h) ... S. 217 Fräsen (F_c; P_c; t_h) ... S. 211	Herstellen von Dreh- und Frästeilen	Passungen ... S. 153 Drehen (F_c; P_c; t_h) ... S. 201 Bohren (F_c; P_c; t_h) ... S. 217 Fräsen (F_c; P_c; t_h) ... S. 211
6	Warten und Inspizieren von Werkzeugmaschinen	Standgrößen ... S. 184 Durchlauf-, Belegungszeit ... S. 185 Flächenpressung ... S. 122 Lagerkräfte ... S. 78 Reibung ... S. 82	Programmieren und Fertigen auf numerisch gesteuerten Werkzeugmaschinen	Berechnungen im Dreieck ... S. 35 Koordinaten in NC-Programmen . S. 228 Maschinenstundensatz ... S. 194 Deckungsbeitrag ... S. 196
7	Inbetriebnehmen steuerungstechnischer Systeme	Druck und Kolbenkräfte ... S. 94 Logische Verknüpfungen ... S. 106 Projekt: Zahnradpumpe ... S. 287 Hydraulische Presse ... S. 98	Herstellen technischer Teilsysteme	Zugversuch ... S. 113 Elastizitätsmodul und Hookesches Gesetz ... S. 116 Längen- und Volumenänderung .. S. 129 Flächenpressung ... S. 122 Lagerkräfte ... S. 78 Reibung ... S. 82
8	Programmieren und Fertigen mit numerisch gesteuerten Werkzeugmaschinen	Koordinaten in NC-Programmen . S. 228 Qualitätsmanagement ... S. 157	Planen und Inbetriebnehmen steuerungstechnischer Systeme	Druck und Kolbenkräfte ... S. 94 Logische Verknüpfungen ... S. 106 Projekt: Pneumatische Steuerung ... S. 305 Projekt: Elektropneumatik ... S. 308
9	Herstellen von Bauelementen durch Feinbearbeitungsverfahren	Schleifen (t_h) ... S. 222 Abtragen und Schneiden (t_h) ... S. 234 ISO-Passungen ... S. 154	Instandhalten von Funktionseinheiten	Lagerkräfte ... S. 78 Standgrößen ... S. 184 Durchlauf-, Belegungszeit ... S. 185 Flächenpressung ... S. 122
10	Optimieren des Fertigungsprozesses	Mechanische Leistung ... S. 87 Maschinen- und Prozessfähigkeit ... S. 163 Fertigungstechnik (Schnittleistung, Hauptnutzungszeit) ... S. 201 Fertigungsplanung ... S. 184	Feinbearbeiten von Flächen	Schleifen (t_h) ... S. 222 Abtragen und Schneiden ... S. 234 Auftragszeit ... S. 188 Kostenrechnung ... S. 190
11	Planen und Organisieren rechnergestützter Fertigung	Prozesskennwerte aus Stichprobenprüfung ... S. 157 Statistische Prozesslenkung ... S. 167	Herstellen von Bauteilen und Baugruppen aus Kunststoff	Spritzgießen ... S. 249 Projekt: Spritzgießwerkzeug ... S. 299 Projekt: Folgeschneidwerkzeug .. S. 293
12	Vorbereiten und Durchführen eines Einzelfertigungsauftrages	Fertigungstechnik: Schnittdaten, Schnittkräfte ... S. 201 Projekt: Hydraulische Spannklaue ... S. 290 Maschinenstundensatz ... S. 194 Deckungsbeitrag ... S. 196	Planen und Organisieren rechnergestützter Fertigung	Prozesskennwert aus Stichprobenprüfung ... S. 157 Statistische Prozesslenkung ... S. 167
13	Organisieren und Überwachen von Fertigungsprozessen in der Serienfertigung	Projekt: Frästeil Spannplatte ... S. 311 Projekt: Drehteil Ritzelwelle ... S. 314 Projekt: Qualitätsmanagement am Bsp. eines Stirnradgetriebes ... S. 302	Instandhalten technischer Systeme	Maschinen- und Prozessfähigkeit ... S. 163 Fertigungstechnik (Schnittleistung, Hauptnutzungszeit) ... S. 201 Fertigungsplanung ... S. 184
14	–	–	Fertigen von Schweißkonstruktionen[1]	Schmelzschweißen ... S. 254
15	–	–	Montieren, Demontieren und Inbetriebnehmen technischer Systeme[1]	Arbeit, Leistung, Wirkungsgrad .. S. 84 Qualitätsmanagement ... S. 157 Elektrotechnik ... S. 135
16	–	–	Programmieren automatisierter Systeme und Anlagen[1]	Projekt: Elektropneumatik ... S. 308

1) Schwerpunkt Maschinenbau

Mathematische und physikalische Begriffe		
Begriffe	**Erklärung**	**Beispiele**
	Größen und Einheiten	
Physikalische Größen	Physikalische Größen sind objektiv messbare Eigenschaften von Zuständen und Vorgängen. Eine physikalische Größe ist das Produkt eines Zahlenwertes mit einer Einheit.	Bei der Länge l = 30 mm ist 30 der Zahlenwert und mm (Millimeter) die Einheit.
Basisgröße	Man unterscheidet Basisgrößen und Basiseinheiten. Sie sind im internationalen Einheitensystem (SI = **S**ystème **I**nternational) festgelegt.	**Basisgröße** – **Formelzeichen** Länge – l Masse – m
Basiseinheit		**Basiseinheit** – **Zeichen** Meter – m Kilogramm – kg
Abgeleitete Größen und abgeleitete Einheiten	Die abgeleiteten Größen und deren Einheiten setzen sich aus den Basisgrößen und deren Einheiten zusammen.	Kraft = Masse · Beschleunigung $1\,\text{N} = 1\,\text{kg} \cdot \frac{\text{m}}{\text{s}^2} = 1\,\frac{\text{kg} \cdot \text{m}}{\text{s}^2}$
Umrechnung von Einheiten	Einheiten können in größere oder kleinere Einheiten oder andere Maßsysteme umgerechnet werden.	$1\,\text{kg} = 1\,\text{kg} \cdot \frac{1\,000\,\text{g}}{1\,\text{kg}} = 1\,000\,\text{g}$ $1\,\text{l} = 1\,\text{dm}^3 = 10\,\text{dl} = 0{,}001\,\text{m}^3$
	Gleichungen und Formeln	
Gleichungen	Gleichungen beschreiben die Abhängigkeit mathematischer oder physikalischer Größen voneinander.	$16 + 9 = 100 - 75$ $x + 15 = 25$
Formeln	Technische oder physikalische Gleichungen mit Formelzeichen bezeichnet man als Formeln.	$s = v \cdot t$ (Weg = Geschwindigkeit • Zeit)
Formelzeichen	Formelzeichen bestehen aus *kursiv* gedruckten Buchstaben und kennzeichnen Größen. Sie ersetzen Wörter und dienen zum Rechnen mit Formeln.	m für Masse A für Fläche
Größengleichungen	Größengleichungen stellen Beziehungen zwischen physikalischen Größen dar. Sie sind unabhängig von der Wahl der Einheit und können Zahlenwerte, z. B. π, mathematische Zeichen, z. B. $\sqrt{\ }$, enthalten. Kennzeichnung in diesem Buch: rote Umrandung.	$d = \sqrt{\frac{4 \cdot A}{\pi}}$
Zahlenwertgleichungen	Die Zahlenwerte aller Formelzeichen sind an vorgegebene Einheiten gebunden. Der Zahlenwert des Ergebnisses erhält die gewünschte Einheit nur dann, wenn alle Zahlenwerte der Gleichung in den jeweils vorgeschriebenen Einheiten eingesetzt werden. Kennzeichnung in diesem Buch: rote Umrandung.	$P = \frac{Q \cdot p}{600}$ P in kW Q in l/min p in bar
	Zahlenwerte	
Konstanten	Konstanten sind gleichbleibende Zahlenwerte oder Größen bei Berechnungen in der Mathematik und Physik.	π = 3,141 592 654... (Kreiszahl) c ≈ 300 000 km/s (Lichtgeschwindigkeit im Vakuum)
Koeffizienten	Koeffizienten sind Größen, die den Einfluss einer Stoffeigenschaft auf einen physikalischen Vorgang kennzeichnen.	α = 0,000 012 1/K (α = Längenausdehnungskoeffizient für Stahl)
Runden	Es gilt DIN 1333: Ist die über die angegebene Stellenzahl hinausgehende Ziffer = 5 oder > 5, wird aufgerundet. Ist die Ziffer < 5, wird abgerundet.	25,5 N ≈ 26 N 18,79 kg ≈ 18,8 kg 164,4 cm^3 ≈ 164 cm^3

Technische Mathematik

Zahlensysteme

Beim Rechnen wird allgemein das dezimale Zahlensystem verwendet. Die elektronische Datenverarbeitung (EDV) und die Automatisierungstechnik bauen jedoch auf dem dualen und hexadezimalen Zahlemsystem auf, weil die elektronischen Bauelemente nur binäre[1] Informationen, d.h. die Zustände 0 und 1, verarbeiten können.

Zahlensysteme setzen sich aus der Basis und den Zeichen zusammen **(Tabelle 1)**.

Bezeichnungen:
z_{10} Kurzzeichen für eine Dezimalzahl[2]
z_2 Kurzzeichen für eine Dualzahl[3]
z_{16} Kurzzeichen für eine Hexadezimalzahl[2]

Dezimales Zahlensystem

Beim dezimalen Zahlensystem werden die Ziffern 0 bis 9 verwendet. Alle Zahlen können als Zehnerpotenzen geschrieben werden.

● **Beispiel:**

Dezimalzahl $z_{10} = 857$
$z_{10} = 8 \cdot 10^2 + 5 \cdot 10^1 + 7 \cdot 10^0$
$= 800 + 50 + 7 = 857$

Die Zehnerpotenzen werden nicht geschrieben, sondern nur die Faktoren **(Tabelle 2)**.

Duales (binäres) Zahlensystem

Beim dualen Zahlensystem werden lediglich die Ziffern „0" und „1" verwendet. Alle Zahlen werden als Potenzen der Basis 2 dargestellt **(Tabelle 2)**.

Umwandlung von Dezimal- in Dualzahlen

● **Beispiel:**

Die Dezimalzahl $z_{10} = 14$ ist in eine Dualzahl umzuwandeln.

Lösung: Es wird das **Resteverfahren** verwendet. Dazu teilt man die Dezimalzahl jeweils durch die Basiszahl 2 **(Tabelle 3)**. Als Rest ergibt sich jeweils die „0" oder die „1". Die Zweierpotenzen werden nicht geschrieben, sondern nur die Faktoren, so erhält man: $z_2 = 1110$.

Umwandlung von Dual- in Dezimalzahlen

● **Beispiel:**

Die Dualzahl $z_2 = 10110$ ist in eine Dezimalzahl z_{10} umzuwandeln.

Lösung: Der Dualzahl z_2 werden ihre Zweierpotenzen von 2^0 bis 2^4 von rechts nach links steigend zugeordnet **(Tabelle 4)**.

Alle Stellenwerte, z.B. 16 der Zweierpotenz 2^4, werden mit der zugehörenden Dualzahl, hier „1", multipliziert. Alle Produkte zusammen addiert ergeben die Dezimalzahl $z_{10} = 22$.

1) binär (lat.) = aus zwei Einheiten bestehend
2) hexa (griech.) = sechs, dezimal (lat.) = 10
3) dual (lat.) = aus zwei Einheiten bestehend

Tabelle 1: Zahlensysteme

Zahlensystem	Basis	Zeichen
Dual	2	0, 1
Dezimal	10	0, 1, 2, 3, 4, 5, 6, 7, 8, 9
Hexadezimal	16	0, 1, 2, 3, 4, 5, 6, 7, 8, 9, A, B, C, D, E, F

Tabelle 2: Dezimal-, Dual- und Hexadezimalzahlen

Zahlen im Dezimalsystem		Zahlen im Dualsystem					Zahlen im Hexadezimalsystem		
Zehnerpotenzen		Zweierpotenzen					Sechzehnerpotenzen		
10^1	10^0	2^4	2^3	2^2	2^1	2^0	16^2	16^1	16^0
	0	0	0	0	0	0			0
	1	0	0	0	0	1			1
	2	0	0	0	1	0			2
	3	0	0	0	1	1			3
	4	0	0	1	0	0			4
	5	0	0	1	0	1			5
	6	0	0	1	1	0			6
	7	0	0	1	1	1			7
	8	0	1	0	0	0			8
	9	0	1	0	0	1			9
1	0	0	1	0	1	0			A
1	1	0	1	0	1	1			B
1	2	0	1	1	0	0			C
1	3	0	1	1	0	1			D
1	4	0	1	1	1	0			E
1	5	0	1	1	1	1			F
1	6	1	0	0	0	0		1	0

Tabelle 3: Umwandlung der Dezimalzahl z_{10} in eine Dualzahl z_2

14 : 2 = 7 Rest 0
7 : 2 = 3 Rest 1
3 : 2 = 1 Rest 1
1 : 2 = 0 Rest 1
Ergebnis: $z_2 =$ 1 1 1 0

Tabelle 4: Umwandlung einer Dualzahl z_2 in eine Dezimalzahl z_{10}

Dualzahl z_2	**1**	**0**	**1**	**1**	**0**
Zweierpotenz	2^4	2^3	2^2	2^1	2^0
Stellenwert	16	8	4	2	1

Addition:
$z_{10} = 16 \cdot 1 + 8 \cdot 0 + 4 \cdot 1 + 2 \cdot 1 + 1 \cdot 0 = 22$

Hexadezimales Zahlensystem

Bei Mikroprozessoren verwendet man häufig auch das hexadezimale Zahlensystem. Bei diesem werden neben den Ziffern 0 bis 9 auch die Buchstaben A bis F benützt. Es hat den Vorteil, dass weniger Zeichen benötigt werden, als dies beim dezimalen und dualen Zahlensystem der Fall ist.

Die Zahlen werden in Potenzen der Basis 16 angegeben: 16^0, 16^1, 16^2 usw. **(Tabelle 2, vorherige Seite).** Die Hexadezimalzahl z_{16} = A ergibt eine Dezimalzahl z_{10} = 10 oder z_{16} = F ergibt z_{10} = 16.

Umwandlung von Dezimalzahlen in Hexadezimalzahlen

Beispiel:

Die Dezimalzahl z_{10} = 2016 ist in eine Hexadezimalzahl z_{16} umzuwandeln.

Lösung: Auch hier wird das **Resteverfahren** verwendet. Dazu teilt man die Dezimalzahl jeweils durch die Basiszahl 16 **(Tabelle 1).** Als Rest ergibt sich jeweils Zahlen von 0 bis 15. Die Zahlen von 10 bis 15 müssen in Buchstaben umgewandelt werden. Die 16er-Potenzen werden nicht geschrieben, sondern nur die Faktoren.

So erhält man das Ergebnis $\boldsymbol{z_{16}}$ **= 7 E 0.**

Tabelle 1: Umwandlung einer Dezimalzahl z_{10} in eine Hexadezimalzahl z_{16}

2016 : 16 =	126	Rest 0
126 : 16 =	7	Rest 14
7 : 16 =	0	Rest 7
Ergebnis:	z_{16} =	7 E 0

(aus dem Rest 14 wird die Ziffer 0, siehe **Tabelle 2, vorherige Seite**)

Umwandlung von Hexadezimalzahlen in Dezimalzahlen

Beispiel:

Die Hexadezimalzahl z_{16} = A2F ist in eine Dezimalzahl z_{10} umzuwandeln.

Lösung: Der Hexadezimalzahl z_{16} werden ihre 16er-Potenzen von 160 bis 162 von rechts nach links steigend zugeordnet **(Tabelle 2).**

Von den Buchstabenwerten A und F werden ihre Ziffernwerte gebildet. Diese Ziffernwerte werden jeweils mit ihren Stellenwerten multipliziert und alle Produkte addiert.

So ergibt sich die Dezimalzahl z_{10} = 2607.

Tabelle 2: Umwandlung der Hexadezimalzahl z_{16} in eine Dezimalzahl z_{10}

Hexadezimalzahl z_{16}	A	2	F
Ziffernwert	10	2	15
16er Potenz	16^2	16^1	16^0
Stellenwert	256	16	1

Addition: $z_{10} = 10 \cdot 256 + 2 \cdot 16 + 15 \cdot 1 = 2560 + 32 + 15 = 2607$

Aufgaben | Zahlensysteme

1. **Umwandlung von Dezimalzahlen (Tabelle 3).** Die Dezimalzahlen sind in Dualzahlen sowie in Hexadezimalzahlen umzuwandeln.

Tabelle 3	a	b	c	d	e	f	g	h	i
Dezimalzahl	24	30	48	64	100	144	150	255	2000

2. **Umwandlung von Dualzahlen (Tabelle 4).** Wandeln sie die folgenden Dualzahlen in Dezimalzahlen um.

Tabelle 4	a	b	c	d	e	f
Dualzahl	100	1010	11111	110011	11110000	11111111

3. **Umwandlung von Hexadezimalzahlen (Tabelle 5).** Die Hexadezimalzahlen sind in Dezimalzahlen und in Dualzahlen umzuwandeln.

Tabelle 5	a	b	c	d	e	f
Hexadezimalzahl	68	A0	96	8F	ED	FF

4. **Umwandlung von Dualzahlen (Tabelle 6).** Die Dualzahlen sind in Hexadezimalzahlen umzuwandeln.

Tabelle 6	a	b	c	d	e	f
Dualzahlen	101010	111000	11001100	11100011	10010010	10000111

Grundrechnungsarten

Addition, Subtraktion, Multiplikation und Division zählen zu den Grundrechnungsarten. In diesem Abschnitt werden außerdem das Potenzieren, Radizieren (Wurzelziehen) und das Bruchrechnen behandelt. Die Einführung der Rechenregeln wird mit Zahlenbeispielen erläutert. Die daraus abgeleiteten Beispiele aus der Algebra führen in das technische Rechnen mit Formeln ein.

Variable

In der Algebra werden **Variable** (Platzhalter) eingesetzt, die beliebige Zahlenwerte darstellen können **(Tabelle 1)**. Als Variable werden meist Kleinbuchstaben verwendet.

Tabelle 1: Schreibweisen von Variablen

Zeichen	Beispiele
Das **Multiplikationszeichen** zwischen Zahl und Variable kann weggelassen werden.	$3 \cdot a = 3a$ $a \cdot b = ab$
Der **Faktor 1** wird meist nicht geschrieben.	$1 \cdot b = b$

Klammerausdrücke (Klammerterm)

Mathematische Ausdrücke können mit Klammern zusammengefasst werden. Die in Klammern stehenden Werte müssen zuerst berechnet werden. Die Rechenregeln sind in **Tabelle 2** beschrieben.

Tabelle 2: Klammerausdrücke

Rechenregel	Zahlenbeispiel	Algebraisches Beispiel
Pluszeichen vor der Klammer Klammern, vor denen ein Pluszeichen steht, können weggelassen werden. Die Vorzeichen der Glieder bleiben unverändert.	$16 + (9 - 5)$ $= 16 + 9 - 5$ $= 20$	$a + (b - c)$ $= a + b - c$
Minuszeichen vor der Klammer Klammern, vor denen ein Minuszeichen steht, können nur aufgelöst (weggelassen) werden, wenn alle Glieder in der Klammer entgegengesetzte Vorzeichen erhalten.	$16 - (9 - 5)$ $= 16 - 9 + 5$ $= 12$	$a - (b - c)$ $= a - b + c$

Strich- und Punktrechnungen

Addition, Subtraktion, Multiplikation und Division können aufgrund ihrer Rechenzeichen in Strich- (–, +) und Punktrechnungen (·, :) unterteilt werden.

Strichrechnungen

Zu den Strichrechnungen zählen die Addition und die Subtraktion. Die Rechenregeln für Strichrechnungen können **Tabelle 3** entnommen werden.

Tabelle 3: Rechenregeln für die Strichrechnungen

Rechenregel	Zahlenbeispiel	Algebraisches Beispiel
Vertauschungsgesetz Zahlen und Buchstaben können vertauscht werden.	$3 - 9 + 7$ $= 7 + 3 - 9$ $= -9 + 3 + 7$ $= 1$	$a - b + c$ $= a + c - b$ $= -b + a + c$
Zusammenfassung Einzelne Glieder können zu Teilsummen zusammengefasst werden.	$3 + 7 - 9$ $= (3 + 7) - 9$	$a + b - c$ $= (a + b) - c$
Summieren von Variablen Nur gleiche Variable können addiert oder subtrahiert werden.	–	$18a - 3a + 2b - 5b$ $= 15a - 3b$

Punktrechnungen

Multiplikationen und Divisionen bezeichnet man als Punktrechnungen. Die Rechenregeln für die Multiplikation sind in der **Tabelle 1** zusammengestellt.

Tabelle 1: Rechenregeln für die Multiplikation

Rechenregel	Zahlenbeispiel	Algebraisches Beispiel
Vertauschungsgesetz Faktoren dürfen vertauscht werden.	$3 \cdot 4 \cdot 5 = 4 \cdot 3 \cdot 5$ $= 5 \cdot 3 \cdot 4 = 5 \cdot 4 \cdot 3$	$a \cdot b \cdot c = b \cdot a \cdot c$ $= c \cdot a \cdot b = c \cdot b \cdot a$
Vorzeichenregeln		
Gleiche Vorzeichen Haben zwei Faktoren gleiche Vorzeichen, so wird das Produkt positiv; + mal + = +; – mal – = +	$2 \cdot 5 = 10$ $(-2) \cdot (-5) = +10 = \mathbf{10}$	$a \cdot x = ax$ $(-a) \cdot (-x) = +ax = \boldsymbol{ax}$
Ungleiche Vorzeichen Haben zwei Faktoren verschiedene Vorzeichen, so wird das Produkt negativ; – mal + = –; + mal – = –	$3 \cdot (-8) = -24$ $(-3) \cdot 8 = \mathbf{-24}$	$a \cdot (-x) = -ax$ $(-a) \cdot x = \boldsymbol{-ax}$
Produkte mit Klammern		
Faktor mit Klammer Ein Klammerausdruck wird mit einem Faktor multipliziert, in dem man jedes Glied der Klammer mit dem Faktor multipliziert. Wenn möglich, sollte man zuerst den Inhalt der Klammer zusammenfassen und dann den Wert der Klammer mit dem Faktor multiplizieren.	$7 \cdot (4 + 5)$ $= 7 \cdot 4 + 7 \cdot 5$ $= \mathbf{63}$ oder: $7 \cdot (4 + 5)$ $= 7 \cdot 9 = \mathbf{63}$	$a \cdot (b + 2b)$ $= ab + 2ab$ $= \boldsymbol{3ab}$ oder: $a \cdot (b + 2b)$ $= a \cdot 3b$ $= \boldsymbol{3ab}$
Klammer mit Klammer Zwei Klammerausdrücke werden miteinander multipliziert, indem man jedes Glied der einen Klammer mit jedem Glied der anderen Klammer multipliziert. Bei Zahlen können auch zuerst die Klammerausdrücke berechnet und danach kann das Produkt gebildet werden.	$(3 + 5) \cdot (10 - 7)$ $= 3 \cdot 10 + 3 \cdot (-7) + 5 \cdot 10 + 5 \cdot (-7)$ $= 30 - 21 + 50 - 35$ $= \mathbf{24}$ oder: $(3 + 5) \cdot (10 - 7)$ $= 8 \cdot 3 = \mathbf{24}$	$(a + b) \cdot (c - d)$ $= \boldsymbol{ac - ad + bc - bd}$

Die Rechenregeln für die Division sind in **Tabelle 2** dargestellt. Das Rechenzeichen für die Division ist der Doppelpunkt (:) oder der Bruchstrich.

Tabelle 2: Rechenregeln für die Division

Rechenregel	Zahlenbeispiel	Algebraisches Beispiel
Bruchstrich entspricht Klammer Der Bruchstrich fasst Ausdrücke in gleicher Weise zusammen wie eine Klammer und ersetzt das Divisionszeichen.	$\frac{3+4}{2} = (3+4):2 = \mathbf{3{,}5}$	$\frac{a+b}{2} = \frac{\boldsymbol{a}}{\mathbf{2}} + \frac{\boldsymbol{b}}{\mathbf{2}}$
Vertauschungsgesetz gilt nicht! Zähler und Nenner dürfen nicht vertauscht werden.	$3:4 \neq 4:3$ $\frac{3}{4} \neq \frac{4}{3}$	$a:b \neq b:a$ $\frac{a}{b} \neq \frac{b}{a}$
Vorzeichenregel		
Gleiche Vorzeichen Haben Zähler und Nenner gleiche Vorzeichen, so ist das Ergebnis positiv. + geteilt durch + = + – geteilt durch – = +	$\frac{15}{3} = 15:3 = \mathbf{5}$ $\frac{-15}{-3} = (-15):(-3) = \mathbf{+5}$	$\frac{a}{b} = \frac{\boldsymbol{a}}{\boldsymbol{b}}$ $\frac{-a}{-b} = \frac{\boldsymbol{a}}{\boldsymbol{b}}$
Ungleiche Vorzeichen Haben Zähler und Nenner unterschiedliche Vorzeichen, so ist das Ergebnis negativ. + geteilt durch – = – – geteilt durch + = –	$\frac{15}{-3} = 15:(-3) = \mathbf{-5}$ $\frac{-15}{3} = (-15):3 = \mathbf{-5}$	$\frac{a}{-b} = \boldsymbol{-}\frac{\boldsymbol{a}}{\boldsymbol{b}}$ $\frac{-a}{b} = \boldsymbol{-}\frac{\boldsymbol{a}}{\boldsymbol{b}}$
Klammerausdrücke		
Klammer geteilt durch Wert Ein Klammerausdruck wird durch einen Wert (Zahl, Buchstabe, Klammerausdruck) dividiert, indem man jedes einzelne Glied in der Klammer durch diesen Wert dividiert. Man kann auch den Klammerausdruck erst berechnen und danach dividieren.	$(16 - 4) : 4$ $= 16 : 4 - 4 : 4$ $= 4 - 1 = \mathbf{3}$ oder $(16 - 4) : 4 = 12 : 4 = \mathbf{3}$	$\frac{a-b}{b} = \frac{a}{b} - \frac{b}{b} = \frac{\boldsymbol{a}}{\boldsymbol{b}} \mathbf{-1}$

Gemischte Punkt- und Strichrechnungen

Kommen in einer Rechnung sowohl Strich- als auch Punktrechnungen oder Klammern vor, so ist die Reihenfolge der Lösungsschritte zu beachten. Die Rechenregeln sind in **Tabelle 1** zusammengestellt.

Tabelle 1: Rechenregeln für gemischte Punkt- und Strichrechnungen

Reihenfolge der Lösungsschritte	Zahlenbeispiele	Algebraische Beispiele
1. Punktrechnungen 2. Strichrechnungen	$8 \cdot 4 - 18 \cdot 3$ $= 32 - 54$ $= \mathbf{-22}$	$3a \cdot 2b - 4a \cdot 6b$ $= 6ab - 24ab$ $= \mathbf{-18ab}$
	$\frac{16}{4} + \frac{20}{5} - \frac{18}{3} = 4 + 4 - 6 = \mathbf{2}$	$\frac{16a}{4} + \frac{3b}{b} - \frac{6c}{2c} = 4a + 3 - 3 = \mathbf{4a}$
Klammerausdrücke sowie gemischte Punkt- und Strichrechnungen: 1. Klammern 2. Punktrechnungen 3. Strichrechnungen	$8 \cdot (3 - 2) + 4\,(16 - 5)$ $= 8 \cdot 1 + 4 \cdot 11$ $= 8 + 44 = \mathbf{52}$	$a \cdot (3x + 5x) - b \cdot (12y - 2y)$ $= a \cdot 8x - b \cdot 10y$ $= \mathbf{8ax - 10by}$

Aufgaben | Gemischte Punkt- und Strichrechnung

Die Ergebnisse der Aufgaben 1 bis 5 sind zu berechnen und auf 2 Dezimalstellen nach dem Komma zu runden.

1. a) $217{,}583 - 27{,}14 \cdot 0{,}043 + 12$ c) $7{,}1 + 16{,}27 + 14{,}13 \cdot 17{,}0203$ e) $857 - 3{,}52 \cdot 97{,}25 - 16{,}386 + 1{,}1$	b) $16{,}25 + 14{,}12 \cdot 6{,}21$ d) $74{,}24 - 1{,}258 \cdot 12{,}8$ f) $119{,}2 + 327{,}351 - 7{,}04 \cdot 7{,}36$
2. a) $17{,}13 + 13{,}25 + 15{,}35 : 2$	b) $34{,}89 + 241{,}17 : 21{,}35 - 12{,}46 : 2{,}2$
3. a) $243 : 0{,}04 - 92{,}17 - 13{,}325 + 124{,}3 : 3{,}5$	b) $507 : 0{,}05 - 261{,}17 - 114{,}325 + 142{,}3 : 18{,}4$
4. a) $18 \cdot (-5) + (-3) \cdot (-7)$ c) $\frac{-96}{16} + \frac{65}{-15}$	b) $120 : (-6) - (-15) : 5$ d) $\frac{148}{37} - \frac{-85}{17}$
5. a) $\frac{24{,}75 + 15}{12{,}6} + \frac{38{,}7 - 2{,}08}{0{,}36} - \frac{44{,}2 \cdot 13{,}1}{20{,}05 - 1{,}7}$ c) $(23{,}7 - 2{,}8) \cdot \frac{15{,}1 - 3{,}7}{16{,}9}$	b) $34{,}2 \cdot \frac{23{,}4 - 8{,}6}{2{,}4} - \frac{13{,}8 + 22{,}7}{27 - 3{,}5} \cdot 20{,}6$ d) $\frac{25 \cdot (20{,}1 - 16{,}58)}{(34{,}85 - 2{,}97) \cdot 4{,}6}$

Die Ergebnisse der Aufgaben 6 bis 8 sind zu berechnen.

6. a) $3a \cdot 4b - 10a \cdot 2b$ c) $-8m \cdot 2n + 7{,}5m \cdot (-2n)$	b) $25x \cdot (-10y) + 13x \cdot (-5y)$ d) $(-16a) \cdot (-5c) - (-5a) \cdot (-2c)$
7. a) $\frac{30x}{10y} + \frac{15x}{2y}$ c) $\frac{7{,}5x}{2{,}5y} + \frac{33x}{22y}$	b) $\frac{12m}{15n} - \frac{30m}{1{,}5n}$ d) $\frac{-2x}{-8y} - \frac{-15x}{-60y}$
8. a) $-3a \cdot (8x - 5x) - 2a \cdot (20x - 12x)$	b) $-3x \cdot (8x - 5x) + 3x \cdot (-12x - 33x)$

Bruchrechnen

Der Bruchterm ist ein Zahlenverhältnis und besteht aus dem Zähler und dem Nenner. Der Nenner ist die Bezugsgröße und gibt die Gesamtheit der Teile an. Der Zähler bezeichnet die Anzahl der Teile.

$$\text{Bruchterm} = \frac{\text{Zähler}}{\text{Nenner}} = \frac{3}{4} = 0{,}75$$

Das Bruchrechnen wird in der technischen Mathematik z. B. bei Teilkopf-, Kegel- oder Wechselräderberechnungen angewandt. Es wird hier nur so weit behandelt, als es für die genannten Anwendungen notwendig ist. In **Tabelle 1** sind verschiedene Arten von Brüchen aufgeführt.

Tabelle 1: Brucharten

Art	Beispiel	Kennzeichen	Wert	Bild
Echter Bruch	$\frac{1}{3}$	Zähler < Nenner	<1	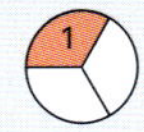
Unechter Bruch	$\frac{5}{4}$	Zähler > Nenner	>1	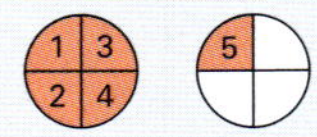
Gemischte Zahl	$1\frac{1}{4}$	Ganze Zahl und ein echter Bruch	>1	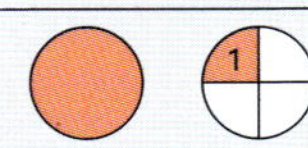
Dezimalbruch	0,75	Dezimalkomma	<1	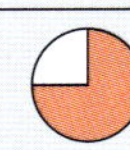

Erweitern, Kürzen und Umwandlung von Bruchtermen

Brüche können erweitert, gekürzt oder umgewandelt werden. Dabei bleibt ihr Wert unverändert **(Tabelle 2)**.

Tabelle 2: Rechenregeln für Bruchterme

Rechenregel	Zahlenbeispiel	Algebraisches Beispiel
Erweitern Beim Erweitern werden Zähler und Nenner mit demselben Faktor multipliziert.	$\frac{1}{4} = \frac{1 \cdot 6}{4 \cdot 6} = \frac{6}{24}$	$\frac{a}{b} = \frac{a \cdot c}{b \cdot c}$
Kürzen Beim Kürzen werden Zähler und Nenner durch dieselbe Zahl (bzw. denselben Buchstaben) dividiert.	$\frac{6}{24} = \frac{6:6}{24:6} = \frac{1}{4}$	$\frac{a \cdot c}{b \cdot c} = \frac{(a \cdot c):c}{(b \cdot c):c} = \frac{a}{b}$
Summen oder Differenzen Summen oder Differenzen sind vor dem Kürzen oder Erweitern zu berechnen.	$\frac{18-24}{260+20} = \frac{-6}{280} = \frac{-3}{140} = -\frac{3}{140}$	$\frac{c-b}{c+b}$ kann nicht gekürzt werden.
Umwandlung eines Bruches in einen Dezimalbruch Ein Bruch wird in einen Dezimalbruch umgewandelt, indem man den Zähler durch den Nenner dividiert.	$\frac{3}{8} = 3:8 = 0{,}375$	–
Umwandlung eines Dezimalbruches in einen Bruch Ein endlicher Dezimalbruch wird in einen Bruch verwandelt, indem man in den Zähler alle Ziffern nach dem Komma schreibt. Der Nenner erhält eine 1 mit so vielen Nullen, wie der Zähler Stellen hat.	$0{,}48 = \frac{48}{100} = \frac{12}{25}$	–

Aufgaben | Bruchrechnen

1. Die folgenden Brüche sind so zu erweitern, dass sich der Nenner 24 ergibt.
   a) 3/4 b) 1/2 c) 5/4 d) 5/12 e) 6/8
2. Die folgenden Brüche sind so weit wie möglich zu kürzen.
   a) 3/21 b) 4/48 c) 33/66 d) 36/45 e) 40/132
3. Die folgenden Brüche sind in Dezimalbrüche umzuwandeln.
   a) 3/21 b) 4/48 c) 33/66 d) 36/45 e) 40/132
4. Die folgenden Dezimalbrüche sind in Brüche zu verwandeln.
   a) 0,9375 b) 0,375 c) 0,85 d) 0,2 e) 0,333

Potenzieren

Ein Produkt aus mehreren gleichen Faktoren kann abgekürzt geschrieben werden. Die abgekürzte Schreibweise nennt man Potenz; der Rechenvorgang wird als Potenzieren bezeichnet. Eine Potenz **(Bild 1)** besteht aus der Basis (Grundzahl) und dem Exponenten (Hochzahl). Der Exponent gibt an, wie oft die Basis mit sich selbst multipliziert werden muss.

Man unterscheidet Potenzen mit positiven und Potenzen mit negativen Exponenten.

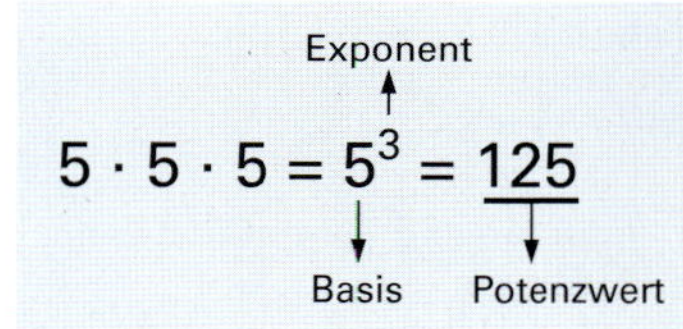

Bild 1: Potenz

Potenzen mit positiven Exponenten

- **Beispiele:**

Fläche des Quadrats **(Bild 2)**	$A = l \cdot l = l^2$ $= 5\ \text{mm} \cdot 5\ \text{mm} = (5\ \text{mm})^2 = 25\ \text{mm}^2$
Volumen des Würfels **(Bild 3)**	$V = l \cdot l \cdot l = l^3$ $= 5\ \text{mm} \cdot 5\ \text{mm} \cdot 5\ \text{mm} = (5\ \text{mm})^3$ $= 125\ \text{mm}^3$

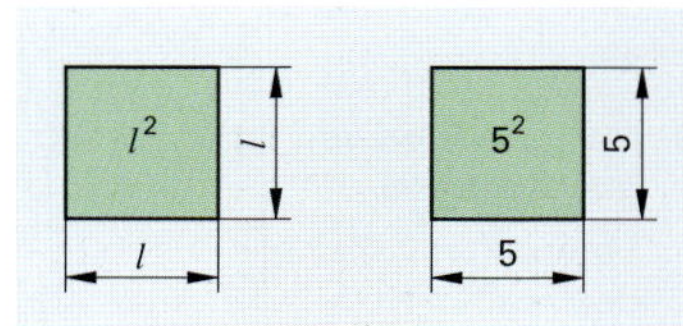

Bild 2: Quadrat

Auch Produkte, Brüche oder Klammerausdrücke können die Basis von Potenzen sein.

- **Beispiele:**

Produkt:	$(5a)^2 = 5a \cdot 5a = 25a^2$
oder	$(5a)^2 = 5^2 \cdot a^2 = 5 \cdot 5 \cdot a \cdot a = 25a^2$
Bruch:	$\frac{3^3}{b^3} = \frac{3 \cdot 3 \cdot 3}{b \cdot b \cdot b} = \frac{27}{b^3}$
Klammer:	$(a + b)^2 = (a + b) \cdot (a + b) = a^2 + 2ab + b^2$

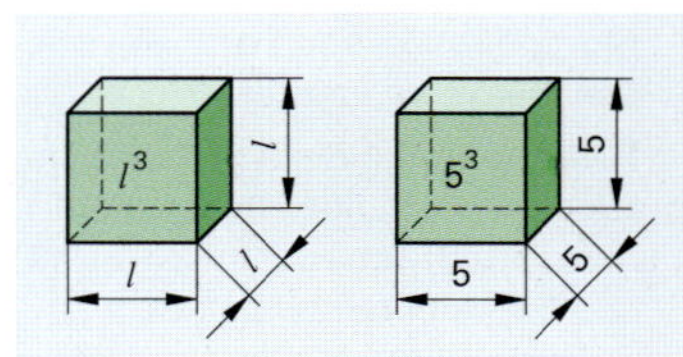

Bild 3: Würfel

Potenzen mit negativen Exponenten

Eine Potenz, die im Nenner steht, kann auch mit einem negativen Exponenten im Zähler geschrieben werden. Umgekehrt kann eine Potenz mit negativem Exponenten im Zähler als Potenz mit positivem Exponenten im Nenner geschrieben werden.

- **Beispiele:**

$$\frac{1}{4^2} = 4^{-2} \qquad 15^{-3} = \frac{1}{15^3}; \qquad 15\ \text{km} \cdot \text{h}^{-1} = 15 \frac{\text{km}}{\text{h}}$$

$$\frac{1}{a^n} = a^{-n}; \qquad \frac{1}{\text{min}} = \text{min}^{-1}; \qquad \text{g} \cdot (\text{kW} \cdot \text{h})^{-1} = \frac{\text{g}}{\text{kW} \cdot \text{h}}$$

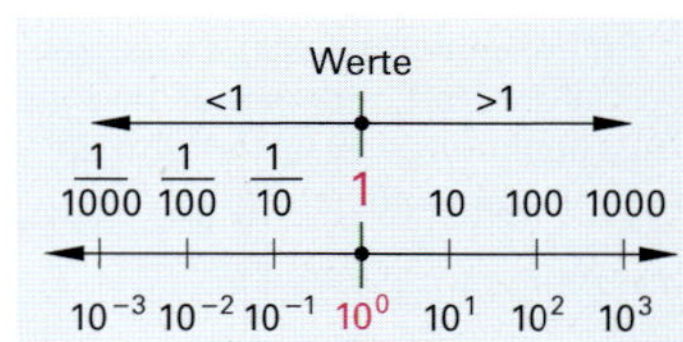

Bild 4: Zehnerpotenzen

Potenzen mit der Basis 10 (Zehnerpotenzen)

Potenzen mit der Basis 10 werden häufig als verkürzte Schreibweise für sehr kleine oder sehr große Zahlen verwendet. Werte größer 1 können als Vielfaches von Zehnerpotenzen mit positivem Exponenten, Werte kleiner 1 als Vielfaches von Zehnerpotenzen mit negativem Exponenten dargestellt werden **(Bild 4 und Tabelle 1)**.

Die Zahl vor der Zehnerpotenz wird meist im Bereich zwischen 1 und 10 angegeben.

- **Beispiele:**

$4\,200\,000 = 4{,}2 \cdot 1\,000\,000 = \mathbf{4{,}2 \cdot 10^6}$
$0{,}000\,0042 = 4{,}2 \cdot 0{,}000\,001 = \mathbf{4{,}2 \cdot 10^{-6}}$
Die Schreibweise $4{,}2 \cdot 10^6$ ist übersichtlicher als $0{,}42 \cdot 10^7$ oder $42 \cdot 10^5$.

Tabelle 1: Zehnerpotenzen

Schreibweise als		
ausgeschriebene Zahl	Zehnerpotenz	Vorsatzname
1 000 000	10^6	Mega (M)
100 000	10^5	–
10 000	10^4	–
1 000	10^3	Kilo (k)
100	10^2	Hekto (h)
10	10^1	Deka (da)
1	10^0	–
0,1	10^{-1}	Dezi (d)
0,01	10^{-2}	Zenti (c)
0,001	10^{-3}	Milli (m)
0,000 1	10^{-4}	–
0,000 01	10^{-5}	–
0,000 001	10^{-6}	Mikro (µ)

Beim Rechnen mit Potenzen gelten besondere Regeln **(Tabelle 1)**:

Tabelle 1: Potenzieren

Rechenregel	Zahlenbeispiel	Algebraisches Beispiel	Formel
1. Addition und Subtraktion von Potenzen Potenzen dürfen nur dann addiert oder subtrahiert werden, wenn sie sowohl denselben Exponenten als auch dieselbe Basis haben.	$2 \cdot 5^2 + 4 \cdot 5^2$ $= 5^2 \cdot (2 + 4)$ $= 5^2 \cdot 6$ $\frac{2}{3^2} - \frac{1}{3^2} = \frac{1}{3^2} = 3^{-2}$	$a^3 + a^3 = 2a^3$ $\frac{7}{d^n} - \frac{4}{d^n} = \frac{3}{d^n} = 3 \cdot d^{-n}$	$ax^n + bx^n$ $= (a + b) \cdot x^n$ $\frac{a}{x^n} + \frac{b}{x^n} = \frac{a+b}{x^n}$ $= (a+b) \cdot x^{-n}$
2. Multiplikation von Potenzen mit gleicher Basis Potenzen mit gleicher Basis werden multipliziert, indem man die Exponenten addiert und die Basis beibehält.	$3^2 \cdot 3^3$ $= 3 \cdot 3 \cdot 3 \cdot 3 \cdot 3$ $= 3^5$ oder: $3^2 \cdot 3^3$ $= 3^{(2+3)} = 3^5$	$x^4 \cdot x^2$ $= x \cdot x \cdot x \cdot x \cdot x \cdot x$ $= x^6$ oder: $x^4 \cdot x^2$ $= x^{(4+2)} = x^6$	$x^m \cdot x^n = x^{m+n}$
3. Multiplikation von Potenzen mit gleichem Exponenten Potenzen mit gleichem Exponenten werden multipliziert, indem man ihre Basen multipliziert und den Exponenten beibehält.	$4^2 \cdot 6^2$ $= (4 \cdot 6)^2$ $= 24^2$ $= 576$	$6x^2 \cdot 3y^2$ $= 18x^2y^2$ $= 18(x \cdot y)^2$	$x^n \cdot y^n = (xy)^n$
4. Division von Potenzen mit gleicher Basis Potenzen mit gleicher Basis werden dividiert, indem man ihre Exponenten subtrahiert und die Basis beibehält.	$\frac{4^3}{4^2} = \frac{4 \cdot 4 \cdot 4}{4 \cdot 4} = 4$ oder: $4^3 : 4^2 = 4^{3-2} = 4^1 = 4$	$\frac{m^3}{m^2} = \frac{m \cdot m \cdot m}{m \cdot m} = m$ oder: $m^3 : m^2 = \frac{m^3}{m^2} = m^3 \cdot m^{-2}$ $= m^{3-2} = m^1 = m$	$\frac{x^m}{x^n} = x^m \cdot x^{-n}$ $= x^{m-n}$
5. Division von Potenzen mit gleichen Exponenten Potenzen mit gleichen Exponenten werden dividiert, indem man ihre Basen dividiert und den Exponenten beibehält.	$\frac{15^2}{3^2} = \left(\frac{15}{3}\right)^2 = 5^2$ $= 25$	$\frac{a^3}{b^3} = \left(\frac{a}{b}\right)^3$	$\frac{a^n}{b^n} = \left(\frac{a}{b}\right)^n$
6. Multiplikation von Potenzen mit einem Faktor Werden Potenzen mit einem Faktor multipliziert, so muss zuerst der Wert der Potenz berechnet werden.	$6 \cdot 10^3$ $= 6 \cdot 1000$ $= 6000$ $7 \cdot 10^{-2} = \frac{7}{100} = 0{,}07$	–	–
7. Potenzwert mit dem Exponenten Null Jede Potenz mit dem Exponenten Null hat den Wert 1.	$\frac{10^4}{10^4} = 10^{4-4} = 10^0 = 1$	$(m + n)^0 = 1$	$a^0 = 1$ $a \neq 0$

Radizieren (Wurzelziehen)

Das Radizieren[1] oder Wurzelziehen ist die Umkehrung des Potenzierens. Eine Wurzel besteht aus dem Wurzelzeichen, dem Radikanden und dem Wurzelexponenten **(Bild 1).** Der Radikand steht unter dem Wurzelzeichen; aus dieser Zahl wird die Wurzel gezogen. Der Wurzelexponent steht über dem Wurzelzeichen und gibt an, in wie viel gleiche Faktoren der Radikand aufgeteilt werden soll.

Eine Wurzelrechnung kann auch in Potenzschreibweise dargestellt werden. Der Radikand erhält im Exponenten einen Bruch. Der Zähler entspricht dem Exponenten des Radikanden, der Nenner entspricht dem Wurzelexponenten.

Beispiel: $\sqrt{9} = \sqrt[2]{9^1} = 9^{\frac{1}{2}}$

Wurzelexponent

Wert der Wurzel

$$\sqrt[2]{16} = 4$$

Radikand

Bild 1: Darstellung einer Wurzel

Schreibweisen einer Wurzel

$$\sqrt[n]{a} = \sqrt[n]{a^1} = a^{\frac{1}{n}}$$

Quadratwurzel

$\sqrt{16}$ (sprich Quadrat-Wurzel aus 16 oder Wurzel aus 16) bedeutet, man sucht eine Zahl, die mit sich selbst multipliziert den Wert 16 ergibt.

Beispiel: $\sqrt{16} = 4$, denn $4 \cdot 4 = 16$

Der Wurzelexponent 2 bei der Quadratwurzel wird meist weggelassen.

Beispiel: $\sqrt[2]{16} = \sqrt{16} = 4$ $\qquad \sqrt[2]{4^2} = \sqrt{4 \cdot 4} = \sqrt{16} = 4$

Quadratwurzel

$$\sqrt[2]{a^2} = a^{\frac{2}{2}} = a^1 = a$$

Kubikwurzel

$\sqrt[3]{27}$ (sprich 3. Wurzel aus 27 oder Kubikwurzel aus 27) bedeutet, dass man eine Zahl sucht, die dreimal mit sich selbst multipliziert den Wert 27 ergibt.

Beispiel: $\sqrt[3]{27} = 3$, denn $3 \cdot 3 \cdot 3 = 27$

Kubikwurzel

$$\sqrt[3]{a^3} = a^{\frac{3}{3}} = a^1 = a$$

Tabelle 1: Radizieren

Rechenregel	Zahlenbeispiel	Algebraisches Beispiel	Formel
1. Addition und Subtraktion von Wurzeln Wurzeln dürfen nur dann addiert oder subtrahiert werden, wenn sie gleiche Exponenten und Radikanden haben. Man addiert (subtrahiert) die Faktoren und behält die Wurzel bei.	$2\sqrt{6} + 3\sqrt{6}$ $= (2+3)\sqrt{6}$ $= 5\sqrt{6}$	$8\sqrt{m} - 3\sqrt{m}$ $= (8-3)\sqrt{m}$ $= 5\sqrt{m}$	$a\sqrt{m} + b\sqrt{m}$ $= (a+b)\sqrt{m}$
2. Radizieren eines Produktes Ist der Radikand ein Produkt, so kann die Wurzel entweder aus dem Produkt oder aus jedem einzelnen Faktor gezogen werden.	$\sqrt{9 \cdot 16} = \sqrt{144} = 12$ oder $\sqrt{9 \cdot 16} = \sqrt{9} \cdot \sqrt{16}$ $= 3 \cdot 4 = 12$	$\sqrt[3]{a \cdot b} = \sqrt[3]{a} \cdot \sqrt[3]{b}$	$\sqrt[n]{ab} = \sqrt[n]{a} \cdot \sqrt[n]{b}$
3. Radizieren einer Summe oder Differenz Ist der Radikand eine Summe oder eine Differenz, so kann nur aus dem Ergebnis die Wurzel gezogen werden.	$\sqrt{9+16} = \sqrt{25} = 5$ oder $\sqrt{5^2 - 4^2} = \sqrt{25-16}$ $= \sqrt{9} = 3$	$\sqrt[3]{a-b} = \sqrt[3]{(a-b)}$	$\sqrt[n]{a-b} = \sqrt[n]{(a-b)}$
4. Radizieren eines Quotienten Ist der Radikand ein Quotient (Bruch), so kann die Wurzel aus dem Quotienten oder aus Zähler und Nenner getrennt gezogen werden.	$\sqrt{\frac{9}{25}} = \sqrt{0{,}36} = 0{,}6$ oder $\sqrt{\frac{9}{25}} = \frac{\sqrt{9}}{\sqrt{25}} = \frac{3}{5} = 0{,}6$	$\sqrt[4]{\frac{a}{b}} = \frac{\sqrt[4]{a}}{\sqrt[4]{b}}$	$\sqrt[n]{\frac{a}{b}} = \frac{\sqrt[n]{a}}{\sqrt[n]{b}}$

1) radix (lateinisch) Wurzel

Aufgaben | Potenzieren und Radizieren (Wurzelziehen)

1. Potenzschreibweise. Die Ausdrücke der Aufgaben a bis f sind in Potenzform zu schreiben.

a) $4a \cdot 2a \cdot a$ b) $16\text{ dm} \cdot 2\text{ dm} \cdot 4\text{ dm}$ c) $2{,}5\text{ m} \cdot 6\text{ m} \cdot 1{,}3\text{ m}$

d) $\frac{6a}{2} \cdot \frac{5b}{3a} \cdot \frac{1}{5}b$ e) $0{,}5\text{ cm} \cdot \frac{1}{10}\text{ cm} \cdot \frac{3}{4}\text{ cm}$ f) $16\text{ m}^2 : 8\text{ m}$

2. Zehnerpotenzen. Die Zahlen sind in Zehnerpotenzen zu verwandeln.

a) 100; 1 000; 0,01; 0,001; 1 000 000; 1/1 000 000   b) 55 420; 1 647 978; 356 763; 33 200
c) 0,033; 0,756; 0,0021; 0,000 02; 0,000 000 1   d) 1/10; 5/100; 7/1 000; 33/100; 321/1 000

3. Potenzschreibweise. Die folgenden Zahlen sind in Zehnerpotenzen umzuformen.

a) Lichtgeschwindigkeit $c = 299\,790\,000$ m/s
b) Umfang des Äquators $U = 40\,076\,594$ m
c) Mittlerer Abstand der Erde von der Sonne $R = 149{,}5$ Millionen km
d) Oberflächen der Erde $O = 510\,100\,933\text{ km}^2$

4. Addition und Subtraktion. Die Potenzen sind zu addieren bzw. zu subtrahieren.

a) $5b^3 + 7b^3 + 3b^3$ b) $9m^3 - 9n^3 + 12n^3 - 5m^3 - n^3$
c) $15x^4y - 3x^2y^3 - 5x^4y$ d) $2{,}6a^2 + 5{,}9a^3 - 3{,}1a^3 + 19{,}7a^2 - a^3$

5. Multiplikation und Division. Die Potenzen sind zu multiplizieren bzw. zu dividieren.

a) $4^2 \cdot 4^3$ b) $a^5 \cdot a^4$ c) $2x^2 \cdot 4x \cdot 5x^3$ d) $0{,}5b^3 \cdot 1{,}3b^2$ e) $441x^6 : 21x^2$

f) $51a^4b^3 : 17a^2b^3$ g) $\frac{49^3}{7^3}$ h) $\frac{57^2}{19^2}$ i) $\frac{6{,}8a^2}{0{,}17a^2}$ k) $\frac{(4a)^x}{a^x}$

6. Berechnung von Wurzeln. Folgende Wurzeln sind zu berechnen bzw. vereinfacht zu schreiben.

a) $\sqrt{49}$; $\sqrt{121}$; $\sqrt[3]{1000}$; $\sqrt{1{,}21}$; $\sqrt{0{,}36}$ b) $\sqrt[3]{0{,}008}$; $\sqrt{a^2}$; $\sqrt{9a^4}$; $\sqrt{\frac{25}{49}}$; $\sqrt{\frac{a^2}{b^2}}$; $\sqrt{\frac{9c^2}{4b^2}}$

7. Berechnung von Wurzeln. Die Ergebnisse sind auf die zweite Stelle zu runden.

a) $\sqrt{2}$; $\sqrt{6}$; $\sqrt{47}$; $\sqrt{\frac{5}{4}}$; $\sqrt{\frac{121}{9}}$ b) $\sqrt{6} \cdot \sqrt{49}$; $\sqrt[3]{16}$; $\sqrt{\frac{1}{121}}$; $\frac{\sqrt{3}}{\sqrt{5}}$

8. Wurzeln mit Variablen. Wie groß ist $\sqrt{x^2 + y^2}$ für die folgenden Werte?

a) $x = 8$; $y = 6$ b) $x = 10$ m; $y = 7{,}5$ m   c) $x = 0{,}48$ cm; $y = 0{,}36$ cm

Wie groß ist $\sqrt{c^2 - b^2}$ für die folgenden Werte?

a) $c = 15$; $b = 12$ b) $c = 2{,}5$ m; $b = 1{,}5$ m   c) $c = 0{,}2$ dm; $b = 0{,}16$ dm

9. Addition und Subtraktion. Die Wurzeln sind zu addieren bzw. zu subtrahieren.

a) $\sqrt{a} + \sqrt{a}$; b) $2\sqrt{m} + 7\sqrt{m}$; c) $2m\sqrt{b} + 3n\sqrt{b}$ d) $5\sqrt{9} - 3\sqrt{9}$; e) $c\sqrt{c} - 2\sqrt{c}$

10. Multiplikation und Division. Die Ausdrücke sind zu multiplizieren bzw. zu dividieren.

a) $\sqrt{4} \cdot \sqrt{9}$ b) $\sqrt{42} \cdot \sqrt{7}$ c) $\sqrt{5a} \cdot \sqrt{20a}$ d) $\sqrt{16 \cdot 49}$

e) $\sqrt{4x^2 \cdot y^2}$ f) $\sqrt{81m^4 \cdot n^2}$ g) $\sqrt{32} : \sqrt{8}$ h) $\sqrt{7ax} : \sqrt{7a}$

Allgemeine Berechnungen

Schlussrechnung (Dreisatzrechnung)

Mit der Schlussrechnung wird, ausgehend von einer bekannten Größe (z. B. Stückzahl, Masse u. a.), ein Vielfaches oder ein Teil berechnet.

Bezeichnungen:

A_m Ausgangsmenge, z. B. St — A_w Ausgangswert, z. B. kg

E_m Endmenge, z. B. St — E_w Endwert, z. B. kg

Schlussrechnung für direkt proportionale Verhältnisse

Zwei voneinander abhängige Größen verhalten sich im gleichen Verhältnis, d. h. sie sind direkt proportional.

Beispiel: 25 Distanzplatten haben eine Masse $m = 2800$ g. Welche Masse haben 6 Distanzplatten **(Bild 1)**?

Grundaussage: Die Menge $A_m = 25$ Distanzplatten hat die Masse $A_w = 2800$ g.

Berechnung des Wertes für die Menge $A = 1$ Stück (St):

1 Distanzplatte hat die Masse $\frac{A_w}{A_m} = \frac{2800\ \text{g}}{25\ \text{St}} = \mathbf{112\ \frac{g}{St}}$

Berechnung des Endwertes E_w für die Endmenge E_m:

$E_m = 6$ Distanzplatten haben die Masse $E_w = \frac{A_w}{A_m} \cdot E_m = \frac{2800\ \text{g}}{25\ \text{St}} \cdot 6\ \text{St} = \mathbf{672\ g}$

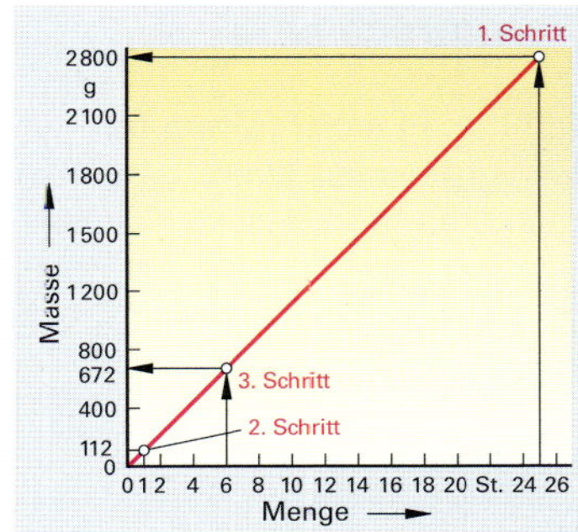

Bild 1: Direkt proportionales Verhältnis

Endwert bei direkt proportionalem Verhältnis

$$E_w = \frac{A_w}{A_m} \cdot E_m$$

Schlussrechnung für indirekt proportionale Verhältnisse

Zwei voneinander abhängige Größen verhalten sich in umgekehrtem Verhältnis, d. h., sie sind indirekt proportional.

Beispiel: Für die Montage von 12 Kettensägen benötigen 4 Mitarbeiter 3 Stunden. Wie viel Stunden benötigen 6 Mitarbeiter für die gleiche Anzahl Sägen **(Bild 2)**?

Grundaussage: Die Menge $A_m = 4$ Mitarbeiter benötigen die Zeit $A_w = 3$ Stunden.

Berechnung des Wertes für die Menge $A = 1$ Mitarbeiter:

1 Mitarbeiter benötigt $A_m \cdot A_w = 4 \cdot 3$ Stunden = **12 Stunden**

Berechnung des Endwertes E_w für die Endmenge E_m:

$E_m = 6$ Mitarbeiter benötigen die Zeit $E_w = \frac{A_m \cdot A_w}{E_m} = \frac{4\ \text{Mitarbeiter} \cdot 3\ \text{h}}{6\ \text{Mitarbeiter}} = \mathbf{2\ h}$

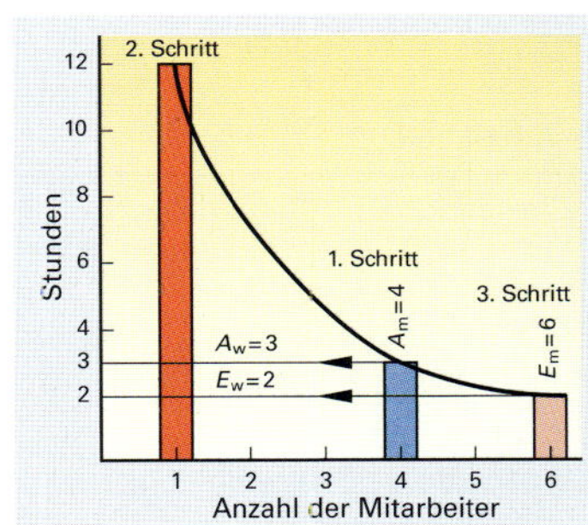

Bild 2: Indirekt proportionales Verhältnis

Endwert bei indirekt proportionalem Verhältnis

$$E_w = \frac{A_m \cdot A_w}{E_m}$$

Aufgaben | Schlussrechnung

1. **Werkstoffpreis.** Eine Gießerei berechnet für Stahlguss einen Preis von 1,08 €/kg. Wie viel kosten 185 Deckel mit einer Masse von je 1,35 kg?
2. **Schutzgasverbrauch.** Die Schweißnaht an einem Schiff ist 78 m lang. Nach 23 m geschweißter Naht wurde ein Schutzgasverbrauch von 640 l festgestellt. Wie viel l Schutzgas sind für die gesamte Fertigstellung der Naht erforderlich?
3. **Notstromaggregat.** Im 3-stündigen Betrieb verbrauchen 2 Notstromaggregate 120 l Kraftstoff. Wie lange können 3 Aggregate mit einem Treibstoffvorrat von 240 l betrieben werden?
4. **CuZn-Blech.** 4 m² eines 4 mm dicken Blechs aus CuZn37 haben eine Masse $m = 136$ kg. Welche Masse haben 10 m² Blech mit einer Blechdicke von 6 mm?
5. **Qualitätskontrolle.** In der Qualitätskontrolle benötigen 3 Prüfer 14 Stunden für einen Prüfvorgang. Wie viele Prüfer müssten eingesetzt werden, um die Kontrollarbeiten in etwa 8 Stunden zu schaffen?
6. **Rundstahl.** In einer Walzenstraße wird Rundstahl mit einer Querschnittsfläche von 200 mm² und einer Länge von 4500 mm hergestellt. Wie viel Meter Rundstahl erhält man, wenn bei gleicher Masse die Querschnittsfläche auf 100 mm² verkleinert wird?

Prozentrechnung

Damit man sich Größen und Werte vorstellen und sie untereinander vergleichen kann, bezieht man sie auf die Zahl 100. Den betrachteten Wert drückt man als Prozentsatz aus.

Bezeichnungen:

P_s	Prozentsatz	%	P_w	Prozentwert	z. B. €
G_w	Grundwert	z. B. €			

● **1. Beispiel:**

Wie groß ist der Prozentwert P_w in € für einen Grundwert G_w = 500 € bei einem Prozentsatz P_s = 40 % **(Bild 1)**?

Lösung: $P_w = \frac{G_w}{100\,\%} \cdot P_s = \frac{500\text{ €}}{100\,\%} \cdot 40\,\% = \mathbf{200\text{ €}}$

● **2. Beispiel:**

Von 600 gefertigten Zahnriemen sind 17 Ausschuss. Der Prozentsatz P_s für den Ausschuss ist zu berechnen.

Lösung: $P_w = \frac{G_w}{100\,\%} \cdot P_s;\quad P_s = \frac{100\,\%}{G_w} \cdot P_w = \frac{100\,\%}{600} \cdot 17 = \mathbf{2{,}83\,\%}$

● **3. Beispiel:**

Ein schadhafter Behälter verlor 38,84 Liter Flüssigkeit, das sind 16 % der Flüssigkeit. Wie viel Liter Flüssigkeit enthielt der Behälter?

Lösung: $P_w = \frac{G_w}{100\,\%} \cdot P_s;\quad G_w = \frac{100\,\%}{P_s} \cdot P_w = \frac{100\,\%}{16\,\%} \cdot 38{,}84\text{ l} = \mathbf{242{,}75\text{ l}}$

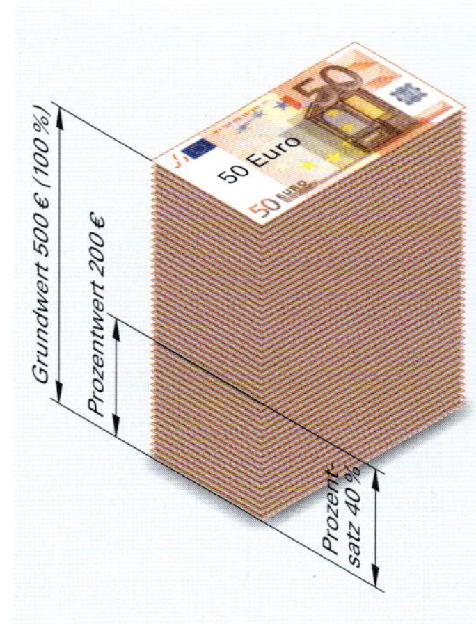

Bild 1: Direkt proportionales Verhältnis

Prozentwert

$$P_w = \frac{G_w}{100\,\%} \cdot P_s$$

Aufgaben | Prozentrechnung

1. **Festplatte.** Eine Bilddatei benötigt 15 MByte Speicherplatz auf einer Festplatte. Wie viel Prozent Festplattenspeicher werden für das Bild auf einer 10-GByte-Festplatte beansprucht?
2. **Scanzeit.** Ein Flachbettscanner benötigt für den Scanvorgang einer Fotografie 4 min. Das Nachfolgemodell des Scanners soll bei dem gleichen Arbeitsauftrag 24 % schneller sein.
   Berechnen Sie die Scanzeit des neuen Scannermodells.
3. **Rauchgasentschwefelung.** In den Rauchgasen eines Kraftwerkes lag der Anteil des Schwefeldioxids 62 % unter dem zulässigen Grenzwert. Durch den Einbau einer zusätzlichen Rauchgasentschwefelungsanlage konnte der Wert auf 20 % des Grenzwertes gesenkt werden. Um wie viel Prozent verringerte die Rauchgasentschwefelungsanlage den Ausstoß an Schwefeldioxid des Kraftwerkes?
4. **Gehäusegewicht.** Um wie viel Prozent vermindert sich das Gewicht eines Gehäuses, das bisher aus 1 mm dickem Stahlblech (Dichte ϱ = 7,85 kg/dm^3) bestand und nun aus 2 mm dickem Aluminiumblech (Dichte ϱ = 2,7 kg/dm^3) hergestellt werden soll?
5. **Zugfestigkeit.** Durch Vergüten wurde die Zugfestigkeit eines Stahles um 42 % auf 1250 N/mm^2 erhöht. Wie groß war die Zugfestigkeit des Werkstoffes vor der Wärmebehandlung?
6. **Lotherstellung.** In einer Schmelze sollen 150 kg des Weichlotes L-Sn63Pb37 hergestellt werden. Berechnen Sie die Einzelmassen an Zinn und Blei in der Schmelze.
7. **Aktienfonds.** Vor mehr als einem Jahr wurden 15 Anteile eines Technologiefonds zu einem Preis von 135 € mit einem Ausgabeaufschlag von 5,25 % gekauft. Der Fonds hat vom Kauftag bis heute eine Wertsteigerung von 45 %.
   a) Welcher Gesamtbetrag musste für die 15 Anteile bezahlt werden?
   b) Welcher Gewinn wäre bei einem Verkauf zu erwarten?

Zeitberechnungen

Die Zeit wird in den Einheiten Sekunde, Minute, Stunde und Tag angegeben **(Tabelle 1)**.

Bei Auftrags- und Fertigungszeiten ist die dezimale Angabe der Zeit üblich. In den meisten Fällen erfolgt die Berechnung von Zeiten mithilfe der Uhr. Die Uhrzeit wird auf unterschiedliche Weise angegeben:

7.45 Uhr oder $7^{\underline{45}}$ Uhr oder 07:45 Uhr.

● **Beispiel:**

Bei einem Marathonlauf benötigte der beste Läufer eine Zeit von 2 Stunden, 9 Minuten und 14 Sekunden. Die Zeit soll in Minuten umgerechnet werden.

Lösung:

2 h = 2 · 60 min	= 120,0 min
9 min	9,0 min
$14 \text{ s} = \frac{14}{60} \text{ min}$	= 0,23 min
2 h 09 min 14 s	= 129,23 min

Tabelle 1: Einheiten der Zeit

Einheitenname	Einheitenzeichen	Umrechnung
Sekunde	s	–
Minute	min	1 min = 60 s
Stunde	h	1 h = 60 min
Tag	d	1 d = 24 h

Aufgaben | Zeitberechnungen

1. **Arbeitsaufträge (Tabelle 2).** Für die in den Aufgaben a bis d genannten Zeitangaben ist die jeweilige Dauer der Arbeitsaufträge zu berechnen.

2. **Stundenumrechnung.** Die folgenden Zeiten sind in Stunden umzurechnen:
   a) 2 h 46 min b) 6 h 30 min 15 s
   c) 34 min d) 576 s

3. **Zeitangabe (Tabelle 3).** Die Zeitangaben der Aufgaben a bis f sind in Stunden, Minuten und Sekunden umzurechnen.

4. **Zeitumrechnung (Tabelle 4).** Die Zeitangaben der Aufgaben a bis e sind in Minuten umzurechnen.

5. **Fahrzeit.** Sie fahren um 8.35 Uhr zu einer Besprechung, bei der Sie um 14.00 Uhr erwartet werden. Die reine Fahrzeit beträgt 4 h 38 min. Am Vormittag machen Sie eine Pause von 5 min 20 s und zum Mittag eine von 36 min.
   a) Zu welcher Uhrzeit treffen Sie am Besprechungsort ein?
   b Welche Zeit in Stunden, Minuten und Sekunden waren Sie insgesamt unterwegs?

6. **Montagezeit.** Für die Montage eines Gerätes werden 5 min 25 s benötigt. In welcher Zeit wird eine Kleinserie mit 25 Geräten montiert?

7. **Zahnriementrieb (Bild 1).** Für den Antrieb eines Förderbandes kommt ein Zahnriemen zum Einsatz. Zur Auswahl stehen drei Antriebstypen mit unterschiedlichen Geschwindigkeiten.
   Wie groß sind
   a) die Zeiten, die jeder Antrieb für 80 cm Weg benötigt,
   b) die Zeiten, wenn jeweils 4 000 Werkstücke transportiert werden?

Tabelle 2: Arbeitsaufträge

	a	b
Arbeitsbeginn	8.22 Uhr	7.15 Uhr
Arbeitsende	10.05 Uhr	11.35 Uhr
	c	**d**
Arbeitsbeginn	6.28 Uhr	6.15 Uhr
Arbeitsende	9.02 Uhr	15.40 Uhr

Tabelle 3: Zeitangabe

a	b	c
0,8 h	0,15 h	0,76 h
d	**e**	**f**
8,55 h	2,36 h	1,02 h

Tabelle 4: Zeitumrechnung

a	b	
7 h 35 min 24 s	8 h 20 min 2 s	
c	**d**	**e**
220 s	6,5 s	1 h 22 s

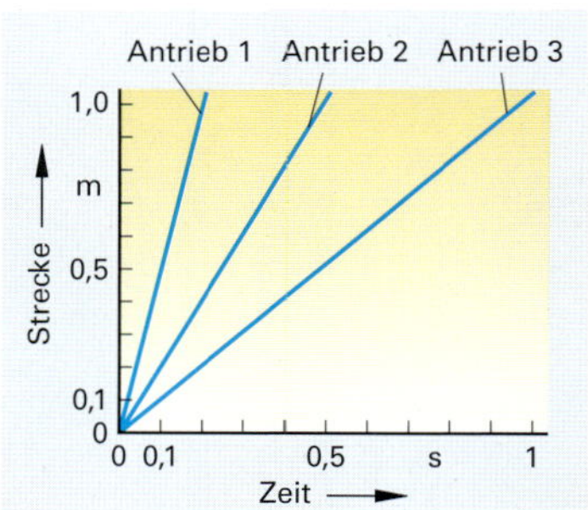

Bild 1: Zahnriementrieb

Winkelberechnungen

In der Technik werden Winkelangaben in Grad und überwiegend als Dezimalbruch angegeben, weil damit einfacher gerechnet und programmiert werden kann. Winkelmaße können auch in Grad, Minute und Sekunde ermittelt und mit dem Faktor 60 umgerechnet werden **(Tabelle 1)**.

Tabelle 1: Einheiten der Winkel

Einheitenname	Umrechnung	Umrechnungsfaktoren
Grad	$1° = 60'$	Grad in Minute: 60 Grad in Sekunde: $60 \cdot 60 =$ 3 600
Minute	$1' = 60'' = \frac{1°}{60}$	Minuten in Sekunde: 60 Minuten in Grad: $\frac{1}{60}$
Sekunde	$1'' = \frac{1'}{60} = \frac{1°}{3\,600}$	Sekunde in Minute: $\frac{1}{60}$ Sekunden in Grad: $\frac{1}{60 \cdot 60} = \frac{1}{3\,600}$

Bild 1: Taschenrechner

Rechnereingabe:
2 [° ′ ″] 51 [° ′ ″] 40 [° ′ ″] [=]

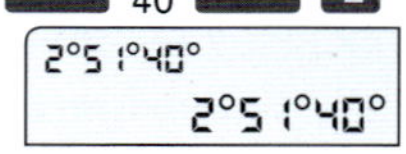

Ausgabe:
[SHIFT] [° ′ ″]

● **1. Beispiel:**

Ein Kegelwinkel beträgt 2° 51′ 40″. Wie groß ist der Wert des Winkels als Dezimalbruch **(Bild 1)**?

Lösung:

$2° = 2{,}00°$

$51' = \frac{51°}{60} = 0{,}85°$

$40'' = \frac{40°}{60 \cdot 60} = 0{,}011°$

$2°51'40'' = \mathbf{2{,}861°}$

● **2. Beispiel:**

Die Winkelangabe α = 15,71° ist in Grad, Minuten und Sekunden umzurechnen.

Lösung:

$15° = 15°$

$0{,}71° = 0{,}71 \cdot 60' = 42{,}6'$

$0{,}6' = 0{,}6 \cdot 60'' = 36''$

$15{,}71° = \mathbf{15°42'36''}$

Rechnereingabe:
15,71 [° ′ ″] [=]

Ausgabe:

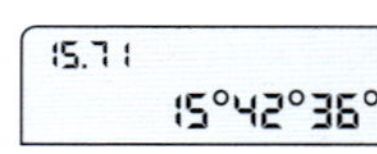

≙15°42′36″

Winkelarten

Für Winkel an Parallelen und sich schneidenden Geraden bestehen durch ihre Lage bestimmte geometrische Zusammenhänge **(Bild 2)**.

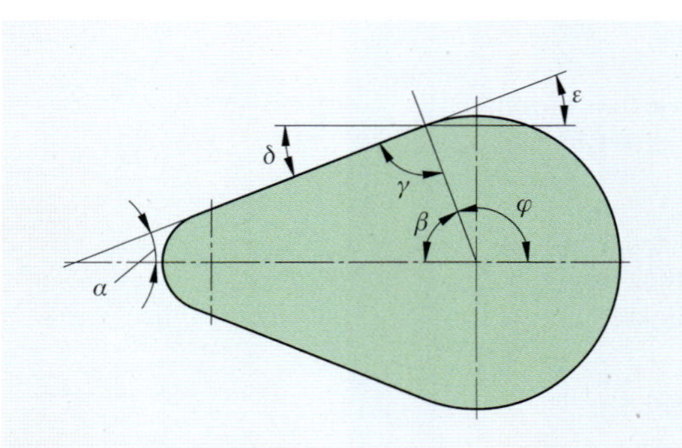

Bild 2: Winkelarten

Nebenwinkel an Geraden

$$\beta + \varphi = 180°$$

Scheitelwinkel an Geraden

$$\varepsilon = \delta$$

Stufenwinkel an Parallelen

$$\alpha = \varepsilon$$

Winkelsumme im Dreieck

$$\alpha + \beta + \gamma = 180°$$

Aufgaben | Winkelberechnungen

1. **Umrechnungen.** Die folgenden Winkel sollen in Grad und in Minuten angegeben werden: 27,5°; 62,67°; 38,23°.

2. **Umrechnung.** Rechnen Sie folgende Angaben um:
   a) In Grad und Minuten: 362′; 89′; 582′, 1 324′.
   b) In Minuten und Sekunden: 16,42′, 49,6′; 0,06′.

3. **Platte (Bild 1).** Die Winkel α, β, γ und δ der Platte sind zu berechnen.

4. **Winkel im Dreieck (Bild 2).** Wie groß ist jeweils der dritte Dreieckswinkel, wenn gegeben sind:
   a) α = 17°; β = 47°
   b) γ = 72°; β = 31°
   c) α = 121°; γ = 56°41′

5. **Mittelpunktswinkel.** Wie groß sind jeweils der Mittelpunktswinkel α und der Eckenwinkel β im regelmäßigen Sechs-, Acht- und Zehneck?

6. **Flansch.** Auf dem Lochkreis eines Flansches sind 5 Bohrungen gleichmäßig verteilt. Wie groß ist der Mittelpunktswinkel zwischen je zwei Bohrungen?

7. **Drehmeißel.** Von einem Drehmeißel sind folgende Winkel bekannt: Freiwinkel α = 17°, Spanwinkel γ = 15°.
   Wie groß ist der Keilwinkel β?

8. **Wagenheber (Bild 3).** Die maximale Höhe eines Wagenhebers beträgt h = 400 mm. Die Schere hat dann oben einen Öffnungswinkel von δ = 50°.
   Wie groß sind die Winkel α und β?

9. **Schablone (Bild 4).** Die Winkel α, β und γ der Schablone sind mithilfe der Winkel 65° und 118° zu berechnen.

10. **Zahnriemenantrieb (Bild 5).** Wie groß sind die Umschlingungswinkel α und β des Zahnriementriebes?

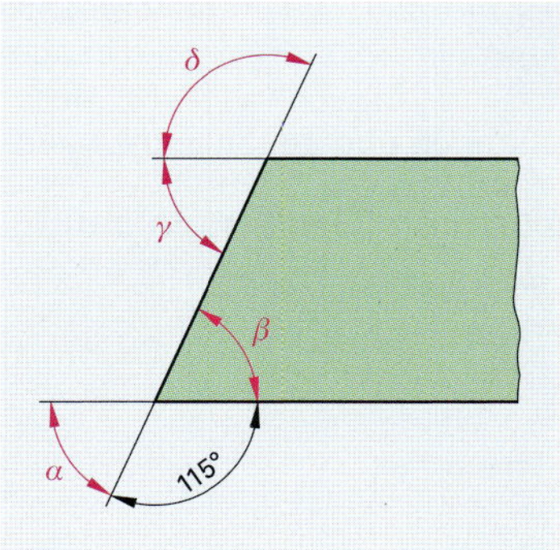

Bild 1: Platte

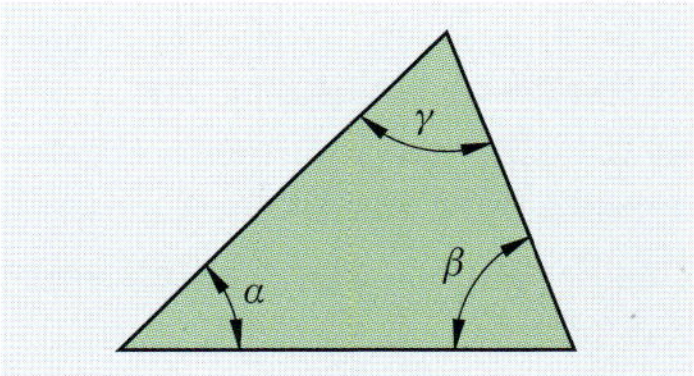

Bild 2: Winkel im Dreieck

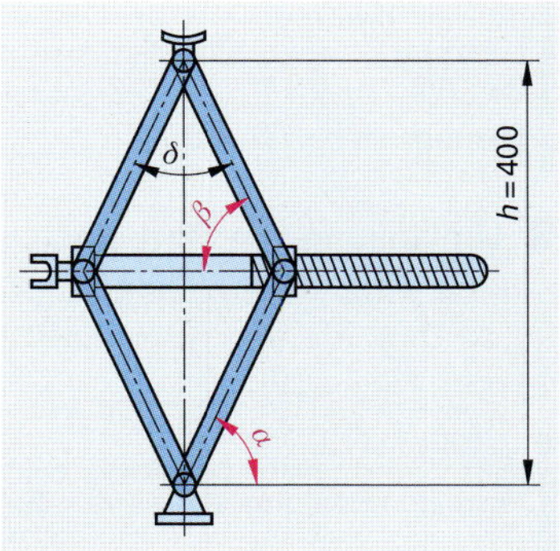

Bild 3: Wagenheber

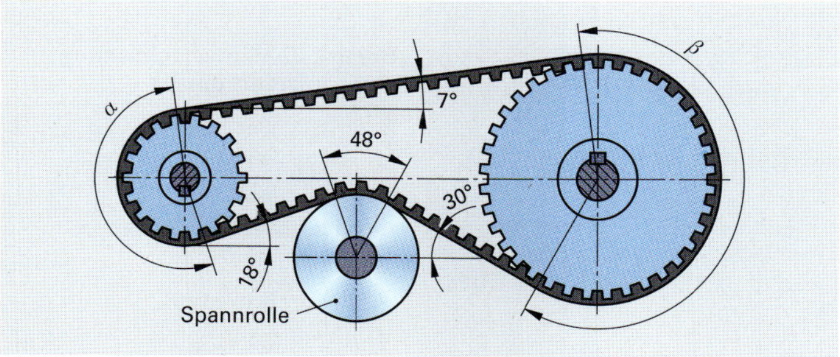

Bild 5: Zahnriementrieb

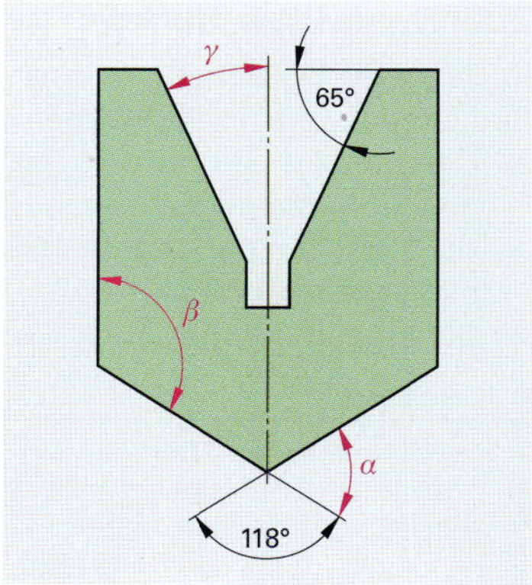

Bild 4: Schablone

Technische Berechnungen

Technische Zusammenhänge werden häufig in mathematischen Formeln ausgedrückt, die dann zur Lösung von Problemstellungen, z. B. zur Berechnung von Geschwindigkeiten, Kräften, Beanspruchungen und Zeiten, angewandt werden.

Formeln (Größengleichungen)

Formeln bestehen aus	Beispiele:
Formelzeichen	P für die Leistung s für den Weg t für die Zeit
Operatoren (Rechenvorschriften)	= ist gleich (Gleichheitszeichen) · Multiplikation – (Bruchstrich), Division
Konstanten	π (Zahl Pi = 3,141592654...)
Zahlen	4,10,112 ...

Beim Lösen von Aufgaben gelten die allgemeinen Rechenregeln der Mathematik (Seite 11). Anstelle der Platzhalter werden bekannte physikalische Größen (Seite 25) in die Formel eingesetzt. Anschließend kann die gesuchte Größe berechnet werden.

Das **Ergebnis** ist ein **Zahlenwert** mit einer **Einheit (eine sog. Größe),** z. B.: 4 m; 12,6 s; 145 N/mm². Die Einheiten werden vor, während oder nach der Berechnung so umgeformt, dass der Rechengang möglich wird oder im Ergebnis die gewünschte Einheit steht.

1. Beispiel:

Leistung. Wie groß ist die Leistung in W (Watt) für die Kraft $F = 220$ N, den Weg $s = 0,5$ m und die Zeit $t = 12$ s?

Lösung: siehe **Tabelle 1.**

Umstellung von Formeln

Steht in einer Formel die gesuchte Größe nicht allein auf einer Seite, so kann sie erst nach einer Umstellung der Formel berechnet werden (Seite 29).

2. Beispiel:

Formelumstellung. Die Formel für die mechanische Leistung P ist nach der Zeit t umzustellen.

Lösung: siehe **Tabelle 2.**

Zahlenwertgleichungen

In Zahlenwertgleichungen sind die üblichen Umrechnungen von Einheiten bereits in die Formeln eingearbeitet. Beachte:

- Die Zahlenwerte der Größen dürfen nur in den vorgeschriebenen Einheiten in die Gleichung eingegeben werden.
- Die Einheiten der einzelnen Größen werden bei der Berechnung nicht mitgeführt.
- Die Einheit der gesuchten Größe (Ergebnis) ist vorgegeben.

3. Beispiel:

Formelumstellung. Drehmoment *M*. Die Hauptspindel einer Drehmaschine wird mit der Leistung $P = 25$ kW angetrieben. Wie groß ist das Drehmoment bei einer Drehzahl $n = 710$/min?

Lösung: $M = \frac{9\,550 \cdot P}{n} = \frac{9\,550 \cdot 25}{710}\ \text{N·m} = 336{,}27\ \text{N·m}$

Beispiel: Formel zur Berechnung der mechanischen Leistung

$$P = \frac{F \cdot s}{t}$$

Tabelle 1: Rechnen mit Formeln

Lösungsschritt	Rechengang
Ausgangsformel	$P = \frac{F \cdot s}{t}$
Einsetzen der bekannten Größen	$P = \frac{220\ \text{N} \cdot 0{,}5\ \text{m}}{12\ \text{s}}$
Berechnung der gesuchten Größe	$= 9{,}16\ \frac{\text{N·m}}{\text{s}}$
Umrechnung der Einheit $\frac{\text{N·m}}{\text{s}}$ in W (Watt)	$= 9{,}16\ \frac{\text{N·m}}{\text{s}} \cdot \frac{1\ \text{W·s}}{\text{N·m}}$ $\mathbf{= 9{,}16\ W}$

Tabelle 2: Formelumstellung

Beschreibung	Lösungsschritt
Formel	$P = \frac{F \cdot s}{t}$
beide Formelseiten mit t multiplizieren, rechte Seite kürzen	$P \cdot t = \frac{F \cdot s}{t} \cdot t$
beide Formelseiten durch P dividieren, linke Seite kürzen	$\frac{P \cdot t}{P} = \frac{F \cdot s}{P}$
umgestellte Formel:	$\boldsymbol{t = \frac{F \cdot s}{P}}$

Beipiel: Zahlenwertgleichung Drehmoment

$$M = \frac{9\,550 \cdot P}{n}$$

vorgeschriebene Einheiten

Bezeichnung		Einheit
M	Drehmoment	N · m
P	Leistung	kW
n	Drehzahl	1/min

Größen und Einheiten

In technischen Berechnungen sind die Formelzeichen aller Formeln Platzhalter für physikalische Größen **(Bild 1)**. Sie bestehen aus einem

- **Zahlenwert,** der durch Messung oder Berechnung ermittelt wird, und aus einer
- **Einheit,** z. B. m, kg, s, N.
  Die Größen, ihre Kurzzeichen und ihre Einheiten sind in DIN 1301 festgelegt **(Tabelle 1)**.

Tabelle 1: Größen und Einheiten (Auszug)

Größe		Basiseinheit der Größe	
Bezeichnung	**Formelzeichen**	**Kurzzeichen**	**Name**
Länge	l	m	Meter
Fläche	A	m^2	Quadratmeter
Volumen	V	m^3	Kubikmeter
Winkel	α, β ...	°	Grad
Masse	m	kg	Kilogramm
Dichte	ϱ	kg/m^3	Kilogramm pro Kubikmeter
Kraft	F	N	Newton
Gewichtskraft	F_G	N	Newton
Leistung	P	N · m/s	Newton mal Meter pro Sekunde
Zeit	t	s	Sekunde
Drehzahl	n	1/min	Eins pro Minute
Beschleunigung	a	m/s^2	Meter pro Sekunde²

In allen Kapiteln des Rechenbuches sind die nötigen Formelzeichen und ihre Einheiten unter **„Bezeichnungen"** zusammengefasst.

Beispiel: Längenangabe

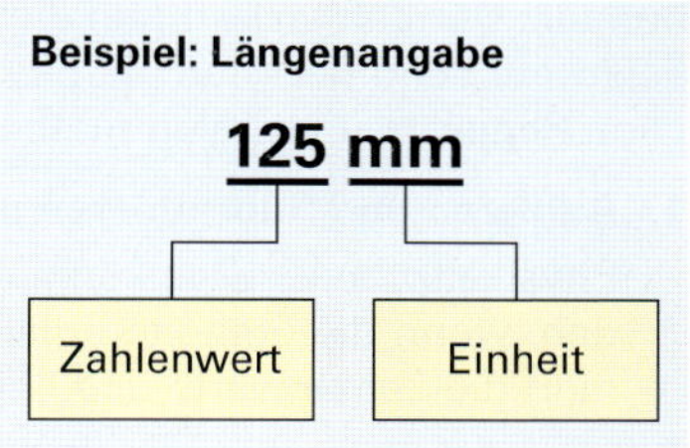

Bild 1: Physikalische Größe

Beispiel: Längenangabe

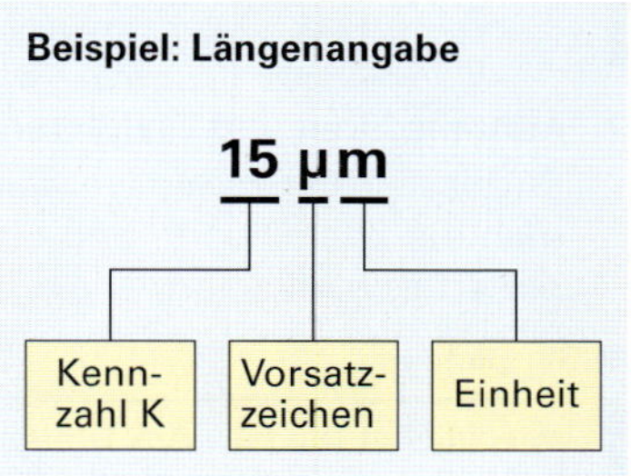

Bild 2: Schreibweise mit Vorsatzzeichen

Darstellung großer und kleiner Zahlenwerte

Große und kleine Zahlenwerte in physikalischen Größen lassen sich durch Vorsatzzeichen übersichtlicher darstellen **(Tabelle 2)**. Die Vorsatzzeichen stehen ohne Zwischenraum vor der Einheit, z. B. µm, kN, mm, cm.

Zahlenwert

$$Z = x \cdot K$$

Bezeichnungen
Z Zahlenwert der physikalischen Größe
K Kennzahl der physikalischen Größe
x Umrechnungsfaktor

Aus der Kennzahl K und dem Umrechnungsfaktor x **(Tabelle 2)** kann der Zahlenwert der physikalischen Größe berechnet werden.

Tabelle 2: Vorsatzzeichen und Umrechnungsfaktoren

Vorsatzzeichen	Vorsatzname	Faktor x
P	Piko	10^{-12}
n	Nano	10^{-9}
µ	Mikro	10^{-6}
m	Milli	10^{-3}
c	Zenti	10^{-2}
d	Dezi	10^{-1}
da	Deka	10^{1}
h	Hekto	10^{2}
k	Kilo	10^{3}
M	Mega	10^{6}
G	Giga	10^{9}
T	Tera	10^{12}

● **1. Beispiel:**

Das Lager eine NC-Drehmaschine wird mit der Kraft $F = 12$ kN belastet. Wie groß ist die Kraft in N?

Lösung: $Z = x \cdot K$; $x = 10^3$ nach **Tabelle 2**
$Z = x \cdot K = 10^3 \cdot 12 = 12\,000$
$F =$ **12 000 N**

● **2. Beispiel:**

Die Masse einer Stange von 2355 g ist in kg zu berechnen.

Lösung: $Z = x \cdot K$; $x = 10^{-3}$ nach **Tabelle 2**
$Z = 10^{-3} \cdot 2355 = 2{,}355$
$m =$ **2,355 kg**

Rechnen mit physikalischen Größen

Eine physikalische Größe wird mathematisch wie ein Produkt behandelt. Der Zahlenwert und die dazu gehörende Einheit bilden die Faktoren. Beim Rechnen mit physikalischen Größen gelten die gleichen Regeln wie bei allen mathematischen Berechnungen.

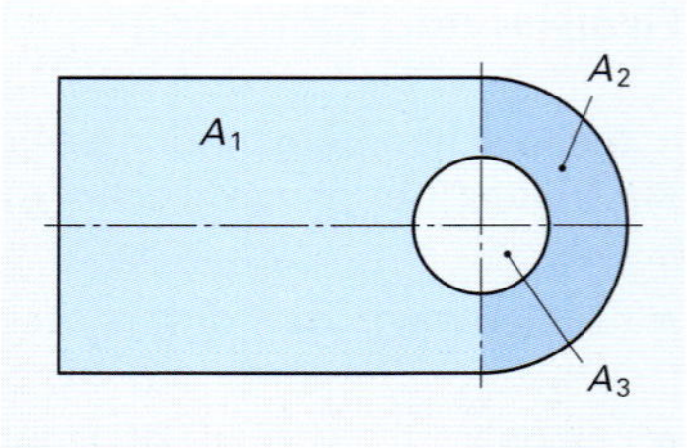

Bild 1: Formplatte

1. **Addieren und Subtrahieren physikalischer Größen**

   Physikalische Größen können nur addiert bzw. subtrahiert werden, wenn die Einheiten gleich sind. Man addiert bzw. subtrahiert die Zahlenwerte und behält die Einheit bei.

● **Beispiel:**

Formplatte (Bild 1). Für die Ermittlung der Gesamtfläche A der Formplatte wurden die Teilflächen $A_1 = 415\ \text{mm}^2$, $A_2 = 1{,}455\ \text{cm}^2$ und $A_3 = 78{,}5\ \text{mm}^2$ berechnet.
Wie groß ist die Gesamtfläche A?

Lösung: $A = A_1 + A_2 - A_3 = 415\ \text{mm}^2 + 145{,}5\ \text{mm}^2 - 78{,}5\ \text{mm}^2$
$= (415 + 145{,}5 - 78{,}5)\ \text{mm}^2 = \mathbf{482\ mm^2}$

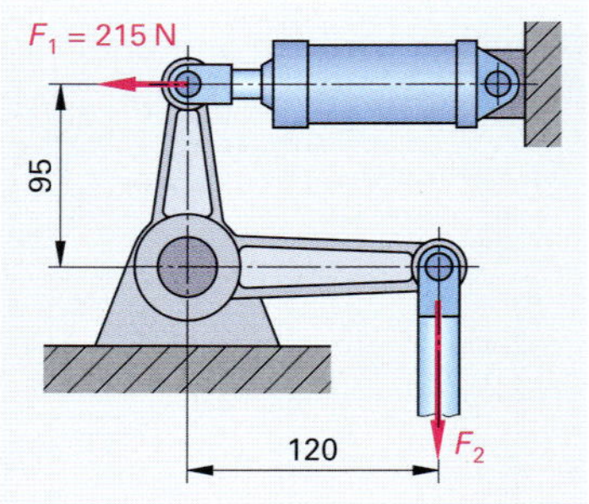

Bild 2: Umlenkhebel

2. **Multiplizieren und Dividieren physikalischer Größen**

   Physikalische Größen werden multipliziert bzw. dividiert, indem man die Zahlenwerte und Einheiten jeweils miteinander multipliziert bzw. dividiert.

● **Beispiel:**

Umlenkhebel (Bild 2). Am Umlenkhebel greift die Kraft $F_1 = 215$ N an. Wie groß ist die Kraft F_2 für $l_1 = 95$ mm und $l_2 = 12$ cm?

Lösung: $F_2 = \frac{F_1 \cdot l_1}{l_2} = \frac{215\ \text{N} \cdot 95\ \text{mm}}{120\ \text{mm}} = 170{,}2 \frac{\text{N} \cdot \cancel{\text{mm}}}{\cancel{\text{mm}}} = \mathbf{170{,}2\ N}$

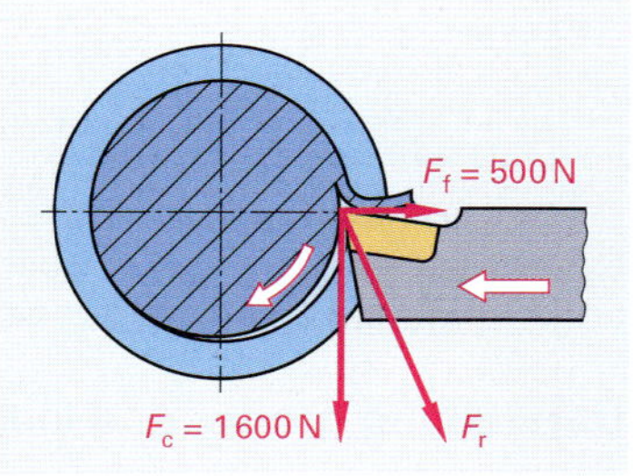

Bild 3: Kräfte beim Zerspanen

3. **Potenzieren und Radizieren physikalischer Größen**

   Physikalische Größen werden potenziert bzw. radiziert, indem man die Zahlenwerte und Einheiten jeweils potenziert bzw. radiziert.

● **Beispiel:**

Kräfte beim Zerspanen (Bild 3). Auf einen Stechdrehmeißel wirken beim Einstechdrehen die Schnittkraft $F_c = 1{,}6$ kN und die Vorschubkraft $F_f = 500$ N. Wie groß ist die Resultierende aus den Kräften F_c und F_f?

Lösung: $F_r^2 = F_c^2 + F_f^2 \qquad F_r = \sqrt{F_c^2 + F_f^2} = \sqrt{(1600\ \text{N})^2 + (500\ \text{N})^2}$

$F_r = \sqrt{(1600^2 + 500^2) \cdot \text{N}^2} = \sqrt{2\,810\,000} \cdot \sqrt{\text{N}^2} = \mathbf{1676\ N}$

Umrechnen von Einheiten

Berechnungen mit Längen, Flächen, Volumen, Kräften ... sind nur dann möglich, wenn sich ihre Einheiten jeweils auf dieselbe Basis beziehen, z. B. mm, mm², mm³ oder N. Zur Erfüllung dieser Bedingung müssen Einheiten häufig umgerechnet werden. Dies erfolgt durch Multiplikation der vorgegebenen Einheiten mit Umrechnungsfaktoren **(Tabelle 1)**.

Tabelle 1: Umrechnung von Einheiten

Größe	Umrechnungsfaktoren	Größe	Umrechnungsfaktoren
Längen	$\frac{10\ \text{mm}}{1\ \text{cm}} = \frac{1000\ \text{mm}}{1\ \text{m}} = \frac{1\ \text{m}}{1000\ \text{mm}} = \frac{1\ \text{km}}{1000\ \text{m}}$	Zeit	$\frac{60\ \text{min}}{1\ \text{h}} = \frac{3\,600\ \text{s}}{1\ \text{h}} = \frac{60\ \text{s}}{1\ \text{min}} = \frac{1\ \text{min}}{60\ \text{s}}$
Flächen	$\frac{100\ \text{mm}^2}{1\ \text{cm}^2} = \frac{100\ \text{cm}^2}{1\ \text{dm}^2} = \frac{1\ \text{dm}^2}{100\ \text{cm}^2} = \frac{10^6\ \text{mm}^2}{1\ \text{m}^2}$	Winkel	$\frac{60'}{1°} = \frac{60''}{1'} = \frac{3\,600''}{1°} = \frac{1°}{60'}$
Volumen	$\frac{1000\ \text{mm}^3}{1\ \text{cm}^3} = \frac{1000\ \text{cm}^3}{1\ \text{dm}^3} = \frac{1\ \text{dm}^3}{1000\ \text{cm}^3} = \frac{10^3\ \text{mm}^3}{1\ \text{m}^3}$	Zoll	$1\ \text{inch} = 25{,}4\ \text{mm}; \quad 1\ \text{mm} = \frac{1}{25{,}4}\ \text{inch}$

Vereinfachte Umrechnungen häufig vorkommender Einheiten sind in **Tabelle 1** dargestellt.

Tabelle 1: Umrechnung von Einheiten

Länge	Fläche
1 m = 10 dm = 100 cm = 1 000 mm	1 m² = 100 dm² = 10 000 cm² = 1 000 000 mm²
m ↖ 1 Stelle ↗ dm ↖ 1 Stelle ↗ cm ↖ 1 Stelle ↗ mm	m² ↖ 2 Stellen ↗ dm² ↖ 2 Stellen ↗ cm² ↖ 2 Stellen ↗ mm²
$1\ m = 10^1\ dm = 10^2\ cm = 10^3\ mm$	$1\ m^2 = 10^2\ dm^2 = 10^4\ cm^2 = 10^6\ mm^2$
Volumen	**Masse**
$1\ m^3 = 1000\ dm^3 = 1\,000\,000\ cm^3 = 1\,000\,000\,000\ mm^3$	1 t = 1 000 kg = 1 000 000 g = 1 000 000 000 mg
m³ ↖ 3 Stellen ↗ dm³ ↖ 3 Stellen ↗ cm³ ↖ 3 Stellen ↗ mm³	t ↖ 3 Stellen ↗ kg ↖ 3 Stellen ↗ g ↖ 3 Stellen ↗ mg
$1\ m^3 = 10^3\ dm^3 = 10^6\ cm^3 = 10^9\ mm^3$	$1\ t = 10^3\ kg = 10^6\ g = 10^9\ mg$
Hohlmaß	**Kraft**
Den Inhalt von Gefäßen misst man in Litern. $1\ l = 1\ dm^3$ $1\ dl = 0{,}1\ dm^3$ $1\ cl = 0{,}01\ dm^3$ $1\ ml = 0{,}001\ dm^3 = 1\ cm^3$	1 MN = 1 000 kN = 1 000 000 N $1\ MN = 10^3\ kN = 10^6\ N$

Beispiele für die Umrechnung von Einheiten

Größen	Umrechnung in größere Einheiten	Umrechnung in kleinere Einheiten
Länge	185,4 mm = ? cm 185,4 mm = 18,54 cm 1 Stelle ←	1 Stelle → 67,5 m = ? dm 67,5 m = 675 dm
Fläche	$185{,}4\ mm^2 = ?\ cm^2$ $185{,}4\ mm^2 = 1{,}854\ cm^2$ 2 Stellen ←	2 Stellen → $67{,}5\ m^2 = ?\ dm^2$ $67{,}5\ m^2 = 6750\ dm^2$
Volumen	$185{,}4\ mm^3 = ?\ cm^3$ $185{,}4\ mm^3 = 0{,}1854\ cm^3$ 3 Stellen ←	3 Stellen → $67{,}5\ m^3 = ?\ dm^3$ $67{,}5\ m^3 = 67\,500\ dm^3$
inch mm	**Beispiel:** 127 mm = ? inches **Lösung:** 25,4 mm = 1 inch $1\ mm = \frac{1}{25{,}4}\ inch$ $127\ mm = \frac{127 \cdot 1}{25{,}4}\ inches$ **= 5 inches**	**Beispiel:** $3\frac{1}{4}$ inches = ? mm **Lösung:** 1 inch = 25,4 mm $3\frac{1}{4}\ inches = \frac{13}{4}\ inches$ $= \frac{25{,}4\ mm \cdot 13}{4}$ **= 82,55 mm**

● **Beispiel:**

Leistungsberechnung. Ein Gabelstapler **(Bild 1)** hebt eine Maschine in 0,3 min in 480 mm Höhe. Die mechanische Leistung P ist in W (Watt) zu berechnen, wenn die Maschine eine Gewichtskraft F_G = 15 kN hat.

Lösung: $P = \frac{F_G \cdot s}{t} = \frac{15\ \text{kN} \cdot 480\ \text{mm}}{0{,}3\ \text{min}}$ — Ausgangsform

$P = \frac{15\ \cancel{\text{kN}} \cdot \frac{1000\ \text{N}}{\cancel{\text{kN}}} \cdot 480\ \text{mm}}{0{,}3\ \text{min}}$ — Umrechnen der Einheit kN in N; Kürzen der Einheit kN

$P = \frac{15 \cdot 1000\ \text{N} \cdot 480\ \cancel{\text{mm}} \cdot \frac{1\ \text{m}}{1000\ \cancel{\text{mm}}}}{0{,}3\ \text{min}}$ — Umrechnen der Einheit mm in m; Kürzen der Einheit mm

$P = \frac{15 \cdot \cancel{1000} \cdot 480\ \text{N}\cdot\text{m}}{\cancel{1000} \cdot 0{,}3\ \cancel{\text{min}} \cdot \frac{60\ \text{s}}{\cancel{\text{min}}}}$ — Umrechnen der Einheit min in s; Kürzen der Einheit min; Kürzen des Faktors 1000

$P = 400\ \frac{\text{N}\cdot\text{m}}{\text{s}} = \mathbf{400\ W}$ — Berechnung des Zahlenwerts der Leistung P

Bild 1: Gabelstapler

$$1\ \text{W} = 1\ \frac{\text{N}\cdot\text{m}}{\text{s}}$$

Aufgaben | Umrechnung von Einheiten und Rechnen mit physikalischen Größen

1. **Umrechnungen.** Die in der **Tabelle 1** angegebenen Größen sind in die gewünschten Einheiten umzurechnen.

Tabelle 1: Umrechnung von Einheiten

Umrechnung in:	a	b	c	d	e	f	g
m und dm	100 cm	75 mm	6,5 km	1 mm	235 cm	0,7 cm	23,5 cm
cm und mm	3,7 m	39,6 dm	2,04 dm	13,007 m	0,75 dm	639 µm	7,58 dm
dm^2 und cm^2	1,45 m^2	0,265 m^2	14,7 m^2	0,056 m^2	0,09 m^2	3 103 mm^2	9 mm^2
m^3 und dm^3	115 cm^3	63 mm^3	3 mm^3	1 675 cm^3	0,343 cm^3	2 cm^3	125 450 mm^3
µm	0,3 mm	0,405 mm	1,75 mm	0,001 mm	1,52 mm	0,078 mm	0,035 mm

2. **Umfangsgeschwindigkeit ($v = \pi \cdot d \cdot n$).** Eine Riemenscheibe mit d = 420 mm Durchmesser hat eine Drehzahl n = 540 min^{-1}.

   Die Umfangsgeschwindigkeit in m/s ist zu berechnen. Dazu ist zuerst die Umrechnung von mm in m und die Umrechnung von 1/min in 1/s notwendig.

3. **Beschleunigte Bewegung ($a = \frac{v}{t}$).** Ein Werkzeugschlitten soll mit einer Verzögerung a = 2 m/s^2 aus einer Vorschubgeschwindigkeit v_f = 16 m/min zum Stillstand abgebremst werden.

   a) Die Vorschubgeschwindigkeit ist in m/s zu berechnen.

   b) Wie lange dauert der Vorgang?

4. **Kolbenkraft ($F = p_e \cdot A$).** Bei der Berechnung der wirksamen Kolbenkraft eines Hydrozylinders ist der Druck p_e = 80 bar in N/cm^2 umzurechnen (1 bar = 10 N/cm^2).

   Die Kolbenkraft F ist in kN zu berechnen bei einer Fläche A = 66,75 cm^2.

5. **Schnittleistung ($P_c = F_c \cdot v_c$).** Wie groß ist für die Schnittkraft F_c = 6 365 N und die Schnittgeschwindigkeit v_c = 110 m/min die Schnittleistung P_c in kW?

Umstellen von Formeln

Steht die zu berechende Größe in einer Formel nicht allein auf einer Seite, so muss die Formel umgestellt werden. Hier gelten die gleichen Regeln wie beim Lösen von Gleichungen. Damit der Aussagewert zwischen der linken und der rechten Formelseite **(Bild 1)** erhalten bleibt, gilt für alle Schritte einer Umstellung:

Veränderung auf der linken Formelseite = **Veränderung auf der rechten Formelseite**

Bei der Umstellung kann jeder Schritt rechts von der Formel angegeben werden, z. B.

$| \cdot b$ → beide Formelseiten werden mit dem Faktor *b* multipliziert

$| : A$ → beide Formelseiten werden durch *A* dividiert.

Die Umstellung wichtiger Formelarten zeigen folgende Beispiele.

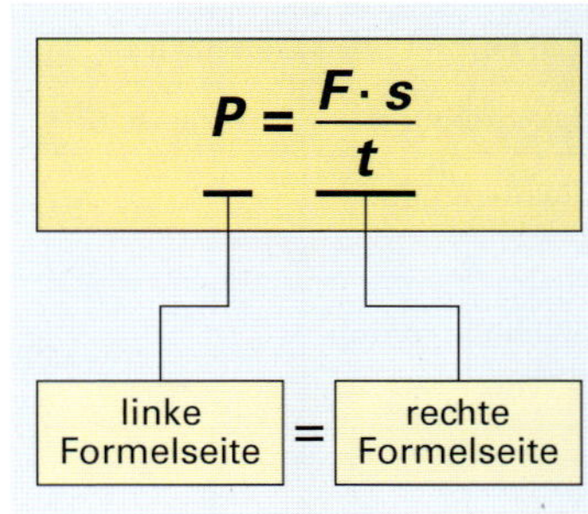

Bild 1: Formel

Umstellung wichtiger Formelarten

Formeln mit Summen: $L = l_1 + l_2$
z. B. Formel umstellen nach l_1

Beschreibung	Lösungsschritt
l_2 subtrahieren	$L = l_1 + l_2 \quad \vert -l_2$
auf beiden Seiten subtrahieren	$L - l_2 = l_1 + l_2 - l_2$ $L - l_2 = l_1$
Seiten vertauschen	$\mathbf{l_1 = L - l_2}$

Formeln mit Produkten: $A = l \cdot b$
z. B. Formel umstellen nach *b*

Beschreibung	Lösungsschritt
dividieren durch *l*	$A = l \cdot b \quad \vert : l$
auf beiden Seiten dividieren und kürzen	$\frac{A}{l} = \frac{l \cdot b}{l}$
Seiten vertauschen	$\mathbf{b = \frac{A}{l}}$

Formeln mit Brüchen: $V = \frac{A \cdot h}{3}$
z. B. Formel umstellen nach *h*

Beschreibung	Lösungsschritt
multiplizieren mit 3	$V = \frac{A \cdot h}{3} \quad \vert \cdot 3$
auf beiden Seiten mit 3 multiplizieren und kürzen dividieren durch *A*	$V \cdot 3 = \frac{A \cdot h \cdot \cancel{3}}{\cancel{3}} \quad \vert : A$
beide Seiten durch *A* dividieren und kürzen	$\frac{3 \cdot V}{A} = \frac{\cancel{A} \cdot h}{\cancel{A}}$
Seiten vertauschen	$\mathbf{h = \frac{3 \cdot V}{A}}$

Formeln mit Brüchen: $d_m = \frac{d_1 + d_2}{2}$
z. B. Formel umstellen nach d_1

Beschreibung	Lösungsschritt
multiplizieren mit 2	$d_m = \frac{d_1 + d_2}{2} \quad \vert \cdot 2$
auf beiden Seiten mit 2 multiplizieren und kürzen d_2 subtrahieren	$2 \cdot d_m = \frac{(d_1 + d_2)}{\cancel{2}} \cdot \cancel{2} \quad \vert -d_2$
auf beiden Seiten d_2 subtrahieren	$2 \cdot d_m - d_2 = d_1 + d_2 - d_2$
Seiten vertauschen	$\mathbf{d_1 = 2 \cdot d_m - d_2}$

Formeln mit Brüchen: $n = \frac{l}{l_1 + s}$
z. B. Formel umstellen nach *s*

Beschreibung	Lösungsschritt
multiplizieren mit $(l_1 + s)$	$n = \frac{l}{l_1 + s} \quad \vert \cdot (l_1 + s)$
beide Seiten mit $(l_1 + s)$ multiplizieren und kürzen	$n \cdot (l_1 + s) = \frac{l \cdot \cancel{(l_1 + s)}}{\cancel{(l_1 + s)}}$
Klammer auflösen $n \cdot l_1$ subtrahieren	$n \cdot l_1 + n \cdot s = l \quad \vert -n \cdot l_1$
dividieren durch *n*	$n \cdot s = l - n \cdot l_1 \quad \vert : n$
Ausdruck vereinfachen	$\mathbf{s = \frac{l - n \cdot l_1}{n}}$

Formeln mit Brüchen: $a = \frac{m \cdot (z_1 + z_2)}{2}$
z. B. Formel umstellen nach z_1

Beschreibung	Lösungsschritt
multipizieren mit 2	$a = \frac{m \cdot (z_1 + z_2)}{2} \quad \vert \cdot 2$
beide Seiten mit 2 multiplizieren und kürzen	$2 \cdot a = \frac{m \cdot (z_1 + z_2) \cdot \cancel{2}}{\cancel{2}}$
Klammer auflösen $m \cdot z_2$ subtrahieren	$2 \cdot a = m \cdot z_1 + m \cdot z_2 \quad \vert -m \cdot z_2$
dividieren durch *m*	$2 \cdot a - m \cdot z_2 = m \cdot z_1 \quad \vert : m$
Seiten vertauschen	$\mathbf{z_1 = \frac{2 \cdot a - m \cdot z_2}{m}}$

Umstellung wichtiger Formelarten (Fortsetzung)

Formeln mit Winkelfunktionen: $P = U \cdot I \cdot \cos\varphi$
z. B. Formel umstellen nach *I*

Beschreibung	Lösungsschritt
dividieren durch U	$P = U \cdot I \cdot \cos\varphi \;\vert\; :U$
dividieren durch $\cos\varphi$	$\frac{P}{U} = I \cdot \cos\varphi \quad \vert\; :\cos\varphi$
Seiten vertauschen	$\frac{P}{U \cdot \cos\varphi} = I$
	$\mathbf{I = \frac{P}{U \cdot \cos\varphi}}$

Formeln mit Winkelfunktionen: $\frac{a}{\sin\alpha} = \frac{c}{\sin\gamma}$
z. B. Formel umstellen nach sin *α*

Beschreibung	Lösungsschritt
multiplizieren mit $\sin\alpha$ und kürzen	$\frac{a}{\sin\alpha} = \frac{c}{\sin\gamma} \quad \vert\; \cdot \sin\alpha$
multiplizieren mit $\sin\gamma$ und kürzen	$\frac{a \cdot \cancel{\sin\alpha}}{\cancel{\sin\alpha}} = \frac{c \cdot \sin\alpha}{\sin\gamma} \quad \vert\; \cdot \sin\gamma$
dividieren durch c Seiten vertauschen	$a \cdot \sin\gamma = \frac{c \cdot \sin\alpha \cdot \cancel{\sin\gamma}}{\cancel{\sin\gamma}}$ $a \cdot \sin\gamma = c \cdot \sin\alpha \quad \vert\; :c$
	$\mathbf{\sin\alpha = \frac{a \cdot \sin\gamma}{c}}$

Formeln mit Potenzen: $P = \frac{U^2}{R}$
z. B. Formel umstellen nach *U*

Beschreibung	Lösungsschritt
multiplizieren mit R und kürzen	$P = \frac{U^2}{R} \quad \vert\; \cdot R$
radizieren Seiten vertauschen	$P \cdot R = \frac{U^2 \cdot \cancel{R}}{\cancel{R}} = U^2 \quad \vert\; \sqrt{\ }$
	$\sqrt{\mathbf{U^2}} = \mathbf{U} = \sqrt{\mathbf{P \cdot R}}$

Formeln mit Wurzeln: $c = \sqrt{a^2 + b^2}$
z. B. Formel umstellen nach *a*

Beschreibung	Lösungsschritt
quadrieren	$c = \sqrt{a^2 + b^2} \quad \vert\; ^2$
b^2 subtrahieren radizieren	$c^2 = \left(\sqrt{a^2 + b^2}\right)^2 = a^2 + b^2 \quad \vert\; -b^2$ $c^2 - b^2 = a^2 + b^2 - b^2 = a^2$ $c^2 - b^2 = a^2 \quad \vert\; \sqrt{\ }$
Seiten vertauschen	$\sqrt{c^2 - b^2} = \sqrt{a^2}$ $\mathbf{\sqrt{a^2} = a = \sqrt{c^2 - b^2}}$

Formeln, in denen die gesuchte Größe mehrfach vorkommt: $R = \frac{R_1 \cdot R_2}{R_1 + R_2}$
z. B. Formel umstellen nach R_2

Beschreibung	Lösungsschritt
multiplizieren mit $(R_1 + R_2)$ und kürzen	$R \cdot (R_1 + R_2) = \frac{R_1 \cdot R_2 \cdot \cancel{(R_1 + R_2)}}{\cancel{R_1 + R_2}}$ $R \cdot (R_1 + R_2) = R_1 \cdot R_2$
Klammer berechnen	$R \cdot R_1 + R \cdot R_2 = R_1 \cdot R_2$
$R \cdot R_2$ subtrahieren	$R \cdot R_2 + R \cdot R_1 - R \cdot R_2 = R_1 \cdot R_2 - R \cdot R_2$
R_2 ausklammern durch $(R_1 - R)$ dividieren	$R \cdot R_1 = R_2 \cdot (R_1 - R)$ $\frac{R \cdot R_1}{R_1 - R} = R_2$
Seiten vertauschen	$\mathbf{R_2 = \frac{R \cdot R_1}{R_1 - R}}$

Formeln mit Summe und Produkt: $F_B = \frac{F_1 \cdot l_1 + F_2 \cdot l_2}{l}$
z. B. Formel umstellen nach l_2

Beschreibung	Lösungsschritt
multiplizieren mit l und kürzen	$F_B = \frac{F_1 \cdot l_1 + F_2 \cdot l_2}{l} \quad \vert\; \cdot l$ $F_B \cdot l = \frac{(F_1 \cdot l_1 + F_2 \cdot l_2) \cdot \cancel{l}}{\cancel{l}} \quad \vert\; - F_1 \cdot l_1$
$F_1 \cdot l_1$ subtrahieren	$F_B \cdot l - F_1 \cdot l_1 = F_1 \cdot l_1 + F_2 \cdot l_2 - F_1 \cdot l_1 \;\vert\; :F_2$
F_2 dividieren und kürzen	$\frac{F_B \cdot l - F_1 \cdot l_1}{F_2} = \frac{\cancel{F_2} \cdot l_2}{\cancel{F_2}}$
Seiten vertauschen	$\mathbf{l_2 = \frac{F_B \cdot l - F_1 \cdot l_1}{F_2}}$

Aufgaben | Umstellen von Formeln

1. **Kreisumfang.** Für den Kreisumfang U = 125 mm ist der Durchmesser d zu ermitteln **($U = \pi \cdot d$)**.

2. **Kreisfläche (Bild 1).** Für die Kreisfläche A = 56,74 cm² ist der Durchmesser d zu berechnen $\left(A = \frac{\pi \cdot d^2}{4}\right)$.

3. **Lehrsatz des Pythagoras.** In einem rechtwinkligen Dreieck ist die Kathete a = 85 mm, die Hypotenuse c = 160 mm. Wie groß ist die Kathete b **($c^2 = a^2 + b^2$)**?

4. **Vorschubgeschwindigkeit (Bild 2).** Ein Walzenfräser mit z = 8 Zähnen wird mit einer Vorschubgeschwindigkeit v_f = 72 mm/min eingesetzt. Wie groß ist bei einer eingestellten Drehzahl n = 45 1/min der Vorschub f_z je Schneide **($v_f = n \cdot f_z \cdot z$)**?

5. **Zahnradübersetzung (Bild 3).** Von zwei Zahnrädern hat das treibende Rad z_1= 32 Zähne und eine Drehzahl n_1 = 440 min⁻¹. Wie groß ist die Drehzahl n_2, wenn das getriebene Rad z_2 = 80 Zähne hat **($n_1 \cdot z_1 = n_2 \cdot z_2$)**?

6. **Kraftübersetzung (Bild 4).** Welchen Durchmesser muss der Arbeitszylinder einer hydraulischen Presse erhalten, wenn der Druckzylinder mit d_1 = 20 mm mit einer Kraft F_1 = 150 N bewegt wird und am Arbeitszylinder eine Kraft F_2 = 4000 N verlangt wird **($F_1 : F_2 = d_1^2 : d_2^2$)**?

7. **Stromkreis (Bild 5).** In einem Leiter mit einem Widerstand R = 12 Ω fließt ein Strom mit I = 4,2 A. Wie groß ist die angelegte Spannung ***($I = U : R$)?***

8. **Formeln.** Die Formeln der **Tabelle 1** sind nach den einzelnen Formelzeichen umzustellen.

Tabelle 1: Formeln

Aufgabe	Formel	Aufgabe	Formel
a)	$F \cdot s = F_G \cdot h$	b)	$F_1 \cdot l_1 = F_2 \cdot l_2$
c)	$F_1 \cdot a = F_2 \cdot b$	d)	$\frac{n_t}{n_g} = \frac{z_g}{z_t}$
e)	$F_B = (F_1 + F_2) - F_A$	f)	$U = 2 \cdot (l + b)$
g)	$A_O = 2\,A + A_m$	h)	$Q = c \cdot m \cdot (t_2 - t_1)$
i)	$a = \frac{m \cdot (z_1 + z_2)}{2}$	k)	$C = \frac{D - d}{L}$
l)	$d_a = m \cdot (z + 2)$	m)	$d = \sqrt{D^2 - l^2}$
n)	$Q = q \cdot s \cdot n$	o)	$P = U \cdot I \cdot \cos\varphi$
p)	$R = \frac{R_1 \cdot R_2}{R_1 + R_2}$	q)	$F_B = \frac{(F_1 \cdot l_1 + F_2 \cdot l_2)}{l}$

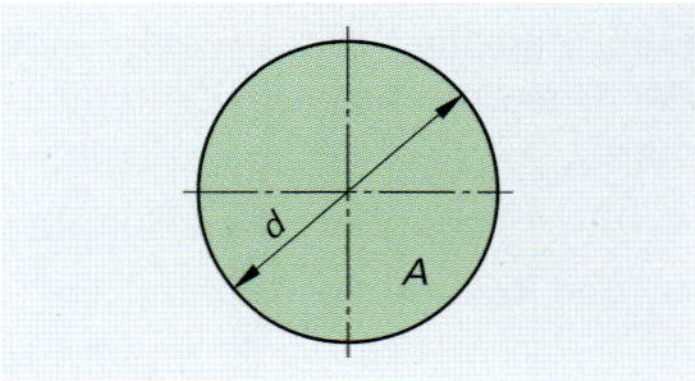

Bild 1: Kreisfläche

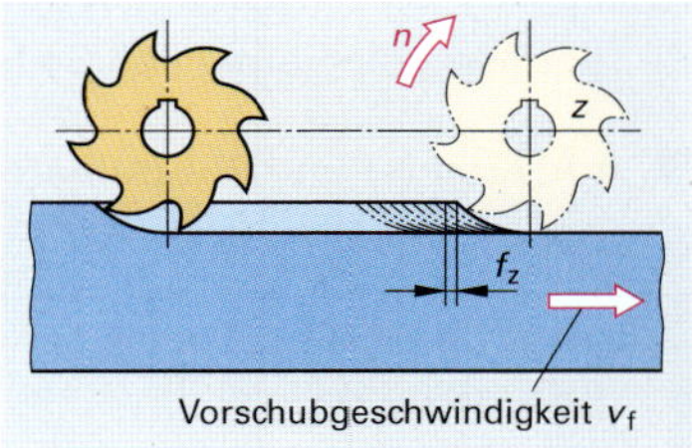

Bild 2: Vorschubgeschwindigkeit

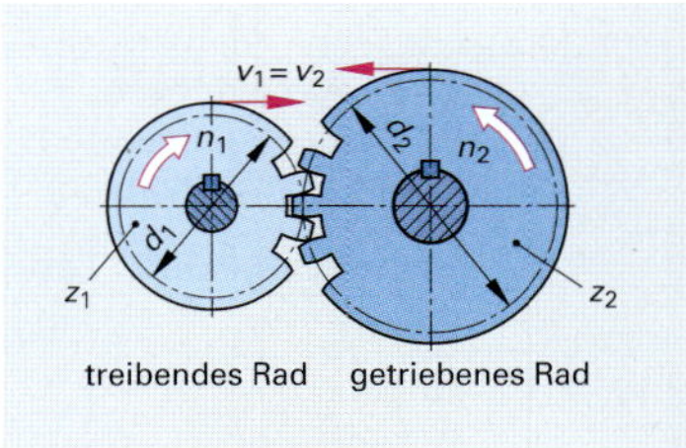

Bild 3: Zahnradübersetzung

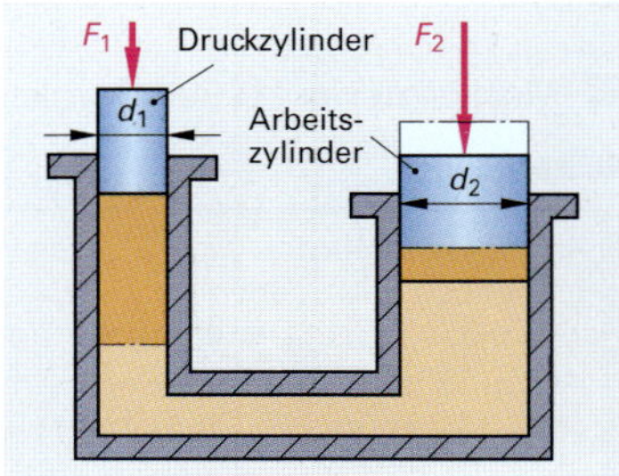

Bild 4: Kraftübersetzung

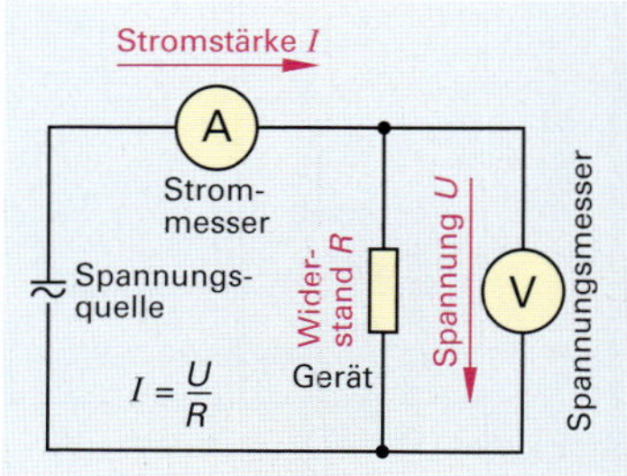

Bild 5: Stromkreis

Technische Berechnungen mit dem Taschenrechner

Elektronische Taschenrechner **(Bild 1)** sind wichtige Hilfsmittel bei der Berechnung von Zahlenwerten. Während des Rechenganges sind

- **die mathematischen Regeln** ebenso zu beachten wie
- **das Rechnen mit Einheiten.**

Bei Ergebnissen mit Dezimalbrüchen werden die Kommastellen auf eine technisch sinnvolle Zahl gerundet, z. B.

124,7854365 N → gerundet auf 124,8 N
25,5568987 kW → gerundet auf 25,6 kW.

Rundungsregeln vergleiche Seite 8.

Bild 1: Taschenrechner

Addieren (+) und Subtrahieren (–)

Beispiel:

Distanzplatte (Bild 2). Für die Teilflächen A_1 = 750 mm², A_2 = 88,36 mm² und A_3 = 50,27 mm² ist die Gesamtfläche A der Distanzplatte zu ermitteln.

Lösung: $A = A_1 + A_2 - A_3 = 750\ \text{mm}^2 + 88{,}36\ \text{mm}^2 - 50{,}27\ \text{mm}^2$
$= (750 + 88{,}36 - 50{,}27)\ \text{mm}^2.$

Die Eingabe der Zahlen und der Rechenzeichen folgt der mathematischen Schreibweise. Jeder Rechengang beginnt mit der Taste AC und löscht alle Eingaben, auch die Speicherinhalte. Bei manchen Rechnern ist eine spezielle Taste MCI zur Löschung des Speichers vorgesehen.

Lösung mit dem Taschenrechner

Schritt	1	2	3	4
Eingabe	AC	750	+	88,36
Schritt	5	6	7	Ergebnis:
Eingabe	–	50,27	=	788,09

$\boldsymbol{A = 788{,}1\ \text{mm}^2}$

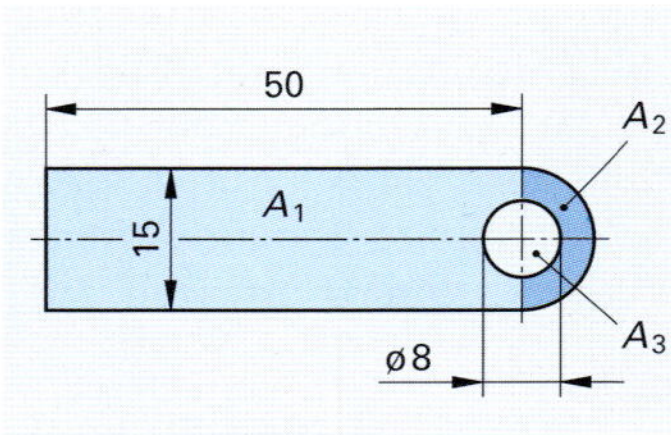

Bild 2: Distanzplatte

Multiplizieren (×) und Dividieren (:)

Beispiel:

Riemenfallhammer (Bild 3). Der Riemenfallhammer erreicht eine Aufprallgeschwindigkeit von 6 m/s. Dabei wird die gesamte potenzielle Energie in kinetische Energie umgewandelt.

Wie groß ist seine kinetische Energie im Augenblick des Aufpralls, wenn seine Masse m = 250 kg beträgt?

Lösung: $$W_k = \frac{m \cdot v^2}{2} = \frac{250\ \text{kg} \cdot \left(6\ \frac{\text{m}}{\text{s}}\right)^2}{2} = \frac{250\ \text{kg} \cdot 6^2 \cdot \frac{\text{m}^2}{\text{s}^2}}{2}$$

$$= \frac{250 \cdot 6^2 \cdot \text{kg} \cdot \frac{\text{m}^2}{\text{s}^2}}{2} = 4\,500\ \frac{\text{kg} \cdot \text{m}}{\text{s}^2} \cdot \text{m} = \mathbf{4\,500\ N \cdot m}$$

Lösung mit dem Taschenrechner

Schritt	1	2	3	4	5	6
Eingabe	AC	250	×	6	x²	÷
Schritt	7	8				Ergebnis:
Eingabe	2	=				4500

$\boldsymbol{W_k = 4500\ \text{N} \cdot \text{m}}$

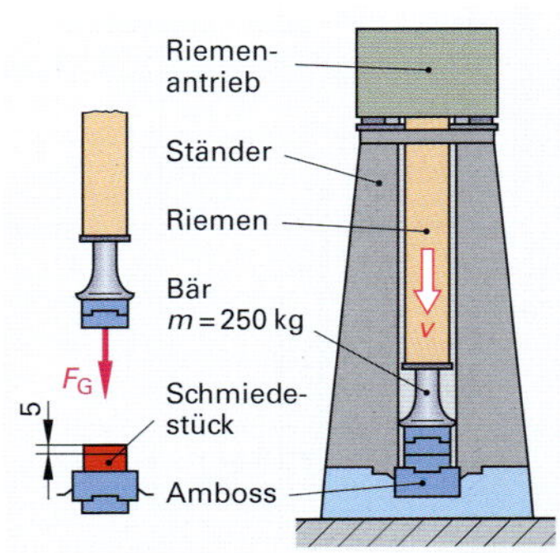

Bild 3: Riemenfallhammer

Anmerkung:

$$1 \cdot \text{N} = \frac{1 \cdot \text{kg} \cdot 1 \cdot \text{m}}{1 \cdot \text{s}^2}$$

Klammern ( )

● **1. Beispiel:**

Trapez (Bild 1). Ein Trapez hat folgende Abmessungen: $l_1 = 200$ mm; $l_2 = 150$ mm; und $b = 120$ mm. Gesucht ist der Flächeninhalt A in cm².

Lösung: $A = \frac{l_1 + l_2}{2} \cdot b = \frac{(200\ \text{mm} + 150\ \text{mm})}{2} \cdot 120\ \text{mm} = 21000\ \text{mm}^2$

$A = \mathbf{210\ cm^2}$

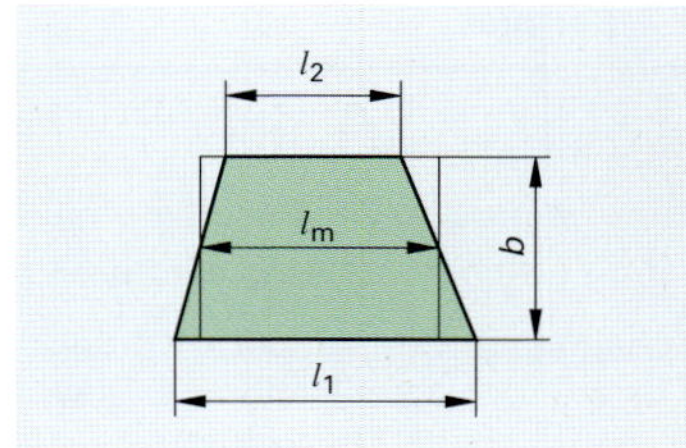

Bild 1: Trapez

Fläche A des Trapezes – Lösung mit dem Taschenrechner

Schritt	1	2	3	4	5	6	7	8	9	10	11	Ergebnis:
Eingabe	AC	(	200	+	150	)	:	2	×	120	=	21000

● **2. Beispiel:**

Spannpratze (Bild 2). Welches Volumen hat die Spannpratze?

Lösung: $V = V_1 + V_2 - V_3$

$= A_1 \cdot h + A_2 \cdot h - A_3 \cdot h = (A_1 + A_2 - A_3) \cdot h$

$= \left(38\ \text{mm} \cdot 25\ \text{mm} + \left(\frac{22\ \text{mm} \cdot 25\ \text{mm}}{2}\right) - \frac{\pi \cdot (15\ \text{mm})^2}{4}\right) \cdot 12\ \text{mm}$

$V = 12\,580{,}5\ \text{mm}^3 \approx \mathbf{12{,}6\ cm^3}$

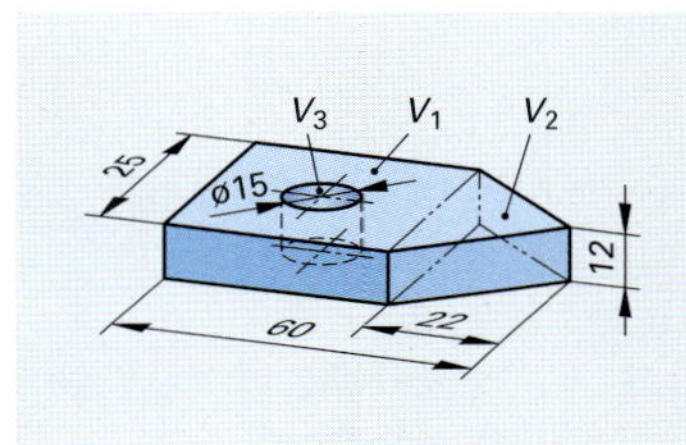

Bild 2: Spannpratze

Volumen der Spannpratze – Lösung mit dem Taschenrechner

Schritt	1	2	3	4	5	6	7	8	9	10	11
Eingabe	AC	(	38	×	25	+	(	22	×	25	:
Schritt	12	13	14	15	16	17	18	19	20	21	22
Eingabe	2	)	–	(	π	×	15	x²	:	4	)
Schritt	23	24	25	26							Ergebnis:
Eingabe	)	×	12	=							12579,4

Alternative Lösung mit Bruch-Funktion

Schritt	1	2	3	4	5	6	7	8	9	10
Eingabe	AC	(	38	×	25	+	$\frac{\square}{\square}$	22	×	25
Schritt	11	12	13	14	15	16	17	18	19	20
Eingabe	▼	2	▶	–	$\frac{\square}{\square}$	SHIFT	π	×	15	x²
Schritt	21	22	23	24	25	26	27			Ergebnis:
Eingabe	▼	4	▶	)	×	12	=			12579,4

Winkelfunktionen sin, cos, tan

● **1. Beispiel:**

Scheibe (Bild 3). Wie groß ist der Winkel α der Scheibe?

Lösung: $\tan \alpha = \frac{\text{Gegenkathete}}{\text{Ankathete}} = \frac{\frac{130\ \text{mm} - 75\ \text{mm}}{2}}{25\ \text{mm}} = 1{,}10$

$\alpha = \mathbf{47{,}73°}$

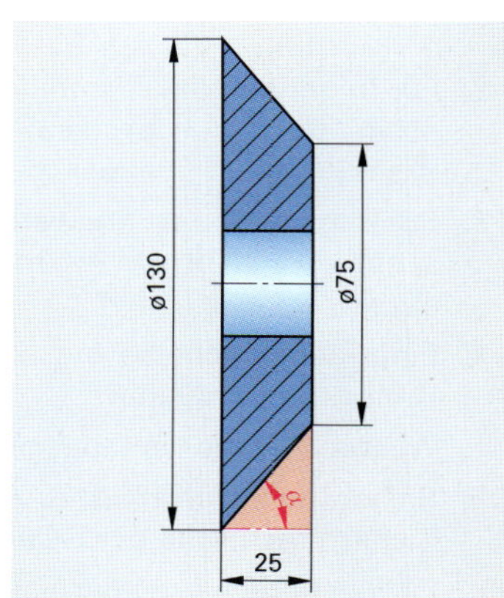

Bild 3: Scheibe

Winkel α der Scheibe – Lösung mit dem Taschenrechner

Schritt	1	2	3	4	5	6	7	
Eingabe	AC	(	130	–	75	)	:	
Schritt	8	9	10	11	12	13	14	Ergebnis:
Eingabe	2	:	25	=	SHIFT	tan	=	47,7263

2. Beispiel:

Die Spannseile eines Zeltdaches übertragen die Kräfte $F_1 = 80$ kN und $F_2 = 100$ kN.

a) Wie groß ist die Resultierende F_r?

b) In welcher Richtung wird die Verankerung belastet

Lösung: a) Das skizzierte Krafteck **(Bild 1)** hat die Form eines schiefwinkligen Dreieckes. Die Resultierende F_r wird über den Kosinussatz berechnet.

$$F_r^2 = F_1^2 + F_2^2 - 2 \cdot F_1 \cdot F_2 \cdot \cos \gamma$$

$$F_r^2 = (80\ \text{kN})^2 + (100\ \text{kN})^2 - 2 \cdot 80\ \text{kN} \cdot 100\ \text{kN} \cdot \cos 80°$$

$$F_r = \sqrt{(80\ \text{kN})^2 + (100\ \text{kN})^2 - 2 \cdot 80\ \text{kN} \cdot 100\ \text{kN} \cdot \cos 80°}$$

$$\mathbf{F_r = 116{,}71\ kN}$$

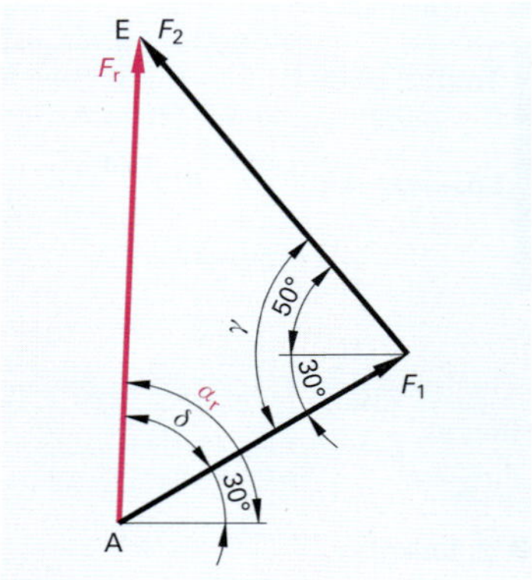

Bild 1: Krafteck-Skizze

Resultierende F_r – Lösung mit dem Taschenrechner										
Schritt	1	2	3	4	5	6	7	8	9	10
Eingabe	AC	80	x²	+	100	x²	–	2	×	80
Schritt	11	12	13	14	15	16	17	18		Ergebnis:
Eingabe	×	100	×	cos	80	=	√	=		116,71

b) Die Resultierende F_r belastet die Verankerung unter dem Winkel α_r. $\alpha_r = 30° + \delta$ (Der Winkel δ wird über den Sinussatz ermittelt).

$$\frac{F_2}{\sin \delta} = \frac{F_r}{\sin \gamma}$$

$$\sin \delta = \frac{F_2 \cdot \sin \gamma}{F_r} = \frac{100\ \text{kN} \cdot \sin 80°}{116{,}712\ \text{kN}}$$

$$\delta = \mathbf{57{,}5°}$$

$$\alpha_r = 30° + 57{,}5° = \mathbf{87{,}5°}$$

Winkel δ – Lösung mit dem Taschenrechner						
Schritt	1	2	3	4	5	6
Eingabe	AC	100	×	sin	80	:
Schritt	7	8	9	10	11	Ergebnis:
Eingabe	116,71	=	SHIFT	sin	=	57,5

Aufgaben | Technische Berechnungen mit dem Taschenrechner

1. Der Durchmesser eines Kreises ist aus der Fläche $A = 5{,}672\ \text{mm}^2$ zu berechnen. $\left(A = \frac{\pi \cdot d^2}{4}\right)$
2. Für folgende Winkel sind die Funktionswerte zu bestimmen:
   a) sin 15° b) cos 32,42° c) tan 56,53°
   d) sin 84,43° e) cos 77,2° f) tan 87,41°
3. Für folgende Funktionswerte sind die Winkel zu bestimmen:
   a) $\sin \alpha = 0{,}4019$; $\alpha = ?$ b) $\cos \beta = 0{,}0464$; $\beta = ?$
   c) $\tan \gamma = 3{,}5648$; $\gamma = ?$
4. Eine Riemenscheibe mit $d = 420$ mm Durchmesser hat eine Drehzahl $n = 540\ \text{min}^{-1}$.
   Wie groß ist die Umfangsgeschwindigkeit in m/s? ($v = \pi \cdot d \cdot n$)
5. **Sicherungsblech (Bild 2).** Auf einem Stanzautomaten sollen Sicherungsbleche aus DC04 hergestellt werden.
   Für die Berechnung der Schneidkraft ist zuerst die geschnittene Fläche zu bestimmen ($S = U \cdot t$).

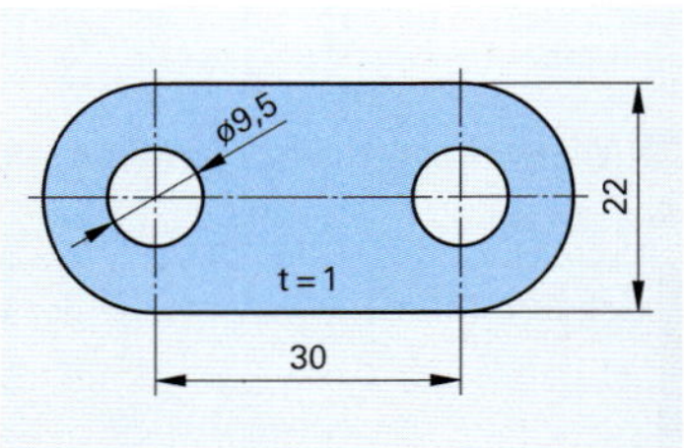

Bild 2: Sicherungsblech

Berechnungen im Dreieck

Lehrsatz des Pythagoras

Sind im rechtwinkligen Dreieck zwei Seiten bekannt, so kann mit dem Lehrsatz des Pythagoras[1] die unbekannte dritte Seite berechnet werden.

Bezeichnungen (Bild 1):

c	Hypotenuse, die dem rechten Winkel gegenüberliegende, längste Seite	mm (cm)
a; b	Katheten, die den rechten Winkel einschließenden Seiten	mm (cm)

In Bild 1 ist

das Quadrat über der Kathete a — $a^2 = 4^2 = 16$

das Quadrat über der Kathete b — $b^2 = 3^2 = 9$

das Quadrat über der Hypothenuse c — $c^2 = 5^2 = 25$

Aus diesem Beispiel ergibt sich folgender Zusammenhang:

$$16 + 9 = 25$$
$$4^2 + 3^2 = 5^2$$
$$a^2 + b^2 = c^2$$

Lehrsatz des Pythagoras: In jedem rechtwinkligen Dreieck ist das Quadrat über der Hypotenuse flächengleich der Summe der Quadrate über den beiden Katheten.

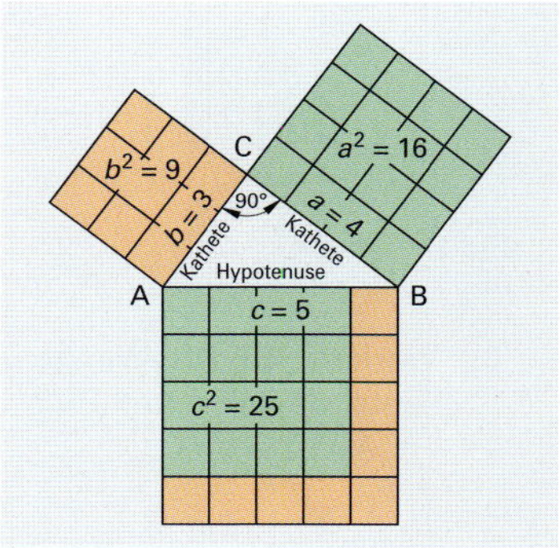

Bild 1: Lehrsatz des Pythagoras

Lehrsatz des Pythagoras

$$c^2 = a^2 + b^2$$

● **Beispiel:**

In einem rechtwinkligen Dreieck ist die Kathete a = 85 mm, die Hypotenuse c = 160 mm. Wie groß ist die Kathete b?

Lösung: $c^2 = a^2 + b^2$

$b^2 = c^2 - a^2$

$b = \sqrt{c^2 - a^2} = \sqrt{(160\text{ mm})^2 - (85\text{ mm})^2} = \mathbf{135{,}6\text{ mm}}$

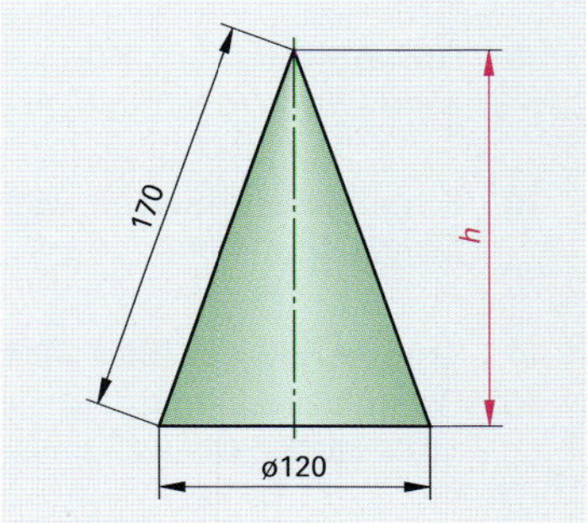

Bild 2: Kegel

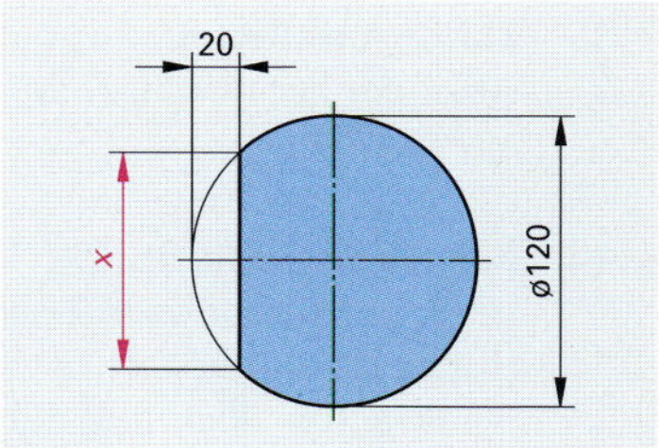

Bild 3: Zylinder mit Abflachung

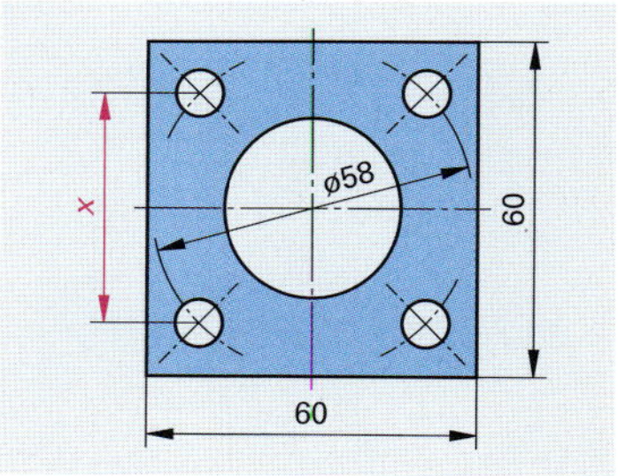

Bild 4: Platte mit Bohrungen

Aufgaben | Lehrsatz des Pythagoras

1. **Rechtwinklige Dreiecke.** Zwei Seiten rechtwinkliger Dreiecke sind jeweils gegeben. Die unbekannten Seiten der Dreiecke a bis f in **Tabelle 1** sind zu berechnen.

Tabelle 1	a	b	c	d	e	f
Seite a	120 mm	80 mm	8,3 cm			13,5 km
Seite b	160 mm		40 cm	6,4 dm	0,02 m	
Seite c		170 mm		8,2 dm	0,12 m	20,2 km

2. **Rahmen.** Ein rechteckiger Rahmen 750 mm × 1200 mm wird diagonal versteift. Wie lang muss die Versteifungsstrebe sein?

3. **Kegel (Bild 2).** Wie hoch ist der Kegel?

4. **Zylinder mit Abflachung (Bild 3).** Ein Zylinder wird angefräst. Welche Breite x hat die entstehende Fläche?

5. **Platte mit Bohrungen (Bild 4).** Auf der Platte sollen die Mittelpunkte der vier Bohrungen angerissen werden. Wie groß ist der Abstand x?

1) Pythagoras, griechischer Mathematiker (etwa 570 v. Chr.)

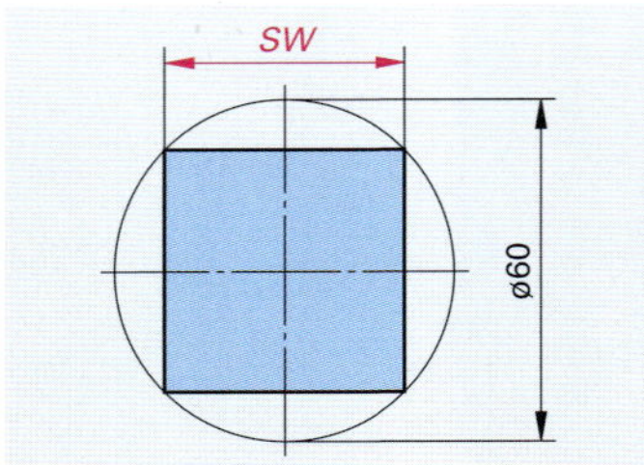

Bild 1: Vierkant

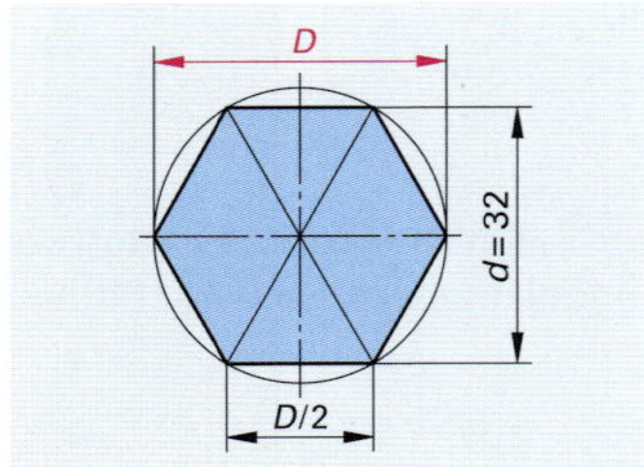

Bild 2: Sechskant

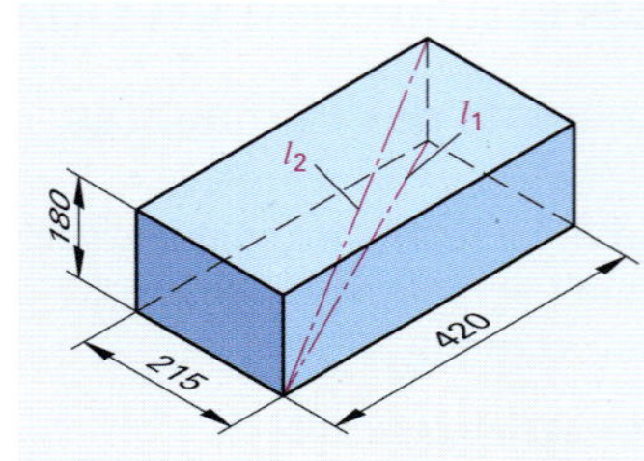

Bild 3: Quader

6. **Vierkant (Bild 1).** Wie groß ist die Schlüsselweite *SW* des Vierkants, das an einen Bolzen mit dem Durchmesser d = 60 mm angefräst wird?

7. **Sechskant (Bild 2).** An einen Bolzen soll ein Sechskant mit der Schlüsselweite 32 mm angefräst werden. Auf welchen Durchmesser muss der Bolzen gedreht werden?

8. **Quader (Bild 3).** Für den Quader sind die Diagonalen l_1 und l_2 zu berechnen.

9. **Anschnitt (Bild 4).** Wie groß sind der Anschnitt l_s und der Vorschubweg L des Planfräsers?

10. **Kugelpfanne (Bild 5).** Wie groß ist bei der Kugelpfanne das Kontrollmaß x?

11. **Treppenwange (Bild 6).** Die Treppenwange wird mit einem Plasmaschneidgerät aus einer Blechtafel ausgeschnitten. Wie groß ist das Maß L?

12. **Lehre (Bild 7).** Wie groß ist das Kontrollmaß x der Lehre?

13. **Zahntrieb (Bild 8).** Für einen Zahntrieb sind auf einem Bohrwerk die Lagerbohrungen herzustellen. Wie groß ist der Abstand x?

14. **Portalkran (Bild 9).** Der Portalkran bewegt eine Last gleichzeitig senkrecht nach oben und in waagrechter Richtung. Die Hubgeschwindigkeit beträgt 1,3 m/s, die Geschwindigkeit in waagrechter Richtung 1,9 m/s. Wie groß ist die Geschwindigkeit der Last?

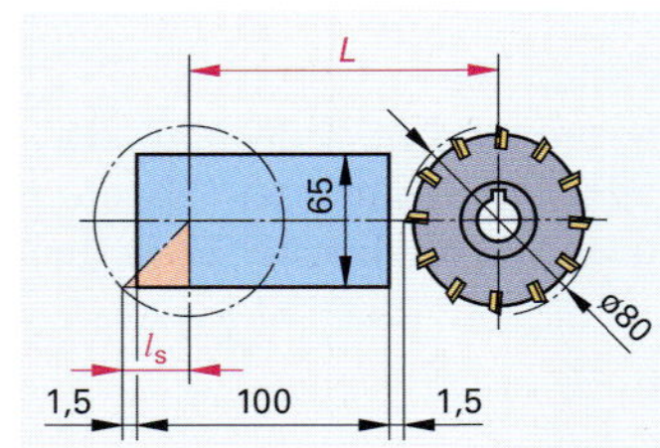

Bild 4: Anschnitt

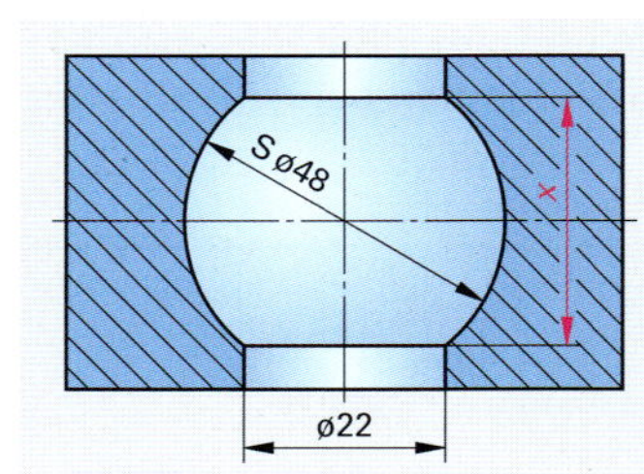

Bild 5: Kugelpfanne

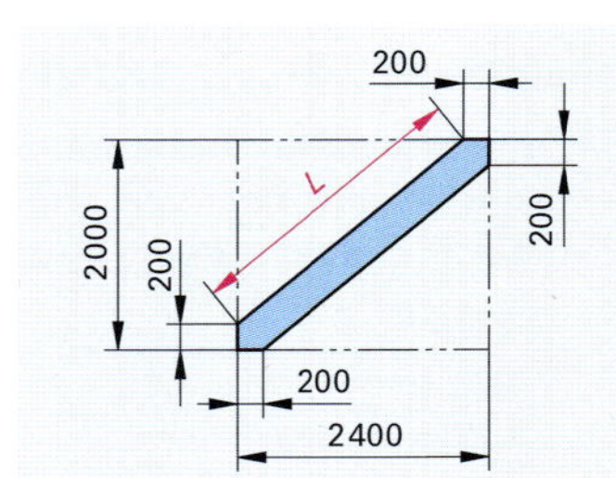

Bild 6: Treppenwange

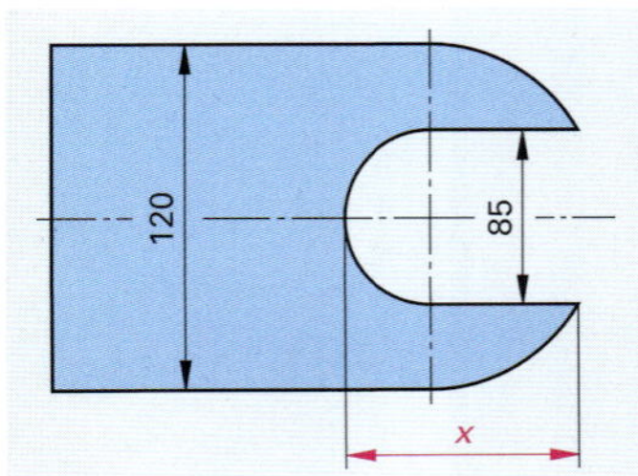

Bild 7: Lehre

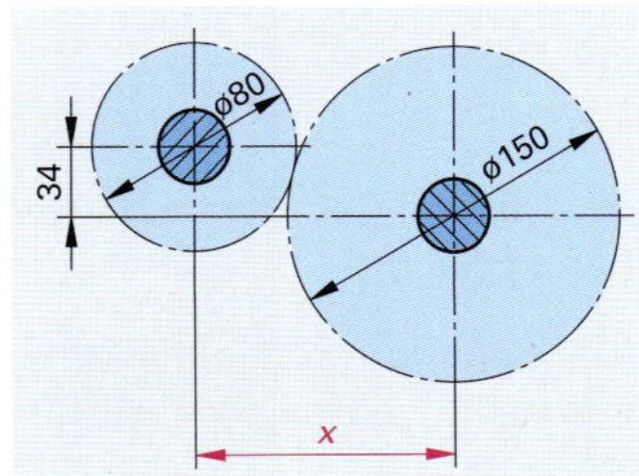

Bild 8: Zahntrieb

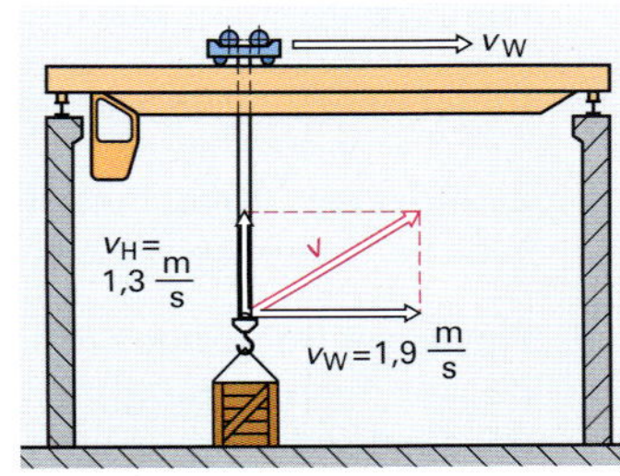

Bild 9: Portalkran

15. Lochung (Bild 1). Bei einer versetzten Lochung ist das Kontrollmaß x auf 2 Dezimalstellen zu berechnen.

16. Ausleger (Bild 2). Für den schwenkbaren Ausleger ist die Länge l des Zugstabes zu berechnen.

17. Härteprüfung (Bild 3). Bei der Härteprüfung nach Brinell wird eine Kugel in die Werkstückprobe eingedrückt und der Durchmesser d des entstandenen Kugeleindrucks gemessen.

Wie groß ist die Eindrucktiefe h bei einem Kugeldurchmesser von 10 mm, wenn das Maß d = 4,30 mm beträgt?

18. Segmentplatte (Bild 4). Die Bohrungen der Segmentplatte werden auf einer numerisch gesteuerten Maschine gebohrt.

Wie groß sind die zur Programmerstellung erforderlichen Koordinatenmaße x und y?

19. Kräfte beim Drehen (Bild 5). Beim Drehen entsteht bei der Spanabnahme die Schnittkraft F_c = 8900 N und die Vorschubkraft F_f = 1700 N. Sie ist der Vorschubrichtung entgegengesetzt und steht senkrecht zur Schnittkraft.

Wie groß ist die resultierende Aktivkraft F_a?

20. Scheibenfräser (Bild 6). Der Scheibenfräser hat einen Durchmesser von d = 80 mm.

a) Wie groß ist der Anschnitt l_s, wenn die Frästiefe a = 6 mm ist?

b) Welche Berechnungsformel lässt sich für den Anschnitt l_s in Abhängigkeit vom Fräserdurchmesser d und von der Frästiefe a aufstellen?

21. Lochstempel (Bild 7). Der Lochstempel wird als Knabberwerkzeug eingesetzt. Wie groß darf der Vorschub f höchstens sein, damit das Maß a = 0,1 mm nicht überschritten wird?

22. Seewölbung (Bild 8). Die Entfernung Konstanz–Bregenz beträgt 46 km. Wie groß ist die Bogenhöhe (Seewölbung) h, wenn der Erdradius 6365 km beträgt?

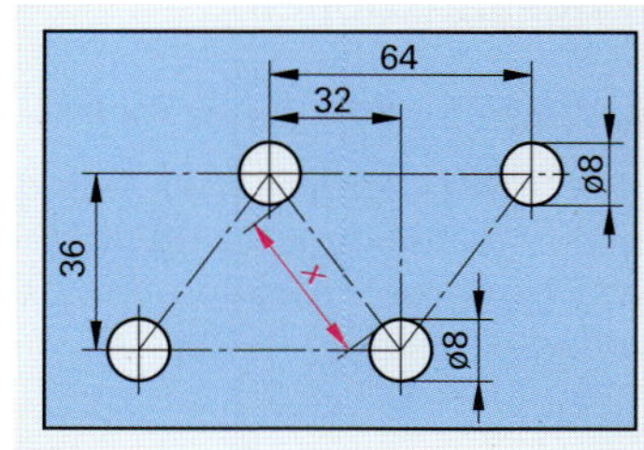

Bild 1: Lochung

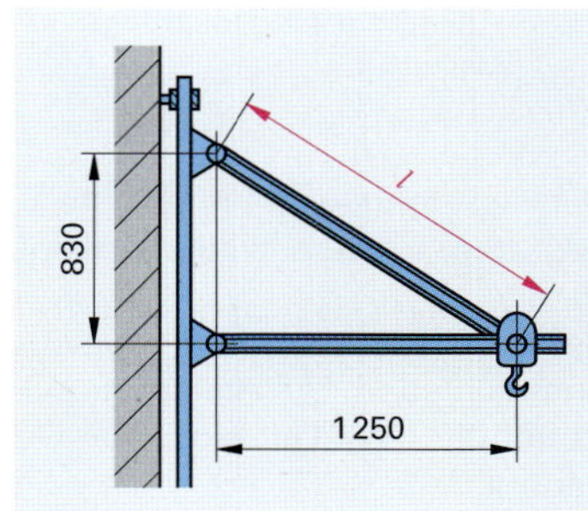

Bild 2: Ausleger

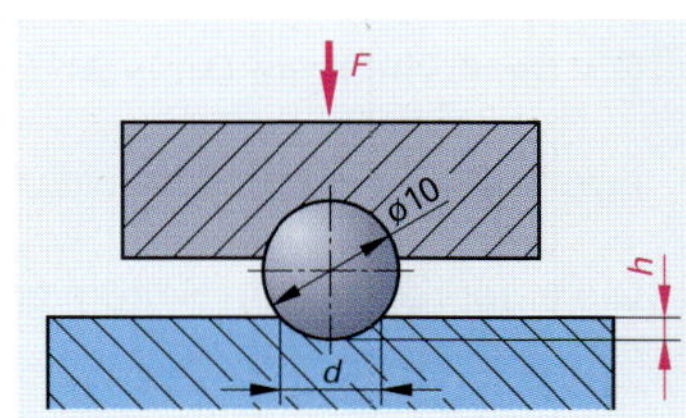

Bild 3: Härteprüfung

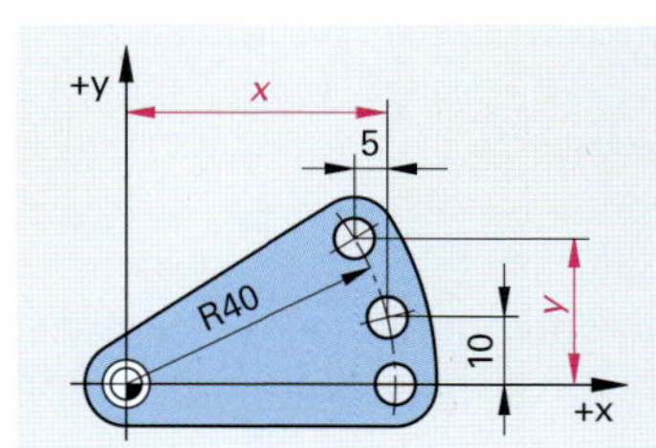

Bild 4: Segmentplatte

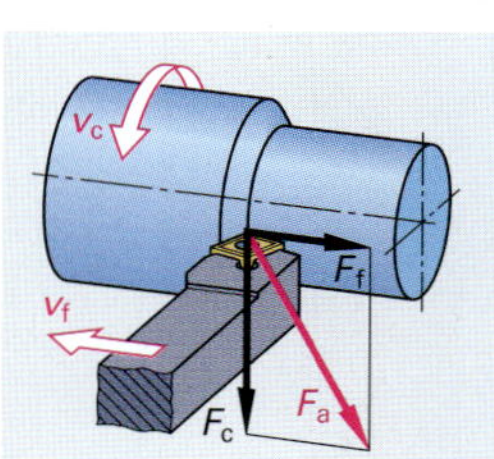

Bild 5: Kräfte beim Drehen

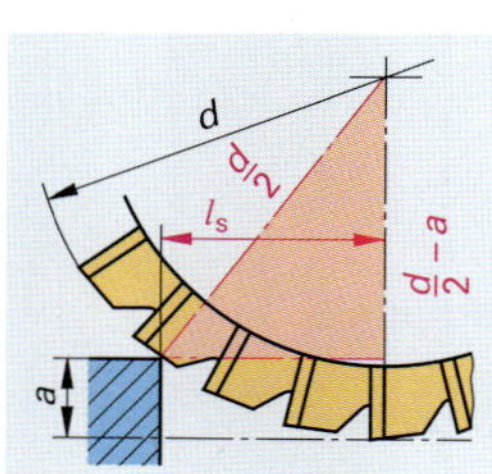

Bild 6: Scheibenfräser

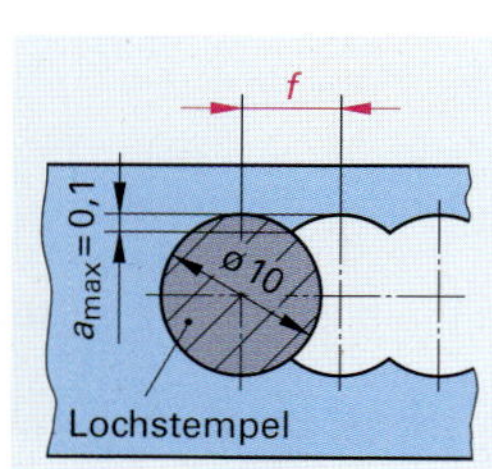

Bild 7: Lochstempel

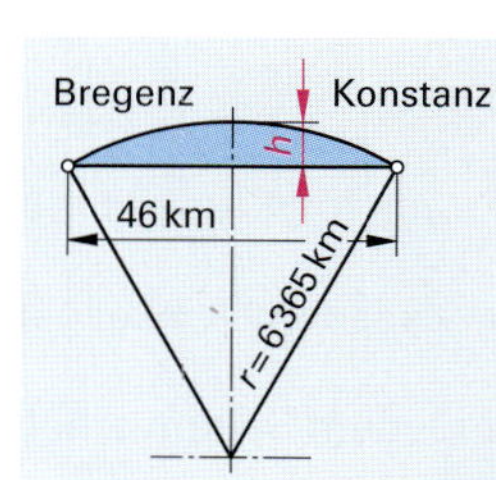

Bild 8: Seewölbung

S. 258

Winkelfunktionen

Winkelfunktionen im rechtwinkligen Dreieck

Im rechtwinkligen Dreieck sind den Winkeln bestimmte Verhältnisse von Seitenlängen zugeordnet. Damit ergeben sich Funktionen zwischen diesen Größen, mit denen Winkel und Seiten berechnet werden können.

Bezeichnungen (Bild 1):

c	Hypotenuse	mm	sin	Sinus	–
a, b	Katheten (Ankathete, Gegenkathete)	mm	cos	Kosinus	–
			tan	Tangens	–
α, β	Winkel	°			

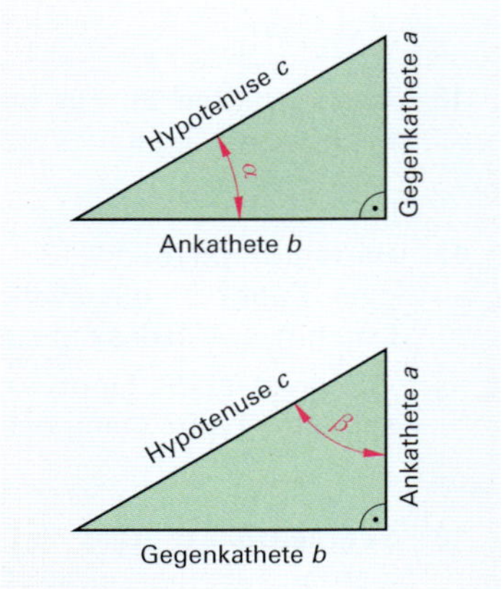

Bild 1: Bezeichnungen im rechtwinkligen Dreieck

Die **Hypotenuse** ist die längste Seite im rechtwinkligen Dreieck. Sie liegt dem rechten Winkel gegenüber.

Bei den Katheten wird zwischen **Ankathete** und **Gegenkathete** unterschieden. Die Ankathete schließt mit der Hypothenuse den betreffenden Winkel ein. Die Gegenkathete liegt diesem Winkel gegenüber.

Vergleicht man die Winkel und Seiten der Dreiecke in **Bild 2**, so kommt man zu folgenden Ergebnissen:

- Die rechtwinkligen Dreiecke ① und ② sind ähnlich.
- Ihre Winkel sind gleich groß.
- Die entsprechenden Seitenverhältnisse in diesen Dreiecken sind gleich groß.

Dreieck ①	$\frac{a}{b} = \frac{30\text{ mm}}{40\text{ mm}} = 0{,}75$	$\frac{a}{c} = \frac{30\text{ mm}}{50\text{ mm}} = 0{,}6$	$\frac{b}{c} = \frac{40\text{ mm}}{50\text{ mm}} = 0{,}8$
Dreieck ②	$\frac{a}{b} = \frac{45\text{ mm}}{60\text{ mm}} = 0{,}75$	$\frac{a}{c} = \frac{45\text{ mm}}{75\text{ mm}} = 0{,}6$	$\frac{b}{c} = \frac{60\text{ mm}}{75\text{ mm}} = 0{,}8$

Bei Veränderung eines Winkels, z. B. des Winkels α im Dreieck ③, ändern sich auch die Seitenverhältnisse:

Dreieck ③	$\frac{a}{b} = \frac{70\text{ mm}}{60\text{ mm}} = 1{,}1667$	$\frac{a}{c} = \frac{70\text{ mm}}{92{,}2\text{ mm}} = 0{,}7592$

Daraus folgt für alle rechtwinkligen Dreiecke:

- Zu jedem Winkel gehört ein bestimmtes Seitenverhältnis.
- Jedem Seitenverhältnis entspricht ein bestimmter Winkel.
- Das Seitenverhältnis ist eine **Funktion** des Winkels.

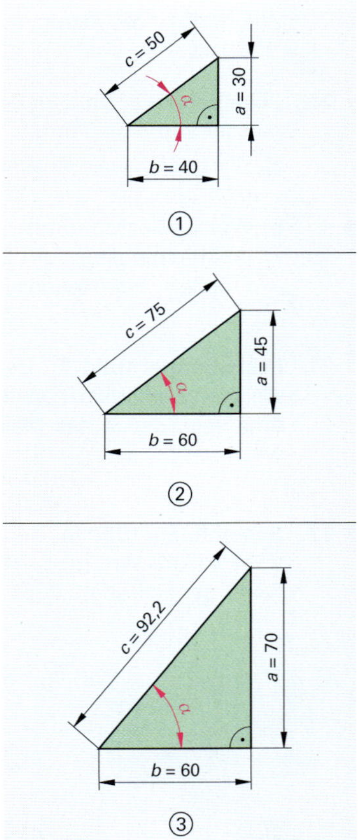

Bild 2: Seitenverhältnisse im rechtwinkligen Dreieck

Bei den Winkelfunktionen unterscheidet man den Sinus (sin), Kosinus (cos) und Tangens (tan).

Mit dem Taschenrechner kann man für einen Winkel den Funktionswert zu einer Winkelfunktion berechnen oder für einen Funktionswert einer Winkelfunktion den Winkel berechnen (siehe auch Seite 22). Der Funktionswert sollte mit mindestens vier Dezimalstellen angegeben werden, weil sonst größere Rundungsfehler beim Winkel auftreten können.

Die Größe eines Winkels kann in zwei Formaten angegeben werden (siehe auch Seite 22, Tabelle 1):

- im Dezimalformat, z. B. 32,425°, oder
- im Grad/Minuten/Sekunden-Format, z. B. 32°71′38,89″

Die Umrechnung zwischen den Formaten ist mit dem Taschenrechner einfach möglich (siehe dessen Bedienungsanleitung):

Definition der Winkelfunktion

$$\textbf{Sinus} = \frac{\text{Gegenkathete}}{\text{Hypotenuse}}$$

$$\textbf{Kosinus} = \frac{\text{Ankathete}}{\text{Hypotenuse}}$$

$$\textbf{Tangens} = \frac{\text{Gegenkathete}}{\text{Ankathete}}$$

1. Beispiel:

Zu den Winkeln in der Tabelle sind die Funktionswerte des Sinus, Kosinus und Tangens zu berechnen.

Lösung:

Winkel	Funktionswert		
α	sin α	cos α	tan α
10°	0,1736	0,9848	0,1763
20°30′	0,3502	0,9367	0,3739
35,6°	0,5821	0,8131	0,7159

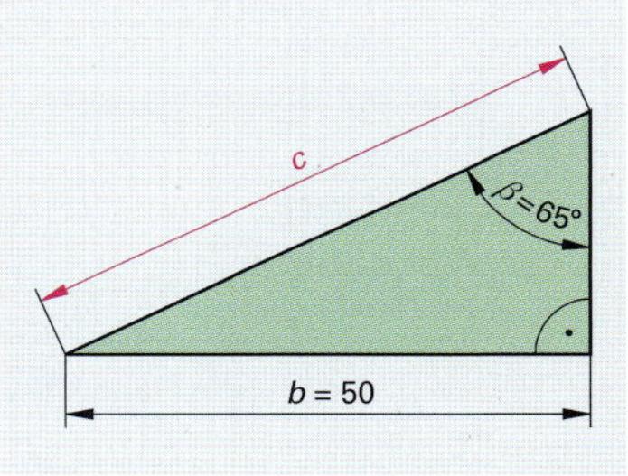

Bild 1: Dreieck

2. Beispiel:

Zu den Funktionswerten in der Tabelle sind die Winkel im Dezimalformat und im Grad/Minuten/Sekunden-Format zu berechnen.

Lösung:

Funktionswert	Winkel
$\sin\alpha = 0{,}1564$	$\alpha = 9°$
$\cos\beta = 0{,}8723$	$\beta = 29{,}27° = 29°16'12''$
$\tan\gamma = 1{,}3500$	$\gamma = 53{,}47° = 53°28'12''$

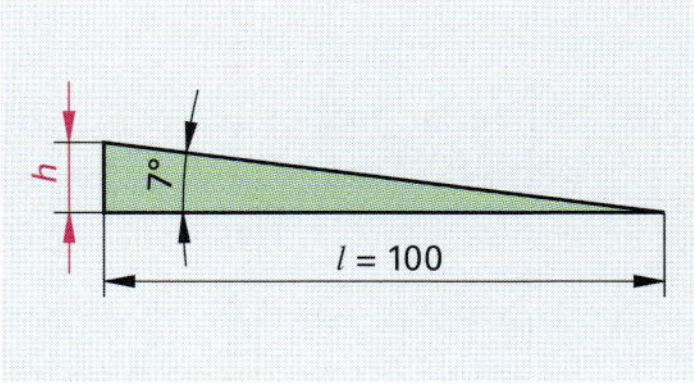

Bild 2: Keil

3. Beispiel:

Dreieck (Bild 1). Wie lang ist die Hypotenuse c?

Lösung: $\sin\beta = \frac{\text{Gegenkathete}}{\text{Hypotenuse}} = \frac{b}{c}$

$$c = \frac{b}{\sin\beta} = \frac{50\text{ mm}}{\sin 65°} = \frac{50\text{ mm}}{0{,}9063} = \mathbf{55{,}17\text{ mm}}$$

4. Beispiel:

Dreieck (Bild 1). Wie lang ist die Hypotenuse c?

Lösung: $\tan\alpha = \frac{\text{Gegenkathete}}{\text{Ankathete}} = \frac{h}{l}$

$$h = l \cdot \tan\alpha = 100\text{ mm} \cdot \tan 7°$$
$$= 100\text{ mm} \cdot 0{,}1228 = \mathbf{12{,}28\text{ mm}}$$

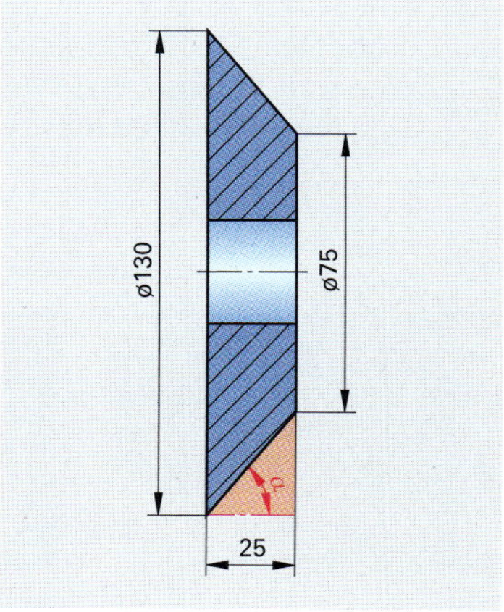

Bild 3: Scheibe

5. Beispiel:

Scheibe (Bild 3). Wie groß ist der Winkel α der Scheibe?

Lösung: $\tan\alpha = \frac{\text{Gegenkathete}}{\text{Ankathete}} = \frac{\frac{130\text{ mm} - 75\text{ mm}}{2}}{25\text{ mm}}$

$$= \frac{55\text{ mm}}{2 \cdot 25\text{ mm}} = 1{,}1000$$

$$\alpha = \mathbf{47{,}73° = 47°43'48''}$$

Aufgaben | Winkelfunktionen im rechtwinkligen Dreieck

1. **Funktionswerte.** Für die folgenden Winkel sind die Funktionswerte für sin, cos und tan zu berechnen:
   10°; 48°; 3°40′; 29°10′; 65°50′; 8,2°; 142,15°

2. **Winkel.** Für die gegebenen Funktionswerte sind die Winkel zu berechnen:

Tabelle 1: Berechnung von Winkeln

	a	b	c	d	e
sin α	0,1045	0,1478	0,6406	0,9387	0,9993
cos α	0,9996	0,9843	0,7790	0,5995	0,0872
tan α	0,0875	0,4663	2,8770	68,7501	343,7737

3. **Berechnungen im rechtwinkligen Dreieck.** Die fehlenden Werte in der **Tabelle 2** sind zu berechnen.

Tabelle 2: Berechnungen im rechtwinkligen Dreieck

	a	b	c	d	e
Hypotenuse *c* in mm	62		350	784	
Kathete *a* in mm		30			760
Kathete *b* in mm		40			
$\sphericalangle \alpha$	55°				42°40′
$\sphericalangle \beta$			50°	17,67°	

4. **Kegelräder (Bild 1).** Zwei Kegelräder, deren Achsen sich senkrecht schneiden, haben die Teilkreisdurchmesser d_1 = 160 mm und d_2 = 88 mm. Gesucht sind die Teilkreiswinkel δ_1 und δ_2.

5. **Prismenführung (Bild 2).** Für die Prismenführung ist das Maß *x* zu berechnen.

6. **Seitenschieber (Bild 3).** Um welchen Weg *x* wird der Seitenschieber nach rechts verschoben, wenn sich der Keilstempel um *a* = 5 mm nach unten bewegt?

7. **Bohrlehre (Bild 4).** In einer Bohrlehre sollen 3 Löcher gebohrt werden. Berechnen Sie die Lochabstände *b* und *c*.

8. **Befestigungsplatte (Bild 5).** Die Stiftlöcher sollen auf einer NC-Bohrmaschine gebohrt werden. Die Koordinaten *x* und *y* sind zu berechnen.

9. **Sinuslineal (Bild 6).** Mit dem Sinuslineal werden Winkel geprüft. Den Abstand *E* setzt man aus Endmaßen zusammen. Wie groß ist *E* für den Winkel α = 24,5°, wenn die Länge des Sinuslineals *L* = 100 mm beträgt?

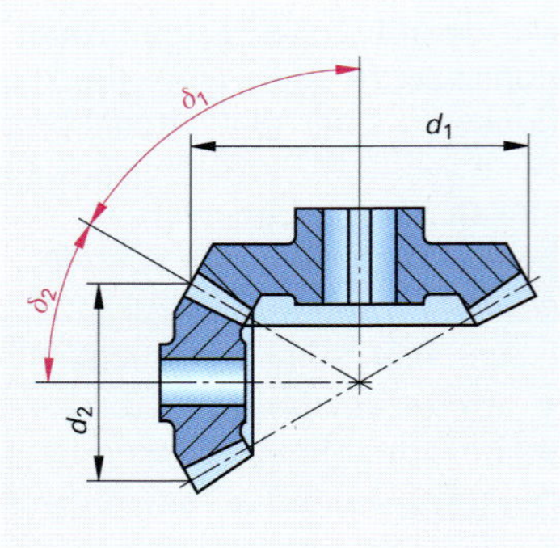

Bild 1: Kegelräder

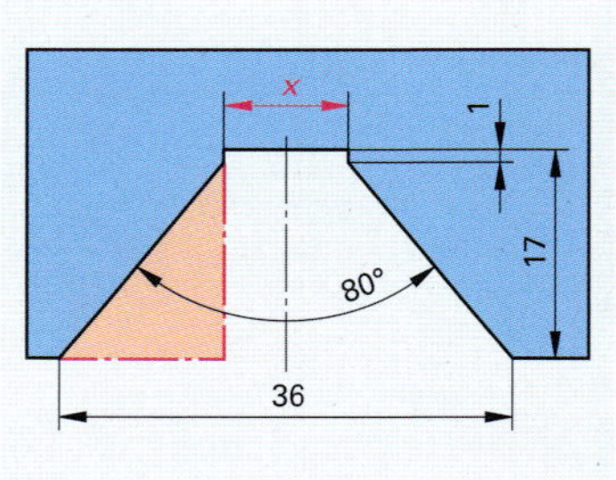

Bild 2: Prismenführung

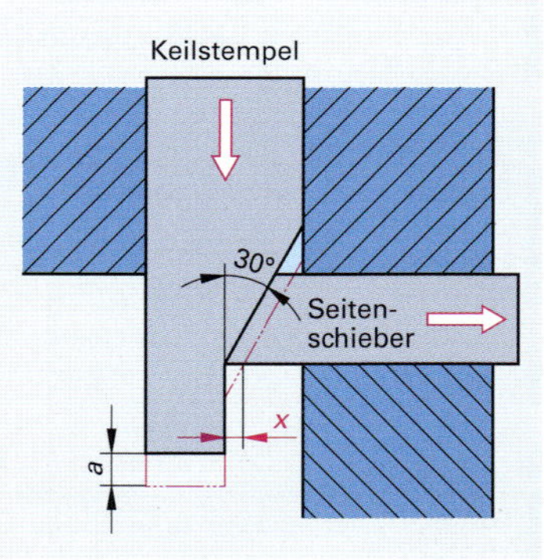

Bild 3: Seitenschieber

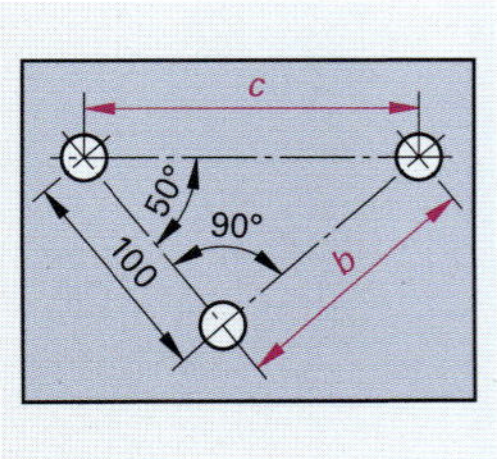

Bild 4: Bohrlehre

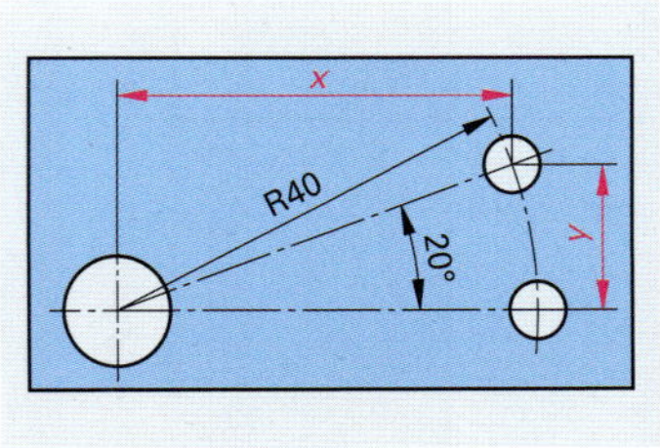

Bild 5: Befestigungsplatte

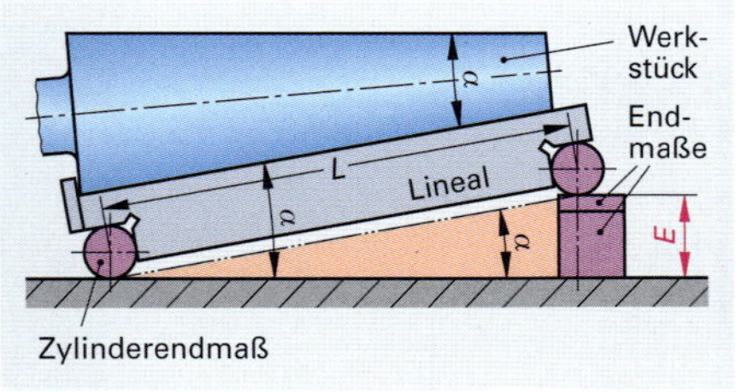

Bild 6: Sinuslineal

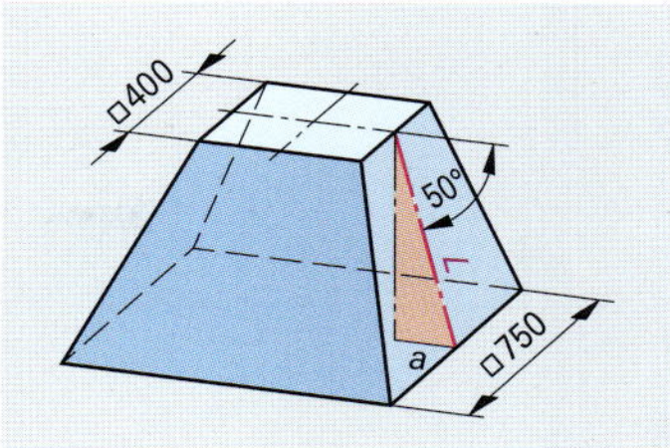

Bild 1: Blechhaube

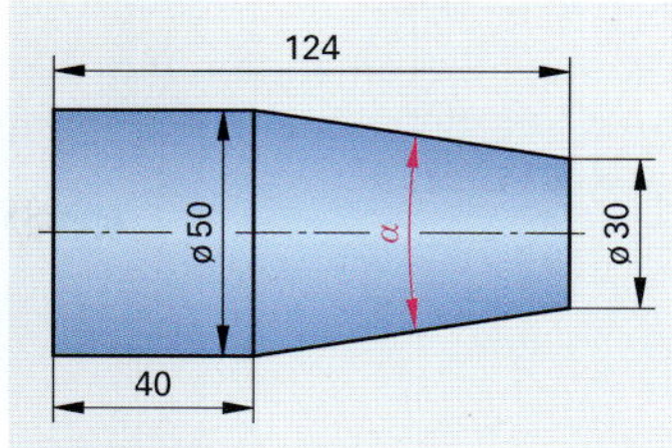

Bild 2: Drehteil

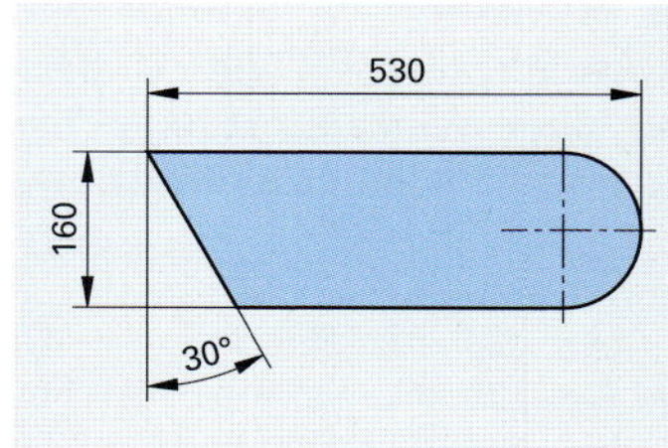

Bild 3: Abdeckblech

10. Blechhaube (Bild 1).
Zur Ermittlung des Zuschnitts ist die Länge *L* zu berechnen.

11. Drehteil (Bild 2).
Wie groß ist bei dem Drehteil der Kegelwinkel α?

12. Abdeckblech (Bild 3). Das Abdeckblech soll auf einer Laserschneidanlage aus einer Blechtafel ausgeschnitten werden. Wie lang ist der Gesamtumfang?

13. Reibradgetriebe (Bild 4). Wie groß muss bei dem Reibradgetriebe die Höhe *h* des kegeligen Teils der Antriebsscheibe sein?

14. Trägerkonstruktion (Bild 5). Die Längen der 4 Stäbe *d* bis *g* sind zu berechnen.

● **15. Profilplatte (Bild 6).** Die Außenkontur der Profilplatte wird in einem Schnitt auf einer numerisch gesteuerten Maschine gefräst. Für die Konturpunkte P1 bis P8 sind die X- und die Y-Koordinaten zu berechnen.

● **16. Rundstab (Bild 7).** An dem Stab von 50 mm Durchmesser sollen 3 gleichbreite Flächen angefräst werden, sodass die verbleibenden Abschnittslängen jeweils 12 mm betragen.
Wie groß muss die Frästiefe *t* sein?

● **17. Vierkant (Bild 8).** An einem Rundstab mit 40 mm Durchmesser soll ein Vierkant mit 32 mm Schlüsselweite angefräst werden. Wie breit ist die Sehnenlänge *b* der verbleibenden Fase?

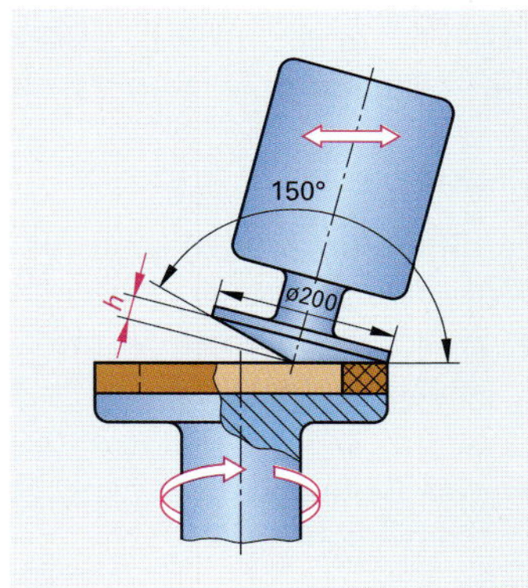

Bild 4: Reibradgetriebe

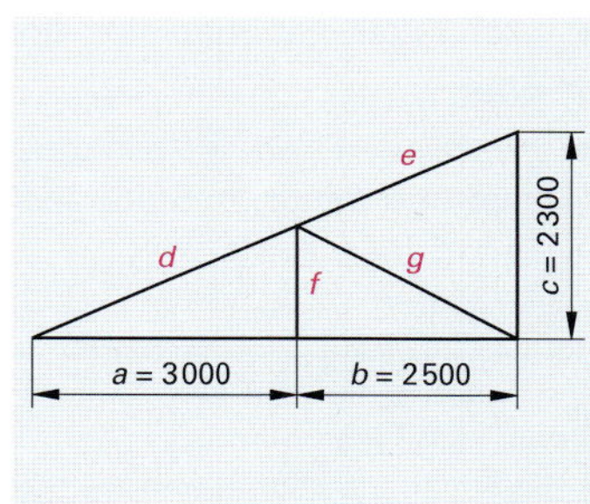

Bild 5: Trägerkonstruktion

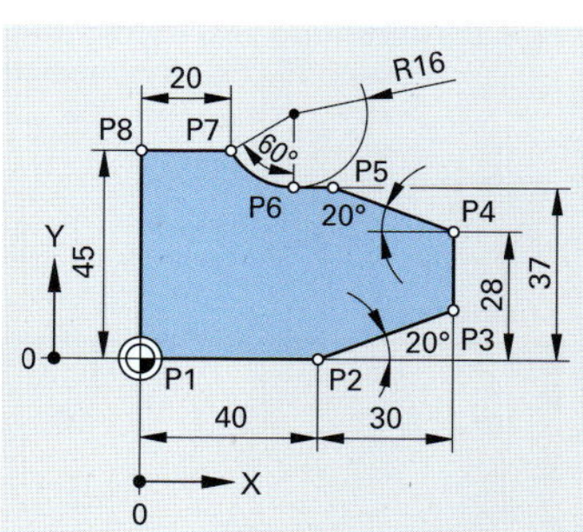

● Bild 6: Profilplatte

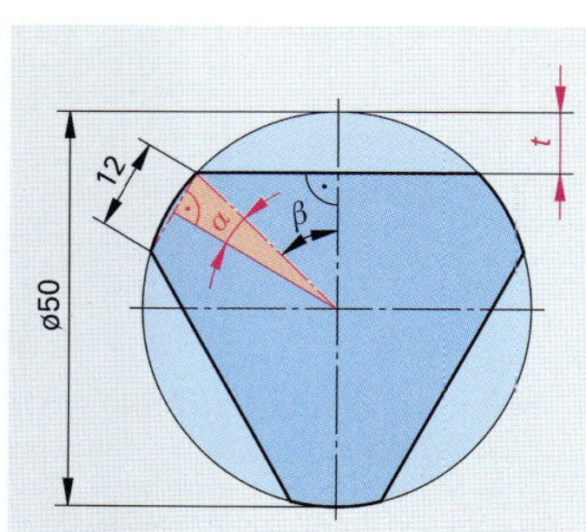

● Bild 7: Rundstab

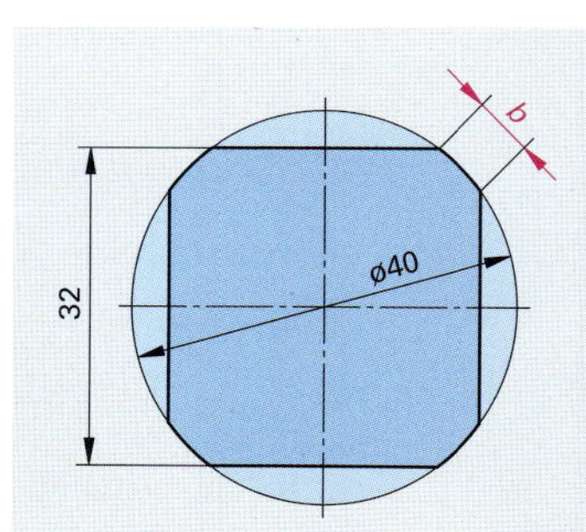

● Bild 8: Vierkant

S. 258

Winkelfunktionen im schiefwinkligen Dreieck

Auch in schiefwinkligen Dreiecken können Seitenlängen und Winkel über Winkelfunktionen berechnet werden. Zur Anwendung kommt dabei der **Sinussatz** oder der **Kosinussatz**.

Bezeichnungen:

a, b, c	Seitenlängen	mm
α, β, γ	Winkel, die jeweils den Seiten *a, b, c* gegenüberliegen	°

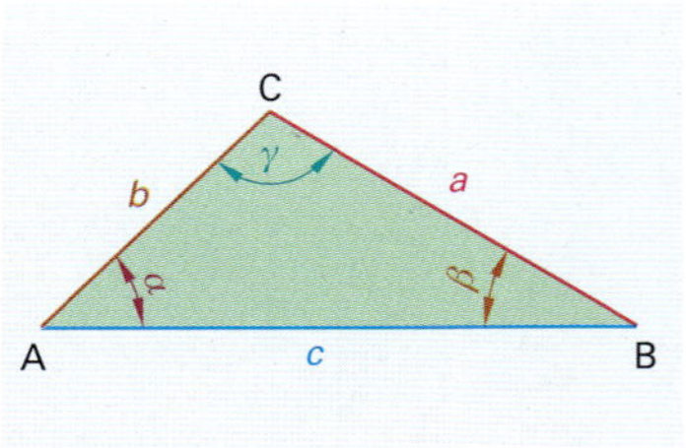

Bild 1: Zuordnung von Seiten und Winkeln für den Sinussatz

Um die entsprechenden Formeln mathematisch abzuleiten, wird das schiefwinklige Dreieck durch Einzeichnen einer Höhe in zwei rechtwinklige Dreiecke zerlegt, und dann werden die Gesetzmäßigkeiten für rechtwinklige Dreiecke angewendet. Auf die umfangreiche vollständige Ableitung wird hier verzichtet.

Sinussatz

Der Sinussatz **(Bild 1)** kann zur Berechnung von Seitenlängen und Winkeln angewendet werden, wenn

- zwei Seiten und ein Winkel, der einer dieser Seiten gegenüberliegt, gegeben sind und die anderen Winkel gesucht sind,
  oder
- eine Seite und zwei Winkel gegeben sind und die anderen Seiten gesucht sind.

Sinussatz

$$\frac{a}{\sin\alpha} = \frac{b}{\sin\beta} = \frac{c}{\sin\gamma}$$

Kosinussatz

Der Kosinussatz **(Bild 2)** kann zur Berechnung von Seitenlängen und Winkeln angewendet werden, wenn

- drei Seiten gegeben sind und die anderen Winkel gesucht sind,
  oder
- zwei Seiten und der von ihnen eingeschlossene Winkel gegeben sind und die dritte Seite gesucht ist.

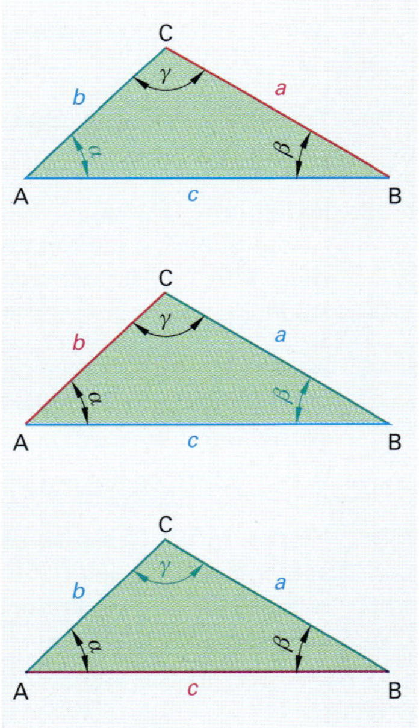

Bild 2: Zuordnung von Seiten und Winkeln für den Kosinussatz

Kosinussatz

$$a^2 = b^2 + c^2 - 2 \cdot b \cdot c \cdot \cos\alpha$$
$$b^2 = a^2 + c^2 - 2 \cdot a \cdot c \cdot \cos\beta$$
$$c^2 = a^2 + b^2 - 2 \cdot a \cdot b \cdot \cos\gamma$$

Beispiel:

In einem schiefwinkligen Dreieck mit den Bezeichnungen entsprechend Bild 1 sind gegeben:
Die Seiten $a = 35$ mm und $b = 50$ mm sowie der Winkel $\gamma = 65°$.
a) Wie lang ist die Seite *c*?
b) Wie groß sind die Winkel α und β?

Lösung: a) Es sind die zwei Seiten *a* und *b* und der von ihnen eingeschlossene Winkel γ gegeben.
⇒ Die Lösung erfolgt über den Kosinussatz.

$$c^2 = a^2 + b^2 - 2 \cdot a \cdot b \cdot \cos\gamma$$
$$c = \sqrt{a^2 + b^2 - 2 \cdot a \cdot b \cdot \cos\gamma}$$
$$= \sqrt{(35^2 + 50^2 - 2 \cdot 35 \cdot 50 \cdot \cos 65°)\ \text{mm}^2}$$
$$= \mathbf{47{,}4\ mm}$$

b) Der Winkel α kann mit der Lösung von a) über den Sinussatz berechnet werden, weil nun die zwei Seiten *a* und *c* und der der Seite *c* gegenüberliegende Winkel γ bekannt sind. Der Winkel α kann auch, allerdings mit mehr Rechenaufwand, über den Kosinussatz berechnet werden.

Berechnung des Winkels α über den Sinussatz:

$$\frac{a}{\sin\alpha} = \frac{c}{\sin\gamma} \quad \text{m}$$

$$\sin\alpha = \frac{a \cdot \sin\gamma}{c} = \frac{35\ \text{mm} \cdot \sin 65°}{47{,}4\ \text{mm}} = 0{,}6692; \qquad \alpha = \mathbf{42{,}0°}$$

Berechnung des Winkels α über den Kosinussatz:

$$a^2 = b^2 + c^2 - 2 \cdot b \cdot c \cdot \cos\alpha$$

$$\cos\alpha = \frac{b^2 + c^2 - a^2}{2 \cdot b \cdot c} = \frac{(50^2 + 47{,}4^2 - 35^2)\ \text{mm}^2}{2 \cdot 50 \cdot 47{,}4\ \text{mm}^2} = 0{,}7430; \quad \alpha = \mathbf{42{,}0°}$$

Der Winkel β wird über die Winkelsumme 180° berechnet.

$$\beta = 180° - \alpha - \gamma$$
$$= 180° - 42° - 65° = \mathbf{73°}$$

Aufgaben | Winkelfunktionen im schiefwinkligen Dreieck

1. **Schiefwinklige Dreiecke.** Bei schiefwinkligen Dreiecken mit den Bezeichnungen nach Bild 1, Seite 42, sind die folgenden Größen gegeben:
   a) $\alpha = 75°$ $\quad \beta = 45°$ $\quad b = 75$ mm
   b) $\gamma = 60{,}5°$ $\quad b = 45$ mm $\quad c = 43$ mm
   c) $\gamma = 59°30'$ $\quad a = 50$ mm $\quad b = 36$ mm
   d) $a = 57$ mm $\quad b = 39$ mm $\quad c = 45$ mm
   Die fehlenden Seitenlängen und Winkel sind zu berechnen.
2. **Ausleger (Bild 1).** Für den Ausleger sind zu berechnen
   a) die Längen x und y der Träger,
   b) die Länge l des Auslegers.
3. **Kurbeltrieb (Bild 2).** Der Kurbeltrieb hat einen Kurbelradius von 180 mm und eine Kurbelstangenlänge von 400 mm. Für einen Kurbelwinkel von 30° sind zu berechnen
   a) der Winkel β an der Kurbelstange,
   b) der restliche Weg x, den die Kurbelstange bis zum oberen Totpunkt (OT) noch zurücklegt.
4. **Grundplatte (Bild 3).** Wie groß sind die Koordinatenmaße x und y für die drei Bohrungen in der Grundplatte?
5. ● **Fachwerk (Bild 4).** Berechnen Sie für das Fachwerk die Stablänge a.

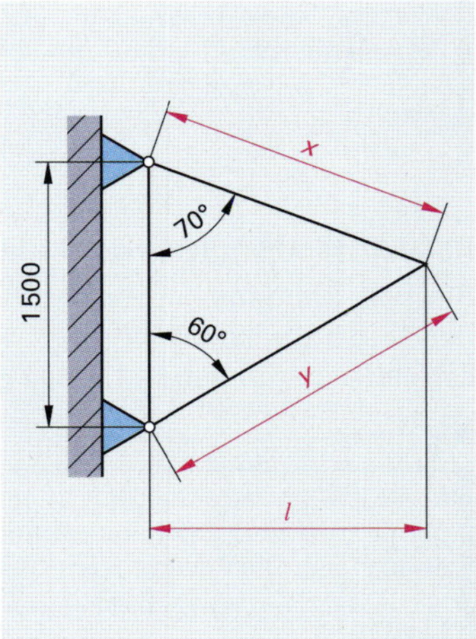

Bild 1: Ausleger

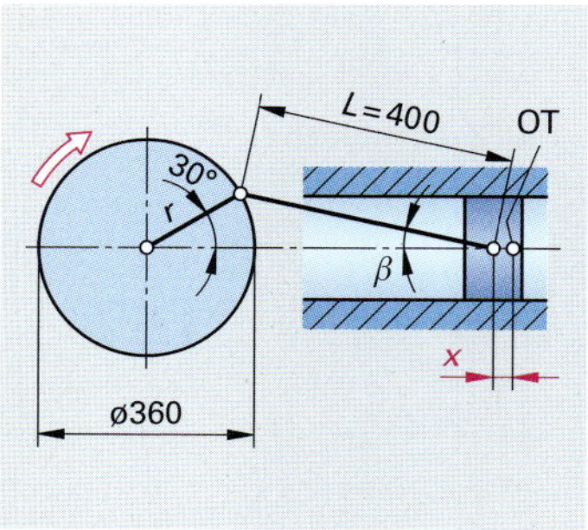

Bild 2: Kurbeltrieb

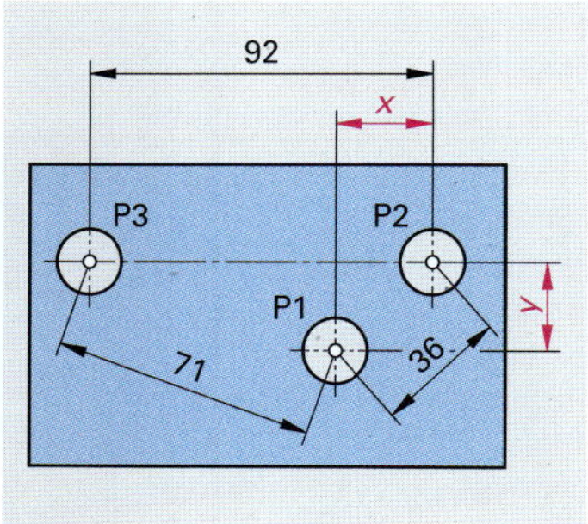

Bild 3: Grundplatte

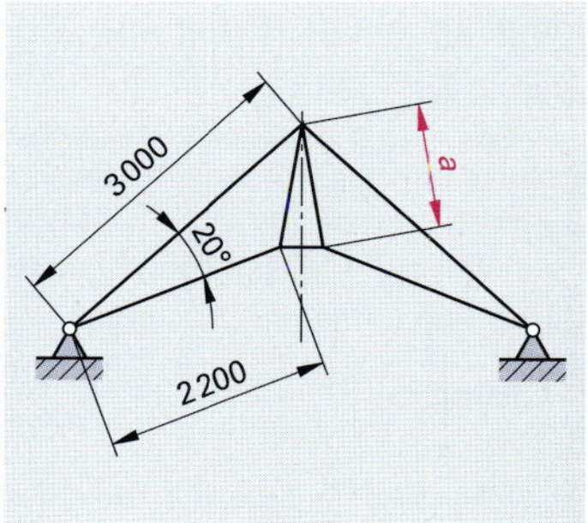

● Bild 4: Fachwerk

Längen, Flächen, Volumen, Gewichtskraft

Längen und Teilung

Teilung gerader Längen

Gesamtlängen werden durch Sägeschnitte, Gitterstäbe oder Bohrungen in Teillängen unterteilt.

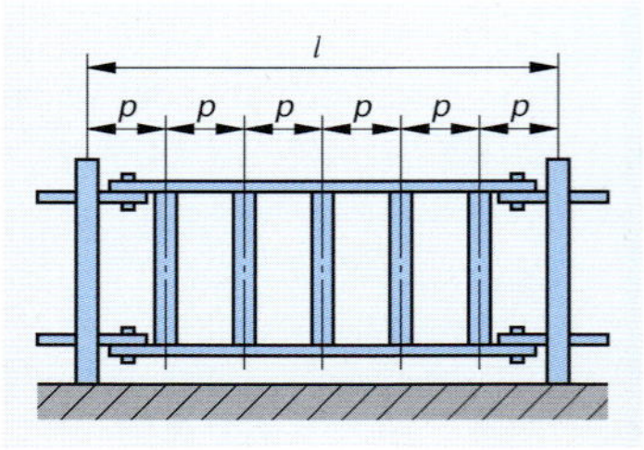

Bild 1: Gitter

Bezeichnungen:

l	Gesamtlänge, Stablänge	mm	p	Teilung	mm
l_R	Restlänge	mm	a, b	Randabstände	mm
l_s	Teillänge beim Trennen	mm	n	Anzahl der Teilelemente, z. B. Sägeschnitte, Stäbe, Bohrungen	–
s	Sägeschnittbreite	mm			

Man unterscheidet drei Fälle:

Randabstand gleich der Teilung

Die Gesamtlänge l des Gitters **(Bild 1)** wird durch $n = 5$ Füllstäbe in 6 gleiche Felder mit der Teilung p aufgeteilt.

Teilung: Randabstand = Teilung

$$p = \frac{l}{n+1}$$

● **Beispiel:**

Wie groß ist die Teilung p der Füllstäbe, wenn in das l = 2375 mm lange Zaunelement n = 18 Stäbe eingesetzt werden?

Lösung: $p = \frac{l}{n+1} = \frac{2375\ \text{mm}}{18+1} = \mathbf{125\ mm}$

Teilung: Randabstand ≠ Teilung

$$p = \frac{l-(a+b)}{n-1}$$

Randabstand ungleich der Teilung

Sind die Randabstände a und b verschieden groß und nicht gleich der Teilung p, so erhält man nach **Bild 2** die Teilung p, indem die Länge $l - (a + b)$ in $(n - 1)$ Teile aufgeteilt wird.

Trennen in Teilelemente

$$n = \frac{l}{l_s + s}$$

● **Beispiel:**

In ein Flachstahlstück **(Bild 3)** sollen 14 Löcher in gleichen Abständen gebohrt werden. Die Randabstände sind mit a = 30 mm und b = 10 mm angegeben. Die Teilung p ist zu berechnen.

Lösung: $p = \frac{l-(a+b)}{n-1} = \frac{1600\ \text{mm} - (30\ \text{mm} + 10\ \text{mm})}{14-1} = \mathbf{120\ mm}$

Restlänge

$$l_R = l - (l_s + s) \cdot n$$

Trennen in Teilelemente

Beim Trennen einer Gesamtlänge l durch Sägen muss die Sägeschnittbreite s berücksichtigt werden. Man erhält n Teilstücke und meist noch eine Restlänge l_R.

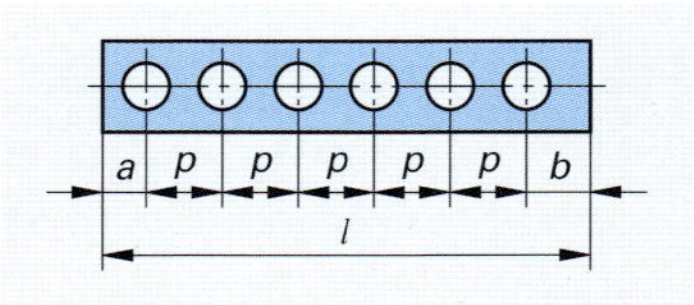

Bild 2: Lochblech

● **Beispiel:**

Von einem l = 6 m langen Messingrohr werden l_s = 185 mm lange Stücke abgeschnitten. Die Schnittbreite der Säge beträgt s = 1,2 mm.

a) Wie viele Stücke können abgeschnitten werden?

b) Wie lang ist das Reststück?

Lösung: a) $n = \frac{l}{l_s + s} = \frac{6000\ \text{mm}}{185\ \text{mm} + 1{,}2\ \text{mm}} = 32{,}2 = \mathbf{32\ Stücke}$

b) $l_R = l - (l_s + s) \cdot n = 6000\ \text{mm} - (185\ \text{mm} + 1{,}2\ \text{mm}) \cdot 32 = \mathbf{41{,}6\ mm}$

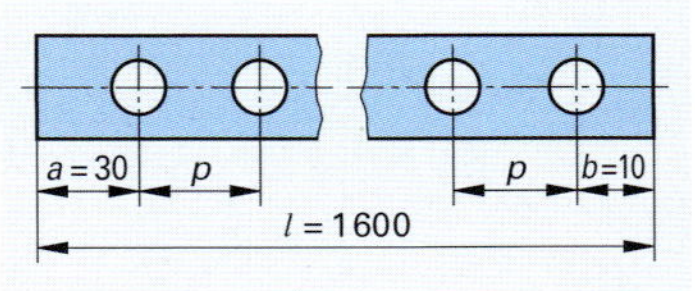

Bild 3: Flachstahlstück

Aufgaben | Teilung gerader Längen

1. **Restlänge.** Von einem 6 m langen Flachstahl werden nacheinander 0,75 m; 87 mm; 1,30 m; 1540 mm; 625 mm abgeschnitten. Die Breite des Sägeblattes ist 1,5 mm. Wie groß ist die Restlänge?

2. **Anzahl der Teilelemente.** Ein Sechskantstahl von 3,4 m Länge wird in 5 gleich lange Stücke geteilt.
   a) Wie oft wird der Stab durchgesägt?
   b) Wie lang sind die Teile, wenn eine Schnittbreite von 2 mm angenommen wird?

3. **Teilung.** In einen Flachstahl von 300 mm Länge sollen 6 Löcher gebohrt werden. Wie groß ist
   a) die Teilung, wenn Rand- und Lochabstände gleich groß werden,
   b) die Teilung bei je 44,5 mm Randabstand?

4. **Anreißen von Löchern.** Ein Flachstab von 800 mm Länge soll 16 Löcher in gleichem Abstand erhalten. Der Mittelpunkt der Randlöcher soll 25 mm von den Stabenden entfernt sein. Es sind die Maße für das Anreißen der Löcher zu ermitteln.

5. **Teilung.** Ein Schutzgitter, das aus zwei waagrechten und 15 senkrechten Stäben besteht, soll für eine Fensterbreite von 2 m angefertigt werden. Es ist die waagrechte Teilung *p* zu berechnen, wenn die Abstände von der Wand zur Mitte des ersten Stabes und die Abstände der Stäbe untereinander von Mitte zu Mitte gleich groß sein sollen.

6. **Schutzgitter (Bild 1).** Für das Schutzgitter ist die Anzahl der senkrechten Stäbe bei gleicher Teilung zu berechnen.

7. **Obergurt (Bild 2).** In den Obergurt eines Gitters sollen 9 Bohrungen für die Füllstäbe gebohrt werden. Die Teilung ist p = 70 mm. Wie lang muss der Flachstahl abgesägt werden?

8. **Treppengeländer (Bild 3).** Für ein Treppengeländer sind die Anzahl der Geländerstäbe und der Zwischenabstand x für eine Teilung p = 80 mm, ohne Anfangsstab, zu berechnen.

9. **Blechtafel (Bild 4).** In die Blechtafel sind in Abständen von jeweils 60 mm, mit einem Randabstand von 200 mm, ringsum Löcher zu bohren. Wie groß ist die Anzahl der Bohrungen?

10. **Klingelschild (Bild 5).** Für das Klingelschild aus Messingblech CuZn40 sind die Abstände x und y zu berechnen.

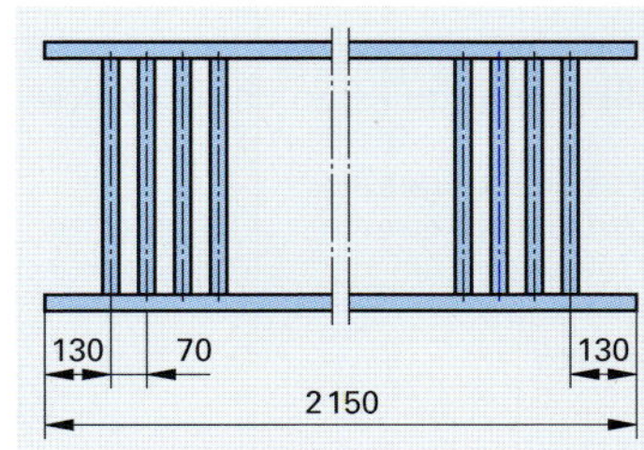

Bild 1: Schutzgitter

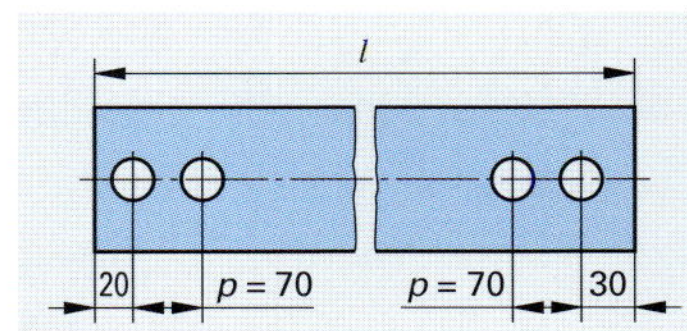

Bild 2: Obergurt

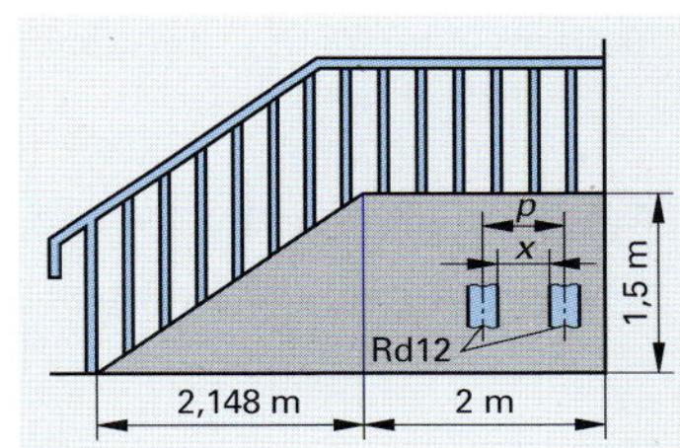

Bild 3: Treppengeländer

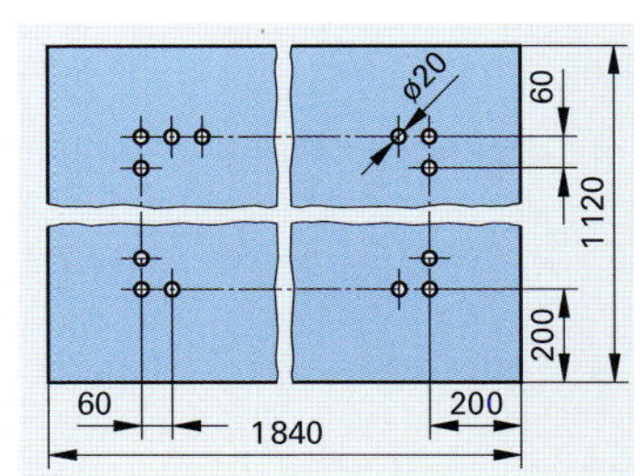

Bild 4: Blechtafel

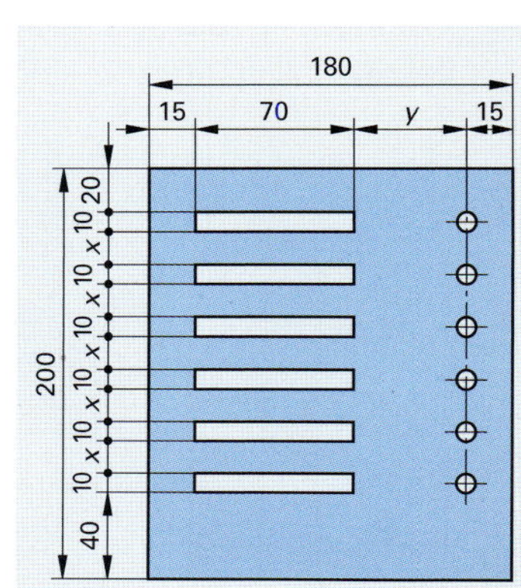

Bild 5: Klingelschild

S. 259

Kreisumfänge und Kreisteilungen

Bei Werkstücken mit ganz oder teilweise kreisrunder Form müssen z. B. bei Festigkeitsberechnungen der Umfang U, die Kreisbogenlänge l_B oder die Sehnenlänge l berechnet werden.

Bezeichnungen:

d	Durchmesser	mm	α	Mittelpunktswinkel	°
U	Kreisumfang	mm	l	Sehnenlänge	mm
r	Radius	mm	l_B	Kreisbogenlänge	mm
p	Teilung	mm	n	Anzahl der Teilelemente	–

Beispiel:

Für den Kreis **Bild 1** mit dem Durchmesser $d = 70$ mm sind zu berechnen

a) der Kreisumfang U,

b) die Bogenlänge l_B für die Mittelpunktswinkel $\alpha = 110°$.

Lösung: a) $U = \pi \cdot d = \pi \cdot 70 \text{ mm} = 219{,}9 \text{ mm} \approx \mathbf{220 \text{ mm}}$

b) $l_B = \dfrac{\pi \cdot d \cdot \alpha}{360°} = \dfrac{\pi \cdot 70 \text{ mm} \cdot 110°}{360°} = \mathbf{67 \text{ mm}}$

Weitere Formeln für die Kreisbogenlänge und die Sehnenlänge können Tabellenbüchern entnommen werden.

Aufgaben | Kreisumfänge und Kreisteilungen

1. **Kreisumfang.** Zu ermitteln sind die Kreisumfänge für folgende Durchmesser: $d = 7{,}3$ mm; 13 mm; 19,5 mm; 20,5 mm; 78,9 mm; 115,7 mm.

2. **Durchmesser.** Zu den folgenden Kreisumfängen sind die Durchmesser zu ermitteln. $U = 62{,}8$ mm; 15,7 mm; 31,4 mm, 219,8 mm; 84,78 mm, 392,5 mm.

3. **Bandsäge (Bild 2).** Wie lang muss das unverlötete Sägeblatt für die Bandsäge sein, wenn der Rollendurchmesser 600 mm und der Rollenabstand 1 250 mm betragen? Die Sägeblätter werden stumpf gelötet.

4. **Schnittteile.** Zu berechnen sind die Längen der äußeren und inneren Umrisslinien der Schnittteile Segment **(Bild 3)**, Flansch **(Bild 4)** und Dichtung **(Bild 5)**.

5. **Teilung.** Die Teilung des Segmentes **(Bild 3)** ist zu berechnen, wenn auf den vollen Kreisring 16 Bohrungen entfallen würden.

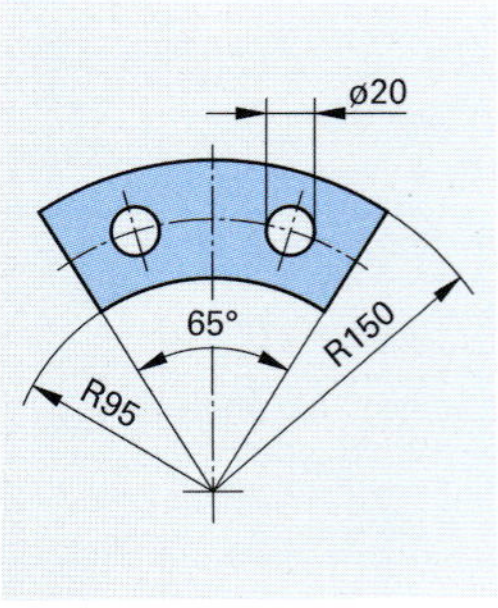

Bild 3: Segment

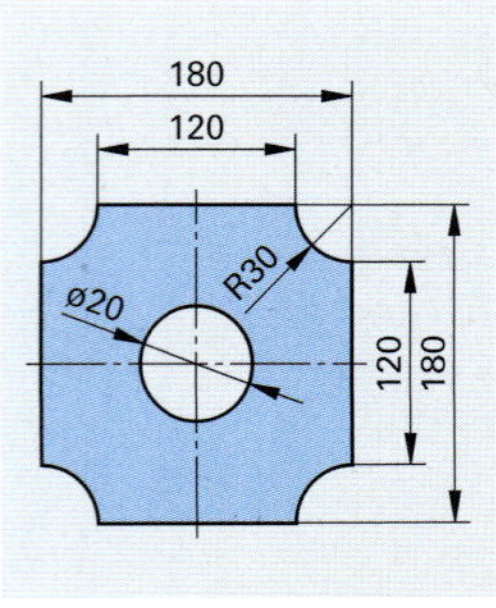

Bild 4: Flansch

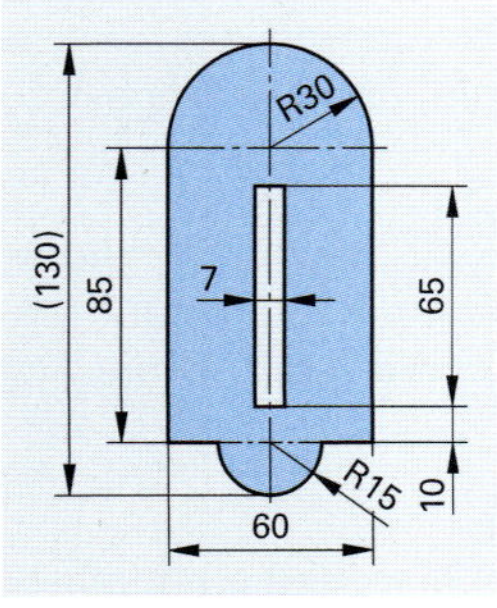

Bild 5: Dichtung

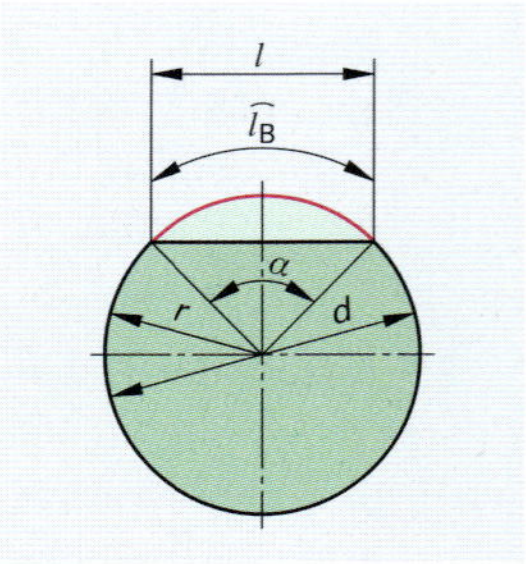

Bild 1: Kreis

Kreisumfang

$$U = \pi \cdot d$$

Teilung

$$p = \frac{U}{n} = \frac{\pi \cdot d}{n}$$

Kreisbogenlänge

$$l_B = \frac{\pi \cdot d \cdot \alpha}{360°}$$

Sehnenlänge

$$l = 2 \cdot r \cdot \sin \frac{\alpha}{2}$$

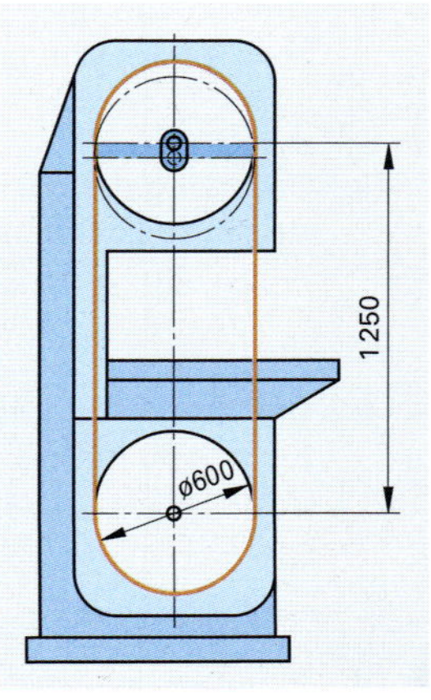

Bild 2: Bandsäge

Gestreckte und zusammengesetzte Längen

Bei der Berechnung von Biegeteilen ist zu beachten, dass die gestreckte Länge dieser Teile gleich der Länge der neutralen Faser sein muss. Für symmetrische Teile liegt die neutrale Faser in der Mitte zwischen äußerem und innerem Durchmesser.

Hinweis: Bei unsymmetrischen Biegeteilen mit sehr kleinen Biegeradien siehe Seite 240.

Bezeichnungen:

l	gestreckte Länge	mm	α	Biegewinkel	°
$l_1, l_2, l_3 \ldots$	Teillängen	mm	D	Außendurchmesser	mm
L	zusammengesetzte Länge	mm	d	Innendurchmesser	mm
s	Dicke	mm	d_m	mittlerer Durchmesser	mm

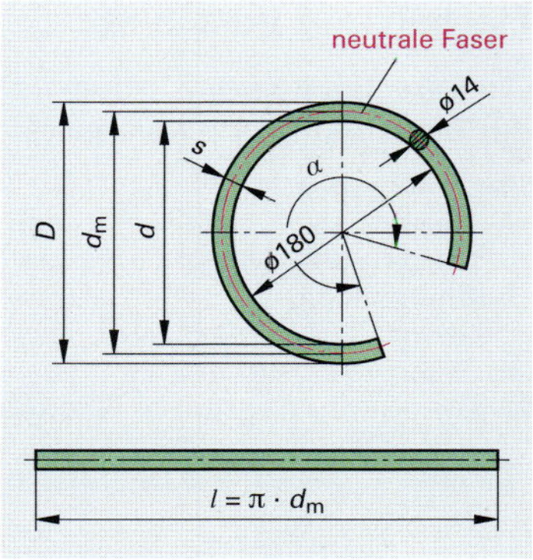

Bild 1: Gestreckte Länge

Beispiel:

Die gestreckte Länge des Kreisringes **Bild 1** ist zu berechnen.

Lösung: $l = \pi \cdot d_m$

$d_m = d + s = 180\text{ mm} + 14\text{ mm} = 194\text{ mm}$

$l = \pi \cdot 194\text{ mm} = 609{,}46\text{ mm} \approx \mathbf{609\text{ mm}}$

Gestreckte Länge beim Kreisring

$$l = \pi \cdot d_m \cdot \frac{\alpha}{360°}$$

Mittlerer Durchmesser

$$d_m = \frac{D+d}{2}$$

$$d_m = D - s$$

$$d_m = d + s$$

Zusammengesetzte Länge

$$L = l_1 + l_2 + l_3 + \ldots$$

Aufgaben | Gestreckte und zusammengesetzte Längen

1. **Handlauf (Bild 2).** Gesucht ist die gestreckte Länge des Handlaufes.

2. **Kreisring.** Ein Rundstahl mit 12 mm Durchmesser und einer Länge von 1058 mm wird zu einem Kreisring gebogen. Wie groß ist der innere Durchmesser des Ringes?

3. **Blechbehälter.** Ein zylindrischer Blechbehälter mit dem Außendurchmesser 900 mm erhält zur Verstärkung am Umfang oben und unten Ringe aus 20 mm dickem Flachstahl. Auf welche Länge muss der Flachstahl abgesägt werden, wenn die Ringe außen am Behälter angeschweißt werden?

4. **Haken (Bild 3).** Berechnen Sie die gestreckte Länge des Hakens.

5. **Rohrschelle (Bild 4) und Griff (Bild 5).** Die gestreckten Längen der Rohrschelle und des Griffes sind zu berechnen.

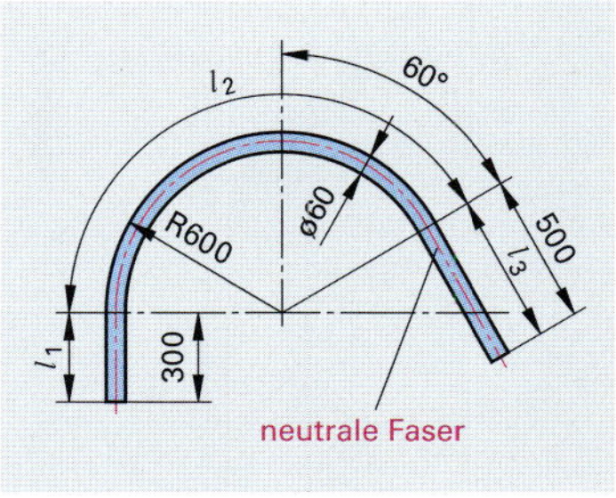

Bild 2: Handlauf

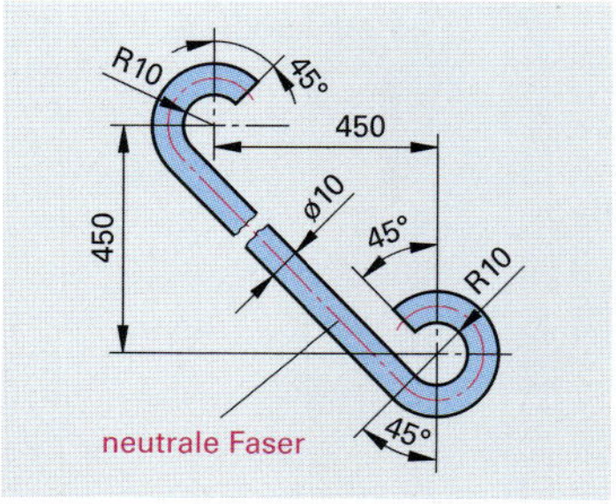

Bild 3: Haken

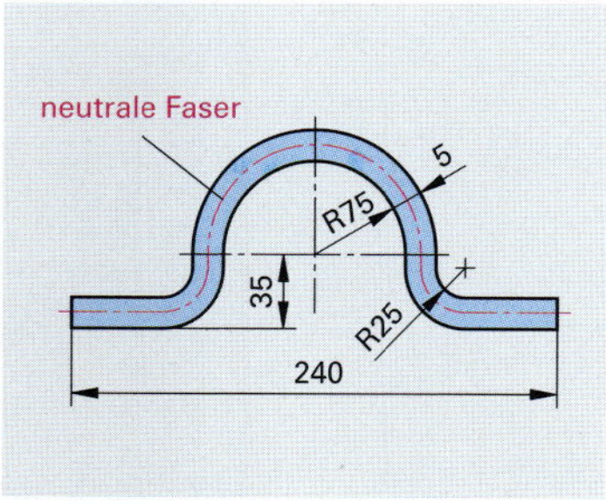

Bild 4: Rohrschelle

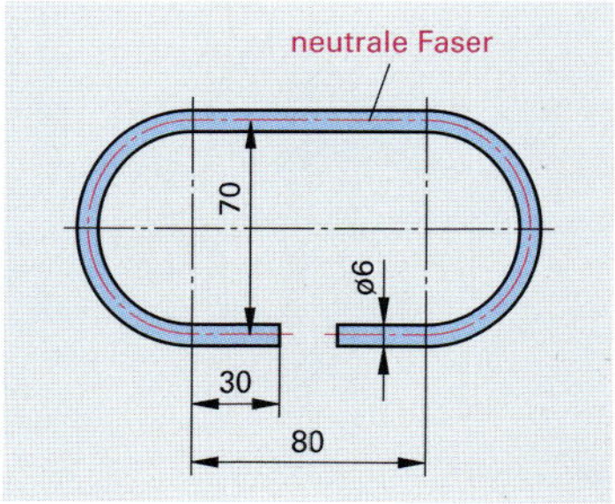

Bild 5: Griff

S. 259

Flächen und Verschnitt

Die Berechnung von Flächen benötigt man u. a. bei Volumen- und Festigkeitsberechnungen sowie bei der Berechnung von Kolbenkräften.

Bezeichnungen:

A	Fläche	mm^2	l_m	mittlere Länge	mm	α	Mittelpunktswinkel	°
l	Länge (Seite, Sehne)	mm	D	Umkreisdurchmesser	mm	n	Anzahl der Ecken	–
b	Breite, Höhe	mm	d	Inkreisdurchmesser	mm			

Geradlinig begrenzte Flächen mit Beispielen

Tabelle 1: Geradlinig begrenzte Flächen mit Beispielen

Quadrat

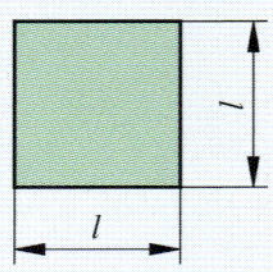

Quadratstahl

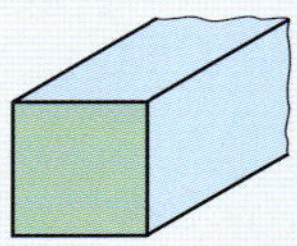

$$A = l^2$$

Rechteck

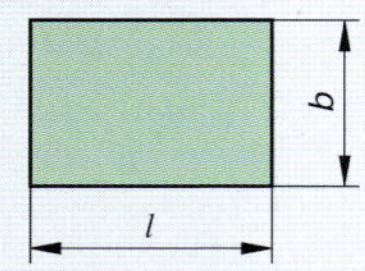

Lüftungskanal

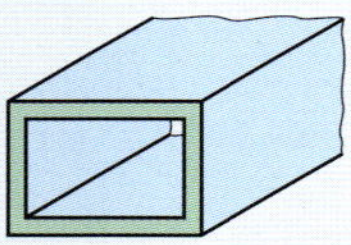

$$A = l \cdot b$$

Raute (Rhombus)

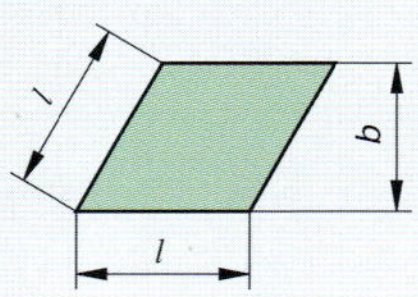

Druckleiste

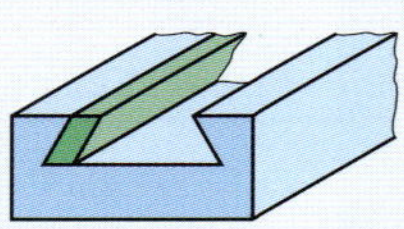

$$A = l \cdot b$$

Parallelogramm

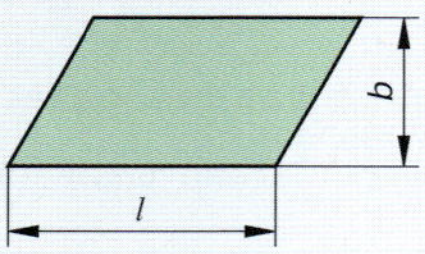

Treppenwange

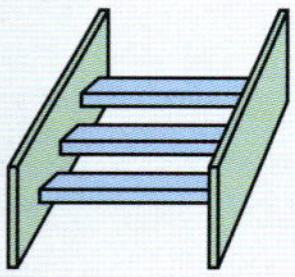

$$A = l \cdot b$$

Dreieck

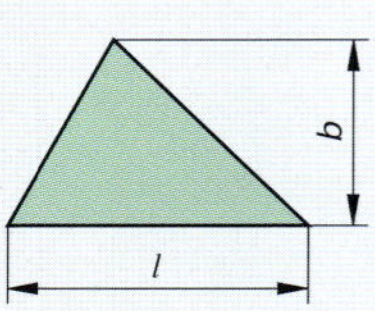

Stabstahl

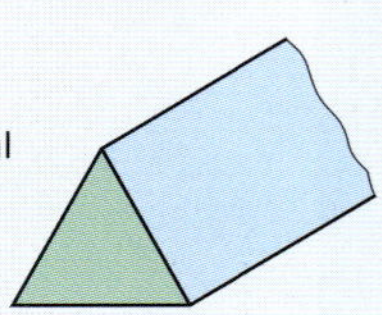

$$A = \frac{l \cdot b}{2}$$

Trapez

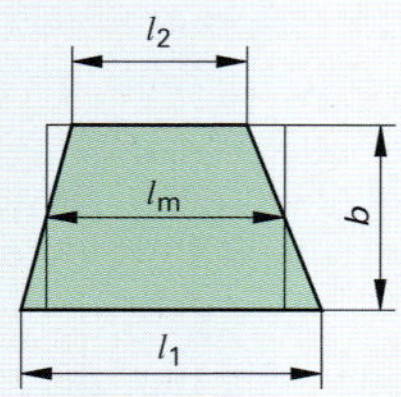

Rohrkanal

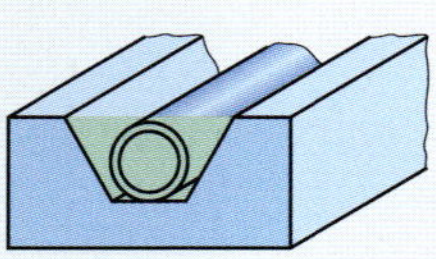

$$A = \frac{l_1 + l_2}{2} \cdot b$$

$$A = l_m \cdot b$$

$$l_m = \frac{l_1 + l_2}{2}$$

Regelmäßiges Vieleck

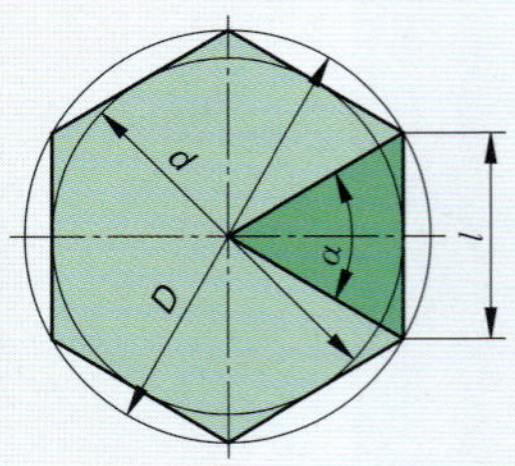

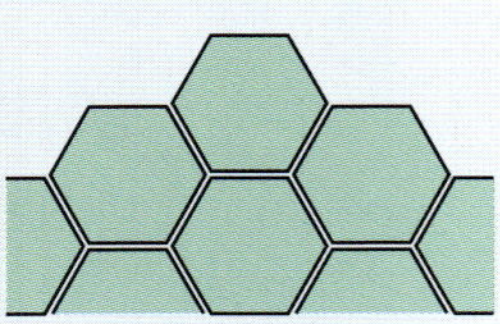

Wandverkleidung

$$A = \frac{n \cdot l \cdot d}{4}$$

$$l = D \cdot \sin\left(\frac{180°}{n}\right)$$

$$d = \sqrt{D^2 - l^2}$$

Im regelmäßigen Sechseck ist: $A \approx 0{,}649 \cdot D^2 \approx 0{,}866 \cdot d^2$; $D \approx 1{,}155 \cdot d$

Formeln für Vielecke mit anderer Eckenzahl können Tabellenbüchern entnommen werden.

Zusammengesetzte Flächen

Beispiel:

Der Flächeninhalt des Transformatorbleches **(Bild 1)** ist zu berechnen.

Lösung: Gesamtfläche $A = A_1 - 2\,A_2$

$A = 80\text{ mm} \cdot 50\text{ mm} - 2 \cdot (10\text{ mm} \cdot 20\text{ mm})$

$= 4000\text{ mm}^2 - 400\text{ mm}^2 = 3600\text{ mm}^2 = \mathbf{36\text{ cm}^2}$

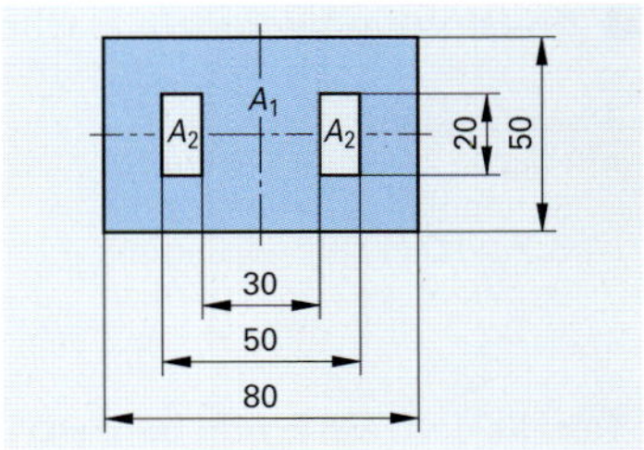

Bild 1: Transformatorblech

Aufgaben | Geradlinig begrenzte Flächen

1. **Strebe (Bild 2).** Der kreuzförmige Querschnitt der Strebe ist in cm² zu berechnen.

2. **Quadratstahl.** Zwei Quadratstähle von je 7 mm Seitenlänge sollen durch einen quadratischen Stab mit gleich großer Querschnittsfläche ersetzt werden. Welche Seitenlänge muss dieser haben?

3. **Flachstahl.** Für einen Flachstahl ist ein Querschnitt von 175 mm² notwendig. Wie groß wird l, wenn b = 12,5 mm ist?

4. **Stütze.** Eine Stütze aus Quadratstahl 48 × 48 mm soll durch einen Flachstahl mit gleich großer Querschnittsfläche ersetzt werden. Wie breit muss dieser sein, wenn er 32 mm dick ist?

5. **Führung (Bild 3).** Wie groß ist die Querschnittsfläche der Führung?

6. **Pleuelstange (Bild 4).** Wie groß muss das Maß x im Pleuelstangenquerschnitt werden, wenn eine Gesamtfläche von 42,9 cm² erreicht werden soll?

7. **Trapez.** Ein Trapez hat folgende Abmessungen: l_1 = 200 mm; b = 120 mm und A = 210 cm². Gesucht ist die Länge l_2.

8. **Stahlstab.** Der trapezförmige Querschnitt eines Stahlstabes hat eine Fläche von 289,5 mm². Die beiden parallelen Seiten sind 23 mm und 25,25 mm lang. Wie groß ist die Breite b?

9. **Knotenblech (Bild 5).** In der Zeichnung eines Knotenbleches fehlt das Maß x für die Gesamthöhe. Wie groß muss diese sein, wenn der Flächeninhalt mit 3,825 dm² angegeben ist?

10. ● **Laufschiene (Bild 6).** Eine Laufschiene hat das gezeichnete Profil. Gesucht sind die Höhe der Seite x und die Querschnittsfläche.

11. ● **Schlüsselweite.** Aus einem Rundstahl mit 64 mm Durchmesser soll der größtmögliche Sechskant ohne Fase gefräst werden.

    a) Berechnen Sie die Schlüsselweite und die Frästiefe.

    b) Wie groß ist die Fläche des Sechskants?

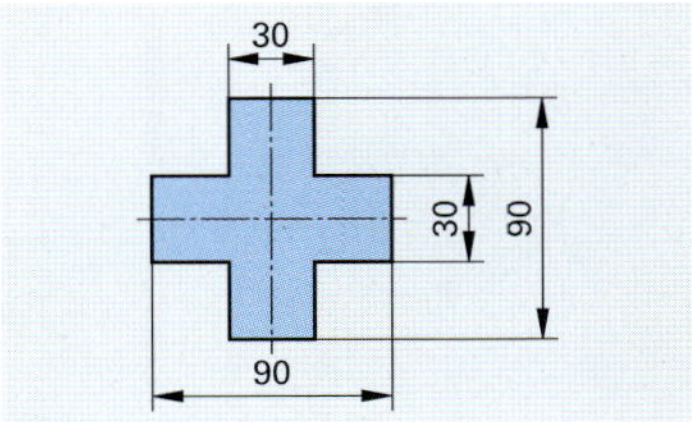

Bild 2: Strebe

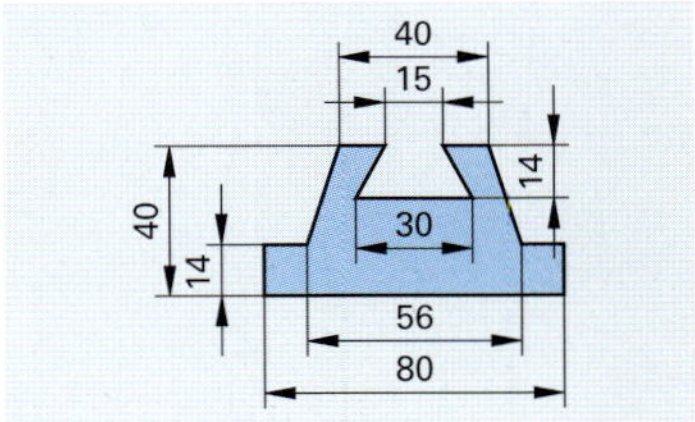

Bild 3: Führung

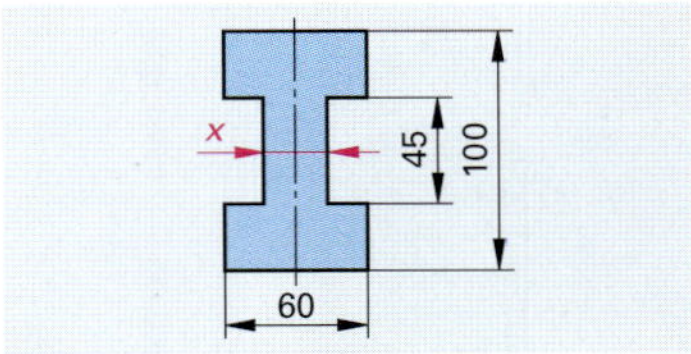

Bild 4: Pleuelstange

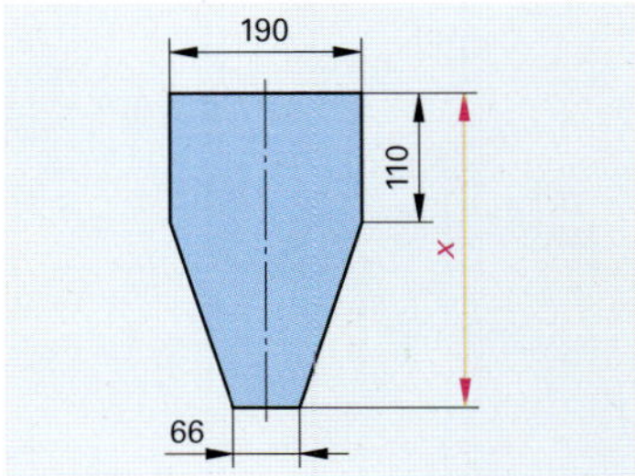

Bild 5: Knotenblech

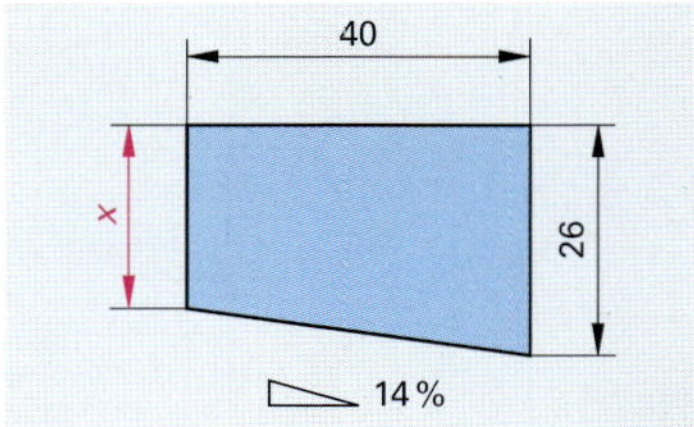

● **Bild 6: Laufschiene**

S. 259

Kreisförmig begrenzte Flächen mit Beispielen

Bezeichnungen:

A	Fläche	mm^2	D, d	Durchmesser	mm
l	Sehnenlänge	mm	r	Halbmesser, Radius	mm
b	Breite, Dicke	mm	d_m	mittlerer Durchmesser beim Kreisring	mm
l_B	Bogenlänge	mm	α	Mittelpunktswinkel	°

Tabelle 1: Kreisförmig begrenzte Flächen mit Beispielen

Kreis

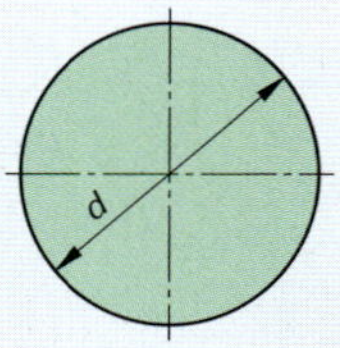

$$A = \frac{\pi \cdot d^2}{4}$$

$$A \approx 0{,}785 \cdot d^2$$

$$d = \sqrt{\frac{4 \cdot A}{\pi}}$$

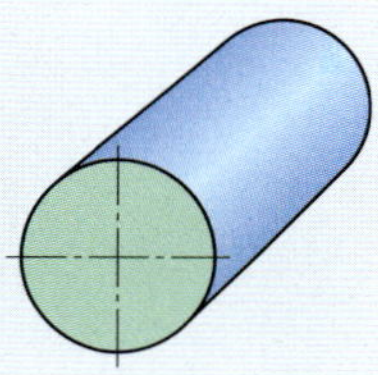

Stabstahl

Kreisring

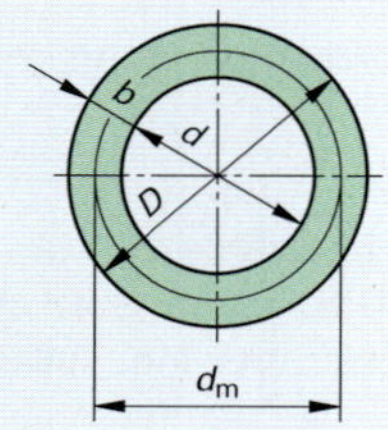

$$A = \frac{\pi \cdot D^2}{4} - \frac{\pi \cdot d^2}{4}$$

$$A = \frac{\pi}{4} \cdot \left(D^2 - d^2\right)$$

$$A = \pi \cdot d_m \cdot b$$

$$d_m = \frac{D+d}{2} \qquad b = \frac{D-d}{2}$$

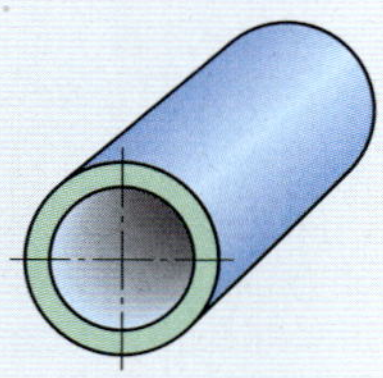

Stahlrohr

Kreisausschnitt

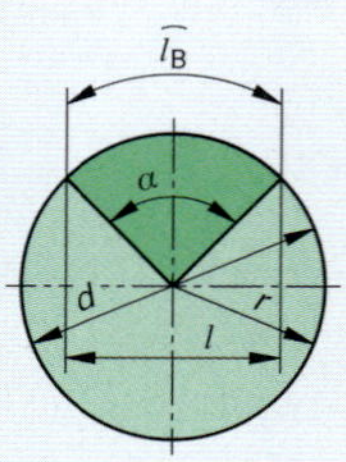

$$A = \frac{l_B \cdot r}{2}$$

$$A = \frac{\pi \cdot d^2}{4} \cdot \frac{\alpha}{360°}$$

$$l_B = \frac{\pi \cdot r \cdot \alpha}{180°}$$

$$l = 2 \cdot r \cdot \sin\frac{\alpha}{2}$$

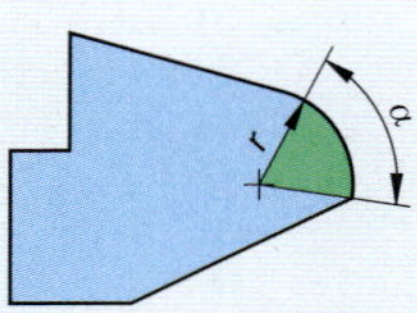

Formblech

Kreisabschnitt

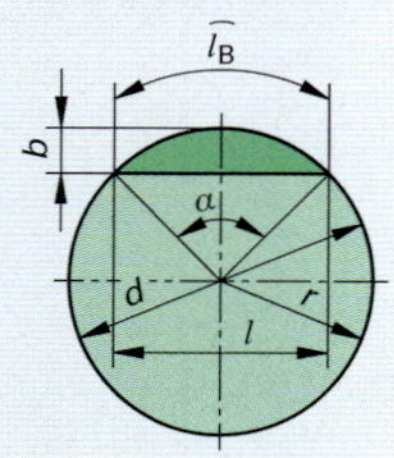

$$A = \frac{l_B \cdot r - l \cdot (r-b)}{2}$$

$$A = \frac{\pi \cdot d^2}{4} \cdot \frac{\alpha}{360°} - \frac{l \cdot (r-b)}{2}$$

$$b = r\left(1 - \cos\frac{\alpha}{2}\right)$$

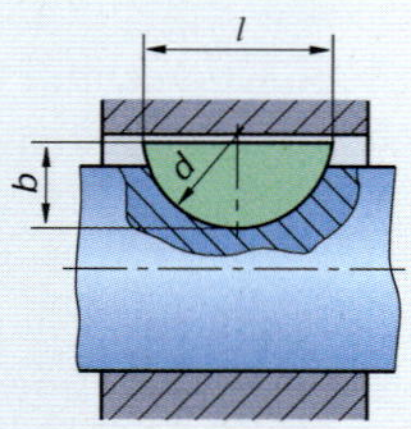

Scheibenfeder

Ellipse

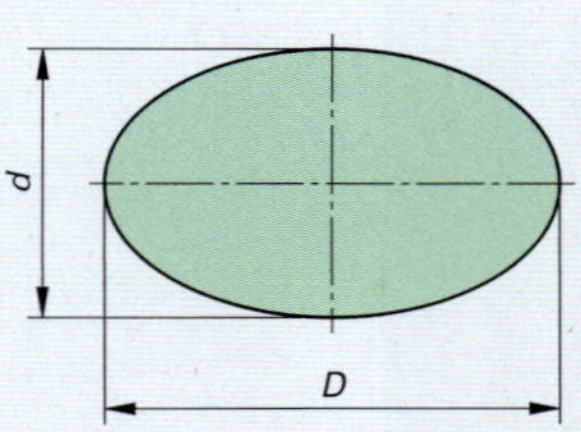

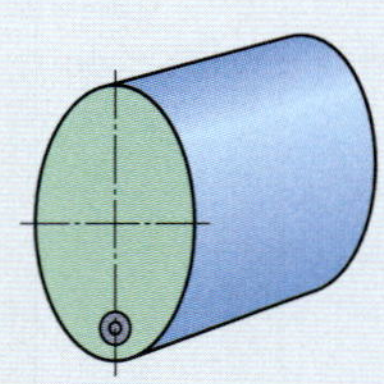

Fass

$$A = \frac{\pi \cdot D \cdot d}{4}$$

Aufgaben | Kreisförmig begrenzte Flächen mit Beispielen

1. **Kreisflächen.** Für folgende Durchmesser sind die Kreisflächen zu berechnen: $d = 63$ mm; 275 mm; 4800 mm, 12,8 cm; 0,034 m; 7 cm; 0,97 dm; 8,7 m; 5,75 m; 0,008 m.

2. **Durchmesser.** Für folgende Kreisflächen sind die Durchmesser zu berechnen: $A = 56{,}75$ cm²; 363,1 mm²; 1353 dm²; 43,01 cm²; 0,5931 m².

3. **Querschnittsfläche.** Welche Querschnittsflächen haben Rundstähle mit 7, 13, 24, 32, 48, 56, 64, 70, 85, 105, 110, 125 mm Durchmesser?

4. **Fußplatte.** Die kreisrunde Fußplatte einer Säule aus Gusseisen hat 0,64 m Durchmesser. Wie groß ist die Auflagefläche der Fußplatte?

5. **Rohre.** Rohre haben folgende Innendurchmesser: $\frac{3}{8}$ inch, $\frac{1}{2}$ inch, $\frac{3}{4}$ inch, 1 inch, $1\frac{1}{4}$ inches, $1\frac{1}{2}$ inches, 2 inches.
   a) Wie groß ist der Durchgangsquerschnitt dieser Rohre in mm²?
   b) Wie oft ist der Durchgangsquerschnitt des Rohres mit $\frac{1}{2}$ inch Durchmesser im Querschnitt des Rohres mit 2 inches enthalten?

6. **Nennweiten.** Ein Rohr von $1\frac{1}{2}$ inches Nennweite soll sich auf drei gleich große Rohre verzweigen lassen, die zusammen etwa den gleichen Durchgangsquerschnitt wie das große Rohr haben. Welcher Durchmesser für die Zweigrohre ist aus den Nennweiten 20, 25 oder 32 mm auszuwählen, wenn der Gesamtdurchgangsquerschnitt ungefähr gleich bleiben soll?

7. **Scheiben.** Eine Auswahl von Scheiben hat folgende Außendurchmesser: 14; 22; 36; 98; 135 mm, bei den zugehörigen Innendurchmessern: 6; 10; 21; 54; 78 mm. Wie groß ist jeweils die Kreisringfläche?

8. **Abdeckblech (Bild 1).** Der Blechbedarf für das Abdeckblech ist zu berechnen.

9. **Kreisringausschnitt (Bild 2).** Die Fläche des Kreisringausschnittes ist gesucht.

10. **Profil (Bild 3).** Die Querschnittsfläche des Profiles ist zu berechnen.

11. **Behälter (Bild 4).** Ein oben offener Behälter ist aus Stahlblech herzustellen. Der erforderliche Blechbedarf ist zu berechnen, wenn für Falze und Verschnitt ein Zuschlag von 18 % benötigt wird.

12. **Übergangsbogen (Bild 5).** Für eine Klimaanlage ist der Übergangsbogen herzustellen. Wie viel m² verzinktes Stahlblech sind dafür notwendig? Der Kanal ist unten und vorne offen. Die Blechdicke ist nicht zu berücksichtigen.

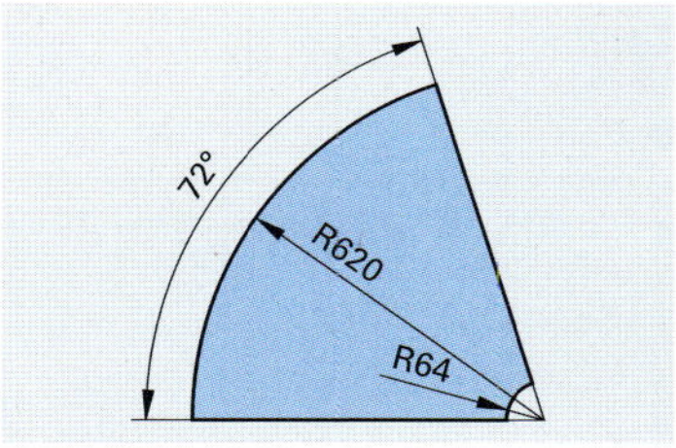

Bild 1: Abdeckblech

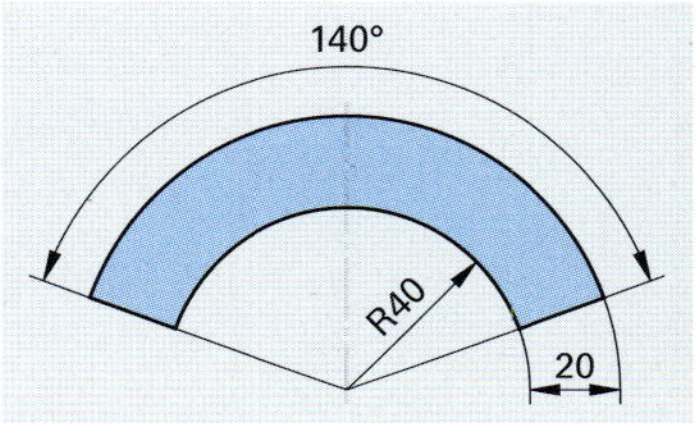

Bild 2: Kreisringausschnitt

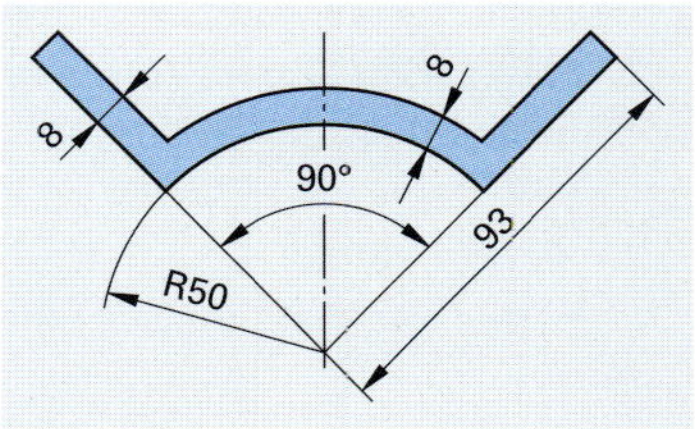

Bild 3: Profil

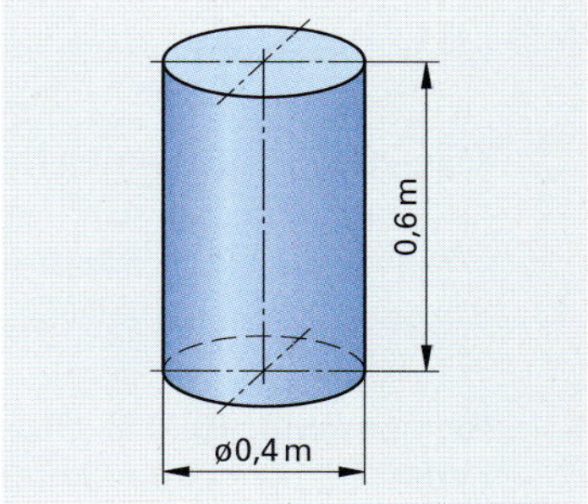

Bild 4: Behälter

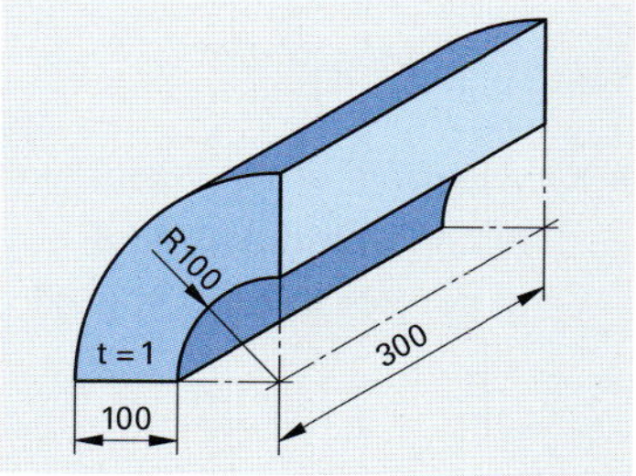

Bild 5: Übergangsbogen

Zusammengesetzte Flächen

Zusammengesetzte Flächen werden aus ihren Teilflächen berechnet.

● **Beispiel:**

Der Flächeninhalt des Schließbleches **(Bild 1)** ist zu berechnen.

Lösung: $A = A_1 + A_2 - 2 \cdot A_3 - A_4 - A_5$

$$A_1 = 2 \cdot \frac{\pi \cdot d^2}{2 \cdot 4} = \frac{\pi \cdot 12^2\ \text{mm}^2}{4} = 113{,}1\ \text{mm}^2$$

$$A_2 = l \cdot b = 34\ \text{mm} \cdot 12\ \text{mm} = 408{,}0\ \text{mm}^2$$

$$-A_3 = -2 \cdot \frac{\pi \cdot d^2}{4} = -2 \cdot \frac{\pi \cdot 6{,}4^2\ \text{mm}^2}{4} = -64{,}3\ \text{mm}^2$$

$$-A_4 = -2 \cdot \frac{\pi \cdot d^2}{2 \cdot 4} = -\frac{\pi \cdot 6^2\ \text{mm}^2}{4} = -28{,}3\ \text{mm}^2$$

$$-A_5 = l \cdot b = 19\ \text{mm} \cdot 6\ \text{mm} = 114{,}0\ \text{mm}^2$$

$$A = \mathbf{314{,}5\ mm^2}$$

Zusammengesetzte Flächen

$$A = A_1 + A_2 + \ldots = \sum A$$

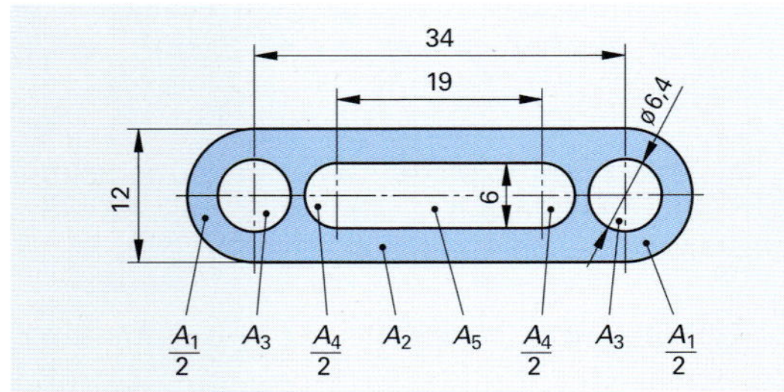

Bild 1: Schließblech

Aufgaben | Zusammengesetzte Flächen

1. **Platte (Bild 2) und Versteifungsblech (Bild 3).** Gesucht ist der Flächeninhalt in mm² und in cm²
   a) der Platte,
   b) des Versteifungsbleches.

2. **Schutzhaube (Bild 4).** Gesucht ist der Blechbedarf
   a) für die Schutzhaube A bei 25 % Verschnitt,
   b) für die Schutzhaube B bei 30 % Verschnitt.

3. **Mannloch.** Das Mannloch eines Kessels hat die Form einer Ellipse. Die kurze Achse ist 280 mm, die lange 380 mm lang.
   Welchen Flächeninhalt hat die Öffnung?

4. ● **Riemenschutz (Bild 5).** Gesucht ist der Blechbedarf für die beiden Seitenflächen
   a) des Riemenschutzes A bei 20 % Zuschlag für Verschnitt,
   b) des Riemenschutzes B bei 25 % Zuschlag für Verschnitt.

5. ● Wie groß ist der Flächeninhalt
   a) der **Dichtung (Bild 6)**,
   b) der **Schablone (Bild 7)**?

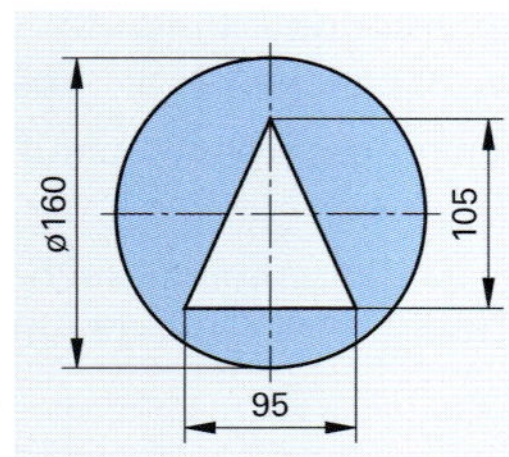

Bild 2: Platte

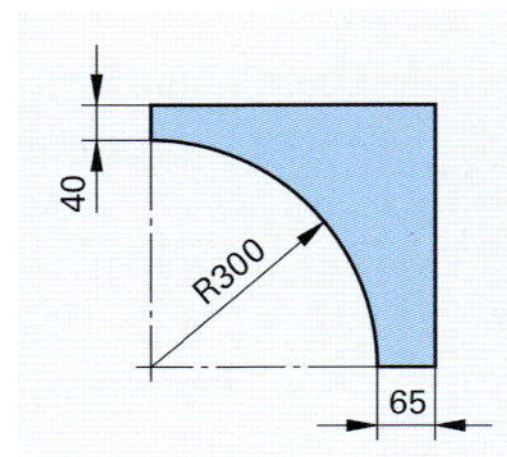

Bild 3: Versteifungsblech

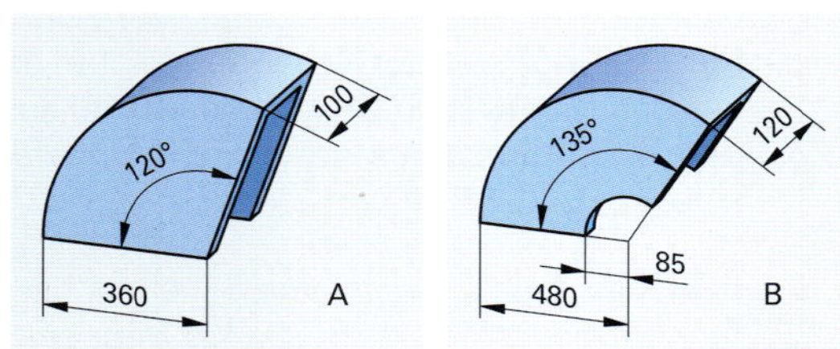

Bild 4: Schutzhaube

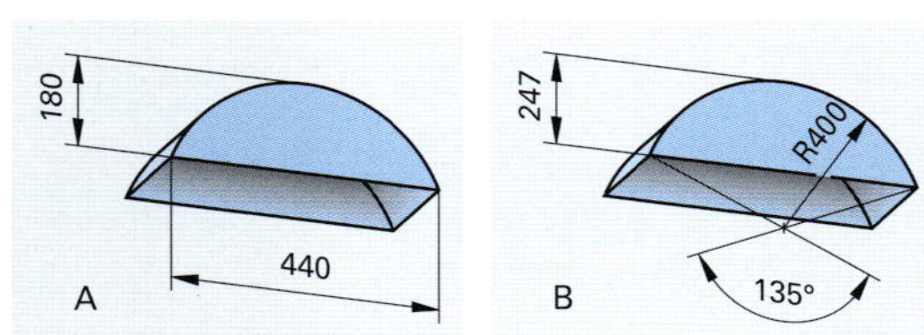

● **Bild 5: Riemenschutz**

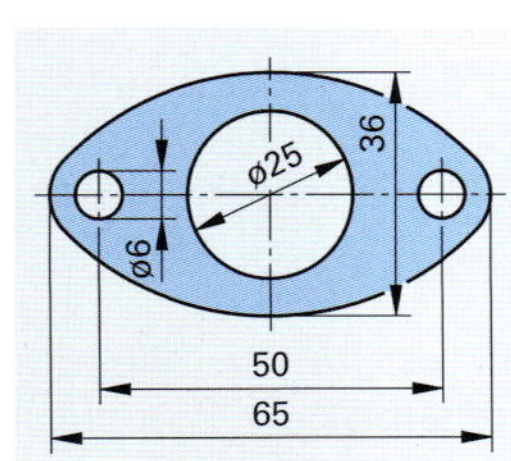

● **Bild 6: Dichtung**

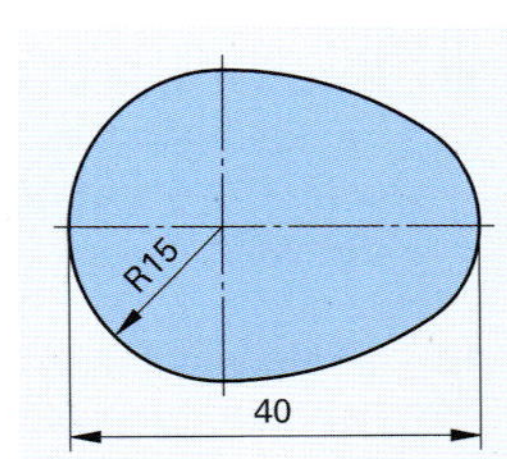

● **Bild 7: Schablone**

S. 2

Verschnitt

Die Flächen eines Rohteiles, z. B. einer Blechtafel, die nicht für das Werkstück benötigt werden, werden als Verschnitt bezeichnet.

Bezeichnungen:

A_{Ges}	Ausgangsfläche, Fläche des Rohteiles	mm²
A_W	Werkstückfläche	mm²
A_V	Verschnitt, Fläche des Verschnittes	mm²
$A_{V\%}$	Verschnitt in %	%

Der Verschnitt wird häufig in Prozent der Ausgangsfläche angegeben.

Die Fläche der Ausgangsfläche entspricht dabei 100 %.

● **Beispiel:**

Aus einer Blechtafel 1000 mm × 2000 mm soll das Knotenblech **(Bild 1)** hergestellt werden. Der Verschnitt ist in mm² und in Prozent zu berechnen.

Lösung: $A_V = A_{Ges} - A_W$

$A_{Ges} = 1000\ mm \cdot 2\,000\ mm$

$A_{Ges} = 2\,000\,000\ mm^2$

$$A_W = \frac{1\,100\ mm \cdot 1000\ mm}{2} + \frac{700\ mm + 1000\ mm}{2} \cdot 800\ mm$$

$A_W = 1\,230\,000\ mm^2$

$A_V = 2\,000\,000\ mm^2 - 1\,230\,000\ mm^2$

$A_V = 770\,000\ mm^2$

$$A_{V\%} = \frac{A_{Ges} - A_W}{A_{Ges}} \cdot 100\ \%$$

$$= \frac{2\,000\,000\ mm^2 - 1\,230\,000\ mm^2}{2\,000\,000\ mm^2} \cdot 100\ \%$$

$A_{V\%}$ = **38,5 %**

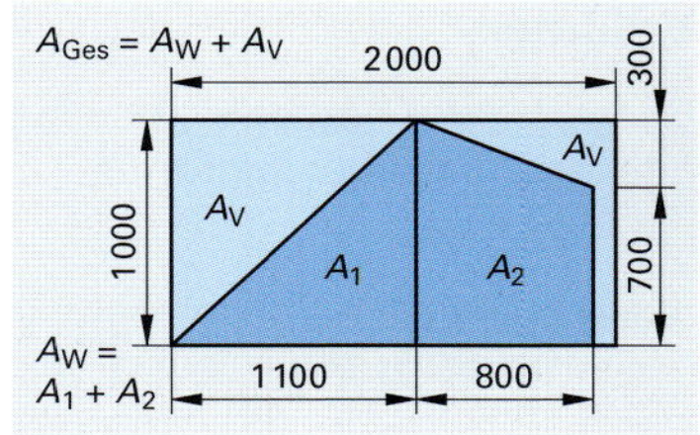

Bild 1: Knotenblech

Verschnitt

$$A_V = A_{Ges} - A_W$$

Verschnitt in %

$$A_{V\%} = \frac{A_{Ges} - A_W}{A_{Ges}} \cdot 100\ \%$$

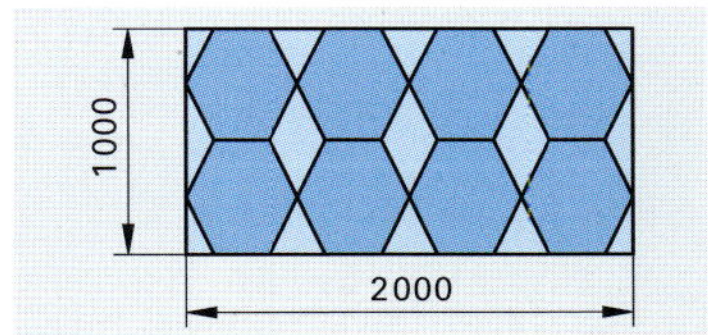

Bild 2: Blechabdeckung

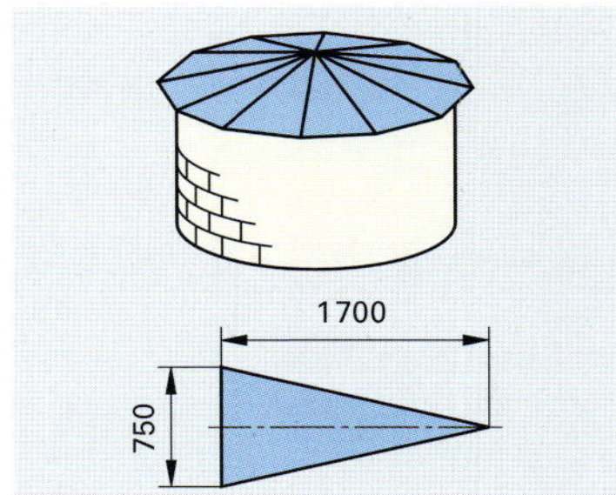

Bild 3: Abschreckbehälter

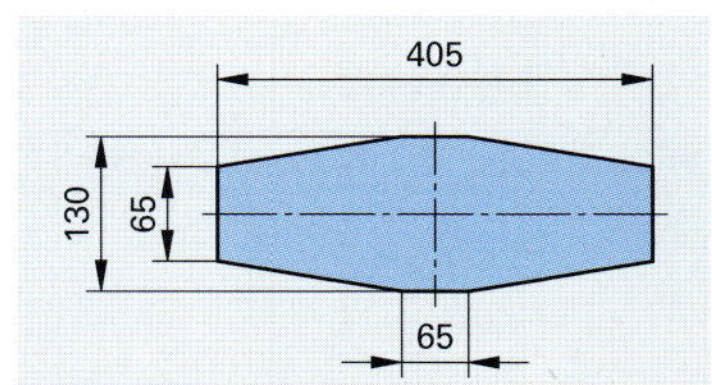

Bild 4: Knotenblech

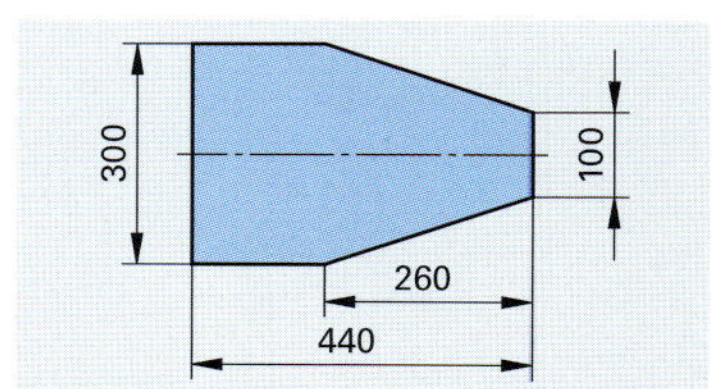

Bild 5: Verbindungsblech

Aufgaben | Verschnitt

1. **Blechabdeckung (Bild 2).** Aus einer Blechtafel sollen acht 6-eckige Blechabdeckungen mit jeweils einer Fläche von A_W = 21,65 dm² ausgeschnitten werden. Der Verschnitt ist in dm² und in Prozent zu berechnen.

2. **Abschreckbehälter (Bild 3).** Die Abdeckung eines Abschreckbehälters aus Cu-Blech ist aus 12 Segmenten gefertigt. Der Verschnitt ist in mm² und in Prozent zu berechnen, wenn aus einer Tafel von 1000 mm × 2000 mm zwei Segmente geschnitten werden.

3. **Knotenblech (Bild 4).** Das Knotenblech ist aus einer Blechtafel 200 mm × 500 mm zu fertigen. Wie groß ist der Verschnitt in dm² und in Prozent?

4. **Verbindungsblech (Bild 5).** Drei Verbindungsbleche sind aus einer vorhandenen Blechtafel 500 mm × 1000 mm auszuschneiden. Der anfallende Verschnitt ist in cm² und in Prozent zu berechnen.

Volumen

Geometrische Körper können in gleichdicke, spitze und abgestumpfte Körper sowie in Kugeln eingeteilt oder aus diesen Grundformen zusammengesetzt werden.

Bezeichnungen:

V	Volumen, Gesamtvolumen	mm^3	A_2	Deckfläche	mm^2	d, D	Durchmesser	mm
V_1, V_2	Volumen der Teilkörper	mm^3	A_M	Mantelfläche	mm^2	h	Höhe	mm
A, A_1	Grundflächen	mm^2	A_O	Oberfläche	mm^2	h_s	Mantelhöhe	mm

Tabelle 1: Einteilung und Volumen geometrischer Körper

Grundformen	Volumen, Oberfläche, Mantelfläche
Gleichdicke Körper (Aufgaben S. 56)	
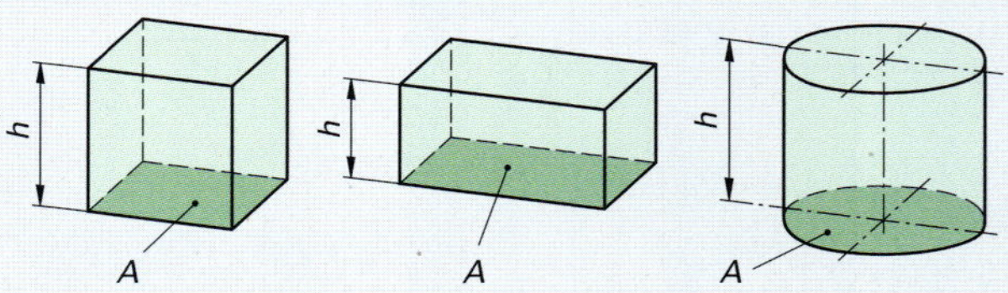 Würfel, Vierkant-Prisma, Zylinder	**Volumen von Würfel, Prisma, Zylinder** $V = A \cdot h$ **Mantelfläche des Zylinders** $A_M = \pi \cdot d \cdot h$
Spitze Körper (Aufgaben S. 58)	
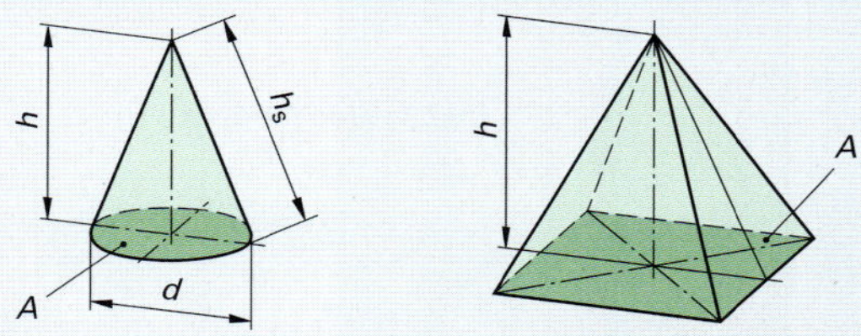 Kegel, Vierkant-Pyramide	**Volumen von Kegel und Pyramide** $V = \frac{A \cdot h}{3}$ **Mantelfläche des Kegels** $A_M = \frac{\pi \cdot d \cdot h_s}{2}$
Abgestumpfte Körper (Aufgaben S. 58)	
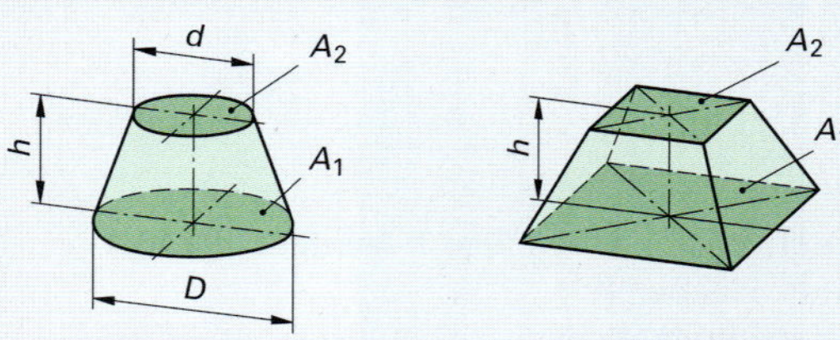 Kegelstumpf, Pyramidenstumpf	**Volumen des Kegelstumpfes** $V = \frac{\pi \cdot h}{12} \cdot \left(D^2 + d^2 + D \cdot d\right)$ **Volumen des Pyramidenstumpfes** $V = \frac{h}{3} \cdot \left(A_1 + A_2 + \sqrt{A_1 \cdot A_2}\right)$
Kugel, Kugelabschnitt (Aufgaben S. 58)	
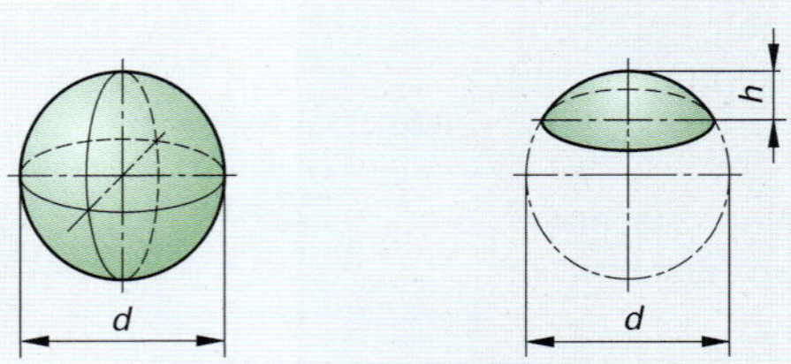 Kugel, Kugelabschnitt	**Volumen der Kugel** $V = \frac{\pi \cdot d^3}{6}$ **Oberfläche der Kugel** $A_O = \pi \cdot d^2$ **Volumen des Kugelabschnitts** $V = \pi \cdot h^2 \cdot \left(\frac{d}{2} - \frac{h}{3}\right)$
Zusammengesetzte Körper (Aufgaben S. 59)	**vgl. Beispiel Bild 2, Seite 55**

● **Beispiel:**

Welches Volumen haben der Bolzen **(Bild 1)** und die Spannpratze **(Bild 2)**?

Lösung: **Bolzen (Bild 1):** Gleichdicker Körper

$$V = A \cdot h = \frac{\pi \cdot d^2}{4} \cdot h$$

$$V = \frac{\pi \cdot (12\ \text{mm})^2}{4} \cdot 30\ \text{mm} = 3393\ \text{mm}^3 = \mathbf{3{,}4\ cm^3}$$

Spannpratze (Bild 2): Zusammengesetzter Körper

$$V = V_1 + V_2 - V_3$$

$$= A_1 \cdot h + A_2 \cdot h - A_3 \cdot h = (A_1 + A_2 - A_3) \cdot h$$

$$= \left(38\ \text{mm} \cdot 25\ \text{mm} + \frac{22\ \text{mm} \cdot 25\ \text{mm}}{2} - \frac{\pi \cdot (15\ \text{mm})^2}{4}\right) \cdot 12\ \text{mm}$$

$$= (950\ \text{mm}^2 + 275\ \text{mm}^2 - 176{,}7\ \text{mm}^2) \cdot 12\ \text{mm}$$

$$V = 12580\ \text{mm}^3$$

$$\approx \mathbf{12{,}6\ cm^3}$$

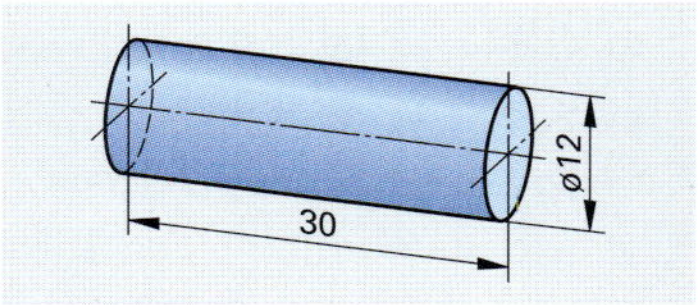

Bild 1: Bolzen

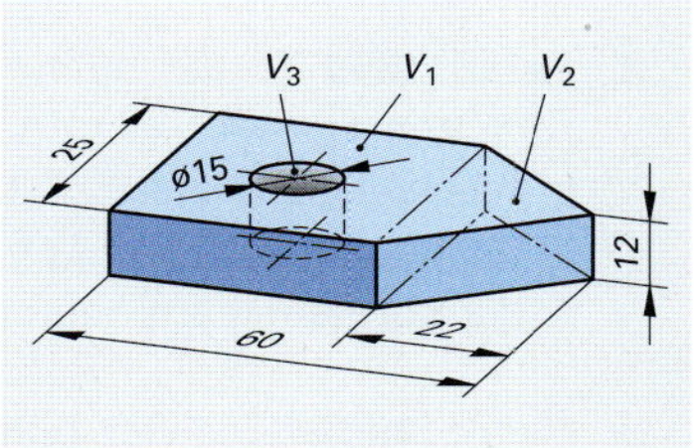

Bild 2: Spannpratze

Masse

Die Masse eines Körpers kann gewogen oder aus dem Volumen und der Dichte berechnet werden.

Bezeichnungen:

V	Volumen	dm³	F_G	Gewichtskraft	N
m	Masse	kg	g	Fallbeschleunigung	m/s²
ϱ[1]	Dichte von festen und flüssigen Stoffen				kg/dm³
ϱ[1]	Dichte von Gasen kg/m³				

Die Masse m eines Körpers hängt ab von

- dem Volumen V und
- der Dichte ϱ des Stoffes, aus dem der Körper besteht.

Die Dichte einzelner Stoffe kann Tabellen entnommen werden (Tabelle 1).

Masse

$$m = V \cdot \varrho$$

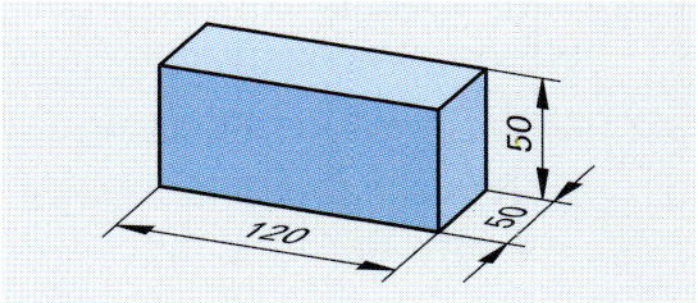

Bild 3: Auflage

● **Beispiel:**

Wie groß ist die Masse einer 120 mm langen Stange aus quadratischem Stahl mit 50 mm Kantenlänge **(Bild 3)?**

Lösung: $V = A \cdot h = (0{,}5\ \text{dm}^2) \cdot 1{,}2\ \text{dm} = \mathbf{0{,}3\ dm^3}$

$m = V \cdot \varrho = 0{,}3\ \text{dm}^3 \cdot 7{,}85\ \text{kg/dm}^3$

$= \mathbf{2{,}355\ kg}$

Tabelle 1: Dichte

Feste und flüssige Stoffe	
Stoff	**Dichte in kg/dm³**
Aluminium	2,7
Blei	11,3
Gusseisen	7,3
Gold	19,3
Kupfer	8,9
Stahl	7,85
Titan	4,5
Wasser	1,0
Gase (bei 0 °C und 1,013 bar)	
Stoff	**Dichte in kg/m³**
Luft	1,293
Sauerstoff	1,43
Wasserstoff	0,09

Gewichtskraft

Die Gewichtskraft F_G eines Körpers hängt ab von

- der Masse m und
- von der Fallbeschleunigung g.

Der Wert der Fallbeschleunigung schwankt zwischen den Polen der Erde und dem Äquator. Allgemein wird mit dem Normwert $g = 9{,}80665\ \text{m/s}^2 \approx 9{,}81\ \text{m/s}^2$ gerechnet.

● **Beispiel:**

Wie groß ist die Gewichtskraft der Stange aus dem vorhergehenden Beispiel?

Lösung: $F_G = m \cdot g = 2{,}355\ \text{kg} \cdot 9{,}81\ \text{m/s}^2 = 23{,}1\ \text{kg} \cdot \text{m/s}^2 = \mathbf{23{,}1\ N}$

Gewichtskraft

$$F_G = m \cdot g$$

1) ϱ griechischer Kleinbuchstabe rho

Aufgaben | Gleichdicke Körper, Berechnung mit Formeln

1. **Zylinderstift (Bild 1).** Für Zylinderstifte ∅ 20 × 80 aus Stahl sollen berechnet werden
   a) das Volumen eines Stiftes,
   b) die Masse von 100 Stiften.
   Bei der Berechnung soll das Volumen der Fasen vernachlässigt werden.

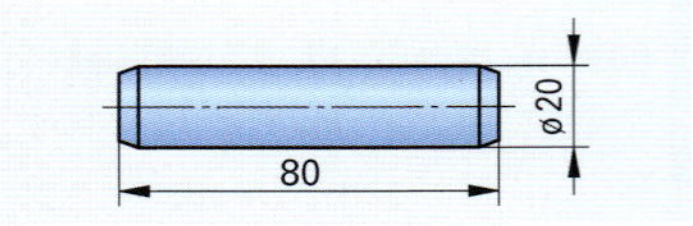

Bild 1: Zylinderstift

2. **Gefäß (Bild 2).** Ein zylindrisches Gefäß hat einen lichten Durchmesser von 126 mm und eine Füllhöhe von 180 mm.
   a) Wie viel Liter fasst das Gefäß?
   b) Wie viel m² Blech sind für 12 Gefäße notwendig, wenn für die Bördelung am oberen Rand 15 % zugegeben werden?

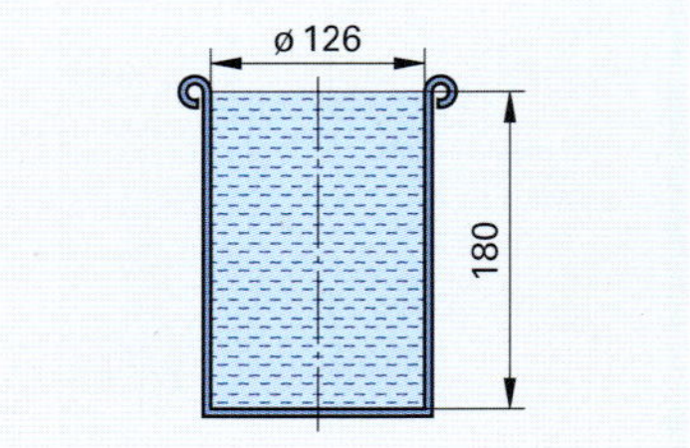

Bild 2: Gefäß

3. **Motor (Bild 3).** Die vier Zylinder eines Motorrad-Motors in Boxer-Bauweise haben einen Durchmesser von je 75 mm und einen Hub von 68 mm.
   Zu berechnen sind
   a) der Hubraum des Motors,
   b) der restliche Hub des Kolbens bis zum oberen Totpunkt (OT) bei der Zündung 30° vor OT.

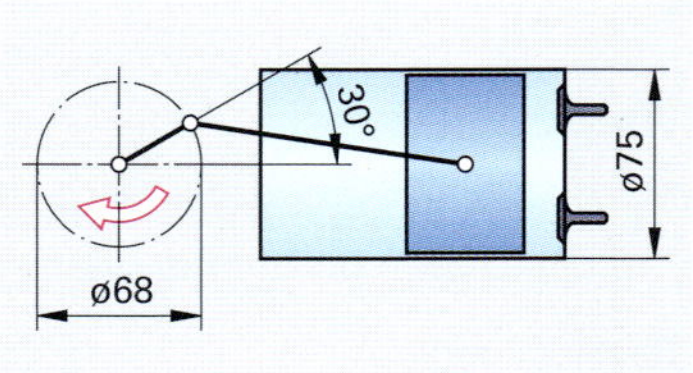

Bild 3: Motor

4. **Sägeabschnitte.** Von einer 1 m langen Flachstahlstange 45 × 5 werden Werkstücke mit je 150 mm Länge abgesägt.
   a) Welches Volumen und welche Masse hat ein Werkstück?
   b) Wie viel Werkstücke erhält man, wenn für jeden Sägeschnitt 2 mm berücksichtigt werden müssen?
   c) Wie groß ist die Restlänge?

5. **Gitterrost (Bild 4).** Für den Gitterrost einer Waschanlage werden 24 m des gleichschenkligen T-Profils EN 10055 – T30 aus Stahl benötigt.
   a) Berechnen Sie die Masse des Profils T30 mithilfe von Profil-Tabellen.
   b) Um wie viel Prozent wäre ein scharfkantiges Stahl-Profil (Bild 4) mit gleichen Außenmaßen leichter?

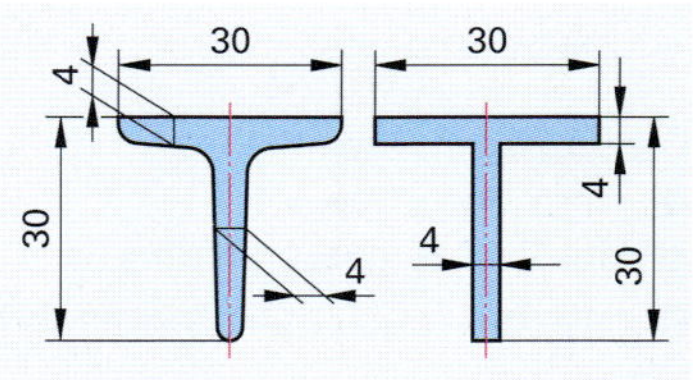

Bild 4: Profile für Gitterrost

6. **Hydraulikzylinder (Bild 5).** Für den Hydraulikzylinder einer Presse (Kolbendurchmesser 140 mm, Kolbenstangendurchmesser 100 mm, Hub 500 mm) sind zu berechnen:
   a) das für einen Hub beim Ausfahren notwendige Ölvolumen,
   b) das Ölvolumen für den Rückhub,
   c) der Volumenstrom in l/min, wenn der Kolben dauernd arbeitet und für einen Doppelhub 8 s benötigt.

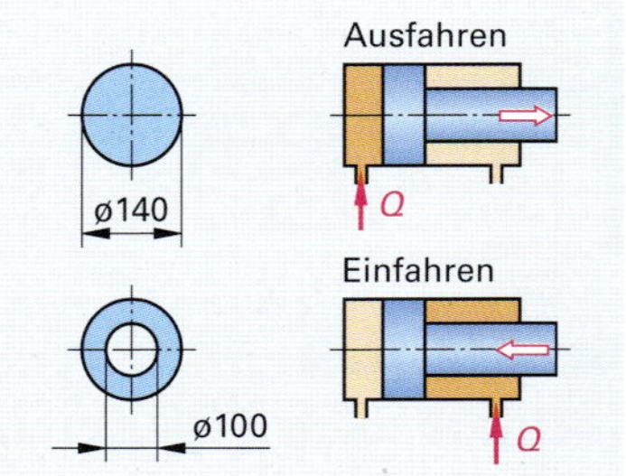

Bild 5: Hydraulikzylinder

7. **Führungsschiene (Bild 6).** Die obere Schiene der Wälzführung einer Flachschleifmaschine besteht aus gehärtetem Stahl. Sie ist 1200 mm lang und wird durch 12 Schrauben befestigt.
   Wie groß ist die Masse der Schiene
   a) ohne Schraubenbohrungen,
   b) wenn die Schraubenbohrungen berücksichtigt werden?

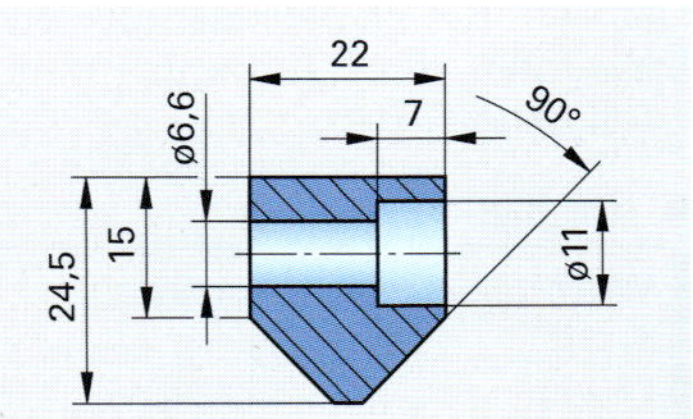

Bild 6: Führungsschiene

Gleichdicke Körper, Masseberechnung mithilfe von Tabellenwerten

Die Masse von Stäben, Profilen, Rohren, Drähten und Blechen kann mithilfe von Tabellen berechnet werden, welche die längenbezogene Masse m' bzw. die flächenbezogene Masse m'' enthalten.

Bezeichnungen (Bild 1 und Bild 2):

m	Masse	kg	m'	längenbezogene Masse bei Stäben, ...	kg/m
l	Länge	m	m'	längenbezogene Masse bei Drähten	kg/1 000 m
A	Fläche	m²	m''	flächenbezogene Masse	kg/m²

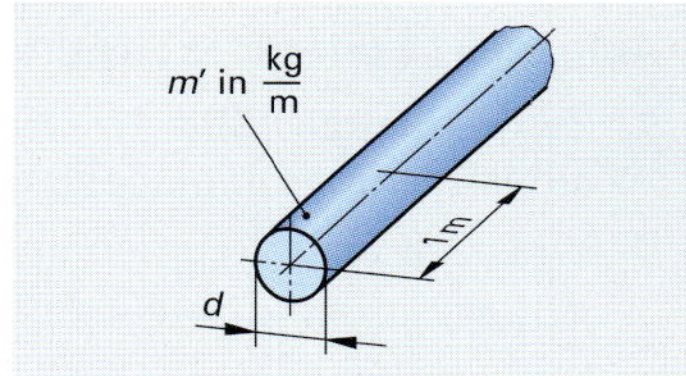

Bild 1: Längenbezogene Masse

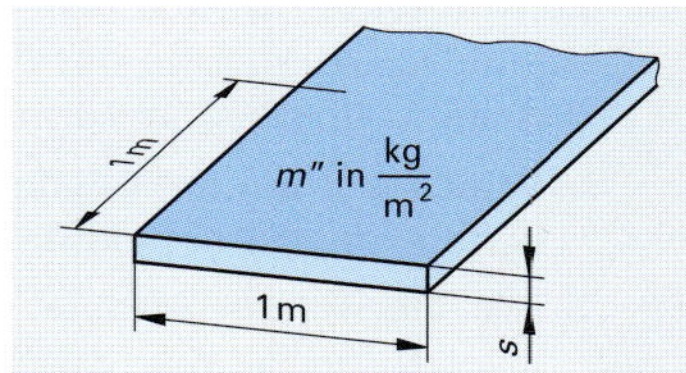

Bild 2: Flächenbezogene Masse

Längenbezogene Masse

$$m = m' \cdot l$$

Flächenbezogene Masse

$$m = m'' \cdot A$$

● **Beispiel:**

Welche Masse hat ein 6,3 m langer Rundstab mit 22 mm Durchmesser aus Stahl?

Lösung: Nach **Tabelle 1** ist $m' = 2{,}98$ kg/m
$m = m' \cdot l = 2{,}98 \text{ kg/m} \cdot 6{,}3 \text{ m} = 18{,}774 \text{ kg} \approx \mathbf{18{,}8\ kg}$

Aufgaben | Masseberechnung mithilfe von Tabellen

1. **Standregal (Bild 3).** Auf einem Standregal liegen verschiedene Stäbe, Profile und Rohre. Die Belastung der Ebenen 1 bis 4 ist mit den in der **Tabelle 1** angegebenen Werten zu berechnen.

Tabelle 1: Masseberechnung von Stäben, Profilen, Rohren

Ebene	Bezeichnung	Werkstoff	Länge l mm	Läng. Masse m' kg/m	Anzahl
1	L 60 × 30 × 4	AlMgSi1	2 000	0,95	4
2	Rohr 25 × 1	Kupfer	4 000	0,67	11
3	Rohr 60 × 3	Stahl	2 500	4,22	3
4	Rund 22	Stahl	3 200	2,98	8

2. **Draht.** Um die Länge aufgewickelter Drähte festzustellen, wird die Masse der Drähte durch Wiegen festgestellt (**Tabelle 2**). Außerdem müssen der Werkstoff und der Durchmesser der Drähte bekannt sein.

   Berechnen Sie aus den Werten der Tabelle 2 die Länge der Drähte in den einzelnen Bunden 1 bis 4.

Tabelle 2: Berechnung von Runddrähten

Bund Nr.	Durchmesser in mm	Werkstoff	Masse in kg	m′ in kg/1000 m
1	2,5	Stahl	92	38,5
2	0,8	Kupfer	55	4,5
3	1,6	CuZn	12	17,1
4	6,3	Stahl	645	245,0

3. **Verkleidung einer Fräsmaschine (Bild 4).** Für die Verkleidung einer Fräsmaschine wurden die folgenden Werkstoffe verwendet:

   2,4 m² Stahlblech, 1,5 mm dick
   5,8 m² Aluminiumblech, 2,0 mm dick
   3,2 m² PMMA (Plexiglas), 4,0 mm dick

   Zu berechnen sind

   a) die flächenbezogene Masse von PMMA mithilfe der Dichte $\varrho = 1{,}18$ kg/dm³, wenn keine Tabelle mit dem Wert der flächenbezogenen Masse zur Verfügung steht,

   b) die Massen der einzelnen Werkstoffe.

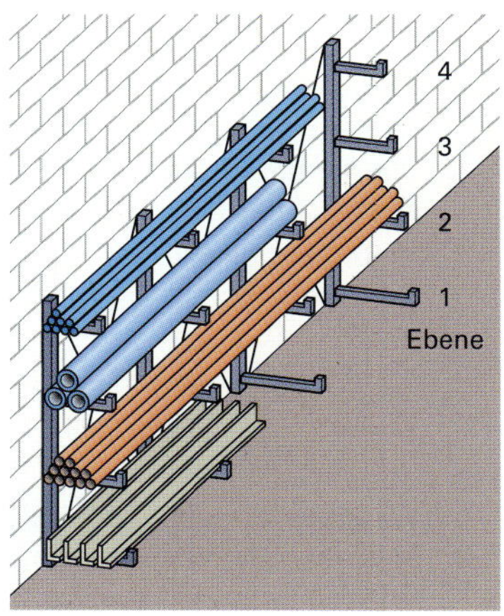

Bild 3: Standregal

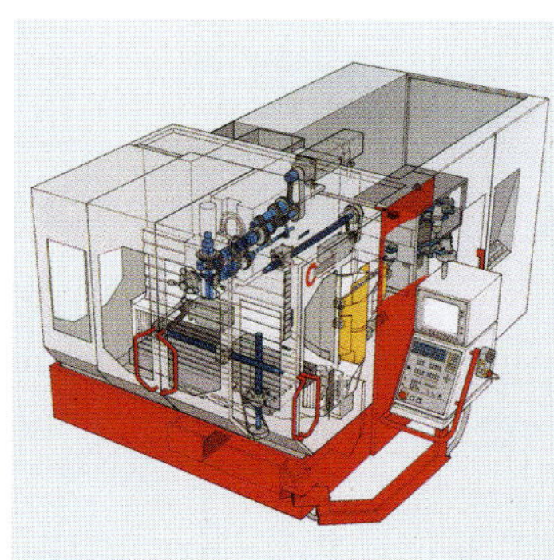
Bild 4: Fräsmaschine

S. 259

Aufgaben | Spitze und abgestumpfte Körper sowie Kugeln

1. **Zentrierspitze (Bild 1).** Die Zentrierspitze für den Reitstock einer Drehmaschine besteht aus Werkzeugstahl.
   Wie groß sind Volumen und Masse
   a) des Zentrierkegels,
   b) des Aufnahmekegels?

2. **Einfülltrichter (Bild 2).** Der Einfülltrichter einer Spritzgießmaschine zur Aufnahme der Formmasse besteht aus dem zylindrischen Aufsatz, dem kegeligen Trichter und dem Zuführrohr.
   a) Welches Volumen hat der Einfülltrichter, wenn der zylindrische Aufsatz frei bleiben soll?
   b) Welche Masse Granulat kann mit dem berechneten Volumen aufgenommen werden, wenn dieses eine Dichte von 0,9 kg/dm³ besitzt?

3. **Spritzgießform (Bild 3).** Die Spritzgießform für eine Reflektorplatte wird durch Senkerodieren hergestellt. Die Platte erhält 120 Formnester (Vertiefungen), wobei jeweils 6 Vertiefungen gleichzeitig mit der Elektrode eingesenkt werden.
   a) Welches Volumen hat ein solches Formnest?
   b) Wie lange dauert das Erodieren aller Vertiefungen, wenn die Abtragleistung der Erodiermaschine 80 mm³/min beträgt?

4. **Kippmulde (Bild 4).** Eine Kippmulde zur Aufnahme von Stahlspänen besteht aus 5 mm dickem Stahlblech. Zwei gegenüberliegende Wände sind geneigt, die anderen beiden stehen senkrecht auf der Bodenfläche.
   a) Berechnen Sie das Füllvolumen bis zum oberen Rand.
   b) Welche Masse hat das Blech der Mulde?

5. **Zylinderstift (Bild 5).** Gesucht sind die Masse und die Gewichtskraft von 200 Zylinderstiften ISO 2338 – 20 × 100 – St.

6. **Wälzlagerkugeln.** Bei Wälzlagerkugeln kann, wie bei vielen anderen Kleinteilen auch, eine bestimmte Stückzahl durch Wiegen bestimmt werden.
   Wie viel Stahlkugeln liegen in der Waagschale, wenn
   a) bei Kugeln mit $d = 4$ mm die Masse $m = 1\,263$ g,
   b) bei Kugeln mit $d = 1{,}6$ mm die Masse $m = 8{,}6$ g angezeigt wird?

7. **Gasbehälter.** Ein kugelförmiger Gasbehälter hat ein Volumen von 20 000 m³.
   a) Wie groß ist sein Innendurchmesser?
   b) Wie viel m² Stahlblech mit 19 mm Dicke werden für die Kugelwandung benötigt?
   c) Wie groß sind die Masse und die Gewichtskraft der Kugelwandung?
   d) Wie viel m² Blech würde man für einen würfelförmigen Behälter mit gleichem Inhalt benötigen?

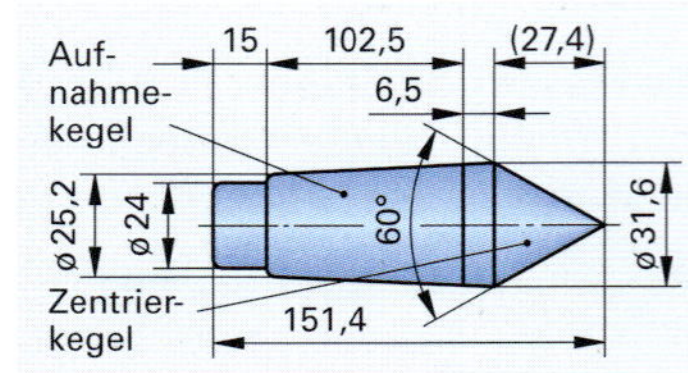

Bild 1: Zentrierspitze

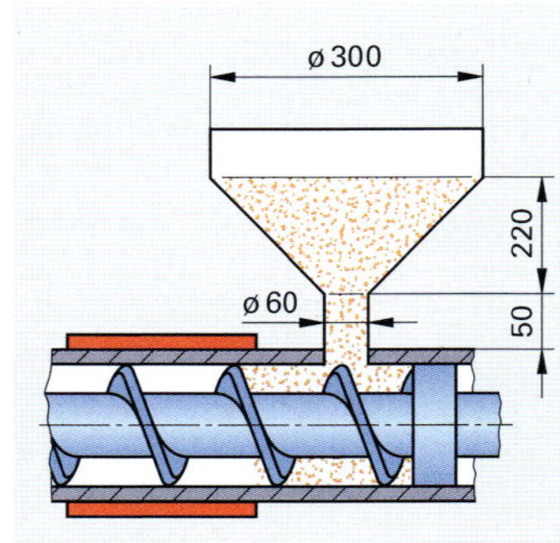

Bild 2: Einfülltrichter

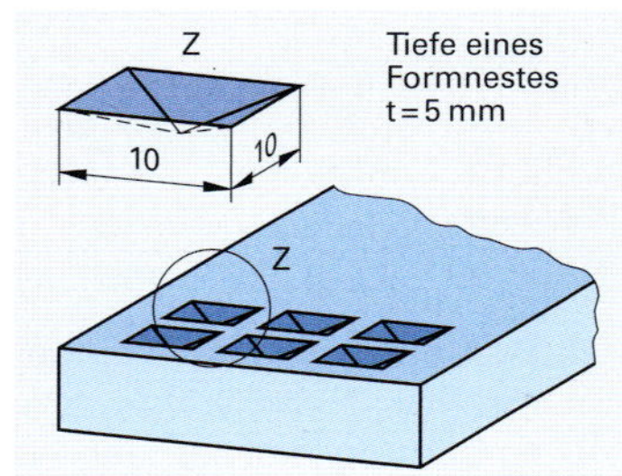

Bild 3: Spritzgießform

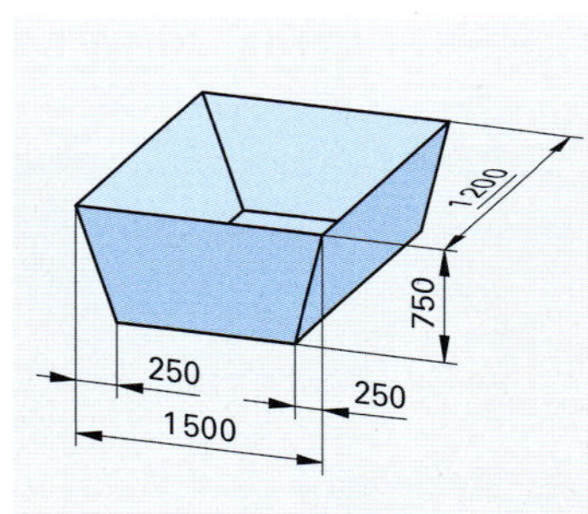

Bild 4: Kippmulde

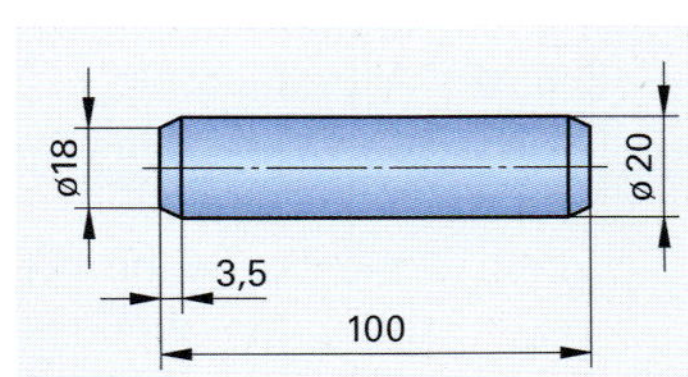

Bild 5: Zylinderstift

Aufgaben | Zusammengesetzte Körper

1. **Gleitlagerbuchse (Bild 1).** Die abgebildete Gleitlagerbuchse mit Bund besteht aus dem Gleitlagerwerkstoff CuSn10P. Dieser hat die Dichte ϱ = 8,7 kg/dm³. Bei der folgenden Berechnung sollen die Fasen und der Freistich nicht berücksichtigt werden.

   Wie groß sind

   a) das Volumen einer Buchse,

   b) die Masse von 10 Buchsen?

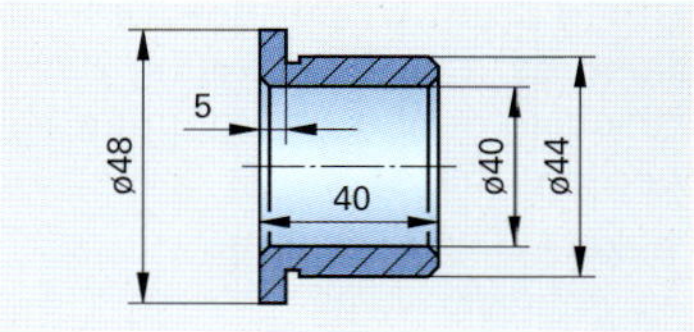

Bild 1: Gleitlagerbuchse

2. **Befestigungsleiste.** Aus blankem Flachstahl 65 × 15 werden 200 mm lange Befestigungsleisten hergestellt. Für die Bearbeitung der Stirnseiten wird beim Absägen 1 mm je Seite zugegeben. Die Leiste erhält 5 Bohrungen mit je 18 mm Durchmesser und eine rechteckige Aussparung 25 × 35 mm.

   Zu berechnen sind

   a) das Volumen des Rohteiles,

   b) die Masse der fertigen Leiste,

   c) der Werkstoffverlust in % des Fertigteiles.

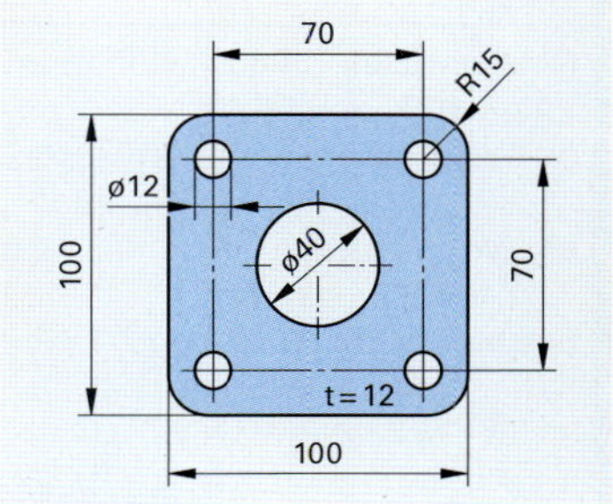

Bild 2: Deckel

3. **Deckel (Bild 2).** Der abgebildete Deckel eines Pneumatikzylinders aus der Aluminium-Knetlegierung EN AW-Al Mg2 wird aus einem 14 mm dicken quadratischen Abschnitt 105 × 105 mm spanend hergestellt.

   a) Welche Masse haben Rohteil und Fertigteil?

   b) Wie viel Prozent weniger Werkstoffverlust würde sich ergeben, wenn ein Strangpressprofil 100 × 100 mit den fertigen Radien R15 zur Verfügung stände?

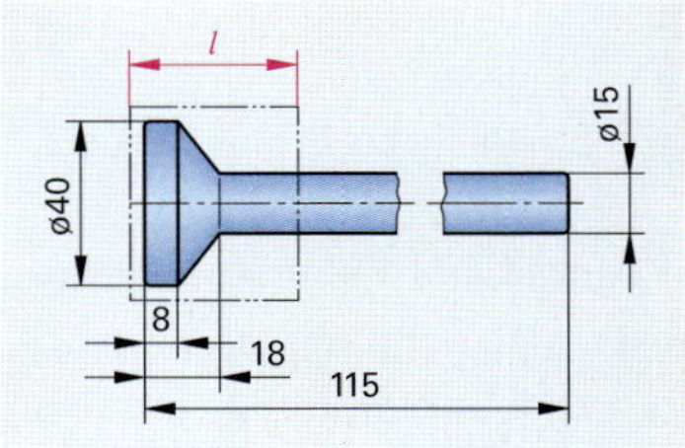

Bild 3: Ventil

4. **Ventil (Bild 3).** Beim Fließpressen von Ventilen tritt kein Werkstoffverlust ein.

   a) Welches Volumen hat das Ventil?

   b) Wie lang muss das runde Ausgangsstück mit 42 mm Durchmesser sein?

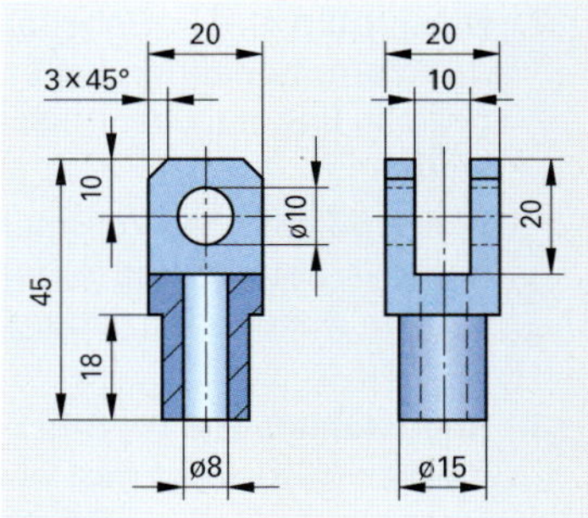

Bild 4: Gabelkopf

5. **Gabelkopf (Bild 4).** Der Gabelkopf für die Kolbenstange eines Hydraulikzylinders wird aus blankem Vierkantstahl □ 20 mm hergestellt.

   Zu berechnen sind

   a) das Volumen und die Masse des Rohteiles, wenn für die Bearbeitung der beiden Stirnseiten zur Länge von 45 mm je 1 mm zugegeben wird,

   b) das Volumen und die Masse des fertigen Gabelkopfes. Bei dieser Berechnung sollen die beiden Fasen vernachlässigt werden.

6. **Spannpratze (Bild 5).** Für die Spannpratze in einer Vorrichtung aus C55E soll die Masse berechnet werden

   a) ohne die Nut 10 × 37, die Ausfräsung 14 × 48, die Gewindebohrung M12 und die Fasen,

   b) in bearbeitetem Zustand, aber ohne Berücksichtigung der Fasen.

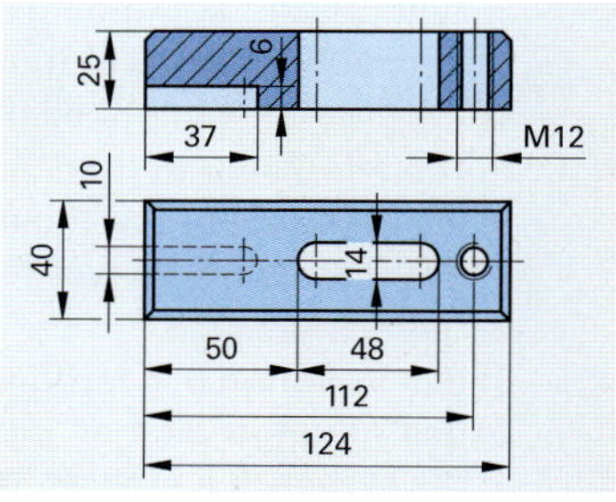

Bild 5: Spannpratze

Volumenänderung beim Umformen

Treten beim Umformen Grat- oder Abbrandverluste auf, müssen diese bei der Berechnung des Anfangsvolumens V_a durch einen Zuschlag $q \cdot V_e$ zum Volumen V_e des Fertigvolumens berücksichtigt werden **(Bild 1)**.

Bezeichnungen (Bild 1):

V_a	Anfangsvolumen	cm^3	q	Zuschlagsfaktor für Gratverluste oder Abbrand	– oder %
V_e	Endvolumen	cm^3			

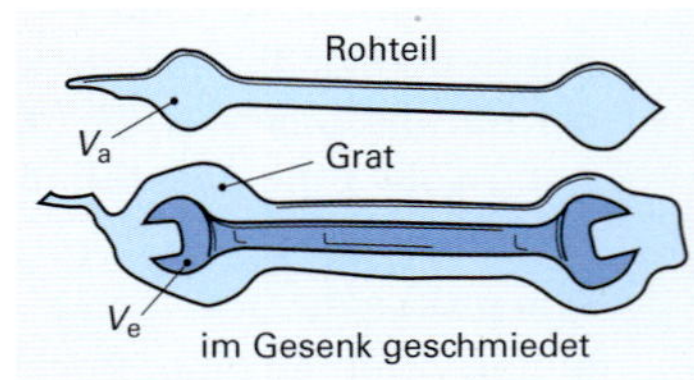

Bild 1: Volumenbezeichnung beim Umformen

Anfangsvolumen

$$V_a = V_e + q \cdot V_e$$
$$V_a = V_e \cdot (1 + q)$$

● **Beispiel:**

Nockenwellen **(Bild 2)** werden im Gesenk geschmiedet. Sie haben ein Volumen $V_e = 1000\ cm^3$.

a) Wie groß ist der Zuschlagsfaktor q, wenn das Volumen des Grates $60\ cm^3$ beträgt?

b) Welche Länge muss der 40 mm dicke zylindrische Ausgangsstab haben?

Lösung: a) $q = 60\ cm^3 / 1000\ cm^3 = 0{,}06 = 6\ \%$

b)
$$V_a = V_e \cdot (1+q)$$
$$A_1 \cdot l_1 = V_e \cdot (1+q)$$
$$l_1 = \frac{V_e \cdot (1+q)}{A_1} = \frac{V_e \cdot (1+q)}{\frac{\pi}{4} \cdot d^2}$$
$$= \frac{1000\ cm^3 \cdot (1+0{,}06)}{\frac{\pi}{4} \cdot (4\ cm)^2} = \mathbf{84{,}4\ cm = 844\ mm}$$

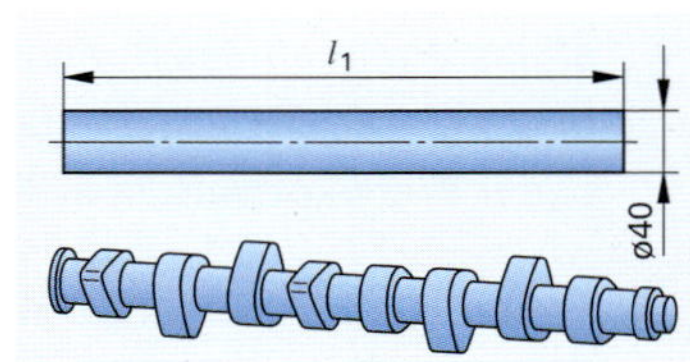

Bild 2: Nockenwelle

Aufgaben | Volumenänderung beim Umformen

1. **Achse (Bild 3).** An einen Flachstahl 50 × 30 soll ein 80 mm langer Zapfen mit 25 mm Durchmesser angeschmiedet werden. Bei diesem Umformen entsteht ein Abbrand von 15 %.

   Welche Länge muss der Flachstahl vor dem Umformen haben?

2. **Hebel (Bild 4).** Ein Hebel aus Stahl wird aus einem rechteckigen Vormaterial durch Gesenkschmieden in zwei Stufen hergestellt. Für den Grat müssen 6 % Werkstoffverlust eingeplant werden.

   Wie groß sind das Volumen des fertig geschmiedeten Hebels und das notwendige Anfangsvolumen? Bei der Berechnung können Rundungen, Übergänge und Schrägen vernachlässigt werden.

3. **Rundstahlstücke.** An Stücke aus Rundstahl mit 48 mm Durchmesser werden 44 mm hohe Köpfe angestaucht. Dabei entsteht ein Verlust von 5 % des Endvolumens.

   Gesucht ist der Längenzuschlag am Ausgangsteil für
   a) zylindrische Köpfe mit 96 mm Durchmesser,
   b) Vierkantköpfe mit 76 mm Schlüsselweite,
   c) Sechskantköpfe mit 88 mm Schlüsselweite.

4. ● **Rohteil für Zahnrad (Bild 5).** Beim Gesenkschmieden des Rohteiles für ein Zahnrad muss für den Grat ein Zuschlagsfaktor von 8 % vorgesehen werden.

   Zu berechnen sind
   a) das Volumen des fertigen Zahnradrohteiles,
   b) das Anfangsvolumen des Vormaterials,
   c) die Masse des Stahles, die zum Schmieden von 8000 Rohteilen bereitzustellen ist.

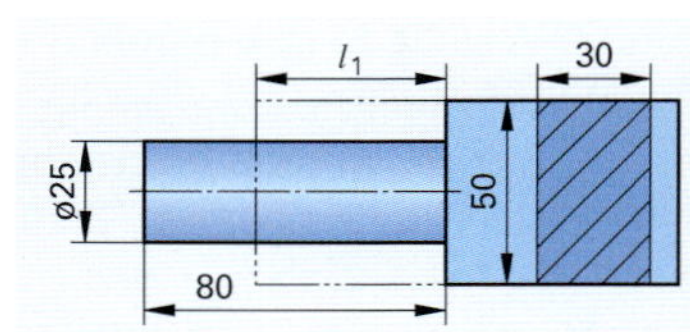

Bild 3: Achse

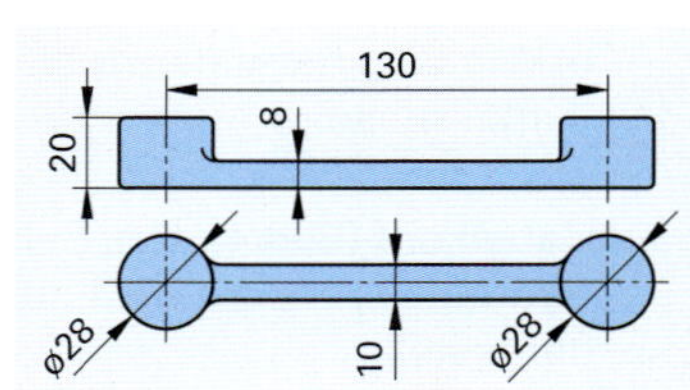

Bild 4: Hebel

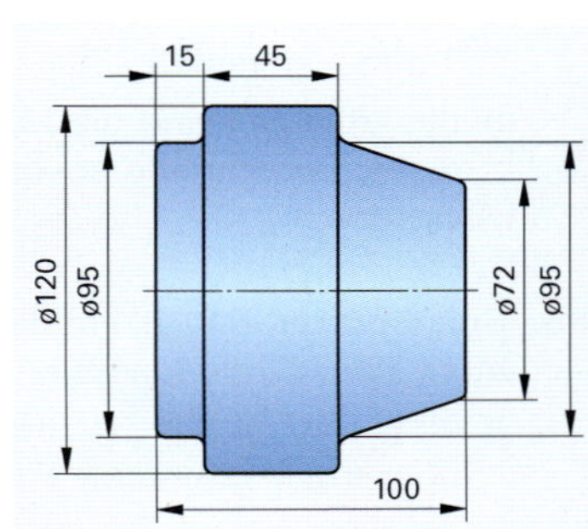

● **Bild 5: Rohteil für Zahnrad**

Diagramme und Funktionen

Unter einem Diagramm versteht man die grafische Darstellung von Werten meist in einem Koordinatensystem. Mit Diagrammen lassen sich Änderungen einer Größe anschaulich darstellen. Man unterscheidet das Kreisdiagramm, das Balken- oder Säulendiagramm sowie das Histogramm und das Paretodiagramm[1].

Kreisdiagramm

Kreisdiagramme eignen sich vor allem zur übersichtlichen Darstellung der Aufteilung eines Ganzen in seine Einzelanteile.

● **Beispiel:**

Die Anteile der an der Erzeugung elektrischer Energie der Bundesrepublik Deutschland beteiligten Energieträger sind in einem Kreisdiagramm dargestellt **(Bild 1)**.

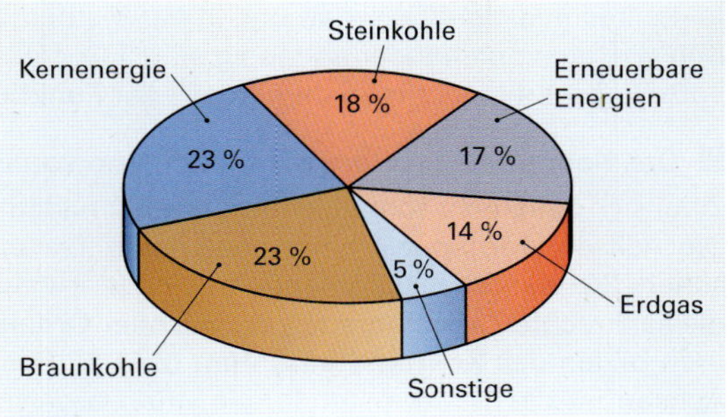

Bild 1: Kreisdiagramm

Balkendiagramm

Balkendiagramme verwenden zur Darstellung der Daten Säulen statt Kreissegmente **(Bild 2)**.

Histogramm und Paretodiagramm

Spezielle Balkendiagramme werden z.B. im Rahmen des Qualitätsmanagements verwendet.

Histogramm

Dieser Diagrammtyp wird verwendet, um die Häufigkeitsverteilung von Merkmalen zu zeigen.

● **Beispiel:**

Die Länge 40 ± 0,2 mm eines Bauteils wird stichprobenartig gemessen. Die Messwerte werden bestimmten Klassen zugeordnet **(Bild 2)**, z.B. der Klasse von 39,95 mm bis 40 mm. Die meisten Werte (Säulen 4; 5) befinden sich links und rechts von der Mitte. Man spricht von einer Normalverteilung (= natürliche Verteilung) der Werte **(siehe Seite 158)**.

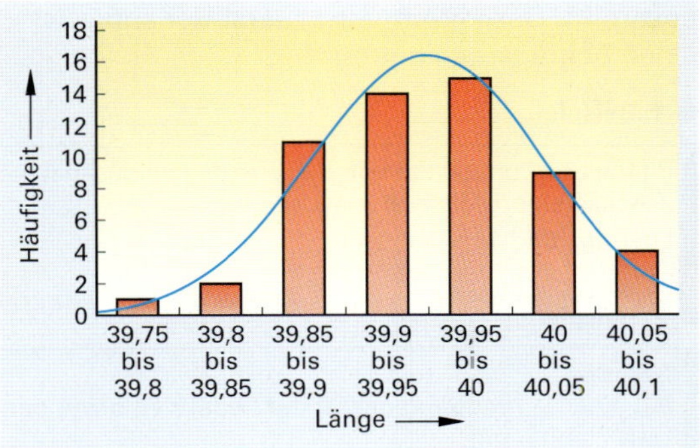

Bild 2: Histogramm einer Messreihe

Paretodiagramm

In einem Säulendiagramm werden die einzelnen Werte der Größe nach von links nach rechts geordnet wiedergegeben.

● **Beispiel:**

Tabelle 1 zeigt mögliche Fehlerarten von 79 Elektrogeräten. Im Paretodiagramm **(Bild 3)** werden die Fehlerhäufigkeiten als Säulen sortiert, die höchste Fehlerzahl steht links.

Das Liniendiagramm entsteht durch Aufsummieren der prozentualen Häufigkeiten.

Tabelle 1: Elektrogeräte

Fehlerart	Absolute Häufigkeit i_j	Relative Häufigkeit i_j in %
Kratzer	15	18,75
Fehlende Kabel	8	10
Hebel abgebrochen	2	2,5
Defekte Anzeige	6	7,5
Lose Schraube	25	31,25
Falsche Anleitung	19	23,75
Defektes Netzteil	5	6,25
Summe:	80	100

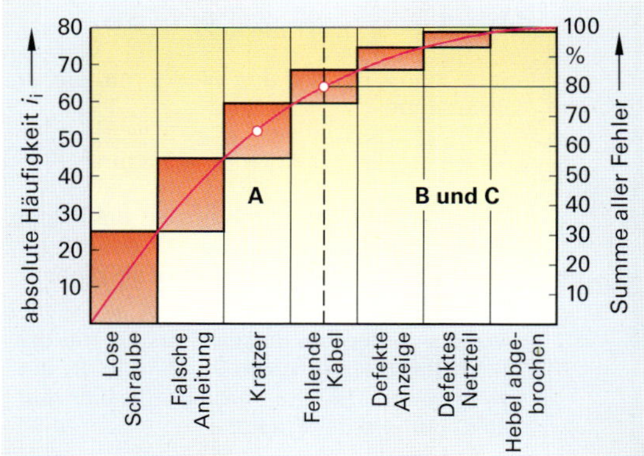

Bild 3: Paretodiagramm

„ABC-Analyse" bedeutet, dass die A-Merkmale 80 % und die B- und C-Merkmale zusammen 20 % von allen Fehlern ausmachen. Die wirkungsvollste Fehlerbekämpfung wäre, bei „A-Merkmalen" nur wenige Fehler zu erreichen.

1) Vilfredo Pareto, 1884–1923, franz.-ital. Soziologe

Grafische Darstellungen von Funktionen und Messreihen

In der Technik, der Wirtschaft und in der Mathematik kommen Größen vor, die voneinander abhängig sind. Für dieses Abhängigkeitsverhältnis verwendet man den Begriff der **Funktion.**

Das Koordinatensystem zur Darstellung von Funktionen

Zwei sich senkrecht schneidende Geraden bilden ein **Achsenkreuz.** Die Achsen werden mit einer geeigneten Teilung (Maßstab) versehen. Die waagrechte Zahlengerade heißt **x-Achse** oder **Abszisse,** die senkrechte Zahlengerade **y-Achse** oder **Ordinate.** Beide zusammen bilden das **Koordinatensystem (Bild 1).** Der Schnittpunkt der Achsen ist der Koordinatenanfang, man bezeichnet ihn auch als Nullpunkt oder Ursprung. Die Lage eines Punktes im rechtwinkligen Koordinatensystem ist durch zwei Werte (Koordinaten) eindeutig bestimmt. Der x-Wert wird zuerst genannt, der y-Wert folgt durch einen Schrägstrich getrennt.

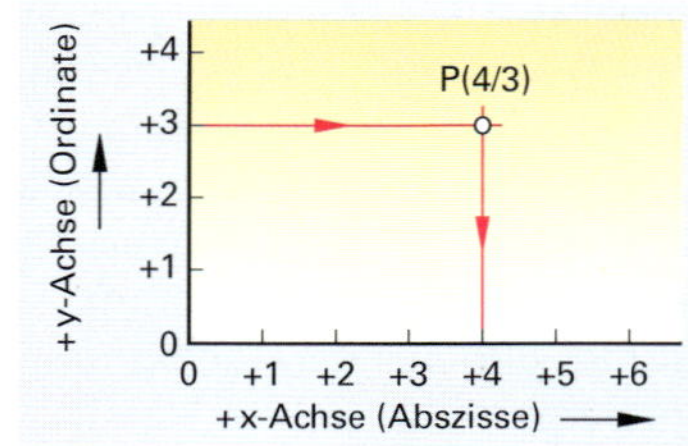

Bild 1: Koordinatensystem

● **1. Beispiel:**

P (4/3) Der Punkt P hat von der y-Achse einen Abstand $x = 4$ und von der x-Achse einen Abstand $y = 3$.

Lösung: Bild 1

● **2. Beispiel:**

Gerade

Bei einer Schraubenfeder ist der Federweg *s* von der dehnenden Federkraft *F* abhängig.

Durch Versuch wurde folgende Messreihe ermittelt **(Tabelle 1):**

Der Zusammenhang zwischen der Federkraft *F* und dem Federweg *s* soll in einem Schaubild dargestellt werden.

Lösung: Die Messpunkte werden in das Schaubild **Bild 2** eingezeichnet. Ihre Verbindungslinie ergibt eine **Gerade.** *F* bildet die Abszisse, *s* die Ordinate.

Durch das Schaubild wird die Abhängigkeit (Proportionalität) des Federweges *s* von der Federkraft *F* deutlich.

Tabelle 1: Messreihe

Bezeichnung der Punkte	Federkraft *F* in N	Federweg *s* in mm	Koordinaten der Punkte
P_1	1,0	33	(1/33)
P_2	2,0	66	(2/66)
P_3	3,0	99	(3/99)

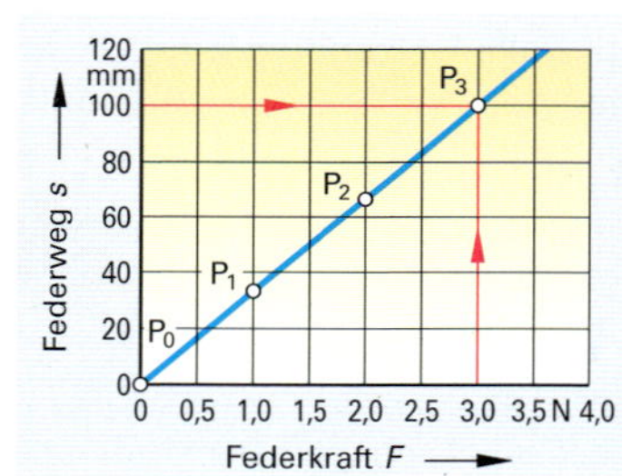

Bild 2: Federkennlinie

● **3. Beispiel:**

Parabel

Die Kreisfläche *A* ist in Abhängigkeit vom Durchmesser *d* grafisch darzustellen.

Lösung: Für verschiedene Werte für den Durchmesser *d* berechnet man die zugehörige Kreisfläche $A = \frac{\pi}{4} \cdot d^2$ **(Tabelle 2).**

Setzt man z. B. für *d* den Wert 1 mm ein, so erhält man:

$$A = \frac{\pi \cdot 1^2\ \text{mm}^2}{4} = 0{,}785\ \text{mm}^2 \approx 0{,}8\ \text{mm}^2$$

Dem Durchmesser $d = 1$ mm ist die Fläche $A = 0{,}8\ \text{mm}^2$ zugeordnet. Durch das Wertepaar (1/0,8) ist der Punkt P_2 im Koordinatensystem festgelegt **(Bild 3).**

A und *d* bilden bei diesem Beispiel die beiden Koordinatenachsen. Wenn man die eingezeichneten Punkte verbindet, erhält man als Schaubild der Funktion

$A = \frac{\pi}{4} \cdot d^2$ eine **Parabel.**

Tabelle 2: Kreisfläche *A* in Abhängigkeit vom Durchmesser *d*

Punkte	P_1	P_2	P_3	P_4	P_5	P_6	P_7
d in mm	0	1	2	3	4	5	6
A in mm²	0	0,8	3,1	7,1	12,6	19,6	28,3

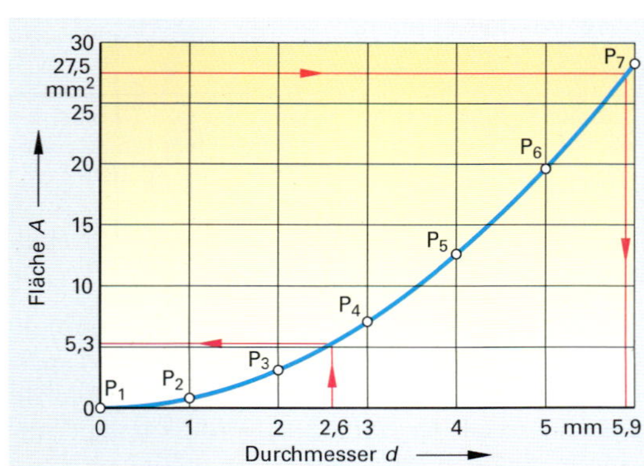

Bild 3: Parabel

● **4. Beispiel:**

Die Für den Durchmesser $d = 2{,}6$ mm ist der Wert für die Kreisfläche A aus dem **Bild 3, vorherige Seite** abzulesen.

Lösung: Man zieht im Abstand $d = 2{,}6$ mm eine Parallele zur Ordinate. Durch den so gefundenen Schnittpunkt mit der Parabel zieht man eine Parallele zur Abszisse und liest auf der y-Achse den zugehörigen Wert $\boldsymbol{A = 5{,}3\ \mathrm{mm}^2}$ ab.

● **5. Beispiel:**

Für die Kreisfläche $A = 27{,}5\ \mathrm{mm}^2$ ist der zugehörige Durchmesser d aus dem **Bild 3, vorherige Seite** zu bestimmen.

Lösung: Man sucht den Punkt $A = 27{,}5\ \mathrm{mm}^2$ auf der y-Achse und legt durch ihn eine Parallele zur x-Achse. Durch den Schnittpunkt mit der Parabel zieht man eine Parallele zur y-Achse und erhält auf der x-Achse den zugehörigen Wert $\boldsymbol{d = 5{,}9\ \mathrm{mm}}$.

● **6. Beispiel:**

Hyperbel

4 Facharbeiter erledigen einen Auftrag in 300 Stunden. Beim Einsatz von mehr Facharbeitern verringert sich die Zeit. In einem Schaubild ist die Auftragszeit in Abhängigkeit von der Zahl der Facharbeiter darzustellen.

Lösung: Die einzelnen Zeiten werden nach folgendem Ansatz errechnet:

1 Facharbeiter braucht $300\ \mathrm{h} \cdot 4 = 1200\ \mathrm{h}$

6 Facharbeiter brauchen $\dfrac{300\ \mathrm{h} \cdot 4}{6} = 200\ \mathrm{h}$

Wenn man die errechneten Wertepaare in das Koordinatensystem einzeichnet und miteinander verbindet, erhält man eine Hyperbel **(Bild 1)**.

Hyperbeltafeln finden wenig Anwendung, weil ihre Aufstellung zeitraubend und umständlich ist. Durch die Verwendung logarithmisch geteilter Achsen wird die Hyperbel zu einer Linie gestreckt **(Bild 2)**.

Tabelle 1: Auftragszeit in h

Anzahl der Facharbeiter	1	2	3	4	5	6	7	8	9	10
Auftragszeit	1200	600	400	300	240	200	171	150	133,3	120

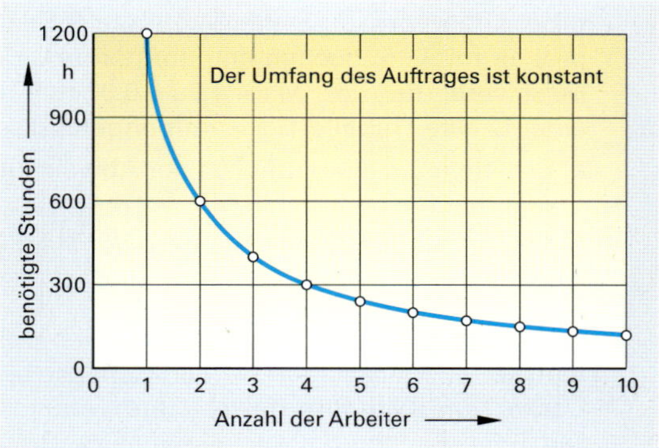

Bild 1: Hyperbel

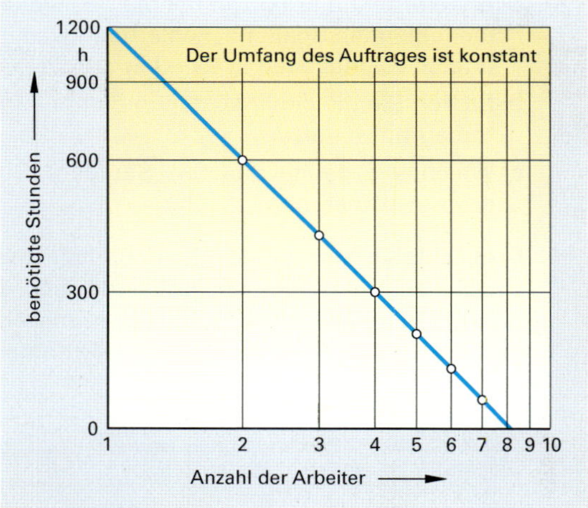

Bild 2: Logarithmisch geteilte Achsen

Aufgaben | Diagramme und Funktionen

1. **Ingenieure im Maschinenbau.** Die Anzahl der Ingenieure im Maschinenbau in der Bundesrepublik Deutschland stieg im Jahr 1989 von 89600 bis ins Jahr 2007 auf 148200 **(Tabelle 2)**. Stellen Sie die Zunahme der Maschinenbauingenieure in einem Balkendiagramm dar. Wählen Sie dafür einen geeigneten Maßstab.

Tabelle 2: Zunahme der Ingenieure im Maschinenbau

Ingenieure im Maschinenbau in Tausend	89,6	94,1	102,4	114,1	130,9	139,8	148,2
Kalenderjahr	1989	1992	1995	1998	2001	2004	2007

2. **CO_2-Ausstoß.** Der Anteil der Fahrzeugklassen am CO_2-Ausstoß ist in einem Kreisschaubild darzustellen. Dabei entfallen auf die Oberklasse 2,7 %, auf die obere Mittelklasse 9,2 %, auf die Mittelklasse 23,3 %, auf die untere Mittelklasse 33,5 %, auf Kleinwagen 25,0 % und auf Kleinstwagen 6,3 %.

3. **Messreihe einer Stichprobe**. Aus einer Tagesproduktion von 400 Blechen wurden 8 Stichproben mit je 5 Blechen entnommen und die Messwerte für das Maß 1,00 ± 0,02 mm in einer Urliste **(Tabelle 1)** zusammengefasst.
   a) Ermitteln Sie die Häufigkeit der Abweichungen durch eine Strichliste.
   b) Stellen Sie die Abweichungen, der Häufigkeit nach, in einem Diagramm dar.

4. **Fehlersammelkarte (Tabelle 2).** An einer automatisierten Klebestation werden Gehäuse und Deckel von Zylindern geklebt und verpresst. Die Teile durchlaufen eine einwöchige Qualitätskontrolle, die Prüfergebnisse werden dabei in einer Fehlersammelkarte zusammengetragen.
   a) Erweitern und ergänzen Sie die Tabelle um die fehlenden Spalten: „Fehlerhäufigkeit i_j", und „Gesamtkosten in € und in %".
   b) Stellen Sie die Fehlerkosten in einem Paretodiagramm dar.
   c) Welches Ergebnis können Sie dem Diagramm entnehmen?

5. **Drehzahldiagramm (Bild 1).** In Bauteile aus den Werkstoffen nach **Tabelle 3** sind Löcher zu bohren. Mithilfe des Drehzahldiagramms sind die einzustellenden Drehzahlen zu bestimmen.

Tabelle 3: Drehzahlbestimmung

Werkstoff	*d* in mm	v_c in m/min
Baustahl	15	35
CuZn	20	60
Gusseisen	60	25
Thermoplaste	20	32

6. **Werkzeugmaschinendiagramm (Bild 2).** An einer Werkzeugmaschine ist das Schaubild angebracht. Für die Werkstoffe a) bis c) ist die Drehzahl *n* abzulesen.
   a) Baustahl bei v_c = 30 m/min, d = 100 mm
   b) Kupfer bei v_c = 60 m/min, d = 25 mm
   c) Aluminium bei v_c = 120 m/min, d = 100 mm

7. **Kreisumfang.** Der Kreisumfang $U = d \cdot \pi$ ist grafisch für die Durchmesser d = 0 mm bis d = 50 mm darzustellen.

Tabelle 1: Urliste

Prüfmerkmal: Blechdicke 1,00 ± 0,02								
Stichproben: 8								
	1	2	3	4	5	6	7	8
x_1	0,97	1,01	0,98	1,03	1,00	1,03	1,03	1,03
x_2	0,98	0,98	0,99	0,99	1,01	1,01	1,02	1,02
x_3	0,99	0,99	1,01	1,02	0,99	1,02	1,02	1,00
x_4	1,00	1,02	1,00	1,00	1,02	1,00	1,00	1,02
x_5	1,00	1,00	1,01	1,01	1,01	1,01	1,01	1,01

Tabelle 2: Fehlersammelliste

Fehlerart i	Mo	Di	Mi	Do	Fr	Kosten pro Fehler in €
Klebstoff seitlich herausgedrückt	3	1	4	2	3	7,85
Gehäuse verformt	0	2	1	1	0	23,95
Deckel lässt sich abnehmen	7	7	8	6	6	14,95
Deckel verschoben	1	2	1	2	2	14,95
Geringer Klebstoffauftrag	2	3	1	1	1	5,25
Summe	13	15	15	12	12	

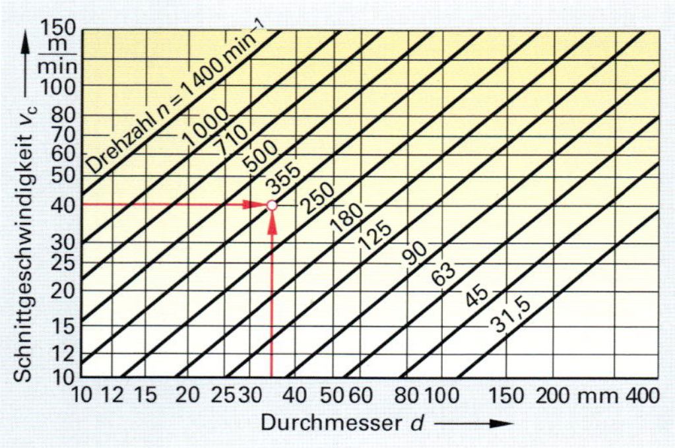

Bild 1: Drehzahldiagramm

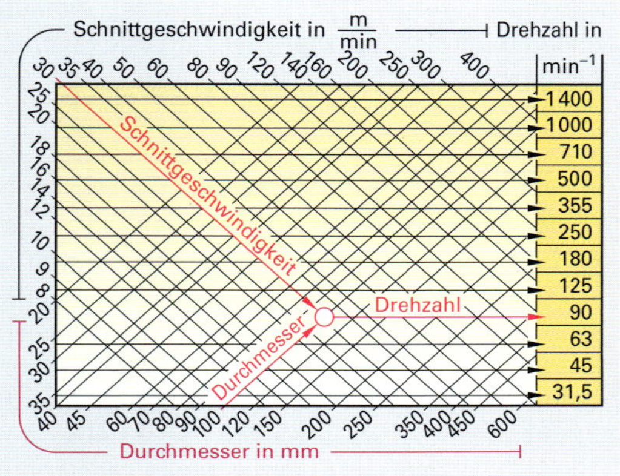

Bild 2: Werkzeugmaschinendiagramm

Technische Physik

Bewegungen

Bewegungen unterscheiden sich in ihrer Richtung und in der Art ihrer Geschwindigkeit. Die Richtung der Bewegung kann geradlinig oder kreisförmig, die Geschwindigkeit konstant oder beschleunigt bzw. verzögert sein.

Konstante Bewegungen

Konstante geradlinige Bewegungen

Bezeichnungen:

v	Geschwindigkeit	m/s
s	Weg	m
t	Zeit	s

Die auf einer Transferstraße bearbeiteten Motorblöcke werden mit einem Förderband abtransportiert **(Bild 1)**. Der Bewegungsablauf wird mit einem Schreiber in einem Weg-Zeit-Diagramm aufgezeichnet **(Bild 2)**.

In gleichen Zeitabständen werden jeweils gleiche Wege zurückgelegt. Die Bewegung ist konstant.

Die Geschwindigkeit v ist der in einer Zeiteinheit t zurückgelegte Weg s. Sie ist für die gesamte Bewegung konstant **(Bild 3)**.

● **Beispiel:**

Aus den Weg- und Zeitangaben in **Bild 1** ist die Geschwindigkeit zu berechnen

Lösung: $v = \frac{s}{t}$; $v = \frac{s_1}{t_1} = \frac{1{,}5\ \text{m}}{2\ \text{s}} = \mathbf{0{,}75\ \frac{m}{s}}$

oder

$v = \frac{s_2}{t_2} = \frac{3{,}0\ \text{m}}{4\ \text{s}} = \mathbf{0{,}75\ \frac{m}{s}}$

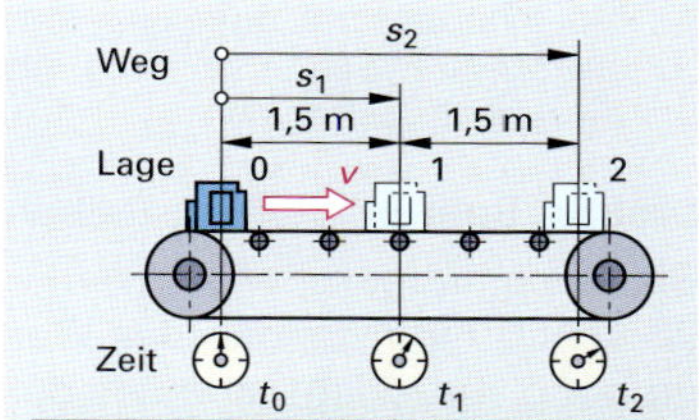

Lage	0	1	2
Zeit	$t_0 = 0$ s	$t_1 = 2$ s	$t_2 = 4$ s
Weg	$s_0 = 0$ m	$s_1 = 1{,}5$ m	$s_2 = 3$ m

Bild 1: Förderband

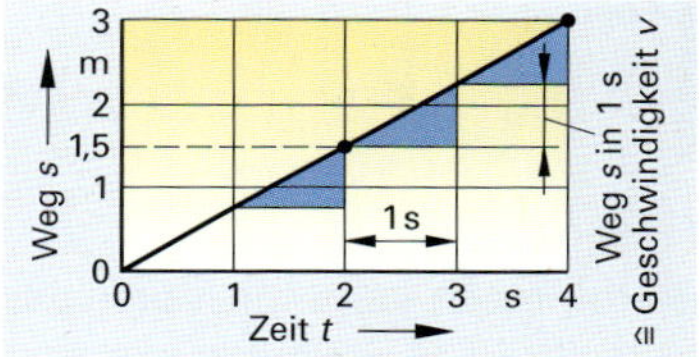

Bild 2: Weg-Zeit-Schaubild

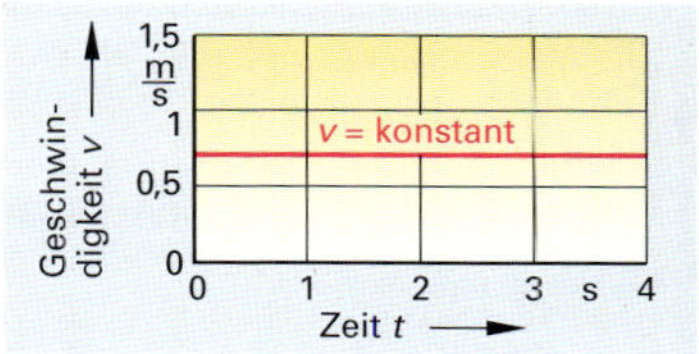

Bild 3: Geschwindigkeits-Zeit-Schaubild

Geschwindigkeit, Durchschnittsgeschwindigkeit

$$v = \frac{s}{t}$$

Einheiten

$$1\ \frac{\text{m}}{\text{s}} = 60\ \frac{\text{m}}{\text{min}} = 3{,}6\ \frac{\text{km}}{\text{h}}$$

Durchschnittsgeschwindigkeit

Die meisten Bewegungsabläufe haben keine konstante Geschwindigkeit. Sie sind beschleunigt oder verzögert. Zur Vereinfachung der Rechnung und für den praktischen Gebrauch genügt es oft, den Verlauf einer solchen Bewegung als konstant anzunehmen und mit einer Durchschnittsgeschwindigkeit zu rechnen **(Bild 4)**.

● **Beispiel:**

Ein Auszubildender fährt mit seinem Leichtkraftrad von der Ausbildungsstelle nach Hause. Dabei hat sich der Kilometerstand von 5621,1 km auf 5645,4 km erhöht. Für den zurückgelegten Weg benötigte er eine Fahrtzeit von 26 Minuten.

Welche Durchschnittsgeschwindigkeit erreichte der Auszubildende bei seiner Heimfahrt **(Bild 4)**?

Lösung: $v = \frac{s}{t} = \frac{5\,645\,400\ \text{m} - 5\,621\,100\ \text{m}}{26 \cdot 60\ \text{s}} = \frac{24\,300\ \text{m}}{1560\ \text{s}} = 15{,}58\ \frac{\text{m}}{\text{s}}$

$= \frac{15{,}58\ \text{m}}{\text{s}} \cdot \frac{1\ \text{km}}{1000\ \text{m}} \cdot \frac{3\,600\ \text{s}}{1\ \text{h}} = \mathbf{56\ \frac{km}{h}}$

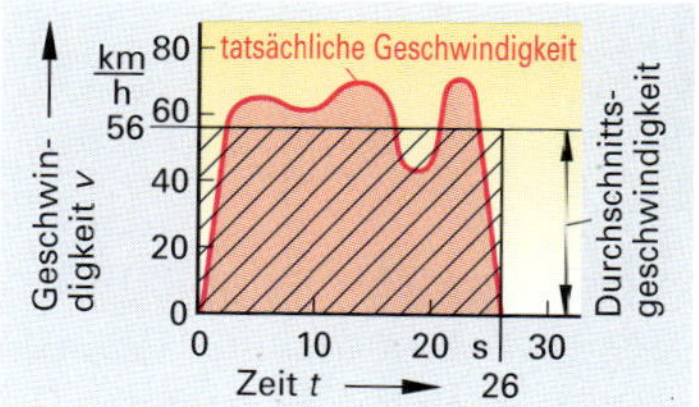

Bild 4: Durchschnittsgeschwindigkeit

Vorschubgeschwindigkeit

Bezeichnungen:

v_f	Vorschubgeschwindigkeit	mm/min	f	Vorschub	mm
f_z	Vorschub je Schneide	mm	n	Drehzahl	1/min
z	Anzahl der Schneiden	–	P	Steigung	mm

Drehen, Bohren, Senken, Reiben

Die Vorschubgeschwindigkeit v_f in mm/min ergibt sich aus dem Vorschub f in mm, den das Werkzeug oder das Werkstück je Umdrehung zurücklegt, und aus der eingestellten Drehzahl n in 1/min **(Bild 1)**.

Vorschubgeschwindigkeit beim Drehen, Bohren, Senken, Reiben

$$v_f = n \cdot f$$

● **Beispiel:**

An einer Drehmaschine sind der Vorschub $f = 0{,}3$ mm und die Spindeldrehzahl $n = 450$/min eingestellt. Wie groß ist die Vorschubgeschwindigkeit v_f des Drehmeißels?

Lösung: $v_f = n \cdot f$

$$= 450\,\frac{1}{\text{min}} \cdot 0{,}3\text{ mm} = \mathbf{135\,\frac{mm}{min}}$$

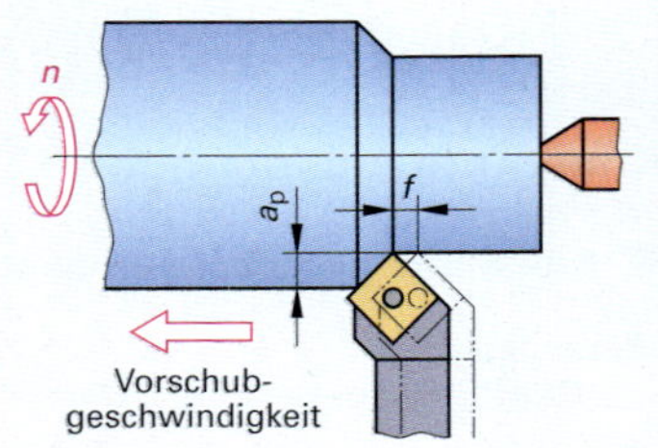

Bild 1: Drehen

Fräsen

Beim Fräsen kann die Vorschubgeschwindigkeit v_f auch aus dem Vorschub f_z je Schneide, der Anzahl z der Schneiden und der Drehzahl n berechnet werden **(Bild 2)**.

Vorschubgeschwindigkeit beim Fräsen

$$v_f = n \cdot f_z \cdot z$$

● **Beispiel:**

Ein Walzenfräser mit $z = 8$ Zähnen ist bei einem Vorschub $f_z = 0{,}2$ mm je Schneide und mit einer Vorschubgeschwindigkeit $v_f = 72$ mm/min eingesetzt.
Welche Drehzahl muss eingestellt werden?

Lösung: $v_f = n \cdot f_z \cdot z$

$$n = \frac{v_f}{f_z \cdot z}$$

$$= \frac{72\,\frac{\text{mm}}{\text{min}}}{0{,}2\text{ mm} \cdot 8} = \mathbf{45\,\frac{1}{min}}$$

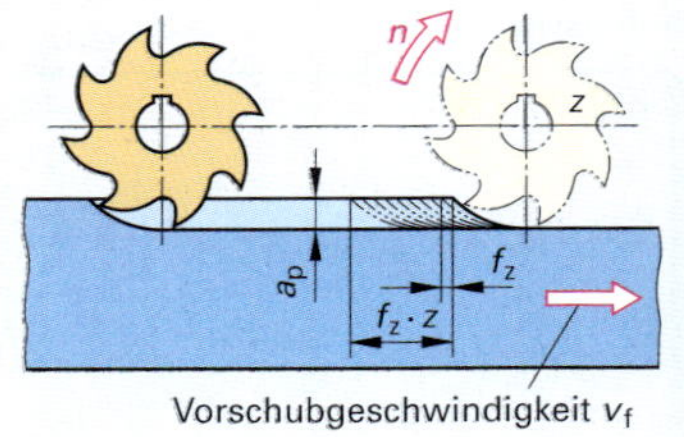

Bild 2: Fräsen

Antriebe mit Gewindespindel

Bei Antrieben über eine Gewindespindel errechnet sich die Vorschubgeschwindigkeit v_f aus der Steigung P des Gewindes und der Drehzahl n **(Bild 3)**.

Vorschubgeschwindigkeit einer Gewindespindel

$$v_f = n \cdot P$$

● **Beispiel:**

An einer Werkzeugmaschine wird der Universaltisch durch einen Kugelgewindetrieb bewegt. Die Kugelgewindespindel hat eine Steigung $P = 8$ mm und eine Drehzahl $n = 70$/min. Welche Vorschubgeschwindigkeit v_f erhält der Tisch?

Lösung: $v_f = n \cdot P$

$$= 70\,\frac{1}{\text{min}} \cdot 8\text{ mm} = \mathbf{560\,\frac{mm}{min}}$$

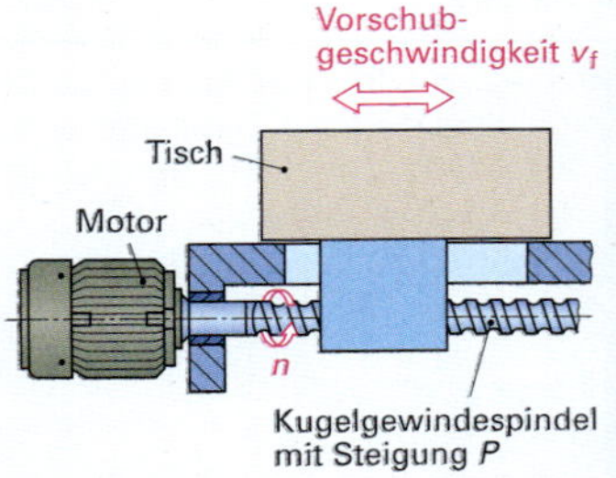

Bild 3: Gewindespindel

Vorschubgeschwindigkeit beim Zahnstangentrieb siehe Seite 176.

Während bei konventionellen Maschinen die Vorschubgeschwindigkeit durch die eingestellte Drehzahl n und die Steigung der Gewindespindel P bestimmt wird, wird sie bei NC-Maschinen direkt ins Programm geschrieben.

Aufgaben | Konstante geradlinige Bewegungen

1. **Hubgeschwindigkeit.** Die Hebebühne einer Reparaturwerkstatt hebt einen Pkw in 11 s auf 1,80 m Höhe. Wie groß ist die Hubgeschwindigkeit der Hebebühne?

2. **Höhenunterschied.** Der Personenaufzug in einem Hochhaus fährt mit einer Geschwindigkeit $v = 204$ m/min. Welchen Höhenunterschied legt er in 13,6 s zurück?

3. **Welle (Bild 1).** Die Welle soll auf eine Länge von 124 mm und auf eine Länge von 82 mm in je einem Schnitt mit dem Vorschub $f = 0{,}8$ mm bei einer Drehzahl $n = 280$/min geschruppt werden. Anschließend wird die Bohrung mit $n = 200$/min gerieben.

   Wie groß sind

   a) die Vorschubgeschwindigkeit beim Schruppen,

   b) die Gesamtzeit für die beiden Schruppvorgänge,

   c) die Vorschubgeschwindigkeit beim Reiben mit $f = 0{,}32$ mm?

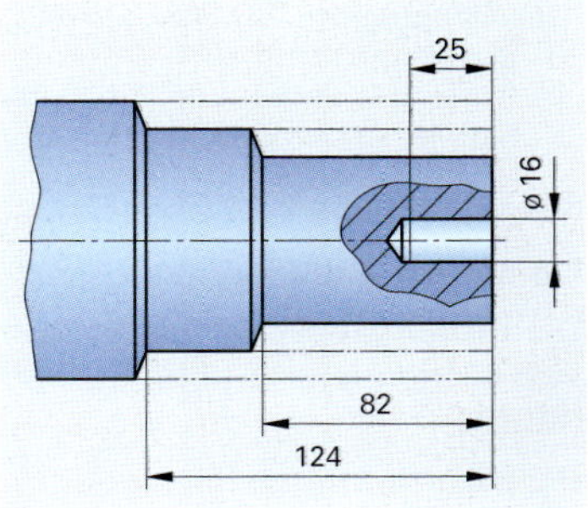

Bild 1: Welle

4. **Kastenprofil (Bild 2).** Auf einem Schweißautomaten werden U-Profile DIN 1026-U 80 mit $v_f = 0{,}3$ m/min zu einem Kastenprofil verschweißt. Die Wege zwischen den Schweißnähten werden im Eilgang mit $v_f = 5$ m/min überbrückt.

   Wie lange benötigt der Schweißautomat zur Fertigstellung einer Profilseite?

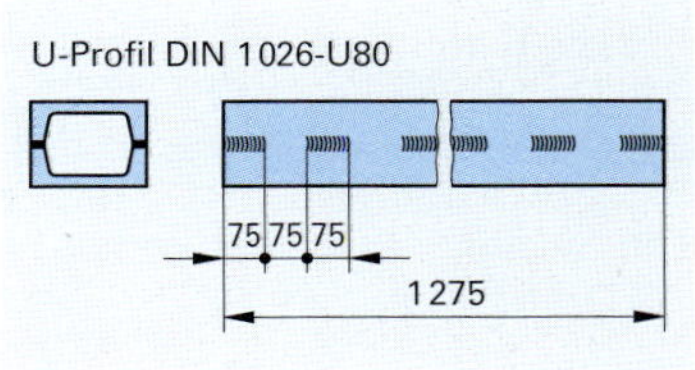

Bild 2: Kastenprofil

5. **Drehzahlberechnung.** Ein Fräser mit 8 Zähnen arbeitet mit einer Drehzahl $n = 240$/min. Er wird durch einen anderen Fräser mit 6 Zähnen ersetzt. Der Vorschub je Schneide mit $f_z = 0{,}08$ mm und die Vorschubgeschwindigkeit sollen gleich bleiben.

   Welche Drehzahl muss für den Fräser eingestellt werden?

6. **Grundlochbohrung (Bild 3).** An einer Bohrmaschine werden folgende Werte eingestellt: Drehzahl 710/min, Vorschub 0,12 mm.

   a) Wie groß ist die Vorschubgeschwindigkeit in mm/min?

   b) Welche Zeit wird zum Bohren einer 63 mm tiefen Grundlochbohrung benötigt, wenn für den Anschnitt $l_s = 3$ mm und für den Anlauf $l_a = 2$ mm berücksichtigt werden sollen?

   c) Wie viele Bohrungen können in einer Stunde hergestellt werden, wenn für Rückweg, Spannen und sonstige Nebenzeiten 15 % Zuschlag zur Vorschubzeit angesetzt werden?

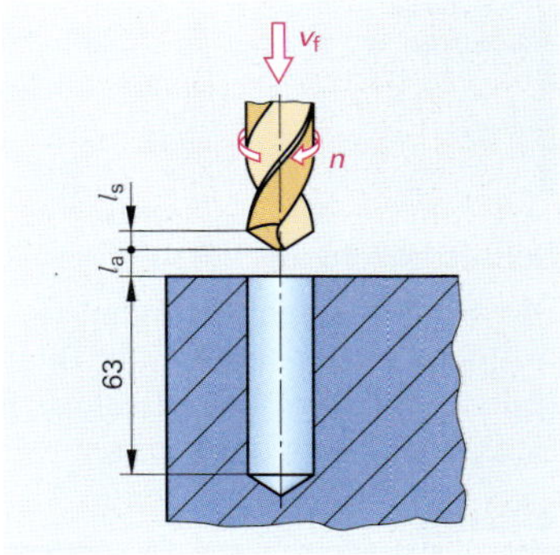

Bild 3: Grundlochbohrung

7. **Laufkran (Bild 4).** Ein Laufkran bewegt eine Last senkrecht nach oben und gleichzeitig in waagerechter Richtung. Die Hubgeschwindigkeit beträgt $v_H = 6{,}3$ m/min, die Geschwindigkeit in waagerechter Richtung $v_w = 19$ m/min.

   a) Wie groß ist die resultierende Geschwindigkeit v, mit der die Last bewegt wird?

   b) Welchen Weg legt die Last in 24 s zurück?

   c) Unter welchem Winkel α zur Horizontalen bewegt sich die Last nach oben?

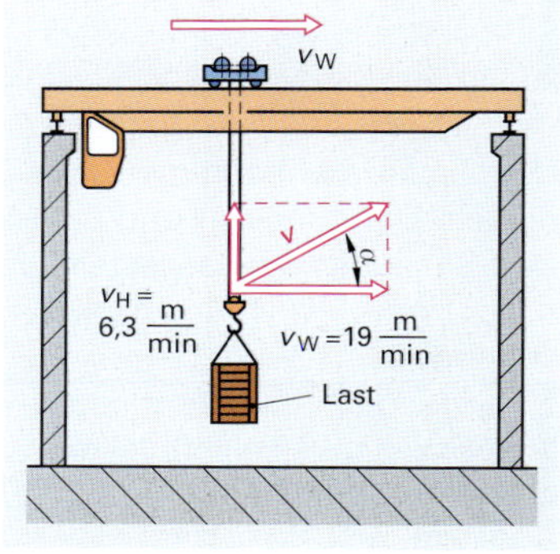

Bild 4: Laufkran

Kreisförmige Bewegungen

Bezeichnungen:

d	Durchmesser	m	z	Anzahl der Umdrehungen	–
v	Umfangsgeschwindigkeit	m/s	n	Drehzahl	1/min
v_c	Schnittgeschwindigkeit	m/min			min^{-1}
v_c	– beim Schleifen	m/s			

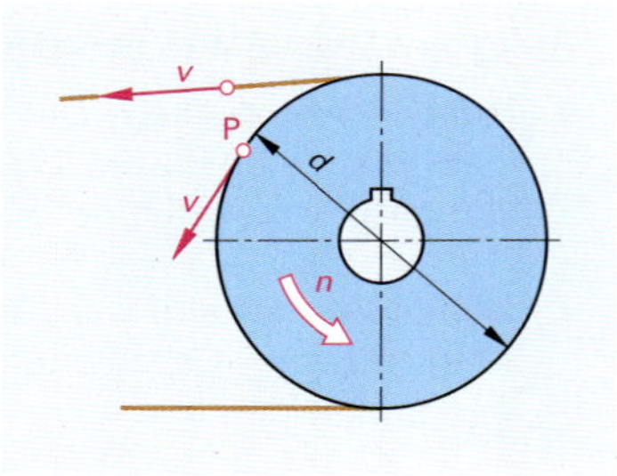

Bild 1: Umfangsgeschwindigkeit

Umfangsgeschwindigkeit

Die Umfangsgeschwindigkeit v ist der Weg s, den ein Punkt P eines sich drehenden Körpers, z. B. einer Scheibe, in der Zeit t zurücklegt **(Bild 1)**.

Bei gleichförmigen Bewegungen gilt für die Geschwindigkeit $v = \frac{s}{t}$.

Der Weg s eines Umfangspunktes ist

- bei einer Umdrehung: $s = U = \pi \cdot d$
- bei z Umdrehungen: $s \cdot z = n \cdot \pi \cdot d \cdot z$

Für die Geschwindigkeit v gilt bei z Umdrehungen

$$v = \frac{\pi \cdot d \cdot z}{t} = \pi \cdot d \cdot \frac{z}{t} = \pi \cdot d \cdot n$$

Die Anzahl der Umdrehungen z in der Zeiteinheit t bezeichnet man als Drehzahl n.

Umfangsgeschwindigkeit

$$v = \pi \cdot d \cdot n$$

● **Beispiel:**

Eine Riemenscheibe mit $d = 420$ mm Durchmesser hat eine Drehzahl $n = 540$ 1/min.

Wie groß ist die Umfangsgeschwindigkeit in m/s?

Lösung: $v = \pi \cdot d \cdot n = \pi \cdot 0{,}42\ \text{m} \cdot 540\ \frac{1}{\text{min}} = 712{,}51\ \frac{\text{m}}{\text{min}}$

$= 712{,}51\ \frac{\text{m}}{60\ \text{s}} = \frac{712{,}51}{60}\ \frac{\text{m}}{\text{s}} = \mathbf{11{,}88\ \frac{m}{s}}$

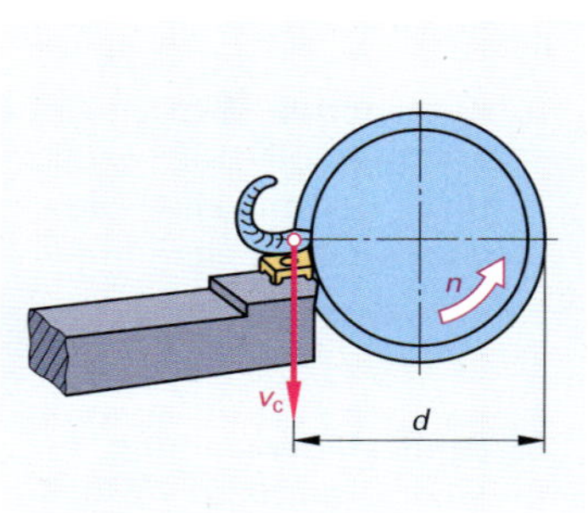

Bild 2: Schnittgeschwindigkeit

Schnittgeschwindigkeit

Die Schnittgeschwindigkeit v_c ist die Umfangsgeschwindigkeit, mit der bei der spanenden Bearbeitung die Spanabnahme erfolgt **(Bild 2)**. Sie wird beim Drehen, Fräsen und Bohren in m/min, beim Schleifen in m/s angegeben.

Schnittgeschwindigkeit

$$v_c = \pi \cdot d \cdot n$$

● **Beispiel:**

Ein Rundstahl mit 35 mm Durchmesser wird mit 1200 1/min überdreht. Wie groß ist die Schnittgeschwindigkeit in m/min?

Lösung: $v_c = \pi \cdot d \cdot n = \pi \cdot 0{,}035\ \text{m} \cdot 1200\ \frac{1}{\text{min}}$

$= \mathbf{132\ \frac{m}{min}}$

Der Zusammenhang zwischen Schnittgeschwindigkeit, Durchmesser und Drehzahl kann in Drehzahl-Schaubildern dargestellt werden **(Bild 3)**.

● **Beispiel:**

Welche Drehzahl nach Bild 3 ist zum Drehen einer Welle von $d = 70$ mm Durchmesser bei einer Schnittgeschwindigkeit $v_c = 40$ m/min erforderlich?

Lösung: Aus dem Schaubild abgelesene Drehzahl $\mathbf{n = 180\ 1/min}$.

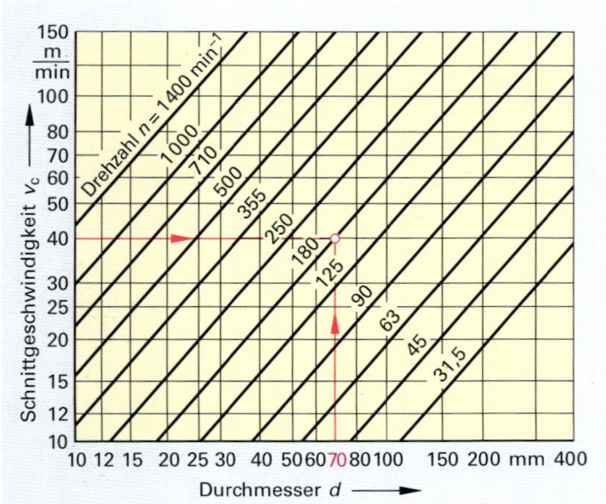

Bild 3: Drehzahl-Schaubild

Aufgaben | Kreisförmige Bewegungen

1. **Winkelschleifer (Bild 1).** Die Trennscheibe eines Winkelschleifers hat einen Durchmesser $d = 230$ mm und eine Drehzahl $n = 6000$ min^{-1}.
   Wie groß ist die Geschwindigkeit am Umfang der Scheibe?

2. **Drehzahlen aus Schaubild.** Welche Drehzahlen sind nach dem Drehzahl-Schaubild **Bild 3, vorherige Seite,** zum Längsdrehen der Durchmesser $d = 25$, 40, 80, 150 mm bei $v_c = 70$ m/min erforderlich?

3. **Riemenscheibe (Bild 2).** Wie groß ist die Umfangsgeschwindigkeit der Riemenscheibe eines Elektromotors, wenn die Scheibe einen Durchmesser $d = 90$ mm hat und mit der Drehzahl $n = 2800$ min^{-1} umläuft?

4. **Maximale Drehzahl.** Für eine Schleifscheibe ist als höchstzulässige Umfangsgeschwindigkeit 25 m/s bei Zustellung von Hand und 35 m/s bei maschineller Zustellung angegeben.
   Welche Drehzahl darf eine Schleifscheibe mit 180 mm Durchmesser in beiden Fällen höchstens haben?

5. **Schleifscheibe (Bild 3).** Eine Schleifscheibe mit 45 mm Durchmesser soll mit einer Schnittgeschwindigkeit von 18 m/s arbeiten.
   Welche Drehzahl ist dafür notwendig?

6. **Bohrer (Bild 4).** Ein Bohrer mit 18 mm Durchmesser arbeitet mit einer Drehzahl von 355 min^{-1}.
   Berechnen Sie die Schnittgeschwindigkeit.

7. **Drehzahlberechnung.** Ein Schaftfräser mit 6 mm Durchmesser soll mit einer Schnittgeschwindigkeit von 45 m/min einen Stahl mit hoher Festigkeit bearbeiten.
   Welche Drehzahl ist erforderlich?

8. **Durchmesserberechnung.** Welchen Durchmesser muss die Antriebsrolle eines Transportbandes haben, wenn bei der Drehzahl $n = 315$ min^{-1} eine Transportgeschwindigkeit von 40 m/min erreicht werden soll?

9. **Walzendurchmesser.** Welcher größte Walzendurchmesser kann auf einer Drehmaschine mit einer niedrigsten Drehzahl von 14 min^{-1} noch bearbeitet werden, wenn die Schnittgeschwindigkeit nicht höher als 50 m/min sein darf?

10. **Seiltrommel (Bild 5).** Eine Seiltrommel kann mit zwei Drehzahlen angetrieben werden.
    a) Mit welcher Geschwindigkeit v_1 wird das Seil bei der Drehzahl $n_1 = 30$ min^{-1} eingeholt?
    b) Wie groß muss die Drehzahl n_2 sein, wenn das Seil mit $v_2 = 70$ m/min ablaufen soll?

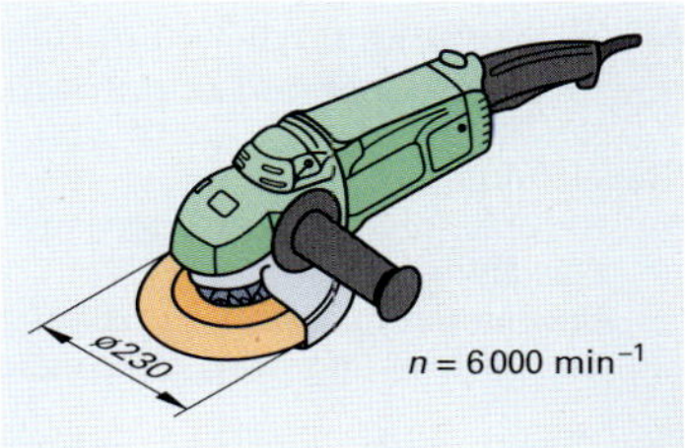

Bild 1: Winkelschleifer

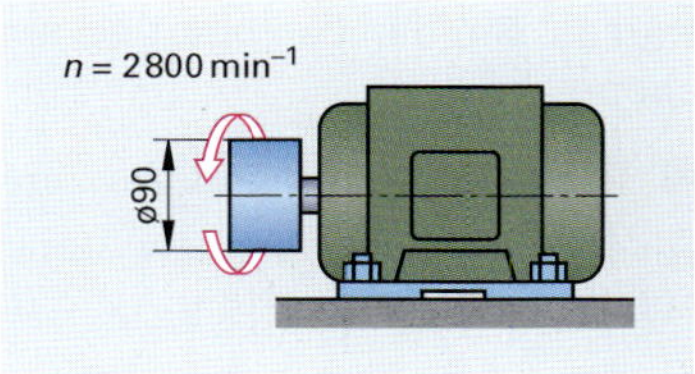

Bild 2: Riemenscheibe

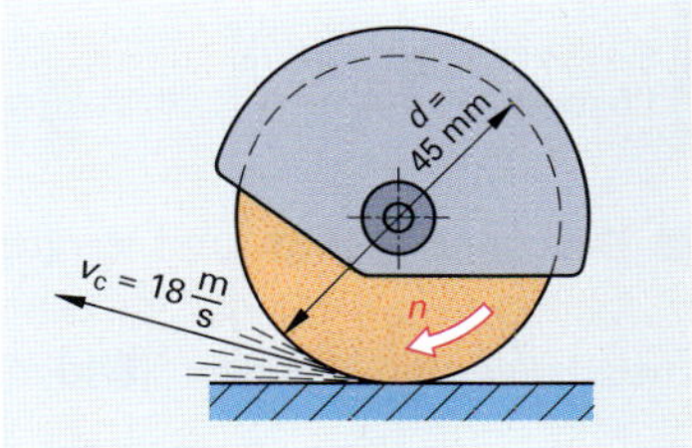

Bild 3: Schleifscheibe

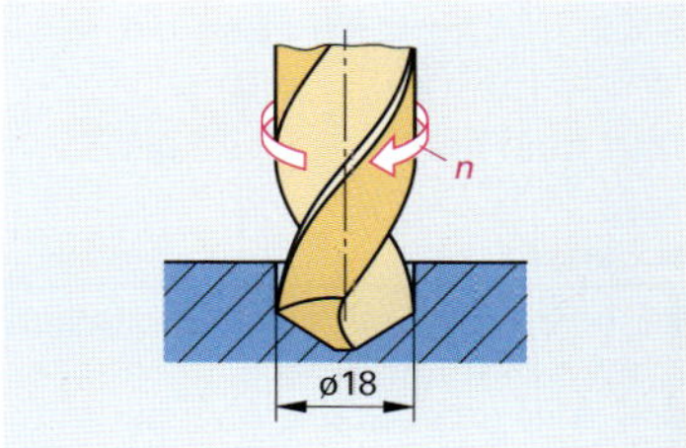

Bild 4: Bohrer

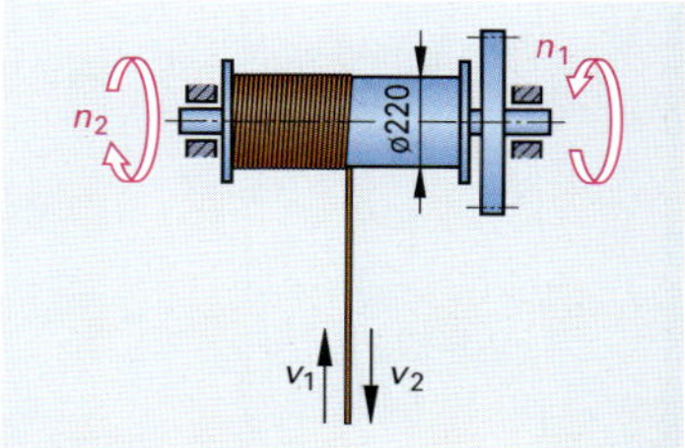

Bild 5: Seiltrommel

S. 260

Beschleunigte und verzögerte Bewegungen

Alle Bewegungen werden durch Beschleunigungen eingeleitet und durch Verzögerungen abgebremst bzw. zum Stillstand gebracht.

Bezeichnungen:

a	Beschleunigung, Verzögerung	m/s²
v	Geschwindigkeit	m/s
t	Beschleunigungszeit, Verzögerungszeit	s
s	Beschleunigungsweg, Verzögerungsweg	m

Das Geschwindigkeit-Zeit-Schaubild **(Bild 1)** zeigt den Bewegungsablauf des Kolbens in einem Pneumatikzylinder.

Während der Beschleunigungszeit von zwei Sekunden nimmt die Geschwindigkeit in gleichen Zeitabschnitten um den gleichen Betrag zu. Bei der Verzögerung nimmt die Geschwindigkeit entsprechend ab.

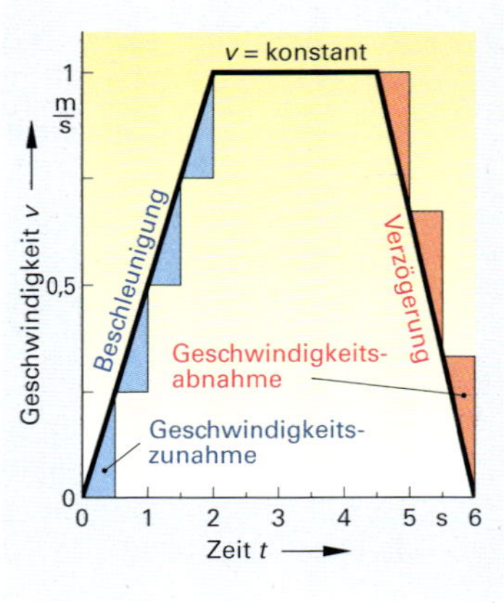

Bild 1: Geschwindigkeits-Zeit-Schaubild

Beschleunigung und Verzögerung

Als Beschleunigung a bzw. Verzögerung a bezeichnet man die Geschwindigkeitsänderung Δv in der Zeit Δt.

Beschleunigung und Verzögerung

$$a = \frac{v}{t}$$

● **Beispiel:**

Ein Gabelstapler beschleunigt in der Zeit $t = 3$ s eine Last auf die Geschwindigkeit $v = 0{,}48$ m/s **(Bild 2).**
Mit welcher Beschleunigung wird die Last angehoben?

Lösung: $a = \frac{v}{t} = \frac{0{,}48\,\frac{\text{m}}{\text{s}}}{3\text{ s}} = \mathbf{0{,}16\,\frac{m}{s^2}}$

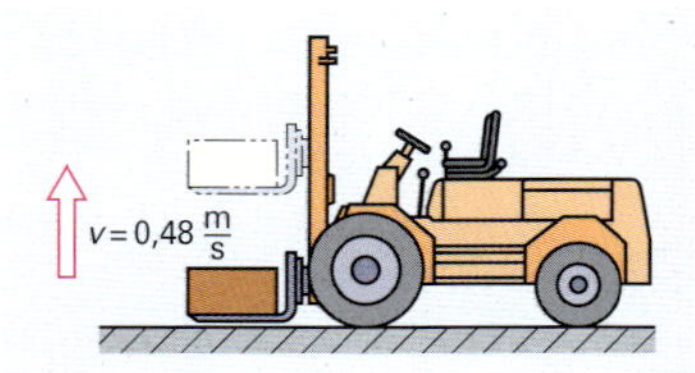

Bild 2: Gabelstapler

Beschleunigungs- und Verzögerungsweg

Verwendet man für die Berechnung des bei der Beschleunigung zurückgelegten Weges **(Bild 3)** die mittlere Geschwindigkeit $v_m = \frac{v}{2}$, so gelten die Formeln der konstanten geradlinigen Bewegung:

$s = v_m \cdot t$ und damit für den Beschleunigungsweg $s = \frac{v}{2} \cdot t$.

Setzt man für $v = a \cdot t$, so gilt $s = \frac{a \cdot t}{2} \cdot t = \frac{a \cdot t^2}{2}$,

setzt man für $t = \frac{v}{a}$, so gilt $s = \frac{v}{2} \cdot \frac{v}{a} = \frac{v^2}{2 \cdot a}$.

Beschleunigungs- und Verzögerungsweg

$$s = \frac{v}{2} \cdot t$$

$$s = \frac{a \cdot t^2}{2}$$

$$s = \frac{v^2}{2 \cdot a}$$

● **Beispiel:**

Ein Pkw fährt mit einer Geschwindigkeit $v = 54$ km/h. Das Fahrzeug wird in 6 s zum Stillstand abgebremst.
a) Wie groß ist die Verzögerung?
b) Wie groß ist der Verzögerungsweg (Bremsweg)?

Lösung: a) $v = 54\,\frac{\text{km}}{\text{h}} = \frac{54\text{ m}}{3{,}6\text{ s}} = 15\,\frac{\text{m}}{\text{s}}$; $\quad a = \frac{v}{t} = \frac{15\,\frac{\text{m}}{\text{s}}}{6\text{ s}} = \mathbf{2{,}5\,\frac{m}{s^2}}$

b) $s = \frac{v}{2} \cdot t = \frac{15\,\frac{\text{m}}{\text{s}}}{2} \cdot 6\text{ s} = \mathbf{45\text{ m}}$

oder $s = \frac{a \cdot t^2}{2} = \frac{2{,}5\,\frac{\text{m}}{\text{s}^2} \cdot (6\text{ s})^2}{2} = \frac{2{,}5 \cdot 36}{2}\text{ m} = \mathbf{45\text{ m}}$

oder $s = \frac{v^2}{2 \cdot a} = \frac{\left(15\,\frac{\text{m}}{\text{s}}\right)^2}{2 \cdot 2{,}5\,\frac{\text{m}}{\text{s}^2}} = \frac{225\,\frac{\text{m}^2}{\text{s}^2}}{5\,\frac{\text{m}}{\text{s}^2}} = \mathbf{45\text{ m}}$

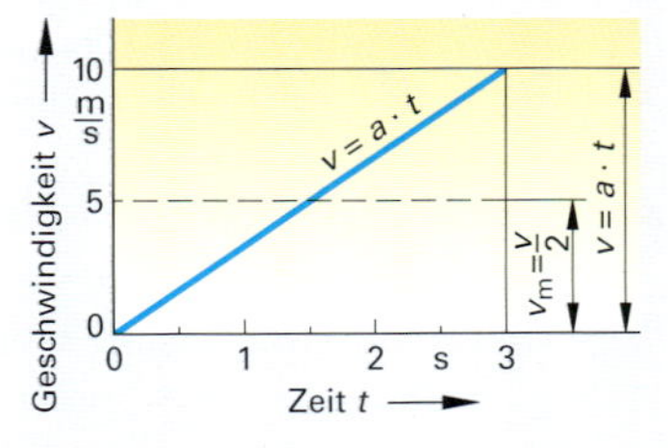

Bild 3: Mittlere Geschwindigkeit

Aufgaben | Beschleunigte und verzögerte Bewegungen

1. **Tabelle 1.** Für die Aufgaben a bis d sind die fehlenden Werte zu berechnen.

2. **Rennwagen.** Ein Rennwagen beschleunigt in 2,4 s von 0 auf 100 km/h. Berechnen Sie
   a) die Beschleunigung a,
   b) den Beschleunigungsweg s.
   c) Welche Geschwindigkeit v hat der Rennwagen nach einer Sekunde?
   d) Zeichnen Sie das Geschwindigkeit-Zeit-Diagramm in einem geeigneten Maßstab.

3. **Geschwindigkeit-Zeit-Diagramm (Bild 1).** Das Geschwindigkeit-Zeit-Diagramm zeigt die Beschleunigung von zwei Fahrzeugen. Ermitteln Sie mithilfe des Schaubilds die Beschleunigung.

4. **Bremsversuche (Bild 2).** Bei Bremsversuchen wurde ein Fahrzeug aus verschiedenen Geschwindigkeiten bis zum Stillstand abgebremst.

   Berechnen Sie mit den aus dem Geschwindigkeit-Zeit-Schaubild entnommenen Werten die Bremswege.

5. **Werkzeugschlitten.** Ein Werkzeugschlitten soll mit einer Verzögerung $a = 2\ \text{m/s}^2$ aus einer Vorschubgeschwindigkeit $v_f = 16$ m/min zum Stillstand abgebremst werden.

   Welche Verzögerungszeit und welchen Verzögerungsweg benötigt der Schlitten?

6. **Maschinentisch (Bild 3).** Auf einer Langhobelmaschine werden Werkstücke mit $l = 1600$ mm Länge mit einer Schnittgeschwindigkeit $v_c = 30$ m/min bearbeitet. Der Anlauf $l_a = 125$ mm und der Überlauf $l_u = 100$ mm dienen zur Beschleunigung bzw. Verzögerung des Maschinentisches. Berechnen Sie die Gesamtzeit für einen Arbeitshub.

7. **Bohreinheit (Bild 4).** Die Bohreinheit einer flexiblen Fertigungszelle hat zwischen Startpunkt und Bohrposition folgenden Bewegungsablauf:
   - Beschleunigung auf Eilgangsgeschwindigkeit $v = 0{,}2$ m/s,
   - Weiterfahrt mit $v = 0{,}2$ m/s,
   - Verzögerung zum Stillstand.

   Wie groß ist die Gesamtzeit des Bewegungsablaufes, wenn die Beschleunigung und die Verzögerung mit $a = 2{,}2\ \text{m/s}^2$ erfolgen?

Tabelle 1: Beschleunigte Bewegungen

Größen	a	b	c	d
v	54 m/s		36 m/min	
s		120m		18 mm
t	18 s			0,5 s
a		5 m/s²	1,5 m/s²	

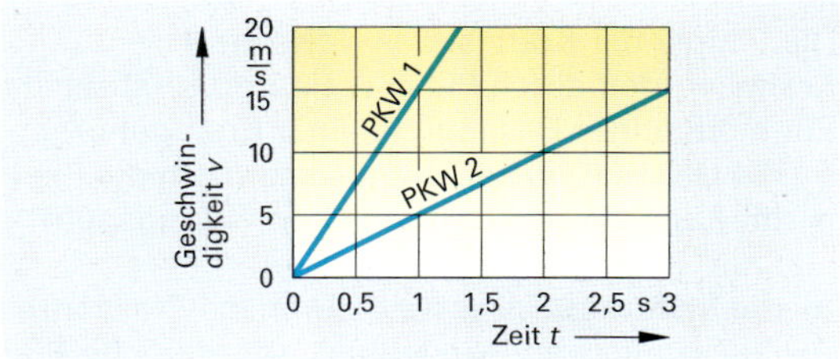

Bild 1: Geschwindigkeit-Zeit-Diagramm

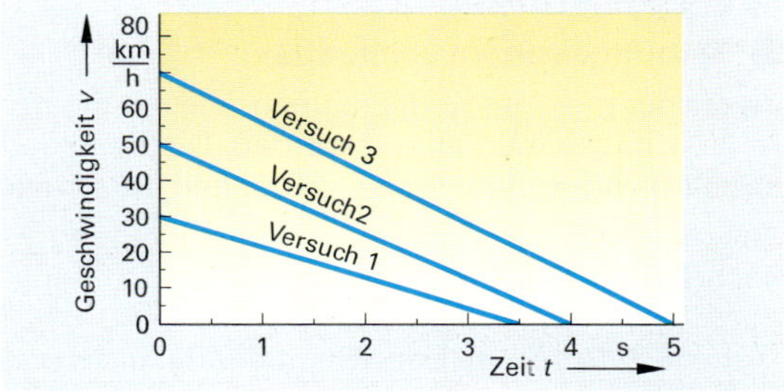

Bild 2: Bremsversuche

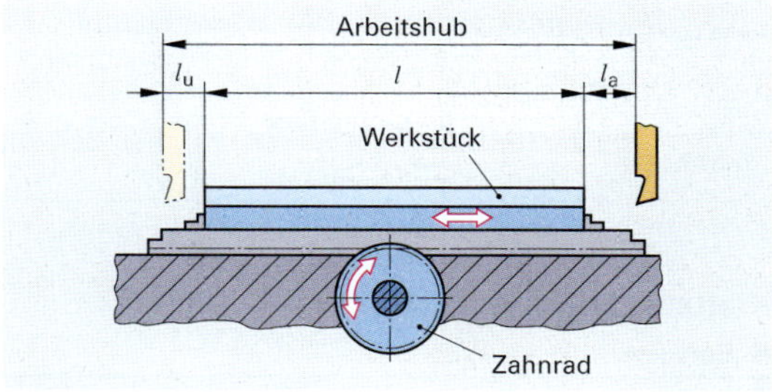

Bild 3: Maschinentisch

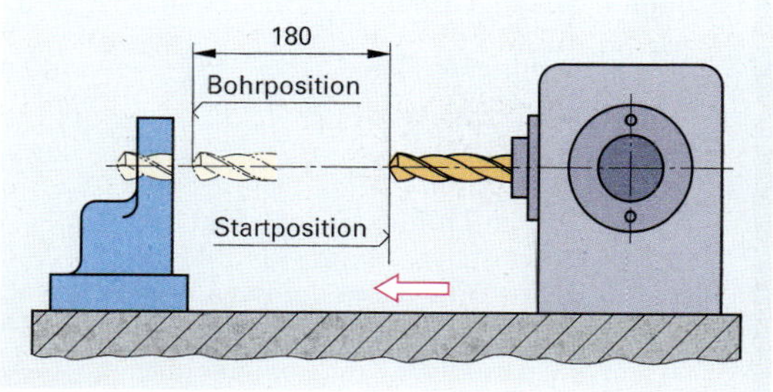

Bild 4: Bohreinheit

Kräfte

Kräfte sind die Ursache für die Verformung oder die Bewegungsänderung eines Körpers. So sind z. B. zum Biegen eines Rohres, zum Spannen einer Feder, zum Beschleunigen oder Verzögern eines Fahrzeuges jeweils Kräfte erforderlich. Kräfte können grafisch oder rechnerisch ermittelt werden.

Bezeichnungen:

$F, F_1, F_2, \dots$	Kräfte	N	ΣF	Summe aller Teilkräfte	N	A	Anfangspunkt
F_r	Resultierende, Ersatzkraft	N	M_k	Kräftemaßstab	N/mm	E	Endpunkt
F_G	Gewichtskraft	N	$l, l_1, l_2, \dots$	Pfeillängen	mm		

Darstellen von Kräften

Die Einheit der Kraft ist das Newton (N).
Kräfte werden durch Pfeile (Vektoren) grafisch dargestellt **(Bild 1)**.
Zur eindeutigen Festlegung einer Kraft gehören:

- **die Größe (Betrag)**, dargestellt durch die Pfeillänge l
- **die Lage**, dargestellt durch den Anfangspunkt und die Wirkungslinie
- **die Richtung**, dargestellt durch die Pfeilspitze.

Die zur grafischen Darstellung erforderliche Pfeillänge l wird aus der Kraft F und dem Kräftemaßstab M_k berechnet.

Einheit der Kraft

$$1\,\text{N} = 1 \cdot \frac{\text{kg} \cdot \text{m}}{\text{s}^2}$$

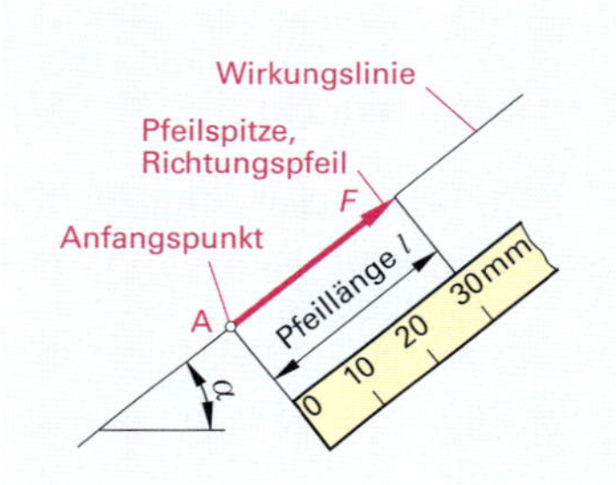

Bild 1: Darstellung der Kraft

Grafische Ermittlung von Kräften

Zusammensetzen von Kräften

Zwei oder mehrere Kräfte können zu einer Ersatzkraft, der Resultierenden, zusammengefasst werden. Die Resultierende hat die gleiche Wirkung wie die Kräfte, aus denen sie ermittelt wurde.

Zur grafischen Ermittlung der Resultierenden F_r sind die Schritte nach **Tabelle 1** erforderlich.

Länge des Kraftpfeiles

$$l = \frac{F}{M_k}$$

Tabelle 1: Grafische Ermittlung der Resultierenden

1. Schritt	Geeigneten Kräftemaßstab M_k festlegen
2. Schritt	Pfeillängen l berechnen
3. Schritt	Kräfteplan erstellen **(Bild 3)**. Die einzelnen Kraftpfeile werden vom Anfangspunkt A bis zum Endpunkt E nach Lage, Größe und Richtung aneinandergefügt. Auf ein Kraftende folgt jeweils ein Kraftanfang.
4. Schritt	Die Resultierende F_r liegt zwischen den Punkten A und E des Kräfteplanes.
5. Schritt	Berechnung der Resultierenden F_r aus l_r und M_k

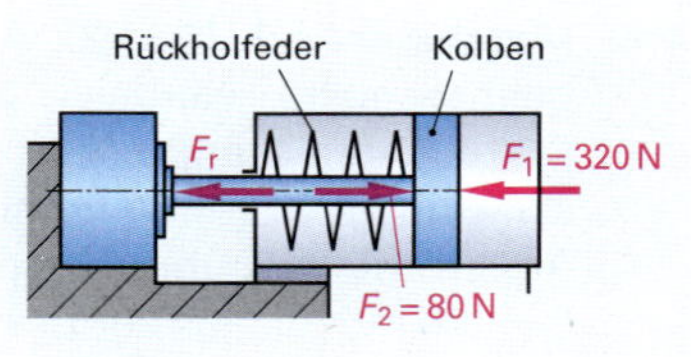

Bild 2: Spannzylinder

Kräfte auf gleicher Wirkungslinie

Beispiel:

Am Kolben des Spannzylinders **(Bild 2)** wirkt die Kraft $F_1 = 320$ N. Welche Spannkraft (Resultierende) F_r wirkt auf das Werkstück, wenn die Rückholfeder mit $F_2 = 80$ N gespannt ist?

Lösung: 1. Schritt: Gewählter Kräftemaßstab $M_k = 8$ N/mm

2. Schritt: Pfeillänge $l_1 = \frac{F_1}{M_k} = \frac{320\text{ N}}{8\text{ N/mm}} = 40\text{ mm}$

$l_1 = \frac{F_2}{M_k} = \frac{80\text{ N}}{8\text{ N/mm}} = 10\text{ mm}$

3. Schritt: Kräfteplan nach **Bild 3**
4. Schritt: Siehe Kräfteplan Bild 3
5. Schritt: Pfeillänge der Resultierenden $l_r = 30$ mm

$F_r = l_r \cdot M_k = 30\text{ mm} \cdot 8\text{ N/mm} = \mathbf{240\text{ N}}$

Wirken mehrere Kräfte auf der gleichen Wirkungslinie, so ist die Resultierende gleich der Summe der Einzelkräfte.

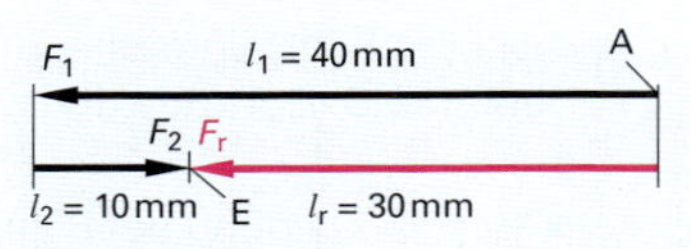

Bild 3: Kräfteplan

Resultierende, Ersatzkraft

$$F_r = \Sigma F$$

Kräfte auf sich schneidenden Wirkungslinien

Die grafische Ermittlung der Resultierenden F_r erfolgt nach den Arbeitsschritten der **Tabelle 1, vorherige Seite.**

● **Beispiel:**

Die Spannseile eines Zeltdaches sind nach **Bild 1** verankert und übertragen die Kräfte $F_1 = 80$ kN und $F_2 = 100$ kN.

a) Wie groß ist die Resultierende F_r?

b) In welcher Richtung wird die Verankerung belastet?

Lösung: a) 1. Schritt: Gewählter Kräftemaßstab $M_k = 2$ kN/mm

2. Schritt: Pfeillänge $l_1 = \frac{F_1}{M_k} = \frac{80\ \text{kN}}{2\ \text{kN/mm}} = 40\ \text{mm}$

$l_2 = \frac{F_2}{M_k} = \frac{100\ \text{kN}}{2\ \text{kN/mm}} = 50\ \text{mm}$

3. Schritt: Kräfteplan nach **Bild 2**

4. Schritt: siehe Kräfteplan Bild 2. Die Form des Kräfteplanes bezeichnet man als **Krafteck.**

5. Schritt: Pfeillänge der Resultierenden $l_r = 58{,}4$ mm
$F_r = l_r \cdot M_k = 58{,}4\ \text{mm} \cdot 2\ \text{kN/mm} =$ **116,8 kN**

b) Die Verankerung wird in Richtung der Resultierenden F_r belastet. Winkel $\alpha_r = 87{,}5°$, gemessen aus Bild 2.

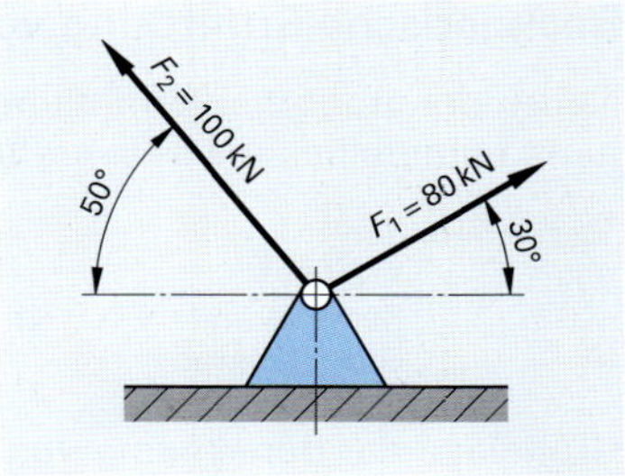

Bild 1: Spannseile

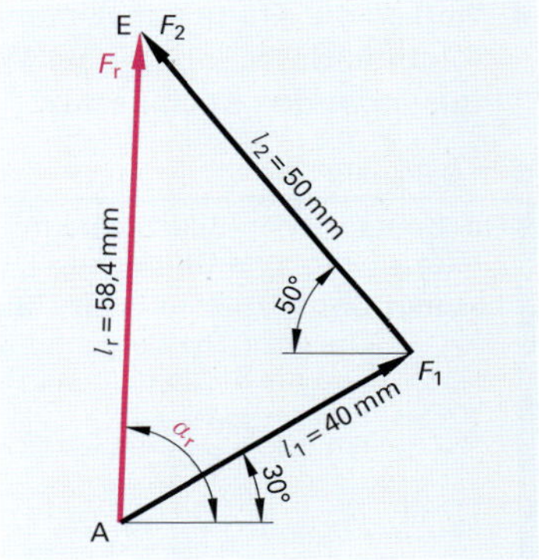

Bild 2: Kräfteplan, Krafteck

■ Zerlegen von Kräften

Eine Kraft kann in zwei Teilkräfte zerlegt werden, die zusammen dieselbe Wirkung haben wie die unzerlegte Kraft. Zur grafischen Ermittlung der Kräfte sind die Schritte nach **Tabelle 1** erforderlich.

Tabelle 1: Grafische Zerlegung von Kräften

1. Schritt	Geeigneten Kräftemaßstab M_k festlegen
2. Schritt	Berechnung der Pfeillänge l der bekannten Kraft
3. Schritt	Kräfteplan erstellen **(Bild 4).** Die bekannte Kraft F liegt zwischen den Punkten A und E. Die Wirkungslinien der gesuchten Kräfte werden durch die Punkte A bzw. E gelegt. Sie schneiden sich im Punkt S. Der Linienzug ASE bildet das **Krafteck.**
4. Schritt	Die Teilkräfte liegen zwischen AS und SE.
5. Schritt	Teilkräfte aus den Pfeillängen l und dem Kräftemaßstab M_k berechnen

● **Beispiel:**

Der Kranausleger **(Bild 3)** wird mit $F = 1200$ N belastet. Ermitteln Sie grafisch die Kräfte im Zug- und im Druckstab.

Lösung: Die Lage der gesuchten Kräfte entspricht den im Lageplan maßstabsgetreu dargestellten Stabrichtungen.

1. Schritt: Gewählter Kräftemaßstab $M_k = 60$ N/mm

2. Schritt: Pfeillänge $l = \frac{F}{M_k} = \frac{1200\ \text{N}}{60\ \text{N/mm}} = 20\ \text{mm}$

3. Schritt: Kräfteplan (Krafteck) nach **Bild 4**

4. Schritt: Siehe Krafteck Bild 4

5. Schritt: Gemessene Pfeillängen $l_z = 40{,}3$ mm; $l_d = 35$ mm
Zugkraft $F_z = l_z \cdot M_k = 40{,}3\ \text{mm} \cdot 60\ \text{N/mm} =$ **2418 N**
Druckkraft $F_d = l_d \cdot M_k = 35\ \text{mm} \cdot 60\ \text{N/mm} =$ **2100 N**

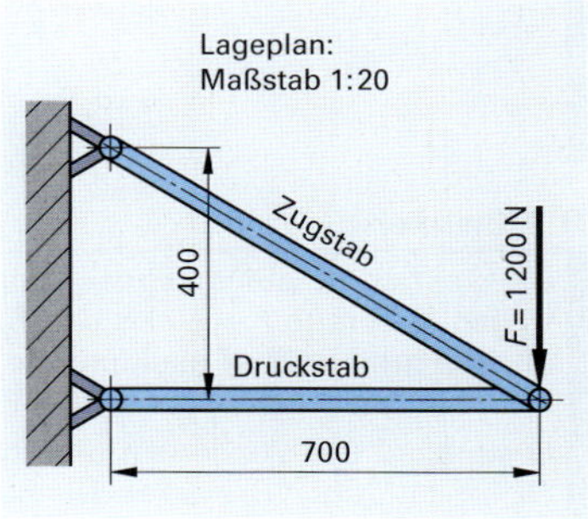

Bild 3: Kranausleger

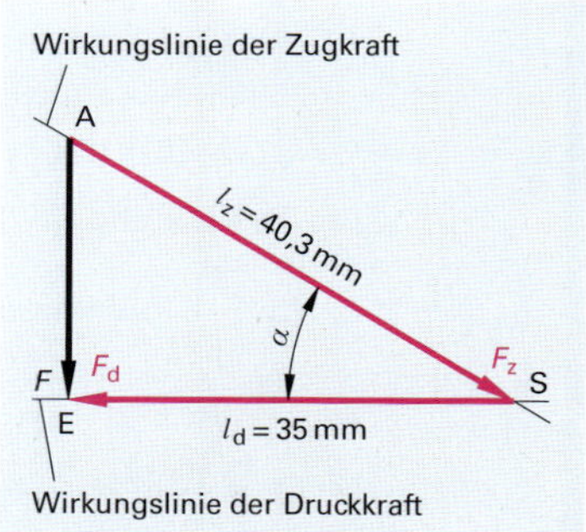

Bild 4: Kräfteplan, Krafteck

Rechnerische Ermittlung von Kräften

Neben der grafischen Ermittlung von Kräften ist auch ihre Berechnung unmittelbar aus dem Krafteck möglich.

Bezeichnungen:

$F, F_1, F_2, \ldots$	Kräfte	N	$\alpha, \beta, \gamma, \ldots$	Winkel
F_r	Resultierende, Ersatzkraft	N	A	Anfangspunkt
F_G	Gewichtskraft	N	E	Endpunkt

Grundlage der Berechnung von Kräften ist ein nicht maßstabsgerecht skizziertes Krafteck **(Seiten 72 und 73)**.

- Wirken die Kräfte auf der gleichen Wirkungslinie, werden die Einzelkräfte nach Größe und Richtung addiert bzw. subtrahiert.
- Wirken die Kräfte auf Wirkungslinien, die sich schneiden, so erfolgt die Berechnung über Winkelfunktionen bzw. über den Sinus- oder den Kosinussatz.

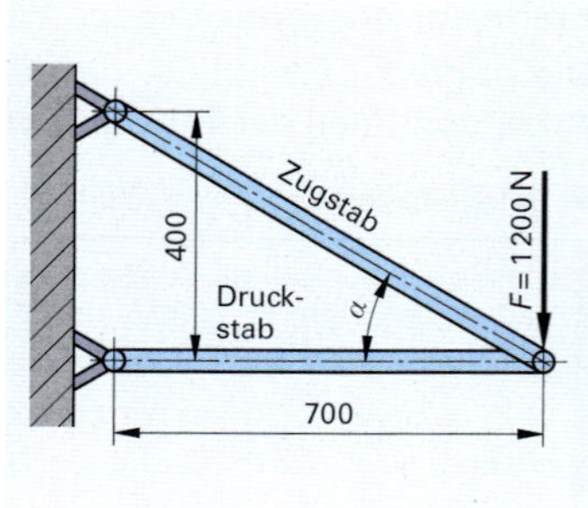

Bild 1: Kranausleger

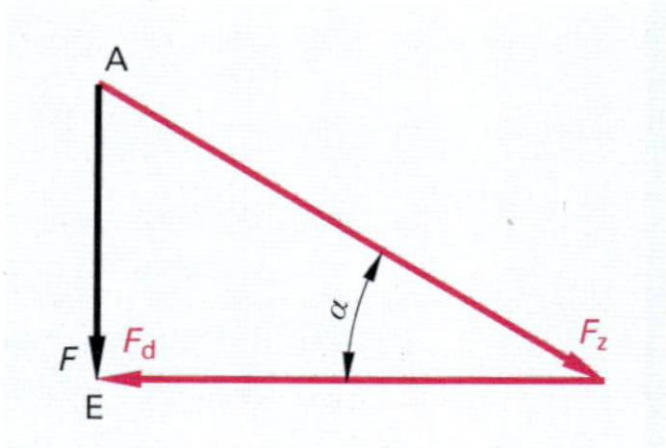

Bild 2: Krafteck-Skizze

1. Beispiel:

Der Kranausleger **(Bild 1)** wird mit F = 1200 N belastet. Ermitteln Sie die Kräfte im Zug- und Druckstab.

Lösung: Das skizzierte Krafteck **(Bild 2)** hat die Form eines rechtwinkligen Dreiecks. Die Berechnung der Kräfte erfolgt über die Tangens- und die Sinusfunktion. Der Winkel α wird aus Bild 1 ermittelt.

$$\tan\alpha = \frac{400\ \text{mm}}{700\ \text{mm}} = 0{,}571; \quad \alpha = 29{,}7°$$

Zugkraft F_z: $\sin\alpha = \frac{F}{F_z}$

$$F_z = \frac{F}{\sin\alpha} = \frac{1200\ \text{N}}{\sin 29{,}7°} = \mathbf{2422\ N}$$

Druckkraft F_d: $\tan\alpha = \frac{F}{F_d}$

$$F_d = \frac{F}{\tan\alpha} = \frac{1200\ \text{N}}{\tan 29{,}7°} = \mathbf{2104\ N}$$

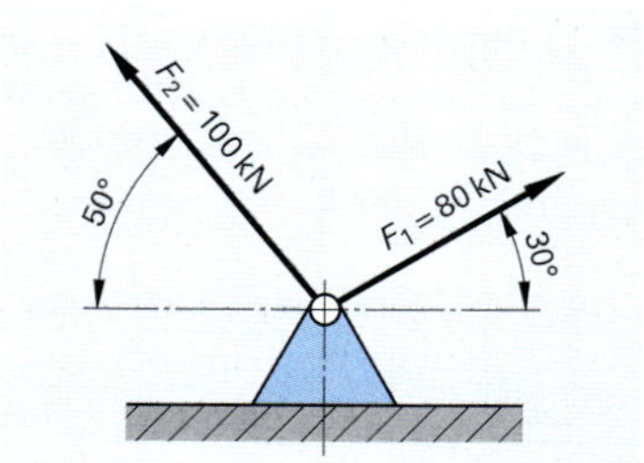

Bild 3: Spannseile

2. Beispiel:

Die Spannseile eines Zeltdaches sind nach **Bild 3** verankert und übertragen die Kräfte F_1 = 80 kN und F_2 = 100 kN.

a) Wie groß ist die Resultierende F_r auf die Verankerung?

b) In welcher Richtung wird die Verankerung belastet?

Lösung: a) Das skizzierte Krafteck **(Bild 4)** hat die Form eines schiefwinkligen Dreieckes. Die Resultierende F_r wird über den Kosinussatz berechnet.

$$F_r^2 = F_1^2 + F_2^2 - 2 \cdot F_1 \cdot F_2 \cdot \cos\gamma$$

$\gamma = 50° + \beta$; $\beta = 30°$ (Wechselwinkel an Parallelen)

$$\gamma = 50° + 30° = 80°$$

$$F_r^2 = (80\ \text{kN})^2 + (100\ \text{kN})^2 - 2 \cdot 80\ \text{kN} \cdot 100\ \text{kN} \cdot \cos 80°$$

$$= 6400\ \text{kN}^2 + 10000\ \text{kN}^2 - 2778{,}371\ (\text{kN})^2 = 13621{,}629\ (\text{kN})^2$$

$$F_r = \sqrt{13621{,}629\ (\text{kN})^2} = \mathbf{116{,}712\ kN}$$

b) Die Resultierende F_r belastet die Verankerung unter dem Winkel α_r.

$\alpha_r = 30° + \delta$ (Der Winkel δ wird über den Sinussatz ermittelt)

$$\frac{F_2}{\sin\delta} = \frac{F_r}{\sin\gamma}$$

$$\sin\delta = \frac{F_2 \cdot \sin\gamma}{F_r} = \frac{100\ \text{kN} \cdot \sin 80°}{116{,}712\ \text{kN}} = 0{,}844; \quad \delta = 57{,}5°$$

$$\alpha_r = 30° + 57{,}5° = \mathbf{87{,}5°}$$

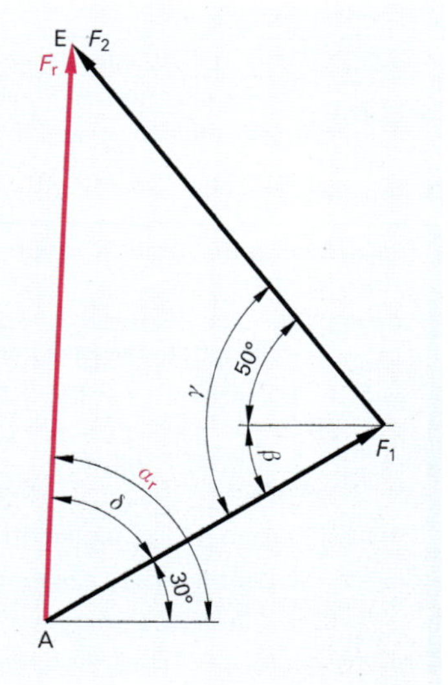

Bild 4: Kräfteplan

Aufgaben | Kräfte

1. **Freileitungsmast (Bild 1).** Der Freileitungsmast wird durch zwei waagrechte Drähte mit den Spannkräften $F_1 = 800$ N und $F_2 = 1200$ N belastet.
   a) Wie groß ist die Resultierende F_r der beiden Spannkräfte? Gewählter Kräftemaßstab $M_k = 25$ N/mm
   b) Ein Spannseil soll die Biegung des Mastes verhindern. In welcher Richtung ist es anzubringen?
2. **Seilrolle (Bild 2).** Eine Last $F_G = 1500$ N wird über die Seilrolle hochgezogen. Wie groß ist die resultierende Kraft F_r auf die Achse? Gewählter Kräftemaßstab $M_k = 50$ N/mm
3. **Dieselmotor (Bild 3).** Auf den Kolben eines Dieselmotors wirkt die Kraft $F = 42$ kN. Wie groß sind ohne Berücksichtigung der Reibungskräfte
   a) die Kraft F_N, mit welcher der Kolben auf die Zylinderwand drückt,
   b) die Kraft F_P in der Pleuelstange?
4. **Hubseil (Bild 4).** Ein Hubseil, das eine Tragkraft $F = 10$ kN besitzt, wird zum Anheben von Behältern eingesetzt.
   a) Wie groß ist die jeweils zulässige Gewichtskraft F_G bei den Lastzugwinkeln $\alpha = 30°, 60°, 90°$ und $120°$?
   b) Die zulässigen Gewichtskräfte F_G sind in Abhängigkeit der Lastzugwinkel α in einem Schaubild darzustellen.
5. **Werkzeugmaschinenführung (Bild 5).** Die V-Führung wird durch den Schlitten mit einer senkrechten Kraft $F = 3{,}5$ kN belastet. Wie groß sind die Normalkräfte F_{N1} und F_{N2} auf die Gleitflächen?
6. **Schrägstirnrad (Bild 6).** Die Verzahnung des Schrägstirnrades ist mit einem Schrägungswinkel $\beta = 15°$ hergestellt. Auf die Zahnflanken wirkt eine Normalkraft $F_N = 140$ N.
   Wie groß sind die Umfangskraft F_u und die Axialkraft F_a?
7. **Keilspanner (Bild 7).** Mit dem Keilspanner werden bei der Montage von Transferstraßen einzelne Baugruppen in der Höhe justiert. Wie groß sind für die Gewichtskraft $F_G = 25$ kN ohne Berücksichtigung der Reibungseinflüsse
   a) die Normalkräfte F_{NA} und F_{NB},
   b) die Normalkraft F_{NC} und die Zugkraft F in der Schraube?
8. **Schließeinheit (Bild 8).** Das Werkzeug einer Spritzgießmaschine wird über hydraulisch betätigte Kniehebel geschlossen. Wie groß sind für die Kolbenkraft $F = 10$ kN und die Winkel $\alpha = 10°$, 5° und 2°
   a) die Kräfte in den Kniehebeln 1 und 2,
   b) die Schließkräfte F_s?
   c) Stellen Sie die Schließkräfte F_s in Abhängigkeit der Winkel α in einem Diagramm dar.

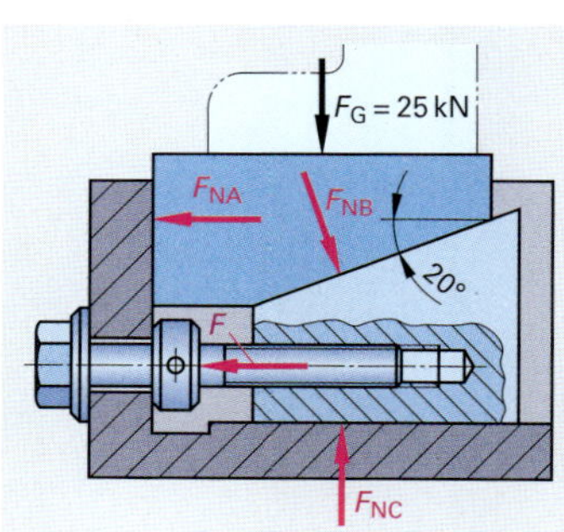

Bild 7: Keilspanner

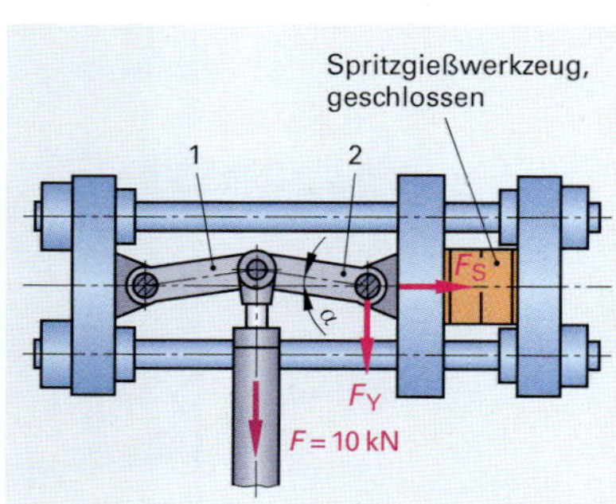

Bild 8: Schließeinheit

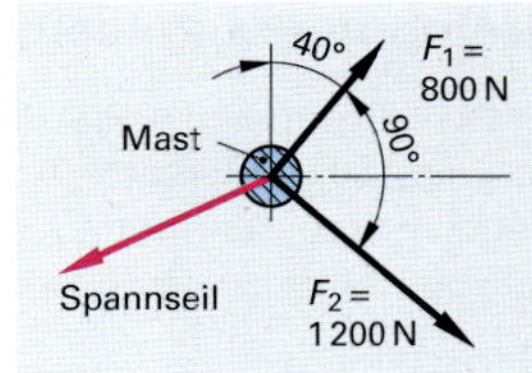

Bild 1: Freileitungsmast

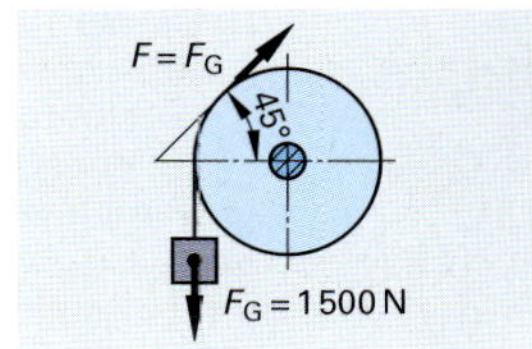

Bild 2: Seilrolle

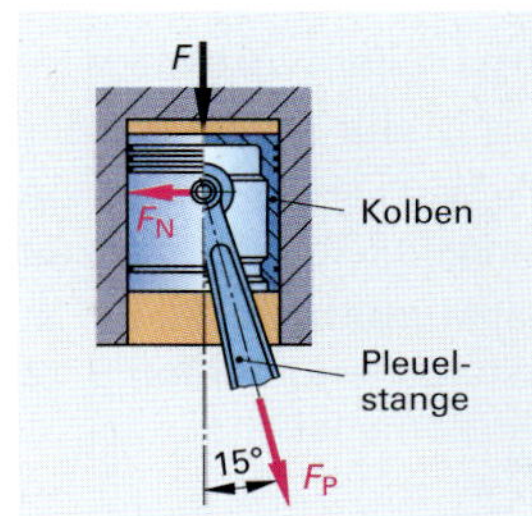

Bild 3: Dieselmotor

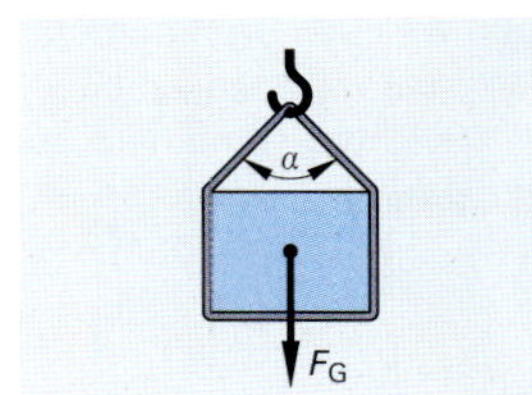

Bild 4: Hubseil

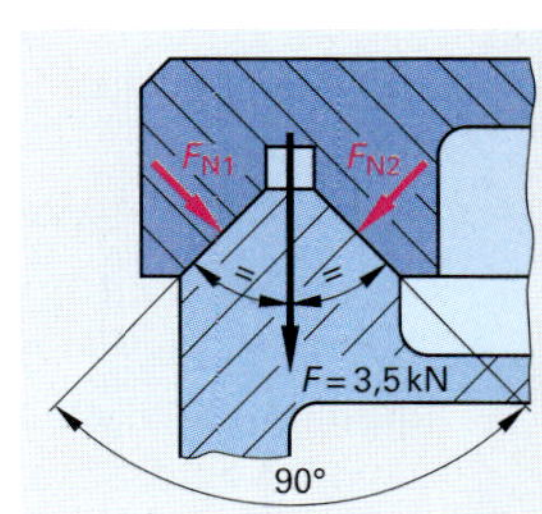

Bild 5: Werkzeugmaschinenführung

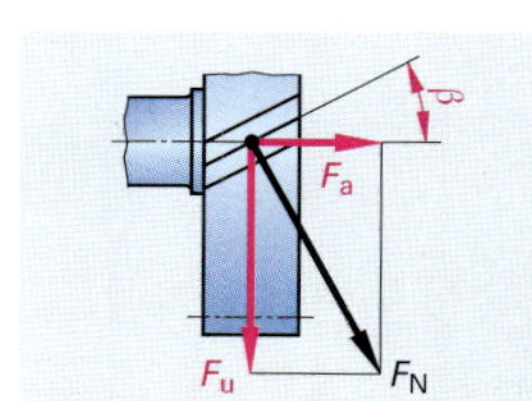

Bild 6: Schrägstirnrad

S. 261
S. 263

Drehmoment, Hebelgesetz

Hebel werden zur Änderung der Kraftrichtung und zur Übersetzung von Kräften eingesetzt. Auf der Hebelwirkung beruhen z. B. Schraubenschlüssel, Zangen, Scheren, Zahnräder. Man unterscheidet einseitige Hebel, zweiseitige Hebel und Winkelhebel **(Bild 1)**.

Bezeichnungen:

F, F_1, F_2 ...	Kräfte	N
l, l_1, l_2, ...	wirksame Hebellängen	m
F_G	Gewichtskraft	N
M, M_1, M_2, ...	Drehmomente	N · m
M_l	linksdrehendes Moment	N · m
M_r	rechtsdrehendes Moment	N · m
ΣM	Summe aller Drehmomente	N · m

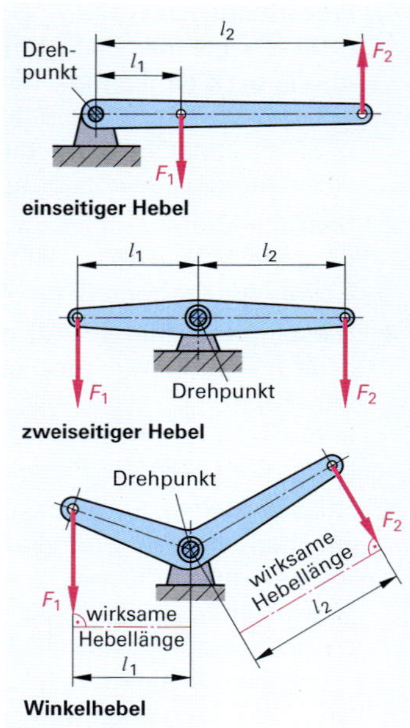

Bild 1: Hebelarten

Greifen an einem Hebel Kräfte an, so bewirken sie Drehmomente.

Drehmoment. Ein Drehmoment hängt ab

- von der Größe der Kraft F,
- von der wirksamen Hebellänge l.

Das Drehmoment hat die Einheit N · m.

Die wirksame Hebellänge l ist der senkrechte Abstand von der Wirkungslinie der Kraft F zum Drehpunkt **(Bild 1)**.

Hebelgesetz. Ein Hebel ist im Gleichgewicht, wenn die Summe aller linksdrehenden Momente gleich der Summe aller rechtsdrehenden Momente ist.

Drehmoment

$$M = F \cdot l$$

Hebelgesetz

$$\Sigma M_l = \Sigma M_r$$

$$F_1 \cdot l_1 = F_2 \cdot l_2$$

Beispiel:

Am Winkelhebel **(Bild 2)** greift die Kraft $F_1 = 250$ N an.

a) Welches Drehmoment M entsteht in den Lagen a und b?

b) Wie groß muss die Kraft F_2 in der Lage a sein, um den Gleichgewichtszustand herzustellen

Lösung: a) Lage a: $M = F_1 \cdot l_1 = 250\text{ N} \cdot 0{,}2\text{ m} = \mathbf{50\ N \cdot m}$
Lage b: $M = F_1 \cdot l_1 = 250\text{ N} \cdot 0\text{ m} = \mathbf{0\ N \cdot m}$

b) $\Sigma M_l = \Sigma M_r$

$$F_1 \cdot l_1 = F_2 \cdot l_2$$

$$F_2 = \frac{F_1 \cdot l_1}{l_2} = \frac{250\text{ N} \cdot 200\text{ mm}}{250\text{ mm}} = \mathbf{200\ N}$$

Aufgaben | Drehmoment, Hebelgesetz

1. **Kettentrieb (Bild 3).** Das Kettenrad überträgt ein Drehmoment $M = 144$ N · m. Wie groß ist die Zugkraft F in der Kette?
2. **Kipphebel (Bild 4).** Am Kipphebel wirkt die Kraft $F_1 = 1\,450$ N. Wie groß ist die Kraft F_2?

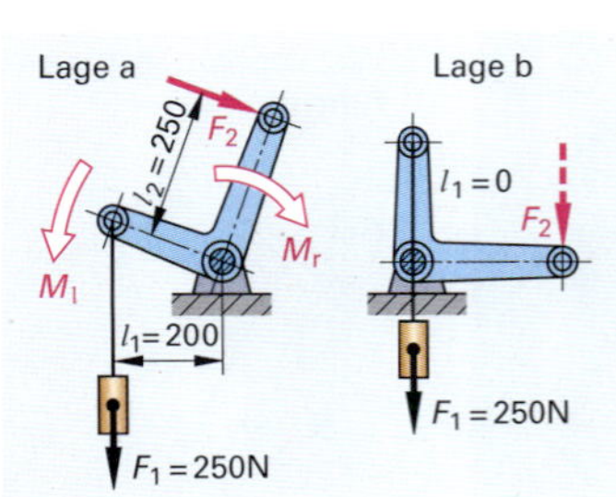

Bild 2: Winkelhebel

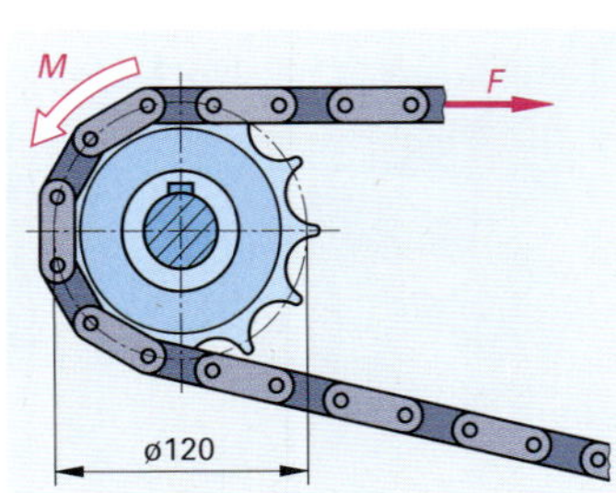

Bild 3: Kettentrieb

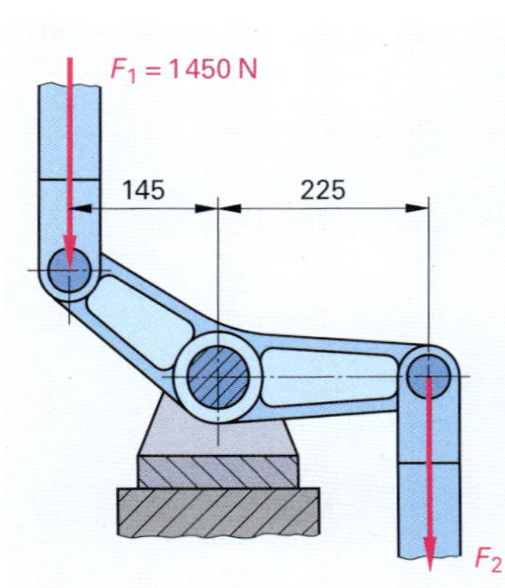

Bild 4: Kipphebel

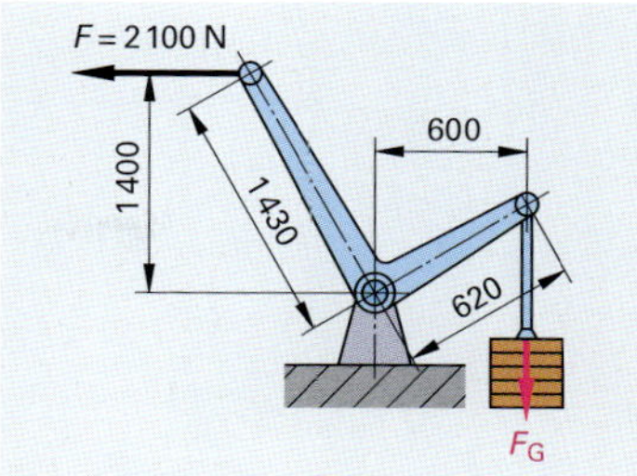

Bild 1: Ausgleichsgewicht

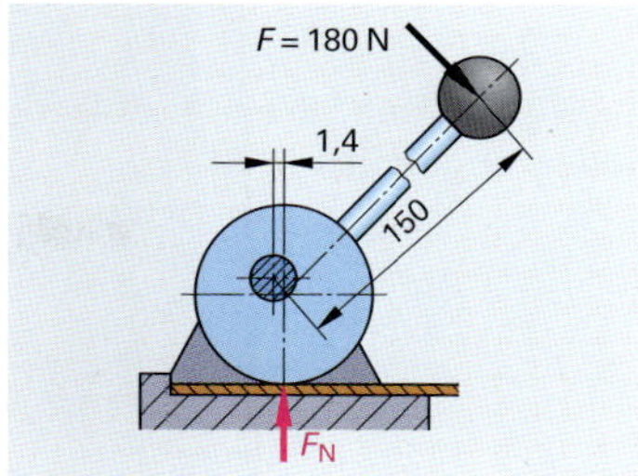

Bild 2: Spannexzenter

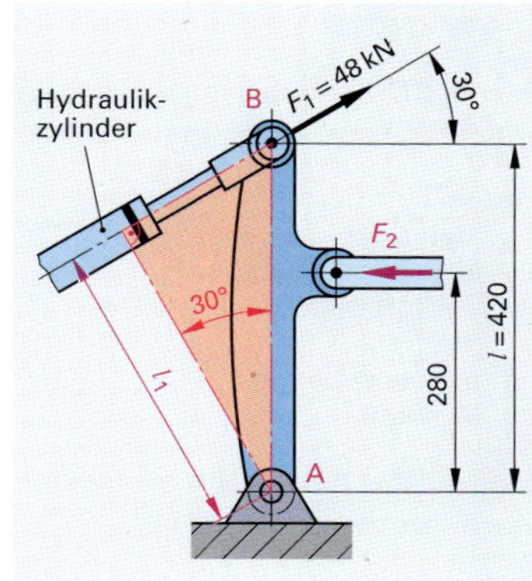

Bild 3: Umlenkhebel

3. **Ausgleichsgewicht (Bild 1).** Die am Winkelhebel angreifende Kraft $F = 2\,100$ N wird durch die Gewichtskraft F_G im Gleichgewicht gehalten. Wie groß ist die Gewichtskraft F_G?
4. **Spannexzenter (Bild 2).** In einer Schweißvorrichtung werden Blechstreifen mit einem Exzenter gespannt. Wie groß ist die Normalkraft F_N ohne Berücksichtigung der Reibung?
5. **Umlenkhebel (Bild 3).** Der Umlenkhebel eines Baggers wird hydraulisch bewegt. Der Hydraulikkolben drückt mit der Kraft $F_1 = 48$ kN. Wie groß sind
   a) die Hebellänge l_1,
   b) die Kraft F_2, die am Gestänge wirkt?
6. **Pressvorrichtung (Bild 4).** Welche Kraft F_2 entsteht an der Pressvorrichtung, wenn die Kraft $F_1 = 80$ N beträgt und die Gewichtskraft $F_G = 50$ N im Schwerpunkt S des Hebels angreift?
7. **Spanneisen (Bild 5).** Ein Werkstück wird über ein Spanneisen und eine Schraube auf den Maschinentisch gespannt.

   Mit welcher Kraft F_2 wird das Werkstück auf den Tisch gepresst, wenn die Spannkraft der Schraube $F_1 = 12$ kN beträgt?
8. **Auswerfer (Bild 6).** Am Auswerfer soll die Kraft $F_1 = 2{,}2$ kN wirken. Welche Kraft F_2 ist erforderlich, wenn die Druckfeder auf $F_3 = 180$ N vorgespannt ist?
9. **Spannrolle (Bild 7).** Die Spannrolle drückt mit der Kraft $F_N = 850$ N auf das Werkstück.
   Wie groß ist die erforderliche Kolbenkraft F_1 am Spannzylinder?
10. **Kippschaufel (Bild 8).** Der Schmelzofen einer Leichtmetallgießerei wird über eine hydraulisch betätigte Kippschaufel bestückt. Wie groß sind für die Kolbenkraft $F = 10$ kN
    a) die Kraft F_1 im Gestänge AB,
    b) die mögliche Gewichtskraft F_G?

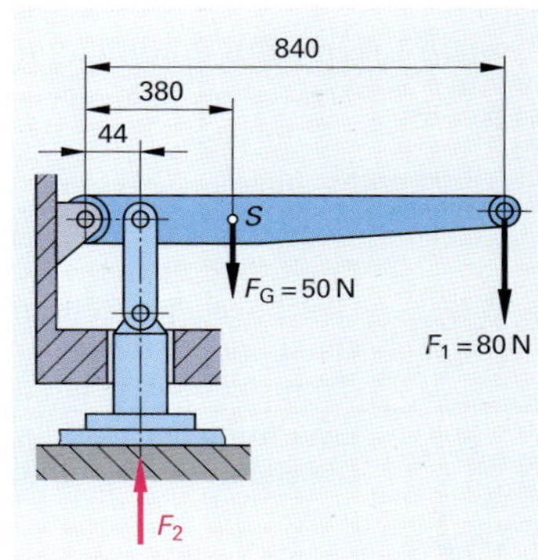

Bild 4: Pressvorrichtung

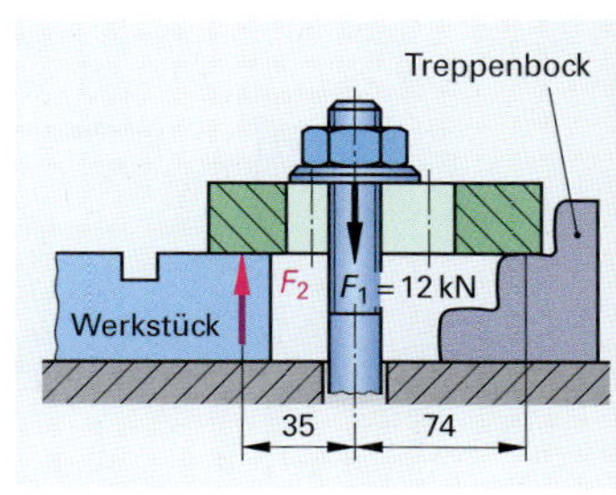

Bild 5: Spanneisen

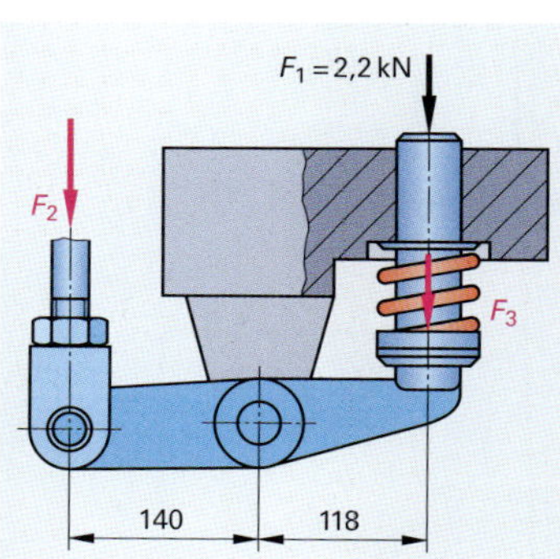

Bild 6: Auswerfer

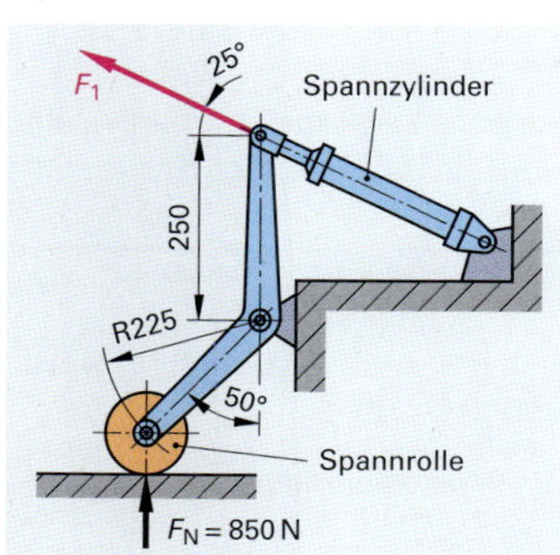

Bild 7: Spannrolle

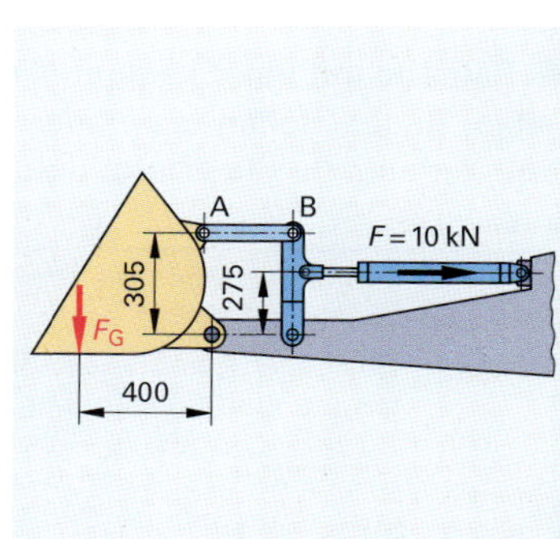

Bild 8: Kippschaufel

S. 261

Lagerkräfte

Durch Kräfte beanspruchte Bauteile, wie Achsen, Wellen, Bolzen und Träger, werden in ihren Lagerstellen abgestützt **(Bild 1)**.

Bezeichnungen:

F_A	Lagerkraft im Lager A	N	l	Abstand der Lagerstellen	mm
F_B	Lagerkraft im Lager B	N	$l_1, l_2, l_3, \ldots$	wirksame Hebellängen der Kräfte	mm
M_l	linksdrehendes Moment	N·m	$F, F_1, F_2 \ldots$	Kräfte am Bauteil	N
M_r	rechtsdrehendes Moment	N·m			

Lagerkräfte heben die an Bauteilen angreifenden Kräfte und deren Momentenwirkungen auf.

Bauteile mit zwei Lagerstellen

Die Ermittlung der Lagerkräfte erfolgt über ein- und zweiarmige Hebel nach **Tabelle 1**.

Tabelle 1: Ermittlung von Lagerkräften

1. Schritt	Wahl eines geeigneten Lagerpunktes als Hebeldrehpunkt, z. B. Punkt A.
2. Schritt	Im anderen Lagerpunkt wird die gesuchte Lagerkraft angesetzt, z. B. F_B im Lagerpunkt B.
3. Schritt	**Ermittlung der ersten Lagerkraft.** **Gleichgewicht der Momente,** bezogen auf den gewählten Drehpunkt: Summe der linksdrehenden Momente = Summe der rechtsdrehenden Momente
4. Schritt	**Ermittlung der zweiten Lagerkraft** **Gleichgewicht der Kräfte:** $F_A + F_B = F_1 + F_2 + \ldots + F_n$

Beispiel:

Die Getriebewelle **(Bild 1)** wird mit den Zahnkräften $F_1 = 2$ kN und $F_2 = 3{,}1$ kN belastet.
Wie groß sind die Lagerkräfte F_A und F_B?

Lösung: 1. Schritt: Gewählter Drehpunkt bei A **(Bild 2)**.
2. Schritt: Lagerkraft F_B im Lagerpunkt B eintragen **(Bild 2)**
3. Schritt: Gleichgewicht der Momente

$$\Sigma M_l = \Sigma M_r$$

$$F_B \cdot l = F_1 \cdot l_1 + F_2 \cdot l_2$$

$$F_B = \frac{F_1 \cdot l_1 + F_2 \cdot l_2}{l}$$

$$= \frac{2\text{ kN} \cdot 210\text{ mm} + 3{,}1\text{ kN} \cdot 380\text{ mm}}{560\text{ mm}} = \mathbf{2{,}854\text{ kN}}$$

4. Schritt: Gleichgewicht der Kräfte

$$F_A + F_B = F_1 + F_2$$

$$F_A = F_1 + F_2 - F_B = 2\text{ kN} + 3{,}1\text{ kN} - 2{,}854\text{ kN}$$

$$= 2{,}245\text{ kN} \approx \mathbf{2{,}25\text{ kN}}$$

Bauteile mit einer Lagerstelle

Hebel, Räder, Rollen usw. haben nur eine Lagerstelle. Die Ermittlung der Lagerkräfte erfolgt über das Gleichgewicht der Kräfte.

Beispiel:

Am Hebel **(Bild 3)** greifen die Kräfte $F_1 = 2{,}5$ kN und $F_2 = 1{,}7$ kN an. Wie groß ist die Lagerkraft F_A?

Lösung: Das Lager A hebt die Kräfte F_1 und F_2 auf. Die Teilkraft F_{Ax} wirkt gegen F_1 und die Teilkraft F_{Ay} wirkt gegen F_2.
$F_{Ax} = F_1 = 2{,}5$ kN; $F_{Ay} = F_2 = 1{,}7$ kN
Die beiden Teilkräfte werden zur resultierenden Lagerkraft F_A zusammengefasst **(Bild 4)**.

$$F_A = \sqrt{F_{Ax}^2 + F_{Ay}^2} = \sqrt{2{,}5^2 + 1{,}7^2}\text{ kN} = \mathbf{3{,}023\text{ kN}}$$

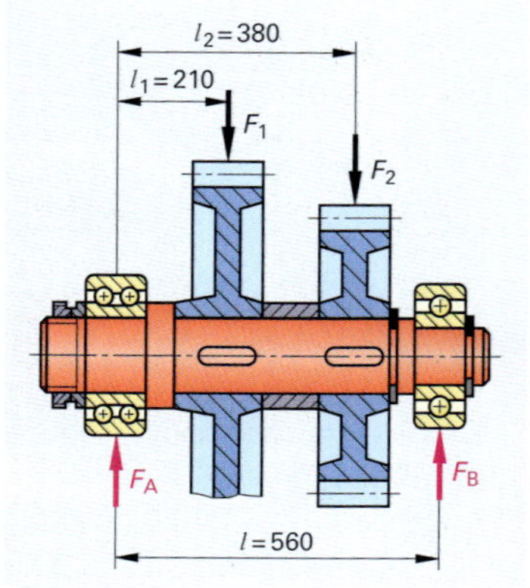

Bild 1: Getriebewelle

Gleichgewicht der Momente

$$\Sigma M_l = \Sigma M_r$$

Gleichgewicht der Kräfte

$$F_A + F_B = F_1 + F_2 + \ldots + F_n$$

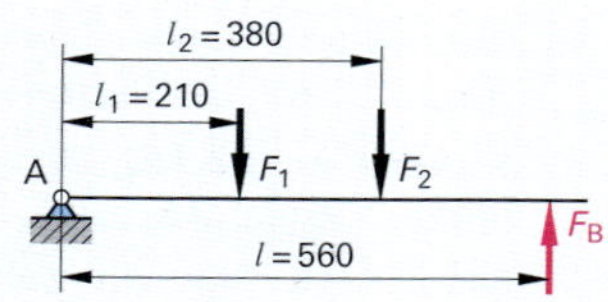

Bild 2: Lagerkraft F_B

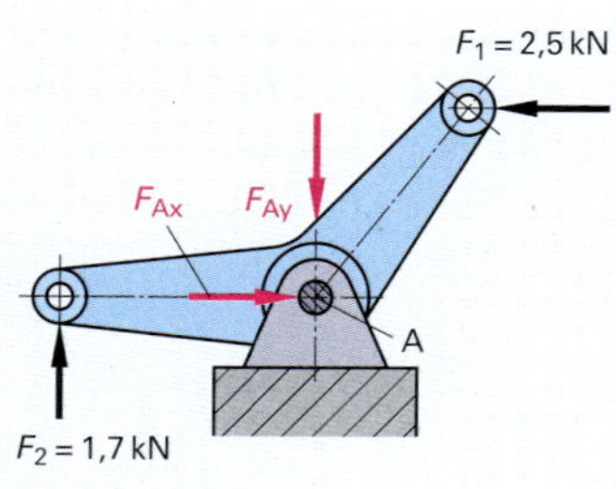

Bild 3: Hebel

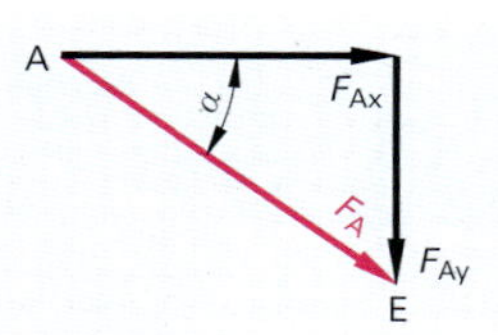

Bild 4: Lagerkraft F_A

Aufgaben | Lagerkräfte

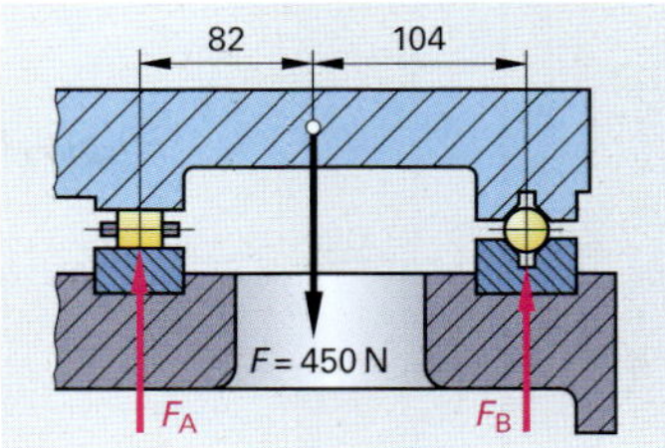

Bild 1: Wälzführung

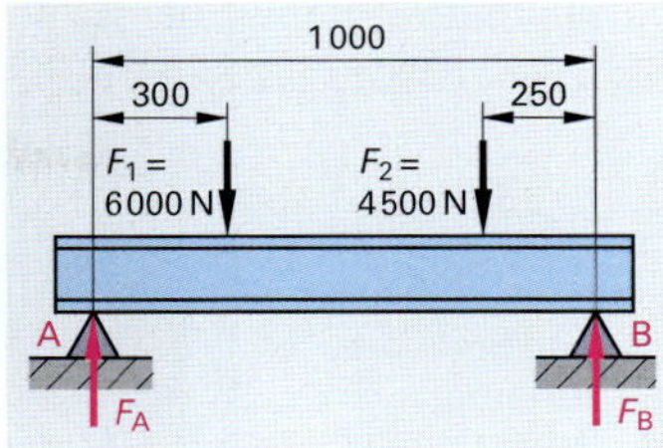

Bild 2: Träger

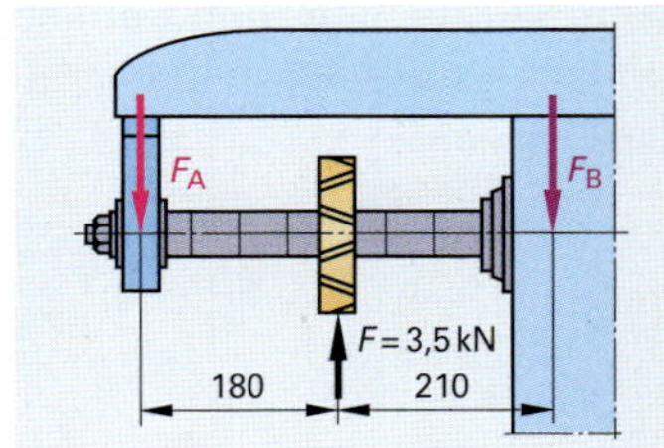

Bild 3: Fräsmaschine

1. **Wälzführung (Bild 1).** Der Schlitten einer Werkzeugmaschine ist in Wälzführungen gelagert. Im Betriebszustand tritt eine Gesamtbelastung F = 450 N auf.
   Wie groß sind die Belastungen F_A und F_B der Wälzführungen?
2. **Träger (Bild 2).** Der Träger wird durch die Kräfte F_1 = 6000 N und F_2 = 4500 N belastet. Wie groß sind die Lagerkräfte F_A und F_B ohne Berücksichtigung der Gewichtskraft des Trägers?
3. **Fräsmaschine (Bild 3).** Der Fräsdorn wird durch die Kraft F = 3,5 kN belastet.
   Wie groß sind die Kräfte in den Lagern A und B?
4. **Umlenkrolle (Bild 4).** Das Zugseil einer Förderanlage wird über eine Rolle umgelenkt und ist mit F = 1500 N belastet.
   a) Wie groß ist die Belastung F_A der Rollenachse A?
   b) Unter welchem Winkel α stellt sich die Pendelstange ein?
5. **Hebel (Bild 5).** Am Hebel greift die Kraft F_1 = 2,8 kN an.
   Wie groß sind
   a) die Kraft F_2, wenn die Feder mit F_3 = 180 N gespannt ist,
   b) die Belastung F_A des Hebellagers?
6. **Winkelhebel (Bild 6).** Am Winkelhebel wirkt die Kolbenkraft F = 10 kN. Wie groß sind die Kraft F_1 und die Lagerkraft F_A?
7. **Containerfahrzeug (Bild 7).** Ein Fahrzeug mit der Gewichtskraft F_1 = 35 kN transportiert Container mit F_2 = 20 kN.
   Wie groß sind die Belastungen der Räder beim Anheben des Containers?
8. **Laufkran (Bild 8).** Der Kran hebt eine Last F_1 = 12 kN. Die Kranbrücke besitzt die Gewichtskraft F_2 = 60 kN und die Laufkatze F_3 = 20 kN. Wie groß sind die Lagerkräfte F_A und F_B für die gezeichneten Lagen der Laufkatze?

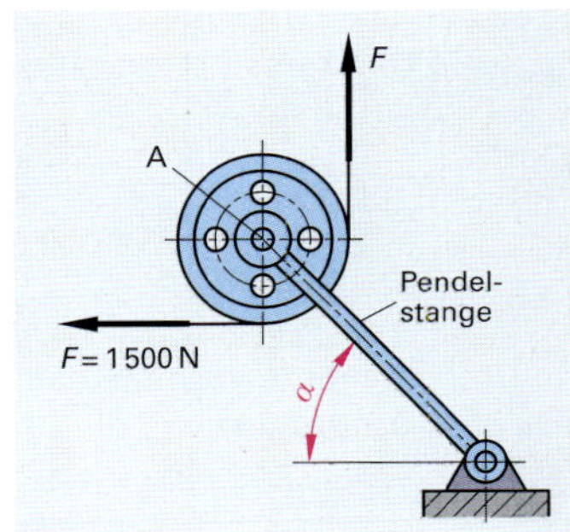

Bild 4: Umlenkrolle

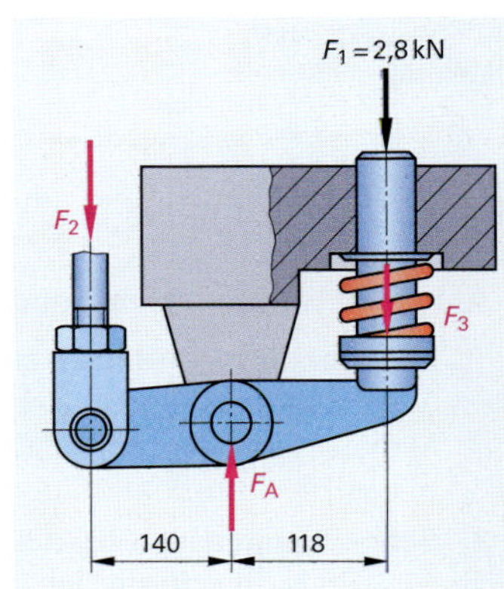

Bild 5: Hebel

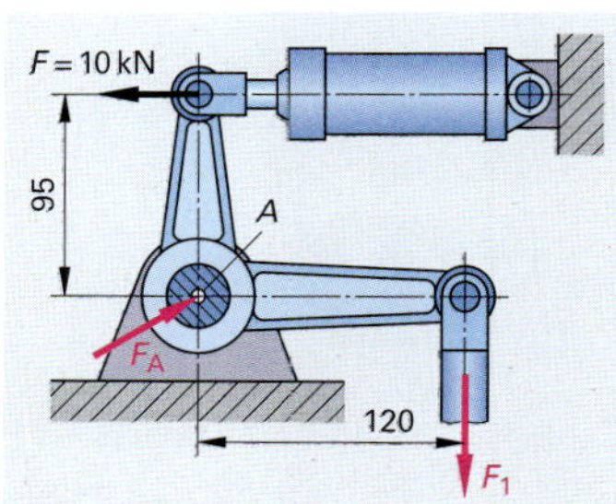

Bild 6: Winkelhebel

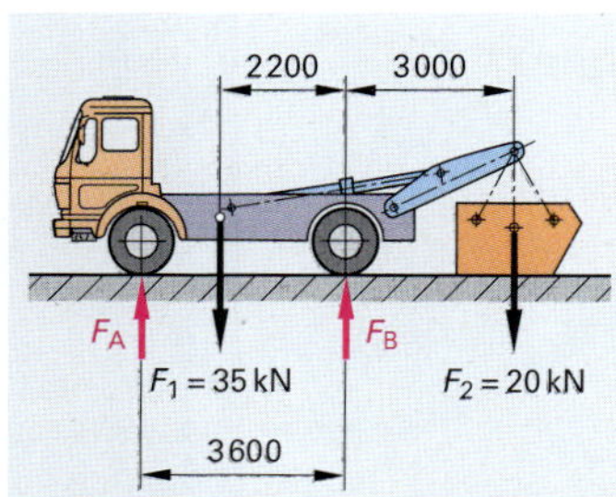

Bild 7: Containerfahrzeug

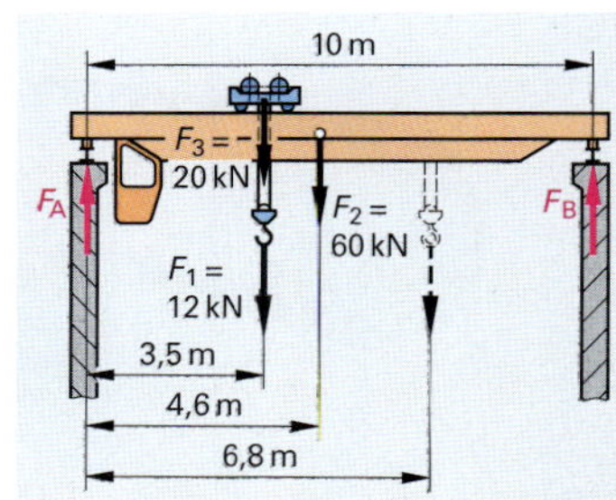

Bild 8: Laufkran

S. 261

Umfangskraft und Drehmoment

Zahnrad-, Riemen- und Kettentriebe übersetzen neben den Drehzahlen auch Drehmomente.

Bezeichnungen:

d	Durchmesser	mm	i	Übersetzung	–
F_u	Umfangskraft	N	m	Modul	mm
treibende Räder oder Scheiben			getriebene Räder oder Scheiben		
d_1	Durchmesser	mm	d_2	Durchmesser	mm
z_1	Zähnezahl	–	z_2	Zähnezahl	–
M_1	Drehmoment	N·m	M_2	Drehmoment	N·m
n_1	Drehzahl	min^{-1}	n_2	Drehzahl	min^{-1}

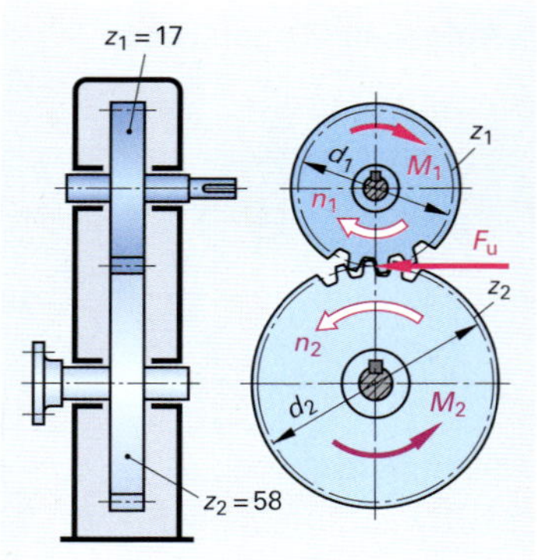

Bild 1: Zahnradgetriebe

Das Antriebsdrehmoment M_1 des Zahnradgetriebes **(Bild 1)** wird durch die Umfangskraft F_u vom Zahnrad z_1 auf das Zahnrad z_2 übertragen. Ohne Berücksichtigung des Wirkungsgrades η gilt:

$$M_1 = \frac{F_u \cdot d_1}{2} = \frac{F_u \cdot m \cdot z_1}{2}; \qquad M_2 = \frac{F_u \cdot d_2}{2} = \frac{F_u \cdot m \cdot z_2}{2}$$

$$\frac{M_2}{M_1} = \frac{\frac{F_u \cdot m \cdot z_2}{2}}{\frac{F_u \cdot m \cdot z_1}{2}} = \frac{F_u \cdot m \cdot z_2 \cdot 2}{F_u \cdot m \cdot z_1 \cdot 2} = \frac{z_2}{z_1}. \qquad \text{Mit } i = \frac{z_2}{z_1} = \frac{d_2}{d_1} = \frac{n_1}{n_2} \text{ gilt:}$$

Die Drehmomente verhalten sich wie die Zähnezahlen (Durchmesser), aber umgekehrt wie die Drehzahlen.

Drehmoment

$$M = \frac{F_u \cdot d}{2}$$

$$M = \frac{F_u \cdot m \cdot z}{2}$$

Übersetzung der Drehmomente

$$\frac{M_2}{M_1} = \frac{d_2}{d_1}$$

$$\frac{M_2}{M_1} = \frac{z_2}{z_1}$$

$$\frac{M_2}{M_1} = \frac{n_1}{n_2}$$

$$M_2 = i \cdot M_1$$

● **Beispiel:**

Das Getriebe **(Bild 1)** wird mit einem Drehmoment M_1 = 135 N·m angetrieben. Wie groß sind

a) die Umfangskraft F_u am Zahnrad z_1, wenn die Zähne mit dem Modul m = 3 mm hergestellt sind,

b) das Drehmoment M_2 am Zahnrad z_2?

Lösung: a) $M_1 = \frac{F_u \cdot m \cdot z_1}{2}; \quad F_u = \frac{2 \cdot M_1}{m \cdot z_1} = \frac{2 \cdot 135\,000 \text{ N} \cdot \text{mm}}{3 \text{ mm} \cdot 17} = \mathbf{5\,294\ N}$

b) $\frac{M_2}{M_1} = \frac{z_2}{z_1}; \quad M_2 = \frac{M_1 \cdot z_2}{z_1} = \frac{135 \text{ N} \cdot \text{m} \cdot 58}{17} = \mathbf{460{,}6\ N \cdot m}$

Aufgaben | Umfangskraft und Drehmoment

1. **Zahnriementrieb (Bild 2).** Die Zahnriemenscheibe z_1 = 15 wird mit dem Drehmoment M_1 = 240 N·m angetrieben. Wie groß sind
   a) die Übersetzung des Zahnriementriebes,
   b) das Drehmoment an der getriebenen Scheibe mit z_2 = 35?
2. **Schneckengetriebe (Bild 3).** An der Abtriebswelle des Schneckengetriebes ist das Drehmoment M_2 = 80 N·m erforderlich. Wie groß sind
   a) die Drehzahl n_2 bei der Motordrehzahl n_1 = 1 440 min^{-1},
   b) das Drehmoment M_1 des Motors?

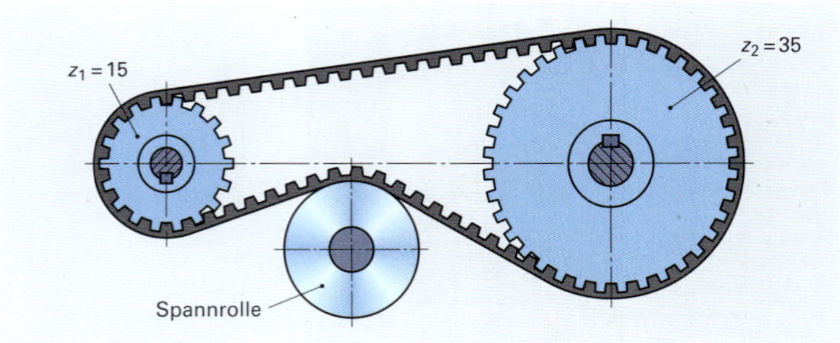

Bild 2: Zahnriementrieb

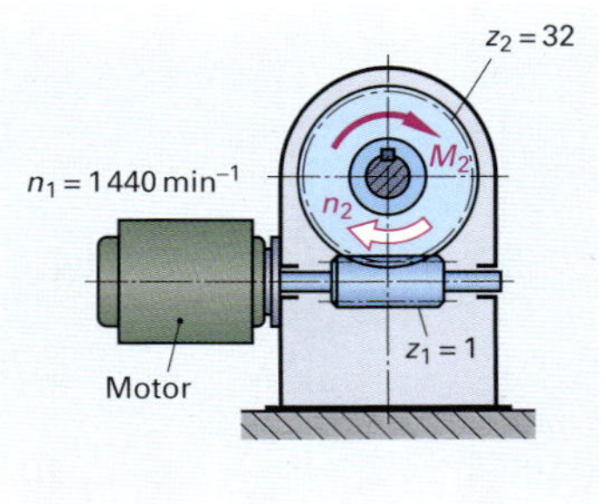

Bild 3: Schneckengetriebe

3. Montagepresse (Bild 1). An der Pinole einer Montagepresse ist eine Kraft F = 1,5 kN erforderlich. Sie wird über zwei Zahnräder angetrieben. Wie groß sind

a) das Drehmoment M_2,

b) das Drehmoment M_1 des Antriebsrades mit der Zähnezahl z_1 = 22 und dem Modul m = 2,5 mm?

4. Kolbenverdichter (Bild 2). Ein luftgekühlter Kolbenkompressor wird über Keilriemen angetrieben. Der Motor gibt ein Drehmoment M_1 = 48 N · m ab. Wie groß sind

a) die Zugkraft F im Keilriemen,

b) das Drehmoment am Kompressor?

5. Räderwinde (Bild 3). Mit der Räderwinde soll eine Last F_G = 2 kN gehoben werden. Wie groß sind

a) das Drehmoment M_2 an der Seiltrommel,

b) das Drehmoment M_1 an der Antriebswelle bei einem Übersetzungsverhältnis i = 3,3,

c) die Umfangskraft F_u an den Zahnflanken bei einem Modul m = 3 mm und der Zähnezahl z_1 = 30,

d) die aufzubringende Handkraft F_1?

6. Pkw-Antrieb (Bild 4). Der Motor eines Personenkraftwagens gibt sein maximales Drehmoment M = 220 N · m bei einer Drehzahl n = 4200/min ab. Am Motor ist ein Schaltgetriebe mit Übersetzungen nach **Tabelle 1** angeflanscht, das Ausgleichsgetriebe besitzt die Übersetzung i_A = 3,38.

Tabelle 1: Schaltgetriebe – Übersetzungen

Gang	1.	2.	3.	4.	5.
i	i = 4,12	i_1 = 2,85	i_2 = 1,95	i_3 = 1,38	i_4 = 1,09

Wie groß sind

a) die Gesamtübersetzungen in den Gängen 1 bis 5,

b) die maximale Umfangkraft je Hinterrad in den Gängen 1 bis 5 bei einem Rollradius r_R = 295 mm,

c) die erreichbare Höchstgeschwindigkeit v bei einer Motorhöchstdrehzahl n = 6200/min?

7. Hubwerk (Bild 5). Die Seiltrommel eines Hubwerkes wird über ein zweistufiges Zahnradgetriebe angetrieben. Das Getriebe besitzt die Zähnezahlen z_1 = 17, z_2 = 57, z_3 = 21 und z_4 = 65. Mit dem Hubwerk werden Höchstlasten von F_G = 3 kN gehoben.

Zu berechnen sind

a) die Drehzahl der Seiltrommel,

b) die Hubgeschwindigkeit der Last,

c) das Drehmoment an der Seiltrommel,

d) das Drehmoment am Motor.

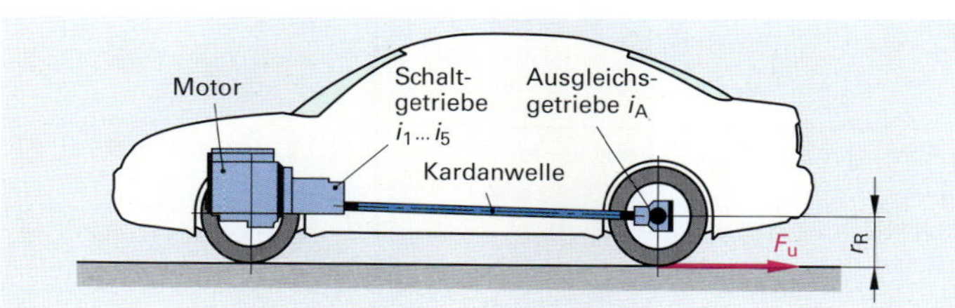

Bild 4: Pkw-Antrieb

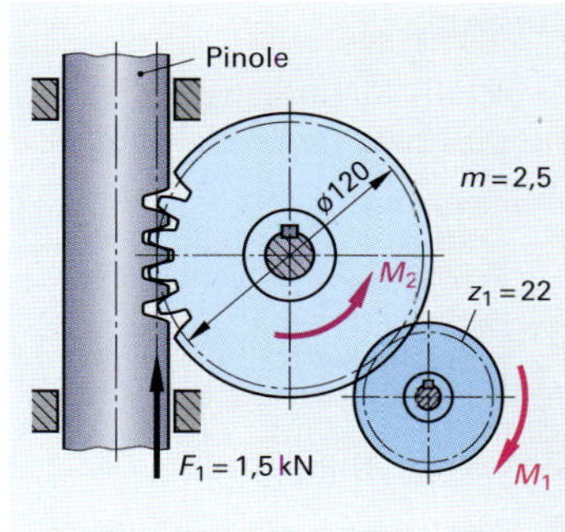

Bild 1: Montagepresse

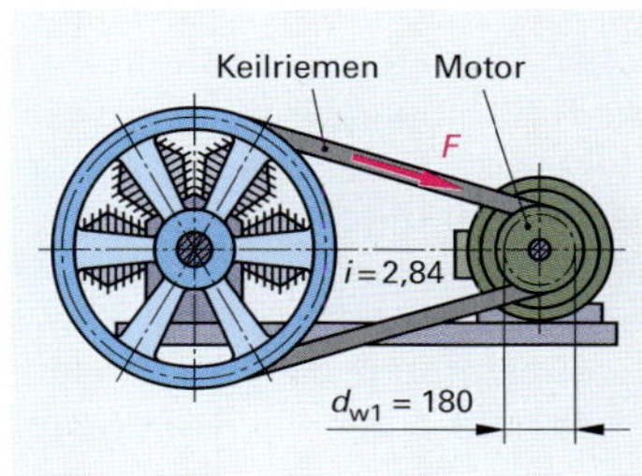

Bild 2: Kolbenverdichter

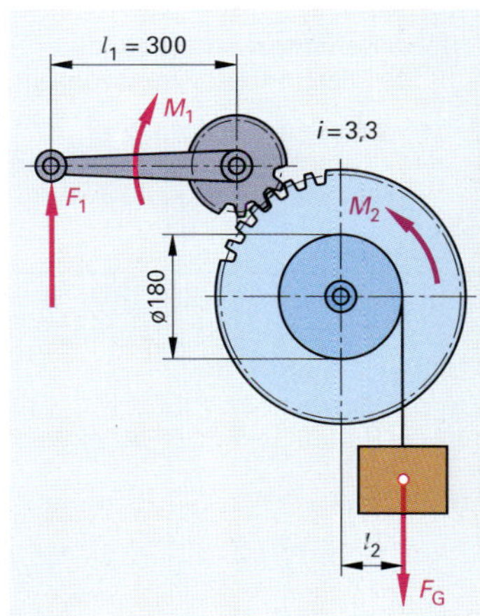

Bild 3: Räderwinde

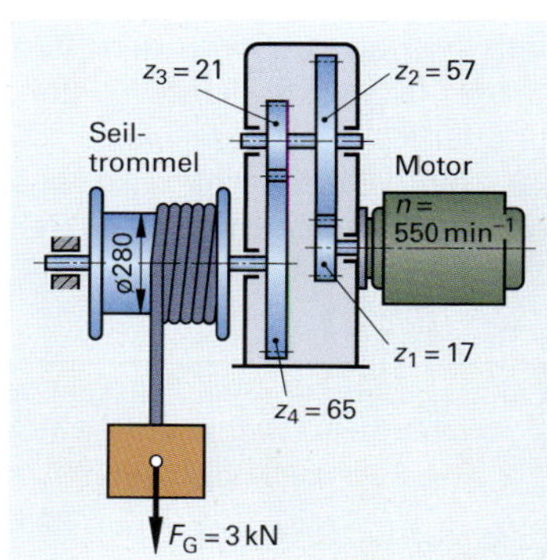

Bild 5: Hubwerk

Reibung

Zwischen Gleitflächen, z. B. bei Lagern, Führungen, Gewinden, Kupplungen, treten Reibungskräfte auf.

Bezeichnungen:

F	Kraft	N	μ[1]	Reibungszahl	–
F_G	Gewichtskraft	N	d	Durchmesser	mm
F_N	Normalkraft	N	r	Radius, Halbmesser	mm
F_R	Reibungskraft	N	M_R	Reibungsmoment	N · m
F_H	Hangabtriebskraft	N	f	Rollreibungszahl	mm

Man unterscheidet Haft-, Gleit- und Rollreibung.

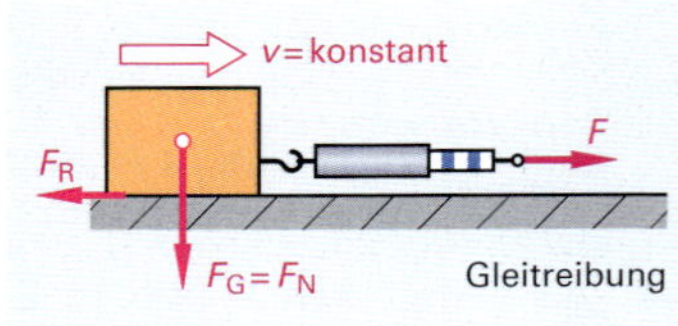

Bild 1: Haftreibung, Gleitreibung

Haftreibung, Gleitreibung

Haftreibung liegt vor, wenn zwischen den Gleitflächen keine Bewegung stattfindet, z. B. bei einer Kupplung. Gleitreibung tritt zwischen bewegten Körpern auf, z. B. bei Gleitlagern.

Die Haftreibungskraft ist größer als die Gleitreibungskraft. Die Reibungskraft F_R wirkt gegen die Bewegungsrichtung **(Bild 1)**. Sie wird beeinflusst durch

- die Belastung der Gleitfläche durch die **Normalkraft F_N**,
- die Werkstoffpaarung, den Schmierzustand, die Oberflächenqualität und die Reibungsart (Haft- oder Gleitreibung), berücksichtigt durch die **Reibungszahl μ**.

Reibungskraft

$$F_R = \mu \cdot F_N$$

Reibungsmoment

$$M_R = F_R \cdot r$$

1. Beispiel:

Die Tellerfedern der Rutschkupplung **(Bild 2)** sind mit $F_N = 2{,}4$ kN vorgespannt. Wie groß sind

a) die Reibungskraft F_R bei einer Reibungszahl $\mu = 0{,}67$,

b) das übertragbare Drehmoment M am Kettenrad?

Lösung: a) $F_R = \mu \cdot F_N = 0{,}67 \cdot 2400\ \text{N} = \mathbf{1608\ N}$

b) $M = 2 \cdot M_R$ (zwei Reibflächen)

$M = 2 \cdot F_R \cdot r = 2 \cdot 1608\ \text{N} \cdot 80\ \text{mm} = 257\,280\ \text{N} \cdot \text{mm} \approx \mathbf{257\ N \cdot m}$

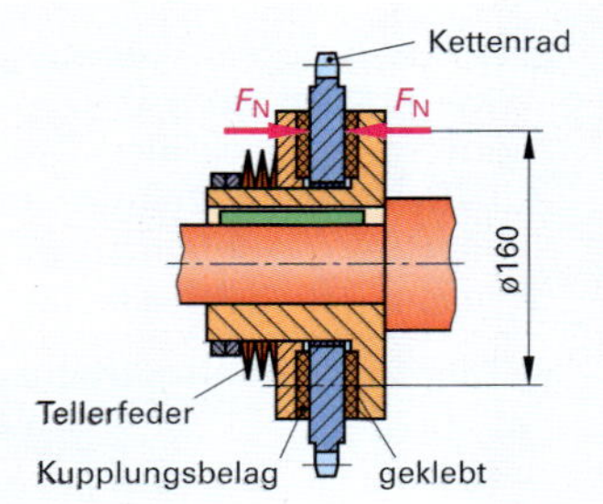

Bild 2: Rutschkupplung

2. Beispiel:

Auf einem Förderband **(Bild 3)** werden Pakete mit der Gewichtskraft $F_G = 120$ N nach oben transportiert.

Wie groß sind

a) die Normalkraft F_N,

b) die Reibungskraft F_R bei einer Reibungszahl $\mu = 0{,}6$?

Lösung: a) $\cos\alpha = \frac{F_N}{F_G}$; $\quad F_N = F_G \cdot \cos\alpha = 120\ \text{N} \cdot \cos 25° = \mathbf{108{,}8\ N}$

b) $F_R = \mu \cdot F_N = 0{,}6 \cdot 108{,}8\ \text{N} = \mathbf{65{,}3\ N}$

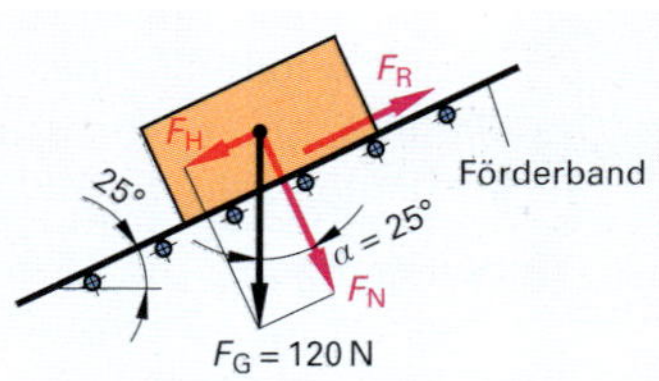

Bild 3: Förderband

Rollreibung

Mit der Rollreibungskraft F_R werden die elastischen Verformungen zwischen einem rollenden Körper, z. B. einem Kranlaufrad, und seiner Unterlage überwunden **(Bild 4)**. Die Rollreibungskraft F_R hängt ab von der Normalkraft F_N, der Rollreibungszahl f und dem Radius r der Rolle. Bei ungleicher Lastverteilung und mehreren Rollen, z. B. bei Wälzlagern, wird anstelle der Rollreibungszahl f die Reibungszahl μ ermittelt. Die Reibungskraft wird berechnet aus $F_R = \mu \cdot F_N$.

Rollreibungskraft

$$F_R = \frac{f \cdot F_N}{r}$$

Beispiel:

In Das Laufrad eines Brückenkranes **(Bild 4)** hat einen Durchmesser $d = 280$ mm und wird mit $F_N = 38$ kN belastet.

Wie groß ist die Reibungskraft F_R bei einer Rollreibungszahl $f = 0{,}5$ mm?

Lösung: $F_R = \frac{f \cdot F_N}{r} = \frac{0{,}5\ \text{mm} \cdot 38\ \text{kN}}{140\ \text{mm}} = 0{,}136\ \text{kN} = \mathbf{136\ N}$

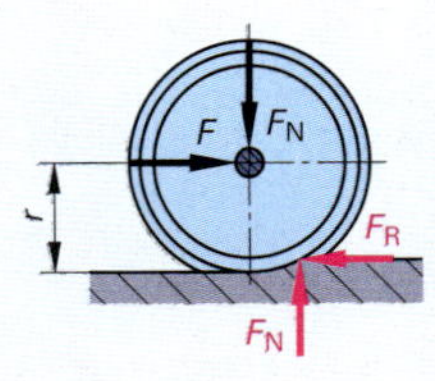

Bild 4: Kranlaufrad

1) μ griech. Kleinbuchstabe my

Aufgaben | Reibung

1. **Ladestation (Bild 1).** In einer Ladestation werden Werkstücke auf Paletten gespannt und anschließend in die Fertigungslinie eingeschleust. Wie groß sind für die Gesamtlast F_G = 3500 N
   a) die notwendige Kraft zum Anschieben der Palette aus der Ruhe bei μ = 0,15,
   b) die Kraft zum Weiterschieben der Palette bei μ = 0,08?
2. **Kupplung (Bild 2).** Ein Lüftergebläse wird über eine elektromagnetische Kupplung zu- und abgeschaltet. Wie groß sind für die Normalkraft F_N = 125 N und die Reibungszahl μ = 0,62
   a) die Reibungskraft F_R,
   b) das Reibungsmoment M_R?
3. **Maschinenschlitten (Bild 3).** Der Schlitten einer Werkzeugmaschine ist auf Wälzkörpern gelagert.
   Wie groß sind bei einer Gewichtskraft F_G = 450 N des Schlittens
   a) die Lagerkräfte F_A und F_B,
   b) die Verschiebekraft des Schlittens bei μ = 0,005?
4. **Schweißmaschine (Bild 4).** Die Elektroden einer Rollennaht-Schweißmaschine werden mit der Kraft F_N = 2 kN auf die zu verschweißenden Bleche gedrückt. Wie groß sind
   a) die Reibungskräfte F_R bei der Rollreibungszahl f = 0,6 cm,
   b) das Antriebsmoment M, wenn die untere Elektrode angetrieben wird?
5. **Schraubenverbindung (Bild 5).** Flachstäbe 80 × 12 werden mit F = 3,2 kN auf Zug beansprucht. Wie groß ist bei einer Reibungszahl μ = 0,2 die Mindestspannkraft F_N je Schraube, wenn die Zugkraft nur durch Reibung übertragen werden soll?
6. **Bohreinheit (Bild 6).** Die Bohreinheit mit der Gewichtskraft F_G = 1500 N ist Bestandteil eines flexiblen Fertigungssystems. Beim Bohren tritt die Vorschubkraft F_f = 1800 N auf.
   Wie groß sind
   a) die Umfangskraft am Zahnrad bei einer Reibungszahl μ = 0,07,
   b) das notwendige Antriebsmoment am Zahnrad?
7. **Getriebewelle (Bild 7).** Die Zwischenwelle eines Großgetriebes ist in Gleitlagern gelagert. Wie groß sind für die resultierenden Zahnradkräfte F_1 = 18 kN und F_2 = 13,5 kN
   a) die Lagerkräfte F_A und F_B,
   b) die Reibungskräfte in den Lagern A und B bei einer Reibungszahl μ = 0,06,
   c) das Gesamtreibungsmoment?

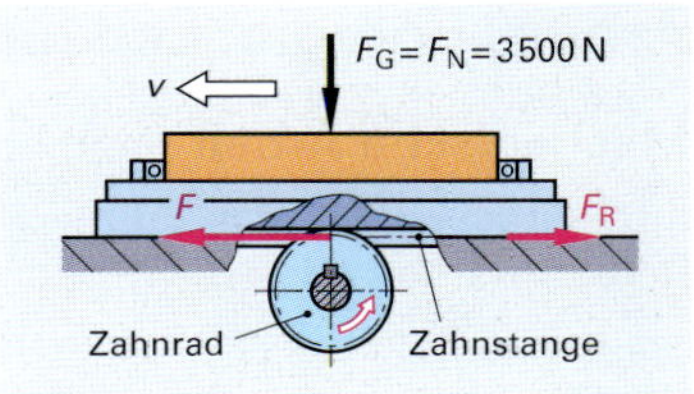

Bild 1: Ladestation

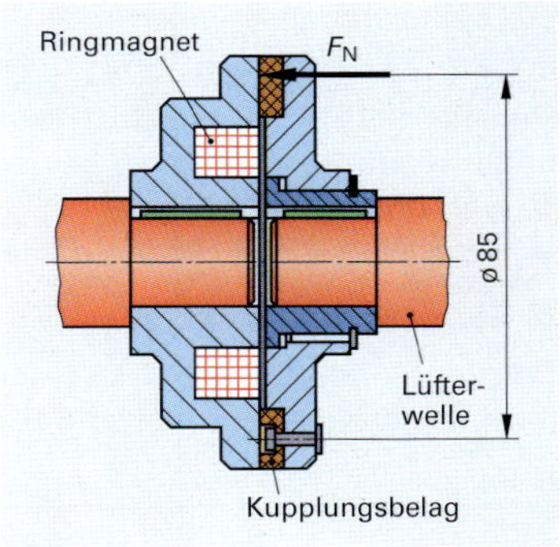

Bild 2: Kupplung

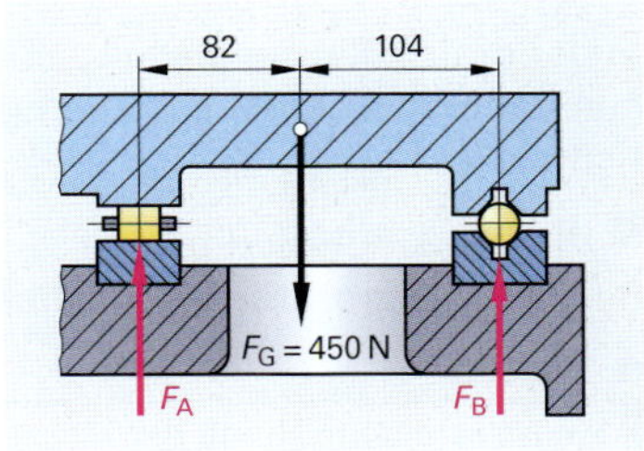

Bild 3: Maschinenschlitten

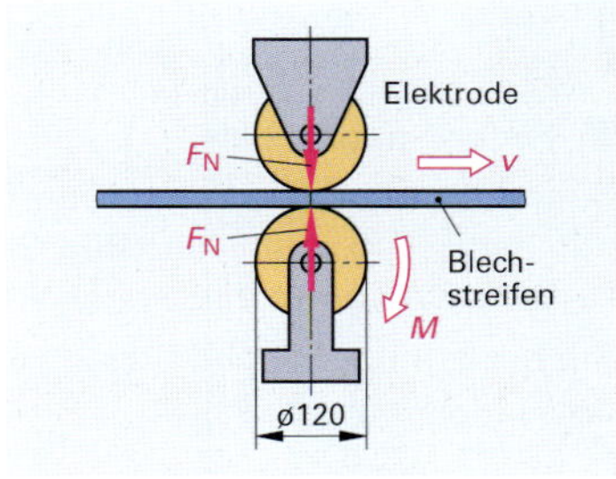

Bild 4: Schweißmaschine

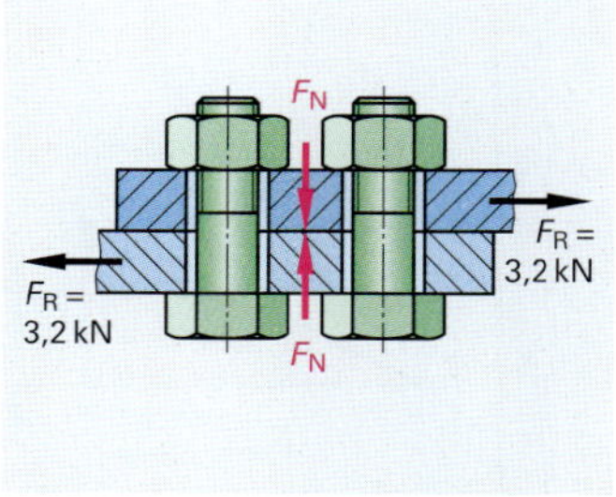

Bild 5: Schraubenverbindung

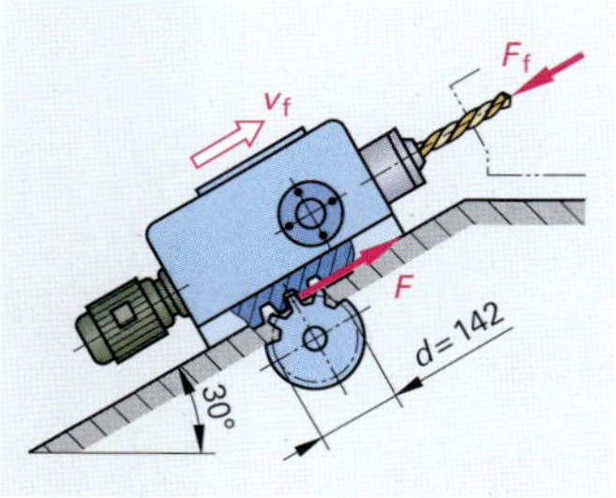

Bild 6: Bohreinheit

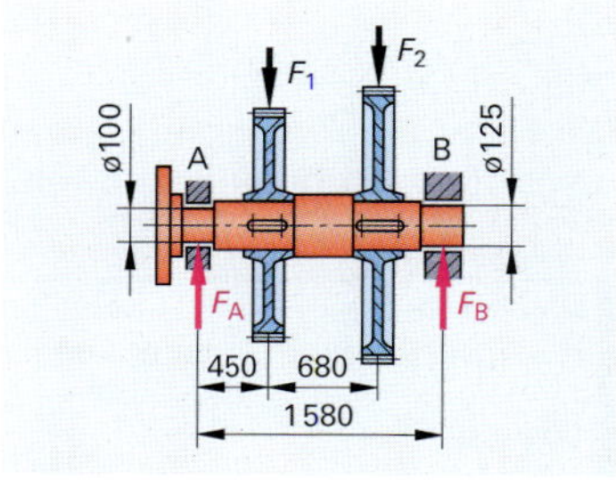

Bild 7: Getriebewelle

Arbeit, Energie, Leistung, Wirkungsgrad

Mechanische Arbeit

In der Technik kommt die mechanische Arbeit z. B. als Hubarbeit, Reibungsarbeit oder Feder-Spannarbeit vor.

Bezeichnungen:

W	Arbeit	N · m	μ	Reibungszahl	–
F	Kraft	N	s	Kraftweg	m
F_G	Gewichtskraft	N	h	Hubhöhe	m
F_R	Reibungskraft	N	R	Federrate	N/mm
F_N	Normalkraft	N	g	Fallbeschleunigung	m/s^2

Der Hydraulikzylinder **(Bild 1)** verrichtet Arbeit, wenn er die Bohreinheit um den Vorschubweg bewegt. Mechanische Arbeit W hängt ab

- von der Kraft F und
- vom Weg s in Richtung dieser Kraft.

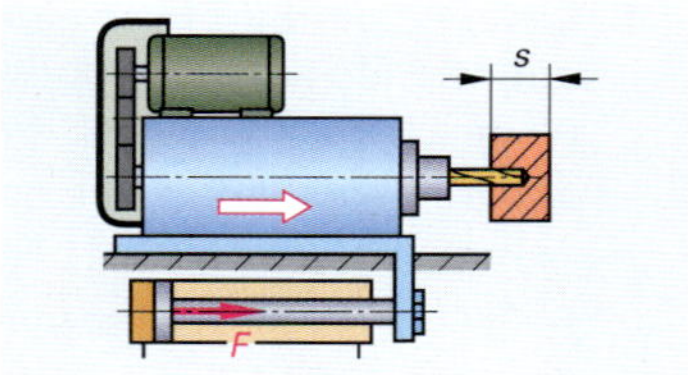

Bild 1: Hydraulische Bohreinheit

Mechanische Arbeit

$$W = F \cdot s$$

Einheiten für die Arbeit

$$1\ \text{N} \cdot \text{m} = 1\ \text{J}^{1)} = 1\ \text{W} \cdot \text{s}$$
$$1\ \text{kN} \cdot \text{m} = 1\ \text{kJ} = 0{,}000\,278\ \text{kW} \cdot \text{h}$$
$$1\ \text{kW} \cdot \text{h} = 3{,}6\ \text{MJ} = 3{,}6\ \text{MW} \cdot \text{s}$$

Hubarbeit

Bei der Hubarbeit entspricht der Kraft F die Gewichtskraft F_G und dem Kraftweg s die Hubhöhe h.

Beispiel:

Ein Gussstück mit 2000 N Gewichtskraft wird 1,5 m hoch gehoben. Welche Arbeit ist hierfür aufzuwenden?

Lösung: $W = F_G \cdot h = 2000\ \text{N} \cdot 1{,}5\ \text{m} = \mathbf{3000\ N \cdot m}$

In der grafischen Darstellung **(Bild 2)** ist die rechteckige Fläche, die aus den Seiten Kraft und Weg gebildet wird, ein Maß für die verrichtete Arbeit.

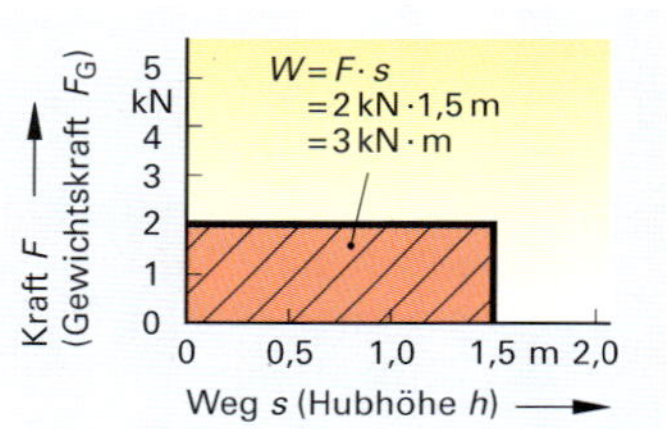

Bild 2: Mechanische Arbeit

Hubarbeit

$$W = F_G \cdot h$$

Reibungsarbeit

Bei der Reibungsarbeit ist die Reibungskraft $F_R = \mu \cdot F_N$ maßgebend.

Beispiel:

Ein Maschinentisch mit der Masse m = 300 kg wird um 1,50 m verschoben. Wie groß ist die Reibungsarbeit, wenn die Reibungszahl μ = 0,08 beträgt?

Lösung: $F_G = F_N = m \cdot g = 300\ \text{kg} \cdot 9{,}81\ \text{m/s}^2 = 2943\ \text{N}$
$W = \mu \cdot F_N \cdot s = 0{,}08 \cdot 2943\ \text{N} \cdot 1{,}50\ \text{m} = \mathbf{353{,}2\ N \cdot m}$

Reibungsarbeit

$$W = \mu \cdot F_N \cdot s$$

Feder-Spannarbeit

Beim Spannen von Schrauben-Druckfedern wächst die Federkraft mit dem Weg linear an **(Bild 3)**. Die Spannarbeit wird durch die Dreiecksfläche mit den Seiten F und s dargestellt.

Sie beträgt im Beispiel Bild 3:

$$W = \frac{F \cdot s}{2} = \frac{150\ \text{N} \cdot 60\ \text{mm}}{2} = 4\,500\ \text{N} \cdot \text{mm} = \mathbf{4{,}5\ N \cdot m}$$

Setzt man für $F = R \cdot s$, so ergibt sich

$$W = \frac{F \cdot s}{2} = \frac{R \cdot s \cdot s}{2} = \frac{R \cdot s^2}{2}.$$

Die Federrate R gibt die Kraft an, die notwendig ist, um die Feder um 1 mm zusammenzudrücken.

Feder-Spannarbeit

$$W = \frac{R \cdot s^2}{2}$$

Beispiel:

Welche Spannarbeit ist zu verrichten, wenn eine Feder mit der Federrate R = 9,25 N/mm um 25 mm vorgespannt wird?

Lösung: $W = \frac{R \cdot s^2}{2} = \frac{9{,}25\ \text{N} \cdot 25^2\ \text{mm}^2}{\text{mm} \cdot 2} = 2\,890{,}6\ \text{N} \cdot \text{mm} = \mathbf{2{,}9\ N \cdot m}$

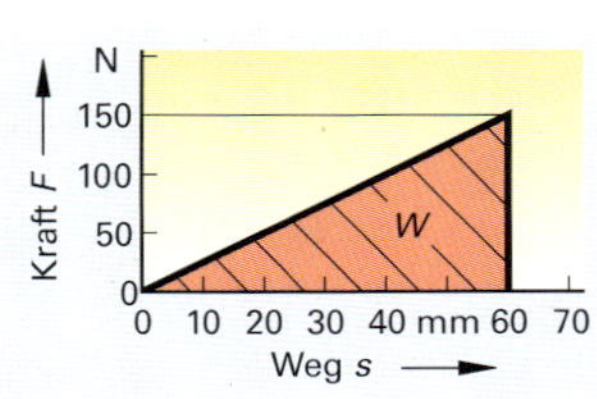

Bild 3: Feder-Spannarbeit

1) Joule, englischer Physiker (1818 bis 1889)

Mechanische Energie

Energie ist gespeicherte Arbeit, d. h., es ist die Fähigkeit eines Systems, Arbeit zu verrichten. Man unterscheidet potentielle und kinetische Energie.

Bezeichnungen:

W_p	Potentielle Energie	N · m	W_k	Kinetische Energie	N · m
F	Kraft	N	m	Masse	kg
F_G	Gewichtskraft	N	v	Geschwindigkeit	m/s
s	Weg	m			

Potentielle Energie (Energie der Lage)

Potentielle Energie ist die Fähigkeit einer Masse, Arbeit zu verrichten. Sie kann in Bewegungsenergie umgewandelt werden. Massen, die potentielle Energie enthalten, sind z. B. schwebende Lasten, Druckluft, gespannte Federn oder Wasser in Speicherseen.

Beispiel:

Das Uhrengewicht **(Bild 1)** hat eine Gewichtskraft von 45 N. Wie groß ist seine potentielle Energie, wenn das Gewicht auf 1,60 m hochgezogen wurde?

Lösung: $W_p = F_G \cdot s = 45\ \text{N} \cdot 1{,}60\ \text{m} = \mathbf{72\ N \cdot m}$

Kinetische Energie (Energie der Bewegung)

Kinetische Energie ist in jeder bewegten Masse vorhanden, z. B. im fahrenden Auto, im fallenden Gegenstand oder in der sich drehenden Schleifscheibe. Die kinetische Energie wächst mit der Masse und dem Quadrat der Geschwindigkeit **(Bild 2)**.

Beispiel:

Der Riemenfallhammer **(Bild 3)** erreicht eine Aufprallgeschwindigkeit von 6 m/s. Dabei wird die gesamte potentielle Energie in kinetische Energie umgewandelt.

a) Wie groß ist seine kinetische Energie im Augenblick des Aufpralls, wenn seine Masse $m = 250$ kg beträgt?

b) Wie groß war die Verformungskraft, wenn ein Verformungsweg von 5 mm am Schmiedestück erreicht wurde?

Lösung: a) $W_k = \frac{m \cdot v^2}{2} = \frac{250\ \text{kg} \cdot \left(6\ \frac{\text{m}}{\text{s}}\right)^2}{2} = 4\,500\ \frac{\text{kg} \cdot \text{m}}{\text{s}^2} \cdot \text{m} = \mathbf{4\,500\ N \cdot m}$

b) $W_p = W_k$

$W_p = F_G \cdot s$

$F_G = \frac{W_p}{s} = \frac{4\,500\ \text{N} \cdot \text{m}}{0{,}005\ \text{m}} = 900\,000\ \text{N} = \mathbf{900\ kN}$

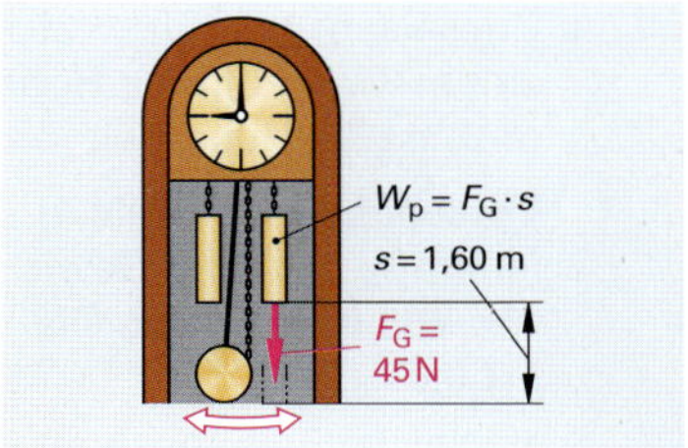

Bild 1: Standuhr

Potentielle Energie

$$W_p = F_G \cdot s$$

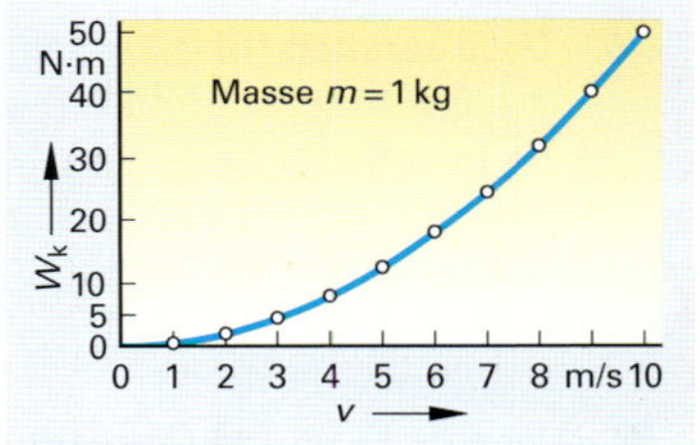

Bild 2: Kinetische Energie

Kinetische Energie

$$W_k = \frac{m \cdot v^2}{2}$$

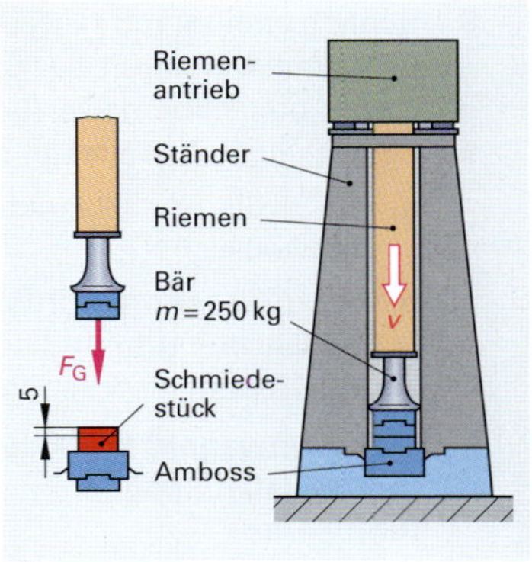

Bild 3: Riemenfallhammer

Aufgaben | Mechanische Arbeit und Energie

Mechanische Arbeit

1. **Aufzug.** Ein Aufzug fördert eine Maschine mit der Gewichtskraft 11 200 N auf eine Höhe von 12,5 m. Welche Hubarbeit ist aufzuwenden?
2. **Betonpumpe (Bild 4).** Durch die Betonpumpe werden 5 m³ Beton der Dichte $\rho = 2{,}45$ kg/dm³ auf eine Höhe von 11,5 m gefördert. Wie groß ist die hierfür aufzuwendende Hubarbeit?

Bild 4: Betonpumpe

3. **Werkstück.** Ein zylindrisches Werkstück ist 1,5 m lang und hat 435 mm Durchmesser. Die Dichte des Werkstücks aus Gusseisen beträgt 7,25 kg/dm³. Das Werkstück soll mit einem Kran auf eine Höhe von 0,8 m gehoben werden. Wie groß ist die Hubarbeit in kN · m?

4. **Vorschubeinheit (Bild 1).** Eine Vorschubeinheit einer Transferstraße mit einer Gewichtskraft von 3250 N legt einen Weg von 430 mm zurück. Die Reibungszahl der Führung beträgt $\mu = 0{,}08$.

   a) Welche Reibungskraft muss überwunden werden?

   b) Wie groß ist die Reibungsarbeit?

5. **Druckfeder.** Eine Druckfeder hat eine Federrate $R = 24{,}5$ N/mm. Sie wird ohne Vorspannung eingebaut.

   a) Wie groß ist die Federkraft bei einem Federweg $s = 23$ mm?

   b) Berechnen Sie die Spannarbeit.

6. **Drehversuch (Bild 2).** Bei einem Drehversuch wird am Drehmeißel eine Schnittkraft von 650 N gemessen. Welche mechanische Arbeit in $W \cdot h$ muss zum Überdrehen einer 425 mm langen Welle mit dem mittleren Durchmesser $d = 85$ mm und einem Vorschub $f = 0{,}5$ mm aufgewendet werden?

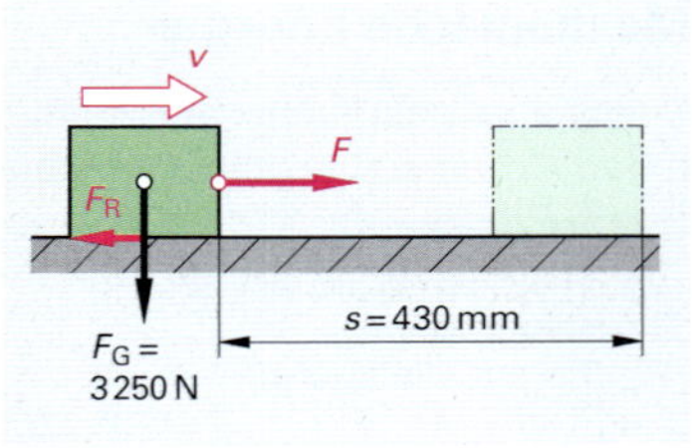

Bild 1: Vorschubeinheit

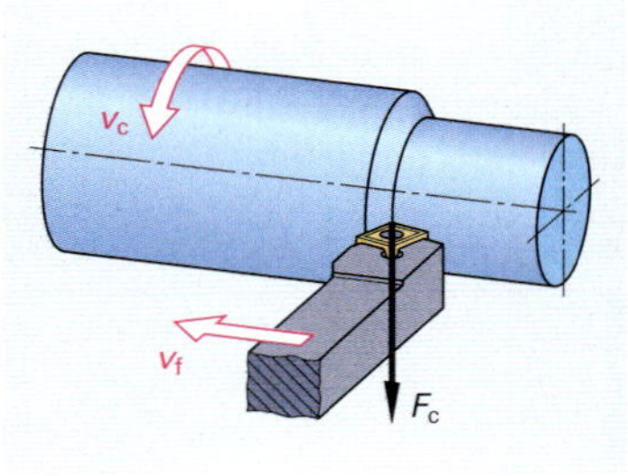

Bild 2: Drehversuch

Potentielle und kinetische Energie

7. **Pumpspeicherwerk.** Das Oberbecken eines Pumpspeicherwerks hat einen annähernd prismatischen Querschnitt und folgende Abmessungen: Länge = 0,32 km; Breite = 85 m; Tiefe = 16,5 m. Wie groß ist die gespeicherte Energie in kW · h und in MW · h, wenn die Fallhöhe bis zum Unterbecken 283 m beträgt?

8. **Schleifscheibe (Bild 3).** Die Hochgeschwindigkeits-Schleifscheibe arbeitet mit der Schnittgeschwindigkeit $v_c = 80$ m/s. Durch unsachgemäße Handhabung löst sich vom Umfang der Scheibe ein Teilchen mit der Masse $m = 12$ g.

   a) Wie groß ist die kinetische Energie des wegfliegenden Teilchens?

   b) Wie groß ist die mittlere Bremskraft, wenn das Teilchen auf die Haut trifft und nach 1,5 mm abgebremst wird? (Der Luftwiderstand soll dabei unberücksichtigt bleiben)

9. **Personenwagen.** Ein Pkw mit der Masse 1200 kg wird bis zum Stillstand abgebremst. Wie groß ist die aufzuwendende Bremsarbeit

   a) bei der Anfangsgeschwindigkeit $v_1 = 60$ km/h,

   b) bei der Anfangsgeschwindigkeit $v_2 = 120$ km/h?

10. **Pendelschlagwerk (Bild 4).** Der Hammer des Pendelschlagwerks hat eine Masse von 21,735 kg. Er wird 1407 mm hoch angehoben.

   a) Wie groß ist seine potentielle Energie?

   b) Wie groß ist die Geschwindigkeit des Hammers beim Auftreffen auf die Werkstoffprobe?

   c) Wie groß ist die verbrauchte Schlagarbeit, wenn das Pendel nach dem Durchschlagen der Probe bis zu der Steighöhe $s_2 = 220$ mm durchschwingt?

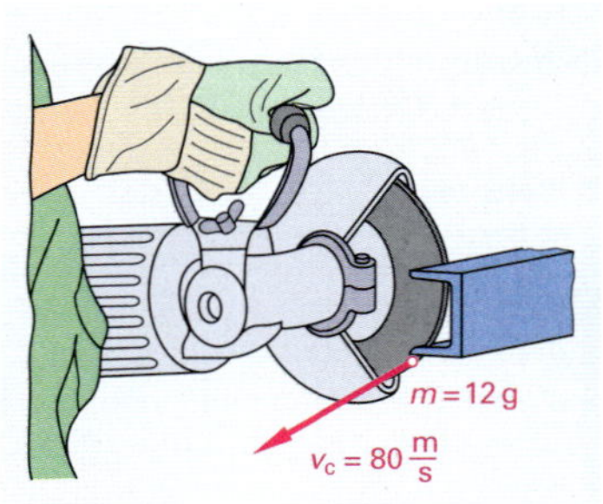

Bild 3: Schleifscheibe

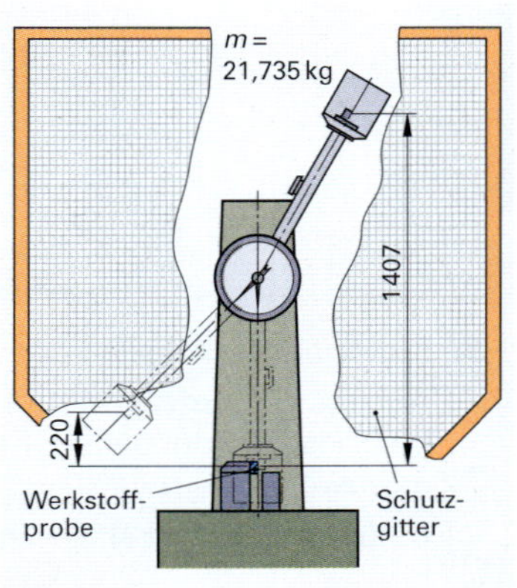

Bild 4: Pendelschlagwerk

Mechanische Leistung

In der Technik ist die mechanische Leistung eine wichtige Kenngröße u. a. für Werkzeugmaschinen, Turbinen und Motoren.

Bezeichnungen:

P	Leistung	W, J/s	s	Weg	m
W	Arbeit	N · m; W · s	v	Geschwindigkeit	m/s
t	Zeit	s	n	Drehzahl	1/s
F	Kraft	N	d	Durchmesser	m
F_G	Gewichtskraft	N	M	Drehmoment	N · m

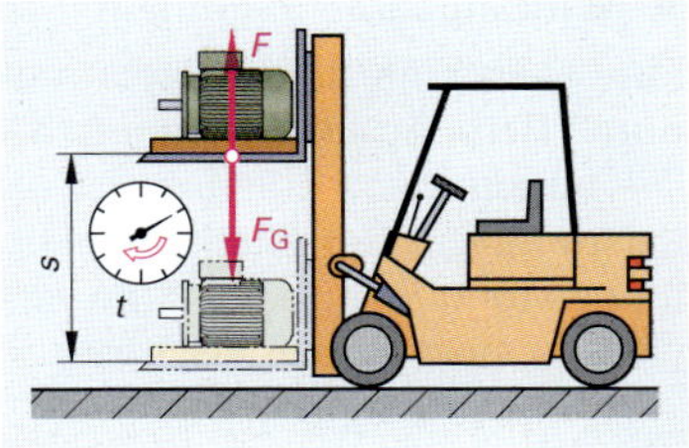

Bild 1: Gabelstapler

Mechanische Leistung, allgemein

Unter Leistung versteht man die verrichtete Arbeit pro Zeiteinheit **(Bild 1)**. Je kürzer die benötigte Zeit für eine bestimmte Arbeit ist, desto größer ist die Leistung.

Wird in der Gleichung $P = \frac{W}{t}$ für $W = F \cdot s$ eingesetzt, so erhält man $P = \frac{F \cdot s}{t}$. Wird $\frac{s}{t}$ durch v ersetzt, so ergibt sich die Formel $P = F \cdot v$. Die Einheit für die Leistung ist das Watt[1]. 1 Watt entspricht $1\,\frac{\text{Joule}^{2)}}{\text{s}}$ oder $1\,\frac{\text{N·m}}{\text{s}}$.

Mechanische Leistung

$$P = \frac{W}{t}$$

$$P = \frac{F \cdot s}{t}$$

$$P = F \cdot v$$

Umrechnung der Einheiten

$$1\text{ W} = 1\,\frac{\text{J}}{\text{s}} = 1\,\frac{\text{N} \cdot \text{m}}{\text{s}}$$

$$1000\text{ W} = 1\text{ kW} = 1\,\frac{\text{kJ}}{\text{s}} = 1\,\frac{\text{kN} \cdot \text{m}}{\text{s}}$$

● **Beispiel:**

Eine Kiste mit der Gewichtskraft $F_G = 500$ N wird 3 m hoch gehoben. Wie groß ist die erforderliche Leistung, wenn ein Gabelstapler für diese Arbeit 5 s braucht?

Lösung: $P = \frac{F \cdot s}{t} = \frac{500\text{ N} \cdot 3\text{ m}}{5\text{ s}} = 300\,\frac{\text{N} \cdot \text{m}}{\text{s}} = \mathbf{300\ W}$

Leistung bei Drehbewegung

Bei der Drehbewegung gilt für die Leistung ebenfalls die Formel $P = F \cdot v$ **(Bild 2)**. Wird in dieser Gleichung die Kraft F durch $2 \cdot M/d$ und die Geschwindigkeit v durch $\pi \cdot d \cdot n$ ersetzt, dann erhält man $P = \frac{2 \cdot M}{d} \cdot \pi \cdot d \cdot n = 2 \cdot \pi \cdot n \cdot M$. In der Praxis wird häufig mit der Zahlenwertgleichung $P = \frac{M \cdot n}{9\,550}$ gerechnet. Dabei muss beachtet werden, dass nur die folgenden Einheiten benutzt werden: P in kW, M in N·m und n in 1/min. Die Einheiten können im Rechenweg weggelassen werden.

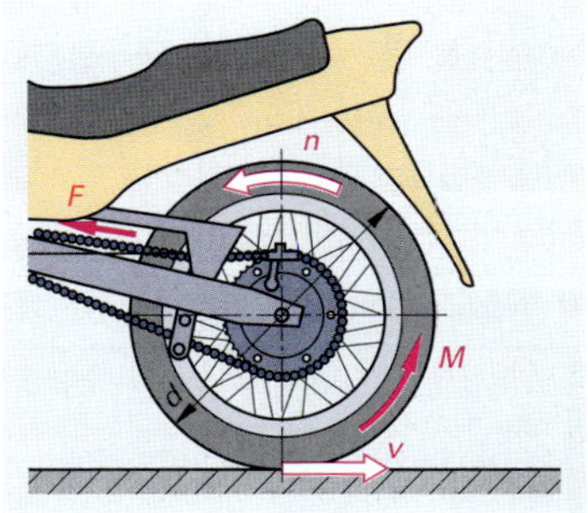

Bild 2: Motorradantrieb

● **Beispiel:**

Auf einem Motoren-Leistungsprüfstand wird bei einer Drehzahl von 5300 min^{-1} ein Drehmoment von 117 N · m ermittelt. Wie groß ist die Motorleistung bei dieser Drehzahl?

Lösung: a) mit Größengleichung:

$$P = 2 \cdot \pi \cdot M \cdot n = 2 \cdot \pi \cdot 117\text{ N} \cdot \text{m} \cdot \frac{5300}{60\text{ s}} = 64\,936{,}7\,\frac{\text{N·m}}{\text{s}} = \mathbf{64{,}9\ kW}$$

b) mit Zahlenwertgleichung:

$$P = \frac{M \cdot n}{9\,550} = \frac{117 \cdot 5\,300}{9\,550}\text{ kW} = \mathbf{64{,}9\ kW}$$

Leistung bei Drehbewegung

$$P = 2 \cdot \pi \cdot n \cdot M$$

Zahlenwertgleichung:

$$P = \frac{M \cdot n}{9\,550}$$

vorgeschriebene Einheiten

Bezeichnung		Einheit
P	Leistung	kW
M	Drehmoment	N · m
n	Drehzahl	1/min

1) Watt, engl. Ingenieur (1736 bis 1819)
2) Joule, engl. Physiker (1818 bis 1889)

Wirkungsgrad

Wirkungsgrad allgemein

Eine Maschine nimmt stets mehr Leistung auf, als sie abgibt, da durch Reibung und ungenutzte Wärme Verluste entstehen **(Bild 1)**. Die abgegebene Leistung ist also stets kleiner als die zugeführte Leistung. Das Verhältnis von abgegebener Leistung P_2 zu zugeführter Leistung P_1 wird als Wirkungsgrad η[1)] bezeichnet. Der Wirkungsgrad ist stets kleiner als 1 bzw. kleiner als 100 %.

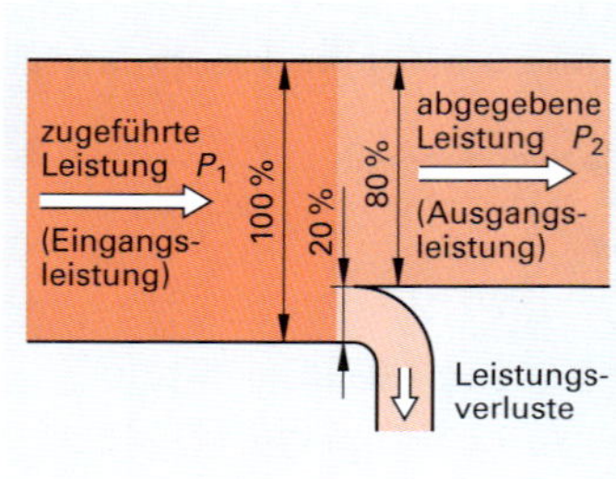

Bild 1: Leistungsdiagramm

Bezeichnungen:

η	Wirkungsgrad(Gesamtwirkungsgrad)	–; %
η_1, η_2	Einzel- oder Teilwirkungsgrade	–; %
P_1	zugeführte Leistung	W, kW
P_2	abgegebene Leistung	W, kW

Wirkungsgrad

$$\eta = \frac{P_2}{P_1}$$

● **Beispiel:**

Welchen Wirkungsgrad hat ein Elektromotor, dem eine Leistung von 4,5 kW zugeführt wird, wenn die am Wellenstumpf abgegebene Leistung 4,0 kW beträgt?

Lösung: $\eta = \frac{P_2}{P_1} = \frac{4{,}0\ \text{kW}}{4{,}5\ \text{kW}} = 0{,}89 = \frac{89}{100} = \mathbf{89\ \%}$

Gesamtwirkungsgrad

Bei der Antriebseinheit **(Bild 2)** haben Motor und Getriebe jeweils einen anderen Wirkungsgrad. Da die vom Motor abgegebene Leistung P_{M2} gleich groß ist wie die vom Getriebe aufgenommene Leistung P_{G1}, gilt:

$$\eta = \frac{P_2}{P_1} = \frac{P_{G2}}{P_{M1}} = \frac{\cancel{P_{M2}}}{P_{M1}} \cdot \frac{P_{G2}}{\cancel{P_{G1}}} = \eta_1 \cdot \eta_2$$

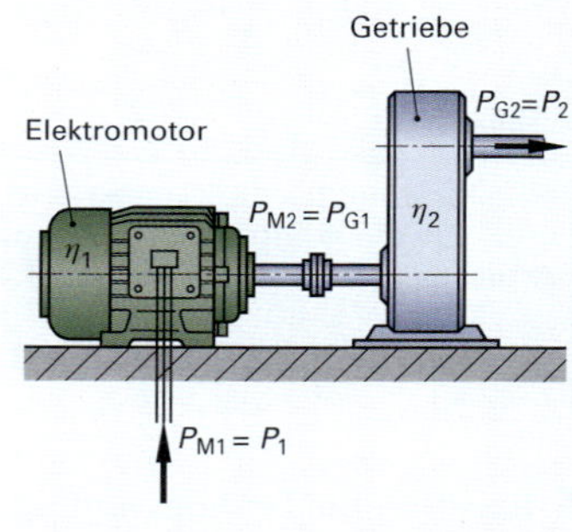

Bild 2: Antriebseinheit

Den Gesamtwirkungsgrad erhält man aus dem Produkt der Einzelwirkungsgrade. Der Gesamtwirkungsgrad ist stets kleiner als der kleinste Einzelwirkungsgrad.

Gesamtwirkungsgrad

$$\eta = \eta_1 \cdot \eta_2 \cdot \eta_3 \cdot \ldots \cdot \eta_n$$

● **Beispiel:**

Wie groß ist bei der Hydraulikanlage **(Bild 3)** die Leistungsaufnahme des Elektromotors, wenn der Hydraulikzylinder 3 kW Leistung abgibt? Die Einzelwirkungsgrade betragen: $\eta_1 = 0{,}8$; $\eta_2 = 0{,}7$; $\eta_3 = 0{,}9$.

Lösung: a) Berechnung mit den Einzelwirkungsgraden

$$\eta_3 = \frac{P_{Z2}}{P_{Z1}};\quad P_{Z1} = \frac{P_{Z2}}{\eta_3} = \frac{3\ \text{kW}}{0{,}9} = 3{,}33\ \text{kW} = P_{P2}$$

$$\eta_2 = \frac{P_{P2}}{P_{P1}};\quad P_{P1} = \frac{P_{P2}}{\eta_2} = \frac{3{,}333\ \text{kW}}{0{,}7} = 4{,}761\ \text{kW} = P_{M2}$$

$$\eta_1 = \frac{P_{M2}}{P_{M1}};\quad P_{M1} = \frac{P_{M2}}{\eta_1} = \frac{4{,}761\ \text{kW}}{0{,}8} = \mathbf{5{,}95\ kW}$$

b) Berechnung mit dem Gesamtwirkungsgrad

$$\eta = \frac{P_{Z2}}{P_{M1}};\quad P_{M1} = \frac{P_{Z2}}{\eta_1 \cdot \eta_2 \cdot \eta_3} = \frac{3\ \text{kW}}{0{,}8 \cdot 0{,}7 \cdot 0{,}9} = \mathbf{5{,}95\ kW}$$

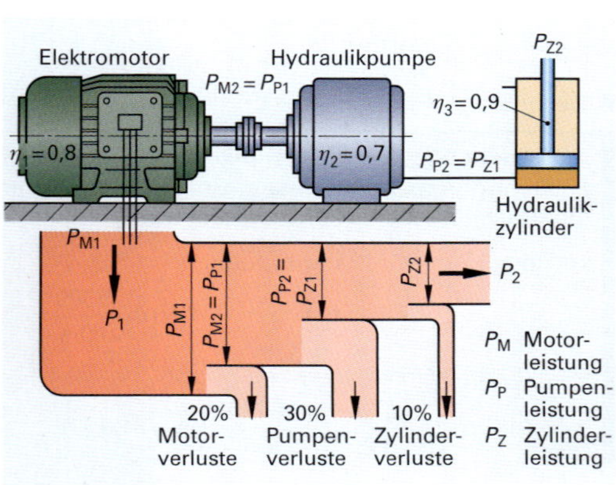

Bild 3: Hydraulikanlage

1) η, griech. Kleinbuchstabe eta

Aufgaben | Mechanische Leistung und Wirkungsgrad

Mechanische Leistung (ohne Wirkungsgrad)

1. **Kran.** Ein Kran verrichtet in einer halben Minute eine Hubarbeit von 15 kN·m. Wie groß ist die dabei verrichtete Leistung in kW?

2. **Hebebühne (Bild 1).** Die Hebebühne hebt einen Pkw mit der Gewichtskraft 11 500 N in 5,5 s auf eine Höhe von 1,80 m. Wie groß ist die Leistung?

3. **Hubstapler (Bild 2).** Der Hubstapler hebt eine 6 550 N schwere Last in ein 1,65 m hohes Regal. Welche Leistung muss der Antriebsmotor abgeben, wenn die Hubzeit 2,5 s beträgt?

4. **Riementrieb.** Ein Elektromotor treibt über einen Riemen eine Maschine an. Seine Leistung beträgt 7,4 kW, seine Drehzahl 1 450/min. Wie groß ist die Zugkraft im Riemen, wenn die Riemenscheibe einen Durchmesser von $d = 355$ mm hat?

5. **Hydraulikmotor.** Welche Leistung hat ein Hydraulikmotor, der bei einer Drehzahl $n = 720$/min ein Drehmoment $M = 67{,}5$ N·m abgibt?

6. **Pumpspeicherwerk (Bild 3).** Die Pumpe des Pumpspeicherwerks fördert Wasser in das 283 m höher liegende Oberbecken. Die zur Verfügung stehende Pumpenleistung beträgt 34 MW. Welche Wassermenge kann pro Sekunde gefördert werden?

7. **Aufzug (Bild 4).** Das Seil des Aufzugs ist für eine Höchstlast von 50 kN ausgelegt. Das Gegengewicht wiegt 38 kN, die Hubgeschwindigkeit beträgt 2,3 m/s.
   a) Wie groß ist die Antriebsleistung der Seilrolle?
   b) Berechnen Sie das Drehmoment der Seiltrommel, wenn diese einen Durchmesser $d = 450$ mm hat.

Wirkungsgrad

8. **Elektromotor (Bild 5).** Für den Elektromotor ist der Wirkungsgrad zu berechnen.

9. **Antriebseinheit (Bild 6).** Wie groß ist der Gesamtwirkungsgrad der elektrohydraulischen Antriebseinheit?

10. **Dieselmotor.** Wie groß ist der Wirkungsgrad eines Dieselmotors für einen Schiffsantrieb, der bei einem Probelauf 160 kW Leistung abgibt und dabei in einer halben Stunde 20,18 Liter Dieselkraftstoff verbraucht? Die Energie in einem Liter Dieselkraftstoff beträgt rund 37 000 kJ.

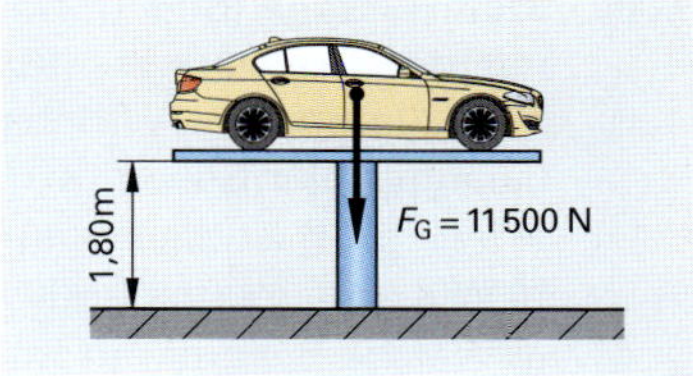

Bild 1: Hebebühne

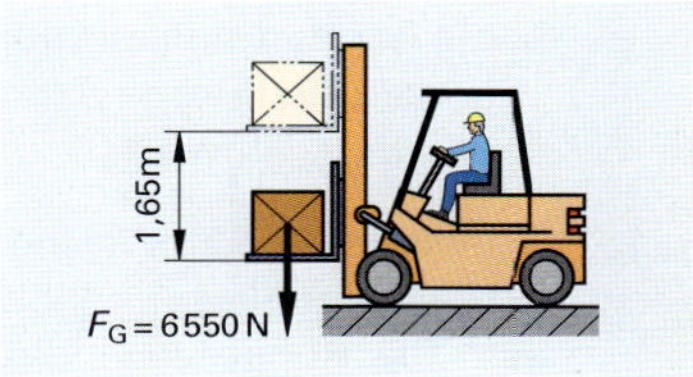

Bild 2: Hubstapler

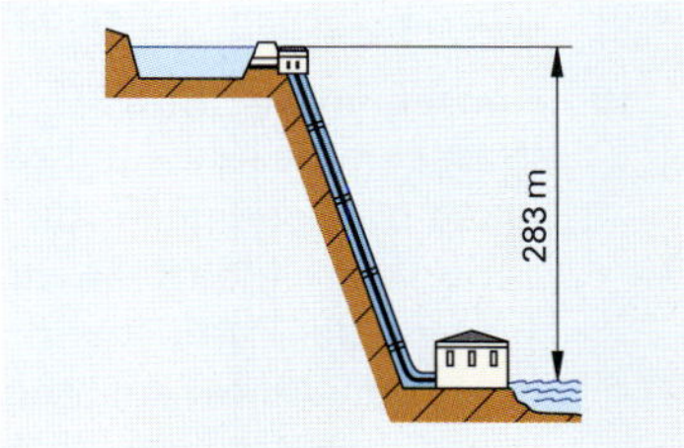

Bild 3: Pumpspeicherwerk

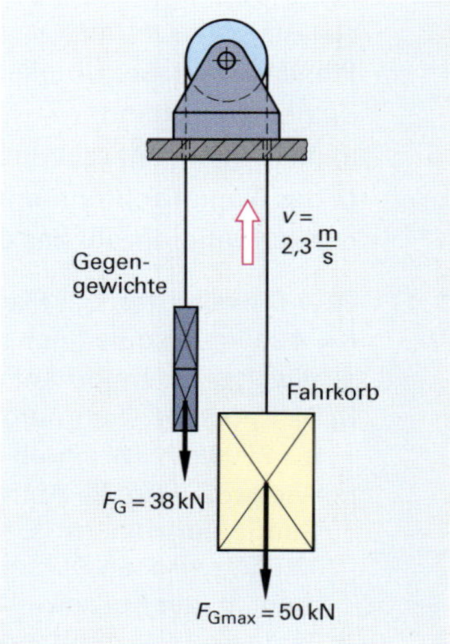

Bild 4: Aufzug

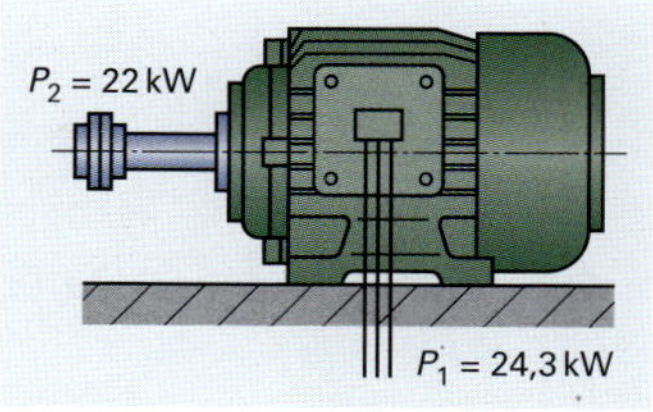

Bild 5: Elektromotor

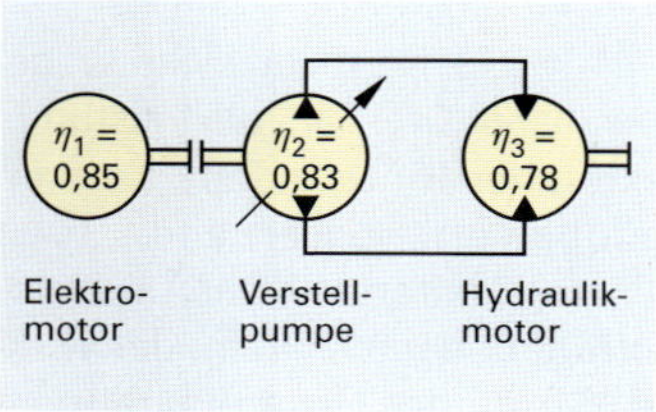

Bild 6: Antriebseinheit

Mechanische Leistung und Wirkungsgrad

11. Kaltkreissäge (Bild 1). Das Sägeblatt der Kaltkreissäge läuft mit der Drehzahl $n = 18/\text{min}$ und hat einen Durchmesser $d = 630$ mm. Der Antriebsmotor entnimmt dem Netz 4,3 kW Leistung. Der Gesamtwirkungsgrad beträgt 0,65.
a) Wie groß ist die Leistung am Sägeblatt?
b) Wie groß ist das Drehmoment am Sägeblatt?
c) Welche Schnittkraft tritt am Umfang des Sägeblatts auf?

12. Hydraulikkolben. Beim Strangpressen eines Profils muss der Hydraulikkolben eine Kraft von 120 kN bei einer Geschwindigkeit von 12,5 m/min aufbringen. Zu berechnen sind:
a) die abgegebene Leistung des Zylinders,
b) die der Hydraulikpumpe zuzuführende Leistung, wenn Zylinder und Pumpe zusammen einen Gesamtwirkungsgrad von 84 % aufweisen.

13. Seilwinde (Bild 2). Welche Leistung nimmt der Antriebsmotor der Seilwinde beim Anheben einer Masse von 5 Tonnen Stahl auf? Die Hubgeschwindigkeit beträgt 1,5 m/min, der Schneckentrieb hat einen Wirkungsgrad von 80 %, der Elektromotor von 86 %.

14. Wasserturbine. Einer Wasserturbine werden je Minute 144 m^3 Wasser aus einer Höhe von 37 m zugeführt. Welche Leistung gibt die Turbine bei einem Wirkungsgrad von 0,85 ab?

15. Kreiselpumpe (Bild 3). Die Kreiselpumpe fördert 66 Liter Wasser je Sekunde auf eine Höhe von 51 m. Wie groß sind
a) die notwendige Förderleistung der Pumpe,
b) die vom Motor an die Pumpe abzugebende Leistung, wenn der Pumpenwirkungsgrad 0,75 beträgt,
c) die vom Motor aufgenommene Leistung bei einem Motorwirkungsgrad von 85 %,
d) der Gesamtwirkungsgrad?

16. Windturbine (Bild 4). Die Turbine einer Offshore-Windenergieanlage hat folgende Daten:
Rotor: Durchmesser $d = 116$ m, Nenndrehzahl $n = 14{,}8/\text{min}$, Nennleistung $P = 5$ MW.
Planetengetriebe: Übersetzungsverhältnis $i = 10 : 1$.
Zu berechnen sind:
a) die Umfangsgeschwindigkeit der Rotorenblätter in km/h
b) das Nenn-Drehmoment des Rotors
c) die Nenndrehzahl des Generators

17. Pkw-Dieselmotor. Ein Pkw-Dieselmotor hat bei der Drehzahl $n = 4\,200/\text{min}$ seine höchste Leistung $P = 105$ kW.
a) Welches Drehmoment gibt er an der Kurbelwelle ab?
b) Das höchste Drehmoment M = 315 N · m erreicht er bei $n = 2\,200/\text{min}$. Wie groß ist bei dieser Drehzahl die Leistung?
c) Wie groß wird die Antriebskraft des Hinterrades im ersten Gang bei einem Gesamtübersetzungsverhältnis von 13,515 zwischen Kurbelwelle und Hinterrad? Das Drehmoment an der Kurbelwelle beträgt dabei 300 N · m, der wirksame Reifendurchmesser 616 mm, der Gesamtwirkungsgrad der Kraftübertragung 0,9.

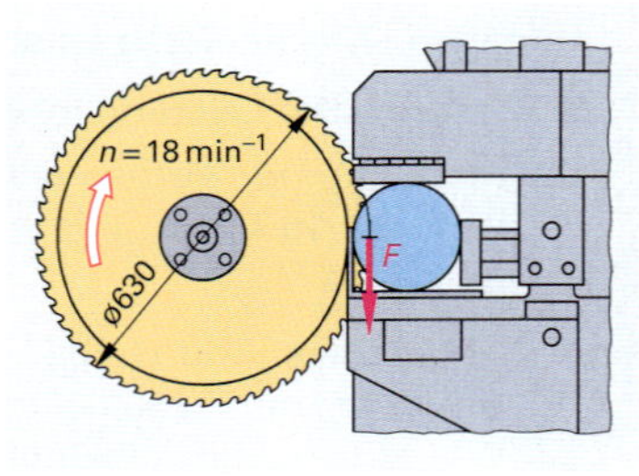

Bild 1: Kaltkreissäge

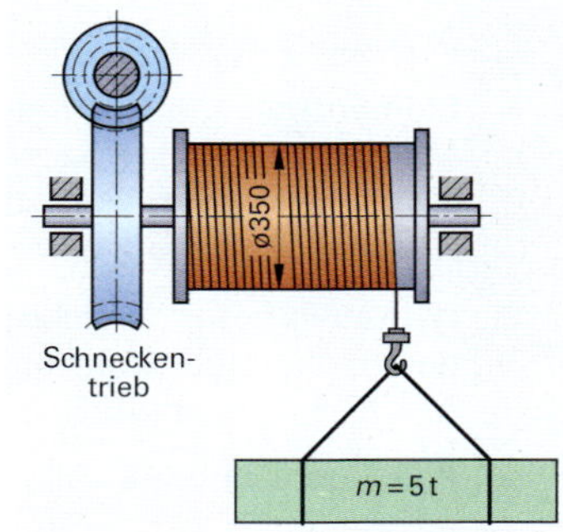

Bild 2: Seilwinde

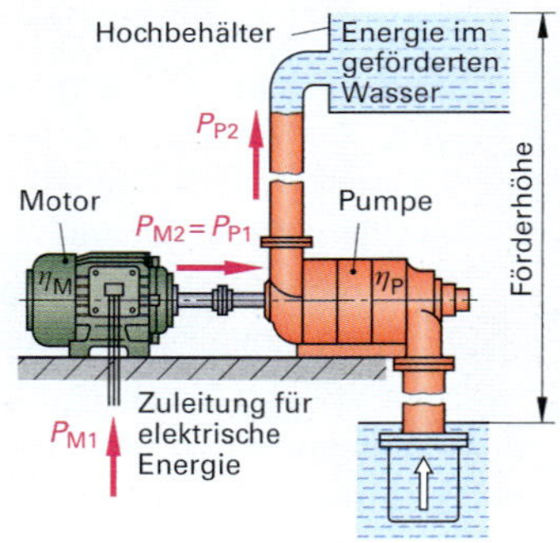

Bild 3: Kreiselpumpe

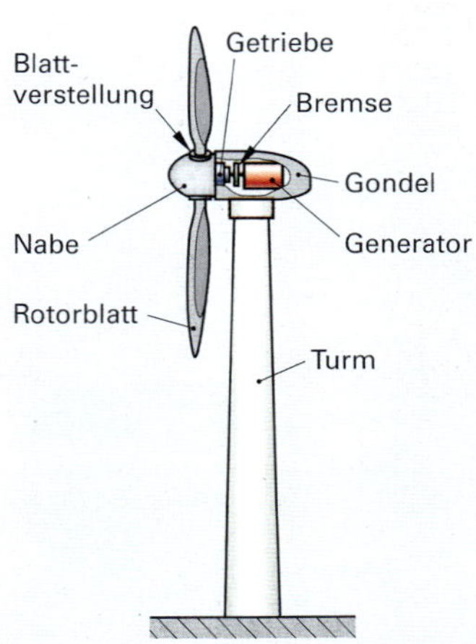

Bild 4: Windturbine

Einfache Maschinen

Einfache Maschinen sind z.B. die schiefe Ebene, der Keil und die Schraube. Mit diesen Geräten kann Kraft eingespart werden. Allerdings wird dabei der Weg entsprechend größer. Dieses physikalische Gesetz nennt man auch die „Goldene Regel der Mechanik". Sie lautet: „Was an Kraft weniger aufgewendet wird, muss im gleichen Verhältnis mehr an Weg zurückgelegt werden".

Bezeichnungen:

W_1	zugeführte Arbeit	N·m	W_2	abgegebene Arbeit	N·m
F_1	zugeführte Kraft	N	F_2	abgegebene Kraft	N
s_1	Weg der Kraft F_1	m	s_2	Weg der Kraft F_2	m
F_G	Gewichtskraft	N	F_N	Normalkraft	N
h	Hub, Höhe	m			

Ohne Berücksichtigung von Reibungsverlusten ist die zugeführte Arbeit gleich groß wie die abgegebene Arbeit. Die Arbeit bleibt demnach konstant. Wird die zugeführte Arbeit W_1 in einem Diagramm als Rechteck mit den Seiten F_1 und s_1 dargestellt, so ergibt sich für die abgegebene Arbeit W_2 ein flächengleiches Rechteck mit den Seiten F_2 und s_2 **(Bild 1)**.

Zugeführte Arbeit = abgegebene Arbeit

$$W_1 = W_2$$

$$F_1 \cdot s_1 = F_2 \cdot s_2$$

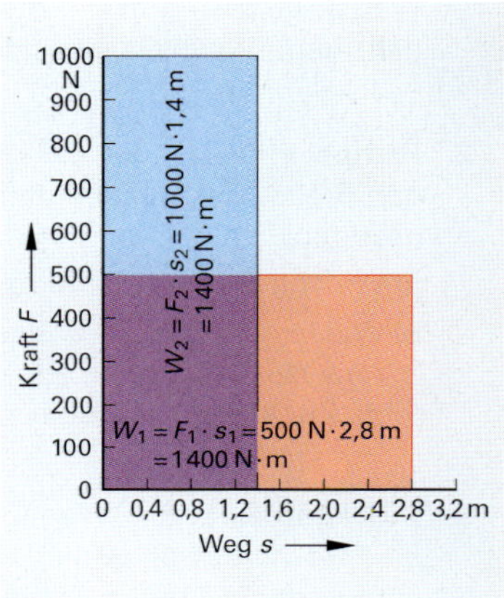

Bild 1: Kraft-Weg-Diagramm

Schiefe Ebene

Eine Anwendung der „Goldenen Regel der Mechanik" ist die schiefe Ebene, die in Form von Rampen, Förderbändern oder Schrauben häufig vorkommt.

● **Beispiel:**

Ein Ölfass mit der Gewichtskraft $F_G = 1000$ N soll auf die 1,40 m hohe Verladerampe angehoben werden **(Bild 2)**.

a) Wie groß ist die hierfür notwendige mechanische Arbeit, wenn das Fass über die 2,80 m lange Verladerampe gerollt wird? Reibungsverluste bleiben unberücksichtigt.

b) Wie groß ist die mechanische Arbeit, wenn das Fass durch einen Hubstapler senkrecht angehoben wird?

c) Vergleichen Sie beide Ergebnisse.

Lösung: a) $W_1 = F \cdot s = 500\ N \cdot 2{,}8\ m =$ **1400 N·m**

b) $W_2 = F_G \cdot h = 1000\ N \cdot 1{,}4\ m =$ **1400 N·m**

c) Die „Goldene Regel der Mechanik" wird bewiesen: die mechanische Arbeit ist in beiden Fällen **gleich groß.**

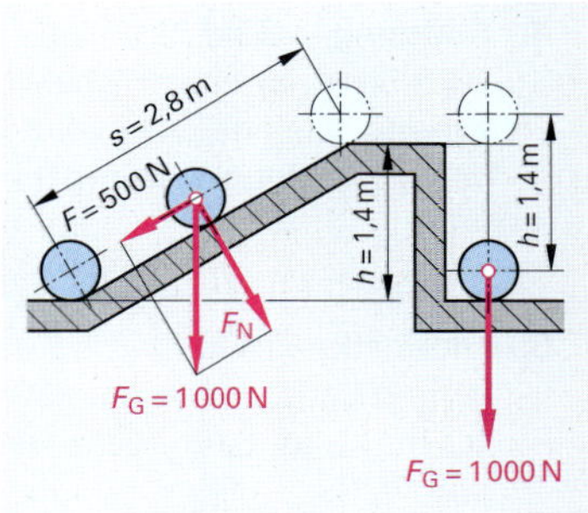

Bild 2: Verladerampe

Keil

Keile dienen zum Anheben schwerer Lasten beim Ausrichten von Maschinen, zum Befestigen von Maschinenteilen (z.B. Kegelstift) sowie zum Trennen von Werkstoffen bei der Zerspanung. Auch beim Keil gilt die „Goldene Regel der Mechanik". Bei den nachfolgenden Berechnungen werden Reibungsverluste nicht berücksichtigt.

Schiefe Ebene und Keil

$$F \cdot s = F_G \cdot h$$

● **Beispiel:**

Welche Kraft F ist erforderlich, um mit einem einseitigen Stellkeil **(Bild 3)** eine Last mit einer Gewichtskraft $F_G = 1800$ N um den Hubweg $h = 20$ mm anzuheben? Der Keil wird dabei um den Kraftweg $s = 120$ mm bewegt.

Lösung: $F \cdot s = F_G \cdot h$; $F = \frac{F_G \cdot h}{s} = \frac{1800\ N \cdot 20\ mm}{120\ mm} =$ **300 N**

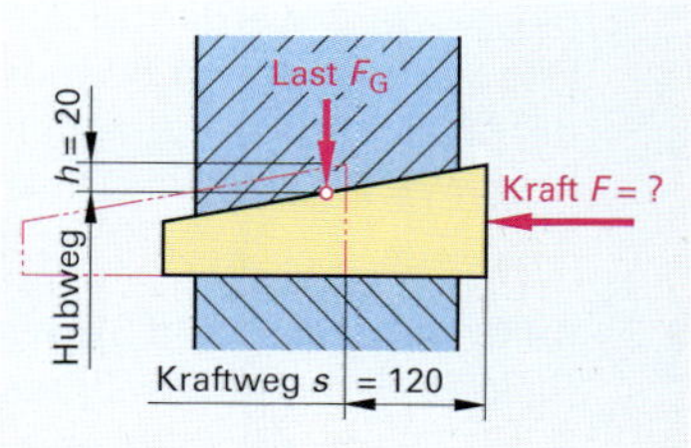

Bild 3: Stellkeil

Aufgaben | Schiefe Ebene, Keil

Reibungsverluste sind nur dann zu berücksichtigen, wenn sie in der Aufgabe angegeben sind.

Schiefe Ebene

1. **Schrägaufzug (Bild 1).** Eine Last $F_G = 600$ N wird mithilfe eines Schrägaufzuges auf einer Weglänge $s = 7{,}5$ m um die Hubhöhe $h = 4$ m gehoben. Wie groß muss die Kraft F sein?

2. **Rampe.** Eine Last von 3,6 kN wird auf 8 m langen Gleitschienen auf eine 2,8 m hohe Rampe gezogen.
   a) Welche Zugkraft ist hierzu notwendig?
   b) Wie lang müssen die Gleitschienen mindestens sein, wenn die zur Verfügung stehende Zugkraft nur 1 000 N beträgt?

3. **Schrägaufzug.** Ein Wagen hat mit Ladung eine Gewichtskraft von $F_G = 45$ kN. Er wird auf einem 300 m langen Schrägaufzug mit einer Zugkraft von $F = 1\,000$ N hochgezogen. Welche Hubhöhe hat der Schrägaufzug?

4. **Steigung (Bild 2).** Auf der Fahrstrecke $s = 3{,}5$ km ist eine Höhe von 210 m zu überwinden. Welche Zugkraft F ist erforderlich, um den $m = 6{,}5$ t schweren Lkw bergauf zu ziehen?

5. **Ladebalken (Bild 3).** Ein Kessel wird auf 4,8 m langen Ladebalken mit 650 N Zugkraft auf die 1,2 m hohe Ladefläche eines Güterwagens gerollt.
   a) Wie groß ist die Gewichtskraft des Kessels?
   b) Die am Kessel wirkende Normalkraft F_N und die Gewichtskraft F_G sind rechnerisch mithilfe der Winkelfunktionen und zeichnerisch zu ermitteln.

Keil

6. **Rollbiegewerkzeug (Bild 4).** Mit dem Rollbiegewerkzeug werden Blechstreifen eingerollt. Wie groß ist die im Seitenschieber auftretende Kraft F_2, wenn auf den Keilstempel eine Kraft $F_1 = 2\,400$ N wirkt?

● 7. **Keiltriebpresse (Bild 5).** Wie groß ist die Stößelkraft F_2 der Keiltriebpresse, wenn die Kraft $F_1 = 12{,}5$ kN, der Winkel $\alpha = 30°$ und die Reibungsverluste 60 % betragen?

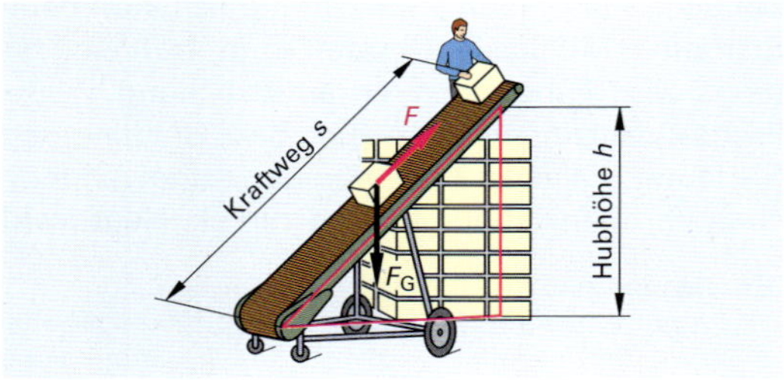

Bild 1: Schrägaufzug

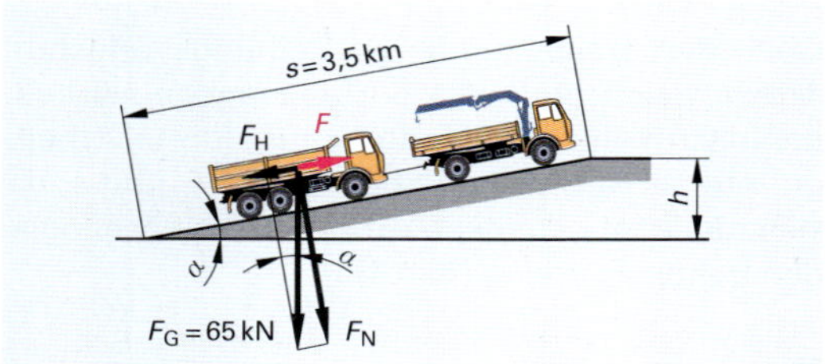

Bild 2: Steigung

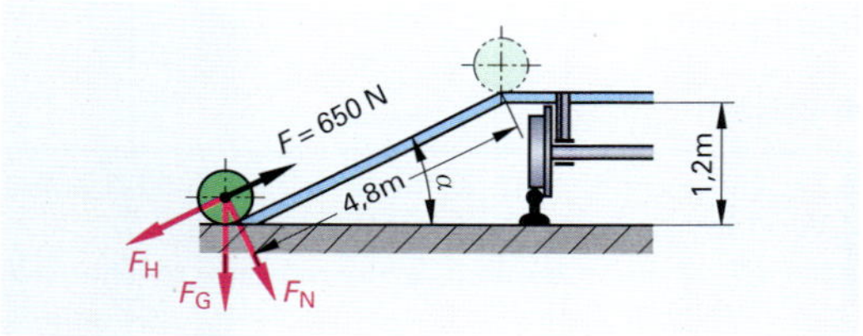

Bild 3: Ladebalken

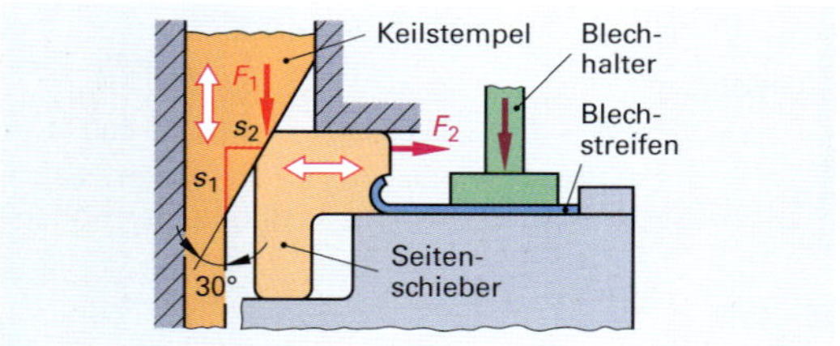

Bild 4: Rollbiegewerkzeug

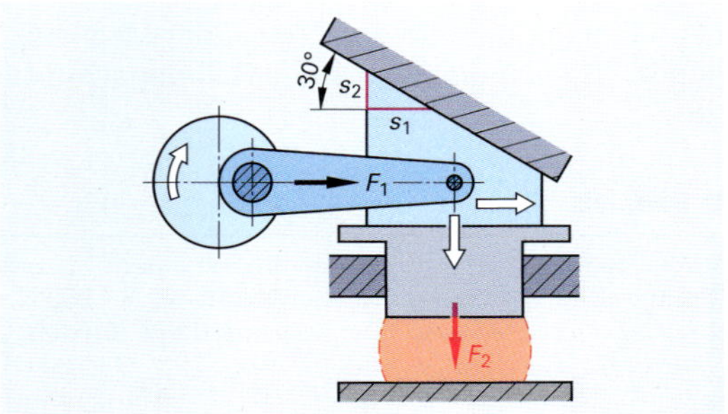

● **Bild 5: Keiltriebpresse**

Schraube

Der Gewindegang einer Schraube entspricht einer schiefen Ebene, die um einen Zylinder gewickelt ist. Es gilt somit auch bei der Schraube die „Goldene Regel der Mechanik". Mit Schrauben können sehr große Kräfte erzeugt werden.

Bezeichnungen:

W_1	zugeführte Arbeit	N · m	W_2	abgegebene Arbeit	N · m
F_1	zugeführte Kraft	N	F_2	abgegebene Kraft	N
s_1	Weg der Kraft F_1	m	P	Gewindesteigung	mm
F_G	Gewichtskraft	N			

Wird das Handrad der Spindelpresse **(Bild 1)** unter Einwirkung der Kraft F_1 einmal gedreht, so wird der Umfang $U = \pi \cdot d$ zurückgelegt und dabei die Arbeit $W_1 = F_1 \cdot \pi \cdot d$ verrichtet. Bei Vernachlässigung der Reibungsverluste entspricht der Arbeit W_1 die Arbeit W_2, die sich aus der Kraft F_2 und dem Weg P (Steigung des Gewindes) berechnen lässt.

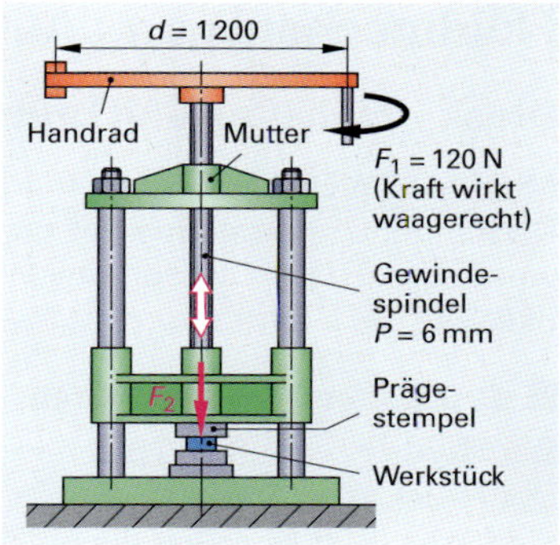

Bild 1: Spindelpresse

Kräfte an der Schraube

$$F_1 \cdot \pi \cdot d = F_2 \cdot P$$

Beispiel:

Die Spindelpresse **(Bild 1)** wird zum Prägen von Werkstücken eingesetzt. Berechnen Sie die Prägekraft F_2 mit den im Bild aufgeführten Angaben.

Lösung: $F_1 \cdot \pi \cdot d = F_2 \cdot P$

$$F_2 = \frac{F_1 \cdot \pi \cdot d}{P} = \frac{120\ \text{N} \cdot \pi \cdot 1200\ \text{mm}}{6\ \text{mm}} = \mathbf{75\,398\ N}$$

Aufgaben | Schraube

1. **Abzieher (Bild 2).** Die Spindel des Abziehers hat ein Gewinde M36 × 1,5 und wird über einen Hebel mit der Länge 220 mm und einer beidseitigen Handkraft von je 95 N betätigt. Welche Zugkraft F_2 wird mit dem Abzieher ausgeübt? Die Reibungsverluste sollen unberücksichtigt bleiben.

2. **Spindelpresse.** Eine Spindelpresse hat ein Handrad mit 400 mm Durchmesser und eine Spindel mit 10 mm Steigung. Das Handrad wird mit der Kraft F_1 = 96 N gedreht.
   a) Welche theoretische Presskraft F_2 kann erreicht werden?
   b) Mit welcher Kraft muss das Handrad gedreht werden, um eine Presskraft von 15 700 N zu erhalten? Die Reibungsverluste bleiben dabei unberücksichtigt,
   c) Wie groß muss die Handkraft sein, wenn bei 65 % Reibungsverlusten die verlangte Presskraft erreicht werden soll?

3. **Schraubstock (Bild 3).** Mit welcher Handkraft F_1 muss der Spannhebel des Schraubstocks gedreht werden, damit eine Spannkraft von 12 kN erreicht wird? Die Reibungsverluste betragen 70 %.

4. **Wagenheber (Bild 4).** Der Wagenheber wird über eine Kurbel mit dem Halbmesser r = 125 mm betätigt.
   a) Mithilfe des Kraftecks sind für die Last F_G = 10 kN die Stangenkräfte F_I und F_{II} sowie die Kraft F_2 in der Gewindespindel zeichnerisch zu ermitteln.
   b) Welche Handkraft F_1 ist an der Kurbel aufzubringen bei 65 % Reibungsverlusten?

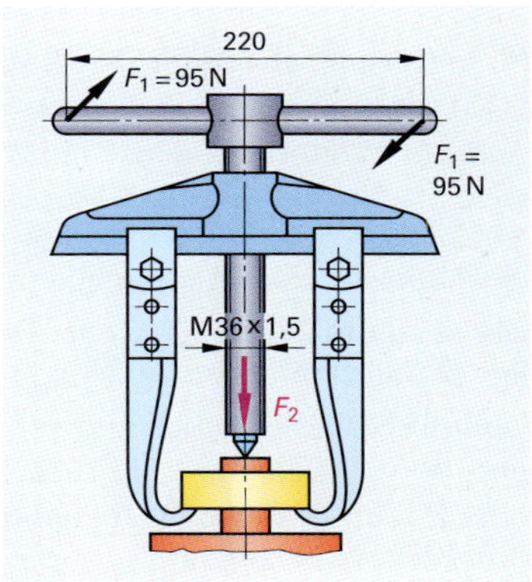

Bild 2: Abzieher

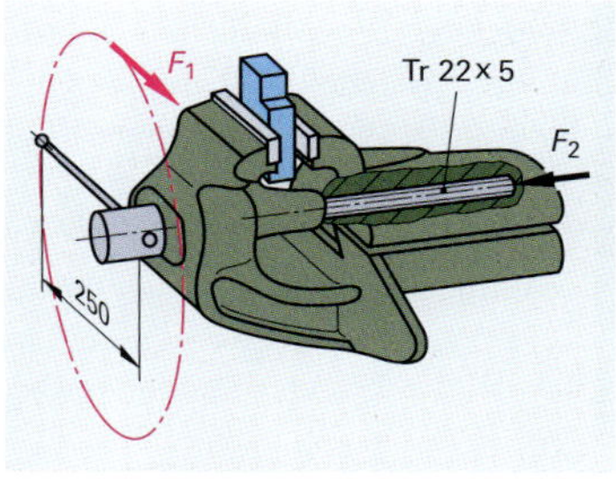

Bild 3: Schraubstock

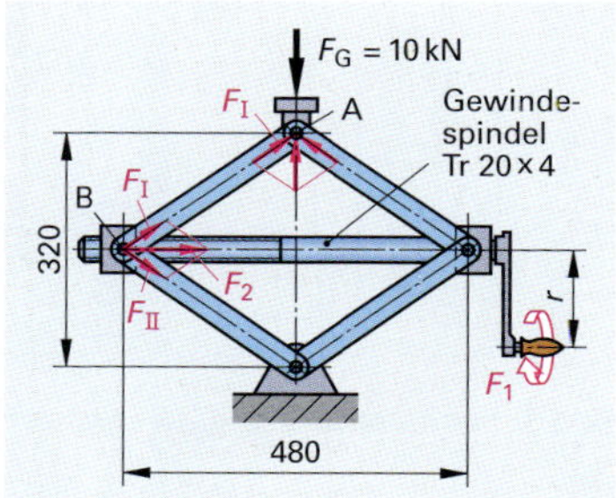

Bild 4: Wagenheber

S. 273

Fluidmechanik und Automation

Druck – Einheiten und Druckarten

Mithilfe von Druckflüssigkeiten oder Druckluft können Geräte und Maschinen angetrieben oder gesteuert werden. Bei der Hydraulik[1] werden meistens Öle, seltener Wasser verwendet. Bei der Pneumatik[2] wird als Übertragungsmittel Luft eingesetzt.

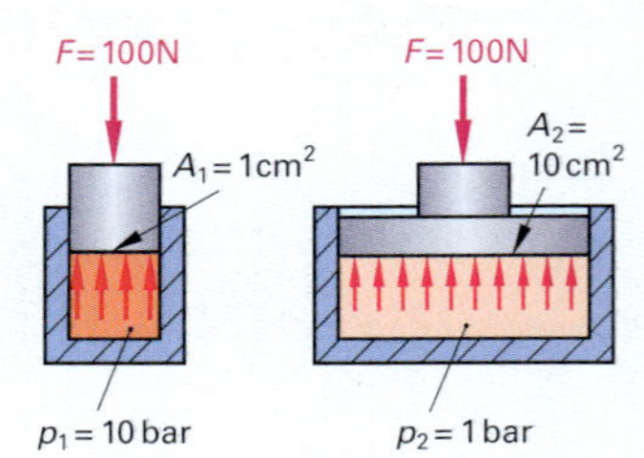

Bild 1: Druckentstehung

Druckarten, Druckeinheiten

Der Quotient „Kraft pro Flächeneinheit" wird als Druck bezeichnet. Der Druck wird umso größer, je größer die Kraft und je kleiner die Fläche ist **(Bild 1)**. Er hat die Einheit Pa (Pascal[3]) oder bar[4]. Die Umrechnung in die verschiedenen Druckeinheiten zeigt **Tabelle 1**.

Bezeichnungen[5]:

p	Druck, allgemein	bar	p_e	Überdruck	bar
p_{abs}	absoluter Druck	bar	F	Kraft	N
p_{amb}	Luftdruck	bar	A	wirksame Fläche	cm²

Druck

$$p = \frac{F}{A}$$

Luftdruck, absoluter Druck, Überdruck

Der **Luftdruck** hängt ab von der Höhe über der Meeresoberfläche und der Wetterlage (Hoch- und Tiefdruckgebiete). Der Mittelwert wird als Normalluftdruck bezeichnet. Er beträgt p_{amb} = 1,013 bar = 1013 mbar oder 1013 hPa. Für die Berechnungen in der Technik wird mit dem gerundeten Wert $p_{amb} \approx 1$ bar gerechnet.

Der **absolute Druck** p_{abs} ist der Druck bezogen auf das Vakuum (luftleerer Raum mit dem Druck p_{abs} = 0 bar).

Überdruck ist der Druckunterschied zwischen dem absoluten Druck und dem jeweiligen Luftdruck **(Bild 2)**. Manometer in Hydraulik- oder Pneumatikanlagen zeigen den Überdruck in bar an. Der Überdruck ist positiv, wenn $p_{abs} > p_{amb}$. Er ist negativ, wenn $p_{abs} < p_{amb}$.

Überdruck

$$p_e = p_{abs} - p_{amb}$$

Tabelle 1: Umrechnungen von Druckeinheiten

$1\ \text{Pa} = 1\ \frac{\text{N}}{\text{m}^2} = \frac{1}{100\,000}\ \text{bar} = 0{,}000\,01\ \text{bar}$
$1\ \text{bar} = 10\ \frac{\text{N}}{\text{cm}^2} = 1\ \frac{\text{daN}}{\text{cm}^2} = 10^5\ \text{Pa}$
1 mbar = 100 Pa = 1 hPa (Hektopascal)

● **Beispiel:**

Berechnen Sie jeweils den Überdruck,

a) wenn in einem Autoreifen ein Druck von p_{abs} = 3,4 bar herrscht,

b) wenn im Ansaugrohr eines Ottomotors ein Druck von p_{abs} = 0,6 bar gemessen wird.

c) Stellen Sie p_{abs} und p_e grafisch dar.

Lösung: a) $p_e = p_{abs} - p_{amb}$ = 3,4 bar – 1 bar = 2,4 bar

b) $p_e = p_{abs} - p_{amb}$ = 0,6 bar – 1 bar = –0,4 bar

c) die verschiedenen Drücke sind in **Bild 3** dargestellt.

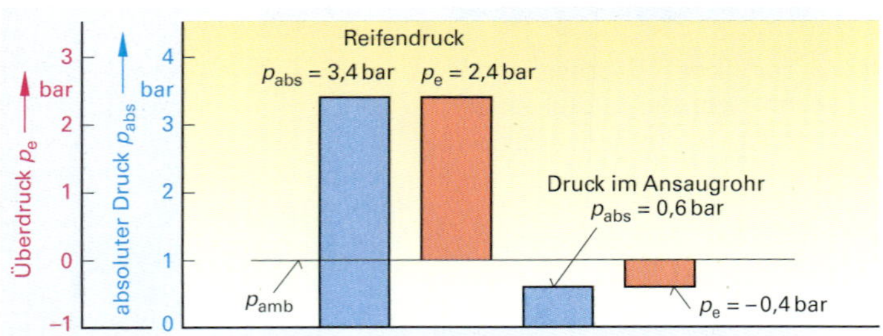

Bild 3: Positiver und negativer Überdruck

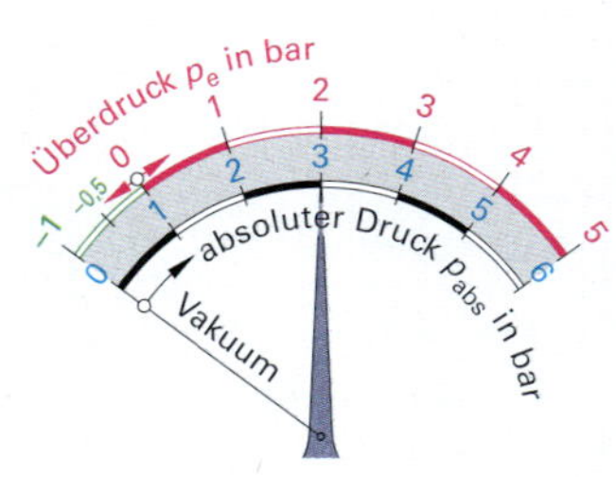

Bild 2: Absoluter Druck und Überdruck

1) von hydro (griech.) Wasser; 2) von pneuma (griech.) Luft; 3) nach Pascal, franz. Physiker (1623–1652); 4) von barys (griech.) schwer; 5) Ursprung der Indices: abs = absolut, unbeschränkt; e = excedens = überschreitend; amb = ambiens = umgebend

Kolbenkraft in Pneumatik und Hydraulik

Der Druck, der auf eine Flüssigkeit oder auf ein Gas ausgeübt wird, breitet sich in einem Behälter in alle Richtungen gleichmäßig aus **(Bild 1)**. Er ist an allen Stellen gleich groß wie an der Druckfläche des Kolbens.

Bezeichnungen:

p	Druck	bar	F	wirksame Kolbenkraft	daN, N
p_e	Überdruck[1]	bar	A	wirksame Kolbenfläche	cm²
η[2]	Wirkungsgrad	–			

Die wirksame Kolbenkraft F hängt ab:

- vom Überdruck p_e
- von der wirksamen Kolbenfläche A
- vom Wirkungsgrad η

Der Wirkungsgrad berücksichtigt die Reibungsverluste, die zwischen dem Kolben und der Zylinderwand sowie zwischen der Kolbenstange und dem Lager auftreten **(Bild 2)**.

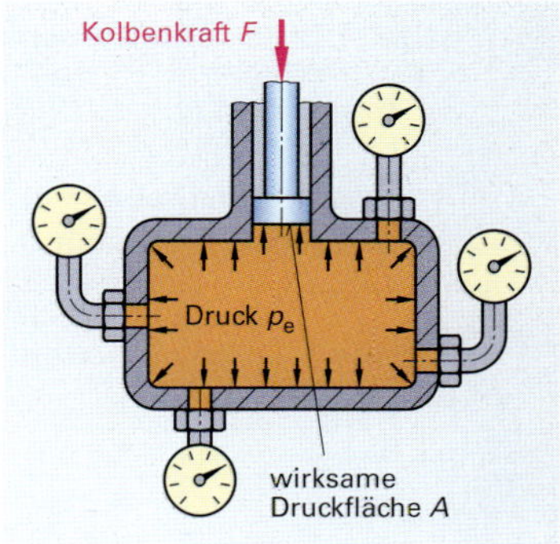

Bild 1: Druckausbreitung

Wirksame Kolbenkraft

$$F = p_e \cdot A \cdot \eta$$

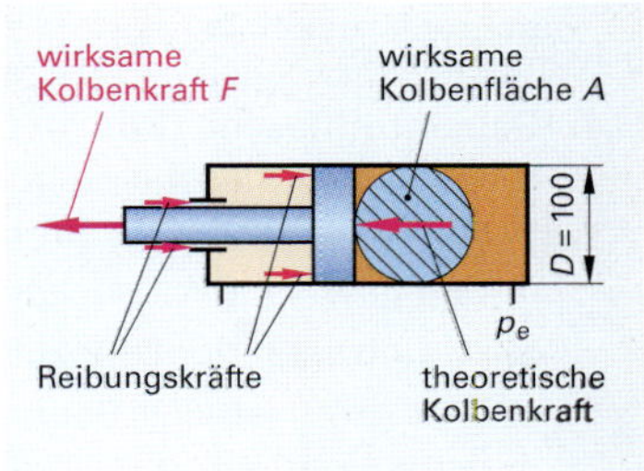

Bild 2: Wirksame Kolbenkraft

● 1. Beispiel:

Der Kolben eines Hydrozylinders mit $D = 100$ mm wird mit dem Druck $p_e = 80$ bar beaufschlagt **(Bild 2)**. Wie groß ist die wirksame Kolbenkraft F, wenn der Wirkungsgrad $\eta = 0{,}85$ beträgt?

Lösung: $F = p_e \cdot A \cdot \eta = 80\,\frac{\text{daN}}{\text{cm}^2} \cdot \frac{\pi \cdot (10\text{ cm})^2}{4} \cdot 0{,}85 = 5340\text{ daN} = \mathbf{53{,}4\ kN}$

● 2. Beispiel:

Welcher Druck ist notwendig, wenn der Kolben **(Bild 3)** auf der Kolbenstangenseite ($d = 40$ mm) mit Drucköl beaufschlagt wird und die gleiche wirksame Kolbenkraft wie im ersten Beispiel verlangt wird? Der Wirkungsgrad des Zylinders beträgt 85 %.

Lösung: Die wirksame Kolbenfläche ist eine Kreisringfläche.

$$A = \frac{\pi}{4} \cdot (D^2 - d^2) = \frac{\pi}{4} \cdot (10^2\text{ cm}^2 - 4^2\text{ cm}^2) = 66\text{ cm}^2$$

$$F = p_e \cdot A \cdot \eta$$

$$p_e = \frac{F}{A \cdot \eta} = \frac{53\,400\text{ N}}{66\text{ cm}^2 \cdot 0{,}85} = 950\,\frac{\text{N}}{\text{cm}^2} = \mathbf{95\ bar}$$

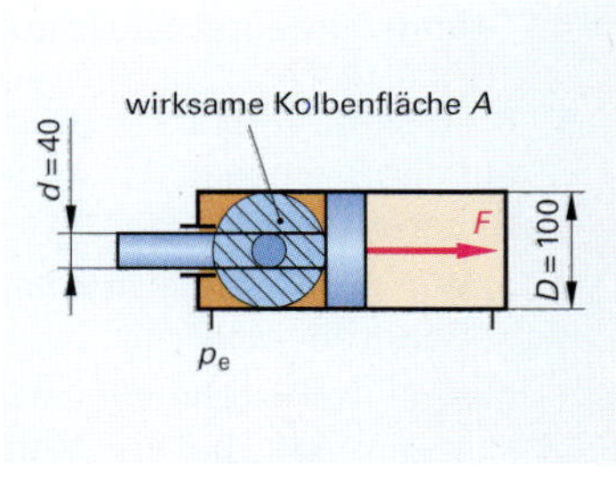

Bild 3: Hydrozylinder

● 3. Beispiel:

Der Zylinder der hydraulischen Spannvorrichtung **(Bild 4)** wird mit 25 bar Druck beaufschlagt. Wie groß muss der Durchmesser des Zylinders sein, wenn eine Spannkraft $F_1 = 4000$ N verlangt wird? Der Wirkungsgrad beträgt 90 %.

Lösung: $F_1 \cdot l_1 = F_2 \cdot l_2$;

$$F_2 = \frac{F_1 \cdot l_1}{l_2} = \frac{4000\text{ N} \cdot 85\text{ mm}}{100\text{ mm}} = 3400\text{ N}$$

$$F_2 = p_e \cdot A \cdot \eta$$

$$A = \frac{F_2}{p_e \cdot \eta} = \frac{3400\text{ N}}{250\,\frac{\text{N}}{\text{cm}^2} \cdot 0{,}9} = 15{,}11\text{ cm}^2$$

$$A = \frac{\pi \cdot d^2}{4}$$

$$d = \sqrt{\frac{4 \cdot A}{\pi}} = \sqrt{\frac{4 \cdot 1511\text{ mm}^2}{\pi}} = \mathbf{43{,}9\ mm \approx 44\ mm}$$

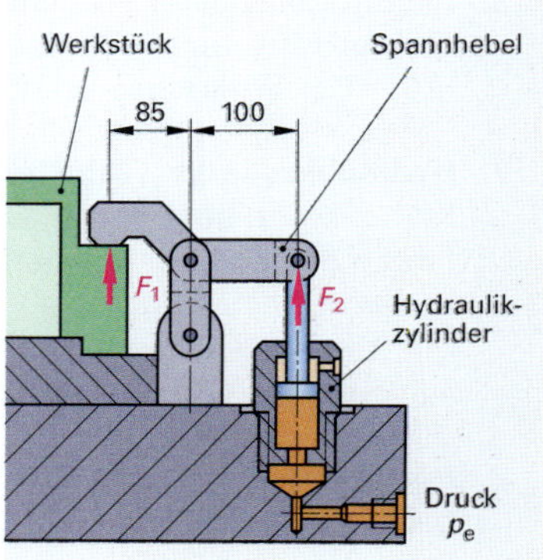

Bild 4: Spannvorrichtung

1) Der Überdruck wird in der Hydraulik oft mit p bezeichnet.
2) η, griechischer Kleinbuchstabe eta

Aufgaben | Druck und Kolbenkraft

Die folgenden Aufgaben sind jeweils mit dem Luftdruck p_{amb} = 1 bar zu rechnen.

1. **Druckeinheiten (Tabelle 1).** Die in den Spalten a bis c angegebenen Drücke sind nach den Angaben der ersten Spalte umzuwandeln.

Tabelle 1: Druckeinheiten

Umwandlung	a	b	c
p_{abs} in bar	p_e = 1,5 bar	p_e = –0,8 bar	p_e = 1500 mbar
p_e in bar	p_{abs} = 8,2 bar	p_e = 300 000 Pa	p_e = 120 N/cm²
p_e in bar	p_{abs} = 0,4 bar	p_{abs} = 0,12 bar	p_{abs} = 0,53 bar

2. **Positiver Überdruck.** Welchem absoluten Druck p_{abs} entspricht der Überdruck p_e = 1,25 bar?

3. **Negativer Überdruck.** Im Ansaugrohr eines Ottomotors wird ein Überdruck p_e = –0,45 bar gemessen. Wie groß ist der absolute Druck?

4. **Sauerstoffflasche (Bild 1).** Das Inhaltsmanometer einer 50-Liter-Sauerstoffflasche zeigt einen Druck von 130 bar an, das Arbeitsmanometer ist auf p_e = 2,5 bar eingestellt.
   a) Wie groß ist der Druckunterschied in bar?
   b) Wie groß ist der Druckunterschied in Pa?
   c) Wie groß ist der Sauerstoffverbrauch, wenn nach einer Schweißarbeit das Inhaltsmanometer noch 115 bar anzeigt?
   1 bar Druckabnahme entspricht bei einer 50-Liter-Flasche ungefähr einer Sauerstoffentnahme von 50 l.

5. **Bremskraftverstärker (Bild 2).** Zur Verstärkung der Fußkraft auf das Bremspedal wird bei Ottomotoren der Unterdruck des Saugrohres genutzt.
   a) Wie groß ist die nutzbare Druckdifferenz in bar, wenn im Saugrohr ein Druck p_{abs} = 0,65 bar herrscht?
   b) Wie groß ist die Verstärkerkraft F_V, wenn der Arbeitskolben zusammen mit der Membrane eine wirksame Fläche von 615 cm² hat?

6. **Pneumatikzylinder (Tabelle 2).** Wie groß sind die wirksamen Kolbenkräfte für die einfach wirkenden Pneumatikzylinder a bis c? Der Wirkungsgrad der Zylinder beträgt jeweils 85 %.

7. **Hydraulikzylinder (Tabelle 3).** Wie groß sind die wirksamen Kolbenkräfte der Hydraulikzylinder a bis c beim Aus- und Einfahren des Kolbens? Es handelt sich um doppelt wirkende Zylinder mit einseitiger Kolbenstange. Das Drucköl strömt einmal von der Kolbenseite und danach von der Kolbenstangenseite in den Zylinder. Der Wirkungsgrad beträgt 0,9.

8. **Pneumatikzylinder (Bild 3).** Wie groß sind die wirksame Kolbenkraft F_1 und die wirksame Rückzugkraft F_2 des Pneumatikkolbens bei einem Druck von 5,5 bar und einem Wirkungsgrad von 80 %?

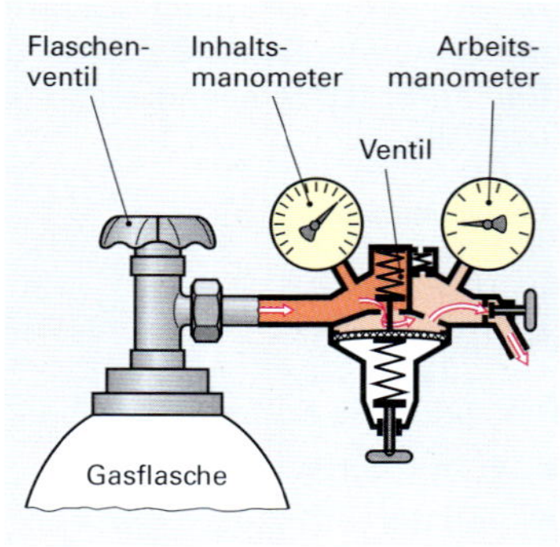

Bild 1: Sauerstoffflasche

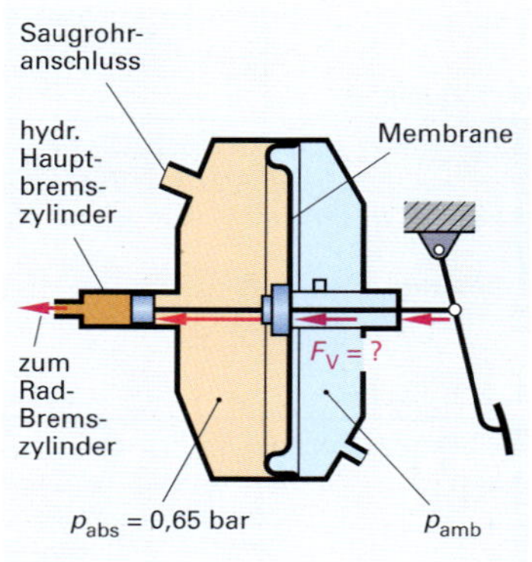

Bild 2: Bremskraftverstärker

Tabelle 2: Pneumatikzylinder

	a	b	c
D in mm	70	50	25
p_e in bar	6	9	4

Tabelle 3: Hydraulikzylinder

	a	b	c
p_e in bar	40	60	100
D in mm	100	160	50
d in mm	60	120	30

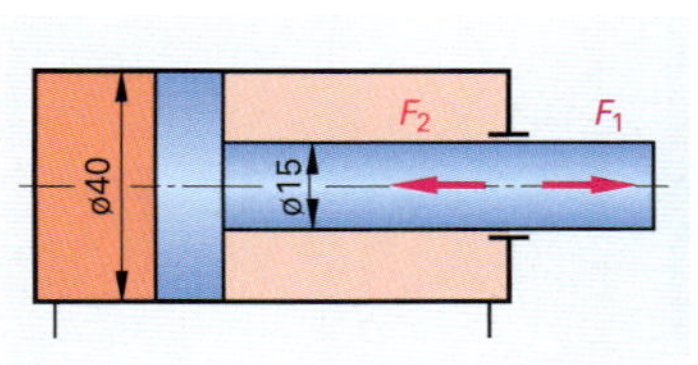

Bild 3: Pneumatikzylinder

9. **Hydraulikzylinder.** Die Vorschubkraft einer Mehrspindelbohrmaschine soll mindestens 42,5 kN betragen. Welcher kleinste Normzylinder muss verwendet werden, wenn die vorhandene Pumpe einen Öldruck von 40 bar liefert? Genormte Zylinderdurchmesser sind: 40 mm; 50 mm; 65 mm; 80 mm; 100 mm; 125 mm; 160 mm; 200 mm. Der Zylinder-Wirkungsgrad beträgt 90 %.

10. **Kaltkreissäge (Bild 1).** Die Kaltkreissäge hat einen Spannzylinder mit 180 mm Durchmesser. Der Druck im Zylinder beträgt p_e = 40 bar. Wie groß ist die Spannkraft F_2 bei einem Wirkungsgrad des Zylinders von 85 %?

11. **Druckbegrenzung.** Auf welchen Druck muss das Druckventil vor einem Druckluftzylinder mit 60 mm Durchmesser eingestellt werden, wenn eine Druckkraft von 1200 N erzeugt werden soll und der Wirkungsgrad des Zylinders 83 % beträgt?

12. **Pneumatische Spannvorrichtung (Bild 2).** Der Wirkungsgrad des Pneumatikzylinders beträgt 88 %. Berechnen Sie
    a) die wirksame Kolbenkraft F_1, wenn der Kolbendurchmesser 35 mm beträgt,
    b) die wirksame Spannkraft F_2'.

13. **Dieselmotor.** Der Verbrennungshöchstdruck beträgt bei einem Dieselmotor p_e = 85 bar. Welche Kolbenkraft ergibt sich bei diesem Druck, wenn der Kolbendurchmesser 75 mm und der Wirkungsgrad 85 % betragen?

● 14. **Druckübersetzer (Bild 3).** Der Überdruck in Druckluftnetzen ist meist auf 6 bar begrenzt. Deshalb können große Kolbenkräfte nur durch entsprechend große Zylinderdurchmesser erreicht werden. Beim Druckübersetzer können durch Hintereinanderschalten von Pneumatik- und Hydraulikzylindern große Kolbenkräfte erzielt werden. Der Wirkungsgrad am Pneumatikzylinder beträgt 80 %, der an den Hydraulikzylindern jeweils 90 %. Zu berechnen sind
    a) die wirksame Kolbenkraft F_1,
    b) der Druck p_{e2},
    c) die wirksame Kolbenkraft F_2,
    d) das Druckübersetzungsverhältnis $i = p_{e1} : p_{e2}$.

● 15. **Zweibacken-Druckluftfutter (Bild 4).** Das Spannfutter wird mit 6 bar Überdruck betrieben. Wie groß sind bei einem Wirkungsgrad η = 0,75
    a) die wirksame Kolbenkraft F_1 in der Zugstange,
    b) die wirksame Spannkraft F_2?

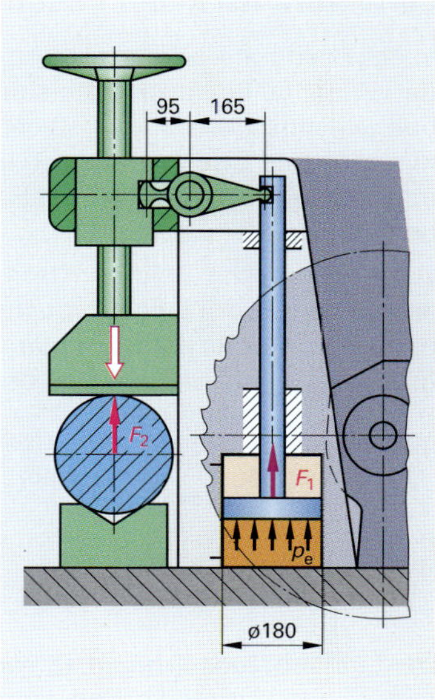

Bild 1: Kaltkreissäge

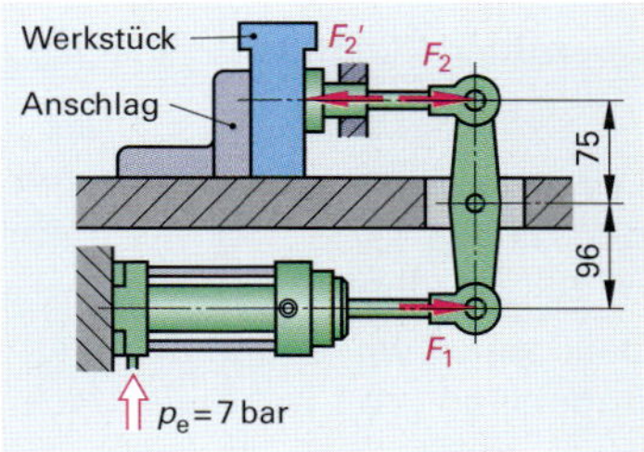

Bild 2: Pneumatische Spannvorrichtung

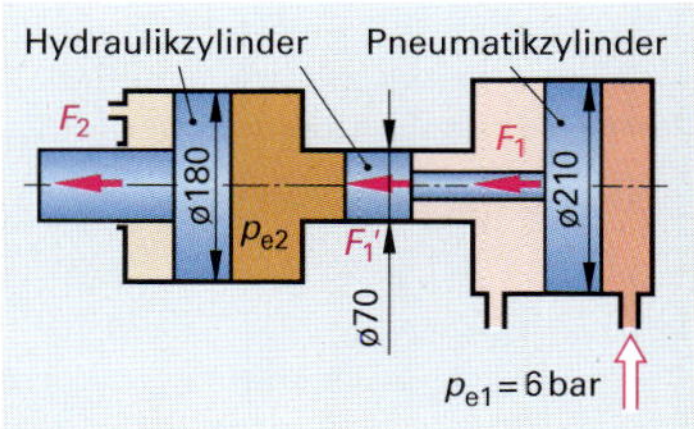

● **Bild 3: Druckübersetzer**

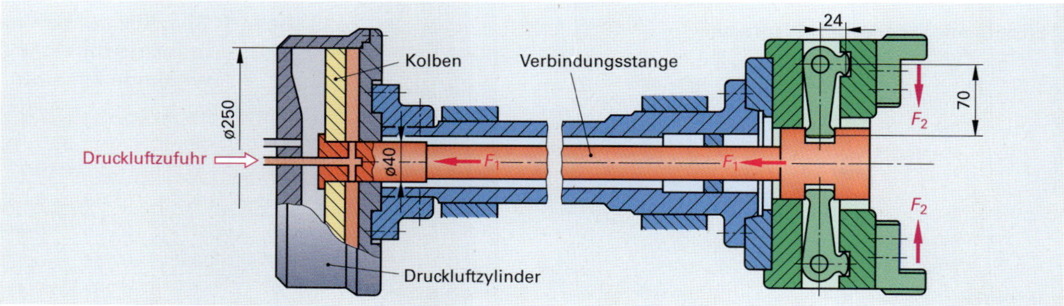

● **Bild 4: Zweibacken-Druckluftfutter**

S. 275

Luftverbrauch in der Pneumatik

In der Pneumatik wird als Übertragungsmedium Druckluft verwendet. Wichtige Einsatzgebiete sind Druckluftzylinder in der Handhabungstechnik, Verpackungstechnik, in Türschließanlagen bei Omnibussen und Eisenbahnwagen und im Vorrichtungsbau. Druckluftmotoren werden vor allem bei Schraubern und Handschleifmaschinen eingesetzt.

Der erforderliche Volumenstrom des Verdichters einer Druckluftanlage hängt vom Luftverbrauch der an ihn angeschlossenen pneumatischen Geräte ab. Der Volumenstrom wird auf den Normalluftdruck p_{amb} = 1 bar (p_e = 0 bar) der angesaugten Luft bezogen.

Bezeichnungen:

Q	Luftverbrauch	l/min	q	spezifischer Luftverbrauch je 1 cm Kolbenhub	l/cm
p_e	Überdruck im Zylinder	bar	s	Kolbenhub	cm
p_{abs}	absoluter Druck	bar	n	Hubzahl	1/min
p_{amb}	Luftdruck	bar			
A	Kolbenfläche	cm^2			

Der Luftverbrauch Q hängt ab von der Kolbenfläche A, dem Kolbenhub s, der Hubzahl n und dem Verdichtungsverhältnis der Luft **(Bild 1)**. Unter dem Verdichtungsverhältnis der Luft versteht man das Verhältnis

$$\frac{\text{Überdruck + Luftdruck}}{\text{Luftdruck}} = \frac{p_e + p_{amb}}{p_{amb}}$$

Der Luftverbrauch kann mit der Berechnungsformel oder mithilfe der **Tabelle 1** bzw. des **Diagramms (Bild 1, nachfolgende Seite)** ermittelt werden.

Bei doppelt wirkenden Zylindern (**Bild 2**) ist der Luftverbrauch rund doppelt so groß wie bei einfach wirkenden Zylindern.

● **Beispiel:**

Der einfach wirkende Zylinder **(Bild 1)** mit einem Durchmesser D = 50 mm und einem Hub s = 120 mm wird mit dem Druck p_e = 6 bar 100-mal in der Minute betätigt. Wie viel Liter unverdichtete Luft verbraucht der Zylinder in einer Minute? Der Luftdruck beträgt p_{amb} = 1 bar.

Lösung mit Berechnungsformel:

$$Q = A \cdot s \cdot n \cdot \frac{p_e + p_{amb}}{p_{amb}}$$

$$= \frac{\pi \cdot (5\ \text{cm})^2}{4} \cdot 12\ \text{cm} \cdot \frac{100}{\text{min}} \cdot \frac{6\ \text{bar} + 1\ \text{bar}}{1\ \text{bar}}$$

$$= 164\,933{,}6\ \frac{\text{cm}^3}{\text{min}} \cdot \frac{1\ \text{l}}{1000\ \text{cm}^3} \approx \mathbf{165\ l/min}$$

Lösung mit Tabelle bzw. Diagramm:

$$Q = q \cdot s \cdot n$$

$$= 0{,}134\ \frac{\text{l}}{\text{cm}} \cdot 12\ \text{cm} \cdot 100\ \frac{1}{\text{min}}$$

$$= \mathbf{160{,}8\ \frac{l}{min}}$$

1) Bei genaueren Berechnungen müssen neben den Leckverlusten der Raum zwischen Kolben und Zylinderdeckel und das Volumen der Druckluftleitung zwischen Zylinder und Ventilen berücksichtigt werden.

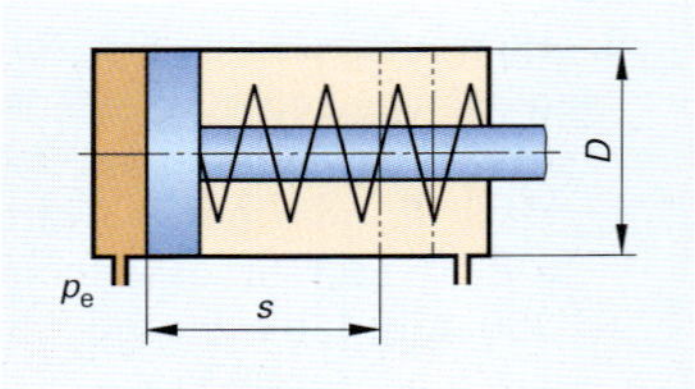

Bild 1: Einfach wirkender Zylinder

Luftverbrauch einfach wirkender Zylinder mit Berechnungsformel

$$Q = A \cdot s \cdot n \cdot \frac{p_e + p_{amb}}{p_{amb}}$$

Luftverbrauch einfach wirkender Zylinder mit q-Werten aus Tabelle oder Diagramm

$$Q = q \cdot s \cdot n$$

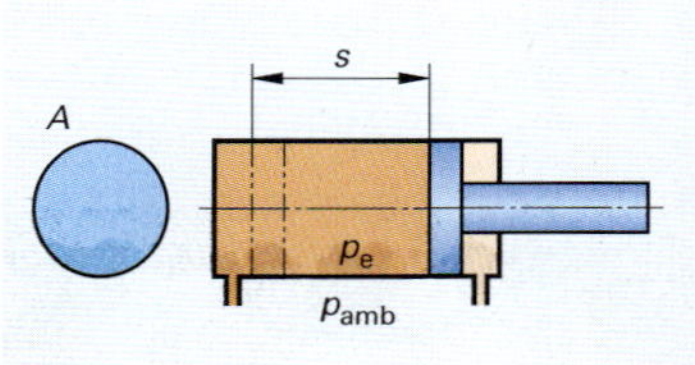

Bild 2: Doppelt wirkender Zylinder

Luftverbrauch doppelt wirkender Zylinder mit Berechnungsformel[1)]

$$Q \approx 2 \cdot A \cdot s \cdot n \cdot \frac{p_e + p_{amb}}{p_{amb}}$$

Luftverbrauch doppelt wirkender Zylinder mit q-Werten aus Tabelle oder Diagramm

$$Q \approx 2 \cdot q \cdot s \cdot n$$

Tabelle 1: Spezifischer Luftverbrauch q für einfach wirkende Zylinder

Zylinder-∅ D	Betriebsdruck p_e in bar 4	6	8
	q in Liter je cm Hub		
25	0,024	0,033	0,043
35	0,047	0,066	0,084
50	0,096	0,134	0,172
70	0,19	0,26	0,34
100	0,383	0,54	0,69

Aufgaben | Luftverbrauch in der Pneumatik

1. **Luftverbrauch (Tabelle 1).** Wie groß ist jeweils der Luftverbrauch für die einfach wirkenden Zylinder mit *q*-Werten nach **Bild 1** bzw. **Tabelle 1, vorherige Seite?**

2. **Leckstelle in Pneumatikanlage.** Aus einer Leckstelle, deren Querschnitt einem Loch von 0,5 mm Durchmesser entspricht, entweichen 10 Liter Luft je Minute.

   Wie viel Verlust entsteht im Jahr, wenn 1 m^3 Druckluft 0,04 € kostet und die Leitung dauernd unter Druck steht?

3. **Pneumatischer Drehantrieb (Bild 2).** Mithilfe des doppelt wirkenden Pneumatikzylinders wird durch das Zahnstangengetriebe eine Drehbewegung erzeugt. Folgende Daten sind bekannt: Modul m = 2,5 mm; Zähnezahl z = 36; Betriebsdruck p_e = 4 bar, Hub s = 25 mm; Hubzahl n = 35/min; Kolbendurchmesser D = 70 mm.

   Zu berechnen sind

   a) der Luftverbrauch an einem achtstündigen Arbeitstag bei einem Nutzungsgrad von 90 %,

   b) die Kraft F in der Zahnstange bei einem Wirkungsgrad von 90 %,

   c) das Drehmoment des Zahnrades,

   d) der Drehwinkel α für den Hub s = 25 mm.

4. **Pneumatische Hubeinrichtung (Bild 3).** Behälter, die auf der unteren Rollbahn ankommen, werden durch den Sperrzylinder -MM1 gestoppt. Nach dem Startsignal fährt der Zylinder -MM1 zurück, der Behälter rollt auf die Hubplattform. Dort löst er ein Signal aus, das bewirkt, dass der Zylinder -MM1 wieder in Sperrstellung fährt und der Hubzylinder -MM2 ausfährt. In dessen Endstellung wird der Verschiebezylinder -MM3 betätigt, der den Behälter auf die obere Rollbahn schiebt. Danach fahren die Zylinder -MM2 und -MM3 wieder zurück. Der Zyklus ist geschlossen.

   Berechnen Sie den Luftverbrauch für 350 Zyklen. Die Daten der Pneumatikzylinder sind **Tabelle 2** zu entnehmen.

Tabelle 2: Werte für doppelt wirkende Zylinder

	-MM1	-MM2	-MM3
Kolbendurchmesser in mm	25	50	35
Hub in mm	100	850	520
Druck in bar	4,5 bar		

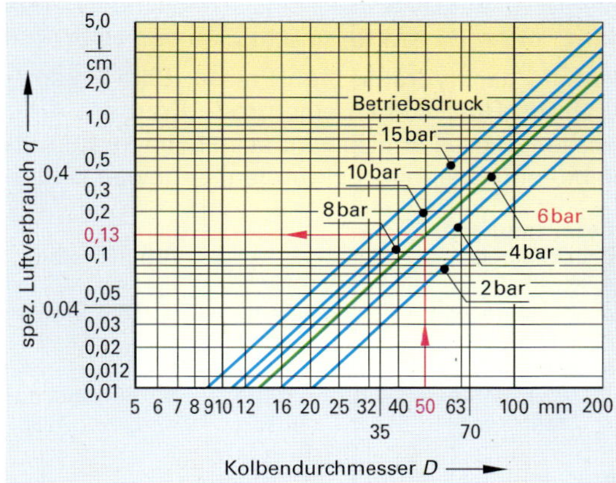

Bild 1: Diagramm für den spezifischen Luftverbrauch für einfach wirkende Zylinder

Tabelle 1: Zylinderwerte

	a	b	c
Kolbendurchmesser in mm	35	70	100
Druck p_e in bar	4	4	8
Hub in mm	15	90	85
Hubzahl in 1/min	30	15	12

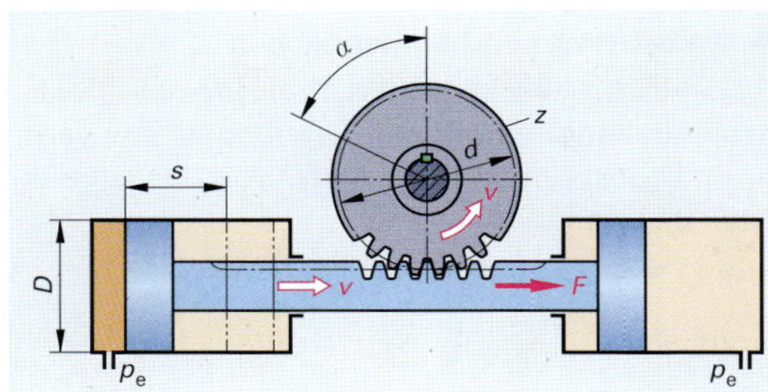

Bild 2: Pneumatischer Antrieb

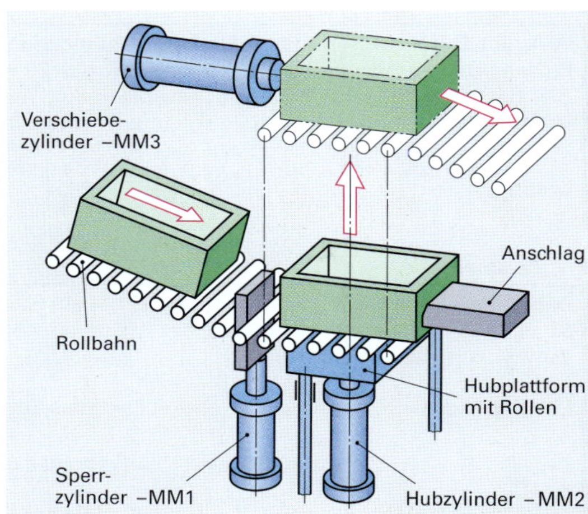

Bild 3: Pneumatische Hubeinrichtung

S. 275

Hydrostatik – Prinzip der hydraulischen Presse

Werden in der Hydraulik keine schnellen Bewegungen erzeugt, sondern nur große Kräfte, spricht man von Hydrostatik.

Mithilfe der hydraulischen Presse **(Bild 1)** kann mit einer kleinen Kraft am Druckkolben eine große Kraft am Arbeitskolben erzeugt werden. Dieses Prinzip wird auch bei hydraulischen Systemen (z. B. Hebe- und Spannvorrichtungen) angewandt.

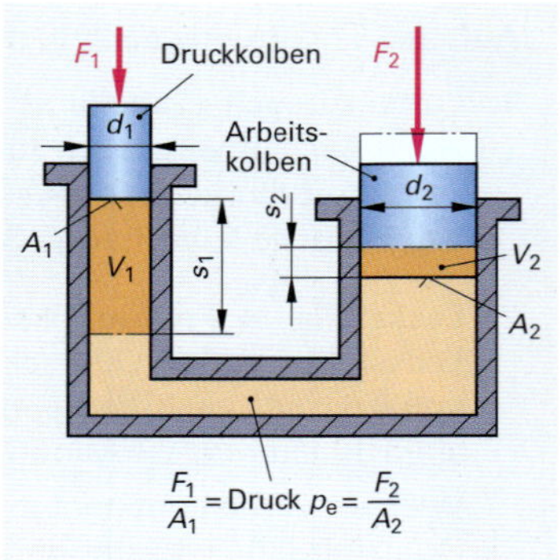

Bild 1: Prinzip der hydraulischen Presse

Bezeichnungen:

Druckkolben		**Arbeitskolben**	
F_1 Kraft	N	F_2 Kraft	N
d_1 Durchmesser	mm	d_2 Durchmesser	mm
A_1 Fläche	mm²	A_2 Fläche	mm²
s_1 Weg	mm	s_2 Weg	mm
V_1 Volumen beim Weg s_1	mm³	V_2 Volumen beim Weg s_2	mm³
p_e Überdruck	bar	p_e Überdruck	bar

Kolbenkräfte und Kolbenflächen

Da der Öldruck p_e im Druck- und Arbeitszylinder gleich groß ist, gilt ohne Berücksichtigung von Reibungs- und Leckverlusten:

$$p_e = \frac{F_1}{A_1} \text{ und } p_e = \frac{F_2}{A_2}$$

Hieraus ergibt sich: $\frac{F_1}{A_1} = \frac{F_2}{A_2} \Rightarrow \frac{F_1}{F_2} = \frac{A_1}{A_2} = \frac{\frac{\pi \cdot d_1^2}{4}}{\frac{\pi \cdot d_2^2}{4}} = \frac{d_1^2}{d_2^2}$

Die Kolbenkräfte verhalten sich wie die Kolbenflächen oder wie die Quadrate der Kolbendurchmesser.

Kraft- und Flächenverhältnis

$$\frac{F_1}{F_2} = \frac{A_1}{A_2}$$

Kraft- und Durchmesserverhältnis

$$\frac{F_1}{F_2} = \frac{d_1^2}{d_2^2}$$

Kolbenwege und Kolbenflächen

Das vom Druckkolben **(Bild 1)** verdränge Ölvolumen V_1 wird vom Arbeitszylinder aufgenommen. Also ist das verdrängte Ölvolumen V_1 im Druckzylinder gleich groß wie das zugeführte Ölvolumen V_2 im Arbeitszylinder ($V_1 = V_2$).

Aus $V_1 = A_1 \cdot s_1$ und $V_2 = A_2 \cdot s_2$ sowie $V_1 = V_2$

ergibt sich $A_1 \cdot s_1 = A_2 \cdot s_2$ und daraus folgt: $\frac{s_1}{s_2} = \frac{A_2}{A_1}$

Die Kolbenwege verhalten sich umgekehrt wie die Kolbenflächen.

Weg- und Flächenverhältnis

$$\frac{s_1}{s_2} = \frac{A_2}{A_1}$$

1. Beispiel:

Welchen Durchmesser muss der Arbeitszylinder einer hydraulischen Presse erhalten, wenn der Druckkolben mit $d_1 = 20$ mm mit einer Kraft $F_1 = 150$ N bewegt wird und am Arbeitskolben eine Kraft $F_2 = 4\,000$ N verlangt wird? Die Reibungsverluste sollen unberücksichtigt bleiben.

Lösung: $\frac{F_1}{F_2} = \frac{d_1^2}{d_2^2}$; $\quad d_2 = \sqrt{\frac{d_1^2 \cdot F_2}{F_1}} = \sqrt{\frac{(20\text{ mm})^2 \cdot 4\,000\text{ N}}{150\text{ N}}} = \mathbf{103{,}3\text{ mm}}$

2. Beispiel:

Der hydraulische Druckübersetzer **(Bild 2)** hat ein Flächenverhältnis von 64 : 1. Wie groß ist bei $p_{e1} = 8$ bar der maximale Öldruck p_{e2}? Der Gesamtwirkungsgrad beträgt 75 %.

Lösung: Aus $p_{e1} = \frac{F_1}{A_1}$ und $p_{e2} = \frac{F_1}{A_2}$ ergibt sich das Verhältnis $\frac{p_{e2}}{p_{e1}} = \frac{F_1 \cdot A_1}{A_2 \cdot F_1}$

Bei Berücksichtigung des Wirkungsgrades gilt:

$$p_{e2} = \frac{p_{e1} \cdot A_1}{A_2} \cdot \eta = \frac{8\text{ bar} \cdot 64}{1} \cdot 0{,}75 = \mathbf{384\text{ bar}}$$

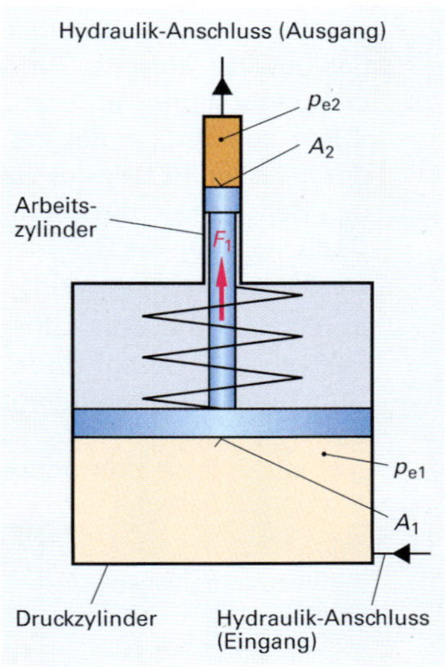

Bild 2: Druckübersetzer

Aufgaben | Hydrostatik – Prinzip der hydraulischen Presse

1. **Hydraulische Bremsanlage (Bild 1).** Folgende Werte sind gegeben: Durchmesser des Hauptbremszylinders d_1 = 25,4 mm, Kolbenstangenkraft F_1 = 2000 N, Radzylinderdurchmesser d_2 = 36 mm.
   Berechnen Sie
   a) den Druck p_e in der Leitung,
   b) die Spannkraft F_2 eines Radzylinderkolbens.
2. **Doppelkolbenzylinder (Bild 2).** Der Zylinder wird an eine Druckölleitung von p_e = 40 bar angeschlossen.
   Wie groß sind die Kräfte F_1 und F_2?
3. **Hydraulische Handhebelpresse (Bild 3).** Auf den Betätigungshebel der hydraulischen Presse wirkt eine Handkraft von 100 N. Die Fläche des Druckkolbens beträgt 25 cm², die des Arbeitskolbens 125 cm².
   a) Welche Kraft F_2 wird am Arbeitskolben erzeugt?
   b) Wie viel Hübe des Druckkolbens von je 50 mm sind erforderlich, wenn der Arbeitskolben einen Hub von 52 mm zurücklegt?
4. **Hydraulische Wälzlagerpresse (Bild 4).** Mit der Vorrichtung werden Wälzlager aufgepresst. Zu berechnen sind
   a) die Kolbenkraft F_2,
   b) die Kraft F_3 am Ringkolben, mit der das Lager aufgepresst wird. Der Wirkungsgrad des Zylinders beträgt 85 %.
   c) Das Wälzlager soll auf eine Breite von 20 mm aufgepresst werden. Wie viel Hübe der Handpumpe sind hierfür notwendig, wenn der Druckkolben einen Hub von 34 mm hat?
5. **Hydraulische Spannvorrichtung (Bild 5).** Für die Spannvorrichtung sind zu berechnen
   a) die Spindelkraft F_2 bei einem Wirkungsgrad der Spindel von 60 %,
   b) die Spannkraft F_3 bei einem Wirkungsgrad des Zylinders von 85 %,
   c) das Übersetzungsverhältnis $F_1 : F_3$,
   d) der Weg der Spannkolben bei einer Umdrehung des Spannhebels.

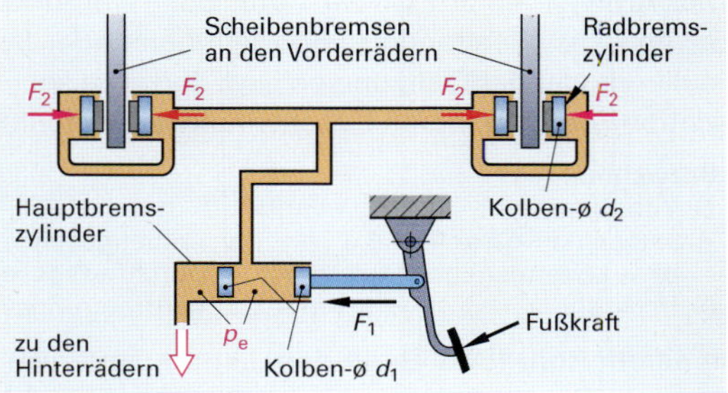

Bild 1: Hydraulische Bremsanlage

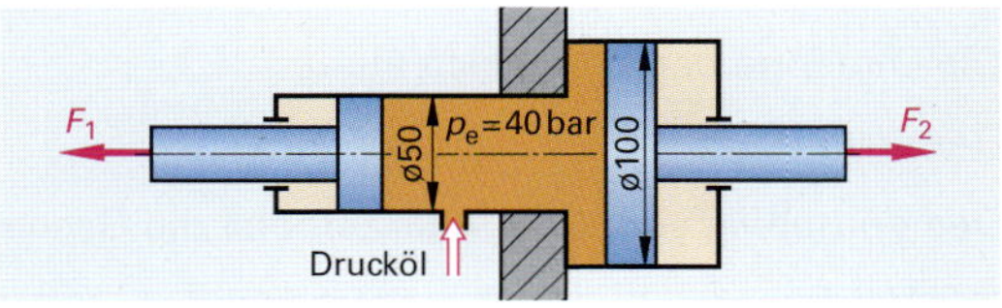

Bild 2: Doppelkolbenzylinder

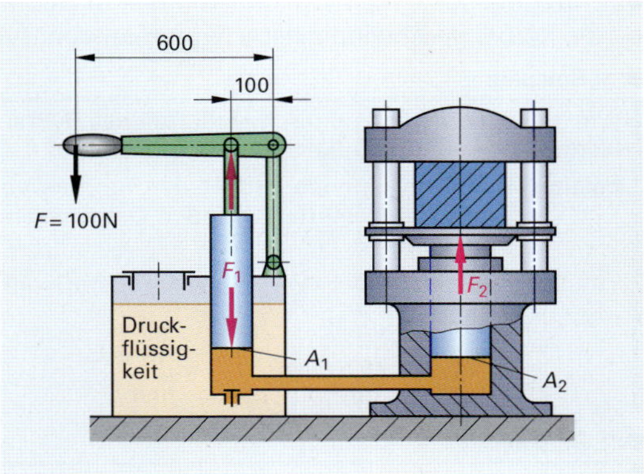

Bild 3: Hydraulische Handhebelpresse

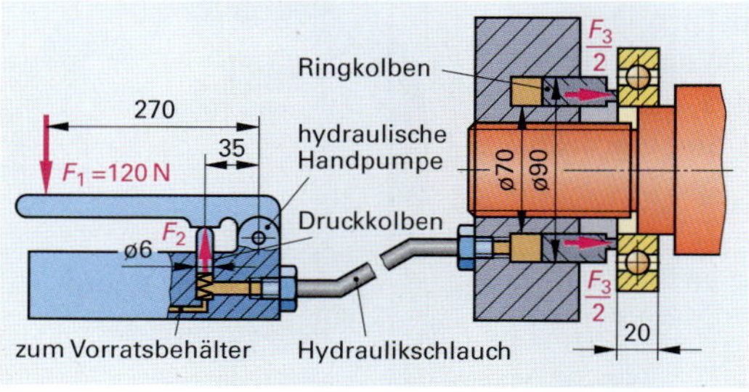

Bild 4: Hydraulische Wälzlagerpresse

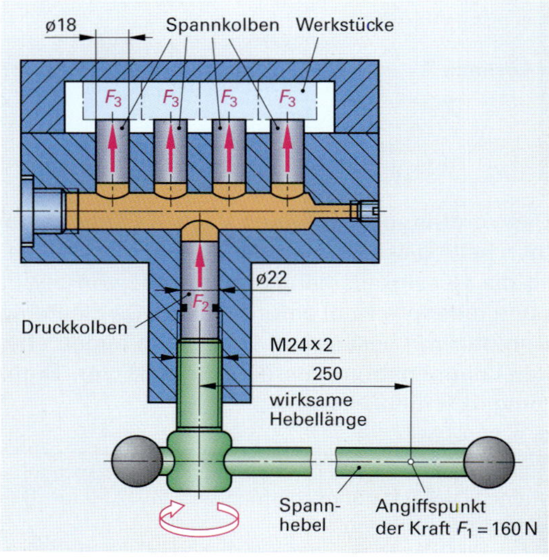

Bild 5: Hydraulische Spannvorrichtung

S. 275

Hydrodynamik – Volumenstrom

Das Arbeitsmedium Öl wird von der Hydraulikpumpe gegen den Strömungswiderstand der Rohrleitungen oder Schläuche zum Hydraulikzylinder gebracht und erzeugt dort eine sehr gleichförmige Vorschubbewegung, deren Geschwindigkeit stufenlos einstellbar ist.

Bezeichnungen:

Q Volumenstrom	l/min			
A wirksame Kolbenfläche bzw. Leitungsquerschnitt	mm^2	v	Kolbengeschwindigkeit	m/min
		v	Durchflussgeschwindigkeit	m/s
n Drehzahl	min^{-1}	V	Verdrängungsvolumen	cm^3

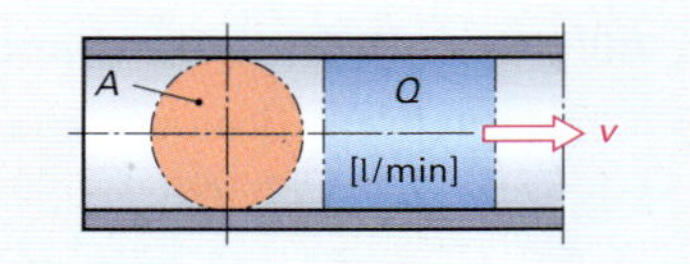

Bild 1: Leitungsdurchfluss

Volumenstrom

$$Q = A \cdot v$$

Umrechnung

$$1\,\frac{l}{min} = 1\,\frac{dm^3}{min}$$

In einem Rohr **(Bild 1)** mit dem Leitungsquerschnitt A legt eine bestimmte Ölmenge V in einer bestimmten Zeit t den Weg s zurück.

Volumenstrom $= \frac{\text{Ölmenge}}{\text{Zeit}}$: $\quad Q = \frac{V}{t}$

Die Ölmenge berechnet sich aus: $\quad V = A \cdot s$

Damit wird: $\quad Q = \frac{A \cdot s}{t}$

Das Verhältnis von Weg s zur Zeit t ist die Geschwindigkeit v.

Der Volumenstrom errechnet sich zu: $\quad Q = A \cdot v \left[\frac{l}{min}\right]$

Die Geschwindigkeit v kann sich beziehen auf:

- Durchflussgeschwindigkeit v in (m/s) in Hydraulikleitungen oder
- die Kolbengeschwindigkeit v in (m/min) von Hydraulikzylindern.

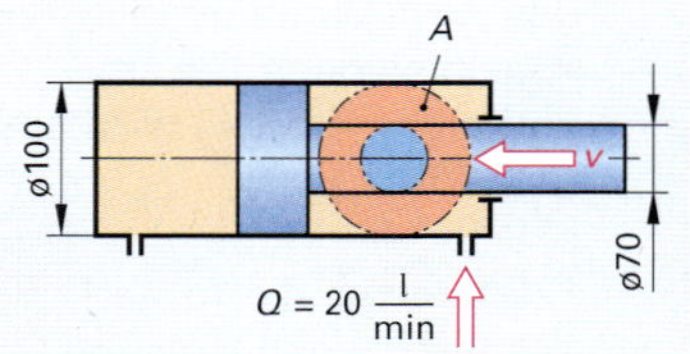

Bild 2: Kolbengeschwindigkeit beim Rücklauf

1. Beispiel:

Wie groß ist die Rücklaufgeschwindigkeit des Hydraulikkolbens in **Bild 2**, wenn das Öl auf der Kolbenstangenseite eintritt?

Lösung: Das einströmende Öl füllt den um das Volumen der Kolbenstange verkleinerten Zylinder. Die wirksame Kolbenfläche beträgt daher

$$A = \frac{\pi}{4} \cdot (D^2 - d^2) = \frac{\pi}{4} \cdot (10^2\ cm^2 - 7^2\ cm^2) = 40\ cm^2 = 0{,}4\ dm^2$$

$$v = \frac{Q}{A} = \frac{20\ \frac{dm^3}{min}}{0{,}4\ dm^2} = 50\ \frac{dm}{min} = \mathbf{5\ \frac{m}{min}}$$

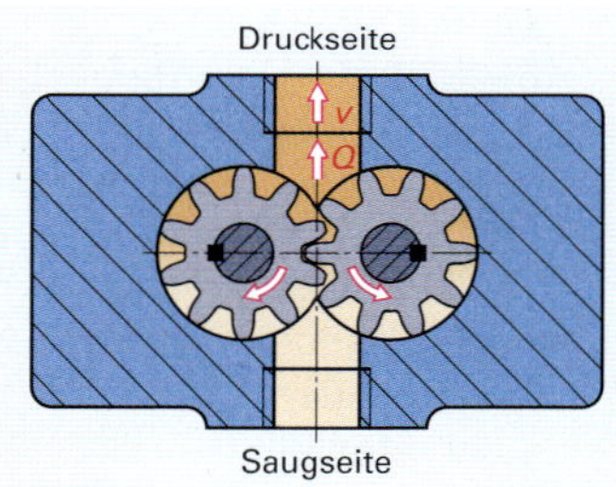

Bild 3: Außenzahnradpumpe

2. Beispiel:

Die Pumpe **(Bild 3)** liefert den Volumenstrom $Q = 50$ l/min. Wie groß muss der Innendurchmesser d der Rohrleitung mindestens gewählt werden, damit die zulässige Durchflussgeschwindigkeit $v = 3$ m/s nicht überschritten wird?

Lösung:
$$A = \frac{Q}{v} = \frac{50\ \frac{dm^3}{min}}{3\frac{m}{s} \cdot \frac{60\ s}{min} \cdot \frac{10\ dm}{m}} = 0{,}0278\ dm^2 = 278\ mm^2$$

$$d = \sqrt{\frac{4 \cdot A}{\pi}} = \sqrt{\frac{4 \cdot 278\ mm^2}{\pi}} = 18{,}8\ mm \approx \mathbf{20\ mm}$$

Volumenstrom (auch Förderstrom)

$$Q = n \cdot V$$

Das Verdrängungsvolumen V (auch Fördervolumen oder Hubvolumen bei Axialkolbenpumpen) ist ein Maß für die Pumpengröße. Es ist die Flüssigkeitsmenge in cm^3, die von der Pumpe pro Umdrehung (oder pro Hub) gefördert wird. Da die Pumpe von einem Elektromotor mit bestimmter Drehzahl n angetrieben wird, ergibt sich der Volumenstrom aus dem Produkt von Drehzahl und Verdrängungsvolumen.

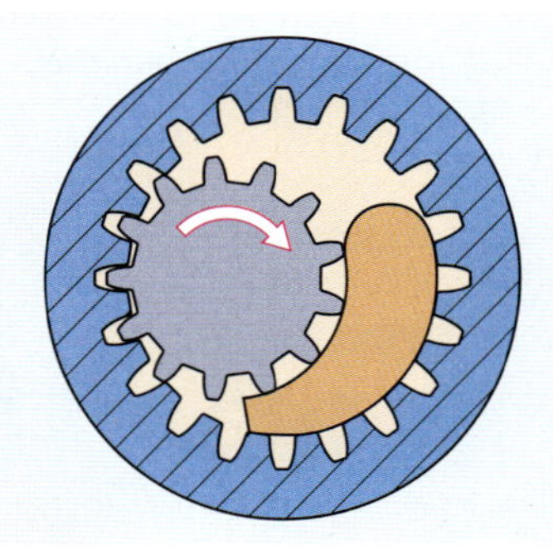
Bild 4: Innenzahnradpumpe

3. Beispiel:

Berechnen Sie den Förderstom Q einer Innenzahnradpumpe **(Bild 4)** mit einem Verdrängungsvolumen von $V = 2{,}2\ cm^3$. Die Motordrehzahl beträgt $n = 1\,450\ min^{-1}$.

Lösung: $Q = n \cdot V = 1450\ min^{-1} \cdot 2{,}2\ cm^3 = 3\,190\ \frac{cm^3}{min} = 3{,}19\ \frac{cm^3}{min} = \mathbf{3{,}19\ \frac{l}{min}}$

Aufgaben | Hydrodynamik – Volumenstrom

1. **Kolbengeschwindigkeiten.** Für die einfach wirkenden hydraulischen Zylinder **(Tabelle 1)** sind die Kolbengeschwindigkeiten zu berechnen.

2. **Durchflussgeschwindigkeiten.** Für die Rohrleitungen **(Tabelle 2)** sind die Durchflussgeschwindigkeiten in $\frac{m}{s}$ zu berechnen.

3. **Vorschubzylinder (Bild 1).** Der Zylinder ist an eine Pumpe angeschlossen, die Hydrauliköl mit dem Volumenstrom $Q = 10$ l/min liefert. Beim Vorlauf tritt das Öl auf der Kolbenseite, beim Rücklauf auf der Kolbenstangenseite ein. Gesucht sind
   a) die Vorlaufgeschwindigkeit,
   b) die Rücklaufgeschwindigkeit,
   c) die Zeit für den Vorlaufweg,
   d) die Zeit für den Rücklaufweg.

4. **Vorschubzylinder.** Welcher Volumenstrom ist erforderlich, damit ein Vorschubzylinder eine Geschwindigkeit $v = 100$ mm/min erreicht? Der Zylinderdurchmesser beträgt 80 mm.

5. **Hydraulikzylinder.** Eine Zahnradpumpe liefert einen Volumenstrom $Q = 32$ l/min an einen Hydraulikzylinder. Verlangt wird eine Kolbengeschwindigkeit von 5 m/min. Gesucht sind
   a) der hierfür notwendige Zylinderdurchmesser,
   b) die Zeit für einen Kolbenweg von 325 mm.

6. **Vorschubsystem (Bild 2).** Das hydraulische Vorschubsystem besteht u. a. aus zwei Pumpen. Für den Arbeitsvorschub wird die kleine Pumpe mit einem Volumenstrom $Q_1 = 5$ l/min verwendet. Für den Eilgang steht zusätzlich eine Pumpe mit $Q_2 = 20$ l/min zur Verfügung. Wie groß sind
   a) die Geschwindigkeit des Arbeitsvorschubs für einen Zylinderdurchmesser $D = 100$ mm,
   b) die Eilganggeschwindigkeit, wenn beide Volumenströme zusammen in den Zylinder geleitet werden,
   c) die Rücklaufgeschwindigkeit, wenn beide Pumpen die Kolbenstangenseite des Zylinders mit Drucköl beaufschlagen und der Kolbenstangendurchmesser 70 mm beträgt,
   d) die Zeit für einen Arbeitstakt, wenn der Eilgangweg 130 mm und der Vorschubweg 62 mm betragen und Umsteuerzeiten nicht berücksichtigt werden?

7. **Hydraulikrohrleitung.** Ein Hydraulikrohr mit dem Innendurchmesser $d = 50$ mm ist an eine Hydraulikpumpe angeschlossen, die einen Volumenstrom von 250 l/min liefert.
   a) Wie groß ist die Durchflussgeschwindigkeit des Hydrauliköls?
   b) Wie groß wird die Geschwindigkeit, wenn ein Rohr mit dem Innendurchmesser 100 mm benutzt wird?
   c) Es ist zu untersuchen, bei welchem Innendurchmesser der Hydraulikleitung die zulässige Strömungsgeschwindigkeit des Hydrauliköls von 3 m/s erreicht wird. Aus den in einem Lager vorrätigen Stahlrohren der Innendurchmesser 25 mm, 32 mm, 40 mm, 50 mm, 70 mm ist ein passendes Rohr auszuwählen.

Tabelle 1: Hydraulikzylinder

	a	b	c
Q in l/min	40	20	15
Kolbendurchmesser in mm	50	100	25

Tabelle 2: Rohrleitungen

	a	b	c
Q in l/min	25	25	40
Innendurchmesser in mm	22	55	70

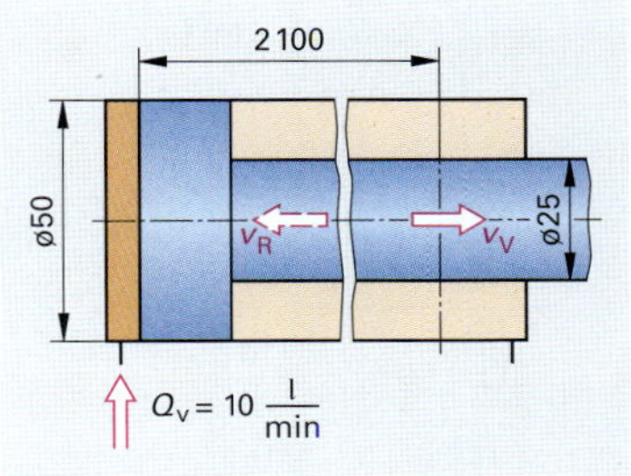

Bild 1: Vorschubzylinder

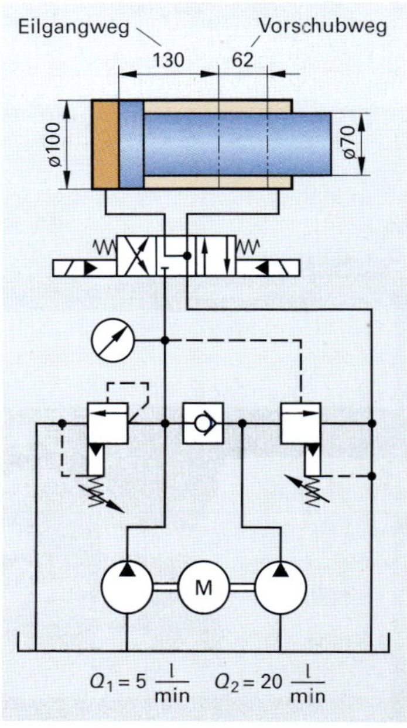

Bild 2: Vorschubsystem

S. 275

Leistungsberechnung in der Hydraulik

Um die elektrische Antriebsleistung von hydraulischen Anlagen festlegen zu können, muss die Leistung hydraulischer Geräte, z. B. Hydromotor, Hydropumpe **(Bild 1)**, Hydrozylinder, bekannt sein. Die hydraulische Leistung P ist vom Volumenstrom Q und vom Druck p_e abhängig. Reibungs- und Leckverluste werden durch den Wirkungsgrad berücksichtigt.

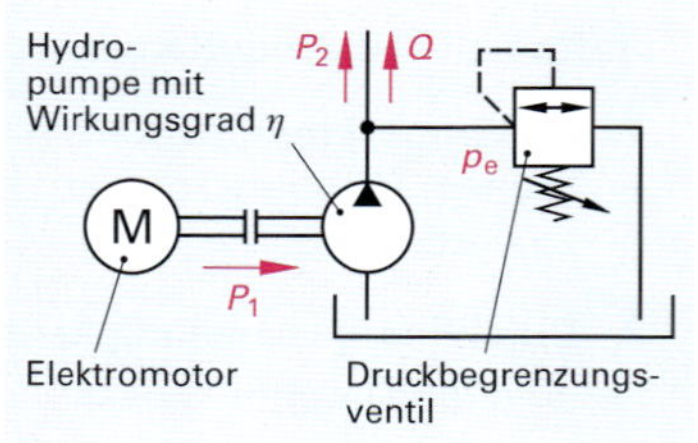

Bild 1: Hydropumpe

Bezeichnungen:

P	Leistung, allgemein	kW	η	Wirkungsgrad	–
P_1	zugeführte Leistung	kW	p_e	Druck, Überdruck	bar
P_2	abgegebene Leistung	kW	Q	Volumenstrom	l/min

Die Leistung eines Zylinders kann mit der Formel für die mechanische Leistung $P = F \cdot v$ berechnet werden (Seite 87).

Aus $F = p_e \cdot A$ und $v = \frac{Q}{A}$ erhält man $P = p_e \cdot A \cdot \frac{Q}{A} = p_e \cdot Q$

Wird mit dieser Formel gerechnet, so ergibt sich für die Leistung die unverständliche Einheit bar · l/min, die in kW umgerechnet werden muss.

$$1\,\frac{\text{l} \cdot \text{bar}}{\text{min}} = 1\,\frac{\text{l} \cdot \text{bar}}{\text{min}} \cdot \frac{\text{dm}^3}{\text{l}}$$

$$= 1\,\frac{\text{dm}^3 \cdot \text{bar}}{\text{min}} \cdot \frac{1000\ \text{cm}^3}{1\ \text{dm}^3}$$

$$= \frac{1000\ \text{cm}^3 \cdot \text{bar}}{\text{min}} \cdot \frac{10\ \text{N}}{\text{bar} \cdot \text{cm}^2}$$

$$= \frac{10\,000\ \text{cm} \cdot \text{N}}{\text{min}} \cdot \frac{1}{\frac{60\ \text{s}}{\text{min}}}$$

$$= \frac{10\,000\ \text{cm} \cdot \text{N}}{60\ \text{s}} \cdot \frac{1\ \text{m}}{100\ \text{cm}}$$

$$= \frac{10}{6} \cdot \frac{\text{N} \cdot \text{m}}{\text{s}} = \frac{10}{6}\ \text{W} \cdot \frac{1\ \text{kW}}{1000\ \text{W}} = \mathbf{\frac{1}{600}\ kW}$$

Diese umständliche Umrechnung kann man vermeiden, wenn man mit der Zahlenwertgleichung $P = \frac{Q \cdot p_e}{600}$ rechnet. Es ist darauf zu achten, dass die jeweils zugeordneten Einheiten eingesetzt werden (P in kW, Q in l/min, p_e in bar).

Hydraulische Leistung (Größengleichung)

$$P = Q \cdot p_e$$

Umwandlung der Einheiten

$$1\,\frac{\text{dm}^3 \cdot \text{bar}}{\text{min}} = \frac{10}{6} \cdot \frac{\text{N} \cdot \text{m}}{\text{s}} = \frac{1}{600}\ \text{kW}$$

Hydraulische Leistung (Zahlenwertgleichung)

$$P = \frac{Q \cdot p_e}{600}$$

Zugeordnete Einheiten		
P	Leistung	kW
p_e	Druck	bar
Q	Volumenstrom	l/min

Zugeführte Leistung

$$P_1 = \frac{P_2}{\eta}$$

● **1. Beispiel:**

Eine Pumpe soll bei einem Druck $p = 40$ bar einen Volumenstrom $Q = 12$ l/min liefern. Wie groß ist die Leistung der Pumpe in kW? Der Wirkungsgrad soll nicht berücksichtigt werden.

Lösung: $P = \frac{Q \cdot p_e}{600} = \frac{12 \cdot 40}{600}\ \text{kW} = \mathbf{0{,}8\ kW}$

● **2. Beispiel:**

Wie groß ist die zugeführte Leistung P_1 der Radialkolbenpumpe **(Bild 2)**, wenn der Volumenstrom $Q = 12$ l/min, der Druck $p_e = 60$ bar und der Wirkungsgrad $\eta = 75$ % betragen?

Lösung: $P_2 = \frac{Q \cdot p_e}{600} = \frac{12 \cdot 60}{600}\ \text{kW} = 1{,}2\ \text{kW}$

$P_1 = \frac{P_2}{\eta} = \frac{1{,}2\ \text{kW}}{0{,}75} = \mathbf{1{,}6\ kW}$

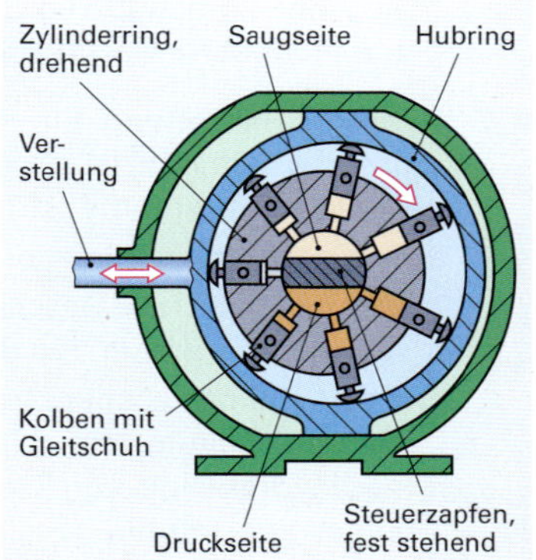

Bild 2: Radialkolbenpumpe

Aufgaben | Leistungsberechnung in der Hydraulik

1. **Leistung (Tabelle 1).** Für die Aufgaben a bis c ist jeweils die hydraulische Leistung in kW zu berechnen.

Tabelle 1: Hydraulikpumpen

	a	b	c
Q in l/min	35	86	36
p_e in bar	16	250	20

2. **Hydromotor.** Ein Hydromotor wird mit einem Schluckstrom (Volumenstrom) von 72 l/min und einem Druck von 23 bar betrieben. Wie groß ist seine abgegebene Leistung in kW bei einem Wirkungsgrad von 78 %?

3. **Schaufelbagger.** Ein hydraulisch betätigter Schaufelbagger fördert in 10 Sekunden 0,4 m³ nassen Sand von der Dichte 2 kg/dm³ auf eine Höhe von 2,75 m. Der Wirkungsgrad des Hydraulikzylinders beträgt 0,85, der für die Hubbewegung erforderliche Volumenstrom Q = 14 l/min. Wie groß sind
   a) die vom Hydrozylinder abgegebene Leistung in kW,
   b) der notwendige Druck p_e im Zylinder?

4. **Hydroaggregat.** Bei einem Hydroaggregat treibt der Elektromotor die Verstellpumpe an und nimmt dabei eine Leistung von 0,6 kW auf. Der Motor hat einen Wirkungsgrad von 0,85 und die Pumpe von 0,80. Zu berechnen sind
   a) die von der Pumpe abgegebene Leistung,
   b) der Volumenstrom, der von der Pumpe bei einem Druck von 60 bar und der aufgenommenen Leistung des Elektromotors abgegeben werden kann.

5. **Kolbenpumpe.** Eine Kolbenpumpe liefert einen Volumenstrom von 25 l/min bei einem Öldruck von 200 bar. Der Wirkungsgrad der Pumpe beträgt 65 %, der Wirkungsgrad des Antriebsmotors 85 %.
   Welche Energiekosten entstehen bei einer jährlichen Betriebszeit von 1500 Stunden, wenn eine Kilowattstunde 0,23 € kostet?

6. **Zahnradpumpe (Bild 1).** Die Pumpe hat folgende Abmessungen: Zähnezahlen $z_1 = z_2 = 10$; Modul m = 2 mm; Zahnbreite b = 16 mm; Drehzahl n = 1500 1/min. Wie groß sind
   a) der theoretische Volumenstrom der Pumpe, wenn das Fördervolumen einer Zahnlücke $V_1 = p/2 \cdot 2 \cdot m \cdot b$ beträgt?
   b) die Leistungsaufnahme der Pumpe, wenn das Druckbegrenzungsventil auf 32 bar eingestellt ist und der Gesamtwirkungsgrad der Pumpe 73 % beträgt?

7. **Axialkolbenpumpe (Bild 2).** Der Hub und damit der Volumenstrom der Axialkolbenpumpe kann durch Schwenken der Trommel stufenlos geregelt werden. Für eine Drehzahl n = 1500 1/min, einen Druck p_e = 45 bar und einen Volumenstrom Q = 136 l/min sind zu berechnen
   a) die der Pumpe zugeführte Leistung bei einem Wirkungsgrad der Pumpe von 75 %,
   b) der Volumenstrom für den Schwenkwinkel $\alpha = 30°$. Weitere Angaben: Anzahl der Kolben z = 9, Lochkreisdurchmesser d_L = 120 mm, Kolbendurchmesser d = 16 mm, Drehzahl n = 1500 1/min. Die Berechnungsformel für den Volumenstrom lautet: $Q = A \cdot d_L \cdot n \cdot z \cdot \sin\alpha$

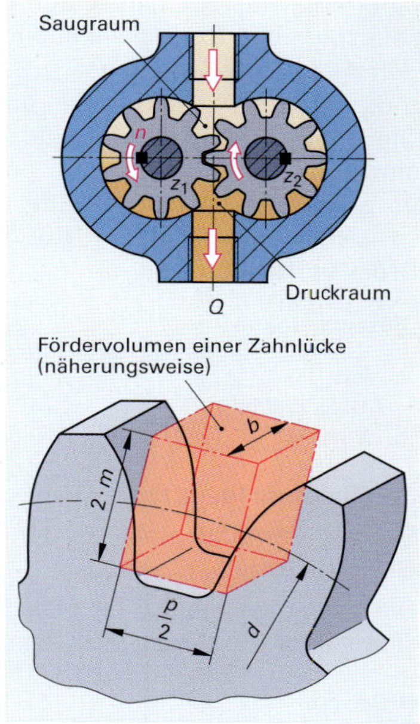

Bild 1: Zahnradpumpe

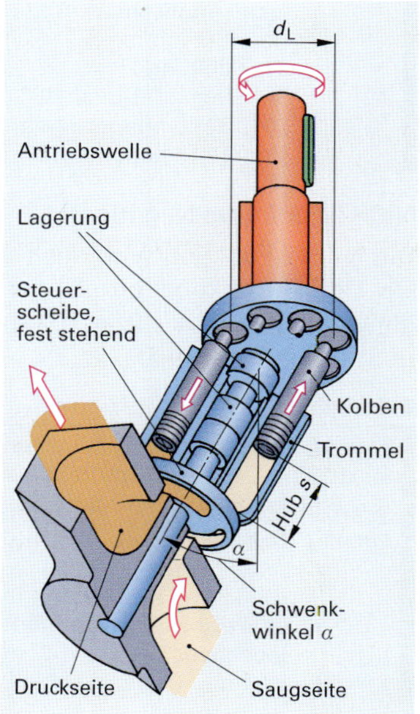

Bild 2: Axialkolbenpumpe

S. 275

Logische Verknüpfungen

Die folgenden logischen Verknüpfungen dienen sowohl der Beschreibung als auch der Lösung von steuerungs- und regelungstechnischen Vorgängen.

Grundfunktionen

Start- und Stoppfunktionen einer NC-Fräsmaschine werden von Signalelementen am Eingang, z. B. einem Starttaster E1, oder der Abfrage der Werkzeugspannung E2 eingeleitet und an entsprechenden Ausgangselementen A, z. B. einem Antriebsmotor für die Arbeitsspindel, umgesetzt. **(Bild 1).** Die dabei erzeugten Ein- und Ausgangssignale sind von binärer Art, d. h. sie können zwei Zustände annehmen: AUS oder EIN, logisch „0" oder „1", NEIN oder JA, Druck NICHT vorhanden oder Druck vorhanden.

Bezeichnungen:

E	Eingangssignal	0	Signal nicht vorhanden
A	Ausgangssignal	1	Signal vorhanden
$\wedge$	UND (auch: „*")	$\vee$	ODER (auch: „+")
$\overline{E}$	E NICHT	$\overline{A}$	A NICHT

JA-Funktion: Identität[1]

Für die Identität steht in der Mathematik das Gleichheitszeichen „=".

Das Eingangssignal E ist gleich dem Ausgangssignal A. Man schreibt verkürzt: E = A.

● **Beispiel:**

Ein einfach wirkender Zylinder (A) soll bei Betätigung eines Starttasters (E) ausfahren und beim Loslassen des Tasters wieder selbsttätig einfahren.

Lösung: Der Zylinder wird direkt über ein 3/2-Wegeventil angesteuert **(Bild 2).**
Handbetätigung → Eingangssignal E
Druckleitung 2: → Ausgangssignal A
Bei Eingangssignal „0", ist Ausgangssignal „0". Bei Eingangssignal „1" ist Ausgangssignal „1" oder kurz: E = A **(Tabelle 1).**

NICHT-Funktion: Negation[2]

Die NICHT-Funktion wird auch als Negation oder als Umkehrfunktion bezeichnet. Wenn das Eingangssignal z. B. E = 0 ist, dann wird A = 1 oder umgekehrt (Tabelle 1).

● **Beispiel:**

Eine Alarmleuchte soll aufleuchten (A = 1), wenn eine elektrische Leitung durch Bruch spannungslos wird (E = 0). Dazu ist der Stromlaufplan zu entwerfen.

Lösung: Das Relais wird stromlos, wenn im Strompfad 1 die Leitung unterbrochen wird **(Bild 3).** Der Öffnerkontakt des Relais schließt den Strompfad 2, und die Alarmleuchte ist an.
Wenn E = 1 dann A = 0: Leuchte ist AUS.

1) Identität, lat. völlige Gleichheit
2) Negation, lat. Verneinung

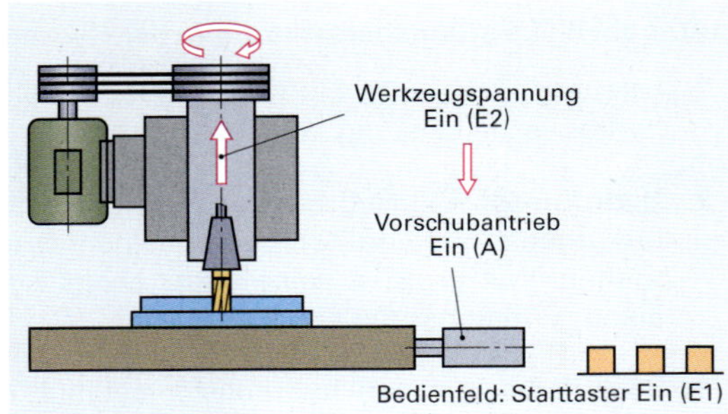

Bild 1: NC-Fräsmaschine

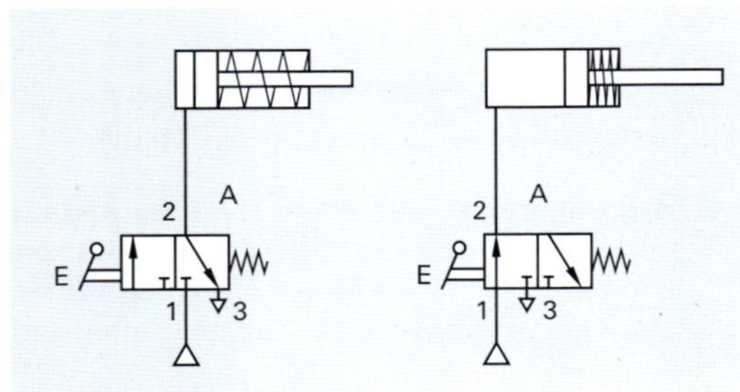

Bild 2: Identität in der Pneumatik

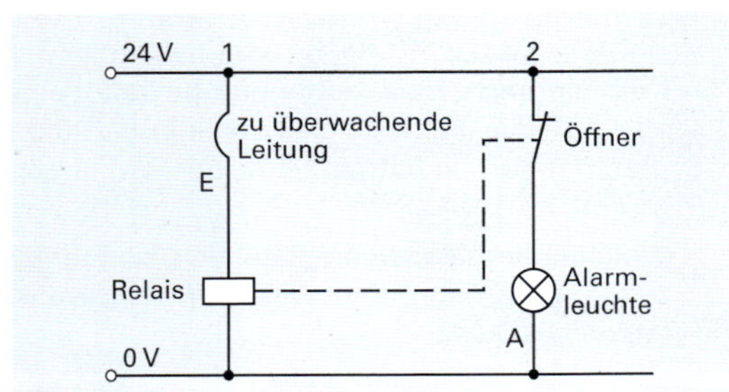

Bild 3: Negation in der Elektrik

Tabelle 1: Identität und Negation

	„JA"-Funktion	„NICHT"-Funktion
Funktionstabelle	E | A: 0 | 0; 1 | 1	E | A: 0 | 1; 1 | 0
Funktionsgleichung	E = A	$\overline{E}$ = A oder E = $\overline{A}$
Funktionsplan	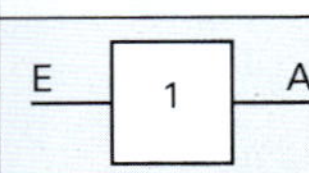	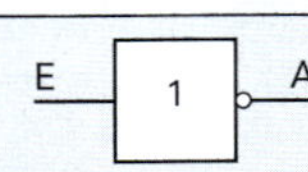
Elektrik (Taster)	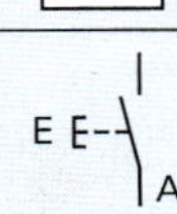	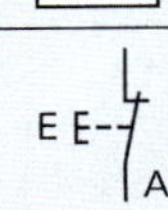
Pneumatik (3/2-Wegeventil)	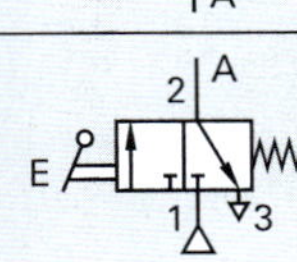	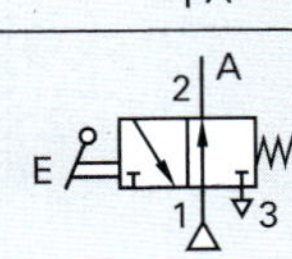

Grundverknüpfungen

Die Grundfunktionen Identität und Negation lassen sich miteinander kombinieren.

UND-Funktion

Bei einer UND-Funktion entsteht das Ausgangssignal A nur dann, wenn beide Eingangssignale E1 und E2 jeweils anstehen.

● **Beispiel:**

Der Kolben einer Prägepresse **(Bild 1)** darf erst ausfahren (A), wenn die beiden Handtaster (E1, E2) der Steuerung gedrückt werden.
Wie müssen die beiden Signal E1 und E2 miteinander verknüpft werden?

Lösung: Die Eingangssignale der beiden Taster E1 und E2 werden mit einer UND-Funktion verknüpft, d. h., die beiden Signale müssen immer gleichzeitig vorhanden sein.

Verknüpfungsfunktionen

Alle Verknüpfungsfunktionen lassen sich allgemein durch Funktionsgleichungen, Funktionstabellen und Logikpläne (Funktionspläne) darstellen **(Tabelle 1)**.

Die technologische Umsetzung dieser Funktionen erfolgt durch elektrische, pneumatische oder hydraulische Schaltpläne, in Relaisschaltungen oder Speicherprogrammierten Steuerungen (SPS).

Die Schaltalgebra dient der Erstellung und der Vereinfachung eines Schaltplanes.

Eine **Funktionsgleichung** ist eine Darstellung aus der Booleschen[1)] Algebra.

Die **Funktionstabelle,** auch als Wahrheits- oder Wertetabelle bezeichnet, stellt zu allen möglichen Kombinationen der Eingangsgrößen E den Zustand der Ausgangsgröße A dar. Bei *n* Eingangsgrößen ergeben sich 2^n Kombinationsmöglichkeiten. Hierbei muss der Tabellenaufbau systematisch erfolgen: Man listet aus Gründen der Übersichtlichkeit nur die Möglichkeiten auf, bei denen sich das Ausgangssignal „1" ergibt.

Der **Funktionsplan** verwendet genormte Symbole, die in der SPS-Technik in der Funktionsbausteinsprache (FBS) angewendet werden.

● **Beispiel:**

Ein Hubtisch darf erst dann ausfahren (Ausgangssignal A), wenn ein Werkstück auf dem Tisch liegt (E1), das Schutzgitter geschlossen ist (E2) und mit dem Fußschalter das Startsignal (E3) gegeben wird. Zu entwickeln sind Funktionsplan und Funktionstabelle.

Lösung: Die Eingangssignal E1, E2 und E2 sind durch UND verknüpft **(Tabelle 2)**.
E1 = 1 (Werkstück vorhanden)
E2 = 0 (Schutzgitter geschlossen wird über einen Öffner abgefragt; E2 betätigt = 0)
E3 = 1 (Fußschalter EIN)
A = 1 (Hubmotor EIN)

1) George Boole, engl. Mathematiker von 1815–1864

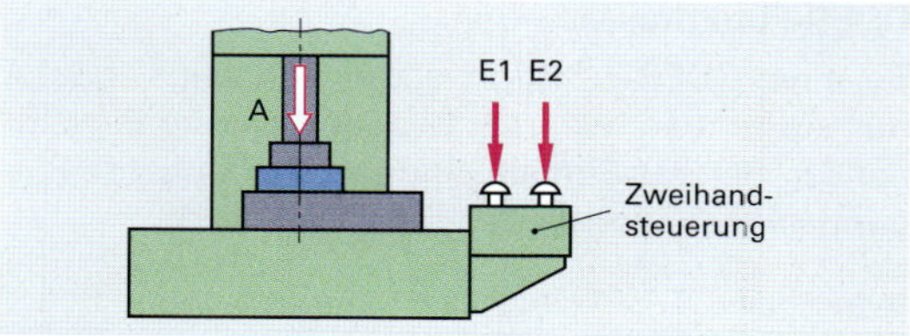

Bild 1: Prägepresse mit vereinfachter Zweihandbetätigung

Tabelle 1: UND-Funktion

Funktionsgleichung „∧" bzw. „*"-Zeichen für **UND**	$E1 \wedge E2 = A$ weitere übliche Schreibweisen: $E1 * E2 = A$ $E1E2 = A$
Funktionstabelle (auch: Werte-, Wahrheits- oder Arbeitstabelle)	E2 | E1 | A 0 | 0 | 0 0 | 1 | 0 1 | 0 | 0 1 | 1 | 1
Funktionsplan (auch: Logikplan)	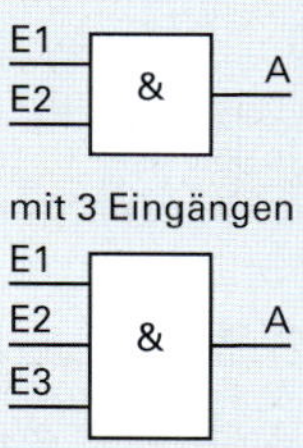
Elektrik (Reihenschaltung)	**Pneumatik** (Zweidruckventil oder Reihenschaltung)
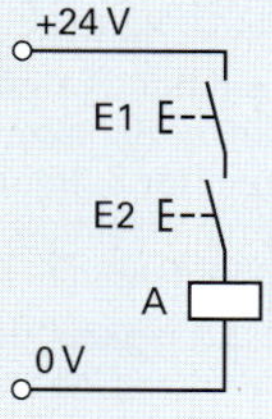	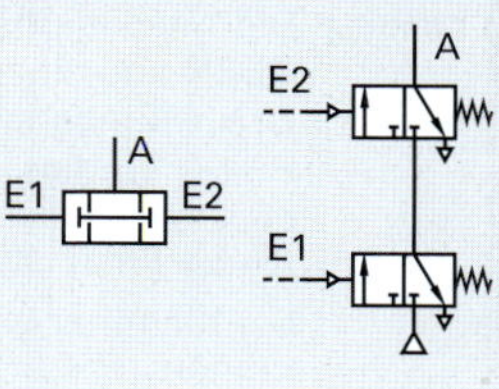

Tabelle 2: Mehrfache UND-Funktion

Funktionsplan

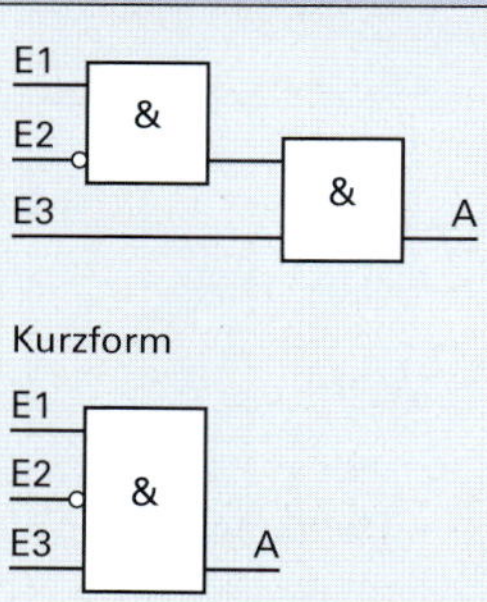

Funktionstabelle

E3	E2	E1	A
0	0	0	0
0	0	1	0
0	1	0	0
0	1	1	0
1	0	0	0
1	0	1	1
1	1	0	0
1	1	1	0

ODER-Funktion

Bei einer ODER-Funktion ist das Ausgangssignal A nur vorhanden, wenn entweder das Eingangssignal E1 oder das Eingangssignal E2 oder beide Eingangssignale vorhanden sind **(Tabelle 1)**.

● **Beispiel:**

Das Hubtor einer Halle soll entweder durch die Signale E1 bzw. E2 der beiden Handtaster S1 und S2 oder durch das Funksignal E3 geöffnet werden können. Zu entwickeln sind die Funktionstabelle und der Funktionsplan.

Lösung: Die Eingangssignale werden durch die ODER-Funktion verknüpft **(Tabelle 2)**.
E1 = 1 Handtaster S1 EIN
E2 = 1 Handtaster S2 EIN
E3 = 1 Funksignal vorhanden
A = 1 Hubmotor EIN

Verknüpfungen mehrerer logischer Grundfunktionen

Bei den meisten Automatisierungsaufgaben werden mehrere Grundfunktionen miteinander verknüpft. Der Zusammenhang kann auch hier durch Funktionstabellen, Funktionsgleichungen und Funktionspläne unabhängig von der Technologie übersichtlich dargestellt werden.

● **Beispiel:**

Der Schieber einer Abfüllanlage soll von zwei Stellen aus ausgelöst und pneumatisch geöffnet werden können, wenn sich der zu füllende Behälter genau unter dem Silo befindet **(Bild 1)**. Zu entwickeln sind die Funktionstabelle, der Funktionsplan und die Funktionsgleichung.

Lösung: Die Verknüpfung erfolgt mithilfe einer ODER-und einer UND-Funktion **(Tabelle 3)**.
E1 = 1 Eingangssignal linker Schalter EIN
E2 = 1 Eingangssignal rechter Schalter EIN
E3 = 1 Eingangssignal durch Behälterlage EIN
A = 1 Pneumatikzylinder Einfahren (= öffnen)
Die Klammer in der Funktionsgleichung garantiert, dass die Verknüpfung der ODER-Funktion vor der UND-Verknüpfung erfolgt.

Tabelle 2: Mehrfache ODER-Funktion

Funktionsplan

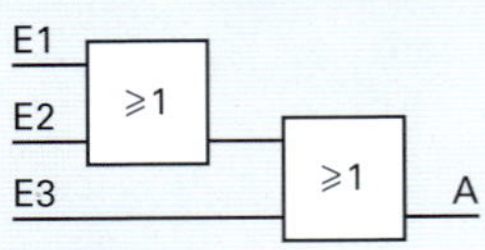

Kurzform

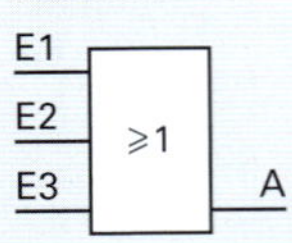

Funktionstabelle

E3	E2	E1	A
0	0	0	0
0	0	1	1
0	1	0	1
0	1	1	1
1	0	0	1
1	0	1	1
1	1	0	1
1	1	1	1

Tabelle 1: ODER-Funktion

Funktionsgleichung „∨" bzw. „+"-Zeichen für **ODER**	E1 ∨ E2 = A weitere übliche Schreibweise: E1+E2 = A

Funktionstabelle (auch: Werte- oder Wahrheitstabelle)

E2	E1	A
0	0	0
0	1	1
1	0	1
1	1	1

Funktionsplan (auch: Logikplan)

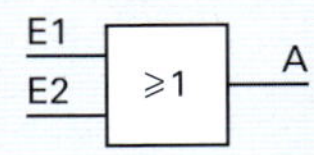

mit 3 Eingängen

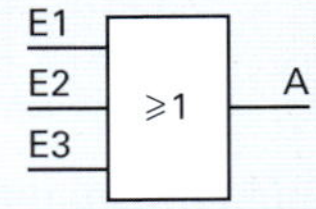

Elektrik

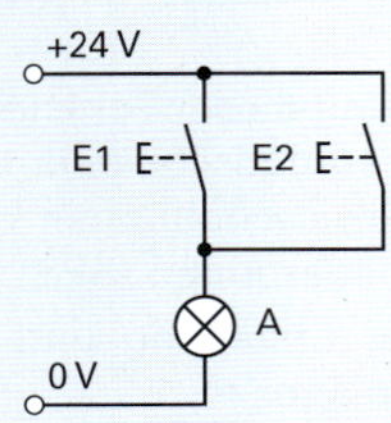

Pneumatik

mit Wechselventil:

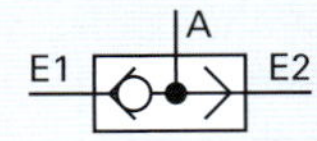

mit Wegeventilen:

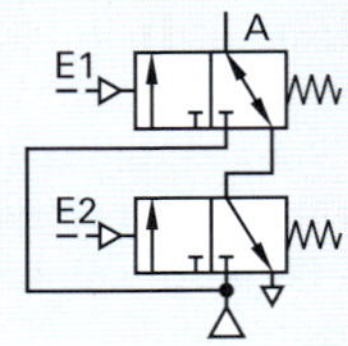

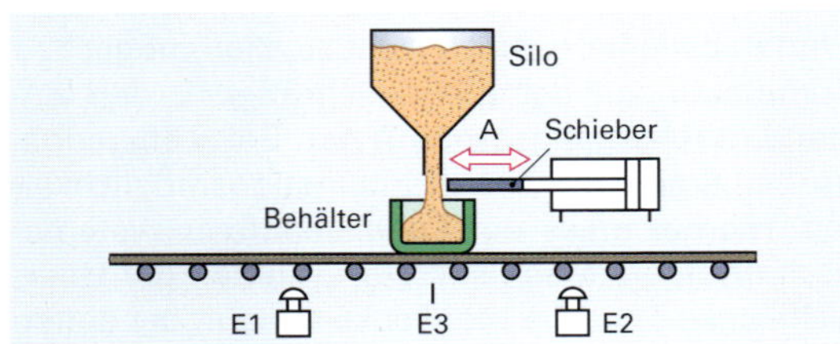

Bild 1: Abfüllanlage eines Silos

Tabelle 3: Verknüpfung mehrerer Grundfunktionen

Funktionsplan

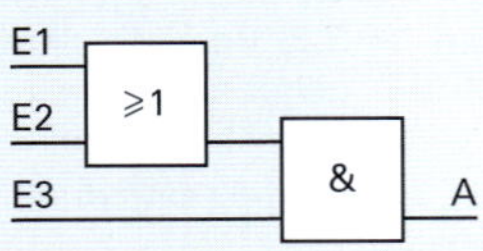

Funktionsgleichung:
A = (E1 ∨ E2) ∧ E3

Funktionstabelle

E3	E2	E1	A
0	0	0	0
0	0	1	0
0	1	0	0
0	1	1	0
1	0	0	0
1	0	1	1
1	1	0	1
1	1	1	1

Aufgaben | Logische Verknüpfungen

Entwickeln Sie jeweils die Funktionstabelle sowie die Funktionsgleichung und den Funktionsplan.

1. **Hubeinrichtung (Bild 1).** Der Hubzylinder darf nur ausfahren (A = 1), wenn sich der Kolben in der hinteren Endlage befindet (E2 = 1), ein Werkstück vorhanden ist (E3 = 1) und das Startventil (E1 = 1) gedrückt wird.

2. **Tafelschere.** Die Antriebskupplung einer Tafelschere soll nur schalten (A = 1), wenn das Signal der Lichtschranke durch das herabgelassene Schutzgitter reflektiert wird (E1 = 1) und beide Taster der Zweihandbedienung gedrückt sind (E2 = 1, E3 = 1).

3. **Turbine.** Die Wasserzufuhr zu einer Turbine wird gesperrt (A1 = 1), wenn eine bestimmte Drehzahl überschritten wird (E1 = 1) oder die Temperatur eines Lagers zu hoch ist (E2 = 1) oder die Schmiermittelpumpe ausfällt (E3 = 1). Mit der Sperrung der Wasserzufuhr wird gleichzeitig eine Warnlampe eingeschaltet (A2 = 1).

4. **Sortierweiche (Bild 2).** Auf einem Transportband werden kurze und lange Werkstücke, die voneinander einen gewissen Abstand haben, sortiert. Die langen Werkstücke überdecken kurzzeitig alle drei Sensoren (E1, E2, E3), die kurzen einmal nur den mittleren Sensor allein.

5. **Vorschubantrieb (Bild 3).** Der Vorschubantrieb (A) einer Bohrmaschine kann in der Betriebsart „Einrichten" (E1) und „Bohren" (E2) betrieben werden.

   Beim „Einrichten" befindet sich das Schutzgitter oben (E6). Der Vorschub wird durch den Taster S1 (E3) gestartet, wenn der Spindelmotor und die Kühlschmierpumpe abgeschaltet sind (E4, E5).

   In der Betriebsart „Bohren" wird der Vorschub ebenfalls durch den Taster S1 ausgelöst. Spindelmotor und Kühlschmierpumpe müssen dabei eingeschaltet und das Schutzgitter geschlossen sein. Die Aufgabe ist für beide Betriebsarten getrennt zu lösen.

6. **Schließanlage.** Für die Schließanlage eines Tresors gibt es 5 unterschiedliche Schlüsselcodes („Schlüssel"), die von einem Rechner gelesen werden. Je ein „Schlüssel" gehört dem Direktor (E1) und dem Prokuristen (E2), die anderen drei gehören je einem Angestellten (E3, E4, E5).

   Zum Öffnen (A) benötigt man jeweils zwei „Schlüssel": einer gehört dem Direktor oder dem Prokuristen, der andere einem Angestellten.

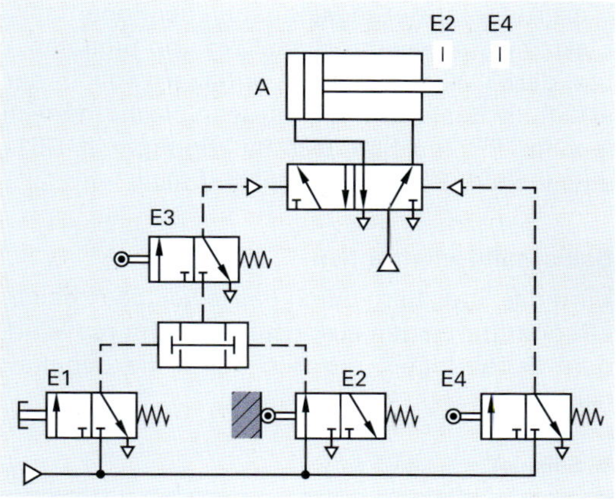

Bild 1: Hubeinrichtung

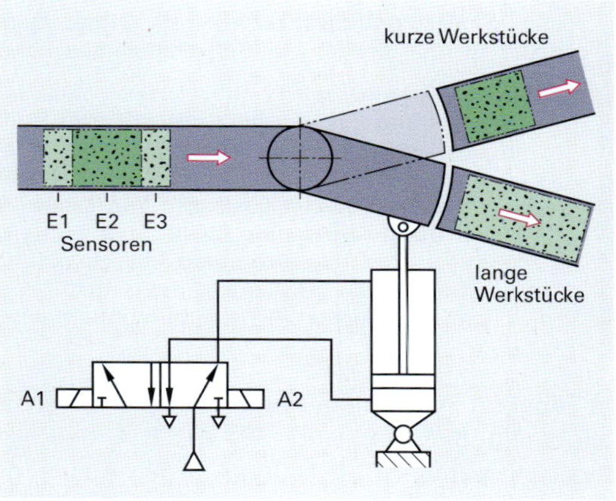

Bild 2: Sortierweiche

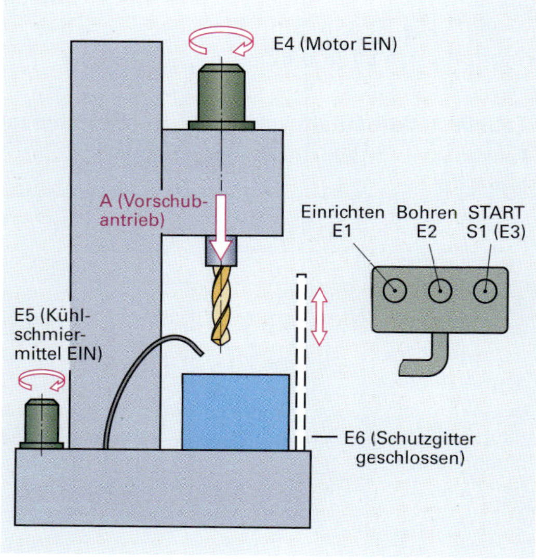

Bild 3: Vorschubantrieb

Speichern von Signalen, Selbsthalteschaltungen

Viele Automatisierungsaufgaben der Pneumatik, Hydraulik oder der Elektrik erfordern das Speichern von Signalen, die nur kurz auftreten, deren Wirkung jedoch andauern soll. In der Schaltung **(Bild 1)** erfüllt die Raste von -SF1 dieses Speichern mechanisch. Die Meldeleuchte -PF1 leuchtet nach Betätigung von -SF1 so lange, bis durch eine weitere Betätigung -SF1 entrastet wird.

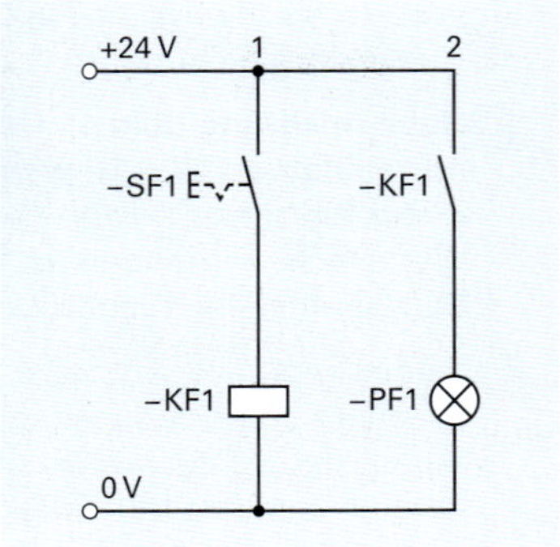

Bild 1: Rastenbetätigung

Selbsthalteschaltungen

Wird das Speichern durch das jeweilige Arbeitsmedium z. B. Druckluft oder durch den elektrischen Strom realisiert, nutzt man besondere Schaltungen, die sich durch die Schaltalgebra beschreiben lassen.

● **Beispiel:**

Eine Meldeleuchte -PF1 soll mit Taster -SF1 (EIN) eingeschaltet und mit einem Taster -SF2 (AUS) ausgeschaltet werden können. Werden beide Taster gleichzeitig betätigt, dann hat die Leuchte das Signal „0“. Der Taster -SF2 ist drahtbruchsicher[1] als Öffner auszuführen, damit die Leuchte -PF1 bei Ausfall von -SF2 nicht eingeschaltet werden kann.

Lösung: Das Problem wird mittels Relaistechnik mit einer Selbsthalteschaltung gelöst **(Bild 2)**. Über Taster -SF1 (EIN) schaltet man die Anlage ein. Das Relais -KF1 zieht an und geht über einen Schließer -KF1 im Strompfad 2 in die Selbsthaltung. Das bedeutet, dass beim Loslassen von Taster -SF1 (EIN) das Relais -KF1 unter Spannung bleibt, man sagt „-KF1 ist gesetzt“. Die Leuchte -PF1 im Strompfad 3 hat Spannung. Mit Betätigen von Öffner -SF2 (AUS) bricht die Selbsthaltung zusammen, -KF1 und die Leuchte -PF1 sind nun ohne Spannung.

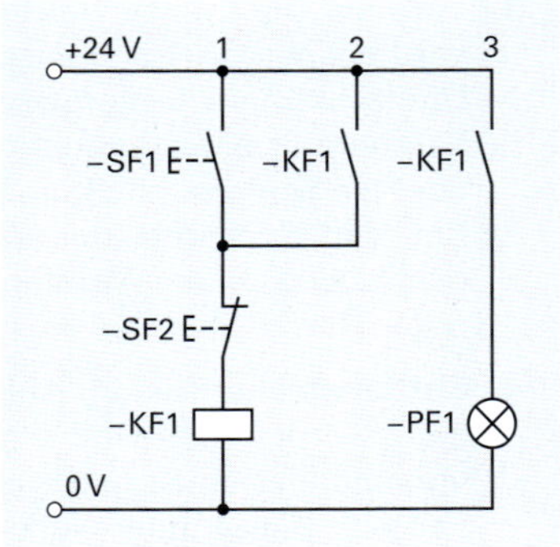

Bild 2: Selbsthaltung

In **Tabelle 1** liegt zum gezeigten Beispiel die schaltalgebraische Funktionsbeschreibung vor. Dabei wird allgemein -SF1 zu E1 und -SF2 zu E2. A_n beschreibt den Ausgangszustand von Relais -KF1 vor der Aktivierung durch -SF1 (E1) und A_{n+1} den Ausgangszustand nach der Aktivierung.

In Zeile Nr. 4 und 8 wird gezeigt, dass, falls E1 und E2 gleichzeitig betätigt sind, der Ausgang A_{n+1} auf logisch „0“ gesetzt ist, d. h. im Beispiel Relais -KF1 nicht unter Spannung gesetzt werden kann oder gelöscht wird. Man spricht in diesem Fall von einer Löschdominanz[2] von E2 oder „Rücksetzen ist vorrangig“. Die Begründung für dieses Schaltverhalten liegt in der Reihenschaltung bzw. der UND-Verknüpfung von E1 und E2.

Tabelle 1: Selbsthalteschaltungen – Speicherschaltung (Löschdominanz)

<table>
<tr><th>Funktionsgleichung</th><th>Funktionstabelle</th><th>Funktionsplan</th><th>Pneumatik</th><th>Elektrik</th></tr>
<tr>
<td>$A_{n+1} = (A_n \vee E1) \wedge E2$
A_n gibt den internen Signalzustand vor dem Anliegen der einzelnen Eingangs-Kombinationen E1 und E2 an.</td>
<td><table>
<tr><th>Nr.</th><th>A_n</th><th>E2</th><th>E1</th><th>A_{n+1}</th></tr>
<tr><td>1</td><td>0</td><td>0</td><td>0</td><td>0</td></tr>
<tr><td>2</td><td>0</td><td>0</td><td>1</td><td>1</td></tr>
<tr><td>3</td><td>0</td><td>1</td><td>0</td><td>0</td></tr>
<tr><td>4</td><td>0</td><td>1</td><td>1</td><td>0</td></tr>
<tr><td>5</td><td>1</td><td>0</td><td>0</td><td>1</td></tr>
<tr><td>6</td><td>1</td><td>0</td><td>1</td><td>1</td></tr>
<tr><td>7</td><td>1</td><td>1</td><td>0</td><td>0</td></tr>
<tr><td>8</td><td>1</td><td>1</td><td>1</td><td>0</td></tr>
</table></td>
<td>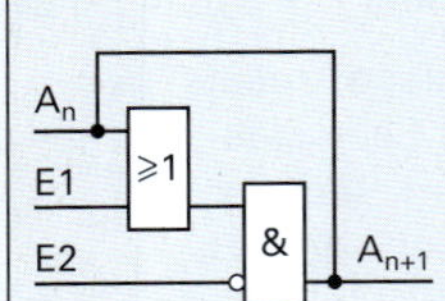</td>
<td>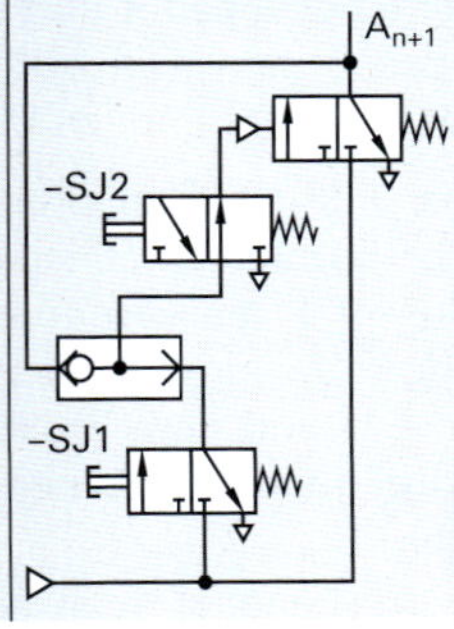</td>
<td>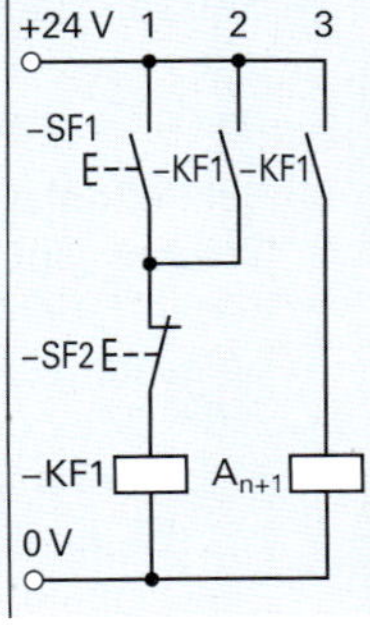</td>
</tr>
</table>

1) „AUS“ oder „STOPP“-Funktionen nach VDE 0113 nur über einen Öffner

2) dominare (lat.) herrschen

Die **Tabelle 1** zeigt eine setzdominante Selbsthaltung. Die Zeilen 4 und 8 der Funktionstabelle zeigen das von der löschdominanten Selbsthaltung unterschiedliche Verhalten. Das Verknüpfungsergebnis ist hier eine logische „1“, da E1 als Setz-Befehl für den Ausgang immer noch aktiv ist, auch wenn E2 gleichzeitig parallel betätigt wird. Man spricht in diesem Fall von Setzdominanz von E1 oder „Setzen vorrangig“.

Das setzdominante Schaltverhalten dieser Selbsthaltung ist durch die ODER-Logik bedingt.

● **Beispiel:**

Es soll der Schaltplan für eine pneumatische Spannvorrichtung erstellt werden, bei der durch die Betätigung von Handtaster -SF1 oder -SF2 gespannt und über -SF3 wieder ausgeschaltet wird **(Bild 1)**.

a) Erstellen Sie eine Funktionsgleichung und einen Funktionsplan unter Berücksichtigung der Logik des verwendeten Stellelements.

b) Zeichnen Sie den elektrischen Stromlaufplan.

c) Wie sieht eine alternative Lösung mit einer „setzdominanten“ Selbsthaltung aus?

Lösung: In Bild 1 wird ein 5/2-Wegeventil mit Rückstellfeder verwendet. Dieses Stellement wird als „monostabil“ bezeichnet, d. h., nur die Schaltstellung b ist stabil. Wenn die Spannung an -MB1 abfällt, fällt es in die Schaltstellung b zurück.

a) Funktionsgleichung:
-KF1 = ((-SF1 ∨ -SF2) ∨ -KF1) ∧ $\overline{\text{-SF3}}$.
Den Funktionsplan zeigt **Bild 2**.

b) Der Stromlaufplan ist in **Bild 3a** gezeigt. Es findet sich hier die für eine löschdominante Selbsthaltung typische UND-Verknüpfung der Setzsignalgeber -SF1 oder -SF2 mit dem Rücksetzsignalgeber -SF3.

c) In **Bild 3b** ist die Alternative gezeigt. Das Löschen der Selbsthaltung erfolgt wieder über Signalgeber -SF3, der sich hier aber zu den beiden Setzsignalen -SF1 und -SF2 im parallelen Strompfad 3 befindet.

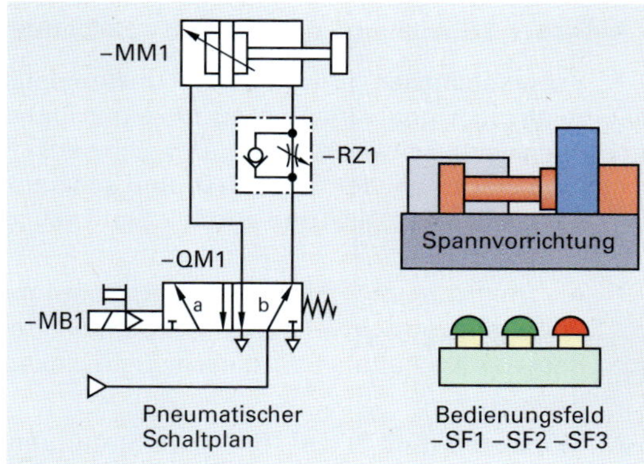

Bild 1: Pneumatisches Spannen

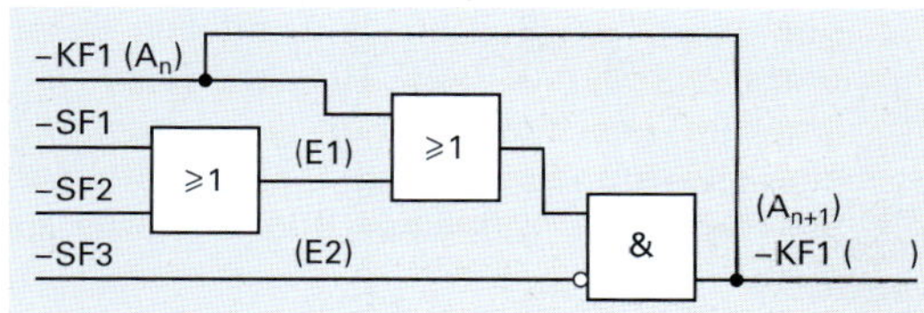

Bild 2: Funktionsplan der Spannvorrichtung

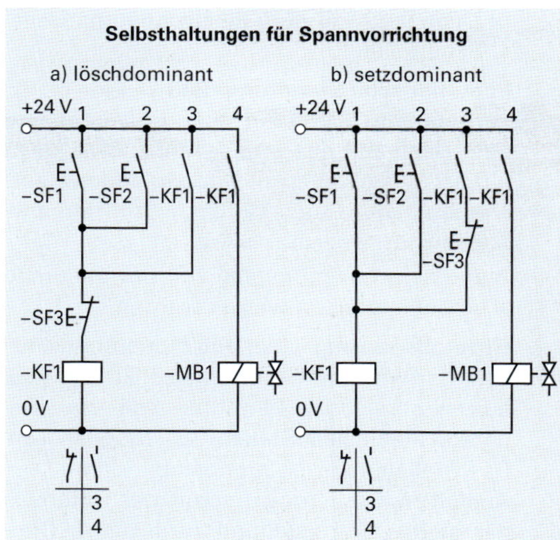

Bild 3: Stromlaufplan der Spannvorrichtung

Tabelle 1: Selbsthalteschaltungen – Speicherschaltung (Setzdominanz)

Funktionsgleichung	Funktionstabelle	Funktionsplan	Pneumatik	Elektrik
$A_{n+1} = E1 \vee (\overline{E2} \wedge A_n)$ A_{n+1} ist das logische Verknüpfungsergebnis aus den drei Eingangskombinationen.	(siehe unten)	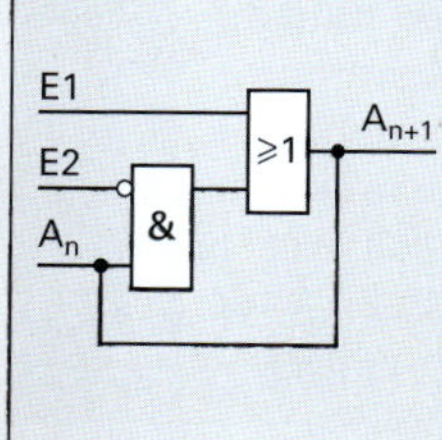	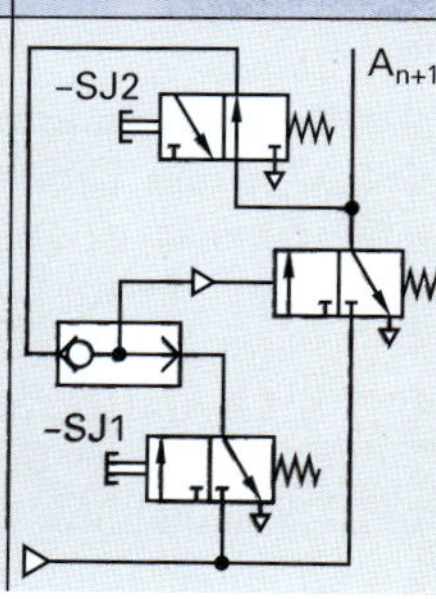	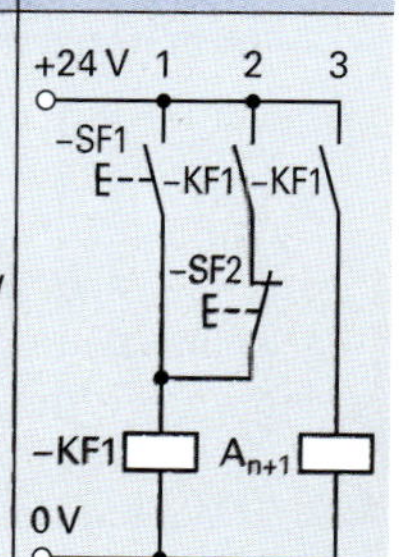

Nr.	A_n	E2	E1	A_{n+1}
1	0	0	0	0
2	0	0	1	1
3	0	1	0	0
4	0	1	1	1
5	1	0	0	1
6	1	0	1	1
7	1	1	0	0
8	1	1	1	1

Aufgaben | Speichern von Signalen – Selbsthalteschaltungen

1. **Schwenkantrieb (Bild 1).** Der Funktionsplan zeigt die Signalverknüpfung für einen pneumatischen Schwenkantrieb. Der Schwenkantrieb startet bei der Position 0° und schwenkt auf die Position 180° und anschließend selbstständig zurück.

   Als Stellelement wird ein 5/2-Wegeventil mit Rückstellfeder verwendet. Entwickeln Sie den Pneumatikschaltplan zu diesem Schwenkantrieb.

2. **Sinterofen (Bild 2).** Die Tür eines Sinterofens wird durch Betätigung des Tasters -SF1 mit einem doppelt wirkenden Zylinder langsam geöffnet. Nach Beschickung mit den vorgepressten Teilen wird die Tür über Taster -SF2 langsam geschlossen. Für die Aufgabe ist eine elektropneumatische Lösung mit einem 5/2-Wegeventil mit einer Rückstellfeder geplant.

   a) Erstellen Sie die Funktionsgleichung und den entsprechenden Funktionsplan.

   b) Zeichnen Sie den elektropneumatischen Schaltplan.

3. **Pneumatische Steuerung (Bild 3).** Eine bereits vorhandene Schaltung soll umgebaut werden. Dazu soll das Impulsventil -QM1 durch ein 5/2-Wegeventil mit Rückstellfeder ersetzt werden. Die Gesamtfunktion soll erhalten bleiben.

   Aus einem Funktionsplan soll der pneumatische Schaltplan entwickelt werden.

4. **Gitterabsperrung.** Über einen pneumatischen Zylinder wird ein Gitter abgesenkt. Das Ausfahren sowie das Einfahren soll von zwei unterschiedlichen Stellen aus möglich sein. Das Stellelement ist monostabil, damit beim Ausfall der Steuerungsenergie das Gitter wieder in die Grundstellung zurückfährt. Diese Endlage wird beim Start abgefragt.

   Entwickeln Sie zur Steuerungsplanung eine Funktionsgleichung sowie den Funktionsplan und setzen Sie die Aufgabe in eine pneumatische und alternativ in eine elektropneumatische Steuerung um.

5. **Steuerung eines Drehstrommotors (Bild 4).** Über Taster -SF2 wird ein Drehstrommotor eingeschaltet. Das Schütz -QA1 geht im Steuerstromkreis über einen Schließer in Selbsthaltung. Im Hauptstromkreis schließt er die drei Phasen L1, L2 und L3. Über Taster -SF1 wird die Selbsthaltung wieder gelöscht.

   a) Welche Art von Selbsthaltung liegt vor?

   b) Zeichnen Sie dazu einen Funktionsplan.

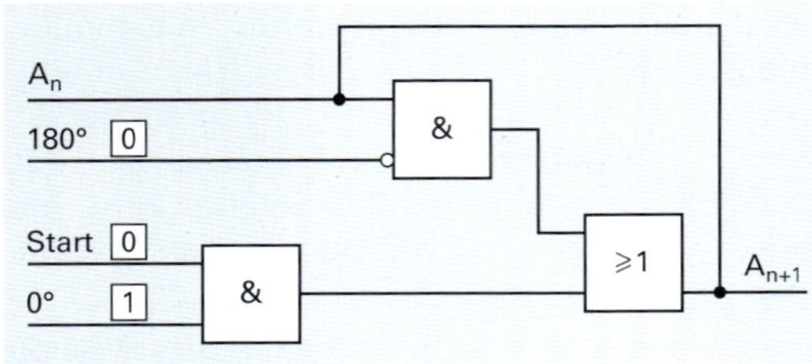

Bild 1: Funktionsplan eines Schwenkantriebs

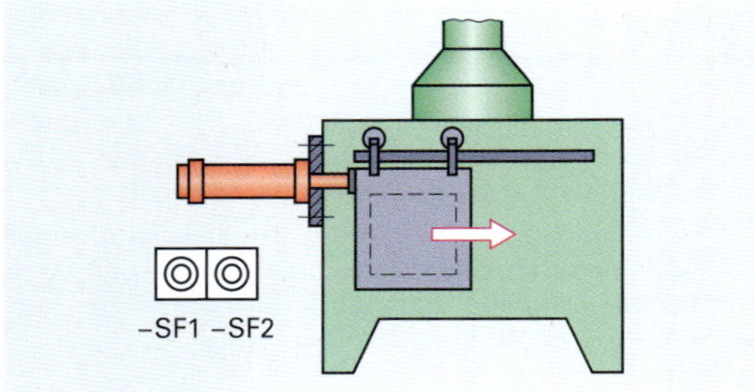

Bild 2: Sinterofen

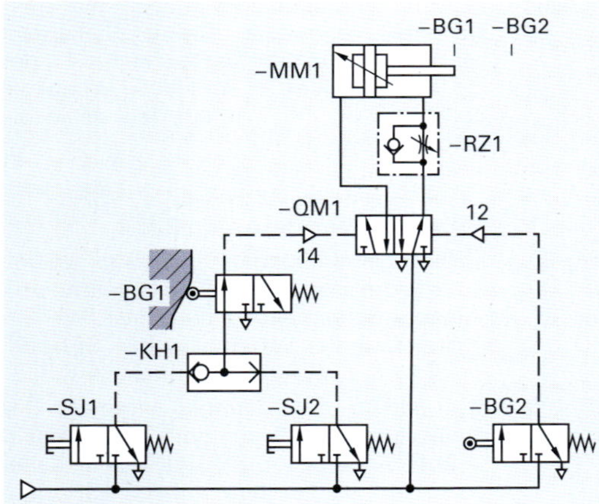

Bild 3: Pneumatische Steuerung

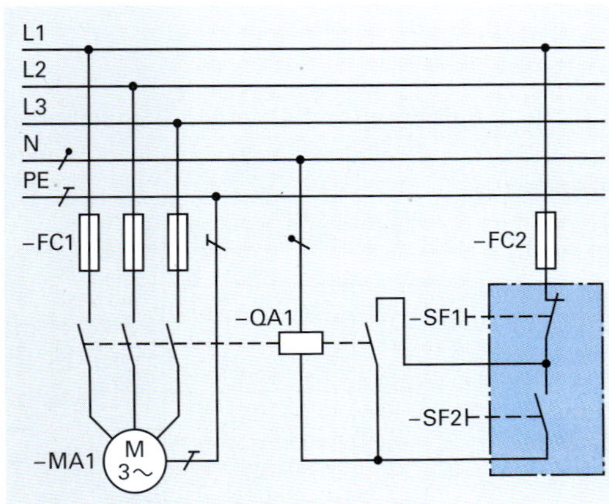

Bild 4: Schützsteuerung eines Drehstrommotors

Werkstoffprüfung

Mit den Verfahren der Werkstoffprüfung werden wichtige Werkstoffkennwerte, z. B. die Streckgrenze, die Bruchdehnung oder die Härte, ermittelt.

Zugversuch

Beim Zugversuch werden in der Regel genormte Proben **(Bild 1)** unter stetiger Erhöhung der Zugbeanspruchung im Allgemeinen bis zum Bruch gedehnt.

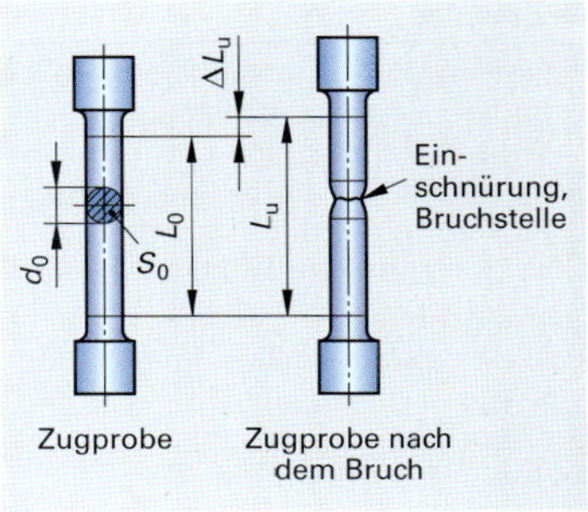

Bild 1: Zugproben

Bezeichnungen:

F	Zugkraft	N	$\Delta L_{p0,2}$	Längenänderung an der Dehngrenze	mm
F_m	Höchstkraft, Maximalkraft	N	ΔL	Längenänderung	mm
F_e	Zugkraft an der Streckgrenze	N	R[1]	Zugspannung	N/mm²
$F_{p0,2}$	Zugkraft an der Dehngrenze	N	e[2]	Dehnung	%
d_0	Anfangsdurchmesser der Probe	mm	R_m	Zugfestigkeit	N/mm²
S_0	Anfangsquerschnitt der Probe	mm²	R_e	Streckgrenze	N/mm²
L_0	Anfangsmesslänge	mm	$R_{p0,2}$	Dehngrenze	N/mm²
L_u	Messlänge nach dem Bruch	mm	A	Bruchdehnung	%
ΔL_u	plastische Längenänderung	mm			

Kraft-Verlängerungs-Diagramm

Die elastische und die plastische Verlängerung der Zugprobe werden in Abhängigkeit der Zugkraft F im Kraft-Verlängerungs-Diagramm aufgezeichnet **(Bild 2)**. Eine Parallele zur Geraden $0P_1$ durch den Kurvenpunkt P_2 bildet die plastischen Verformungen ΔL_u auf der Längenänderungsachse ΔL ab.

Nach dem Bruch der Probe wird die Messlänge L_u ermittelt. Sie enthält die plastischen Längenänderung $\Delta L_u = L_u - L_0$, die der plastischen Verformung im Kraft-Verlängerungs-Diagramm entspricht.

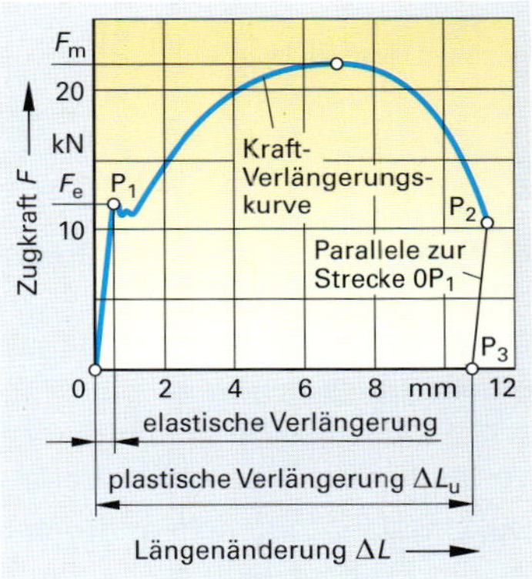

Bild 2: Kraft-Verlängerungs-Diagramm

Werkstoffkennwerte

Beim Zugversuch werden im Wesentlichen folgende Werkstoffkennwerte ermittelt:

Zugfestigkeit R_m. Sie ist die Zugspannung, ermittelt aus der Höchstkraft F_m und dem Anfangsquerschnitt S_0 **(Bild 1 und 2)**.

Zugfestigkeit

$$R_m = \frac{F_m}{S_0}$$

Streckgrenze R_e. Sie tritt nur bei Werkstoffen mit ausgeprägtem Fließbereich auf **(Bild 1, nachfolgende Seite)** und wird aus der Kraft an der Streckgrenze F_e und dem Anfangsquerschnitt S_0 als Zugspannung berechnet.

Streckgrenze

$$R_e = \frac{F_e}{S_0}$$

Dehngrenze $R_{p0,2}$. Sie tritt nur bei Werkstoffen ohne ausgeprägten Fließbereich auf **(Bild 2, nachfolgende Seite)** und wird aus der Kraft an der Dehngrenze $F_{p0,2}$ und dem Anfangsquerschnitt S_0 als Zugspannung ermittelt.

Dehngrenze

$$R_{p0,2} = \frac{F_{p0,2}}{S_0}$$

Bruchdehnung A. Die plastische Verlängerung $\Delta L_u = L_u - L_0$ wird in Prozent (%) der Anfangsmesslänge L_0 ausgedrückt. Bei gleichen Werkstoffen und gleichen Anfangsdurchmessern d_0 der Proben führen größere Anfangsmesslängen L_0 zu kleineren Werten der Bruchdehnungen A.

Bruchdehnung

$$A = \frac{L_u - L_0}{L_0} \cdot 100\ \%$$

Bei rechnerunterstützten Zugprüfmaschinen werden die Werkstoffkennwerte automatisch berechnet.

1) bisheriges Formelzeichen σ_z
2) bisheriges Formelzeichen ε

● **Beispiel:**

Eine Zugprobe aus S235JR mit dem Anfangsdurchmesser $d_0 = 8$ mm und der Anfangsmesslänge $L_0 = 40$ mm wird im Zugversuch geprüft. Das Kraft-Verlängerungs-Diagramm wird während der Prüfung aufgezeichnet **(Bild 2, vorherige Seite)**. Die ermittelte Höchstkraft beträgt $F_m = 22\,620$ N, die Zugkraft an der Streckgrenze $F_e = 11\,815$ N, die Messlänge nach dem Bruch der Probe $L_u = 50{,}8$ mm.

Wie groß sind
a) der Anfangsquerschnitt S_0 der Probe,
b) die Zugfestigkeit R_m,
c) die Streckgrenze R_e,
d) die Bruchdehnung A?

Lösung: a) $S_0 = \frac{\pi \cdot d^2}{4} = \frac{\pi \cdot (8\text{ mm})^2}{4} = \mathbf{50{,}27\ mm^2}$

b) $R_m = \frac{F_m}{S_0} = \frac{22\,620\text{ N}}{50{,}27\text{ mm}^2} = 449{,}97\frac{\text{N}}{\text{mm}^2} \approx \mathbf{450\frac{N}{mm^2}}$

c) $R_e = \frac{F_e}{S_0} = \frac{11\,815\text{ N}}{50{,}27\text{ mm}^2} = 235{,}03\frac{\text{N}}{\text{mm}^2} \approx \mathbf{235\frac{N}{mm^2}}$

d) $A = \frac{L_u - L_0}{L_0} \cdot 100\,\% = \frac{50{,}8\text{ mm} - 40\text{ mm}}{40\text{ mm}} \cdot 100\,\% = \mathbf{27\,\%}$

Spannungs-Dehnungs-Diagramm

Das Kraft-Verlängerungs-Diagramm kann in ein Spannungs-Dehnungs-Diagramm **(Bild 1)** umgewandelt werden. Für jeden Kurvenpunkt des Diagramms gilt: Zugspannung $R = F/S_0$ und Dehnung $e = (\Delta L/L_0) \cdot 100\,\%$. Durch diese Festlegungen entspricht die Kraft-Verlängerungs-Kurve dem Verlauf der Spannungs-Dehnungs-Kurve.

Die Umwandlung erfolgt durch die Umrechnung
- der Kraftachse in die Spannungsachse und
- der Verlängerungsachse in die Dehnungsachse.

● **Beispiel:**

Der unlegierte Baustahl S235JR wurde im Zugversuch geprüft. Das Kraft-Verlängerungs-Diagramm **(Bild 2, vorherige Seite)**, die Zugfestigkeit $R_m = 450$ N/mm² und die Bruchdehnung $A = 27$ % liegen vor. Das Kraft-Verlängerungs-Diagramm ist in das Spannungs-Dehnungs-Diagramm umzuwandeln.

Lösung: Im aufgezeichneten Diagramm müssen die Achsen neu eingeteilt und benannt werden.
Kraftachse: Anstelle der Zugkraft $F = 22\,620$ N wird die Zugfestigkeit $R_m = 450$ N/mm² abgetragen, die Achse neu eingeteilt und neu bezeichnet **(Bild 1)**.
Verlängerungsachse: Anstelle der Verlängerung $\Delta L_u = 10{,}8$ mm wird die Dehnung $e = 27$ % abgetragen, die Achse neu eingeteilt und neu bezeichnet **(Bild 1)**.

Dehngrenze $R_{p0,2}$

Bei Werkstoffen ohne ausgeprägte Streckgrenze R_e, z. B. bei Vergütungsstählen, wird als Ersatz für die Streckgrenze R_e die Dehngrenze $R_{p0,2}$ verwendet **(Bild 2)**. An der Dehngrenze $R_{p0,2}$ weist die Probe eine plastische Dehnung von $e_{p0,2} = 0{,}2$ % auf. In der Regel wird die Dehngrenze aus einem vergrößerten Ausschnitt des Kraft-Verlängerungs-Diagramms in folgenden Schritten ermittelt **(Bild 3)**:
- Berechnung der Dehngrenzen-Längenänderung $\Delta L_{p0,2}$.
- Parallele zur Geraden 0P der Kraft-Verlängerungs-Kurve im Abstand $\Delta L_{p0,2}$ zeichnen.
- Dehngrenzenkraft $F_{p0,2}$ → Schnittpunkt der Parallelen mit der Kraft-Verlängerungs-Kurve.
- Berechnung der Dehngrenze $R_{p0,2}$.

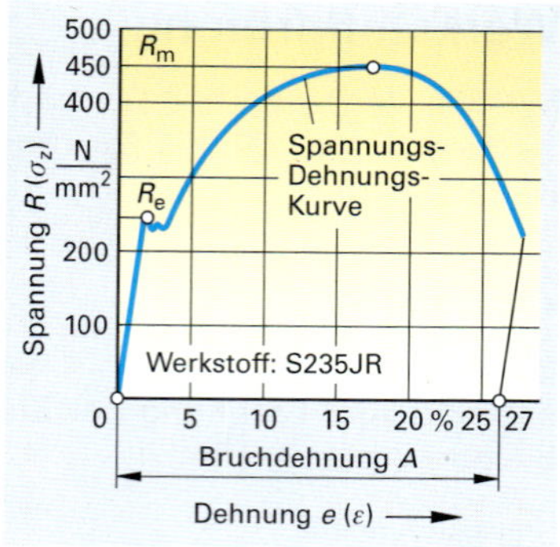

Bild 1: Spannungs-Dehnungs-Diagramm mit Streckgrenze R_e

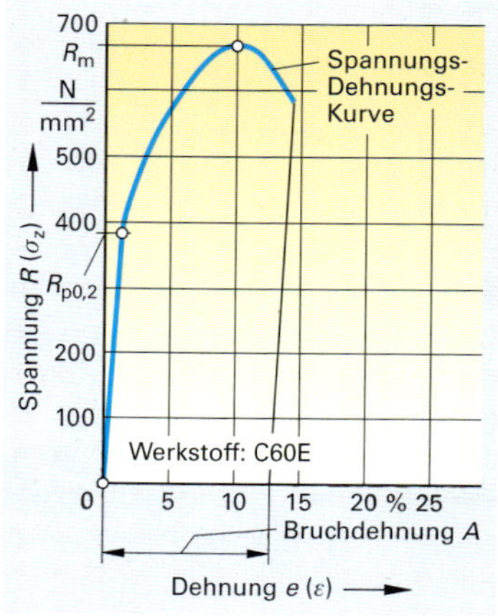

Bild 2: Spannungs-Dehnungs-Diagramm mit Dehngrenze $R_{p0,2}$

Dehngrenzen-Längenänderung

$$\Delta L_{p0,2} = \frac{e \cdot L_0}{100\,\%}$$

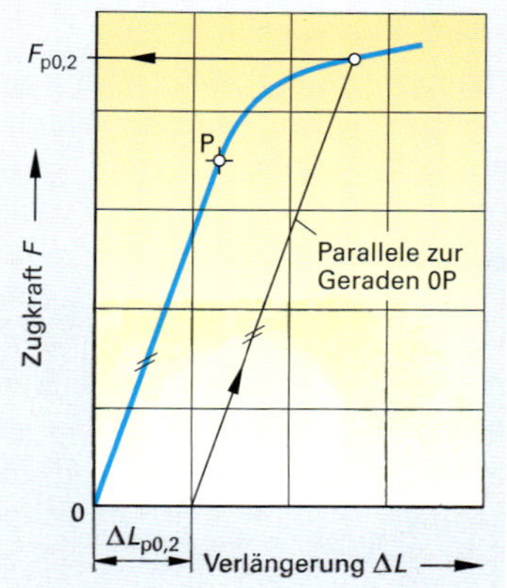

Bild 3: Dehngrenze $R_{p0,2}$

● **Beispiel:**

Zur Bestimmung der Dehngrenze $R_{p0,2}$ des Werkstoffs X2CrNi12 wird der entsprechende Ausschnitt des Kraft-Verlängerungs-Diagramms durch die Messpunkte $P_1 \dots P_5$ erfasst **(Tabelle 1)**.

Tabelle 1: Messpunkte

Messpunkt	P_1	P_2	P_3	P_4	P_5
F in kN	10	12,5	15	17,5	22
ΔL in mm	0,031	0,039	0,065	0,105	0,200

Für den Anfangsdurchmesser d_0 = 10 mm und die Anfangsmesslänge L_0 = 50 mm der Zugprobe sind zu bestimmen

a) das Kraft-Verlängerungs-Diagramm aus den Messpunkten $P_1 \dots P_5$,

b) die Verlängerung $\Delta L_{p0,2}$,

c) die Zugkraft $F_{p0,2}$ an der Dehngrenze,

d) der Anfangsquerschnitt S_0 der Zugprobe,

e) die Dehngrenze $R_{p0,2}$.

Lösung: a) Vergrößerter Ausschnitt aus dem Kraft-Verlängerungs-Diagramm **(Bild 1)**.

b) $\Delta L_{p0,2} = \dfrac{e \cdot L_0}{100\,\%} = \dfrac{0{,}2\,\% \cdot 50\text{ mm}}{100\,\%} = \mathbf{0{,}1\text{ mm}}$

c) Die Parallele zur Geraden $0P_2$ schneidet die Kraft-Verlängerungs-Kurve im Punkt P.
Abgelesene Zugkraft an der Dehngrenze $F_{p0,2}$ = **20,0 kN.**

d) $S_0 = \dfrac{\pi \cdot d^2}{4} = \dfrac{\pi \cdot (10\text{ mm})^2}{4} = \mathbf{78{,}54\text{ mm}^2}$

e) $R_{p0,2} = \dfrac{F_{p0,2}}{S_0} = \dfrac{20\,000\text{ N}}{78{,}54\text{ mm}^2} = \mathbf{254{,}6\,\dfrac{N}{mm^2}}$

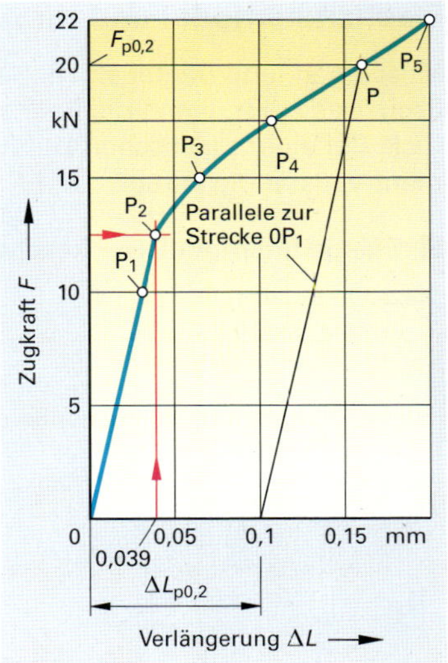

Bild 1: Kraft-Verlängerungs-Diagramm (Ausschnitt)

Aufgaben | Zugversuch

1. **Strebe (Bild 2).** Die technologischen Eigenschaften von Streben aus S185 werden im Zugversuch überprüft. Die verwendete Probe besitzt einen Anfangsdurchmesser d_0 = 8 mm und eine Anfangsmesslänge L_0 = 40 mm. Das Versuchsergebnis ist im Kraft-Verlängerungs-Diagramm dargestellt. Wie groß sind

   a) der Anfangsquerschnitt S_0,

   b) die Zugfestigkeit R_m,

   c) die Streckgrenze R_e,

   d) die Bruchdehnung A?

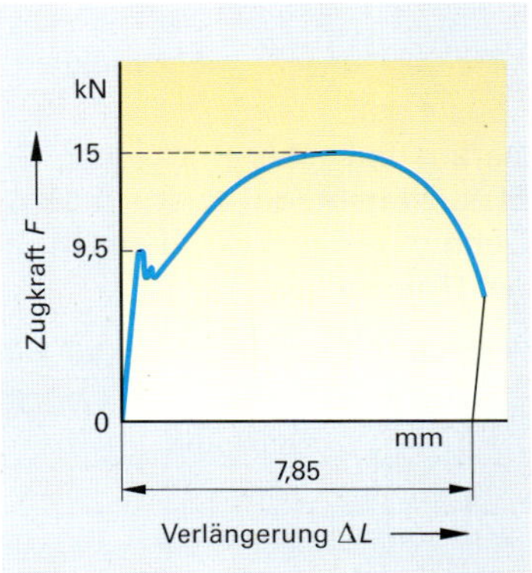

Bild 2: Kraft-Verlängerungs-Schaubild einer Strebe

2. **Dehnschraube (Bild 3).** Zur genauen Ermittlung der Dehngrenze $R_{p0,2}$ eines Schraubenwerkstoffes werden die Punkte $P_1 \dots P_6$ des Kraft-Verlängerungs-Diagramms auf einer Zugprüfmaschine ermittelt **(Tabelle 2)**.

Tabelle 2: Dehnschraubenwerkstoff

Messpunkt	1	2	3	4	5	6
F in kN	5	10	12,5	15	17,5	20
ΔL in mm	0,026	0,052	0,065	0,078	0,109	0,192

Für den Anfangsdurchmesser d_0 = 6 mm und die Anfangsmesslänge L_0 = 30 mm sind zu bestimmen

   a) das Kraft-Verlängerungs-Diagramm aus den Messpunkten $P_1 \dots P_6$,

   b) die Verlängerung $\Delta L_{p0,2}$ für die Dehnung e = 0,2 %,

   c) die Kraft an der Dehngrenze $F_{p0,2}$,

   d) die Dehngrenze $R_{p0,2}$.

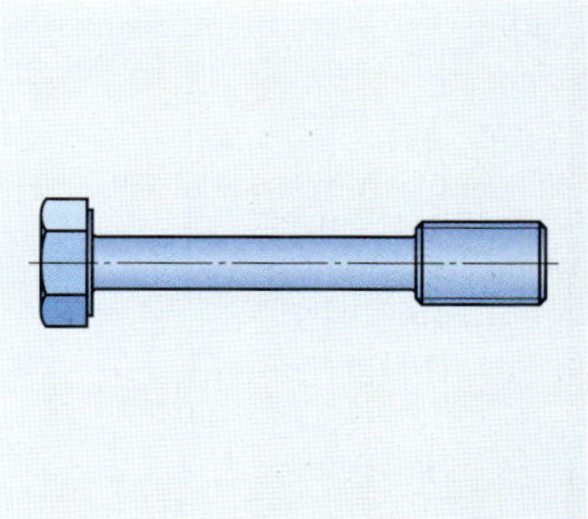

Bild 3: Dehnschraube

S. 262

Elastizitätsmodul und Hookesches Gesetz

Maschinen- und Bauteile, z. B. Seile, Träger oder Federn, verformen sich bei ihrer Beanspruchung elastisch. Das heißt, wenn die Beanspruchung nicht mehr wirkt, geht auch die Verformung vollständig zurück. Bei einer plastischen Dehnung verformt sich der Werkstoff bleibend; die Verformung geht nicht mehr vollständig zurück.

Elastizitätsmodul, Hookesches Gesetz bei Zugbeanspruchung

Bezeichnungen:

F	Zugkraft	N
S_0	Anfangsquerschnitt	mm²
L_0	Anfangsmesslänge, Werkstücklänge	mm
ΔL	elastische Längenänderung	mm
R, R_1, R_2	Zugspannungen	N/mm²
e, e_1, e_2	elastische Dehnungen	–
R_e	Elastizitätsgrenze	N/mm²
E	Elastizitätsmodul	N/mm²
R_m	Zugfestigkeit	N/mm²
R_e	Streckgrenze	N/mm²
A	Bruchdehnung	%

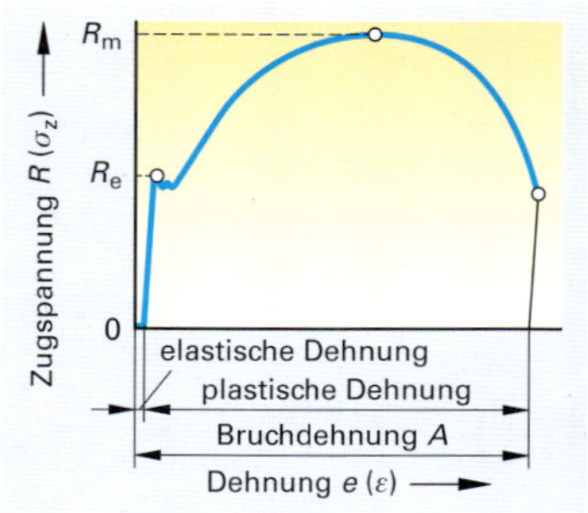

Bild 1: Spannungs-Dehnungs-Diagramm von Baustahl

Das Spannungs-Dehnungs-Diagramm zeigt neben der Zugfestigkeit R_m, der Streckgrenze R_e und der Bruchdehnung A auch die elastische und die plastische Verformung der geprüften Werkstoffe **(Bild 1)**.

Bis zur Elastizitätsgrenze R_e ist der Spannungsanstieg geradlinig **(Bild 2)**, die Spannung R verändert sich im gleichen Verhältnis wie die Dehnung e. Nach dem Strahlensatz gilt:

$$\frac{R_1}{e_1} = \frac{R_2}{e_2} = \frac{\Delta R}{\Delta e} = \frac{R}{e} = E = \text{konstant.}$$

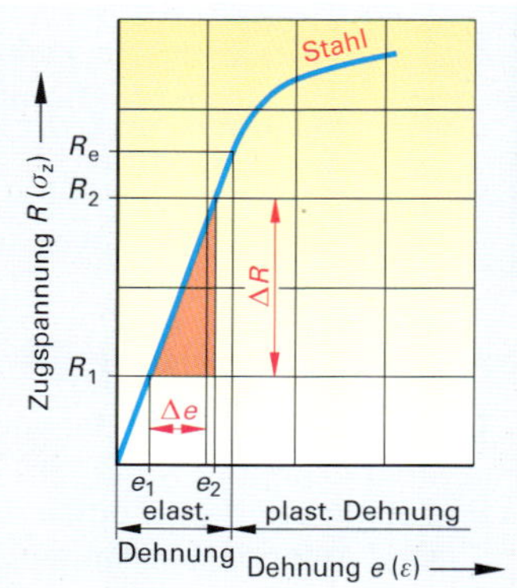

Bild 2: Elastischer Verformungsbereich im Spannungs-Dehnungs-Diagramm

Daraus folgt das Hookesche Gesetz[1]: $R = E \cdot e$ mit $\varepsilon = \Delta L / L_0$. Der **Elastizitätsmodul E** ist ein Maß für die Steigung der Spannungs-Dehnungslinie. Er wird aus Messwerten des Zugversuches berechnet **(Tabelle 1)**.

Tabelle 1: Elastizitätsmodul *E* (Mittelwerte)

Werkstoff	Stahl, Stahlguss	EN-GJL 150	EN-GJL 300	EN-GJMW 350	Ti-Leg.
E in N/mm²	210 000	85 000	125 000	170 000	120 000
Werkstoff	**Aluminium**	**Al-Leg.**	**Kupfer**	**Cu-Leg.**	**Glas**
E in N/mm²	72 000	70 000	125 000	90 000	56 000

Setzt man im Hookeschen Gesetz für die Spannung $R = F/S_0$ und für $e = \Delta L/L_0$, so erhält man $\Delta L = (F \cdot L_0)/S_0 \cdot E$.

1. Beispiel:

Zur Ermittlung des Elastizitätsmodules E werden Rundproben mit $d = 6$ mm und der Anfangsmesslänge $L_0 = 30$ mm im Zugversuch geprüft. Im elastischen Bereich wird bei $F = 5$ kN die Verlängerung $\Delta L = 0{,}026$ mm gemessen. Wie groß sind

a) die Zugspannung R,
b) die elastische Dehnung e,
c) der Elastizitätsmodul E?

Lösung: a) $R = \frac{F}{S_0} = \frac{F \cdot 4}{\pi \cdot d^2} = \frac{5\,000\ \text{N} \cdot 4}{\pi \cdot (6\ \text{mm})^2} = \mathbf{176{,}84\ \frac{N}{mm^2}}$

b) $e = \frac{L}{L_0} = \frac{0{,}026\ \text{mm}}{30\ \text{mm}} = \mathbf{0{,}00086}$

c) $R = E \cdot e;\ E = \frac{R}{e} = \frac{176{,}84\ \text{N}}{0{,}000\,86\ \text{mm}^2} = \mathbf{205\,628\ \frac{N}{mm^2}}$

1) R. Hooke, engl. Physiker (1635–1703)

Zugspannung

$$R = \frac{F}{S_0}$$

Elastische Dehnung

$$e = \frac{\Delta L}{L_0}$$

Hooksches Gesetz

$$R = E \cdot e$$

Elastische Verlängerung

$$\Delta L = \frac{F \cdot L_0}{S_0 \cdot E}$$

● **2. Beispiel:**

Ein Zugstab aus S235JR mit dem Durchmesser d = 8 mm und der Länge L_0 = 950 mm wird mit der Kraft F = 9 kN belastet.

Wie groß sind
a) der Querschnitt S_0 des Zugstabes,
b) der Elastizitätsmodul E,
c) die elastische Verlängerung ΔL?

Lösung: a) $S_0 = \frac{\pi \cdot d^2}{4} = \frac{\pi \cdot (8\text{ mm})^2}{4} = \mathbf{50{,}27\ mm^2}$

b) $E = \mathbf{210\,000\ \frac{N}{mm^2}}$ (nach **Tabelle 1, vorherige Seite**)

c) $\Delta L = \frac{F \cdot L_0}{S_0 \cdot E} = \frac{9\,000\text{ N} \cdot 950\text{ mm} \cdot \text{mm}^2}{50{,}27\text{ mm}^2 \cdot 210\,000\text{ N}} = \mathbf{0{,}81\ mm}$

Hookesches Gesetz bei Federn

Bezeichnungen:

F	Federkraft	N	ΔF	Federkraftänderung	N
R	Federrate	N/mm	Δs	Federwegänderung	mm
s	Federweg	mm			

Die Federkräfte F ändern sich im gleichen Verhältnis wie die Federwege s **(Bild 1)**. Nach dem Strahlensatz gilt:

$$\frac{F_1}{s_1} = \frac{F_2}{s_2} = \frac{\Delta F}{\Delta s} = \frac{F}{s} = R = \text{konstant.}$$

Die **Federrate *R*** ist ein Maß
- für die Kraftänderung ΔF je mm Federweg und
- für die Steigung der Kraft-Weg-Linie.

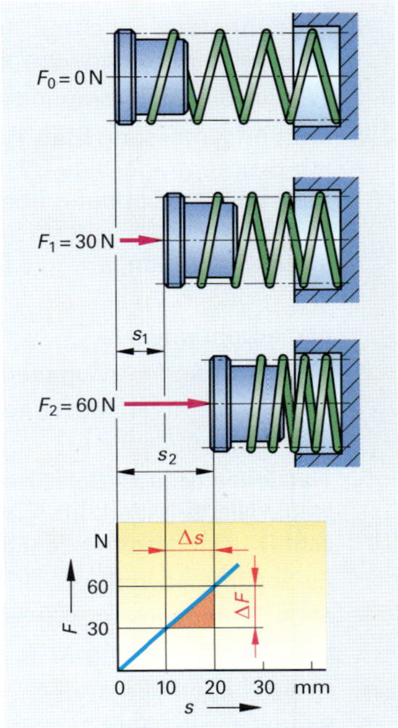

Bild 1: Kraft-Weg-Schaubild einer Druckfeder

● **Beispiel:**

Eine Druckfeder mit der Federrate R = 7,24 N/mm wird mit s_1 = 5,5 mm Vorspannung montiert. Im Betriebszustand wird sie um Δs = 11 mm weiter verformt.

Wie groß sind
a) die Vorspannkraft F der Feder,
b) die Federkraftänderung ΔF im Betriebszustand?

Lösung: a) $F = R \cdot s = R \cdot s_1 = 7{,}24\frac{\text{N}}{\text{mm}} \cdot 5{,}5\text{ mm} = \mathbf{39{,}3\ N}$

b) $\Delta F = R \cdot \Delta s = 7{,}24\frac{\text{N}}{\text{mm}} \cdot 11\text{ mm} = \mathbf{79{,}64\ N}$

Federkraft

$$F = R \cdot s$$

Federkraftänderung

$$\Delta F = R \cdot \Delta s$$

Aufgaben | Elastizitätsmodul und Hookesches Gesetz

1. **Gummipuffer (Bild 2).** Der Elastizitätsmodul von Gummipuffern wird im Druckversuch ermittelt. Bei einer Druckbelastung von F = 850 N verformt sich der Puffer um ΔL = 1,2 mm.
   Wie groß sind
   a) die elastische Dehnung e,
   b) die Spannung R,
   c) der Elastizitätsmodul E?

2. **Hubseil.** Ein Brückenkran ist für eine Last F = 30 kN ausgelegt. Das Hubseil besteht aus 86 Einzeldrähten mit je 1,2 mm Durchmesser. Wie groß sind für E = 210 000 N/mm²
   a) der tragende Querschnitt S_0 des Hubseiles,
   b) die Zugspannung R bei maximaler Belastung,
   c) die elastische Verlängerung ΔL des Seiles bei L_0 = 24 m Länge?

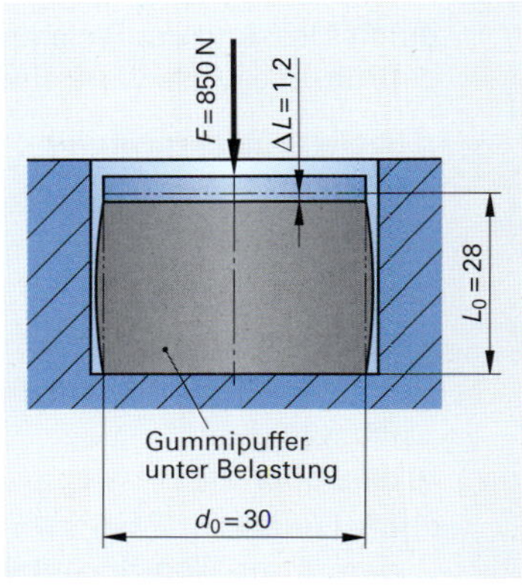

Bild 2: Gummipuffer

3. Federmontage. Eine Druckfeder mit der Federrate $R = 6$ N/mm wird bei der Montage um $s = 20$ mm vorgespannt.
Wie groß ist die Vorspannkraft F der Feder?

4. Dehnungsmessung (Bild 1). An einem durch Zug beanspruchten Brückenträger aus S235JR wird die Zugspannung durch Messung der Dehnung überprüft. Bei größter Verkehrsbelastung zeigt das Messgerät für die Messlänge $L_0 = 100$ mm eine elastische Verlängerung $\Delta L = 0{,}060$ mm an.
Wie groß sind
a) die Dehnung e,
b) die vorhandene Zugspannung σ_z,
c) die Gesamtverlängerung ΔL_g des Trägers bei einer Spannweite von $L = 9{,}2$ m?

5. Tiefziehen (Bild 2). Beim Tiefziehen eines zylindrischen Napfes ist die Niederhalterkraft $F_N = 400$ N erforderlich. Sie wird durch acht Druckfedern mit der Federrate $R = 17{,}7$ N/mm erzeugt.
Zu bestimmen sind
a) der Vorspannweg s_1 je Feder,
b) die Kraftänderung ΔF je Feder nach $s = 14$ mm Hub,
c) die Niederhalterkraft F_{N1} nach $s = 14$ mm Hub.

6. Pendelstange (Bild 3). Das Zugseil einer Förderanlage wird über eine Rolle umgelenkt. Unter Belastung wird in der Pendelstange eine Dehnung $e = 0{,}0012$ gemessen.
Für den Elastizitätsmodul $E = 210\,000$ N/mm² sind zu ermitteln
a) die Zugspannung σ_z in der Pendelstange,
b) die Zugkraft F in der Pendelstange,
c) die elastische Verlängerung ΔL der Pendelstange bei $L_0 = 1{,}8$ m,
d) die Belastung F_s des Zugseiles.

7. Flachriementrieb (Bild 4). Durch Verstellung des Achsabstandes um $\Delta L_a = 35$ mm wird der Flachriemen vorgespannt. Wie groß sind für den Riemenquerschnitt 100 mm × 5 mm und den Elastizitätsmodul $E = 80$ N/mm² ohne Berücksichtigung der Reibung zwischen Riemen und Riemenscheiben
a) die Verlängerung der Riemeninnenseite beim Spannen,
b) die elastische Dehnung des Riemens,
c) die Zugspannung im Riemen,
d) die Vorspannkraft im Riemen?

8. Federprüfung (Bild 5). Die Kennlinie einer Druckfeder wird durch Messung der Federkräfte bei vorgewählten Federwegen geprüft. Die Messwerte sind in **Tabelle 1** zusammengestellt.

Tabelle 1: Federprüfung

Federweg s in mm	2,0	3,5	5,0	6,5	8,0
Federkraft F in N	30	52,5	75	97,5	120

Gesucht sind
a) das Kraft-Weg-Schaubild der Feder für den Kräftemaßstab $M_k = 2$ N/mm und den Wegmaßstab $M_s = 5$ mm je mm Federweg,
b) die Federrate R,
c) die Federkraft F bei $s = 7{,}4$ mm Federweg. Die Kraft ist aus dem Kraft-Weg-Schaubild und durch Rechnung zu ermitteln.

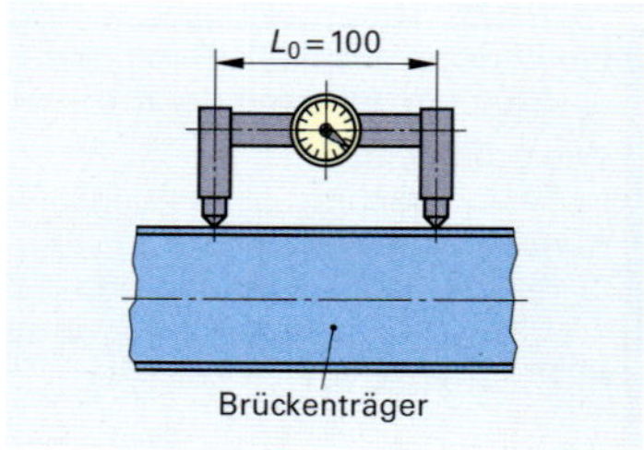

Bild 1: Dehnungsmessung

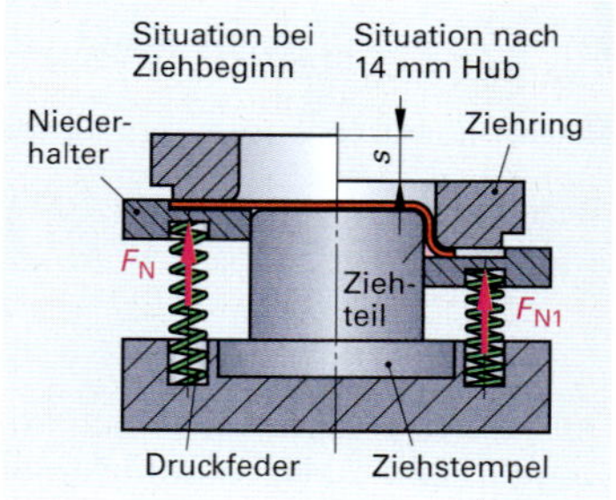

Bild 2: Tiefziehen

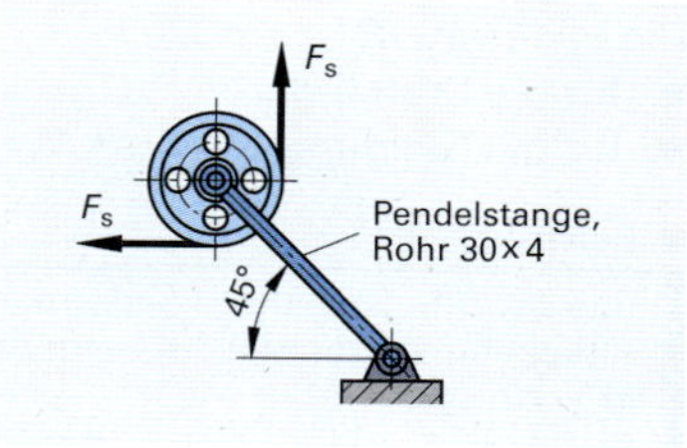

Bild 3: Pendelstange

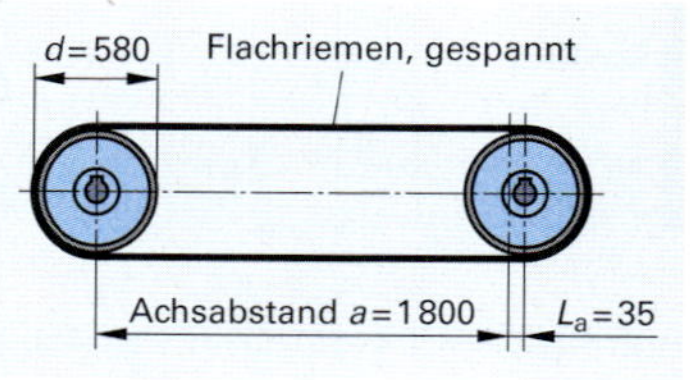

Bild 4: Flachriementrieb

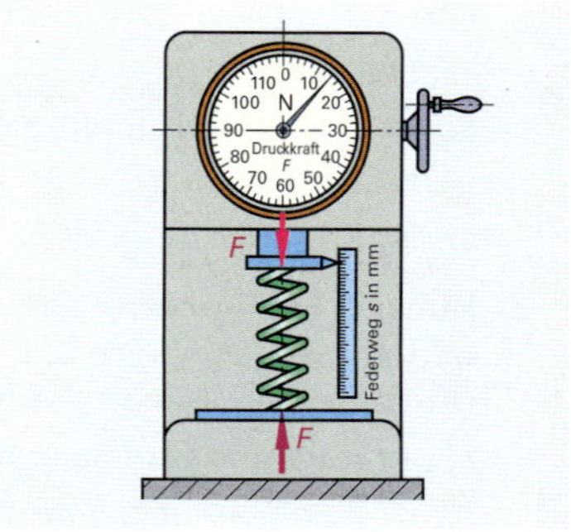

Bild 5: Federprüfung

Festigkeitslehre

Kräfte, die auf ein Bauteil einwirken, verursachen Spannungen, die auf die Wahl des Werkstoffes, die Formgebung und die Abmessungen einen entscheidenden Einfluss haben.

Beanspruchung auf Zug

Wird ein Bauteil durch eine äußere Kraft auf Zug beansprucht, so setzt der Werkstoff dieser Beanspruchung einen inneren Widerstand entgegen und es entstehen Zugspannungen. Die Zugspannung ist die Kraft je Flächeneinheit der Querschnittsfläche. Die Querschnittsfläche liegt senkrecht zur Richtung der angreifenden Kraft **(Bild 1)**.

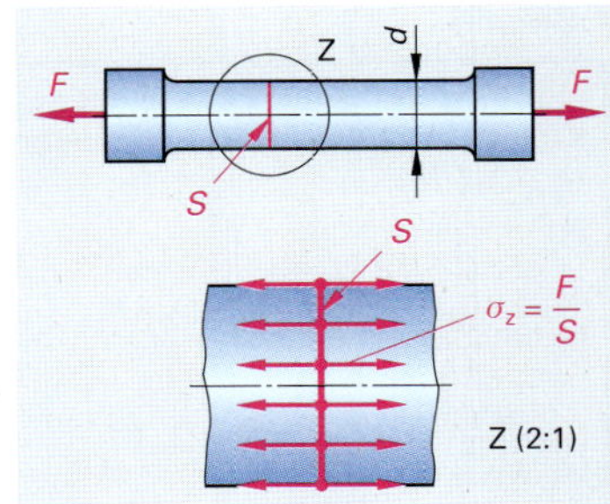

Bild 1: Zugbeanspruchung

Zugspannung

$$\sigma_z = \frac{F}{S}$$

Bezeichnungen:

F	Zugkraft	N	$R_{p0,2}$	Dehngrenze	N/mm²
S	Querschnittsfläche, auch Spannungsquerschnitt	mm²	σ_z[1]	Zugspannung	N/mm²
R_m	Zugfestigkeit	N/mm²	$\sigma_{z\,zul}$	zulässige Zugspannung	N/mm²
R_e	Streckgrenze	N/mm²	ν[2]	Sicherheitszahl	–

Die angreifenden Kräfte sollen an den Bauteilen in der Regel keine bleibende Verformung bewirken.

Bei statischer (ruhender) Belastung (sog. Belastungsfall I), bei der Größe und Richtung der Kräfte gleichbleibend sind, darf der Werkstoff deshalb nicht bis zu seiner Streckgrenze R_e belastet werden **(Bild 2)**.

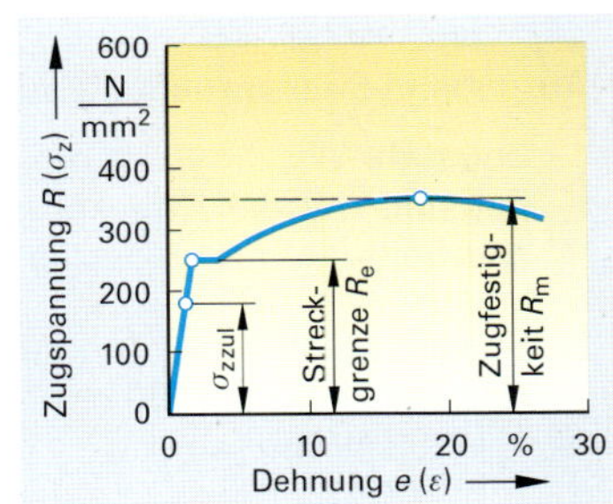

Bild 2: Streckgrenze

Bei Werkstoffen ohne ausgeprägte Streckgrenze, z. B. bei vergütetem Stahl, wird anstelle der Streckgrenze die Spannung in die Rechnungen eingesetzt, die 0,2 % bleibende Verformung hervorruft. Sie wird als 0,2-%-Dehngrenze $R_{p0,2}$ bezeichnet und aus dem Spannungs-Dehnungs-Diagramm ermittelt **(Bild 3)**.

Zulässige Zugspannung für zähe Werkstoffe[3]

$$\sigma_{z\,zul} = \frac{R_e}{\nu}$$

Bei dynamischer Belastung gelten niedrigere Grenzwerte. Dabei ist zusätzlich noch zwischen schwellender Belastung (Belastungsfall II: Die Kraft schwankt zwischen einem Höchstwert und Null) und wechselnder Belastung (Belastungsfall III: Die Kraft wechselt zwischen einem positiven und negativen Höchstwert) zu unterscheiden. Diese Fälle werden hier nicht weiter betrachtet.

Bei **Schrauben** wird als Querschnittsfläche S der Spannungsquerschnitt des Gewindes eingesetzt, der häufig auch mit A_s bezeichnet wird. (Siehe auch Schraubenverbindung, Seite 180.)

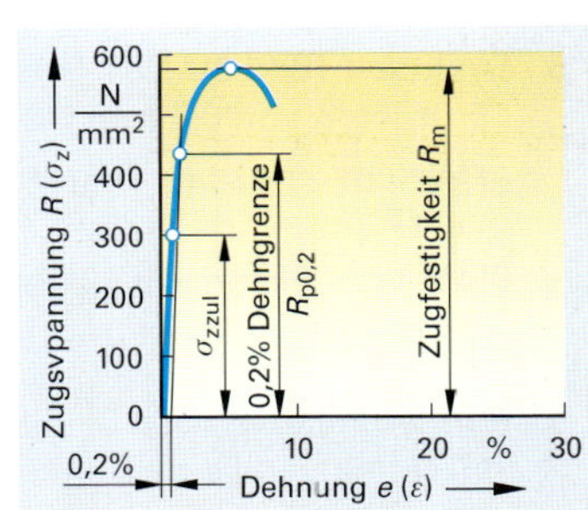

Bild 3: Dehngrenze

Zulässige Zugspannung

Aus Sicherheitsgründen nutzt man bei Bauteilen die Spannungen R_e und $R_{p0,2}$ nicht aus.

Die Zugspannung, mit der ein Werkstoff belastet werden darf, heißt **zulässige Zugspannung** $\sigma_{z\,zul}$. Sie wird berechnet, indem man die Streck- oder Dehngrenze durch die **Sicherheitszahl** ν dividiert. Bei ν = 1,5 spricht man von einer 1,5-fachen Sicherheit.

Zulässige Zugspannung für spröde Werkstoffe[4]

$$\sigma_{z\,zul} = \frac{R_m}{\nu}$$

1) σ, griechischer Kleinbuchstabe sigma
2) ν, griechischer Kleinbuchstabe ny
3) Stahl, Cu-Leg., AW-Leg., AC-Leg. mit $\nu \approx 1{,}5$
4) GJL, GJM, GJS mit $\nu \approx 2{,}0$

● **Beispiel:**

Ein zylindrischer Stab aus E295 mit d = 20 mm Durchmesser wird mit der Kraft F = 40 000 N auf Zug beansprucht **(Bild 1)**. Die Streckgrenze beträgt R_e = 295 N/mm².

Zu berechnen sind:

a) die Zugspannung σ_z,

b) die Sicherheitszahl ν gegen bleibende Verformung bei dieser Zugspannung.

Lösung: a) $S = \frac{\pi \cdot d^2}{4} = \frac{\pi \cdot 20\ \text{mm}^2}{4} = 314{,}2\ \text{mm}^2$

$$\sigma_z = \frac{F}{S} = \frac{40\,000\ \text{N}}{314{,}2\ \text{mm}^2} = \mathbf{127{,}3\ \frac{N}{mm^2}}$$

b) Um die Sicherheitszahl ν zu berechnen, muss als zulässige Spannung $\sigma_{z\,zul}$ die tatsächlich vorhandene Spannung σ_z in die Berechnung eingesetzt werden.

$$\sigma_{z\,zul} = \sigma_z = \frac{R_e}{\nu}; \quad \nu = \frac{R_e}{\sigma_z} = \frac{295\ \frac{\text{N}}{\text{mm}^2}}{127{,}3\ \frac{\text{N}}{\text{mm}^2}} = \mathbf{2{,}3}$$

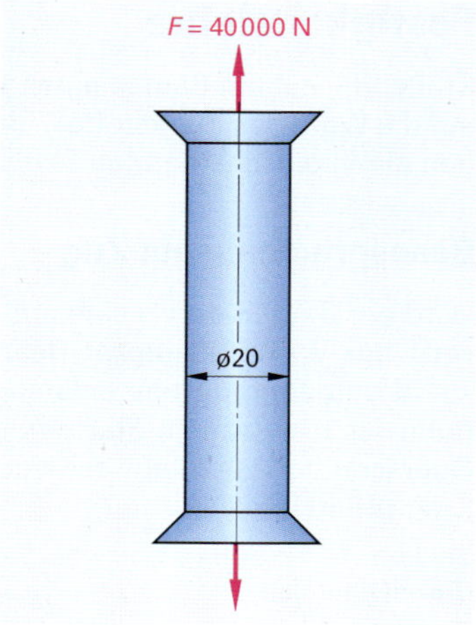

Bild 1: Zugstab

Aufgaben | Beanspruchung auf Zug

1. **Zugstab.** Wie groß ist die zulässige Zugspannung für einen Zugstab mit der Streckgrenze R_e = 310 N/mm², wenn die Sicherheitszahl ν =1,5 beträgt?

2. **Strebe.** Mit welcher Zugkraft F wird eine Strebe mit der Querschnittsfläche S = 180 mm² belastet, wenn eine Zugspannung σ_z = 168 N/mm² auftritt?

3. **Hebelstange.** Eine Hebelstange aus C60 wird auf Zug beansprucht. Die Streckgrenze beträgt R_e = 340 N/mm², die zulässige Zugspannung $\sigma_{z\,zul}$ = 190 N/mm².
   Wie groß ist die Sicherheitszahl ν?

4. **Zugstange.** Wie groß muss die Streckgrenze des Werkstoffes für eine auf Zug belastete Stange sein, wenn die zulässige Zugspannung $\sigma_{z\,zul}$ = 168 N/mm² nicht überschritten werden darf und 1,3-fache Sicherheit verlangt ist?

5. **Drahtseil (Bild 2).** Das Drahtseil besteht aus 6 Litzen mit je 19 Drähten von 0,4 mm Durchmesser.
   a) Welche Zugspannung tritt bei einer Belastung von 3000 N auf?
   b) Welche Sicherheit gegen Bruch ist vorhanden, wenn die Bruchlast 22 kN beträgt?

6. **Rundstahlkette (Bild 3).** Für einen Kran, der eine Last von 10 kN hebt, soll eine Rundstahlkette ausgewählt werden.
   Wie groß muss der Durchmesser d bei einer zulässigen Spannung von 64 N/mm² mindestens sein, wenn beide Querschnitte eines Kettengliedes gleichmäßig tragen?

7. **Schlüsselweite.** Ein Sechskantstahl nach DIN 176 wird mit 38 kN auf Zug belastet. Die Zugspannung darf 76 N/mm² nicht überschreiten.
   Wählen Sie die kleinste geeignete Schlüsselweite aus.

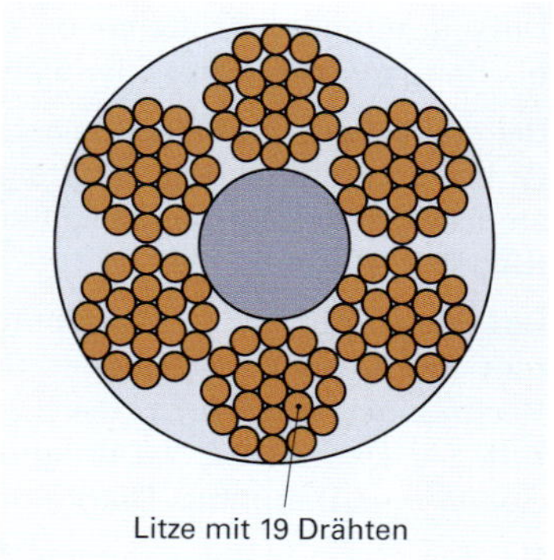

Bild 2: Drahtseil

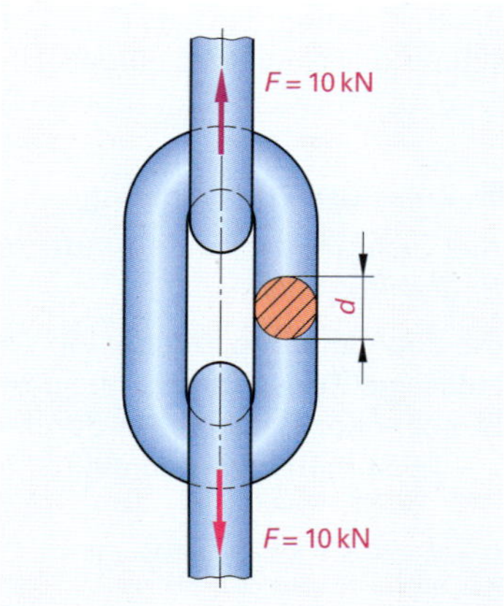

Bild 3: Rundstahlkette

Beanspruchung auf Druck

Wird ein Bauteil statisch auf Druck beansprucht **(Bild 1)**, berechnet man die Spannungen sinngemäß wie bei einer Beanspruchung auf Zug (siehe auch Seite 119).

Bezeichnungen:

F	Druckkraft	N	σ_{dF}	Quetschgrenze	N/mm²
S	Querschnittsfläche	mm²	σ_{dB}	Druckfestigkeit	N/mm²
σ_d	Druckspannung	N/mm²	R_e	Streckgrenze	N/mm²
$\sigma_{d\,zul}$	zulässige Druckspannung	N/mm²	$R_{p0,2}$	Dehngrenze	N/mm²
			R_m	Zugfestigkeit	N/mm²
			ν	Sicherheitszahl	–

Bei **zähen Werkstoffen,** z.B. Stahl, ist die Quetschgrenze $\sigma_{dF} = R_e$ bzw. $\sigma_{dF} = R_{p0,2}$, wenn keine ausgeprägte Streckgrenze vorhanden ist.

Bei **spröden Werkstoffen,** z.B. Gusseisen mit Lamellengraphit, setzt man zur Berechnung der zulässigen Spannungen anstelle der Quetschgrenze σ_{dF} die Druckfestigkeit $\sigma_{dB} \approx 2{,}5 \cdot R_m$ ein.

● **Beispiel:**

Eine Säule aus Baustahl mit der Querschnittsfläche S = 138 cm² wird mit der Druckkraft F = 3,5 MN belastet.
Wie groß ist die Druckspannung σ_d?

Lösung: $\sigma_d = \frac{F}{S} = \frac{3\,500\,000\ \text{N}}{13\,800\ \text{mm}^2} = \mathbf{254\ \frac{N}{mm^2}}$

Aufgaben | Beanspruchung auf Druck

1. **Schubstange.** Eine Schubstange aus Stahlrohr 60 × 3 mm wird mit F = 56 kN auf Druck beansprucht. Die Quetschgrenze σ_{dF} des verwendeten Stahles beträgt 210 N/mm².
   Wie groß sind die Druckspannung σ_d und die Sicherheitszahl ν?
2. **Spindelpresse.** Bei einer Spindelpresse wird die Presskraft durch eine Spindel mit dem Trapezgewinde Tr 32 × 6 nach DIN 103 erzeugt. Die Quetschgrenze σ_{dF} des Gewindewerkstoffes beträgt 295 N/mm².
   a) Wie groß ist die zulässige Druckspannung $\sigma_{d\,zul}$ im Kernquerschnitt der Spindel, wenn die Sicherheitszahl ν = 2,5 sein soll?
   b) Welche maximale Presskraft F kann die Spindelpresse übertragen, wenn nur die Druckkraft im Spindelquerschnitt und nicht die Flächenpressung im Muttergewinde berücksichtigt wird?
3. **Dehnschraube (Bild 2).** Die Dehnschraube wird so verspannt, dass im Schaft eine Zugspannung von 550 N/mm² auftritt. Wie groß sind
   a) die Vorspannkraft in der Schraube,
   b) die Druckspannung in der Distanzhülse aus Stahlrohr 25 × 6?
4. **Gummi-Metall-Puffer (Bild 3).** Eine Presse mit einer Gewichtskraft von 30 kN wird auf 4 Gummi-Metall-Puffern mit 100 mm Durchmesser gelagert.
   a) Welche Druckspannung entsteht in jedem Element? (Die Querschnittsänderung durch die Befestigungsbolzen soll vernachlässigt werden.)
   b) Wie groß ist die Sicherheit gegenüber einer zulässigen Druckspannung von 3 N/mm²?

1) Stahl, Cu-Leg., AW-Leg., AC-Leg. mit $\nu \approx 1{,}5$
2) GJL mit $\nu \approx 2{,}0$

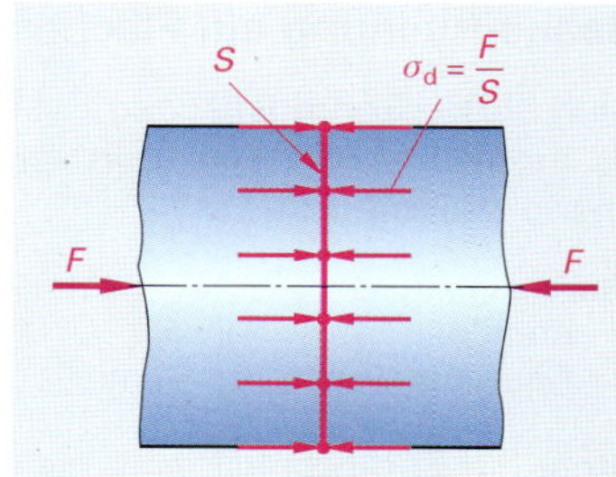

Bild 1: Druckbeanspruchung

Druckspannung

$$\sigma_d = \frac{F}{S}$$

Zulässige Druckspannung für zähe Werkstoffe[1]

$$\sigma_{d\,zul} = \frac{R_e}{\nu} \text{ bzw. } = \frac{R_{p0,2}}{\nu}$$

Zulässige Druckspannung für spröde Werkstoffe[2]

$$\sigma_{d\,zul} = \frac{2{,}5 \cdot R_m}{\nu}$$

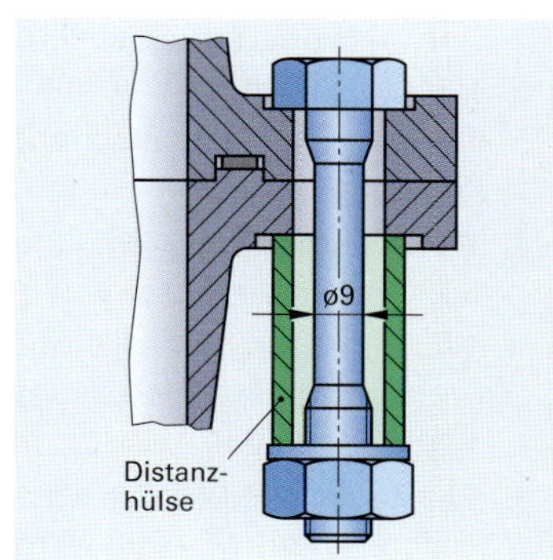

Bild 2: Dehnschraube

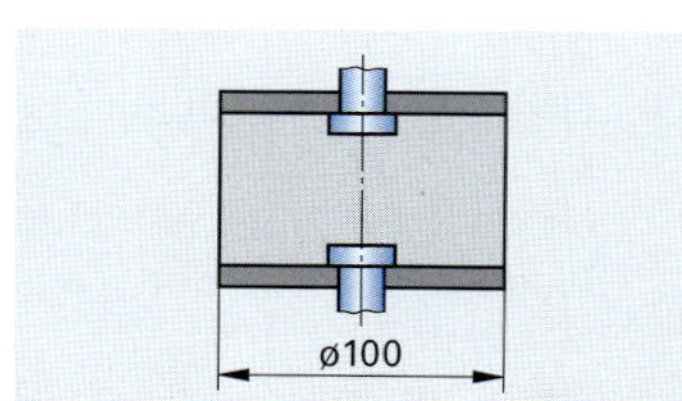

Bild 3: Gummi-Metall-Puffer

Beanspruchung auf Flächenpressung

Sind die Berührungsflächen zweier Bauteile auf Druck beansprucht, so bezeichnet man die dort auftretende Druckspannung als **Flächenpressung (Bild 1)**.

Bezeichnungen:

F	Kraft	N	A	Berührungsfläche, projizierte Fläche	mm²
p	Flächenpressung	N/mm²			

Steht die Berührungsfläche nicht senkrecht zur Kraftrichtung oder ist sie gekrümmt, wird in die Rechnung die in Kraftrichtung projizierte Fläche eingesetzt **(Bild 2)**.

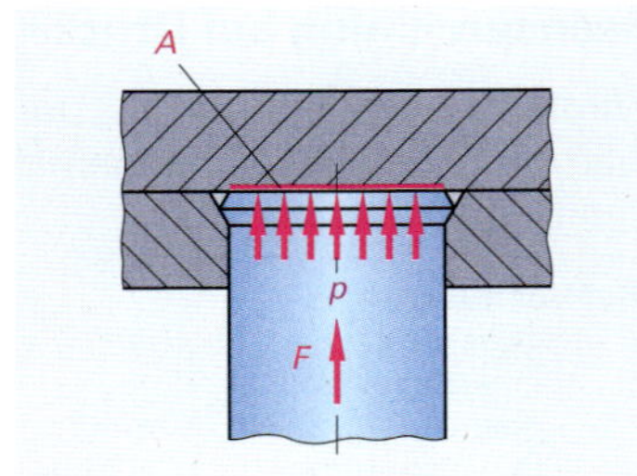

Bild 1: Flächenpressung

Flächenpressung

$$p = \frac{F}{A}$$

● **Beispiel:**

Das Gleitlager einer Welle soll eine Lagerkraft $F = 50$ kN aufnehmen **(Bild 2)**. Das Lager hat die Länge $l = 90$ mm und den Durchmesser $d = 45$ mm. Wie groß ist die Flächenpressung p in der Lagerschale?

Lösung: Projizierte Fläche: $A = l \cdot d = 90\text{ mm} \cdot 45\text{ mm} = 4\,050\text{ mm}^2$

$$p = \frac{F}{A} = \frac{50\,000\text{ N}}{4\,050\text{ mm}^2} \approx \mathbf{12\,\frac{N}{mm^2}}$$

Aufgaben | Beanspruchung auf Flächenpressung

1. **Schneidstempel.** Ein rechteckiger Schneidstempel mit einem Kopf von 32 mm × 20 mm wird mit einer Kraft $F = 80$ kN belastet.
   Wie groß ist die Flächenpressung p zwischen Druckplatte und Stempelkopf?
2. **Schneidkraft.** Die Flächenpressung am Kopf eines Schneidstempels mit 5 mm Kopfdurchmesser darf $p = 200$ N/mm² nicht übersteigen.
   Wie groß darf die Schneidkraft F werden?
3. **Nietverbindung.** Zwei je 5 mm dicke Bleche, die eine Zugkraft von 1 kN übertragen sollen, werden durch eine Überlappungsnietung durch 4 Niete mit 11 mm Durchmesser verbunden.
   Berechnen Sie die Flächenpressung (Lochleibung) p in einem Niet.
4. **Bolzenverbindung (Bild 3).** An der 10 mm dicken Lasche aus E360 hängt eine Last von 14 kN.
   Welchen Durchmesser muss der Bolzen mindestens haben, wenn die Flächenpressung in der Lasche 105 N/mm² nicht übersteigen darf?
5. ● **Passfeder (Bild 4).** Die Passfederverbindung soll das Wellendrehmoment $M = 200$ N·m übertragen. Die wirksame Länge für das Drehmoment ist der Wellenradius. Die Höhe der Anlagefläche der Passfeder in der Nabennut beträgt 3 mm.
   Berechnen Sie die Flächenpressung zwischen Passfeder und Nabe.
6. ● **Gleitlager.** Ein Gleitlager mit der Länge l und dem Durchmesser d hat ein Bauverhältnis $l/d = 0{,}6$. Es soll eine radial wirkende Kraft von 20 kN aufnehmen. Die zulässige Flächenpressung (Lagerdruck) für den Lagerwerkstoff SnSb12Cu6Pb beträgt 10 N/mm².
   Wie groß müssen der Durchmesser und die Länge des Lagers sein?

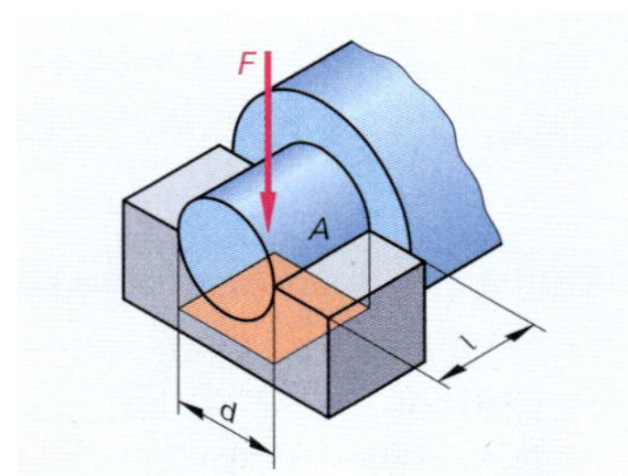

Bild 2: Gleitlager

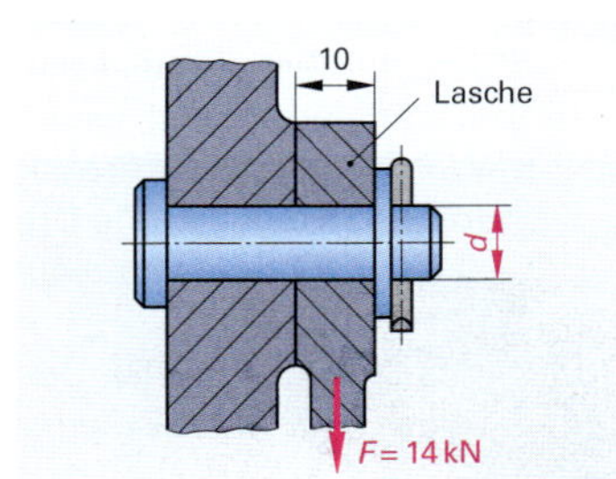

Bild 3: Bolzenverbindung

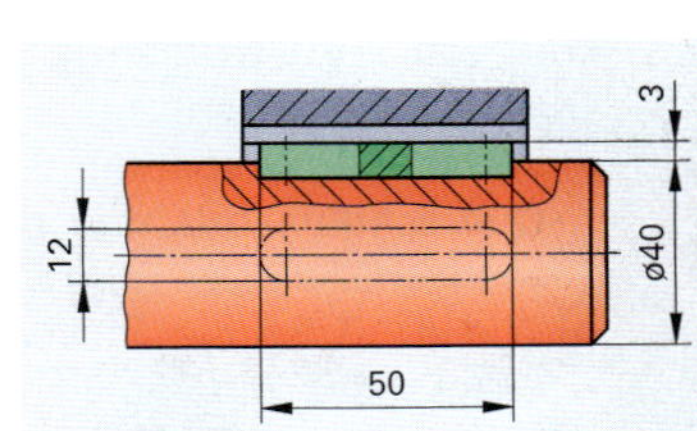

● **Bild 4: Passfeder**

S.

Beanspruchung auf Abscherung, Schneiden von Werkstoffen

Bei einer Beanspruchung auf Abscherung entstehen Spannungen in einer Querschnittsfläche, die parallel zur angreifenden Kraft liegt **(Bild 1)**. Bauteile, die auf **Abscherung** beansprucht werden, dürfen nicht zerstört werden. Beim **Schneiden** von Blechen muss der Werkstoff getrennt werden.

Bezeichnungen:

F	Scher-, Schneidkraft	N	R_e	Streckgrenze	N/mm²
S	Querschnittsfläche	mm²	$\tau_{aB\,max}$	maximale Scherfestigkeit	N/mm²
τ_a [1]	Scherspannung	N/mm²	$R_{m\,max}$	maximale Zugfestigkeit	N/mm²
τ_{aF}	Scherfließgrenze	N/mm²	ν	Sicherheitszahl	–
$\tau_{a\,zul}$	zulässige Scherspannung	N/mm²			

Für die Querschnittsfläche S ist die Summe aller Scherflächen einzusetzen, die im Falle des Trennens Bruchflächen ergeben könnten. Bei der Wahl der Spannungsgrenzwerte ist zwischen Abscherung und Schneiden zu unterscheiden.

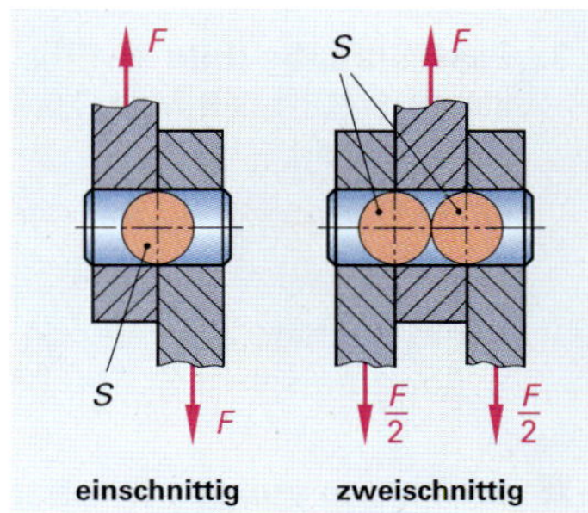

Bild 1: Abscherung

Beanspruchung auf Abscherung

In die Festigkeitsberechnungen ist die durch Versuche ermittelte oder Tabellen entnommene Scherfließgrenze τ_{aF} einzusetzen. Näherungsweise gilt für zähe Werkstoffe auch $\tau_{aF} \approx 0{,}6 \cdot R_e$.

Beispiel:

Mit welcher Scherkraft F darf der Bolzen aus S275JR in der zweischnittigen Verbindung nach **Bild 1** belastet werden?

Bolzenquerschnitt $S = 201\ \text{mm}^2$; Sicherheitszahl $\nu = 1{,}4$; Streckgrenze $R_e = 275\ \text{N/mm}^2$

Lösung: $\tau_{aF} = 0{,}6\ R_e = 0{,}6 \cdot 275\ \text{N/mm}^2 = 165\ \text{N/mm}^2$

$$\tau_{a\,zul} = \frac{\tau_{aF}}{\nu} = \frac{165\dfrac{\text{N}}{\text{mm}^2}}{1{,}4} = 117{,}86\frac{\text{N}}{\text{mm}^2}$$

$$F = 2 \cdot S \cdot \tau_{a\,zul}$$

$$= 2 \cdot 201\ \text{mm}^2 \cdot 117{,}86\frac{\text{N}}{\text{mm}^2} = \mathbf{47\,380\ N}$$

Scherspannung

$$\tau_a = \frac{F}{S}$$

Zulässige Scherspannung für zähe Werkstoffe[2]

$$\tau_{a\,zul} = \frac{\tau_{aF}}{\nu}$$

Schneiden von Werkstoffen

Zur Berechnung der Schneidkraft F ist die maximale Scherfestigkeit $\tau_{aB\,max}$ einzusetzen. Ist diese nicht bekannt, kann näherungsweise auch mit dem Wert $\tau_{aB\,max} \approx 0{,}8 \cdot R_{m\,max}$ gerechnet werden.

Schneidkraft

$$F = S \cdot \tau_{aB\,max}$$

Maximale Scherfestigkeit

$$\tau_{aB\,max} \approx 0{,}8 \cdot R_{m\,max}$$

Beispiel:

Eine Scheibe mit einem Durchmesser $d = 20$ mm wird aus Stahlblech S275JR mit einer Dicke $s = 5$ mm ausgeschnitten **(Bild 2)**. Die Zugfestigkeit R_m dieses Stahles liegt zwischen 410 N/mm² und 560 N/mm².

Wie groß ist die erforderliche Schneidkraft F?

Lösung: $S = U \cdot s = \pi \cdot d \cdot s = \pi \cdot 20\ \text{mm} \cdot 5\ \text{mm} = 314\ \text{mm}^2$

Die größte Festigkeit $R_{m\,max} = 560\ \text{N/mm}^2$ ist in die Rechnung einzusetzen.

$$\tau_{aB\,max} \approx 0{,}8 \cdot R_{m\,max}$$

$$= 0{,}8 \cdot 560\frac{\text{N}}{\text{mm}^2} = 448\frac{\text{N}}{\text{mm}^2}$$

$$F = S \cdot \tau_{aB\,max}$$

$$= 314\ \text{mm}^2 \cdot 448\frac{\text{N}}{\text{mm}^2} = 140\,672\ \text{N} \approx \mathbf{141\ kN}$$

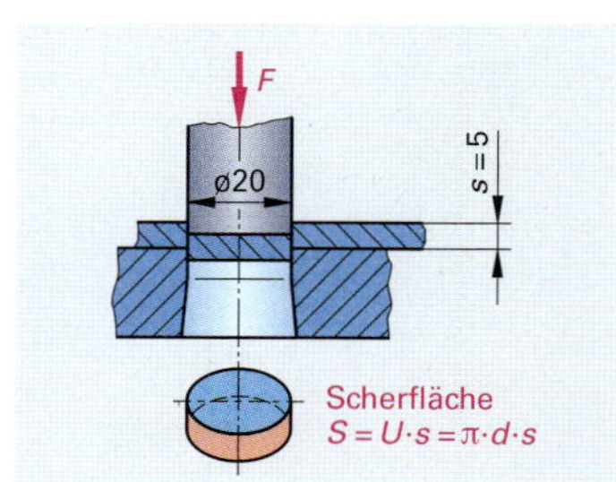

Bild 2: Ausschneiden

1) τ, griechischer Kleinbuchstabe tau

2) Stahl, Cu-Leg., AW-Leg., AC-Leg.

Aufgaben | Beanspruchung auf Abscherung, Schneiden von Werkstoffen

Abscherung

1. **Seilrolle (Bild 1).** Die Achse der Seilrolle hat einen Durchmesser $d = 20$ mm.

   Wie groß ist die Scherspannung τ_a bei einer Belastung $F = 25$ kN?

2. **Scherstift (Bild 2).** Um ein Getriebe vor Überlastung zu schützen, soll der Scherstift E295 bei einem Drehmoment $M_{max} = 200$ N · m abgeschert werden. Der Werkstoff des Scherstiftes hat eine Zugfestigkeit von 610 N/mm². Welcher Stiftdurchmesser muss gewählt werden?

3. **Passschraube (Bild 3).** Eine Laschenverbindung mit einer Passschraube DIN 609-M20x75-8.8 wird mit der Scherkraft $F = 130$ kN beansprucht.

   Ohne Berücksichtigung der Reibung sind zu berechnen

   a) die zulässige Zugkraft F_{zul} für eine Sicherheit von 1,6,

   b) die höchste auftretende Flächenpressung in dieser Verbindung zwischen Schraubenschaft und Lasche bei $F = 80$ kN.

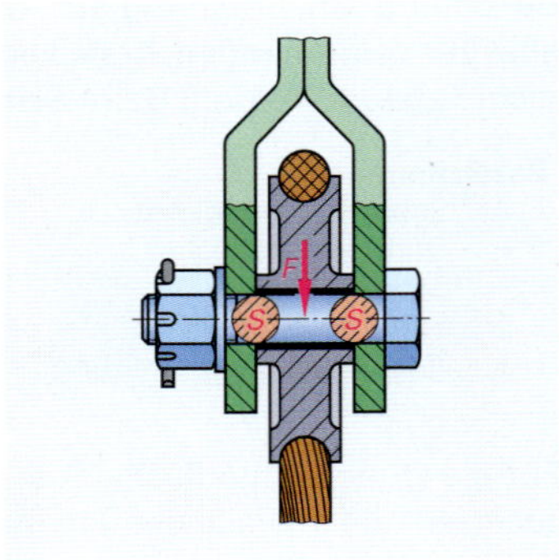

Bild 1: Seilrolle

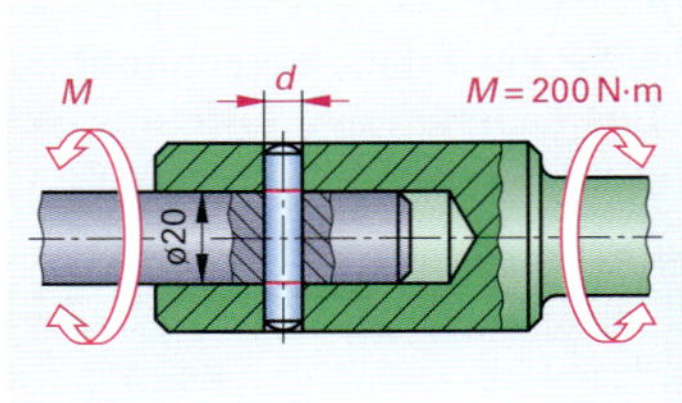

Bild 2: Scherstift

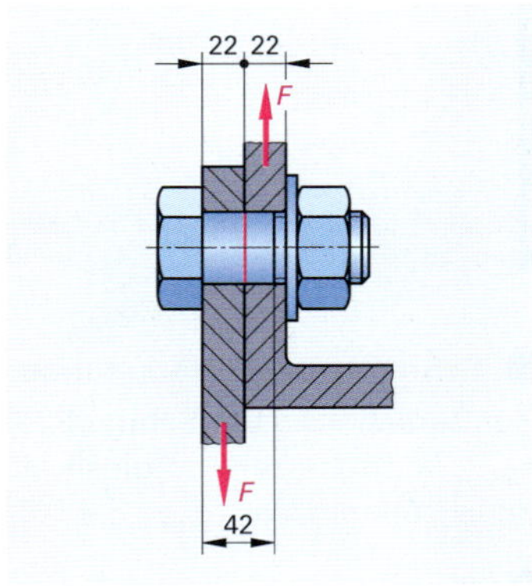

Bild 3: Passschraube

Schneiden von Werkstoffen

4. **Lochstempel (Bild 4).** Mit dem Stempel soll 0,8 mm dickes Stahlblech gelocht werden. Die maximale Scherfestigkeit des Werkstoffes beträgt $\tau_{aB\,max} = 320$ N/mm².

   Berechnen Sie

   a) die erforderliche Schneidkraft F,

   b) die Flächenpressung p am Kopf des Stempels.

5. **Sicherungsscheibe (Bild 5).** Berechnen Sie die Schneidkräfte für die Sicherungsscheibe aus Baustahl mit der maximalen Zugfestigkeit $R_{m\,max} = 510$ N/mm²

   a) für das Vorlochen,

   b) für das Ausschneiden.

6. **Halteblech (Bild 6).** Das Halteblech soll aus AlCuMg1 (maximale Zugfestigkeit $R_{m\,max} = 200$ N/mm²) hergestellt werden.

   Berechnen Sie die Schneidkräfte

   a) für das Lochen der Innenformen,

   b) für das Ausschneiden.

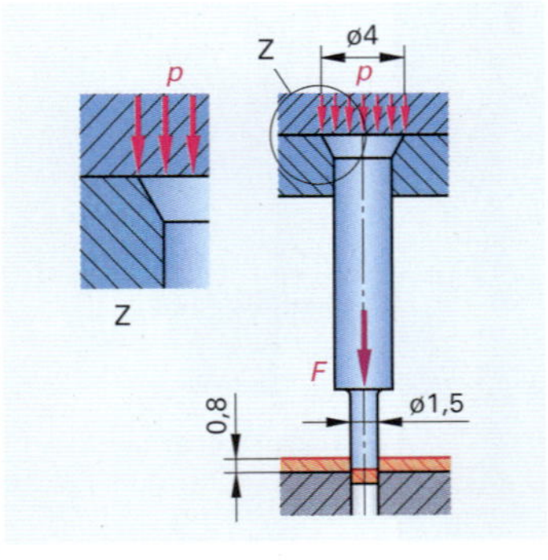

Bild 4: Lochstempel

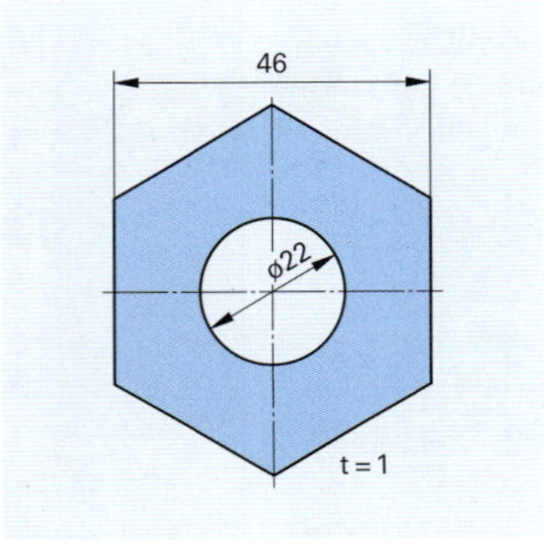

Bild 5: Sicherungsscheibe

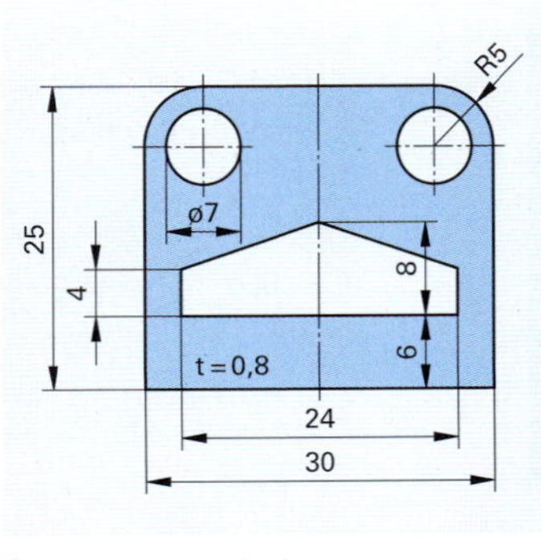

Bild 6: Halteblech

Beanspruchung auf Biegung

Wird ein Bauteil auf Biegung beansprucht, entstehen im Querschnitt Zug- und Druckspannungen **(Bild 1)**. In den Randzonen des Querschnittes treten die größten Spannungen auf. Sie werden auf Biegespannung berechnet.

Bezeichnungen:

σ_b	Biegespannung	N/mm^2	F	Kraft	N
$\sigma_{b\,zul}$	zulässige Biegespannung	N/mm^2	l	wirksame Hebellänge der Kraft	mm
σ_{bF}	Biegefließgrenze	N/mm^2	b	Breite des Trägers	mm
σ_{bB}	Biegefestigkeit	N/mm^2	h	Höhe des Trägers	mm
ν	Sicherheitszahl	–	$x - \cdot - x$,		
M_b	Biegemoment	$N \cdot cm$	$y - \cdot - y$	Biegeachsen	–
W	axiales Widerstandsmoment	cm^3			

Biegespannung σ_b

Die Biegespannung ist abhängig vom

- Biegemoment M_b und
- axialen Widerstandsmoment W **(Tabelle 1)**.

Tabelle 1: Einflussgrößen auf die Biegespannung σ_b

Einflussgrößen	die Einflussgrößen sind abhängig von:
Biegemoment M_b	der Kraft F der Hebellänge l der Auflagerart des Trägers
axiales Widerstandsmoment W	der Form des Trägerquerschnittes den Maßen des Trägerquerschnittes der Lage der Biegeachse zur Kraftrichtung **(Bild 2)**

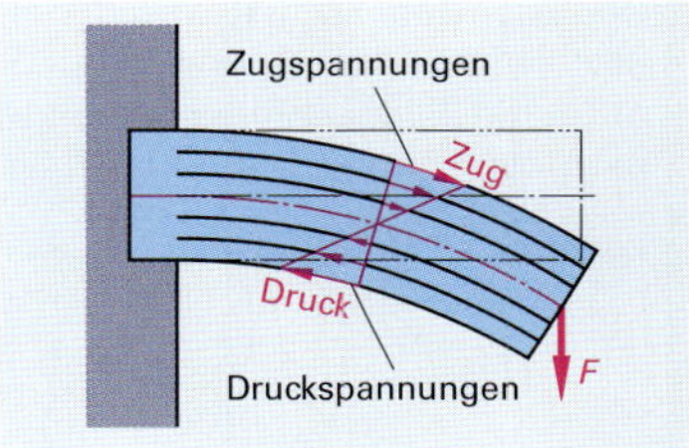

Bild 1: Spannungen im Querschnitt

Biegespannung

$$\sigma_b = \frac{M_b}{W}$$

Zulässige Biegespannung für zähe Werkstoffe[1]

$$\sigma_{b\,zul} = \frac{\sigma_{bF}}{\nu}$$

Zulässige Biegespannung für spröde Werkstoffe[2]

$$\sigma_{b\,zul} = \frac{\sigma_{bB}}{\nu}$$

Biegemoment M_b

Für einfache Belastungsfälle sind in **Tabelle 2** Formeln für die Berechnung des Biegemomentes M_b angegeben. Für andere Belastungsfälle sind die Formeln einem Tabellenbuch zu entnehmen.

Tabelle 2: Biegemomente M_b bei Belastung mit einer Einzelkraft

Träger einseitig eingespannt	Träger auf zwei Stützen liegend
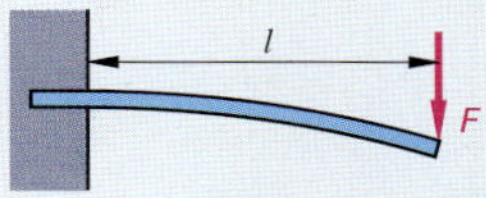	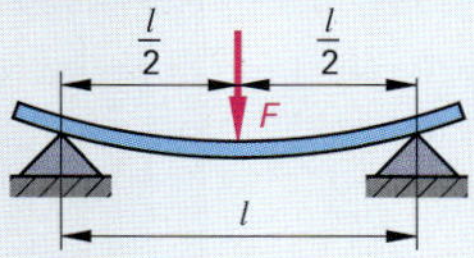
$M_b = F \cdot l$	$M_b = \frac{F \cdot l}{4}$

Axiales Widerstandsmoment W

Für einfache Querschnitte sind in **Tabelle 1 (nachfolgende Seite)** Formeln für die Berechnung des axialen Widerstandsmomentes angegeben. Für andere Querschnitte sind die Formeln bzw. die Werte für Normprofile einem Tabellenbuch zu entnehmen.

Zu beachten ist dabei die Lage der senkrecht zur Kraft liegenden Biegeachse, die mit $x - \cdot - x$ bzw. $y - \cdot - y$ bezeichnet wird. So hat z. B. derselbe Flachstahl **(Bild 2)** unterschiedliche Widerstandsmomente W, abhängig davon, in welcher Lage zur Kraft er beansprucht wird (vgl. Beispiel auf nächster Seite).

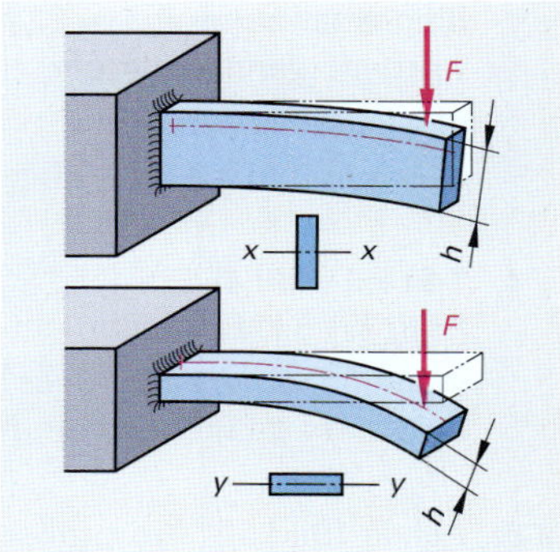

Bild 2: Abhängigkeit des Widerstandsmomentes von der Biegeachse

1) Stahl, Cu-Leg., AW-Leg., AC-Leg.
2) GJL, GJM, GJS

Tabelle 1: Axiale Widerstandsmomente W

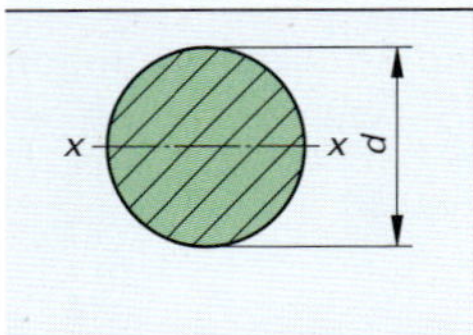	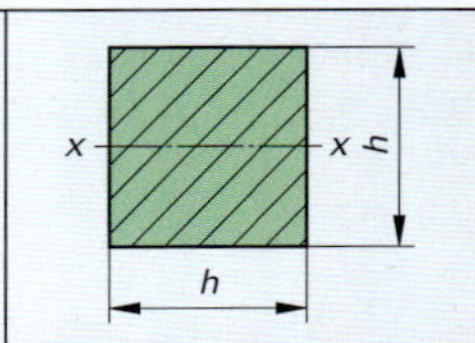	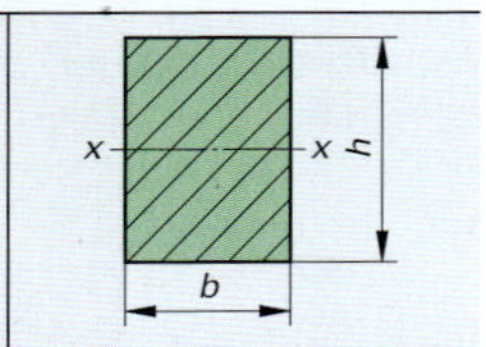
$W = \frac{\pi \cdot d^3}{32}$	$W = \frac{h^3}{6}$	$W = \frac{b \cdot h^2}{6}$

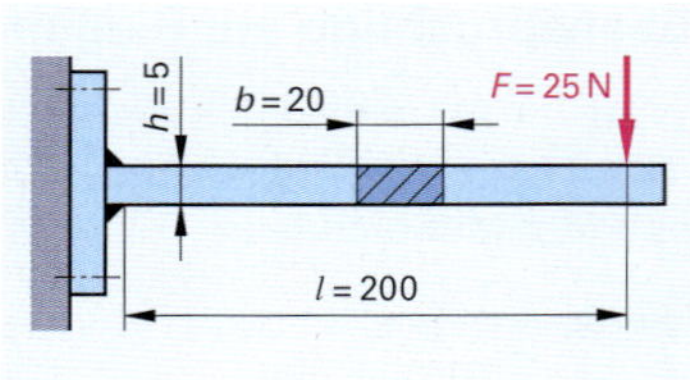

Bild 1: Flachstahl

● **Beispiel:**

Der Flachstahl **(Bild 1)** wird durch die Kraft F auf Biegung belastet. Wie groß ist die Biegespannung σ_b

a) für die Einspannung nach Bild 1,

b) für den Fall, dass der Stab hochkant eingespannt wird?

Lösung: a) $M_b = F \cdot l = 25\ \text{N} \cdot 20\ \text{cm} = 500\ \text{N} \cdot \text{cm}$

$$W = \frac{b \cdot h^2}{6} = \frac{2\ \text{cm} \cdot (0{,}5\ \text{cm})^2}{6} = 0{,}0833\ \text{cm}^3$$

$$\sigma_b = \frac{M_b}{W} = \frac{500\ \text{N} \cdot \text{cm}}{0{,}0833\ \text{cm}^3} = 6\,002\,\frac{\text{N}}{\text{cm}^2} \approx \mathbf{60\,\frac{N}{mm^2}}$$

b) $$W = \frac{b \cdot h^2}{6} = \frac{0{,}5\ \text{cm} \cdot (2\ \text{cm})^2}{6} = 0{,}33\ \text{cm}^3$$

$$\sigma_b = \frac{M_b}{W} = \frac{500\ \text{N} \cdot \text{cm}}{0{,}33\ \text{cm}^3} = 1515\,\frac{\text{N}}{\text{cm}^2} \approx \mathbf{15\,\frac{N}{mm^2}}$$

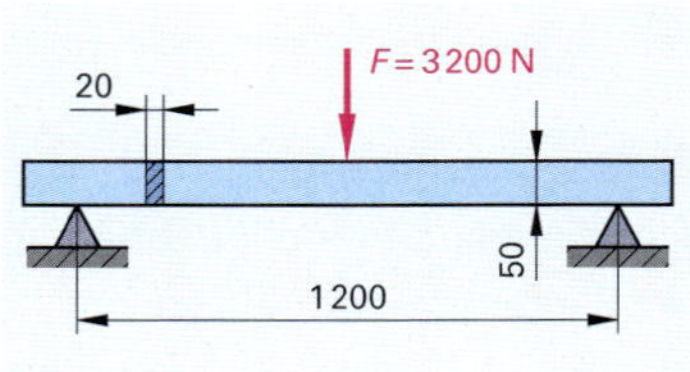

Bild 2: Träger

Aufgaben | Beanspruchung auf Biegung

1. **Widerstandsmoment.** Wie groß muss das Widerstandsmoment W eines auf Biegung beanspruchten Stabes sein, wenn das Biegemoment $M_b = 527\,000\ \text{N} \cdot \text{cm}$ und die Biegespannung $\sigma_b = 68\ \text{N/mm}^2$ betragen?

2. **Träger (Bild 2).** Ein auf zwei Stützen liegender Träger wird in der Mitte mit der Kraft $F = 3200$ N belastet.
   Wie groß ist die Biegespannung σ_b?

3. **I-Profil (Bild 3).** Ein Profil DIN 1025-IPB 280 hat eine zulässige Biegespannung $\sigma_{b\,zul} = 82\ \text{N/mm}^2$. Wie groß darf die Kraft F werden, wenn das Profil
   a) wie in Bild 3, Fall 1,
   b) wie in Bild 3, Fall 2, eingespannt ist?

4. **T-Profil (Bild 4).** Ein Träger aus T-Profil EN 10055 wird mit der Kraft $F = 5$ kN beansprucht.
   Welche Trägergröße muss mindestens gewählt werden, wenn die zulässige Biegespannung $\sigma_{b\,zul} = 165\ \text{N/mm}^2$ beträgt?

5. ● **Achse (Bild 5).** Wie groß muss der Durchmesser der Achse sein, wenn die zulässige Biegespannung 76 N/mm² beträgt und die Kraft F in der Mitte angreift? Die Achse ist als Träger auf zwei Stützen zu betrachten.

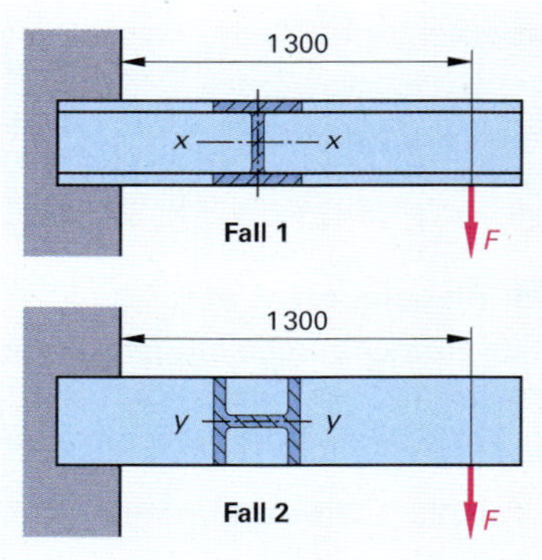

Bild 3: I-Profil

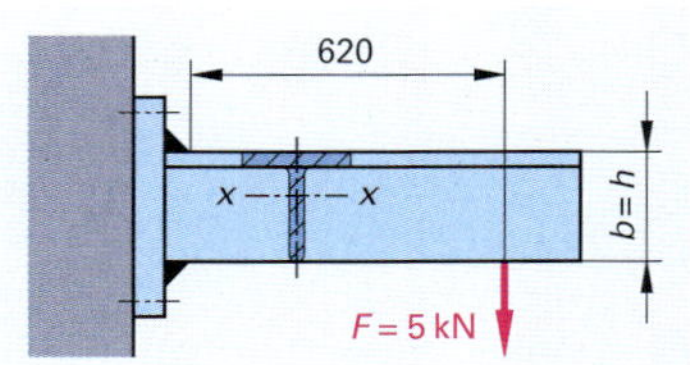

Bild 4: T-Profil

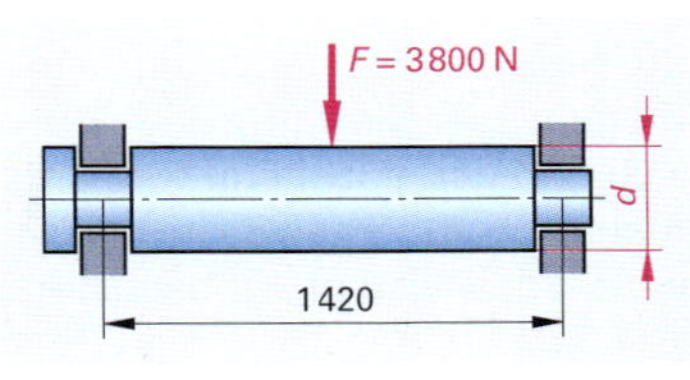

● **Bild 5: Achse**

S.

Beanspruchung auf Torsion (Verdrehung)

Wird ein eingespanntes Bauteil auf Verdrehung beansprucht, wird dies als Torsion bezeichnet. Bei Torsion entstehen im Querschnitt Schubspannungen.

Bezeichnungen:

τ_t	Torsionsspannung	N/mm²
$\tau_{t\,zul}$	zulässige Torsionsspannung	N/mm²
τ_{tF}	Torsionsfließgrenze ($\approx 0{,}7 \cdot R_e$)	N/mm²
M_t	Torsionsmoment	N · m
W_p	polares[1)] Widerstandsmoment	mm³
W_{perf}	erforderliches polares Widerstandsmoment	mm³
ν	Sicherheitszahl	–
F	Kraft	N
d_{erf}	erforderlicher Durchmesser für Kreisquerschnitt	mm
r	Hebelarm (Radius)	mm

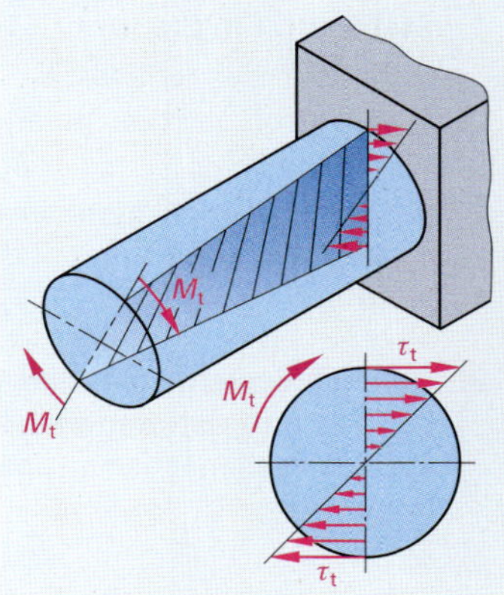

Bild 1: Torsion einer Welle

Torsionsspannung τ_t

Wirkt das Torsionsmoment M_t auf ein Bauteil mit dem polaren Widerstandsmoment W_p, so entsteht eine Torsionsspannung τ_t im Bauteil. Dabei treten in den Randfasern die stärksten Beanspruchungen auf, die Wellenachse ist spannungsfrei **(Bild 1).**

Die Torsionsspannung τ_t ist abhängig vom

- Torsionsmoment M_t und
- polaren Widerstandsmoment W_p.

Torsionsspannung

$$\tau_t = \frac{M_t}{W_p}$$

Torsionsmoment M_t

Das Torsionsmoment M_t ist ein Drehmoment und ist abhängig von der Kraft F und dem wirksamen Hebelarm r.

Es gilt:

$$M_t = F \cdot r$$

Ist die Leistung P (in kW) und die Drehzahl n (in min⁻¹) bekannt, so kann das Torsionsmoment M_t (in N · m) mit der Zahlenwertgleichung berechnet werden.

Es gilt als Näherung:

$$M_t = 9\,550 \cdot \frac{P}{n}$$

Erforderliches polares Widerstandsmoment

$$W_{perf} = \frac{M_t}{\tau_{tzul}}$$

Zulässige Torsionsspannung

$$\tau_{tzul} = \frac{\tau_{tF}}{\nu}$$

Erforderlicher Durchmesser für Kreisquerschnitt

$$d_{erf} = \sqrt[3]{\frac{16 \cdot M_t}{\pi \cdot \tau_{tzul}}}$$

Polares Widerstandsmoment W_p

Das polare Widerstandsmoment W_p ist die Kennzahl für die Festigkeit eines Profils gegen Torsion und hängt von der Form des Querschnitts ab **(Tabelle 1).**

Tabelle 1: Polares Widerstandsmoment W_p

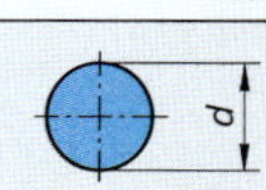	$W_p = \frac{\pi \cdot d^3}{16}$
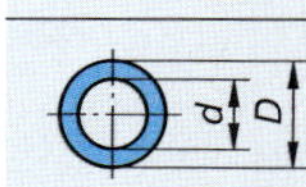	$W_p = \frac{\pi \cdot (D^4 - d^4)}{16 \cdot D}$
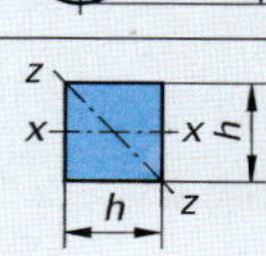	$W_p = 0{,}208 \cdot h^3$

● Beispiel:

Eine Welle mit dem Durchmesser $d = 40$ mm wird mit einem Torsionsmoment von $M_t = 500$ Nm belastet.

a) Wie groß ist das polare Widerstandsmoment der Welle?

b) Wie groß ist die Torsionsspannung?

Lösung: a) $W_p = \frac{\pi \cdot d^3}{16} = \frac{\pi \cdot (40\ \text{mm})^3}{16} = 12\,566\ \text{mm}^3$

b) $\tau_t = \frac{M_t}{W_p} = \frac{500\,000\ \text{N} \cdot \text{mm}}{12\,566\ \text{mm}^3} = 39{,}8\,\frac{\text{N}}{\text{mm}^2}$

1) Auf das Zentrum bezogen

Aufgaben | Beanspruchung auf Torsion

1. **Stahlrohr.** Ein Stahlrohr 51 × 8 wird wegen Gewichtsreduzierung als Welle eingesetzt.
   a) Wie groß ist das polare Widerstandsmoment des Stahlrohres?
   b) Die Welle wird mit einem Torsionsmoment von 400 Nm belastet. Wie groß ist bei dieser Belastung die Torsionsspannung?

2. **Querschnittvergleich (Bild 1).** Bei torsionsbeanspruchten Wellen treten in den Randfasern die stärksten Beanspruchungen auf. Die Wellenachse ist spannungsfrei **(siehe Bild 1, vorherige Seite).**
   a) Um wie viel Prozent reduziert sich das polare Widerstandsmoment bei Verwendung des Rohres gegenüber der Welle?
   b) Um wie viel Prozent reduziert sich dabei die Masse? Verwenden Sie die längenbezogene Masse m´ = kg/m.

3. **Erforderliches polares Widerstandsmoment.** Eine Vollwelle aus E335 wird im Betrieb mit einem Torsionsmoment von 460 N · m belastet.
   a) Welches polare Widerstandsmoment ist bei dieser Belastung erforderlich, wenn dreifache Sicherheit gefordert wird?
   b) Berechnen Sie den erforderlichen Durchmesser für die Welle.

4. **Schneckentrieb (Bild 2).** Eine Schnecke arbeitet mit einer Drehzahl von 900 min^{-1}. Berechnen Sie das Torsionsmoment der Schneckentriebwelle, wenn sie mit einer Leistung von 4,0 kW angetrieben wird.

5. **Seiltrommel (Bild 3).** Eine Last F_L = 6000 N erzeugt an der Seiltrommel mit dem Durchmesser D = 250 mm ein Torsionsmoment M_t, das die Seiltrommelwelle mit d = 40 mm übertragen muss.
   a) Berechnen Sie die Torsionsspannung in der Seiltrommelwelle.
   b) Prüfen Sie, ob die zulässige Torsionsspannung bei geforderter dreifacher Sicherheit nicht überschritten wird. Die Welle ist aus E335.

6. **Hebeeinrichtung (Bild 4).** Bei der Seiltrommelwelle wird ein zulässiges Torsionsmoment von $\tau_{t\,zul}$ = 120 N/mm² angenommen.
   a) Bestimmen Sie den Durchmesser d_{erf} der Seiltrommelwelle.
   b) Wie groß ist die Sicherheit, wenn die Welle aus E335 ist?

7. **Hubeinrichtung (Bild 5).** Bei einer Hubeinrichtung wird über ein Getriebe (Wirkungsgrad 85 %) das Drehmoment auf die Seiltrommel übertragen. Diese hat eine Drehzahl von 60 min^{-1} bei einer Motorleistung von 2 kW.
   Berechnen Sie den erforderlichen Wellendurchmesser.

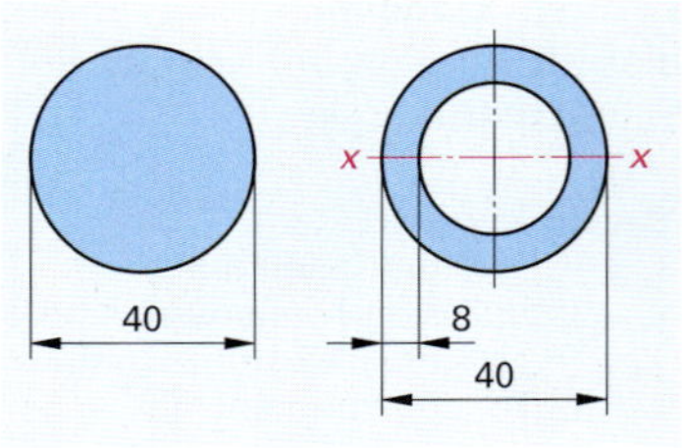

Bild 1: Querschnittvergleich

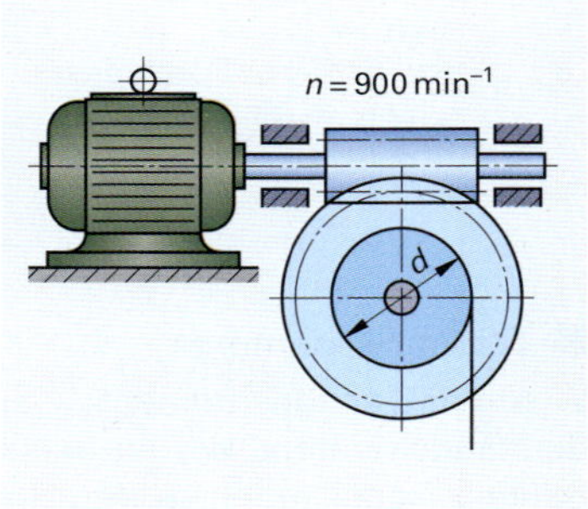

Bild 2: Schneckentrieb

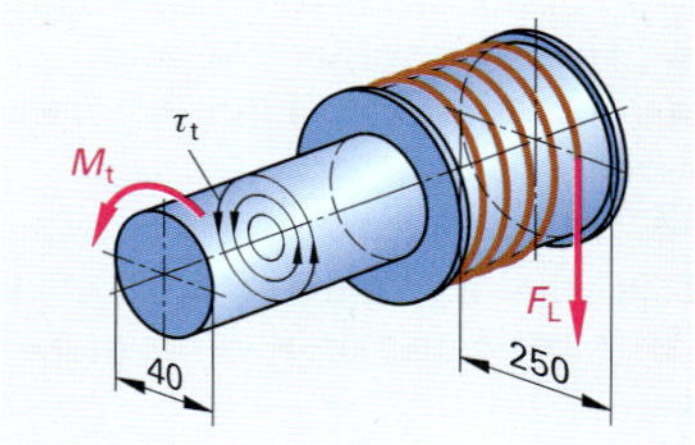

Bild 3: Seiltrommel

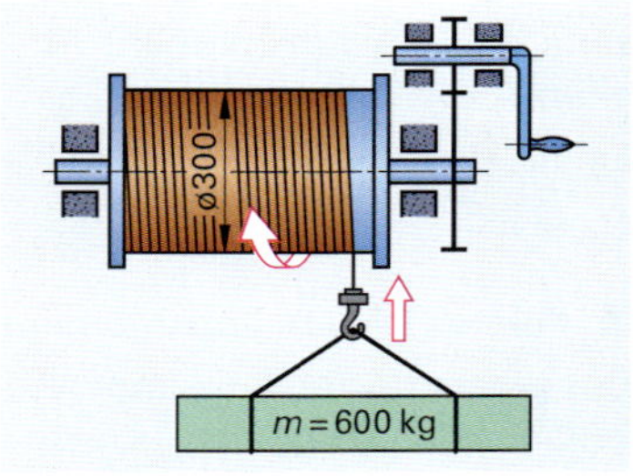

Bild 4: Hebeeinrichtung

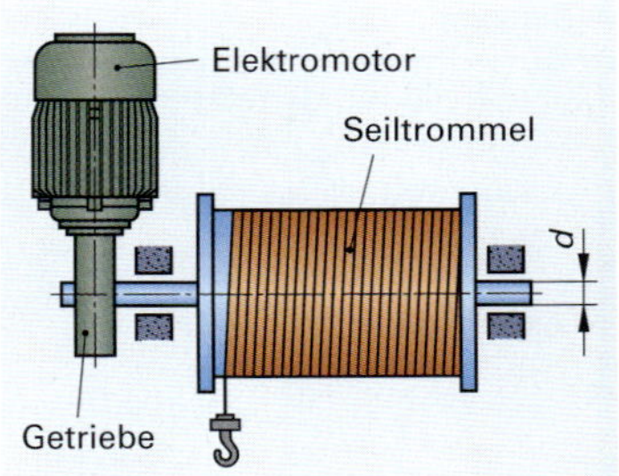

Bild 5: Hubeinrichtung

Wärmelehre

Temperatur

Die Temperatur, die ein Körper besitzt, kennzeichnet seinen Wärmezustand. Die Temperatur wird in Grad Celsius[1] oder in Kelvin[2] angegeben **(Bild 1)**.

Bezeichnungen:

T	Temperatur in Kelvin	K	t	Temperatur in Grad Celsius	°C

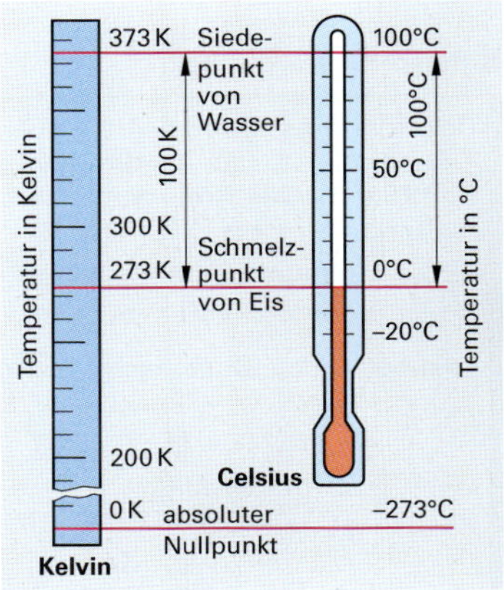

Bild 1: Temperaturskalen

Die tiefste Temperatur, die theoretisch erreicht werden könnte, beträgt –273 °C oder 0 K. Dies ist der absolute Nullpunkt der Temperatur, weil hier die Bewegung der Stoffmoleküle zum Stillstand kommt.

Die Temperatur 0 °C entspricht dem Schmelzpunkt von Eis, die Temperatur 100 °C dem Siedepunkt des Wassers bei Normalluftdruck.

Der Temperaturunterschied 1 K ist gleich dem Temperaturunterschied 1 °C. Die Skalenabstände in beiden Messsystemen sind gleich.

Temperatur in Kelvin

$$T = t + 273$$

● **Beispiel:**

Die Temperatur 20 °C soll in Kelvin umgerechnet werden.

Lösung: $T = t + 273 = (20 + 273)\ \text{K} = \mathbf{293\ K}$

Längen- und Volumenänderung

Die meisten Stoffe dehnen sich bei der Erwärmung aus und schwinden bei einer Abkühlung. Dabei sind Längen- und Volumenänderungen zu unterscheiden.

Bei Kreisquerschnitten entspricht die Längenänderung einer Durchmesseränderung.

Längenänderung

$$\Delta l = \alpha_l \cdot l_1 \cdot \Delta t$$

Durchmesseränderung

$$\Delta d = \alpha_l \cdot d_1 \cdot \Delta t$$

Endlänge

$$l_2 = l_1 + \Delta l$$

Enddurchmesser

$$d_2 = d_1 + \Delta d$$

Bezeichnungen:

l_1, d_1	Anfangslänge, Anfangsdurchmesser	mm
l_2, d_2	Endlänge, Enddurchmesser	mm
Δl, Δd	Längenänderung, Durchmesseränderung	mm
t_1	Anfangstemperatur	°C oder K
t_2	Endtemperatur	°C oder K
Δt	Temperaturänderung	°C oder K
V_1	Anfangsvolumen	mm^3
V_2	Endvolumen	mm^3
ΔV	Volumenänderung	mm^3
α_l	Längenausdehnungskoeffizient	1/°C oder 1/K
α_V	Volumenausdehnungskoeffizient	1/°C oder 1/K

Die Ausdehnung bzw. Schwindung der Stoffe hängt ab von

- dem Ausdehnungskoeffizienten des Werkstoffes,
- der Temperaturänderung,
- den Abmessungen des Werkstückes.

1) Celsius, schwedischer Physiker und Astronom (1701–1744)
2) Kelvin, englischer Physiker (1824–1907)

Der **Längenausdehnungskoeffizient** α_l eines Stoffes gibt die auf die Anfangslänge bezogene Längenänderung pro 1 °C oder 1 K Temperaturänderung an **(Tabelle 1)**.

● **Beispiel:**

Das Rohr einer Dampfleitung aus unlegiertem Stahl **(Bild 1)** hat bei der Temperatur t_1 = 15 °C die Länge l_1 = 30 m und den Durchmesser d_1 = 40 mm. Das Rohr wird durch Dampf auf t_2 = 215 °C erwärmt. Berechnen Sie in mm

a) die Längenausdehnung Δl,

b) die Durchmesseränderung Δd.

Lösung: Unleg. Stahl nach Tabelle 1: α_l = 0,000 0119 1/°C

$\Delta t = t_2 - t_1$
$= (215 - 15)\,°C = 200\,°C$

a) $\Delta l = \alpha_l \cdot l_1 \cdot \Delta t$
$= 0{,}0000119\ 1/°C \cdot 30\ m \cdot 200\ °C = 0{,}071\ m =$ **71 mm**

b) $\Delta d = \alpha_l \cdot d_1 \cdot \Delta t$
$= 0{,}0000119\ 1/°C \cdot 40\ mm \cdot 200\ °C =$ **0,095 mm**

Tabelle 1: Längenausdehnungskoeffizienten

Werkstoff	α_l in 1/°C oder 1/K
Stahl, unlegiert	0,000 0119
Gusseisen	0,000 0105
Aluminium	0,000 0238
CuZn-Legierung	0,000 0185

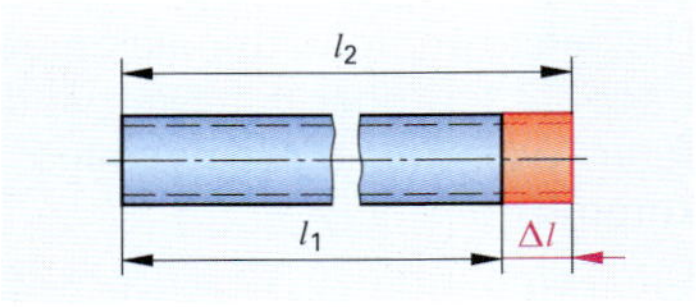

Bild 1: Rohr

Bei Volumenänderungen wird mit dem **Volumenausdehnungskoeffizienten** α_V gerechnet. Er ist bei festen Stoffen ungefähr dreimal so groß wie der Längenausdehnungskoeffizient.

Volumenausdehnungskoeffizient

$$\alpha_V \approx 3 \cdot \alpha_l$$

● **Beispiel:**

Um wie viel Liter dehnen sich 100 Liter Benzin bei einer Temperaturerhöhung Δt = 50 °C aus, wenn der Volumenausdehnungskoeffizient α_V = 0,001/°C ist? Wie groß ist das Volumen nach der Temperaturerhöhung?

Lösung: $\Delta V = \alpha_V \cdot V_1 \cdot \Delta t = 0{,}001 \frac{1}{°C} \cdot 100\ l \cdot 50\ °C = \mathbf{5\ l}$

$V_2 = V_1 + \Delta V = 100\ l + 5\ l = \mathbf{105\ l}$

Volumenänderung

$$\Delta V = \alpha_V \cdot V_1 \cdot \Delta t$$

Endvolumen

$$V_2 = V_1 + \Delta V$$

Schwindung beim Gießen

Nach dem Gießen schwinden die Werkstoffe bei der Abkühlung. Deshalb müssen die Modellmaße größer als die Maße des fertigen Gussstückes sein **(Bild 2)**.

Bezeichnungen:

l	Werkstücklänge	mm	l_1	Modelllänge	mm
S	Schwindmaß	%			

Das Schwindmaß gibt an, um wie viel Prozent der Gusswerkstoff in seinen Längenmaßen schwindet. Bei der Berechnung wird die Modelllänge l_1 immer gleich 100 % gesetzt. Das Schwindmaß wird durch Versuche ermittelt und ist Tabellen zu entnehmen.

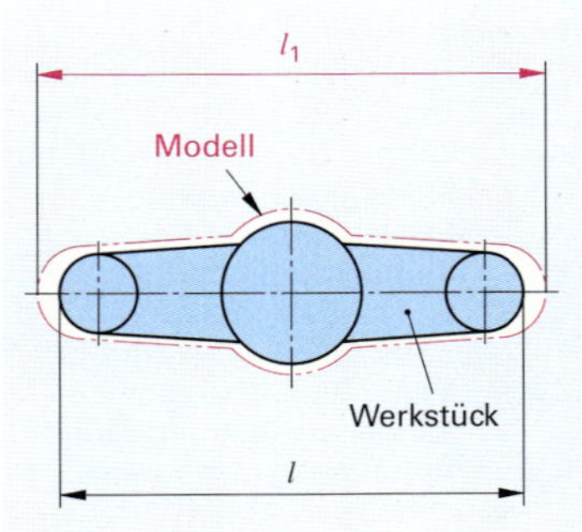

Bild 2: Schwindung

● **Beispiel:**

Es soll eine Maschinensäule aus Gusseisen EN-GJL-100 mit der Länge l = 760 mm gegossen werden. Das Schwindmaß beträgt S = 1 %. Wie groß muss die Modelllänge l_1 sein?

Lösung: $l_1 = \frac{l \cdot 100\ \%}{100\ \% - S}$

$= \frac{760\ mm \cdot 100\ \%}{100\ \% - 1\ \%} = \mathbf{767{,}7\ mm}$

Modelllänge

$$l_1 = \frac{l \cdot 100\ \%}{100\ \% - S}$$

Aufgaben | Temperatur, Längen- und Volumenänderung, Schwindung

1. **Umrechnung von Temperaturangaben.** Folgende Temperaturangaben sind umzurechnen:
   a) 35 °C; 250 °C; –20 °C; 15 °C; –8 °C in K
   b) 508 K; 318 K; 173 K; 35 K; 18 K in °C.
2. **Längenänderung.** Eine Schiene aus unlegiertem Stahl hat bei der Temperatur t_1 = 20 °C eine Länge l_1 = 6 m.
   Welche Längenänderungen Δl ergeben sich
   a) im Sommer bei 38 °C,
   b) im Winter bei –15 °C?
3. **Pressverbindung.** Ein Kolbenbolzen aus unlegiertem Stahl hat bei der Temperatur t_1 = 20 °C den Durchmesser d_1 = 18,000 mm. Zur Montage in einer Pressverbindung muss er so weit gekühlt werden, dass sein Durchmesser d_2 = 17,980 mm beträgt.
   Auf welche Temperatur t_2 muss der Bolzen mindestens abgekühlt werden?
4. **Warmaufziehen (Bild 1).** Ein Rillenkugellager hat bei einer Bezugstemperatur von 20 °C einen Innendurchmesser von 100,000 mm. Es wird zum Warmaufziehen auf einen Wellenzapfen auf 95 °C erwärmt. Der Längenausdehnungskoeffizient ist α_l = 0,000016 1/°C. Wie groß wird der Innendurchmesser d_2?
5. **Getriebewelle (Bild 2).** Eine Getriebewelle aus unlegiertem Stahl ist in einem Fest- und Loslager gelagert.
   Wie groß können die Längenänderungen des Lagerabstandes von 420 mm werden, wenn sich die Welle gegenüber der Einbautemperatur
   a) im Betrieb um 45 K erwärmt,
   b) im Stillstand um 15 K abkühlt?
6. **Volumenausdehnung.** Welches Volumen nehmen 1,5 m³ Wasser von 18 °C ein, wenn es auf 90 °C erwärmt wird und der Volumenausdehnungskoeffizient α_V = 0,000 18/K beträgt?
7. **Modelllänge.** Welche Länge muss das Modell für einen 75 mm langen Stab aus GJL-200 haben, wenn das Schwindmaß S = 1 % beträgt?
8. **Schwungscheibe (Bild 3).** Die Maße der Schwungscheibe aus Gusseisen mit Lamellengraphit sind für ein Schwindmaß von 1 % in die Modellmaße umzurechnen.
9. **Stahlwelle.** Eine Welle aus unlegiertem Stahl, die den Durchmesser 35h6 erhalten soll, erwärmt sich beim Drehen auf 65 °C. Bei dieser Temperatur wird ein Durchmesser von 35,001 mm gemessen.
   a) Welcher Durchmesser ergibt sich für eine Bezugstemperatur von 20 °C?
   b) Um wie viel µm weicht der unter a) ermittelte Durchmesser vom zulässigen Mindestmaß ab?
10. **Toranlage (Bild 4).** Die Toranlage soll aus Stahlprofilen (unlegiert) gefertigt werden. Die angegebenen Maße gelten für eine Bezugstemperatur von 20 °C. Der Abstand a = 5 mm ändert sich mit der Temperatur. Das Schließen der Tore funktioniert nur bei einem Abstand zwischen 3 mm und 7 mm. In welchem Temperaturbereich ist ein Schließen möglich?

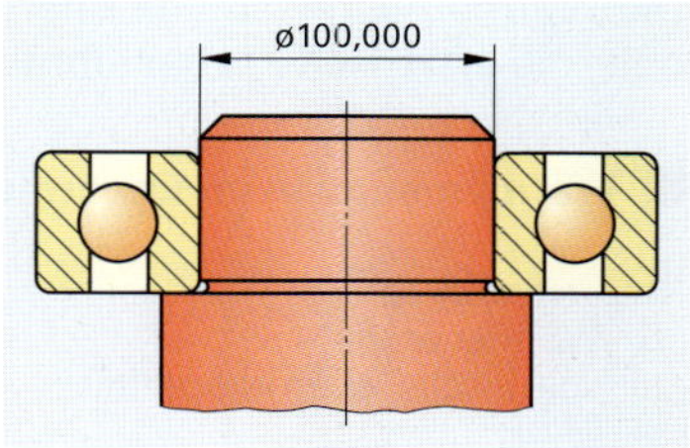

Bild 1: Warmaufziehen

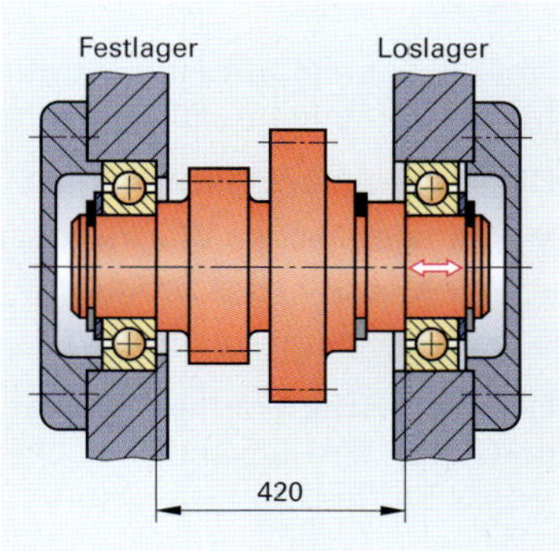

Bild 2: Getriebewelle

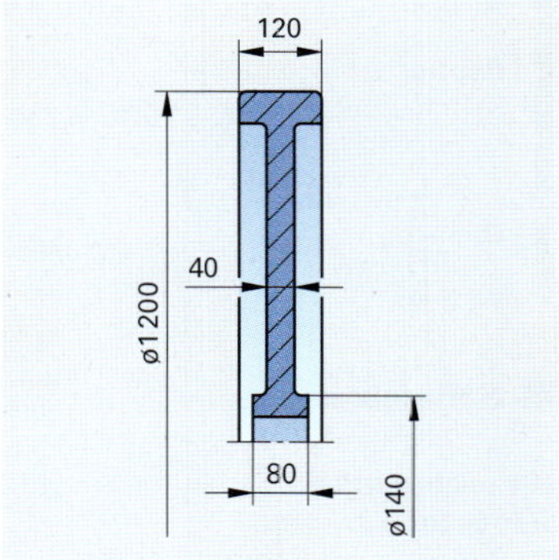

Bild 3: Schwungscheibe

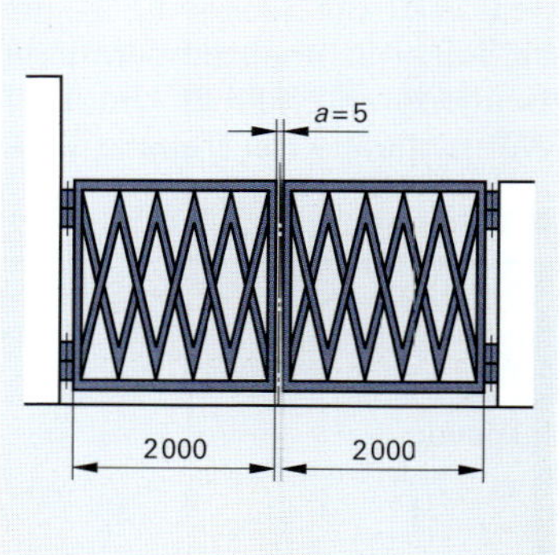

Bild 4: Toranlage

S. 274

Wärmemenge

Die Wärmemenge ist eine Energieform, wie z.B. die mechanische oder die elektrische Arbeit. Ihre Einheit ist das Joule[1] (J).

Wärmemenge beim Erwärmen und Abkühlen

Bezeichnungen:

Q	Wärmemenge	kJ
c	spezifische Wärmekapazität	kJ/(kg · °C) oder kJ/(kg · K)
m	Masse	kg
t_1	Anfangstemperatur	°C oder K
t_2	Endtemperatur	°C oder K
Δt	Temperaturänderung	°C oder K

Um die Temperatur eines Stoffes zu ändern, ist ihm eine bestimmte Wärmemenge zuzuführen oder zu entziehen **(Bild 1).**

Die Wärmemenge ist abhängig von

- der spezifischen Wärmekapazität c,
- der Masse m des Stoffes,
- der Temperaturänderung Δt.

Die **spezifische Wärmekapazität *c*** eines Stoffes ist die Wärmemenge Q in kJ, die notwendig ist, um die Temperatur der Masse m = 1 kg dieses Stoffes um t = 1 °C (oder t = 1 K) zu erhöhen **(Tabelle 1).**

Beispiel:

15 kg Stahl sind zum Anlassen von 20 °C auf 250 °C zu erwärmen. Welche Wärmemenge Q ist hierfür erforderlich?

Lösung: $\Delta t = t_2 - t_1 = 250\,°C - 20\,°C = 230\,°C$

$$Q = c \cdot m \cdot \Delta t = 0{,}49\,\frac{kJ}{kg \cdot °C} \cdot 15\,kg \cdot 230\,°C = \mathbf{1690{,}5\,kJ}$$

Einheiten der Wärmemenge

$1\,J = 1\,W \cdot s = 1\,N \cdot m$
$1\,W \cdot h = 3600\,W \cdot s = 3600\,J$
$1\,kW \cdot h = 3600\,KJ = 3{,}6\,MJ$

Wärmemenge

$$Q = c \cdot m \cdot \Delta t$$

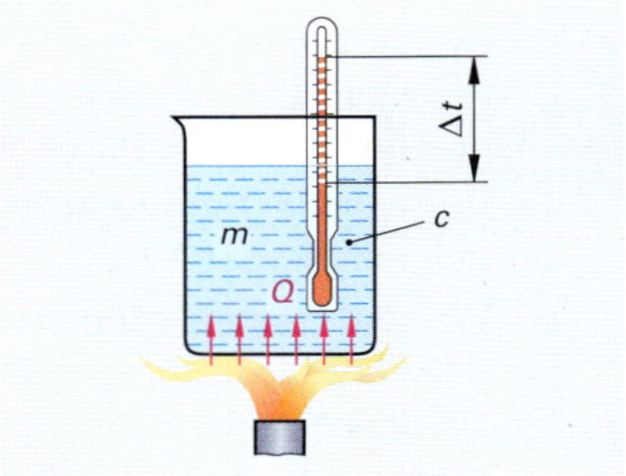

Bild 1: Wärmemenge

Tabelle 1: Spezifische Wärmekapazität *c*

Werkstoff	*c* in kJ/(kg · °C) oder kJ/(kg · K)
Stahl, unlegiert	0,49
Aluminium	0,94
Kupfer	0,39
Wasser	4,18

Schmelzwärme

Bezeichnungen:

Q	Schmelzwärme	kJ
q	spezifische Schmelzwärme	kJ/kg

Die **spezifische Schmelzwärme *q*** eines Stoffes ist die Wärmemenge Q in kJ, die notwendig ist, um die Masse m = 1 kg dieses Stoffes bei seiner Schmelztemperatur vom festen in den flüssigen Zustand zu überführen **(Bild 2).** Umgekehrt wird beim Erstarren die gleiche Wärmemenge frei (Tabelle 1, nächste Seite).

1. Beispiel:

2,5 kg Blei sollen bei der Schmelztemperatur von 327 °C geschmolzen werden. Die spezifische Schmelzwärme beträgt q = 24,3 kJ/kg. Welche Wärmemenge ist erforderlich?

Lösung: $Q = q \cdot m$

$$= 24{,}3\,\frac{kJ}{kg} \cdot 2{,}5\,kg = \mathbf{60{,}8\,kJ}$$

Schmelzwärme

$$Q = q \cdot m$$

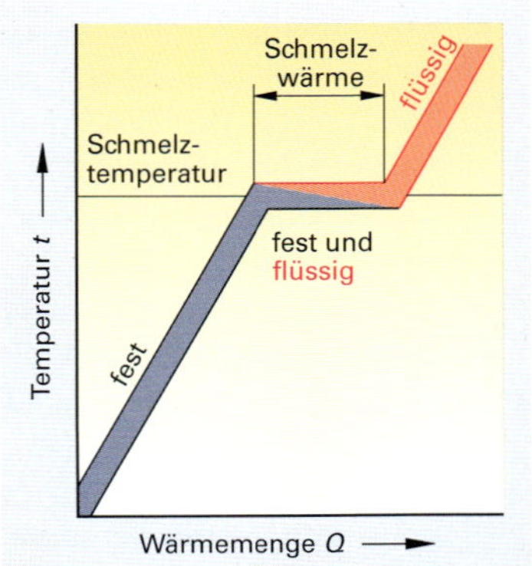

Bild 2: Schmelzwärme

1) Joule, englischer Physiker (1818–1889)

● **2. Beispiel:**

3500 kg unlegierter Stahlschrott von 200 °C sollen bei einer Temperatur von 1500 °C geschmolzen werden.
Welche Wärmemenge ist erforderlich, wenn Verluste nicht berücksichtigt werden?

Lösung: Wärmemenge Q_1 bis zur Erwärmung auf Schmelztemperatur

$$Q_1 = c \cdot m \cdot \Delta t = 0{,}49\,\frac{\text{kJ}}{\text{kg} \cdot {}^\circ\text{C}} \cdot 3500\,\text{kg} \cdot (1500 - 20)\,{}^\circ\text{C} = 2\,538\,200\,\text{kJ}$$

Wärmemenge Q_2 bis zum Schmelzen bei Schmelztemperatur

$$Q_2 = q \cdot m = 205\,\frac{\text{kJ}}{\text{kg}} \cdot 3500\,\text{kg} = 717\,500\,\text{kJ}$$

Gesamte Wärmemenge Q:

$$Q = Q_1 + Q_2 = 2\,538\,200\,\text{kJ} + 717\,500\,\text{kJ} = 3\,255\,700\,\text{kJ} = \mathbf{3\,256\,MJ}$$

Tabelle 1: Spezifische Schmelzwärme q

Werkstoff	q in kJ/kg
Stahl, unlegiert	205
Gusseisen	125
Aluminium	356
CuZn	167
Kupfer	213
Eis	332

Verdampfungswärme

Bezeichnungen

Q	Verdampfungswärme	kJ
r	spezifische Verdampfungswärme	kJ/kg
m	Masse	kg

Die **spezifische Verdampfungswärme r** eines Stoffes **(Tabelle 2)** ist die Wärmemenge Q in kJ, die notwendig ist, um die Masse $m = 1$ kg dieses Stoffes bei seiner Siedetemperatur vom flüssigen in einen gasförmigen Zustand zu überführen. Umgekehrt wird beim Kondensieren die gleiche Wärmemenge frei **(Bild 1)**.

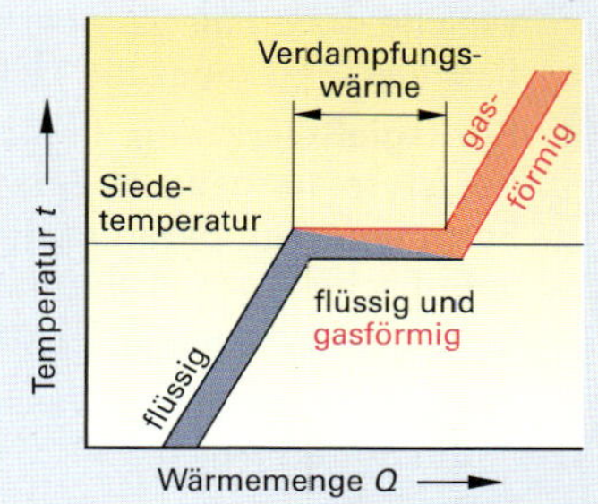

Bild 1: Verdampfungswärme

Verdampfungswärme

$$Q = r \cdot m$$

● **Beispiel:**

0,5 l Wasser sollen bei 100 °C verlustfrei verdampft werden. Welche Wärmemenge ist dazu erforderlich, wenn die spezifische Verdampfungswärme von Wasser $r = 2256$ kJ/kg beträgt?

Lösung: $Q = r \cdot m = 2256\,\frac{\text{kJ}}{\text{kg}} \cdot 0{,}5\,\text{kg} = \mathbf{1128\,kJ}$

Tabelle 2: Spezifische Verdampfungswärme r

Stoff	kJ/kg
Wasser	2256
Benzin	419
Heizöl	628

Verbrennungswärme

Bezeichnungen

Q	Verbrennungswärme	kJ
H_i	spezifischer Heizwert[1)]	MJ/kg bzw. MJ/m³
m	Masse	kg
V	Volumen von Brenngasen	m³

Der **spezifische Heizwert H_i** eines Brennstoffes **(Tabelle 3)** ist die Wärmemenge Q in kJ, die bei der vollständigen Verbrennung der Masse $m = 1$ kg eines festen oder flüssigen Brennstoffes bzw. des Volumens $V = 1\,\text{m}^3$ eines Brenngases frei wird.

Verbrennungswärme fester und flüssiger Stoffe

$$Q = H_i \cdot m$$

Verbrennungswärme von Gasen

$$Q = H_i \cdot V$$

● **Beispiel:**

Der spezifische Heizwert H_i von Erdgas beträgt 36 MJ/m³.

a) Welche Verbrennungswärme Q_1 entsteht bei vollständiger Verbrennung von 0,8 m³ Erdgas?

b) Welche Wärmemenge Q_2 kann nutzbar gemacht werden, wenn mit einem Wärmeverlust von 25 % zu rechnen ist?

Lösung: a) $Q_1 = H_i \cdot V = 36\,\frac{\text{MJ}}{\text{m}^3} \cdot 0{,}8\,\text{m}^3 = \mathbf{28{,}8\,MJ}$

b) $Q_2 = 28{,}8\,\text{MJ} \cdot 0{,}75 = \mathbf{21{,}6\,MJ}$

Tabelle 3: Spezifischer Heizwert H_i

Brennstoff	Wert
Holz	16 MJ/kg
Heizöl EL	40 MJ/kg
Erdgas	36 MJ/m³
Diesel	43 MJ/kg

1) Heizwert H_i ($_i$ für inferior lat. = unten)

Aufgaben | Wärmemenge

Wärmemenge beim Erwärmen und Abkühlen

1. **Wasser.** Welche Wärmemenge ist notwendig, um 60 l Wasser mit einer spezifischen Wärmekapazität $c = 4{,}18$ kJ/(kg · °C) von 12 °C auf 95 °C zu erwärmen, wenn Wärmeverluste unberücksichtigt bleiben?

2. **Heizung.** Ein Saal mit 1 000 m³ Rauminhalt soll von 5 °C auf 20 °C erwärmt werden. Die spezifische Wärmekapazität der Luft beträgt 1,0 kJ/(kg · °C), ihre Dichte 1,29 kg/m³.

   Welche Wärmemenge ist erforderlich, wenn ein verlustfreies Aufheizen angenommen wird?

3. **Härten.** In einem Behälter mit 800 l Öl von 20 °C werden Stahlbolzen mit der Masse $m = 18$ kg und einer Temperatur von 780 °C abgeschreckt.

   Welche maximale Temperatur bekommt das Öl, wenn seine Dichte 0,91 kg/dm³ und seine spezifische Wärmekapazität 1,8 kJ/(kg · K) betragen?

4. **Spritzgießwerkzeug.** In einem Spritzgießwerkzeug werden pro Stunde 200 Abdeckhauben aus Polystyrol hergestellt. Eine Haube wiegt 60 g. Die Kunststoffschmelze hat beim Einspritzen in die Form eine Temperatur von 210 °C. In der Form wird sie auf 70 °C abgekühlt. Polystyrol hat die spezifische Wärmekapazität $c = 1{,}3$ kJ/(kg · °C).

   a) Welche Wärmemenge/Stunde muss in der Form abgeführt werden?

   b) Die Form wird mit Wasser gekühlt. Welcher Volumenstrom in l/min ist erforderlich, wenn die Einlauftemperatur 20 °C und die Auslauftemperatur 25 °C ist?

   Bei der Berechnung soll angenommen werden, dass die gesamte Wärmemenge vom Wasser abgeführt wird.

Schmelzwärme

5. **Aluminium.** 1 000 kg Aluminium werden bei der Schmelztemperatur von 658 °C geschmolzen. Welche Wärmemenge Q ist dazu erforderlich, wenn Verluste unberücksichtigt bleiben?

6. **Kupferschrott.** Es sollen 3 000 kg Kupferschrott mit einer Temperatur von 20 °C eingeschmolzen werden. Der Schmelzpunkt von Kupfer, die spezifische Schmelzwärme sowie die spezifische Wärmekapazität sind dem Tabellenbuch zu entnehmen.

Verdampfungswäme

7. **Destillation.** In einer Laboranlage sollen 500 cm³ Wasser mit einer Temperatur von 293 K destilliert werden. Die Siedetemperatur von Wasser beträgt 373 K. Die spezifische Verdampfungswärme ist der **Tabelle 2, vorherige Seite** zu entnehmen. Welche Wärmemenge ist erforderlich?

8. **Warmwasserbereiter.** In einem Warmwasserbereiter wird 1,7 l Wasser von 20 °C eine Wärmemenge von 1 000 kJ zugeführt. Die Siedetemperatur des Wassers beträgt 100 °C, seine spezifische Verdampfungswärme 2 256 kJ/kg. Welche Wassermenge verdampft nach dem Erreichen der Siedetemperatur?

9. **Heizplatte.** Auf einer Heizplatte steht ein Behälter mit 1,5 kg Wasser, dessen Temperatur 18 °C beträgt. Nach welcher Zeit ist das Wasser verdampft, wenn die Heizplatte eine Leistung von 1,20 kW an das Wasser abgibt?

Verbrennungswärme

10. **Vergleich von Heizöl und Holz.** Es sollen die beiden Brennstoffe Heizöl und Holz verglichen werden.

    a) Welche Wärmemenge in MJ wird beim Verbrennen von 1 000 l Heizöl frei?

    b) Welcher reinen Holzmenge in m³ entspricht dieser Wert? Das Holz ist als lufttrocken anzunehmen.

11. **Brennwertkessel.** Wie viel m³ Erdgas sind erforderlich, um 500 l Wasser von 15 °C auf 55 °C bei 20 % Wärmeverlust zu erwärmen?

12. **Dieselverbrauch.** Ein Pkw fährt mit gleichbleibender Geschwindigkeit auf der Autobahn eine Strecke von 100 km. Dabei verbraucht er 8 l Dieselkraftstoff. Der mittlere Kraftaufwand zur Überwindung der Bodenreibung, des Luftwiderstandes und ggf. Steigungen während der Fahrt beträgt 600 N.

    Errechnen Sie den Gesamtwirkungsgrad des PkWs während der Fahrt.

S.

Elektrotechnik

Ohmsches Gesetz

Das Ohmsche Gesetz drückt den Zusammenhang zwischen Stromstärke, Spannung und Widerstand in einem geschlossenen Stromkreis aus.

Bezeichnungen:

I Stromstärke, Strom	A (Ampere)[1]
U Spannung	V (Volt)[2]
R Widerstand	Ω (Ohm)[3]

In einem geschlossenen Stromkreis ist die Stromstärke *I* umso größer, je größer die anliegende Spannung *U* und je kleiner der Widerstand *R* ist **(Bild 1)**. Dabei gilt: Der Strom *I* ist direkt proportional zur Spannung *U* und umgekehrt proportional zum Widerstand *R*.

● **Beispiel:**

Am Motor eines Akku-Bohrschraubers liegt eine Spannung von $U = 24$ V. Der Widerstand der Wicklung beträgt $R = 9{,}6\ \Omega$. Wie groß ist der Strom *I* bei geschlossenem Stromkreis?

Lösung: $I = \frac{U}{R} = \frac{24\ \text{V}}{9{,}6\ \Omega} = \mathbf{2{,}5\ A}$

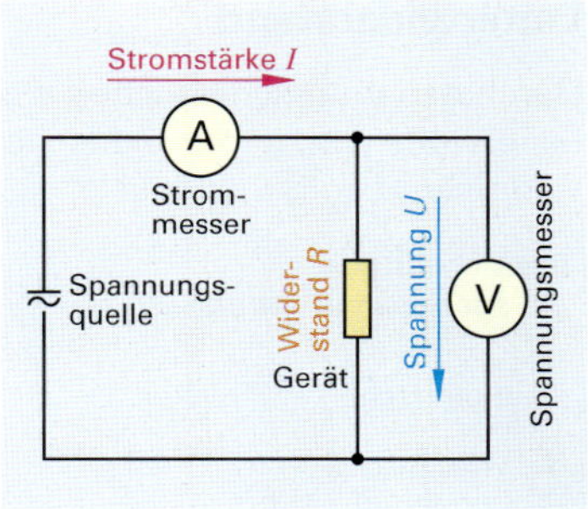

Bild 1: Stromkreis

Ohmsches Gesetz

$$I = \frac{U}{R}$$

Einheiten

$$1\ \text{A} = \frac{1\ \text{V}}{1\ \Omega}$$

$$1\ \text{V} = 1\ \Omega \cdot 1\ \text{A}$$

$$1\ \Omega = \frac{1\ \text{V}}{1\ \text{A}}$$

Aufgaben | Ohmsches Gesetz

1. **Spannung.** In einem Leiter mit dem Widerstand 12 Ω fließen 4,2 A. Wie groß ist die angelegte Spannung?

2. **Strom.** Der Widerstand einer Kraftfahrzeug-Scheinwerfer-Lampe beträgt 4 Ω. Die Lampe liegt an 12 Volt Spannung. Welcher Strom fließt durch die Lampe?

3. **Widerstand (Bild 2).** Durch den Widerstand fließt ein Strom von 6,4 A; er liegt an einer Spannungsquelle von 230 V.
   a) Wie groß ist der Widerstand?
   b) Was würde sich ändern, wenn der Widerstand bei gleicher Spannung durch einen halb so großen ersetzt würde?

4. **Spannungs-Strom-Schaubild (Bild 3).** Beim Prüfen eines unbekannten Widerstandes mit verschiedenen Spannungen erhält man ein Spannungs-Strom-Schaubild.
   a) Welche zugehörigen Stromstärken können aus dem Schaubild für die Spannungen 20 V, 30 V, 40 V, 70 V und 85 V abgelesen werden?
   b) Wie groß ist der jeweilige Widerstand *R*?
   c) Übertragen Sie das Schaubild auf ein Blatt Papier und zeichnen Sie die Graphen für zwei weitere Widerstände mit $R = 12{,}5\ \Omega$ und $R = 50\ \Omega$ in das Spannungs-Strom-Schaubild.

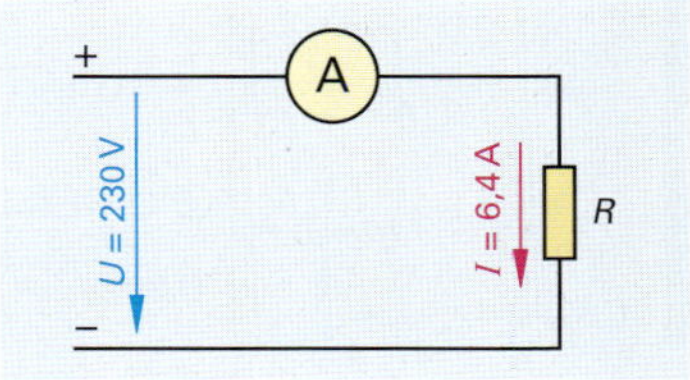

Bild 2: Widerstand

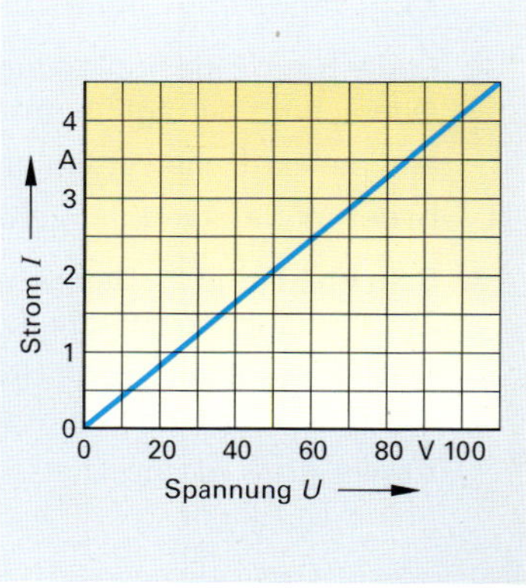

Bild 3: Spannungs-Strom-Schaubild

S. 277

1) Ampère, französischer Physiker (1775–1836)
2) Volta, italienischer Physiker (1745–1827)
3) Ohm, deutscher Physiker (1787–1854)

Leiterwiderstand

Durch den unterschiedlichen atomaren und kristallinen Aufbau der Leiterstoffe wird dem elektrischen Strom ein unterschiedlich großer Widerstand entgegengesetzt.

Bezeichnungen:

ϱ[1]	spezifischer Widerstand	$\frac{\Omega \cdot \text{mm}^2}{\text{m}}$
γ[2]	elektrische Leitfähigkeit	$\frac{\text{m}}{\Omega \cdot \text{mm}^2}$
R	Widerstand	Ω
l	Länge des Leiters	m
A	Querschnittsfläche des Leiters	mm^2

Der Widerstand eines Leiters hängt ab

- vom spezifischen Widerstand ϱ des Leiterwerkstoffes,
- von der Leiterlänge l,
- von der Querschnittsfläche A des Leiters.

Der **spezifische Widerstand (Tabelle 1)** gibt den Widerstand eines Leiters mit 1 Meter Länge und 1 mm² Leiterquerschnittsfläche bei einer Temperatur von 20 °C an **(Bild 1).**

Der **elektrische Leitwert** gibt an, welche Länge in Metern ein Leiter mit einem Leiterquerschnitt von 1 mm² haben muss, damit er den Widerstand von 1 Ohm hat. Es gilt: $\gamma = 1/\varrho$.

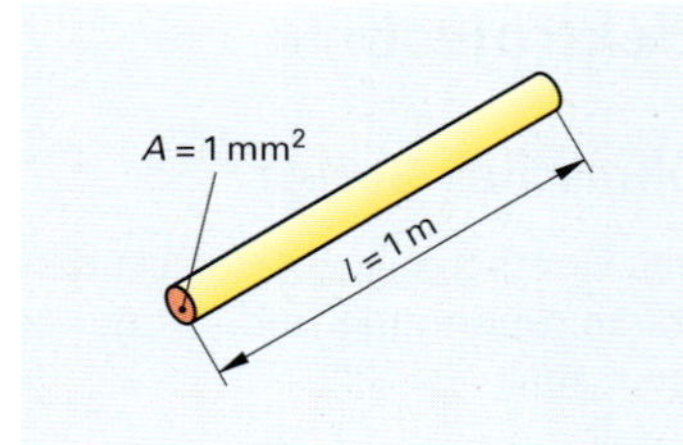

Bild 1: Spezifischer Widerstand

Widerstand

$$R = \frac{\varrho \cdot l}{A}$$

Elektrische Leitfähigkeit

$$\gamma = \frac{1}{\varrho}$$

Spezifischer Widerstand

$$\varrho = \frac{1}{\gamma}$$

● **Beispiel:**

Aus einem Kupferdraht mit $d = 1$ mm soll eine Spule mit dem Widerstand $R = 3{,}5\ \Omega$ gewickelt werden.

a) Geben Sie den elektrischen Leitwert γ für Kupfer an.

b) Welche Länge muss der Kupferdraht haben?

Lösung: a) $\gamma = \frac{1}{\varrho}$; $\quad \gamma = \frac{1}{0{,}0178 \frac{\Omega \cdot \text{mm}^2}{\text{m}}} = \mathbf{56{,}18 \frac{m}{\Omega \cdot mm^2}}$

b) $A = \frac{\pi \cdot d^2}{4} = \frac{\pi \cdot (1\ \text{mm})^2}{4} = 0{,}785\ \text{mm}^2$; $\quad R = \frac{\varrho \cdot l}{A}$;

$$l = \frac{R \cdot A}{\varrho} = \frac{3{,}5\ \Omega \cdot 0{,}785\ \text{mm}^2}{0{,}0178 \frac{\Omega \cdot \text{mm}^2}{\text{m}}} = \mathbf{154{,}35\ m \approx 154\ m}$$

Tabelle 1: Spezifischer Widerstand ϱ in $\frac{\Omega \cdot \text{mm}^2}{\text{m}}$

Silber	0,015
Kupfer	0,0178
Gold	0,022
Aluminium	0,028
CuNi30Mn	0,40
CuMn12Ni	0,43
CuNi44	0,49
CrAl20 5	1,37

Aufgaben | Leiterwiderstand

1. **Widerstand.** Welchen Widerstand hat ein Kupferdraht von 44 m Länge und 1 mm² Querschnitt?
2. **Freileitung.** Eine Freileitung aus Aluminium ist 25 km lang. Ihr Querschnitt beträgt 95 mm². Berechnen Sie
   a) die elektrische Leitfähigkeit für Aluminium,
   b) den Widerstand der Leitung.
3. **Schaubild (Bild 2).** Das Schaubild für einen Heizleiter zeigt den Zusammenhang zwischen der Länge l und dem Widerstand R.
   a) Die jeweiligen Werte des Widerstandes R sind für $l = 5$ m, 4,5 m, 2,8 m und 1,6 m aus dem Schaubild zu ermitteln.
   b) Wie groß ist die Querschnittsfläche des Heizleiterdrahtes aus CrAl20 5?

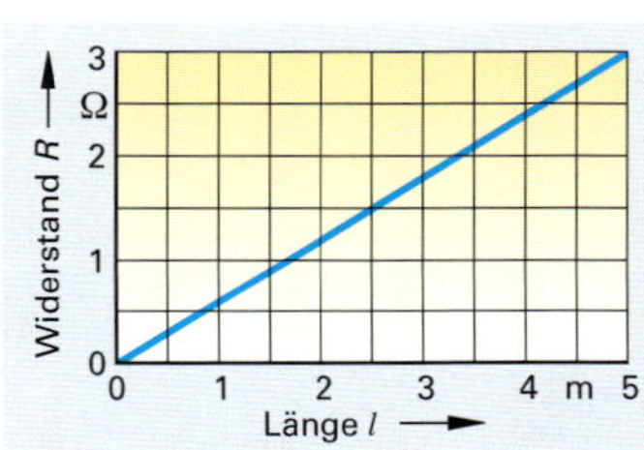

Bild 2: Schaubild

1) ϱ griechischer Kleinbuchstabe, rho
2) γ griechischer Kleinbuchstabe, gamma

Temperaturabhängige Widerstände

Der Widerstand eines Leiters hängt nicht nur vom Leitermaterial, seiner Länge und seinem Querschnitt, sondern auch von der Temperatur ab.

Bezeichnungen:

R	Widerstand	Ω
R_t	Widerstandswert bei der Temperatur t	Ω
R_{20}	Widerstandswert bei 20 °C	Ω
ΔR	Widerstandsänderung	Ω
α	Temperaturkoeffizient (T_k-Wert)	K^{-1}
t	Temperatur	°C
Δt	Temperaturdifferenz	K; °C

Temperaturabhängige Widerstände (Thermistoren) ändern ihren Widerstand mit der Temperatur. Die Änderung hängt vom Werkstoff ab **(Tabelle 1)**. Es wird zwischen Kaltleitern und Heißleitern unterschieden.

Kaltleiter (Bild 1) werden auch als PTC[1)]-Widerstände bezeichnet. Ihr Widerstand nimmt bei Erwärmung zu.

Heißleiter (Bild 2) werden auch als NTC[2)]-Widerstände bezeichnet. Ihr Widerstand nimmt bei Erwärmung ab.

● **Beispiel:**

Eine Kupferspule hat bei 20 °C einen Widerstand von 80 Ω. Bei Stromdurchfluss erwärmt sich die Spule auf 42 °C.

Welchen Widerstand hat die Spule bei dieser Temperatur?

Lösung: $\Delta t = 42\,°C - 20\,°C = 22\,°C = 22\,K$;

$\Delta R = R_{20} \cdot \alpha \cdot \Delta t = 80\,\Omega \cdot 0{,}0039 \cdot 1/K \cdot 22\,K = 6{,}86\,\Omega$

$R_t = R_{20} + \Delta R = 80\,\Omega + 6{,}86\,\Omega = \mathbf{86{,}86\,\Omega}$

Aufgaben | Temperaturabhängige Widerstände

1. **Widerstandsänderung.** Ein Kupferleiter hat bei 20 °C einen Widerstand von 220 Ω. Im Betrieb stellt sich beim stromdurchflossenen Leiter eine Temperatur von 48 °C ein. Welche Widerstandsänderung tritt ein?
2. **Temperaturkoeffizient α.** Bei einem Temperaturfühler mit Platinmesselement wird bei 20 °C ein Widerstand von 107,79 Ω und bei 40 °C ein Widerstand von 115,54 Ω gemessen.
   Welchen Temperaturkoeffizienten α hat Platin?
3. **Widerstandserhöhung.** Eine Kupferspule hat bei 20 °C einen Widerstand von 30 Ω.
   Bei welcher Temperatur hat sich der Widerstand um 10 % erhöht?
4. **Kennlinien Kaltleiter (Bild 1).** Für den PTC-Widerstand P390-14 sind der Widerstand bei 120 °C und die Widerstandsänderung im Bereich von 130 °C bis 140 °C zu ermitteln.
5. **Kennlinien Heißleiter (Bild 2).** Für die NTC-Widerstände R_{20} = 10 kΩ und R_{20} = 40 kΩ sind die zugehörigen Temperaturen bei 60 kΩ und die Widerstände bei 60 °C zu ermitteln.

1) PTC (Positive Temperature Coefficient)
2) NTC (Negative Temperature Coefficient)

Tabelle 1: Temperaturkoeffizient α in 1/K

Werkstoff	α in 1/K
Aluminium	0,0040
Blei	0,0039
Gold	0,0037
Kupfer	0,0039
Silber	0,0038
Wolfram	0,0044
Zinn	0,0045
Konstantan	±0,00001
Grafit	−0,0013

Widerstandsänderung

$$\Delta R = R_{20} \cdot \alpha \cdot \Delta t$$

Temperaturabhängiger Widerstand

$$R_t = R_{20} + \Delta R$$
$$R_t = R_{20}\,(1 + \alpha \cdot \Delta t)$$

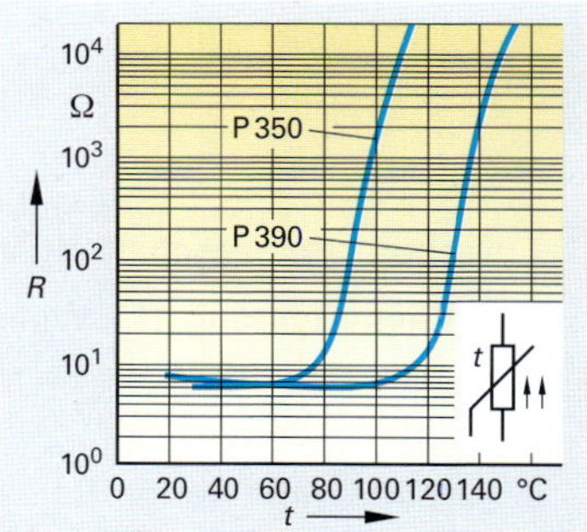

Bild 1: Kennlinien Kaltleiter (PTC-Widerstände)

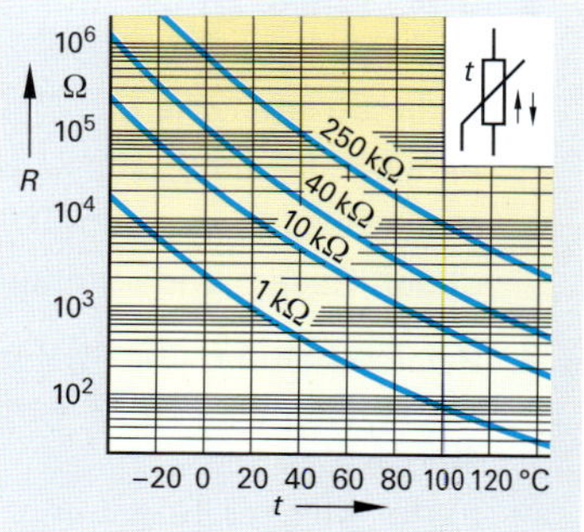

Bild 2: Kennlinien Heißleiter (NTC-Widerstände)

Schaltung von Widerständen

Reihenschaltung von Widerständen

Sind in einem Stromkreis mehrere Einzelwiderstände in Reihe (hintereinander) angeordnet, wird diese Schaltung als Reihenschaltung bezeichnet **(Bild 1)**.

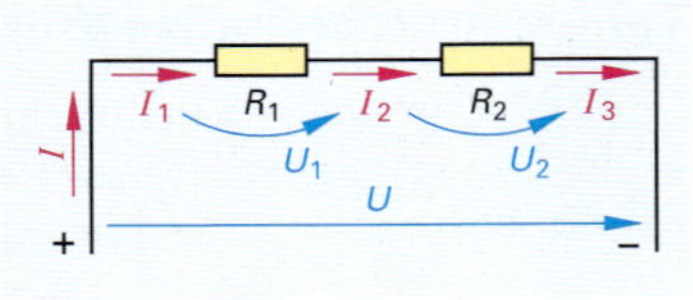

Bild 1: Reihenschaltung

Bezeichnungen:

I	Gesamtstrom	A	$I_1, I_2, \ldots$	Teilströme	A
U	Gesamtspannung	V	$U_1, U_2, \ldots$	Teilspannungen	V
R	Gesamtwiderstand, Ersatzwiderstand	Ω	$R_1, R_2, \ldots$	Teilwiderstände	Ω

Bei der Reihenschaltung fließt durch jeden Widerstand der gesamte Strom, während sich die Gesamtspannung in Teilspannungen aufteilt. Dabei liegt am größten Widerstand die größte Spannung an und am kleinsten Widerstand die kleinste Spannung **(Bild 2)**. Der Gesamtwiderstand (Ersatzwiderstand) ist die Summe der Teilwiderstände.

Gesamtstrom

$$I = I_1 = I_2 = \ldots = I_n$$

Gesamtspannung

$$U = U_1 + U_2 + \ldots + U_n$$

Gesamtwiderstand

$$R = R_1 + R_2 + \ldots + R_n$$

Beispiel:

Die Einzelwiderstände $R_1 = 40\ \Omega$ und $R_2 = 60\ \Omega$ werden in Reihe geschaltet und liegen an einer Gesamtspannung $U = 230$ V. Gesucht sind

a) der Gesamtwiderstand R,

b) der Gesamtstrom I,

c) die Teilspannungen U_1 und U_2.

Lösung: a) $R = R_1 + R_2 = 40\ \Omega + 60\ \Omega = \mathbf{100\ \Omega}$

b) $I = \frac{U}{R} = \frac{230\ \text{V}}{100\ \Omega} = \mathbf{2{,}3\ A}$

c) $U_1 = I \cdot R_1 = 2{,}3\ \text{A} \cdot 40\ \Omega = \mathbf{92\ V}$

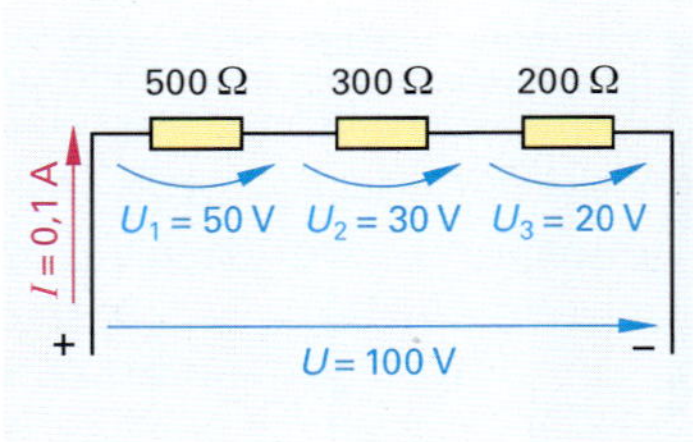

Bild 2: Spannungsaufteilung

Aufgaben | Reihenschaltung von Widerständen

1. **Reihenschaltung.** Die Widerstände $R_1 = 100\ \Omega$ und $R_2 = 150\ \Omega$ liegen in Reihe an der Gesamtspannung $U = 230$ V. Wie groß ist der Gesamtstrom I?

2. **Gesamtwiderstand**. Der Gesamtwiderstand einer Reihenschaltung soll $R = 1\,300\ \Omega$ betragen. In der Schaltung sind die Einzelwiderstände $R_1 = 1$ kΩ, $R_2 = 200\ \Omega$ und ein veränderbarer Widerstand R_3 eingebaut.
   Auf welchen Widerstandswert ist R_3 einzustellen?

3. **Drei Widerstände (Bild 3).** Die Widerstände $R_1 = 50\ \Omega$, $R_2 = 150\ \Omega$, und $R_3 = 250\ \Omega$ liegen in Reihe. Berechnen Sie
   a) die Stromstärke I,
   b) die Teilspannungen U_1 und U_3,
   c) die Gesamtspannung U,
   d) den Gesamtwiderstand (Ersatzwiderstand) R.

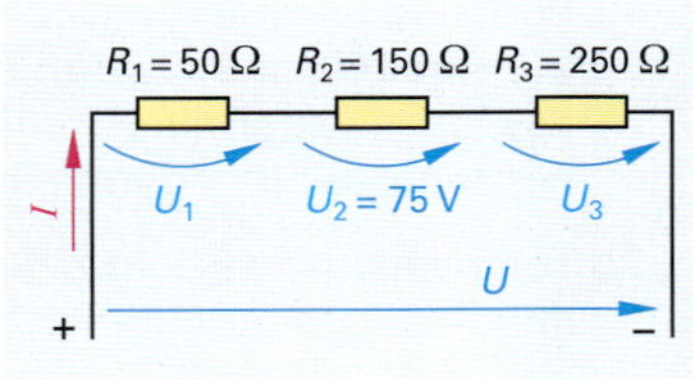

Bild 3: Reihenschaltung von drei Widerständen

4. **Relaisschaltung (Bild 4).** Ein 24-V-Relais benötigt zum sicheren Anziehen den Strom von 60 mA; als Haltestrom genügen 45 mA.
   a) An welcher Spannung liegt die Spule im Selbsthaltezustand?
   b) Welchen Wert muss der Vorwiderstand R_v haben?

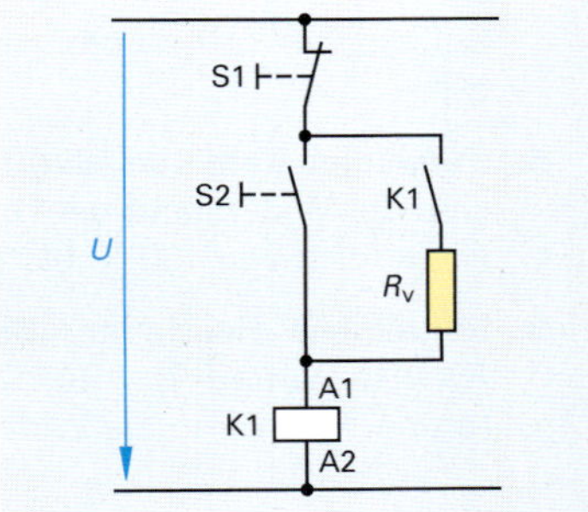

Bild 4: Relaisschaltung

S.

Parallelschaltung von Widerständen

Sind die Einzelwiderstände in einem Stromkreis nebeneinander (parallel) angeordnet, wird diese Schaltung als Parallelschaltung bezeichnet **(Bild 1)**.

Bezeichnungen:

I	Gesamtstrom	A	$I_1, I_2 ...$	Teilströme	A
U	Gesamtspannung	V	$U_1, U_2 ...$	Teilspannungen	V
R	Gesamtwiderstand	Ω	$R_1, R_2 ...$	Teilwiderstände	Ω
G	Gesamtleitwert	S	$G_1, G_2 ...$	Einzelleitwerte	S

Bei parallelen Widerständen wird jeder Einzelwiderstand mit der gleichen Spannung versorgt, während sich der Gesamtstrom aus den Teilströmen durch die einzelnen Widerstände zusammensetzt und der Gesamtleitwert aus der Summe der Leitwerte der einzelnen Widerstände gebildet wird.

Der elektrische Leitwert eines Verbrauchers im Stromkreis gibt an, wie gut oder wie schlecht der Strom durch den Verbraucher geleitet wird. Das bedeutet, je größer der Widerstand des Verbrauchers ist, desto geringer ist der Leitwert und umgekehrt, deshalb wird der Leitwert G als Kehrwert des Widerstands R bezeichnet ($G = 1/R$). Die Einheit wird in Siemens S angegeben.

$G = G_1 + G_2 + ... + G_n$

Beispiel:

Die Einzelwiderstände $R_1 = 4\,\Omega$ und $R_2 = 6\,\Omega$ liegen parallel an einer Spannung von 12 V **(Bild 2)**. Gesucht ist der Gesamtleitwert G der Schaltung.

Lösung: $G = \frac{1}{R_1} + \frac{1}{R_2} = \frac{1}{4\,\Omega} + \frac{1}{6\,\Omega} = \frac{6+4}{4 \cdot 6}\frac{1}{\Omega} = \frac{10}{24}\frac{1}{\Omega} = \mathbf{0{,}416\ S}$

Der Gesamtwiderstand einer Schaltung für n Widerstände ergibt sich aus:

$G = G_1 + G_2 + ... + G_n$ bzw. $\frac{1}{R} = \frac{1}{R_1} + \frac{1}{R_2} + ... + \frac{1}{R_n}$

Für zwei Widerstände gilt: $\frac{1}{R} = \frac{1}{R_1} + \frac{1}{R_2} = \frac{R_2 + R_1}{R_1 \cdot R_2}$

Der Kehrwert auf beiden Seiten der Gleichung ergibt den Gesamtwiderstand R.

Für zwei parallel geschaltete Widerstände erhält man $R = \frac{R_1 \cdot R_2}{R_1 + R_2}$

Beispiel:

Die Einzelwiderstände $R_1 = 4\,\Omega$ und $R_2 = 6\,\Omega$ liegen parallel an einer Spannung von 12 V **(Bild 2)**. Gesucht sind
a) der Gesamtwiderstand R,
b) der Gesamtstrom I,
c) die Teilströme I_1 und I_2.

Lösung: a) $\frac{1}{R} = \frac{1}{R_1} + \frac{1}{R_2} = \frac{R_2 + R_1}{R_1 \cdot R_2}$

$\Rightarrow R = \frac{R_1 \cdot R_2}{R_1 + R_2} = \frac{4\,\Omega \cdot 6\,\Omega}{4\,\Omega + 6\,\Omega} = \mathbf{2{,}4\ \Omega}$

b) $I = \frac{U}{R} = \frac{12\ \text{V}}{2{,}4\,\Omega} = \mathbf{5\ A}$

c) $I_1 = \frac{U}{R_1} = \frac{12\ \text{V}}{4\,\Omega} = \mathbf{3\ A}$; $I_2 = \frac{U}{R_2} = \frac{12\ \text{V}}{6\,\Omega} = \mathbf{2\ A}$

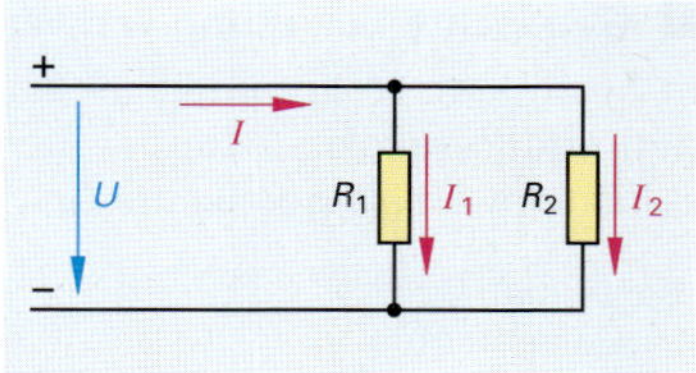

Bild 1: Parallelschaltung

Gesamtspannung

$$U = U_1 = U_2 = ... = U_n$$

Gesamtstrom

$$I = I_1 + I_2 + ... + I_n$$

Gesamtleitwert

$$G = G_1 + G_2 + ... + G_n$$

Leitwert

$$G = \frac{1}{R}$$

Kehrwert des Gesamtwiderstandes

$$\frac{1}{R} = \frac{1}{R_1} + \frac{1}{R_2} + ... + \frac{1}{R_n}$$

Gesamtwiderstand für zwei parallele Widerstände

$$R = \frac{R_1 \cdot R_2}{R_1 + R_2}$$

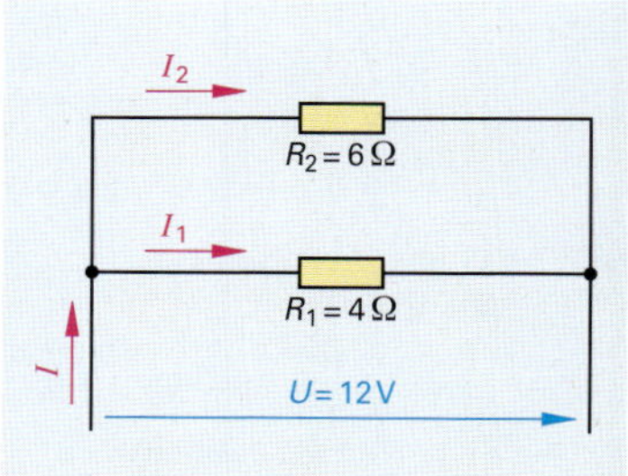

Bild 2: Parallele Widerstände

Gemischte Schaltung von Widerständen

In Stromkreisen kommen oft Kombinationen aus Reihenschaltungen und Parallelschaltungen vor **(Bild 1)**. Solche Schaltungen bezeichnet man als gemischte Schaltungen.

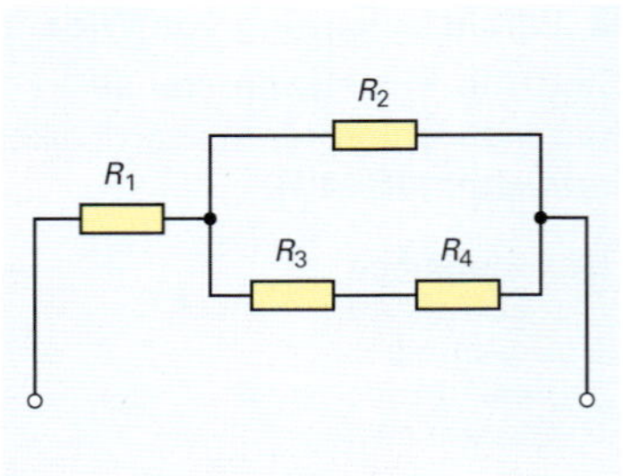

Bild 1: Gemischte Schaltung

Bezeichnungen:

I	Gesamtstrom	A	$I_1, I_2 \ldots$	Teilströme	A
U	Gesamtspannung	V	$U_1, U_2 \ldots$	Teilspannungen	V
R	Gesamtwiderstand	Ω	$R_1, R_2 \ldots$	Teilwiderstände	Ω
G	Gesamtleitwert	S			

Bei der Berechnung von gemischten Schaltungen wendet man das Ohmsche Gesetz und die Gesetze der Reihenschaltung und Parallelschaltung in einzelnen Stromzweigen an. Deshalb versucht man Widerstände in einzelnen Zweigen zu einem Ersatzwiderstand zusammenzufassen und dies so lange fortzuführen, bis nur noch ein Widerstand vorhanden ist **(Bild 2)**.

Beispiel:

Die Widerstände $R_1 = 220\ \Omega$, $R_2 = 40\ \Omega$, $R_3 = 10\ \Omega$ und $R_4 = 30\ \Omega$. liegen an 24 V Spannung an und sind nach Bild 1 geschaltet. Zu berechnen sind

a) der Gesamtwiderstand R,
b) der Gesamtleitwert G,
c) der Gesamtstrom I,
d) die Teilspannungen U_1 bis U_4,
e) die Teilströme I_1 bis I_4.

Lösung: a) Um den Gesamtwiderstand zu berechnen, werden die einzelnen Widerstände schrittweise zusammengefasst (Bild 2).

1. Schritt: Reihenschaltung

$$R_{3,4} = R_3 + R_4 = 10\ \Omega + 30\ \Omega = 40\ \Omega$$

2. Schritt: Parallelschaltung

$$R_{2,3,4} = \frac{R_{3,4} \cdot R_2}{R_{3,4} + R_2} = \frac{40\ \Omega \cdot 40\ \Omega}{40\ \Omega + 40\ \Omega} = \mathbf{20\ \Omega}$$

3. Schritt: Reihenschaltung

$$R = R_1 + R_{2,3,4} = 220\ \Omega + 20\ \Omega = \mathbf{240\ \Omega}$$

b) $G = \frac{1}{R} = \frac{1}{240\ \Omega} = \mathbf{0{,}00417\ S}$

c) $I = \frac{U}{R} = \frac{24\ \text{V}}{240\ \Omega} = 0{,}1\ \text{A} = \mathbf{100\ mA}$

d) U_1 kann über das Ohmsche Gesetz berechnet werden, da der Gesamtstrom I durch R_1 fließen muss.

$U_1 = I_1 \cdot R_1 = I \cdot R_1 = 0{,}1\ \text{A} \cdot 220\ \Omega = \mathbf{22\ V}$

Am Parallelzweig liegen 24 V – 22 V = 2 V an, deshalb gilt $U_2 = \mathbf{2\ V}$ und $U_3 + U_4 = 2\ \text{V}$.

$$\frac{U_3}{R_3} = \frac{2\ \text{V}}{R_{3,4}} \quad \Rightarrow \quad U_3 = \frac{R_3 \cdot 2\ \text{V}}{R_{3,4}} = \frac{10\ \Omega \cdot 2\ \text{V}}{40\ \Omega} = \mathbf{0{,}5\ V}$$

$U_4 = 2\ \text{V} - 0{,}5\ \text{V} = \mathbf{1{,}5\ V}$

e) $I_1 = I = \mathbf{100\ mA}$

$$I_2 = \frac{U_2}{R_2} = \frac{2\ \text{V}}{40\ \Omega} = 0{,}05\ \text{A} = \mathbf{50\ mA}$$

$I_2 + I_{3,4} = 100\ \text{mA}$

$I_{3,4} = I_3 = I_4 = 100\ \text{mA} - 50\ \text{mA} = \mathbf{50\ mA}$

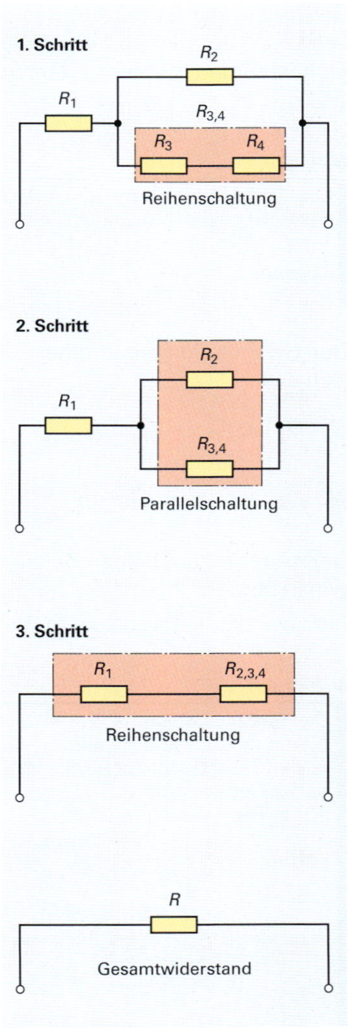

Bild 2: Vereinfachung einer gemischten Schaltung

Aufgaben | Parallelschaltung und gemischte Schaltung von Widerständen

Parallelschaltung von Widerständen

1. **Zwei Widerstände.** Zwei gleiche Widerstände mit je 30 Ω sind parallel geschaltet. Wie groß ist der Gesamtwiderstand R?

2. **Gesamtwiderstand.** Welcher Widerstand R_2 muss dem Widerstand $R_1 = 7$ kΩ parallel geschaltet werden, damit die Schaltung den Gesamtwiderstand $R = 5$ kΩ hat?

3. **Parallelschaltung (Bild 1).** Die Parallelschaltung mit drei Widerständen liegt an 100 V und nimmt 2 A auf. Bekannt sind die Widerstände $R_1 = 80\ \Omega$ und $R_2 = 200\ \Omega$.
   a) Berechnen Sie I_1, I_2 und I_3,
   b) Warum fließt bei einer Parallelschaltung durch den kleinsten Widerstand der größte Strom?
   c) Berechnen Sie den Widerstand R_3.

4. **Heizwiderstände (Bild 2).** Ein 3-kW-Härteofen hat 4 gleiche Heizwiderstände und einen Nennstrom von 13 A. Die Schalter Q1 bis Q3 (Stufe 1 bis Stufe 3) werden nacheinander geschlossen. Zu berechnen sind
   a) ein Einzelwiderstand,
   b) die Ersatzwiderstände der Schaltstufen 1 bis 3,
   c) die Gesamtströme der Schaltstufen 1 bis 3.

5. **Hydraulikventil.** An einer elektrisch gesteuerten Hydraulikanlage sind fünf Magnetventile eingebaut, die an 24 V anliegen. Der Widerstand einer Spule beträgt 48 Ω.
   a) Warum müssen die Spulen parallel geschaltet sein?
   b) Welcher Strom fließt insgesamt, wenn alle fünf Ventile gleichzeitig angesteuert werden?
   c) Sind Kontrolllampen mit jeweils $R = 8\ \Omega$ parallel oder in Reihe zu den Spulen zu schalten? Führen Sie die Berechnung durch.

Gemischte Schaltung von Widerständen

6. **Gemischte Schaltung (Bild 3).** Für die gemischte Schaltung sind
   a) der Gesamtwiderstand,
   b) die Ströme I_1 und I_2,
   c) die Teilspannungen und die Gesamtspannung zu berechnen.

7. ● **Netzwerk (Bild 4).** In einem Netzwerk haben alle Widerstände den gleichen Widerstandswert. Bei einer Messung werden $U = 12$ V und $I = 600$ mA festgestellt. Berechnen Sie
   a) die Einzelwiderstände,
   b) die Spannung an R_1, R_3 und R_5.

8. ● **Relaisschaltung (Bild 5).** Durch ein Gleichstromrelais fließt bei geöffnetem Taster S1 ein Strom von 8 mA. Wird der Taster S1 geschlossen, dann sinkt die Spannung an der Relaisspule um 8 V. Berechnen Sie
   a) die Widerstände R_1 und R_2,
   b) den Strom, der bei geschlossenem Taster S1 durch die Relaisspule fließt.

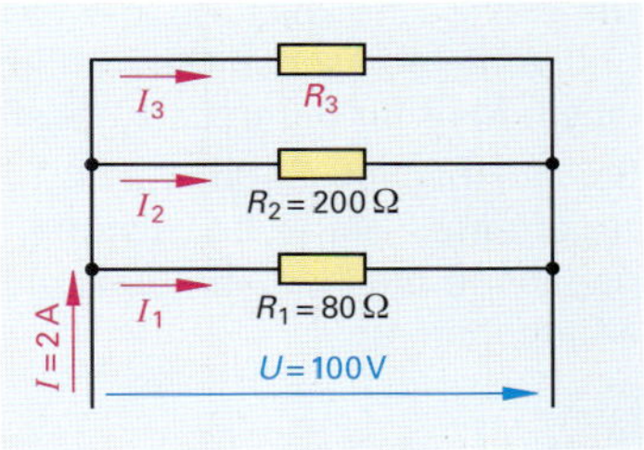

Bild 1: Parallelschaltung

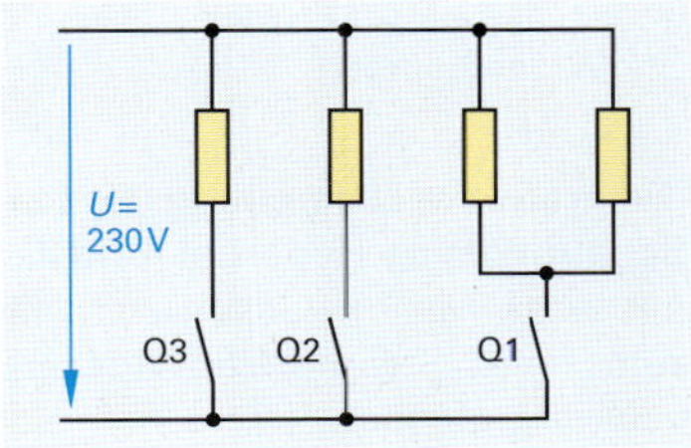

Bild 2: Heizwiderstände

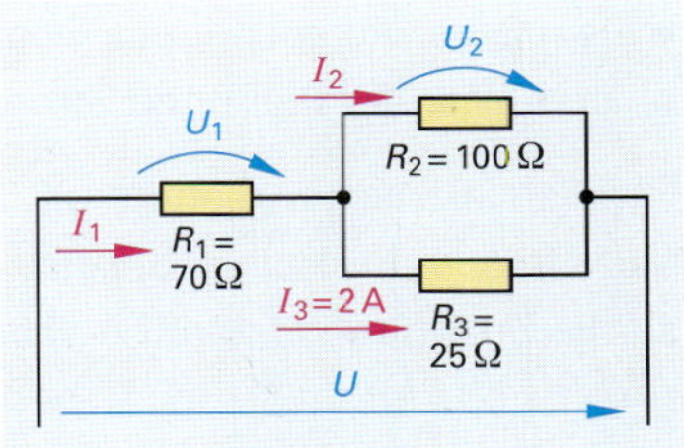

Bild 3: Gemischte Schaltung

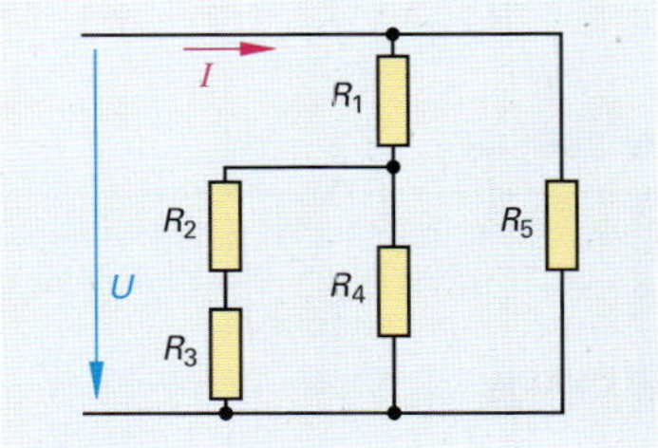

● **Bild 4: Netzwerk**

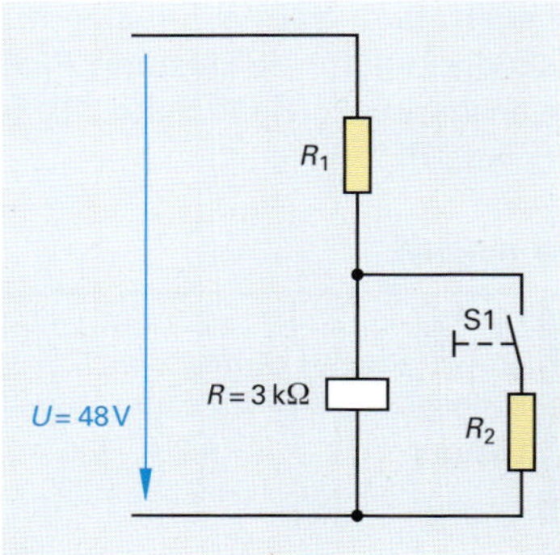

● **Bild 5: Relaisschaltung**

S. 277

Elektrische Leistung bei Gleichspannung

Die elektrische Leistung, die von Spannungserzeugern abgegeben und von elektrischen Geräten und Maschinen aufgenommen wird, ist ein Maß für deren Leistungsfähigkeit.

Bei elektrischen Geräten, z. B. Tauchsiedern und Heizöfen, wird die zugeführte elektrische Leistung, bei elektrischen Maschinen die abgegebene mechanische Leistung auf dem Leistungsschild **(Bild 1)** angegeben.

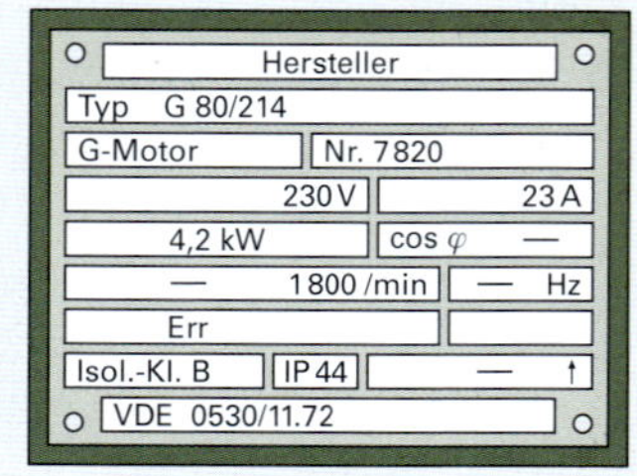

Bild 1: Leistungsschild

Bezeichnungen:

P	Leistung	W	U	Spannung	V
P_1	zugeführte Leistung	W	I	Strom	A
P_2	abgegebene Leistung	W	R	Widerstand	Ω
η	Wirkungsgrad	–			

Die grafische Darstellung der Leistung ergibt im Spannungs-Strom-Schaubild eine Hyperbel **(Bild 2)**, die als Leistungshyperbel bezeichnet wird. Mit ihr lassen sich die zulässigen Spannungen und die zulässigen Ströme für Widerstände mit vorgegebener zulässiger Leistung ablesen.

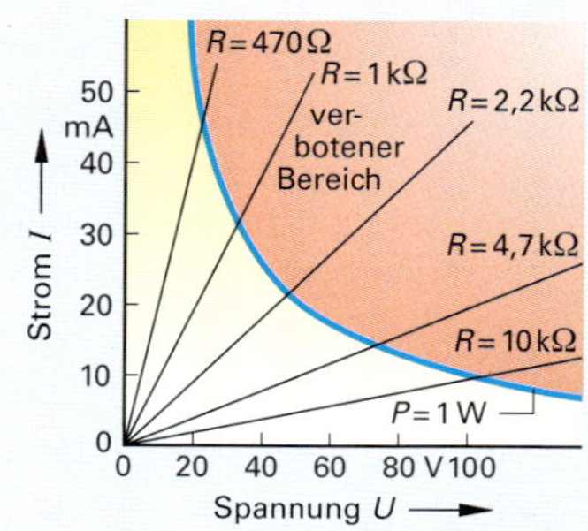

Bild 2: Leistungshyperbel für 1-W-Widerstände

Die elektrische Leistung ist umso größer,

- je größer die anliegende Spannung U ist,
- je größer der fließende Strom I ist.

Für die elektrische Leistung gilt: $P = U \cdot I$.

Mithilfe des Ohmschen Gesetzes kann in der Formel $P = U \cdot I$

a) die Spannung U durch $I \cdot R$ ersetzt werden, und man erhält
$P = I \cdot R \cdot I = I^2 \cdot R$

b) der Strom I durch $\frac{U}{R}$ ersetzt werden, und man erhält
$P = U \cdot \frac{U}{R} = \frac{U^2}{R}$

Leistung bei Gleichspannung

$$P = U \cdot I$$

$$P = I^2 \cdot R$$

$$P = \frac{U^2}{R}$$

● **Beispiel:**

Das Leistungsschild eines Gleichstrommotors **(Bild 1)** enthält die Angaben $U = 230$ V und $I = 23$ A. Wie groß ist die aus dem Netz zugeführte elektrische Leistung?

Lösung: $P = U \cdot I = 230\ \text{V} \cdot 23\ \text{A} = 5290\ \text{W} \approx$ **5,3 kW**

Die abgegebene Leistung P_2 ist wegen Reibungsverlusten in den Lagern und Wärmeverlusten durch den Stromfluss immer kleiner als die zugeführte Leistung P_1. Dies wird durch den Wirkungsgrad η ausgedrückt (siehe Seite 88). Für die abgegebene Leistung P_2 gilt: $P_2 = \eta \cdot P_1$.

Wirkungsgrad

$$\eta = \frac{P_2}{P_1}$$

● **Beispiel:**

Der Starter eines Lkw-Motors nimmt bei einer Klemmenspannung von $U = 9{,}8$ V einen Strom von $I = 700$ A auf. Wie groß ist bei einem Wirkungsgrad $\eta = 0{,}48$ die abgegebene Leistung P_2?

Lösung: $P_1 = U \cdot I = 9{,}8\ \text{V} \cdot 700\ \text{A} = 6860\ \text{W}$
$P_2 = \eta \cdot P_1 = 0{,}48 \cdot 6860\ \text{W} = 3292{,}8\ \text{W} \approx$ **3,3 kW**

Einheiten der Leistung

$$1\ \text{W} = 1\ \text{V} \cdot 1\ \text{A}$$

$$1\ \text{kW} = 1000\ \text{W}$$

$$1\ \text{MW} = 1 \cdot 10^6\ \text{W}$$

$$1\ \text{W} = 1\ \frac{\text{N} \cdot \text{m}}{\text{s}} = 1\ \frac{\text{J}}{\text{s}}$$

1) η griechischer Kleinbuchstabe, eta

Aufgaben | Elektrische Leistung bei Gleichspannung

1. **Fahrradfrontbeleuchtung.** Bei einer Fahrradfrontbeleuchtung mit $U = 6$ V wird ein Strom von $I = 0{,}57$ A gemessen.
   Wie groß ist die elektrische Leistung?

2. **Halogenlampe.** Eine Halogenlampe nimmt bei einer Spannung von $U = 12$ V einen Strom von $I = 6{,}25$ A auf. Zu berechnen sind
   a) der Betriebswiderstand und
   b) die Nennleistung der Lampe.

3. **Leistungsberechnung.** Ein Widerstand von 4 kΩ wird von Gleichstrom mit der Stromstärke $I = 0{,}3$ A durchflossen. Welche Leistung wird benötigt?

4. **Widerstand.** Auf einer Glühlampe ist angegeben 60 W; 230 V.
   a) Welchen Widerstand hat der Glühfaden?
   b) Berechnen Sie die Lichtleistung, wenn der Wirkungsgrad $\eta = 0{,}18$ beträgt.

5. **Leistungsschild (Bild 1).** Wie groß sind die zugeführte elektrische Leistung und der Wirkungsgrad des Gleichstrommotors?

6. **Magnetventil (Bild 2).** In einer elektrisch gesteuerten Hydraulikanlage befindet sich ein Magnetventil, das an 24 V Gleichspannung angeschlossen ist Die Leistungsaufnahme der Spule beträgt 12 W.
   a) Welcher Strom fließt durch die Spule?
   b) Berechnen Sie den Stromfluss, wenn vor eine der Spulen eine Kontrolllampe mit zwei Watt geschaltet wird (Reihenschaltung).

7. **Starter (Bild 3).** Ein Starter liegt an 10 V Gleichspannung an und nimmt dabei einen Strom von 222 A auf. Gleichzeitig gibt er 1,12 kW an den Zahnkranz weiter.
   a) Welche Leistung wird dem Starter zugeführt?
   b) Welcher Wirkungsgrad liegt beim Start vor?

● 8. **Gemischte Schaltung (Bild 4).** Für das Schaltbild sind
   a) die Gesamtspannung und
   b) die Gesamtleistung zu berechnen.

● 9. **Leistungshyperbel (Bild 2, vorherige Seite).** Ein Kohleschichtwiderstand mit 2,2 kΩ darf höchstens mit 1 Watt belastet werden.
   a) Bestimmen Sie grafisch aus der Hyperbel die höchstzulässige Spannung und den höchstzulässigen Strom.
   b) Erstellen Sie eine Leistungshyperbel für 0,5-Watt-Widerstände und ermitteln Sie die höchstzulässige Spannung und den höchstzulässigen Strom für die Widerstände 1 kΩ und 5 kΩ sowohl grafisch als auch rechnerisch (Maßstab: 1 cm = 5 V, 1 cm = 5 mA).

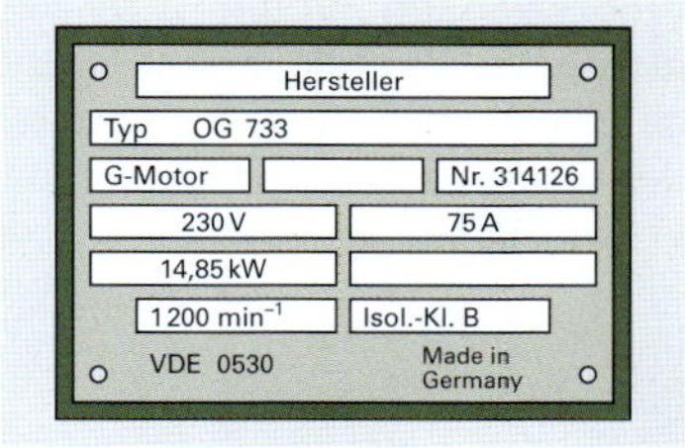

Bild 1: Leistungsschild

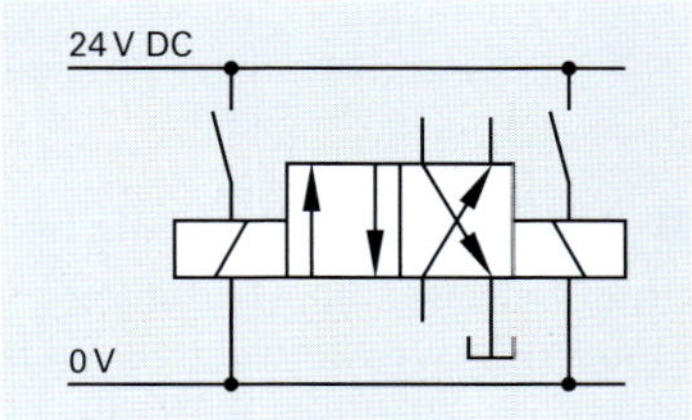

Bild 2: Magnetventil

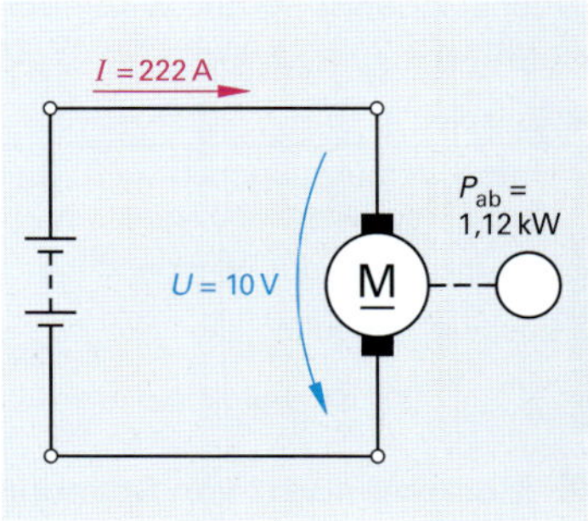

Bild 3: Starter

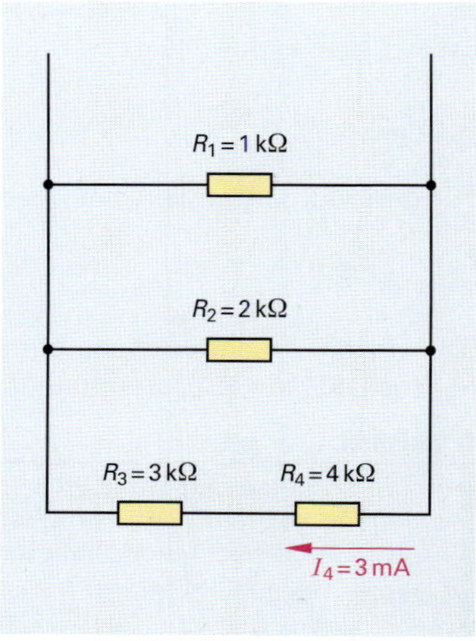

● **Bild 4: Gemischte Schaltung**

S. 278

Wechselspannung und Wechselstrom

Wechselspannung und Wechselstrom unterscheiden sich grundlegend von Gleichspannung und Gleichstrom **(Bild 1)**. Während bei der Gleichspannung immer der gleiche Wert, z. B. 24 V, anliegt und der Strom immer in die gleiche Richtung fließt, ändert sich bei der Wechselspannung fortlaufend der Wert der Spannung nach einer Sinusfunktion von z. B. –325 V bis +325 V, und der Strom fließt eine halbe Periodendauer in die eine Richtung und dann in die andere Richtung.

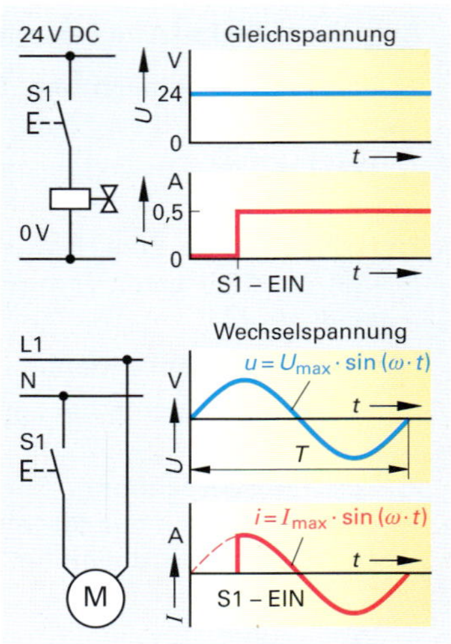

Bild 1: Gleichspannung und Wechselspannung

Bezeichnungen:

U, U_{eff}	Effektivwert der Spannung	V	f	Frequenz	s^{-1}
u	Momentanwert der Spannung	V	T	Periodendauer	s
U_{max}	Maximalwert der Spannung	V	ω	Kreisfrequenz	s^{-1}
I, I_{eff}	Effektivwert der Stromstärke	A	t	Zeit	s
i	Momentanwert des Stromes	A			
I_{max}	Maximalwert des Stromes	A			

Periodendauer, Frequenz und Kreisfrequenz

Unter Periodendauer oder Periode T versteht man die Zeit, die eine Sinuswelle für einen Durchlauf benötigt **(Bild 1)**. Die Anzahl der Perioden je Sekunde wird als Frequenz bezeichnet und in Hertz (Hz = 1/s) angegeben. Die Frequenz ist der Kehrwert der Periodendauer ($f = 1/T$). Die Winkelgeschwindigkeit ist der pro Zeiteinheit überstrichene Winkel einer Leiterschleife bei der Erzeugung der Wechselspannung. Sie wird auch als Kreisfrequenz bezeichnet, und es gilt: $\omega = 2 \cdot \pi \cdot f$. Wird für $f = 1/T$ gesetzt, erhält man $\omega = 2 \cdot \pi / T$.

Periodendauer

$$T = \frac{1}{f}$$

Kreisfrequenz

$$\omega = 2 \cdot \pi \cdot f$$

$$\omega = \frac{2 \cdot \pi}{T}$$

● **Beispiel:**

Unser Versorgungsnetz wird mit einer Wechselspannung gespeist, deren Frequenz $f = 50$ Hertz beträgt.
Wie groß sind die Periodendauer T und die Kreisfrequenz ω?

Lösung: Periodendauer: $T = \frac{1}{f} = \frac{1}{50\ \text{s}} = 0{,}020\ \text{s} = \mathbf{20\ ms}$

Kreisfrequenz: $\omega = 2 \cdot \pi \cdot f = 2 \cdot \pi \cdot 50\ \text{s}^{-1} = \mathbf{314\ s^{-1}}$

Momentanwert von Spannung bzw. Strom

Wechselspannung bzw. Wechselstrom haben den Verlauf einer Sinusfunktion und haben somit innerhalb einer Periode fortlaufend andere Momentanwerte u bzw. i **(Bild 1)**. Für den Momentanwert u der Wechselspannung gilt: $u = U_{max} \cdot \sin(\omega \cdot t)$.

Ersetzt man ω durch $2 \cdot \pi \cdot f$ und f durch $1/T$ so gilt:

$$u = U_{max} \cdot \sin(2 \cdot \pi \cdot f \cdot t) = U_{max} \cdot \sin\left(\frac{2 \cdot \pi}{T} \cdot t\right)$$

Für den Momentanwert des Wechselstromes gilt entsprechend:

$$i = I_{max} \cdot \sin(\omega \cdot t) = I_{max} \cdot \sin(2 \cdot \pi \cdot f \cdot t) = I_{max} \cdot \sin\left(\frac{2 \cdot \pi}{T} \cdot t\right)$$

(Der Taschenrechner muss bei der Berechnung von u und i vom Modus **DEG** auf **RAD** umgestellt werden).

Momentanwert der Spannung

$$u = U_{max} \cdot \sin(\omega \cdot t)$$

$$u = U_{max} \cdot \sin(2 \cdot \pi \cdot f \cdot t)$$

$$u = U_{max} \cdot \sin\left(\frac{2 \cdot \pi}{T} \cdot t\right)$$

Momentanwert des Stroms

$$i = I_{max} \cdot \sin(\omega \cdot t)$$

$$i = I_{max} \cdot \sin(2 \cdot \pi \cdot f \cdot t)$$

$$i = I_{max} \cdot \sin\left(\frac{2 \cdot \pi}{T} \cdot t\right)$$

● **Beispiel:**

Ein Versorgungsnetz liefert bei einer Frequenz $f = 50$ Hz eine Maximalspannung von 325 V. Wie groß ist der Momentanwert der Spannung u nach $t = 2{,}5$ ms nach dem Nulldurchgang?

Lösung: (Rechner in Modus RAD)

$U = U_{max} \cdot \sin(\omega \cdot t) = U_{max} \cdot \sin(2 \cdot \pi \cdot f \cdot t)$

$= 325\ \text{V} \cdot \sin(2 \cdot \pi \cdot 50\ 1/\text{s} \cdot 0{,}0025\ \text{s}) = \mathbf{229{,}8\ V}$

Effektivwert und Maximalwert von Spannung und Strom

Wird von einer Wechselspannung an einem Ohmschen Widerstand R die gleiche Leistung erbracht wie von einer Gleichspannung, so wird sie als Effektivspannung U_{eff} bezeichnet. Bei Angaben in der Energietechnik, z. B. 230 V, wird der Effektivwert genannt.

Der Effektivwert der Spannung U_{eff} ist mit dem Momentanwert der Spannung u bei sin (45°) identisch. Der Scheitelwert oder Maximalwert der Spannung U_{max} ist mit dem Momentanwert der Spannung u bei sin (90°) identisch **(Bild 1)**. Es gilt:

$$U_{max} = \sin(90°) = 1; \quad U_{eff} = \sin(45°) = 0{,}707 = \frac{\sqrt{2}}{2};$$

$$\frac{U_{max}}{U_{eff}} = \frac{2}{\sqrt{2}} = \sqrt{2}; \quad \Rightarrow U_{max} = \sqrt{2} \cdot U_{eff}$$

Die gleiche Gesetzmäßigkeit gilt für den Effektivwert I_{eff} und Maximalwert I_{max} des Wechselstroms.

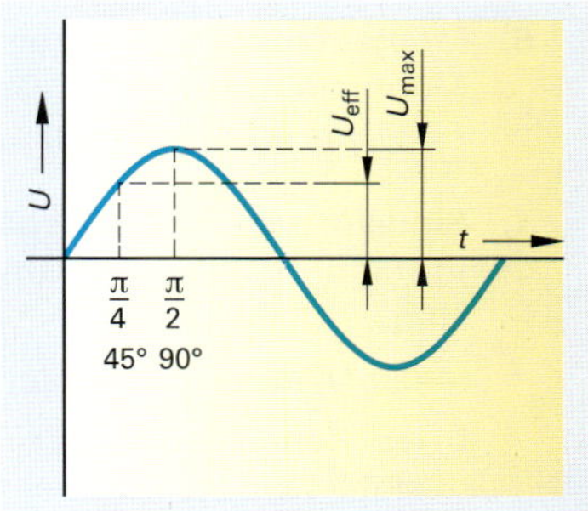

Bild 1: Effektivwert und Maximalwert

Maximalwert der Spannung

$$U_{max} = \sqrt{2} \cdot U_{eff}$$

Maximalwert des Stroms

$$I_{max} = \sqrt{2} \cdot I_{eff}$$

Beispiel:

Nach Auskunft eines Energieversorgers beträgt die Netzspannung $U_{eff} = 230$ V. Wie groß ist der Maximalwert U_{max}?

Lösung: $U_{max} = \sqrt{2} \cdot U_{eff} = \sqrt{2} \cdot 230\ \text{V} = \mathbf{325\ V}$

Aufgaben | Wechselspannung und Wechselstrom

1. **Frequenz der DB.** Das Netz der Deutschen Bahn hat eine Frequenz von $16\frac{2}{3}$ Hz. Zu berechnen sind
   a) die Periodendauer T und
   b) die Kreisfrequenz ω.

2. **Periodendauer.** Die Periodendauer einer Wechselspannung beträgt $T = 50$ ms. Berechnen Sie
   a) die Frequenz f und
   b) die Kreisfrequenz ω.

3. **Kreisfrequenz.** Zu ermitteln ist die Kreisfrequenz ω einer Spannung mit $f = 100$ Hz.

4. **Oszillogramm**[1] **(Bild 2).** Aus dem Oszillogramm einer Wechselspannung sind
   a) die Periodendauer T,
   b) die Frequenz f und
   c) die Kreisfrequenz ω zu berechnen.

5. **Autoradio (Bild 3).** Der Frequenzbereich der Ultrakurzwelle (UKW) eines Autoradios reicht von 87,5 MHz bis 108 MHz. Berechnen Sie
   a) die Kreisfrequenz ω von Anfangs- und Endfrequenz,
   b) die Periodendauer T von Anfangs- und Endfrequenz.

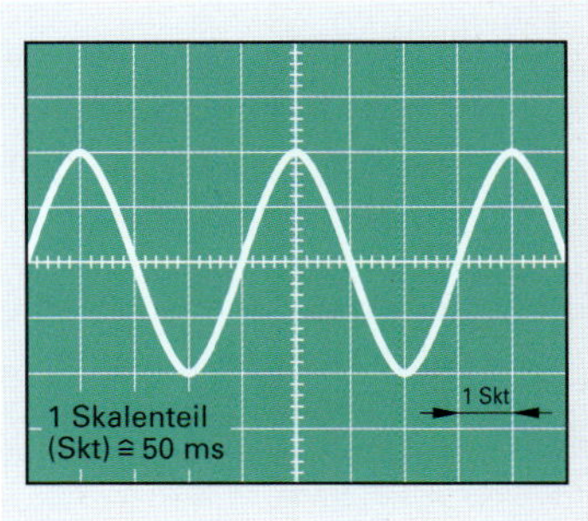

Bild 2: Oszillogramm

Bild 3: Autoradio

1) griech. Schwingungsbild

6. **Momentanwert der Stromstärke (Bild 1).** Berechnen Sie den Momentanwert des sinusförmigen Wechselstroms für t = 17 ms nach dem Nulldurchgang.

7. **Sinusförmige Wechselspannung (Tabelle 1).** Für eine sinusförmige Wechselspannung mit f = 50 Hz und U_{max} = 325 V sind
   a) der Momentanwert der Wechselspannung zu berechnen,
   b) die Kennlinie der Wechselspannung zu zeichnen (Maßstab: 1 cm = 2 ms; 1 cm = 100 V).

8. **Momentanwert der Spannung.** Berechnen Sie die Zeitpunkte nach dem Nulldurchgang für den Momentanwert u = 110 V einer Wechselspannung mit f = 60 Hz und U_{max} = 155,5 V.

9. **Effektivwerte (Tabelle 2).** Für die Effektivwerte sind die Maximalwerte der Spannung in Volt und die Maximalwerte des Stroms in Ampere zu berechnen.

10. **Maximalwert.** Eine Maximalspannung von 34 V verursacht einen maximalen Stromfluss von 0,6 A. Der Effektivwert der Spannung und der Effektivwert des Stroms sind zu berechnen.

11. **Sinusförmiger Wechselstrom.** Ein Wechselstrom mit f = 50 Hz hat 2 ms nach dem Nulldurchgang einen Momentanwert von 20 A. Wie groß sind
    a) der Maximalwert des Stroms,
    b) der Effektivwert des Stroms,
    c) der Momentanwert nach 3 ms,
    d) die Zeit nach dem Nulldurchgang, in der der Momentanwert i = 10 A zum ersten Mal erreicht wird?

12. **Zündtrafo.** Die Isolation eines Zündtrafos mit U = 10 kV für einen Brenner an einer Heizungsanlage wird mit der 2,5-fachen Nennspannung geprüft. Für welche maximale Spannung muss die Isolation ausgelegt sein?

13. **Oszillogramm (Bild 2).** Aus dem Oszillogramm mit dem Maßstab 1 Skt = 5 ms und 1 Skt = 10 V sind zu ermitteln
    a) der Maximalwert der Spannung,
    b) der Effektivwert der Spannung,
    c) die Frequenz der Wechselspannung.

14. **Wechselstrom (Bild 3).** Eine Spannung von 230 V und eine Frequenz von 50 Hz verursacht an einem ohmschen Widerstand einen maximalen Stromfluss von 150 mA. Zu berechnen sind
    a) die Stromgröße 5 ms nach dem Nulldurchgang,
    b) der Maximalwert der Spannung,
    c) die Zeiten nach dem Nulldurchgang, bei denen die Spannung die Werte 100 V und 230 V erreicht,
    d) der Effektivwert des Stroms,
    e) der ohmsche Widerstand.

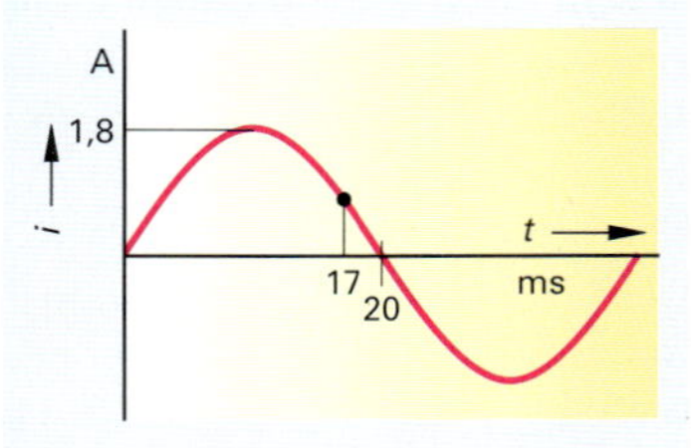

Bild 1: Momentanwert

Tabelle 1: Sinusförmige Wechselspannung

Zeitpunkt	t_1	t_2	t_3	t_4	t_5
Zeit in ms	1	3	5	7	10
u in Volt					
Zeitpunkt	t_6	t_7	t_8	t_9	t_{10}
Zeit in ms	11	13	15	17	20
u in Volt					

Tabelle 2: Effektivwerte

	a	b	c
U_{eff}	0,6 V	110 V	10 kV
I_{eff}	2 A	3 mA	100 µA

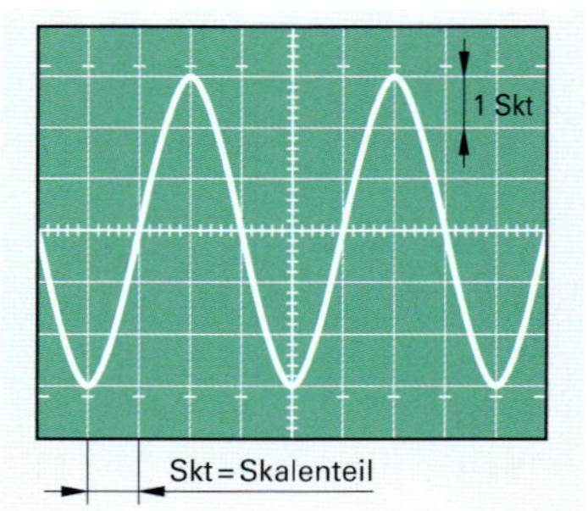

Bild 2: Oszillogramm

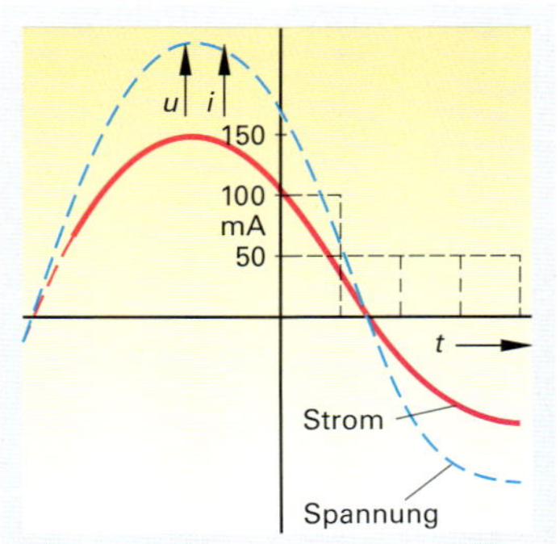

Bild 3: Wechselstrom

Elektrische Leistung bei Wechselstrom und bei Drehstrom

Befindet sich in einem Wechselstromkreis eine induktive Last, z. B. eine Spule, oder eine kapazitive Last, z. B. ein Kondensator, so sind Spannung und Strom nicht mehr phasengleich wie bei rein ohmscher Belastung. Es kommt dann zwischen Wechselspannung und Wechselstrom zu einer Phasenverschiebung φ **(Bild 1)**.

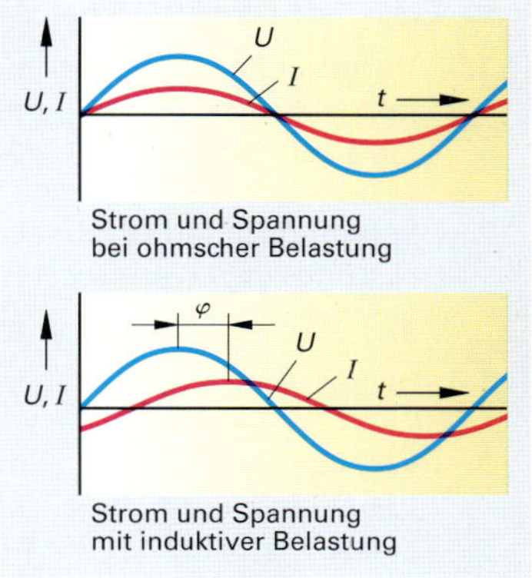

Bild 1: Phasenverschiebung

Bezeichnungen:

P	Leistung, Wirkleistung	W	I	Strom	A
P_1	zugeführte Leistung	W	R	Widerstand	Ω
P_2	abgegebene Leistung	W	η	Wirkungsgrad	–
U	Spannung	V	$\cos\varphi$	Leistungsfaktor	–

Elektrische Leistung bei Wechselstrom

Durch die Phasenverschiebung kommt es zu einer geringeren Leistung als bei rein ohmscher Belastung. Diese Leistungsminderung wird durch den Leistungsfaktor $\cos\varphi$ berücksichtigt. Der Leistungsfaktor $\cos\varphi$ liegt zwischen 0,5 und 1.

Die elektrische Leistung P errechnet sich aus $P = U \cdot I \cdot \cos\varphi$. Bei rein ohmscher Belastung ist $\cos\varphi = 1$ und somit $P = U \cdot I$.

Leistung bei Wechselstrom

$$P = U \cdot I \cdot \cos\varphi$$

● **Beispiel:**

Bei einem Wechselstrommotor **(Bild 2)** für $U = 230$ V mit einem Leistungsfaktor $\cos\varphi = 0{,}85$ fließt ein Strom $I = 7{,}25$ A.
Welche Leistung in kW nimmt der Motor auf?

Lösung: $P = U \cdot I \cdot \cos\varphi = 230\text{ V} \cdot 7{,}25\text{ A} \cdot 0{,}85 = 1417\text{ W} \approx \mathbf{1{,}42\ kW}$

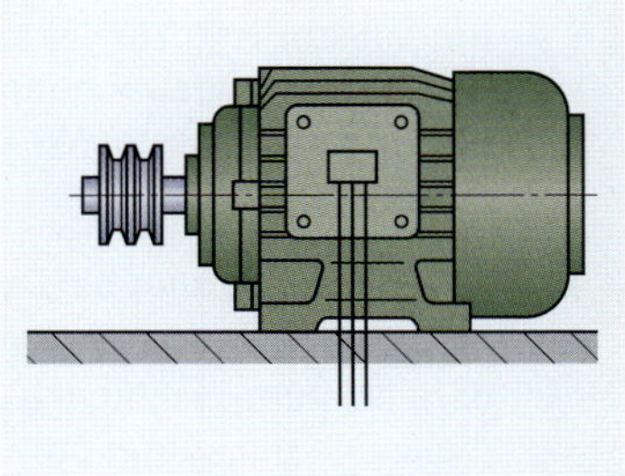

Bild 2: Wechselstrommotor

Elektrische Leistung bei Drehstrom

Drehstrom (Dreiphasenwechselstrom) wird durch drei um 120° versetzte Wechselspannungen erzeugt **(Bild 3)**. Dabei fließt in den einzelnen Leitern ein Einphasenwechselstrom, der eine Wechselstromleistung erzeugt. Die Zusammenfassung dieser drei Einzelleistungen erfolgt durch den Verkettungsfaktor $\sqrt{3}$. Dies bedeutet, dass die Leistung gegenüber dem Einphasenwechselstrom um ca. 73 % größer ist. Es gilt für die Leistung $P = \sqrt{3} \cdot U \cdot I \cdot \cos\varphi$.

Leistung bei Drehstrom

$$P = \sqrt{3} \cdot U \cdot I \cdot \cos\varphi$$

Wirkungsgrad

Die vom Drehstrom- bzw. Wechselstrommotor aufgenommene Leistung P_1 aus dem Wechselstromnetz ist immer größer als die an der Welle abgegebene Leistung P_2. Dies wird durch den Wirkungsgrad η ausgedrückt. Es gilt: $P_2 = \eta \cdot P_1$.

Wirkungsgrad

$$\eta = \frac{P_2}{P_1}$$

● **Beispiel:**

Ein 3-kW-Drehstrommotor ist an 400 V angeschlossen. Der Leistungsfaktor ist $\cos\varphi = 0{,}75$, der Wirkungsgrad $\eta = 0{,}82$.

a) Welche Leistung P_1 nimmt der Motor auf?

b) Wie viel Strom I fließt dabei durch die Motorwicklung?

Lösung: a) $P_2 = \eta \cdot P_1$; $\quad P_1 = \frac{P_2}{\eta} = \frac{3\text{ kW}}{0{,}82} = \mathbf{3{,}66\ kW}$

b) $P_1 = \sqrt{3} \cdot U \cdot I \cdot \cos\varphi$

$$I = \frac{P_1}{\sqrt{3} \cdot U \cdot \cos\varphi} = \frac{3\,660\text{ W}}{\sqrt{3} \cdot 400\text{ V} \cdot 0{,}75} = \mathbf{7{,}04\ A}$$

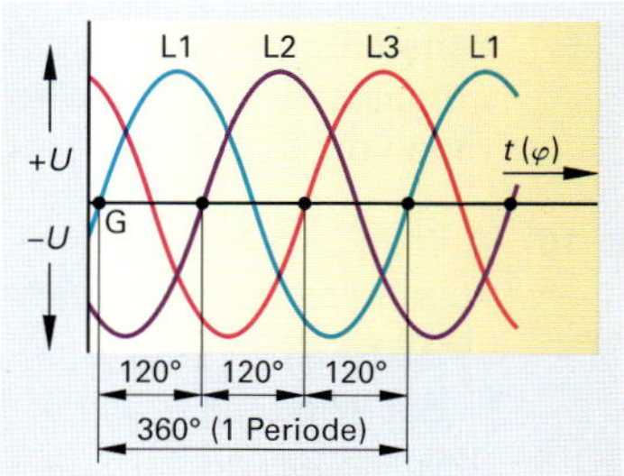

Bild 3: Drehstrom

Aufgaben | Elektrische Leistung bei Wechselstrom und bei Drehstrom

Elektrische Leistung bei Wechselstrom

1. **Verbraucher.** Ein Verbraucher nimmt bei einem Leistungsfaktor $\cos\varphi = 0{,}7$ eine Leistung von 60 W auf. Wie groß ist die Stromstärke bei $U = 230$ V?

2. **Leistungsschild Wechselstrommotor (Bild 1).** Berechnen Sie mithilfe des Leistungsschildes
   a) die dem Netz entnommene Leistung des Motors,
   b) den Wirkungsgrad des Motors.

3. **Wechselstrommotor.** Ein Wechselstrommotor nimmt bei 230 V und 6,8 A eine Leistung von 0,95 kW auf. Welchen Leistungsfaktor hat der Motor?

4. **Wechselstromnetz (Bild 2).** Berechnen Sie für den angeschlossenen Wechselstrommotor
   a) die zugeführte Leistung,
   b) die abgegebene Leistung.

5. **Schweißumformer.** Der Motor eines Schweißumformers entnimmt dem Netz eine Leistung von 7,5 kW. Der Leistungsfaktor ist 0,75, der Wirkungsgrad 0,85. Wie groß ist die größte Schweißspannung, wenn der Strom höchstens 350 A bei einem Generator-Wirkungsgrad von 0,9 betragen darf?

Elektrische Leistung bei Drehstrom

6. **Leistungsschild Drehstrommotor (Bild 3).** Berechnen Sie aus dem Leistungsschild des Drehstrommotors einer Werkzeugmaschine die aufgenommene Leistung.

7. **Fräsmaschinenmotor.** Ein Fräsmaschinenmotor für 400 V steht im Katalog mit folgenden Angaben: $P = 5{,}5$ kW; $\eta = 0{,}81$; $\cos\varphi = 0{,}83$.
   Wie groß sind
   a) die zugeführte Leistung,
   b) der Strom in der Leitung?

8. **Vierleiter-Drehstromnetz (Bild 4).** Ein Getriebemotor ist am Vierleiter-Drehstromnetz angeschlossen. Berechnen Sie
   a) die vom Netz entnommene Leistung,
   b) den Wirkungsgrad des Motors.

9. **Schweißaggregat.** Der Drehstrommotor eines Schweißaggregates soll bei $U = 400$ V, $\cos\varphi = 0{,}8$ und $\eta = 0{,}9$ eine Leistung von 18 kW abgeben. Wie groß ist die Stromstärke?

10. **Aufzug.** Ein Aufzug für 3 kN Höchstbelastung soll in 20 Sekunden einen Höhenunterschied von 18 m überwinden.
    a) Welche Leistung muss der Antriebsmotor abgeben, wenn der Wirkungsgrad des Aufzugs 69 % beträgt?
    b) Welchen Strom nimmt der Drehstrommotor mit den Daten $U = 400$ V; $\eta = 0{,}85$ und $\cos\varphi = 0{,}9$ auf?

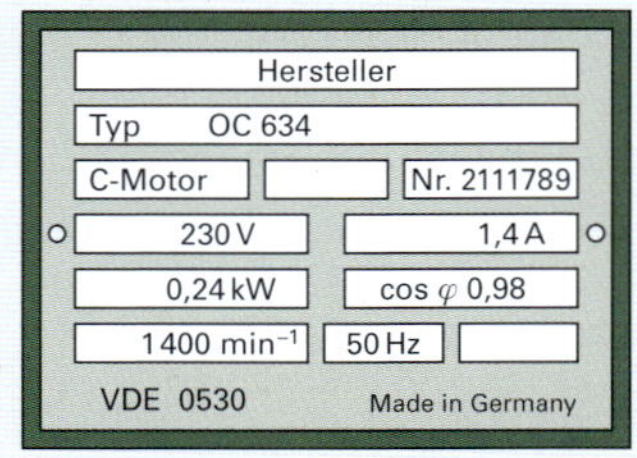

Bild 1: Leistungsschild Wechselstrommotor

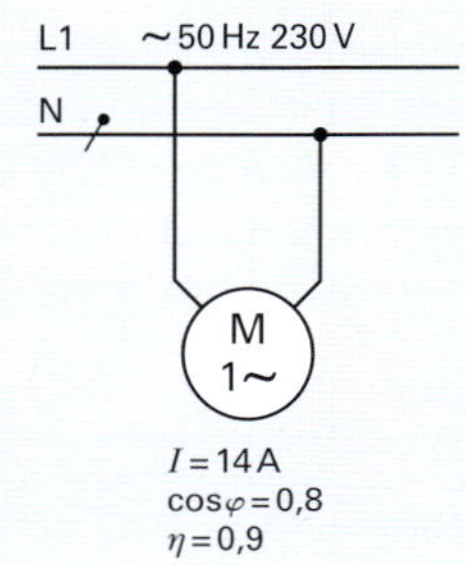

Bild 2: Wechselstromnetz

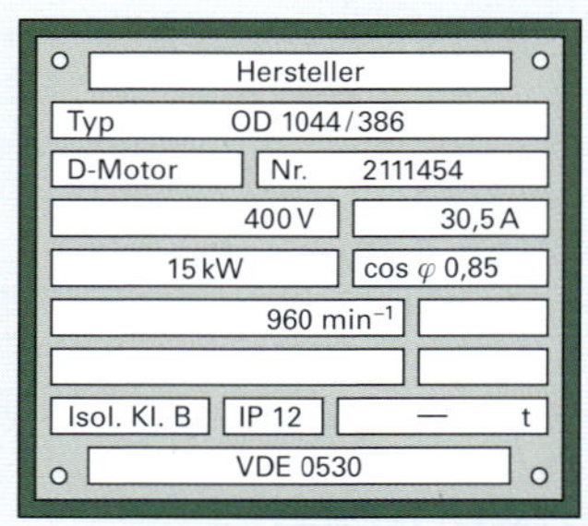

Bild 3: Leistungsschild Drehstrommotor

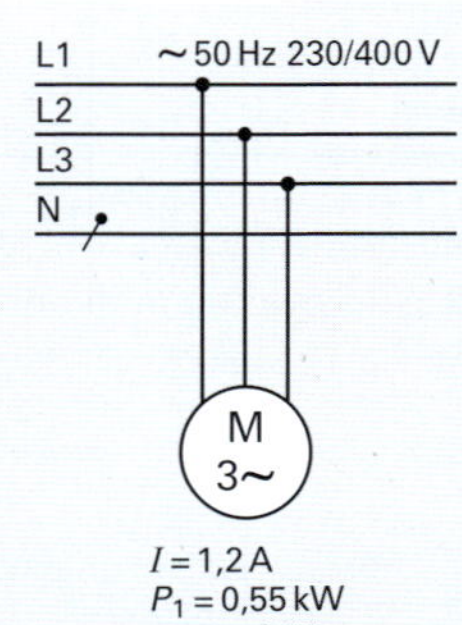

Bild 4: Vierleiter-Drehstromnetz

S. 2

Elektrische Arbeit und Energiekosten

Die Energie-Versorgungs-Unternehmen (EVU) berechnen dem Abnehmer die verbrauchte elektrische Arbeit.

Bezeichnungen:

P	Leistung	W	K	Kosten	€
W	Arbeit	W·s	K_p	Verbrauchspreis	$\frac{€}{\text{kW·h}}$
t	Zeit	s			

Die an einem Gerät geleistete elektrische Arbeit ist abhängig

- von der zugeführten Leistung P: $W \sim P$,
- von der Zeitdauer t, während der Arbeit verrichtet wird: $W \sim t$. Für die elektrische Arbeit gilt $W = P \cdot t$, und die Kosten errechnen sich aus der Arbeit und dem Verbrauchspreis zu $K = W \cdot K_p$.

Beispiel:

Ein Heizofen mit der Leistung P = 1,5 kW ist 4 Stunden lang eingeschaltet. Wie groß ist die elektrische Arbeit und welche Kosten entstehen bei einem Verbrauchspreis von 0,20 €/kWh?

Lösung: $W = P \cdot t$ = 1,5 kW · 4 h = **6 kW·h**
$K = W \cdot K_p$ = 6 kWh · 0,20 €/kW·h = **1,20 €.**

Arbeit

$$W = P \cdot t$$

Kosten

$$K = W \cdot K_p$$

Einheiten der Arbeit

1 W · s = 1 J
1 W · h = 3600 J
1 kW · h = 3,6 · 10^6 W · s

Aufgaben | Elektrische Arbeit und Energiekosten

1. **Elektromotor.** Der Elektromotor für den Antrieb einer Drehmaschine entnimmt dem Netz 3,5 kW. Er ist insgesamt 8,5 h in Betrieb. Wie groß ist die elektrische Arbeit?
2. **Glühlampe (Bild 1).** In welcher Zeit hat eine 60-Watt-Glühlampe, die an ein 230-V-Netz angeschlossen ist, 1 kW·h verbraucht?
3. **Stand-by.**[1] Ein Fernsehgerät befindet sich pro Tag 15 Stunden im Stand-by-Betrieb und hat dabei eine Leistungsaufnahme von 3 W. Berechnen Sie die dafür anfallenden Kosten pro Jahr (365 Tage), wenn ein Verbrauchspreis von 0,20 €/kW·h zu bezahlen ist.
4. **Leistungsschild Wechselstrommotor (Bild 2).** Mithilfe der Daten des Leistungsschildes für einen Wechselstrommotor sind die Kosten für eine 6,5 h lange Einschaltzeit zu berechnen. Der Verbrauchspreis beträgt 0,20 €/kW·h.
5. **Drehstrommotor (Bild 3).** Ein Drehstrommotor hat bei einer Stromstärke von 15,8 A eine Leistung von 7,0 kW. Wie groß sind
   a) die elektrische Arbeit bei einer Laufzeit von 8 h 20 min,
   b) die Energiekosten bei einem Preis von 0,20 €/kW·h?
6. **Leistungsschild Schnellkocher (Bild 4).** Ein gefüllter Schnellkocher soll Wasser von 14 °C auf 100 °C erwärmen. Die Wärmeverluste betragen 20 %. Zu ermitteln sind
   a) die elektrische Arbeit in kW·h,
   b) die Zeit, in der das Wasser auf 100 °C erwärmt wird,
   c) die Länge des Widerstandsdrahtes mit ϱ = 1,4 Ω · mm²/m und d = 0,8 mm.

1) engl. Bereitschaftsschaltung

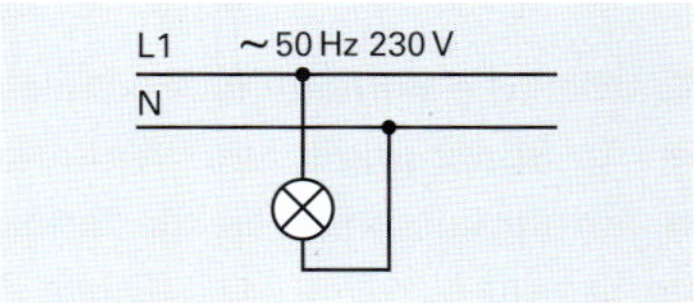

Bild 1: Glühlampe

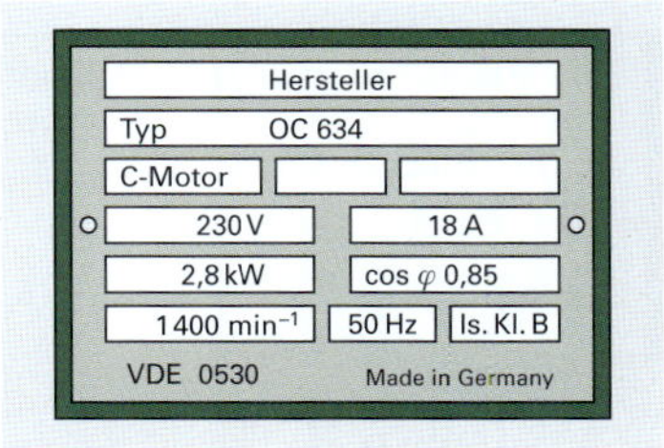

Bild 2: Leistungsschild Wechselstrommotor

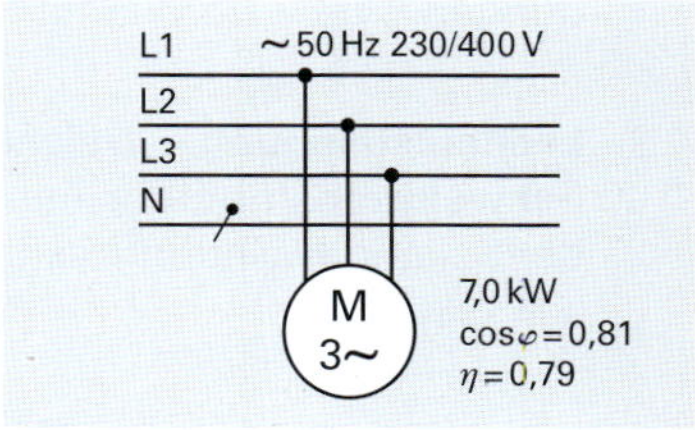

Bild 3: Drehstrommotor

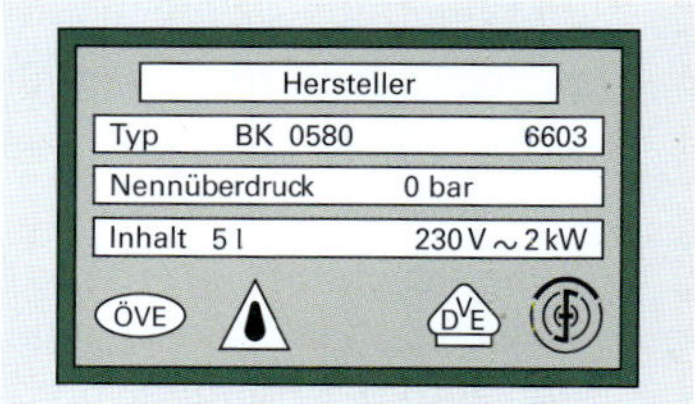

Bild 4: Leistungsschild Schnellkocher

S. 279

Transformator

Wechselspannung kann mit einem Transformator (Umspanner) von niedriger Spannung auf hohe Spannung und umgekehrt umgeformt werden, Gleichspannung dagegen nicht. Aus diesem Grund wird heute überwiegend Wechselspannung verwendet. Der Transformator besteht aus einer Primär- und einer Sekundärspule auf einem geschlossenen Eisenkern **(Bild 1)**. Wird an der Primärspule eine Wechselspannung angelegt, entsteht durch elektromagnetische Induktion in der Sekundärspule eine von den Windungszahlen der Spulen abhängige Wechselspannung.

Bezeichnungen:

U_1	Primärspannung	V	U_2	Sekundärspannung	V
N_1	Windungszahl der Primärspule	–	N_2	Windungszahl der Sekundärspule	–
I_1	Primärstromstärke	A	I_2	Sekundärstromstärke	A
$ü$	Übersetzungsverhältnis	–			

Werden die Verluste vernachlässigt, so gilt beim Transformator

- für Spannungen und Windungszahlen: $U_1 : U_2 = N_1 : N_2$
- Primärleistung = Sekundärleistung $\Rightarrow U_1 \cdot I_1 = U_2 \cdot I_2$

und somit $U_1 : U_2 = I_2 : I_1$. Diese Zusammenhänge werden als Übersetzungsverhältnis $ü$ bezeichnet.

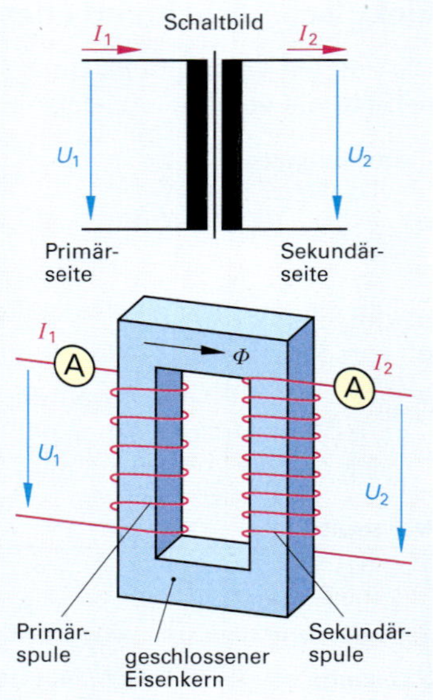

Bild 1: Transformator

Übersetzungsverhältnis

$$ü = \frac{U_1}{U_2} = \frac{N_1}{N_2}$$

$$ü = \frac{U_1}{U_2} = \frac{I_2}{I_1}$$

Beispiel:

Eine Handlampe für $U_2 = 42$ V soll aus Sicherheitsgründen über einen Schutztransformator an die Netzspannung $U_1 = 230$ V angeschlossen werden **(Bild 2)**. Welches Übersetzungsverhältnis $ü$ muss der Transformator haben?

Lösung: $ü = \frac{U_1}{U_2} = \frac{230\text{ V}}{42\text{ V}} = 5{,}476 \approx \mathbf{5{,}5}$

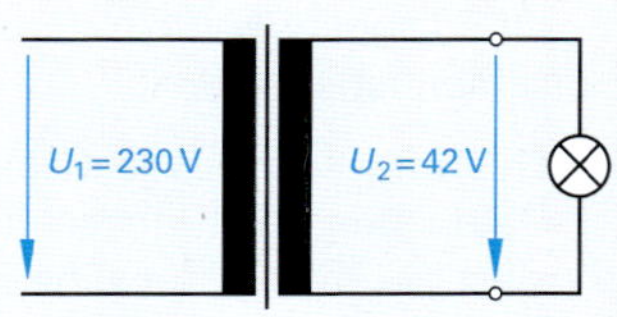

Bild 2: Schutztransformator

Aufgaben | Transformator

1. **Schutztransformator.** Bei einem Schutztransformator mit der Spannungsangabe 230/42 V hat die Sekundärspule 913 Windungen. Wie viele Windungen hat die Primärspule?

2. **Leerlaufspannung.** Welche Leerlaufspannung besitzt ein Schweißtransformator mit der Primärwindungszahl 160 und der Sekundärwindungszahl 70, wenn er an 230 V angeschlossen wird?

3. **Schweißtransformator.** Ein Schweißtransformator ist primärseitig an $U_1 = 230$ V angeschlossen und gibt sekundärseitig eine Leerlaufspannung $U_2 = 58$ V ab. Die Sekundärspule hat 70 Windungen. Berechnen Sie
   a) das Übersetzungsverhältnis $ü$,
   b) die Windungszahl N_1 der Primärspule.

4. **Klingeltransformator (Bild 3).** Bei einem Klingeltransformator fließen auf der Sekundärseite 2,5 A Strom bei 12 V. Zu berechnen sind der Primärstrom I_1 sowie die Sekundärstromstärken und die Übersetzungsverhältnisse für die Anschlüsse 10 V und 8 V.

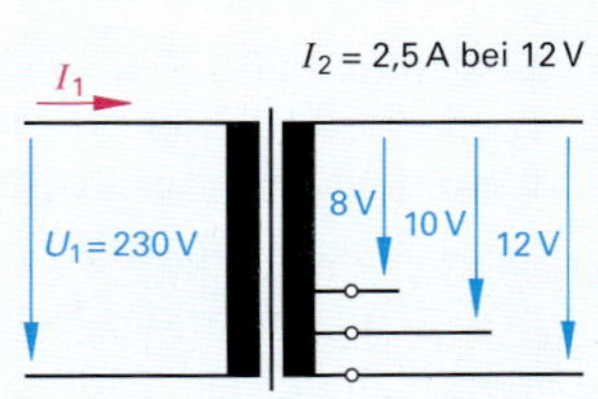

Bild 3: Klingeltransformator

S. 2

Prüftechnik und Qualitätsmanagement

Maßtoleranzen und Passungen

Maßtoleranzen und Passungen stellen die Funktion und den Austausch von Bauteilen sicher.

Maßtoleranzen

Maßtoleranzen geben die zulässigen Abweichungen von den Nennmaßen eines Bauteils an.

Bezeichnungen (Bild 1)

Bohrungen			**Wellen**		
N	Nennmaß	mm	N	Nennmaß	mm
T_B	Maßtoleranz	mm	T_W	Maßtoleranz	mm
G_{oB}	Höchstmaß	mm	G_{oW}	Höchstmaß	mm
G_{uB}	Mindestmaß	mm	G_{uW}	Mindestmaß	mm
ES	Oberes Grenzabmaß	mm	es	Oberes Grenzabmaß	mm
EI	Unteres Grenzabmaß	mm	ei	Unteres Grenzabmaß	mm

Die Maßtoleranzen werden durch das obere und das untere Grenzabmaß begrenzt. Die Grenzabmaße können entweder frei gewählt, durch Allgemeintoleranzen **(Tabelle 1)** oder durch ISO-Toleranzen angegeben werden. Die Istmaße der Werkstücke müssen zwischen dem Höchstmaß und dem Mindestmaß liegen.

Tabelle 1: Allgemeintoleranzen für Längenmaße nach DIN ISO 2768

Toleranzklasse		Grenzabmaße in mm für Nennmaßbereiche			
Kurzzeichen	Benennung	0,5 bis 3	über 3 bis 6	über 6 bis 30	über 30 bis 120
f	fein	±0,05	±0,05	±0,1	±0,15
m	mittel	±0,1	±0,1	±0,2	±0,3
c	grob	±0,2	±0,3	±0,5	±0,8
v	sehr grob	–	±0,5	±1	±1,5

Die Höchst- und Mindestmaße bezeichnet man auch als Grenzmaße.

● **Beispiel (Bild 2):**

Für die Maße 16 + 0,1, 20H7 und 50 der Leiste sind die Maßtoleranzen sowie die Höchst- und Mindestmaße in mm zu berechnen.

Toleriertes Maß		**16 + 0,1**	**20H7**	**50**
Oberes Grenzabmaß	ES		+0,021	
	es	+0,1		+0,3
Unteres Grenzabmaß	EI		0	
	ei	0		−0,3
Maßtoleranz	$T_B = ES - EI$		0,021	
	$T_W = es - ei$	0,1		0,6
Höchstmaß	$G_{oB} = N + ES$		20,021	
	$G_{oW} = N + es$	16,1		50,3
Mindestmaß	$G_{uB} = N + EI$		20,000	
	$G_{uW} = N + ei$	16,0		49,7

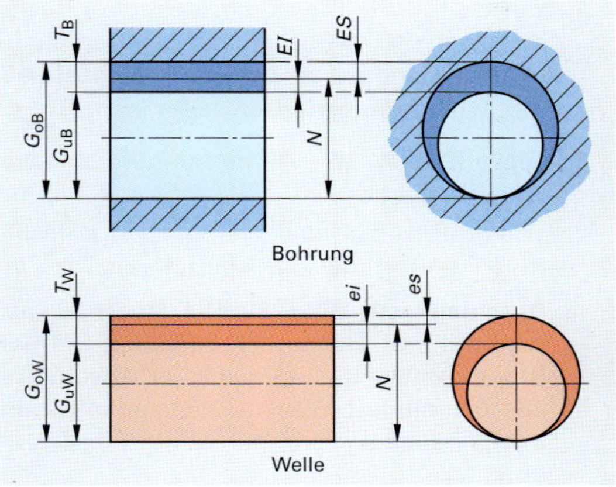

Bild 1: Bezeichnungen bei Maßtoleranzen

Höchstmaß der Bohrung

$$G_{oB} = N + ES$$

Höchstmaß der Welle

$$G_{oW} = N + es$$

Mindestmaß der Bohrung

$$G_{uB} = N + EI$$

Mindestmaß der Welle

$$G_{uW} = N + ei$$

Maßtoleranz der Bohrung

$$T_B = G_{oB} - G_{uB}$$
$$T_B = ES - EI$$

Maßtoleranz der Welle

$$T_W = G_{oW} - G_{uW}$$
$$T_W = es - ei$$

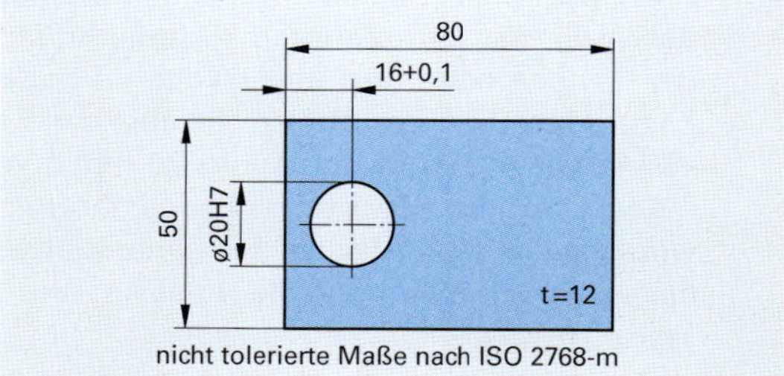

Bild 2: Leiste

Aufgaben | Maßtoleranzen

1. **Maßtoleranzen (Tabelle 1).** Für die in der Tabelle angegebenen Maße sind die Maßtoleranzen sowie die Höchst- und Mindestmaße zu berechnen.

2. **Buchse (Bild 1).** Die Durchmesser der Buchse sind nach ISO, die Längen frei toleriert. Zu bestimmen sind die Höchst- und Mindestmaße sowie die Maßtoleranzen.

3. **Lehre (Bild 2).** Alle Abmessungen der Lehre sind frei toleriert.

   Wie groß sind für die Längen *a* und *b* Höchstmaß, Mindestmaß und Maßtoleranz?

4. **Anschlagleiste (Bild 3).** Die Anschlagleiste wird mit zwei Schrauben befestigt. Die Bohrungen sind mit ∅ 6,5 + 0,2, ihr Abstand mit 26 ± 0,1 toleriert. Welches Höchstmaß G_o und Mindestmaß G_u kann das Kontrollmaß *x* annehmen?

5. **Welle (Bild 4).** In eine Welle wird eine Passfedernut gefräst. Die Frästiefe wird mithilfe eines Parallelendmaßes kontrolliert, das in die Nut eingelegt wird.

   Zwischen welchen Grenzmaßen G_o und G_u muss das Kontrollmaß *x* liegen?

6. **Gehäuse (Bild 5).** Im Prüfprotokoll **(Tabelle 2)** für das Gehäuse sollen die fehlenden Abmaße ergänzt werden. Außerdem ist zu entscheiden, ob die Istmaße zwischen den Höchst- und Mindestmaßen liegen.

Tabelle 2: Prüfprotokoll für Gehäuse

Prüfschritt	Prüfmerkmal	Prüfmaß mm	Abmaße *ES, es, EI, ei* mm		Istmaß mm
1	Schlüsselweite	27 ± 0,1			27,05
2	Gesamtlänge	65 ± 0,15			64,85
3	Einstichbreite	2,5H11			2,52
4	Durchmesser	25h9			24,95
5	Flanken-∅	M20 x 1,5	+ 0,22	+ 0,03	20,20
6	Durchmesser	30 ± 0,03			29,99

7. **Antriebseinheit (Bild 6).** Beim Zusammenbau der Welle mit dem Zahnrad summieren sich die Längentoleranzen der Welle und des Zahnrades. Die Distanzhülse soll aber den linken Absatz der Welle immer um 0,1 mm überragen. Die dafür notwendige Länge der Hülse wird nach dem Aufstecken des Zahnrades auf die Welle gemessen und die Hülse auf dieses Maß *x* gekürzt.

   Welche Größt- und Kleinstmaße können dabei für die Hülsenlänge auftreten?

Tabelle 1: Maßtoleranzen

a	b	c	d	e
80 + 0,05 / + 0,02	5 ± 0,15	28 – 0,08	120 j6	50 K7

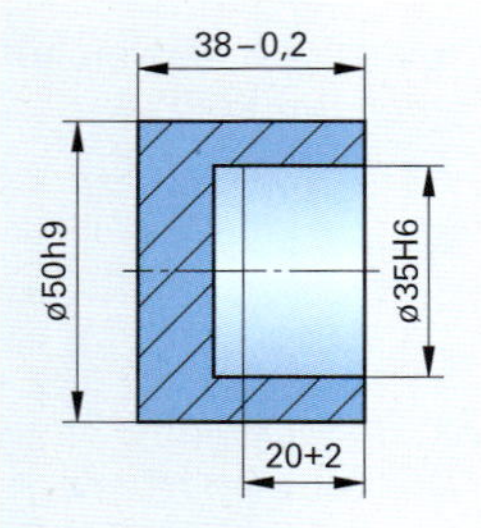

Bild 1: Buchse

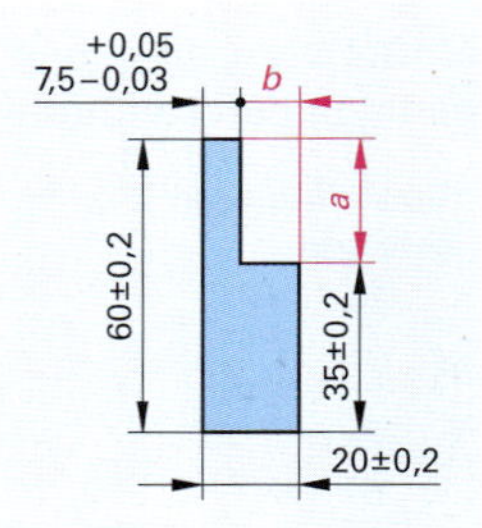

Bild 2: Lehre

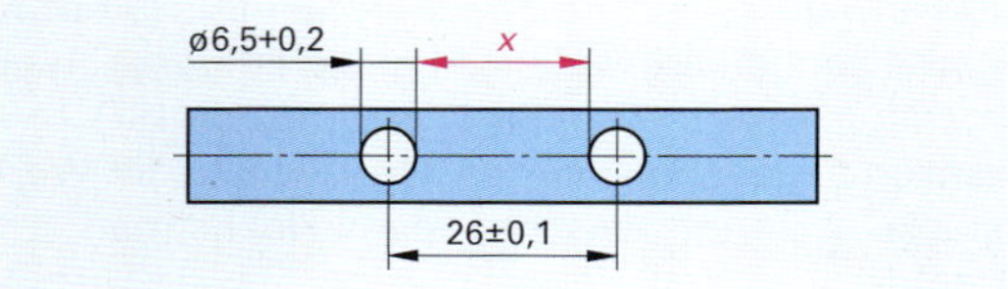

Bild 3: Anschlagleiste

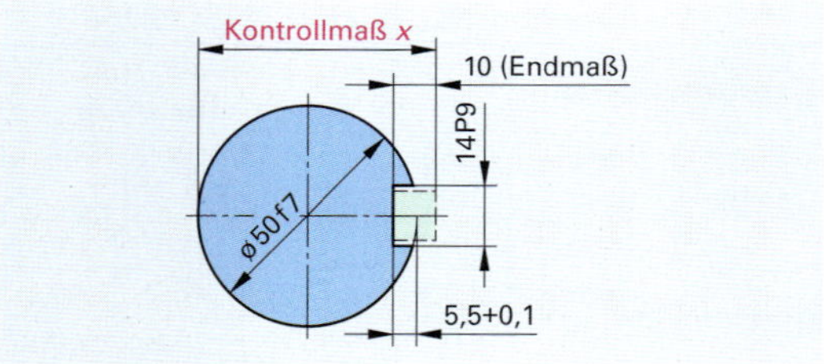

Bild 4: Welle mit Passfedernut

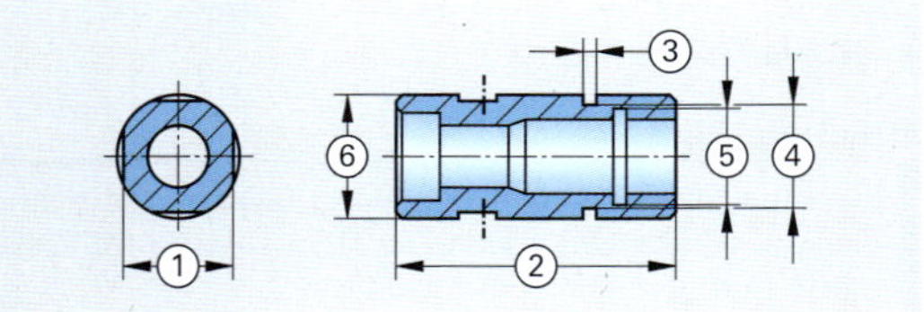

Bild 5: Gehäuse

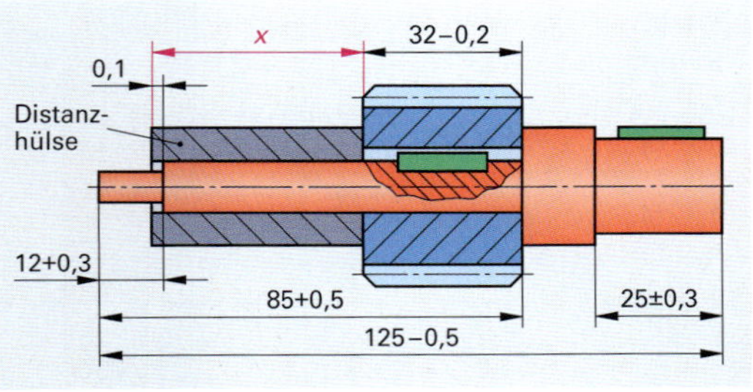

Bild 6: Antriebseinheit

Passungen

Als Passung bezeichnet man den Unterschied zwischen dem Maß der Bohrung und dem Maß des dazugehörigen Wellendurchmessers. Dabei können Spiel oder Übermaß auftreten.

Bezeichnungen (Bild 1):

Bohrungsmaße			**Wellenmaße**		
G_{oB}	Höchstmaß	mm	G_{oW}	Höchstmaß	mm
G_{uB}	Mindestmaß	mm	G_{uW}	Mindestmaß	mm
ES	Oberes Grenzabmaß	mm	es	Oberes Grenzabmaß	mm
EI	Unteres Grenzabmaß	mm	ei	Unteres Grenzabmaß	mm
Passungen					
P_{SH}	Höchstspiel	mm	P_{SM}	Mindestspiel	mm
$P_{ÜH}$	Höchstübermaß	mm	$P_{ÜM}$	Mindestübermaß	mm

Bei **Spielpassungen** entsteht beim Zusammenfügen von Bohrung und Welle in jedem Fall Spiel, bei **Übermaßpassungen** in jedem Fall Übermaß. Bei **Übergangspassungen** dagegen kann Spiel oder Übermaß auftreten. Die **Grenzpassungen** werden als Höchst- und Mindestspiel bzw. als Höchst- und Mindestübermaß bezeichnet.

● **Beispiel:**

Ein Zahnrad mit der Bohrung 50H7 soll auf eine Welle mit dem Durchmesser 50j6 montiert werden **(Bild 2)**. Wie groß sind Höchstspiel und Höchstübermaß?

Lösung: Grenzabmaße nach ISO-Toleranztabellen:
50H7 = 50 +0,025/0 50j6 = 50 +0,011/– 0,005

Höchstspiel:

$P_{SH} = G_{oB} - G_{uW}$
$= 50{,}025\text{ mm} - 49{,}995\text{ mm} = \mathbf{+0{,}030\text{ mm}}$

oder

$P_{SH} = ES - ei$
$= +0{,}025\text{ mm} - (-0{,}005\text{ mm}) = \mathbf{+0{,}030\text{ mm}}$

Höchstübermaß:

$P_{ÜH} = G_{uB} - G_{oW}$
$= 50{,}000\text{ mm} - 50{,}011\text{ mm} = \mathbf{-0{,}011\text{ mm}}$

oder

$P_{ÜH} = EI - es$
$= 0\text{ mm} - (+0{,}011\text{ mm}) = \mathbf{-0{,}011\text{ mm}}$

● **Beispiel:**

Welche Grenzpassungen können zwischen dem Schieber und der Führung **(Bild 3)** auftreten?

Lösung: **Mindestspiel:** $P_{SM} = G_{uB} - G_{oW}$
$P_{SM} = 20{,}00\text{ mm} - 20{,}00\text{ mm}$
$P_{SM} = \mathbf{0\text{ mm}}$

Höchstspiel: $P_{SH} = G_{oB} - G_{uW}$
$P_{SH} = 20{,}05\text{ mm} - 19{,}95\text{ mm}$
$P_{SH} = \mathbf{+\,0{,}1\text{ mm}}$

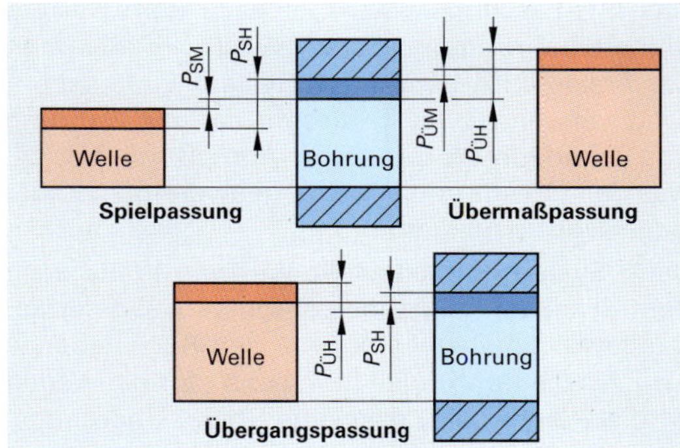

Bild 1: Bezeichnungen bei Passungen

Höchstspiel

$$P_{SH} = G_{oB} - G_{uW}$$
$$P_{SH} = ES - ei$$

Mindestspiel

$$P_{SM} = G_{uB} - G_{oW}$$
$$P_{SM} = EI - es$$

Höchstübermaß

$$P_{ÜH} = G_{uB} - G_{oW}$$
$$P_{ÜH} = EI - es$$

Mindestübermaß

$$P_{ÜM} = G_{oB} - G_{uW}$$
$$P_{ÜM} = ES - ei$$

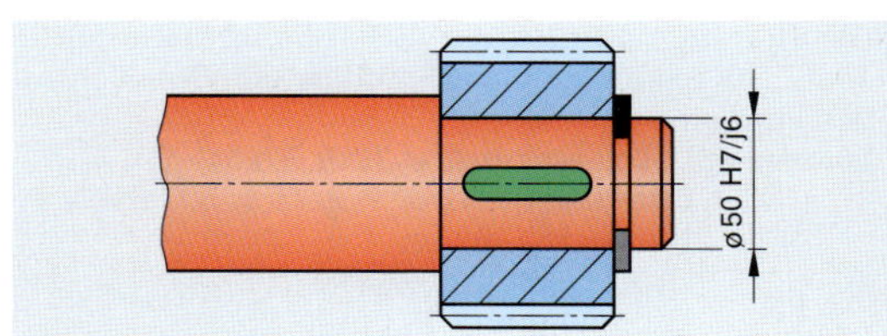

Bild 2: Welle mit Zahnrad

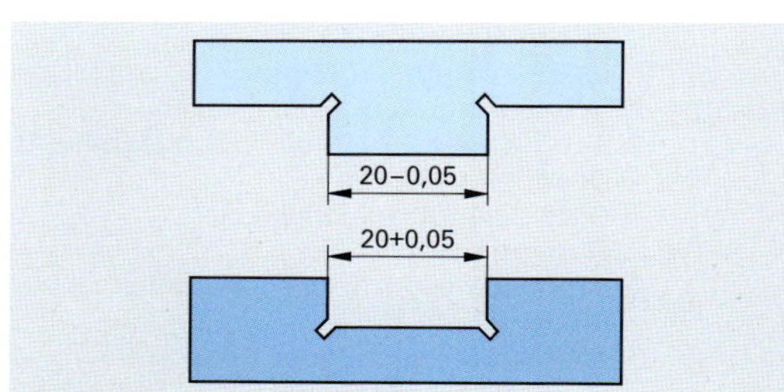

Bild 3: Schieber mit Führung

ISO-Passungen

Das **ISO-Passungssystem** ist nach dem System **Einheitsbohrung** und **Einheitswelle** aufgebaut. In der Praxis wird häufig das System Einheitsbohrung verwendet, da in diesem Fall die **Bohrung** das **Grundabmaß** *H* (unteres Abmaß = 0) besitzt, was den Einsatz von Werkzeugen vereinfacht (geringe Werkzeuglagerhaltung).

Beim System Einheitswelle wird die **Welle** nach dem **Grundabmaß** *h* (oberes Abmaß = 0) gefertigt. Das jeweilige Gegenstück mit den Buchstaben *A* bis *Z* für die Bohrungen bzw. *a* bis *z* für die Wellen wird so kombiniert, dass eine Spiel-, Übergangs- oder Übermaßpassung entsteht **(Bild 1)**.

Bezeichnungen:

A … *Z*	Grundabmaß für Bohrungen	
IT1 … 18	Grundtoleranzgrad	µm, mm
a … *z*	Grundabmaß für Wellen	
Δ	Verrechnungswert für Grundtoleranzgrade	µm
es	oberes Grenzabmaß Welle	µm, mm
ei	unteres Grenzabmaß Welle	µm, mm
ES	oberes Grenzabmaß Bohrung	µm, mm
EI	unteres Grenzabmaß Bohrung	µm, mm

ISO-Passmaße sind immer eine Kombination aus Buchstabe und Zahl. So gibt der Buchstabe die Lage des Toleranzfeldes zur Nulllinie an und die Zahl gibt an, wie groß das Toleranzfeld ist. In der Feinwerktechnik, z.B. Uhren- und Medizintechnik, fertigt man beispielsweise mit IT3, im allgemeinen Maschinenbau mit IT6 bis IT8 und im Metallbau und Schwermaschinenbau ab IT10 aufwärts. Stehen keine fertigen Abmaßtabellen für die ISO-Toleranzen zur Verfügung, kann man die Abmaße für beliebige ISO-Passmaße mithilfe von Tabellen berechnen.

● **Beispiel:**

Die Grenzabmaße für die ISO-Toleranzmaße 30k8, 100f6, 80F7 und 24M7 sind mithilfe von Tabellen zu bestimmen.

Lösung: ISO-Toleranzmaß Ø 30k8 (Welle)

1. Ermitteln der Grundtoleranzen **(Tabelle 1)**
   Nennmaß: 30 mm
   Grundtoleranzgrad: IT8
   Grundtoleranz: **33** µm
2. Grundabmaß *es* bzw. *ei* für Wellen **(Tabelle 2)**
   unteres Grenzabmaß: *ei* = **0 µm**
   oberes Grenzabmaß: *es* = *ei* + IT
   es = 0 + 33 µm = **+ 33 µm**

ISO-Toleranzmaß Ø 100f6 (Welle)

1. Ermitteln der Grundtoleranzen **(Tabelle 1)**
   Nennmaß: 100 mm
   Grundtoleranzgrad: IT6
   Grundtoleranz: **22** µm
2. Grundabmaß *es* bzw. *ei* für Wellen **(Tabelle 2)**
   oberes Grenzabmaß: *es* = **–36** µm
   unteres Grenzabmaß: *ei* = *es* – IT
   ei = –36 – 22 µm = –58 µm

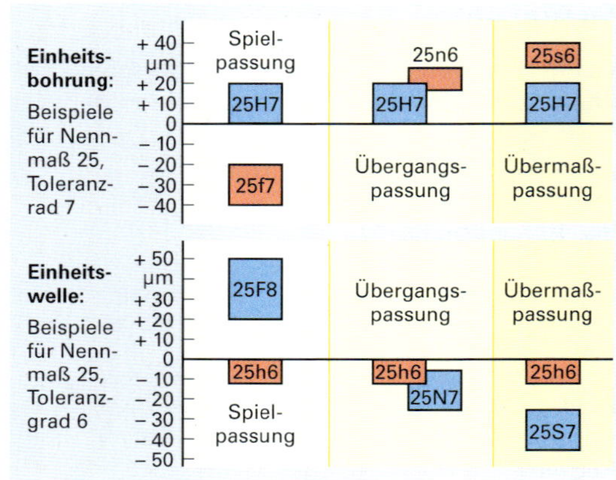

Bild 1: Beispiele für ISO-Passungen

Unteres Grenzabmaß Welle: *ei* = *es* – IT
Oberes Grenzabmaß Welle: *es* = *ei* + IT

Unteres Grenzabmaß Bohrung: *EI* = *ES* – IT
Oberes Grenzabmaß Bohrung: *ES* = *EI* + IT

Tabelle 1: Grundtoleranzen (Auszug)

Nennmaßbereich über … bis	Grundtoleranzgrade								
	IT3	IT6	IT7	IT8	IT9	IT10	IT11	IT12	IT13
	Grundtoleranzen µm							mm	
mm									
bis 3	2	6	10	14	25	40	60	0,1	0,14
3 … 6	2,5	8	12	18	30	48	75	0,12	0,18
6 … 10	2,5	9	15	22	36	58	90	0,15	0,22
10 … 18	3	11	18	27	43	70	110	0,18	0,27
18 … 30	4	13	21	33	52	84	130	0,21	0,33
40 … 50	4	16	25	39	62	100	160	0,25	0,39
50 … 80	5	19	30	46	74	120	190	0,3	0,46
80 … 120	6	22	35	54	87	140	220	0,35	0,54
120 … 180	8	25	40	63	100	160	250	0,4	0,63
180 … 250	10	29	46	72	115	185	290	0,46	0,72

Tabelle 2: Grundabmaße für Wellen (Auszug)

Grundabmaße	f	g	h	j	k	
genormte Grundtoleranzgrade	IT3 bis IT10	IT3 bis IT10	IT1 bis IT18	IT5 bis IT8	IT3 bis IT13	
Tabelle gültig für …	alle genormten Grundtoleranzgrade			IT7	IT4 bis IT7	**IT8 bis IT13**
Nennmaß über … bis mm	oberes Abmaß *es* in µm			unteres Abmaß *ei* in µm		
bis 3	– 6	– 2	0	– 4	0	0
3 … 6	– 10	– 4	0	– 4	+ 1	0
6 … 10	– 13	– 5	0	– 5	+ 1	0
10 … 18	– 16	– 6	0	– 6	+ 1	0
18 … **30**	– 20	– 7	0	– 8	+ 2	**0**
30 … 40	– 25	– 9	0	– 10	+ 2	0
40 … 50						
50 … 65	– 30	– 10	0	– 12	+ 2	0
65 … 80						
80 … 100	**– 36**	– 12	0	– 15	+ 3	0
100 … 120						

Lösung: ISO-Toleranzmaß Ø 80F7 (Bohrung)

1. Ermitteln der Grundtoleranzen **(Tabelle 1, vorh. Seite):**
   Nennmaß: 80 mm
   Grundtoleranzgrad: IT7
   Grundtoleranz: **30** µm
2. Grundabmaße *ES* bzw. *EI* für Bohrungen **(Tabelle 1)**
   unteres Grenzabmaß: $EI = \mathbf{+30\ \mu m}$
   oberes Grenzabmaß: $ES = EI + \mathrm{IT}$
   $ES = 30\ \mu m + 30\ \mu m = \mathbf{+60\ \mu m}$

ISO-Toleranzmaß Ø 24M7 Bohrung

1. Ermitteln der Grundtoleranzen **(Tabelle 1, vorh. Seite):** Nennmaß: 24 mm
   Grundtoleranzgrad: IT7
   Grundtoleranz: **21** µm
2. Grundabmaße *ES* bzw. *EI* für Bohrungen **(Tabelle 1)**
   $\Delta = 8\ \mu m$ **(Tabelle 2)**
   oberes Grenzabmaß:
   $ES = -8\ \mu m + \Delta = -8\ \mu m + 8\ \mu m = \mathbf{0\ \mu m}$
   unteres Grenzabmaß: $EI = ES - \mathrm{IT}$
   $EI = 0\ \mu m - 21\ \mu m = \mathbf{-21\ \mu m}$

Hinweis: Für die ISO-Toleranzen K, M, N für Bohrungen wird bei der Berechnung des oberen Grenzabmaßes *ES* der Verrechnungswert Δ dazu addiert.

Tabelle 1: Grundabmaße für Bohrungen (Auszug)

Grundabmaße	E	**F**	G	H	K	M	N
genormte Grundtoleranzgrade	IT5 bis IT10	**IT3 bis IT10**	IT3 bis IT10	IT1 bis IT18	IT3 bis IT10	IT3 bis IT10	IT3 bis IT11
Tabelle gültig für …	alle genormten Grundtoleranzgrade				IT3 bis IT8		
Nennmaß über … bis mm	unteres Grenzabmaß *EI* in µm				oberes Grenzabmaß *ES* in µm		
bis 3	+14	+6	+2	0	0	−2	−4
3 … 6	+20	+10	+4	0	−1+Δ	−4+Δ	−8+Δ
6 … 10	+25	+13	+5	0	−1+Δ	−6+Δ	−10+Δ
10 … 18	+32	+16	+6	0	−1+Δ	−7+Δ	−12+Δ
18 … 30	+40	+20	+7	0	−2+Δ	−8+Δ	−15+Δ
30 … 40 40 … 50	+50	+25	+9	0	−2+Δ	−9+Δ	−17+Δ
50 … 65 65 … 80	+60	**+30**	+10	0	−2+Δ	−11+Δ	−20+Δ
80 … 100 100 … 120	+72	+36	+12	0	−3+Δ	−13+Δ	−23+Δ

Tabelle 2: Werte für Δ in µm (Auszug)

Grundtoleranzgrad	Nennmaß über … bis in mm 10 bis 18	18 bis 30	30 bis 50	50 bis 80	80 bis 120
IT3	1	1,5	1,5	2	2
IT4	2	2	3	3	4
IT5	3	3	4	5	5
IT6	3	4	5	6	7
IT7	7	8	9	11	13
IT8	9	12	14	16	19

Tabelle 3: Berechnung von Passungen

Durchmesser in mm		50	100	10	25
Toleranzklassen und Toleranzen	Bohrung	H7	+0,05	F7	K6
	Welle	g6	−0,05	m6	h5

Aufgaben | Passungen

1. **Bohrung und Welle.** Wie groß sind die Grenzmaße G_{oB}, G_{uB}, G_{oW} und G_{uW}, die Toleranzen T_B und T_W sowie die Grenzpassungen Höchst- und Mindestspiel bei den Werkstücken, die mit tolerierten Durchmessern ∅ 100H8/f7 hergestellt werden?
2. **Passungen (Tabelle 3).** Die Bohrungen und Wellen (∅ 50, ∅ 100, ∅ 10 und ∅ 25) werden mit den angegebenen Toleranzen hergestellt.
   Berechnen Sie die Grenzmaße und die Grenzpassungen.
3. **Schwenklager (Bild 1).** Der Hydraulikzylinder eines Baggers wird am Deckel in einem gabelförmigen Lagerbock drehbar befestigt. Das Auge des Deckels ist mit einer wartungsfreien Buchse versehen. Die Buchse ist eingepresst, damit sie sich beim Schwenken nicht mitdreht. Auch der Bolzen soll sich nicht im Lager drehen.
   Zu bestimmen sind geeignete ISO-Toleranzen
   a) für die Bohrung der Lagerbuchse, wenn der Bolzen mit der Toleranzklasse g6 gefertigt wird,
   b) für die Bohrungen im Lagerbock,
   c) für die Bohrung im Zylinderdeckel, welche die Gleitlagerbuchse aufnimmt, wenn die Buchse außen die Toleranzklasse r6 aufweist.

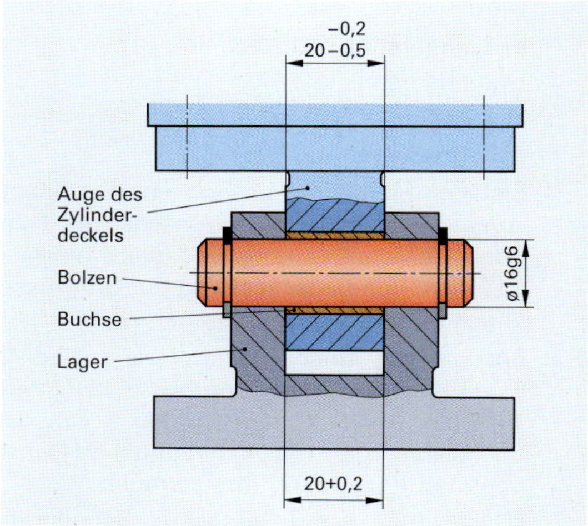

Bild 1: Schwenklager eines Hydraulikzylinders

d) Die frei gewählten Tolerierungen 20 +0,2 und 20 –0,2/–0,5 sollen durch ISO-Toleranzen ersetzt werden. Ermitteln Sie die Toleranzklassen, die den vorgegebenen Toleranzen am nächsten kommen.

4. **Gleitlager.** Wellenzapfen, die mit der Toleranzklasse f7 gefertigt werden, laufen in Lagerbuchsen mit der Toleranzklasse H8.

   Wie groß sind für Bohrung und Welle beim Nennmaß 200 mm

   a) die Maßtoleranzen,

   b) Höchstmaße und Mindestmaße,

   c) Höchstspiel und Mindestspiel?

5. **Grenzrachenlehre (Bild 1).** In der Serienfertigung von Wellen soll eine Prüfung bestimmter Durchmesser direkt am Arbeitsplatz mit eigens dafür angefertigten Grenzrachenlehren durchgeführt werden. Ermitteln Sie zur Herstellung der Grenzrachenlehren für die Durchmesser 24f6 und 30k7 die Maße für die Gut- und Ausschussseite.

6. **Grundplatte (Bild 2).** In einer Grundplatte sollen zwei Zylinderstifte ISO 2338 – ∅ 12m6 x 20 in die Bohrungen ∅ 12M7 gefügt werden.

   Bestimmen Sie jeweils das obere und untere Grenzabmaß, die Grenzmaße und die Passungsart.

7. **Passungsart.** In einer Baugruppenzeichnung steht an einem Wellenende die Maßeintragung ∅ 60G8/p7. Zeigen Sie mithilfe der Grenzabmaße, um welche Passungsart es sich handelt.

8. **Passungen beim Einbau verschiedener Normteile (Bild 3).** Welche Grenzpassungen ergeben sich im Passungssystem „Einheitsbohrung", wenn in Bohrungen ∅ 20H7 eingefügt werden

   a) Zylinderstifte ISO 2338,

   b) Zylinderstifte ISO 8734,

   c) Bolzen ISO 2340,

   d) Bohrbuchsen DIN 179?

   Erstellen Sie bei der Lösung eine Grafik entsprechend Bild 3, in der zunächst die Toleranzfelder der Bohrung und der Normteile („Wellen") und anschließend die Grenzpassungen maßstäblich eingetragen werden.

9. **Bestimmung einer Wellentoleranz (Bild 4).** Eine Kupplung mit der Bohrung ∅ 35H7 wird auf eine Welle montiert. Dabei sollen das Höchstspiel P_{SH} = +0,008 mm und das Höchstübermaß $P_{ÜH}$ = –0,033 mm betragen.

   Welche ISO-Toleranzklasse muss dann für die Welle gewählt werden?

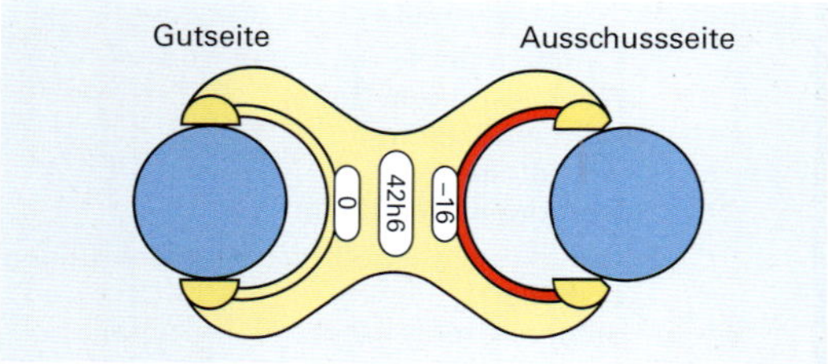

Bild 1: Grenzrachenlehre

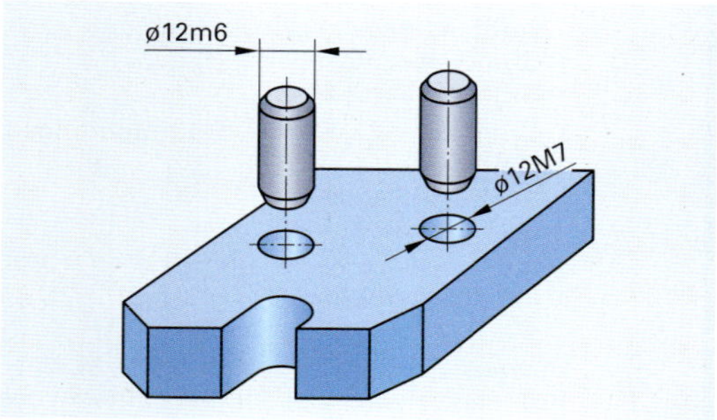

Bild 2: Grundplatte

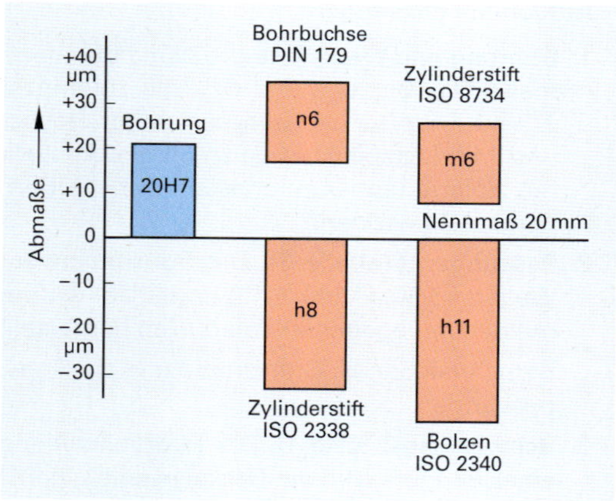

Bild 3: Passungen beim Einbau verschiedener Normteile

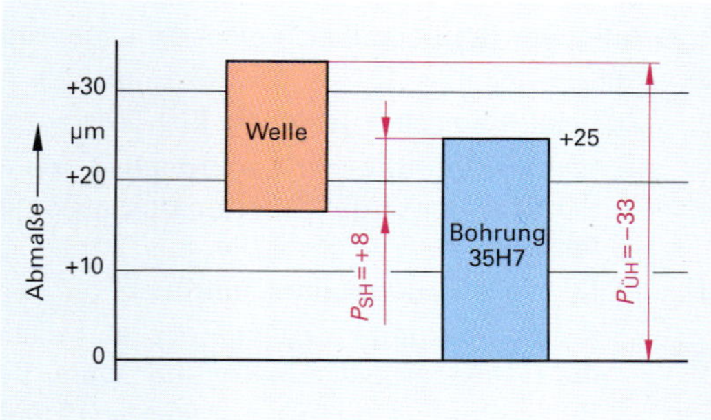

Bild 4: Bestimmung einer Wellentoleranz

Qualitätsmanagement

Prozesskennwerte aus Stichprobenprüfung

Die Grundlage der Qualitätskontrolle ist eine Stichprobe. Merkmale und Einzelmesswerte werden planmäßig erfasst und ausgewertet. Mit der Stichprobenprüfung können Fehler und Fertigungsprobleme rechtzeitig erkannt und abgestellt werden.

Bezeichnungen:

$x_1, x_2, \dots x_n$	Einzelmesswerte	–	D	Modalwert	–
n	Anzahl der Messwerte	–	$R, \overline{R}$	Spannweite, mittlere Spannweite	–
x_i	Wert des messbaren Merkmals	–	s	Standardabweichung	–
k, w	Anzahl Klassen, Klassenweite	–	n_j	absolute Häufigkeit	–
x_{max}, x_{min}	größter, kleinster Messwert	–	h_j	relative Häufigkeit	%
$\overline{x}$	arithmetischer Mittelwert	–	G_j	absolute Summenhäufigkeit	–
$\tilde{x}$	Median- oder Zentralwert	–	F_j	relative Summenhäufigkeit	%

Medianwert, Modalwert, arithmetischer Mittelwert

Der **Medianwert** oder **Zentralwert** $\tilde{x}$[1] liegt in einer geordneten ungeradzahligen Zahlenreihe in der Mitte **(Tabelle 1)**. Bei einer geraden Anzahl von Werten berechnet man den Medianwert als Mittelwert aus den beiden Werten, die in der Mitte der Zahlenreihe liegen. Der Medianwert $\tilde{x}$ macht keine Aussage über sogenannte „Ausreißer".

Werden qualitative Merkmale in Stichproben erfasst, die keine messbare Größe besitzen, wie beispielsweise die Anzahl der Menschen zwischen 30 und 40 Jahre, die ein Cabrio, einen Kleinwagen oder einen Van fahren, so kann kein arithmetischer Mittelwert berechnet werden **(Bild 1)**. Das Merkmal mit der größten Häufigkeit bezeichnet man dann als den **Modalwert** *D*.

Der **arithmetische Mittelwert** $\overline{x}$[2] wird aus den Einzelmesswerten x_n einer Stichprobe berechnet, indem man die Summe aller Werte durch die Anzahl n der Messwerte dividiert. Mehrmaliges Auftreten von gleichen Messwerten wird über einen Faktor in der Berechnung berücksichtigt.

Tabelle 1: Stichprobe Testergebnisse

Werte-Nr.	x_1	x_2	x_3	x_4	x_5	x_6	x_7	x_8	x_9	x_{10}	x_{11}	x_{12}	x_{13}	x_{14}	x_{15}
Werte ungeordnet	76	73	85	80	73	80	85	87	85	80	80	88	80	76	76
Werte geordnet	73	73	76	76	76	80	80	80	80	85	85	85	87	87	88
Medianwert $\tilde{x}$	7 Werte links							80	7 Werte rechts						
Modalwert *D*	$D = 80$ (häufigster Wert)														

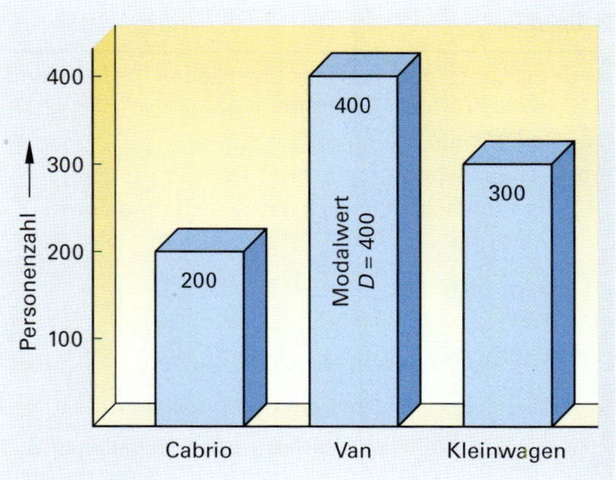

Bild 1: Modalwert

Beispiel:

Aus einem Test zu den handwerklichen Fertigkeiten von Auszubildenden wurde eine Stichprobe mit 15 Ergebnissen ausgewertet **(Tabelle 1)**. Die Maximalpunktzahl beträgt 100 Punkte.

Aus den Stichprobenwerten soll der arithmetische Mittelwert $\overline{x}$ bestimmt werden.

Lösung:

$$\overline{x} = \frac{x_1 + x_2 + x_3 + x_4 + \dots + x_n}{n}$$

$$\overline{x} = \frac{2 \cdot 73 + 3 \cdot 76 + 4 \cdot 80 + 3 \cdot 85 + 2 \cdot 87 + 1 \cdot 88}{15}$$

$$\overline{x} = \mathbf{80{,}73}$$

Arithmetischer Mittelwert

$$\overline{x} = \frac{x_1 + x_2 + x_3 + x_4 + \dots + x_n}{n}$$

1) gesprochen: „x geschweift"
2) gesprochen: „x quer"

Spannweite

Die **Spannweite** R berechnet sich aus dem größten und kleinsten Stichprobenwert und gibt Aufschluss über die Breite der Glockenkurve, unter der man die gesamten Merkmalswerte der Stichprobe wiederfindet.

Die Glockenkurve entspricht der Gauß'schen[1] Normalverteilung **(Bild 1)**. Sie entsteht durch zufällige Einflüsse mit großer Wahrscheinlichkeit in dieser Form. Die Lage der Glockenkurve wird durch den arithmetischen Mittelwert $\bar{x}$ bestimmt.

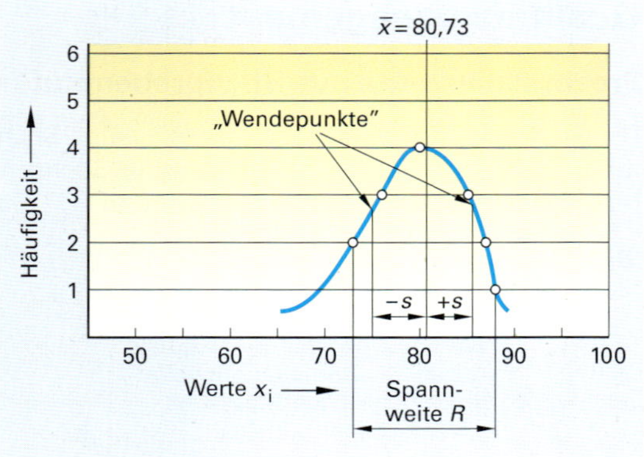

Bild 1: Glockenkurve für Testergebnisse

Standardabweichung

Die Gauß'sche Glockenkurve weist zwei Wendepunkte auf. Den Abstand der beiden Wendepunkte vom arithmetischen Mittelwert bezeichnet man als die Standardabweichung s **(Bild 1)**. Je größer die Standardabweichung s ist, umso breiter ist die Glockenkurve und umso größer ist die Streuung der Stichprobenwerte.

Die Fläche unter der Kurve stellt die Gesamtheit der Stichprobenwerte dar. In der Fläche unter der Kurve zwischen $-s$ und $+s$ liegen bei einer Normalverteilung ca. 68,27 % aller Werte. In der industriellen Fertigungspraxis wird zum Teil eine Standardabweichung von min. $\pm 4\ s$ vorgeschrieben, d. h., 99,994 % aller Werte müssen innerhalb des vorgegebenen Toleranzbereichs liegen.

Die Standardabweichung s kann mit der Berechnungsformel oder auch in mehreren Stufen tabellarisch **(Tabelle 1)** ermittelt werden.

Spannweite

$$R = x_{max} - x_{min}$$

mittlere Spannweite

$$\bar{R} = \frac{R_1 + R_2 + R_3 + \ldots + R_n}{n}$$

Standardabweichung, Stichprobenprüfung

$$s = \sqrt{\frac{\sum_{i=1}^{n} (x_i - \bar{x})^2}{n-1}}$$

● **Beispiel:**

Für die Testergebnisse der praktischen Prüfung sind folgende Werte zu bestimmen:

a) Spannweite R,

b) Standardabweichung s mit Tabelle,

c) Standardabweichung s mit Berechnungsformel.

Lösung: a) $R = x_{max} - x_{min} = 88 - 73 = \mathbf{15}$

b) s. Tabelle 1: $s = \sqrt{\frac{\sum (x_i - \bar{x})^2}{n-1}} = \sqrt{\frac{376}{15-1}} = \mathbf{5{,}18}$

mit $\bar{x} \approx 81$ gerundet gerechnet

Tabelle 1: Berechnung Standardabweichung s

Wertebezeichnung	x_i	Häufigkeit n_j	$(x_i - \bar{x})$	$(x_i - \bar{x})^2$	$(x_i - \bar{x})^2 \cdot n_j$
x_1	73	2	−8	64	128
x_2	76	3	−5	25	75
x_3	80	4	−1	1	4
x_4	85	3	4	16	48
x_5	87	2	6	36	72
x_6	88	1	7	49	49
Summe					**376**

c) Mehrmaliges Auftreten von gleichen Werten wird über die Häufigkeit n_j berücksichtigt.

$$s = \sqrt{\frac{\sum (x_i - \bar{x})^2}{n-1}}$$

$$s = \sqrt{\frac{2 \cdot (73-81)^2 + 3 \cdot (76-81)^2 + 4 \cdot (80-81)^2 + 3 \cdot (85-81)^2 + 2 \cdot (87-81)^2 + 1 \cdot (88-81)^2}{15-1}}$$

$s = \mathbf{5{,}18}$

1) Gauß, deutscher Mathematiker (1777–1855)

Urliste, Strichliste, Häufigkeitsverteilung, Histogramm

Das Ergebnis einer Stichprobenprüfung wird in einer **Urliste (Tabelle 1)** festgehalten. Diese Liste beinhaltet fortlaufend die Werte der Stichprobe.

Um einen besseren Überblick über die Verteilung der Merkmalsausprägungen zu erhalten, wird eine **Strichliste** angelegt **(Tabelle 2)**. In dieser Strichliste werden Klassen in Bereiche mit der Klassenbreite w unterteilt. Werte, die auf die obere Grenze fallen, gehören in die nächsthöhere Klasse. Die Gesamtzahl der Werte innerhalb einer Klasse bezeichnet man dann als die **absolute Häufigkeit** n_j.

Die absolute Häufigkeit n_j lässt sich in absoluten Zahlen oder auch als **relative Häufigkeit** h_j in Prozent ausdrücken und in einem **Histogramm (Bild 1)** als Säulendiagramm oder in einer Kurve darstellen, um die Größenverhältnisse grafisch hervorzuheben.

Summenhäufigkeit

Summiert man die absolute Häufigkeit n_j über alle Klassen auf, dann erhält man die **absolute Summenhäufigkeit** G_j. Drückt man diese Summe in Prozent aus, dann spricht man von der **relativen Summenhäufigkeit** F_j. Die Summe der aufaddierten Prozentwerte ergibt 100% **(Tabelle 2 und Bild 2)**.

Für eine einfache und anschauliche Darstellung lässt sich die Summenhäufigkeit in ein logarithmisches Schaubild übertragen **(Bild 1, nachfolgende Seite)**. Mit dieser grafischen Methode lässt sich das Vorliegen einer Normalverteilung überprüfen.

Beispiel:

Für die Stichprobenprüfung der Blechdicke in **Tabelle 1** sind zu berechnen:

a) Anzahl der Klassen k,
b) Spannweite R und Klassenweite w,
c) die absolute (n_j) und relative (h_j) Häufigkeit der Werte in den Klassen,
d) die absolute (G_j) und relative (F_j) Summenhäufigkeit.

Lösung: a) $k = \sqrt{n}$; $k = \sqrt{40}$

$k = 6{,}3 \approx 7$ Klassen

b) $R = x_{max} - x_{min}$

$R = 1{,}03\ \text{mm} - 0{,}97\ \text{mm} = 0{,}06\ \text{mm}$

$w = \frac{R}{k} = \frac{0{,}06\ \text{mm}}{7} = 0{,}009\ \text{mm}$

auf Messeinheit gerundet: $w = 0{,}01$ mm

c) und d) siehe **Tabelle 2**

Tabelle 1: Urliste

Prüfmerkmal: Blechdicke 1,00 ± 0,02 mm								
Stichproben: 1 ... 8; Einzelmesswerte $x_1 \dots x_5$								
	1	2	3	4	5	6	7	8
x_1	0,97	1,01	0,98	1,03	1,00	1,03	1,03	1,03
x_2	0,98	0,98	0,99	0,99	1,01	1,01	1,02	1,02
x_3	0,99	0,99	1,01	1,02	0,99	1,02	1,02	1,00
x_4	1,00	1,02	1,00	1,00	1,02	1,00	1,00	1,02
x_5	1,00	1,00	1,01	1,01	1,01	1,01	1,01	1,01

Tabelle 2: Strichliste

Klasse		Strichliste	n_j	h_j (%)	G_j	F_j (%)
Nr.	von ... bis					
1	≥ 0,97–0,98	I	1	2,5	1	2,5
2	≥ 0,98–0,99	III	3	7,5	4	10
3	≥ 0,99–1,00	IIII	5	12,5	9	22,5
4	≥ 1,00–1,01	IIII IIII	9	22,5	18	45
5	≥ 1,01–1,02	IIII IIII	10	25	28	70
6	≥ 1,02–1,03	IIII III	8	20	36	90
7	≥ 1,03–1,04	IIII	4	10	40	100

Relative Häufigkeit

$$h_j = \frac{n_j}{n} \cdot 100\ \%$$

Anzahl der Klassen

$$k = \sqrt{n}$$

Klassenweite

$$w = \frac{R}{k}$$

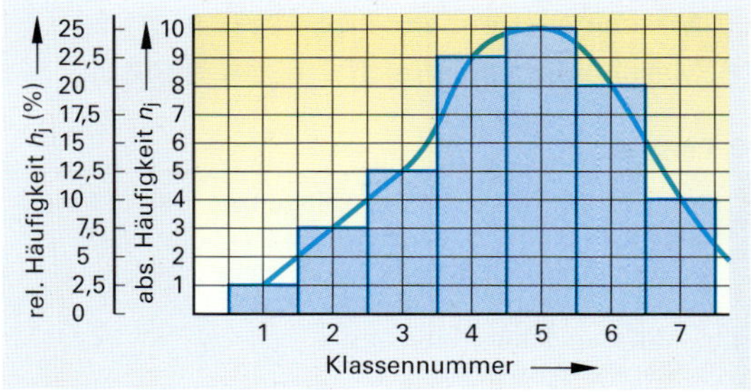

Bild 1: Histogramm der Häufigkeitsverteilung mit Glockenkurve

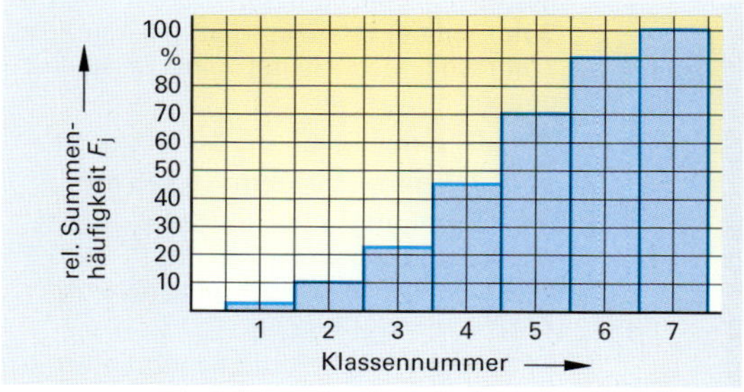

Bild 2: Relative Summenhäufigkeit F_j

Wahrscheinlichkeitsnetz

Trägt man die Werte der relativen Summenhäufigkeiten F_j in das Diagramm mit logarithmischem Maßstab ein, so ergibt sich bei einer Normalverteilung annähernd eine Gerade **(Bild 1)**.

Auf der waagerechten Achse (Abszisse) werden die Merkmalswerte nach der Klasseneinteilung (z. B. Durchmesser) eingetragen. Auf der senkrechten Achse (Ordinate) liest man die Summenhäufigkeiten in Prozent ab. Zieht man eine Waagerechte an der Stelle der Normalverteilung (u = 0) bis zum Schnittpunkt der Wahrscheinlichkeitsgerade, so kann man auf der Abszissen-Achse den Mittelwert $\bar{x}$ ablesen. Zum Ablesen der Standardabweichung s wird an der Ordinaten-Achse (u = +1) in gleicher Weise verfahren.

Wenn man die obere und untere Toleranzgrenze in das Wahrscheinlichkeitsnetz eingezeichnet hat, dann lässt sich eine Aussage über den zu erwartenden bzw. vorhandenen prozentualen Ausschuss treffen.

Folgende Kriterien **(Bild 1)** lassen sich somit nach der Überprüfung auf Normalverteilung mit dem Wahrscheinlichkeitsnetz untersuchen und auswerten:

① Arithmetischer Mittelwert $\bar{x}$
② Standardabweichung s
③ Überschreitung unten p_u
④ Überschreitung oben p_o
⑤ Maschinenstreubereich $\bar{x}$ ± s (≙ 68,27 % der Merkmalswerte)
⑥ Maschinenstreubereich $\bar{x}$ ± 2s (≙ 95,44 %)
⑦ Maschinenstreubereich $\bar{x}$ ± 3s (≙ 99,73 %)

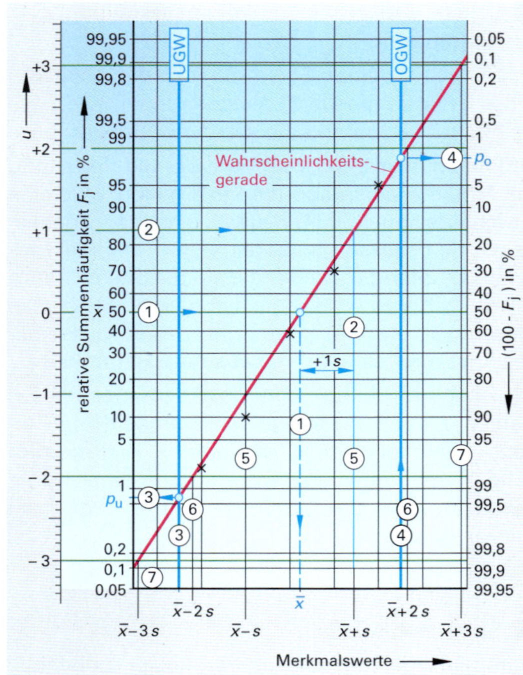

Bild 1: Wahrscheinlichkeitsnetz

Beispiel:

Mithilfe des Wahrscheinlichkeitsnetzes **(Bild 2)** für die Stichprobenprüfung der Blechdicke t = 1,00 ± 0,02 mm sind folgende Kriterien zu untersuchen:
a) Liegt eine Normalverteilung vor?
b) Arithmetischer Mittelwert $\bar{x}$
c) Standardabweichung s
d) Überschreitungsanteile p_u und p_o
e) Maschinenstreubereich $\bar{x}$ ± 3s für 99,73 % der Teile

Lösung:
a) Es kann auf eine Normalverteilung der Einzelwerte geschlossen werden, da die Summen der relativen Häufigkeiten F_j im Wahrscheinlichkeitsnetz eine Gerade ergeben.
b) $\bar{x}$ = **1,01 mm**
c) s = 1,025 mm – 1,01 mm = **0,015 mm**
d) Überschreitungsanteil unten: p_u = **2,5 %**
Überschreitungsanteil oben: p_o = **25 %**
Es ist ein Fehleranteil von insgesamt 27,5 % zu erwarten.
e) 99,73 % der Blechdicken liegen im Streubereich von 0,965 mm bis 1,055 mm.

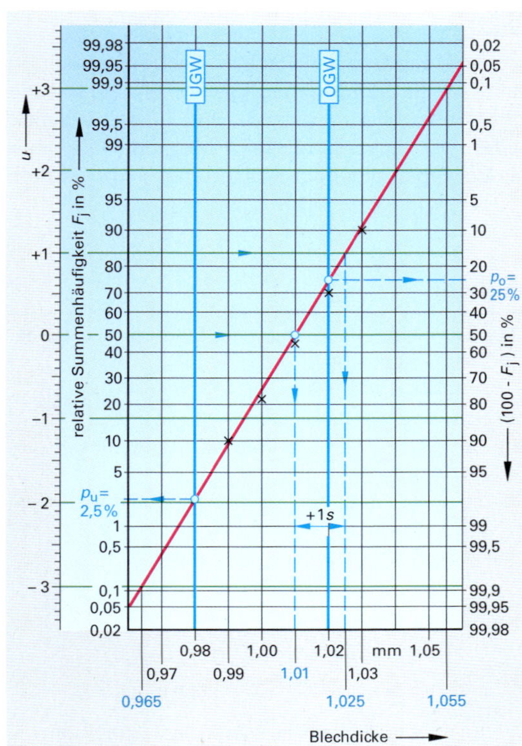

Bild 2: Wahrscheinlichkeitsnetz

Statistische Berechnungen mit dem Taschenrechner

Ermittlung des Mittelwertes $\bar{x}$ und der Standardabweichung s am Beispiel des Casio-Rechners fx-85DE Plus **(Bild 1)**.

1. Einstellen des Statistikmodus:
   [MODE] [2]
   wählen Sie [1] „1-VAR"
2. Anzeige:

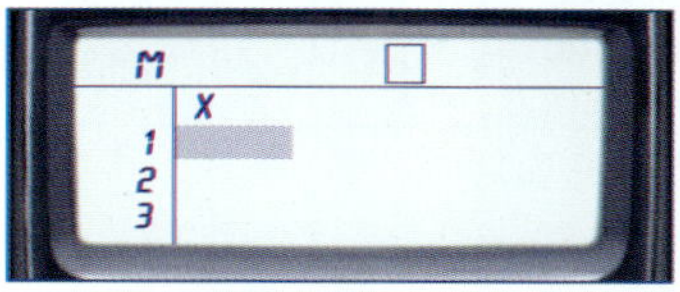

3. Löschen des Speichers:
   [SHIFT] [9] Rücksetzen?
   [2] „Daten"
   Reset Daten?
   [=] : Ja
   Fertig! Drücke [AC]
4. Eingabe der Werte z. B. 9,05; 9,04; 9,12; 9,16
   [SHIFT] [1] [2] „DATA"
   9,05 [=] – Anzeige x-Wert an Position 1
   9,04 [=] – Anzeige x-Wert an Position 2
   9,12 [=] – Anzeige x-Wert an Position 3
   9,16 [=] – Anzeige x-Wert an Position 4
5. [AC] – Eingabe beenden
6. Ausgabe von $\bar{x}$ und s
   [SHIFT] [1] [4] „VAR"
   • für $\bar{x}$: [2] [=] – Anzeige: $\bar{x}$ = **9,0925**
   • für s: [4] [ ] – Anzeige: s = **0,057 373**...

Bild 2: Casio fx-85DE Plus

Aufgaben | Prozesskennwerte aus Stichprobenprüfung

1. **Passmaße (Tabelle 1).** Bei einer Stichprobenprüfung wurden die Passmaße einer Bohrung Ø 16H8 von 40 Werkstücken ermittelt und in einer Urliste erfasst.
   a) Erstellen Sie für ein Histogramm aus der Urliste eine Strichliste nach Klassen.
   b Zeichnen Sie das Histogramm der absoluten und relativen Häufigkeit.
   c) Bestimmen Sie den Medianwert und den arithmetischen Mittelwert.

Tabelle 1: Urliste Passmaße in mm (n = 40)

16,027	16,020	16,021	16,022	16,024
16,000	16,001	16,002	16,024	16,020
16,005	16,007	16,015	16,017	16,026
16,003	16,010	16,017	16,025	16,020
16,007	16,003	16,010	16,012	16,017
16,015	16,007	16,015	16,020	16,021
16,020	16,015	16,012	16,017	16,025
16,017	16,012	16,021	16,020	16,022

2. **Widerstände (Tabelle 2).** Bei der Messung von 200 Widerständen haben sich die in der Tabelle dargestellten Werte ergeben.
   Zu berechnen sind:
   a) der arithmetische Mittelwert $\bar{x}$ und
   b) die Spannweite R.
   c) Zeichnen Sie das Histogramm für die absolute Verteilung der gemessenen Werte.

Tabelle 2: Widerstände

Widerstand in Ω	98	99	100	101	102	103
Häufigkeit n_i	22	33	39	45	41	20

3. **Einkommen (Tabelle 1).** Das monatliche Bruttoeinkommen von 15 Mitarbeitern eines Montagebetriebes schwankt durch Akkord- und Schichtzulage sowie verschiedene Teilzeitmodelle. Bestimmen und berechnen Sie folgende Werte:
   a) den Medianwert,
   b) den arithmetischen Mittelwert,
   c) die Spannweite.

4. **Wellendurchmesser (Tabelle 2).** Die Stichprobenmessung von Wellen mit dem Nenndurchmesser d = 15 ± 0,01 mm ist in **Tabelle 2** zusammengefasst.
   a) Wie groß ist der arithmetische Mittelwert $\bar{x}$?
   b) Zeichnen Sie ein Histogramm der relativen Häufigkeitsverteilung in %.

5. **Lochkreisdurchmesser (Bild 1).** Gegeben ist die Häufigkeitsverteilung der Stichprobe für einen Lochkreis mit d = 10 ± 0,5 mm. Für die 120 Messwerte sind zu berechnen:
   a) der arithmetische Mittelwert $\bar{x}$
   b) die Spannweite R,
   c) die Standardabweichung s.
   d) Wie viel Prozent der Messwerte liegen innerhalb der Standardabweichung?
   e) Ermitteln Sie die relative Häufigkeitsverteilung h_j und die Summenhäufigkeit F_j.

6. **Objektivlinse (Tabelle 3).** Bei einer Stichprobenkontrolle der Dicke t = 1,76 ± 0,06 mm von Objektivlinsen wurden 50 Werte gemessen. Die Häufigkeitsverteilung der Messwerte ist in dem Wahrscheinlichkeitsnetz **(Bild 2)** in logarithmischer Teilung eingetragen.
   a) Ermitteln Sie aus der grafischen Darstellung den arithmetischen Mittelwert $\bar{x}$ und die Standardabweichung s und stellen Sie fest, wie viel Prozent Ausschuss zu erwarten sind.
   b) Prüfen Sie durch Rechnung die abgelesenen Werte $\bar{x}$ und s nach.

Tabelle 3: Objektivlinse (Urliste)

Stichproben: 10; Stichprobenumfang: 5										
	1	2	3	4	5	6	7	8	9	10
x_1	1,80	1,74	1,65	1,73	1,82	1,73	1,70	1,74	1,74	1,75
x_2	1,70	1,75	1,74	1,73	1,74	1,72	1,77	1,84	1,74	1,68
x_3	1,78	1,72	1,77	1,72	1,73	1,68	1,73	1,72	1,73	1,75
x_4	1,74	1,84	1,74	1,68	1,71	1,71	1,73	1,73	1,68	1,74
x_5	1,71	1,75	1,76	1,77	1,70	1,74	1,68	1,74	1,74	1,74

Tabelle 1: Bruttoeinkommen der Mitarbeiter in € (n = 15)

1885	2050	2200	2280	2500
2080	2200	2080	2550	2080
2050	2080	2050	2200	2280

Tabelle 2: Wellendurchmesser

Messwerte in mm	14,999	15,000	15,001	15,002	15,003
Häufigkeit n_j	1	2	3	2	1

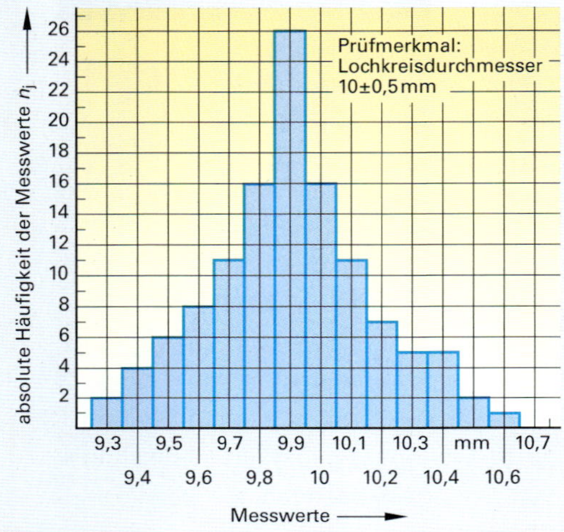

Bild 1: Histogramm der Lochkreisdurchmesser

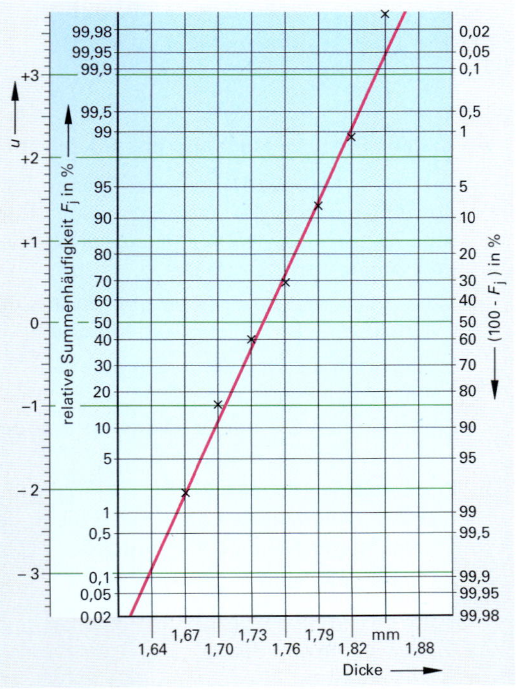

Bild 2: Objektivlinse Wahrscheinlichkeitsnetz

Maschinen- und Prozessfähigkeit

Mit den Kennzahlen der Maschinen- und Prozessfähigkeit lässt sich aus Stichproben statistisch ermitteln, ob eine Maschine oder ein Fertigungsprozess im Rahmen der normalen Schwankungen die festgelegten Anforderungen erfüllt.

Voraussetzung ist hierbei, dass auf die Maschine bzw. den Fertigungsprozess nur zufällige Einflüsse (z. B. Maschinentemperatur, Materialzusammensetzung, Maschinenschwingungen) einwirken. Diese zufälligen Einflüsse erscheinen in einer Verteilungskurve als Normalverteilung **(Bild 1)**.

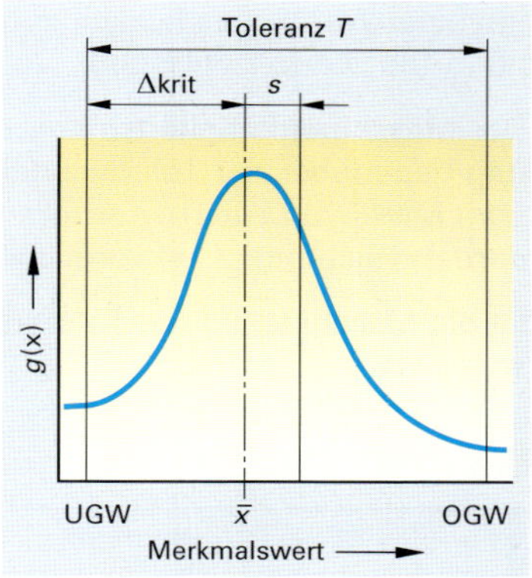

Bild 1: Normalverteilung

Bezeichnungen:

c_m	Maschinenfähigkeitsindex	–
c_{mk}	Maschinenfähigkeitsindex	–
c_p	Prozessfähigkeitsindex	–
c_{pk}	Prozessfähigkeitsindex	–
UGW	unterer Grenzwert, z. B. Mindestmaß G_{uB} der Bohrung	mm
OGW	oberer Grenzwert, z. B. Höchstmaß G_{oB} der Bohrung	mm
$g(x)$	Wahrscheinlichkeitsdichte	–
T	Toleranz	µm
s	Standardabweichung	µm
$\hat{\sigma}$[1]	geschätzte Standardabweichung	µm
$\bar{x}$	arithmetischer Mittelwert	mm
$\hat{\mu}$[2]	geschätzter Mittelwert	mm
Δkrit[3]	kleinster Abstand zwischen Mittelwert und Toleranzgrenze (d. h. von OGW–$\bar{x}$ und $\bar{x}$–UGW bzw. OGW-$\hat{\mu}$ und $\hat{\mu}$-UGW)	µm
N	Nennmaß	mm
G_{oB}, G_{ub}	Höchstmaß, Mindestmaß der Bohrung	mm
ES, EI	oberes bzw. unteres Abmaß der Bohrung	mm
G_{oW}, G_{uW}	Höchstmaß bzw. Mindestmaß der Welle	mm
es, ei	oberes bzw. unteres Abmaß der Welle	mm

Maschinenfähigkeitsindex

$$c_m = \frac{T}{6 \cdot s}$$

Maschinenfähigkeitsindex

$$c_{mk} = \frac{\Delta\text{krit}}{3 \cdot s}$$

Aus dem Mittelwert und der Standardabweichung einer Stichprobe werden die Fähigkeitsindizes für die Maschinen- und Prozessfähigkeit ermittelt.

Übliche Kennwerte für den Nachweis der Maschinenfähigkeit sind

- $c_m \geq 1{,}67$ und
- $c_{mk} \geq 1{,}67$

Maschinenfähigkeit

Maschinen- und Prozessfähigkeitsindizes unterscheiden sich rechnerisch nicht. Ihre Bedingungen und Voraussetzungen sind aber unterschiedlich.

Die Maschinenfähigkeit ist eine Bewertung der Maschine im Rahmen einer Kurzzeituntersuchung. Dabei wird festgestellt, ob diese unter idealen Bedingungen innerhalb der vorgegebenen Grenzwerte fertigen kann.

Der **Maschinenfähigkeitsindex c_m (Bild 2)** vergleicht die Größe der Toleranz T mit der Genauigkeit der Maschine, die durch die sechsfache Standardabweichung ($6 \cdot s$) dargestellt wird.

Die Maschinenfähigkeit c_m informiert darüber, ob die Streuung des Fertigungsprozesses verringert werden muss.

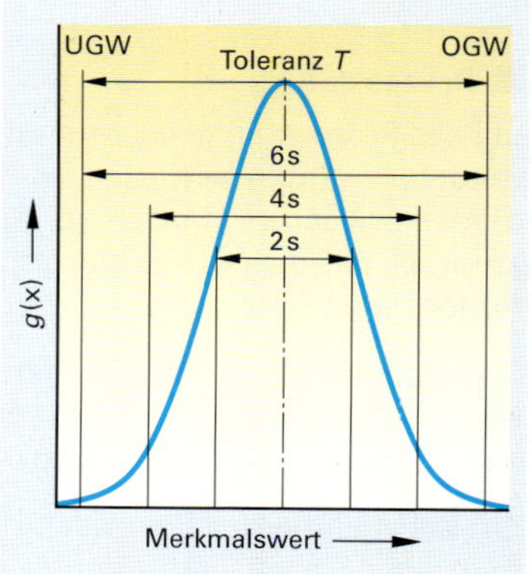

Bild 2: Maschinenfähigkeit

1) $\hat{\sigma}$ gesprochen sigma Dach
2) $\hat{\mu}$ gesprochen my Dach
3) Δkrit gesprochen delta kritisch

Wenn die Toleranz T und die sechsfache Standardabweichung ($6 \cdot s$) gleich groß sind, ist $c_m = 1$. Die Maschine ist dann in der Lage, mit einer Wahrscheinlichkeit von 99,73 % innerhalb der vorgegebenen Grenzwerte zu fertigen.

Der **Maschinenfähigkeitsindex c_{mk}** beschreibt die Lage der Streuung gegenüber der Toleranzmitte. Dazu wird der kleinste Abstand vom Mittelwert zur Toleranzgrenze (Δkrit) mit der dreifachen Standardabweichung ($3 \cdot s$) verglichen.

Ist die Maschine auf die Toleranzmitte zentriert, kann c_{mk} maximal so groß wie c_m werden.

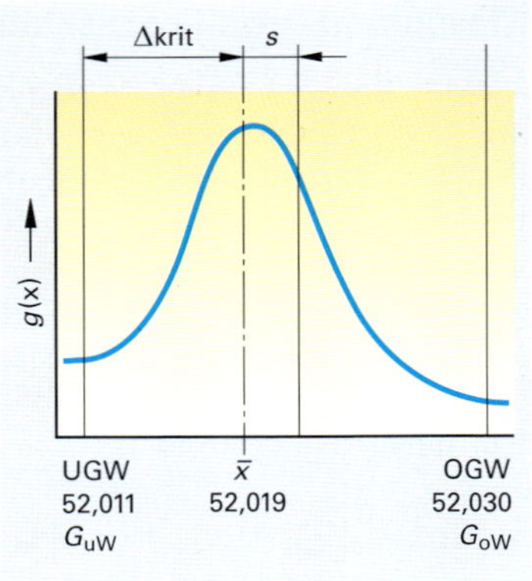

Bild 1: Normalverteilung der Antriebswellen

● **Beispiel:**

Für eine Maschinenabnahme zur Herstellung von Antriebswellen wird eine Maschinenfähigkeitsuntersuchung durchgeführt. Als Bewertungskriterium dient das Maß ∅ 52m6. Die Auswertung von 50 Werkstücken ergab für das Maß ∅ 52m6 eine Normalverteilung mit: $\bar{x}$ = 52,019 mm und s = 1,5 µm **(Bild 1)**.

a) Ermitteln Sie für das Maß ∅ 52m6 die Höchst- und Mindestmaße der Welle sowie die Maßtoleranz.

b) Ermitteln Sie den Maschinenfähigkeitsindex c_m.

c) Ermitteln Sie den Maschinenfähigkeitsindex c_{mk}.

d) Beurteilen Sie die Maschinenfähigkeit.

Lösung: a) $G_{oW} = \text{OGW} = N + es = 52\text{ mm} + 0{,}030\text{ mm} = \mathbf{52{,}030\text{ mm}}$

$G_{uW} = \text{UGW} = N + ei = 52\text{ mm} + 0{,}011\text{ mm} = \mathbf{52{,}011\text{ mm}}$

$T = G_{oW} - G_{uW} = 52{,}030\text{ mm} - 52{,}011\text{ mm} = 0{,}019\text{ mm}$

$= \mathbf{19\text{ µm}}$

b) $$c_m = \frac{T}{6 \cdot s} = \frac{19\text{ µm}}{6 \cdot 1{,}5\text{ µm}} = \mathbf{2{,}11}$$

c) **Ermittlung von Δkrit:**

$\text{OGW} - \bar{x} = 52{,}030\text{ mm} - 52{,}019\text{ mm} = 0{,}011\text{ mm}$

$\bar{x} - \text{UGW} = 52{,}019\text{ mm} - 52{,}011\text{ mm} = 0{,}008\text{ mm}$

$\Rightarrow \mathbf{\Delta krit = 0{,}008\text{ mm} = 8\text{ µm}}$

$$c_{mk} = \frac{\Delta krit}{3 \cdot s} = \frac{8\text{ µm}}{3 \cdot 1{,}5\text{ µm}} = \mathbf{1{,}78}$$

d) Die Maschinenfähigkeit ist nachgewiesen, da

$c_m = 2{,}11 \geq 1{,}67$ und

$c_{mk} = 1{,}78 \geq 1{,}67$ ist.

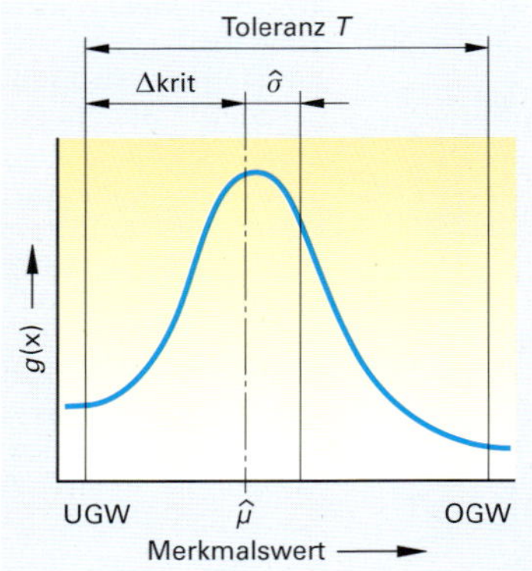

Bild 2: Prozessfähigkeit

Prozessfähigkeit

Bei der Prozessfähigkeit wird der Fertigungsprozess in einer Langzeituntersuchung bewertet. Im Rahmen sämtlicher Einflussgrößen (Bedienerwechsel, Maschine, Rohmaterial, Verschleiß usw.) wird ermittelt, ob dieser mit hinreichender Wahrscheinlichkeit die Anforderungen erfüllen kann.

Die Berechnung der Prozessfähigkeitsindizes basiert, wie bei der Maschinenfähigkeit, auf der Lage und der Streuung der Merkmalswerte in Bezug auf die Toleranz **(Bild 2)**.

Zur Beurteilung des Prozesses sind mindestens 100 Messwerte aus mehreren Einzelstichproben (mindestens 20) mit einem Stichprobenumfang von mindestens 3 Teilen zu erfassen.

Prozessfähigkeitsindex

$$c_p = \frac{T}{6 \cdot \hat{\sigma}}$$

Prozessfähigkeitsindex

$$c_{pk} = \frac{\Delta krit}{3 \cdot \hat{\sigma}}$$

Übliche Kennwerte für den Nachweis der Prozessfähigkeit sind

- $c_p \geq 1{,}33$ und
- $c_{pk} \geq 1{,}33$.

Das Verhalten eines betrachteten Merkmals kann durch seine Verteilung beschrieben werden, wobei die Lage-, Streuungs- und Form-Parameter im Allgemeinen zeitabhängige Funktionen sind **(Bild 1)**.

Bei konstanter Lage der Normalverteilung **(Bild 2** und **Bild 3)** spricht man von einem beherrschten Prozess.

Für die Ermittlung des geschätzten Mittelwerts $\hat{\mu}$ und der geschätzten Standardabweichung $\hat{\sigma}$ sind verschiedene Verfahren zur Berechnung einsetzbar (siehe DIN ISO 22514).

Bei beherrschten Prozessen ist es z. B. möglich, die Schätzwerte für $\hat{\mu}$ und $\hat{\sigma}$ direkt aus allen Messwerten der Einzelstichproben als arithmetischen Mittelwert $\bar{x}$ und Standardabweichung s zu berechnen.

Ein quantitativer Vergleich der nach unterschiedlichen Verfahren ermittelten Schätzwerte ($\hat{\mu}$, $\hat{\sigma}$) und damit berechneten Prozessfähigkeitsindizes ist nicht möglich.

Sind die geforderten Kennwerte (c_m, c_{mk} bzw. c_p, c_{pk}) nicht erfüllt, muss der Fertigungsprozess wie folgt korrigiert werden:

1. c_m bzw. c_p < Vorgabe ⇒ Streuung reduzieren
2. c_{mk} bzw. c_{pk} < Vorgabe ⇒ Prozess zentrieren (sofern c_m bzw. $c_p \geq$ Vorgabe)

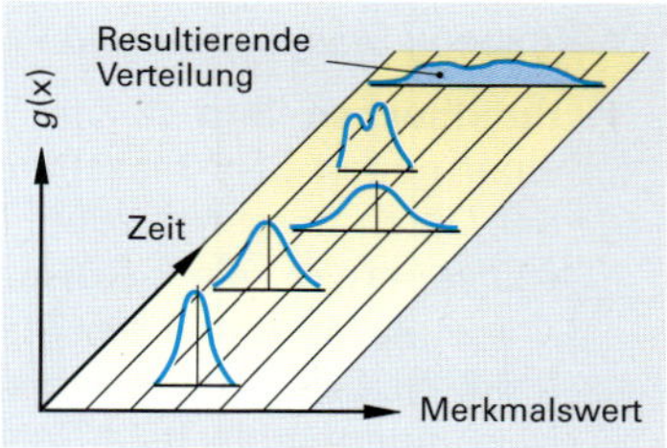

Bild 1: Merkmalsverteilung

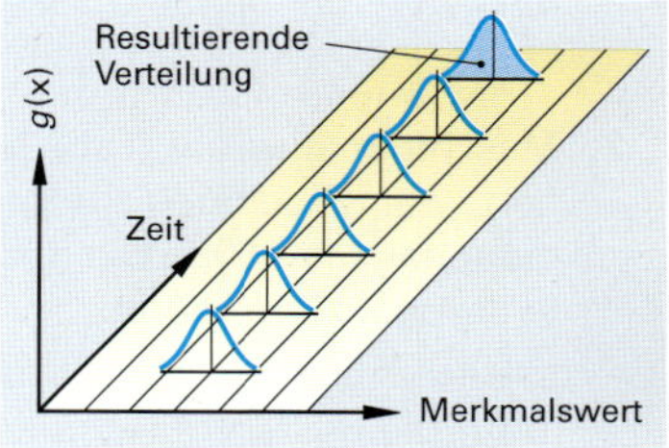

Bild 2: Verteilungsmodell A1

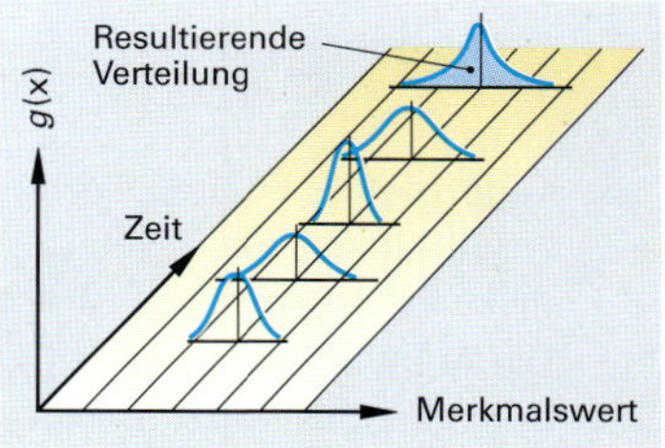

Bild 3: Verteilungsmodell B

● **Beispiel:**

Zur Freigabe eines Flansches **(Bild 4)** vor Serienbeginn wird eine Prozessfähigkeitsuntersuchung durchgeführt. Als Bewertungskriterium dient der Durchmesser ∅ 50H7. Die Auswertung der Stichproben ergab eine Normalverteilung mit $\hat{\mu}$ = 50,025 mm und $\hat{\sigma}$ = 0,0032 mm.

a) Ermitteln Sie für das Maß ∅ 50H7 die Höchst- und Mindestmaße der Flansche sowie die Maßtoleranz.

b) Ermitteln Sie den Prozessfähigkeitsindex c_p.

c) Ermitteln Sie den Prozessfähigkeitsindex c_{pk}.

d) Beurteilen Sie die Prozessfähigkeit.

Lösung: a) $G_{oB} = OGW = N + ES = 50\text{ mm} + 0{,}025\text{ mm} = 50{,}025\text{ mm}$

$G_{uB} = UGW = N + EI = 50\text{ mm} + 0{,}000\text{ mm} = 50{,}000\text{mm}$

$T = G_{oW} - G_{uW} = 50{,}025\text{ mm} - 50{,}000\text{ mm} = 0{,}025\text{ mm}$ $= \mathbf{25\ \mu m}$

b) $$c_p = \frac{T}{6 \cdot \hat{\sigma}} = \frac{25\ \mu\text{m}}{6 \cdot 3{,}2\ \mu\text{m}} = \mathbf{1{,}30}$$

c) **Ermittlung von Δkrit:**

$OGW - \hat{\mu} = 50{,}025\text{ mm} - 50{,}025\text{ mm} = 0\text{ mm}$

$\hat{\mu} - UGW = 50{,}025\text{ mm} - 50{,}000\text{ mm} = 0{,}025\text{ mm}$

⇒ **Δkrit = 0 mm = 0 µm**

$$c_{pk} = \frac{\Delta krit}{3 \cdot \hat{\sigma}} = \frac{0\ \mu\text{m}}{3 \cdot 3{,}2\ \mu\text{m}} = \mathbf{0}$$

d) **(Bild 5)** Die Prozessfähigkeit ist nicht nachgewiesen da $c_p = 1{,}30 < 1{,}33$ und $c_{pk} = 0 < 1{,}33$ ist.
Soll eine Fähigkeit erreicht werden, muss die Streuung reduziert und der Fertigungsprozess zentriert werden.

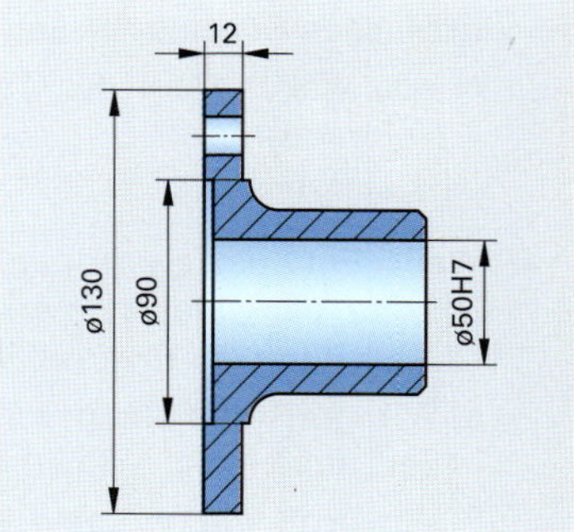

Bild 4: Flansch

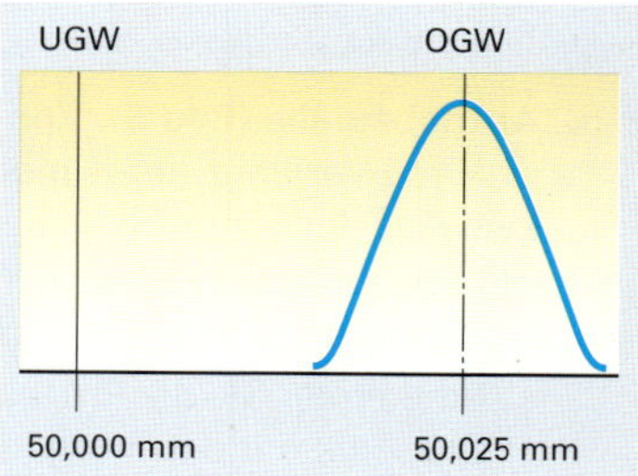

Bild 5: Normalverteilung der Flansche

Aufgaben | Maschinen- und Prozessfähigkeit

1. **Bundbuchse (Bild 1).** Die Fertigung der Bundbuchse soll auf einer neuen CNC-Maschine erfolgen. Als Prüfmerkmal dient der Durchmesser ∅ 25h6. Die Auswertung der 50 Testwerkstücke ergab eine Normalverteilung mit dem Mittelwert $\bar{x}$ = 24,994 mm und der Standardabweichung s = 0,0014 mm **(Bild 2).** Die Qualitätsabteilung fordert die Einhaltung der Maschinenfähigkeitsindizes $c_m \geq 1{,}67$ und $c_{mk} \geq 1{,}33$.
   a) Berechnen Sie die Maschinenfähigkeitsindizes c_m und c_{mk}.
   b) Prüfen Sie, ob die Maschinenfähigkeit vorliegt.

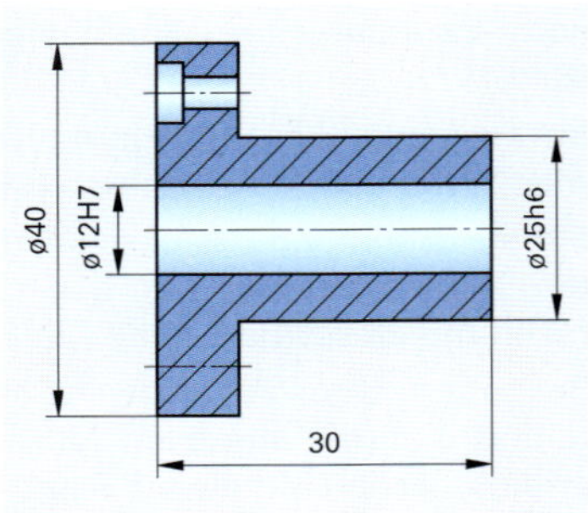

Bild 1: Bundbuchse

2. **Maschinenauswahl (Tabelle 1).** Für die Serienbearbeitung stehen zwei Maschinen zur Verfügung. Als Bewertungskriterium dient das Maß 60f7. Die Stichproben ergaben die in der Tabelle dargestellten Werte.
   a) Berechnen Sie die Maschinenfähigkeitsindizes c_m und c_{mk} für die beiden Maschinen.
   b) Prüfen Sie, ob die Maschinenfähigkeit vorliegt.
   c) Begründen Sie, welche Maschine für die Serienbearbeitung geeigneter ist.

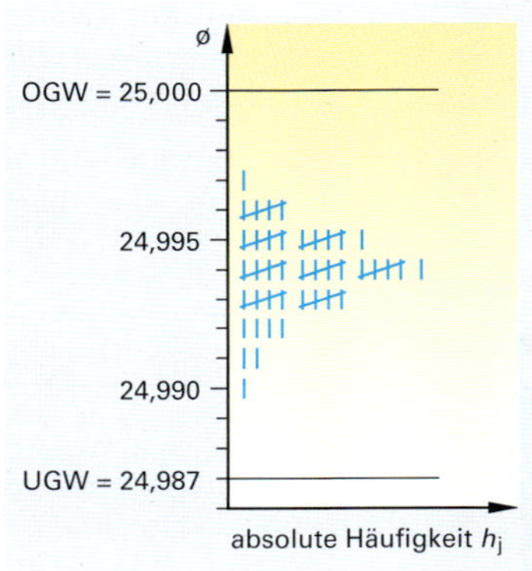

Bild 2: Normalverteilung der Bundbuchse

3. **Lagerplatte.** Für die Fertigung von Lagerplatten ist die Prozessfähigkeit nachzuweisen. Als Prüfmerkmal ist die Plattendicke $20^{0}_{-0,25}$ mm im Prüfprotokoll benannt.
   Die Auswertung der Stichproben ergab eine Normalverteilung mit dem geschätzten Mittelwert $\hat{\mu}$ = 19,750 mm und der geschätzten Standardabweichung $\hat{\sigma}$ = 0,024 mm.
   a) Berechnen Sie die Prozessfähigkeitsindizes c_p und c_{pk}.
   b) Machen Sie eine Aussage zur Fähigkeit des Prozesses.
   c) Wie viel Prozent der Teile liegen unterhalb der unteren Toleranzgrenze?

Tabelle 1: Maschinenauswahl

Maschine	$\bar{x}$ in mm	s in mm
A	59,955	0,005
B	59,959	0,002

4. **Welle.** Ein Zulieferer für einen Automobilkonzern fertigt Wellen. Für das Qualitätsmerkmal ∅ 30h6 der Welle wird eine Überprüfung der Prozessfähigkeit durchgeführt.
   a) Wie groß darf die geschätzte Standardabweichung $\hat{\sigma}$ der Fertigung bei $c_p \geq 1{,}67$ höchstens sein?
   b) Wie groß wird c_{pk} mit $\hat{\sigma}$ = 1,6 µm, wenn der geschätzte Mittelwert $\hat{\mu}$ während der Fertigung vom Mittenmaß der Toleranz aus um 0,003 mm in Richtung OGW wandert?

5. **Antriebswelle (Bild 3).** Von dem wichtigen Qualitätsmerkmal ∅ 40m6 verlangt der Kunde den Nachweis der Prozessfähigkeit. Aus der kontinuierlichen Überwachung des Prozesses mit Stichproben wurde eine Prozesslage $\hat{\mu}$ = 40,019 mm und als Streuungsmaß die Standardabweichung $\hat{\sigma}$ = 1,1 µm ermittelt.
   a) Berechnen Sie die Prozessfähigkeit und vergleichen Sie das Ergebnis mit den Vorgaben.
   b) In welchem Maßbereich liegen momentan 99,73 % der gefertigten Teile?

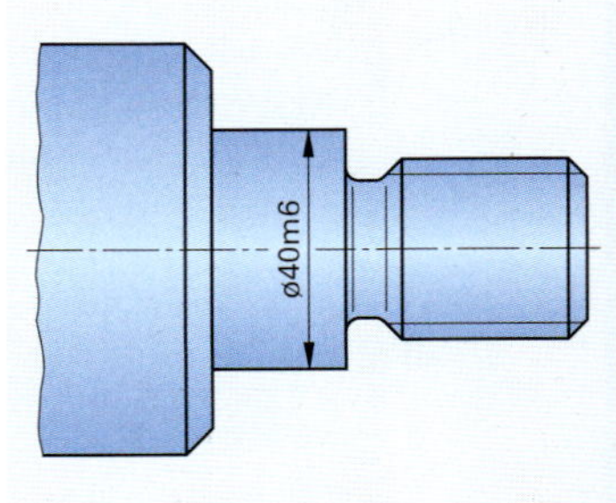

● **Bild 3: Antriebswelle**

S.

Statistische Prozesslenkung mit Qualitätsregelkarten

Mit Qualitätsregelkarten (QRK) werden die Prozesswerte über einen längeren Zeitraum erfasst. Die QRK hat die Aufgabe, Abweichungstrends, die auf äußeren Störungen oder systematischen Fehlern beruhen, frühzeitig zu erkennen und auszuregeln. Aus den Stichproben, die regelmäßig genommen werden, schließt man dann auf die Gesamtheit der gefertigten Teile und beurteilt den Fertigungsprozess.

Bezeichnungen:

OEG, UEG	obere, untere Eingriffsgrenze
OWG, UWG	obere, untere Warngrenze
OGW, UGW	oberer, unterer Grenzwert
$\tilde{x}$	Medianwert, Zentralwert
$\bar{x}$	arithmetischer Mittelwert
$\bar{\bar{x}}$	Mittelwert der Stichprobenmittelwerte
$\hat{\mu}$	geschätzter Prozessmittelwert
R	Spannweite
$\bar{R}$	mittlere Spannweite
s	Standardabweichung
$\bar{s}$	Mittelwert der Standardabweichungen
$\hat{\sigma}$	geschätzte Prozessstandardabweichung
n	Anzahl der Einzelmesswerte
A_E, B_{OEG}, B_{UEG}, a_n	Streuungsfaktoren

Urliste und Urwertkarte

Damit die Qualitätsregelkarten erstellt werden können, müssen die Stichproben aufbereitet werden. Zunächst werden die Werte in einer Urliste festgehalten **(Tabelle 1)**. Um einen ersten Eindruck über die Verteilung zu erhalten, überträgt man die Werte in eine Urwertkarte **(Bild 1)** und versieht gleiche Messwerte mit der Häufigkeitszahl des Auftretens. Die Urwertkarte stellt die Lage der Messwerte und die Streuung einer Stichprobe dar.

Histogramm der Häufigkeitsverteilung

Anschließend erhält man mit dem Histogramm die Verteilung aller Messwerte. Bei einer Normalverteilung entsteht die Glockenkurve. Die absoluten und relativen Häufigkeiten lassen sich mit zwei unterschiedlich geteilten senkrechten Skalen in einem Diagramm darstellen **(Bild 2)**.

● **Beispiel:**

Bei der Fertigung von Wellen wird stündlich eine Stichprobe mit fünf Werkstücken entnommen, und die Istwerte für d = 40f7 werden in einer Urliste **(Tabelle 1)** festgehalten.

a) Um die Qualitätsregelkarten erstellen zu können, müssen für jede Stichprobe der arithmetische Mittelwert $\bar{x}$, der Medianwert $\tilde{x}$, die Spannweite R und die Standardabweichung s berechnet werden.

b) Mit der absoluten (n_j) und relativen (h_j) Häufigkeit soll das Histogramm gezeichnet werden.

Lösung: Siehe Werte in der Urliste **(Tabelle 1)**, der Urwertkarte **(Bild 1)** sowie das Histogramm **(Bild 2)** und die QRK, nächste Seite, Bild 1, und Seite 169, Bild 1.

Tabelle 1: Urliste

Prüfmerkmal: Durchmesser 40f7				
Stichproben: 8/Stichprobenumfang: 5				
	1	**2**	**3**	**4**
x_1	39,952	39,968	39,965	39,954
x_2	39,947	**39,962**	39,952	39,957
x_3	39,962	39,954	**39,957**	39,965
x_4	**39,957**	39,957	39,954	39,968
x_5	39,962	39,965	39,962	**39,962**
$\bar{x}$	39,956	39,961	39,958	39,961
$\tilde{x}$	39,957	39,962	39,957	39,962
R	0,015	0,014	0,013	0,01
	5	**6**	**7**	**8**
x_1	39,968	**39,974**	39,968	39,979
x_2	39,965	39,982	**39,974**	39,987
x_3	39,974	39,968	39,979	39,974
x_4	39,979	39,965	39,982	39,987
x_5	**39,968**	39,979	39,974	**39,982**
$\bar{x}$	39,971	39,974	39,975	39,982
$\tilde{x}$	39,968	39,974	39,974	39,982
R	0,014	0,017	0,014	0,013

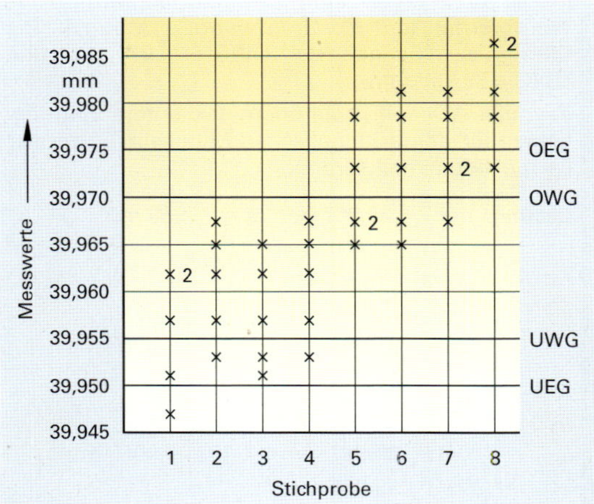

Bild 1: Urwertkarte

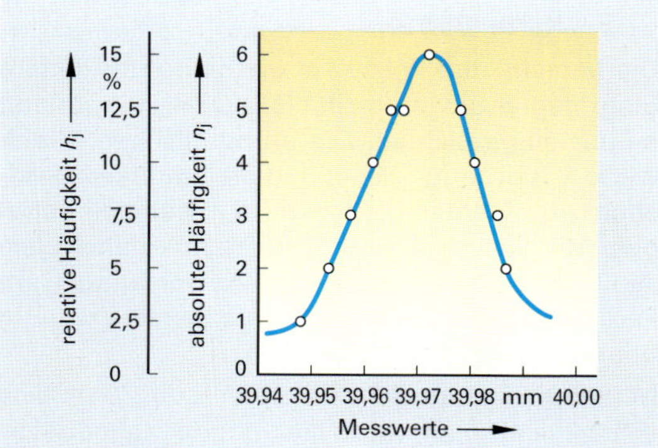

Bild 2: Histogramm der Häufigkeit

Qualitätsregelkarte

Die Regelkarte besitzt zwei Achsen. Auf der senkrechten Achse werden die Merkmalswerte abgetragen, auf der waagerechten Achse die Prüfzeit oder die Nummer der Stichprobe **(Bild 1)**.

Die Qualitätsregelkarte vergleicht den Istzustand der Qualität mit dem Sollzustand. Bei metrischen Werten sind die zulässigen Werte durch die **oberen und unteren Grenzwerte** festgelegt. Weiterhin wird die Kurve durch die **Warn- und Eingriffsgrenzen** begrenzt. Die Warngrenzen schließen im Normalfall 95 % aller Merkmalswerte bei störungsfreier Fertigung ein. Auf die Angabe der Warngrenzen wird heute in vielen Fällen verzichtet. Bei der Berechnung der Eingriffsgrenzen wird die Streuung der Werte abhängig von der Stichprobengröße als Faktor berücksichtigt **(Tabelle 1)**.

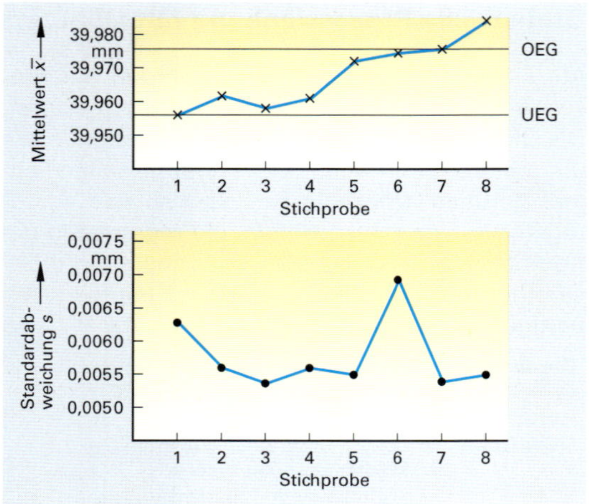

Bild 1: Qualitätsregelkarte ($\bar{x}$-s-Karte)

● **Beispiel:**

Für die Stichprobenprüfung der Wellen (vorherige Seite) sollen die Qualitätsregelkarten $\tilde{x}$-R-Karte und $\bar{x}$-s-Karte erstellt werden.

In die Regelkarten sind die Eingriffsgrenzen, die Warngrenzen und die Grenzwerte einzutragen. Die Warngrenzen liegen bei OWG = 39,970 mm und UWG = 39,955 mm.

Exemplarisch sollen die obere und untere Eingriffsgrenze für den arithmetischen Mittelwert $\bar{x}$ mit der Formel berechnet werden.

Lösung: $\hat{\mu} = \bar{\bar{x}} = 39{,}967\ \text{mm};\ \bar{s} = 0{,}0059\ \text{mm}$

$$\hat{\sigma} = \frac{\bar{s}}{a_n} = \frac{0{,}0059\ \text{mm}}{0{,}940} = 0{,}0063$$

$$\text{OEG} = \hat{\mu} + A_E \cdot \hat{\sigma}$$

$$\text{OEG} = 39{,}967\ \text{mm} + 1{,}152 \cdot 0{,}0063\ \text{mm}$$

$$\text{OEG} = \mathbf{39{,}974\ mm}$$

$$\text{UEG} = \hat{\mu} + A_E \cdot \hat{\sigma}$$

$$\text{UEG} = 39{,}967\ \text{mm} + 1{,}152 \cdot 0{,}0063\ \text{mm}$$

$$\text{UEG} = \mathbf{39{,}960\ mm}$$

Tabelle 1: Faktoren für Regelgrenzen in Abhängigkeit vom Stichprobenumfang n

n	2	3	4	5
A_E	1,821	1,487	1,288	1,152
B_{OEG}	2,807	2,302	2,069	1,927
B_{UEG}	0,006	0,071	0,155	0,227
a_n	0,798	0,886	0,921	0,940

Prozessparameter

$$\hat{\mu} = \bar{\bar{x}}$$

$$\hat{\sigma} = \frac{\bar{s}}{a_n}$$

Obere und untere Eingriffsgrenze für den arithmetischen Mittelwert x]

$$\text{OEG} = \hat{\mu} + A_E \cdot \hat{\sigma}$$
$$\text{UEG} = \hat{\mu} - A_E \cdot \hat{\sigma}$$

Obere und untere Eingriffsgrenze für die Standardabweichung s

$$\text{OEG} = B_{OEG} \cdot \hat{\sigma}$$
$$\text{UEG} = B_{UEG} \cdot \hat{\sigma}$$

Mittelwert-Standardabweichungskarte, $\bar{x}$-s-Karte (Bild 2)

Die berechneten Werte für die obere und untere Eingriffsgrenze werden in die QRK als $\bar{x}$-Spur und s-Spur eingezeichnet. Die arithmetischen Mittelwerte $\bar{x}$ (vorherige Seite) und die Standardabweichungen s werden dann in die $\bar{x}$-s-Karte eingetragen. Mit diesem rechnergestützten Verfahren lassen sich Veränderungen und Abweichungen im Fertigungsprozess über einen längeren Zeitraum überwachen.

Mithilfe der grafischen Dokumentation lässt sich schnell eingreifen, wenn die vom Hersteller geforderten Grenzen für die Standardabweichung überschritten werden.

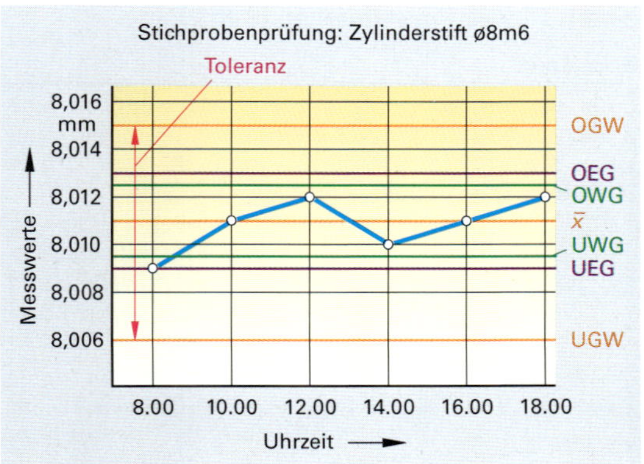

Bild 2: $\bar{x}$-s-Karte

Median-Spannweitenkarte, $\tilde{x}$-R-Karte (Bild 1)

Der Medianwert (Zentralwert) $\tilde{x}$ ist der mittlere Wert der Merkmalswerte einer Stichprobe (Seite 157). Die Spannweite R ist die Differenz aus dem höchsten und dem niedrigsten Messwert einer Messreihe. Durch Berechnung der oberen und unteren Eingriffsgrenze wird die R-Spur festgelegt[1]. Der Verlauf beider Werte gibt Aufschluss über die Streuung der Fertigung.

Prozessbewertung

Bei einem normalen Verlauf **(Bild 2)** streuen die Merkmalswerte durch zufällige Störungen um den arithmetischen Mittelwert. Dabei liegen min. 2/3 der Werte im Bereich $\pm s$. Treten systematische Störungen auf, z.B. Temperaturanstieg während der Zerspanung, dann streuen sie nicht mehr um die Mittellage. Um eine sichere Aussage über den Kurvenverlauf zu treffen, beobachtet man mehrere aufeinander folgende Werte. Die veränderten Kurvenverläufe werden als Trend, Run oder Middle Third bezeichnet.

Trend (Bild 3): Es steigen oder fallen sieben aufeinander folgende Werte. Die Ursache kann beispielsweise Werkzeugverschleiß oder eine fehlerhafte Maschineneinstellung sein.

Run (Bild 4): Es liegen sieben aufeinander folgende Werte oberhalb oder unterhalb der Mittellinie. Die Ursache kann Werkzeugverschleiß (Aufbauschneide, Schneidkantenverschleiß), ein klemmender Messtaster oder ein falsches Einstellmaß sein.

Middle Third (Bild 5): Liegen lediglich 40 % und weniger im mittleren Drittel, dann streuen die restlichen Werte zu sehr zu den Grenzen hin. Das kann bedeuten, dass die Stichproben aus verschiedenen Fertigungslinien entnommen wurden oder auch unterschiedliche Messgeräte zum Einsatz kamen. Liegen 90 % der Werte im mittleren Drittel, so sind die meisten Werte zu nah am arithmetischen Mittelwert und die Eingriffsgrenzen wurden evtl. nicht richtig festgelegt.

Prozessbewertung für den Wellendurchmesser ∅ 40f7 (Seite 167)

Der arithmetische Mittelwert $\bar{x}$ sollte bei normaler Werteverteilung nahe der Toleranzmitte liegen. Der Mittelwert $\bar{x}$ wandert jedoch nach oben aus. Der Wellendurchmesser wird im Verlauf der Fertigung größer. Auch der gegen Ausreißer unempfindliche Medianwert zeigt Bewegung zur oberen Eingriffsgrenze, der Kurvenverlauf ist insgesamt ansteigend, es liegt ein Trend vor. Ursache für den zu großen Wellendurchmesser könnte Verschleiß an der Drehmeißelschneide sein.

1) Berechnung von OEG und UEG für die R-Spur, in: Statistische Prozesslenkung, Deutsche Gesellschaft für Qualität DGQ

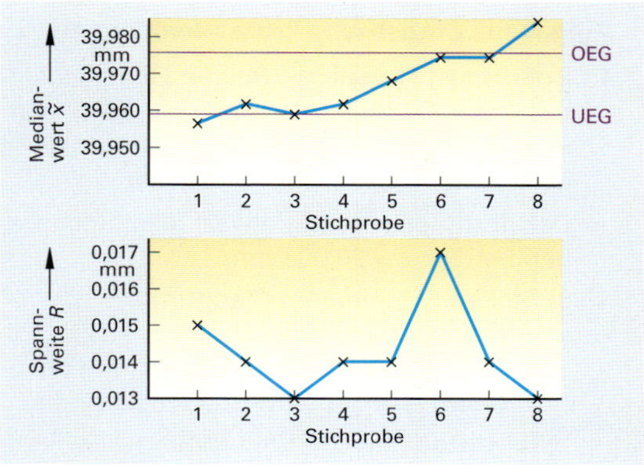

Bild 1: $\tilde{x}$-R-Karte

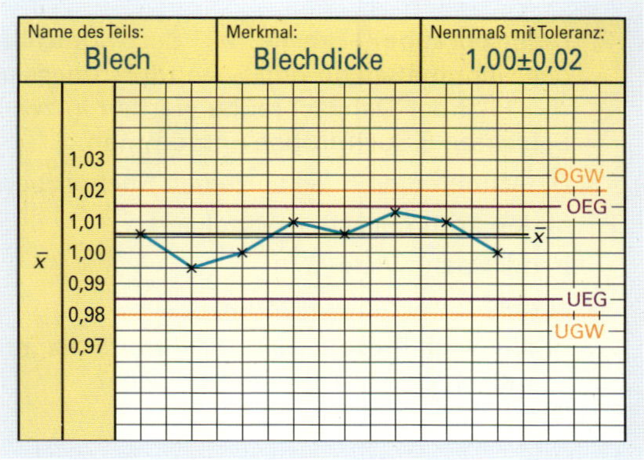

Bild 2: QRK, normaler Verlauf

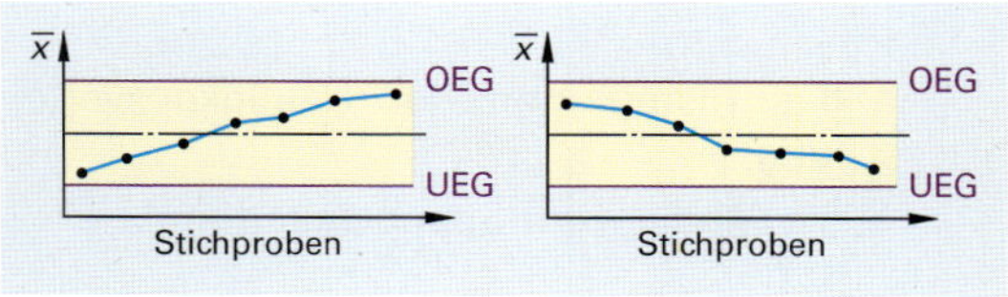

Bild 3: Trend

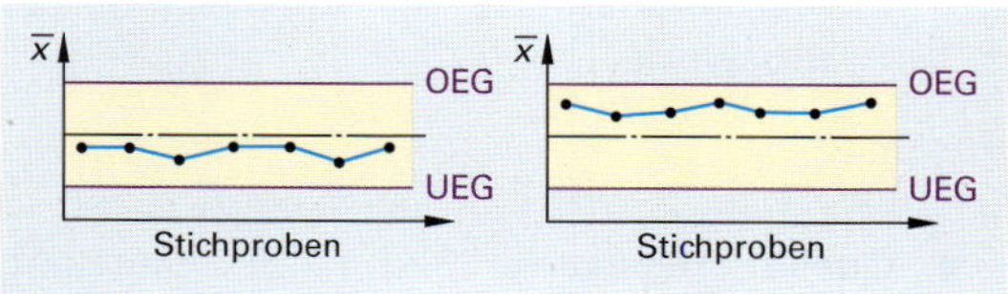

Bild 4: Run

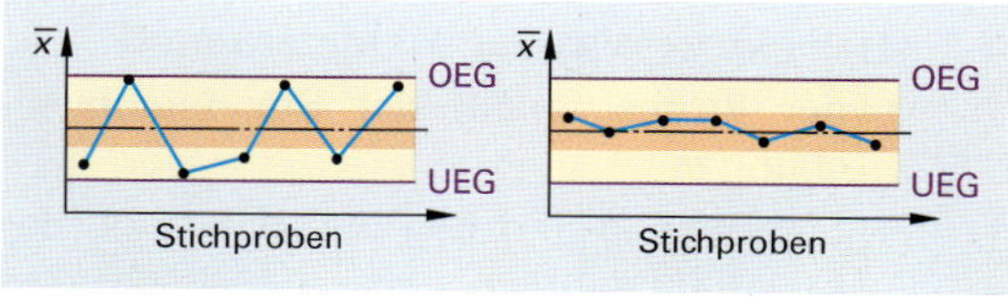

Bild 5: Middle Third

Aufgaben | Statistische Prozesslenkung mit Qualitätsregelkarten

1. **Bohrungen (Tabelle 1).** Bei der Qualitätskontrolle von 50 Bohrungen mit d = 30H7 wurden die Abweichungen vom Nennmaß in einer Strichliste zusammengefasst.

   Der arithmetische Mittelwert aller Stichproben beträgt $\bar{x}$ = 30,008 mm.

   a) Stellen Sie in einem Diagramm
   - die absolute und
   - die relative Häufigkeitsverteilung der Messwerte jeder Messwertklasse dar.

   b) Bewerten Sie die Entwicklung des Fertigungsprozesses.

Tabelle 1: Abweichungen in µm

Klasse	von	bis	Anzahl der Messwerte
1	–15	–10	|
2	–10	– 5	||
3	– 5	0	||||
4	0	+ 5	||||| ||||| |
5	5	10	||||| ||||| ||||| |
6	10	15	||||| |||
7	15	20	||||| |
8	20	25	||
9	25	30	

2. **Dehnschraube (Tabelle 2).** Zur Kontrolle des Nennmaßes für den Schaftdurchmesser d = 11k6 der Dehnschraube werden in zwei Schichten 8 Stichproben entnommen.

   Berechnen Sie für die einzelnen Stichproben

   a) den arithmetischen Mittelwert $\bar{x}$,

   b) die Spannweite R,

   c) die Standardabweichung s.

   d) Wie viel Prozent der Messwerte liegen außerhalb des Toleranzbereiches?

Tabelle 2: Dehnschraube (Urliste)

Stichproben: 8; Stichprobenumfang: 5

	1	2	3	4
x_1	10,999	10,999	11,003	11,004
x_2	11,001	11,001	11,001	11,003
x_3	11,003	11,006	11,004	11,006
x_4	11,004	11,004	11,006	11,008
x_5	11,003	11,003	11,004	11,006
	5	**6**	**7**	**8**
x_1	11,004	11,006	11,011	11,013
x_2	11,006	11,008	11,008	11,008
x_3	11,008	11,008	11,011	11,012
x_4	11,011	11,011	11,012	11,013
x_5	11,006	11,006	11,008	11,012

3. **Prozessregelkarten (Tabelle 2).** Erstellen Sie mithilfe der Messwerte für die Dehnschraube

   a) das Histogramm der Häufigkeitsverteilung,

   b) die Medianwert-Spannweiten-Karte ($\tilde{x}$-R-Karte),

   c) die Mittelwert-Standardabweichungs-Karte ($\bar{x}$-s-Karte).

   d) Interpretieren Sie die Entwicklung der Messwerte.

4. **Qualitätsregelkarte (Bild 1).** Zur Regelung eines Fertigungsprozesses wurde die abgebildete Qualitätsregelkarte eingesetzt.

   Zu beurteilen sind:

   a) der Prozessverlauf der Mittelwerte $\bar{x}$,

   b) der Prozessverlauf der Standardabweichung s.

   c) Entscheiden und begründen Sie, ob der Fertigungsprozess als statistisch beherrscht anzusehen ist.

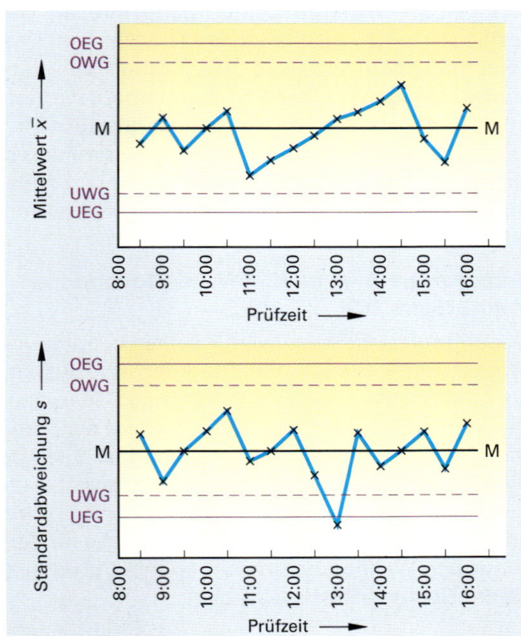

Bild 1: Qualitätsregelkarte

Maschinenelemente

Zahnradmaße

Zahnräder übertragen Bewegungen und Drehmomente formschlüssig und mit konstanter Übersetzung.

Stirnräder mit Geradverzahnung

Bezeichnungen:

d	Teilkreisdurchmesser	mm	h	Zahnhöhe	mm	p	Teilung	mm
d_a	Kopfkreisdurchmesser	mm	h_a	Zahnkopfhöhe	mm	z	Zähnezahl	–
d_f	Fußkreisdurchmesser	mm	h_f	Zahnfußhöhe	mm	c	Kopfspiel	mm
m	Modul	mm						

Bei Zahnrädern bezeichnet man als Teilung p die Bogenlänge von Zahnmitte zu Zahnmitte, gemessen auf dem Teilkreis.

Für die Zähnezahl z ist die Teilung $p = \frac{\pi \cdot d}{z}$.

Das Verhältnis $\frac{p}{\pi}$ wird als Modul m bezeichnet.

Durch Umformen und Einsetzen erhält man $\frac{p}{\pi} = \frac{d}{z} \Rightarrow m = \frac{d}{z}$.

- Der Modul m ist nach DIN 780 genormt und ist die bestimmende Größe für die Zahnradmaße. Er ist für zwei kämmende Zahnräder gleich groß.
- Durch die Rundungen am Zahnfuß ist ein Kopfspiel c notwendig: $c = (0,1 \ldots 0,3) \cdot m$.

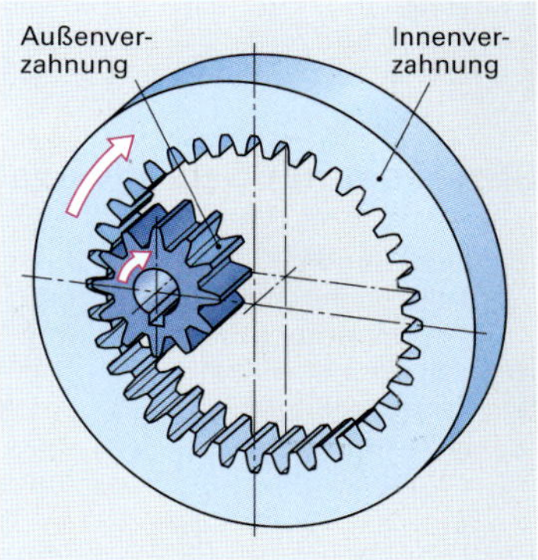

Bild 1: Außen- und innenverzahntes Zahnrad

Tabelle 1: Geradverzahnte Stirnräder

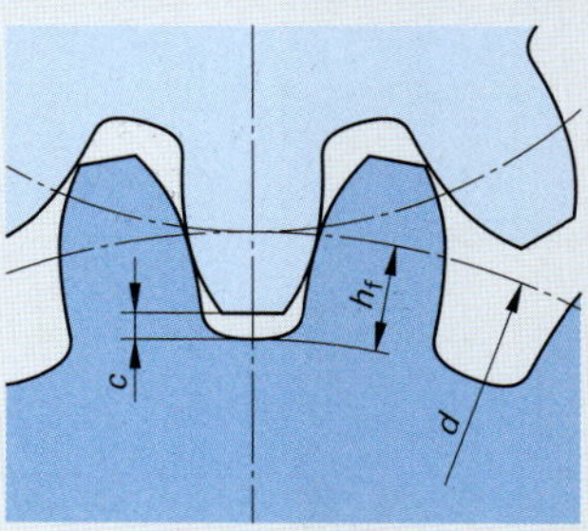	**Teilkreisdurchmesser** $d = m \cdot z$ **Zahnfußhöhe** $h_f = m + c$	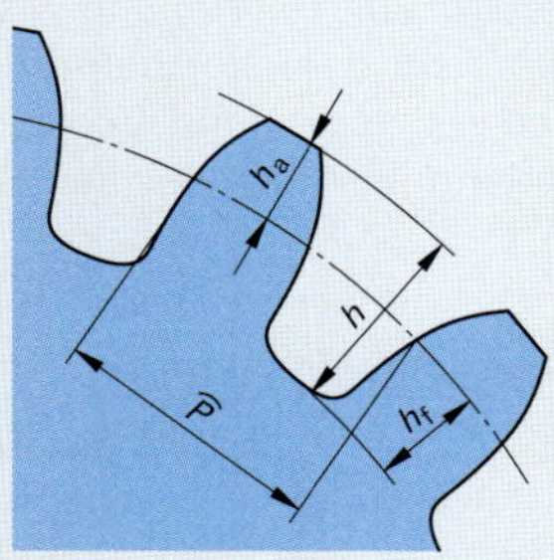	**Teilung** $p = \pi \cdot m$ **Zahnkopfhöhe** $h_a = m$ **Zahnhöhe** $h = h_a + h_f$
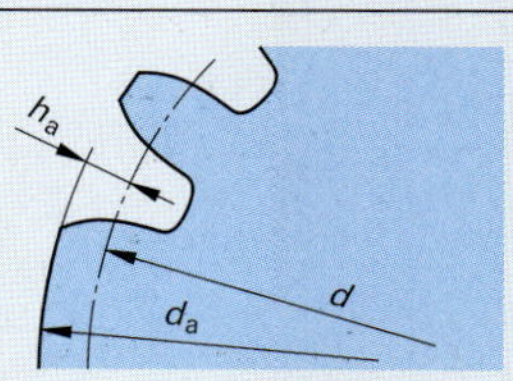	**Kopfkreisdurchmesser Außenverzahnung** $d_a = d + 2 \cdot h_a$	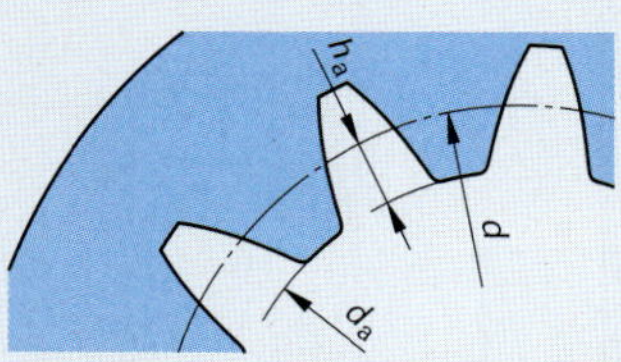	**Kopfkreisdurchmesser Innenverzahnung** $d_a = d - 2 \cdot h_a$
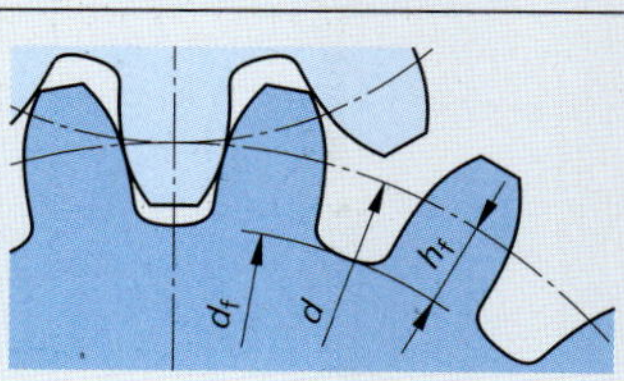	**Fußkreisdurchmesser Außenverzahnung** $d_f = d - 2 \cdot h_f$	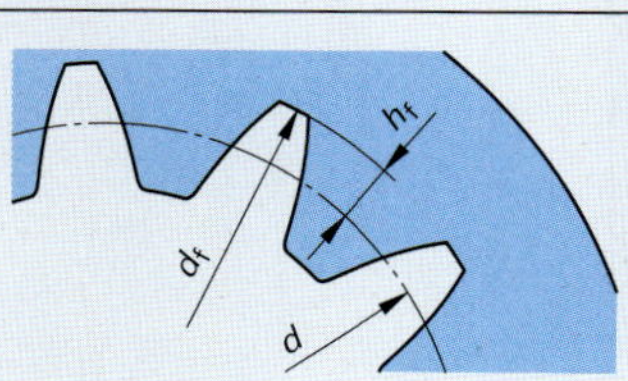	**Fußkreisdurchmesser Innenverzahnung** $d_f = d + 2 \cdot h_f$

● **1. Beispiel:**

Ein außenverzahntes Zahnrad hat $z = 15$ Zähne und einen Modul $m = 1{,}5$ mm. Das Kopfspiel beträgt $c = 0{,}167 \cdot m$.
Zu berechnen sind
a) der Teilkreisdurchmesser d, b) die Teilung p, c) die Zahnfußhöhe h_f,
d) die Zahnhöhe h, e) der Kopfkreisdurchmesser d_a, f) der Fußkreisdurchmesser d_f.

Lösung: a) $d = m \cdot z = 1{,}5\text{ mm} \cdot 15 = \mathbf{22{,}5\ mm}$
b) $p = \pi \cdot m = \pi \cdot 1{,}5\text{ mm} = \mathbf{4{,}712\ mm}$
c) $h_f = m + c = 1{,}5\text{ mm} + 0{,}167 \cdot 1{,}5\text{ mm} = \mathbf{1{,}75\ mm}$
d) $h = m + m + c = 2 \cdot m + c = 2 \cdot 1{,}5\text{ mm} + 0{,}167 \cdot 1{,}5\text{ mm} = \mathbf{3{,}251\ mm}$
e) $d_a = m \cdot (z + 2) = 1{,}5\text{ mm} \cdot (15 + 2) = 1{,}5\text{ mm} \cdot 17 = \mathbf{25{,}5\ mm}$
f) $d_f = d - 2 \cdot h_f = 22{,}5\text{ mm} - 2 \cdot 1{,}75\text{ mm} = \mathbf{19\ mm}$

● **2. Beispiel:**

Ein Zahnrad mit Innenverzahnung soll 40 Zähne erhalten. Der Modul beträgt $m = 1{,}5$ mm und das Kopfspiel $c = 0{,}167 \cdot m$. Zu berechnen sind
a) der Kopfkreisdurchmesser d_a, b) der Fußkreisdurchmesser d_f.

Lösung: a) $d = m \cdot z = 1{,}5\text{ mm} \cdot 40 = \mathbf{60\ mm}$; $d_a = d - 2 \cdot h_a = 60\text{ mm} - 2 \cdot 1{,}5\text{ mm} = \mathbf{57\ mm}$
b) $d_f = d + 2 \cdot h_f$
$d_f = d + 2 \cdot (m + c) = 60\text{ mm} + 2 \cdot (1{,}5\text{ mm} + 0{,}167 \cdot 1{,}5\text{ mm}) = 60\text{ mm} + 2 \cdot 1{,}75\text{ mm} = \mathbf{63{,}5\ mm}$

Stirnräder mit Schrägverzahnung

Bezeichnungen:

d	Teilkreisdurchmesser	mm	p_n	Normalteilung	mm
d_a	Kopfkreisdurchmesser	mm	p_t	Stirnteilung	mm
b	Schrägungswinkel	°	m_n	Normalmodul	mm
z	Zähnezahl	–	m_t	Stirnmodul	mm
h_a	Zahnkopfhöhe	mm	c	Kopfspiel	mm
h_f	Zahnfußhöhe	mm			

Bei Zahnrädern mit Schrägverzahnung liegen Normalteilung p_n und Normalmodul m_n in einer Ebene senkrecht zur Verzahnungsrichtung. Stirnteilung p_t und Stirnmodul m_t liegen in Umfangsrichtung. Sie werden an der Stirnfläche gemessen **(Tabelle 1)**.

Das Profil der Werkzeuge zur Herstellung von Stirnrädern mit Schrägverzahnung entspricht dem Normalprofil. Bei einem Zahnradpaar ist ein Zahnrad rechtssteigend und das andere Zahnrad linkssteigend. Beide Räder haben den gleichen Schrägungswinkel β **(Bild 1)**.

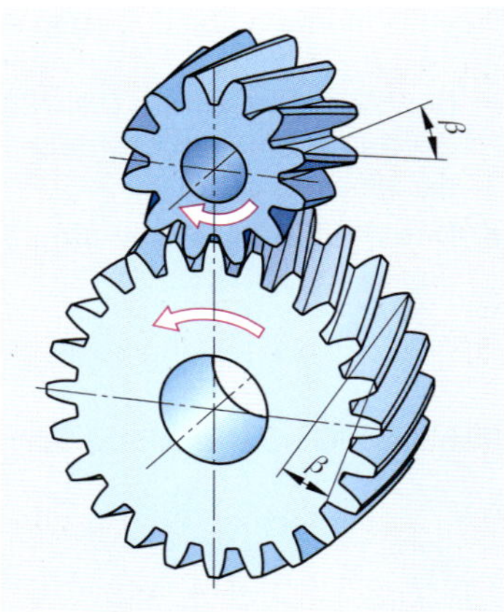

Bild 1: Schrägverzahnung

Tabelle 1: Zahnradmaße schrägverzahnter Stirnräder

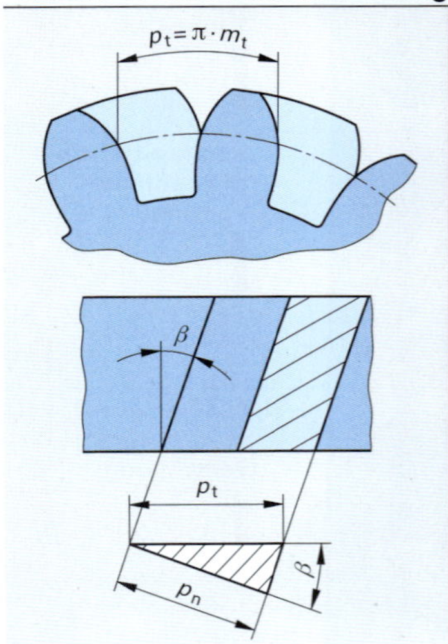

Stirnmodul

$$m_t = \frac{m_n}{\cos\beta}$$

Stirnteilung

$$p_t = \frac{p_n}{\cos\beta}$$

Normalteilung

$$p_n = \pi \cdot m_n$$

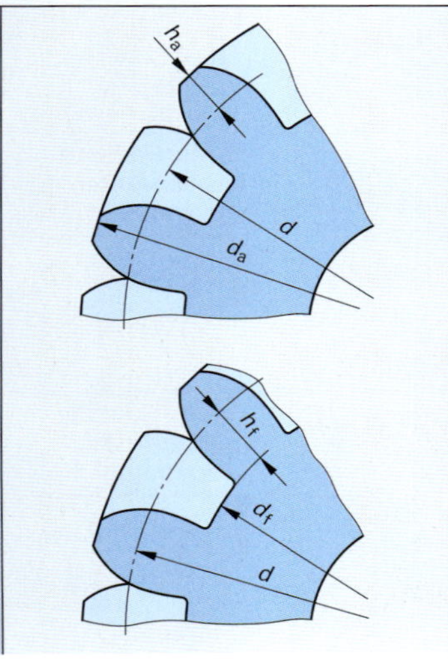

Teilkreisdurchmesser

$$d = m_t \cdot z$$

Kopfkreisdurchmesser

$$d_a = d + 2 \cdot h_a$$
$$h_a = m_n$$

Fußkreisdurchmesser

$$d_f = d - 2 \cdot h_f$$
$$h_f = m_n + c$$

● **Beispiel:**

Für die Herstellung eines schrägverzahnten Stirnrades **(Bild 1)** sind die Zähnezahl $z = 36$, der Normalmodul $m_n = 2$ mm, das Kopfspiel $c = 0{,}25 \cdot m_n$ und der Schrägungswinkel $\beta = 10°$ gegeben. Alle nicht aufgeführten Maße sind gleich wie bei den geradverzahnten Zahnrädern. Zu berechnen sind

a) der Stirnmodul m_t,
b) die Stirnteilung p_t,
c) der Teilkreisdurchmesser d,
d) der Kopfkreisdurchmesser d_a und
e) der Fußkreisdurchmesser d_f.

Lösung: a) $m_t = \dfrac{m_n}{\cos\beta} = \dfrac{2\text{ mm}}{\cos 10°} = \mathbf{2{,}03\ mm}$

b) $p_t = \dfrac{p_n}{\cos\beta} = \dfrac{\pi \cdot m_n}{\cos\beta} = \dfrac{\pi \cdot 2\text{ mm}}{\cos 10°} = \mathbf{6{,}38\ mm}$

c) $d = m_t \cdot z = 2{,}03\text{ mm} \cdot 36 = \mathbf{73{,}08\ mm}$

d) $d_a = d + 2 \cdot h_a = 73{,}08\text{ mm} + 2 \cdot 2\text{ mm} = \mathbf{77{,}08\ mm}$

e) $d_f = d - 2 \cdot h_f = d - 2 \cdot (m_n + c)$

$d_f = 73{,}08\text{ mm} - 2 \cdot (2\text{ mm} + 0{,}25 \cdot 2\text{ mm}) = \mathbf{68{,}08\ mm}$

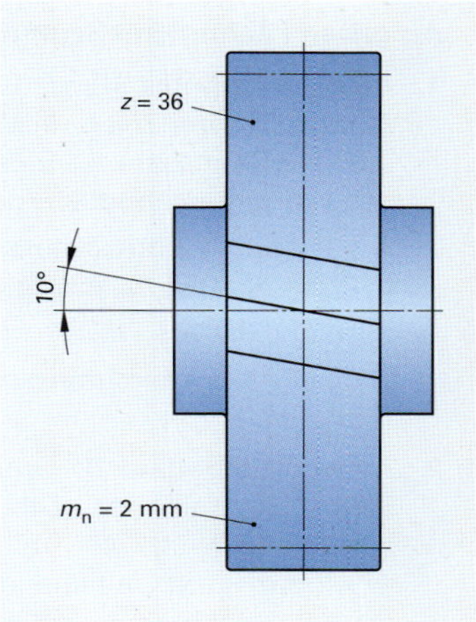

Bild 1: Schrägverzahntes Stirnrad

Achsabstand bei Zahnrädern

Bezeichnungen:

a	Achsabstand	mm	m	Modul	mm
Treibendes Rad:			Getriebenes Rad:		
d_1	Teilkreisdurchmesser	mm	d_2	Teilkreisdurchmesser	mm
z_1	Zähnezahl	–	z_2	Zähnezahl	–

Der Achsabstand bei außenverzahnten Stirnrädern **(Bild 2)** ist gleich der Summe der Teilkreishalbmesser, bei innenverzahnten Stirnrädern **(Bild 1, Seite 171)** gleich der Differenz der Teilkreishalbmesser.

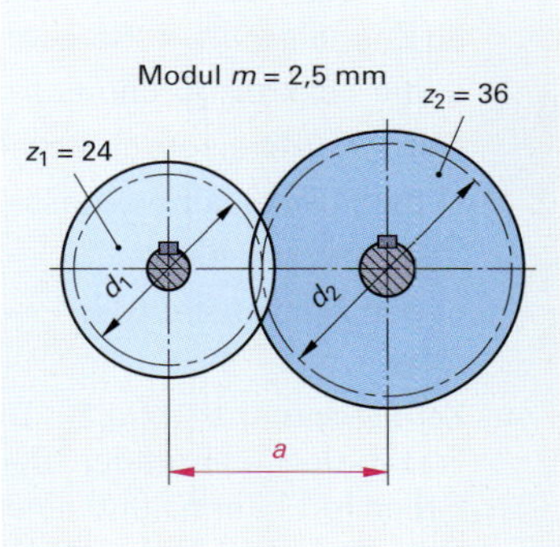

Bild 2: Achsabstand

● **1. Beispiel:**

Zwei geradverzahnte Zahnräder mit $z_1 = 24$, $z_2 = 36$ Zähnen und dem Modul $m = 2{,}5$ mm arbeiten zusammen **(Bild 2)**.
Wie groß ist der Achsabstand a?

Lösung: $a = \dfrac{m \cdot (z_1 + z_2)}{2} = \dfrac{2{,}5\text{ mm} \cdot (24 + 36)}{2} = \mathbf{75\ mm}$

Achsabstand bei Außenverzahnung

$$a = \frac{d_1 + d_2}{2}$$

$$a = \frac{m \cdot (z_1 + z_2)}{2}$$

● **2. Beispiel:**

Bei einem innenverzahnten Antrieb soll das Antriebsrad einen Teilkreisdurchmesser $d_1 = 60$ mm haben. Das getriebene Rad hat $z_2 = 175$ Zähne und einen Modul $m = 2{,}5$ mm.
Wie groß sind
a) der Teilkreisdurchmesser d_2 und
b) der Achsabstand a?

Lösung: a) $d_2 = m \cdot z_2 = 2{,}5\text{ mm} \cdot 175 = \mathbf{437{,}5\ mm}$

b) $a = \dfrac{d_2 - d_1}{2} = \dfrac{437{,}5\text{ mm} - 60\text{ mm}}{2} = \mathbf{188{,}75\ mm}$

Hinweis: Für Schrägverzahnungen ist bei der Berechnung des Achsabstandes der **Stirnmodul** m_t anstelle des Normalmoduls m_n einzusetzen.

Achsabstand bei Innenverzahnung

$$a = \frac{d_2 - d_1}{2}$$

$$a = \frac{m_t \cdot (z_1 - z_2)}{2}$$

Aufgaben | Zahnradmaße und Achsabstände

1. **Außenverzahntes Stirnrad.** Für ein geradverzahntes Stirnrad mit dem Modul $m = 1{,}5$ mm und der Zähnezahl $z = 50$ sollen die folgenden Werte berechnet werden:
   a) der Kopfkreisdurchmesser d_a,
   b) die Zahnhöhe h (Frästiefe) für ein Kopfspiel $c = 0{,}167 \cdot m$,
   c) der Teilkreisdurchmesser d.

2. **Zahnradtrieb (Bild 1).** Drei geradverzahnte Zahnräder mit den Zähnezahlen $z_1 = 64$, $z_2 = 24$ und $z_3 = 40$ mit einem Modul $m = 2$ mm laufen miteinander. Wie groß sind die Achsabstände a_1 und a_2?

3. **Innenverzahnung (Bild 2).** Bei einer Innenverzahnung mit dem Modul $m = 1{,}5$ mm und einem Kopfspiel $c = 0{,}25 \cdot m$ soll das treibende Rad 28 Zähne und das getriebene Rad 80 Zähne erhalten. Berechnen Sie:
   a) die Teilkreisdurchmesser d_1 und d_2,
   b) die Kopfkreisdurchmesser d_{a1} und d_{a2},
   c) die Fußkreisdurchmesser d_{f1} und d_{f2},
   d) die Zahnhöhe h,
   e) den Achsabstand a.

4. **Zahnradpumpe (Bild 3).** Die beiden geradverzahnten Zahnräder der Zahnradpumpe haben je 11 Zähne und einen Kopfkreisdurchmesser $d_a = 32{,}5$ mm. Wie groß ist der Achsabstand a?

5. **Schrägverzahntes Zahnradpaar (Bild 4).** Für ein schrägverzahntes Zahnradpaar mit den Zähnezahlen $z_1 = 17$ und $z_2 = 81$, dem Kopfspiel $c = 0{,}2 \cdot m_n$ und dem Normalmodul $m_n = 4$ mm sind zu berechnen:
   a) die Kopfkreisdurchmesser d_{a1} und d_{a2},
   b) die Stirnteilung p_t,
   c) die Zahnhöhe h.

6. **Tischantrieb (Bild 5).** Ein Maschinentisch wird über einen Elektromotor und ein Getriebe mit schrägverzahnten Zahnrädern angetrieben. Die Zahnräder haben die Zähnezahlen $z_1 = 26$ Zähne und $z_2 = 130$ Zähne mit dem Modul $m_{n1} = 1{,}75$ mm und $z_3 = 34$ Zähne und $z_4 = 136$ Zähne mit dem Modul $m_{n2} = 2{,}75$ mm. Gesucht sind die Achsabstände a_1 und a_2 bei einem Schrägungswinkel $\beta = 10°$.

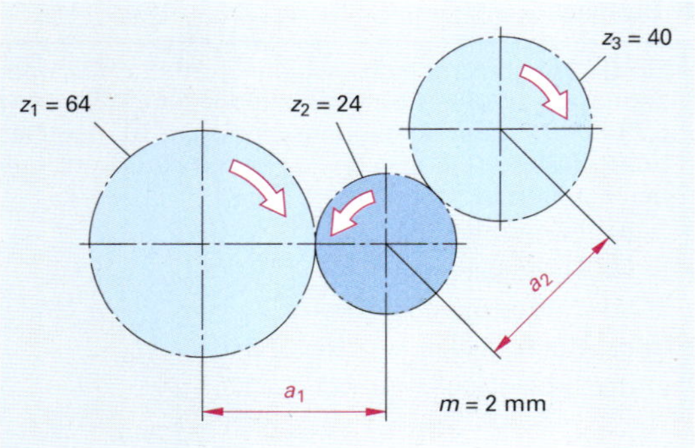

Bild 1: Zahnradtrieb

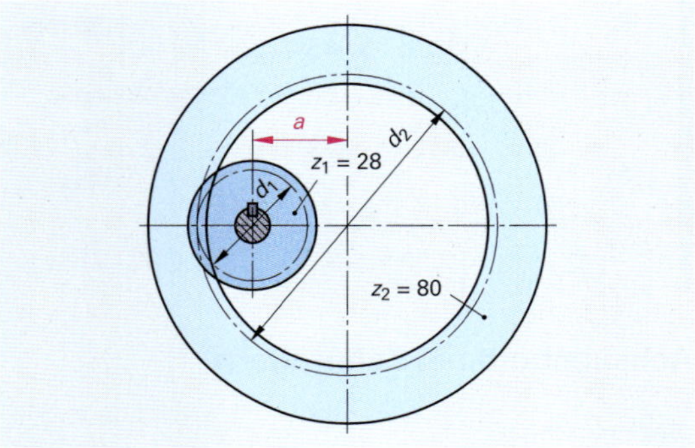

Bild 2: Innenverzahnung

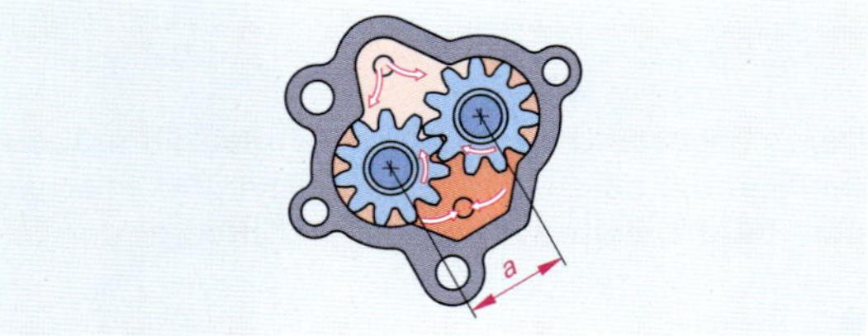

Bild 3: Zahnradpumpe

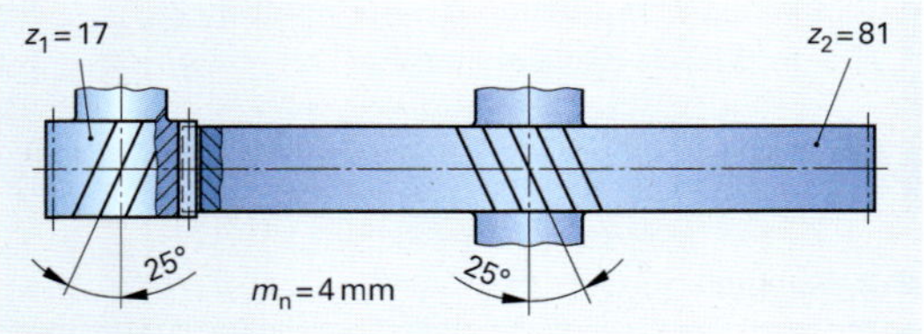

Bild 4: Schrägverzahntes Zahnradpaar

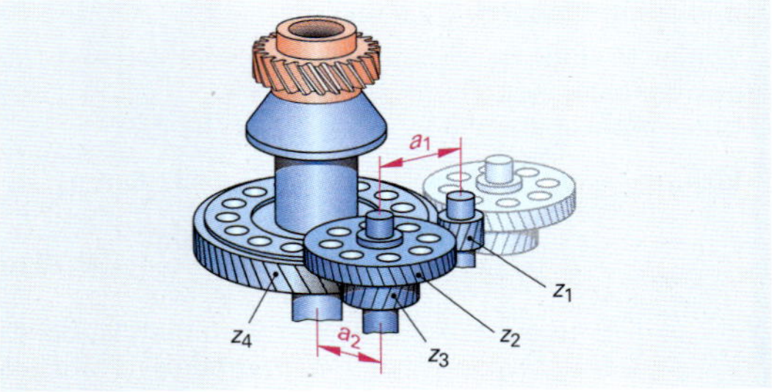

Bild 5: Tischantrieb

S.

Übersetzungen bei Antrieben

Getriebe übersetzen Drehzahlen und Drehmomente durch Zahnräder oder Riemen. Man unterscheidet einfache und mehrfache Übersetzungen.

Bezeichnungen:

i	Übersetzungsverhältnis	–	m	Modul	mm
d_a	Kopfkreisdurchmesser	mm	d_w	Wirkdurchmesser	mm
Treibende Scheiben/Zahnräder:			Getriebene Scheiben/Zahnräder:		
v_1	Umfangsgeschwindigkeit	m/min	v_2	Umfangsgeschwindigkeit	m/min
d_1, d_3, d_5	Durchmesser	mm	d_2, d_4, d_6	Durchmesser	mm
n_1, n_3, n_5	Drehzahlen	1/min	n_2, n_4, n_6	Drehzahlen	1/min
z_1, z_3, z_5	Zähnezahlen	–	z_2, z_4, z_6	Zähnezahlen	–

Einfache Übersetzungen

Bei einfachen Übersetzungen werden die Eingangsdrehzahl und das Eingangsdrehmoment durch zwei Riemenscheiben bzw. zwei Zahnräder einmal geändert.

Zahnrad-, Zahnriemen-, Kettentrieb

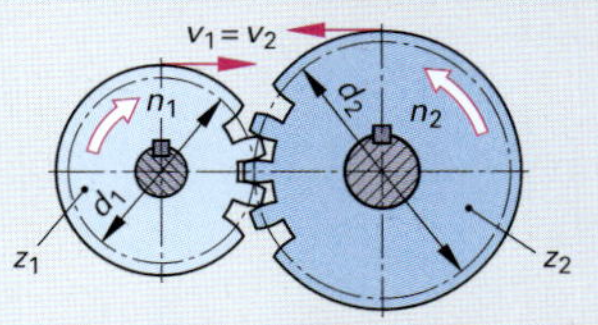

treibendes Rad getriebenes Rad

Die Umfangsgeschwindigkeiten v_1 und v_2 sind gleich groß:

$$v_1 = v_2$$

$$n_1 \cdot \pi \cdot d_1 = n_2 \cdot \pi \cdot d_2$$

$$n_1 \cdot d_1 = n_2 \cdot d_2$$

Riementrieb

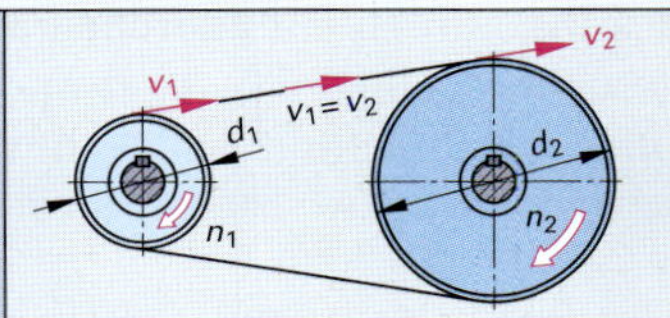

treibende Scheibe getriebene Scheibe

Setzt man beim Zahnrad für $d_1 = m \cdot z_1$ und für $d_2 = m \cdot z_2$, dann ergibt sich folgende Beziehung:

$$n_1 \cdot m \cdot z_1 = n_2 \cdot m \cdot z_2$$

$$\frac{n_1}{n_2} = \frac{z_2}{z_1}$$

Bei Zahnrad-, Zahnriemen- und Kettentrieben verhalten sich die Drehzahlen umgekehrt wie die Zähnezahlen.

Beim Flachriemen gelten folgende Beziehungen:

$$n_1 \cdot d_1 = n_2 \cdot d_2$$

$$\frac{n_1}{n_2} = \frac{d_2}{d_1}$$

Bei Riementrieben verhalten sich die Drehzahlen umgekehrt wie die Durchmesser.

Schneckentrieb: Beim Schneckentrieb ist die Schnecke das treibende Rad mit der Zähnezahl z_1. Für z_1 wird die Gangzahl der Schnecke eingesetzt.

Übersetzungverhältnis:

$$i = \frac{n_1}{n_2} \qquad i = \frac{z_2}{z_1}$$

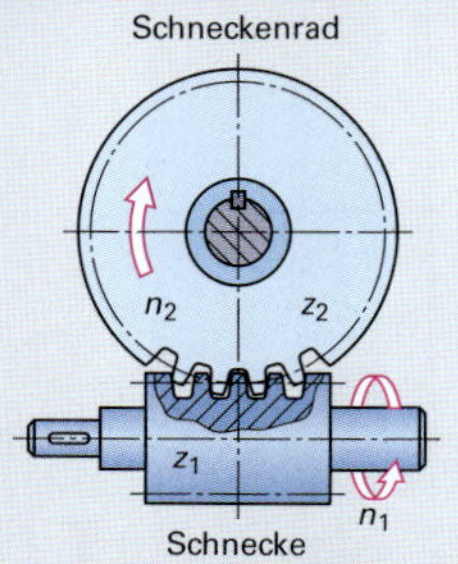

Keilriementrieb: Zur Berechnung des Übersetzungsverhältnisses wird der Wirkdurchmesser d_w der Scheiben eingesetzt.

Übersetzungverhältnis:

$$i = \frac{n_1}{n_2} \qquad i = \frac{d_{w2}}{d_{w1}}$$

Wirkdurchmesser:

$$\boldsymbol{d_w = d_a - 2 \cdot c}$$

(Korrekturwert c aus Tabellen)

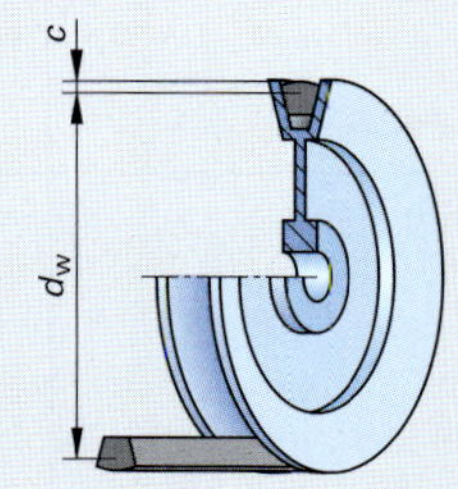

Übersetzungsverhältnisse:

$$i = \frac{d_2}{d_1} \qquad i = \frac{z_2}{z_1} \qquad i = \frac{n_1}{n_2}$$

***i* < 1**: Übersetzung ins Schnelle
***i* > 1**: Übersetzung ins Langsame
***i* = 1**: keine Drehzahländerung

● **1. Beispiel:**

Von zwei Zahnrädern hat das treibende Rad $z_1 = 32$ Zähne und eine Drehzahl $n_1 = 440\ \text{min}^{-1}$. Wie groß sind n_2 und i, wenn das getriebene Rad $z_2 = 80$ Zähne hat?

Lösung: $n_1 \cdot z_1 = n_2 \cdot z_2$ $\qquad n_2 = \frac{n_1 \cdot z_1}{z_2} = \frac{440\ \text{min}^{-1} \cdot 32}{80} = \mathbf{176\ min^{-1}}$

$i = \frac{n_1}{n_2} = \frac{440\ \text{min}^{-1}}{176\ \text{min}^{-1}} = \mathbf{2{,}5}$ $\qquad$ oder $i = \frac{z_2}{z_1} = \frac{80}{32} = \mathbf{2{,}5}$

● **2. Beispiel:**

Bei einem Keilriementrieb mit Schmalkeilriemen beträgt die Drehzahl der treibenden Scheibe $n_1 = 600\ \text{min}^{-1}$ und der Wirkdurchmesser $d_{w1} = 112$ mm. Die getriebene Scheibe hat eine Drehzahl $n_2 = 900\ \text{min}^{-1}$.

a) Wie groß ist der Wirkdurchmesser d_{w2} der getriebenen Scheibe?

b) Wie groß ist das Übersetzungsverhältnis i?

Lösung: a) $n_1 \cdot d_{w1} = n_2 \cdot d_{w2}$ $\qquad d_{w2} = \frac{n_1 \cdot d_{w1}}{n_2} = \frac{600\ \text{min}^{-1} \cdot 112\ \text{mm}}{900\ \text{min}^{-1}} = \mathbf{74{,}67\ mm}$

b) $i = \frac{n_1}{n_2} = \frac{600\ \text{min}^{-1}}{900\ \text{min}^{-1}} = \mathbf{0{,}67}$ $\qquad$ oder $i = \frac{d_2}{d_1} = \frac{74{,}67\ \text{mm}}{112\ \text{mm}} = \mathbf{0{,}67}$

Zahnradtrieb mit Zwischenrad (Bild 1)

Zwischenräder ändern die Drehrichtung, jedoch nicht das Übersetzungsverhältnis und das Drehmoment. Das getriebene Rad dreht sich bei einem Zwischenrad in die gleiche Richtung wie das treibende Zahnrad.

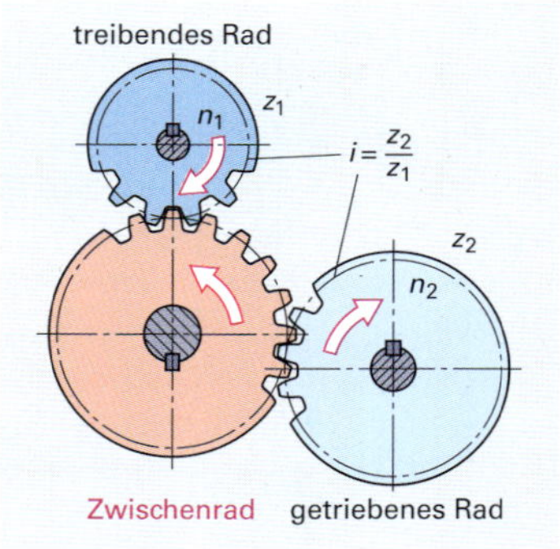

Bild 1: Zwischenrad

Zahnstangentrieb

Bezeichnungen:

v_f	Vorschubgeschwindigkeit	m/min	m	Modul	mm
s	Weg der Zahnstange	mm	n	Drehzahl	1/min
α	Drehwinkel Zahnrad	°	p	Teilung	mm
d	Teilkreisdurchmesser	mm	z	Zähnezahl	–

Die Teilung $p = \pi \cdot m$ ist am Zahnrad und an der Zahnstange gleich **(Bild 2)**. Bei einer vollen Umdrehung des Zahnrades entspricht der Weg $s = z \cdot p$ der Zahnstange dem Umfang $s = \pi \cdot d$ oder $s = \pi \cdot m \cdot z$ auf dem Teilkreis des Zahnrades.

Die Umfangsgeschwindigkeit auf dem Teilkreis des Zahnrades entspricht der Vorschubgeschwindigkeit der Zahnstange.

$v = v_f = \pi \cdot d \cdot n = \pi \cdot m \cdot z \cdot n = p \cdot z \cdot n$

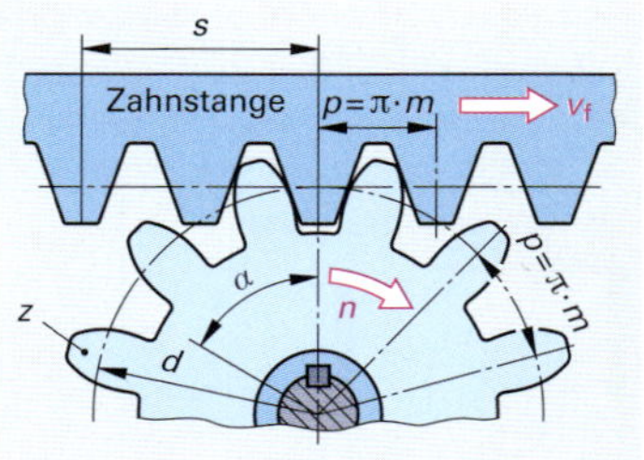

Bild 2: Zahnstangentrieb

Zahnstangenweg für beliebige Drehwinkel

$$s = z \cdot p \cdot \frac{\alpha}{360°}$$

Vorschubgeschwindigkeit der Zahnstange

$$v_f = n \cdot z \cdot p$$
$$v_f = \pi \cdot d \cdot n$$

● **Beispiel:**

Ein Zahnrad mit 48 Zähnen und $m = 4$ mm treibt mit der Drehzahl $n = 15\ \text{min}^{-1}$ eine Zahnstange an. Wie groß sind

a) der Teilkreisdurchmesser d des Zahnrades,

b) die Teilung p der Verzahnung,

c) der Hub s der Zahnstange, wenn sich das Zahnrad um den Winkel $\alpha = 35°$ dreht,

d) die Vorschubgeschwindigkeit v_f der Zahnstange?

Lösung: a) $d = m \cdot z = 4\ \text{mm} \cdot 48 = \mathbf{192\ mm}$

b) $p = \pi \cdot m = \pi \cdot 4\ \text{mm} = \mathbf{12{,}57\ mm}$

c) $s = z \cdot p \frac{\alpha}{360°} = 48 \cdot 12{,}57\ \text{mm} \cdot \frac{35°}{360°} = \mathbf{58{,}66\ mm}$

d) $v_f = \pi \cdot d \cdot n = \pi \cdot 192\ \text{mm} \cdot 15 \frac{1}{\text{min}} = 9\,047{,}8 \frac{\text{mm}}{\text{min}} \approx \mathbf{9 \frac{m}{min}}$

Aufgaben | Einfache Übersetzungen

1. **Rädertrieb.** Das Übersetzungsverhältnis zweier Zahnräder beträgt $i = 1{,}2$. Das treibende Rad hat $z_1 = 80$ Zähne. Der Teilkreisdurchmesser des getriebenen Rades ist $d_2 = 120$ mm. Berechnen Sie
   a) die Zähnezahl z_2 des getriebenen Rades,
   b) den Achsabstand a beider Räder.
2. **Zahnstange.** Das Zahnrad eines Zahnstangentriebes hat 16 Zähne und einen Modul $m = 2$ mm.
   Wie groß ist der Zahnstangenweg, wenn das Zahnrad um 180° gedreht wird?
3. **Riementrieb (Bild 1).** Die Wasserpumpe und die Lichtmaschine eines Kfz-Motors werden über einen Schmalkeilriemen angetrieben. Die Riemenbreite beträgt $b_o = 9{,}7$ mm, der Korrekturwert $c = 2$ mm.
   Berechnen Sie
   a) die Drehzahl n_2 der Wasserpumpe,
   b) den Wirkdurchmesser d_{w3} der Keilriemenscheibe an der Lichtmaschine, wenn diese mit einer Drehzahl von $n_3 = 1200\ \text{min}^{-1}$ drehen soll.
4. **Bohrspindel (Bild 2).** Die Pinole der Bohrspindel soll eine Vorschubgeschwindigkeit $v_f = 162$ mm/min erhalten. Das Antriebsritzel hat 18 Zähne und einen Modul $m = 4$ mm. Wie groß sind
   a) der Teilkreisdurchmesser und die Drehzahl des Antriebsritzels,
   b) der Vorschubweg in 0,6 min,
   c) der Drehwinkel des Ritzels für den berechneten Vorschubweg?
5. **Schneckenrad (Bild 3).** Das Schneckenrad eines Kleinlastkrans hat 60 Zähne. Das Schneckenrad mit Seiltrommel wird von einer zweigängigen Schnecke mit 900 min^{-1} angetrieben.
   a) Wie groß ist die Drehzahl des Schneckenrades?
   b) Mit welcher Geschwindigkeit wird eine Last hochgezogen, wenn die Seiltrommel einen Durchmesser $d = 200$ mm hat?
6. **Tischantrieb (Bild 4).** Die Gewindespindel eines Fräsmaschinentisches hat die Steigung $P = 5$ mm. Sie wird durch einen Elektromotor über einen Zahnriementrieb oder über die Handkurbel mit Zahnradgetriebe angetrieben. Im Eilgang arbeitet der Elektromotor mit einer Drehzahl $n_1 = 600\ \text{min}^{-1}$.
   a) Wie lange dauert es, bis der Tisch, angetrieben durch den Elektromotor, eine Strecke von 200 mm zurückgelegt hat?
   b) Wie viele Kurbelumdrehungen werden für dieselbe Strecke benötigt?

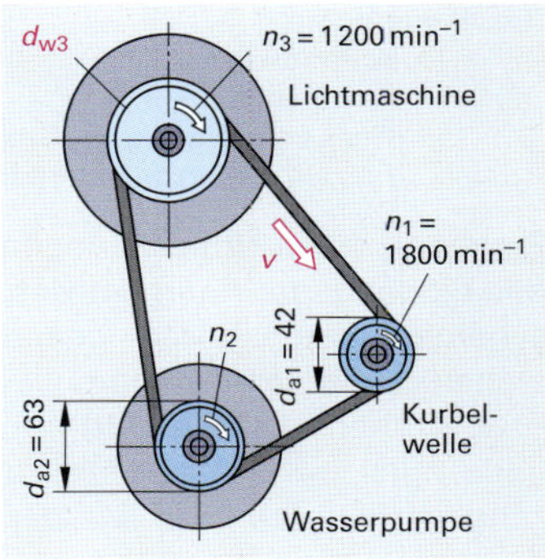

Bild 1: Riementrieb

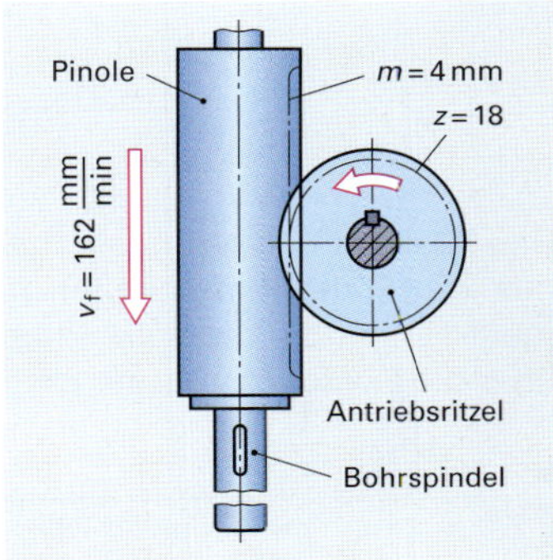

Bild 2: Bohrspindel

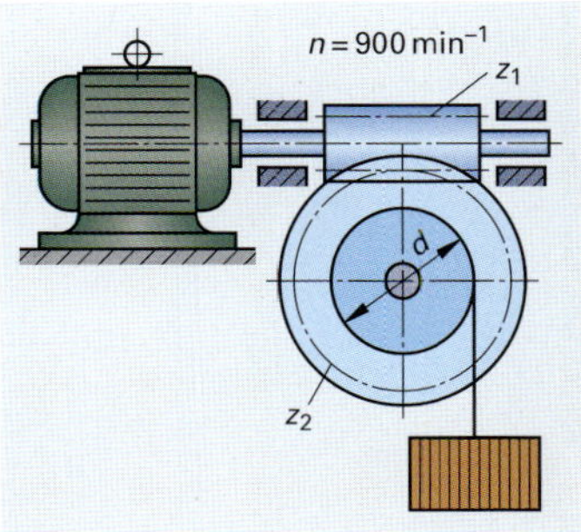

Bild 3: Schneckenrad

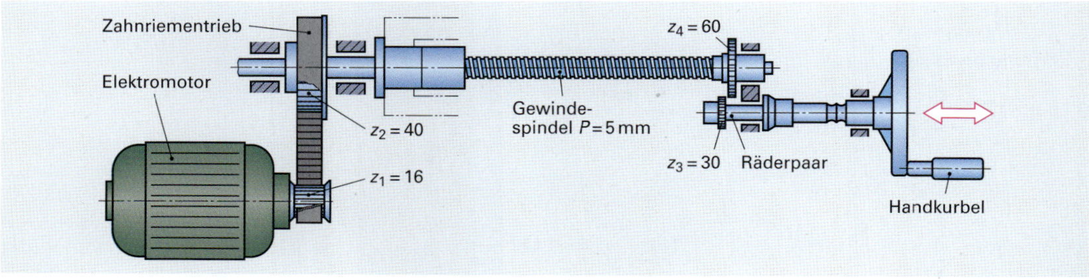

Bild 4: Tischantrieb

S. 260

Mehrfache Übersetzungen

Bezeichnungen:

n_a	Anfangsdrehzahl	1/min
n_e	Enddrehzahl	1/min
i	Gesamtübersetzungsverhältnis	–
$i_1, i_2, \dots$	Einzelübersetzungsverhältnisse	–

Bei mehrfachen Übersetzungen werden die Eingangsdrehzahl und das Eingangsdrehmoment durch mehrere Zahnrad- bzw. Riemenscheibenpaare mehrfach geändert. Mehrfache Übersetzungen entstehen durch Verknüpfungen von Einzelübersetzungen. Zahnräder bzw. Riemenscheiben **(Bild 1** und **Bild 2)**, die auf einer Welle sitzen, haben gleiche Drehzahl und es gilt $n_2 = n_3$. Das Gesamtübersetzungsverhältnis i wird aus der Anfangsdrehzahl n_a und der Enddrehzahl n_e berechnet.

Aus den Einzelübersetzungsverhältnissen ergibt sich für das Gesamtübersetzungverhältnis i:

$$i_1 = \frac{n_1}{n_2}; \quad i_2 = \frac{n_3}{n_4}; \quad i = i_1 \cdot i_2$$

$$i = \frac{n_1 \cdot n_3}{n_2 \cdot n_4} = \frac{n_1}{n_4} = \frac{n_a}{n_e}$$

Das Gesamtübersetzungsverhältnis kann darüber hinaus bei Zahnrad- und Zahnriementrieben über die Zähnezahlen, bei Flachriementrieben über die Außendurchmesser und bei Keilriementrieben über die Wirkdurchmesser berechnet werden.

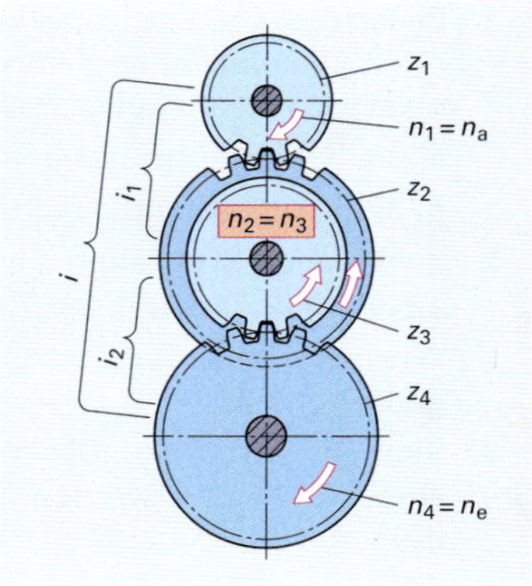

Bild 1: Mehrfache Übersetzung mit Zahnrädern

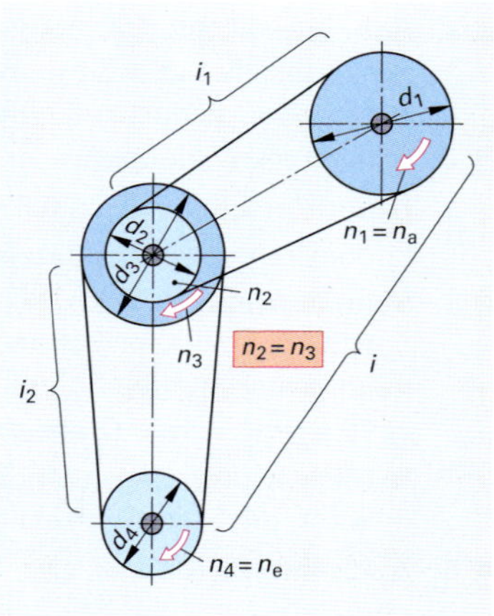

Bild 2: Mehrfache Übersetzung mit Riemen

1. Beispiel:

Zahnradtrieb mit doppelter Übersetzung

$n_a = 630 \frac{1}{min}$; $z_1 = 50$; $z_2 = 75$; $z_3 = 35$; $z_4 = 104$ Zähne

Zu berechnen sind i_1, i_2, i, n_e.

Lösung: $i_1 = \frac{z_2}{z_1} = \frac{75}{50} = \frac{1{,}5}{1} = \mathbf{1{,}5}$ $\quad i_2 = \frac{z_4}{z_3} = \frac{105}{35} = \frac{3}{1} = \mathbf{3}$

$$i = i_1 \cdot i_2 = 1{,}5 \cdot 3 = \mathbf{4{,}5}$$

$$i = \frac{n_a}{n_e}; \quad n_e = \frac{n_a}{i} = \frac{630 \frac{1}{min}}{4{,}5} = \mathbf{140 \frac{1}{min}} \quad \text{oder}$$

$$n_e = \frac{n_a \cdot z_1 \cdot z_3}{z_2 \cdot z_4} = \frac{630 \frac{1}{min} \cdot 50 \cdot 35}{75 \cdot 105} = \mathbf{140 \frac{1}{min}}$$

2. Beispiel:

Riementrieb mit doppelter Übersetzung

$d_1 = 375$ mm; $d_2 = 125$ mm; $d_3 = 160$ mm; $d_4 = 80$ mm;

$n_a = 240 \frac{1}{min}$.

Zu berechnen sind i_1, i_2, i, n_e.

Lösung: $i_1 = \frac{d_2}{d_1} = \frac{125\ mm}{375\ mm} = \mathbf{\frac{1}{3}}$ $\quad i_2 = \frac{d_4}{d_3} = \frac{80\ mm}{160\ mm} = \frac{1}{2} = \mathbf{0{,}5}$

$$i = i_1 \cdot i_2 = \frac{1}{3} \cdot \frac{1}{2} = \frac{1}{6} = \mathbf{0{,}17}$$

$$i = \frac{n_a}{n_e}; \quad n_e = \frac{n_a}{i} = \frac{240 \frac{1}{min}}{\frac{1}{6}} = 240 \frac{1}{min} \cdot 6 = \mathbf{1440 \frac{1}{min}}$$

Gesamtübersetzungsverhältnis

$$i = \frac{n_a}{n_e}$$

$$i = i_1 \cdot i_2 \dots$$

$$i = \frac{z_2 \cdot z_4 \dots}{z_1 \cdot z_3 \dots}$$

$$i = \frac{d_2 \cdot d_4 \dots}{d_1 \cdot d_3 \dots}$$

$i > 1$: Übersetzung ins Langsame
$i < 1$: Übersetzung ins Schnelle

Aufgaben | Mehrfache Übersetzungen

1. **Tischantrieb (Bild 1).** Ein Elektromotor mit $n_1 = 6000\ \text{min}^{-1}$ treibt über ein Getriebe die Spindel einer Zahnradfräsmaschine an. Durch Austauschen von vier verschiedenen Zahnradpaaren sind vier Abtriebsdrehzahlen möglich. Folgende Zahnradkombinationen für das Paar z_1/z_2 sind möglich: 26/130; 40/120; 44/110; 52/104. Die zweite Übersetzung mit $z_3 = 34$ und $z_4 = 136$ ist nicht veränderlich.

   Berechnen Sie

   a) die Einzel- sowie die vier Gesamtübersetzungsverhältnisse,

   b) die möglichen Drehzahlen am Maschinentisch.

2. **Handbohrmaschine (Bild 2).** Ein Elektromotor mit stufenloser Drehzahlregelung treibt über ein zweistufiges Getriebe die Spindel einer Handbohrmaschine an. Die Stirnräder haben die Zähnezahlen $z_1 = 10$, $z_2 = 52$, $z_3 = 24$, $z_4 = 36$, $z_5 = 16$ und $z_6 = 44$. An der Spindel stehen zwei Drehzahlbereiche zur Verfügung.

   Berechnen Sie

   a) die Übersetzungsverhältnisse i_1 und i_2 der Getriebestufen,

   b) die maximale Spindeldrehzahl, wenn der Elektromotor eine Drehzahl von $6000\ \text{min}^{-1}$ besitzt.

3. **Stufenloses Getriebe (Bild 3).** Die Spindel einer Ständerbohrmaschine wird über einen stufenlosen Riementrieb mit anschließendem Schaltgetriebe angetrieben. Der Motor arbeitet mit einer Drehzahl $n_1 = 1400\ \text{min}^{-1}$. Das Übersetzungsverhältnis des Riementriebs ins Langsame beträgt $i_g = 7$, ins Schnelle $i_k = 0{,}7$.

   Berechnen Sie die kleinste und größte Drehzahl für beide Stufen, wenn das Schaltgetriebe ein Übersetzungsverhältnis $i_1 = 1{,}6$ bzw. $i_2 = 0{,}32$ besitzt.

4. **Spindelhubgetriebe (Bild 4).** Die Hubspindel einer Hubeinrichtung wird von einem Elektromotor über einen Zahnriementrieb und Schneckentrieb angetrieben.

   Wie groß sind

   a) die Drehzahl der Trapezspindel,

   b) die maximale Hubgeschwindigkeit v_f der Hubspindel?

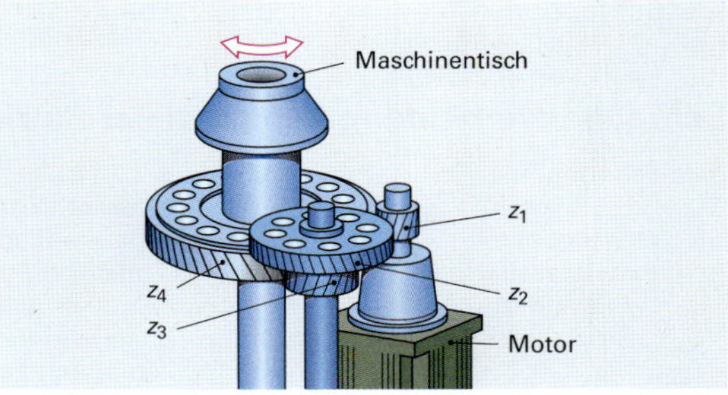

Bild 1: Tischantrieb

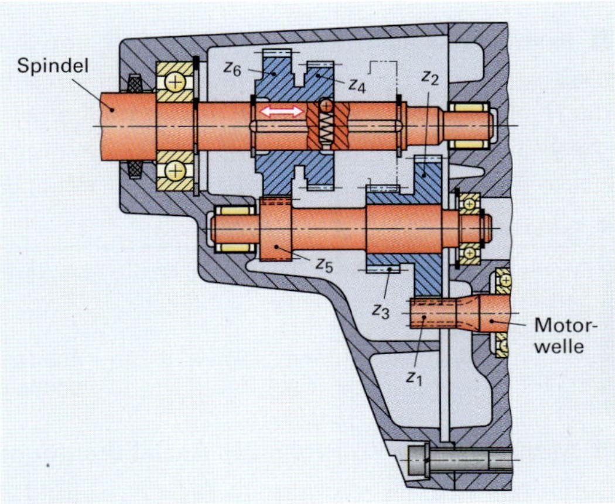

Bild 2: Handbohrmaschine

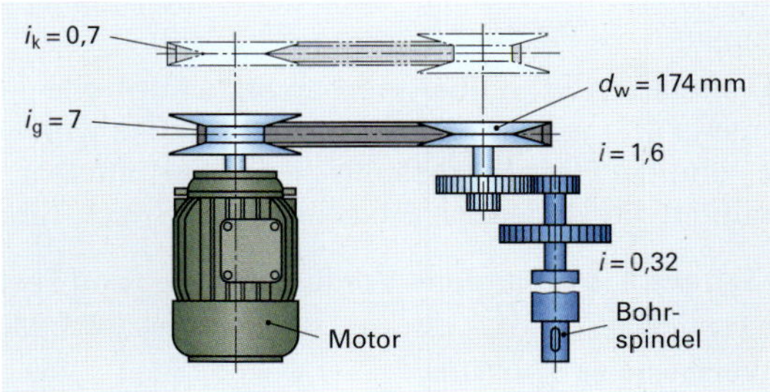

Bild 3: Stufenloses Getriebe

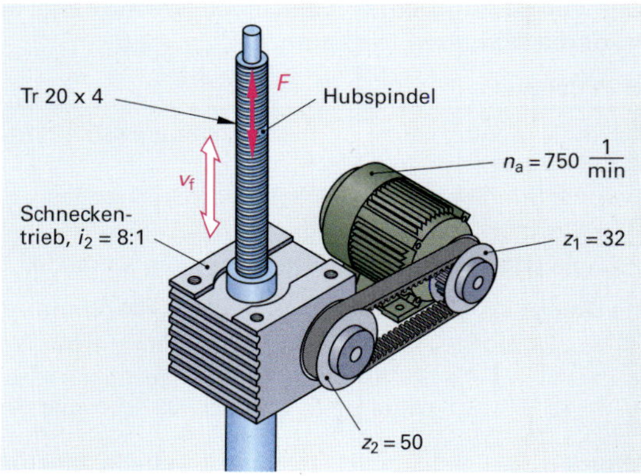

Bild 4: Spindelhubgetriebe

S. 260

Schraubenverbindung

Die Schraubenverbindung ist die am häufigsten verwendete lösbare Verbindung in der Fügetechnik.

Schraubenverbindungen mit axialer Betriebskraft F_B

Bezeichnungen:

F_H	Handkraft	N	d	Gewindenenndurchmesser	mm
F_B	Betriebskraft	N	S	Spannungsquerschnitt	mm²
l	Schlüsselradius	mm	σ_{zul}	zulässige Spannung	N/mm²
M_A	Anziehdrehmoment	N · m	σ_v	Vorspannung	N/mm²
R_e	Streckgrenze	N/mm²	p	Flächenpressung	N/mm²
R_{emin}	Mindest-Streckgrenze	N/mm²	p_v	Vorspann-Flächenpressung	N/mm²
Z_1; Z_2	erste und zweite Ziffer der Festigkeitsklasse	–	ν	Sicherheit	–

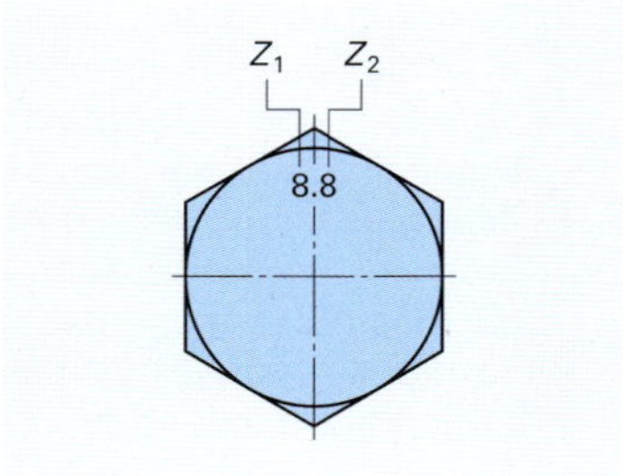

Bild 1: Festigkeitsklasse

Festigkeitsklasse und Streckgrenze R_e von Schrauben

Die Festigkeitsklasse, z. B. 6.8 oder 8.8, kennzeichnet die Zugfestigkeit R_m und die Streckgrenze R_e des Schraubenwerkstoffes.

Die Streckgrenze R_e wird aus den Ziffern Z_1 und Z_2 der Festigkeitsklasse **(Bild 1)** berechnet mit $R_e = Z_1 \cdot Z_2 \cdot 10$ in N/mm².

Streckgrenze

$$R_e = Z_1 \cdot Z_2 \cdot 10$$

Zugfestigkeit

$$R_m = Z_1 \cdot 100$$

1. Beispiel:

Für die Festigkeitsklassen 6.6 und 8.8 ist die Streckgrenze R_e des Schraubenwerkstoffes zu berechen.

Lösung: $R_e = Z_1 \cdot Z_2 \cdot 10$
Festigkeitsklasse 6.8: $R_e = 6 \cdot 8 \cdot 10 =$ **480 N/mm²**
Festigkeitsklasse 8.8: $R_e = 8 \cdot 8 \cdot 10 =$ **640 N/mm²**

Montage ohne Kontrolle des Anziehdrehmoments M_A

Durch das Anziehdrehmoment $M_A = F_H \cdot l$ **(Bild 2)** wird der Spannungsquerschnitt S der Schraube mit der Vorspannung σ_v auf Zug beansprucht. Zwischen dem Schraubenkopf und dem Werkstück entsteht die Flächenpressung p_v **(Bild 3)**.

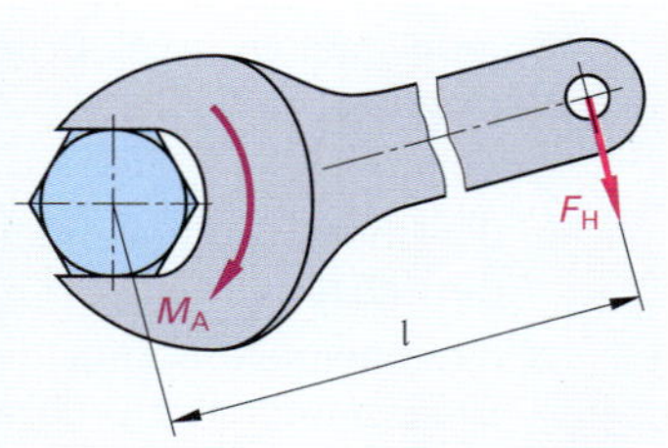

Bild 2: Anziehdrehmoment

Die meisten Schrauben werden **ohne Kontrolle** des Anziehdrehmoments M_A montiert, folglich sind die Zahlenwerte der Vorspannung σ_v und die Flächenpressung p_v nicht ermittelbar. Für die Vorspannung σ_v liegen jedoch Erfahrungswerte nach **Tabelle 1** vor.

Tabelle 1: Vorhandene Vorspannung σ_v und Festigkeitsklassen

Gewinde d	M5, M6	M8, M10, M12
Vorspannung σ_v in N/mm²	350	280
verwendbare Festigkeitsklasse der Schraube	8.8	6.8, 8.8

Zur Vermeidung einer plastischen Verformung der Schrauben beträgt die Mindest-Streckgrenze $R_{emin} = 1{,}5 \cdot \sigma_v$.

Mindest-Streckgrenze

$$R_{emin} = 1{,}5 \cdot \sigma_v$$

2. Beispiel:

Für die Montage einer Sechskantschraube ISO 4017 – M6 × 40 – 6.8 sind zu bestimmen

a) die Streckgrenze R_e des Schraubenwerkstoffes,
b) die erforderliche Streckgrenze R_{emin},
c) die erforderliche Festigkeitsklasse der Schraube.

Lösung: a) $R_e = Z_1 \cdot Z_2 \cdot 10 = 6 \cdot 8 \cdot 10 =$ **480 N/mm²**
b) $R_{emin} = 1{,}5 \cdot \sigma_v = 1{,}5 \cdot 350$ N/mm² = **525 N/mm²**
c) $R_{emin} > R_e$; Änderung der Festigkeitsklasse auf 8.8 mit der Streckgrenze $R_e = 640$ N/mm² (Beispiel 1)

Werden die Festigkeitsklassen nach **Tabelle 1** festgelegt, erübrigt sich die Nachrechnung der Streckgrenze R_{emin}.

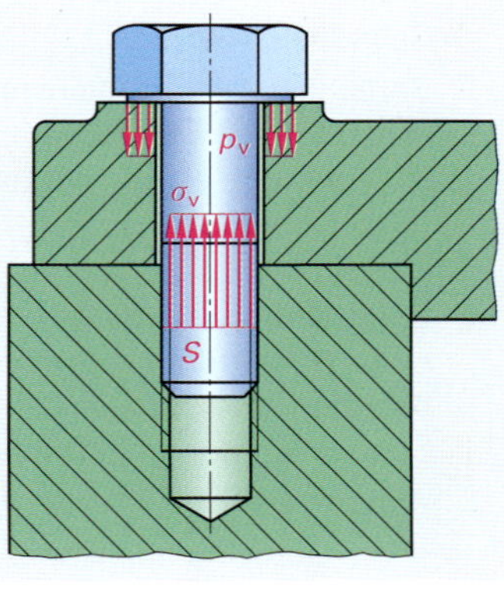

Bild 3: Schraubenverbindung im Montagezustand

Belastung mit der Betriebskraft F_B

Nach dem Montieren wird die Schraubenverbindung durch Betriebskräfte F_B, z. B. durch Lagerkräfte, Gewichtskräfte, hydraulische oder pneumatische Druckkräfte, zusätzlich belastet **(Bild 1)**.

- Im Spannungsquerschnitt S erhöht sich die Vorspannung σ_v auf die Zugspannung σ_z, und
- die Flächenpressung zwischen dem Schraubenkopf und dem Werkstück steigt von p_v auf p.

Weil die Größe des Anziehdrehmoments M_A nicht bekannt ist, sind die Zugspannung σ_z und die Flächenpressung p nicht bestimmbar.

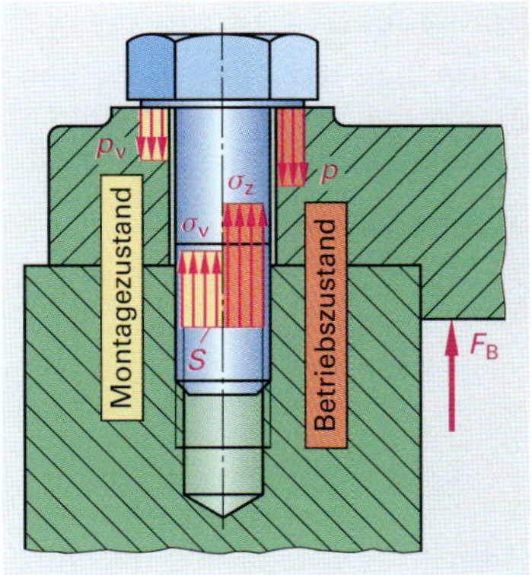

Bild 1: Schraubenverbindung mit Betriebskraft F_B

Berechnung von Schrauben

Die meisten Schrauben werden ohne Kontrolle des Anziehdrehmoments M_A angezogen. In diesen Verbindungen lassen sich weder die maximale Belastung der Schraube noch die Flächenpressung berechnen. Die Berechnung der Schrauben erfolgt allein über die **Betriebskraft F_B** in folgenden Schritten:

- Berechnung der Streckgrenze R_e aus der Festigkeitsklasse der Schraube.
- Berechnung der zulässigen Spannung σ_{zul} aus der Streckgrenze R_e und der Sicherheit $\nu = 2{,}5$. Der hohe Sicherheitsfaktor berücksichtigt die ungenaue Berechnung der Schraubengesamtkraft.
- Berechnung des Spannungsquerschnittes S aus der Betriebskraft und der zulässigen Spannung σ_{zul}.
- Bestimmung des Gewindes d nach **Tabelle 1**.

Spannungsquerschnitt

$$S = \frac{F_B}{\sigma_{zul}}$$

Zulässige Spannung

$$\sigma_{zul} = \frac{R_e}{2{,}5}$$

Tabelle 1: Spannungsquerschnitte S für Schrauben

Gewinde d	Spannungsquerschnitt S in mm²	Gewinde d	Spannungsquerschnitt S in mm²	Gewinde d	Spannungsquerschnitt S in mm²
M5	14,2	**M8**	36,6	**M12**	84,3
M6	20,1	**M10**	58	**M16**	157

- Kontrolle der Festigkeitsklasse nach **Tabelle 1, vorherige Seite.** Bei Werkstücken aus Stahl oder Gusseisen ist die Druckfestigkeit so hoch, dass eine Berechnung der Flächenpressung p nicht erforderlich ist.

Beispiel:

Die Axialkraft $F_a = 7{,}5$ kN einer Schneckenwelle soll durch 4 Sechskantschrauben ISO 4014 mit der Festigeitsklasse 5.6 auf das Gehäuse übertragen werden **(Bild 2)**. Zu bestimmen sind

a) die Betriebskraft F_B je Schraube,
b) die Streckgrenze R_e,
c) die zulässige Spannung σ_{zul},
d) der Spannungsquerschnitt S und das Gewinde nach **Tabelle 1,**
e) die Festigkeitsklasse nach **Tabelle 1, vorherige Seite.**

Lösung: a) $F_B = \frac{F_a}{4} = \frac{7\,500\ \text{N}}{4} = \mathbf{1\,875\ N}$

b) $R_e = Z_1 \cdot Z_2 \cdot 10 = 5 \cdot 6 \cdot 10 \frac{\text{N}}{\text{mm}^2} = \mathbf{300\ \frac{N}{mm^2}}$

c) $\sigma_{zul} = \frac{R_e}{2{,}5} = \frac{300\ \text{N}}{2{,}5\ \text{mm}^2} = \mathbf{120\ \frac{N}{mm^2}}$

d) $S = \frac{F_B}{\sigma_{zul}} = \frac{1875\ \text{N}}{120\ \text{N}}\ \text{mm}^2 = \mathbf{15{,}6\ mm^2}$; Gewinde M6 mit $S = 20{,}1\ \text{mm}^2$

e) gewählte Festigkeitsklasse 8.8 **(Tabelle 1, vorherige Seite)**

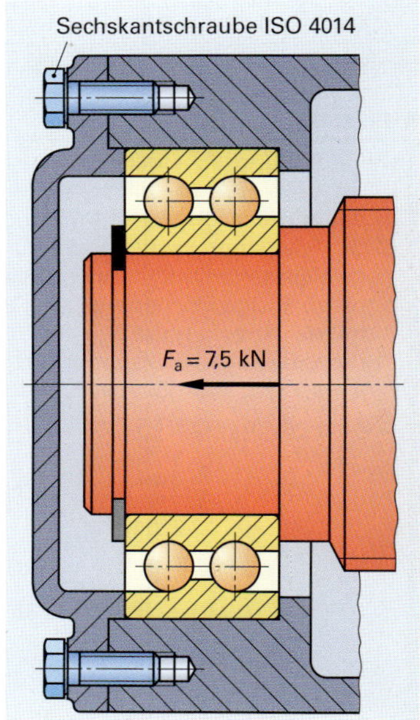

Bild 2: Schneckenwelle

Schraubenverbindungen ohne Betriebskraft

Schrauben, die z. B. in Scheibenkupplungen oder Spannverbindungen Verwendung finden **(Bild 1)**, werden in der Regel mit kontrolliertem Anziehdrehmoment M_A nach **Tabelle 1** montiert.

Bezeichnungen:

F_V	Vorspannkraft (Tabellenwert)	N	p	Flächenpressung	N/mm²
F_{erf}	erforderliche Vorspannkraft	N	p_{zul}	zul. Flächenpressung	N/mm²
M_A	Anziehdrehmoment	N·m	A	Auflagefläche	mm²
σ_z	Zugspannung	N/mm²	R_e	Streckgrenze des Bauteilwerkstoffes	N/mm²
d_w	Kopfdurchmesser	mm	S	Spannungsquerschnitt	mm²
			d_h	Durchgangsbohrung	mm

Tabelle 1: Vorspannkräfte, Anziehdrehmomente[1)]

Gewinde d	Festigkeitsklasse	Vorspannkraft F_V in N	Anziehdrehmoment M_A in N·m	Gewinde d	Festigkeitsklasse	Vorspannkraft F_V in N	Anziehdrehmoment M_A in N·m
M8	8.8	17 200	23,1	M12	8.8	39 900	80
	10.9	25 200	34		10.9	58 500	117
M10	8.8	27 300	46	M16	8.8	75 300	194
	10.9	40 200	68		10.9	111 000	285

Nach dem kontrollierten Anziehen sind die Schrauben mit der Vorspannkraft F_V entsprechend **Tabelle 1** belastet. Die Flächenpressung p an der Kopfauflage wird in folgenden Schritten geprüft:

- Bestimmung des Anziehdrehmomentes M_A und der Vorspannkraft F_V nach **Tabelle 1.**
- Berechnung der Flächenpressungen p und p_{zul}.
- Kontrolle der Bedingung: $p_{zul} \geq p$.

Tabelle 2: Auflagedurchmesser d_w (Auswahl)

Sechskantschrauben ISO 4014				Zylinderschrauben ISO 4762			
Gewinde d	d_w[2)] mm	Gewinde d	d_w[2)] mm	Gewinde d	d_w[2)] mm	Gewinde d	d_w[2)] mm
M8	11,6	M12	16,6	M8	13	M12	18
M10	14,6	M16	22	M10	16	M16	24

Beispiel:

Die Kupplungsscheiben **Bild 1** werden mit $n = 6$ Zylinderschrauben ISO 4762 – M8 × 40 – 8.8 verspannt. Wie groß sind

a) das Anziehdrehmoment M_A und die Vorspannkraft F_V,

b) die Flächenpressung p bei Durchgangsbohrungen d_h mit der Toleranzklasse „mittel" nach **Tabelle 3,**

c) die zulässige Flächenpressung p_{zul} an der Kupplungsscheibe aus E335 mit der Streckgrenze R_e = 335 N/mm²,

d) das übertragbare Drehmoment der Kupplung bei einer Reibungszahl $\mu = 0{,}2$ und einer Sicherheit gegen Durchrutschen von $\nu = 1{,}5$?

Lösung: a) $M_A = 23{,}1\ \text{N}\cdot\text{m}$; $F_V = 17\,200$ N (nach **Tabelle 1**)

b) $p = \frac{F_V}{A}$; $A = \frac{\pi}{4}\cdot\left(d_w^2 - d_h^2\right) = \frac{\pi}{4}\cdot\left(13^2 - 9^2\right)\ \text{mm}^2 = \mathbf{69{,}2\ mm^2}$

$$p = \frac{17\,200\ \text{N}}{69{,}2\ \text{mm}^2} = \mathbf{248{,}6\ \frac{N}{mm^2}}$$

c) $p_{zul} = 1{,}2\cdot R_e = 1{,}2\cdot 335\ \frac{\text{N}}{\text{mm}^2} = \mathbf{402\ \frac{N}{mm^2}}$; $p_{zul} > p$

d) $M = \frac{F_R}{\nu}\cdot r = \frac{n\cdot F_V\cdot\mu}{\nu}\cdot r = \frac{6\cdot 17\,200\ \text{N}\cdot 0{,}20}{1{,}5}\cdot\frac{0{,}12\ \text{m}}{2} = \mathbf{825{,}6\ N\cdot m}$

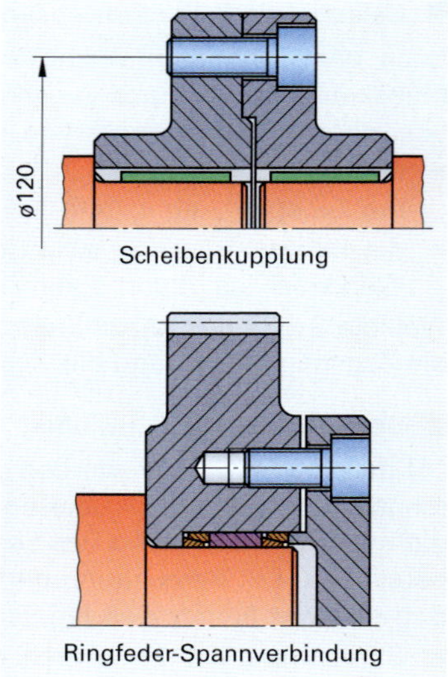

Bild 1: Scheibenkupplung, Ringfeder-Spannverbindung

Flächenpressung an der Kopfauflage der Schraube

$$p = \frac{F_V}{A}$$

Auflagefläche des Schraubenkopfes

$$A = \frac{\pi}{4}\cdot\left(d_w^2 - d_h^2\right)$$

Zulässige Flächenpressung an der Kopfauflage der Schraube

$$p_{zul} = 1{,}2\cdot R_e$$

$$p_{zul} \geq p$$

Tabelle 3: Durchgangsbohrungen

Gewinde d	Durchgangsbohrung d_h in mm – Toleranzklasse fein	mittel
M8	8,4	9
M10	10,5	11
M12	13	13,5
M16	17	17,5

1) Die Tabellenwerte gelten für leicht geölte Schrauben.
2) d_w Auflagedurchmesser (Kopfdurchmesser bei Zylinderschrauben)

Aufgaben | Schraubenverbindung

1. **Druckzylinder (Bild 1).** Der Deckel eines Druckluftzylinders soll mit 6 Sechskantschrauben ISO 4014 der Festigkeitsklasse 8.8 befestigt werden. Im Zylinder wirkt ein Druck p_e = 8 bar.
   Zu bestimmen sind
   a) die Betriebskraft F_B pro Schraube, wenn mit einer Sicherheit ν = 1,5 gegen Dichtheit gerechnet wird,
   b) die zulässige Spannung,
   c) der Spannungsquerschnitt S und das entsprechende Gewinde.

2. **Vorschubantrieb (Bild 2).** Der Vorschub einer CNC-Fräsmaschine erfolgt mit einer Kugelgewindespindel. Am Lagerbock des Maschinentisches wird die Kugelgewindemutter mit vier Zylinderschrauben der Festigkeitsklasse 8.8 befestigt. Während des Vorschubs tritt an der Spindel eine Axialkraft von 4000 N auf. Durch unsachgemäßes Anfahren kann diese Kraft auf das 3-Fache steigen. Wie groß sind
   a) die Betriebskraft pro Schraube,
   b) die zulässige Spannung,
   c) der Gewindenenndurchmesser?
   d) Mit welchem Gewindenenndurchmesser könnten die Schrauben ausgelegt werden, wenn für die Befestigung sechs Zylinderschrauben verwendet werden?

3. **Schraubenverbindung (Bild 3).** Flachstäbe 80 × 12 aus S235JR werden mit zwei Schrauben ISO 4014 der Festigkeitsklasse 8.8 verbunden und mit einer Querkraft F_Q = 3,2 kN beansprucht, die nur durch Reibung übertragen wird. Die Reibungszahl zwischen den Flachstäben beträgt μ = 0,2, und für die Sicherheit wird ν = 2 angenommen. Zu bestimmen sind
   a) die erforderliche Vorspannkraft zur sicheren Verbindung,
   b) der Gewindenenndurchmesser, die Vorspannkraft und das Anziehdrehmoment nach Tabelle,
   c) die Flächenpressung zwischen Schraubenkopf und Flachstab, wenn die Durchgangsbohrung nach der Toleranzklasse „mittel" hergestellt wird.
   d) Es ist zu prüfen, ob die zulässige Flächenpressung am Flachstab überschritten wird.

4. **Spanneisen (Bild 4).** Ein Werkstück wird mit zwei Spanneisen auf den Maschinentisch gespannt. Die horizontale Schnittkraft F_c beim Fräsen der Nut beträgt 6800 N, sie muss durch die Reibung zwischen Spanneisen und Werkstück sowie durch die Reibung zwischen Werkstück und Maschinentisch sicher gehalten werden. Da bei der Fertigung auch mit Stößen gerechnet wird, muss eine Sicherheit ν = 3 eingerechnet werden. Die Reibungszahl beträgt μ = 0,15. Zu berechnen sind
   a) die notwendige Reibungskraft zwischen Spanneisen und Werkstück,
   b) die Auflagerkraft (Normalkraft F_N) am Spanneisen sowie die erforderliche Vorspannkraft in der Schraube.
   c) Es ist zu untersuchen, ob Schrauben M10 mit der Festigkeitsklasse 8.8 verwendbar sind.

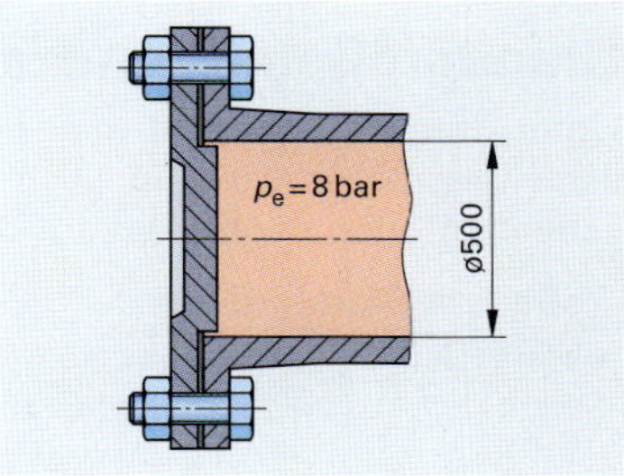

Bild 1: Druckzylinder

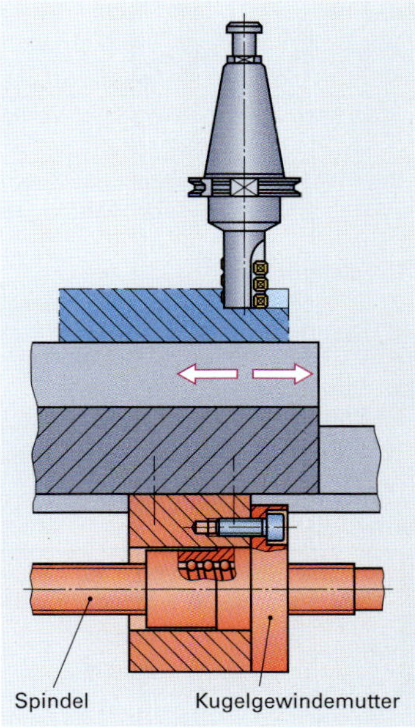

Bild 2: Vorschubantrieb

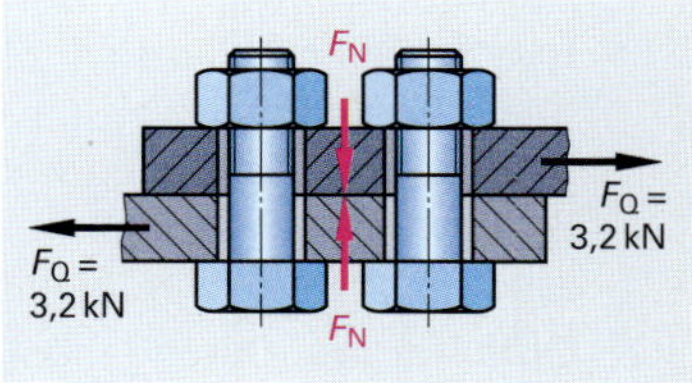

Bild 3: Schraubenverbindung

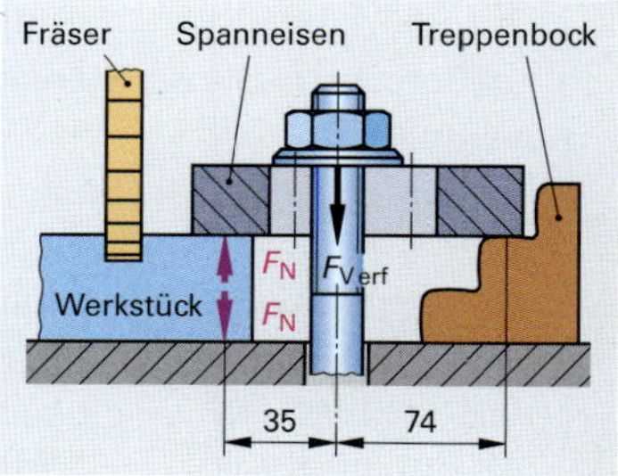

Bild 4: Spanneisen

S. 273

Fertigungsplanung

Standgrößen (Standzeit, Standmenge, Standweg, Standvolumen)

Unter Standzeit versteht man die Zeit des Werkzeugeingriffs bis zum Erreichen des zulässigen Verschleißes. Damit wird ein Nachschärfen erforderlich. Als messbare Werte am Werkzeug werden Verschleißkriterien verwendet, für die ein bestimmter Grenzwert festgelegt wird **(vgl. Tabelle 1)**.

Tabelle 1: Standgrößen

Begriffe	**Erläuterungen**
Standzeit T	$T_{v200VB0,2}$ = 15 min Standzeitvorgabe 15 Minuten bei v_c = 200 m/min und VB = 0,2 mm
Verschleißkriterien **(Bild 1)** VB; K_T; K_B	VB Verschleißmarkenbreite in mm K_T Kolktiefe in mm K_B Kolkbreite in mm
Standmenge N	Mögliche Stückzahl bei einer vorgegebenen Standzeit.
Standweg L_f	Möglicher Vorschubweg, den ein Werkzeug während der Standzeit im Einsatz zurücklegen kann.
Standvolumen V_t	Mögliches Zerspanungsvolumen in cm³, das ein Werkzeug während der Standzeit erzeugen kann.

Bezeichnungen:

T	Standzeit	min	n	Drehzahl	1/min
N	Standmenge	Stück	f_z	Vorschub je Fräserzahn	mm
t_h	Hauptnutzungszeit	min/Stück	z	Zähnezahl	–
L_f	Standweg	mm	A	Spanungsquerschnitt	mm²
V_t	Standvolumen	cm³	Q	Zeitspanungsvolumen	cm³/min
v_f	Vorschubgeschwindigkeit	mm/min			

● **Beispiel:**

Für eine Standzeit von T = 15 Minuten und einer Hauptnutzungszeit t_h = 1,3 Minuten soll die Standmenge berechnet werden.

Lösung: $N = \frac{T}{t_h} = \frac{15\ \text{min}}{1{,}3\ \text{min/Stück}} = 11{,}5$ Stück; $N = 11$ Stück

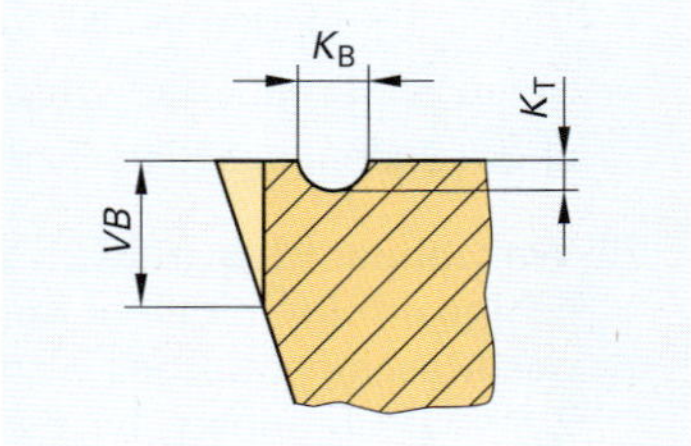

Bild 1: Verschleißmarken

Standmenge

$$N = \frac{T}{t_h}$$

Standweg

$$L_f = T \cdot v_f$$

$$L_f = T \cdot n \cdot f_z \cdot z$$

Standvolumen

$$V_t = A \cdot v_c \cdot T$$

Zeitspanungsvolumen

$$Q = A \cdot v_c$$

Aufgaben | Standgrößen

1. **Aufnahmeplatte.** Die Bohrungen in einer Aufnahmeplatte sollen mit einem beschichteten HM-Bohrer mit dem Durchmesser d = 7,8 mm zum nachfolgenden Reiben mit einer HM-Reibahle vorgebohrt werden. Die Bohrtiefe ist jeweils l = 60 mm. Mit einer Schnittgeschwindigkeit v_c = 70 m/min und einem Vorschub f = 0,2 mm wird eine Standzeit von T = 20 Minuten erwartet. Berechnen Sie die Standmenge, wenn der Werkzeuganlauf und Überlauf bei der Hauptnutzungszeit nicht berücksichtigt werden.
2. **Optimierung.** Durchgangsbohrungen mit Durchmesser d = 11 mm und Bohrungstiefe l = 25 mm können entweder mit einem beschichteten Spiralbohrer aus HSS oder mit einem Spiralbohrer aus Hartmetall gebohrt werden. Für beide Bohrer wird ein Vorschub f = 0,13 mm und eine Standzeit T = 15 Minuten angenommen. Der An- und Überlauf des Bohrers beträgt jeweils 1 mm.
   a) Berechnen Sie die Standmenge des HSS-Bohrers, wenn die Schnittgeschwindigkeit v_c = 30 m/min beträgt.
   b) Berechnen Sie die Standmenge des HM-Bohrers, wenn die Schnittgeschwindigkeit v_c = 80 m/min beträgt.
   c) Vergleichen und beurteilen Sie die Ergebnisse.
3. **Welle.** Wellen aus C45E werden mit der Schnitttiefe a_p = 5 mm, dem Vorschub f = 0,35 mm und der Schnittgeschwindigkeit v_c = 110 m/min in einem Schnitt überdreht. Als Standzeit für den HM-Drehmeißel wird T = 15 Minuten angenommen. Berechnen Sie das Standvolumen und das Zeitspanungsvolumen für die Fertigungssituation.

Durchlaufzeit, Belegungszeit

Durchlaufzeit[1)]

Die Durchlaufzeit ist die Zeit für die Durchführung eines Arbeitsganges oder eines Auftrages als Summe der Bearbeitungs-, Transport- und Wartezeiten **(Bild 1)**. Werden in einem Auftrag mehrere Fertigungs- und Montagestufen durchlaufen, so ergibt sich die Gesamtdurchlaufzeit aus den Durchlaufzeiten der sich folgenden Einzelaufgaben vom Start- bis zum Lieferzeitpunkt.

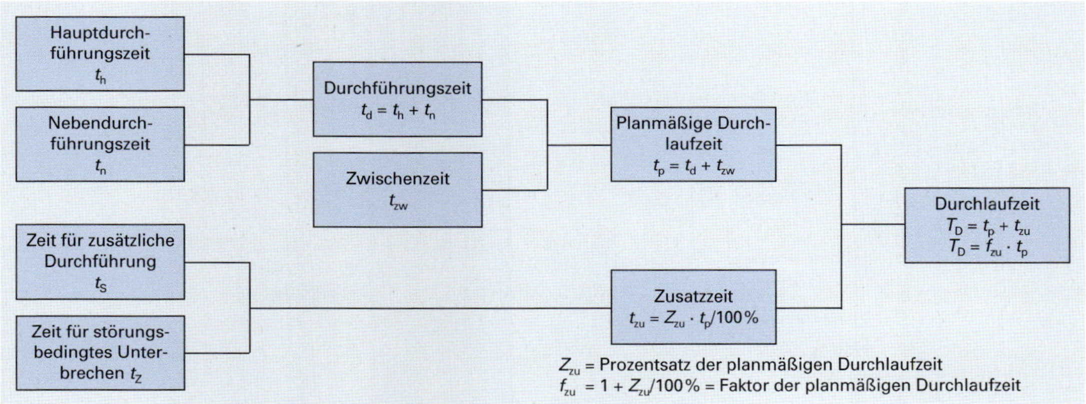

Bild 1: Gliederung der Durchlaufzeit nach REFA[1)] in einem Arbeitssystem

Bezeichnungen:

T_D	Durchlaufzeit einer Aufgabe	h; Tage
t_p	Planmäßige Durchlaufzeit einer Losgröße	min; h
t_d	Durchführungszeit entspricht Auftragszeit T bzw. Belegungszeit T_{bB}	min; h
t_h	Hauptdurchführungszeit entspricht Tätigkeitszeit t_t bzw. Hauptnutzungszeit t_h	min; h
t_n	Nebendurchführungszeit (vorbereiten, beschicken ...)	min; h
t_{zw}	Zwischenzeit (Liege- und Transportzeiten)	min; h
t_{lie}	Liegezeit vor und nach der Bearbeitung	min; h
t_{tr}	Transportzeit	min; h
t_{zu}	Zusatzzeit (zusätzliche Durchführungen, störungsbedingtes Unterbrechen)	min; h
Z_{zu}	Prozentsatz der planmäßigen Durchlaufzeit	%
f_{zu}	Faktor der planmäßigen Durchlaufzeit	–

Durchlaufzeit

$$T_D = t_p + t_{zu}$$

$$T_D = f_{zu} \cdot t_p$$

Planmäßige Durchlaufzeit

$$t_p = t_d + t_{zw}$$

Zwischenzeit

$$t_{zw} = t_{lie} + t_{tr} + t_{lie}$$

Zusatzzeit

$$t_{zu} = Z_{zu} \cdot t_p/100\,\%$$

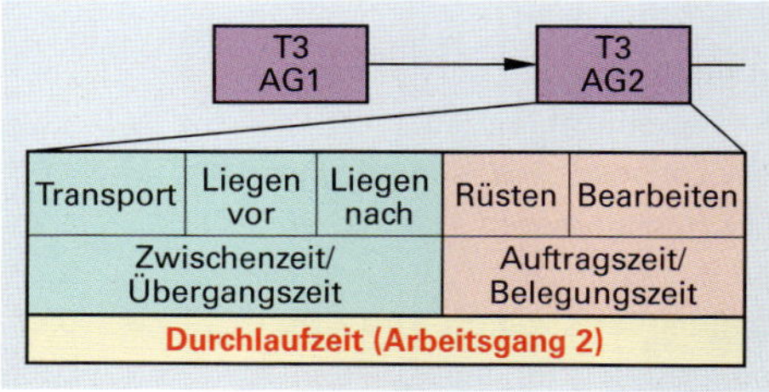

Bild 2: Durchlaufzeit am Beispiel eines Arbeitsganges

● **Beispiel (Bild 2):**

Das Teil 3 (T3) belegt im Arbeitsgang 2 (AG2) eine CNC-Maschine mit 6,5 Stunden. Liege- und Transportzeiten betragen jeweils 3 Stunden. Berechnen Sie die Durchlaufzeit mit 20% Sicherheitszuschlag.

Durchführungszeit $t_d = T_{bB}$	= 6,5 h
Zwischenzeit $t_{zw} = 2 \cdot t_{lie} + t_{tr} = 2 \cdot 3\ \text{h} + 3\ \text{h}$	= 9,0 h
Planmäßige Durchlaufzeit $t_p = t_d + t_{zw} = 6{,}5\ \text{h} + 9\ \text{h}$	= 15,5 h
Zusatzzeit 20% von t_p	= 3,1 h
Durchlaufzeit $T_D = t_p + t_{zu} = 15{,}5\ \text{h} + 3{,}1\ \text{h}$	**= 18,6 h**

Die Durchlaufzeit in Tagen beträgt:
18,6 h/6 h pro Arbeitstag = **3,1 Tage**

1) nach REFA – Verband für Arbeitsgestaltung, Betriebsorganisation und Unternehmensentwicklung e.V.

Belegungszeit für ein Betriebsmittel (BM)

Die Belegungszeit gibt an, wie lange ein Betriebsmittel (z. B. Anlage, Maschine, Vorrichtung ...) durch einen Auftrag belegt ist. Sie wird ermittelt, um Arbeitsabläufe planen, steuern und kontrollieren zu können **(Bild 1)**. Die Belegungszeit wird bei der Berechnung der Durchlaufzeit verwendet.

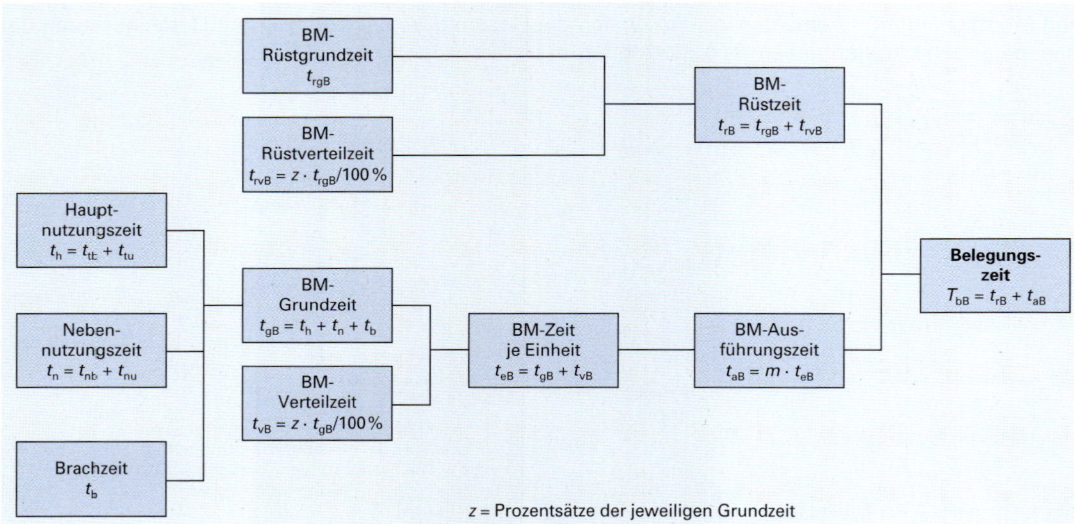

Bild 1: Gliederung der Belegungszeit nach REFA[1] (Betriebsmittel)

Bezeichnungen:

T_{bB}	Belegungszeit	min; h
t_{rB}	Betriebsmittel-Rüstzeit	min
t_{rgB}	Betriebsmittel-Rüstgrundzeit	min
t_{rvB}	Betriebsmittel-Rüstverteilzeit	min
t_{aB}	Betriebsmittel-Ausführungszeit	min
t_{vB}	Betriebsmittel-Verteilzelt	min
t_{gB}	Betriebsmittel-Grundzeit	min
t_{eB}	Betriebsmittel-Zeit je Einheit	min
t_h	Hauptnutzungszeit (manuelle und automatische Bearbeitung) beeinflussbare Zeiten t_{tb} – unbeeinflussbare Zeiten t_{tu}	min
t_n	Nebennutzungszeit (z.B. Werkstückwechsel) beeinflussbare Zeiten t_{nb} – unbeeinflussbare Zeiten t_{nu}	min
t_b	Brachzeit (z. B. Füllen des Magazins)	min
m	Auftragsmenge (Losgröße)	Stück
z	Prozentsatz der Grundzeit	%

Belegungszeit

$$T_{bB} = t_{rB} + t_{aB}$$

BM-Rüstzeit

$$t_{rB} = t_{rgB} + t_{rvB}$$

BM-Verteilzeit

$$t_{vB} = z \cdot t_{gB}/100\,\%$$

BM-Ausführungszeit

$$t_{aB} = m \cdot t_{eB}$$

● **Beispiel:**

Fräsen der Auflagefläche von 20 Grundplatten auf einer Senkrechtfräsmaschine

Rüstzeiten:		min
Auftrag und Zeichnung lesen	=	4,54
Bereitstellen und Weglegen des Planfräsers	=	3,65
Fräser ein- und ausspannen	=	3,10
Maschine einstellen	=	2,84
Betriebsmittel-Rüstgrundzeit t_{rgB}	=	14,13
Betriebsmittel-Rüstverteilzeit t_{rvB} = 10 % von t_{rgB}	=	1,41
Betriebsmittel-Rüstzeit $t_{rB} = t_{rgB} + t_{rvB}$	**=**	**15,54**
	≈	**16,00**

Ausführungszeiten:		min
Fräsen → Hauptnutzungszeit t_h	=	3,52
Werkstück spannen → Nebennutzungszeit t_n	=	4,00
Werkstück transportieren → Brachzeit t_b	=	1,20
Betriebsmittel-Grundzeit $t_{gB} = t_h + t_n + t_b$	=	8,72
Betriebsmittel-Verteilzeit t_{vB} = 10 % von t_{gB}	=	0,87
Betriebsmittelzeit je Einheit $t_{eB} = t_{gB} + t_{vB}$	=	9,59
Betriebsmittel-Ausführungszeit $t_{aB} = m \cdot t_{eB} = 20 \cdot 9{,}59$ min	**=**	**191,80**
	≈	**192,00**

Belegungszeit $T_{bB} = t_{rb} + t_{aB} \approx$ 16 min + 192 mln = **208 min** (≈ 3,5 h)

1) nach REFA – Verband für Arbeitsgestaltung, Betriebsorganisation und Unternehmensentwicklung e.V.

Aufgaben | Durchlaufzeit, Belegungszeit

1. **Durchlaufzeiten einer Baugruppe (Bild 1).** Die Baugruppe besteht aus zwei Einzelteilen (T1, T2). T1 und T2 werden zu einer Baugruppe 2 (BG2) montiert.

   Das Teil T1 wird in zwei Arbeitsgängen (AG1 und AG2) gefertigt, während das Teil T2 fremd bezogen wird.

   Die Fertigungszeitwerte für die jeweiligen Arbeitsgänge sind in **Tabelle 1** zusammengefasst.

   Die Liege- und Transportzeiten werden bei den Fertigungsprozessen mit jeweils 2 Stunden angenommen. Auf die planmäßige Durchlaufzeit werden 20% Sicherheitszuschlag gerechnet.

   Für einen Auftrag über 100 Stück sind zu ermitteln:

   a) die Belegungszeiten T_{bB1} und T_{bB2} für das Teil 1 (T1),

   b) die Durchlaufzeit T_{D1} für die Fertigung von Teil 1 (T1).

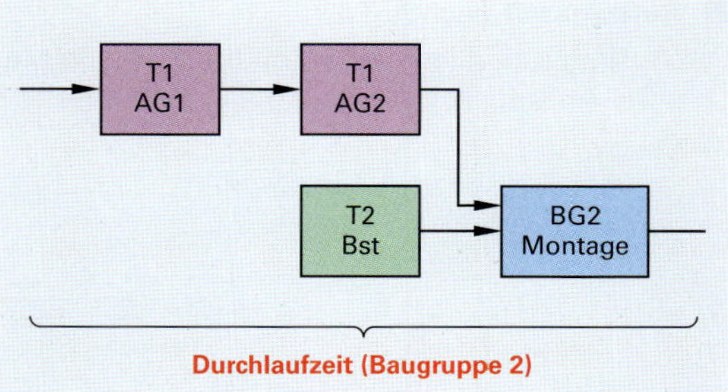

Bild 1: Durchlaufzeit der Baugruppe 2

Tabelle 1: Prozesszeiten Teil 1 in Minuten

	AG1	AG2
t_{rgB}	15,0	25,0
t_h	2,5	4,2
t_n	1,2	1,5
z	12%	

2. **Drehen und Fräsen einer Abdeckung.** Eine Abdeckung wird durch Drehen und Fräsen hergestellt. Die Fertigungszeitwerte für die jeweiligen Arbeitsgänge sind in **Tabelle 2** zusammengefasst.

   Für einen Auftrag über 200 Stück sind die Belegungszeiten T_{bB1} und T_{bB2} beim Drehen und Fräsen zu ermitteln.

Tabelle 2: Prozesszeiten Abdeckung in Minuten

	Drehen	Fräsen
t_{rgB}	13,0	30,0
t_h	2,8	5,0
t_n	1,5	1,7
z	12%	

3. **Drehen von Wellen.** Auf einer Drehmaschine sollen 14 Wellen bearbeitet werden. Als Betriebsmittel-Rüstzeit wird t_{rB} = 24 min, als Betriebsmittelzeit je Einheit t_{eB} = 18,5 min vorgegeben. Wie groß sind

   a) die Betriebsmittel-Ausführungszeit t_{aB},

   b) die Belegungszeit T_{bB}?

4. **Fräsen einer Platte.** Für das Fräsen einer Richtplatte sind die folgenden Zeiten angesetzt: Betriebsmittel-Rüstgrundzeit t_{rgB} = 32 min, Rüstverteilzeit-Prozentsatz = 12% der Rüstgrundzeit, Betriebsmittel-Grundzeit t_{gB} = 70 min, Verteilzeit-Prozentsatz = 8% der Grundzeit. Zu ermitteln sind

   a) die Betriebsmittel-Rüstverteilzeit,

   b) die Betriebsmittel-Rüstzeit,

   c) die Betriebsmittelzeit je Einheit,

   d) die Belegungszeit.

5. **Bohren eines Gehäuses.** Ein Getriebegehäuse wird auf einem Bohrwerk nach den folgenden vorgegebenen Zeiten bearbeitet: Hauptnutzungszeit t_h = 260 min, Nebennutzungszeit t_n = 85 min, Brachzeit = 15% der Hauptnutzungszeit. Betriebsmittel-Verteilzeit = 12% der Betriebsmittel-Grundzeit, Betriebsmittel-Rüstzeit t_{rB} = 125 min.

   a) Wie groß ist die Betriebsmittel-Grundzeit?

   b) Wie groß ist die Belegungszeit?

Auftragszeit

Auftragszeit nach REFA[1)]

Die Auftragszeit gliedert die Zeitarten für den Menschen. Sie steht für die Vorgabezeit eines Mitarbeiters. Die Auftragszeit kann für die Ermittlung der Durchlaufzeit verwendet werden.

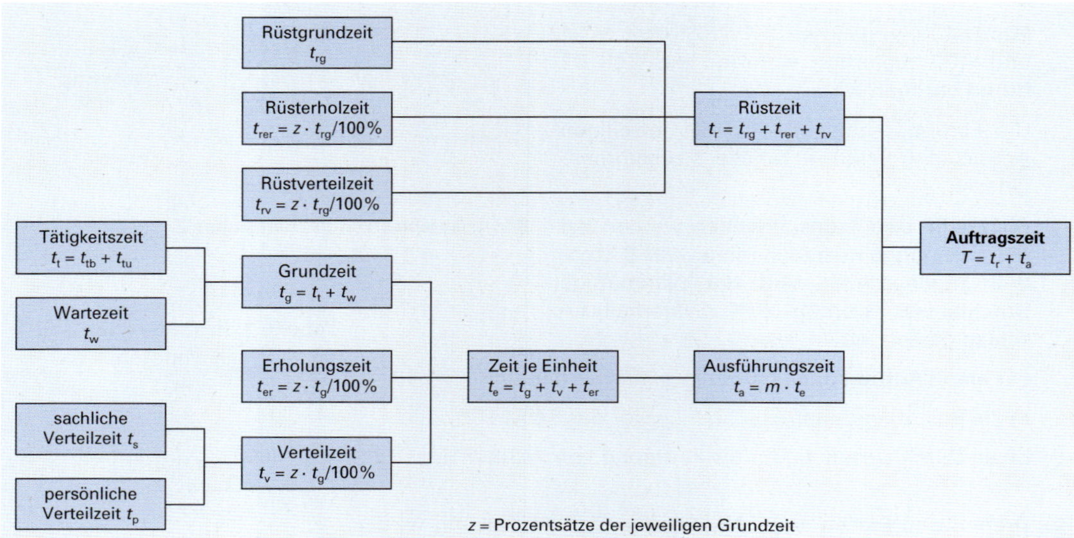

Bild 1: Gliederung der Auftragszeit nach REFA

Bezeichnungen:

T	Auftragszeit	min; h
t_r	Rüstzeit	min
t_{rg}	Rüstgrundzeit	min
t_a	Ausführungszeit	min
t_{er}	Erholzeit	min
t_v	Verteilzeit sachliche Verteilzeit t_s; persönliche Verteilzeit t_p	min
t_g	Grundzeit ($t_g = t_t + t_w$)	min
t_e	Zeit je Einheit	min
t_t	Tätigkeitszeit (manuelle und automatische Bearbeitung) beeinflussbare Zelten t_{tb} – unbeeinflussbare Zeiten t_{tu}	min
t_w	Wartezeit Warten auf das nächste Werkstück	min
m	Auftragsmenge (Losgröße)	Stück
z	Prozentsatz der Grundzeit	%

Auftragszeit

$$T = t_r + t_a$$

Rüstzeit

$$t_r = t_{rg} + t_{rer} + t_{rv}$$

Ausführungszeit

$$t_a = m \cdot t_e$$

Zeit je Einheit

$$t_e = t_g + t_{er} + t_v$$

Erholzeit

$$t_{er} = z \cdot t_g/100\,\%$$

Verteilzeit

$$t_v = z \cdot t_g/100\,\%$$

Beispiel:

Gesucht ist die Auftragszeit für das Drehen von drei Wellen unter Verwendung von Erfahrungswerten.

Rüstzeiten:		**min**
Auftrag rüsten		= 4,50
Maschine rüsten		= 10,00
Werkzeug rüsten		= 12,50
Rüstgrundzeit	t_{rg}	= 27,00
Rüsterholungszeit	t_{rer} = 4 % von t_{rg}	= 1,08
Rüstverteilzelt	t_{rv} = 14 % von t_{rg}	= 3,78
Rüstzeit	$\mathbf{t_r = t_{rg} + t_{rer} + t_{rv}}$	**= 31,86**
		≈ 32,00

Ausführungszeiten:	**min**
Tätigkeitszeit t_t	= 14,70
Wartezeit t_w	= 3,75
Grundzeit $t_g = t_t + t_w$	= 18,45
Erholungszeit t_{er} durch t_w abgegolten	= –
Verteilzeit t_v = 8 % von t_g	= 1,48
Zeit je Einheit $t_e = t_g + t_{er} + t_v$	= 19,93
Ausführungszeit $t_a = m \cdot t_{eB} = 3 \cdot 19{,}93$ min	**= 59,79**
	≈ 60,00

Auftragszeit $T = t_r + t_a \approx$ 32 min + 60 min **= 92 min (≈ 1,5 h)**

1) nach REFA – Verband für Arbeitsgestaltung, Betriebsorganisation und Unternehmensentwicklung e.V.

Aufgaben | Auftragszeit

Alle Aufgaben eignen sich zur Lösung mit einem Tabellenkalkulationsprogramm, z. B. Excel.

1. Tabellenaufgabe. Berechnen Sie die fehlenden Werte

Tabelle 1: Berechnung von Auftragszeiten nach REFA

Nr.	Zeiten jeweils in Minuten oder in % der Grundzeiten bzw. Rüstgrundzeiten														
	t_{tb}	t_{tu}	t_t	t_w	t_g	z_{er}	z_v	t_e	m	t_a	t_{rg}	z_{rer}	z_{rv}	t_r	T
a	–	–	29	1,5		4 %	8 %		4		–	–	–	13	
b	4,2	3,9		1,4		3 %	10 %		50		15	3 %	12 %		
c	10		18,2	2,5		–	7 %		11		37	4 %	10 %		
d	82		135	–	135	2 %		150		750	300	5 %			1 100

2. Schleifen einer Grundplatte. Für das Schleifen einer Grundplatte wurden folgende Zeiten ermittelt: Rüstzeit t_r = 32 min, Grundzeit t_g = 25 min, Verteilzeitzuschlag 10 % von t_g. Die Erholungszeit t_{er} ist durch die auftretenden Wartezeiten abgegolten.

Wie groß sind

a) die Zeit je Einheit t_e,

b) die Auftragszeit T?

3. Fräsen von Spannbolzen. Die Auftragszeit für das Fräsen von Schlitzen in Spannbolzen wird durch die Verwendung einer Fräsvorrichtung von 16,5 min auf 10,0 min gesenkt. Von der neuen Zeit entfallen 4,5 min auf die ursprüngliche Rüstzeit von 8,3 min.

a) Wie viel Minuten werden an der Ausführungszeit eingespart?

b) Wie viel Prozent beträgt die Zeitersparnis bei der Rüstzeit und bei der Ausführungszeit?

Tabelle 1: Montagezeiten in Minuten

	BG1	BG2	E
t_{rg}	10	15	20
t_t	2	5	4
z_{er}	5 %		
z_v	10 %		

4. Durchlaufzeiten. Ein Erzeugnis **(Bild 1)** besteht aus vier Einzelteilen (T1, T2, T3, T4). T1 und T2 werden zu einer Baugruppe 2 (BG2) montiert. Die Baugruppe 1 (BG1) besteht aus BG2 und den Teilen T1 und T4. Baugruppe 1, Baugruppe 2, Teil 3 und Teil 4 werden in der Endmontage zusammengebaut und ergeben das Erzeugnis (E). Davon werden in einem Auftrag 100 Stück hergestellt.

Die Endmontage und die Montage der Baugruppen erfolgt manuell. Die Zeitwerte sind in **Tabelle 1** zusammengefasst.

Tabelle 2: Durchlaufzeiten

Prozess	T_D
Teil 1 AG1	16 Std.
Teil 1 AG2	21 Std.
Teil 2 AG1	17 Std.
Teil 2 AG2	23 Std.

Die Liegezeiten werden mit jeweils 3 Stunden und die Transportzeiten werden mit jeweils 2 Stunden angenommen. Auf die planmäßige Durchlaufzeit werden 20 % Sicherheitszuschlag gerechnet.

Berechnen Sie:

a) die Auftragszeit T_E für die Endmontage mit Losgröße m = 100,

b) die Auftragszeit T_1 für die Montage der Baugruppe 1 mit Losgröße m = 100,

c) die Auftragszeit T_2 für die Montage der Baugruppe 2 mit Losgröße 200,

d) die jeweilige Durchlaufzeit für die Montage der Baugruppen und für die Endmontage,

e) die kürzeste Gesamtdurchlaufzeit T_D **(vgl. Tabelle 2)**. Erstellen Sie dazu eine Erzeugnisgliederung.

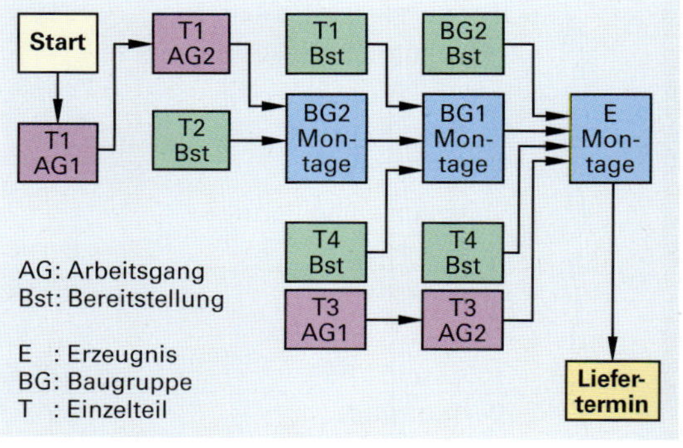

Bild 1: Herstellungsvorgänge

Kostenrechnung

Die Kostenrechnung ist notwendig, um den Verkaufs- bzw. Angebotspreis zu kalkulieren (Vorkalkulation). In der Nachkalkulation werden die tatsächlich entstandenen Kosten mit den vorkalkulierten Werten verglichen und führen bei Abweichungen zu Änderungen der künftigen Kalkulation.

Einfache Kalkulation

Alle Kosten, die einem Produkt nicht direkt zuzuordnen sind, z. B. Zinsen, Abschreibungen usw., werden als Gemeinkostensumme erfasst und in Prozent der Fertigungslohnsumme berechnet. Dieser Gemeinkostenzuschlag wird dann jeder Fertigungslohnstunde zugeschlagen.

Bezeichnungen:

EK Einzelkosten, jeweils einem Produkt direkt zurechenbar
GK Gemeinkosten, einem Produkt nicht direkt zurechenbar
LK Lohnkosten
WK Werkstoffkosten
GKZ Gemeinkostenzuschlagssatz
VP Verkaufspreis (ohne Mehrwertsteuer)

Gemeinkostenzuschlagssatz

$$GKZ = \frac{GK \cdot 100\,\%}{LK}$$

1. Beispiel:

Wie hoch ist der Zuschlagssatz?

$GK = 220\,000{,}– €$
$LK = 120\,000{,}– €$

Lösung: $GKZ = \frac{220\,000\ € \cdot 100\,\%}{120\,000\ €}$

$GKZ = 183{,}33\,\% \cong 185\,\%$

2. Beispiel:

Die Herstellung einer Bohrvorrichtung dauert 10 Stunden.
LK = 18,50 €/Std.; *Wk* = 250,– €; *GKZ* = 185 %
Wie hoch ist der Verkaufspreis?

Lösung:

WK	250,00 €
LK 18,50 €/Std. × 10 Stunden	185,00 €
GK 185 % von 185 €	342,25 €
VP ohne MwSt	**777,25 €**

Erweiterte Kalkulation

Um die Gemeinkosten verursachungsgerechter zu bestimmen, werden sie in Werkstoff-, Fertigungs-, Verwaltungs- und Vertriebsgemeinkosten aufgeteilt. Werkstoff- und Fertigungskosten bilden die Herstellkosten. Die Selbstkosten enthalten alle Kosten des Produktes (Vollkostenrechnung) **(vgl. Bild 1)**.

Beispiel:

Zu berechnen ist der Verkaufspreis für eine Hebelstange bei 5% Werkstoff-*GK*, 150% Fertigungs-*GK*, 12% Verwaltungs- und Vertriebs-*GK*, 10% Gewinn. *WEK* = 4,92 €, *LK* = 19,30 €.

Lösung:

Werkstoffeinzelkosten (*WEK*)	= 4,92 €
+ Werkstoffgemeinkosten 5 % von 4,92 €	= 0,25 €
Werkstoffkosten	= 5,17 €
+ Fertigungseinzelkosten	= 19,30 €
+ Fertigungsgemeinkosten 150 % von 19,30 €	= 28,95 €
Fertigungskosten	= 48,25 €
Herstellkosten	= 53,42 €
+ Verwaltung und Vertrieb 12% von 53,42 €	= 6,41 €
Selbstkosten	= 59,83 €
+ Gewinn 10% von 59,83 €	= 5,98 €
Verkaufspreis ohne Mehrwertsteuer	= **65,81 €**

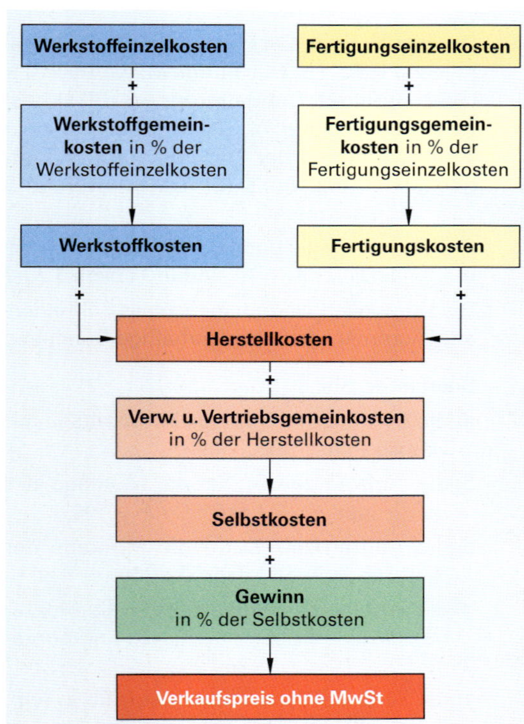

Bild 1: Schema der erweiterten Kalkulation

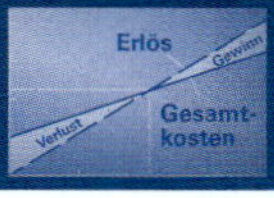

Erweiterte Kalkulation mit Maschinenkosten und Handelszuschlägen

Mit einer erweiterten Kalkulation **(Bild 2)** ist es möglich, die einzelnen Kostenverursacher (Kostenstellen) dem Produkt genauer zuzuordnen.

Die Fertigungsgemeinkosten berücksichtigen nicht die unterschiedlich hohen Maschinenkosten, die für ein Produkt anfallen. Die Kostenrechnung kann dadurch stark verfälscht werden. Für eine genauere Kalkulation werden die Kosten von teuren Maschinen (Maschinenstundensatz) aus den Fertigungsgemeinkosten herausgenommen **(Bild 1)**. Daraus ergibt sich ein genauerer Kostenanteil für den betreffenden Maschineneinsatz. Die verbleibenden Gemeinkosten werden als Restgemeinkosten den Fertigungslöhnen zugeschlagen.

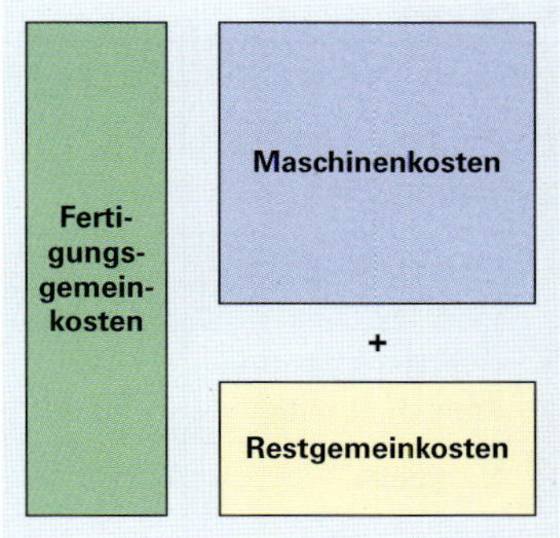

Bild 1: Kostenaufteilung

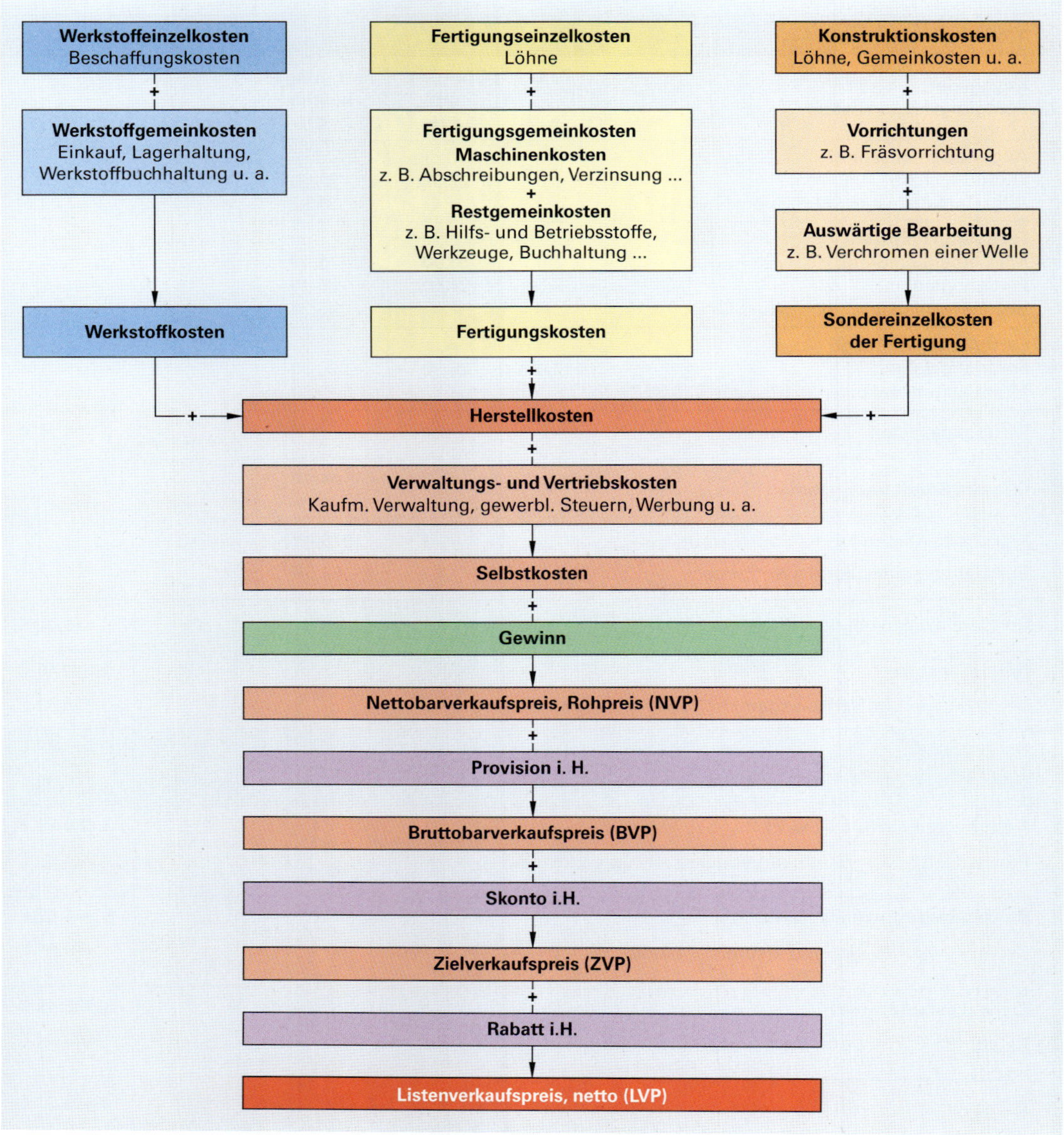

Bild 2: Erweiterte Kalkulation mit Maschinen- und Sondereinzelkosten sowie Handelszuschlägen

● **Beispiel:**

Berechnung des Verkaufspreises für eine Spannvorrichtung

Stückzahl 1	Spannvorrichtung Type: SV 205				Auftrags-Nr.: 1245
Werkstoffe	**Masse kg**	**Preis €/kg**	**Gesamtpreis €**		
Gusseisen, Halbzeug	20,0	7,50	150,00		
Stahl, Halbzeug	12,0	6,75	81,00		
Normteile			72,00		
Σ Werkstoffeinzelkosten				**303,00**	
Werkstoffgemeinkosten 8 % (von 303,00 €)				24,24	
Werkstoffkosten					**327,24 €**
Kosten der Fertigungskostenstellen	**Zeit T; T_{bB} h**	**Stunden-satz €/h**	**Fertigungs-kosten €**		
Allg. KoSt. : Zuschnitt					
Fertigungslohn	0,5	22,80	11,40		
Allg. Gemeinkosten 280 % (von 11,40 €)			31,92		
Fertigung 1: Fräsen					
Maschinenbelegung	3,0	57,00	171,00		
Fertigungslohn	3,5	24,50	85,75		
Restgemeinkosten 170 % (von 85,75 €)			145,78		
Fertigung 2: Montage					
Fertigungslohn	16,0	26,30	420,80		
Montagegemeinkosten 325 % (von 420,80 €)			1.367,60		
Fertigungskosten					**2.234,25 €**
Erfasste Sondermaßnahmen			**Kosten €**		
Kalkulierte Kosten für die Konstruktion			375,00		
Beschaffung eines Sonderwerkzeuges			51,00		
Sondereinzelkosten der Fertigung					**426,00 €**
Herstellkosten					**2.987,49 €**
Verwaltungs- und Vertriebsgemeinkosten 12 % (von 2.987,49 €)					358,50 €
Selbstkosten					**3.345,99 €**
Gewinnzuschlag 10 % (von 4.625,59 €)					334,60 €
Nettobarverkaufspreis (NVP)					**3.680,59 €**
Provision: 6 % vom Bruttobarverkaufspreis entspricht 94 % = $\frac{3.680,59\ € \cdot 6\ \%}{94\ \%}$					234,93 €
Bruttobarverkaufspreis (BVP)					**3.915,52 €**
Skonto: 2 % vom Zielverkaufspreis entspricht 98 % = $\frac{3.915,52\ € \cdot 2\ \%}{98\ \%}$					79,91 €
Zielverkaufspreis (ZVP)					**3.995,43 €**
Rabatt: 10 % vom Listenpreis entspricht 90 % = $\frac{3.995,13\ € \cdot 10\ \%}{90\ \%}$					443,94 €
Listenverkaufspreis (LVP)					**4.439,37 €**

Bild 1: Berechnung des Verkaufspreises

Aufgaben | Kostenrechnung

1. **Gemeinkosten.** In einem Betrieb betrugen die Gemeinkosten eines Geschäftsjahres 172.200,00 € bei einer Jahreslohnsumme von 184.000,00 €.
   Welchen Gemeinkostensatz hat der Betrieb im nächsten Jahr bei der Kostenrechnung zu verwenden?

2. **Selbstkosten.** Berechnen Sie die Selbstkosten für ein Werkstück, wenn die Werkstoffkosten 70,00 €, die Lohnkosten 152,00 € und die Gemeinkosten 140 % der Lohnkosten betragen.

3. **Verkaufspreis.** Wie hoch ist der Verkaufspreis, wenn die Werkstoffkosten 78,00 €, die Lohnkosten 143,00 €, die Gemeinkosten 135 % der Lohnkosten und der Gewinn 9 % betragen?

4. **Gewinn.** Die Nachkalkulation für einen Auftrag ergibt, dass die Selbstkosten um 26,40 € höher sind als in der Vorkalkulation, bei der sie mit 1.280,00 € ermittelt wurden.
   Wie viel Prozent Gewinn verbleiben, wenn ursprünglich 12 % vorgesehen waren?

5. **Selbstkosten.** Ein Betrieb übernimmt einen Auftrag für 1000 Gelenke zum Preis von 6.400,00 €. Wie hoch dürfen die Selbstkosten sein, damit ein Gewinn von 10 % verbleibt?

6. **Provision.** Ein Hersteller muss vom Verkaufspreis 5 % Vertreterprovision bezahlen.
   Wie groß ist dieser Betrag und wie hoch wird der Verkaufspreis des Werkstücks, wenn die Selbstkosten 360,00 € und der Gewinn 10 % betragen?

7. **Platzkosten.** Ein Zerspanungsmechaniker hat einen Stundenlohn von 16,95 €. Die Gemeinkosten für seine Maschine betragen 550 % seines Lohnes.
   Mit welchen stündlichen Platzkosten sind die Arbeiten zu kalkulieren?

8. **Verkaufspreis.** Wie hoch ist der Verkaufspreis für eine Lagerbuchse nach den folgenden Angaben?

Werkstoffeinzelkosten	5,88 €	Verwaltung und Vertrieb	14 %
Werkstoffgemeinkosten	6 %	Gewinn	10 %
Lohnkosten	11,86 €	Risiko und Provision	5 %
Fertigungsgemeinkosten	310 %		

9. **Jahresabrechnung.** Bei der Jahresabrechnung eines Betriebes wurden für die Fertigungsabteilung die Summen nach **Tabelle 1** ermittelt:
   Wie groß sind für jede Abteilung der Gemeinkostenzuschlagsatz auf die Fertigungslöhne und die Platzkosten?

Tabelle 1:

	Sägerei	Dreherei	Schleiferei	Zusammenbau
Lohnkosten €	83.980,00	293.280,00	109.900,00	488.800,00
Gemeinkosten €	218.340,00	835.850,00	324.130,00	879.840,00
Jahresstunden h	6150	19120	7326	30550

10. **Getriebegehäuse.** Für die Bearbeitung eines Getriebegehäuses wurden folgende Auftragszeiten ermittelt: Drehen 1,8 h, Fräsen 1,6 h, Schleifen 1,1 h. Die Kosten je Stunde betragen für die Dreherei 32,00 €, die Fräserei 43,00 € und die Schleiferei 60,00 €. Wie hoch ist der Verkaufspreis, wenn die Werkstoffkosten 70,20 € und die Zuschläge für Verwaltung und Vertrieb 12 %, für Gewinn 11 % und für Risiko und Provision insgesamt 7 % ausmachen?

S. 280

Maschinenstundensatz

Rechnet man aus den Fertigungsgemeinkosten die Maschinenkosten heraus und legt diese auf die Stunde um, die die Maschine belegt wird, so erhält man den Maschinenstundensatz.

Der Maschinenstundensatz umfasst nicht die Kosten der Bedienperson. Werden diese mit eingerechnet spricht man von Platzkosten.

Bezeichnungen:

T_L	Maschinenlaufzeit pro Periode (Normallaufzeit)	h/Jahr
T_G	gesamte theoretische Maschinenzeit/Periode	h/Jahr
T_{ST}	Stillstandszeiten, z. B. arbeitsfreie Tage, meist in % von T_G	h/Jahr
T_{IH}	Zeiten für Wartung und Instandhaltung, meist in % von T_G	h/Jahr
K_M	Summe der Maschinenkosten pro Periode	€/Jahr
K_{Mh}	Maschinenstundensatz	€/h
K_f	fixe Kosten einer Maschine	€/Jahr
k_v	variable Kosten einer Maschine	€/h
BW	Beschaffungswert (inkl. Aufstellung ohne Restwert)	€
WBW	Wiederbeschaffungswert	€
RW	Restwert	€
IR	Inflationsrate (Dezimalform)	
N	Nutzungsdauer der Maschine	Jahre
K_{AfA}	Kalkulatorische Abschreibung (linearer Wertverlust)	€/Jahr
Z	Kalkulatorischer Zinssatz	%
K_Z	Kalkulatorische Zinskosten	€/Jahr

Maschinenlaufzeit

$$T_L = T_G - T_{ST} - T_{IH}$$

Maschinenstundensatz

$$K_{Mh} = \frac{K_f}{T_L} + k_v$$

Wiederbeschaffungswert

$$WBW = BW\,(1 + IR)^N$$

Kalkulatorische Abschreibung

$$K_{AfA} = \frac{WBW - RW}{N};\quad K_{AfA} = \frac{BW}{N}$$

Kalkulatorische Zinskosten

$$K_z = \frac{\frac{1}{2}\,BW \cdot Z}{100\,\%}$$

● **Beispiel:**

Berechnung des Maschinenstundensatzes einer Werkzeugmaschine bei Normallaufzeit von T_L = 1200 Std./Jahr (100 % Auslastung) und einer Auslastung von 80 %.

Beschaffungswert 160.000,– €; Nutzungsdauer 10 Jahre; Kalkulatorischer Zinssatz 8 %; Leistungsaufnahme der Maschine 8 kW; Energiekosten pro kWh 0,23 €; Grundgebühr für die Energiebereitstellung 20,– €/Monat; Flächenbedarf 15 m²; Raumkostensatz 10,– €/m² · Monat; Instandhaltung 8.000,– €/Jahr fixe Kosten und zusätzlich 5,– €/Stunde variable Kosten.

Zu berechnen sind: K_{AfA}, K_Z, K_I, K_E, K_R, K_M und K_{Mh}

Kostenart	Berechnung	Fixe Kosten €/Jahr	Variable Kosten €/h
kalkulatorische Abschreibung	$K_{AfA} = \frac{BW}{N} = \frac{160.000{,}00\ €}{10\ \text{Jahre}}$	16.000,00	
kalkulatorische Zinsen	$K_Z = \frac{\frac{1}{2}\,BW \cdot Z}{100\,\%} = \frac{\frac{1}{2}\,160.000{,}00\ € \cdot 8\,\%}{100\,\%}$	6.400,00	
Instandhaltungskosten	• fixe Instandhaltungskosten • variable Instandhaltungskosten	8.000,00	5,00
Energiekosten	• Grundgebühr für Energiebereitstellung = 20,– €/M. · 12 Monate • Verbrauchskosten = 8 kW · 0,23 €/kWh	240,00	1,84
Raumkosten	Raumkostensatz · Fläche = 10,– €/m² · 15 m² · 12 Monate	1.800,00	
	Summe der Maschinenkosten (K_M)	**32.440,00**	**6,84**

Maschinenstundensatz (K_{Mh}) bei 100 % Auslastung $= \frac{K_f}{T_L} + k_v = \frac{32.440{,}00\ €}{1200\ h} + 6{,}84\ €/h = 33{,}87\ €/h$

Maschinenstundensatz (K_{Mh}) bei 80 % Auslastung $= \frac{K_f}{0{,}8 \cdot T_L} + k_v = \frac{32.440{,}00\ €}{0{,}8 \cdot 1200\ h} + 6{,}84\ €/h = 40{,}32\ €/h$

Aufgaben | Maschinenstundensatz

Alle Aufgaben eignen sich zur Lösung mit einem Tabellenkalkulationsprogramm, z. B. Excel.

1. **Maschinenlaufzeiten.** Bei einer Maschinenfabrik werden in der Fertigung für eine Normalauslastung (100 %) folgende Daten angesetzt.

Sollnutzungszeit pro Schicht:	35 Std./Woche
Arbeitswochen:	46 Wochen/Jahr
Stillstandszeiten/Wartung:	25 % der Sollnutzungszeit

   Berechnen Sie die Maschinenlaufstunden für

   a) die Normalauslastung (100 %).

   b) für eine Auslastung von 80 % und 120 %.

2. **Drehmaschine.** Der Beschaffungswert einer Drehmaschine beträgt 100.000,– €. Ihre Lebensdauer wird mit 8 Jahren angenommen. Als kalkulatorische Verzinsung werden 8 % angesetzt. Die Maschine belegt eine Fläche von 10 m², die mit 12,– €/m² und Monat verrechnet werden muss. Die durchschnittliche Leistungsaufnahme der Maschine beträgt 6 kW und als Strompreis werden 0,25 €/kWh angenommen. Für Instandhaltung und Wartung müssen jährlich 10 % vom Anschaffungswert angesetzt werden.

   Wie hoch ist der Maschinenstundensatz bei einer jährlichen Maschinenlaufzeit von 1 200 Stunden?

3. **Fräsmaschine.** Der Wiederbeschaffungswert einer Fräsmaschine beträgt 140.000,– € und der Restwert beträgt 10.000,– € bei einer Nutzungsdauer von 8 Jahren. Die Stellfläche beträgt 20 m² und die Raumkosten betragen 10,– €/m² und Monat. Die installierte Leistung von 10 kW wird durchschnittlich zu 50 % ausgenutzt und die Stromkosten betragen 0,25 €/kWh, zuzüglich einer monatlichen Grundgebühr von 20,– €. Als kalkulatorische Verzinsung werden 8 % angesetzt. Der Instandhaltungsfaktor bezogen auf die jährliche Abschreibung beträgt 0,4 ($K_{AfA} \cdot 0{,}4$). Außerdem sind jährliche Werkzeugkosten von 4.100,– € anzusetzen.

   Wie hoch ist der Maschinenstundensatz bei einer jährlichen Maschinenlaufzeit von 1 200 Stunden?

4. **Roboter.** Für einen kleinen Verkettungsroboter sind folgende Daten bekannt:

Beschaffungswert 90.000,– €	Raumkosten pro Monat 12,– €/m²
Nutzungsdauer 10 Jahre	Energiebedarf 5 kW
Kalkulatorische Zinsen 8 %	Energiekosten 0,25 €/kWh
Raumbedarf 6 m²	Instandhaltungsfaktor 0,1

   Die Maschinenlaufzeit wird pro Schicht mit 1 200 Std./Jahr angenommen. Bei zweischichtiger Auslastung wird sich die Nutzungsdauer der Maschine halbieren und die Instandhaltungskosten werden sich verdoppeln, die Kosten verhalten sich also variabel.

   a) Wie hoch ist der Maschinenstundensatz bei einer 1-schichtigen Nutzung?

   b) Wie hoch ist der Maschinenstundensatz bei einer 2-schichtigen Nutzung?

5. **Transferstraße.** Der Beschaffungswert einer Transferstraße betrug 540.000,– €. Die Nutzungsdauer beträgt 6 Jahre. Das Kapital wird mit 8 % verzinst. Die jährlichen Instandhaltungskosten werden auf 35.000,– € geschätzt. Die notwendige Grundfläche beträgt 100 m², bei einer verrechneten Miete von 10,– €/m² und Monat. Die mittlere Antriebsleistung beträgt 50 kW bei einem Strompreis von 0,23 €/kWh und einer Grundgebühr von 150,– €/Monat. Jährlich fallen 1.200,– € Versicherungsprämien an. Nach je 175 Laufstunden ist ein Werkzeugsatz im Wert von 2.500,– € zu ersetzen. Die Abschreibungen gelten zu 80 % und die Instandhaltung zu 50 % als fixe Kosten. Die Maschinenlaufzeit bei Normalauslastung (100 %) beträgt 1 200 Std./Jahr.

   a) Wie hoch ist der Maschinenstundensatz bei einer jährlichen Auslastung von 80 %, 100 % und 120 %?

   b) Stellen Sie den Maschinenstundensatz in Abhängigkeit von der Auslastung in einem Diagramm dar.

S. 280

Deckungsbeitrag (Teilkostenrechnung)

Die Teilkostenrechnung trennt variable und fixe Kosten. **Variable Kosten** sind von der Produktionsmenge abhängig, z. B. Werkstoffkosten ..., und **fixe Kosten** sind von der Produktionsmenge unabhängig, z. B. Abschreibungen, Gehälter, Zinsen ...

- **Deckungsbeitragsrechnung**
  Der Erlös muss zuerst alle variablen Kosten decken (kurzfristige Preisuntergrenze). Der Rest trägt zur Deckung der gesamten fixen Kosten des Betriebs bei und erbringt den Gewinn.

Stückrechnung		Produktrechnung		Periodenrechnung	
Preis; Erlös pro Stück	p	Preis; Erlös pro Stück	p	Umsatzerlöse	U
– variable Kosten	k_v	– variable Kosten	k_v	– variable Gesamtkosten	K_v
= Stückdeckungsbeitrag	db	= Stückdeckungsbeitrag	db	= Gesamtdeckungsbeitrag	DB
– fixe Stückkosten	k_f	· Produktionsmenge	N	– Fixkosten	K_f
= Gewinn/Verlust pro Stück	be	= Produktdeckungsbeitrag	DB	= Betriebsergebnis	BE
		– fixe Kosten	K_f		
		= Gewinn/Verlust	BE		

- **Gewinnschwelle**
  Die Gewinnschwelle (Break-even-Point) hat die Produktionsmenge, wo die Verkaufserlöse und die Gesamtkosten gleich hoch sind **(Bild 1)**.

- **Grenzstückzahl**
  Bei der Kostenvergleichsrechnung ist die Maschine oder Anlage zu wählen, die für eine bestimmte Produktionsmenge die geringsten Kosten verursacht.

Bezeichnungen:

p	Preis; Erlös pro Stück	K_f	fixe Gesamtkosten
U	Erlös; Umsatz des Produktes	K_v	variable Gesamtkosten
db	Deckungsbeitrag pro Stück	k_v	variable Kosten pro Stück
DB	Gesamtdeckungsbeitrag	BE	Betriebsergebnis (Gewinn/Verlust)
M_{Gr}	Grenzstückzahl	G_s	Gewinnschwelle

Deckungsbeitrag

$$db = p - k_v$$

$$DB = db \cdot Menge$$

Betriebsergebnis

$$BE = DB - K_f$$

Gewinnschwelle

$$G_s = \frac{K_f}{db}$$

Grenzstückzahl

$$M_{Gr} = \frac{K_{2f} - K_{1f}}{k_{1v} - k_{2v}}$$

(Kostenvergleich zweier Anlagen bzw. Maschinen K_1 und K_2)

- **Beispiel:**

Zur Herstellung eines Bohrwerkzeuges fallen variable Kosten in Höhe von 60,– €/Stück an. Die fixen Kosten betragen 200.000,– €. 5000 Bohrwerkzeuge werden zu einem Preis von 110,– €/Stück verkauft.

a) Berechnen Sie das Betriebsergebnis.

b) Berechnen Sie die Gewinnschwelle.

c) Stellen Sie die Situation grafisch dar (Gesamtkostendiagramm).

Lösung: a) $db = p - k_v$ = 110 €/Stück – 60 €/Stück = 50 €/Stück

$DB = db \cdot Menge$ = 50,00 €/Stück · 5000 Stück = 250.000,00 €

BE = $DB - K_f$ = 250.000,00 € – 200.000,00 € = 50.000,00 €

***BE* = 50.000,00 €**

b) $G_s = \frac{K_f}{db} = \frac{200.000,00\ €}{50,00\ €/Stück} = 4000$ Stück

G_s = 4000 Stück (Gewinnschwelle), d. h., ab 4000 Stück wird mit Gewinn gearbeitet.

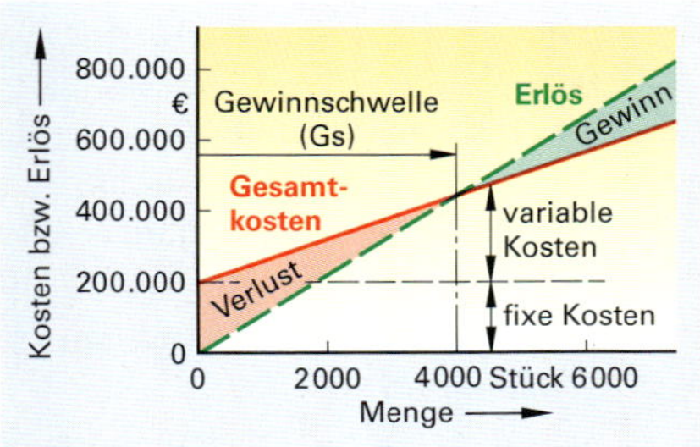

Bild 1: Gesamtkostendiagramm

Aufgaben | Deckungsbeitrag

1. **Spezialschraube.** Für die Herstellung einer Spezialschraube wurden folgende Werte ermittelt:
   Erlös = 9,00 €/Stück — variable Kosten = 5,00 €/Stück
   fixe Kosten = 1.000,00 € — Produktion = 500 Stück.
   a) Berechnen Sie den Deckungsbeitrag pro Stück und für 500 Stück.
   b) Ermitteln Sie den Gewinn und die Gewinnschwelle.
   c) Stellen Sie die Kosten und Erlössituation grafisch dar.
   d) In Zukunft kann für die Spezialschraube nur noch ein Preis von 7,50 €/Stück erzielt werden und die variable Kosten erhöhen sich auf 6,00 €/Stück.
   Bei welcher Stückzahl liegt die Gewinnschwelle und wie viel Stück müssten verkauft werden, um 1.000,– € Gewinn zu machen?

2. **Verschlussdeckel.** Ein Unternehmen stellt Verschlussdeckel her und hat monatlich 20.000,00 € fixe Kosten. Die monatliche Kapazität beträgt 20 000 Stück. Im Januar werden 5 000 Stück, im Februar werden 12 000 Stück, im März werden 14 000 Stück und im April werden 20 000 Stück hergestellt. Die variablen Kosten betragen 2,00 €/Stück.
   a) Wie hoch war in den einzelnen Monaten die Kapazitätsauslastung in %?
   b) Beurteilen Sie die Gewinnentwicklung in den vergangenen vier Monaten bei einem Verkaufspreis von 6,– €/Stück, wenn alle erzeugten Einheiten auch abgesetzt wurden.

3. **Spritzgussteile.** Ein Unternehmen, das Spritzgussteile herstellt, ist auf eine Kapazität von 10 000 Stück pro Monat ausgelegt. Die Kostenrechnung schloss im vergangenen Monat mit folgenden Zahlen ab:

Produktion	8 400 Stück
variable Gesamtkosten	126.000,– €
fixe Gesamtkosten	84.000,– €

   Es wird damit gerechnet, dass in Zukunft eine Produktion von 7 500 Stück, zum Preis von 30,00 €/ Stück, abgesetzt werden kann.
   a) Berechnen Sie den Betriebserfolg bei der erwarteten Absatzlage.
   b) Lohnt sich die Hereinnahme eines Zusatzauftrages über 1 500 Stück, der zum Preis von 22,00 €/ Stück abgerechnet werden muss?

4. **Rührgeräte.** Ein Hersteller von Rührgeräten stellte im abgelaufenen Quartal drei Typen her. Folgende Angaben sind bekannt:

	Typ I	Typ II	Typ III
variable Kosten			
• Fertigungsmaterial	21.600,00 €	30.800,00 €	105.000,00 €
• Fertigungslöhne	8.400,00 €	13.200,00 €	60.000,00 €
• variable Gemeinkosten	10.800,00 €	15.400,00 €	45.000,00 €
Produktion = Absatz	1 200 Stück	1 100 Stück	2 500 Stück
Verkaufspreis	32,00 €	58,00 €	118,00 €
Fixkosten gesamt		45.000,00 €	

   a) Berechnen Sie die variablen Kosten pro Stück für jeden Typ.
   b) Berechnen Sie jeweils die Deckungsbeiträge pro Stück und die Summe der Deckungsbeiträge je Typ.
   c) Berechnen Sie das Betriebsergebnis des letzten Quartals.
   d) Erstellen Sie eine Rangreihenfolge der Deckungsbeiträge und erläutern Sie deren Bedeutung für den künftigen Betriebserfolg.

S. 280

Lohnberechnung

Bei den Lohnarten wird zwischen Zeitlohn und Akkordlohn unterschieden. Die Höhe des Zeitlohnes ist unabhängig von der momentanen Arbeitsleistung. Die Höhe des Akkordlohnes hängt von der Arbeitsleistung für einen bestimmten Auftrag ab. Die Eckdaten für die Entlohnung sind in Tarifverträgen vereinbart. Die Begriffe der Lohnberechnung sind nicht genormt. Deshalb werden die in diesem Buch verwendeten Begriffe in Tabelle 1 definiert.

Bezeichnungen:

V	Vergütung (Bruttolohn)	€	F	Leistungsfaktor	–
E	Ecklohn	€	T_v	Vorgabezeit	min
S	Lohngruppenschlüssel	%	T_t	tatsächliche Arbeitszeit	min
Z	Leistungszulage	%	R	Akkordrichtsatz	€
G	Leistungsgrad	%			

Tabelle 1: Lohnberechnung

Begriff	Definition
Vergütung	Bruttoentgelt, das für eine bestimmte Arbeitszeit (Zeitlohn) oder für eine bestimmte Leistung (Akkordlohn) berechnet wird.
Lohngruppe Entgeltgruppe	Grundlage ist die Einstufung der übertragenen und auszuführenden Arbeitsaufgabe mit folgenden Anforderungsmerkmalen: Können (Kenntnisse und Berufserfahrung), Handlungs- und Entscheidungsspielraum, Kooperation, Mitarbeiterführung. Die Einstufung ist tarifvertraglich geregelt z. B. durch das Entgeltrahmenabkommen (ERA) mit 14 Entgeltgruppen.
Ecklohn	Festgelegter Mindestlohn einer bestimmten Lohngruppe. Nach ihm werden die Mindestlöhne anderer Lohngruppen berechnet.
Lohngruppenschlüssel	Prozentsatz, mit dem über den Ecklohn (100 %) die Löhne für andere Lohngruppen berechnet werden. Der Schlüssel ist tarifvertraglich vereinbart. Ein Beispiel ist in Tabelle 1 auf Seite 199 wiedergegeben.
Leistungszulage	Der Mindestlohn einer Lohngruppe wird entsprechend der gewährten Leistungszulage erhöht.
Normalleistung	Leistung, die bei Akkordarbeit auf Dauer erbracht und erwartet werden kann. Sie orientiert sich an den Vorgabezeiten.
Leistungsgrad	Der Prozentsatz gibt an, wie viel Prozent der Normalleistung die tatsächlich erbrachte Leistung ausmacht.
Leistungsfaktor	Entspricht dem Leistungsgrad, angegeben als Faktor (Dezimalbruch).
Vorgabezeit	Zeit, die zur Bearbeitung eines Auftrages bei Normalleistung zur Verfügung steht.
tatsächliche Arbeitszeit	Zeit, die tatsächlich gebraucht wurde, um einen Arbeitsauftrag abzuschließen.
Akkordrichtsatz	Vergütung für eine Stunde Vorgabezeit, wenn die Normalleistung erbracht wurde.

Aus dem Lohngruppenschlüssel lassen sich vereinbarte Bruttolöhne für die verschiedenen Lohngruppen berechnen. In **Tabelle 1** ist ein Beispiel für mögliche Zuordnungen dargestellt.

Tabelle 1: Beispiel für einen Lohngruppenschlüssel

Lohngruppe	1	2	3	4	5	6	7	8	9	10
Lohngruppenschlüssel in %	76	81	87	87	90	97	100	110	120	133

Die Berechnung der Vergütung (des Bruttolohnes) erfolgt über die Formeln in **Tabelle 2.**

Tabelle 2: Formeln zur Lohnberechnung

Berechnungsgröße	Zeitlohn	Akkordlohn
Leistungsgrad	–	$G = \frac{T_v}{T_t} \cdot 100\,\%$
Leistungsfaktor	–	$F = \frac{G}{100\,\%}$
Vergütung ohne Leistungszulage	$V = \frac{E \cdot S}{100\,\%}$	$V = \frac{R \cdot G}{100\,\%} = R \cdot F$
Vergütung mit Leistungszulage	$V = \frac{E \cdot S}{100\,\%} \cdot \left(1 + \frac{Z}{100\,\%}\right)$	–

● **1. Beispiel:**

Ein Werkzeugmechaniker in Lohngruppe 9 erhält eine Leistungszulage von 16 %. Der Ecklohn in Lohngruppe 7 beträgt 14,67 €/h.

Wie hoch ist sein Stundenlohn bei einem Lohngruppenschlüssel nach **Tabelle 1?**

Lösung:

$$V = \frac{E \cdot S}{100\,\%} \cdot \left(1 + \frac{Z}{100\,\%}\right)$$

$$= \frac{14{,}67\ €/\text{h} \cdot 120\,\%}{100\,\%} \cdot \left(1 + \frac{16\,\%}{100\,\%}\right)$$

$$= \mathbf{20{,}42\ €/h}$$

● **2. Beispiel:**

Die Vorgabezeit für einen Auftrag beträgt 105 min. Der Akkordrichtsatz ist auf 13,45 €/h festgelegt. Der Auftrag wird tatsächlich in 92 min abgeschlossen.

Wie groß sind

a) der Leistungsgrad,

b) der Leistungsfaktor,

c) die Vergütung je Stunde und je Minute Arbeitszeit?

Lösung:

a) $$G = \frac{T_v}{T_t} \cdot 100\,\%$$

$$= \frac{105\ \text{min}}{92\ \text{min}} \cdot 100\,\% = \mathbf{114\,\%}$$

b) $$F = \frac{G}{100\,\%}$$

$$= \frac{114\,\%}{100\,\%} = \mathbf{1{,}14}$$

c) $$V = R \cdot F$$

$$= 13{,}45\ €/\text{h} \cdot 1{,}14 = \mathbf{15{,}33\ €/h}$$

$$\frac{15{,}33\,\frac{€}{\text{h}}}{60\,\frac{\text{min}}{\text{h}}} = \mathbf{0{,}256\ €/min}$$

Aufgaben | Lohnberechnung

1. **Stundenlohn.** Wie hoch ist der Mindeststundenlohn eines Arbeitnehmers in der Lohngruppe 6 mit dem Lohngruppenschlüssel 97 % bei einem Ecklohn von 11,98 €/h?

2. **Wochenlohn.** Zu berechnen ist der Brutto-Wochenlohn einer Facharbeiterin in Lohngruppe 8 mit dem Lohngruppenschlüssel 110 % bei einem Ecklohn von 12,08 €/h, einer Leistungszulage von 14% und einer Arbeitszeit von 38 Stunden/Woche.

3. **Ecklohn.** Der tarifliche Ecklohn von 11,50 €/h wurde um 2,1 % erhöht.

   a) Wie hoch ist der neue Ecklohn?

   b) Welche Mindestlöhne ergeben sich für die Lohngruppen 6 und 8 nach dem Lohngruppenschlüssel aus **Tabelle 1, vorherige Seite**?

4. **Leistungszulage.** Ein Facharbeiter mit einer Leistungszulage von 12 % erhielt bisher einen Stundenlohn von 12,08 €. Nach einer Leistungsbeurteilung wurde die Zulage auf 14 % erhöht. Wie hoch ist der neue Stundenlohn?

5. **Monatslohn.** Wie hoch ist der monatliche Bruttolohn einer im Zeitlohn beschäftigten Arbeitnehmerin, wenn folgende Daten zugrunde liegen?

   Lohngruppe 9 mit dem Lohngruppenschlüssel nach **Tabelle 1, vorherige Seite**
   Ecklohn 11,95 €/h
   Leistungszulage 18 %
   Arbeitszeit 163 Stunden

6. **Leistungszulage.** Ein Zerspanungsmechaniker erhielt bisher in der Lohngruppe 9 einen Mindestlohn von 13,76 €/h bei einer Leistungszulage von 26 %. Er wird in die Lohngruppe 10 mit einem Mindestlohn von 15,60 €/h und einer Leistungszulage von 18 % neu eingestuft. Um welchen Betrag erhöht sich sein Stundenlohn?

7. **Akkordlohn.** Für eine Akkordlohnberechnung wurden folgende Werte angegeben:

Vorgabezeit:	6 min/Stück
Akkordrichtzeit:	13,25 €/h
gefertigte Stückzahl:	503 Stück/Woche
Arbeitszeit:	39 Stunden/Woche

   a) Wie viel Stück/Woche hätten der Normalleistung entsprochen?

   b) Wie hoch war der Leistungsgrad?

   c) Welche Vergütung ergibt sich für diese Woche?

8. **Akkordrichtsatz.** Bei einer Neueinteilung der Lohngruppen wurde ein Arbeitsplatz an einer Drehmaschine von der Lohngruppe 6 zur Lohngruppe 8 an einer NC-Maschine umgestuft. Der Akkordrichtsatz der Lohngruppe 6 war 13,21 €/h bei einem Lohngruppenschlüssel von 97 %. Wie hoch wird der neue Akkordrichtsatz in der Lohngruppe 8 bei einem Lohngruppenschlüssel von 110 %?

9. **Leistungsgrad.** Ein Facharbeiter, der auch Jugendvertreter ist, hat in einer 8-Stunden-Schicht nach seinem Akkordlohnbericht die folgenden Arbeiten an einem Bearbeitungszentrum ausgeführt:

Nr.	Arbeitsgang	Vorgabezeit in min	tatsächl. Arbeitszeit in min
1	Werkzeug einstellen	120	95
2	Teil komplett fräsen	140	133
3	Herstellen von 40 Bohrungen	250	220
4	Besprechung beim Betriebsrat	–	25

   Die Zeit für die Besprechung beim Betriebsrat wird nach dem durchschnittlichen Leistungsgrad des letzten Monats vergütet. Er beträgt 116 %. Für einen Akkordrichtsatz von 13,15 €/h sind zu berechnen

   a) der durchschnittliche Leistungsgrad in dieser Schicht,

   b) die Vergütung für diese Schicht.

Fertigungstechnik

Mit spanenden Fertigungsverfahren, wie zum Beispiel Drehen, Fräsen oder Bohren, werden meist spanlos vorgeformte Rohteile wirtschaftlich weiter oder fertig bearbeitet.

Drehen

Drehen ist das wichtigste Zerspanungsverfahren zur Herstellung von Werkstückkonturen mit runden Querschnitten.

Schnittdaten und Anzahl der Schnitte beim Drehen

Bezeichnungen:

v_c	Schnittgeschwindigkeit	m/min	d	Anfangsdurchmesser	mm
f	Vorschub	mm	d_1	Enddurchmesser	mm
a_p	Schnitttiefe	mm	i	Anzahl der Schnitte	–

Die Schnittgeschwindigkeit v_c, der Vorschub f und die Schnitttiefe a_p sind Einstellgrößen an Drehmaschinen **(Bild 1)** und unter dem Begriff „Schnittdaten" zusammengefasst. Zu ihrer Bestimmung bieten Schneidstoffhersteller umfangreiche Tabellen an **(Tabelle 1)**.

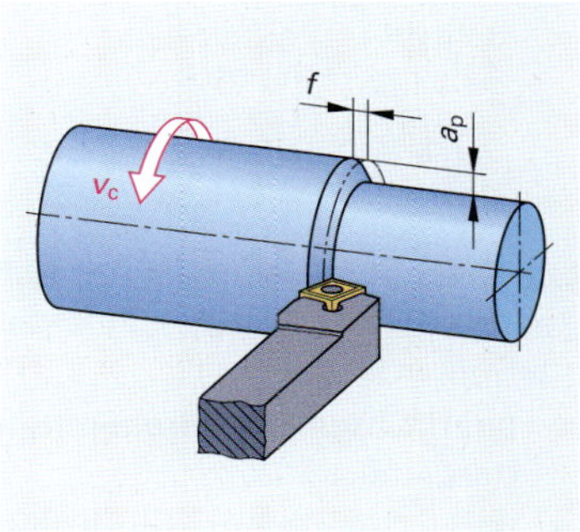

Bild 1: Schnittdaten

Tabelle 1: Richtwerte für das Drehen mit Hartmetall (Beispiele)

Längsrunddrehen	Schruppen	Schlichten
Vorschub f in mm	0,6 ... 0,25	0,25 ... 0,1
Schnitttiefe a_p in mm	2 ... 6	0,5 ... 2
	Schnittgeschwindigkeit[1] v_c in m/min	
S235J0, E295, C15, 10S20	100 – **160** – 220	100 – **200** – 300
C45, 16MnCr5, 42CrMo4, 38Cr2	90 – **130** – 180	100 – **150** – 200
GJL-100, GJL-200	140 – **190** – 240	230 – **300** – 370

1) Als **Startwert** wird der **fettgedruckte Wert** von v_c genommen. Bei ungünstigen Bedingungen kleineres v_c und bei günstigen Bedingungen größeres v_c.

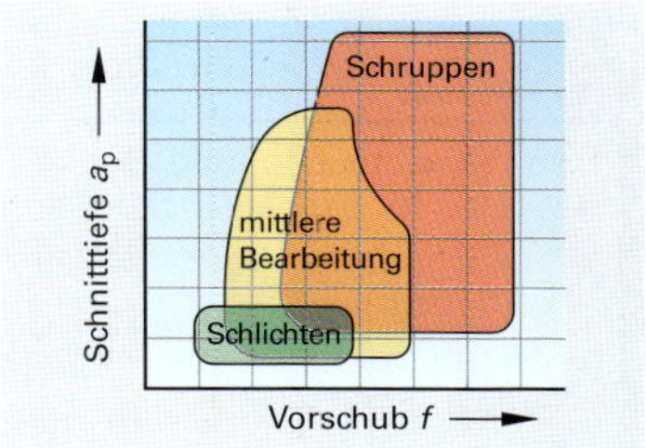

Bild 2: Anwendungsbereiche

Ist die Schnitttiefe a_p nach Tabelle 1 ermittelt, so kann bei Bedarf die Anzahl der Schnitte i berechnet werden **(Bild 3)**.

Anzahl der Schnitte

$$i = \frac{d - d_1}{2 \cdot a_p}$$

● **Beispiel:**

Das Wellenende **(Bild 3)** aus E295 soll vorbearbeitet und in einem Schnitt mit a_p = 0,4 mm fertig bearbeitet werden. Die Schnittdaten für die Fertigung werden mit den Mittelwerten aus Tabelle 1 geplant. Für d = 40 mm sind zu bestimmen

a) die Schnittdaten für die Vorbearbeitung (Schruppen),
b) der Fertigdurchmesser d für die Vorbearbeitung (Schruppen),
c) die Anzahl der Schnitte i für die Vorbearbeitung (Schruppen),
d) die Schnitttiefe a_p bei jeweils gleicher Zustellung.

Lösung: a) Tabellenwerte: v_c = 160 m/min, f = 0,4 mm, a_p = 4,0 mm

b) $i = \frac{d - d_1}{2 \cdot a_p}$; $d = 2 \cdot a_p \cdot i + d_1 = 2 \cdot 0{,}4\text{ mm} \cdot 1 + 25\text{ mm} = \mathbf{25{,}8\text{ mm}}$

c) $i = \frac{d - d_1}{2 \cdot a_p} = \frac{40\text{ mm} - 25{,}8\text{ mm}}{2 \cdot 4\text{ mm}} = 1{,}78$ gewählt: i = **2 Schnitte**

d) $a_p = \frac{d - d_1}{2 \cdot i} = \frac{40\text{ mm} - 25{,}8\text{ mm}}{2 \cdot 2} = \mathbf{3{,}55\text{ mm}}$

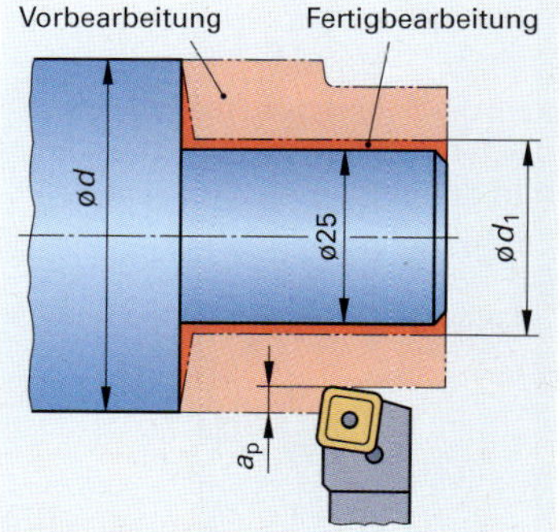

Bild 3: Vor- und Fertigbearbeitung

Drehzahl beim Drehen

Wenn Drehmaschinen nicht mit konstanter Schnittgeschwindigkeit v_c arbeiten, wird die Drehzahl n in das NC-Programm eingegeben oder an der Maschine eingestellt.

Bezeichnungen:

v_c	Schnittgeschwindigkeit	m/min
d	Anfangsdurchmesser	mm
d_1	Enddurchmesser	mm
d_m	mittlerer Durchmesser	mm
n	Drehzahl	1/min

Die Drehzahl n wird aus der Schnittgeschwindigkeit v_c ermittelt. Dabei sind folgende Durchmesser maßgebend:

- beim **Längs-Runddrehen (Bild 2)** der Anfangsdurchmesser d,
- beim **Quer-Plandrehen (Bild 3)** der mittlere Durchmesser d_m. Diese Festlegung führt zu höheren Drehzahlen und besseren Schnittbedingungen bei kleinen Durchmessern.

Für Drehmaschinen mit Stufenrädergetrieben kann die Drehzahl n auch aus Schaubildern entnommen werden **(Bild 1).** Bei Zwischenergebnissen ist die am nächsten liegende Drehzahl zu wählen.

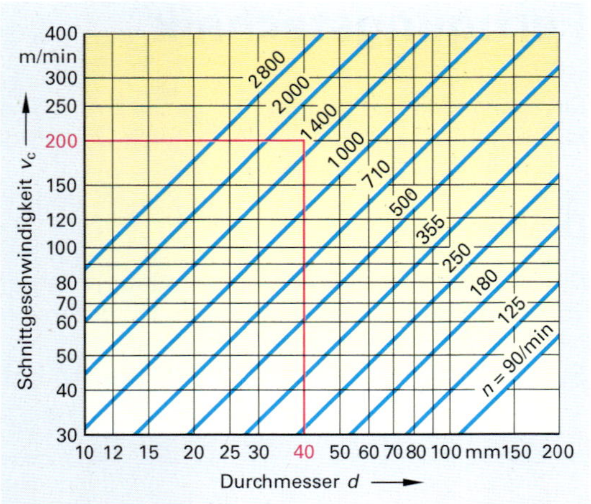

Bild 1: Drehzahldiagramm

Drehzahl beim Längs-Runddrehen

$$n = \frac{v_c}{\pi \cdot d}$$

Quer-Plandrehen
Drehzahl, mittlerer Durchmesser

$$n = \frac{v_c}{\pi \cdot d_m} \qquad d_m = \frac{d + d_1}{2}$$

1. Beispiel:

Eine Welle aus C15 **(Bild 2)** wird in einem Schnitt fertig bearbeitet. Wie groß sind für den Anfangsdurchmesser d = 40 mm

a) die Schnittgeschwindigkeit v_c nach **Tabelle 1, vorherige Seite,** bei der Fertigbearbeitung,

b) die Drehzahl n bei stufenloser Einstellung,

c) die einzustellende Drehzahl n nach **Bild 1,**

d) die Schnittgeschwindigkeit v_c bei der Drehzahl nach **Bild 1**?

Lösung: a) Tabellenwert der Schnittgeschwindigkeit $v_c = 200\ \frac{\text{m}}{\text{min}}$ bei der Fertigbearbeitung

b) $n = \frac{v_c}{\pi \cdot d} = \frac{200\ \frac{\text{m}}{\text{min}}}{\pi \cdot 0{,}040\ \text{m}} = 1\,591{,}6\ \frac{1}{\text{min}} \approx \mathbf{1\,592\ \frac{1}{min}}$

c) einzustellende Drehzahl nach Bild 1: $n = \mathbf{1\,400\ min^{-1}}$

d) $v_c = \pi \cdot d \cdot n = \pi \cdot 0{,}040\ \text{m} \cdot 1\,400\ \frac{1}{\text{min}} = \mathbf{175{,}9\ \frac{m}{min}}$

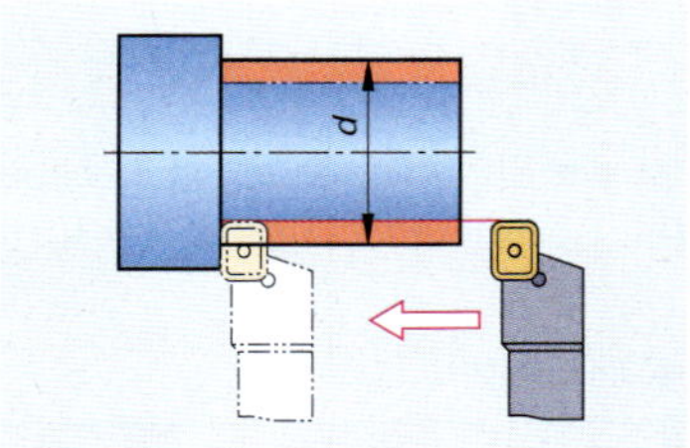

Bild 2: Längs-Runddrehen

2. Beispiel:

Die Planfläche eines Flansches aus GJL-100 mit den Durchmessern d = 120 mm und d_1 = 65 mm wird in einem Schnitt vorgedreht. Wie groß sind

a) die Schnittgeschwindigkeit v_c **nach Tabelle 1, vorherige Seite,** wenn ungünstige Bearbeitungsbedingungen angenommen werden,

b) der mittlere Durchmesser d_m,

c) die Drehzahl n bei stufenloser Einstellung?

Lösung: a) Tabellenwert der Schnittgeschwindigkeit $v_c = 140\ \frac{\text{m}}{\text{min}}$

b) $d_m = \frac{d + d_1}{2} = \frac{120\ \text{mm} + 65\ \text{mm}}{2} = \mathbf{92{,}5\ mm}$

c) $n = \frac{v_c}{\pi \cdot d_m} = \frac{140\ \frac{\text{m}}{\text{min}}}{\pi \cdot 0{,}0925\ \text{m}} = 481{,}8\ \frac{1}{\text{min}} \approx \mathbf{482\ \frac{1}{min}}$

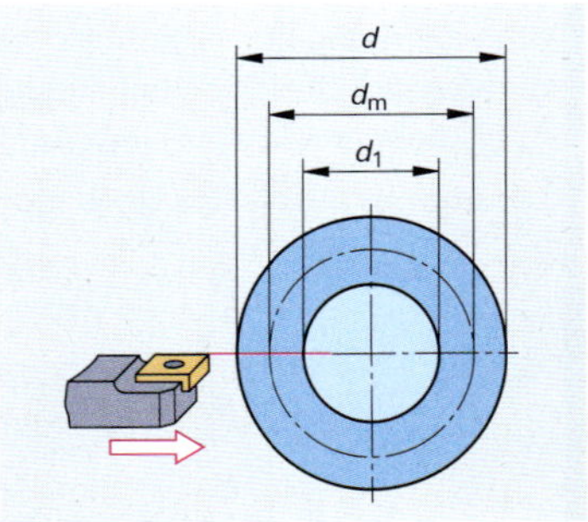

Bild 3: Quer-Plandrehen

Schnittkraft beim Drehen

Die Schnittkraft F_c wirkt auf die Werkzeugschneide **(Bild 1)**. Sie beeinflusst die Standzeit der Werkzeuge und ist maßgebend für die Antriebsleistung der Drehmaschinen.

Bezeichnungen:

F_c	Schnittkraft	N	b	Spanungsbreite	mm
k_c	spezifische Schnittkraft	N/mm²	A	Spanungsquerschnitt	mm²
v_c	Schnittgeschwindigkeit	m/min	$C_{1,2}$	Korrekturfaktoren	–
f	Vorschub	mm	$\varkappa$[1]	Einstellwinkel	°
a_p	Schnitttiefe	mm	h	Spanungsdicke	mm

Die Einflussgrößen auf die Schnittkraft F_c und ihre Berücksichtigung zeigt **Tabelle 1**.

Tabelle 1: Einflussgrößen auf die Schnittkraft F_c

Einflussgrößen	Berücksichtigung
Werkstoff des Werkstücks, Spanungsdicke h, Schneidstoff, Schneidengeometrie, Kühlschmierung	spezifische Schnittkraft k_c
Schnitttiefe a_p, Vorschub f	Spanungsquerschnitt A
Schneidstoff, Schneidenverschleiß	Korrekturfaktoren **(Tabelle 2)**

Die spezifische Schnittkraft k_c **(Tabelle 3)** wird in Versuchen ermittelt, bei denen jeweils Späne mit dem Spanungsquerschnitt A = 1 mm² in Abhängigkeit von der Spanungsdicke h abgetrennt werden.

Tabelle 3: Richtwerte für spezifische Schnittkräfte k_c (Auswahl)

Werkstoff	Spezifische Schnittkraft k_c in N/mm² für die Spanungsdicke h in mm								
	0,1	0,15	0,2	0,25	0,3	0,35	0,4	0,45	0,5
S235JR	2633	2457	2340	2253	2184	2128	2080	2039	2003
E295	3621	3259	3024	2854	2721	2615	2525	2449	2383
C15	3020	2763	2593	2469	2372	2293	2226	2170	2120
C45	3057	2751	2553	2409	2298	2207	2132	2068	2012
16MnCr5	3821	3439	3191	3011	2872	2759	2665	2585	2515
11SMnPb30	1816	1688	1603	1540	1490	1450	1415	1385	1359
42CrMo4	4549	4094	3799	3585	3419	3285	3173	3077	2994
GJL-150	1541	1415	1332	1271	1223	1184	1152	1123	1099

Der Vorschub f und die Schnitttiefe a_p bestimmen den Spanungsquerschnitt A. Über den Einstellwinkel $\varkappa$ werden die Spanungsbreite b und die Spanungsdicke h beeinflusst **(Bild 2)**. Es bestehen folgende Zusammenhänge:

$$A = b \cdot h; \quad b = \frac{a_p}{\sin \varkappa}; \quad h = f \cdot \sin \varkappa; \quad A = \frac{a_p}{\sin \varkappa} \cdot f \cdot \sin \varkappa = a_p \cdot f$$

● **Beispiel:**

Eine Welle aus C45 wird mit der Schnitttiefe a_p = 5 mm und dem Vorschub f = 0,35 mm in einem Schnitt überdreht. Wie groß sind für die Schnittgeschwindigkeit v_c = 110 m/min und den Einstellwinkel $\varkappa$ = 60° mit HM-Werkzeug
a) die Spanungsdicke h,
b) die spezifische Schnittkraft k_c,
c) der Spanungsquerschnitt A,
d) die maximale Schnittkraft F_c?

Lösung: a) $h = f \cdot \sin \varkappa$ = 0,35 mm · sin 60° = 0,303 mm ≈ **0,30 mm**
b) k_c = **2298 N/mm²** (Tabelle 3)
c) $A = a_p \cdot f$ = 5 mm · 0,35 mm = **1,75 mm²**
d) $F_c = A \cdot k_c \cdot C_1 \cdot C_2$; C_1 = 1,0; C_2 = 1,3 (nach Tabelle 2)
F_c = 1,75 mm² · 2298 N/mm² · 1,3 = **5228 N**

1) $\varkappa$ griechischer Kleinbuchstabe kappa

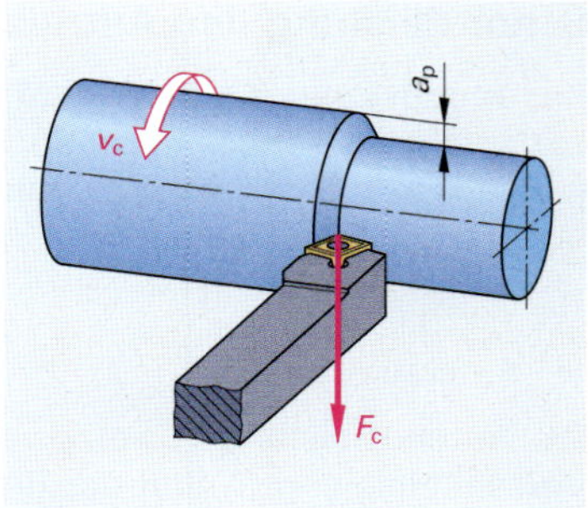

Bild 1: Schnittkraft F_c

Tabelle 2: Korrekturfaktoren

Schneidstoff	Faktor C_1
Schnellarbeitsstahl	1,2
Hartmetall	1,0
Schneidkeramik	0,9
Schneide	**Faktor C_2**
mit Abstumpfung	1,3
ohne Abstumpfung	1,0

Schnittkraft

$$F_c = A \cdot k_c \cdot C_1 \cdot C_2$$

Spanungsquerschnitt beim Drehen

$$A = a_p \cdot f$$

Spanungsdicke beim Drehen

$$h = f \cdot \sin \varkappa$$

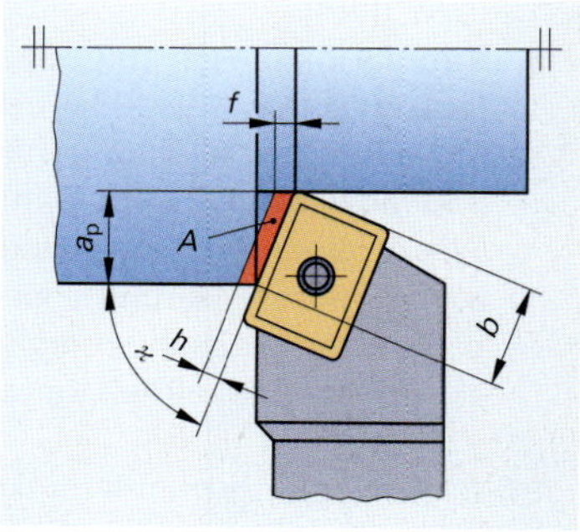

Bild 2: Spanungsquerschnitt beim Drehen

Schnittleistung und Antriebsleistung beim Drehen

Das Produkt aus der Schnittkraft F_c und der Schnittgeschwindigkeit v_c bildet die Schnittleistung P_c. Sie ist Grundlage für die Ermittlung der Antriebsleistung P_1 **(Bild 1)**.

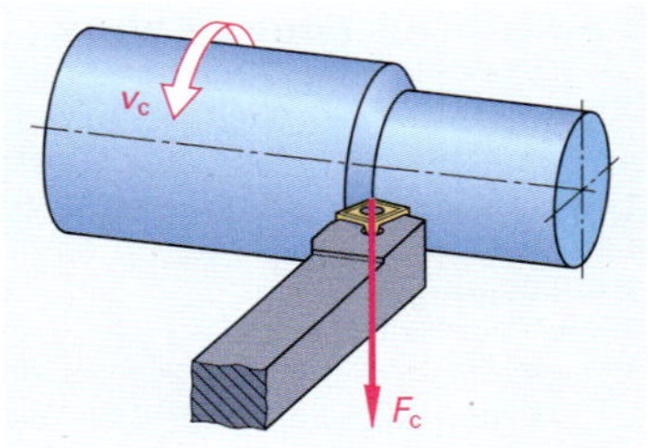

Bild 1: Schnittkraft und Schnittgeschwindigkeit

Bezeichnungen:

P_c	Schnittleistung	N·m/s, kW	v_c	Schnittgeschwindigkeit	m/min
P_1	Schnittleistung	N·m/s, kW	η[1]	Wirkungsgrad der Maschine	–
F_c	Schnittkraft	N			

Die Antriebsleistung P_1 setzt sich aus der Schnittleistung P_c, der Vorschubleistung P_v und der Reibleistung P_R zusammen. Im Vergleich zur Schnittleistung P_c sind die Vorschub- und die Reibleistung sehr klein. Bei der Berechnung der Antriebsleistung P werden beide Teilleistungen durch den Wirkungsgrad η berücksichtigt.

Schnittleistung beim Drehen

$$P_c = F_c \cdot v_c$$

Antriebsleistung beim Drehen

$$P_1 = \frac{P_c}{\eta}$$

● **Beispiel:**

Eine Welle aus S235JR wird in zwei Schnitten vorgedreht.
Wie groß sind für die Schnittkraft $F_c = 6365$ N und die Schnittgeschwindigkeit $v_c = 110$ m/min
a) die Schnittleistung P_c,
b) die Antriebsleistung P_1 bei einem Wirkungsgrad $\eta = 0{,}7$?

Lösung: a) $P_c = F_c \cdot v_c = 6365\ \text{N} \cdot 110 \cdot \frac{\text{m}}{\text{min}} \cdot \frac{1\ \text{min}}{60\ \text{s}} = 11\,669{,}2\ \frac{\text{N}\cdot\text{m}}{\text{s}} = \mathbf{11{,}7\ kW}$

b) $P_1 = \frac{P_c}{\eta} = \frac{11{,}7\ \text{kW}}{0{,}7} = \mathbf{16{,}7\ kW}$

Aufgaben | Schnittdaten, Drehzahl und Anzahl der Schnitte

1. **Längs-Runddrehen.** Bundbolzen aus C15 mit dem Anfangsdurchmesser $d = 55$ mm werden auf einer NC-Drehmaschine gefertigt.
   Zur Erstellung des NC-Programms sind für die Vorbearbeitung (Schruppen) nach **Tabelle 1, Seite 201** zu ermitteln
   a) die Schnittgeschwindigkeit v_c als Mittelwert der Tabellenwerte,
   b) der Vorschub f als Mittelwert der Tabellenwerte,
   c) die Schnitttiefe a_p als Höchstwert.

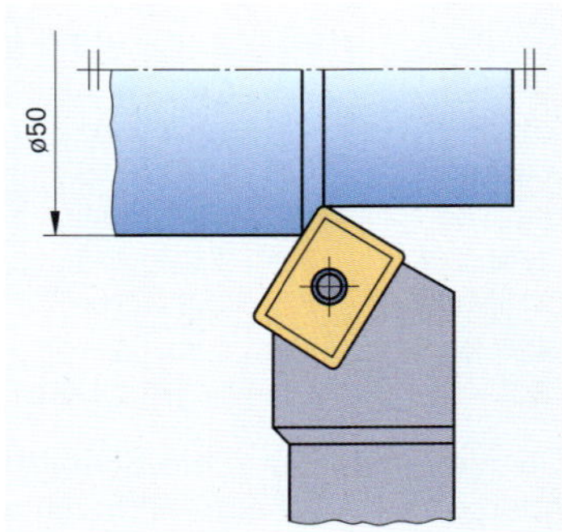

Bild 2: Welle

2. **Welle (Bild 2).** Eine Welle aus 42CrMo4 wird in jeweils einem Schnitt vor- und fertig bearbeitet. Die Schnittwerte für die Vorbearbeitung sind so geplant, dass sie 30 % unter den Höchstwerten nach **Tabelle 1, Seite 201** liegen.
   Für die Vorbearbeitung sind zu bestimmen
   a) die Schnittgeschwindigkeit v_c,
   b) der Vorschub f und die Spanungstiefe a_p,
   c) die einzustellende Drehzahl n bei stufenloser Drehzahleinstellung.

3. **Kupplungsflansch (Bild 3).** Die Planfläche A des Kupplungsflansches aus GJL-100 wird in jeweils einem Schnitt vor- und fertig bearbeitet. Die Schnittdaten werden als Mittelwerte aus **Tabelle 1, Seite 201** gewählt.
   Wie groß sind für die Fertigbearbeitung (Schlichten)
   a) der mittlere Durchmesser d_m,
   b) die Schnittgeschwindigkeit v_c,
   c) die einzustellende Drehzahl n bei stufenloser Drehzahleinstellung,
   d) die Schnittgeschwindigkeit v_c am Außendurchmesser,
   e) die Schnittgeschwindigkeit v_c am Innendurchmesser?

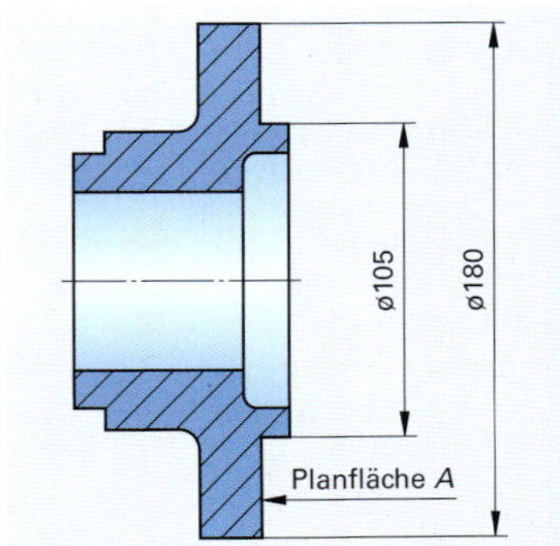

Bild 3: Kupplungsflansch

1) η griechischer Kleinbuchstabe eta

4. **Ritzelwelle (Bild 1).** In einem Zahnstangentrieb soll die Ritzelwelle aus 16MnCr5 ausgetauscht werden. Die Schnittgeschwindigkeit wird als Mittelwert nach **Tabelle 1, Seite 201** geplant.
   Wie groß sind
   a) die Schnittgeschwindigkeit v_c für das Vordrehen,
   b) die einzustellende Drehzahl n für das Vordrehen nach **Bild 1, Seite 202,**
   c) die Schnitttiefe a_p für das Fertigdrehen (a_{pmin} = 0,2 mm; a_{pmax} = 0,5 mm),
   d) die Schnittiefe a_p für das Vordrehen, wenn vier Schnitte mit gleicher Schnitttiefe geplant sind?

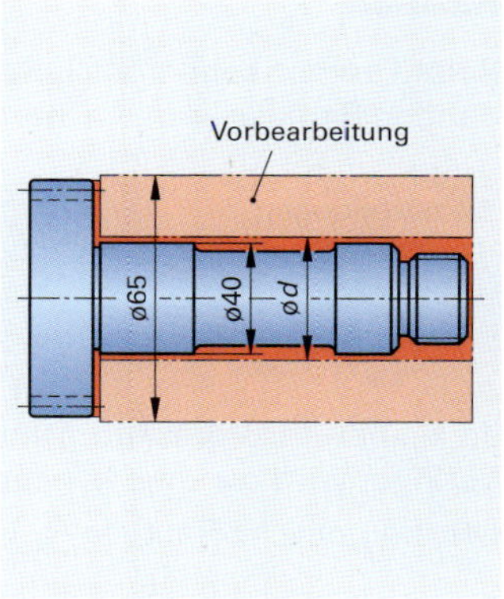

Bild 1: Ritzelwelle

Aufgaben | Schnittkraft und Schnittleistung

5. **Spezifische Schnittkraft.** Für das Längs-Runddrehen von Bolzen aus 42CrMo4 mit HM-Werkzeug sind die Schnittgeschwindigkeit v_c = 180 m/min, der Vorschub f = 0,35 mm, die Schnitttiefe a_p = 3,0 mm und der Einstellwinkel $\varkappa$ = 60° bekannt.
   Zu bestimmen sind:
   a) der Spanungsquerschnitt A,
   b) die Spanungsdicke h,
   c) die spezifische Schnittkraft k_c,
   d) die Schnittkraft F_c.
6. **Welle (Bild 2).** Eine Welle aus E295 wird mit der Schnittgeschwindigkeit v_c = 200 m/min, der Schnitttiefe a_p = 5,5 mm und dem Vorschub f = 0,3 mm mit HM-Werkzeug vorbearbeitet (geschruppt).
   Wie groß sind jeweils für die Einstellwinkel $\varkappa$ = 60° und $\varkappa$ = 90°
   a) der Spanungsquerschnitt A,
   b) die Spanungsdicke h,
   c) die spezifische Schnittkraft k_c nach **Tabelle 3, Seite 203,**
   d) die maximale Schnittleistung P_c,
   e) die Antriebsleistung P_1 bei einem Wirkungsgrad η = 0,75?
   f) Welchen Einfluss hat der Einstellwinkel $\varkappa$ auf die Antriebsleistung?

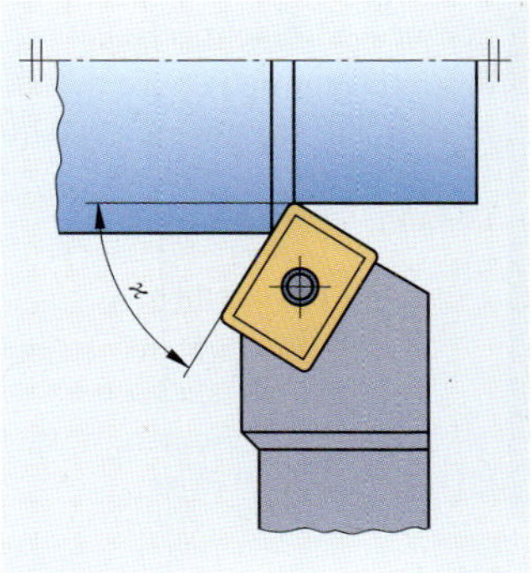
Bild 2: Welle

7. **Kupplungsflansch (Bild 3).** Die Planfläche des Kupplungsflansches aus GJL-150 wird mit der Schnittgeschwindigkeit v_c = 150 m/min, dem Vorschub f = 0,4 mm und der Schnitttiefe a_p = 5 mm mit HM-Werkzeug vorbearbeitet.
   Wie groß sind für den Einstellwinkel $\varkappa$ = 100°
   a) der Spanungsquerschnitt A,
   b) die Spanungsdicke h,
   c) die spezifische Schnittkraft k_c,
   d) die Drehzahl n bei stufenloser Einstellung,
   e) die Schnittgeschwindigkeit v_c am Außendurchmesser d,
   f) die Antriebsleistung P_1 am Außendurchmesser bei einem Wirkungsgrad η = 0,80?
8. **Drehversuch.** Zur Ermittlung der spezifischen Schnittkraft F_c an warmgewalzten Rundstäben aus 11SMnPb30 werden in einem Zerspanungslabor Leistungsmessungen mit abgestumpftem HM-Werkzeug unter folgenden Bedingungen durchgeführt:
   Schnittgeschwindigkeit v_c = 180 m/min, Vorschub f = 0,35 mm, Schnitttiefe a_p = 6,0 mm, Einstellwinkel $\varkappa$ = 60°.
   Wie groß sind für eine gemessene Antriebsleistung P_1 = 16,8 kW
   a) die Schnittleistung bei einem Wirkungsgrad η = 0,8,
   b) die spezifische Schnittkraft k_c?
   c) Vergleichen Sie die aus dem Versuch berechnete Schnittkraft k_c mit dem Wert der **Tabelle 3, Seite 203.**

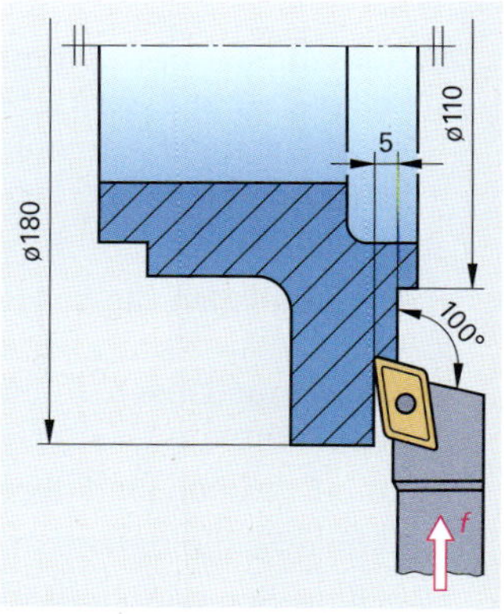

Bild 3: Kupplungsflansch

S. 269

Rautiefe

Beim Drehen haben der Eckenradius und der Vorschub entscheidenden Einfluss auf die Oberflächenbeschaffenheit **(Bild 1)**.

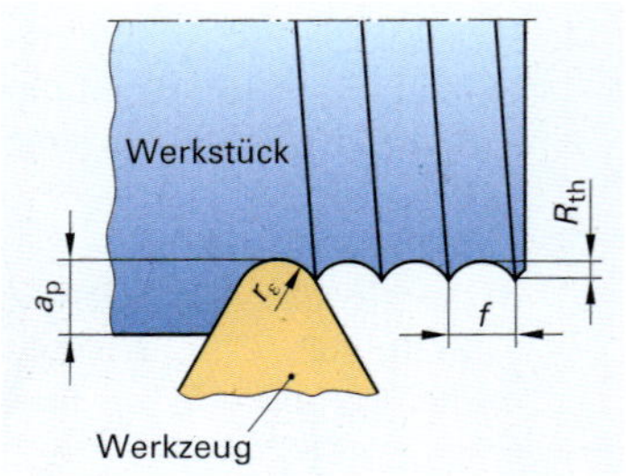

Bild 1: Rautiefe

Bezeichnungen:

R_{th}	Theoretische Rautiefe	µm	f	Vorschub	mm
$r_ε$	Eckenradius	mm	a_p	Schnitttiefe	mm
Rz	Gemittelte Rautiefe	µm			

Je kleiner der Vorschub f und je größer der Eckenradius $r_ε$, desto geringer wird die theoretische Rautiefe R_{th} **(Tabelle 1)**.

Die theoretische Rautiefe R_{th} lässt sich überschlägig nach folgender Formel berechnen: $R_{th} \approx \frac{f^2}{8 \cdot r_ε}$

Sie entspricht ungefähr der gemittelten Rautiefe Rz, somit gilt:

$$R_{th} \approx Rz.$$

Tabelle 1: Theoretische Rautiefe

Rautiefe R_{th} in µm	Eckenradius $r_ε$ in mm		
	0,4	0,8	1,2
	Vorschub f in mm		
1,6	0,07	0,10	0,12
4	0,11	0,16	0,20
10	0,18	0,25	0,31
16	0,23	0,32	0,39
25	0,27	0,38	0,47

Beispiel:

Der Kegelbolzen **(Bild 2)** soll mit einem Hartmetall-Drehmeißel gefertigt werden. Der Drehmeißel hat einen Eckenradius $r_ε$ = 0,4 mm und es wird mit einem Vorschub f = 0,2 mm gearbeitet.

a) Zu bestimmen ist die theoretische Rautiefe R_{th}.

b) Wird die geforderte Rautiefe Rz erreicht?

Lösung: a) $R_{th} = \frac{f^2}{8 \cdot r_ε} = \frac{(0{,}2\ \text{mm})^2}{8 \cdot 0{,}4\ \text{mm}} = 0{,}0125\ \text{mm} = \mathbf{12{,}5\ µm}$

b) Aus **Bild 2** abgelesen Rz = **6,3 µm**

Die geforderte Rautiefe wird nicht erreicht, da R_{th} = 12,5 µm ≥ Rz = 6,3 µm ist.

Um die geforderte Rautiefe mit dem gegebenen Drehmeißel zu erzielen, muss der Vorschub f verringert werden.

Theoretische Rautiefe

$$R_{th} = \frac{f^2}{8 \cdot r_ε}$$

$$R_{th} \approx Rz$$

Aufgaben | Rautiefe

1. **Ritzelwelle (Bild 3).** Die Ritzelwelle soll mit einem Drehmeißel mit dem Eckenradius $r_ε$ = 0,4 mm und einem Vorschub f = 0,25 mm geschlichtet werden.
   a) Zu bestimmen ist die theoretische Rautiefe R_{th}.
   b) Wird die geforderte Oberflächengüte erreicht?

2. **Aufnahme.** Der Durchmesser d = 130 mm an einer Aufnahme soll mit einer Oberflächengüte Rz 10 durch Drehen mit einer beschichteten Hartmetallplatte mit dem Vorschub f = 0,24 mm fertig bearbeitet werden.
   a) Wie groß ist der minimal erforderliche Eckenradius $r_ε$?
   b) Vergleichen Sie das Ergebnis mit den Werten in **Tabelle 1**.

3. **Kupplungsflansch.** Entsprechend den Anforderungen beträgt die maximal zulässige Rautiefe Rz 6,3.
   Zu bestimmen sind der maximale Vorschub f, wenn
   a) eine Schneidplatte mit dem Eckenradius $r_ε$ = 0,4 mm und
   b) eine Schneidplatte mit dem Eckenradius $r_ε$ = 0,8 mm gewählt wird.

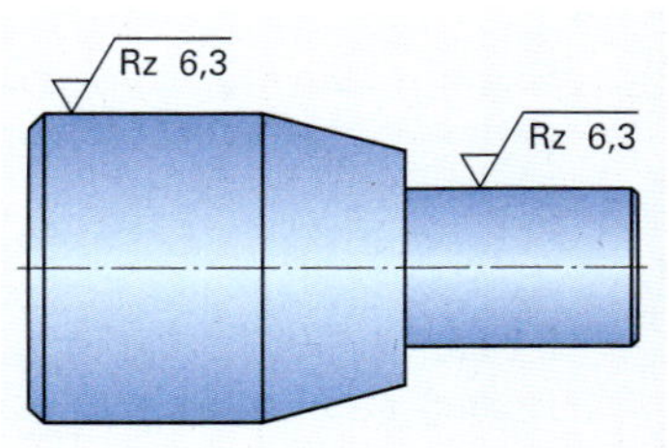

Bild 2: Kegelbolzen

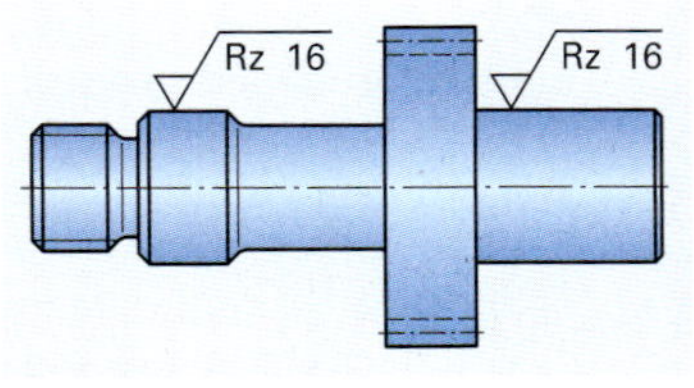

Bild 3: Ritzelwelle

Hauptnutzungszeit beim Drehen mit konstanter Drehzahl

Während der Hauptnutzungszeit t_h befindet sich das Werkzeug unmittelbar im Eingriff. Beim Drehen hängt die Hauptnutzungszeit von den an der Maschine eingestellten Schnittdaten, der Schnittgeschwindigkeit v_c und dem Vorschub f, und vom Vorschubweg L ab.

Bezeichnungen:

t_h	Hauptnutzungszeit	min	l_a	Anlauf	mm
d	Anfangsdurchmesser	mm	l_u	Überlauf	mm
d_1	Enddurchmesser	mm	L	Vorschubweg	mm
d_m	mittlerer Durchmesser	mm	n	Drehzahl	1/min
l	Werkstücklänge	mm	i	Anzahl der Schnitte	–
v_c	Schnittgeschwindigkeit	m/min	f	Vorschub	mm
v_f	Vorschubgeschwindigkeit	mm/min			

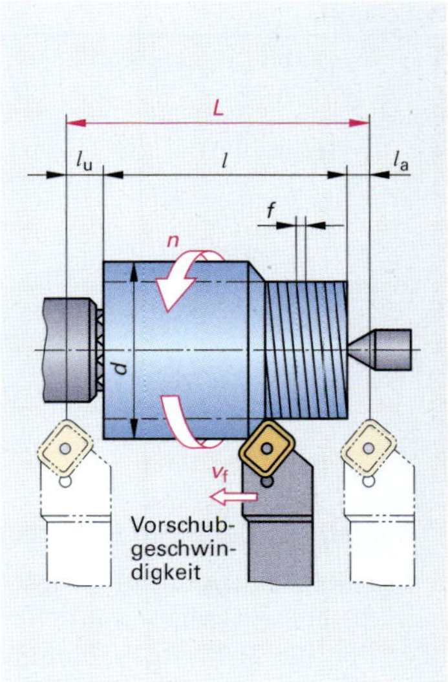

Bild 1: Drehen

Sind beim Drehen die Drehzahl n und der Vorschub f konstant, so gelten für die Berechnung der Hauptnutzungszeit die Bedingungen der gleichförmigen Bewegung **(Bild 1).**

Für die Hauptnutzungszeit ist $t_h = \frac{s}{v} = \frac{L}{v_f}$. Mit $v_f = n \cdot f$ erhält man für einen Schnitt: $t_h = \frac{L}{n \cdot f}$. Werden i Schnitte ausgeführt, so gilt $t_h = \frac{L \cdot i}{n \cdot f}$.

Der **Vorschubweg** $\boldsymbol{L}$ setzt sich aus der Werkstücklänge l, dem Anlauf l_a und dem Überlauf l_u zusammen.

Die **Drehzahl** $\boldsymbol{n}$ wird abhängig vom Drehverfahren mit folgenden Durchmessern berechnet:

- **Längs-Runddrehen** mit dem Außendurchmesser d,
- **Quer-Plandrehen** mit dem mittleren Durchmesser d_m.

Der mittlere Durchmesser führt zu höheren Drehzahlen und besseren Schnittbedingungen bei kleinen Durchmessern.

Die Ermittlung der Drehlänge L, der Drehzahl n und des mittleren Durchmessers d_m erfolgt anwendungsbezogen nach **Tabelle 1.**

Bei Drehmaschinen mit Stufenrädergetrieben ist die einstellbare Drehzahl in die Rechnung einzusetzen. Diese Drehzahl kann auch Schaubildern entnommen werden **(Bild 1, Seite 202).** Bei Zwischenergebnissen ist die am nächsten liegende Drehzahl zu wählen.

Hauptnutzungszeit

$$t_h = \frac{L \cdot i}{n \cdot f}$$

Tabelle 1: Vorschubweg L, Drehzahl n, mittlerer Durchmesser d_m beim Drehen

Längs-Runddrehen		Quer-Plandrehen		
ohne Ansatz	mit Ansatz	Vollzylinder ohne Ansatz	Vollzylinder mit Ansatz	Hohlzylinder
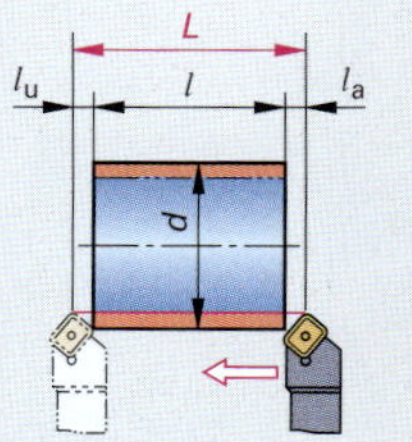	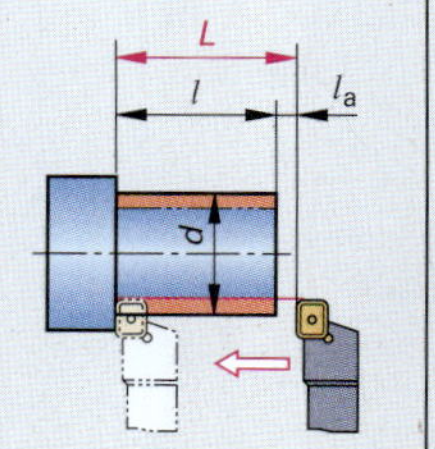	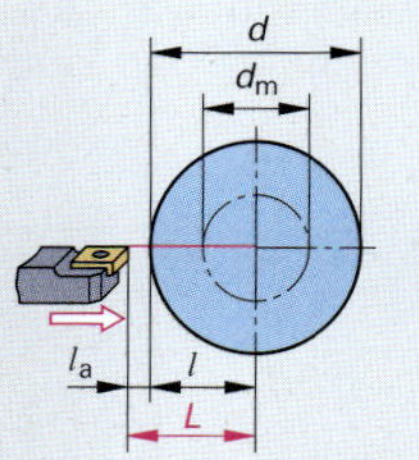	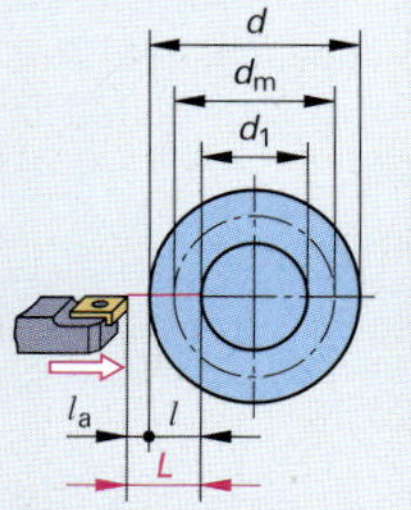	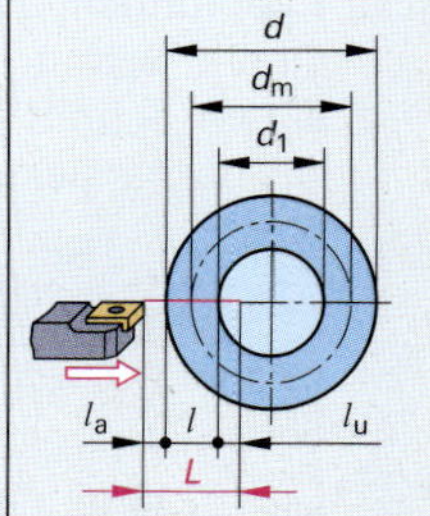
$L = l + l_a + l_u$	$L = l + l_a$	$L = \frac{d}{2} + l_a$	$L = \frac{d - d_1}{2} + l_a$	$L = \frac{d - d_1}{2} + l_a + l_u$
$n = \frac{v_c}{\pi \cdot d}$		$d_m = \frac{d}{2}$; $n = \frac{v_c}{\pi \cdot d_m}$	$d_m = \frac{d + d_1}{2}$; $n = \frac{v_c}{\pi \cdot d_m}$	

Beispiel:

Die Welle **(Bild 1)** aus 16MnCr5 wird in $i = 2$ Schnitten vorgedreht.
Wie groß sind für die Schnittgeschwindigkeit $v_c = 120$ m/min, den Vorschub $f = 0{,}5$ mm und den Anlauf $l_a = 0{,}8$ mm
a) die Drehzahl n bei stufenloser Drehzahleinstellung
b) der Vorschubweg L nach **Tabelle 1, vorherige Seite,**
c) die Hauptnutzungszeit t_h?

Lösung: a) $n = \frac{v_c}{\pi \cdot d} = \frac{120 \frac{\text{m}}{\text{min}}}{\pi \cdot 0{,}06 \text{ m}} = \mathbf{637 \frac{1}{min}}$

b) $L = l + l_a = 400 \text{ mm} + 0{,}8 \text{ mm} = \mathbf{400{,}8\ mm}$

c) $t_h = \frac{L \cdot i}{n \cdot f} = \frac{400{,}8 \text{ mm} \cdot 2}{637 \frac{1}{\text{min}} \cdot 0{,}5 \text{ mm}} = \mathbf{2{,}5\ min}$

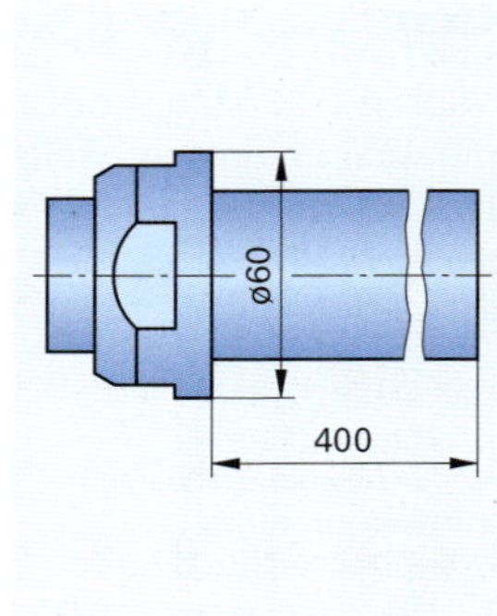

Bild 1: Welle

Aufgaben | Hauptnutzungszeit

1. **Gelenkbolzen (Bild 2).** Die beiden Lagerstellen der Gelenkbolzen aus 16MnCr5 werden mit je einem Schnitt fertig bearbeitet.
   Für die Schnittgeschwindigkeit $v_c = 180$ m/min und den Vorschub $f = 0{,}1$ mm sind zu bestimmen
   a) die einzustellende Drehzahl n nach **Bild 1, Seite 202,**
   b) die Vorschubweg L bei $l_a = 1{,}5$ mm,
   c) die Hauptnutzungszeit t_h für 200 Gelenkbolzen.

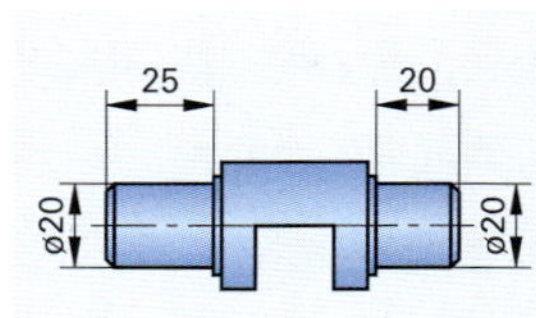

Bild 2: Gelenkbolzen

2. **Flansch.** Die Planseiten eines Flansches aus S235JR mit dem Außendurchmesser $d = 200$ mm und dem Innendurchmesser $d_1 = 80$ mm werden in je einem Schnitt vorgedreht.
   Wie groß sind für die Schnittgeschwindigkeit $v_c = 140$ m/min, den Vorschub $f = 0{,}3$ mm, den Anlauf $l_a = 1$ mm und den Überlauf $l_u = 0{,}8$ mm
   a) die Drehzahl n bei stufenloser Drehzahleinstellung,
   b) die Hauptnutzungszeit t_h für 15 Flansche?

3. **Lagerbüchse (Bild 3).** Zur Vorbearbeitung der Lagerbüchse liegt folgender Fertigungsplan vor.
   - Quer-Plandrehen beider Seiten in je einem Schnitt auf die Länge $l = 62$ mm,
   - Längs-Runddrehen in zwei Schnitten auf den Durchmesser $d = 55$ mm.

   Wie groß sind für die Schnittgeschwindigkeit $v_c = 120$ m/min und den Vorschub $f = 0{,}4$ mm
   a) die Drehzahl n bei stufenloser Drehzahleinstellung,
   b) die Hauptnutzungszeit t_h für das Plandrehen bei $l_a = l_u = 1{,}5$ mm,
   c) die Hauptnutzungszeit t_h für das Längsdrehen bei $l_a + l_u = 2$ mm?

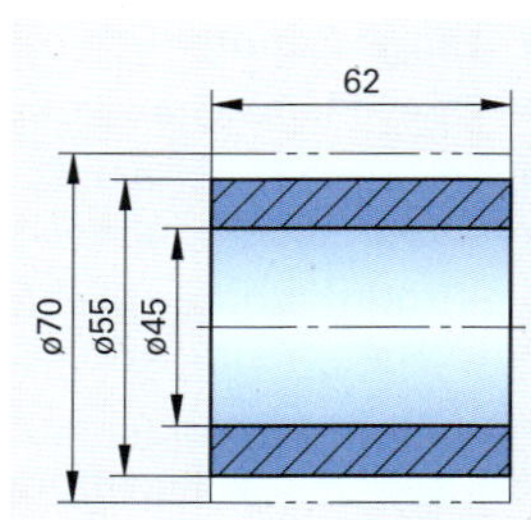

Bild 3: Lagerbüchse

4. **Kupplungsflansch (Bild 4).** Die Planflächen A und B werden mit je einem Schnitt vorbearbeitet. Anschließend wird die Fläche A in einem Schnitt fertig bearbeitet. Die Schnittdaten sind in **Tabelle 1** zusammengestellt.

Tabelle 1: Schnittdaten

Bearbeitung	Vorbearbeitung	Fertigbearbeitung
Schnittgeschwindigkeit v_c in m/min	80	170
Vorschub f in mm	0,3	0,1

Wie groß sind für eine Maschine mit Stufenrädergetriebe nach **Bild 1, Seite 202,** und $l_a = l_u = 0{,}8$ mm
a) die einzustellende Drehzahl n für die Vorbearbeitung,
b) die einzustellende Drehzahl n für die Fertigbearbeitung,
c) die Hauptnutzungszeiten für die Vor- und die Fertigbearbeitung?

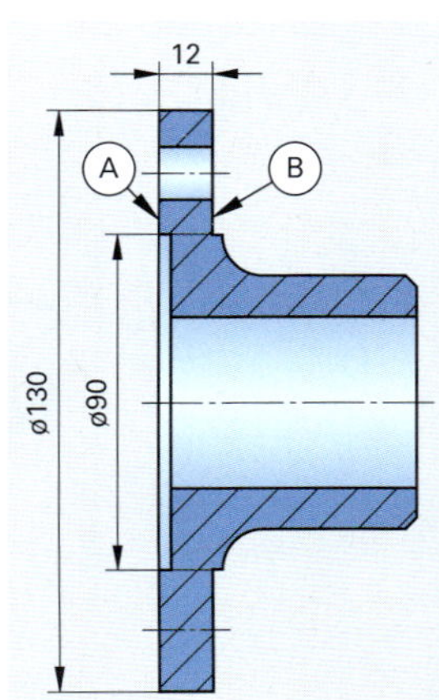

Bild 4: Kupplungsflansch

S.

Kegelmaße

Kegelverbindungen sind spielfrei, übertragen große Drehmomente und laufen zentrisch. Die Fertigung erfolgt auf CNC-Drehmaschinen, bei konventionellen Maschinen durch Oberschlittenverstellung und in seltenen Fällen durch die Verstellung des Reitstocks.

Bezeichnungen:

D	großer Kegeldurchmesser	mm	C	Kegelverjüngung	–
d	kleiner Kegeldurchmesser	mm	$C/2$	Kegelneigung	–
L	Kegellänge	mm	α	Kegelwinkel	°
L_W	Werkstücklänge	mm	$\alpha/2$	Einstellwinkel, Kegelerzeugungswinkel	°

Verjüngung und Neigung

Ein Kegel ist durch seine Kegelverjüngung C festgelegt. Sie ist das Verhältnis der Durchmesserdifferenz zur Kegellänge **(Bild 1)**. Eine Kegelverjüngung C von 1:8 bedeutet:

Auf 8 mm Kegellänge verjüngt sich der Durchmesser um 1 mm.

Die Neigung ist gleich der halben Verjüngung.

● **Beispiel:**

Für den Kegel **(Bild 1)** sind
a) die Kegelverjüngung C und
b) die Kegelneigung $C/2$ zu bestimmen.

Lösung: $C = \frac{D-d}{L} = \frac{60\text{ mm} - 46\text{ mm}}{70\text{ mm}} = \frac{14}{70} = \frac{1}{5} = \mathbf{1:5}$

$\frac{C}{2} = \frac{D-d}{2 \cdot L} = \frac{14\text{ mm}}{2 \cdot 70\text{ mm}} = \frac{1}{10} = \mathbf{1:10}$

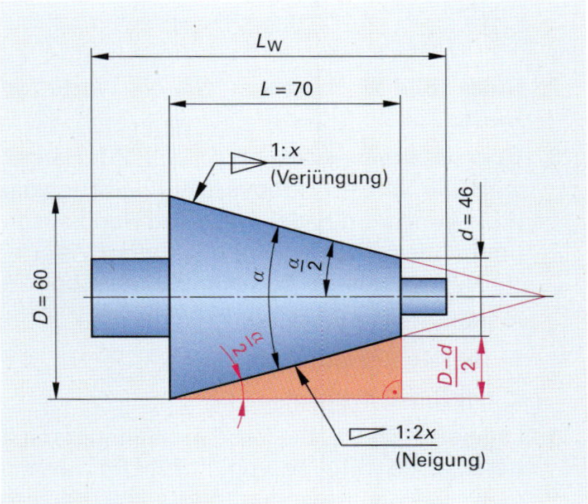

Bild 1: Kegelwinkel

Kegelverjüngung

$$C = \frac{D-d}{L}$$

Kegelneigung

$$\frac{C}{2} = \frac{D-d}{2 \cdot L}$$

Kegelwinkel

Der Kegelwinkel kann nur über den Einstellwinkel berechnet werden. Der Einstellwinkel ist halb so groß wie der Kegelwinkel und hängt von den Abmessungen des Kegels ab **(Bild 1)**.

$$\tan\frac{\alpha}{2} = \frac{\text{Gegenkathete}}{\text{Ankathete}} = \frac{\frac{D-d}{2}}{L}$$

Einstellwinkel (Kegelerzeugungswinkel)

$$\tan\frac{\alpha}{2} = \frac{D-d}{2 \cdot L}$$

$$\tan\frac{\alpha}{2} = \frac{C}{2}$$

Kegelwinkel

$$\alpha = 2 \cdot \frac{\alpha}{2}$$

● **Beispiel:**

Wie groß sind für den Kegel am Wellenende **(Bild 2)**
a) der Durchmesser d,
b) der Kegelwinkel α?

Lösung: a) $C = \frac{D-d}{L}$; $\quad d = D - C \cdot L$

$d = 64\text{ mm} - \frac{1}{5} \cdot 40\text{ mm} = \mathbf{56\text{ mm}}$

b) $\tan\frac{\alpha}{2} = \frac{C}{2}$

$= \frac{1}{2 \cdot 5} = 0{,}10; \quad \frac{\alpha}{2} = 5{,}711°$

$\alpha = 2 \cdot \frac{\alpha}{2}$

$= 2 \cdot 5{,}711° = \mathbf{11{,}422°}$

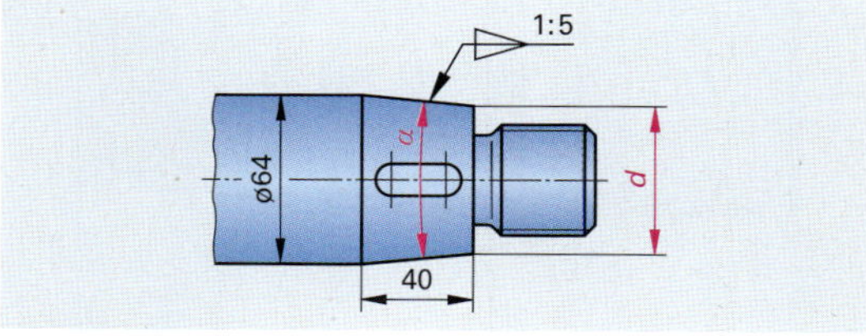

Bild 2: Wellenende

Aufgaben | Kegelmaße

1. **Kegelmaße.** Die fehlenden Werte in den Aufgaben a bis e der **Tabelle 1** sind zu berechnen.

Tabelle 1: Kegelmaße

	a	b	c	d	e
D in mm	64		60		40
d in mm		65	52	90	34
L in mm	80	120		200	180
C	1 : 20	1 : 8	1 : 10	1 : 20	
C/2					
$\alpha/2$					

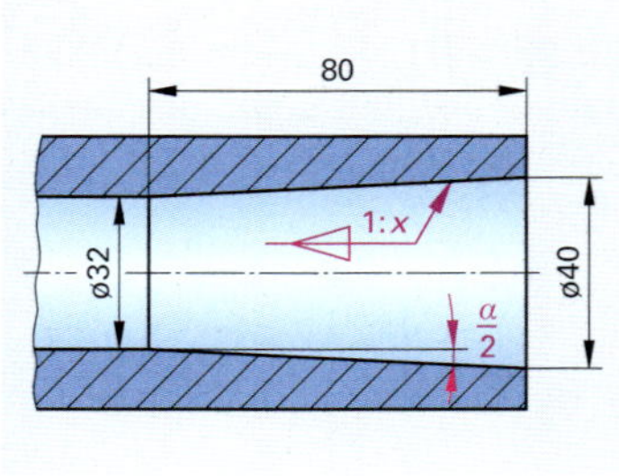

Bild 1: Hülse

2. **Hülse (Bild 1).** Berechnen Sie die Werte für $\alpha/2$ und 1 : *x* der Hülse.

3. **Oberschlittenverstellung (Bild 2).** Zur Herstellung kurzer Kegel wird die Oberschlittenverstellung eingesetzt. Die Vorschubbewegung wird dabei meist von Hand ausgeführt. Für die Fertigung des Kegels liegen folgende Werte vor: *D* = 48 mm; *d* = 40 mm und *L* = 120 mm. Zu berechnen sind
   a) die Kegelverjüngung,
   b) die Kegelneigung,
   c) der Einstellwinkel.

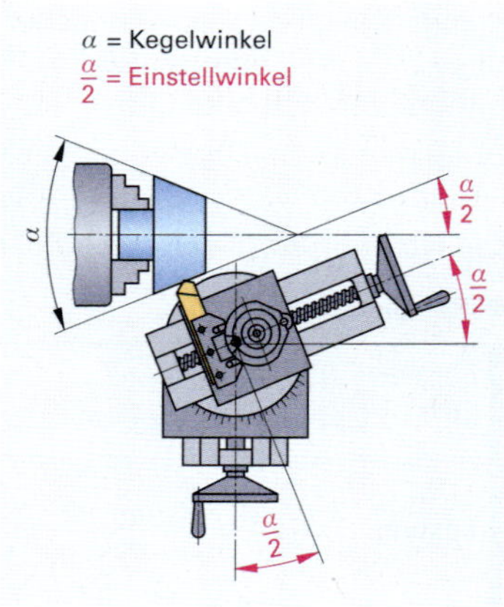

Bild 2: Oberschlittenverstellung

4. **Lagersitz (Bild 3).** Ein Pendelrollenlager mit kegeliger Bohrung hat eine Verjüngung von 1 : 12. Um den Kegel der Welle mit einem kleinen Kegeldurchmesser *d* = 30 mm und einer Kegellänge *L* = 28 mm herstellen zu können, muss noch der große Kegeldurchmesser berechnet werden.

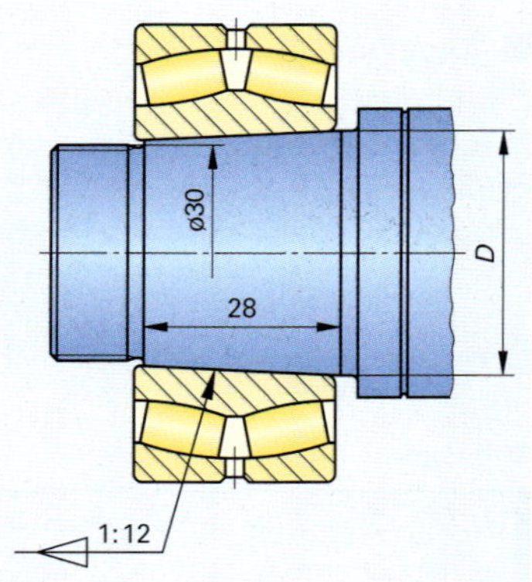

Bild 3: Lagersitz

5. **Fräsdorn (Bild 4).** Der Fräsdorn besitzt einen Steilkegel A40.
   Zu berechnen sind
   a) der Einstellwinkel $\alpha/2$,
   b) der Durchmesser *d* des Kegels.

6. **Morsekegel (Bild 5).** Der Aufnahmedorn eines Spannfutters wird mit 0,3 mm durchmesserbezogener Schleifzugabe vorgedreht. Die Prüfung des vorgedrehten Kegels erfolgt mit einem Kegellehrring.
   Wie groß sind
   a) der Einstellwinkel $\alpha/2$,
   b) der Vordrehdurchmesser *D*,
   c) das Prüfmaß *x*, wenn beim Prüfen des geschliffenen Kegels die bezeichneten Flächen bündig sind?

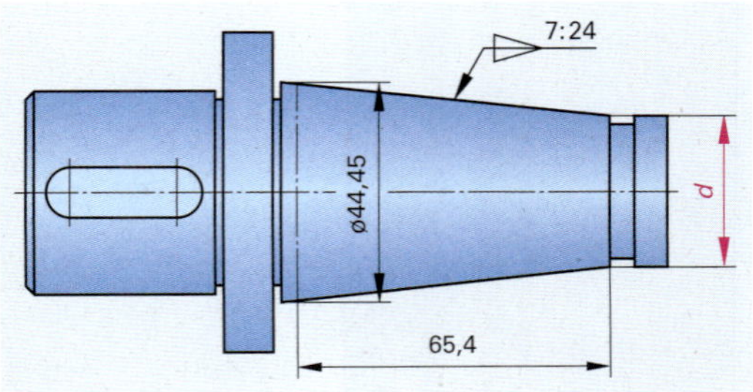

Bild 4: Fräsdorn

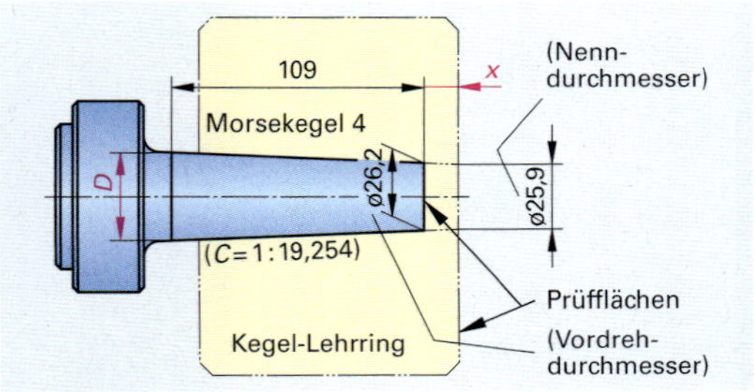

Bild 5: Morsekegel

Fräsen (Stirnfräsen)

Beim Stirnfräsen erfolgt die Spanabnahme im Wesentlichen durch die Schneiden am Umfang des Fräsers. Die Stirnschneiden glätten die gefräste Fläche und führen zu einer guten Oberfläche.

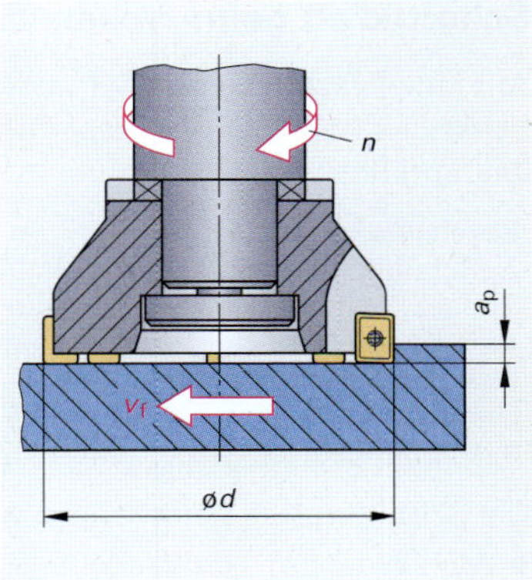

Bild 1: Stirnfräsen

Schnittdaten und Drehzahl für das Stirnfräsen

Bezeichnungen:

v_c	Schnittgeschwindigkeit	m/min	f	Vorschub	mm
n	Drehzahl	1/min	z	Anzahl der Schneiden	–
d	Fräserdurchmesser	mm	v_f	Vorschubgeschwindigkeit	mm/min
f_z	Vorschub je Schneide	mm			
a_p	Schnitttiefe	mm			

Die Schnittgeschwindigkeit v_c, der Vorschub f und die Schnitttiefe a_p sind Einstellgrößen an Fräsmaschinen. Zur Bestimmung der Schnittgeschwindigkeit v_c und des Vorschubes je Schneide f_z bieten Werkzeughersteller umfangreiche Tabellen an **(Tabelle 1)**.

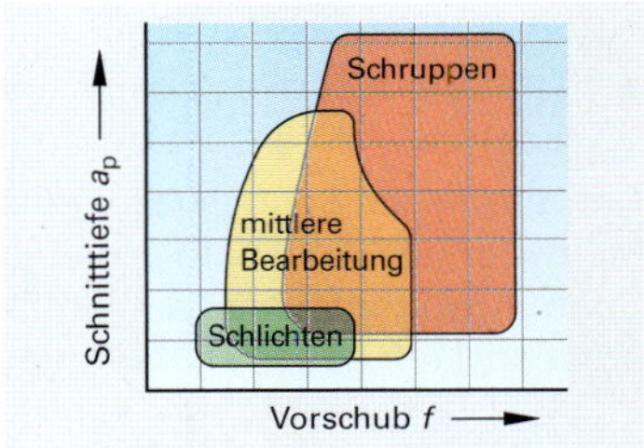

Bild 2: Anwendungsbereiche

Tabelle 1: Richtwerte für das Fräsen allgemein mit Hartmetall

Beispiele	Schnittgeschwindigkeit v_c[1] in m/min	Vorschub je Schneide f_z in mm	Schnitttiefe σ_{pmax} mm
S235JR, E295, C15, 10S20	100–**200**–300	0,05 ... 0,33	... 10
C45, 16MnCr5, 42CrMo4, 38Cr2	150–**175**–200		
GJL-100, GJL-200	220–**235**–250		

1) Als **Startwert** wird der **fettgedruckte Wert** von v_c genommen. Bei ungünstigen Bedingungen kleineres v_c bzw. f_z und bei günstigen Bedingungen größeres v_c bzw. f_z.

Drehzahl

$$n = \frac{v_c}{\pi \cdot d}$$

Vorschub

$$f = f_z \cdot z$$

Vorschubgeschwindigkeit

$$v_f = n \cdot f$$

$$v_f = n \cdot f_z \cdot z$$

Bei der Fertigbearbeitung (Schlichten) ist die Schnitttiefe a_p ca. 0,2 ... 0,3 mm und der Vorschub orientiert sich an den unteren Werten der Tabelle. Bei der Vorbearbeitung (Schruppen) richtet sich die Schnitttiefe und der Vorschub nach der Stabilität des Werkzeuges und des Werkstückes.

Aus der Schnittgeschwindigkeit v_c und dem Fräserdurchmesser d wird die Drehzahl n berechnet. Der Vorschub f und die Vorschubgeschwindigkeit v_f werden aus dem Vorschub f_z je Schneide, der Anzahl der Schneiden z und der Drehzahl n ermittelt.

Bei Fräsmaschinen mit Stufenrädergetrieben kann die Drehzahl n auch aus Schaubildern entnommen werden **(Bild 3)**. Bei Zwischenergebnissen ist die am nächsten liegende Drehzahl n zu wählen.

● **Beispiel:**

Leisten aus 42CrMo4 werden in einem Schnitt vorgefräst. Der Fräsvorgang wird mit v_c = 80 m/min und f_z = 0,1 mm geplant. Wie groß sind für einen Fräser mit 8 Schneiden und dem Durchmesser d = 125 mm

a) die Drehzahl n bei stufenlos einstellbarem Antrieb,

b) die Drehzahl n nach **Bild 3**,

c) der Vorschub f und die Vorschubgeschwindigkeit v_f bei stufenloser Drehzahleinstellung.

Lösung: a) $n = \frac{v_c}{\pi \cdot d} = \frac{80 \frac{\text{m}}{\text{min}}}{\pi \cdot 0{,}125\ \text{m}} = 203{,}7\ \frac{1}{\text{min}} \approx \mathbf{204\ \frac{1}{min}}$

b) einzustellende Drehzahl n nach Bild 3: $n = \mathbf{180\ \frac{1}{min}}$

c) $f = f_z \cdot z = 0{,}1\ \text{mm} \cdot 8 = \mathbf{0{,}8\ mm}$

$v_f = n \cdot f = 204\ \frac{1}{\text{min}} \cdot 0{,}8\ \text{mm} = \mathbf{163{,}2\ \frac{mm}{min}}$

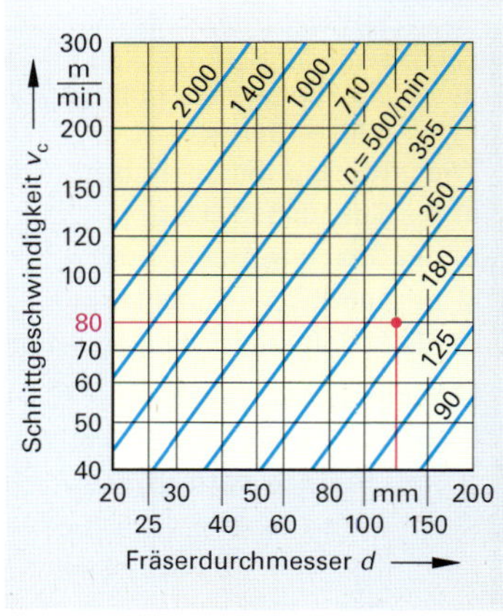

Bild 3: Drehzahldiagramm

Schnittkraft beim Fräsen (Stirnfräsen)

Auf jede Fräserschneide wirkt die Schnittkraft F_c **(Bild 1)**. Sie beeinflusst die Standzeit der Fräser und ist maßgebend für die Antriebsleistung der Fräsmaschine.

Bezeichnungen:

F_c	Schnittkraft je Schneide	N
k_c	spezifische Schnittkraft	N/mm²
v_c	Schnittgeschwindigkeit	m/min
f_z	Vorschub je Schneide	mm
d	Fräserdurchmesser	mm
a_e	Spanungsbreite	mm
a_p	Schnitttiefe	mm
h	mittlere Spanungsdicke	mm
A	Spanungsquerschnitt je Schneide	mm²
$C_{1,2}$	Korrekturfaktoren	–

Die Schnittkraft F_c beim Fräsen wird beeinflusst zum Beispiel durch

- den Werkstoff des Werkstücks und die Spanungsdicke h, berücksichtigt durch die spezifische Schnittkraft k_c **(Tabelle 1)**.
- die Schnitttiefe a_p und den Vorschub f_z, berücksichtigt durch den Spanungsquerschnitt A,
- den Schneidenverschleiß und den Schneidstoff, berücksichtigt durch die Korrekturfaktoren **(Tabelle 2)**.

Die spezifische Schnittkraft k_c (Tabelle 1) wird in Drehversuchen mit Meißel ohne Abnutzung ermittelt, bei denen jeweils Späne mit dem Spanungsquerschnitt $A = 1$ mm² in Abhängigkeit von der Spanungsdicke h abgetrennt werden.

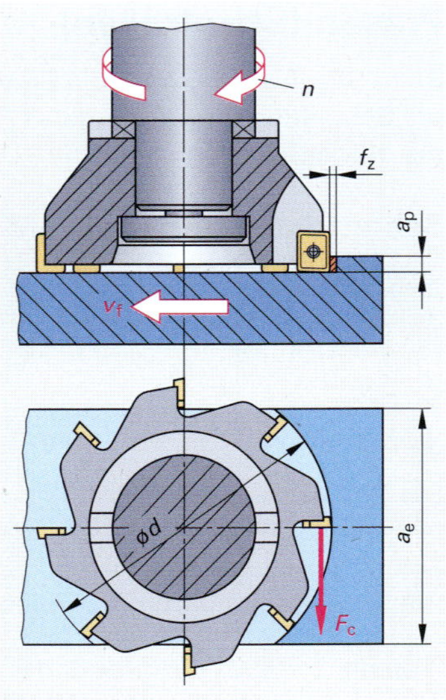

Bild 1: Schnittkraft F_c

Tabelle 1: Richtwerte[1] für spezifische Schnittkräfte k_c (Auswahl)

Werkstoff	Spezifische Schnittkraft k_c in N/mm² für die Spanungsdicke h in mm								
	0,05	0,08	0,10	0,15	0,20	0,25	0,30	0,35	0,40
S235JR	2962	2735	2633	2457	2340	2253	2184	2128	2080
16MnCr5	4576	4050	3821	3439	3191	3011	2872	2759	2665
42CrMo4	5448	4821	4549	4094	3799	3585	3419	3285	3173
GJL-150	1782	1615	1541	1415	1332	1271	1223	1184	1152

Schnittkraft je Fräserschneide

$$F_c = A \cdot k_c \cdot C_1 \cdot C_2$$

Zur Erzielung günstiger Schnittbedingungen soll der Fräserdurchmesser im Bereich $d = (1{,}2 \ldots 1{,}6) \cdot a_e$ gewählt werden. In diesem Bereich bleibt die Spanungsdicke mit $h \approx f_z$ annähernd konstant. Der Vorschub f_z je Schneide und die Schnitttiefe a_p bestimmen den Spanungsquerschnitt A je Schneide.

Spanungsquerschnitt je Fräserschneide

$$A = a_p \cdot f_z$$

Spanungsdicke für $d = (1{,}2 \ldots 1{,}6) \cdot a_e$

$$h \approx f_z$$

● **Beispiel:**

Leisten mit der Breite $a_e = 50$ mm aus 42CrMo4 werden mit einem Fräser aus HSS, dem Vorschub je Zahn $f_z = 0{,}1$ mm und der Schnitttiefe $a_p = 5$ mm vorgefräst.

Wie groß sind für den Fräserdurchmesser $d = 75$ mm

a) die Spanungsdicke h,

b) der Spanungsquerschnitt A,

c) die spezifische Schnittkraft k_c,

d) die Schnittkraft F_c bei abgestumpfter Schneide?

Lösung: a) $h \approx f_z = \mathbf{0{,}1\ mm}$

b) $A = a_p \cdot f_z = 5\ \text{mm} \cdot 0{,}1\ \text{mm} = \mathbf{0{,}5\ mm^2}$

c) $k_c = \mathbf{4549\ N/mm^2}$ nach Tabelle 1

d) $F_c = A \cdot k_c \cdot C_1 \cdot C_2$; $C_1 = 1{,}2$; $C_2 = 1{,}3$ nach Tabelle 2

$F_c = 0{,}5\ \text{mm}^2 \cdot 4549\ \text{N/mm}^2 \cdot 1{,}3 \cdot 1{,}2 = \mathbf{3548\ N}$

Tabelle 2: Korrekturfaktoren

Schneidstoff	Faktor C_1
Schnellarbeitsstahl	1,2
Hartmetall	1,0
Schneidkeramik	0,9
Schneide	**Faktor C_2**
mit Abstumpfung	1,3
ohne Abstumpfung	1,0

1) bei Berücksichtigung der Werkzeugabnutzung

Schnittleistung und Antriebsleistung beim Fräsen

Das Produkt aus der Schnittkraft F_c und der Schnittgeschwindigkeit v_c bildet die Leistung P_s je Schneide. Sie ist Grundlage für die Ermittlung der Antriebsleistung P_1 **(Bild 1)**.

Bezeichnungen:

P_1	Antriebsleistung	N·m/s, kW	v_c	Schnittgeschwindigkeit	m/min
P_c	Schnittleistung	N·m/s, kW	z	Anzahl der Fräserschneiden	–
P_s	Leistung je Schneide	N·m/s	z_e	Anzahl der Schneiden im Eingriff	–
F_c	Schnittkraft je Schneide	N			
a_e	Fräsbreite	mm	φ[1]	Eingriffswinkel	°
d	Fräserdurchmesser	mm	η[2]	Wirkungsgrad	–

Die Schnittleistung $P_c = z_e \cdot P_s = z_e \cdot F_c \cdot v_c$ berücksichtigt die Einzelleistungen aller Schneiden im Eingriff.

Die Zahl der Schneiden im Eingriff z_e hängt vom Eingriffswinkel φ und von der Anzahl der Schneiden z des Fräsers ab. Es gilt $z_e = z \cdot (\varphi/360°)$. Im Bereich des Eingriffswinkels φ **(Bild 1)** heben die Schneiden des Fräsers Späne ab. Der Quotient d/a_e bestimmt die Größe des Eingriffswinkels φ **(Tabelle 1)**.

Die Antriebsleistung P_1 setzt sich aus der Schnittleistung P_c, der Vorschubleistung P_v und der Reibleistung P_R zusammen.

Im Vergleich zur Schnittleistung P_c sind die Vorschub- und die Reibleistung sehr klein. Bei der Berechnung der Antriebsleistung P_1 werden beide Teilleistungen über den Wirkungsgrad η berücksichtigt.

● **Beispiel:**

Leisten aus 42CrMo4 mit der Breite a_e = 80 mm werden mit der Schnittgeschwindigkeit v_c = 80 m/min vorgefräst. Zum Einsatz kommt ein Fräser mit d = 125 mm Durchmesser und z =10 Schneiden. Wie groß sind für die Schnittkraft F_c = 3 253 N

a) der Eingriffswinkel φ,
b) die Anzahl z_e der Schneiden im Eingriff,
c) die Schnittleistung P_c,
d) die Antriebsleistung P_1 bei einem Wirkungsgrad η = 0,75?

Lösung: a) Eingriffswinkel φ nach Tabelle 1: $\frac{d}{a_e} = \frac{125\text{ mm}}{80\text{ mm}} = 1{,}56;\quad \varphi = \mathbf{80°}$

b) $z_e = z \cdot \frac{\varphi}{360°} = 10 \cdot \frac{80°}{360°} = \mathbf{2{,}2\ Schneiden}$

c) $P_c = z_e \cdot F_c \cdot v_c = 2{,}2 \cdot 3\,253\text{ N} \cdot 80\frac{\text{m}}{\text{min}} \cdot \frac{1\text{ min}}{60\text{ s}} = 9\,542{,}1\frac{\text{N}\cdot\text{m}}{\text{s}} = \mathbf{9{,}5\ kW}$

d) $P_1 = \frac{P_c}{\eta} = \frac{9{,}5\text{ kW}}{0{,}75} = \mathbf{12{,}7\ kW}$

Aufgaben | Schnittdaten, Drehzahl, Vorschub und Vorschubgeschwindigkeit

1. **Schnittdaten, Drehzahlen.** Führungsbahnen aus 16MnCr5 werden in einem Schnitt vorgefräst. Die Schnittdaten sind als Mittelwerte der **Tabelle 1, Seite 211** geplant.
   Wie groß sind für einen Planfräser mit 8 Schneiden und dem Durchmesser d = 150 mm
   a) die Schnittgeschwindigkeit v_c,
   b) die Drehzahl n bei stufenloser Drehzahleinstellung,
   c) der Vorschub f_z je Schneide,
   d) der Vorschub f,
   e) die Vorschubgeschwindigkeit v_f?

1) φ griechischer Kleinbuchstabe phi
2) η griechischer Kleinbuchstabe eta

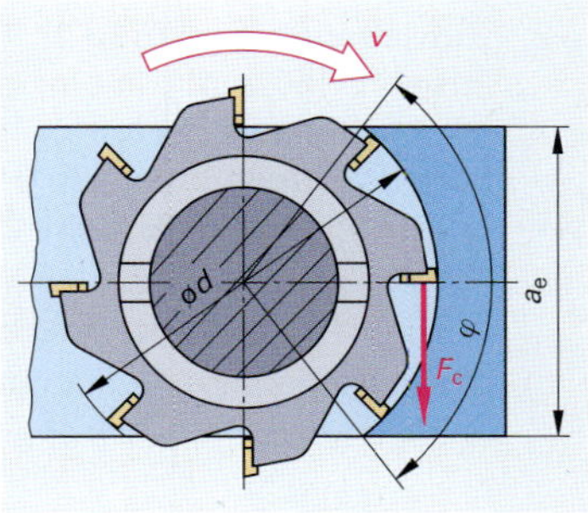

Bild 1: Stirnfräsen (mittig)

Schnittleistung beim Fräsen

$$P_c = z_e \cdot F_c \cdot v_c$$

Anzahl der Schneiden im Eingriff

$$z_e = z \cdot \frac{\varphi}{360°}$$

Antriebsleistung beim Fräsen

$$P_1 = \frac{P_c}{\eta}$$

Tabelle 1: Eingriffswinkel φ

d/a_e	φ in °	d/a_e	φ in °
1,20	113	1,45	87
1,25	106	1,50	83
1,30	100	1,55	80
1,35	96	1,60	77
1,40	91		

$$\frac{d}{a_e} = \frac{\text{Fräserdurchmesser}}{\text{Fräsbreite}}$$

2. **Getriebegehäuse (Bild 1).** Die Flanschfläche eines Getriebes aus GJL-150 wird mit einem Fräskopf, der mit 12 Schneidplatten bestückt ist, überfräst. Die Schnittdaten für das Vor- und Fertigfräsen entsprechen den Mindest- (f_z) bzw. Höchstwerten (v_c) nach **Tabelle 1, Seite 211.** Wie groß sind für das Fertigfräsen
   a) die Schnittgeschwindigkeit v_c,
   b) der Vorschub f_z je Schneide,
   c) die Drehzahl n bei stufenloser Drehzahleinstellung,
   d) der Vorschub f,
   e) die Vorschubgeschwindigkeit?

3. **Formplatte (Bild 2).** Der Formeinsatz für ein Spritzgießwerkzeug wird in einer Tasche der Formplatte aus 16MnCr5 eingebaut. Die Tasche wird mit einem Schaftfräser herausgefräst, der den Durchmesser d = 45 mm und z = 4 Schneiden hat. Die Fertigung wird mit Mindestwerten nach **Tabelle 1, Seite 211** geplant.
   Wie groß sind für das Vorfräsen
   a) die Schnittgeschwindigkeit v_c,
   b) die einzustellende Drehzahl n nach **Bild 2, Seite 211** für eine Fräsmaschine mit Stufenrädergetriebe,
   c) der Vorschub f_z je Schneide,
   d) die Vorschubgeschwindigkeit v_f?

Aufgaben | Schnittkraft und Schnittleistung

4. **Grundkörper (Bild 3).** Zur Aufnahme gehärteter Führungsleisten werden die Bahnen eines geschweißten Grundkörpers aus S235JR mit der Spanungstiefe a_p = 6 mm vorgefräst.
   Wie groß sind für die Schnittgeschwindigkeit v_c = 90 m/min, den Vorschub je Schneide f_z = 0,10 mm und einen Fräser mit dem Durchmesser d = 275 mm und z = 10 Schneiden
   a) die Spanungsdicke h,
   b) der Spanungsquerschnitt A,
   c) die spezifische Schnittkraft k_c,
   d) die Schnittkraft F_c bei abgestumpfter Schneide,
   e) der Eingriffswinkel φ,
   f) die Anzahl der Schneiden z_e im Eingriff,
   g) die Schnittleistung P_c,
   h) die Antriebsleistung P_1 bei einem Wirkungsgrad η = 0,78?

5. **Passleiste (Bild 4).** Für die Bearbeitung von Passleisten aus Automatenstahl 11SMnPb30 wurde in Fräsversuchen die spezifische Schnittkraft k_c = 1890 N/mm² ermittelt. Für das Vorfräsen der Leisten wird ein Fräser mit dem Durchmesser d = 100 mm und z = 8 Schneiden verwendet.
   Wie groß sind für die Schnittgeschwindigkeit v_c = 150 m/min, die Schnitttiefe a_p = 4 mm und den Vorschub f_z = 0,1 mm je Schneide
   a) der Spanungsquerschnitt A,
   b) die Schnittkraft F_c bei abgestumpfter Schneide,
   c) die Anzahl der Schneiden z im Eingriff,
   d) die Schnittleistung P_c,
   e) die Antriebsleistung P_1 bei einem Wirkungsgrad η = 0,75?

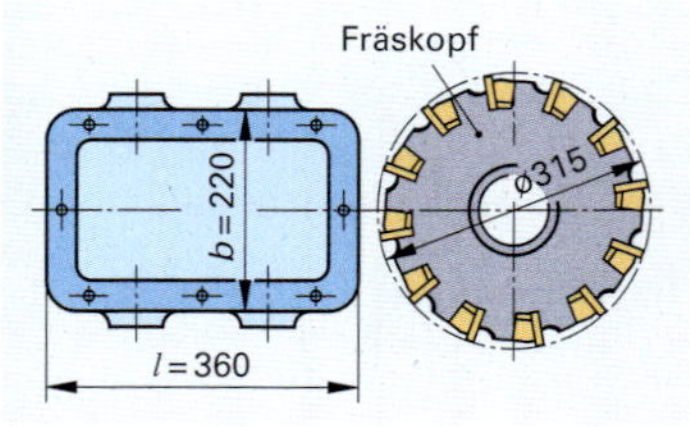

Bild 1: Getriebegehäuse

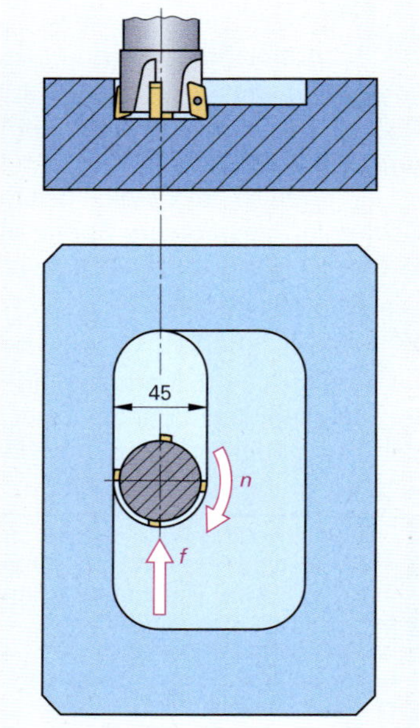

Bild 2: Formplatte

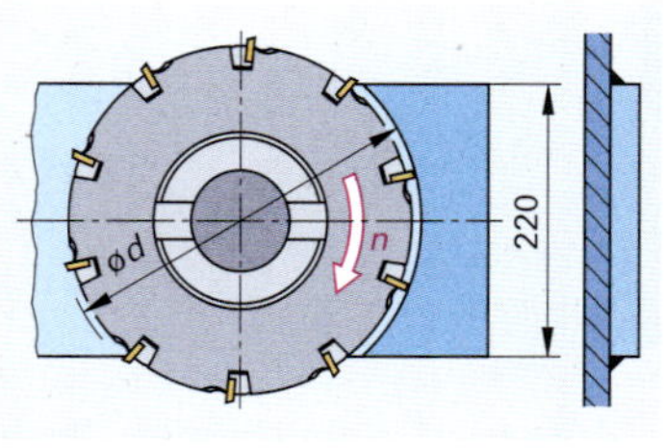

Bild 3: Grundkörper

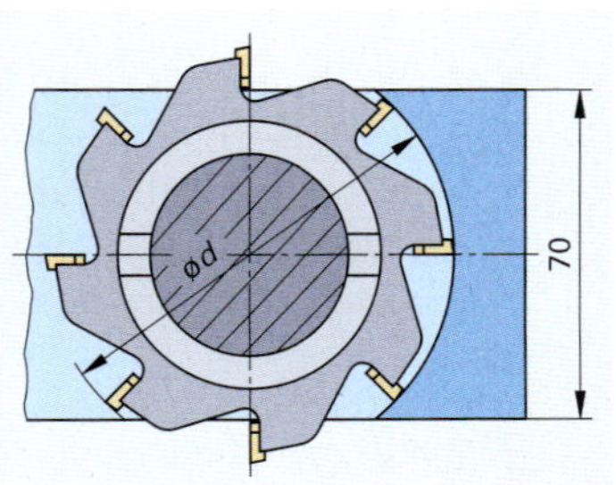

Bild 4: Passleiste

S. 2

Hauptnutzungszeit beim Fräsen

Während der Hauptnutzungszeit t_h befindet sich der Fräser unmittelbar im Eingriff. Die an der Maschine eingestellten oder programmierten Schnittdaten, z. B. die Drehzahl n, der Vorschub f, und der Vorschubweg L bestimmen die Hauptnutzungszeit t_h.

Bezeichnungen:

t_h	Hauptnutzungszeit	min
l	Werkstücklänge	mm
b	Werkstückbreite	mm
a_e	Schnittbreite (Fräsbreite) beim Stirnfräsen	mm
l_a	Anlauf	mm
l_u	Überlauf	mm
l_s	Anschnitt	mm
L	Vorschubweg	mm
d	Fräserdurchmesser	mm
n	Drehzahl	1/min
f	Vorschub je Fräserumdrehung	mm
f_z	Vorschub je Schneide	mm
z	Anzahl der Schneiden	–
v_c	Schnittgeschwindigkeit	m/min
v_f	Vorschubgeschwindigkeit	mm/min

Beim Fräsen sind die Drehzahl n und der Vorschub f konstant **(Bild 1)**. Für die Berechnung der Hauptnutzungszeit t_h gelten die Bedingungen der gleichförmigen Bewegung.

$t_h = \frac{s}{v} = \frac{L}{v_f}$. Mit $v_f = n \cdot f$ erhält man $t_h = \frac{L}{n \cdot f}$.

Werden i Schnitte ausgeführt, so gilt $t_h = \frac{L \cdot i}{n \cdot f}$.

Der **Vorschubweg *L*** hängt ab:

- vom Fräsverfahren (Stirn- oder Umfangsfräsen),
- vom Fräsereingriff (mittig oder außermittig),
- von den Werkstückabmessungen.

Die Zusammenhänge zeigt **Tabelle 1**.

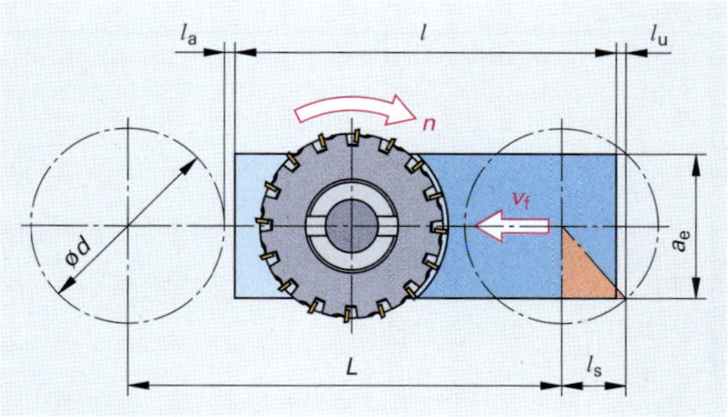

Bild 1: Stirn-Planfräsen

Hauptnutzungszeit

$$t_h = \frac{L \cdot i}{v_f} = \frac{L \cdot i}{n \cdot f}$$

Drehzahl

$$n = \frac{v_c}{\pi \cdot d}$$

Vorschub je Fräserumdrehung

$$f = f_z \cdot z$$

Vorschubgeschwindigkeit

$$v_f = n \cdot f = n \cdot f_z \cdot z$$

Tabelle 1: Vorschubweg *L*

<table>
<tr><th colspan="3">Stirnfräsen</th><th rowspan="3">Umfangsfräsen</th></tr>
<tr><th rowspan="2">mittig</th><th colspan="2">außermittig</th></tr>
<tr><th>$a_e > 0,5 \cdot d$</th><th>$a_e < 0,5 \cdot d$</th></tr>
<tr><td>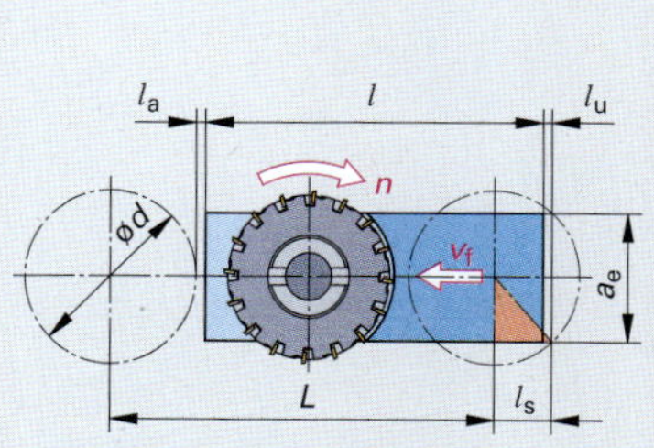</td><td>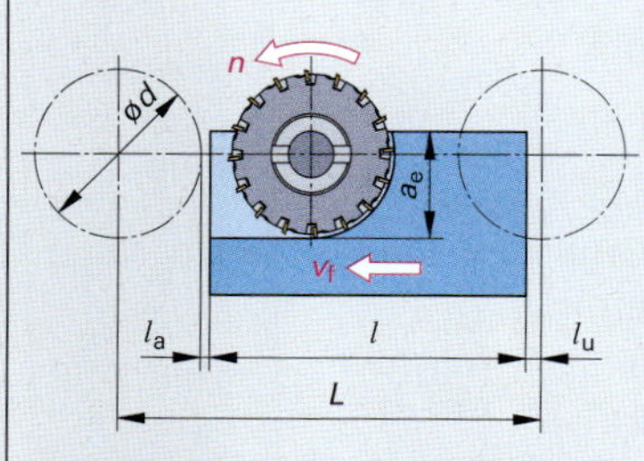</td><td colspan="2">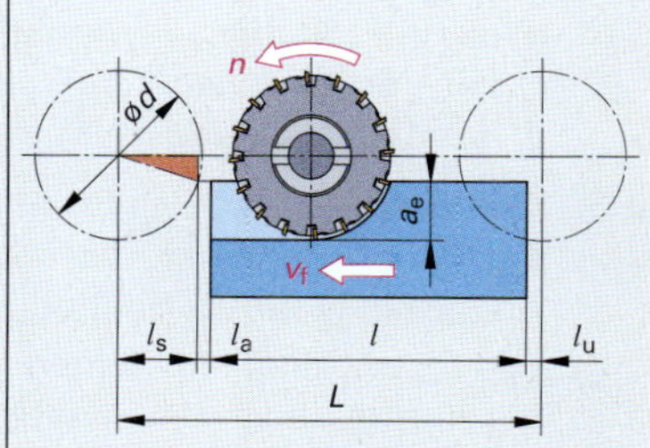</td></tr>
<tr><td>$L = l + 0,5 \cdot d + l_a + l_u - l_s$</td><td rowspan="2">$L = l + 0,5 \cdot d + l_a + l_u$</td><td colspan="2">$L = l + l_a + l_u + l_s$</td></tr>
<tr><td>$l_s = 0,5 \cdot \sqrt{d^2 - a_e^2}$</td><td colspan="2">$l_s = \sqrt{a_e \cdot d - a_e^2}$</td></tr>
</table>

Beispiel:

Die Flanschfläche eines Getriebes aus GJL-100 **(Bild 1)** wird in einem Schnitt vorgefräst. Der hartmetallbestückte Fräskopf hat $d = 315$ mm Durchmesser und $z = 18$ Schneiden.

Wie groß sind für die Schnittgeschwindigkeit $v_c = 110$ m/min und den Vorschub je Schneide $f_z = 0{,}08$ mm
a) die Drehzahl n bei stufenloser Drehzahleinstellung,
b) die Vorschubgeschwindigkeit v_f,
c) der Vorschubweg L bei $l_a + l_u = 1{,}6$ mm,
d) die Hauptnutzungszeit t_h?

Lösung: a) $n = \frac{v_c}{\pi \cdot d} = \frac{110\ \frac{\text{m}}{\text{min}}}{\pi \cdot 0{,}315\ \text{m}} = \mathbf{111\ \frac{1}{min}}$

b) $v_f = n \cdot f_z \cdot z = 111\ \frac{1}{\text{min}} \cdot 0{,}08\ \text{mm} \cdot 18 = \mathbf{159{,}8\ \frac{mm}{min}}$

c) $L = l + 0{,}5 \cdot d - l_s + l_a + l_u$

$l_s = 0{,}5 \cdot \sqrt{d^2 - a_e^2} = 0{,}5 \cdot \sqrt{315^2\ \text{mm}^2 - 220^2\ \text{mm}^2} = 112{,}7\ \text{mm}$

$L = 360\ \text{mm} + 0{,}5 \cdot 315\ \text{mm} - 112{,}7\ \text{mm} + 1{,}6\ \text{mm} = \mathbf{406{,}4\ mm}$

d) $t_h = \frac{L \cdot i}{v_f} = \frac{406{,}4\ \text{mm} \cdot 1}{159{,}8\ \frac{\text{mm}}{\text{min}}} = \mathbf{2{,}5\ min}$

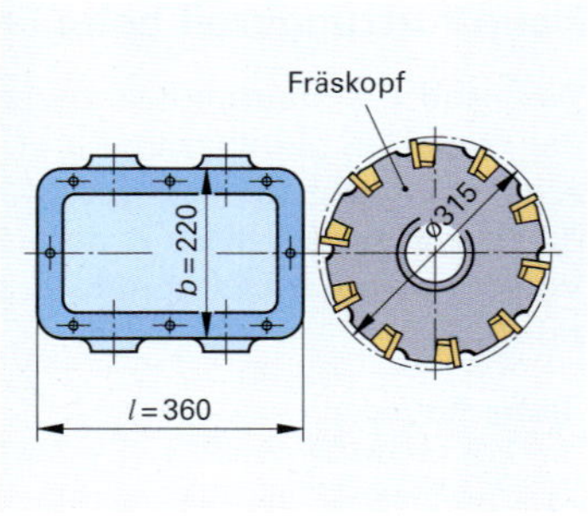

Bild 1: Getriebegehäuse

Aufgaben | Hauptnutzungszeit

1. **Führungsleiste (Bild 2).** Der Absatz 50 × 8 mm wird in einem Schnitt gefräst. Der eingesetzte Fräser hat $d = 80$ mm Durchmesser und $z = 8$ Schneiden.
   Wie groß sind für die Schnittgeschwindigkeit $v_c = 25$ m/min und den Vorschub $f_z = 0{,}08$ mm je Schneide
   a) die Drehzahl n bei stufenloser Drehzahleinstellung,
   b) die Vorschubgeschwindigkeit v_f,
   c) der Vorschubweg L bei $l_a = l_u = 1{,}2$ mm,
   d) die Hauptnutzungszeit t_h für 15 Führungsleisten?

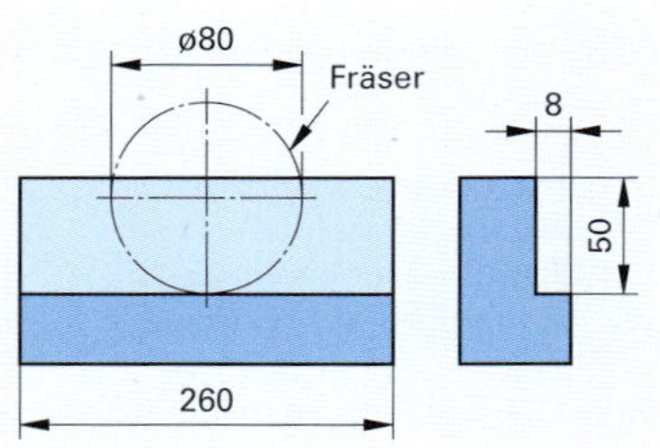

Bild 2: Führungsleiste

2. **Maschinentisch (Bild 3).** Die Aufspannfläche einer Fräsmaschine aus GJL-200 wird mit je einem Schnitt vor- und fertiggefräst. Der verwendete Planfräser hat $d = 315$ mm Durchmesser und $z = 20$ Schneiden.
   Wie groß sind jeweils für folgende Schnittdaten:
   Vorfäsen: Schnittgeschwindigkeit $v_c = 80$ m/min, Vorschub je Schneide $f_z = 0{,}15$ mm,
   Fertigfräsen: Schnittgeschwindigkeit $v_c = 130$ m/min, Vorschub je Schneide $f_z = 0{,}08$ mm
   a) die Drehzahl n des Fräsers bei stufenloser Einstellung,
   b) die Vorschubgeschwindigkeit v_f,
   c) der Vorschubweg L bei $l_a + l_u = 2{,}5$ mm,
   d) die Hauptnutzungszeit t_h?

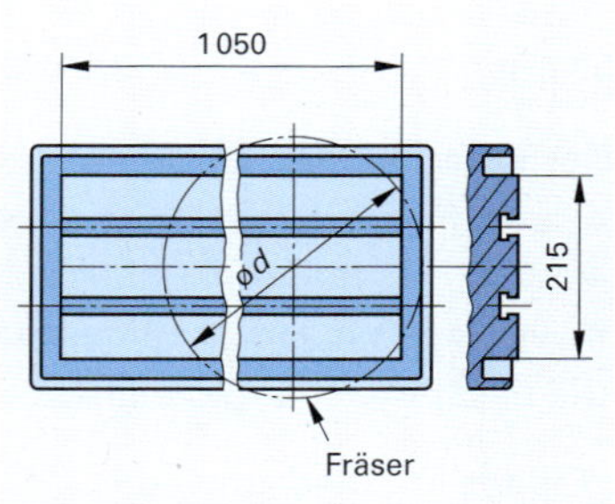

Bild 3: Maschinentisch

3. **Keilwelle (Bild 4).** Das Profil der Keilwelle aus 42CrMo4 wird mit einem Scheibenfräser hergestellt. Die einzelnen Nuten werden in je einem Schnitt gefräst.
   Wie groß sind für einen Fräser mit dem Durchmesser $d = 80$ mm und $z = 14$ Schneiden
   a) die Drehzahl n des Fräsers bei stufenloser Drehzahleinstellung und einer Schnittgeschwindigkeit $v_c = 14$ m/min,
   b) der Vorschub je Umdrehung bei $f_z = 0{,}08$ mm,
   c) der Vorschubweg L bei $l_a = 2$ mm,
   d) die Hauptnutzungszeit t_h für 25 Keilwellen?

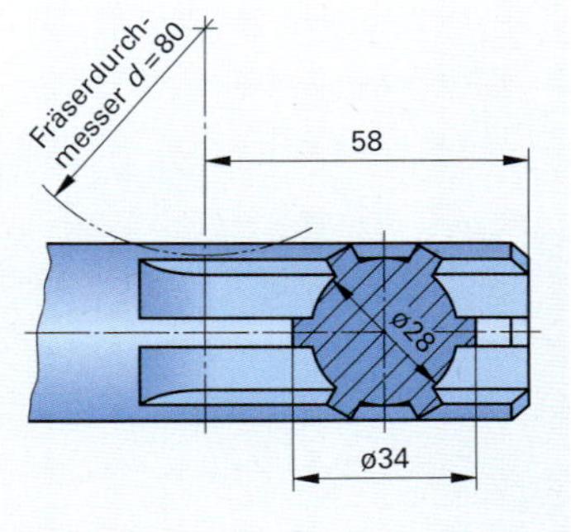

Bild 4: Keilwelle

S. 2

Bohren

Die spanende Herstellung von Bohrungen erfolgt in der Regel mit zweischneidigen Spiralbohrern aus Schnellarbeitsstahl (HSS).

Schnittdaten und Drehzahl beim Bohren

Bezeichnungen:

v_c	Schnittgeschwindigkeit	m/min	f	Vorschub	mm
n	Drehzahl	1/min	v_f	Vorschub-geschwindigkeit	mm/min
d	Bohrerdurchmesser	mm			

Die Schnittgeschwindigkeit v_c und der Vorschub f sind Einstellgrößen an Bohrmaschinen **(Bild 1)**. In der Praxis sind sie unter dem Begriff „Schnittdaten" zusammengefasst. Zu ihrer Bestimmung bieten Werkzeughersteller umfangreiche Tabellen an **(Tabelle 1)**.

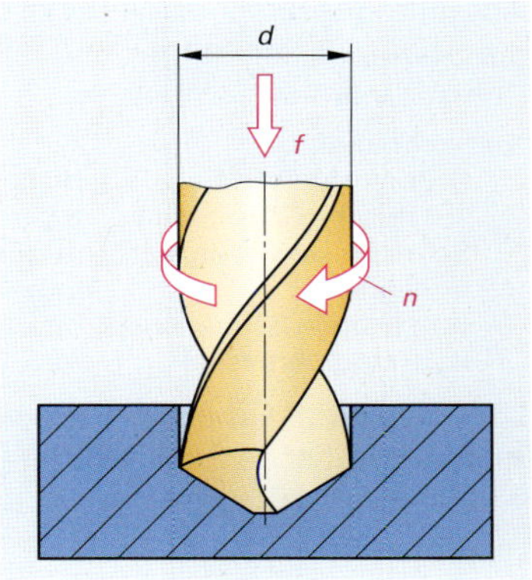

Bild 1: Schnittdaten

Tabelle 1: Richtwerte für Bohrer aus Schnellarbeitsstahl (HSS)

HSS-beschichtet Beispiele	Schnittgeschwindigkeit[1] v_c in m/min	Bohrerdurchmesser d in mm			
		5	**8**	**12**	**16**
		Vorschub f in mm/U			
S235J0, E295, C15, C22	25–**32**–40	0,13	0,22	0,27	0,32
C45, 16MnCr5, 42CrMo4	10–**20**–30	0,05	0,09	0,13	0,15
GJL-100, GJL-200	25–**31**–38	0,13	0,22	0,27	0,32

1) Als **Startwert** wird der **fettgedruckte Wert** von v_c genommen. Bei ungünstigen Bedingungen kleines v_c und bei günstigen Bedingungen größeres v_c.

Drehzahl

$$n = \frac{v_c}{\pi \cdot d}$$

Aus der Schnittgeschwindigkeit v_c und dem Bohrerdruchmesser d wird die Drehzahl n berechnet. Sie wird an der Bohrmaschine eingestellt oder in das NC-Programm eingegeben.

Bei Bohrmaschinen mit Stufenrädergetrieben kann die Drehzahl n auch aus Schaubildern entnommen werden **(Bild 2)**. Bei Zwischenergebnissen ist die am nächsten liegende Drehzahl zu wählen.

Vorschubgeschwindigkeit

$$v_f = n \cdot f$$

Werden Bohrer in Fertigungszentren eingesetzt, so wird anstelle des Vorschubes f häufig die Vorschubgeschwindigkeit v_f benötigt. Sie wird aus der Drehzahl n und dem Vorschub f je Umdrehung berechnet.

● **Beispiel:**

In einen Getriebedeckel aus C45 werden Durchgangsbohrungen mit dem Durchmesser d = 14 mm gebohrt. Für die Fertigungsplanung sind zu bestimmen

a) die Schnittgeschwindigkeit v_c nach Tabelle 1,
b) die Drehzahl n bei stufenloser Drehzahleinstellung,
c) die Drehzahl n nach Bild 2,
d) der Vorschub f nach Tabelle 1,
e) die Vorschubgeschwindigkeit v_f bei stufenloser Drehzahleinstellung.

Lösung: a) Tabellenwert der Schnittgeschwindigkeit: v_c = 20 m/min

b) $n = \frac{v_c}{\pi \cdot d} = \frac{20\,\frac{\text{m}}{\text{min}}}{\pi \cdot 0{,}014\ \text{m}} = 454{,}7\ \frac{1}{\text{min}} \approx \mathbf{455\ \frac{1}{min}}$

c) einzustellende Drehzahl nach Bild 1: $n = \mathbf{355\ \frac{1}{min}}$

d) Vorschub f = **0,14 mm** nach Tabelle 1

e) $v_f = n \cdot f = 455\ \frac{1}{\text{min}} \cdot 0{,}14\ \text{mm} = \mathbf{63{,}7\ \frac{mm}{min}}$

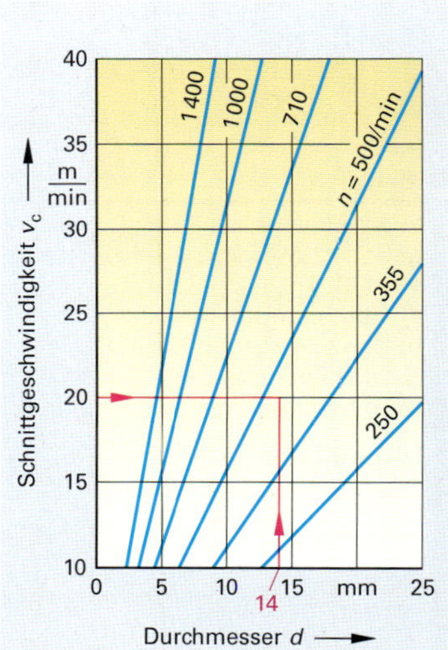

Bild 2: Drehzahlschaubild einer Bohrmaschine

Schnittkraft beim Bohren

Auf jede Bohrerschneide wirkt die Schnittkraft F_c **(Bild 1)**. Sie beeinflusst die Standzeit der Bohrer und ist maßgebend für die Antriebsleistung der Bohrmaschinen.

Bezeichnungen:

F_c	Schnittkraft je Schneide	N	b	Spanungsbreite	mm
k_c	spezifische Schnittkraft	N/mm²	A	Spanungsquerschnitt je Schneide	mm²
v_c	Schnittgeschwindigkeit	m/min	$C_{1,2}$	Korrekturfaktoren	–
f	Vorschub	mm	σ[1]	Spitzenwinkel	°
f_z	Vorschub je Schneide	mm	h	Spanungsdicke	mm
d	Bohrerdurchmesser	mm			

Die Schnittkraft F_c beim Bohren wird beeinflusst z. B. durch

- die spezifische Schnittkraft k_c **(Tabelle 1)**,
- den Bohrerdurchmesser d und den Vorschub f, berücksichtigt durch den Spanungsquerschnit A,
- den Schneidenverschleiß und den Schneidstoff, sie werden berücksichtigt durch die Korrekturfaktoren C_1 und C_2 **(Tabelle 2)**.

Die spezifische Schnittkraft k_c (Tabelle 1) wird in Drehversuchen ermittelt, bei denen jeweils Späne mit dem Spanungsquerschnitt $A = 1$ mm², abhängig von der Spanungsdicke h, abgetrennt werden. Der Einfluss durch Schnittgeschwindigkeit und Schneidstoff wird durch einen gemeinsamen Korrekturfaktor C_1 berücksichtigt.

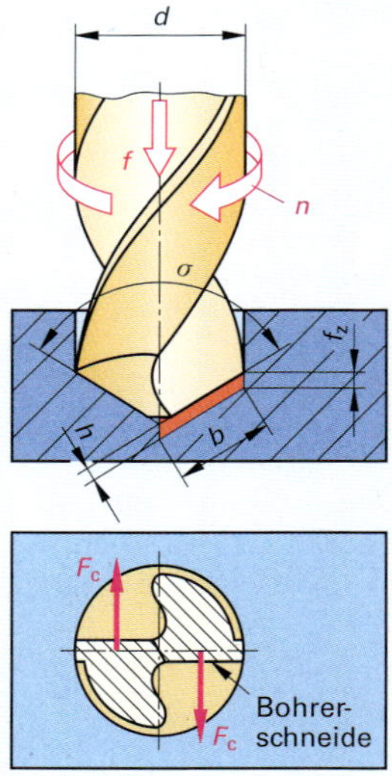

Bild 1: Schnittkraft F_c

Tabelle 1: Richtwerte für spezifische Schnittkräfte k_c (Auswahl)

Werkstoff	Spezifische Schnittkraft k_c in N/mm² für die Spanungsdicke h in mm								
	0,05	**0,08**	**0,10**	**0,15**	**0,20**	**0,25**	**0,30**	**0,35**	**0,40**
S235JR	2962	2735	2633	2457	2340	2253	2184	2128	2080
16MnCr5	4576	4050	3821	3439	3191	3011	2872	2759	2665
42CrMo4	5448	4821	4549	4094	3799	3585	3419	3285	3173
GJL-150	1782	1615	1541	1415	1332	1271	1223	1184	1152

Tabelle 2: Korrekturfaktoren

Schneidstoff	Faktor C_1
Schnellarbeitsstahl	1,2
Hartmetall	1,0
Schneidkeramik	0,9
Schneide	**Faktor C_2**
mit Abstumpfung	1,3
ohne Abstumpfung	1,0

Der Vorschub f und der Bohrerdurchmesser d bestimmen den Spanungsquerschnitt A. Die Spanungsdicke h hängt vom Vorschub f und dem Spitzenwinkel σ ab **(Bild 1)**. Es gelten folgende Zusammenhänge:

Beim Bohren ist der Spanungsquerschnitt $A = b \cdot h$.

Mit $h = f_z \cdot \sin\frac{\sigma}{2}$, $f_z = \frac{f}{2}$ und $b = \frac{d}{2 \cdot \sin\frac{\sigma}{2}}$ wird der Spanungsquerschnitt

$$A = \frac{d \cdot f_z \cdot \sin\frac{\sigma}{2}}{2 \cdot \sin\frac{\sigma}{2}} = \frac{d \cdot f_z}{2} = \frac{d \cdot f}{2 \cdot 2} = \frac{d \cdot f}{4}$$

Schnittkraft je Bohrerschneide

$$F_c = A \cdot k_c \cdot C_1 \cdot C_2$$

Spanungsquerschnitt je Bohrerschneide

$$A = \frac{d \cdot f}{4}$$

Spanungsdicke beim Bohren

$$h = \frac{f}{2} \cdot \sin\frac{\sigma}{2}$$

● **Beispiel:**

In eine Leiste aus S235JR werden Bohrungen mit dem Durchmesser $d = 14$ mm gebohrt. Wie groß sind für einen beschichteten Bohrer aus HSS ($f = 0{,}18$ mm; $\sigma = 118°$)

a) die Spanungsdicke h,
b) die spezifische Schnittkraft k_c,
c) der Spanungsquerschnitt A,
d) die Schnittkraft F_c bei einer Schneide mit Abstumpfung?

Lösung: a) $h = \frac{f}{2} \cdot \sin\frac{\sigma}{2} = \frac{0{,}18\text{ mm}}{2} \cdot \sin 59° = \mathbf{0{,}08\text{ mm}}$

b) $k_c = \mathbf{2\,735\ \frac{N}{mm^2}}$ (Tabelle 1)

c) $A = \frac{d \cdot f}{4} = \frac{14\text{ mm} \cdot 0{,}18\text{ mm}}{4} = \mathbf{0{,}63\text{ mm}^2}$

d) $F_c = A \cdot k_c \cdot C_1 \cdot C_2$; $C_1 = 1{,}2$; $C_2 = 1{,}3$ (nach Tabelle 2)

$F_c = 0{,}63\text{ mm}^2 \cdot 2\,735\ \frac{\text{N}}{\text{mm}^2} \cdot 1{,}2 \cdot 1{,}3 = \mathbf{2\,688\text{ N}}$

1) σ griechischer Kleinbuchstabe sigma

Schnittleistung und Antriebsleistung beim Bohren

Das Produkt aus der Schnittkraft F_c und der Geschwindigkeit v bildet die Schnittleistung P_s für eine Bohrerschneide **(Bild 1).**

Bezeichnungen:

P_1	Antriebsleistung	N · m/s, kW	v_c	Schnittgeschwindigkeit	m/min
P_c	Schnittleistung	N · m/s, kW	z	Anzahl der Schneiden (beim Spiralbohrer z = 2)	–
P_s	Schnittleistung je Schneide	N · m/s, kW	η[1]	Wirkungsgrad der Maschine	–
F_c	Schnittkraft je Schneide	N			

Die Schnittkraft F_c wirkt in der Mitte der Bohrerschneide. Daraus folgt für die Schnittleistung je Schneide $P_s = F_c \cdot v_c/2$. Mit der Anzahl z der Schneiden wird die Schnittleistung $P_c = P_s \cdot z$.

Die Antriebsleistung P_1 setzt sich aus der Schnittleistung P_c, der Vorschubleistung P_v und der Reibleistung P_R zusammen.

Im Vergleich zur Schnittleistung P_c sind die Vorschub- und die Reibleistung sehr klein. Bei der Berechnung der Antriebsleistung P_1 werden beide Teilleistungen durch den Wirkungsgrad η berücksichtigt.

● **Beispiel:**

In Leisten aus S235JR werden Bohrungen mit dem Durchmesser $d = 14$ mm gebohrt. Wie groß sind für die Schnittgeschwindigkeit $v_c = 30$ m/min und die Schnittkraft je Schneide $F_c = 3\,473$ N

a) die Schnittleistung P_c,

b) die Antriebsleistung P_1 bei einem Wirkungsgrad $\eta = 0{,}8$?

Lösung: a) $P_c = z \cdot F_c \cdot \frac{v_c}{2} = 2 \cdot 3\,473\ \text{N} \cdot \frac{30\ \text{m}}{2\ \text{min}} \cdot \frac{1\ \text{min}}{60\ \text{s}} = 1736{,}5\ \frac{\text{N} \cdot \text{m}}{\text{s}} = \mathbf{1{,}74\ kW}$

b) $P_1 = \frac{P_c}{\eta} = \frac{1{,}74\ \text{kW}}{0{,}8} = \mathbf{2{,}2\ kW}$

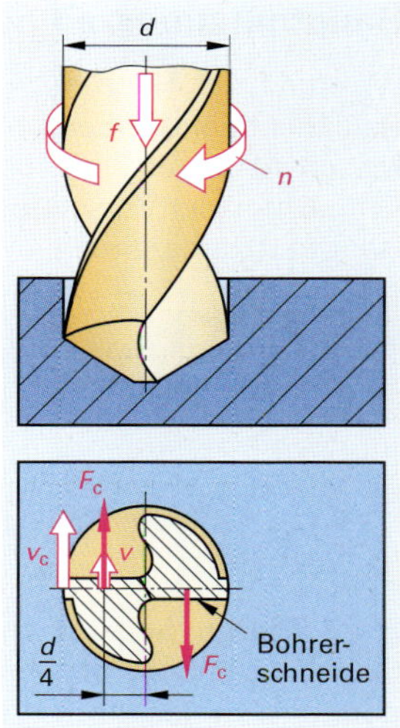

Bild 1: Kräfte und Geschwindigkeiten beim Bohren

Schnittleistung beim Bohren

$$P_c = z \cdot F_c \cdot \frac{v_c}{2}$$

Antriebsleistung beim Bohren

$$P_1 = \frac{P_c}{\eta}$$

Aufgaben | Schnittdaten, Schnittkraft und Schnittleistung

1. **Schnittdaten.** Für die Herstellung von 200 Bohrungen in Führungsbahnen aus 16MnCr5 ist eine Bohrmaschine mit einem stufenlosen Drehzahlbereich n = 250/min ... 875/min vorgesehen.
   Wie groß sind für einen Bohrerdurchmesser $d = 12$ mm
   a) die mittlere Schnittgeschwindigkeit v_c nach **Tabelle 1, Seite 217,**
   b) der Vorschub f,
   c) die einzustellende Drehzahl n?
2. **Grundplatte (Bild 2).** Die Gewindebohrungen in der Grundplatte aus GJL-150 werden mit der Schnittgeschwindigkeit $v_c = 22$ m/min und dem Vorschub $f = 0{,}4$ mm gebohrt.
   Für HSS-Bohrer mit dem Spitzenwinkel $\sigma = 118°$ sind zu bestimmen
   a) der Spanungsquerschnitt A,
   b) die Spanungsdicke h,
   c) die spezifische Schnittkraft k_c,
   d) die Schnittkraft F_c bei abgestumpfter Schneide,
   e) die maximale Schnittleistung P_c,
   f) die Antriebsleistung P_1 bei einem Wirkungsgrad $\eta = 0{,}80$.
3. **Leiste (Bild 3).** Die Bohrungen $d_1 = 8$ mm der Leiste aus 42CrMo4 werden auf den Durchmesser $d = 20$ mm aufgebohrt.
   Wie groß sind für die Schnittgeschwindigkeit $v_c = 18$ m/min, den Vorschub $f = 0{,}4$ mm und den Spitzenwinkel $\sigma = 118°$
   a) die Spanungsdicke h,
   b) der Spanungsquerschnitt A,
   c) die Schnittleistung P_c bei abgestumpfter Schneide,
   d) die Antriebsleistung P_1 bei einem Wirkungsgrad $\eta = 0{,}75$?

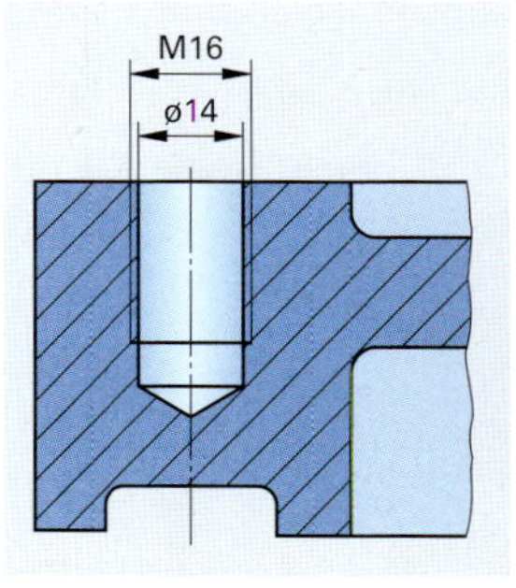

Bild 2: Grundplatte

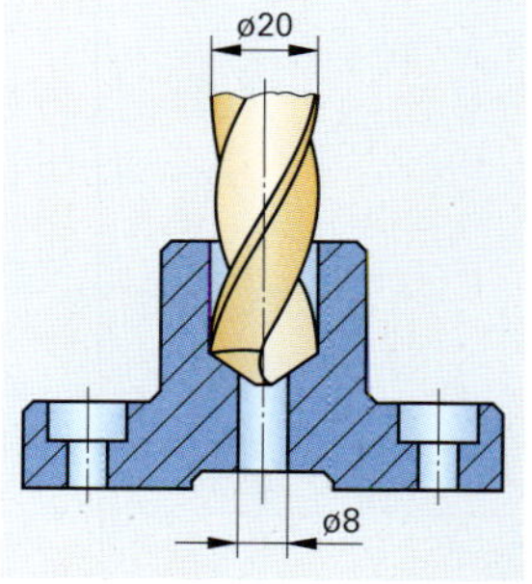

Bild 3: Leiste

S. 268

1) η griechischer Kleinbuchstabe eta

Hauptnutzungszeit beim Bohren, Senken, Reiben

Während der Hauptnutzungszeit t_h befindet sich der Bohrer, die Reibahle oder das Senkwerkzeug unmittelbar im Eingriff. Die an der Maschine eingestellten oder programmierten Schnittdaten, z. B. die Drehzahl n, der Vorschub f und der Vorschubweg L, bestimmen die Hauptnutzungszeit t_h.

Bezeichnungen:

t_h	Hauptnutzungszeit	min	L	Vorschubweg	mm
d	Werkzeugdurchmesser	mm	l_a	Anlauf	mm
l	Bohrungstiefe	mm	l_u	Überlauf	mm
v_c	Schnittgeschwindigkeit	m/min	l_s	Anschnitt	mm
v_f	Vorschubgeschwindigkeit	mm/min	σ[1]	Spitzenwinkel	°
f	Vorschub je Umdrehung	mm	i	Anzahl der Bohrungen	–
n	Drehzahl	1/min			

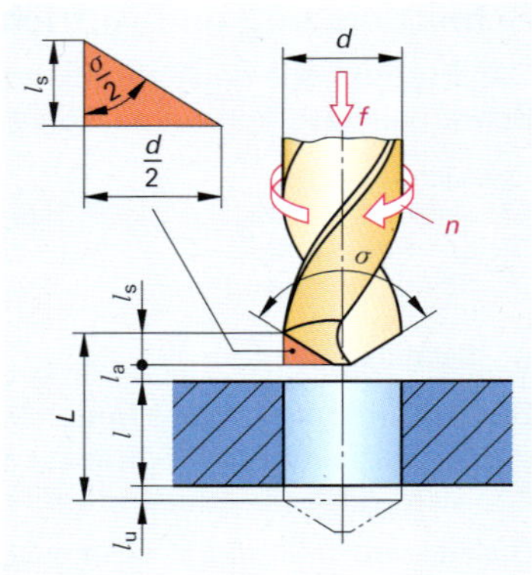

Bild 1: Bohren

Beim Bohren, Senken oder Reiben ist die Drehzahl n jeweils konstant. Für die Berechnung der Hauptnutzungszeit gelten die Bedingungen der gleichförmigen Bewegung **(Bild 1)**.

Hauptnutzungszeit $t_h = \frac{s}{v} = \frac{L}{v_f}$. Mit $v_f = n \cdot f$ erhält man für eine Bohrung: $t_h = \frac{L}{n \cdot f}$. Werden i Bohrungen gefertigt, so gilt $t_h = \frac{L \cdot i}{n \cdot f}$.

Hauptnutzungszeit

$$t_h = \frac{L \cdot i}{n \cdot f}$$

Die **Drehzahl *n*** wird aus der Schnittgeschwindigkeit v_c und dem Werkzeugdurchmesser d ermittelt.

Drehzahl

$$n = \frac{v_c}{\pi \cdot d}$$

Bei Bohrmaschinen mit Stufenrädergetrieben ist die einstellbare Drehzahl n in die Rechnung einzusetzen. Diese Drehzahl kann auch aus Schaubildern entnommen werden **(Bild 2, Seite 217)**. Bei Zwischenergebnissen ist die am nächsten liegende Drehzahl n zu wählen.

Beim Bohren wird der Anschnitt L_s durch den Spitzenwinkel σ bestimmt. Nach **Bild 1** (Hilfsdreieck) gilt: $\tan \frac{\sigma}{2} = \frac{d}{2 \cdot l_s}$; $l_s = \frac{d}{2 \cdot \tan \frac{\sigma}{2}}$

Anschnitt

$$l_s = \frac{d}{2 \cdot \tan \frac{\sigma}{2}}$$

Der **Vorschubweg *L*** wird durch die Bohrungsart, die Bohrungstiefe l, den Anlauf l_a, den Anschnitt l_s und ggf. den Überlauf l_u beeinflusst. Die Zusammenhänge zeigt **Tabelle 1**.

Tabelle 1: Vorschubweg *L* beim Bohren, Senken und Reiben

Bohren, Reiben		Senken
Durchgangsbohrung 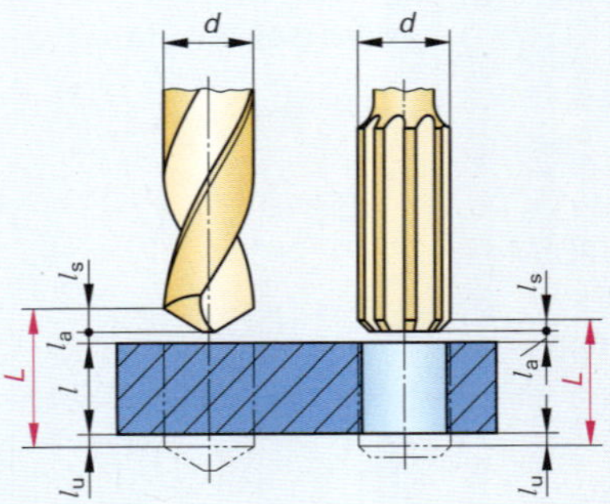	Grundlochbohrung 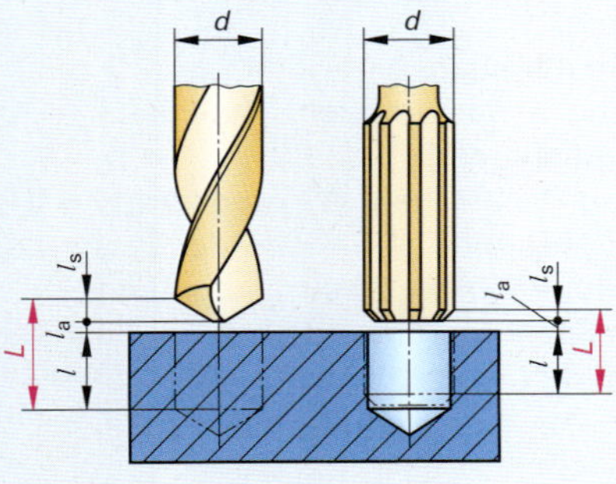	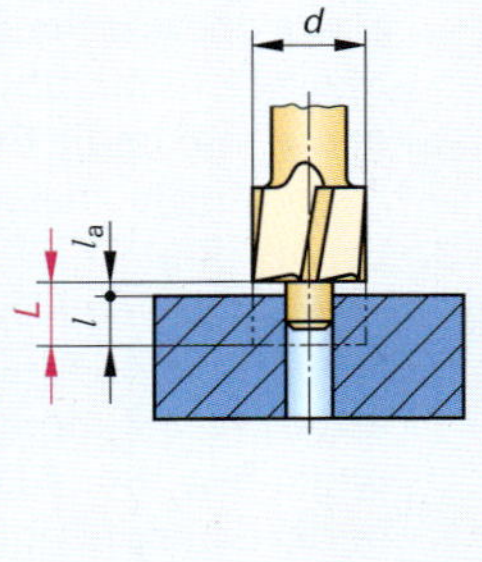
$L = l + l_s + l_a + l_u$	$L = l + l_s + l_a$	$L = l + l_a$

1) σ griechischer Kleinbuchstabe sigma

● **Beispiel:**

Ein 45 mm dickes Werkstück aus S235J0 erhält 18 Durchgangsbohrungen mit dem Durchmesser $d = 20$ mm. Wie groß sind für die Schnittgeschwindigkeit $v_c = 25$ m/min, den Vorschub $f = 0{,}25$ mm und den Spitzenwinkel $\sigma = 118°$

a) der Vorschubweg L, wenn der Anlauf $l_a = 1$ mm und der Überlauf $l_u = 0{,}8$ mm sind,

b) die Drehzahl n bei stufenloser Drehzahleinstellung,

c) die Hauptnutzungszeit t_h?

Lösung: a) $L = l + l_s + l_a + l_u$; $\quad l_s = \dfrac{d}{2 \cdot \tan\frac{\sigma}{2}} = \dfrac{20\text{ mm}}{2 \cdot \tan 59°} = \mathbf{6{,}0\ mm}$

$L = 45\text{ mm} + 6{,}0\text{ mm} + 1{,}0\text{ mm} + 0{,}8\text{ mm} = \mathbf{52{,}8\ mm}$

b) $n = \dfrac{v_c}{\pi \cdot d} = \dfrac{25\ \frac{\text{m}}{\text{min}}}{\pi \cdot 0{,}02\text{ m}} = \mathbf{398\ \frac{1}{min}}$

c) $t_h = \dfrac{L \cdot i}{n \cdot f} = \dfrac{52{,}8\text{ mm} \cdot 18}{398\ \frac{1}{\text{min}} \cdot 0{,}25\text{ mm}} = \mathbf{9{,}55\ min}$

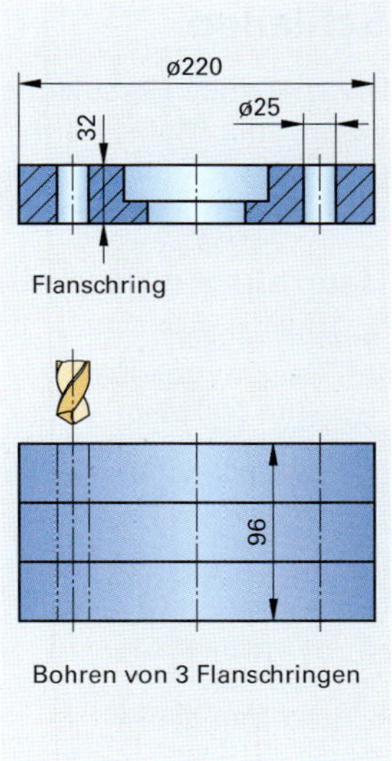

Bild 1: Flanschring

Aufgaben | Hauptnutzungszeit beim Bohren, Reiben, Senken

1. **Flanschring (Bild 1).** In 60 Flanschringe aus S235J0 werden je 8 Bohrungen mit 25 mm Durchmesser gebohrt.

   Wie groß sind für die Schnittgeschwindigkeit $v_c = 28$ m/min, den Vorschub $f = 0{,}15$ mm, den An- und Überlauf $l_a + l_u = 1{,}5$ mm und den Spitzenwinkel $\sigma = 118°$

   a) die Drehzahl n nach **Bild 2, Seite 217** bei einer Bohrmaschine mit Stufenrädergetriebe,

   b) die Hauptnutzungszeit t_h, wenn jeder Ring einzeln gebohrt wird,

   c) die Hauptnutzungszeit t_h, wenn jeweils drei Ringe gemeinsam gebohrt werden?

2. **Rohrflansch.** Rohre zum Transport von Granulat werden mit 20 mm dicken Flanschen aus Kunststoff (PA) miteinander verbunden. Jeder Flansch erhält vier Durchgangsbohrungen mit 18 mm Durchmesser.

   Wie groß sind für die Schnittgeschwindigkeit $v_c = 16$ m/min, den Vorschub $f = 0{,}08$ mm und den Spitzenwinkel $\sigma = 80°$

   a) die einzustellende Drehzahl n bei stufenloser Drehzahleinstellung,

   b) die Hauptnutzungszeit t_h bei $l_a = 0{,}8$ mm und $l_u = 1$ mm?

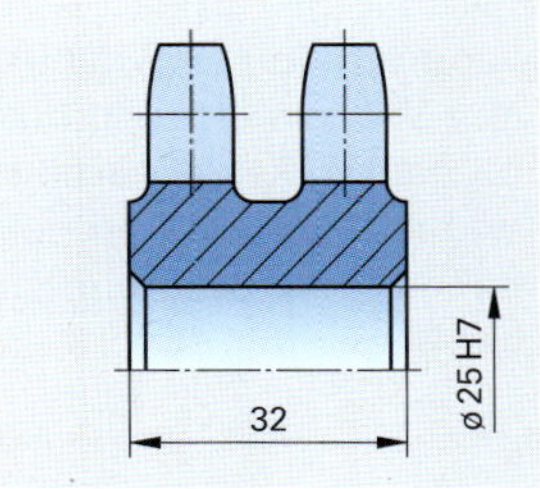

Bild 2: Kettenrad

3. **Kettenrad (Bild 2).** Die Bohrungen von 200 Kettenrädern werden auf das Passmaß 25H7 gerieben. Für die Schnittgeschwindigkeit $v_c = 8$ m/min und den Vorschub $f = 0{,}35$ mm sind zu bestimmen

   a) die Drehzahl n bei stufenloser Drehzahleinstellung,

   b) die Hauptnutzungszeit t_h bei $l_a = 1$ mm, $l_u = 4{,}5$ mm und $l_s = 4$ mm.

4. **Bundbüchse (Bild 3).** Die Bundbüchse wird mit vier Zylinderschrauben befestigt. Die Bohrungen werden auf einer Bohrmaschine mit stufenloser Drehzahleinstellung nach Werten aus **Tabelle 1** hergestellt.

Tabelle 1: Schnittdaten, Anlauf, Überlauf

Fertigungsdaten	v_c in m/min	f in mm	l_a in mm	l_u in mm
Bohren	14	0,12	0,8	1,0
Senken	9	0,08	0,5	–

Für Bohrer mit dem Spitzenwinkel $\sigma = 118°$ sind zu bestimmen

a) die Hauptnutzungszeit für das Bohren,

b) die Hauptnutzungszeit für das Senken.

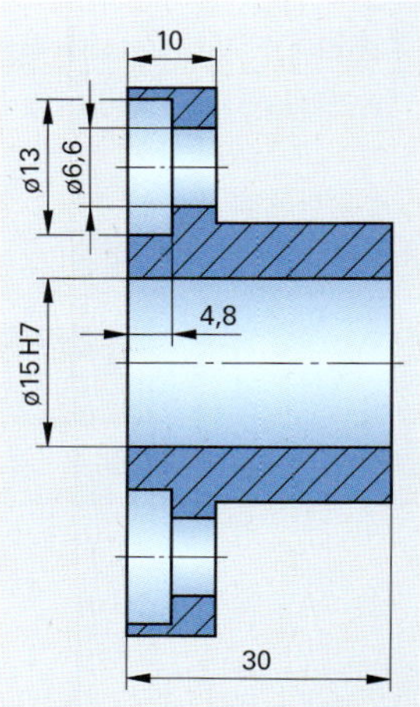

Bild 3: Bundbüchse

S. 268

Schleifen

Die spanende Herstellung von Werkstücken mit hohen Anforderungen an die Maß-, Form- und Lagetoleranzen erfolgt in der Regel durch Schleifen. Es lassen sich das Längs-Rundschleifen **(Bild 1)** und das Umfangs-Planschleifen **(Bild 2)** unterscheiden.

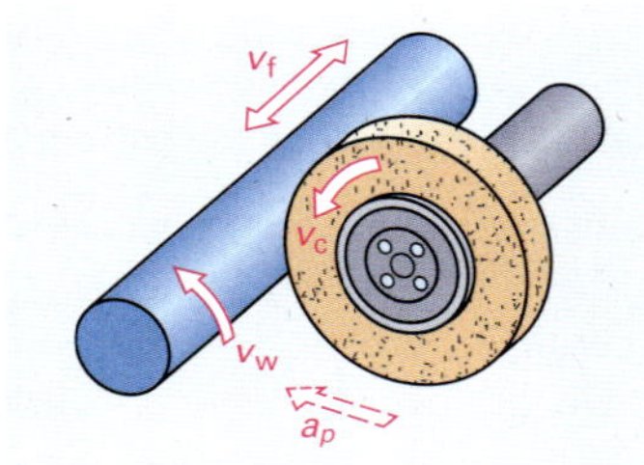

Bild 1: Längs-Rundschleifen

Hauptnutzungszeit beim Längs-Rundschleifen

Bezeichnungen:

t_h	Hauptnutzungszeit	min	d	Fertigdurchmesser des Werkstücks	mm
L	Vorschubweg, Hublänge	mm	d_1	Ausgangsdurchmesser des Werkstücks	mm
i	Anzahl der Schnitte	–	f	Vorschub je Umdrehung des Werkstücks	mm
n	Drehzahl des Werkstücks	1/min	b_u	Überlaufbreite	mm
B	Schleifbreite	mm	l_a	Anlauf, Überlauf	mm
l	Werkstücklänge	mm	t	Schleifzugabe	mm
b	Werkstückbreite	mm	v_w	Werkstückgeschwindigkeit	m/min
v_f	Vorschubgeschwindigkeit	m/min	b_s	Schleifscheibenbreite	mm
a_p	Schnitttiefe, Zustellung	mm	n_s	Drehzahl der Schleifscheibe	1/min
v_c	Schnittgeschwindigkeit	m/s	d_s	Durchmesser der Schleifscheibe	mm
q	Geschwindigkeitsverhältnis	–			

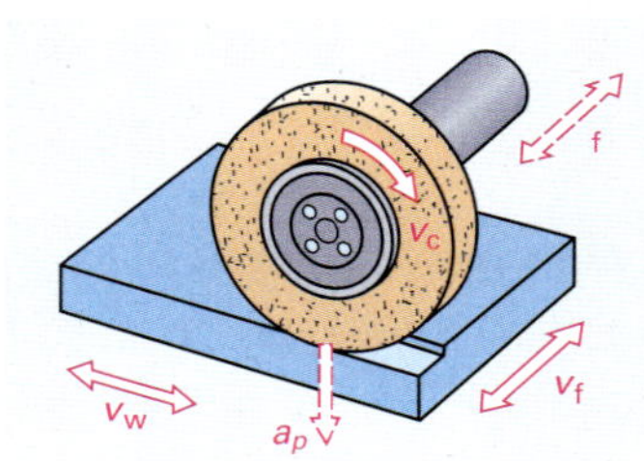

Bild 2: Umfangs-Planschleifen

Beim Längs-Rundschleifen werden die Schnitt- und die Zustellbewegung von der Schleifscheibe, die Vorschubbewegung dagegen vom Werkstück ausgeführt. Gleichzeitig dreht sich das Werkstück mit der Werkstückgeschwindigkeit v_w. Sind beim Längs-Rundschleifen die Drehzahl und der Vorschub konstant, so gelten für die Berechnung der Hauptnutzungszeit die Bedingungen der gleichförmigen Bewegung **(Bild 1)**.

$t_h = \frac{s}{v} = \frac{L}{v_f}$. Mit $v_f = n \cdot f$ erhält man für einen Schnitt:

$t_h = \frac{L}{n \cdot f}$. Werden i Schnitte ausgeführt, so gilt: $t_h = \frac{L \cdot i}{n \cdot f}$.

Die Ermittlung des Vorschubwegs L und des Vorschubs f erfolgt nach **Tabelle 1**.

Hauptnutzungszeit

$$t_h = \frac{L \cdot i}{n \cdot f}$$

Anzahl der Schnitte

$$i = \frac{d_1 - d}{2 \cdot a_p} + 2^{1)}$$

Tabelle 1: Vorschubweg *L* und Vorschub *f*

Werkstücke ohne Ansatz

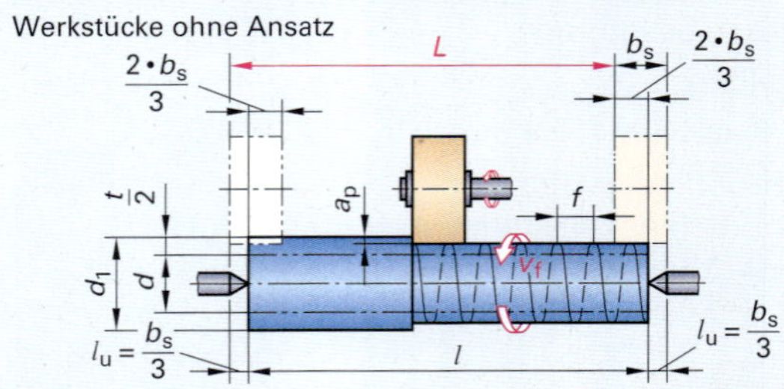

Werkstücke mit Ansatz

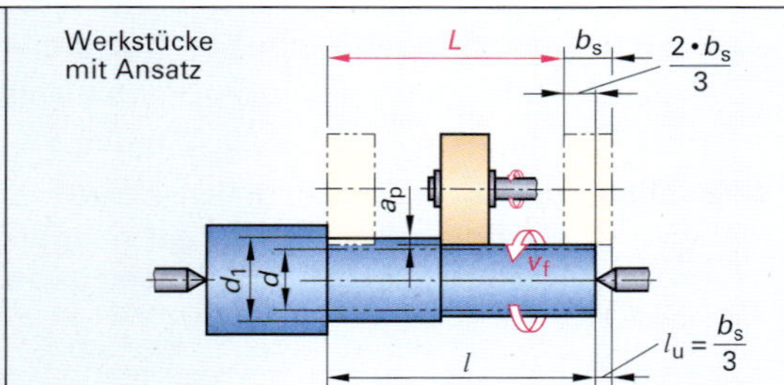

Werkstücke ohne Ansatz	Werkstücke mit Ansatz
$L = l - \frac{1}{3} \cdot b_s$	$L = l - \frac{2}{3} \cdot b_s$

Vorschub beim Schruppen $f = {}^2/_3 \cdot b_s$ bis ${}^3/_4 \cdot b_s$; Vorschub beim Schlichten $f = {}^1/_4 \cdot b_s$ bis ${}^1/_2 \cdot b_s$

1) 2 Schnitte zum Ausfeuern: Zusätzliche Schnitte ohne Zustellung zur Steigerung der Oberflächengüte und der Genauigkeit

Aus der Schnittgeschwindigkeit v_c und der Werkstückgeschwindigkeit v_w wird das Geschwindigkeitsverhältnis q berechnet **(Bild 1)**.

Beispiel:

Die oberflächengehärtete Führungssäule **(Bild 2)** aus 18CrNi8 ist auf den Durchmesser d = 80,4 mm vorgedreht. Auf der Länge l = 460 mm ist sie auf das tolerierte Maß 80h6 zu schleifen. Wie groß sind

a) die theoretische Drehzahl n des Werkstückes bei der Werkstückgeschwindigkeit v_w = 14,5 m/min,

b) die Anzahl der Schnitte i mit Ausfeuern, unter der Annahme, dass der Durchmesser auf das Mindestmaß geschliffen wird und die Zustellung a = 0,03 mm beträgt,

c) der Vorschubweg L bei einer Schleifscheibenbreite b_s = 120 mm,

d) die Hauptnutzungszeit t_h bei einem Vorschub f = 60 mm,

e) das Geschwindigkeitsverhältnis q bei einer Schnittgeschwindigkeit v_c = 30 m/s?

Lösung: a) $n = \frac{v_w}{\pi \cdot d_1} = \frac{14{,}5 \text{ m/min}}{\pi \cdot 0{,}0804 \text{ m}} = \mathbf{57\ \frac{1}{min}}$

b) $G_{uW} = 80{,}000 \text{ mm} - 0{,}019 \text{ mm} = 79{,}981 \text{ mm}$

$i = \frac{d_1 - d}{2 \cdot a_p} + 2 = \frac{80{,}4 \text{ mm} - 79{,}981 \text{ mm}}{2 \cdot 0{,}03 \text{ mm}} + 2 = \mathbf{9}$

c) $L = l - \frac{b_s}{3} = 460 \text{ mm} - \frac{120 \text{ mm}}{3} = \mathbf{420\ mm}$

d) $t_h = \frac{L \cdot i}{n \cdot f} = \frac{420 \text{ mm} \cdot 9}{57 \frac{1}{\text{min}} \cdot 60 \text{ mm}} = \mathbf{1{,}1\ min}$

e) $q = \frac{v_c}{v_w} = \frac{30 \text{ m/s} \cdot 60 \text{ s/min}}{14{,}5 \text{ m/min}} = \frac{1\,800 \text{ m/min}}{14{,}5 \text{ m/min}} \approx \mathbf{124}$

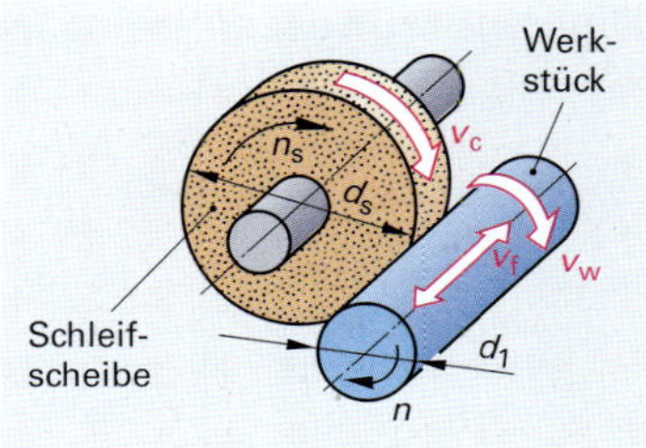

Bild 1: Längs-Rundschleifen

Schnittgeschwindigkeit

$$v_c = \pi \cdot d_s \cdot n_s$$

Werkstückgeschwindigkeit

$$v_w = \pi \cdot d_1 \cdot n$$

Drehzahl des Werkstücks

$$n = \frac{v_w}{\pi \cdot d_1}$$

Geschwindigkeitsverhältnis

$$q = \frac{v_c}{v_w}$$

Geschwindigkeitsverhältnis

$$q = \frac{d_s \cdot n_s}{d_1 \cdot n}$$

Aufgaben | Hauptnutzungszeit beim Längs-Rundschleifen

1. **Schaltstangen.** Schaltstangen mit dem Durchmesser d = 20 mm und der Länge l = 180 mm sind mit der Schleifzugabe t = 0,3 mm vorgedreht. Sie werden mit der Drehzahl n = 112 1/min bei einem Vorschub f = 25 mm je Umdrehung und einer Zustellung a_p = 0,03 mm je Schnitt geschliffen. Wie groß sind
   a) der Vorschubweg L bei einer Schleifscheibenbreite b_s = 80 mm,
   b) das Geschwindigkeitsverhältnis q bei einer Schnittgeschwindigkeit v_c = 25 m/s,
   c) die Anzahl der Schnitte i ohne Ausfeuern,
   d) die Hauptnutzungszeit t_h für 20 Schaltstangen?

2. **Ankerwelle (Bild 3).** Die Ankerwelle ist mit einer Schleifzugabe t = 0,3 mm vorgedreht. Die tolerierten Maße werden mit einem Vorschub f = 20 mm je Umdrehung und einer Zustellung a_p = 0,05 mm je Schnitt fertiggeschliffen.
   Wie groß sind
   a) die Vorschubwege L_1 und L_2 bei einer Schleifscheibenbreite b_s = 63 mm,
   b) die Drehzahl n der Ankerwelle, wenn für beide Durchmesser dieselbe Einstellung gilt und v_w = 12 m/min ist,
   c) die Anzahl der Schnitte i mit Ausfeuern,
   d) die Hauptnutzungszeit t_h für beide Durchmesser?

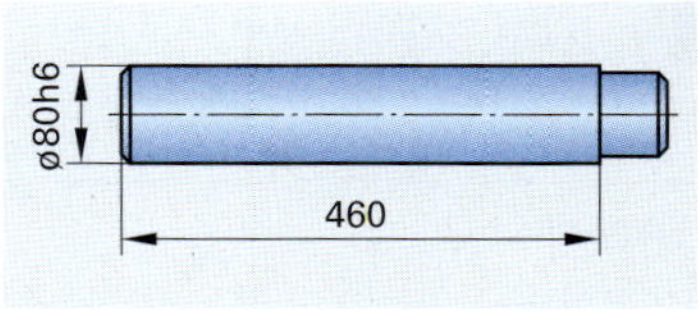

Bild 2: Führungssäule

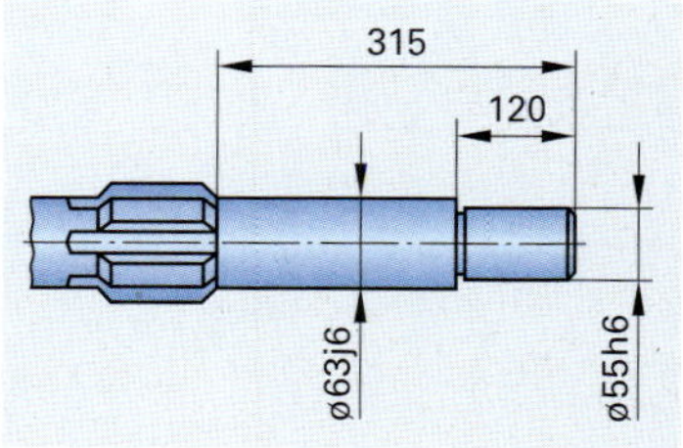

Bild 3: Ankerwelle

Hauptnutzungszeit beim Umfangs-Planschleifen

Bezeichnungen:

t_h	Hauptnutzungszeit	min	v_f	Vorschubgeschwindigkeit	m/min
L	Vorschubweg, Hublänge	mm	v_w	Werkstückgeschwindigkeit	m/min
i	Anzahl der Schnitte	–	l	Werkstücklänge	mm
n_H	Hubzahl je Minute	1/min	b_u	Überlaufbreite	mm
f	Quervorschub je Hub	mm	t	Schleifzugabe	mm
b	Werkstückbreite	mm	a_p	Schnitttiefe, Zustellung	mm
l_a	Anlauf, Überlauf	mm			
b_s	Schleifscheibenbreite	mm			
B	Schleifbreite	mm			

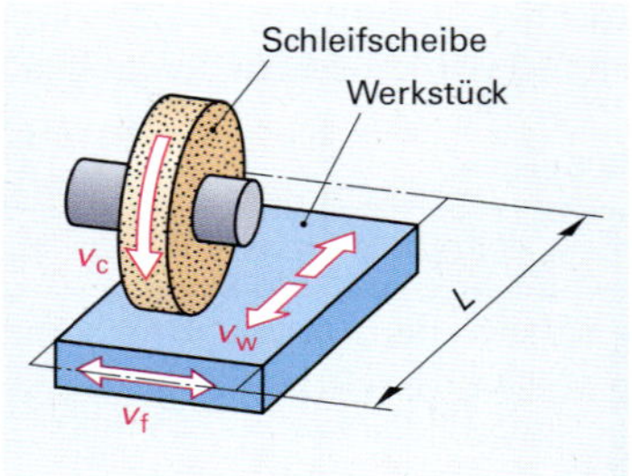

Bild 1: Umfangs-Planschleifen

Beim Umfangs-Planschleifen **(Bild 1)** wird das Werkstück nach jedem Hub um den Quervorschub f seitlich verschoben. Setzt man voraus, dass die Tischbewegung über den Vorschubweg L gleichförmig ist, so ist die Zeit für einen Hub.

Zeit $= \frac{\text{Vorschubweg}}{\text{Werkstückgeschwindigkeit}} = \frac{L}{v_w}$. Zum Überschleifen der ganzen Fläche sind Hübe $\left(\frac{B}{f}\right)+1$ nötig. Der Quervorschub ist so festzulegen, dass B/f ganzzahlig wird.

Die erforderliche Zeit wird dann $t_h = \frac{i \cdot L}{v_w} \cdot \left(\frac{B}{f}+1\right)$.

Werkstückgeschwindigkeit v_w und Vorschubweg L ergeben die Hubzahl n_H. Verwendet man die Beziehung $v_w = n_H \cdot L$ und werden i Schnitte ausgeführt, so gilt:

$$t_h = \frac{\text{Anzahl der Schnitte}}{\text{Hubzahl}} \cdot \left(\frac{\text{Schleifbreite}}{\text{Vorschub}}+1\right).$$

Vorschubweg L, Vorschub f und Schleifbreite B werden nach **Tabelle 1** berechnet.

Hauptnutzungszeit

$$t_h = \frac{i \cdot L}{v_w} \cdot \left(\frac{B}{f}+1\right)$$

Hubzahl

$$n_H = \frac{v_w}{L}$$

Hauptnutzungszeit

$$t_h = \frac{i}{n_H} \cdot \left(\frac{B}{f}+1\right)$$

● **Beispiel:**

Eine Druckplatte wird auf der gesamten Fläche beidseitig geschliffen. In welchem Bereich ist der Quervorschub f beim Schlichten zu wählen, wenn die Schleifscheibe b_s = 40 mm breit ist?

Lösung: $f = \frac{1}{2} \cdot b_s$ bis $\frac{2}{3} \cdot b_s = \frac{1}{2} \cdot 40$ mm bis $\frac{2}{3} \cdot 40$ mm

$=$ **20 mm bis 26,7 mm**

Tabelle 1: Vorschubweg *L*, Vorschub *f* und Schleifbreite *B*

Werkstücke ohne Ansatz		Werkstücke mit Ansatz	
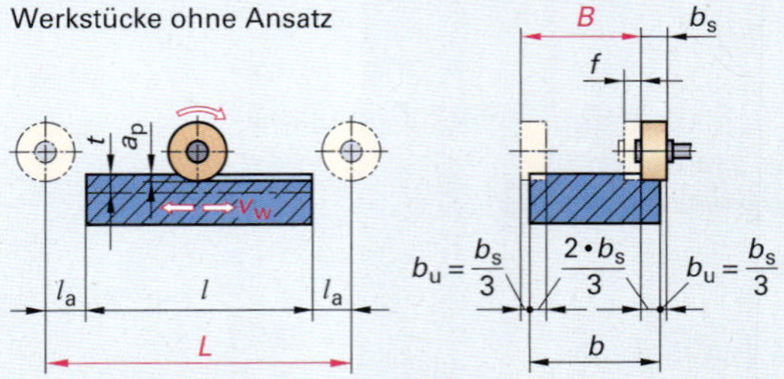		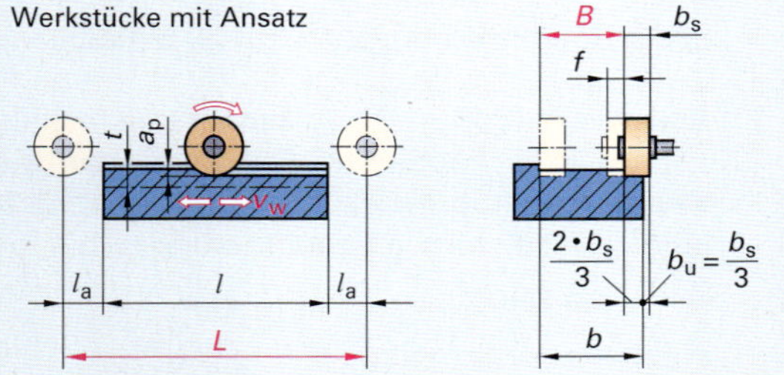	
$L = l + 2 \cdot l_a$	$B = b - \frac{1}{3} \cdot b_s$	$L = l + 2 \cdot l_a$	$B = b - \frac{2}{3} \cdot b_s$

Quervorschub beim Schruppen $f = {}^2/_3 \cdot b_s$ bis ${}^4/_5 \cdot b_s$; Vorschub beim Schlichten $f = {}^1/_2 \cdot b_s$ bis ${}^2/_3 \cdot b_s$

Die Anzahl der Schnitte i wird aus der Schleifzugabe t und der Zustellung a berechnet.

Aus der Schnittgeschwindigkeit v_c und der Werkstückgeschwindigkeit v_w ergibt sich das Geschwindigkeitsverhältnis q.

Anzahl der Schnitte mit Ausfeuern

$$i = \frac{t}{a_p} + 2^{1)}$$

● **Beispiel:**

Eine gehärtete Stahlplatte mit der Länge l = 200 mm und der Breite b = 100 mm wird auf der ganzen Fläche geschliffen. Die Schleifzugabe beträgt t = 0,2 mm, die Zustellung je Schnitt a_p = 0,02 mm. Wie groß sind

a) die Schleifbreite B, wenn die Schleifscheibe b_s = 40 mm breit ist,

b) der Vorschubweg L bei l_a = 40 mm,

c) die Hubzahl n_H je Minute, wenn mit der Werkstückgeschwindigkeit v_w = 10 m/min geschliffen wird,

d) die Anzahl der Schnitte i ohne Ausfeuern,

e) das Geschwindigkeitsverhältnis q bei einer Schnittgeschwindigkeit v_c = 20 m/s,

f) die Hauptnutzungszeit t_h bei einem Quervorschub f = 12,4 mm je Hub?

Lösung: a) $B = b - \frac{b_s}{3} = 100\text{ mm} - \frac{40\text{ mm}}{3} = 87\text{ mm}$

b) $L = l + 2 \cdot l_a = 200\text{ mm} + 2 \cdot 40\text{ mm} = 280\text{ mm}$

c) $n_H = \frac{v_f}{L} = \frac{10\text{ m/min}}{0{,}280\text{ m}} = 36\frac{1}{\text{min}}$

d) $i = \frac{t}{a_p} = \frac{0{,}2\text{ mm}}{0{,}02\text{ mm}} = 10$

e) $q = \frac{v_c}{v_w} = \frac{20\text{ m/s} \cdot 60\text{ s/min}}{10\text{ m/min}} = \frac{1200\text{ m/min}}{10\text{ m/min}} = 120$

f) $t_h = \frac{i}{n_H} \cdot \left(\frac{B}{f} + 1\right) = \frac{10}{36\frac{1}{\text{min}}}\left(\frac{87\text{ mm}}{12{,}4\text{ mm}} + 1\right) = 2{,}2$

Schnittgeschwindigkeit

$$v_c = \pi \cdot d_s \cdot n_s$$

Werkstückgeschwindigkeit

$$v_w = L \cdot n_H$$

Geschwindigkeitsverhältnis

$$q = \frac{v_c}{v_w}$$

Geschwindigkeitsverhältnis

$$q = \frac{\pi \cdot d_s \cdot n_s}{L \cdot n_H}$$

Aufgaben | Hauptnutzungszeit beim Umfangs-Planschleifen

1. **Umfangs-Planschleifen (Tabelle 1).** Für die Aufgaben a bis c sind jeweils zu berechnen
   a) die Hubzahl n_H bei stufenloser Einstellung,
   b) die Hauptnutzungszeit t_h.

2. **Tuschierlineal (Bild 1).** Das Tuschierlineal aus EN-GJL-250 wird auf der Fläche 1500 × 140 mm geschliffen. Die Schleifzugabe beträgt t = 0,5 mm. Wie groß sind
   a) die Schleifbreite B für eine Schleifscheibenbreite b_s = 50 mm,
   b) der Vorschubweg L, wenn l_a = 12 mm ist,
   c) die Hubzahl n_H für die Werkstückgeschwindigkeit v_w = 12,6 m/min,
   d) die Anzahl der Schnitte i mit Ausfeuern, wenn die Zustellung a_p = 0,08 mm je Schnitt ist,
   e) die Hauptnutzungszeit t_h bei einem Vorschub f = 20,5 mm je Hub,
   f) das Geschwindigkeitsverhältnis q, wenn die Schnittgeschwindigkeit v_c = 30 m/s beträgt?

Tabelle 1

	a	b	c
L in mm	180	300	280
B in mm	60	175	216
f in mm	20	25	36
v_w in m/min	13,2	16	35
i	6	13	8

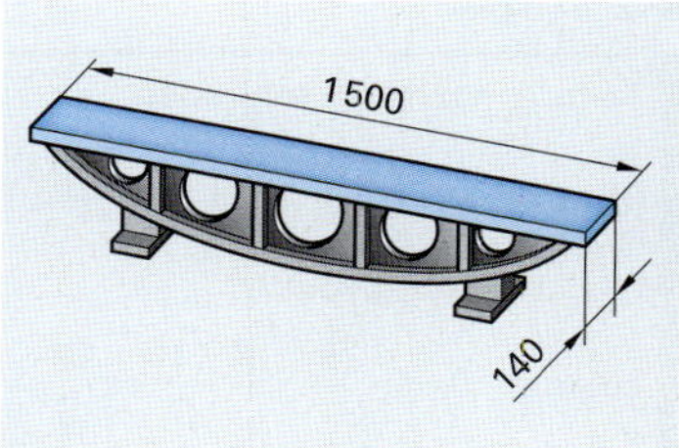

Bild 1: Tuschierlineal

S. 270

1) 2 Schnitte zum Ausfeuern: Zusätzliche Schnitte ohne Zustellung zur Steigerung der Oberflächengüte und der Genauigkeit

Indirektes Teilen

Um am Umfang von Werkstücken mehrere Nuten, Bohrungen, Flächen usw. anbringen zu können, müssen die Werkstücke jeweils in die Bearbeitungslage gedreht werden. Dies kann auf Fräsmaschinen mit einem Teilapparat **(Bild 1)** oder mit einem NC-gesteuerten Rundtisch geschehen.

Da bei Teilapparaten die Teilkopfspindel und damit das Werkstück von einer Schnecke über das Schneckenrad, d. h. indirekt, angetrieben werden und der Umfang des Werkstückes schrittweise eingeteilt wird, bezeichnet man dieses Verfahren als „indirektes Teilen" **(Bild 1)**.

Bezeichnungen:

T	Teilzahl	–	
i	Übersetzungsverhältnis des Teilapparates	–	
α	Winkelteilung	°	
n_k	Teilschritt	–	

Beim indirekten Teilen werden die für eine komplette Werkstückdrehung notwendigen Umdrehungen der Teilkurbel, meist $i = 40$, entsprechend der Teilzahl T bzw. der Winkelteilung α aufgeteilt **(Bild 1** und **Formel)**. Der berechnete Teilschritt n_k muss an der Lochscheibe eingestellt werden.

Für Teilzahlen, durch die das Übersetzungsverhältnis ganzzahlig teilbar ist, ergeben sich ganze Umdrehungen der Teilkurbel. Alle anderen Teilzahlen erfordern entweder nur Teile einer Teilkurbelumdrehung oder ganze Umdrehungen und Teildrehungen. Dazu wählt man einen passenden Lochkreis auf den Lochscheiben **(Tabelle 1)**.

Tabelle 1: Lochkreise von Lochscheiben

15	16	17	18	19	20	21	23	24	25	27	28	29	30	31
33	37	39	41	42	43	47	49	51	53	57	59	61	63	

● **1. Beispiel:**

Für eine Vorrichtung soll die Rastenscheibe **(Bild 3)** mit 30 Rasten angefertigt werden. Das Übersetzungsverhältnis des Teilkopfes ist $i = 40$. Wie groß ist n_k?

Lösung: $n_k = \frac{i}{T} = \frac{40}{30} = \frac{4}{3} = 1\frac{1}{3}$ Teilkurbelumdrehungen

$= 1\frac{1}{3} = 1\frac{6}{18}$ $\begin{matrix}\rightarrow \text{Lochabstände} \\ \rightarrow \text{Lochkreis}\end{matrix}$

Für jeden Teilschritt muss die Teilkurbel um eine ganze Umdrehung und 6 Lochabstände auf dem 18er-Lochkreis gedreht werden.

● **2. Beispiel:**

Teilung nach Winkelgraden

An einen Flansch sind zwei Flächen unter dem Winkel $\alpha = 34°$ zu fräsen **(Bild 4)**. Wie viel Teilkurbelumdrehungen sind zum Schwenken des Werkstückes notwendig, wenn das Übersetzungsverhältnis des Teilkopfes $i = 40$ beträgt?

Lösung: $n_k = \frac{i \cdot \alpha}{360°} = \frac{40 \cdot 34°}{360°} = \frac{34°}{9°} = 3\frac{7}{9} = 3\frac{21}{27}$ $\begin{matrix}\rightarrow \text{Lochabstände} \\ \rightarrow \text{Lochkreis}\end{matrix}$

Für jeden Teilschritt muss die Teilkurbel um 3 ganze Umdrehungen und 21 Lochabstände auf dem 27er-Lochkreis gedreht werden.

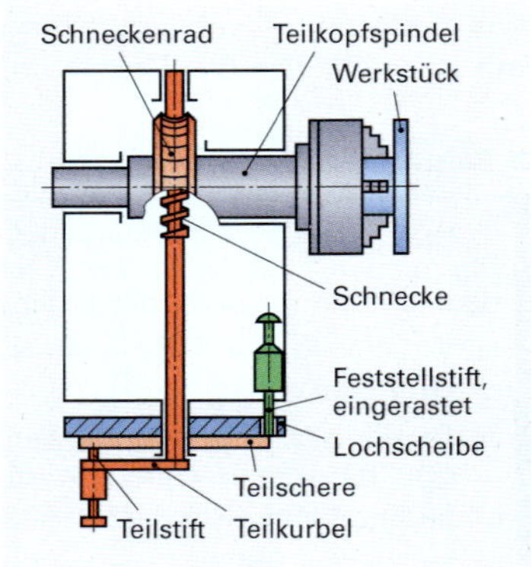

Bild 1: Indirektes Teilen

Teilschritt

$$n_k = \frac{i}{T} \qquad n_k = \frac{i \cdot \alpha}{360°}$$

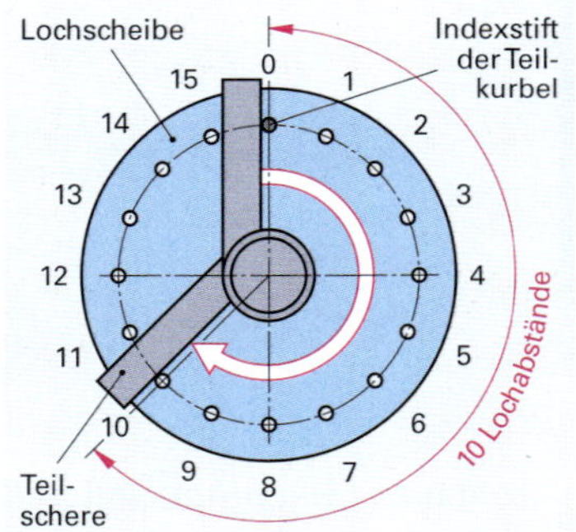

Bild 2: Einstellung des Teilschrittes

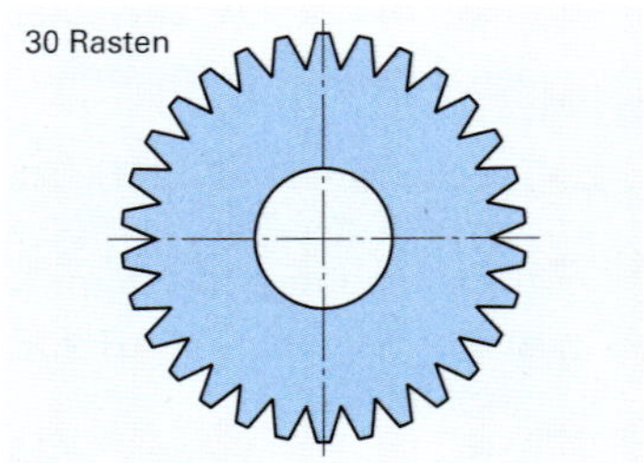

Bild 3: Rastenscheibe

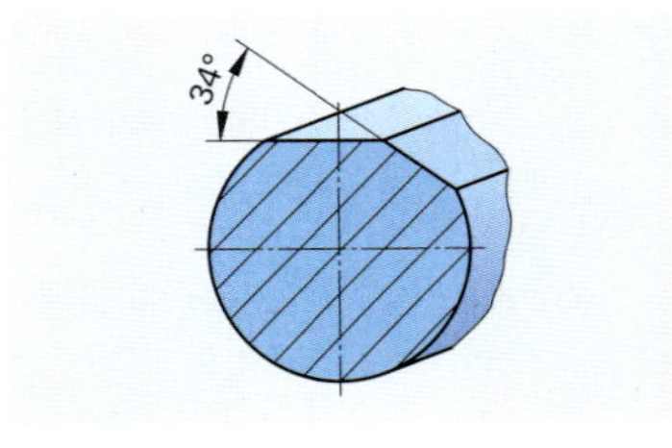

Bild 4: Flansch

Aufgaben | Indirektes Teilen

Wenn in den folgenden Aufgaben das Übersetzungsverhältnis des Teilkopfes nicht angegeben ist, soll mit $i = 40$ gerechnet werden.

1. **Zahnrad.** Ein beschädigtes Zahnrad mit 56 Zähnen muss ersetzt werden. Die Verzahnung soll durch indirektes Teilen auf einer Waagrechtfräsmaschine hergestellt werden.
   a) Wie groß ist der Teilschritt beim 49er-Lochkreis?
   b) Könnte auch ein anderer als der angegebene Lochkreis benutzt werden?

2. **Anschlussplatte (Bild 1).** In eine Platte sind zwei Bohrungen unter dem Winkel 21° anzubringen. Dabei muss das Werkstück um diesen Winkel geschwenkt werden.
   Welcher Teilschritt ist einzustellen?

3. **Welle mit Sechskant.** An eine Welle soll ein Sechskantzapfen angefräst werden.
   a) Welche Lochkreise können dazu verwendet werden?
   b) Wie groß ist der jeweilige Teilschritt?

4. **Skalenscheibe.** Mithilfe eines Teilkopfes ist der Umfang einer Scheibe durch Ritzen gleichmäßig in 360 Teile zu teilen. Gesucht sind die geeigneten Lochkreise und die Anzahl der jeweils von der Teilschere eingeschlossenen Löcher.

5. **Reibahlen (Bild 2).** Reibahlen mit ungleicher Teilung sollen nach **Tabelle 1** mithilfe eines Teilkopfes gefräst werden. Nach der Verzahnung des halben Umfangs wiederholt sich der Teilvorgang in der gleichen Reihenfolge.

Tabelle 1: Winkelteilungen von Reibahlen

Nr.	Zähnezahl	Winkelteilungen				
		α_1	α_2	α_3	α_4	α_5
a	8	42°	44°	46°	48°	–
b	10	33°	34,5°	36°	37,5°	39°

Die Summe der Winkel ist für jede der zwei Reibahlen nachzuprüfen. Wie groß sind die einzelnen Teilschritte?

6. **Zahnradsegment (Bild 3).** Das Zahnradsegment sitzt auf einer Welle und wird durch ein Ritzel angetrieben. Dadurch führt die Welle eine Schwenkbewegung aus. Das Zahnradsegment soll 32 Zähne (= 32 Teilungen) im Bereich von 160° erhalten. Welcher Teilschritt ergibt sich für jede Teilung, wenn
   a) ein Teilkopf mit dem Übersetzungsverhältnis $i = 40$,
   b) ein Teilkopf mit $i = 60$ eingesetzt wird?

7. **Klauenkupplung (Bild 4).** Die Aussparungen einer Klauenkupplung mit je 6 formgleichen Lücken und Klauen werden mit einem Schaftfräser mit 10 mm Durchmesser hergestellt. Zuerst werden die linken, danach die rechten Flanken der Klauen gefräst.
   a) Welcher Teilschritt muss am Teilkopf eingestellt werden?
   b) Um welches Maß x muss das Werkstück nach dem Fräsen der linken Flanken verfahren werden?
   c) Welchen Durchmesser darf der Fräser höchstens haben?
   d) Welchen Durchmesser muss der Fräser mindestens haben, damit in den Lücken kein Werkstoff stehen bleibt?

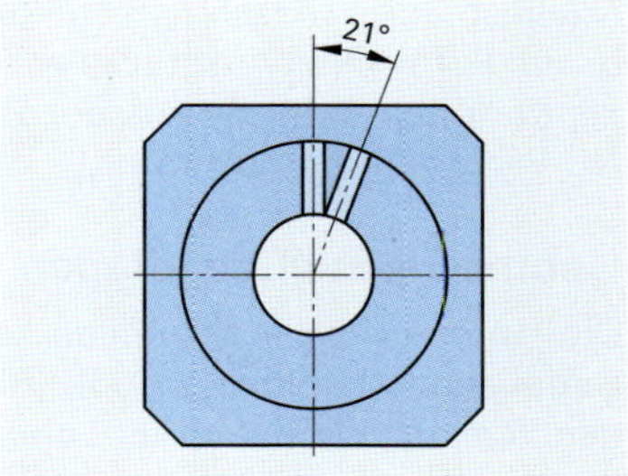

Bild 1: Anschlussplatte

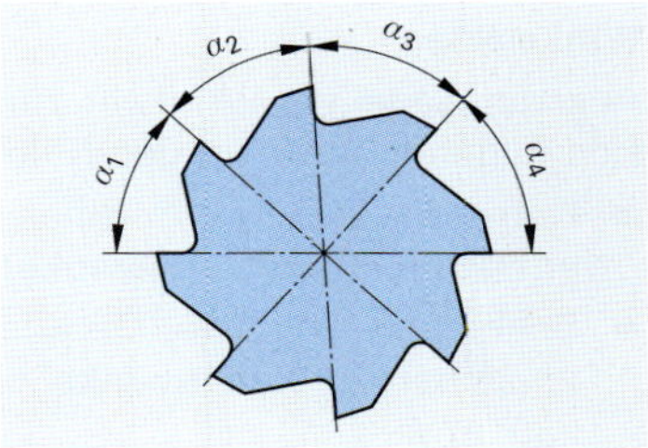

Bild 2: Reibahle

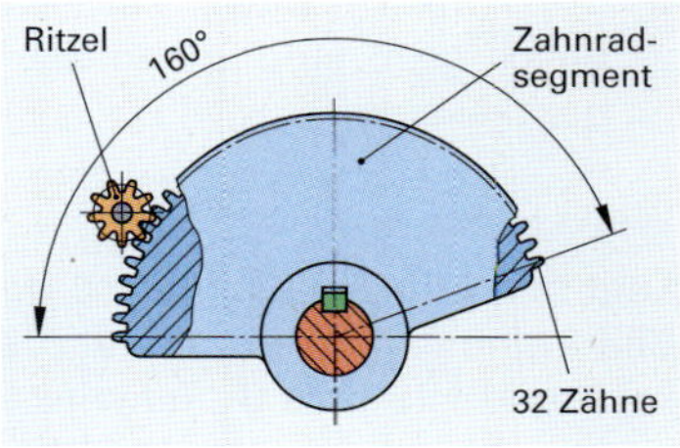

Bild 3: Zahnradsegment

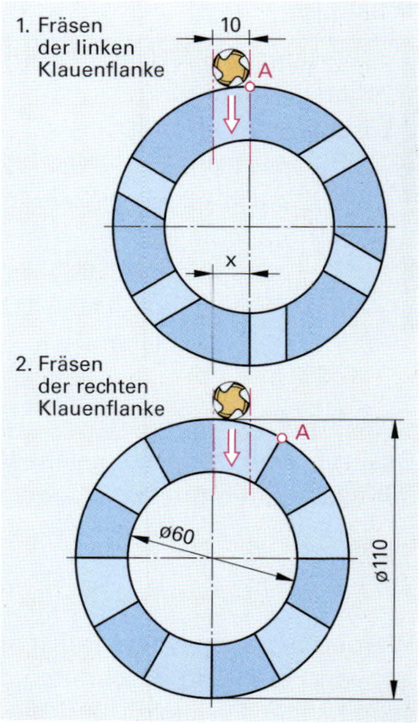

Bild 4: Klauenkupplung

S. 264

Koordinaten in NC-Programmen

NC-gesteuerte Maschinen stellen Werkstücke aufgrund eines Programms selbsttätig her. Die geometrische Form des Werkstücks wird durch Weginformationen festgelegt. Die Weginformationen werden als Koordinatenmaße aus der Werkstückzeichnung entnommen, berechnet oder mit entsprechenden NC-Programmen bestimmt.

Geometrische Grundlagen

Die Geometrie von Bauteilen setzt sich aus Grundelementen wie Geraden und Kreisen zusammen. Dabei entstehen Kontur- oder Anschlusspunkte, die durch Hilfsdreiecke berechnet werden. Dazu werden Winkelfunktionen, der Lehrsatz des Pythagoras, die Gesetzmäßigkeiten über die Winkel im rechtwinkligen Dreieck und der Strahlensatz benötigt.

Winkelarten

Aus der Lage von Winkeln zueinander ergeben sich folgende Beziehungen **(Bild 1)**:

- Haben die Winkel denselben Scheitelpunkt, so entstehen die **Scheitelwinkel** β und ε.
- Schneiden sich zwei Geraden *b* und *c*, dann entstehen die **Nebenwinkel** α und φ, die sich zu 180° ergänzen.
- **Stufenwinkel** α und δ sind gleich groß.
- Die Winkel β und $\varkappa$ sind **Wechselwinkel,** die gleich groß sind, wenn die Geraden *c* und *d* parallel sind.

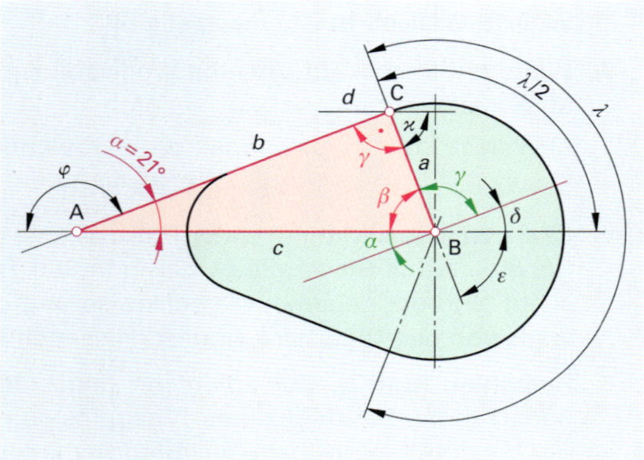

Bild 1: Winkelarten und Winkelsumme

Winkelsumme

Legt man durch den Punkt B des Hilfsdreiecks in **Bild 1** eine Parallele zur Seite *b*, so bilden die Winkel α und γ jeweils Stufenwinkel. Die Winkel α, β und γ ergeben zusammen 180°.

Stufenwinkel

$$\alpha = \delta$$

Nebenwinkel

$$\alpha + \varphi = 180°$$

Scheitelwinkel

$$\beta = \varepsilon$$

Winkelsumme

$$\alpha + \beta + \gamma = 180°$$

Beispiel:

Berechnen Sie den Winkel λ des Nockens, wenn α = 21° beträgt **(Bild 1).**

Lösung: $\alpha + \beta + \gamma = 180°$

$\beta = 180° - \alpha - \gamma = 180° - 21° - 90° = 69°$

β und $\lambda/2$ sind Nebenwinkel:

$\beta + \lambda/2 = 180°$

$\lambda/2 = 180° - \beta = 180° - 69° = 111°$

$\lambda = 2 \cdot \lambda/2 = 2 \cdot 111° = \mathbf{222°}$

Strahlensatz

Besitzen zwei Dreiecke gleiche Winkel **(Bild 2),** so gilt nach dem Sinussatz

$$\frac{\sin\alpha}{\sin\beta} = \frac{a}{b} = \frac{a_1}{b_1}; \qquad \frac{a}{a_1} = \frac{b}{b_1}$$

Werden zwei von einem Punkt ausgehende Strahlen von Parallelen geschnitten, so bilden die Abschnitte der Parallelen und die dazugehörenden Strahlenabschnitte gleiche Verhältnisse.

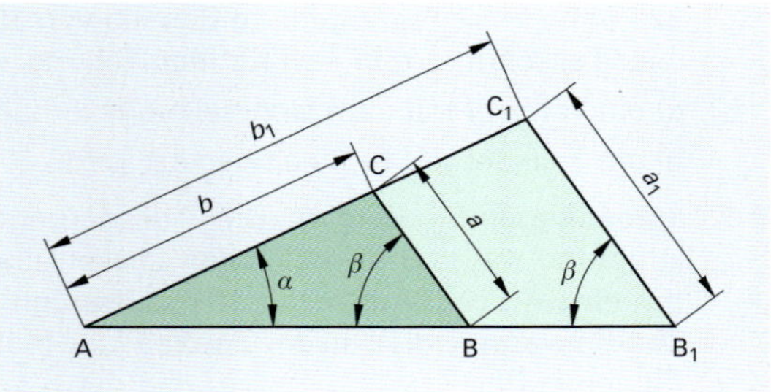

Bild 2: Strahlensatz

Strahlensatz

$$\frac{a}{a_1} = \frac{b}{b_1} \quad \text{oder} \quad \frac{a}{b} = \frac{a_1}{b_1}$$

Aufgaben | Geometrische Grundlagen

1. **Formplatte (Bild 1).** Wie groß sind die Winkel α, β, γ und δ im jeweiligen Hilfsdreieck der Formplatte?

2. **Nocken (Bild 2).** Zu bestimmen sind die Winkel α, β, γ und δ in den Hilfsdreiecken des Nockens.

3. **Bolzen (Bild 3).** Um beim Drehen eine Gratbildung zu vermeiden, fährt der Drehmeißel bei der Bearbeitung über den Punkt P2 bis zum Punkt P3 in Verlängerung der Strecke P1P2. Wie groß ist der Durchmesser d_3?

4. **Welle (Bild 4).** Die Außenkontur einer Welle besitzt einen Kreisbogenübergang von P2 nach P4. Zur Berechnung der Konturpunkte P2 und P4 sollen die Winkel α, δ, γ und ε für die Hilfsdreiecke bestimmt werden.

5. **Schneidplatte (Bild 5).** Der Durchbruch in der Schneidplatte wird auf einer NC-gesteuerten Drahterodiermaschine herausgeschnitten.

   Zu bestimmen sind

   a) die Hilfsdreiecke zur Berechnung der Konturpunkte P1 und P2,

   b) das Hilfsdreieck zur Berechnung des Punktes P3,

   c) die Winkel in den Dreiecken.

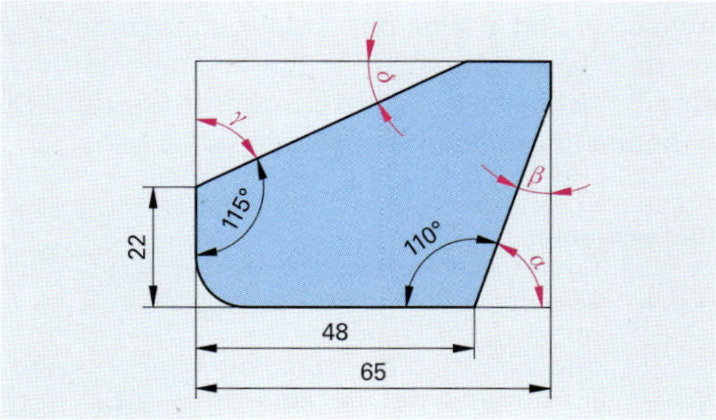

Bild 1: Formplatte

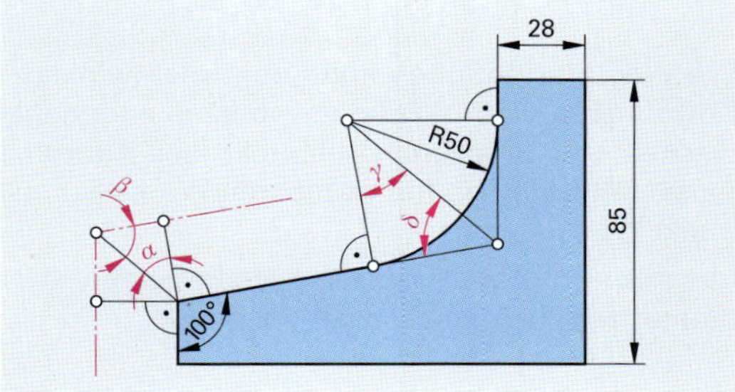

Bild 2: Nocken

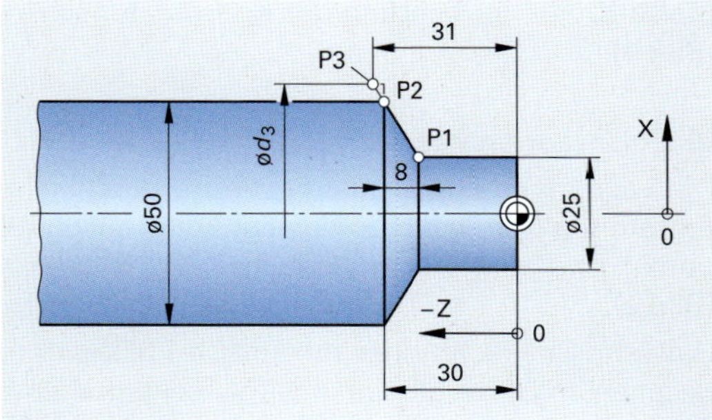

Bild 3: Bolzen

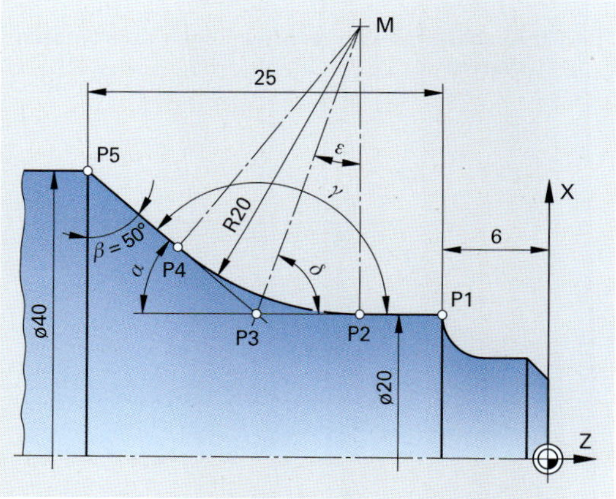

Bild 4: Welle

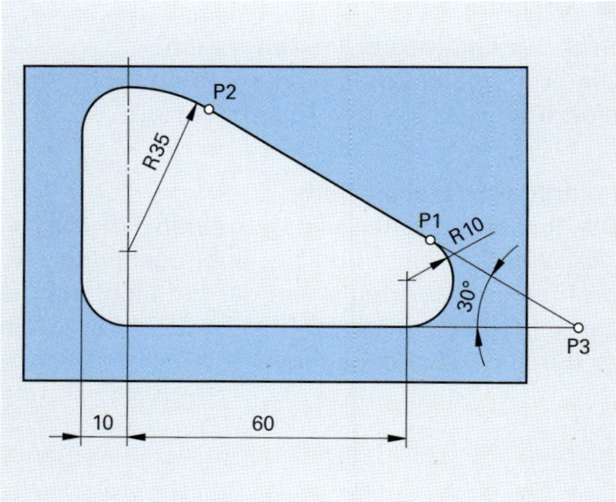

Bild 5: Schneidplatte

Koordinatenmaße

Das rechtwinklige Koordinatensystem mit den Achsen X und Y lässt nur Zielangaben in der Ebene zu. Für Zielangaben im Raum muss es durch eine 3. Achse, die Z-Achse, ergänzt werden. Die Achsen entsprechen den Maschinenachsen.

Bezeichnung:

X, Y, Z	Koordinatenachsen, Koordinatenmaße	mm
I, J, K	Koordinatenmaße für Kreismittelpunkte und Hilfspunkte	mm
R	Radius, Entfernung vom Pol	mm
A	Richtungswinkel um die X-Achse	°
B	Richtungswinkel um die Y-Achse	°
C	Richtungswinkel um die Z-Achse	°
W	Werkstücknullpunkt	–

Die Weginformationen können in rechtwinkligen Koordinaten oder in Polarkoordinaten angegeben werden. Der Ursprung (Nullpunkt) des Koordinatensystems liegt im frei wählbaren Werkstücknullpunkt W.

In einem Programm kann zwischen beiden Koordinatenangaben gewechselt werden.

Rechtwinklige Koordinaten

Die Lage eines Punktes ist bestimmt durch seine Maße X, Y, Z in Richtung der Koordinatenachsen **(Bild 1)**.

Polarkoordinaten

Die Lage eines Punktes ist bestimmt durch seine Entfernung (Radius R) von einem Pol (Kreismittelpunkt) und dem Richtungswinkel A, B oder C **(Bild 2)**.

Hinweis: Der Richtungswinkel ist in Pfeilrichtung gesehen im Uhrzeigersinn positiv (rechtsdrehende Schraube).

Absolutmaße

Rechtwinkliges Koordinatensystem:
Die Koordinatenmaße werden immer vom Werkstücknullpunkt aus gemessen **(Bild 3)**.

Polarkoordinatensystem:
Die Radien beziehen sich auf einen Pol **(Bild 4)**. Die Winkel werden von der entsprechenden Koordinatenachse oder, wenn der Pol nicht auf dieser Achse liegt, von einer Parallelen zu dieser Achse durch den Pol angegeben.

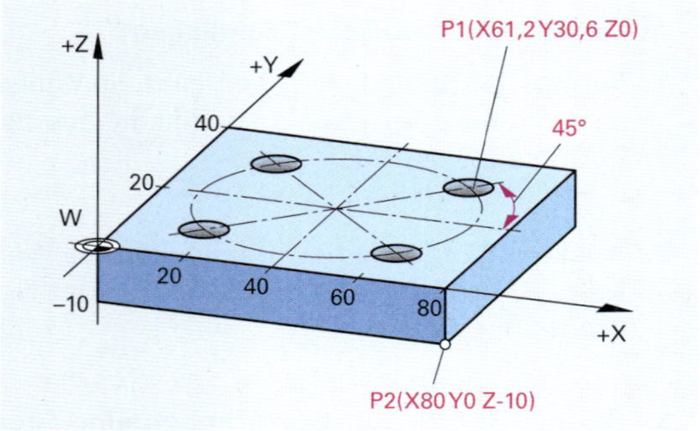

Bild 1: Rechtwinklige Koordinaten

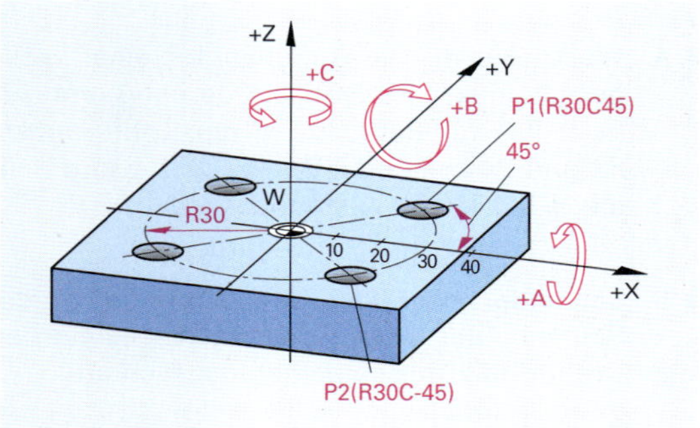

Bild 2: Polarkoordinaten

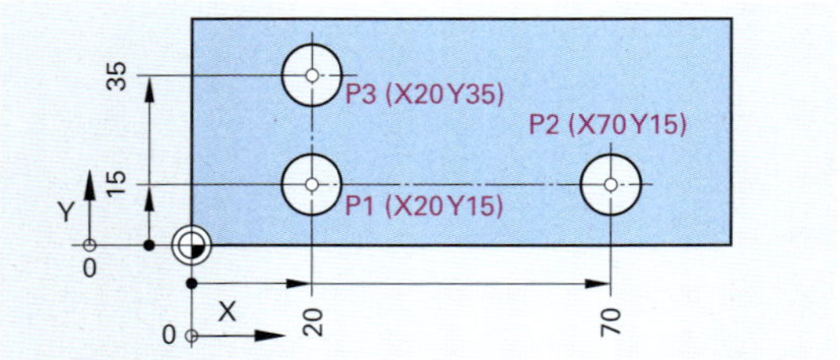

Bild 3: Absolutmaße im rechtwinkligen Koordinatensystem

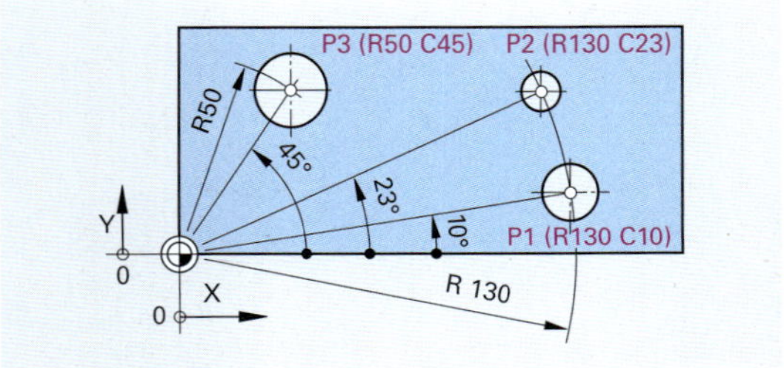

Bild 4: Absolutmaße im Polarkoordinatensystem

Kettenmaße (Relative oder inkrementale Maße)

Rechtwinkliges Koordinatensystem

Die Koordinatenmaße eines neuen Punktes (Zielpunktes) werden immer vom vorhergehenden Punkt (Startpunkt) aus gemessen **(Bild 1)**.

Polarkoordinatensystem

Die Koordinatenmaße eines neuen Pols werden vom vorhergehenden Pol aus angegeben. Der Drehwinkel ist auf die Achse bezogen, die parallel zur entsprechenden Koordinatenachse durch den neuen Pol geht **(Bild 2)**.

● **1. Beispiel:**

Für die Punkte P1 bis P6 der Passplatte **(Bild 3)** sind die Koordinatenmaße in rechtwinkligen Koordinaten als Absolut- und als Kettenmaße anzugeben.

Lösung:

Punkt	Absolutmaß		Kettenmaß	
P1	X 0	Y 0	X 0	Y 0
P2	X 35	Y 0	X 35	Y 0
P3	X 90	Y 15	X 55	Y 15
P4	X 90	Y 35	X 0	Y 20
P5	X 35	Y 50	X–55	Y 15
P6	X 0	Y 50	X–35	Y 0

Kreisbogenförmige Konturen

Kreisbogenförmige Konturen werden durch die Koordinaten des Zielpunktes und den Radius **(Bild 4a)** oder durch die Koordinaten des Zielpunktes und des Kreismittelpunktes programmiert **(Bild 4b)**.

Die Koordinaten der Kreismittelpunkte werden meist vom Startpunkt aus als Kettenmaße mit den Adressbuchstaben I, J und K für die X-, Y- und Z-Richtung angegeben.

● **2. Beispiel:**

Für das Schild **(Bild 5)** sind die Kreisbögen festzulegen,

a) durch die Anfangspunkte P1 und P3, die Endpunkte P2 und P4 und die Mittelpunkte M1 und M2,

b) durch eine Radiusprogrammierung.

Lösung: a)

Kreisbogen	$\overparen{P1P2}$:	$\overparen{P3P4}$:
Anfangspunkt	P1 (X100 Y30)	P3 (X20 Y50)
Endpunkt	P2 (X80 Y50)	P4 (X0 Y30)
Mittelpunkt	M1 (I–20 J0)	M2 (I0 J–20)

b) Die Koordinaten der Punkte P1 bis P4 sind dieselben wie bei a).

Es entfällt die Angabe der Kreismittelpunkte. Stattdessen wird der Radius der Kreisbögen angegeben: **Radius R20.**

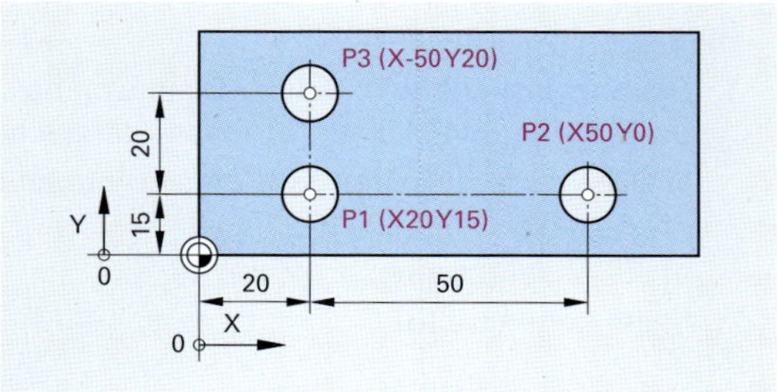

Bild 1: Kettenmaße im rechtwinkligen Koordinatensystem

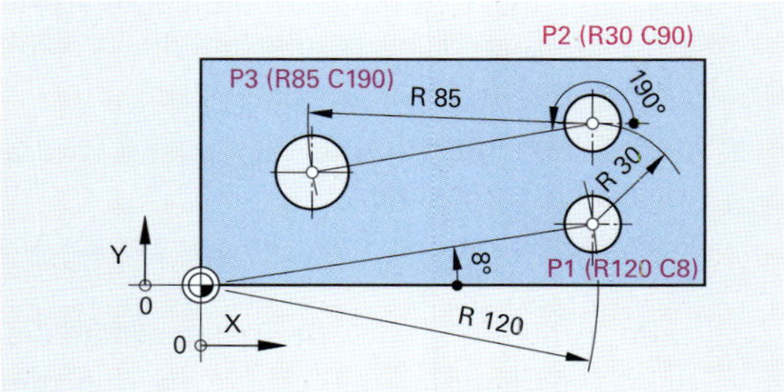

Bild 2: Kettenmaße im Polarkoordinatensystem

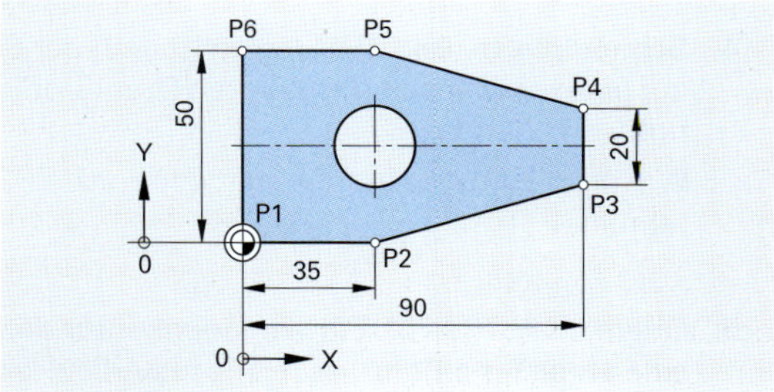

Bild 3: Passplatte

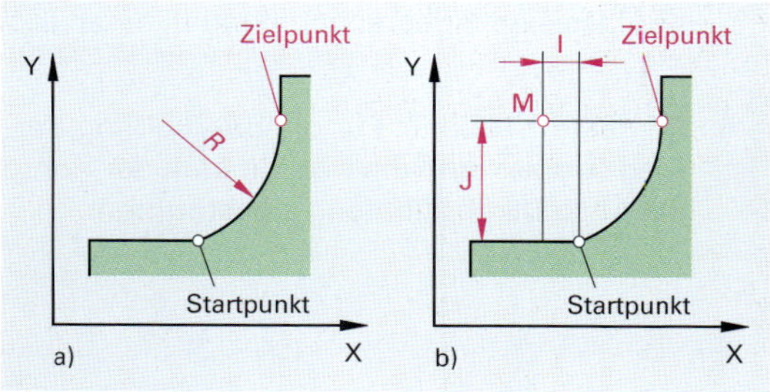

Bild 4: Kreisbogenprogrammierung

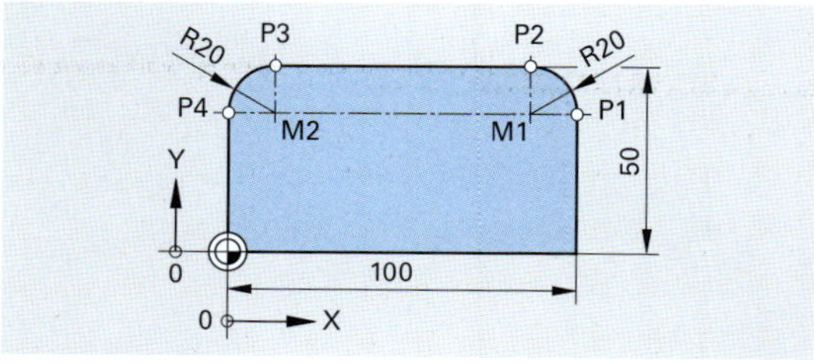

Bild 5: Schild

Aufgaben | Koordinatenmaße

1. **Distanzplatte (Bild 1).** Bei der Distanzplatte sollen die Nut und die Bohrungen auf einer NC-Fräsmaschine hergestellt werden.
   Welche rechtwinkligen Koordinaten haben die Punkte P1 bis P6
   a) als Absolutmaße,
   b) als Kettenmaße?

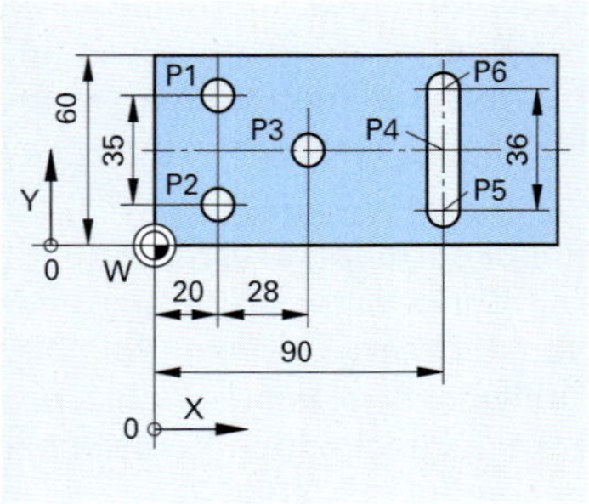

Bild 1: Distanzplatte

2. **Führungsnut (Bild 2).** In die Platte soll eine Führungsnut gefräst werden.
   Für den Punkt P2 sind die Koordinaten als Absolutmaß und als Kettenmaß von P1 aus zu ermitteln.

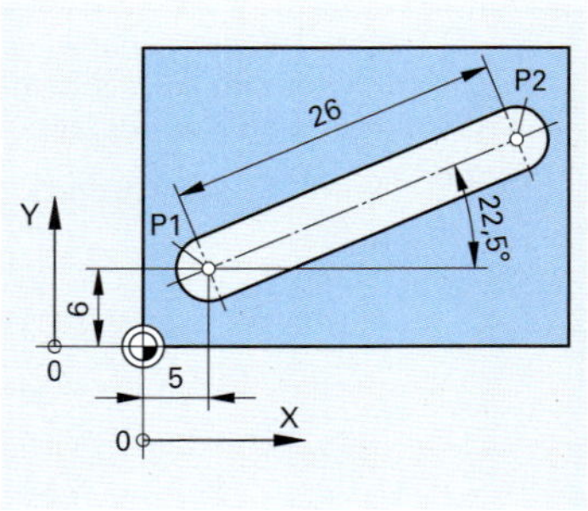

Bild 2: Führungsnut

3. **Ventilplatte (Bild 3).** Die Ventilplatte wird auf einer NC-Fräsmaschine hergestellt.
   Welche Koordinaten besitzen, jeweils als Absolut- und als Kettenmaß,
   a) im rechtwinkligen Koordinatensystem die Punkte P1 bis P5,
   b) im Polarkoordinatensystem die Bohrungsmittelpunkte P6 bis P8, wenn der Werkstücknullpunkt der Pol ist?

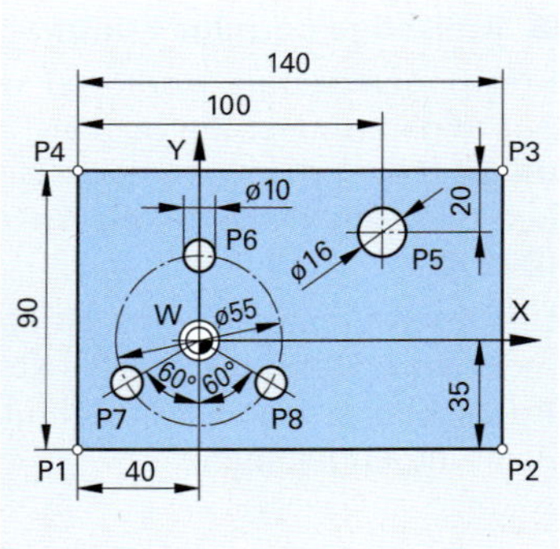

Bild 3: Ventilplatte

4. **Schneidplatte (Bild 4).** Der Durchbruch der Schneidplatte wird auf einer numerisch gesteuerten Drahterodiermaschine gefertigt.
   Wie groß sind die Koordinaten der Punkte P2 und P3 im Absolutmaß?

5. **Lagerschale (Bild 5).** Für die Innenkontur der Lagerschale sind eine abgestufte Bohrung mit Fase und ein kreisbogenförmiger Übergang zu fertigen.
   Die Koordinaten der Hilfspunkte P0 bis P4 und des Kreismittelpunktes sind zu berechnen und in einer Tabelle darzustellen.

6. **Biegeklotz (Bild 6):** Für die Bearbeitung der Außenkontur des Biegeklotzes sind die Koordinaten der Konturpunkte P1 bis P5 als Absolutkoordinaten zu bestimmen.

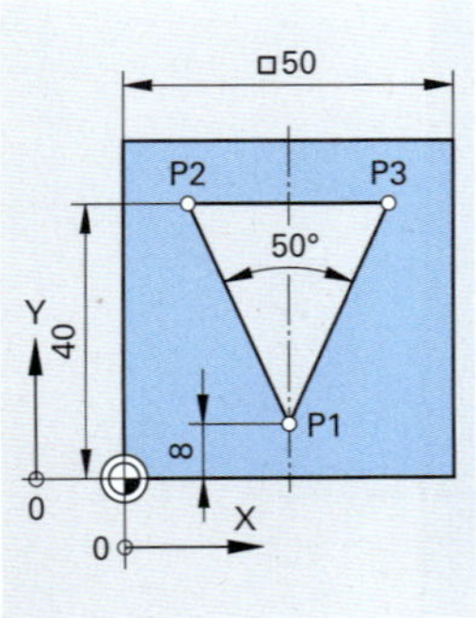

Bild 4: Schneidplatte

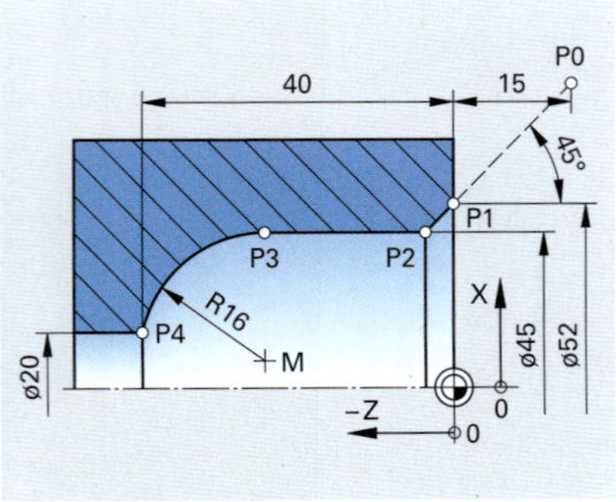

Bild 5: Lagerschale

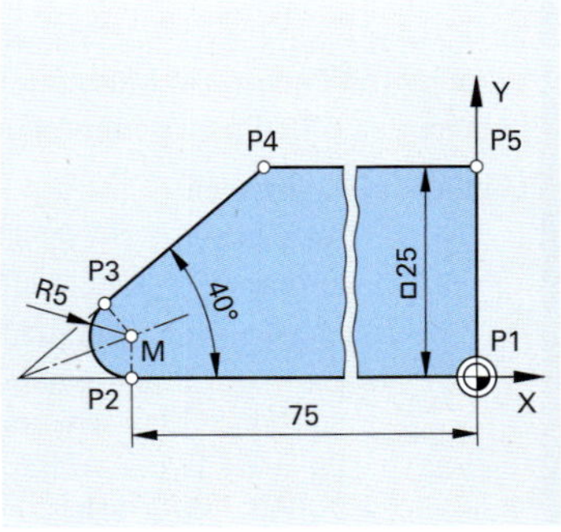

Bild 6: Biegeklotz

7. **Deckplatte (Bild 1).** Die Deckplatte einer Biegevorrichtung wird auf einer NC-Maschine gefräst. Zu bestimmen sind die Koordinaten in X- und Y-Richtung für die Konturpunkte P8 bis P17.

8. **Schaltnocken (Bild 2).** Zur Herstellung des Schaltnockens sind die Koordinaten von sechs Konturpunkten absolut und inkremental zu berechnen.

9. **Kastenträger (Bild 3).** Durch Brennschneiden auf einer NC-gesteuerten Brennschneidemaschine werden die Seitenteile von Kastenträgern hergestellt. Zu ermitteln sind die Koordinaten der erforderlichen Hilfspunkte für die Werkstückkontur.

10. **Schneidplatte (Bild 4).** Die Aussparung in der Schneidplatte wird durch Drahterodieren mit einer Breite von 28 mm hergestellt. In den Ecken ist sie durch Kreisbögen mit 10 mm Radius gerundet. Für das NC-Programm sind die Hilfspunkte P1 bis P6 und die Koordinaten der Kreismittelpunkte M1 und M2 zu berechnen.

11. **Formplatte (Bild 5).** Aus einer Blechtafel wird durch Knabberschneiden die durch die Punkte P1 bis P4 angegebene Kontur herausgeschnitten. Wie groß sind
    a) die Koordinaten der Hilfspunkte P1 bis P4,
    b) die Koordinaten des Kreismittelpunktes M?

Hinweis zur Lösung der Aufgaben:

- Gegeben sind Maße ausgehend vom Werkstücknullpunkt zu Konturpunkten und Mittelpunkten von Kreisbögen.
- Am Übergang von Kreisbogen zu Strecke und umgekehrt lassen sich mithilfe eines Mittelpunktes, Übergangspunktes und der Strecke „Radius" R ein rechtwinkliges Dreieck bilden.
- Skizzieren Sie diese rechtwinkligen Dreiecke und berechnen Sie mit den Winkelfunktionen und dem Satz des Pythagoras die fehlenden Strecken.

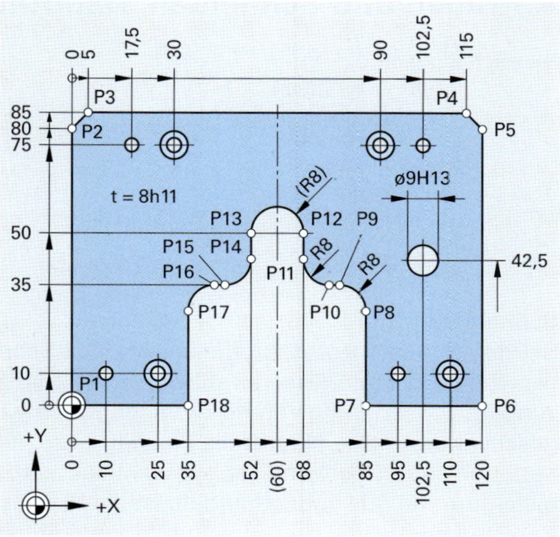

Bild 1: Deckplatte

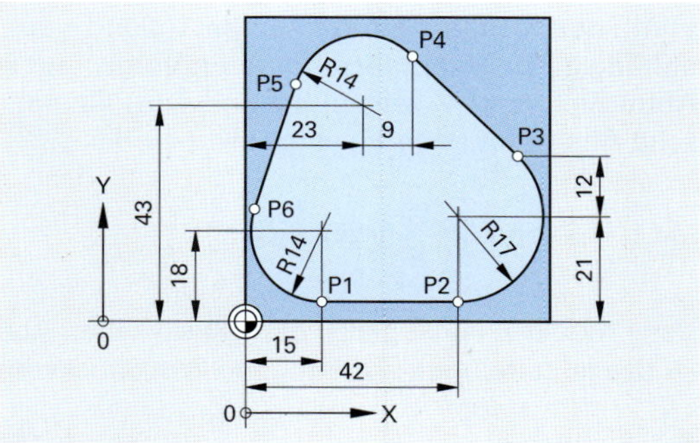

Bild 2: Schaltnocken

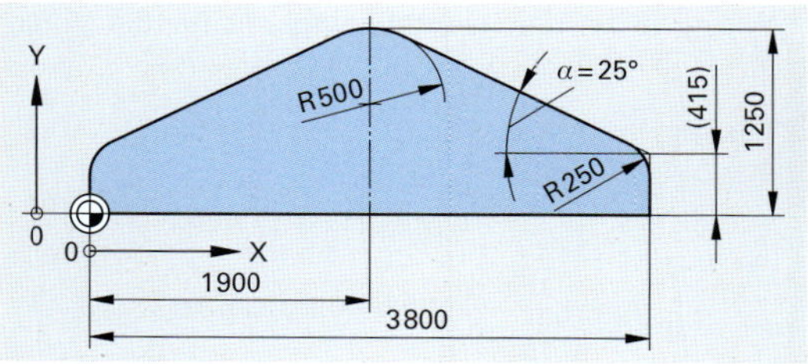

Bild 3: Kastenträger

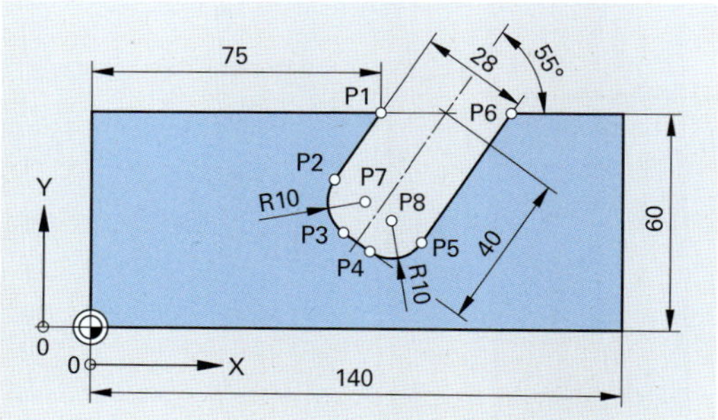

Bild 4: Schneidplatte

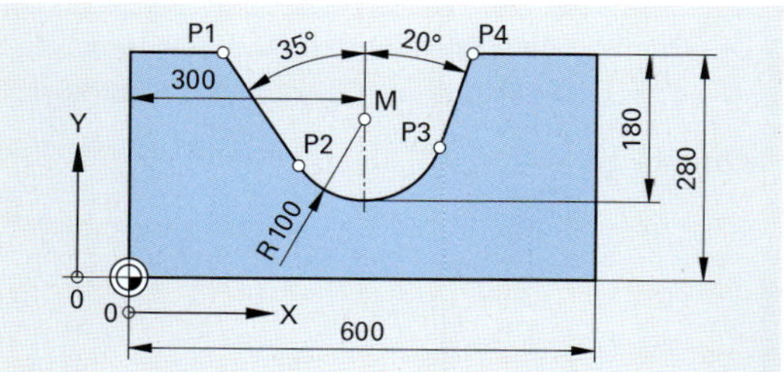

Bild 5: Formplatte

S. 271

Abtragen und Schneiden, Hauptnutzungszeit

Bezeichnungen:

t_h	Hauptnutzungszeit	min
v_f	Vorschubgeschwindigkeit	m/min; mm/min
v	Drahtgeschwindigkeit	mm/min
L	Vorschubweg	mm
l_1, l_2 ...	Teilstrecken	mm
S	abtragender Querschnitt der Elektrode	mm²
V	Abtragvolumen	mm³
V_w	spezifisches Abtragvolumen (Abtragrate)	mm³/min

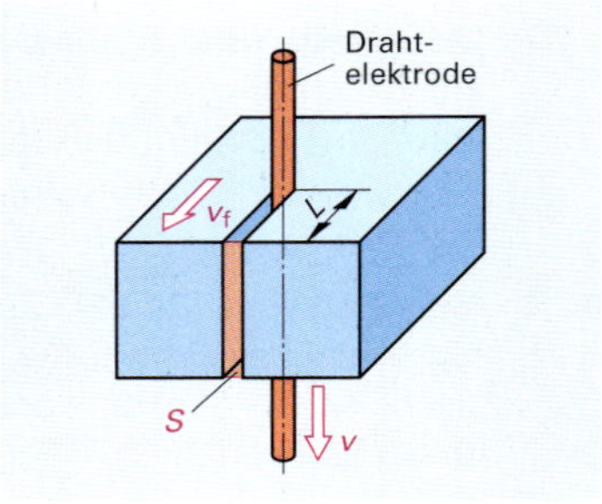

Bild 1: Funkenerosives Schneiden

Schneiden:
Bei den Schneidprozessen funkenerosives Schneiden **(Bild 1)**, Laserschneiden und Wasserstrahlschneiden **(Bild 2)** ist die Hauptnutzungszeit t_h abhängig von der Vorschubgeschwindigkeit (Schneidgeschwindigkeit) v_f. Nimmt die Blechdicke zu, dann muss eine kleinere Vorschubgeschwindigkeit gewählt werden. Da es sich um eine gleichförmige Bewegung handelt, ist die Hauptnutzungszeit t_h vom Vorschubweg L und der Vorschubgeschwindigkeit v_f abhängig.

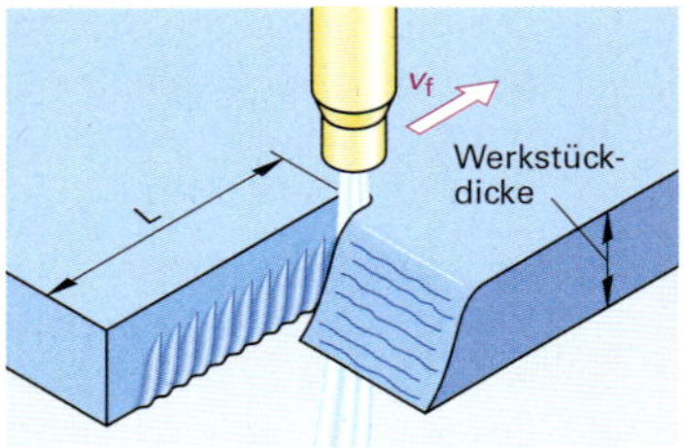

Bild 2: Wasserstrahlschneiden

Abtragen:
Beim funkenerosiven Abtragen **(Bild 3)** ist die Hauptnutzungszeit t_h vom spezifischen Abtragvolumen V_w und vom Abtragvolumen V abhängig. Die Hauptnutzungszeit t_h vergrößert sich, wenn sich das Abtragvolumen V vergrößert und wird kleiner, wenn das spezifische Abtragvolumen V_w vergrößert wird.

Mit $t_h = \frac{L}{v_f}$ und $L = \frac{V}{S}$ ergibt sich $t_h = \frac{V}{S \cdot v_f}$.

Das Produkt $S \cdot v_f$ ist gleich dem spezifischen Abtragvolumen V_w. Es ist das je Zeiteinheit abgetragene Werkstückvolumen.

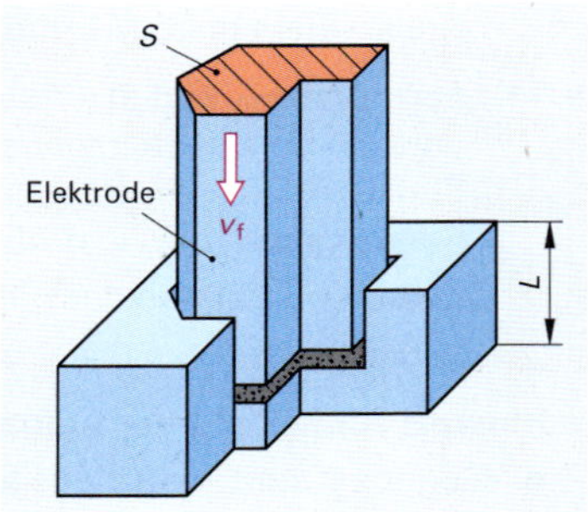

Bild 3: Funkenerosives Senken

Hauptnutzungszeit

$$t_h = \frac{L}{v_f} \qquad t_h = \frac{V}{S \cdot v_f}$$

$$t_h = \frac{V}{V_w}$$

● **1. Beispiel:**

Der Durchbruch in der Formplatte **(Bild 4)** wird durch Wasserstrahlschneiden hergestellt.
Wie groß ist die Hauptnutzungszeit für die Vorschubgeschwindigkeit $v_f = 0{,}15$ m/min?

Lösung: $t_h = \frac{L}{v_f}$; $\quad L = l_1 + l_2 + \widehat{l_3} + l_4$

$$= 28\text{ mm} + 12\text{ mm} + \frac{\pi \cdot 28\text{ mm}}{2} + 12\text{ mm} = 96\text{ mm}$$

$$t_h = \frac{0{,}096\text{ m}}{0{,}15\,\frac{\text{m}}{\text{min}}} = 0{,}64\text{ min} = \mathbf{38{,}4\text{ s}}$$

● **2. Beispiel:**

Der Durchbruch **(Bild 4)** wird durch funkenerosives Senken hergestellt.
Wie groß ist die Hauptnutzungszeit für die Abtragrate V_w = 185 mm³/min?

Lösung: $t_h = \frac{V}{V_w}$; $\quad V = S \cdot L$

$$S = S_1 + S_2 = 28\text{ mm} \cdot 12\text{ mm} + \frac{\pi \cdot (28\text{ mm})^2}{4 \cdot 2} = 643{,}88\text{ mm}^2$$

$$t_h = \frac{S \cdot L}{V_w} = \frac{643{,}88\text{ mm}^2 \cdot 18\text{ mm}}{185\,\frac{\text{mm}^3}{\text{min}}} = \mathbf{62{,}65\text{ min}}$$

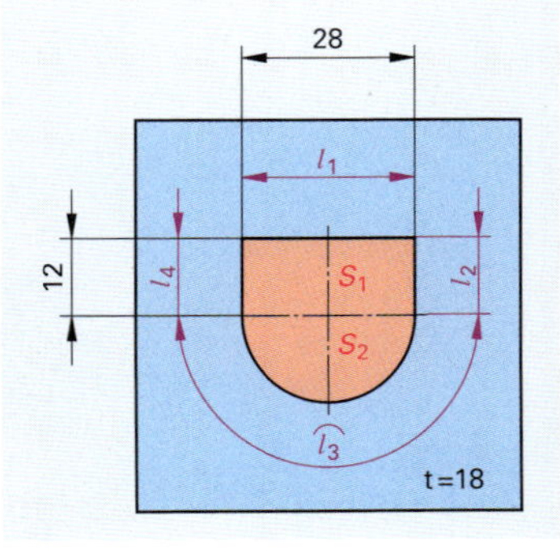

Bild 4: Formplatte

Aufgaben | Abtragen und Schneiden, Hauptnutzungszeit

1. **Untergesenk (Bild 1).** Die Form des Untergesenks wird durch Senkerodieren hergestellt. Beim Einsenken des zylindrischen Ansatzes werden V_w = 68 mm³/min abgetragen. Ist die ganze Elektrode im Einsatz, so beträgt der Abtrag V_w = 315 mm³/min.

   Zu bestimmen ist die Hauptnutzungszeit t_h zur Herstellung von vier Formen.

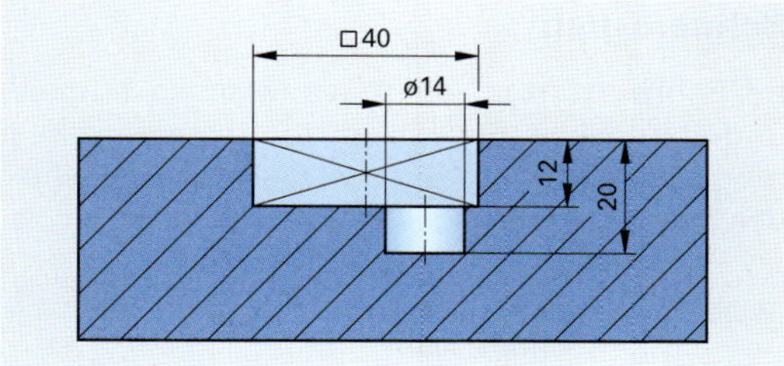

Bild 1: Untergesenk

2. **Armaturenplatte (Bild 2).** Die Außen- und die Innenform der Armaturenplatte eines Schaltschrankes werden auf einer NC-gesteuerten Plasma-Schneidanlage herausgeschnitten.

   Wie groß sind für v_f = 380 mm/min

   a) die Hauptnutzungszeit t_h zur Herstellung der Außenform,

   b) die Hauptnutzungszeit t_h zur Herstellung der Innenform? Die Bohrungen bleiben unberücksichtigt.

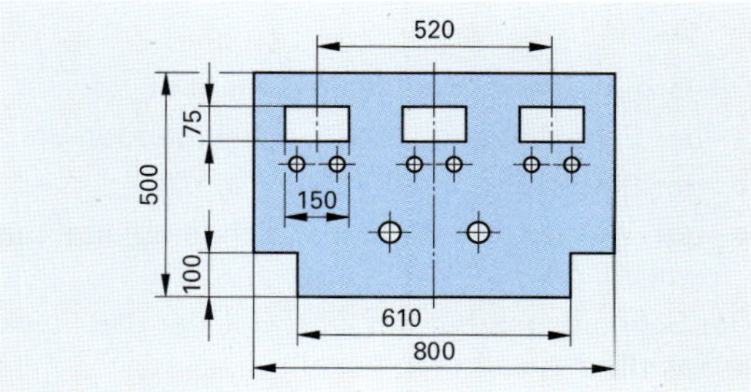

Bild 2: Armaturenplatte

3. **Segment (Bild 3).** Durch funkenerosives Schneiden werden 15 Segmente aus Werkzeugstahl einschließlich der Bohrung hergestellt.

   Wie groß sind für v_f = 5,7 mm/min

   a) die Hauptnutzungszeit t_h,

   b) die Länge des durchlaufenden Erodierdrahtes bei v = 180 mm/min?

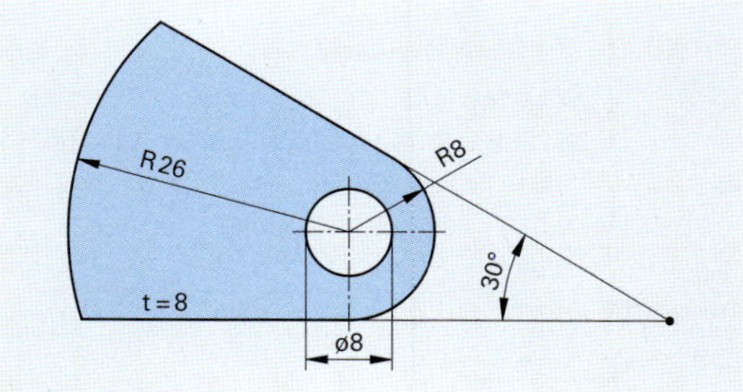

Bild 3: Segment

4. **Schlossblende (Bild 4).** Aus einer Stahlplatte wird die Außen- und Innenkontur für 40 Schlossblenden durch Laserschneiden gefertigt.

   Wie groß sind

   a) der Vorschubweg L,

   b) die Hauptnutzungszeit t_h bei einer Vorschubgeschwindigkeit v_f = 1,5 m/min?

5. **Verfahrensvergleich (Bild 5).**

   a) Wie hoch ist die Hauptnutzungszeit t_h für die Bearbeitung der Schlossblende (Aufgabe 4) durch Wasserstrahlschneiden?

   b) Um wie viel Prozent ist die Hauptnutzungszeit t_h beim Laserstrahlverfahren kürzer?

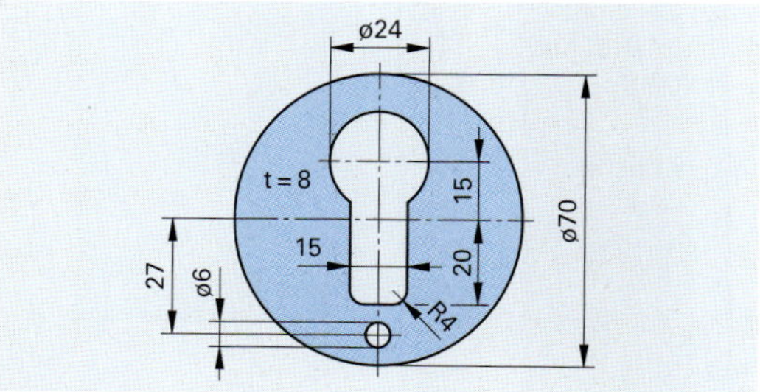

Bild 4: Schlossblende

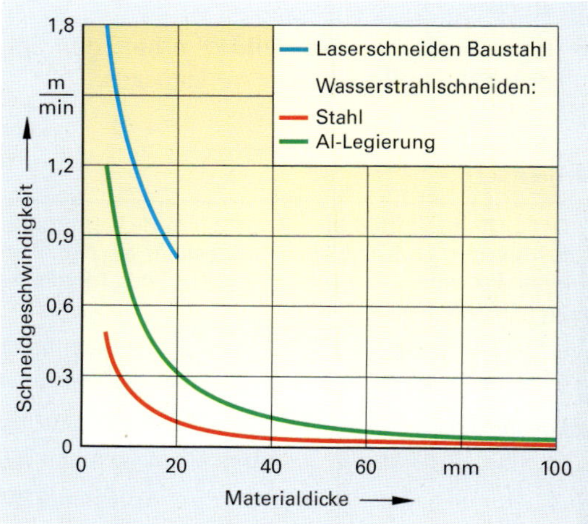

Bild 5: Schneidgeschwindigkeit

Trennen durch Schneiden

Schneidspalt

Bei Schneidwerkzeugen muss zwischen Schneidplattendurchbruch und Stempel ein Schneidspalt vorhanden sein, um Schnittteile mit möglichst geringem Grat herzustellen und eine optimale Standzeit des Schneidwerkzeuges zu gewährleisten.

Bezeichnungen:

u	Schneidspalt	mm
$a_1, b_1, c_1, \ldots$	Maße der Schneidstempel	mm
$a, b, c, \ldots$	Maße der Schneidplattendurchbrüche	mm
s	Blechdicke	mm
α	Freiwinkel der Schneidplatte	°

Die Größe des Schneidspaltes hängt ab von

- der Scherfestigkeit des zu schneidenden Werkstoffes.
- der Blechdicke.
- der Art des Werkzeuges, Schneidplatte mit oder ohne Freiwinkel.

Der Schneidspalt beträgt 2 bis 5 % der Blechdicke. Richtwerte sind in **Tabelle 1** zusammengestellt.

Tabelle 1: Schneidspalt u in mm (Richtwerte)

Blechdicke s in mm	Schneidplatte mit Freiwinkel α			Schneidplatte ohne Freiwinkel α		
	Scherfestigkeit τ_{aB} in N/mm²			Scherfestigkeit τ_{aB} in N/mm²		
	bis 250	251 ... 400	401 ... 600	bis 250	251 ... 400	401 ... 600
0,4 ... 0,6	0,01	0,015	0,02	0,015	0,02	0,025
0,7 ... 0,8	0,015	0,02	0,03	0,025	0,03	0,04
0,9 ... 1,4	0,02	0,03	0,04	0,03	0,04	0,05
1,5 ... 2,4	0,03	0,05	0,06	0,05	0,07	0,09
2,5 ... 3,4	0,04	0,07	0,10	0,08	0,11	0,14

- Beim **Lochen (Bild 1)** erhält der Stempel die Sollmaße des Werkstückes.
- Beim **Ausschneiden (Bild 2)** erhält der Schneidplattendurchbruch die Sollmaße des Werkstückes.

Beispiel:

Das Schnittteil **(Bild 3)** soll aus 2 mm dickem Stahlblech mit der Scherfestigkeit τ_{aB} = 500 N/mm² hergestellt werden. Die Schneidplatte hat einen Freiwinkel. Der Schneidspalt ist der **Tabelle 1** zu entnehmen.

Zu berechnen sind

a) der Durchmesser d der Schneidplattendurchbrüche für das Lochen,

b) die Stempelmaße a_1 und b_1 für das Ausschneiden.

Lösung: a) Nach Tabelle 1: Schneidspalt u = 0,06 mm

$d = d_1 + 2 \cdot u = 8\text{ mm} + 2 \cdot 0{,}06\text{ mm} = \mathbf{8{,}12\text{ mm}}$

b) $a_1 = a - 2 \cdot u = 25\text{ mm} - 2 \cdot 0{,}06\text{ mm} = \mathbf{24{,}88\text{ mm}}$

$b_1 = b - 2 \cdot u = 30\text{ mm} - 2 \cdot 0{,}06\text{ mm} = \mathbf{29{,}88\text{ mm}}$

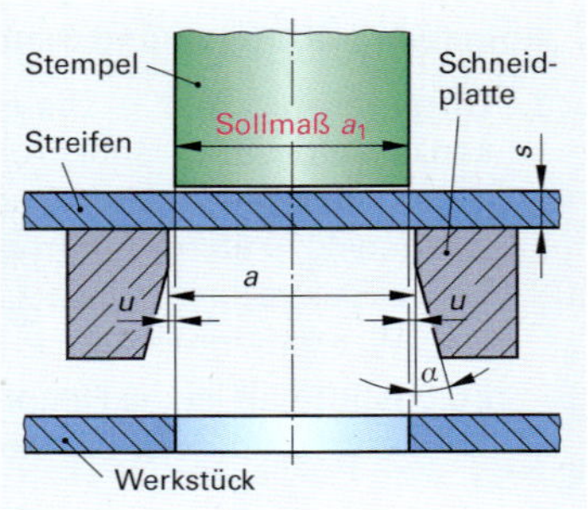

Bild 1: Lochen

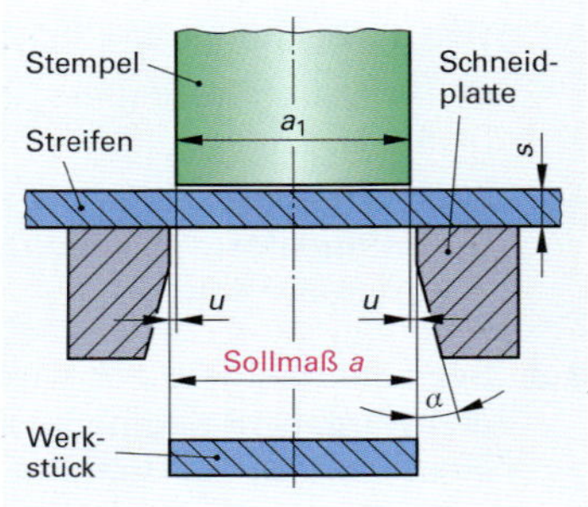

Bild 2: Ausschneiden

Maß des Schneidplattendurchbruches beim Lochen

$$a = a_1 + 2 \cdot u$$

Maß des Schneidstempels beim Ausschneiden

$$a_1 = a - 2 \cdot u$$

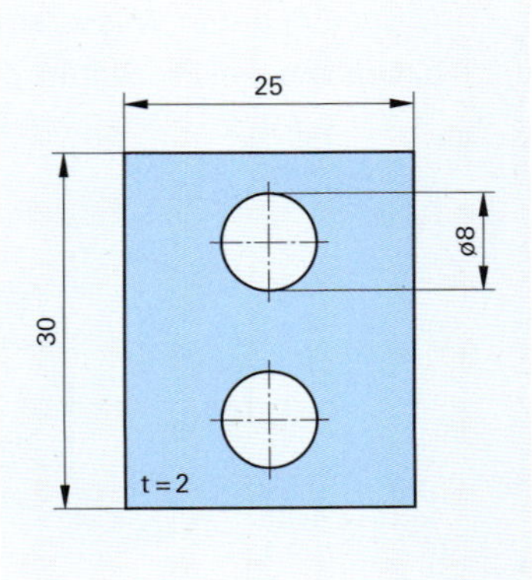

Bild 3: Schnittteil

Aufgaben | Schneidspalt

1. **Scheibe (Bild 1).** Mit einem Folgeschneidwerkzeug werden Scheiben aus Stahl mit einem Vierkantloch 18 × 18 mm vorgelocht und mit einem Durchmesser d = 58 mm ausgeschnitten. Der Schneidspalt beträgt u = 0,1 mm.

   Wie groß sind

   a) das Maß a für den Schneidplattendurchbruch des Lochstempels,

   b) das Maß d_1 für den Ausschneidstempel?

2. **Lasche (Bild 2).** Mit einem Folgeschneidwerkzeug werden die Laschen erst vorgelocht und dann ausgeschnitten.

   Zu berechnen sind die Maße für den Ausschneidstempel und die Schneidplattendurchbrüche der Lochstempel. Der Schneidspalt u beträgt 3 % der Blechdicke.

3. **Joch- und Kernbleche (Bild 3).** Für Magnetkerne sind die Joch- und Kernbleche aus einem 0,5 mm dicken Blechstreifen mit der Scherfestigkeit von 240 N/mm² auszuschneiden. Die Schneidplatten haben einen Freiwinkel.

   Wie groß sind die Stempelmaße

   a) a_1 und b_1 für das Jochblech,

   b) a_1 bis e_1 für das Kernblech?

   Das Maß für den Schneidspalt u ist **Tabelle 1, Seite 236** zu entnehmen.

4. **Halter (Bild 4).** Aus einem 0,4 mm dicken Blechstreifen sollen Halter ausgeschnitten werden.

   Berechnen Sie die Maße a_1 bis d_1 des Stempels für den Halter, wenn der Schneidspalt 2,5 % der Blechdicke sein soll.

5. **Platte (Bild 5).** Die Platte wird aus 2 mm dickem Stahlblech mit einer Scherfestigkeit von 500 N/mm² ausgeschnitten. Es ist eine Schneidplatte ohne Freiwinkel vorgesehen.

   Berechnen Sie die Maße

   a) des Schneidplattendurchbruches für das Ausschneiden der der Löcher,

   b) des Stempels für den Ausschnitt der Kontur.

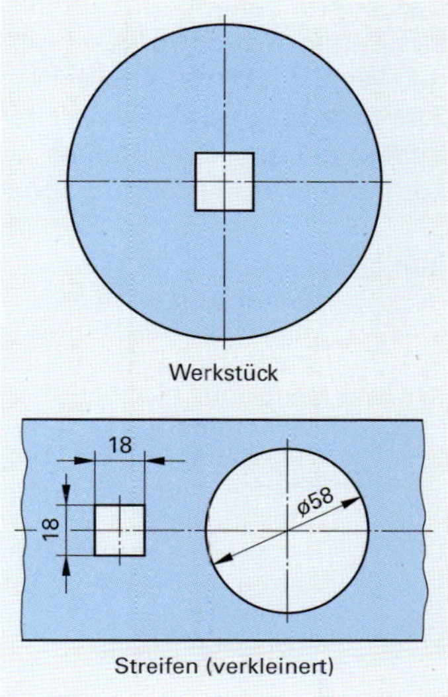

Bild 1: Scheibe

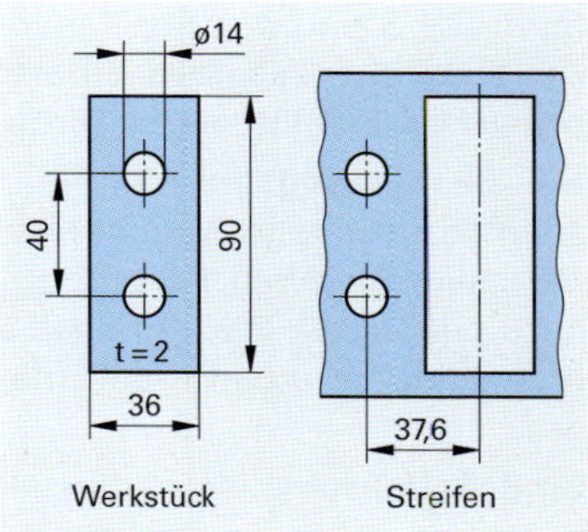

Bild 2: Lasche

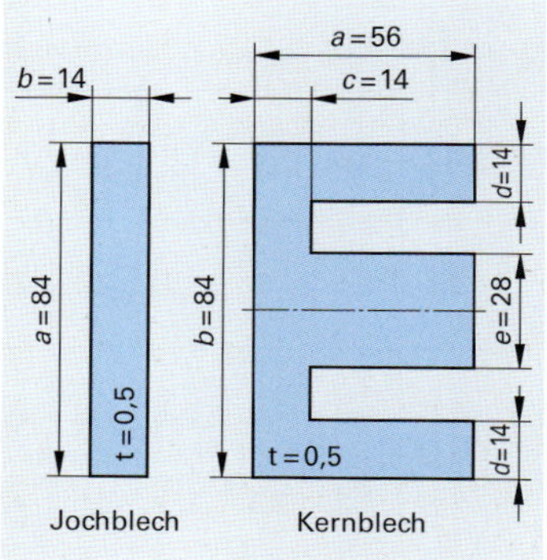

Bild 3: Joch- und Kernblech

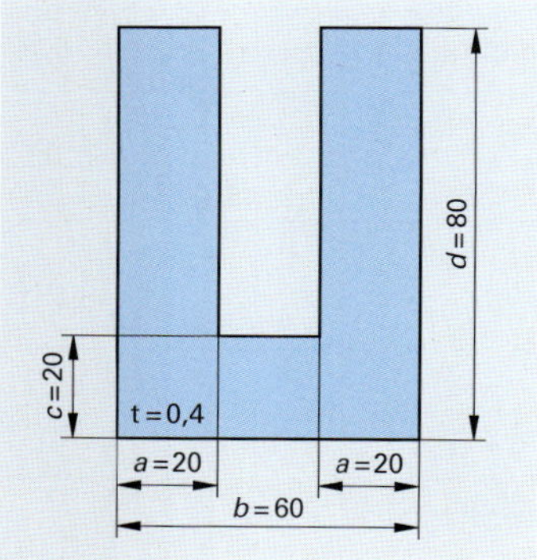

Bild 4: Halter

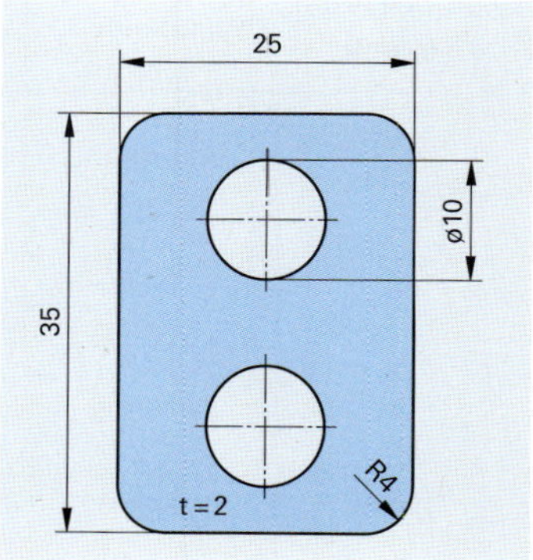

Bild 5: Platte

Streifenmaße und Streifenausnutzung

Das Ausschneiden von metallischen Werkstücken erfolgt meistens aus Bändern oder vorgeschnittenen Streifen. Dabei sind zwischen den Werkstücken und zwischen dem Werkstück und dem Rand des Streifens Steg- und Randbreiten auszuwählen, damit es nicht zum Verkanten des Schnittteiles oder zu unnötigem Werkstoffabfall kommt und so der Streifen optimal ausgenutzt wird **(Bild 1)**.

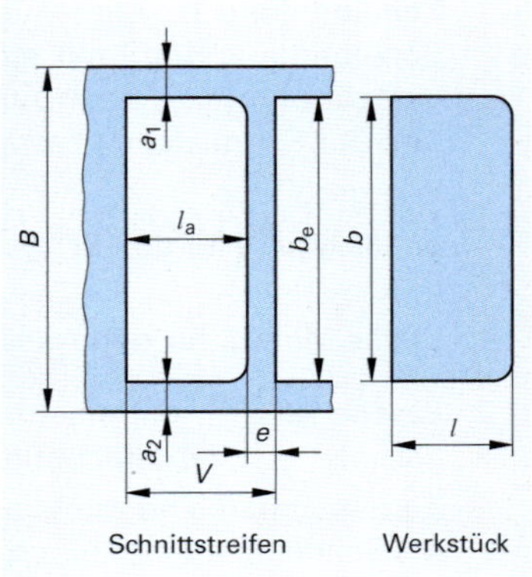

Bild 1: Ausschneiden

Bezeichnungen:

b	Breite des Werkstückes	mm
l	Länge des Werkstückes	mm
l_e	Steglänge des Werkstückes	mm
l_a	Randlänge des Werkstückes	mm
a, a_1, a_2	Randbreiten	mm
e	Stegbreite	mm
B	Streifenbreite	mm
V	Streifenvorschub	mm
A	Fläche eines Werkstückes, einschließlich der Lochungen	mm^2
R	Anzahl der Reihen	–
i	Seitenschneiderabfall	mm
η[1]	Ausnutzungsgrad	–

Notwendige **Steg- und Randbreiten** sind abhängig von den Abmessungen und der Kontur des Werkstückes. Erfahrungswerte können der **Tabelle 1** entnommen werden.

Die Werkstücke können **einreihig** oder **mehrreihig (Bild 1, Seite 239)** aus dem Streifen ausgeschnitten werden. Zur Festlegung der Streifenbreite B und des Streifenvorschubes V sind bei mehrreihigem Ausschneiden zusätzliche Berechnungen der Abstandsmaße zwischen den Schnittteilen erforderlich.

Der **Ausnutzungsgrad** ist eine Maßzahl für die Werkstoffausnutzung des Streifens. Man berechnet ihn, indem man den Flächeninhalt aller auf einen Vorschub entfallenden Schnittteile durch den dazu benötigten Flächeninhalt des Streifens dividiert. Bei mehrreihigen Anordnungen erhält man oft einen höheren Ausnutzungsgrad.

Sind **Seitenschneider** vorgesehen, muss berücksichtigt werden, dass diese einen zusätzlichen Abfall verursachen und damit den Ausnutzungsgrad verringern.

Streifenbreite

$$B = b + a_1 + a_2$$

Streifenvorschub

$$V = l + e$$

Ausnutzungsgrad

$$\eta = \frac{R \cdot A}{V \cdot B}$$

Tabelle 1: Stegbreiten, Randbreiten, Seitenschneiderabfälle in mm

Streifenbreite B in mm	Steglänge l_a Randlänge l_e in mm	Stegbreite e Randbreite a	Blechdicke s in mm										
			0,1	0,3	0,5	0,75	1,0	1,25	1,5	1,75	2,0	2,5	3,0
bis 100 mm	bis 10 und runde Werkstücke	e	0,8	0,8	0,8	0,9	1,0	1,2	1,3	1,5	1,6	1,9	2,1
		a	1,0	0,9	0,9								
	11…50	e	1,6	1,2	0,9	1,0	1,1	1,4	1,4	1,6	1,7	2,0	2,3
		a	1,9	1,5	1,0								
	51…100	e	1,8	1,4	1,0	1,2	1,3	1,6	1,6	1,8	1,9	2,2	2,5
		a	2,2	1,7	1,2								
	Seitenschneiderabfall i		1,5					1,8	2,2	2,5	3,0	3,5	4,5

1) η griechischer Kleinbuchstabe eta

Beispiel:

Aus 1,75 mm dicken Blechstreifen sollen Winkelteile ausgeschnitten werden **(Bild 1)**. Die Steg- und Randbreiten sind der **Tabelle 1, vorherige Seite** zu entnehmen.

Für einreihige und zweireihige Anordnung sind jeweils zu bestimmen:

a) die Streifenbreite *b*,

b) der Streifenvorschub *V*,

c) der Ausnutzungsgrad η,

d) die Erhöhung $\Delta\eta$ des Ausnutzungsgrades bei der zweireihigen Anordnung.

Lösung: Einreihige Anordnung

Aus **Tabelle 1, vorherige Seite:** a_1 = 1,5 mm; a_2 = 1,6 mm; e = 1,5 mm

a) $B = b + a_1 + a_2 = 26\text{ mm} + 1{,}5\text{ mm} + 1{,}6\text{ mm} = \mathbf{29{,}1\text{ mm}}$

b) $V = l + e = 24\text{ mm} + 1{,}5\text{ mm} = \mathbf{25{,}5\text{ mm}}$

c) $A = 24\text{ mm} \cdot 8{,}2\text{ mm} + 17{,}8\text{ mm} \cdot 8{,}2\text{ mm} = 342{,}8\text{ mm}^2$

$$\eta = \frac{R \cdot A}{V \cdot B} = \frac{1 \cdot 342{,}8\text{ mm}^2}{25{,}5\text{ mm} \cdot 29{,}1\text{ mm}} = 0{,}462 \mathrel{\hat=} \mathbf{46{,}2\ \%}$$

Zweireihige Anordnung

a) $B = b + b' + 2 \cdot a_2 + e$

$= 26\text{ mm} + 8{,}2\text{ mm} + 2 \cdot 1{,}6\text{ mm} + 1{,}5\text{ mm} = \mathbf{38{,}9\text{ mm}}$

b) $V = l + e = 24\text{ mm} + 1{,}5\text{ mm} = \mathbf{25{,}5\text{ mm}}$

c) $$\eta = \frac{R \cdot A}{V \cdot B} = \frac{2 \cdot 342{,}8\text{ mm}^2}{25{,}5\text{ mm} \cdot 38{,}9\text{ mm}} = 0{,}69 \mathrel{\hat=} \mathbf{69\ \%}$$

d) $$\Delta\eta = \frac{100\ \% \cdot (0{,}69 - 0{,}462)}{0{,}462} = 49{,}4\ \% \approx \mathbf{49\ \%}$$

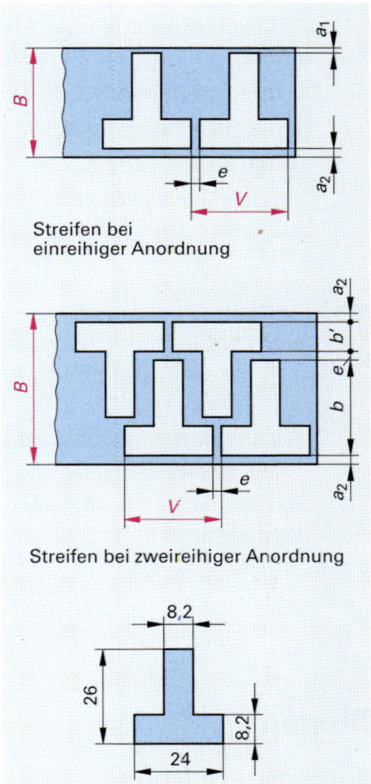

Bild 1: Winkelteile

Aufgaben | Streifenmaße und Streifenausnutzung

1. **Scheiben.** Aus Stahlblech sind Scheiben mit 36 mm Außendurchmesser einreihig auszuschneiden. Die Steg- und Randbreiten betragen je 2,1 mm. Wie groß sind
   a) die Streifenbreite *B*,
   b) der Streifenvorschub *V*,
   c) der Ausnutzungsgrad η.

2. **Schilder (Bild 2).** Aus 0,75 mm dickem Aluminiumblech sollen Schilder einreihig ausgeschnitten werden. Die Steg- und Randbreiten betragen jeweils 1,0 mm. Berechnen Sie
   a) die Streifenbreite *B*,
   b) den Streifenvorschub *V*,
   c) den Ausnutzungsgrad η.

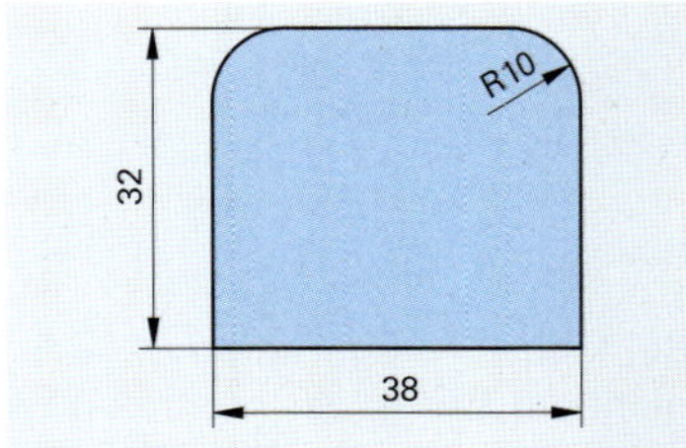

Bild 2: Schilder

3. **Klemme (Bild 3).** Zur Herstellung von Klemmen sind Teile aus 0,75 mm dickem Stahlblech auszuschneiden. Die Symmetrieachse der Klemmen soll dabei senkrecht zum Vorschub liegen. Berechnen Sie die Streifenbreite, den Streifenvorschub und den Ausnutzungsgrad bei Steg- und Randbreiten von jeweils 0,9 mm
   a) für einreihige Anordnung,
   b) für zweireihige Anordnung.
   c) Um wie viele Prozentpunkte erhöht sich der Ausnutzungsgrad bei zweireihiger Anordnung gegenüber der einreihigen Anordnung?

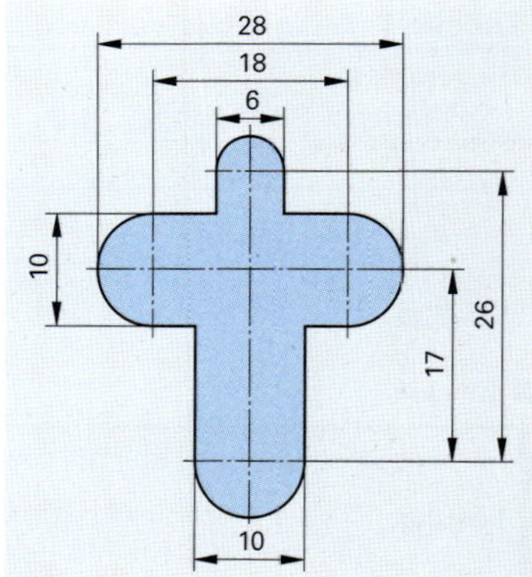

Bild 3: Klemme

4. **Platinen in zweireihiger Anordnung (Bild 1).** Aus einem Blechstreifen sollen Platinen ausgeschnitten werden. Berechnen Sie

   a) den Streifenvorschub *V*,

   b) die Streifenbreite *B*,

   c) den Ausnutzungsgrad η.

   Hinweis: Für die Streifenbreite ist zunächst der Reihenabstand a_R als Höhe im gleichseitigen Dreieck ABC zu berechnen.

5. **Platinen in dreireihiger Anordnung mit Seitenschneider (Bild 2).** Die in der Aufgabe 4. zu ermittelnden Werte a) bis c) sind für eine dreireihige Anordnung mit einem geraden Seitenschneider zur Vorschubbegrenzung zu berechnen.

   Vergleichen Sie die Ausnutzungsgrade der 4. Aufgabe mit denen dieser Aufgabe.

   Warum ist der dreireihige Streifen mit Seitenschneider hier nicht sinnvoll?

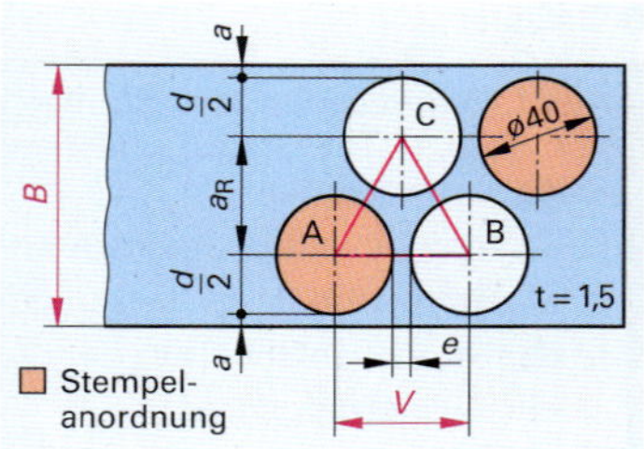

Bild 1: Platinen zweireihig

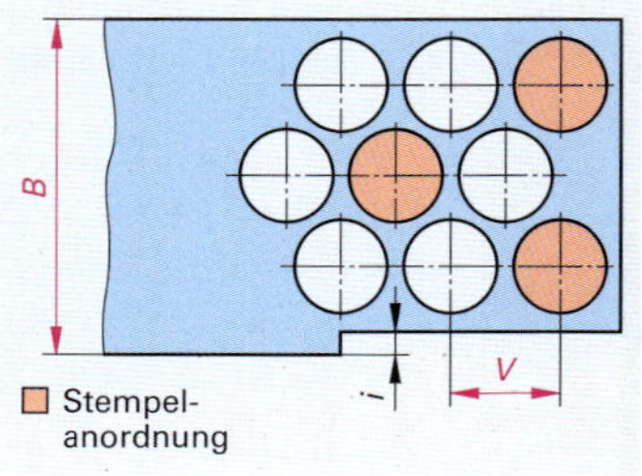

Bild 2: Platinen dreireihig

Biegen

Zuschnittermittlung

Bei Biegeteilen sind für die Abmessungen der Zuschnitte die gestreckten Längen zu ermitteln **(Bild 3)**.

Bezeichnungen:

L	gestreckte Länge	mm
$l_1, l_2, l_3, \ldots$	Schenkellängen	mm
r	Biegeradius	mm
s	Werkstückdicke	mm
v	Ausgleichswert	mm
n	Anzahl der Biegestellen	–

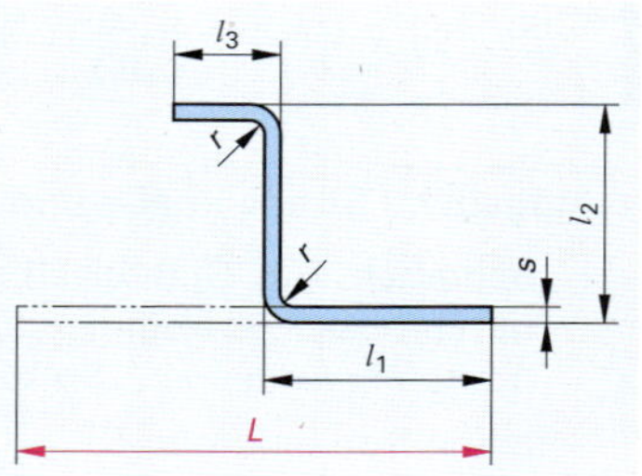

Bild 3: Zuschnitt beim Biegen

Bei kleinen Biegeradien ($r/s < 5$) entspricht die gestreckte Länge *L* nicht der Länge der neutralen Faser. Für 90°-Biegewinkel muss die gestreckte Länge dann aus den Schenkellängen und dem Ausgleichswert *v* für die Verschiebung der neutralen Faser berechnet werden **(Tabelle 1)**.

Gestreckte Länge bei 90°-Biegewinkeln

$$L = l_1 + l_2 + l_3 + \ldots - n \cdot v$$

Tabelle 1: Ausgleichswert *v* in mm für 90°-Biegewinkel

Biegeradius *r* in mm	Blechdicke *s* in mm							
	1	1,5	2	2,5	3	3,5	4	5
1	1,9	–	–	–	–	–	–	–
2,5	2,4	3,2	4,0	4,8	–	–	–	–
4	3,0	3,7	4,5	5,2	6,0	6,9	–	–
6	3,8	4,5	5,2	5,9	6,7	7,5	8,3	9,9

Beispiel:

Für den Winkel **(Bild 4)** soll die gestreckte Länge *L* berechnet werden.

Lösung: Für die Blechdicke $s = 2$ mm und den Biegeradius $r = 4$ mm erhält man aus Tabelle 1 den Ausgleichswert $v = 4{,}5$ mm.

$L = l_1 + l_2 - n \cdot v = 20\text{ mm} + 25\text{ mm} - 1 \cdot 4{,}5\text{ mm} = \mathbf{40{,}5\text{ mm}}$

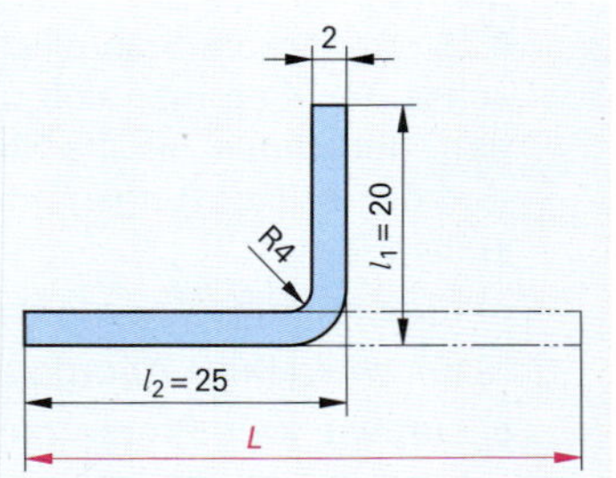

Bild 4: Winkel

Aufgaben | Zuschnittermittlung

1. **Gestreckte Längen (Tabelle 1).** Für einfache 90°-Winkel mit den Maßen nach **Tabelle 1** sind die gestreckten Längen L zu berechnen. Die Ausgleichswerte sind der Tabelle 1 der vorherigen Seite zu entnehmen.

Tabelle 1: Gestreckte Längen

Nr.	Werkstoffdicke s in mm	Biegeradius r in mm	Schenkellängen in mm	
			l_1	l_2
a	1,0	1,0	16	22
b	1,5	2,5	62	120
c	2,5	4,0	82	76

2. **Winkel (Bild 1).** Der Winkel soll aus 3 mm dickem Stahlblech gebogen werden.
   Wie groß ist die gestreckte Länge L?

3. **Halter (Bild 2).** Berechnen Sie die gestreckte Länge L des Halters.

4. **Kastenprofil (Bild 3).** Aus einem 4 mm dicken Blechstreifen soll das Kastenprofil gebogen werden. Für die Schweißnaht ist ein Spalt von 2 mm vorgesehen.
   Wie lang muss der Zuschnitt des Streifens sein?

5. **Rohrschelle (Bild 4).** Für die Rohrschelle ist die gestreckte Länge zu berechnen. Dabei ist die Länge des Bogens mit dem Radius 22 mm über die neutrale Faser zu ermitteln.

6. **Befestigungwinkel (Bild 5).** Für den Befestigungswinkel sind
   a) die Maße für den Zuschnitt zu berechnen, wenn alle Biegeradien 2,5 mm betragen,
   b) das ausgeschnittene, noch nicht gebogene Teil im Maßstab 2 : 1 zu skizzieren.

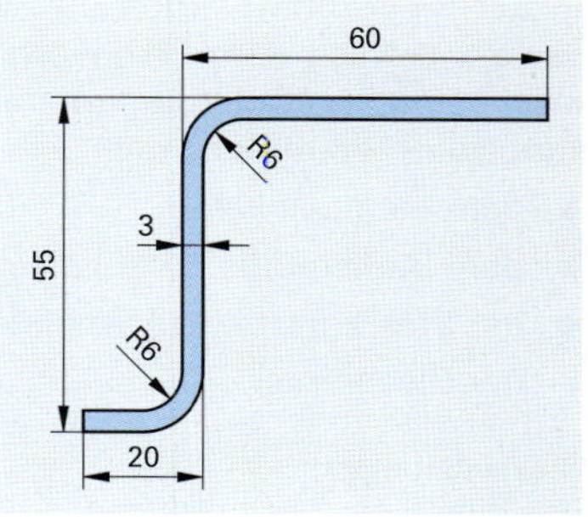

Bild 1: Winkel

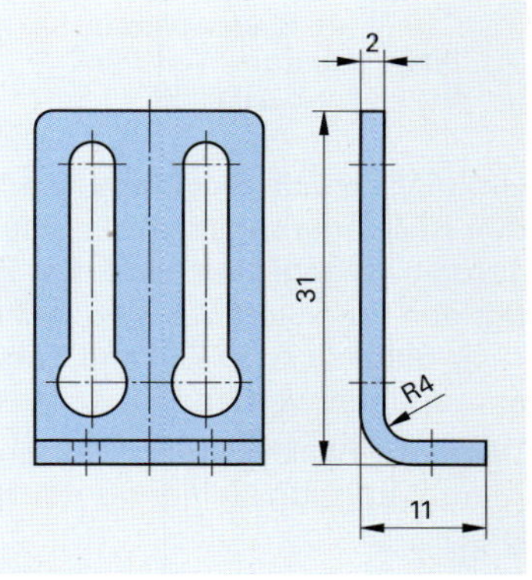

Bild 2: Halter

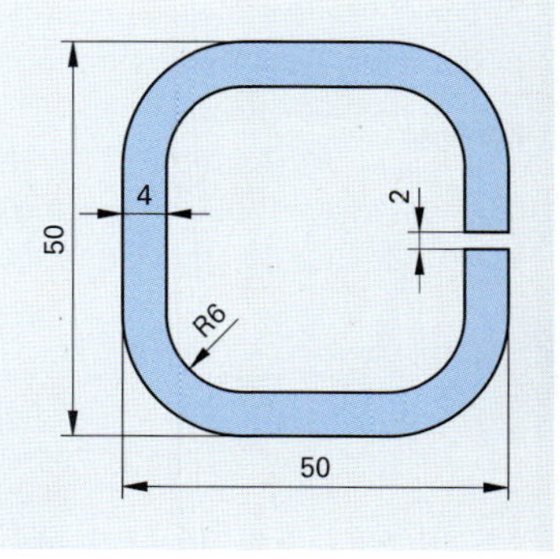

Bild 3: Kastenprofil

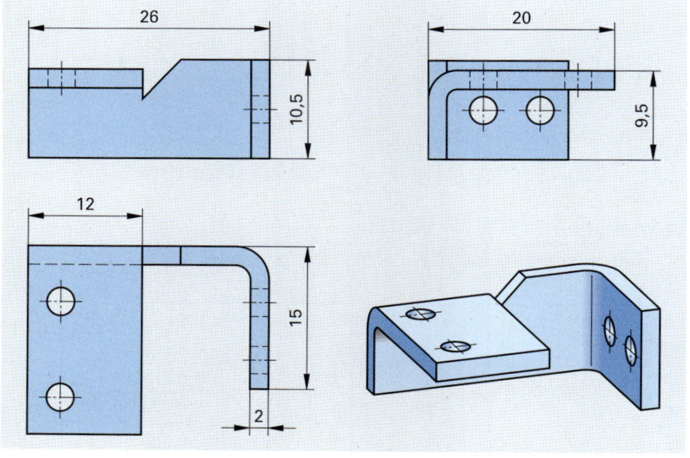

Bild 5: Befestigungswinkel

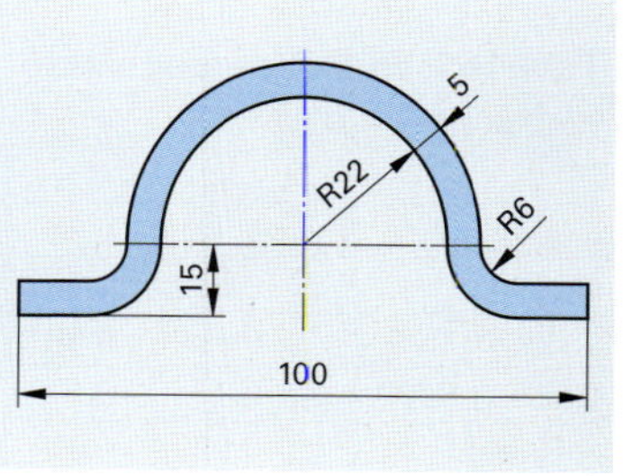

Bild 4: Rohrschelle

S. 272

Rückfederung

In der Biegezone werden die Werkstoffe elastisch und plastisch verformt. Nach dem Biegevorgang bewirkt die elastische Verformung eine Rückfederung um den Winkel ε[1] **(Bild 1)**. Der Rückfederungswinkel nimmt zu mit

- dem Biegewinkel,
- dem Biegeradius,
- der Streckgrenze des Werkstoffes,
- der Blechdicke.

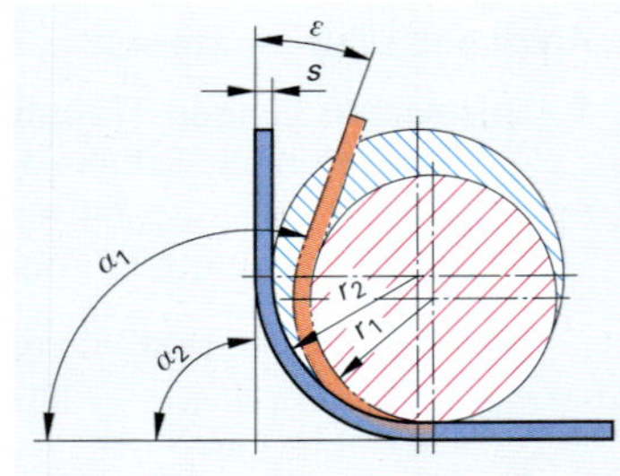

Bild 1: Winkel und Radien beim Biegen

Bezeichnungen:

α_1	Winkel am Biegewerkzeug	°
α_2	Biegewinkel (am Werkstück)	°
ε	Rückfederungswinkel	°
s	Blechdicke	mm
r_1	Radius am Biegewerkzeug	mm
r_2	Biegeradius am Werkstück	mm
k_R	Rückfederungsfaktor	–

Um maßgenaue Biegeteile zu erhalten, müssen die Werkstücke um den Rückfederungswinkel ε überbogen werden, damit die Rückfederung ausgeglichen wird. Der Rückfederungsfaktor k_R berücksichtigt den Werkstoff der Biegeteile sowie das Verhältnis Biegeradius r_2 zu Blechdicke s. Er kann **Tabelle 1** oder dem Diagramm **Bild 3** entnommen werden.

Damit die Rückfederung wirksam werden kann, ist der Biegeradius r_1 am Werkzeug kleiner als der Radius r_2 am Werkstück.

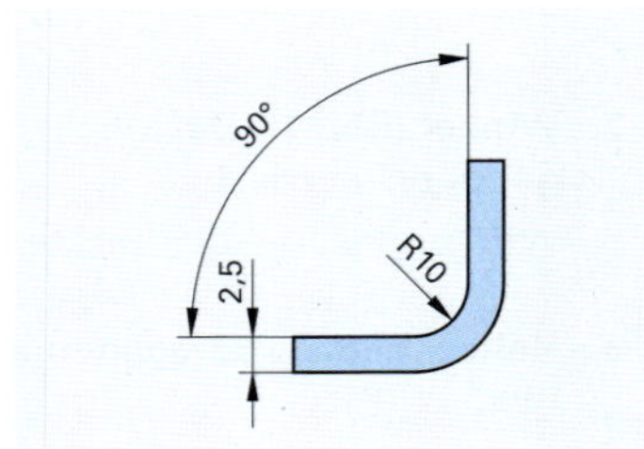

Bild 2: Winkel

Winkel am Biegewerkzeug

$$\alpha_1 = \frac{\alpha_2}{k_R}$$

Radius am Werkzeug

$$r_1 = k_R \cdot (r_2 + 0{,}5 \cdot s) - 0{,}5 \cdot s$$

Beispiel:

Für den Winkel **(Bild 2)** aus X12CrNi18-8 sind zu ermitteln

a) der Rückfederungsfaktor k_R,

b) der Winkel am Biegewerkzeug α_1,

c) der Radius am Biegewerkzeug r_1.

Lösung: a) $\frac{r_2}{s} = \frac{10\ \text{mm}}{2{,}5\ \text{mm}} = 4;$

aus Tabelle 1: $k_R = \mathbf{0{,}95}$

aus Diagramm Bild 3: $k_R \approx \mathbf{0{,}95}$

b) $\alpha_1 = \frac{\alpha_2}{k_R}$

$= \frac{90°}{0{,}95} = 94{,}7° \approx \mathbf{95°}$

c) $r_1 = k_R \cdot (r_2 + 0{,}5 \cdot s) - 0{,}5 \cdot s$

$= 0{,}95 \cdot (10\ \text{mm} + 0{,}5 \cdot 2{,}5\ \text{mm}) - 0{,}5 \cdot 2{,}5\ \text{mm}$

$= \mathbf{9{,}4\ mm}$

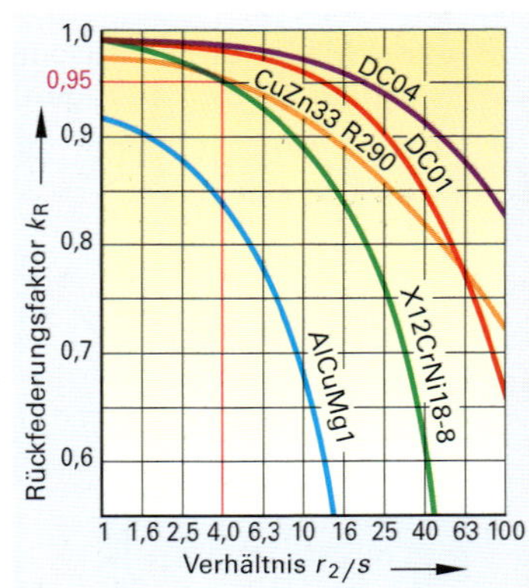

Bild 3: k_R-Diagramm

Tabelle 1: Rückfederungsfaktor k_R beim Biegen

Werkstoff	Rückfederungsfaktor k_R für Verhältnis r_2/s										
	1	1,6	2,5	4	6,3	10	16	25	40	63	100
DC04	0,99	0,99	0,99	0,98	0,97	0,97	0,96	0,94	0,91	0,87	0,83
DC01	0,99	0,99	0,99	0,97	0,96	0,96	0,93	0,90	0,85	0,77	0,66
X12CrNi18-8	0,99	0,98	0,97	0,95	0,93	0,89	0,84	0,76	0,63	–	–
CuZn33-R290	0,97	0,97	0,96	0,95	0,94	0,93	0,89	0,86	0,83	0,77	0,73
AlCuMg1	0,92	0,90	0,87	0,84	0,77	0,67	0,54	–	–	–	–

1) ε griechischer Kleinbuchstabe epsilon.

Aufgaben | Rückfederung

1. **Lasche (Bild 1).** Für die Lasche aus CuZn33-R290 sind mithilfe der **Tabelle 1, vorherige Seite** zu ermitteln
   a) der Rückfederungsfaktor k_R,
   b) der Radius am Biegewerkzeug,
   c) der Winkel am Biegewerkzeug.

2. **Abdeckblech (Bild 2).** Für ein Messgerät sollen Abdeckbleche aus AlCuMg1 hergestellt werden. Berechnen Sie mithilfe des Diagramms **Bild 3, vorherige Seite**
   a) den Rückfederungsfaktor k_R,
   b) die Radien am Biegewerkzeug,
   c) die Winkel am Biegewerkzeug.

3. **Befestigungswinkel (Bild 3) und Rohrschelle (Bild 4).**
   Wie groß sind für den Befestigungswinkel aus X12CrNi18-8 und die Rohrschelle aus DC01
   a) die Biegewinkel am Werkstück α_2,
   b) der Rückfederungsfaktor k_R,
   c) die Winkel am Biegewerkzeug,
   d) die Radien am Biegewerkzeug?

4. **Wandhaken (Bild 5).** Berechnen Sie für den Wandhaken aus CuZn33-R290 für die Biegewinkel 45° und 23° mithilfe der **Tabelle 1, vorherige Seite**
   a) die Biegewinkel am Werkstück α_2,
   b) den Rückfederungsfaktor k_R,
   c) die Winkel am Biegewerkzeug,
   d) die Radien am Biegewerkzeug.

5. **Kleiderhaken (Bild 6).** Wie groß sind für den Kleiderhaken aus DC01
   a) die Biegewinkel am Werkstück α_2,
   b) der Rückfederungsfaktor k_R,
   c) die Winkel am Biegewerkzeug,
   d) die Radien am Biegewerkzeug,
   e) die gestreckte Länge?

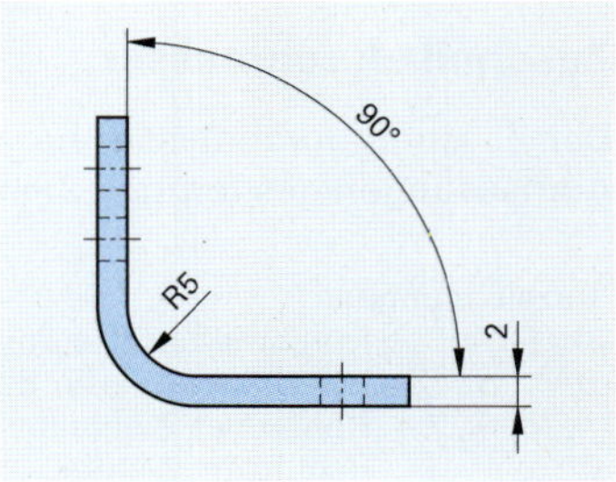

Bild 1: Lasche

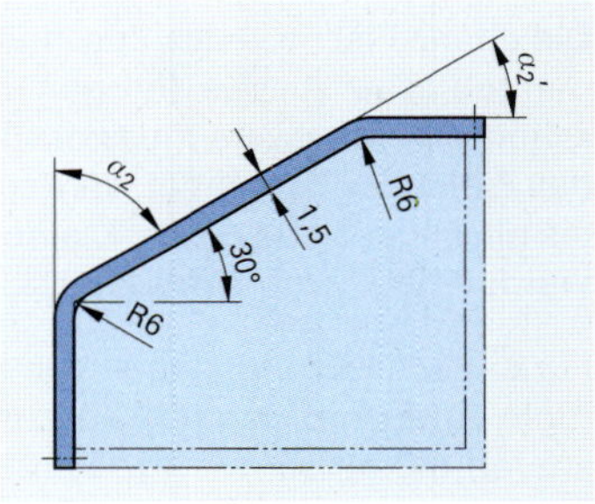

Bild 2: Abdeckblech

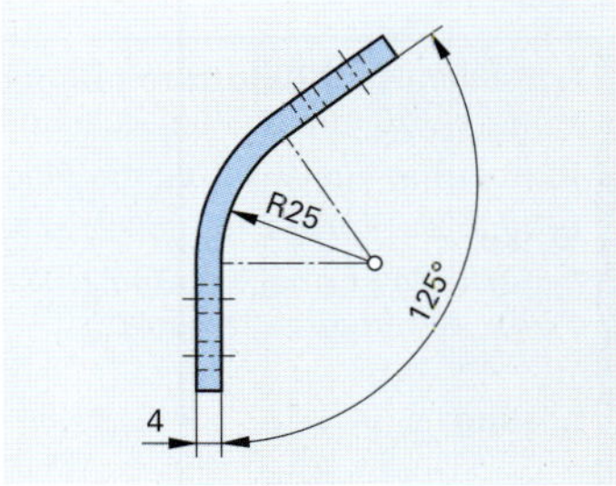

Bild 3: Befestigungswinkel

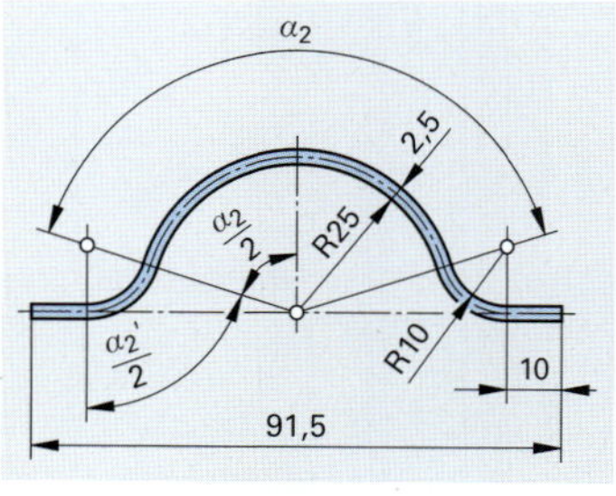

Bild 4: Rohrschelle

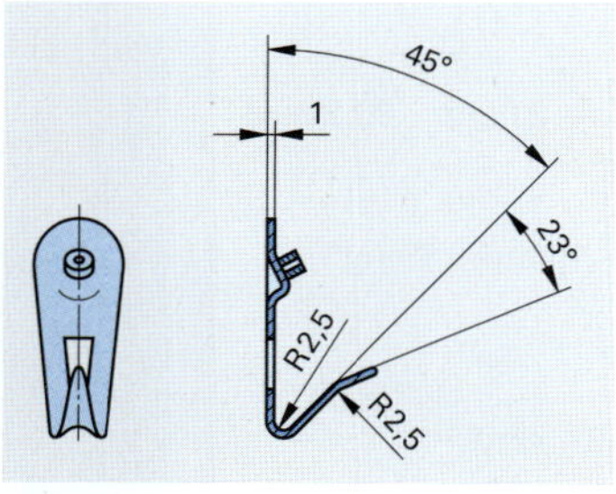

Bild 5: Wandhaken

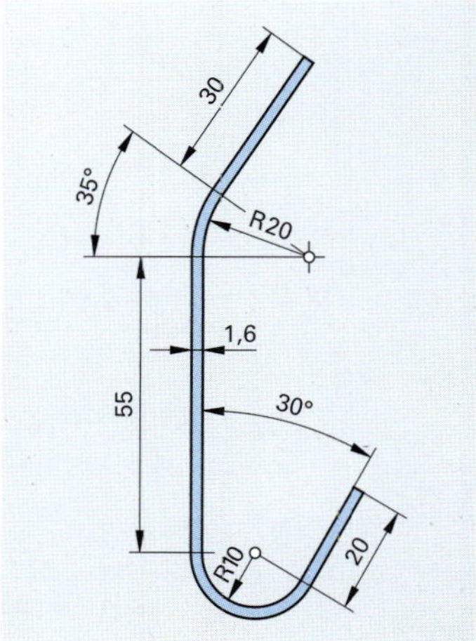

Bild 6: Kleiderhaken

S. 272

Tiefziehen

Zuschnittdurchmesser

Der Zuschnittdurchmesser für zylindrische Ziehteile wird aus den Abmessungen des fertigen Ziehteils berechnet **(Bild 1)**.

Bezeichnungen:

D	Durchmesser des Zuschnittes	mm
$d, d_1, d_2, \ldots$	Innendurchmesser des Ziehteiles	mm
$h, h_1, h_2, \ldots$	Höhen des Ziehteiles	mm
r	Radius am Ziehteil	mm
A	Fläche des Zuschnittes	mm²
A_1	Innenmantelfläche des Ziehteiles	mm²

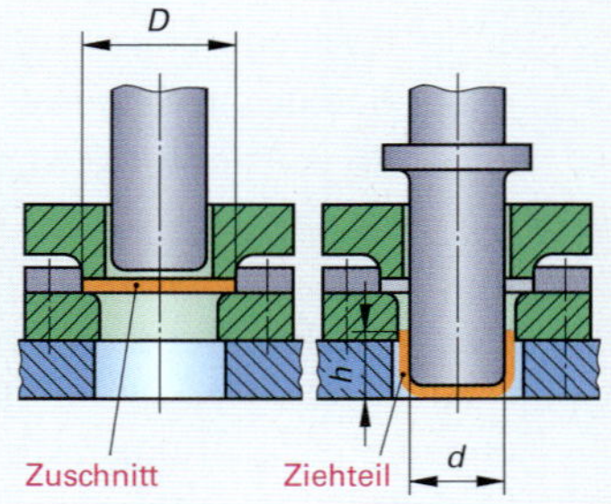

Bild 1: Tiefziehen

Die ebene Fläche A des Zuschnittes ist annähernd gleich der Innenmantelfläche A_1 des fertigen Ziehteiles. Zur Ermittlung des Zuschnittdurchmessers muss deshalb zunächst die Innenmantelfläche des Ziehteiles berechnet werden und dann der Fläche des Zuschnittes gleichgesetzt werden. Kleine Radien, die fertigungsbedingt sind, werden dabei vernachlässigt.

Für einfache Grundformen von zylindrischen Ziehteilen gibt es Formeln zur Ermittlung des Zuschnittdurchmessers D **(Bild 2)**. Sie ersparen die oft schwierige Berechnung über die Gleichsetzung der Flächen von Zuschnitt und Ziehteil.

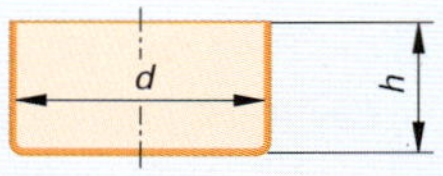

einfacher Zylinder

$$D=\sqrt{d^2+4\cdot d\cdot h}$$

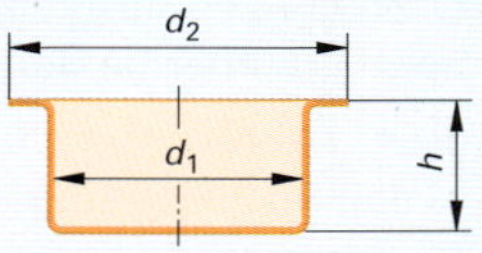

Zylinder mit Rand

$$D=\sqrt{d_2^{\,2}+4\cdot d_1\cdot h}$$

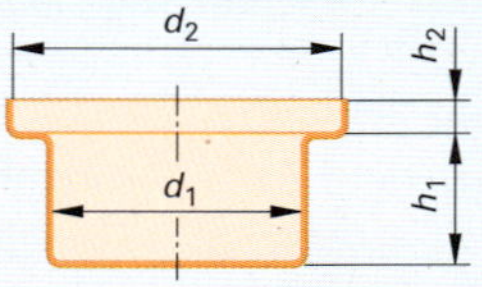

Gestufter Zylinder

$$D=\sqrt{d_2^{\,2}+4\cdot(d_1\cdot h_1+d_2\cdot h_2)}$$

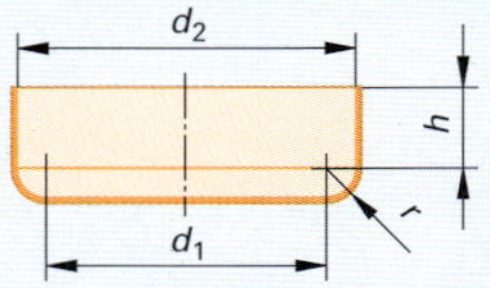

Zylinder mit Bodenrundung

$$D=\sqrt{d_1^{\,2}+2\cdot\pi\cdot(d_1+r)\cdot r+4\cdot d_2\cdot h}$$

Bild 2: Zuschnittdurchmesser zylindrischer Ziehteile

● **Beispiel:**

Für einen Napf **(Bild 1)** mit dem Innendurchmesser d = 55 mm und der Höhe h = 20 mm soll der Zuschnittdurchmesser D berechnet werden

a) über das Gleichsetzen der Flächen für Zuschnitt und Ziehteil,

b) über die Formel für den Zuschnittdurchmesser aus **Bild 2.**

c) über die Formel aus **Bild 2,** wenn der Napf zusätzlich einen Rand von b = 10 mm erhalten soll.

Lösung: a) $A_1=\frac{\pi\cdot d^2}{4}+\pi\cdot d\cdot h$

$$=\frac{\pi\cdot(55\text{ mm})^2}{4}+\pi\cdot 55\text{ mm}\cdot 20\text{ mm}=5\,831{,}6\text{ mm}^2$$

$$A=A_1$$

$$A=\frac{\pi\cdot D^2}{4};\quad D=\sqrt{\frac{4\cdot A}{\pi}}$$

$$D=\sqrt{\frac{4\cdot 5\,831{,}6\text{ mm}^2}{\pi}}=\mathbf{86{,}2\text{ mm}}$$

b) $D=\sqrt{d^2+4\cdot d\cdot h}$

$$=\sqrt{(55\text{ mm}^2)+4\cdot 55\text{ mm}\cdot 20\text{ mm}}=\mathbf{86{,}2\text{ mm}}$$

c) $d_1=d=55$ mm

$$d_2=d_1+2\cdot b=55\text{ mm}+2\cdot 10\text{ mm}=75\text{ mm}$$

$$D=\sqrt{d_2^2+4\cdot d_1\cdot h}$$

$$=\sqrt{(75\text{ mm})^2+4\cdot 55\text{ mm}\cdot 20\text{ mm}}$$

$$=\mathbf{100{,}1\text{ mm}}$$

Ziehstufen und Ziehverhältnisse

Das Umformungsvermögen eines Werkstoffes beim Tiefziehen ist begrenzt. Deshalb muss oft in mehreren Zügen (Stufen) umgeformt werden **(Bild 1)**.

Bezeichnungen:

D	Zuschnittdurchmesser	mm
$d_1, d_2, \ldots$	Stempeldurchmesser für den 1., 2., ... Zug	mm
$\beta_1, \beta_2, \ldots$	Ziehverhältnis für den 1., 2., ... Zug	–

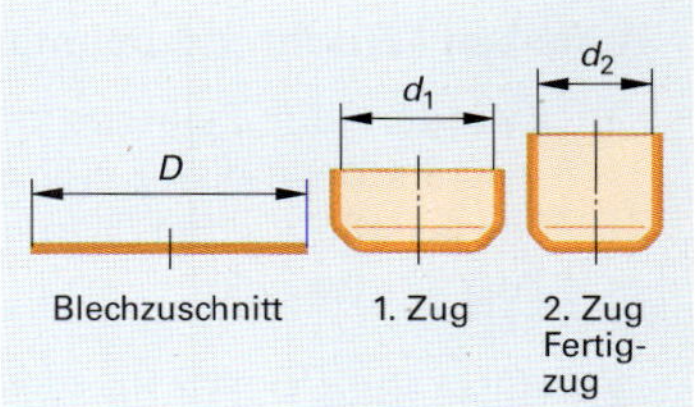

Bild 1: Tiefziehen in 2 Zügen

Das Ziehverhältnis β gibt das Verhältnis des Durchmessers des Teiles vor dem Ziehvorgang zum Durchmesser nach dem Ziehvorgang an. Es darf maximal zulässige Werte nicht überschreiten. Die Werte sind vom Werkstoff, von den Abmessungen, der Form und einer möglichen Wärmebehandlung des Werkstückes abhängig. Sie werden durch Versuche ermittelt.

Für das Ziehen zylindrischer Teile sind in **Tabelle 1** für einige Werkstoffe maximal zulässige Ziehverhältnisse angegeben. Sie wurden an Teilen mit 100 mm Durchmesser und 1 mm Dicke ohne Zwischenglühen ermittelt. Für andere Abmessungen ändern sich die Werte geringfügig.

Die Stempeldurchmesser der Zwischenzüge werden über die jeweils zulässigen Ziehverhältnisse schrittweise berechnet. Im Fertigzug muss der so berechnete Stempeldurchmesser kleiner oder gleich dem des Fertigteiles sein. Aus dieser Berechnung ergibt sich dann auch, wie viele Züge mindestens erforderlich sind.

Man wählt die Stempeldurchmesser so, dass die Werte der tatsächlichen Ziehverhältnisse unter denen der maximal zulässigen Ziehverhältnisse liegen.

Ziehverhältnis beim 1. Zug

$$\beta_1 = \frac{D}{d_1}$$

Ziehverhältnis beim 2. Zug

$$\beta_2 = \frac{d_1}{d_2}$$

Ziehverhältnis beim 3. Zug

$$\beta_3 = \frac{d_2}{d_3}$$

● **Beispiel:**

Eine zylindrische Hülse **(Bild 2)** aus DC04 mit dem Innendurchmesser $d = 50$ mm und der Länge $l = 65$ mm soll durch Tiefziehen hergestellt werden.

Zu ermitteln sind

a) der Zuschnittdurchmesser D,

b) die erforderliche Anzahl der Züge mit den jeweiligen Stempeldurchmessern.

Lösung: a) $D = \sqrt{d^2 + 4 \cdot d \cdot h}$

$$= \sqrt{(50\ \text{mm})^2 + 4 \cdot 50\ \text{mm} \cdot 65\ \text{mm}}$$

$$= 124{,}5\ \text{mm} \approx \mathbf{125\ mm}$$

b) nach **Tabelle 1:** $\beta_1 = 2{,}0$; $\beta_2 = 1{,}3$

$$\beta_1 = \frac{D}{d_1}$$

$$d_1 = \frac{D}{\beta_1} = \frac{125\ \text{mm}}{2{,}0} = \mathbf{62{,}5\ mm}$$

$$\beta_2 = \frac{d_1}{d_2}$$

$$d_2 = \frac{d_1}{\beta_2} = \frac{62{,}5\ \text{mm}}{1{,}3} = \mathbf{48\ mm}$$

Da der Durchmesser d_2 kleiner als der Ziehteildurchmesser d ist, kann in **2 Zügen** gezogen werden.

Tabelle 1: Maximal zulässige Ziehverhältnisse ohne Zwischenglühen

Werkstoff	β_1	β_2
DC01	1,8	1,2
DC04	2,0	1,3
CuZn30	2,1	1,3
AW-Al99,5	2,1	1,6
AW-AlMg1	1,9	1,3

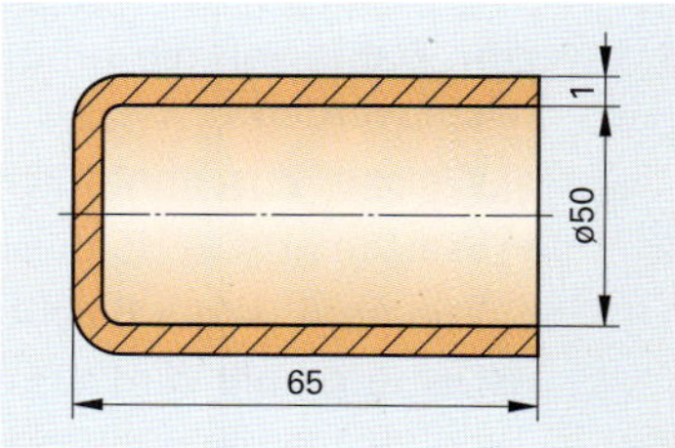

Bild 2: Hülse

Aufgaben | Zuschnittdurchmesser, Ziehstufen und Ziehverhältnisse

1. **Zylinder.** Ein Zylinder ohne Rand mit dem Durchmesser d = 45 mm und der Höhe h = 40 mm soll durch Tiefziehen hergestellt werden. Wie groß muss der Durchmesser D des Zuschnittes sein?

2. **Hülse (Bild 1).** Für die Hülse ist der Zuschnittdurchmesser D zu berechnen.

3. **Kugelhalbschale (Bild 2).** Berechnen Sie den Zuschnittdurchmesser D für die Kugelhalbschale.

4. **Filtereinsatz (Bild 3).** Für den Filtereinsatz ist der Zuschnittdurchmesser zu berechnen.

5. **Napf.** Eine Ronde aus EN AW-Al 99,5 soll vom Zuschnittdurchmesser 140 mm auf einen Napf ohne Rand mit 100 mm Durchmesser gezogen werden.
   a) Wie groß ist das Ziehverhältnis?
   b) Kann der Napf in einem Zug gezogen werden?

6. **Ziehteildurchmesser.** Auf welchen kleinsten Ziehteildurchmesser kann ein Zuschnitt aus kaltgewalztem Blech DC01 mit einem Durchmesser von 117 mm in einem Zug zu einem einfachen Zylinder gezogen werden?

7. **Zylinder.** Ein Zylinder ohne Rand mit 20 mm Durchmesser und 30 mm Höhe ist aus DC04 tiefzuziehen.
   a) Wie groß muss der Zuschnittdurchmesser sein?
   b) Wie viele Züge sind erforderlich?

8. **Relaisgehäuse.** Ein zylindrisches Relaisgehäuse ohne Rand aus EN AW-Al 99,5 soll durch Tiefziehen hergestellt werden. Der Durchmesser beträgt 15 mm, die Höhe 60 mm.
   a) Wie groß muss der Zuschnittdurchmesser sein?
   b) Wie groß sind die Stempeldurchmesser der Zwischenzüge, und wie viele Züge sind erforderlich?
   Die maximal zulässigen Ziehverhältnisse sind β_1 = 2,1, β_2 = 1,6 und β_3 = 1,4.
   c) Wie groß ist das Ziehverhältnis beim Fertigzug?

9. **Kegeleinsatz (Bild 4).** Wie groß muss der Zuschnittdurchmesser für den Kegeleinsatz sein?

10. **Behälter.** Ein zylindrischer Kupferbehälter ohne Rand soll in einem Zug auf einen Durchmesser von 74 mm gezogen werden. Dabei soll die größtmögliche Höhe des Behälters erreicht werden.
    a) Welcher Zuschnittdurchmesser ist erforderlich?
    b) Welche größte Höhe ist möglich?
    c) Wie groß ist der Blechbedarf für einen Behälter?
    d) Der Zuschnitt wird aus einem 160 mm breiten Streifen einreihig ausgeschnitten. Die Stegbreite beträgt 2,5 mm. Wie groß ist der Ausnutzungsgrad in Prozent?

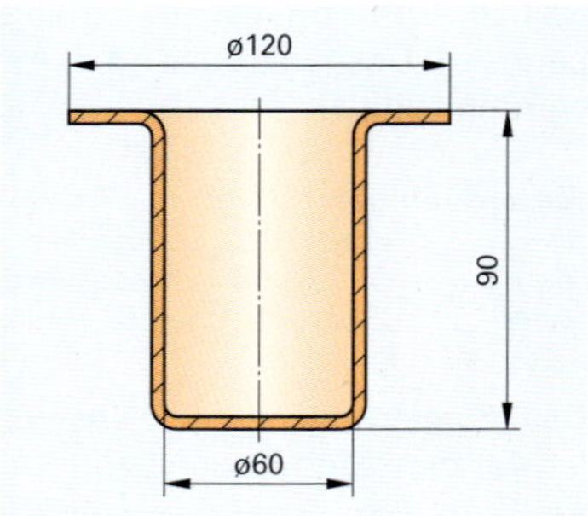

Bild 1: Hülse

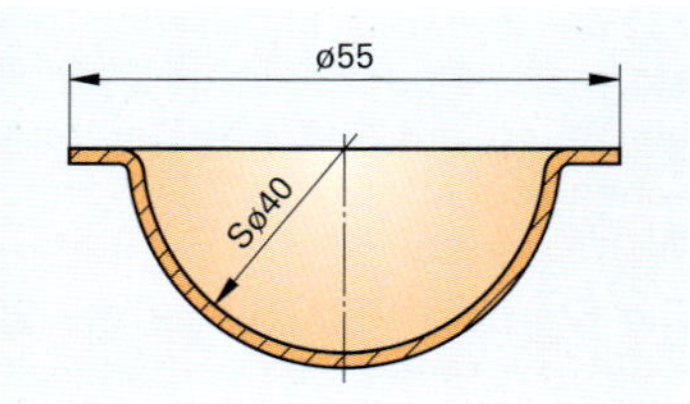

Bild 2: Kugelhalbschale

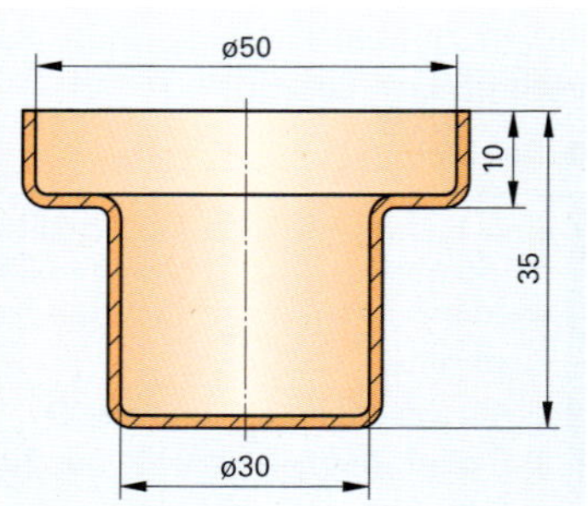

Bild 3: Filtereinsatz

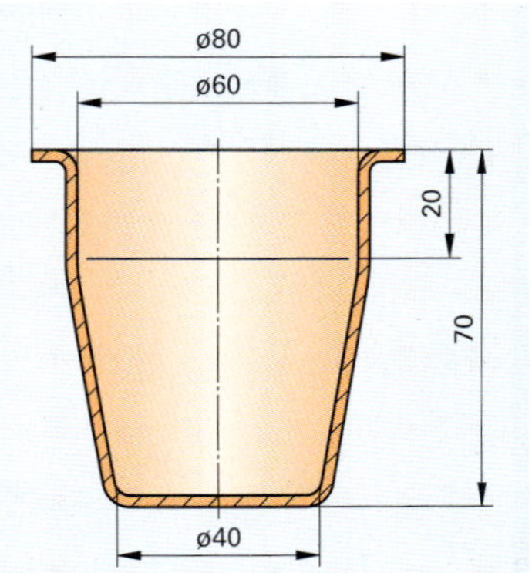

Bild 4: Kegeleinsatz

S. 2

Exzenter- und Kurbelpressen

Der Einsatz mechanischer Pressen wird durch die Nenn-Presskraft und das Arbeitsvermögen der Maschinen begrenzt.

Bezeichnungen:

F_n	Nenn-Presskraft	kN	F	Schneidkraft, Umformkraft	N
H	Hub	mm	W	Schneidarbeit, Umformarbeit	N·m
h	Arbeitshub	mm	S	Scherfläche	mm²
r	Kurbelradius	mm	τ_{aBmax}	maximale Scherfestigkeit	N/mm²
α	Kurbelwinkel	°	s	Blechdicke	mm
W_D	Arbeitsvermögen im Dauerhub	N·m			
W_E	Arbeitsvermögen im Einzelhub	N·m			

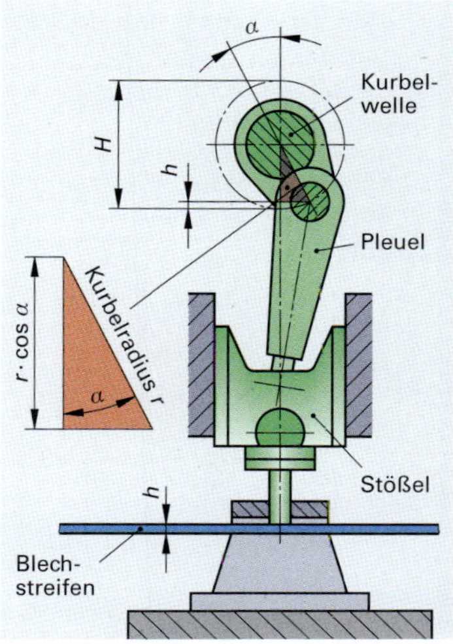

Bild 1: Pressenantrieb

Pressenauswahl

Die Antriebe mechanischer Pressen **(Bild 1)** sind in der Regel so ausgelegt, dass

- der Arbeitsbereich im Kurbelwinkelbereich $\alpha = 30°$ liegt,
- die Nenn-Presskraft F_n über den ganzen Arbeitshub h verfügbar ist,
- das Arbeitsvermögen W_D (W_E) als Umformarbeit W genutzt werden kann.

Das Arbeitsvermögen hängt von der Nenn-Presskraft F_n, dem Hub H und der Betriebsart der Presse **(Tabelle 1)** ab.

Arbeitsvermögen im Dauerhub

$$W_D = \frac{F_n \cdot H}{15}$$

Arbeitsvermögen im Einzelhub

$$W_E = 2 \cdot W_D$$

Tabelle 1: Betriebsarten/Arbeitsvermögen von Pressen

Betriebsart	Erläuterung, Arbeitsvermögen
Dauerhub	Die Presse arbeitet ohne Unterbrechung mit automatischem Vorschub. Bei jedem Arbeitshub kann die Presse eine Umformarbeit $W = F_n \cdot h$ abgeben. Diese Arbeit bezeichnet man als das Arbeitsvermögen W_D. Nach **Bild 1** ist $h = r - r \cdot \cos 30° = r \cdot (1 - \cos 30°)$. Für $r = H/2$ erhält man das Arbeitsvermögen: $W_D = F_n \cdot \frac{H}{2} \cdot (1 - \cos 30°) = F_n \cdot \frac{H}{2} \cdot 0{,}134 \approx \frac{F_n \cdot H}{15}$
Einzelhub	Die Presse wird nach jedem Hub stillgesetzt. Arbeitsvermögen $W_E = 2 \cdot W_D$

Einsatzbedingungen

$$F \leq F_n$$
$$W \leq W_D \text{ oder } W \leq W_E$$

Für einen störungsfreien Einsatz mechanischer Pressen müssen folgende Bedingungen erfüllt sein:

- Die Umformkraft F darf die Nenn-Presskraft F_n nicht übersteigen,
- die Umformarbeit W darf das Arbeitsvermögen W_D bzw. W_E der Maschine nicht übersteigen.

Schneidarbeit

Die zur Werkstofftrennung erforderliche Kraft wird durch Versuche ermittelt und in Abhängigkeit der Blechdicke s grafisch dargestellt **(Bild 2)**. Die Schneidkraft $F = S \cdot \tau_{aBmax}$ (siehe Seite 123) ist die maximale Trennkraft.

Die Fläche unter der Kraft-Hub-Linie entspricht der Schneidarbeit W. Sie kann näherungsweise durch ein flächengleiches Rechteck $W = 2/3 \cdot F \cdot s$ ersetzt werden.

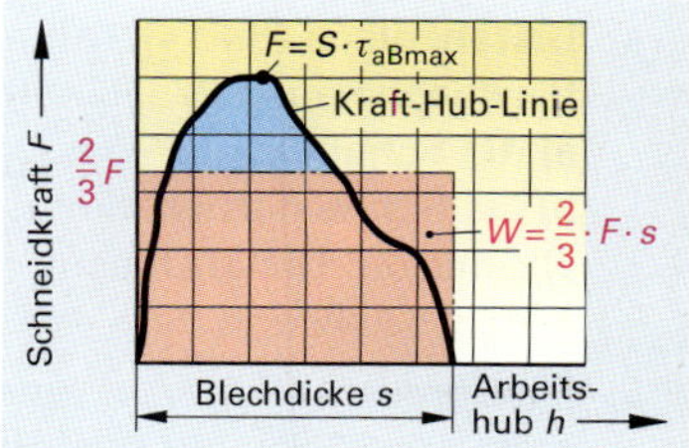

Bild 2: Schneidkraftverlauf

Schneidarbeit

$$W = \frac{2}{3} \cdot F \cdot s$$

Beispiel:

Formstücke **(Bild 1)** sollen auf einer Exzenterpresse mit der Nenn-Presskraft $F_n = 250$ kN und dem Hub $H = 30$ mm im Dauerhub hergestellt werden.

Zu bestimmen sind
a) die Schneidkraft F bei $\tau_{aBmax} = 408$ N/mm²,
b) die Schneidarbeit W,
c) das Arbeitsvermögen W_D der Presse im Dauerhub.
d) Kann die Presse zur Herstellung der Formstücke im Dauerhub eingesetzt werden?

Lösung: a) $F = \tau_{aBmax} \cdot S$

$$S = 4\ \text{mm} \cdot \left(25 + 30 + 25 + \frac{\pi \cdot 30}{2}\right) \text{mm} = 508{,}5\ \text{mm}^2$$

$$F = 408\ \frac{\text{N}}{\text{mm}^2} \cdot 508{,}5\ \text{mm}^2 = 207\,466{,}2\ \text{N} = \mathbf{207{,}466\ kN}$$

b) $W = \frac{2}{3} \cdot F \cdot s = \frac{2}{3} \cdot 207{,}468\ \text{kN} \cdot 4\ \text{mm} = \mathbf{553{,}24\ N \cdot m}$

c) $W_D = \frac{F_n \cdot H}{15} = \frac{250\ \text{kN} \cdot 30\ \text{mm}}{15} = \mathbf{500\ N \cdot m}$

d) $F < F_n$, aber $W > W_D$; der Betrieb ist im Dauerhub nicht möglich!

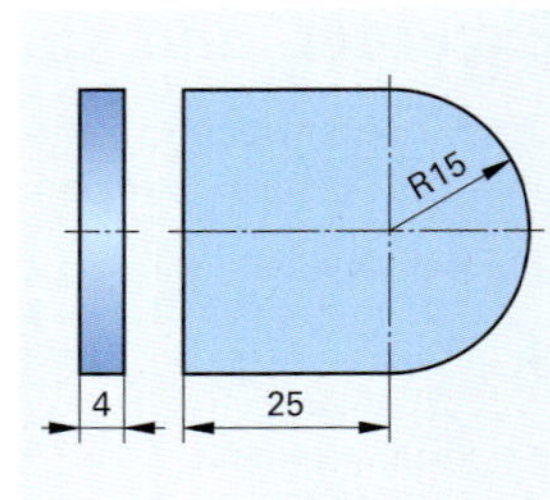

Bild 1: Formstück

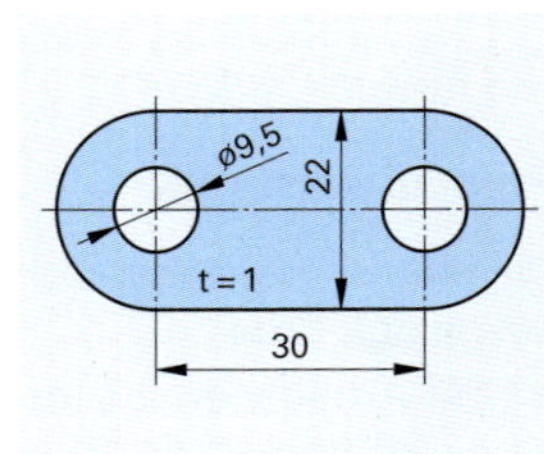

Bild 2: Sicherungsblech

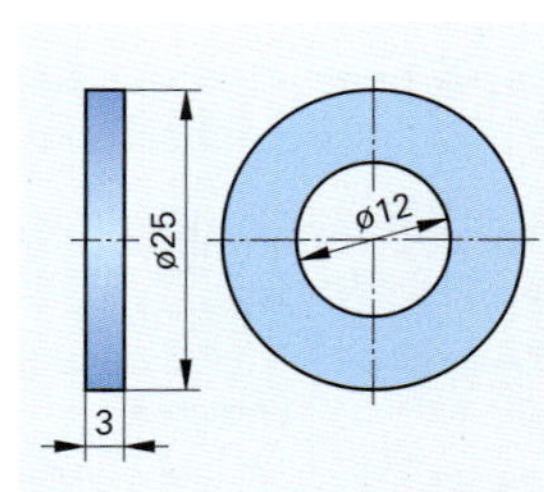

Bild 3: Scheibe

Aufgaben | Exzenter- und Kurbelpressen

1. **Sicherungsblech (Bild 2).** Auf einem Stanzautomaten mit der Nenn-Presskraft $F_n = 40$ kN und dem Hub $H = 20$ mm sollen Sicherungsbleche aus DC04 hergestellt werden. Wie groß sind
   a) die Schneidkraft F bei $\tau_{aBmax} = 280$ N/mm²,
   b) die Schneidarbeit W,
   c) das Arbeitsvermögen W_D des Stanzautomaten?
   d) Kann die Presse im Dauerhub betrieben werden?

2. **Scheibe (Bild 3).** Zur Herstellung von Scheiben aus S235JR stehen zwei Umformautomaten nach **Tabelle 1** zur Auswahl. Zu bestimmen sind
   a) die Schneidkraft F bei $\tau_{aBmax} = 376$ N/mm²,
   b) die Schneidarbeit W,
   c) der geeignete Umformautomat für den Einsatz im Dauerhub.

3. **Warmumformung.** Eine Exzenterpresse mit der Nenn-Presskraft $F = 400$ kN und dem Hub $H = 40$ mm wird im Einzelhub zur Warmumformung eingesetzt. Wie groß sind
   a) das Arbeitsvermögen W_E der Presse,
   b) die zulässige mittlere Umformkraft bei $h = 14$ mm Umformweg?

4. **Distanzblech (Bild 4).** Mit einem Folgeschneidwerkzeug werden Distanzbleche aus S275J0 hergestellt. Wie groß sind
   a) die Schneidkraft F bei $\tau_{aBmax} = 476$ N/mm²,
   b) die Schneidarbeit W?
   c) Sind die Distanzbleche auf einer Presse mit der Nenn-Presskraft $F_n = 63$ kN und dem Arbeitsvermögen $W_D = 40$ N·m herstellbar?

5. **Fließpressrohling.** Auf einem Stanzautomaten mit der Nenn-Presskraft $F_n = 80$ kN und dem Hub $H = 20$ mm werden zylindrische Scheiben aus EN AW-Al99,5 mit der Dicke $t = 3{,}5$ mm als Fließpressrohlinge hergestellt. Zu ermitteln sind
   a) das Arbeitsvermögen W_D der Presse,
   b) die Schneidkraft F,
   c) die Scherfestigkeit τ_{aBmax} bei einer Zugfestigkeit $R_m = 60 \ldots 95$ N/mm².
   d) Bis zu welchem Scheibendurchmesser d ist der Automat im Dauerhub einsetzbar?

Tabelle 1: Umformautomaten

Umformautomat	Presskraft F_n in kN	Hub H in mm
A	160	15
B	250	30

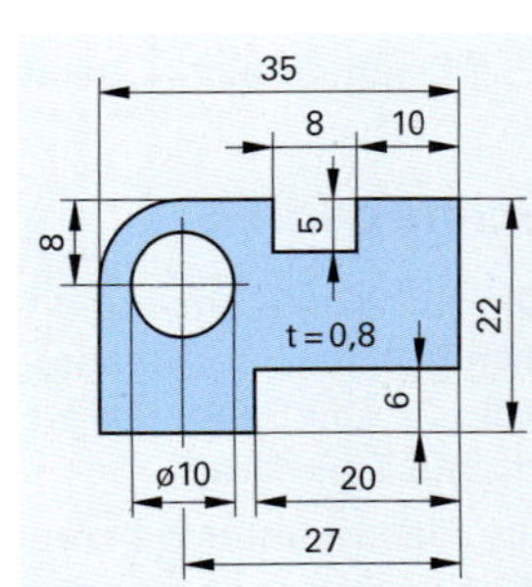

Bild 4: Distanzblech

Spritzgießen

Schwindung

Nach dem Spritzgießen erfahren Formteile Maßänderungen, die man zusammenfassend als Schwindung bezeichnet.

Bezeichnungen:

l	Länge des fertigen Formteils	mm
l_1	Länge des Spritzgieß-Hohlraumes	mm
S	Schwindmaß	%

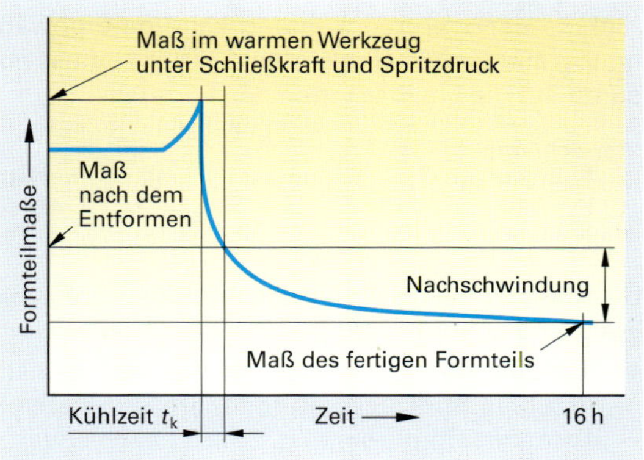

Bild 1: Schwindung

Die Veränderungen der Formteilmaße während und nach dem Spritzvorgang zeigt **Bild 1.** Sie werden beeinflusst durch

- **den Spritzdruck,** der die Form elastisch vergrößert und durch die Wärme ausdehnt,
- **die Abkühlphase,** in der die Formmasse abkühlt und in den festen Zustand übergeht. Wenn die gesamte Formmasse erstarrt ist, kann das Formteil entformt werden. Die Schwindung ist in der Abkühlphase am größten,
- **das Nachschwinden,** bei dem das Formteil noch vollständig erkaltet und Kristallisationsvorgänge auch noch bei Raumtemperatur eine Schwindung hervorrufen. Nach 16 Stunden kann davon ausgegangen werden, dass die Schwindung beendet ist oder nur noch kleinste Maßänderungen erzeugt, die innerhalb der Toleranzen liegen.

Schwindmaß

$$S = \frac{l_1 - l}{l_1} \cdot 100\ \%$$

Länge im Werkzeug

$$l_1 = \frac{l \cdot 100\ \%}{100\ \% - S}$$

Damit die Formteile nach dem Entformen ihre vorgesehenen Nennmaße aufweisen, müssen die Maße des Formhohlraumes **(Bild 2)** um die Schwindung und ggf. auch die Nachschwindung größer hergestellt werden. Die Größe der Schwindung hängt von der Formmasse ab und wird in % angegeben **(Tabelle 1).** Sie wird von den Rohstoffherstellern werkstoffspezifisch zur Verfügung gestellt.

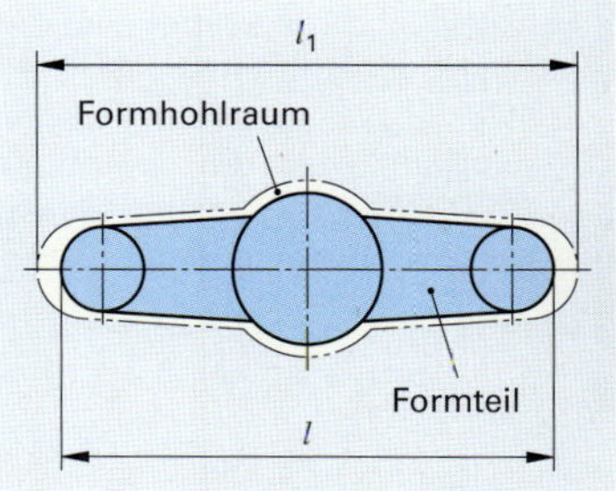

Bild 2: Formteil und Formhohlraum

Tabelle 1: Schwindung verschiedener Formmassen

Kunststoff	Schwindung in %	Kunststoff	Schwindung in %
Polyamid	1,3	Polypropylen	1,5
Polystyrol	0,45	PVC	0,6
Polyethylen	1,7	Polycarbonat	0,8

- **Beispiel:**

Die Abdeckung aus Polyethylen PE **(Bild 3)** mit einer Formteillänge von 50 mm wird durch Spritzgießen hergestellt. Die Stegdicke beträgt 2 mm und die Dicke am Auge 3 mm. Der Hersteller des Granulats gibt eine Schwindung S von 1,7 % an.

a) Mit welchem Maß muss die Länge l_1 im Werkzeug hergestellt werden?

b) Wie tief muss die Kavität am Auge sein?

Lösung: a) $l_1 = \frac{l \cdot 100\ \%}{100\ \% - S} = \frac{50\ \text{mm} \cdot 100\ \%}{100\ \% - 1{,}7\ \%} = \mathbf{50{,}865\ mm}$

b) $l_1 = \frac{l \cdot 100\ \%}{100\ \% - S} = \frac{3\ \text{mm} \cdot 100\ \%}{100\ \% - 1{,}7\ \%} = \mathbf{3{,}052\ mm}$

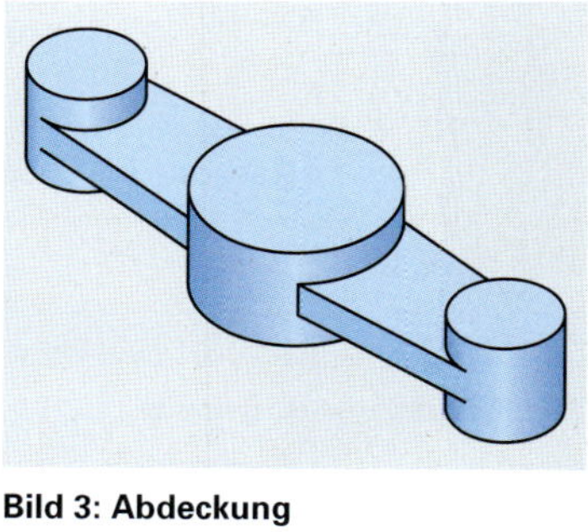

Bild 3: Abdeckung

Aufgaben zum Thema Spritzgießen Seite 253.

Kühlung

Die Kühlung der Formmasse erfolgt im Werkzeug bis zur vollständigen Erstarrung (Einfrieren). Das Werkzeug ist mit Kühlkanälen durchzogen, die von Kühlflüssigkeit (Wasser) durchströmt werden. Mithilfe der Werkzeugkühlung kann eine gewünschte Werkzeugtemperatur eingestellt werden. Sie hat Einfluss auf das Gefüge und damit auf die Eigenschaften des Formteils.

Bezeichnungen:

s	Formteildicke	mm	t_{RK}	Restkühlzeit	s
t_K	Kühlzeit	s	t_e	Einspritzzeit	s
t_p	Nachdruckzeit	s			

Die Kühlung dauert vom Ende des Einspritzens bis zum Öffnen des Werkzeuges **(Bild 1 und Bild 3)**. Diese Kühlzeit wird unterteilt in die

- **Nachdruckzeit:** Der Druck wird je nach Kunststoff auf 30 % bis 70 % des Spritzdruckes reduziert und dauert so lange, bis der Anschnitt eingefroren ist. Dies ist nach etwa 1/3 der Kühlzeit erreicht.
- **Restkühlzeit:** Sie ist notwendig, damit das Formteil eine ausreichende Festigkeit, Formbeständigkeit und Maßhaltigkeit erreicht. Das Formteil wird bis zum Ende der Kühlzeit im Werkzeug gehalten.

Die benötigte Kühlzeit ist abhängig von der Formteildicke und von der Werkzeugtemperatur. Zur Bestimmung der Kühlzeit genügen meist stark vereinfachte, für alle Formmassen geltende Gleichungen oder Diagramme **(Bild 2)**. Weitergehende Formeln oder Simulationen (MoldFlow[1]) werden für genauere Analysen eingesetzt.

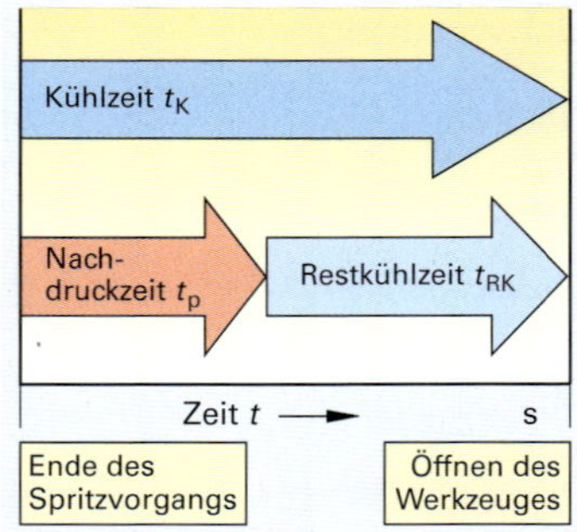

Bild 1: Kühlzeiten

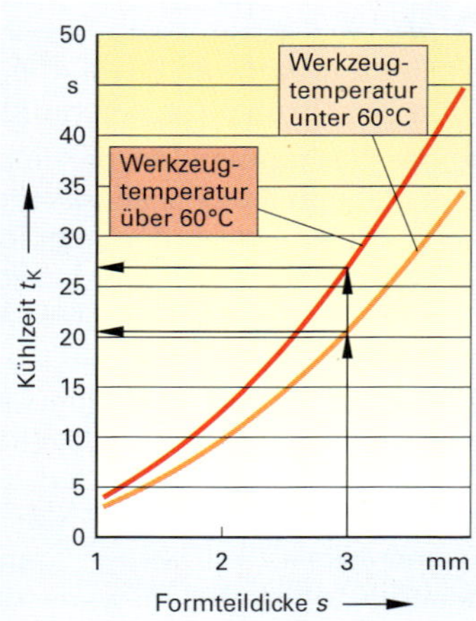

Bild 2: Kühlzeit und Dicke

- **Beispiel:**

Die Abdeckung aus Polyethylen PE **(Bild 3, vorherige Seite)** mit einer Formteillänge von 50 mm wird durch Spritzgießen hergestellt. Die Stegdicke beträgt 2 mm und die Dicke am Auge 3 mm.

a) Wie lange muss gekühlt werden, bevor das Werkzeug geöffnet werden kann, wenn die Werkzeugtemperatur unter 60 °C liegt?

b) Wie lange muss gekühlt werden, bevor das Werkzeug geöffnet werden kann, wenn die Werkzeugtemperatur über 60 °C liegt?

Lösung: a) $t_K = s \cdot (1 + 2 \cdot s) = 3 \cdot (1 + 2 \cdot 3) =$ **21 Sekunden**

b) $t_K = 1{,}3 \cdot s \cdot (1 + 2 \cdot s) = 1{,}3 \cdot 3 \cdot (1 + 2 \cdot 3) =$ **27,3 Sekunden**

Aufgaben zum Thema Spritzgießen Seite 253.

Werkzeug schließen	Einspritzen	Kühlung			Werkzeug öffnen	Auswerfer vor/zurück
		Nachdruck	Dosieren	Halten		
1 s	2 s	7 s	2 s	12 s	0,8 s	1,4 s
Zyklus = 26,2 s						

Bild 3: Spritzzyklus, Beispiel

Kühlzeit, Aufteilung

$$t_K = t_p + t_{RK}$$

Kühlzeit abhängig von der Formteildicke

bei Werkzeugtemperatur ≤ 60 °C

$$t_K = s \cdot (1 + 2 \cdot s)$$

bei Werkzeugtemperatur > 60 °C

$$t_K = 1{,}3 \cdot s \cdot (1 + 2 \cdot s)$$

1) MoldFlow ist eine CAD-Software, die Informationen über den Fließverlauf und die Druck- und Temperaturverteilung liefert.

Dosierung der Formmasse

Die Kavitäten (Formhohlräume) des Spritzgießwerkzeuges werden mit der Formmasse gefüllt.

Die Bereitstellung der Formmasse erfolgt durch einen Schneckenkolbenextruder **(Bild 1)** in drei Schritten:

- Beim **Plastifizieren** wird das Granulat erwärmt, verdichtet, geschert und als homogene Schmelze zur Düse gefördert.
- Das **Einspritzen** (Schuss) erfolgt unter hohem Druck mit einer schnellen axialen Bewegung des Kolbens. Die Schmelze wird während der Einspritzzeit in den Formhohlraum gedrückt.
- Zum **Dosieren** wird der Extruder zurückgesetzt und Granulat nachgefüllt. Die Drehung der Schnecke erzeugt einen Dosierstrom, der das Dosiervolumen für den nächsten Zyklus (Schuss) bereitstellt.

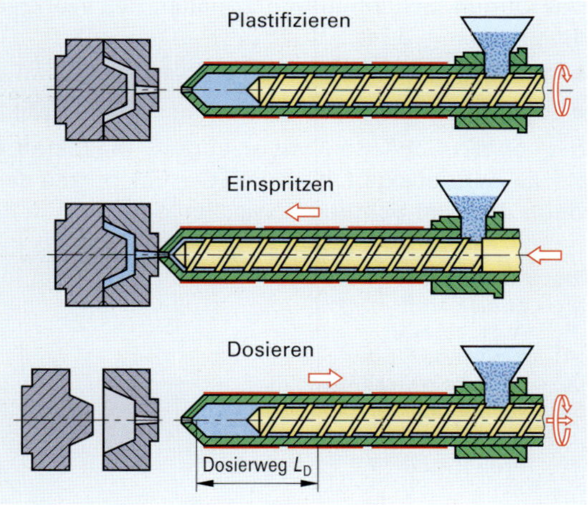

Bild 1: Schneckenkolbenextruder

Bezeichnungen:

V_S	Spritzvolumen	cm³	n	Kavitäten, Anzahl	–
V_{FT}	Formteilvolumen	cm³	m_S	Spritzmasse	g
V_A	Angießvolumen	cm³	m_D	Dosiermasse	g
V_D	Dosiervolumen	cm³	ϱ	Dichte	g/cm³
V_P	Massepolster	cm³	Q_e	Einspritzstrom	cm³/s
L_D	Dosierweg	mm	Q_D	Dosierstrom	cm³/mm
			t_e	Einspritzzeit	s

Das Dosiervolumen setzt sich zusammen aus

- **dem Spritzvolumen,** das mit einem Zuschlag (z. B. Faktor 1,25) für den Unterschied von Schmelze- und Feststoffdichte verändert wird. Dazu wird das Formteilvolumen aus den Maßen der Zeichnung bestimmt und mit der Anzahl n der Kavitäten vervielfacht. Das Angießvolumen wird berechnet oder mit einem Zuschlag in Prozent des Formteilvolumens addiert,
- **und dem Massepolster,** einer vom Durchmesser der Extruderschnecke abhängigen Formmasse, die das Schwinden ausgleicht (Nachdruckpolster).

Spritzvolumen

$$V_S = n \cdot V_{FT} + V_A$$

Spritzmasse

$$m_S = \varrho \cdot V_S$$

Dosiervolumen

$$V_D = 1{,}25 \cdot V_S + V_P$$

Dosiermasse

$$m_D = \varrho \cdot V_D$$

Dosierweg

$$L_D = \frac{V_D}{Q_D}$$

Einspritzzeit

$$t_e = \frac{V_S}{Q_e}$$

● **Beispiel:**

In einem Schuss werden drei zylindrische Chips aus PE hergestellt. Der Formteildurchmesser beträgt d = 10 mm und die Dicke h = 1,2 mm. Die Dichte von Polyethylen ist ϱ = 0,92 g/cm³. Der Anguss wird mit 25 % des Formteilvolumens angenommen. Die Extruderschnecke hat einen Durchmesser von 30 mm, sie benötigt ein Massepolster V_P = 3,5 cm³ und liefert einen Dosierstrom Q_D = 0,71 cm³/mm. Für den Spritzvorgang sind folgende Werte zu bestimmen:
a) das Formteilvolumen V_{FT}, das Spritzvolumen V_S und die Spritzmasse m_S.
b) das Dosiervolumen und der Dosierweg.

Lösung: a) $V_{FT} = A \cdot h = \frac{10^2 \cdot \pi}{4}\,\text{mm}^2 \cdot 1{,}2\,\text{mm} = 94{,}25\,\text{mm}^3 = \mathbf{0{,}0943\,cm^3}$

$V_S = n \cdot V_{FT} + V_A = 3 \cdot 0{,}0943\,\text{cm}^3 + (0{,}0943\,\text{mm}^3 \cdot 3) \cdot 0{,}25 = \mathbf{0{,}354\,cm^3}$

$m_S = \varrho \cdot V_S = 0{,}92\,\frac{\text{g}}{\text{cm}^3} \cdot 0{,}354\,\text{cm}^3 = \mathbf{0{,}326\,g}$

b) $V_D = V_S \cdot 1{,}25 + V_P = 0{,}354\,\text{cm}^3 \cdot 1{,}25 + 3{,}5\,\text{cm}^3 = \mathbf{3{,}943\,cm^3}$

$L_D = \frac{V_D}{Q_D} = \frac{3{,}943\,\text{cm}^3}{0{,}71\,\frac{\text{cm}^3}{\text{mm}}} = \mathbf{5{,}55\,mm}$

Kräfte

Das Öffnen, Schließen und Zuhalten des Werkzeuges wird entweder

- **mechanisch** durch ein Kniehebelsystem
- oder **hydraulisch** mit Zylinder und Kolben **(Bild 3)** durchgeführt.

Die von der Schließeinheit erzeugte Zuhaltekraft muss größer sein als die Auftriebskraft, die durch das Einspritzen der Formmasse entsteht, da sonst Schmelze zwischen den Formhälften austritt.

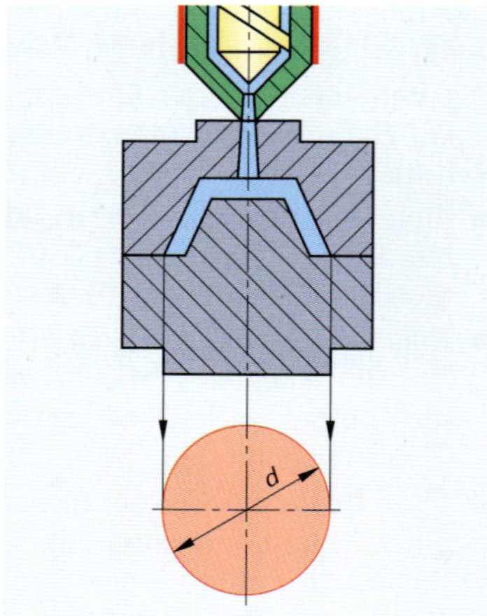

Bild 1: Projizierte Fläche

Bezeichnungen:

F_Z	Zuhaltekraft	kN
F_A	Auftriebskraft	kN
A_p	projizierte Fläche	cm²
A	projizierte Gesamtfläche	cm²
p_W	Werkzeuginnendruck	bar
n	Kavitäten, Anzahl	–
φ	Sicherheitsfaktor	–

Die Auftriebskraft errechnet sich aus dem Werkzeuginnendruck und der senkrecht auf das bewegliche Werkzeug projizierten Fläche **(Bild 1** und **2)** der Formteile und Verteilerkanäle. Zur Vereinfachung wird nur die projizierte Fläche der Formteile bestimmt, und die Verteilerkanäle werden durch einen Faktor 1,15 ... 1,30 berücksichtigt. Eine größere Zuhaltekraft belastet das Werkzeug unnötig stark.

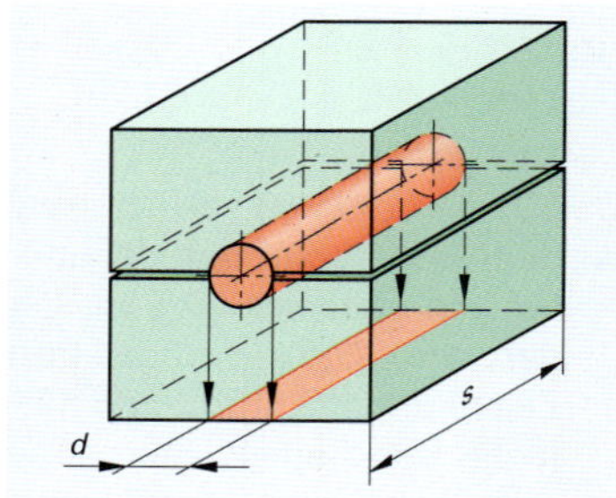

Bild 2: Projizierte Rechteckfläche

● **Beispiel:**

In einem Schuss werden drei Chips aus PE hergestellt. Der Formteildurchmesser beträgt d = 10 mm und die Dicke t = 1,2 mm. Für die Verteilerkanäle wird der Faktor 1,25 und als Sicherheit wird zusätzlich der Faktor 1,25 angenommen. Der Werkzeuginnendruck ist während des Spritzvorganges 1200 bar. Für die Auswahl einer geeigneten Spritzgießmaschine sind zu berechnen:

a) die projizierte Fläche der Formteile,

b) die aus den Formteilen entstehende Auftriebskraft,

c) die notwendige Zuhaltekraft.

Lösung: a) $A = n \cdot A_p \cdot 1{,}25$

$$= 3 \cdot \frac{d^2 \cdot \pi}{4} \cdot 1{,}25 = 3 \cdot \frac{1^2 \cdot \pi}{4}\ \text{cm}^2 \cdot 1{,}25 = \mathbf{2{,}95\ cm^2}$$

b) $F_A = p_W \cdot A = 1200 \cdot 10\ \text{N/cm}^2 \cdot 2{,}95\ \text{cm}^2 = 35\,400\ \text{N} = \mathbf{35{,}4\ kN}$

c) $F_Z = F_A \cdot \varphi = 35{,}4\ \text{kN} \cdot 1{,}25 = 44{,}25\ \text{kN} \approx \mathbf{45\ kN}$

Projizierte Gesamtfläche

$$A = n \cdot A_p$$

Aufgaben zum Thema Spritzgießen Seite 253.

Auftriebskraft

$$F_A = p_W \cdot A$$

Zuhaltekraft

$$F_Z = F_A \cdot \varphi$$

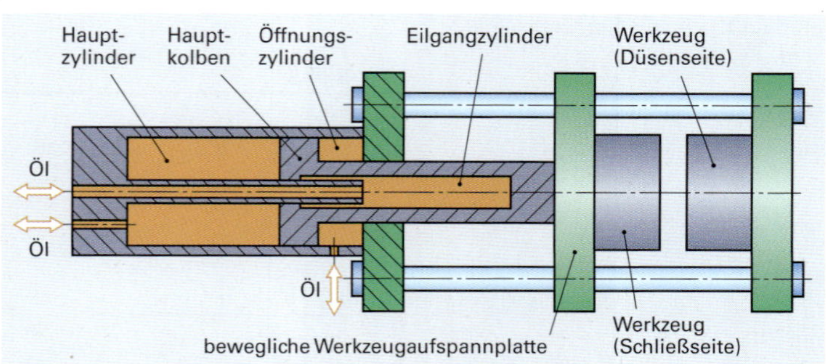

Bild 3: Hydraulische Schließeinheit

Aufgaben | Schwindung, Kühlung, Dosierung der Formmasse, Kräfte

1. **Schwindung.** Die Kavität für einen Deckel aus verschiedenen Kunststoffen soll berechnet werden. Die Formteilmaße sind: Durchmesser d = 20 mm und Dicke s = 1,5 mm. Wie groß sind die Maße der Form für die Kunststoffe der **Tabelle 1**?

Tabelle 1: Kenngrößen

Formmasse	Dichte ϱ [g/cm³]	S [%]
a) Polyamid	1,14	1,3
b) Polystyrol	1,05	0,45
c) Polyethylen	0,96	1,6
d) Polypropylen	0,91	1,5
e) PVC	1,38	0,6

2. **Projizierte Fläche.** Ein Werkzeug zum Spritzen von Kunststoffbechern aus Polyamid **(Bild 1** und **Bild 2)** hat zwei Kavitäten. Die beiden Verteilerkanäle haben einen Durchmesser von 2 mm. Der Abstand vom Anguss bis zum Anschnitt am Formteil beträgt jeweils 30 mm. Zu berechnen sind:
   a) die projizierte Fläche eines Formteils,
   b) die projizierte Fläche eines Angießkanals,
   c) die projizierte Fläche zur Berechnung der Auftriebskraft.

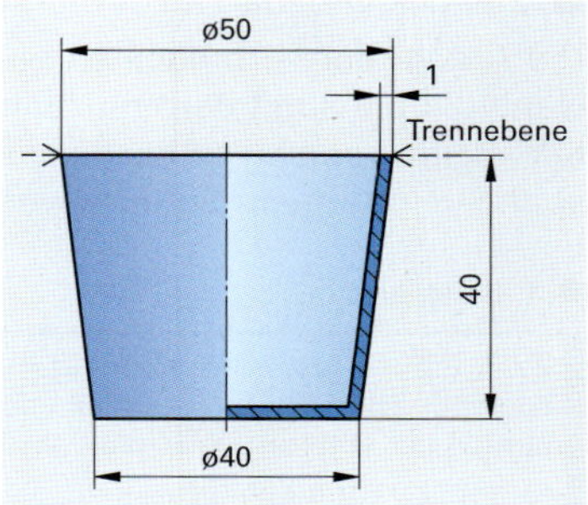

Bild 1: Becher aus PA

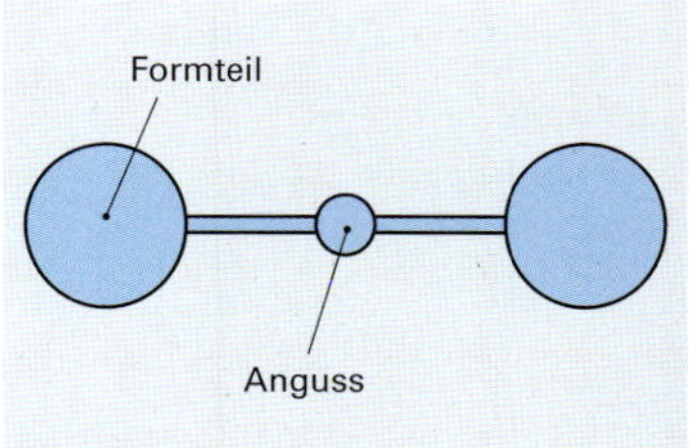

Bild 2: Formnest

3. **Formmasse.** Zur Bereitstellung des Kunststoffes Polyamid aus Aufgabe 2 muss die Spritzmenge berechnet werden.
   a) Wie groß ist das Formteilvolumen?
   b) Wie groß ist ungefähr das Angießvolumen?
   c) Wie viel g Formmasse wird für einen Zyklus gespritzt?

4. **Dosierung.** Die Dosierung der Kunststoffmenge findet an der Extruderschnecke statt. Sie hat einen Durchmesser von 30 mm und entwickelt einen Dosierstrom von 0,71 cm³/mm. Das Massepolster beträgt 20 g, und der Zuschlag für den Dichteunterschied beträgt 25 %. Der gesamte Spritzling (Formteile und Anguss) aus PVC wurde gewogen. Die Gesamtmasse beträgt 60 g.
   a) Wie groß ist das Dosiervolumen?
   b) Welcher Dosierweg muss eingestellt werden?

5. **Zykluszeit**. Der vereinfachte Spritzzyklus ist in **Tabelle 2** dargestellt. Für die Kühlzeit ist die größte Wanddicke des Formteils und die Temperatur des Werkzeuges entscheidend. Wenn für das Formteil die Dicke von 2 mm und die Werkzeugtemperatur von ca. 30 °C vorliegen, sind zu berechnen:
   a) die gesamte Kühlzeit,
   b) die Nachdruckzeit, wenn sie 1/3 der Kühlzeit beträgt, und
   c) die Zykluszeit.

Tabelle 2: Zykluszeit

Zyklus	Zeit [s]
Werkzeug schließen	1
Einspritzen	2
Nachdruck	?
Dosieren	2
Werkzeug öffnen	0,8
Auswerfen	1,4

6. **Zuhaltekraft**. Zum Spritzgießen von zwei Kunststoffbechern aus PA **(Bild 1)** wird ein Spritzdruck von 1000 bar verwendet. Die projizierte Fläche der Formteile beträgt 20 cm².

   Zu berechnen ist die Zuhaltekraft, wenn für den Anguss 15 % und als Sicherheit weitere 15 % Zuschlag angenommen werden müssen.

7. **Kniehebel (Bild 3).** Mithilfe eines Kniehebels wird das Spritzgießwerkzeug geöffnet und geschlossen. Aus Sicherheitsgründen darf der Kniehebelwinkel α nicht kleiner als 1° werden. Für die Zugkraft F = 10 kN und den Kniehebelwinkel α = 1° sind zu berechnen:
   a) die Kräfte F_1 und F_2 sowie F_Z und F_y,
   b) die Zugkraft F, wenn die maximale Zuhaltekraft F_Z = 500 kN beträgt.

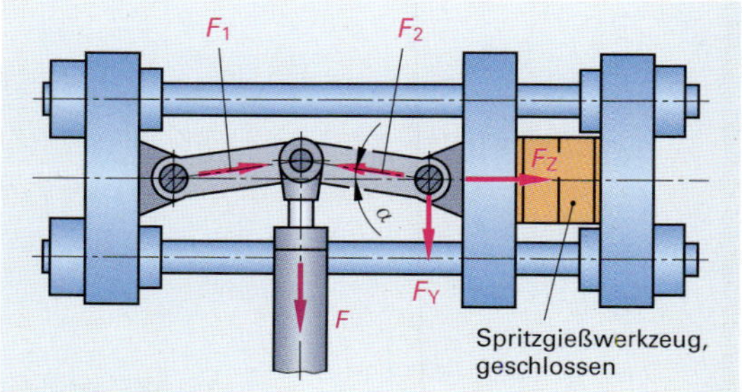

Bild 3: Kniehebel

Schmelzschweißen

Nahtquerschnitt und Elektrodenbedarf beim Lichtbogenschweißen

Bezeichnungen:

A	Nahtquerschnitt	mm^2	l_E	nutzbare Elektrodenlänge	mm
α	Öffnungswinkel	°	V_S	Volumen der Schweißnaht	mm^3
a	Schweißnahtdicke	mm	V_E	nutzbares Volumen einer Elektrode	mm^3
s	Nahtspaltbreite	mm	Z	Elektrodenbedarf	–
L	Schweißnahtlänge	m			
l	Elektrodenlänge	mm			

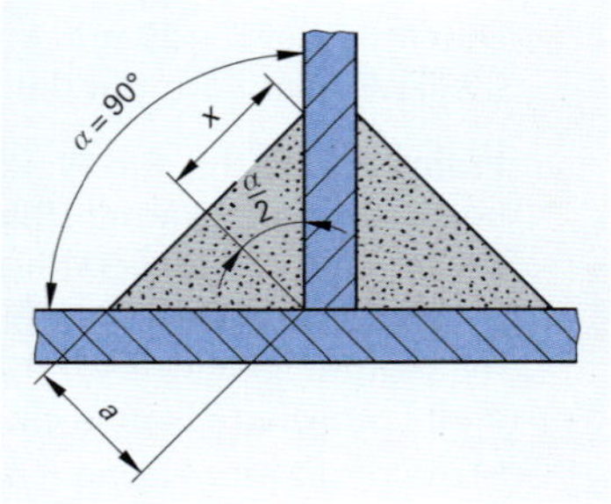

Bild 1: Kehlnaht

Elektrodenbedarf aus Volumenberechnung

Die Anzahl der verbrauchten Elektroden wird durch Vergleich des Nahtvolumens mit dem nutzbaren Volumen der Elektroden ermittelt. Beim Verschweißen der Elektroden entsteht durch das Einspannen immer ein Stummelverlust.

Nutzbare Elektrodenlänge

$$l_E = l - 30 \text{ mm}$$

Elektrodenbedarf

$$Z = \frac{V_s}{V_E}$$

● **1. Beispiel:**

Zwei Bleche werden beidseitig mit einer 625 mm langen Kehlnaht geschweißt **(Bild 1)**. Die Nahtdicke beträgt $a = 8$ mm, die Elektrodenabmessung 5,0 × 450 mm. Wie groß sind

a) der Nahtquerschnitt A,

b) das Volumen der Schweißnaht V_S,

c) das nutzbare Volumen einer Elektrode V_E,

d) die Anzahl Z der verbrauchten Elektroden?

Lösung: a) $\tan\frac{\alpha}{2} = \frac{x}{a}$

$$x = a \cdot \tan\frac{\alpha}{2}$$

$$A = \frac{2 \cdot x \cdot a}{2} = a^2 \cdot \tan\frac{\alpha}{2}$$

$$A = (8 \text{ mm})^2 \cdot \tan 45° = \mathbf{64\ mm^2}$$

b) $V_S = 2 \cdot A \cdot L = 2 \cdot 64 \text{ mm}^2 \cdot 625 \text{ mm}$

$$= \mathbf{80\,000\ mm^3}$$

c) $l_E = l - 30$ mm

$$= 450 \text{ mm} - 30 \text{ mm} = 420 \text{ mm}$$

$$V_E = \frac{\pi \cdot d^2}{4} \cdot l_E$$

$$= \frac{\pi \cdot (5{,}0 \text{ mm})^2}{4} \cdot 420 \text{ mm} = \mathbf{8\,247\ mm^3}$$

d) $Z = \frac{V_S}{V_E} = \frac{80\,000 \text{ mm}^3}{8\,247 \text{ mm}^3}$

$$= 9{,}7 \approx \mathbf{10\ Elektroden}$$

● **2. Beispiel:**

Der Nahtquerschnitt der 780 mm langen V-Naht und die Anzahl der verbrauchten Elektroden im **Bild 2** sind für eine Nahtdicke $a = 10$ mm, eine Nahtspaltbreite $s = 2$ mm und einen Öffnungswinkel $\alpha = 60°$ zu berechnen. Die Elektroden haben die Abmessungen 4,0 × 450 mm.

Lösung: $\tan\frac{\alpha}{2} = \frac{x}{a}$

$$x = a \cdot \tan\frac{\alpha}{2}$$

$$A = \frac{2 \cdot x \cdot a}{2} + a \cdot s = a^2 \cdot \tan\frac{\alpha}{2} + a \cdot s$$

$$= (10 \text{ mm})^2 \cdot \tan 30° + 2 \text{ mm} \cdot 10 \text{ mm} = \mathbf{77{,}7\ mm^2}$$

$$V_S = A \cdot L = 77{,}7 \text{ mm}^2 \cdot 780 \text{ mm} = 60\,606 \text{ mm}^3$$

$$l_E = l - 30 \text{ mm} = 450 \text{ mm} - 30 \text{ mm} = 420 \text{ mm}$$

$$V_E = \frac{\pi \cdot d^2}{4} \cdot l_E = \frac{\pi \cdot (4{,}0 \text{ mm})^2}{4} \cdot 420 \text{ mm} = 5\,278 \text{ mm}^3$$

$$Z = \frac{V_S}{V_E} = \frac{60\,606 \text{ mm}^3}{5\,278 \text{ mm}^3} = 11{,}48 \approx \mathbf{12\ Elektroden}$$

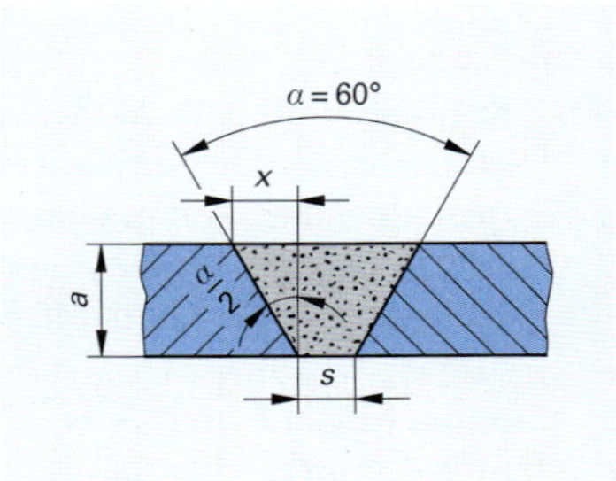

Bild 2: V-Naht

Elektrodenbedarf aus Tabellen

In der Praxis werden die Werte für Elektrodenabmessungen, spezifischen Elektrodenbedarf, Nahtmasse und Elektrodenverbrauch Tabellen entnommen.

Bezeichnungen:

Z	Anzahl der verbrauchten Elektroden	–
z_s	Spezifischer Elektrodenbedarf	Stück pro m
L	Schweißnahtlänge	m

Elektrodenbedarf

$$Z = L \cdot z_s$$

In **Tabelle 1** sind Richtwerte für Lichtbogenhandschweißen von Materialien aus S355J0 für verschiedene Naht- und Blechdicken für Kehl- und V-Naht enthalten. Die Werte gelten nur für 100 % Ausbringung, Länge der Elektrode 450 mm und Öffnungswinkel 90° für Kehlnähte bzw. 60° für V-Nähte.

Tabelle 1: Richtwerte für das Lichtbogenhandschweißen

Nahtplanung für Kehlnähte (Bild 1)

Nahtdicke a mm	Spalt s mm	Anzahl und Art der Lagen[1)]	Elektrodenabmessungen $d \times l$ mm	spez. Elektrodenbedarf z_s Stück/m	Nahtmasse je Lagenart m_s g/m	Nahtmasse gesamt m g/m
3	–	1	3,2 × 450	3,2	80	80
4	–	1	4 × 450	3,6	140	140
5	–	3	3,2 × 450	8,6	215	215
6	–	3	4 × 450	8	310	310
8	–	1 W 2 D	4 × 450 5 × 450	3 7	120 430	550
10	–	1 W 4 D	4 × 450 5 × 450	3 12,3	120 745	865
12	–	1 W 4 D	4 × 450 5 × 450	3 18,5	120 1125	1245

1) W Wurzellage; D Decklage

Nahtplanung für V-Nähte (Bild 2)

Nahtdicke[2)] a mm	Spalt s mm	Anzahl und Art der Lagen[1)]	Elektrodenabmessungen $d \times l$ mm	spez. Elektrodenbedarf z_s Stück/m	Nahtmasse je Lagenart m_s g/m	Nahtmasse gesamt m g/m
4	1	1 W 1 D	3,2 × 450 4 × 450	3 2	75 80	155
5	1,5	1 W 1 D	3,2 × 450 4 × 450	4 2,9	100 110	210
6	2	1 W 2 D	3,2 × 450 4 × 450	4 4,7	100 185	285
8	2	1 W 1 F 1 D	3,2 × 450 4 × 450 5 × 450	4 3,7 3,5	100 145 215	460
10	2	1 W 1 F 1 D	3,2 × 450 4 × 450 5 × 450	4 4 6,2	100 195 380	675

1) W Wurzellage; F Fülllage; D Decklage 2) Nahtdicke ≈ Blechdicke

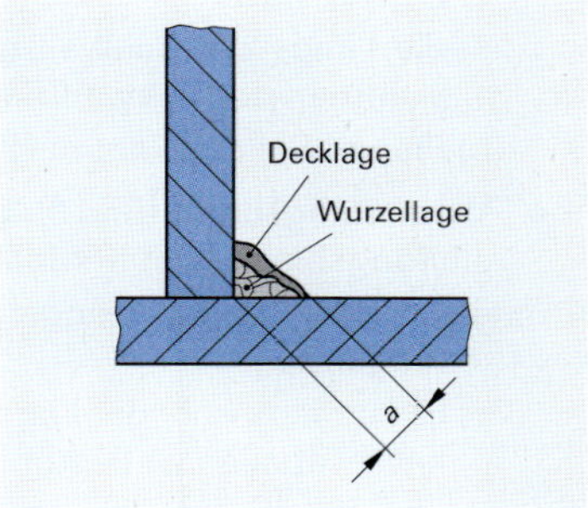

Bild 1: Kehlnaht

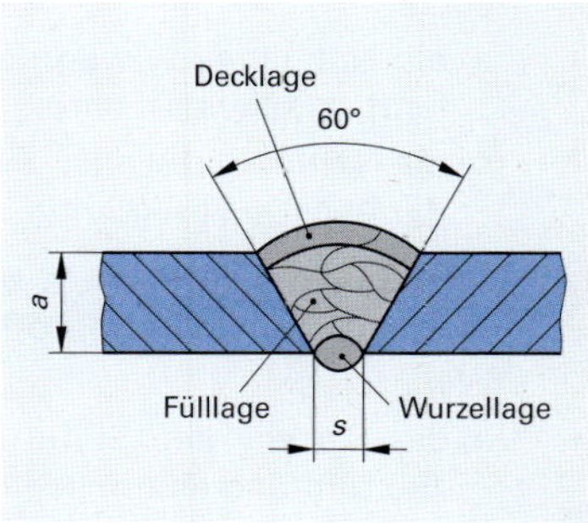

Bild 2: V-Naht

Beispiel:

Für eine Blechdicke a = 10 mm ist eine 780 mm lange V-Naht mit einem Öffnungswinkel α = 60° und einer Spaltbreite s = 2 mm einseitig und in waagerechter Schweißposition zu schweißen. Mithilfe der **Tabelle 1** ist die Anzahl der verbrauchten Elektroden zu berechnen.

Lösung: Nach **Tabelle 1** Nahtplanung und Zahl der Elektroden:

1 Wurzellage: $Z = L \cdot z_s$ $\quad Z = \frac{0{,}78 \text{ m} \cdot 4 \text{ Elektr.}}{\text{m}} = 3{,}12 \approx$ **4 Elektroden 3,2 × 450 mm**

1 Fülllage: $Z = L \cdot z_s$ $\quad Z = \frac{0{,}78 \text{ m} \cdot 4 \text{ Elektr.}}{\text{m}} = 3{,}12 \approx$ **4 Elektroden 4 × 450 mm**

1 Decklage: $Z = L \cdot z_s$ $\quad Z = \frac{0{,}78 \text{ m} \cdot 6{,}2 \text{ Elektr.}}{\text{m}} = 4{,}83 \approx$ **5 Elektroden 5 × 450 mm**

Aufgaben | Nahtquerschnitt und Elektrodenbedarf beim Lichtbogenschweißen

1. **I-Naht (Bild 1).** Das Volumen der I-Naht ist für eine Nahtlänge von 970 mm zu berechnen.
2. **Kehlnaht.** Zur Fertigung einer Kehlnaht mit der Nahtdicke a = 12 mm und der Länge L = 9,7 m sind
   a) die Nahtplanung,
   b) der Elektrodenbedarf nach **Tabelle 1, vorherige Seite** zu ermitteln.
3. **Abdeckplatte (Bild 2).** Die Abdeckplatte der Säule wird durch eine Kehlnaht verbunden.
   Wie groß sind
   a) die Länge der Schweißnaht, der Nahtquerschnitt und das Volumen der Schweißnaht?
   b) Planen Sie die Naht nach **Tabelle 1, vorherige Seite.**
4. **Versteifungsblech (Bild 3).** Eine Stahlkonstruktion erhält 4 Versteifungsbleche mit Kehlnähten a = 10 mm zur Stabilisierung.
   a) Ermitteln Sie die Länge der Schweißnaht für eine Versteifungsrippe.
   b) Es ist die Anzahl der Lagen und der Elektrodendurchmesser nach Tabellen zu bestimmen.
5. **Kreisring.** Zur Befestigung eines Flanschmotors wird ein Kreisring mit dem Außendurchmesser D = 250 mm und dem Innendurchmesser d = 150 mm mit einem Getriebegehäuse verschweißt. Für Kehlnähte mit der Nahtdicke a = 8 mm sind gesucht
   a) die Nahtlänge L, wenn der Ring innen und außen umlaufend verschweißt wird,
   b) die Nahtplanung nach **Tabelle 1, vorherige Seite,**
   c) der Elektrodenbedarf Z.
6. **Absperrgitter (Bild 4).** In ein Absperrgitter von 16 m Länge werden Füllstäbe Hohlprofil 60 × 40 × 4 geschweißt.
   Wie groß sind
   a) die Anzahl der Stäbe bei einem Randabstand von je 150 mm und einem lichten Stababstand von 140 mm,
   b) die gesamte Schweißnahtlänge,
   c) die gesamte Schweißnahtmasse nach **Tabelle 1, vorherige Seite?**
7. **V-Naht.** Für eine Blechdicke a = 10 mm ist eine 12 m lange V-Naht mit einem Öffnungswinkel α = 60° und einer Spaltbreite s = 2 mm einseitig, in horizontaler Schweißposition zu schweißen.
   Zu berechnen sind
   a) der Nahtquerschnitt,
   b) das Volumen der Schweißnaht ohne Zuschläge.
   c) Erstellen Sie die Nahtplanung und berechnen Sie den Elektrodenbedarf.
8. ● **Doppel-V-Naht (Bild 5).** Der Nahtquerschnitt der Doppel-V-Naht (X-Naht) ist zu berechnen.
   Erstellen Sie die Nahtplanung und berechnen Sie den Elektrodenbedarf für 1 m Schweißnaht unter Verwendung von **Tabelle 1, vorherige Seite.**

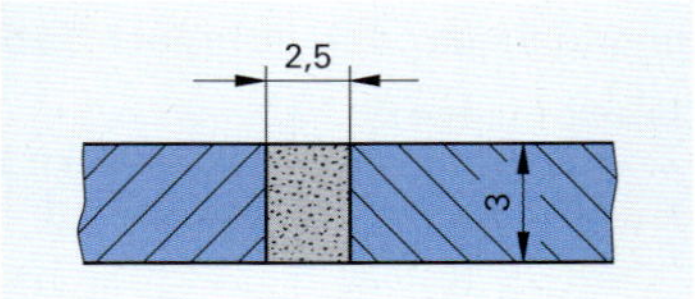

Bild 1: I-Naht

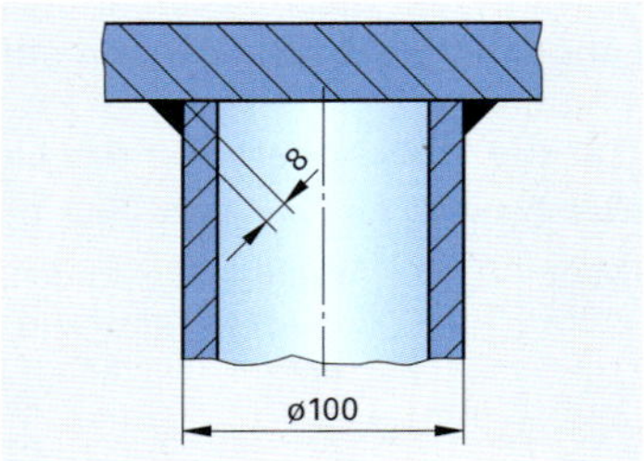

Bild 2: Abdeckplatte

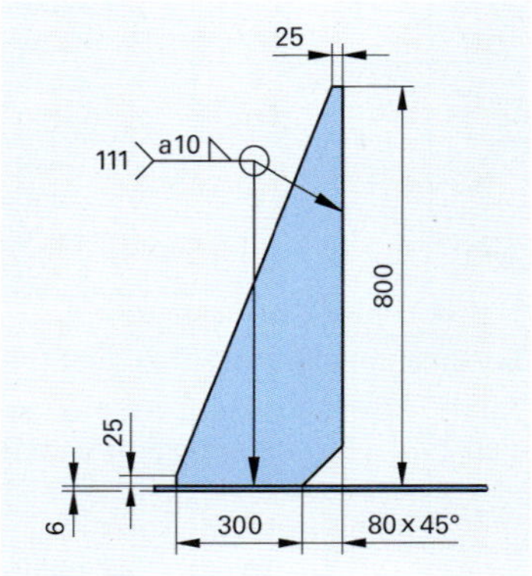

Bild 3: Versteifungsblech

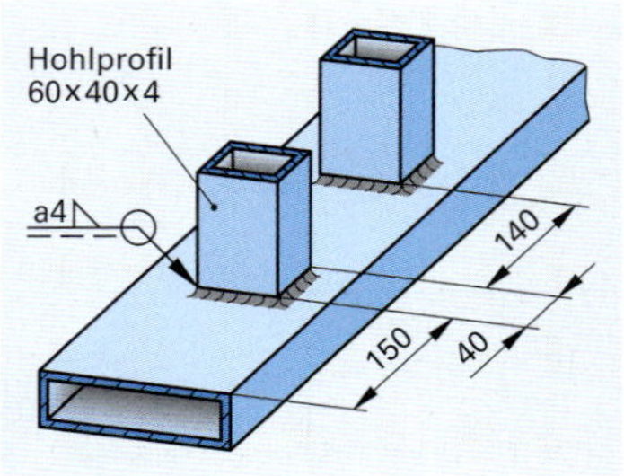

Bild 4: Absperrgitter

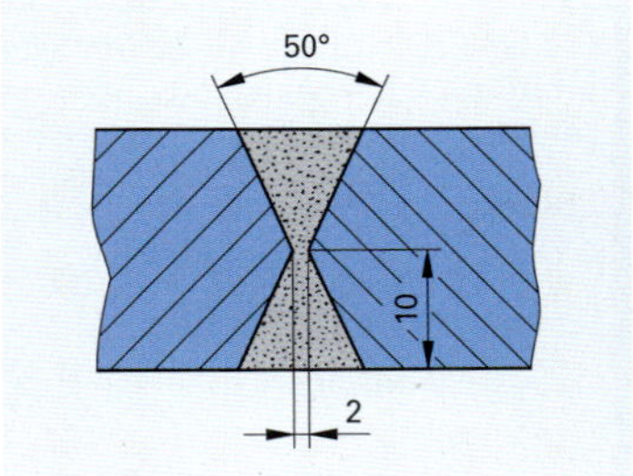

● **Bild 5: Doppel-V-Naht**

Vertiefungsaufgaben

Lernfeldkompass

Dem nachfolgenden Lernfeldkompass können Sie entnehmen, welche Seiten aus dem Kapitel Vertiefungsaufgaben den Lernfeldern der verschiedenen Metallberufe zugeordnet werden können. Die ersten vier Lernfelder sind dabei in allen Metallberufen gleich. Selbstverständlich können die einzelnen Aufgaben auch in den anderen Lernfeldern angewandt werden.

Die Lernfelder 14a bis 16c sind nur im Berufsfeld Feinwerkmechaniker vertreten. **Schwerpunkt Maschinenbau:** 14a, 15a, 16a. **Schwerpunkt Feinmechanik:** 14b, 15b. **Schwerpunkt Werkzeugbau:** 14c, 15c,16c.

Lehrjahr	Lernfeld	Industriemechaniker/-in	Feinwerkmechaniker/-in	Zerspanungsmechaniker/-in	Werkzeugmechaniker/-in
Grundstufe	1	S. 259	S. 259	S. 259	S. 259
	2	S. 264 S. 267 S. 265 S. 268	S. 264 S. 267 S. 265 S. 268	S. 264 S. 267 S. 265 S. 268	S. 264 S. 267 S. 265 S. 268
	3	S. 261 S. 265 S. 262 S. 267 S. 263	S. 261 S. 265 S. 262 S. 267 S. 263	S. 261 S. 265 S. 262 S. 267 S. 263	S. 261 S. 265 S. 262 S. 267 S. 263
	4	S. 273 S. 275	S. 273 S. 275	S. 273 S. 275	S. 273 S. 275
Fachstufe 1	5	S. 269	S. 265 S. 267 S. 269	S. 269	S. 265 S. 267 S. 269
	6	S. 275	S. 258 S. 271	S. 262	S. 274
	7	S. 262 S. 272 S. 274	S. 272 S. 274	S. 274 S. 275	S. 258 S. 271
	8	S. 258 S. 271	S. 275	S. 258 S. 271	S. 275
	9	S. 280	S. 280	S. 280	S. 269
Fachstufe 2	10	S. 277 S. 278	S. 280	S. 280	S. 280
	11	S. 265 S. 267	S. 274	S. 269	S. 280
	12	S. 262	S. 269	S. 265	S. 280
	13	S. 275	S. 265 S. 267	S. 267	S. 274
	14	S. 280			
	15	S. 263			
	14a		S. 280		
	15a		S. 261 S. 278		
	16a		S. 275		
	14b		S. 275 S. 278 S. 280		
	15b		S. 275		
	14c				
	15c		S. 272		
	16c		S. 280		

Berechnungen im Dreieck

1. **Platte (Bild 1).** Die Platte erhält 3 Bohrungen mit je 6,4 mm Durchmesser. Ihre Mittelpunkte bilden ein rechtwinkliges Dreieck mit den Seitenlängen 18,0 mm und 34,0 mm.

   Wie groß

   a) ist das Kontrollmaß x,

   b) wird x, wenn die Bohrung versehentlich mit 6,6 mm Durchmesser gefertigt wird,

   c) ist der Winkel α?

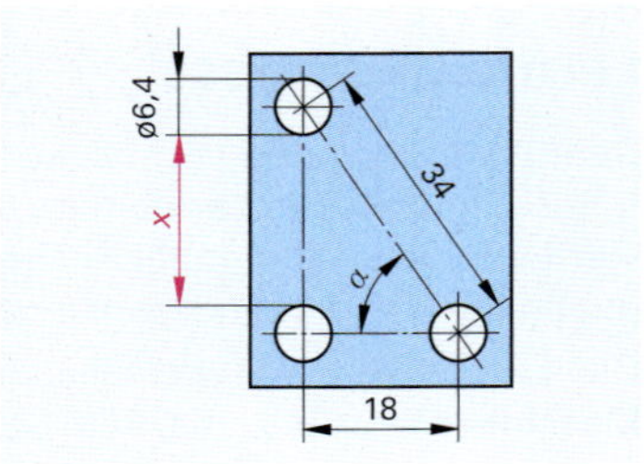

Bild 1: Platte

2. **Flansch (Bild 2).** Ein Flansch erhält eine Mittenbohrung mit 36,2 mm Durchmesser und 4 Bohrungen mit je 8,0 mm Durchmesser auf dem gemeinsamen Teilkreis mit 58,0 mm Durchmesser.

   Wie groß sind

   a) die Kontrollmaße x und y,

   b) das Kontrollmaß a?

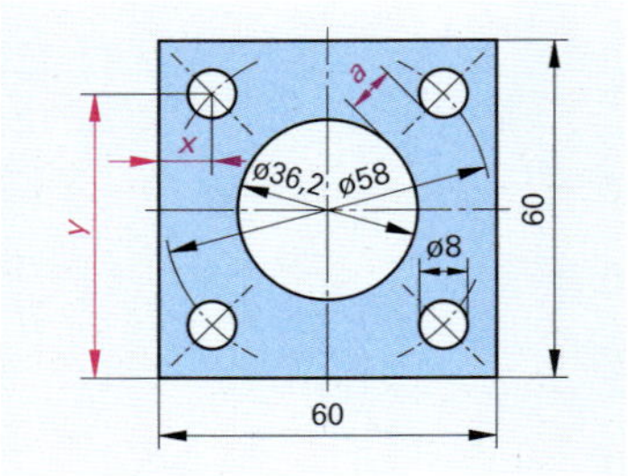

Bild 2: Flansch

3. **Konsole (Bild 3).** Die Konsole besteht aus zwei Stäben, die einen Winkel von $\alpha = 40°$ bilden. Beide Stäbe sind an der Wand befestigt. An der Konsole hängt eine Last $m = 10$ t.

   Zu berechnen sind

   a) die Länge l_2 des Stabes 2,

   b) der Abstand l_3 der beiden Wandbefestigungen,

   c) die Kräfte in den beiden Stäben. Dabei ist festzulegen, ob es sich um eine Zug- oder eine Druckkraft handelt.

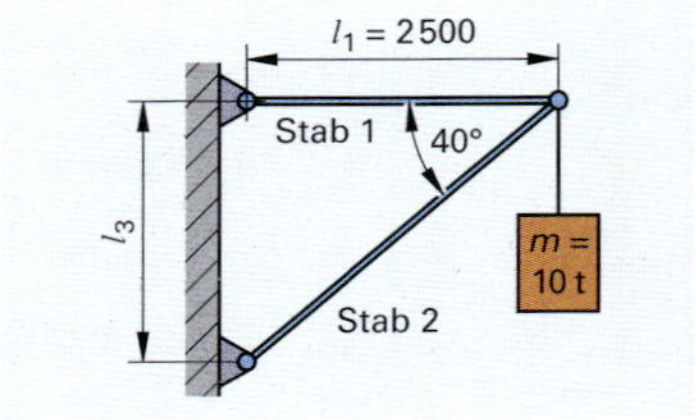

Bild 3: Konsole

4. **Schwalbenschwanzführung (Bild 4).** Bei einer Schwalbenschwanzführung kann der Abstand der beiden seitlichen Gleitflächen nur mithilfe von Prüfzylindern bestimmt werden.

   Berechnen Sie

   a) die Breite b der Führung, wenn man annimmt, dass die Ecken völlig spitz sind,

   b) das Kontrollmaß x, wenn die Prüfzylinder 10,00 mm Durchmesser haben.

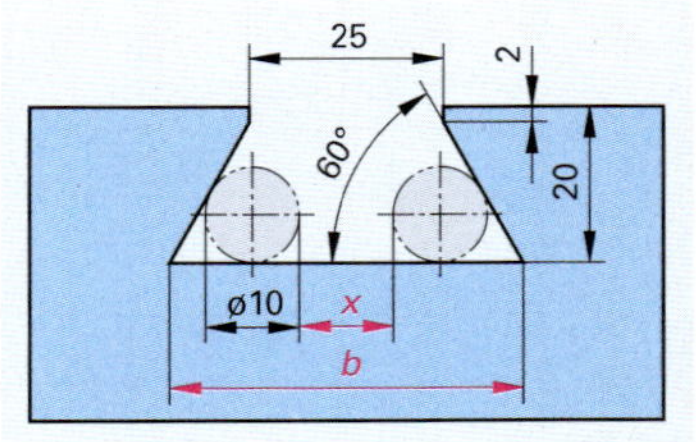

Bild 4: Schwalbenschwanzführung

5. **Prisma (Bild 5).** Die obere Kante und das ausgerundete Prisma der Schablone werden auf einer NC-Fräsmaschine mit einem Schaftfräser hergestellt. Der Schaftfräser hat einen Durchmesser von 25 mm.

   Zu berechnen sind die X- und Y-Koordinaten der Konturpunkte P1 bis P4 mit einer Genauigkeit von drei Stellen nach dem Komma.

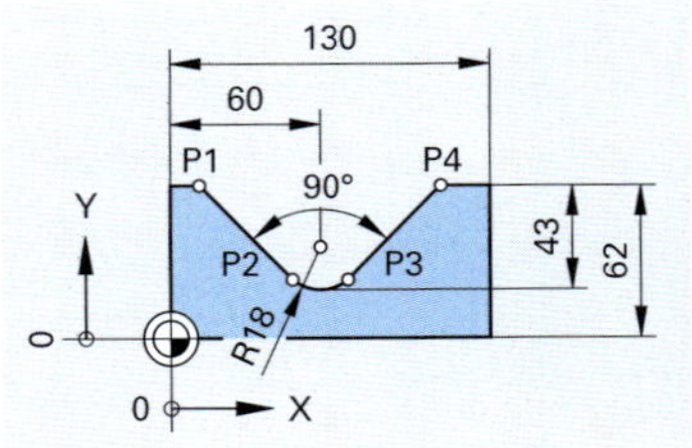

Bild 5: Prisma

Vertiefungsaufgaben | Längen, Flächen, Volumen, Masse und Gewichtskraft

1. **Aufteilen eines Flachstabes.** Von einem 3000 mm langen Flachstab werden mit einem 2,5 mm breiten Sägeblatt nacheinander Stücke mit folgender Länge abgeschnitten:
25 mm, 90 mm, 137 mm, 1210 mm, 685 mm und 792 mm
Wie lang ist das Reststück?

2. **Masse von Normprofilen, Blechen und Rohren.** Berechnen Sie mithilfe eines Tabellenbuches die Masse von
   a) 40 m L-Profil EN 10056-1 – S235 – 70x50x6,
   b) 125 m² Stahlblech, 4,5 mm dick,
   c) 85 m Rohr DIN EN 754, 50x10 aus Al 99,5.

3. **Haken (Bild 1).** An Haken aus verzinktem Stahl werden die Vorhänge einer Schweißkabine aufgehängt. Der Draht wird in der Biegemaschine von einer Rolle abgezogen, gerade gerichtet, abgeschnitten und danach gebogen.
   a) Welche Länge muss abgeschnitten werden?
   b) Wie viel g wiegen 2500 Haken?

4. **Rohrhalter (Bild 2).** Der 30 mm breite Rohrhalter wird aus 3 mm dickem Aluminiumband gebogen. Um die Berechnung zu vereinfachen, sind die Maße (28,72), (55,15°), (64,62°) und (18,38) angegeben, obwohl sie sich aus den anderen Maßen ergeben.
   a) Wie groß ist die gestreckte Länge des Rohrhalters?
   b) Wie viel wiegt ein Halter?

5. **Blechteil (Bild 3).** Die trapezförmigen Blechteile werden auf der Ober- und der Unterseite 5 µm dick verkupfert.
   a) Wie groß ist die verkupferte Fläche?
   b) Wie viel Gramm Kupfer werden für den Überzug von 1650 Blechteilen benötigt?

6. **Abschreckbehälter (Bild 4).** Der rechteckige Behälter dient zum Abschrecken von Werkstücken beim Härten. Er hat die Innenmaße 2 m × 1,2 m × 0,7 m und wird mit 1450 l Öl gefüllt. Das Öl hat die Dichte ρ = 0,85 kg/dm³.
   a) Welches Volumen hat das Abschreckbecken?
   b) Wie viel mm liegt der Ölspiegel unter dem Beckenrand?
   c) Welche Masse hat das eingegossene Öl?

7. **Blasenspeicher (Bild 5).** In Blasenspeichern wird unter Druck stehende Hydraulikflüssigkeit gespeichert, die eine im Speicher eingebaute stickstoffgefüllte Blase zusammendrückt. Der Mantel des Blasenspeichers besteht aus einem zylindrischen Teil, der an beiden Enden durch einen Kugelabschnitt abgeschlossen wird. Zu berechnen sind
   a) das Volumen des Speichers ohne Berücksichtigung der Blase,
   b) die Gewichtskraft des eigentlichen Gehäuses, wenn dieses aus Stahl besteht und durchschnittlich 5 mm dick ist.

   Zur Vereinfachung der Berechnung soll angenommen werden, dass der zylindrische Teil des Speichers beidseitig durch je eine vollständige Halbkugel abgeschlossen ist.

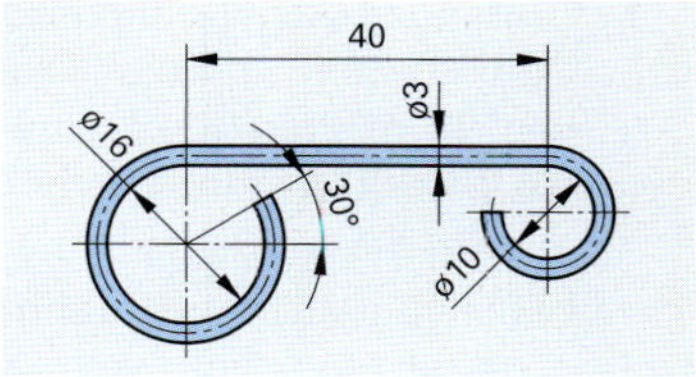

Bild 1: Haken

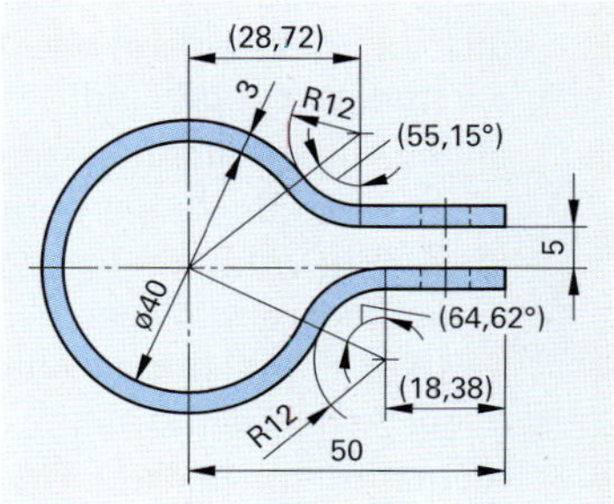

Bild 2: Rohrhalter

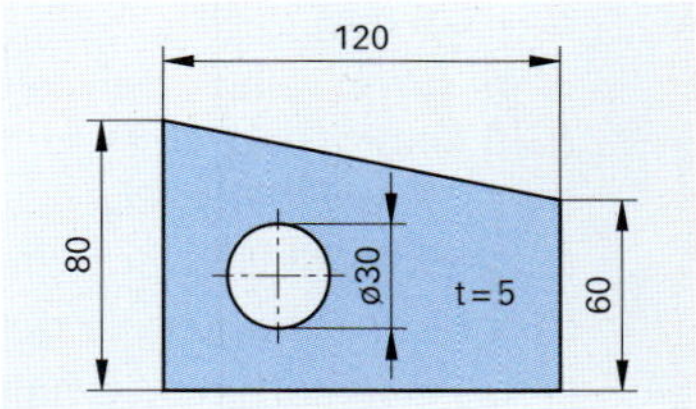

Bild 3: Blechteil

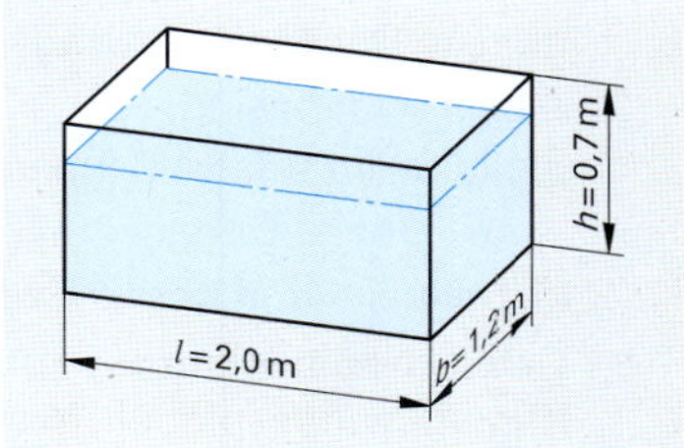

Bild 4: Abschreckbehälter

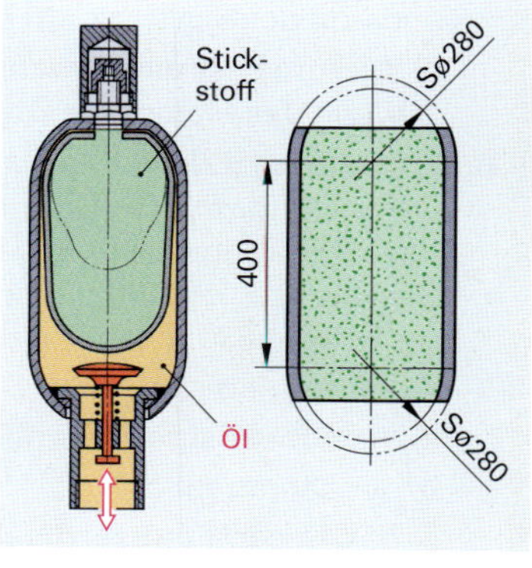

Bild 5: Blasenspeicher

Vertiefungsaufgaben | Bewegungen, Übersetzungen

1. **Umfangsgeschwindigkeit.** Eine Schleifscheibe mit 250 mm Durchmesser und einer zulässigen Umfangsgeschwindigkeit von 35 m/s soll auf eine Schleifspindel mit der Drehzahl $n = 2800$/min montiert werden.
   a) Wird die zulässige Umfangsgeschwindigkeit überschritten?
   b) Bis zu welchem Durchmesser kann die Schleifscheibe abgenutzt werden, wenn als kleinste wirtschaftliche Schnittgeschwindigkeit 25 m/s angenommen wird?

2. **Zeigerantrieb (Bild 1).** Das Ritzel auf der Zeigerwelle eines groben Messtasters hat 20 Zähne und einen Modul von 1,5 mm. Wie groß sind
   a) der Außendurchmesser des Ritzels,
   b) die Frästiefe für ein Kopfspiel von $0{,}25 \cdot m$,
   c) die zum Verzahnen des Zahnsegmentes einzustellende Zähnezahl, wenn dieses beim Schwenken um 60° die Zeigerwelle einmal drehen soll,
   d) der Achsabstand?

3. **Riementrieb (Bild 2).** Ein Elektromotor mit der Drehzahl $n_1 = 2800$/min treibt über einen Flachriemen eine Schleifspindel. Der Durchmesser der treibenden Riemenscheibe beträgt $d_1 = 120$ mm.
   Wie groß sind bei einem Schleifscheibendurchmesser $d = 130$ mm und einer Umfangsgeschwindigkeit der Schleifscheibe von 35 m/s
   a) die Drehzahl der Schleifscheibe,
   b) der Durchmesser der getriebenen Riemenscheibe,
   c) das Übersetzungsverhältnis des Riementriebes?

4. **Schneckentrieb (Bild 3).** Eine zweigängige Schnecke treibt mit 1500 Umdrehungen je Minute ein Schneckenrad mit 60 Zähnen an. Der Modul beträgt $m = 2{,}5$ mm.
   Zu berechnen sind
   a) die Drehzahl des Schneckenrades,
   b) das Übersetzungsverhältnis,
   c) Teilkreis- und Kopfkreisdurchmesser des Schneckenrades.

5. **Gewindespindelantrieb (Bild 4).** Ein Schlitten wird durch eine Kugelgewindespindel mit 6 mm Steigung verfahren. Sie selbst wird über Zahnriemen ($z_1 = 24$, $z_2 = 32$) angetrieben.
   a) Wie viel Umdrehungen muss die Gewindespindel machen, damit der Schlitten 180 mm zurücklegt?
   b) Wie groß ist die Vorschubgeschwindigkeit des Schlittens, wenn der Motor eine Drehzahl von 500/min hat?

6. **Kranantrieb (Bild 5).** Die Laufkatze eines Krans wird von einem Elektromotor mit der Drehzahl $n_1 = 1420$/min über ein zweistufiges Stirnradgetriebe angetrieben. Die Laufkatze soll mit der Geschwindigkeit 150 m/min verfahren. Der Laufraddurchmesser beträgt 630 mm.
   Zu berechnen sind
   a) die notwendige Drehzahl des Laufrades,
   b) die Zähnezahl z_3,
   c) das Gesamtübersetzungsverhältnis und die Einzelübersetzungsverhältnisse des Zahnradgetriebes.

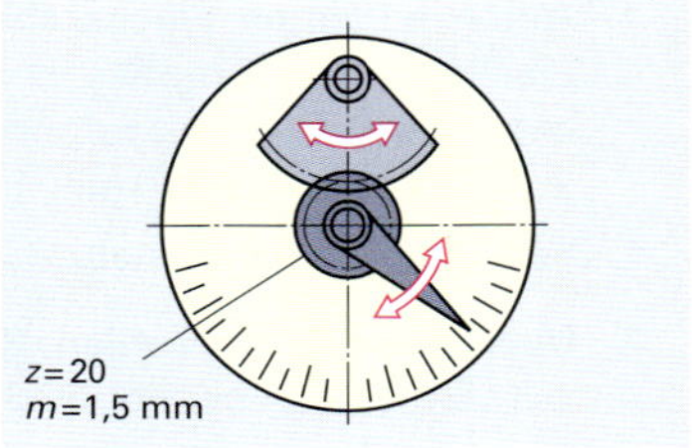

Bild 1: Zeigerantrieb

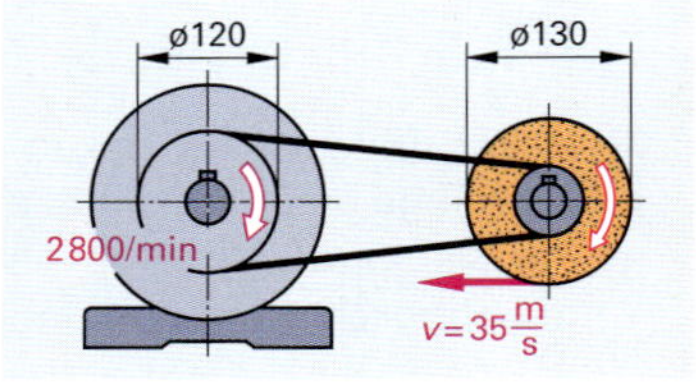

Bild 2: Riementrieb

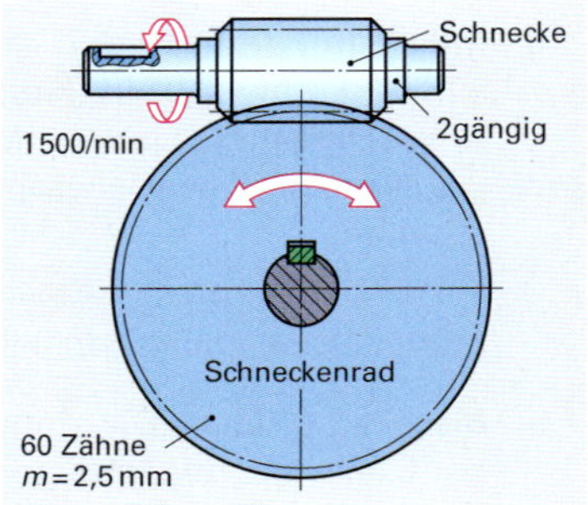

Bild 3: Schneckentrieb

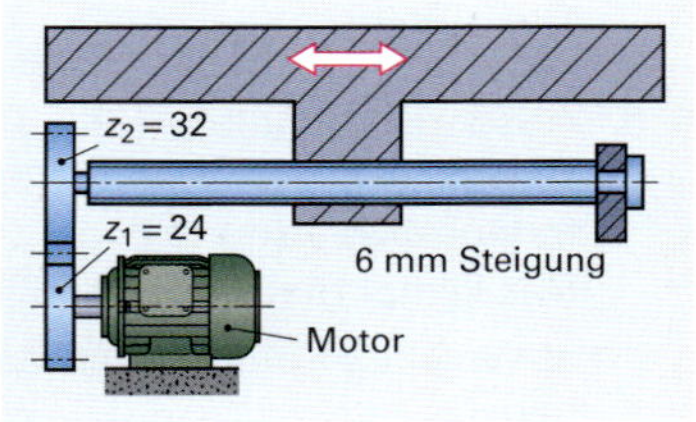

Bild 4: Gewindespindelantrieb

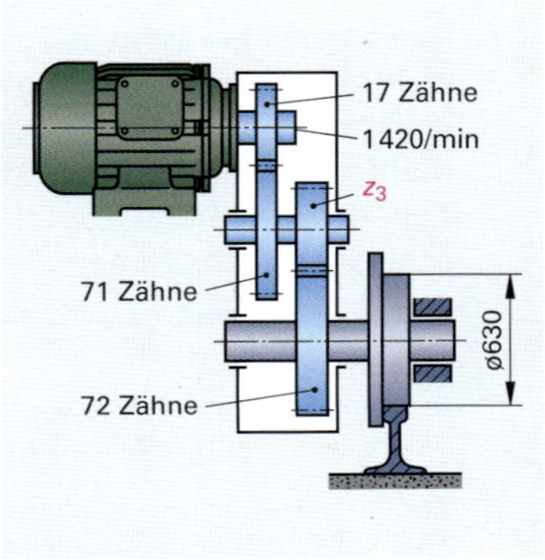

Bild 5: Kranantrieb

Vertiefungsaufgaben | Kräfte, Arbeit, Leistung, Wirkungsgrad

1. **Kräfte beim Zerspanen (Bild 1).** Auf einen Stechdrehmeißel wirken beim Einstechdrehen die Schnittkraft F_c = 1600 N und die Vorschubkraft F_f = 550 N.

   Ermitteln Sie

   a) die Größe der Resultierenden aus den Kräften F_c und F_f,

   b) den Winkel zwischen der Resultierenden und der Vorschubkraft F_f.

2. **Tragkette (Bild 2).** Ein 2,5 t schweres Rohr hängt an einer Kette, die das Rohr umschlingt und am Haken des Baggerseiles eingehängt ist.

   Zu bestimmen sind

   a) die Zugkraft im Baggerseil,

   b) die Zugkraft an den beiden zum Haken gehenden Kettensträngen.

3. **Spannpratze (Bild 3).** Mit einer Spannpratze werden gleichzeitig zwei Werkstücke gespannt. Die Spannmutter erzeugt in der Spannschraube (Festigkeitsklasse 8.8) eine Vorspannkraft $F_v \approx$ 40 kN.

   a) Entnehmen Sie das für diese Vorspannkraft erforderliche Anziehdrehmoment aus der **Tabelle 1, Seite 182,** oder aus einer anderen Quelle, z. B. aus einem Tabellenbuch.

   b) Welche Kraft muss beim Anziehen der Mutter an einem 300 mm langen Gabelschlüssel wirken, um das notwendige Anziehdrehmoment zu erhalten?

   c) Wie groß sind die Spannkräfte F_1 und F_2 auf die beiden Werkstücke?

4. **Gabelstapler (Bild 4).** Ein Gabelstapler wiegt 1,7 t. Sein Schwerpunkt liegt 2100 mm rechts, der Schwerpunkt der anzuhebenden Last 1200 mm links von der Vorderachse.

   Zu berechnen sind

   a) die Größe der Last F', bei der der Stapler kippen würde,

   b) die Kräfte auf die Vorderachse und auf die Hinterachse beim Anheben einer Last von 2 t.

5. **Seilwinde (Bild 5).** Die Trommel einer Seilwinde wird mit einer Kurbel über ein Zahnradpaar angetrieben. Die Last mit der Masse m = 120 kg soll mit der Geschwindigkeit v = 12 m/min gehoben werden. Wie groß sind

   a) die notwendige Zahl der Kurbelumdrehungen je Minute,

   b) die Arbeit an der Trommel bis zur Hubhöhe von 8,5 m,

   c) die notwendige Arbeit an der Kurbel, wenn der Wirkungsgrad der Winde 65 % beträgt,

   d) die Leistung an der Kurbel in kW?

6. **Schraubenverbindung.** Der Deckel eines Hydraulikzylinders wird mit 10 Zylinderschrauben M8 der Festigkeitsklasse 8.8 befestigt.

   a) Ermitteln Sie aus der **Tabelle 1, Seite 182,** die Vorspannkraft je Schraube, wenn diese mit dem Drehmoment $M_A \approx$ 23 N · m angezogen wird.

   b) Welcher Innendruck im Zylinder (d = 125 mm) würde die gleiche Kraft erzeugen wie die Vorspannkräfte aller Schrauben zusammen?

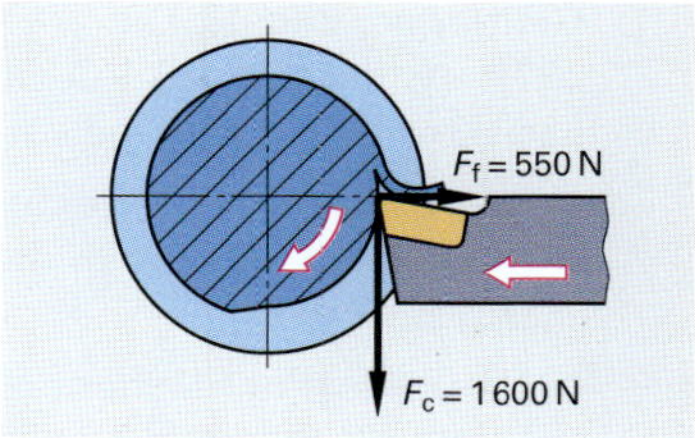

Bild 1: Kräfte beim Zerspanen

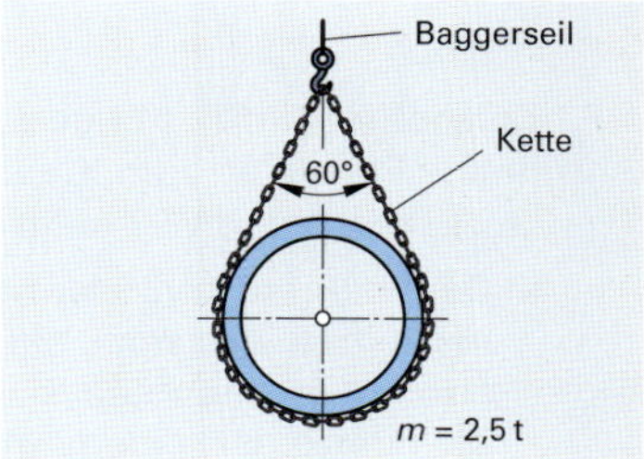

Bild 2: Tragkette

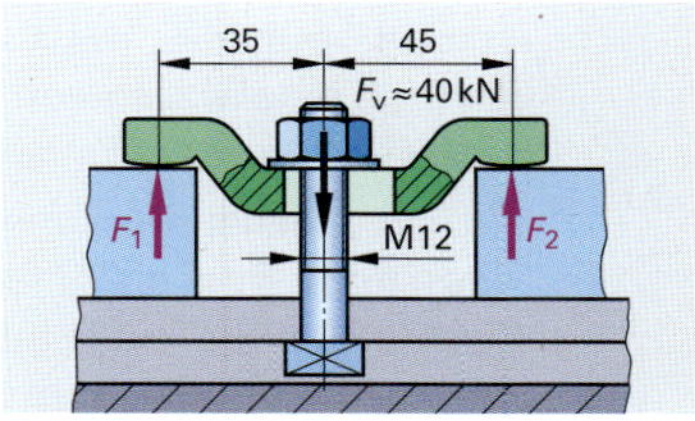

Bild 3: Spannpratze

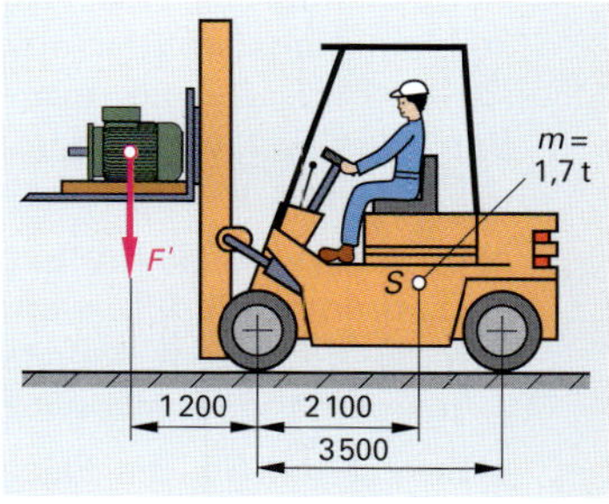

Bild 4: Gabelstapler

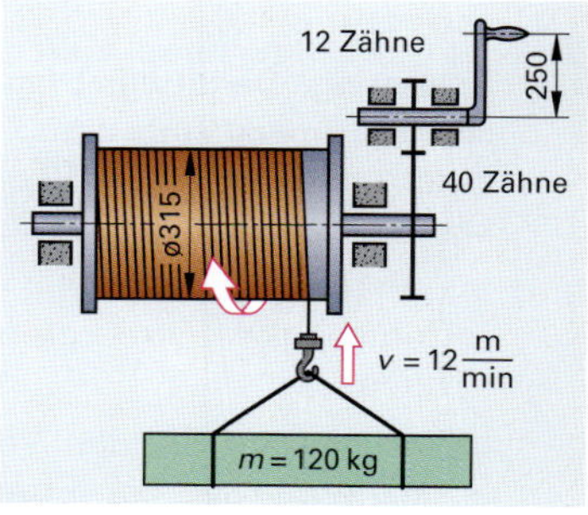

Bild 5: Seilwinde

Vertiefungsaufgaben | Kräfte, Flächenpressung, Kennwerte

1. **Gleitlager (Bild 1).** Die Gleitlagerbuchse ISO-4379 – F15 × 17 × 20 – CuSn8P wird mit einer Lagerkraft $F = 2{,}4$ kN belastet.
   a) Ermitteln Sie mithilfe des Tabellenbuches, in welchen Längen b_1 die Buchse genormt ist.
   b) Die zulässige Flächenpressung des eingesetzten Werkstoffs beträgt $p_{zul} = 10$ N/mm². Berechnen Sie, ob die Lagerlänge ausreicht.

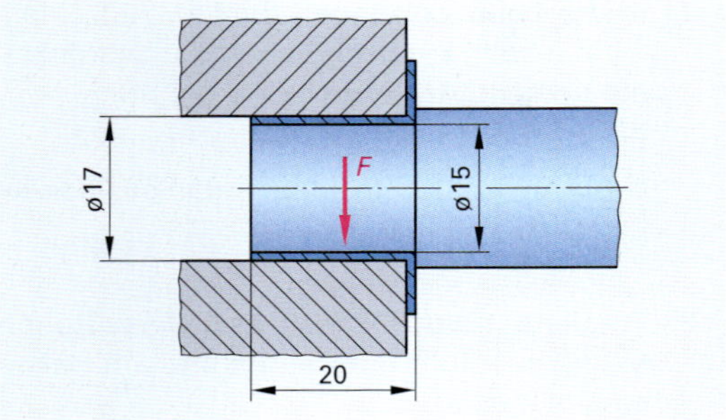

Bild 1: Gleitlager

2. **Kniehebel (Bild 2).** Mit dem Kniehebel soll die nötige Presskraft zum Kleben von zwei Werkstücken W 1 und W 2 aufgebracht werden.
   a) Der Pneumatikzylinder mit dem Durchmesser 80 mm wird mit 6 bar Überdruck betrieben. Berechnen Sie die Kolbenkraft des Zylinders bei einem Wirkungsgrad von 89 %.
   b) Mit welcher Presskraft drückt der Pressstempel auf die Werkstücke, wenn der Stempel eine Masse von 5 kg hat und beim Pressvorgang der Winkel $\alpha = 130°$ beträgt?
   c) Welche Flächenpressung wird durch den Pressstempel auf die Klebeflächen der Werkstücke W 1 mit $D = 300$ mm und $d = 290$ mm und W 2 mit $D = 300$ mm ausgeübt?

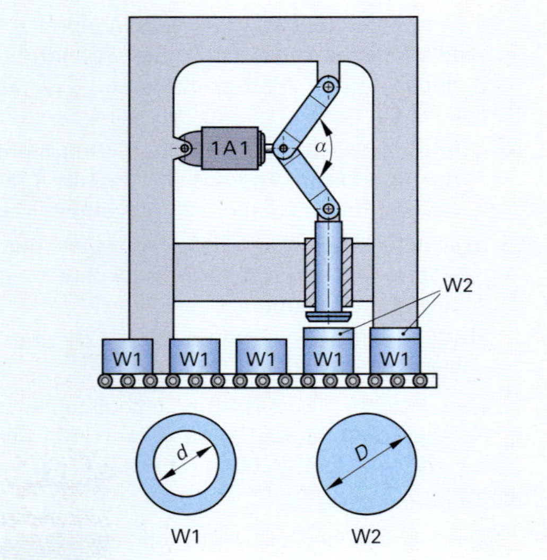

Bild 2: Kniehebel

3. **Aufpressung.** In einer Aufpressvorrichtung soll ein Kunststoffteil auf ein Messingrohr (d = 3 mm, s = 0,6 mm) gepresst werden. Die Presskraft wird über Hohlgummifedern (L_0 = 16 mm) übertragen.
   a) Ermitteln Sie die Kraft aus dem Weg-Kraft-Diagramm **(Bild 3)**, wenn die Hohlgummifeder bei einem Arbeitsweg um 0,3 mm zusammengedrückt wird.
   b) Berechnen Sie die Flächenpressung, welche die Stirnfläche des Messingrohrs auf das Kunststoffteil ausübt.

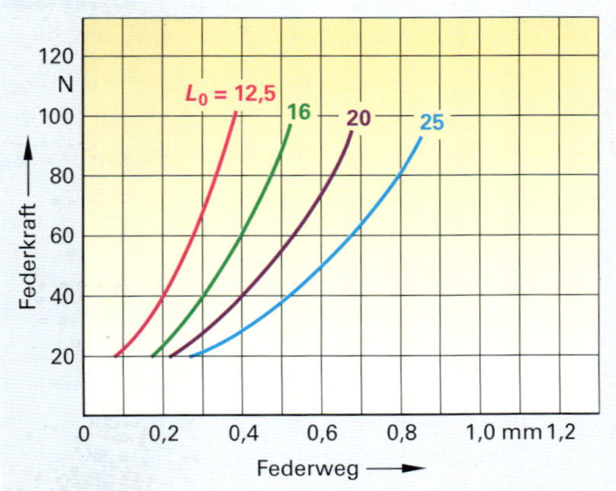

Bild 3: Weg-Kraft-Diagramm

4. **Spannungs-Dehnungs-Diagramm.** Vom Werkstoff E295 sollen in einem Zugversuch mit der Zugprobe DN 50125 – 10 × 50 die Werkstoffkennwerte bestimmt werden.
   a) Ermitteln Sie mit dem Tabellenbuch die Zugfestigkeit, Streckgrenze und Bruchdehnung.
   b) Beschreiben Sie den Versuchsablauf und skizzieren Sie die Ergebnisse in einem Spannungs-Dehnungs-Diagramm.

Vertiefungsaufgaben | Kräfte an Bauteilen

1. **Deckenschwenkkran (Bild 1).** In der Montagehalle eines Betriebes soll ein Deckenschwenkkran an der Hallendecke mit vier Schrauben, die einen Abstand l_1 = 600 mm haben **(Bild 2)**, befestigt werden. Der Schwerpunkt *s* des Auslegers befindet sich einen Meter von der Drehachse entfernt. Die Laufkatze kann maximal 2,5 Meter bis zum Anschlag fahren.
   a) Berechnen Sie die Kräfte, die in den Schrauben bei A und B auftreten, wenn die Laufkatze am Anschlag steht und dabei eine Kraft von 12 kN wirkt.
   b) Der Deckenkran wird mit vier Schrauben M 16, Festigkeitsklasse 8.8, befestigt **(Bild 2)**. Prüfen Sie, ob die Schrauben den Anforderungen genügen, wenn 2,5-fache Sicherheit gegen plastische Verformung zu gewährleisten ist?
   c) Welche Beanspruchungsarten treten in den Schrauben, in der Säule, im Ausleger und in der Laufkatze auf? Geben Sie für jeden Fall auch die verursachenden Kräfte an.
   d) Die Säule, Rohr 200 × 10, wird durch den Ausleger mit F_2 und die Laufkatze mit F_3 auf Biegung beansprucht. Berechnen Sie das dadurch auftretende Biegemoment in der Säule und die Sicherheit gegen plastische Verformung, wenn die Säule aus S275JR gefertigt ist.

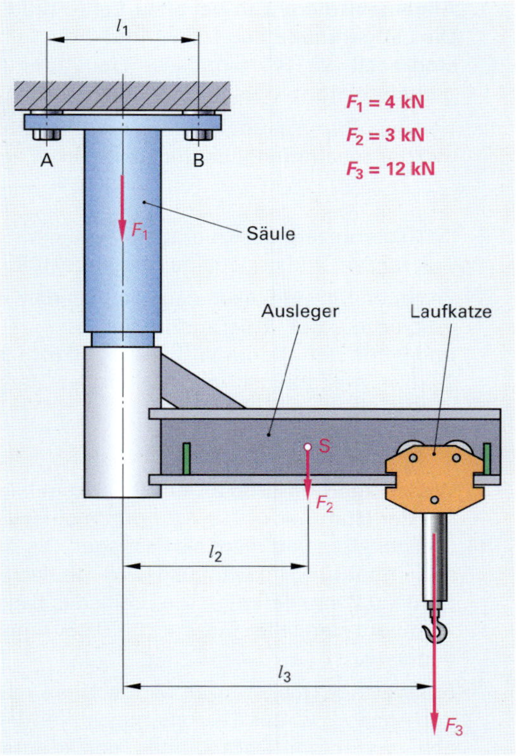

Bild 1: Deckenschwenkkran

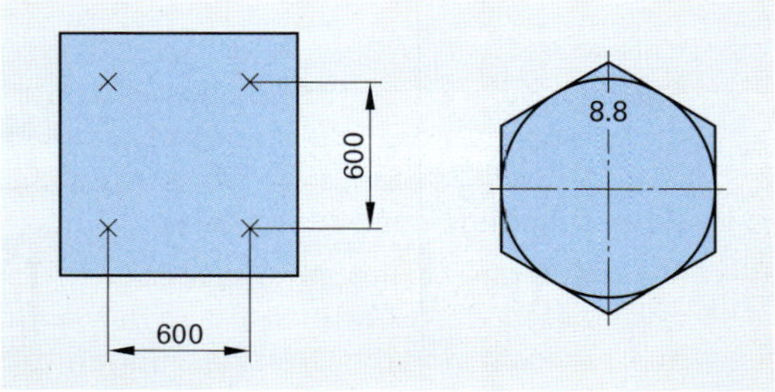

Bild 2: Befestigungsplatte

2. **Kräfte an einer Greifbacke (Bild 3).** Die Greifbacke des Spannzylinders wird mit Kolbenkraft (einfachwirkender Zylinder) geöffnet.

   Für den Spannzylinder kann aus den Herstellerdaten entnommen werden:
   - Kolbendurchmesser D = 40 mm,
   - Betriebsdruck p_e = 6 bar,
   - Kolbenhub s = 16 mm.

   a) Berechnen Sie die Kolbenkraft beim Ausfahren des Kolbens bei einem Wirkungsgrad von 80 %.
   b) Mit welcher Kraft F_N drückt der Zylinderkolben auf den Greifer?
   c) Wie ändert sich die Kraft F_N, wenn der Winkel des Kolbens vergrößert wird?
   d) Berechnen Sie den Luftverbrauch in l/h, wenn pro Minute der Zylinder vier mal aktiv wird.

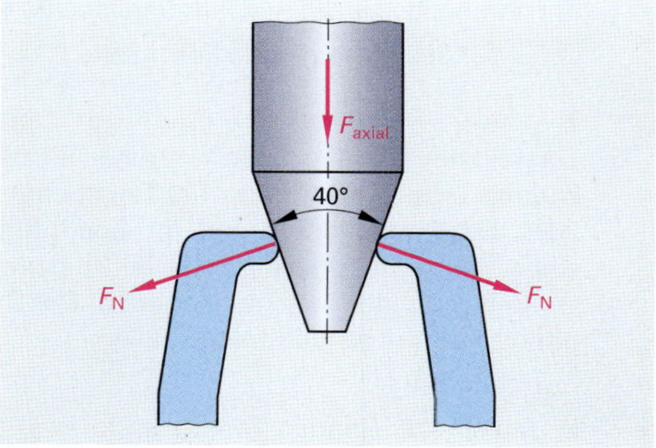

Bild 3: Kräfte an einer Greifbacke

Vertiefungsaufgaben | Maßtoleranzen, Passungen und Teilen

1. **Allgemeintoleranzen bei einer Lehre (Bild 1).** Die Längenmaße der Teile 1 und 2 der Lehre sind nach der Toleranzklasse „fein" der Allgemeintoleranzen nach ISO 2768 gefertigt.

   Welche Grenzmaße kann das Kontrollmaß „*x*" der zusammengebauten Lehre erreichen?

2. **ISO-Toleranzen.** Die Toleranzklassen der ISO-Toleranzen sind gegeneinander abgestuft.

   Zeichnen Sie ein Balkendiagramm, in dem die Toleranzen der Toleranzklassen 5, 6, 7, 8 und 9 für den Nennmaßbereich 50 mm bis 80 mm maßstäblich nebeneinander dargestellt sind.

3. **Wellenlagerung (Bild 2).** Ein Rillenkugellager mit der Nummer 61910 wird durch einen Deckel gehalten und dient als Festlager. Die Aufnahmebohrung im Gehäuse wird mit der Tiefe 18 ± 0,2 mm gefertigt. Die Breite des Lagers wird vom Hersteller mit *b* = 12 – 0,25 mm angegeben.

   Auf welches Höchst- bzw. Mindestmaß muss der Absatz „*x*" des Deckels geschliffen werden, wenn der Deckel nach der Montage spaltfrei am Gehäuse anliegen und das Kugellager spielfrei geklemmt werden muss?

4. **Spritzgießwerkzeug (Bild 3).** Bei dem Spritzgießwerkzeug werden die beiden Formplatten (Pos. 1 und 2) durch 4 Führungsbuchsen (Pos. 4) gegeneinander zentriert.

   Für die in der Zeichnung angegebenen Toleranzklassen der Bohrungen und der Außendurchmesser sind die Grenzpassungen zu berechnen zwischen

   a) Führungsbolzen (3) und Formplatte (2),

   b) Führungsbolzen (3) und Führungsbuchse (4),

   c) Führungsbuchse (4) und Formplatte (1).

5. **Einstellknopf (Bild 4).** Die Skale eines Einstellknopfes erhält am Umfang 100 Teilstriche auf 360°. Dazu wird der Knopf im Spannfutter eines Teilkopfes gespannt. Die Teilstriche werden mit einem Stichel eingeritzt. Die Drehung erfolgt durch indirektes Teilen.

   Ermitteln Sie

   a) den einzustellenden Teilschritt,

   b) die möglichen Lochkreise.

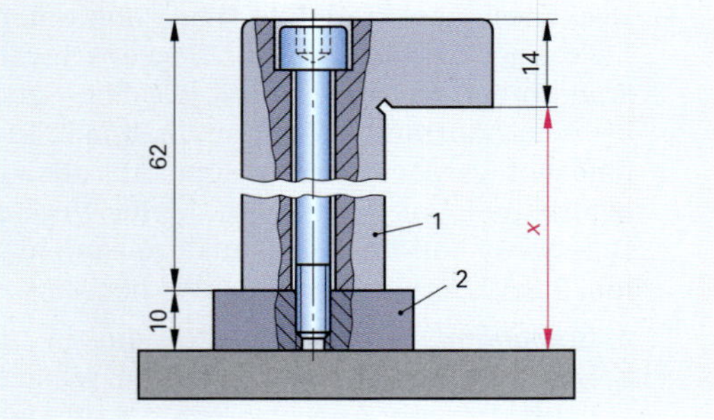

Bild 1: Lehre

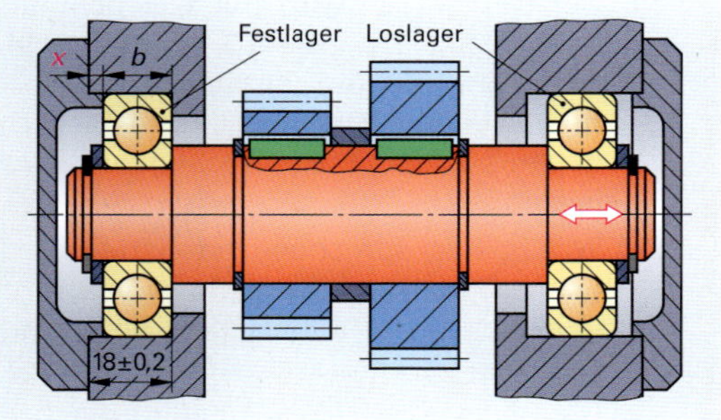

Bild 2: Wellenlagerung

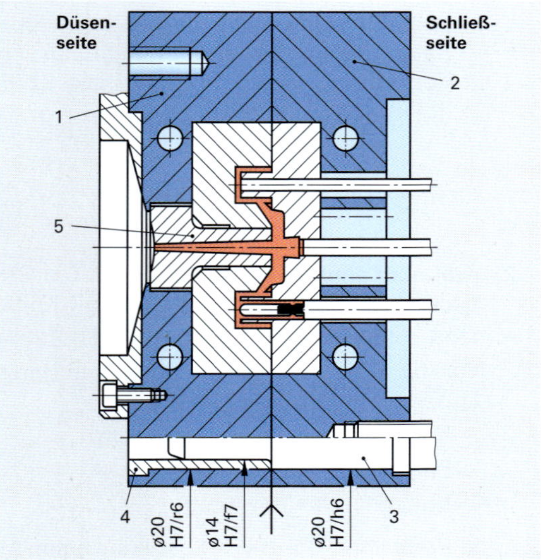

Bild 3: Spritzgießwerkzeug

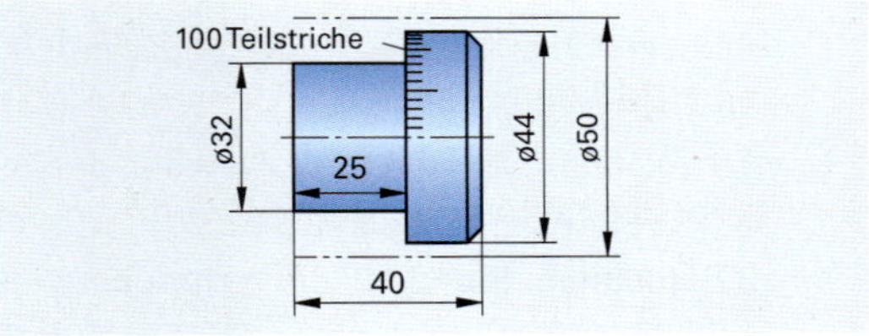

Bild 4: Einstellknopf

Statistische Auswertungen

1. **Gleitlagerbuchsen (Tabelle 1).** Aus der Serienfertigung von Gleitlagerbuchsen wurden Stichproben entnommen und in einer Urwertliste zusammengefasst. Bestimmen Sie für den Außendurchmesser d_2 = 12s6
   a) eine Tabelle mit Strichliste und Häufigkeitsverteilung in Klassen (k = 5; w = 0,002 mm),
   b) das Histogramm der Einzel- und Summenhäufigkeit.

2. **Stahlblech (Tabelle 2).** Die Blechdicke von Stahlblechen wurde gemessen. Der Sollwert beträgt $t = 3 \pm 0{,}3$ mm.
   Berechnen Sie
   a) den arithmetischen Mittelwert,
   b) den Medianwert,
   c) die Standardabweichung,
   d) die Spannweite.

3. **Getriebewelle (Tabelle 3).** Der Gleitlagersitz einer Getriebewelle hat den Außendurchmesser d = 32 H7. Aus einer Stichprobenprüfung sind Messwerte für die Wellenabmaße bekannt.
   a) Erstellen Sie aus der Urliste eine Strichliste nach Klassen.
   b) Bestimmen Sie
      – die absolute und relative Häufigkeit und
      – die absolute und relative Summenhäufigkeit.
   c) Ermitteln Sie
      – den arithmetischen Mittelwert,
      – die Spannweite und
      – die Standardabweichung.

4. **Normalverteilung (Bild 1).** Die Auswertung einer Stichprobenprüfung von Zylinderstiften wurde als Summenlinie in einem Wahrscheinlichkeitsnetz dargestellt. Überprüfen und begründen Sie, ob von einer Normalverteilung der Einzelwerte ausgegangen werden kann.

5. **Wahrscheinlichkeitsnetz (Bild 1).** Bestimmen Sie aus dem dargestellten Wahrscheinlichkeitsnetz
   a) den arithmetischen Mittelwert,
   b) die Standardabweichung,
   c) die Überschreitung oben,
   d) die Überschreitung unten und
   e) den Maschinenstreubereich $\bar{x} \pm 3s$.

Tabelle 1: Urwertliste Gleitlagerbuchsen Außendurchmesser d_2 = 12s6

12,029	12,032	12,031	12,030	12,034
12,035	12,033	12,034	12,033	12,036
12,035	12,034	12,036	12,032	12,031
12,036	12,033	12,037	12,036	12,037
12,033	12,034	12,033	12,038	12,033

Tabelle 2: Urwertliste Blechdicke $t = 3 \pm 0{,}3$ mm

3,2	3,3	3,2	2,9	2,95
3,1	3,2	3,1	2,9	2,8
3,2	3,1	3,1	3,0	2,9

Tabelle 3: Getriebewellen Urwertliste Abmaße am Gleitlagersitz d = 32 H7

0,003	0,016	0,008	0,022	0,014
0,004	0,013	0,009	0,021	0,015
0,005	0,012	0,005	0,009	0,013
0,014	0,002	0,006	0,020	0,012
0,013	0,009	0,006	0,008	0,014
0,017	0,007	0,010	0,010	0,013
0,018	0,011	0,009	0,010	0,017
0,012	0,018	0,011	0,011	0,014
0,013	0,012	0,014	0,013	0,016
0,018	0,017	0,015	0,015	0,017

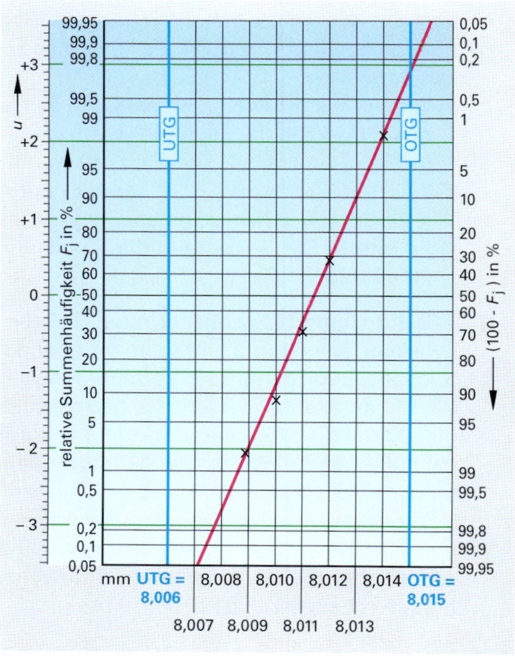

Bild 1: Wahrscheinlichkeitsnetz

6. **Passfedernut (Tabelle 1).** Die Länge einer Passfedernut in einer Getriebewelle hat das Passmaß 30 + 0,2 mm. Aus einer Kleinserie wurde eine Stichprobe mit 25 Getriebewellen entnommen.
   a) Bestimmen Sie die Anzahl der Klassen und die Klassenweite für ein Histogramm.
   b) Erstellen Sie eine Strichliste mit der absoluten und relativen Häufigkeitsverteilung.
   c) Bilden Sie die absolute und relative Summenhäufigkeit und tragen Sie diese in ein Histogramm (Balkendiagramm) ein.
   d) Zeichnen Sie ein Wahrscheinlichkeitsnetz und vergleichen Sie die rechnerisch ermittelten Werte für $\bar{x}$ und s mit den grafischen Werten aus dem Wahrscheinlichkeitsnetz.

7. **Wellendurchmesser (Tabelle 2).** Eine Welle hat an einem Wellenende eine Übergangspassung ∅ 30k8. In der Strichliste ist eine Stichprobe von 50 Wellen dargestellt.
   a) Geben Sie das obere und untere Grenzabmaß für das Passmaß an.
   b) Bestimmen Sie die absoluten und relativen Häufigkeiten.
   c) Zeichnen Sie das Histogramm mit der absoluten und relativen Häufigkeit.
   d) Ermitteln Sie den Mittelwert $\bar{x}$ und die Standardabweichung s.

8. **Pareto-Analyse[1] (Tabelle 3).** In der Montage eines Stirnradgetriebes treten häufig Störungen auf, die zu Produktfehlern führen. Damit man entsprechende Instandhaltungsmaßnahmen planen kann, wurde eine Fehlersammelkarte erstellt.
   a) Werten Sie die Fehlersammelkarte aus und berechnen Sie die relative Fehlerhäufigkeit in %.
   b) Zeichnen Sie das Pareto-Diagramm mit Angabe der jeweiligen Summenhäufigkeit in %.
   c) Erläutern Sie allgemein die sogenannte 20-80-Regel.

9. **AQL-Annahmestichprobenprüfung (Tabelle 4).** Zwischen Kunde und Lieferant wird bei einer Stichprobenprüfung eine Vereinbarung über die Annahme eines Lieferloses getroffen. Beide Seiten legen für eine bestimmte Losgröße bei normaler Prüfung eine annehmbare Qualitätsgrenzlage AQL fest, die den Fehleranteil im Los bestimmt. Beispielsweise muss bei einem AQL-Wert von 1,0 für eine Losgröße 200 eine Stichprobe mit 50 Teilen geprüft werden. Ein fehlerhaftes Teil ist dabei zulässig.

1) Pareto: Nach Vilfredo Pareto benanntes Säulendiagramm, in dem die einzelnen Werte der Größe nach absteigend geordnet werden.

Tabelle 1: Urwertliste Passfedernut Länge l = 30 + 0,2 mm

30,01	30,10	30,10	30,07	30,13
30,05	30,08	30,10	30,10	30,14
30,15	30,11	30,11	30,08	30,05
30,18	30,12	30,11	30,09	30,06
30,07	30,10	30,12	30,11	30,09

Tabelle 2: Strichliste Ø 30k8

Klassenbreite in µm von … bis	Strichliste
0 bis –4	II
–4 bis –8	𝍸
–8 bis –12	𝍸 𝍸 II
–12 bis –16	𝍸 𝍸 𝍸 III
–16 bis –20	𝍸 IIII
–20 bis –24	III
–24 bis –28	I
–28 bis –30	

Tabelle 3: Pareto-Analyse

Fehler	Fehlerursache	absolute Häufigkeit
F1	Getriebeöl im Lager	8
F2	Bruch der Gehäusedeckelschrauben	2
F3	Lagerschaden	6
F4	Ölaustritt	29
F5	Zahnbruch am Zahnrad	3
F6	Wellendichtring eingerissen	22
F7	Laufgeräusche	4
F8	Fehlende Verschlussschraube	14

Tabelle 4: AQL-Annahmeprüfung

Losgröße	Annehmbare Qualitätsgrenzlage, AQL (Auswahl)									
	0,25		0,40		0,65		1,0		1,5	
2 … 8	↓		↓		↓		↓		↓	
9 … 15	↓		↓		↓		↓		8	0
16 … 25	↓		↓		↓		13	0	8	0
26 … 50	↓		↓		20	0	13	0	8	0
51 … 90	50	0	32	0	20	0	13	0	8	0
91 … 150	50	0	32	0	20	0	13	0	32	1
151 … 280	50	0	32	0	20	0	50	1	32	1
281 … 500	50	0	32	0	80	1	50	1	50	2

Hinweis: Der Pfeil (↓) bedeutet, dass die erste Stichprobenanweisung dieser Spalte angewendet wird.

Bestimmen Sie für die folgenden Losgrößen die Stichprobenzahl und die maximale Fehlerzahl, bei der das Lieferlos angenommen wird.
a) Losgröße: 100, vereinbarte AQL 1,0
b) Losgröße: 300, vereinbarte AQL 0,40
c) Losgröße: 15, vereinbarte AQL 1,0
d) Losgröße: 300, vereinbarte AQL 1,5

Maschinen- und Prozessfähigkeit

1. **Maschinenfähigkeit (Tabelle 1).** Auf einer CNC-Rundschleifmaschine wird die Herstellung eines Kolbenstangendurchmessers (∅ 11h9) mittels Stichproben überwacht und gesteuert.
   a) Erstellen Sie aus den Werten der Urliste die Häufigkeitsverteilung in Form eines Histogramms.
   b) Entscheiden Sie, ob von einer Normalverteilung der Fertigung ausgegangen werden kann.
   c) Es wurde ein Mittelwert von $\bar{x}$ = 10,970 mm und die Standardabweichung s = 0,0042 mm ermittelt. Berechnen Sie die Maschinenfähigkeitsindizes c_m und c_{mk}.
   d) Beurteilen Sie die Ergebnisse.

2. **Maschinenfähigkeit (Bild 1).** Zur Bewertung einer Fertigungsmaschine wird geprüft, ob die Merkmalswerte innerhalb der Grenzwerte liegen.
   a) Ermitteln Sie die Maschinenfähigkeitskennwerte c_m und c_{mk} für die Beispiele 1 bis 6.
   b) Beurteilen Sie die Ergebnisse.

3. **Prozessfähigkeit (Tabelle 2).** Für die Auswahl eines Bearbeitungszentrums wurden entsprechend der Stichprobenanweisung zehn Stichproben mit jeweils fünf Messwerten genommen.
   a) Erstellen Sie eine Tabelle für die Stichproben 1–10 mit den Spalten $\bar{x}_i$, s_i und R_i.
   b) Berechnen Sie die fehlenden Werte.
   c) Ermitteln Sie die Prozessfähigkeitskennwerte c_p und c_{pk}.
   Hinweis: Berechnung der Schätzwerte $\hat{\mu} = \bar{\bar{x}}$ und $\hat{\sigma} = \frac{\bar{s}}{a_n}$ aus den Messwerten.
   d) Beurteilen Sie die Prozessfähigkeit.

Tabelle 1: Urliste

Prüfmerkmal: ∅ 11h9				
–31	–20	–29	–26	–33
–28	–28	–34	–38	–30
–25	–38	–32	–28	–33
–34	–32	–22	–29	–28
–32	–22	–30	–31	–22
–28	–30	–32	–34	–27
–34	–32	–30	–25	–28
–30	–27	–28	–35	–26
–34	–35	–25	–32	–38
–25	–25	–29	–32	–28

50 Nennmaßabweichungen in µm

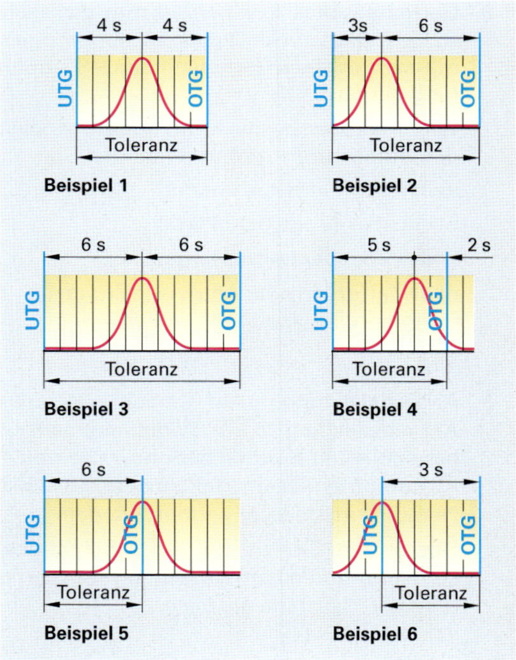

Bild 1: Maschinenfähigkeit

Tabelle 2: Urliste

Prüfmerkmal: ∅ 30 +0,06/–0,03

Stichprobe Nr.	Messwerte in mm					$\bar{x}_i$	s_i	R_i
1	30,004	30,012	29,992	30,008	30,003	30,0038	0,0075	0,020
2	30,006	30,014	30,005	30,009	30,012	30,0092	0,00383	0,009
3	30,002	30,012	30,013	30,002	30,002	30,0062	0,00576	0,011
4	30,003	30,009	30,002	29,994	30,003			
5	30,002	30,004	30,015	30,014	29,996			
6	29,999	30,005	30,022	30,008	30,002			
7	30,001	29,998	30,002	29,989	29,996			
8	29,976	30,02	30,012	30,03	30,003			
9	30,002	29,987	30,004	30,005	30,016			
10	30,003	30,009	29,992	29,995	29,992			

Vertiefungsaufgaben | Bohren, Senken, Reiben

1. **Flansch (Bild 1).** In einen 28 mm dicken Flansch aus Gusseisen GJL-200 werden 15 Bohrungen mit je 22 mm Durchmesser mit einem HSS-Bohrer gebohrt. Anlauf und Überlauf betragen zusammen 5 mm. Als Schnittgeschwindigkeit werden 25 m/min und als Vorschub 0,2 mm gewählt.

   Berechnen Sie

   a) den Vorschubweg,

   b) die einzustellende Drehzahl des Bohrers nach **Bild 2** bei einer Bohrmaschine mit Stufenrädergetriebe,

   c) die Hauptnutzungszeit,

   d) die Anzahl der Werkstücke, die mit einem Bohrer innerhalb der Standzeit $T = 20$ min bearbeitet werden.

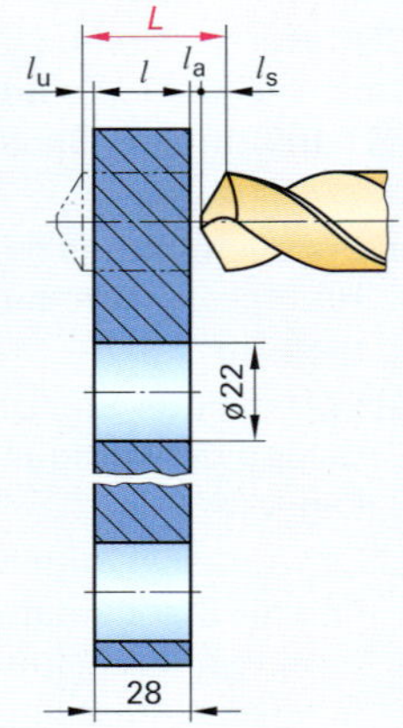

Bild 1: Flansch

2. **Getriebedeckel.** In einen 10 mm dicken Getriebedeckel aus S235JR werden vier Durchgangsbohrungen mit 11 mm Durchmesser mit einem beschichteten HSS-Bohrer ohne Abstumpfung gebohrt.

   Wie groß sind für die Schnittgeschwindigkeit $v_c = 35$ m/min, den Vorschub $f = 0{,}25$ mm und den Spitzenwinkel $\sigma = 118°$

   a) der Spanungsquerschnitt,

   b) die spezifische Schnittkraft,

   c) das Zeitspanungsvolumen,

   d) die erforderliche Antriebsleistung der Bohrmaschine bei einem Wirkungsgrad $\eta = 80\,\%$?

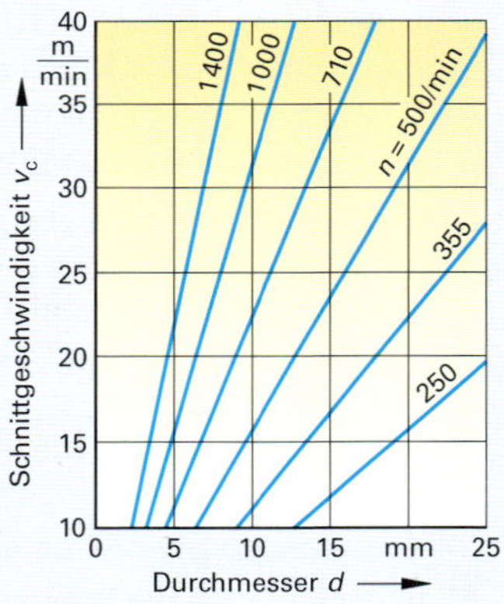

Bild 2: Drehzahldiagramm

3. **Antriebsleistung.** Auf einer Drehmaschine mit der Antriebsleistung 15 kW (Wirkungsgrad $\eta = 0{,}9$) soll mit einem beschichteten Hartmetall-Bohrer (Spitzenwinkel $\sigma = 140°$, mit Abstumpfung) in ein Werkstück aus S235JR eine Bohrung mit 25 mm Durchmesser gebohrt werden.

   Überprüfen Sie, ob bei einer Schnittgeschwindigkeit v_c = 80 m/min und einem Vorschub $f = 0{,}32$ mm die Antriebsleistung der Maschine ausreicht.

4. **Deckel (Bild 3).** Die Bohrung eines Deckels wird auf das Passmaß ∅ 20H7 gerieben. Die HSS-Reibahle hat einen Anschnitt von $l_s = 4$ mm. Für die Schnittgeschwindigkeit v_c = 10m/min und den Vorschub $f = 0{,}20$ mm sind zu bestimmen

   a) die Drehzahl bei stufenloser Drehzahleinstellung,

   b) die Hauptnutzungszeit für $l_a = 3$ mm und $l_u = 3{,}5$ mm.

5. **Deckel (Bild 3).** Für die Befestigung mit 8 Zylinderschrauben DIN 7984-M10x40 müssen an die 8 Durchgangsbohrungen mit je 11 mm Durchmesser Senkungen angebracht werden.

   Wie groß sind für die Schnittgeschwindigkeit $v_c = 15$ m/min, den Vorschub $f = 0{,}10$ mm und den Anlauf $l_a = 1$ mm

   a) die Drehzahl bei stufenloser Drehzahleinstellung,

   b) die Hauptnutzungszeit für das Senken?

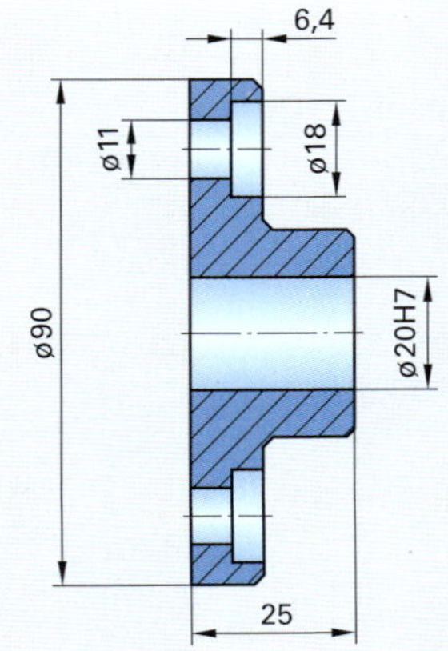

Bild 3: Deckel

Drehen, Fräsen, Schleifen

1. **Welle (Bild 1).** Eine Welle aus E295 soll in zwei Schnitten mit der Schnittgeschwindigkeit 200 m/min und dem Vorschub 0,5 mm überdreht werden. Der Drehmeißel hat einen Eckenradius von 0,8 mm. An der Drehmaschine stehen folgende Drehzahlen zur Verfügung: 180 – 250 – 355 – 710 – 1000 – 1400 1/min.

   Zu bestimmen sind
   a) die theoretische Drehzahl,
   b) die an der Maschine einzustellende Drehzahl,
   c) die Hauptnutzungszeit bei den gewählten Schnittdaten mit $l_a = l_u = 3$ mm,
   d) die theoretische Rautiefe bei den gewählten Schnittdaten.

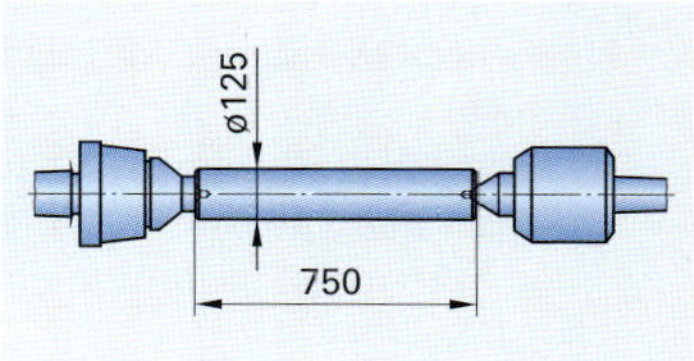

Bild 1: Welle

2. **Antriebswelle (Bild 2).** Eine Welle aus 16MnCr5 wird mit einem beschichteten Hartmetall-Werkzeug ohne Abstumpfung in einem Schnitt von $d = 60$ mm auf $d = 50$ mm gedreht. Es wird mit dem Vorschub $f = 0{,}35$ mm und der Schnittgeschwindigkeit $v_c = 150$ m/min gearbeitet.

   Wie groß sind
   a) die Schnitttiefe,
   b) die spezifische Schnittkraft,
   c) die Schnittkraft,
   d) die Schnitt- und Antriebsleistung ($\eta = 0{,}85$) in kW?

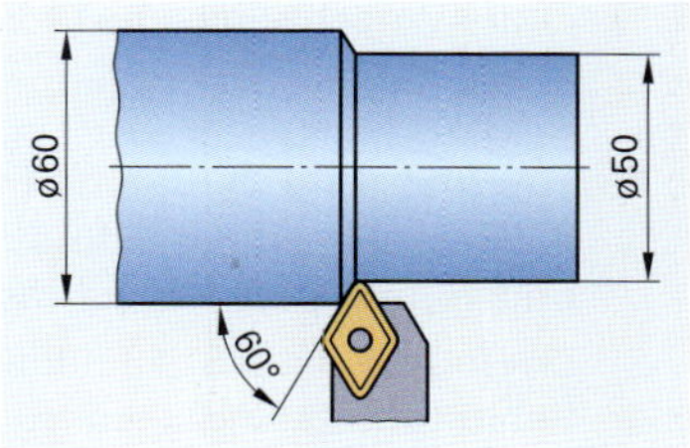

● **Bild 2: Antriebswelle**

3. **Ritzel.** Ein Ritzel aus 16MnCr5 wird mit einem Drehmeißel aus Hartmetall **(Tabelle 1)** bearbeitet.

   Zu bestimmen sind für den Einstellwinkel $\varkappa = 60°$
   a) die erforderliche Schnittkraft bei einer Schneide mit Abstumpfung,
   b) die theoretische Rautiefe bei den gewählten Schnittdaten.

Tabelle 1: Werkzeugdaten

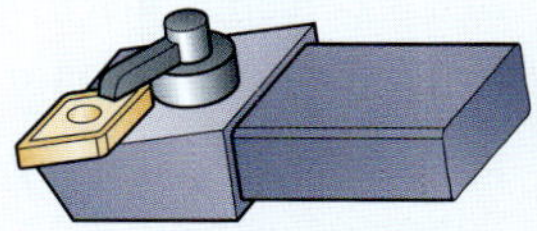

Bezeichnung	Schlicht-Drehmeißel
Schneidstoff	Hartmetall
Schnittgeschwindigkeit	150 m/min
Max. Schnitttiefe	4 mm
Vorschub	0,24 mm
Eckenradius	0,8 mm

4. **Flanschlager (Bild 3).** Die Schruppbearbeitung des Flanschlagers soll mit einem Plan-Eckfräser **(Tabelle 2)** mit beschichteten Wendeschneidplatten aus Hartmetall durchgeführt werden. Das Schlichtaufmaß *t* beträgt 1 mm.

   Zu bestimmen sind
   a) die Drehzahl und die Vorschubgeschwindigkeit für die Schruppbearbeitung,
   b) die erforderliche Anzahl der Schnitte,
   c) die Hauptnutzungszeit für die Schruppbearbeitung mit einem An- und Überlauf von 1 mm.

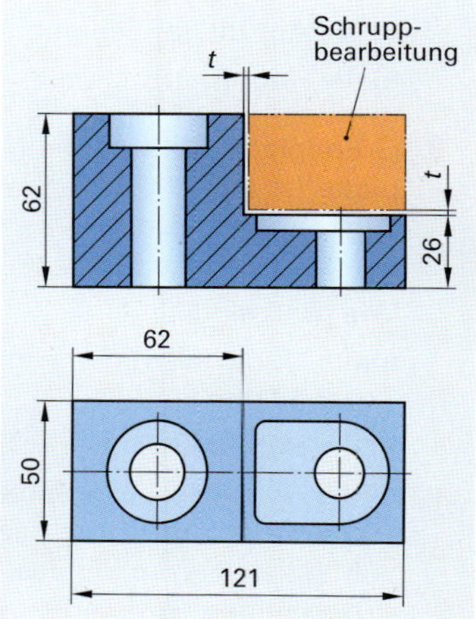

Bild 3: Flanschlager

Tabelle 2: Werkzeugdaten

Bezeichnung	Plan-Eckfräser
Schneidstoff	Hartmetall
Durchmesser	100 mm
Schnittgeschwindigkeit	200 m/min
Vorschub pro Zahn	0,1 mm
Max. Schnitttiefe	8 mm
Anzahl der Schneiden	8

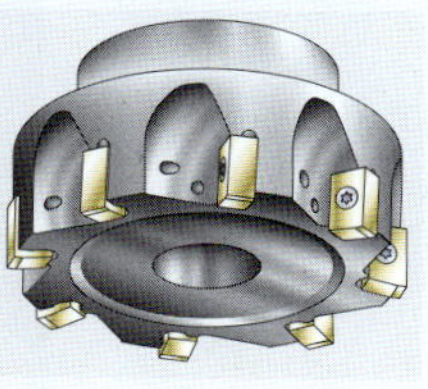

5. **Platte (Bild 1).** Die Oberfläche einer Platte 750 mm × 160 mm aus E295 soll einmal geschruppt werden. Der 14-zähnige Wendeplattenfräser lässt einen Vorschub von 2,8 mm je Fräserumdrehung zu. Die Schnittgeschwindigkeit soll 160 m/min betragen. Die Drehzahl des Fräsers ist stufenlos einstellbar.

   Zu ermitteln sind:

   a) der Fräsweg L,

   b) die Drehzahl des Fräsers,

   c) die Vorschubgeschwindigkeit des Tisches,

   d) die Hauptnutzungszeit.

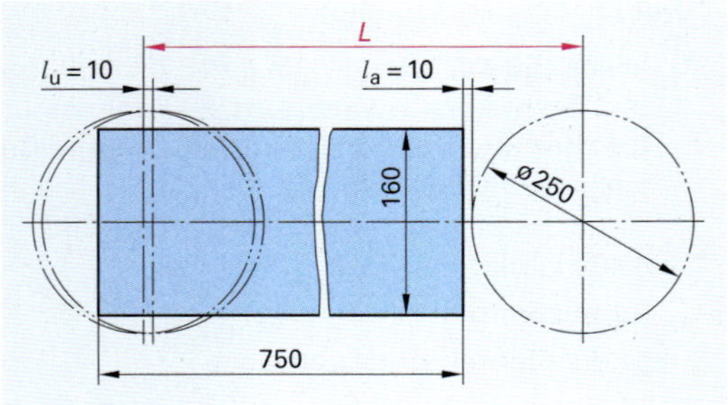

Bild 1: Platte

6. **Führung (Bild 2).** In eine Führungsplatte aus E335 wird in einem Schnitt eine 80 mm breite und 16 mm tiefe Nut gefräst.

   Der Fräser hat 8 Schneiden und soll bei einer Schnittgeschwindigkeit v_c = 125 m/min und einem Vorschub f_z = 0,1 mm/Schneide eingesetzt werden. Zu ermitteln sind:

   a) die einzustellende Drehzahl bei stufenlosem Spindelantrieb,

   b) die Vorschubgeschwindigkeit,

   c) die Hauptnutzungszeit.

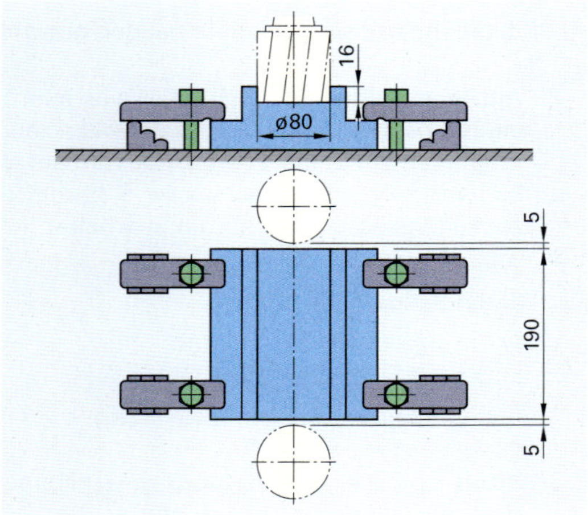

Bild 2: Führung

7. **Führungsleiste (Bild 3).** Die Gleitfläche der Führungsleiste ist mit t = 0,4 mm Schleifzugabe vorgefräst. Sie wird mit einer Zustellung a = 0,07 mm und einem Vorschub f = 6 mm geschliffen. Zu bestimmen sind

   a) der Vorschubweg L, wenn die Werkstücklänge l = 160 mm und der Anlauf bzw. Überlauf l_a = 25 mm sind,

   b) die Schleifbreite B, wenn die Schleifscheibenbreite b_s = 32 mm ist,

   c) die Anzahl der Hübe, wenn die Vorschubgeschwindigkeit v_f = 16 m/min ist,

   d) die Anzahl der Schnitte ohne Ausfeuern,

   e) die Hauptnutzungszeit.

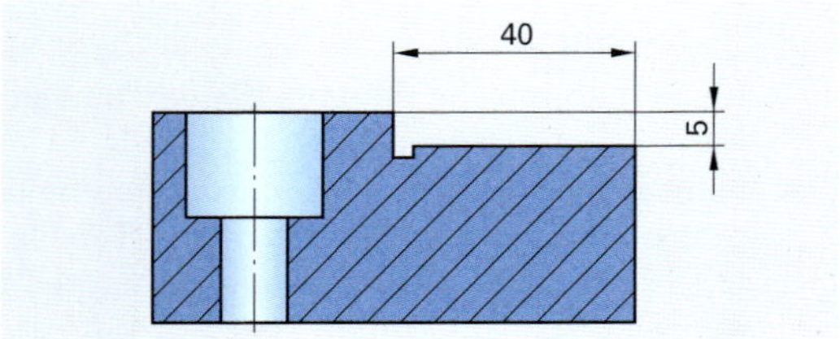

Bild 3: Führungsleiste

8. **Grundplatte (Bild 4).** Die Nut in einer Grundplatte ist auf 21,6 mm Breite vorgefräst und wird mit der Zustellung a = 0,03 mm je Schnitt auf das tolerierte Maß 22P6 fertig geschliffen.

   Wie groß sind

   a) der Vorschubweg L, wenn l = 680 mm und l_a = 40 mm sind,

   b) die Hubzahl, wenn v_f = 18 m/min ist,

   c) die Anzahl der Schnitte mit Ausfeuern unter der Annahme, dass die Nut auf den Mittelwert von Mindest- und Höchstmaß geschliffen wird,

   d) die Hauptnutzungszeit t_h?

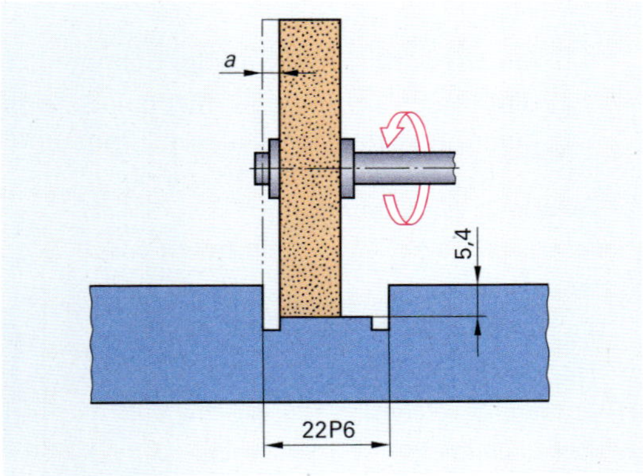

Bild 4: Grundplatte

Vertiefungsaufgaben | Koordinaten in NC-Programmen

Die abgebildeten Werkstücke sollen mit NC-Maschinen hergestellt werden. Bestimmen Sie jeweils die Koordinaten der gekennzeichneten Konturpunkte absolut und inkremental. Fassen Sie die X- und Y-Koordinaten in einer Tabelle zusammen. Berechnen Sie fehlende Maße, die zur Bestimmung der Konturpunkte notwendig sind.

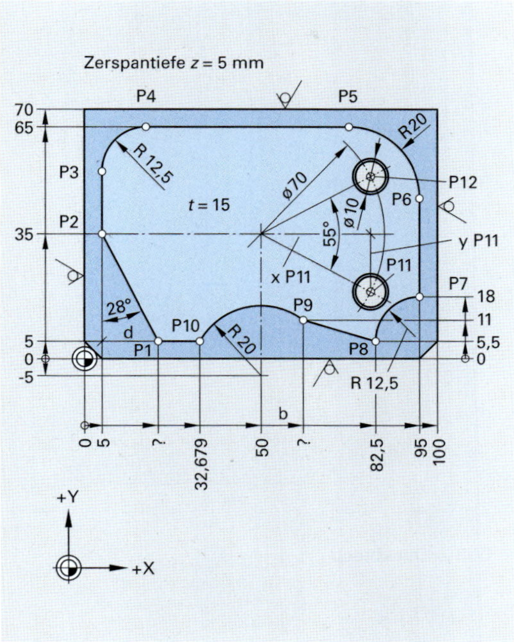

Bild 1: Frästeil I

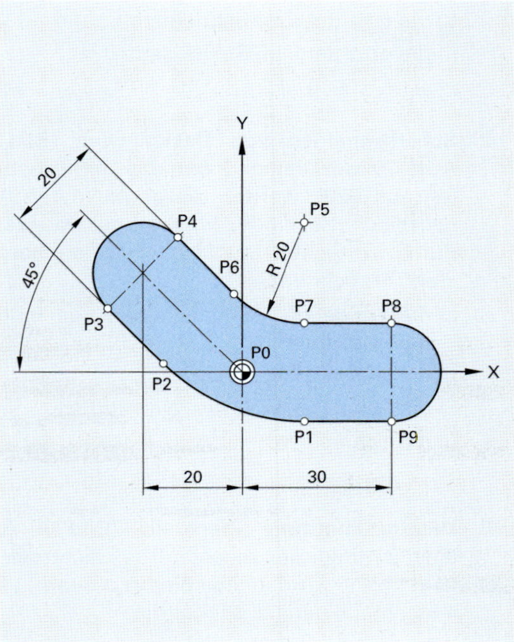

Bild 2: Frästeil II

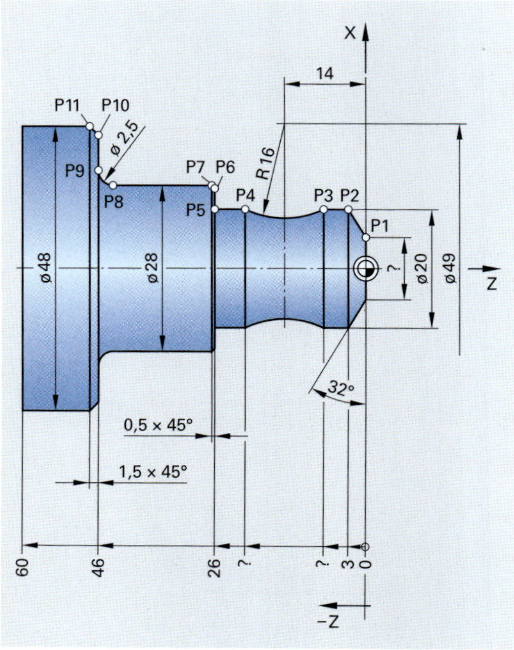

Bild 3: Drehteil I

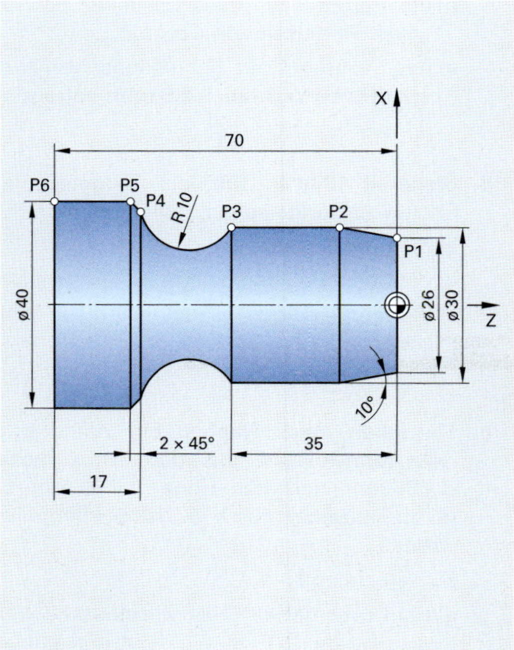

Bild 4: Drehteil II

Vertiefungsaufgaben | Schneiden und Umformen

1. **Scherschneiden von Formblechen (Bild 1).** Formbleche sollen durch Scherschneiden aus kaltgewalztem Band DC01 hergestellt werden. Wie groß sind
   a) die Schneidkantenlänge,
   b) die erforderliche Schneidkraft,
   c) die erforderliche Schneidarbeit?

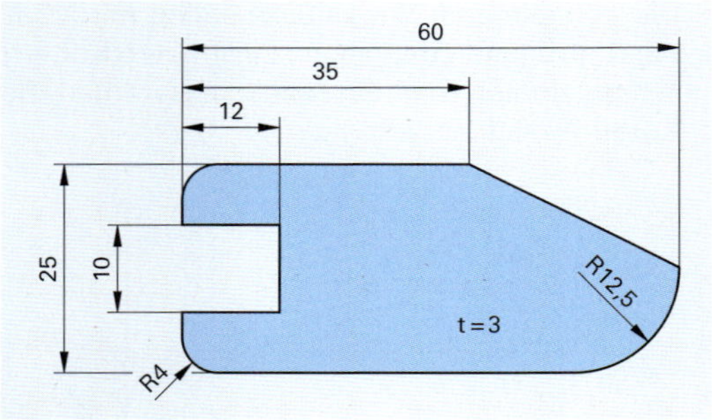

Bild 1: Formblech

2. **Scherschneiden von Deckblechen (Bild 2).** Aus 170 mm breiten, 2 mm dicken Blechstreifen aus S235 werden die abgebildeten Abdeckbleche in einem Folgeschneidwerkzeug durch Vorlochen und Ausschneiden hergestellt. Berechnen Sie
   a) die Länge der Schneidkanten von Innen- und Außenform,
   b) die Scherquerschnitte,
   c) die Scherfestigkeit des Werkstoffes,
   d) die Schneidkraft.

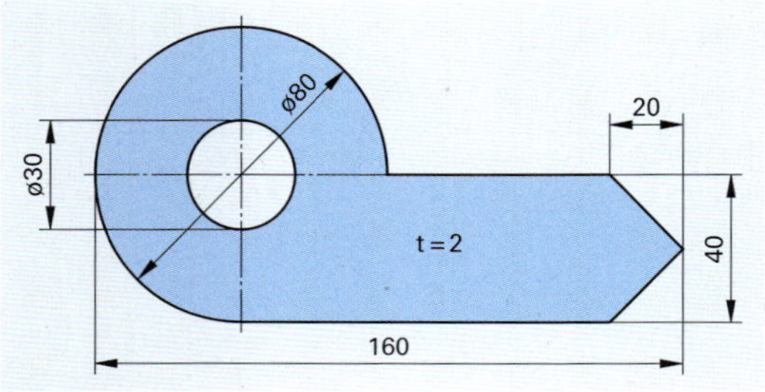

Bild 2: Deckblech

3. **Lasergeschnittene Blechteile (Bild 3).** Aus einer 2 mm dicken Blechtafel aus nichtrostendem Stahl werden mit einem 1,5-kW-Laser 4 Blechteile herausgeschnitten.
   Wie groß sind
   a) die gesamte Schneidkantenlänge,
   b) die Hauptnutzungszeit bei einer Schneidgeschwindigkeit von 4 m/min,
   c) der Verbrauch an Schneidgas, wenn der spezifische Verbrauch 1,6 m^3/h beträgt?

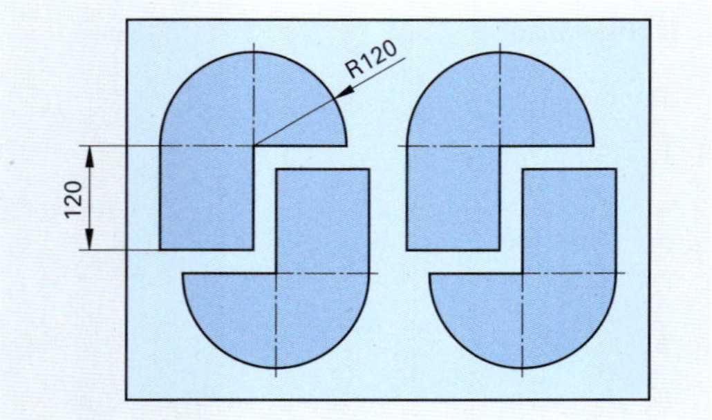

Bild 3: Lasergeschnittene Blechteile

4. **Biegeteil (Bild 4).** Für die Biegeteile aus EN AW-AlCuMg1 sollen berechnet werden
   a) die gestreckte Länge,
   b) die Radien an den beiden Biegestempeln,
   c) die notwendigen Biegewinkel am Werkzeug.

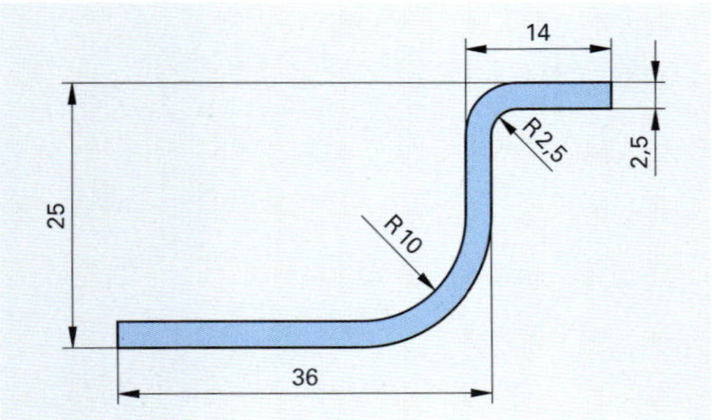

Bild 4: Biegeteil

5. **Tiefziehen eines Napfes.** Ein zylindrischer Napf ohne Rand mit dem Durchmesser $d = 85$ mm und der Höhe $h = 70$ mm soll durch Tiefziehen aus X10CrNi18-8 hergestellt werden.
   Zu berechnen sind
   a) der Durchmesser D des Zuschnittes,
   b) die Anzahl der Züge mit den jeweiligen Stempeldurchmessern.

Vertiefungsaufgaben | Schraub-, Stift-, Passfeder- und Lötverbindungen

1. Scheibenkupplung (Bild 1). Die Hälften der Scheibenkupplung werden durch 6 Sechskantschrauben ISO 4014 – M8 × 40 – 8.8 mit dem Zentrierring verbunden. Die Schrauben sind leicht geölt und werden mit einem Drehmoment von 23 N·m angezogen.

a) Bestimmen Sie mithilfe einer geeigneten Tabelle die je Schraube entstehende Vorspannkraft.

b) Welche Zugspannung entsteht durch diese Vorspannkraft im Gewinde der Schraube?

c) Welches Drehmoment kann die Kupplung übertragen, wenn eine 2-fache Sicherheit gegen Durchrutschen gefordert ist?

Als Reibungszahl zwischen den Bauteilen kann $\mu = 0{,}25$ angenommen werden.

d) Berechnen Sie die Flächenpressung zwischen Schraubenkopf und Kupplung, wenn der Bohrungsdurchmesser 8,4 mm beträgt.

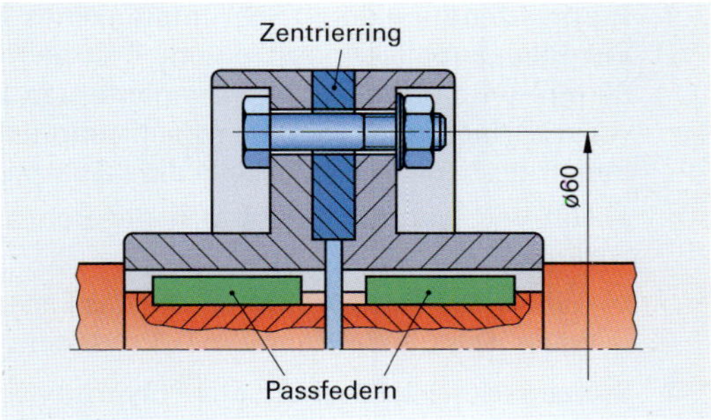

Bild 1: Scheibenkupplung

2. Passfederverbindung (Bild 2). Das Zahnrad wird über eine Passfeder DIN 6885-1 mit der Welle verbunden und mit einem Drehmoment $M = 600$ N·m angetrieben.

a) Ermitteln Sie die fehlenden Maße der Passfeder, die Wellennut- und die Nabennuttiefe.

b) Welche Umfangskraft F_u wirkt am Teilkreis des Zahnrades?

c) Wie groß ist die auf die Passfeder wirkende Kraft F_p?

d) Welche Flächenpressung tritt zwischen der Passfeder und der Nut des Zahnrades auf?

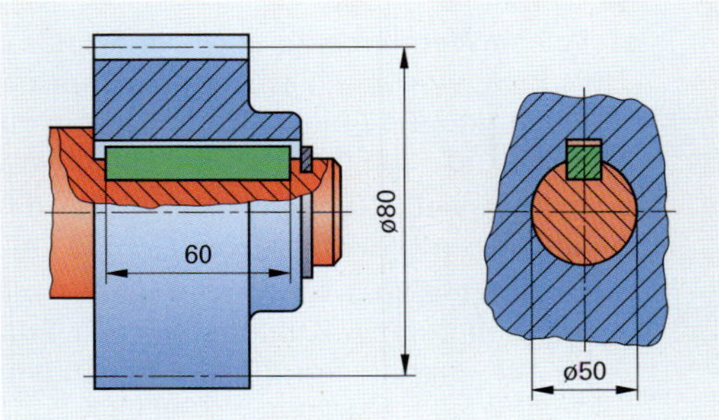

Bild 2: Passfederverbindung

3. Stiftverbindung (Bild 3). Das Handrad wird durch einen Querstift mit der Welle verbunden. Am Griff des Handrades wirkt eine Umfangskraft von 120 N.

a) Welche Scherkräfte beanspruchen den Querstift?

b) Reicht der Durchmesser des Stiftes bei einer zulässigen Scherspannung von 200 N/mm² aus?

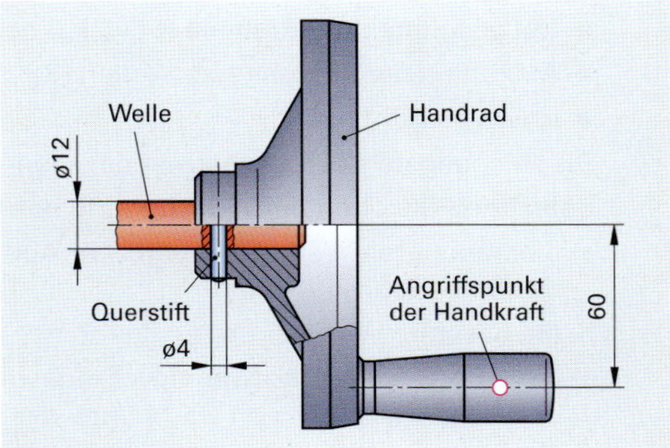

Bild 3: Stiftverbindung

4. Lötverbindung (Bild 4). Zwei Bleche werden durch Hartlöten verbunden und durch die Zugkraft $F = 5\,000$ N beansprucht.

a) Welche Scherspannung entsteht in der Lötnaht?

b) Muss bei der Berechnung der Spannung mit der Kraft 5 000 N oder mit 2 × 5 000 N gerechnet werden?

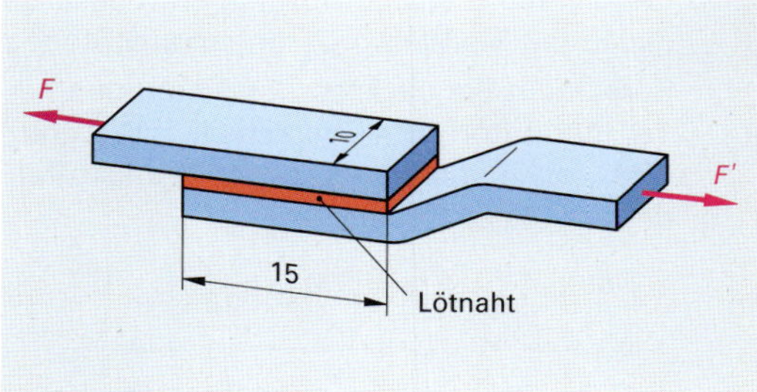

Bild 4: Lötverbindung

Vertiefungsaufgaben | Wärmeausdehnung und Wärmemenge

1. **Pressverbindung durch Schrumpfen eines Wälzlagers (Bild 1).** Ein Rillenkugellager mit einem Bohrungsdurchmesser von 80 mm wird auf einer Anwärmplatte von 20 °C auf 90 °C erwärmt. Nach dem Montieren schrumpft das Lager und der Innenring bildet mit der Welle eine Querpressverbindung.
   a) Um wie viel mm dehnt sich die Bohrung bei der Erwärmung?
   b) Auf welche Temperatur müsste das Lager erwärmt werden, wenn sich die Bohrung um 0,1 mm dehnen soll?

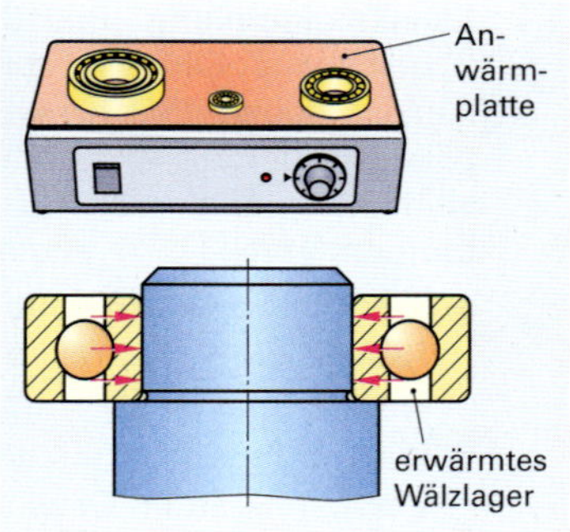

Bild 1: Erwärmung eines Wälzlagers vor der Montage

2. **Spritzgießen von Bechern aus Polypropylen (Bild 2).** Auf einer Spritzgießmaschine werden aus 40 kg Polypropylen (PP) stündlich 2 500 Becher hergestellt. Der Kunststoff wird mit 230 °C gespritzt. Danach werden die Werkstücke vor dem Entformen durch ein Wasser-Kühlsystem auf 50 °C abgekühlt.
   a) Welche Wärmemenge muss je Stunde abgeführt werden, wenn PP eine spezifische Wärmekapazität von 1,3 kJ/kg · K besitzt und die Ableitung der Wärme durch den Werkstoff der Formplatten nicht berücksichtigt wird?
   b) Um wie viel °C erwärmt sich dabei das durchströmende Kühlwasser (Volumenstrom Q = 100 l/h)?
   c) Um wie viel mm schwinden die angegebenen Maße der Becher bei der Abkühlung von der Entformungs- auf die Raumtemperatur von 20 °C? Der Längenausdehnungskoeffizient von PP beträgt α = 0,00008/K.

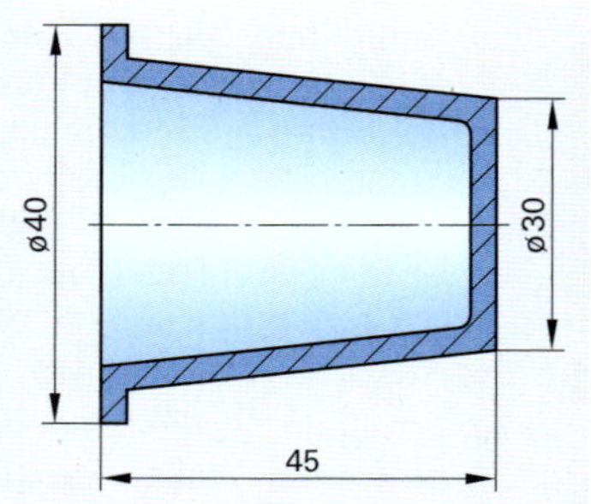

Bild 2: Becher aus PP

3. **Wärmebehandlung von Ritzelwellen aus Stahl.** Ritzelwellen aus Einsatzstahl werden in folgender Reihenfolge wärmebehandelt:
   - Normalglühen der Rohteile (6 000 kg) bei 950 °C,
   - Aufkohlen der bearbeiteten Wellen (3 800 kg) bei 940 °C
   - Anlassen bei 180 °C

   Die Ausgangstemperatur beträgt bei allen Verfahren 20 °C.
   Berechnen Sie ohne Berücksichtigung von Wärmeverlusten
   a) die benötigten Wärmemengen zum Aufheizen bei den einzelnen Verfahren,
   b) die gesamte Wärmemenge,
   c) die zum Beheizen notwendige Erdgasmenge. Das Erdgas hat einen Heizwert von 35 MJ/m³, der Kessel einen Wirkungsgrad von 90 %.

4. **Messabweichungen (Bild 3).** Distanzplatten aus Stahl und aus Aluminium, die bei der Bezugstemperatur von 20 °C eine Länge von 100 ± 0,0001 mm haben müssen, werden durch Vergleich mit Maßverkörperungen aus Stahl geprüft.
   Berechnen Sie die Messabweichungen bei den angegebenen Temperaturen von Werkstück (TW) und Maßverkörperung (TM) sowie den angegebenen Werkstoffen der Werkstücke in der folgenden Tabelle.

Aufgabe	TM	TW	Werkstoff
a)	24 °C	24 °C	Stahl
b)	24 °C	24 °C	Aluminium
c)	18 °C	24 °C	Aluminium

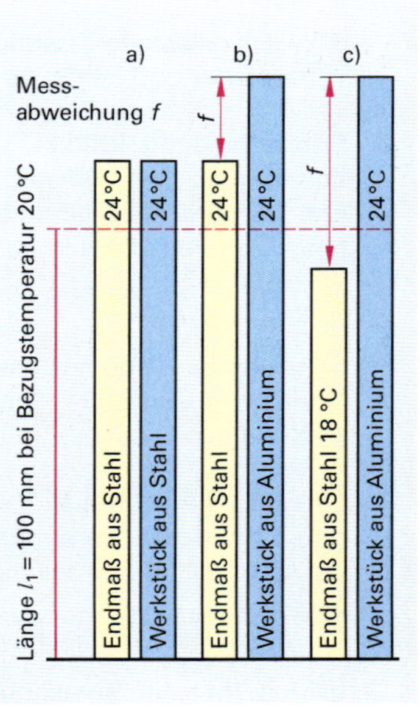

Bild 3: Messabweichungen durch die Temperatur

Vertiefungsaufgaben | Hydraulik und Pneumatik

1. **Auswerfzylinder.** Ein einfach wirkender Druckluftzylinder mit einseitig wirkender Kolbenstange hat einen Kolbendurchmesser von 70 mm und einen Hub von 50 mm. Er wirft in einer Montagemaschine in einer Minute 45 fertige Werkstücke aus.
   a) Mit welcher Kraft schiebt der Kolben bei einem Druck p_e = 6 bar, wenn der Wirkungsgrad des Zylinders 85 % beträgt?
   b) Wie groß ist der Luftverbrauch des Zylinders je Minute?
   c) Wie viele solcher Zylinder könnten an einen Verdichter mit einer Leistung von 9 m³/min Ansaugluft angeschlossen werden?
2. **Spannzylinder (Bild 1).** Ein Druckluftzylinder mit 100 mm Kolbendurchmesser spannt über einen Hebel Werkstücke in einer Montagevorrichtung. Der Wirkungsgrad beträgt 80 %.
   Wie groß muss der Anschlussdruck sein, wenn die Spannkraft am Werkstück 20 kN betragen soll und die Kräfte der Rückholfedern nicht berücksichtigt werden?
3. **Druck-Kraft-Diagramm (Bild 2).** Ein Zylinder soll bei einem Betriebsdruck von p_e = 8 bar eine Kolbenkraft von F = 2 000 N erzeugen können.
   a) Ermitteln Sie aus dem Druck-Kraft-Diagramm den notwendigen Kolbendurchmesser.
   b) Überprüfen Sie den Wert durch eine Rechnung.
4. **Pneumatische Türsteuerung (Bild 3).** Die Kabinentür einer Lackieranlage soll geschlossen werden. Folgende Daten sind bekannt: Kolbendurchmesser 25 mm, Kolbenstangendurchmesser 10 mm, Reibungsverluste im Zylinder und in der Türführung: 28 %. Die Gesamtmasse der Tür einschließlich des Kolbens und der Kolbenstange beträgt 14,9 kg. Der Betriebsdruck p_e soll auf 5 bar eingestellt werden.
   Überprüfen Sie durch Berechnung, ob dieser Druck zum Öffnen der Tür ausreichend ist.
5. **Lastabsenkung (Bild 4).** Beim Heben und Senken von Lasten kommt es vor, dass diese für eine gewisse Zeit stabil und sicher in einer Zwischenposition gehalten werden sollen. Der Zylinder hat einen Durchmesser von 125 mm, die Kolbenstange 90 mm.
   a) Der Druck p_{e1} beträgt 0 bar. Wie hoch ist der Druck p_{e2}, der durch die Masse von 800 kg entsteht?
   b) Der Druck p_{e1} steigt auf 80 bar. Was zeigt das Manometer bei p_{e2} an?
   c) Welche Auswirkung hat dieser Druck auf die Steuerleitung X am entsperrbaren Rückschlagventil?

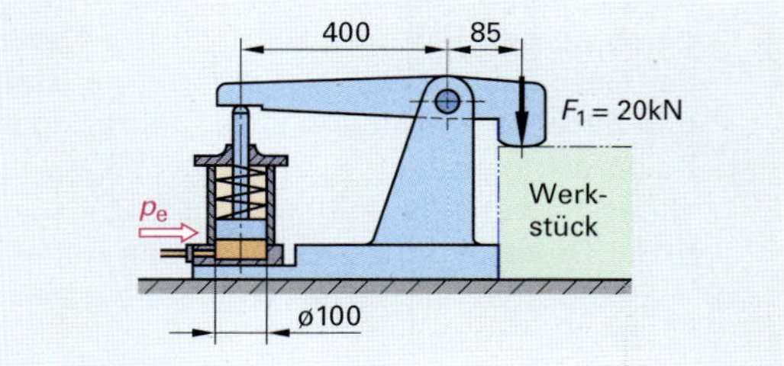

Bild 1: Spannzylinder

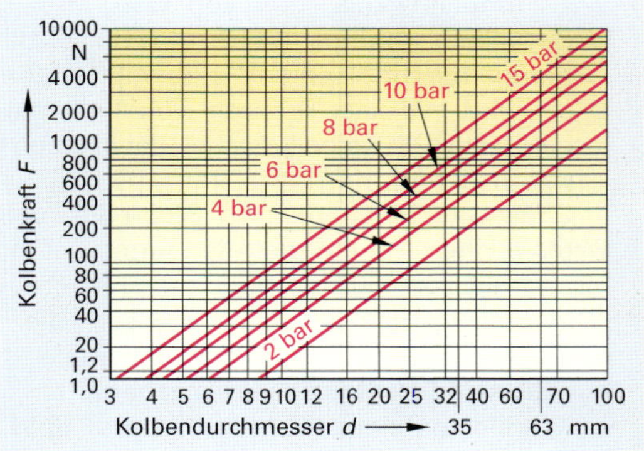

Bild 2: Druck-Kraft-Diagramm

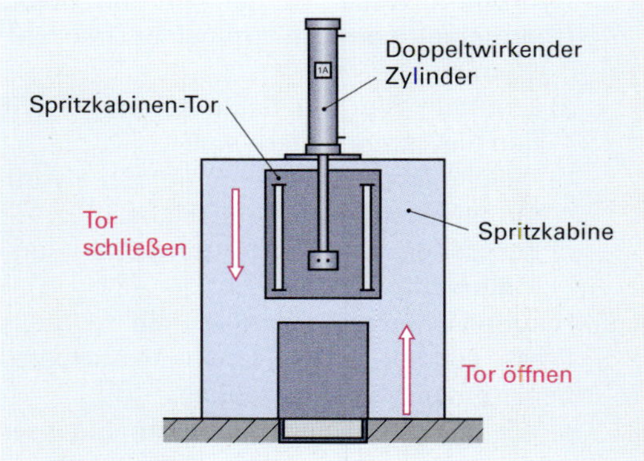

Bild 3: Pneumatische Türsteuerung

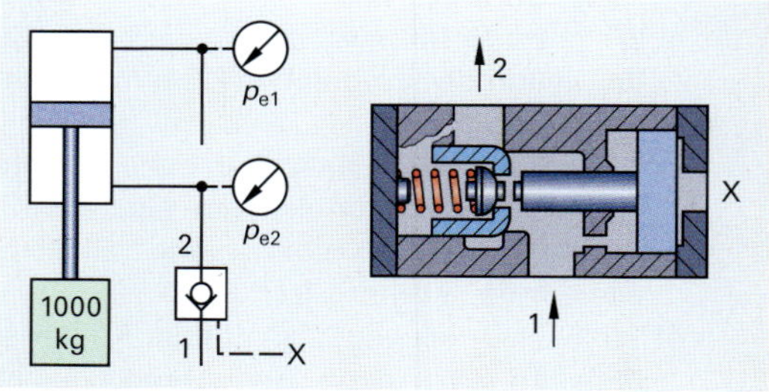

Bild 4: Rückschlagventil, entsperrbar

6. **Vorschubzylinder (Bild 1).** Ein Vorschubzylinder (Kolbendurchmesser 140 mm, Kolbenstangendurchmesser 100 mm, Hub 500 mm) soll mit der Geschwindigkeit v = 8,2 m/min ausfahren und dabei eine Kraft von 250 kN aufbringen.
   Zu berechnen sind
   a) der notwendige Volumenstrom Q,
   b) der Druck in der Zuleitung, wenn mit einem Zylinderwirkungsgrad von 86% gerechnet werden muss,
   c) die Zeiten für das Aus- und das Einfahren des Kolbens,
   d) die Leistung des Pumpenmotors bei einem Pumpenwirkungsgrad von 83%.
7. **Radialkolbenpumpe (Bild 2).** Eine Radialkolbenpumpe mit 8 Kolben von je 12 mm Durchmesser wird mit einer Drehzahl von 1380/min angetrieben. Die Kolben machen dabei einen Hub von je 22 mm.
   a) Welchen Volumenstrom fördert die Pumpe?
   b) Welche Leistung gibt die Pumpe bei einem Druck von 500 bar ab?
   c) Welchen Durchmesser müssen die Anschlussleitungen für eine maximale Ölgeschwindigkeit von 1,6 m/s haben?
8. **Kennlinien eines Zahnradmotors (Bild 3).** Auf einer Schiffswerft wird ein Zahnradmotor als Hydromotor für eine Seilwinde eingesetzt. Sein Schluckvolumen beträgt 16 cm³/U. Die Hydromotorwelle für den Antrieb des Seiltrommelgetriebes dreht mit einer Drehzahl von 1800 min^{-1}.
   a) Ermitteln Sie den Schluckstrom Q (l/min), den die Pumpe liefern soll.
   b) Welche Abtriebsleistung gibt der Hydromotor bei einem Druck von 150 bar?
   c) Berechnen Sie das Motormoment an der Motorwelle.
9. **Hydraulische Presse (Bild 4).** Eine hydraulische Presse soll bei 200 bar Druck eine nutzbare Kolbenkraft von 250 kN erzeugen.
   a) Wie groß muss der Zylinderdurchmesser bei einem Wirkungsgrad von 90% sein?
   b) Welcher Zylinder muss aus der Durchmesserreihe (50, 70, 100, 140, 200, 280, 400 mm) ausgewählt werden?
   c) Welchen Volumenstrom braucht der Zylinder, wenn der Kolben mit 2,5 m/min ausfahren soll?
   d) Wie schnell fährt der Kolben bei dem unter c) berechneten Volumenstrom ein, wenn der Durchmesser der Kolbenstange halb so groß wie der des Kolbens ist?
   e) Welcher Druck baut sich auf der Kolbenstangenseite auf, wenn der Abflussanschluss z. B. durch ein Ventil ganz gesperrt wird?

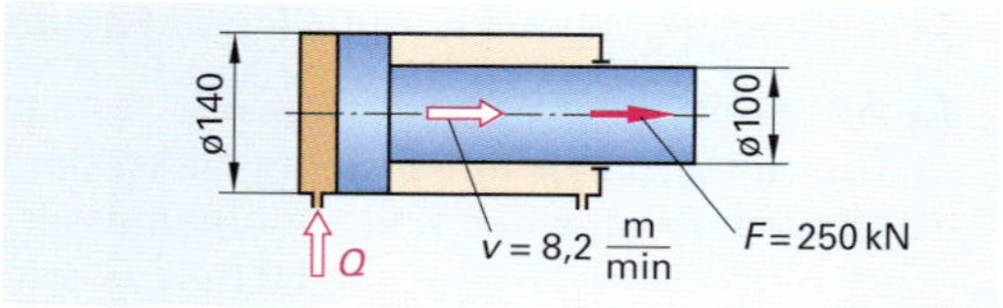

Bild 1: Vorschubzylinder

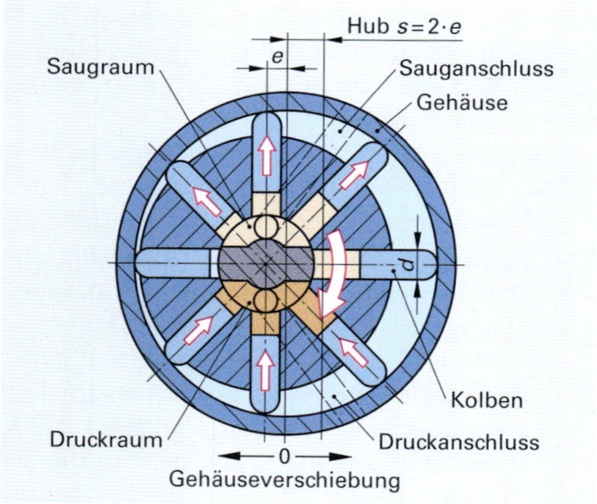

Bild 2: Radialkolbenpumpe

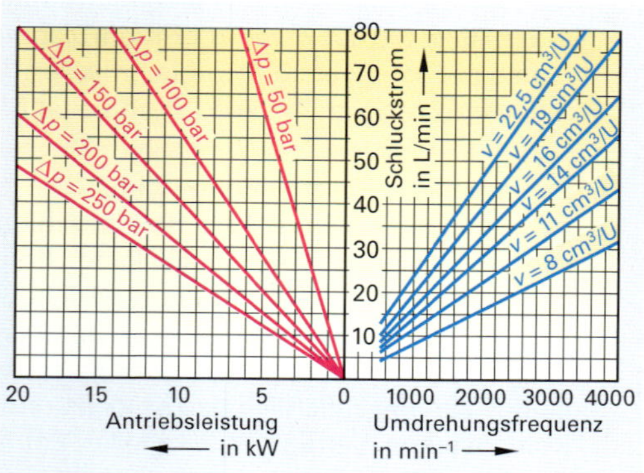

Bild 3: Kennlinien des Zahnradmotors

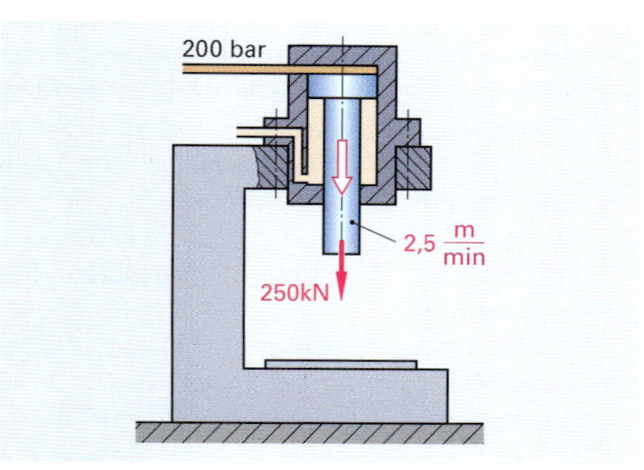

Bild 4: Hydraulische Presse

Vertiefungsaufgaben | Grundlagen der Elektrotechnik

1. **Heizlüfter.** Die Heizspirale eines Heizlüfters für 230 V hat einen Widerstand von 50 Ω. Berechnen Sie den Strom bei geschlossenem Stromkreis.

2. **Relais.** In den Unterlagen des Herstellers eines Relais sind die Daten 6 V/50 mA zu entnehmen.
   a) Berechnen Sie den Widerstand der Relaisspule.
   b) Die Spule wird irrtümlich an 24 V angeschlossen. Berechnen Sie die Stromaufnahme bei dieser Spannung.

3. **Vorwiderstand (Bild 1).** Die Kontrolllampe in der Schaltung ist mit 4 V ausgelegt und nimmt bei dieser Spannung 20 mA auf. Die Kontrolllampe soll an 12 V Gleichspannung angeschlossen werden. Dies wird durch Vorschalten eines Widerstandes möglich.
   a) Wie wird die Anordnung von Vorwiderstand und Lampe in dieser Schaltung bezeichnet?
   b) Welche Gesetzmäßigkeiten bezüglich Strom und Spannung gelten bei dieser Schaltung?
   c) Wie groß muss der Vorwiderstand R_v sein?

4. **Strom-Spannungs-Diagramm (Bild 2).** Ermitteln Sie aus dem Strom-Spannungs-Diagramm
   a) die Ströme durch die Widerstände R_1, R_2 und R_3 bei der Spannung $U = 2$ V.
   b) Berechnen Sie die Widerstände R_1, R_2 und R_3.

5. **Transformator.** Ein Transformator setzt die Netzspannung von 230 V auf 24 V herab.
   a) Berechnen Sie das Übersetzungsverhältnis des Transformators.
   b) Auf der Ausgangsseite fließt ein Strom von $I_2 = 1$ A . Wie groß ist der Eingangsstrom I_1?

6. **Wechselstrommotor (Bild 3).** Ein Wechselstrommotor nimmt im Nennbetrieb am 230-Volt-Netz einen Strom von 1,3 A auf. Der Leistungsfaktor beträgt $\cos \varphi = 0{,}86$. Wie groß ist die Wirkleistung, die der Motor aus dem Netz aufnimmt?

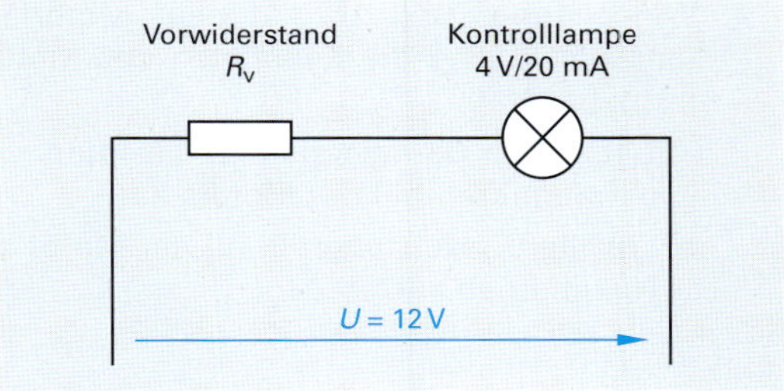

Bild 1: Vorwiderstand

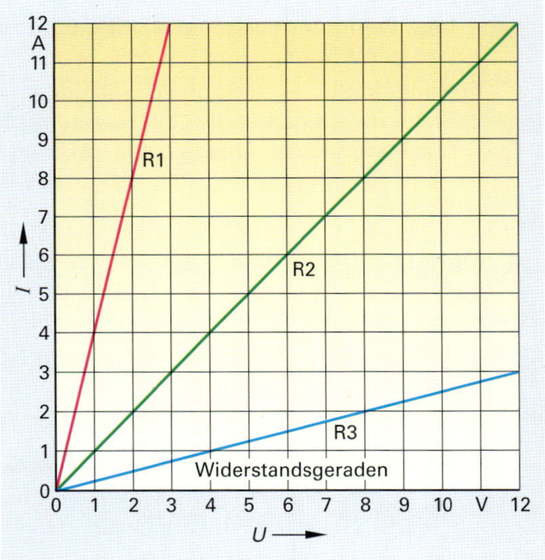

Bild 2: Strom-Spannungs-Diagramm

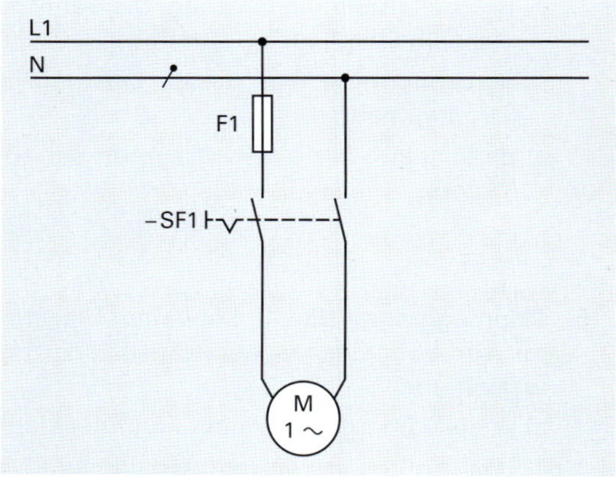

Bild 3: Wechselstrommotor

Vertiefungsaufgaben | Elektrische Leistung und Wirkungsgrad

1. **Wirkleistung (Bild 1).** Auf dem Motorleistungsschild sind die Kenndaten des Motors festgehalten.
   a) Geben Sie die abgegebene Leistung und die Nenndrehzahl des Motors an.
   b) Welche Wirkleistung nimmt der Motor bei Nennbetrieb auf?

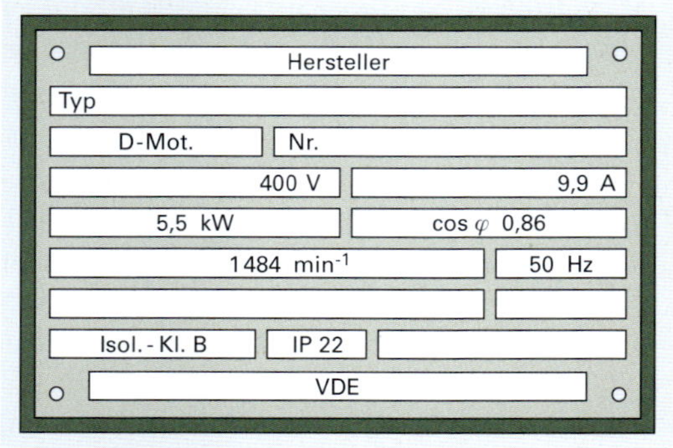

Bild 1: Motorleistungsschild

2. **Stromaufnahme.** Eine Hydraulikpumpe wird mit einem Drehstrommotor betrieben. Der Motor soll bei 400 V Anschlussspannung eine Leistung von 18 kW abgeben.
   a) Berechnen Sie die Stromaufnahme des Motors, wenn der Leistungsfaktor 0,9 beträgt und der Wirkungsgrad bei 86 % liegt.
   b) Nennen Sie zwei Bauteile, die in einem Sicherungsautomat die Unterbrechung des Stromkreises der Anlage bewirken können.

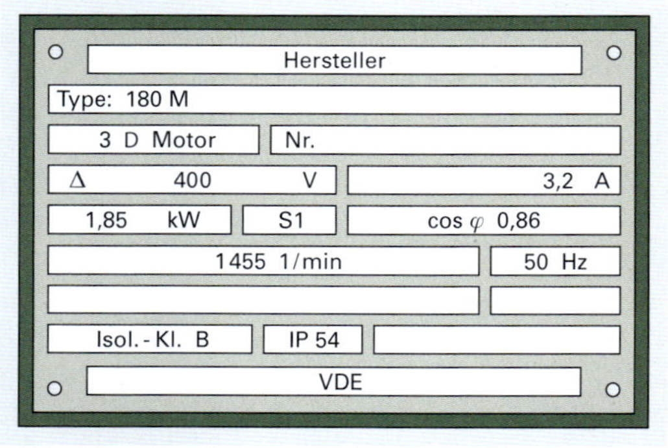

Bild 2: Motortypenschild für Bohrmaschine

3. **Motortypenschild (Bild 2).** Entnehmen Sie aus dem Motortypenschild die nötigen Daten und berechnen Sie
   a) die Leistung, die der Motor aus dem Netz aufnimmt,
   b) den Wirkungsgrad des Motors,
   c) das Drehmoment, das der Motor abgibt.
   d) Der Motor besitzt einen Motorvollschutz. Erklären Sie seine Funktionsweise.

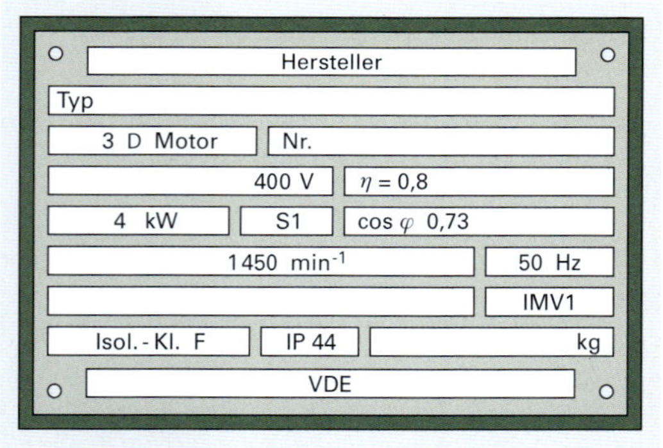

Bild 3: Typenschild für Hydraulikpumpe

4. **Typenschild (Bild 3).** Am Gehäuse einer Hydraulikpumpe befindet sich folgendes Motortypenschild.
   a) Berechnen Sie die Leistung, die der Motor aus dem Leitungsnetz aufnimmt.
   b) Berechnen Sie bei dieser Leistung die Stromaufnahme.
   c) Berechnen Sie das Drehmoment des Motors.

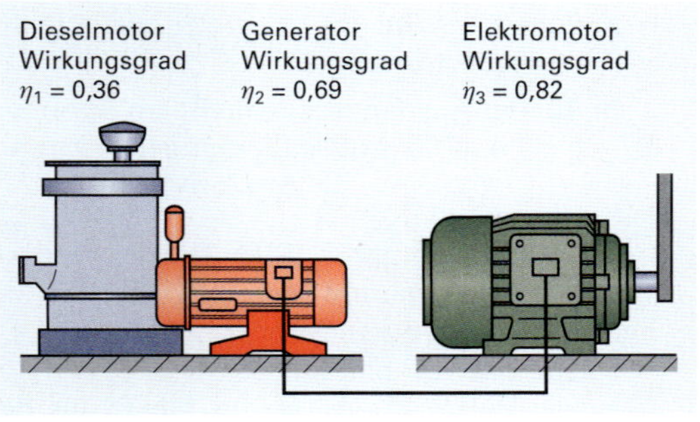

Bild 4: Stromaggregat

5. **Stromaggregat (Bild 4).** Mit einem Dieselmotor wird über einen Generator ein Elektromotor betrieben.
   a) Welche Energieumwandlung findet statt?
   b) Wie groß ist der Gesamtwirkungsgrad der Anlage?

Vertiefungsaufgaben | Elektrische Antriebe und Steuerungen

1. **Drehstrom-Asynchronmotor (Bild 1).** Der Kleinverdichter einer transportablen Prüfanlage wird durch einen Drehstrom-Asynchronmotor angetrieben.

   Berechnen Sie aus den auf dem Typenschild angegebenen Daten

   a) die aufgenommene Wirkleistung im Nennbetrieb,

   b) den Wirkungsgrad,

   c) das Nenndrehmoment.

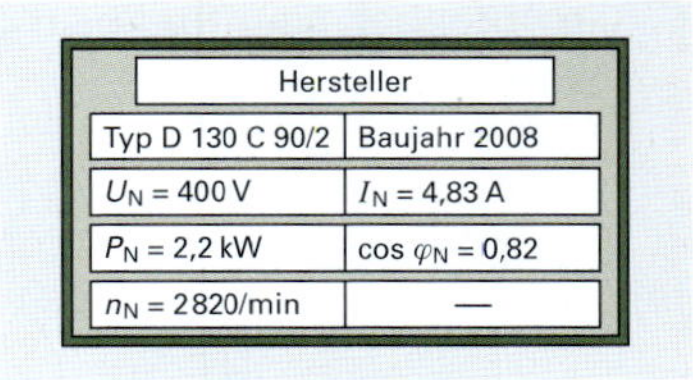

Bild 1: Typenschild eines Drehstrom-Asynchronmotors

2. **Schleifscheibenantrieb (Bild 2).** An einer Schleifscheibe wird zum Schleifen eine Leistung von 2 kW benötigt.

   a) Welche Leistung muss der Elektromotor an die Schleifspindel abgeben, wenn von dieser Leistung durch Reibung in den Spindellagern und durch Luftwiderstand 5 % verloren gehen?

   b) Wie groß ist die Stromstärke in den Zuleitungen des Drehstrommotors, wenn dieser an einer Spannung von U = 400 V liegt? Der Leistungsfaktor cos φ beträgt 0,80 und der Wirkungsgrad des Motors η_M = 0,90.

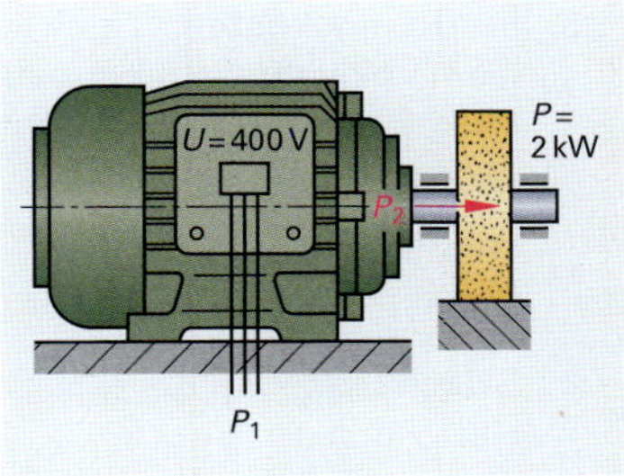

Bild 2: Schleifscheibenantrieb

3. **Heizlüfter (Bild 3).** Der 50-W-Motor eines Heizlüfters hat einen Widerstand von 1200 Ω und kann mit zwei Drehzahlen betrieben werden. Bei der großen Drehzahl liegt der Motor an 230 V. Bei der kleinen Drehzahl wird die Spannung am Motor durch einen Vorwiderstand auf 125 V herabgesetzt.

   Berechnen Sie die Größe des Vorwiderstandes für den Betrieb bei kleiner Drehzahl.

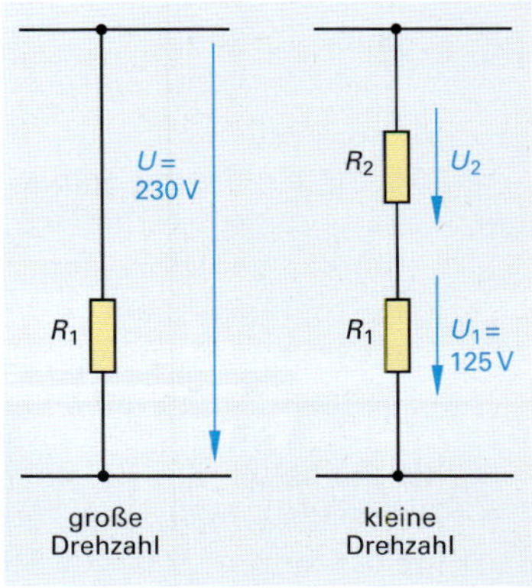

Bild 3: Heizlüfter-Schaltung

4. **Elektrohydraulische Steuerung (Bild 4).** Bei der Steuerung von zwei Hydrozylindern werden durch das Relais -KF1 die Betätigungsmagnete -MB1 und -MB2 von zwei Wegeventilen gleichzeitig geschaltet. Nach den Datenblättern haben die Spulen des Relais -KF1 und der Betätigungsmagnete -MB1 und -MB2 folgende elektrischen Kennwerte:

Werte beim Schalten	Spulen		
	-KF1	**-MB1**	**-MB2**
Spannung in V	24	24	24
Stromstärke in mA	200	500	500
Leistungsaufnahme in W	4,8	12	12

   Da das Relais nach dem Anziehen nur einen Haltestrom von 100 mA benötigt, wird vor den Selbsthaltekontakt ein Vorwiderstand R_v geschaltet.

   Zu ermitteln sind

   a) die Widerstände der Spulen,

   b) der Gesamtwiderstand beim Schalten,

   c) die Größe des Vorwiderstandes.

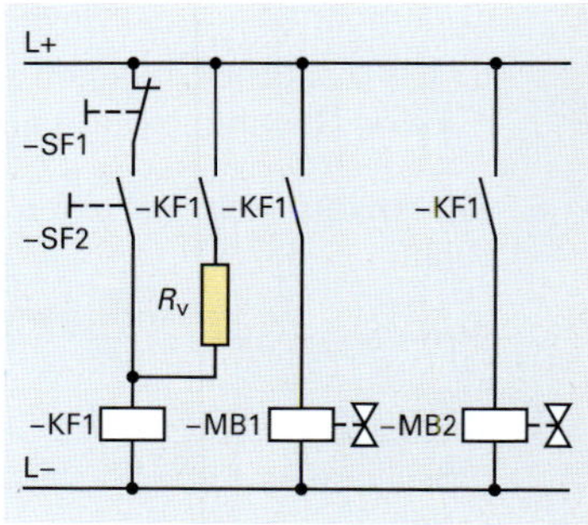

Bild 4: Elektrohydraulische Steuerung

Vertiefungsaufgaben | Kalkulation

Alle Aufgaben sind zur Lösung mit einem Tabellenkalkulationsprogramm geeignet, z. B. Excel.

1. **Vertreterprovision.** Ein Hersteller muss vom Verkaufspreis 7 % Vertreterprovision bezahlen.
   Wie groß ist dieser Betrag und wie hoch wird der Verkaufspreis des Werkstückes, wenn die Herstellkosten 450,– €, die Verwaltungs- und Vertriebsgemeinkosten 15 % und der Gewinnzuschlag 10 % betragen?

2. **Lagerbüchse.** Für einen Auftrag zur Herstellung einer Lagerbüchse betragen die Materialeinzelkosten 5,88 €, Materialgemeinkosten 6 %, Fertigungslöhne 11,86 €, Fertigungsgemeinkosten 310 %, Verwaltungs- und Vertriebsgemeinkosten 14 %. Der Gewinnzuschlag beträgt 10 %. Wie hoch ist der Verkaufspreis?

3. **Fertigungskosten.** Nach der Trennung in die maschinenabhängigen und lohnabhängigen Gemeinkosten, in einer neu geschaffenen Kostenstelle „CNC-Bohrmaschine", ergeben sich für die Kalkulation eines Auftrages über die Fertigung von Getriebegehäusen, folgende Werte:
   Maschinenstundensatz 85,– €/h, Belegungszeit der Maschine 12 Stunden, Fertigungslohn 25,– €/Std; Auftragszeit für den Fertigungslohn 10 Stunden, Restgemeinkostenzuschlag 130 %.
   Berechnen Sie die Fertigungskosten dieser Getriebegehäuse.

4. **Stanzwerkzeug.** Bei einem Stanzwerkzeughersteller sind drei Werkzeugmaschinen im Einsatz.
   Die Maschinenstundensätze betragen für die Drehmaschine 35,– €/h und für die Fräsmaschine 55,– €/h.
   a) Für eine neue CNC-Maschine ist der Maschinenstundensatz bei einer geplanten Maschinenlaufzeit von 1 400 Stunden zu berechnen:

Wiederbeschaffungspreis	210.000,– €	Raumkosten	12,– €/m² Monat
Nutzungsdauer	10 Jahre	Energiebedarf	20 kW
Kalkulatorische Zinsen	8 %	Energiekosten	0,25 €/kWh
Raumbedarf	20 m²	Instandhaltung	200,– €/Monat

   b) Ermitteln Sie die Selbstkosten für ein Werkzeug unter Berücksichtigung folgender Angaben:

Fertigungsmaterial	1.000,– €	Auftragszeit	20 h
Materialgemeinkosten	10 %	Belegungszeit Drehmaschine	8 h
Restgemeinkosten	180 %	Belegungszeit Fräsmaschine	10 h
Verwaltungsgemeinkosten	10 %	Belegungszeit CNC-Maschine	12 h
Fertigungslohnkosten	25,– €/h		

5. **Kleinbehälter.** Ein Hersteller von Kleinbehältern aus Stahl ist gezwungen, seinen Verkaufspreis um 30 % zu reduzieren, um seinen bisherigen Marktanteil zu behaupten. Die bisherige Absatzmenge beträgt 2 000 000 Stück bei einem Verkaufspreis von 3,– €/Stück und variablen Kosten von k_v = 1,80 €/Stück. Die fixen Kosten betragen 480.000,– €.
   a) Wie hoch sind die Deckungsbeiträge vor und nach der Preissenkung?
   b) Wie wirkt sich die Preissenkung bei der angegebenen Absatzmenge auf den Gewinn aus?
   c) Berechnen Sie die Gewinnschwelle vor und nach der Preissenkung.
   d) Wie viel Stück müssten zusätzlich produziert bzw. verkauft werden, um bei vermindertem Preis keine Gewinneinbuße hinnehmen zu müssen?

6. **Kostenvergleich.** Für einen neuen Auftrag über 10 000 Teile/Jahr stehen folgende drei Anlagen zur Wahl.

	Fixe Kosten	Variable Kosten
Anlage I	50.000,– €	8,– €/Stück
Anlage II	75.000,– €	3,– €/Stück
Anlage III	95.000,– €	1,50 €/Stück

   a) Stellen Sie den Gesamtkostenverlauf der drei Anlagen in einem Diagramm dar.
   b) Berechnen Sie Grenzstückzahlen. Für welche Anlage entscheiden Sie sich?

Projektaufgaben

Vorschubantrieb einer CNC-Fräsmaschine

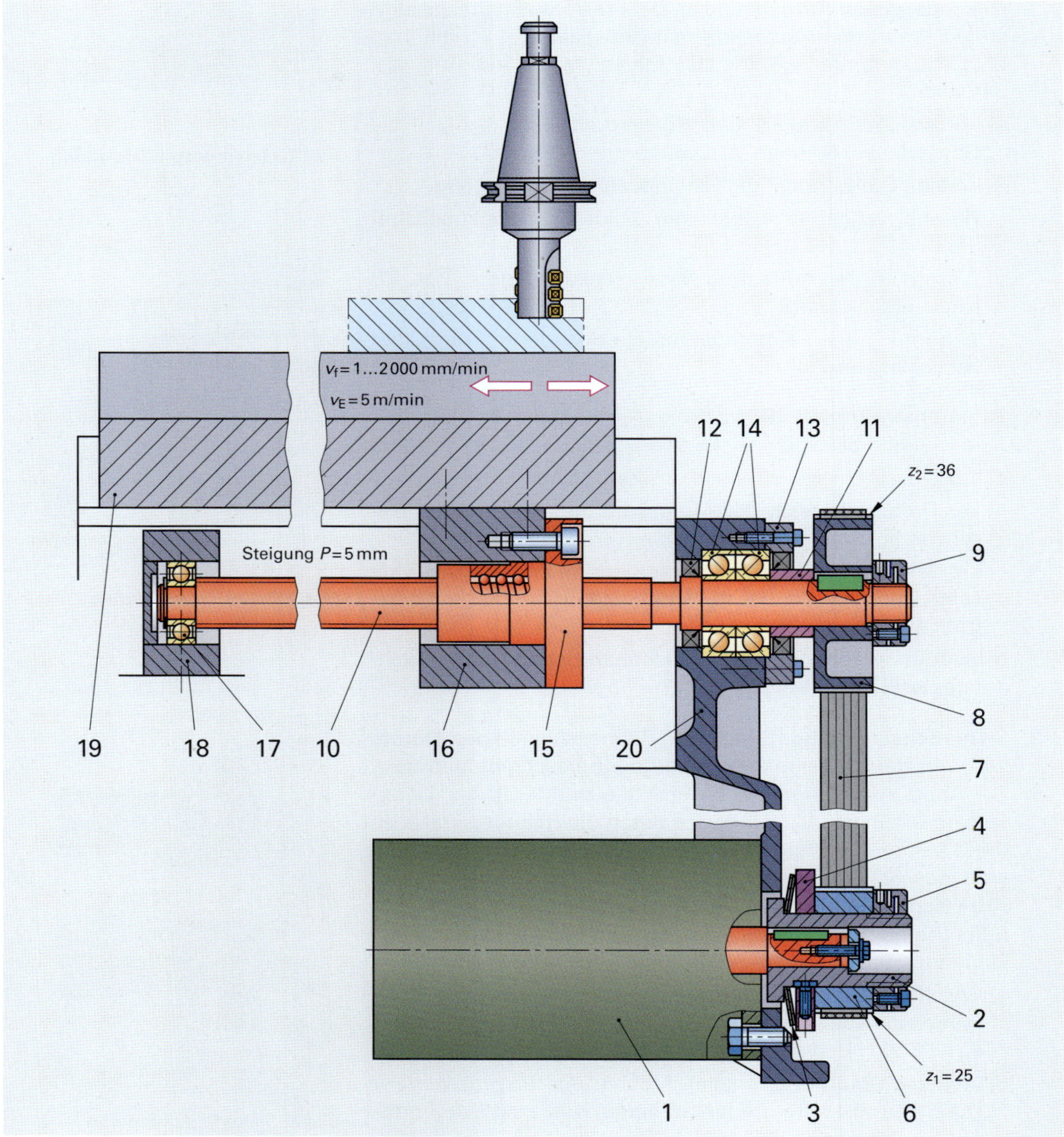

Teileliste (Auszug)

Pos.	Benennung	Pos.	Benennung	Pos.	Benennung
1	Drehstrommotor	8	Spindel-Riemenscheibe	15	Kugelgewindemutter
2	Nabe	9	Obere Anstellmutter	16	Lagerbock
3	Tellerfeder	10	Kugelgewindespindel	17	Rillenkugellager
4	Reibscheibe	11	Distanzhülse	18	Loslagerbock
5	Untere Anstellmutter	12	Radialdichtring	19	Maschinentisch
6	Motor-Riemenscheibe	13	Lagerdeckel	20	Lagerflansch
7	Zahnriemen	14	Schrägkugellager		

Aufgaben | Vorschubantrieb einer CNC-Fräsmaschine

Der frequenzgesteuerte Drehstrom-Vorschubmotor (Pos. 1) treibt über einen Zahnriemen die Kugelgewindespindel (Pos. 10) und damit den Fräsmaschinentisch an.

1. **Gewindespindel-Antrieb (Bild 1).** Der Fräsmaschinentisch fährt stufenlos mit den Vorschubgeschwindigkeiten v_f = 1 mm/min bis 2000 mm/min und mit der Eilganggeschwindigkeit v_E = 5 m/min.
   a) Mit welcher Mindest- und Höchstdrehzahl muss sich die Gewindespindel beim Vorschubantrieb drehen?
   b) Welche Drehzahl hat die Gewindespindel im Eilgang?
   c) Welche Aufgaben haben die beiden Schrägkugellager (Pos. 14)?
   d) Warum ist der Außenring des Rillenkugellagers (Pos. 17) axial verschiebbar?
   e) Warum kann auf eine regelmäßige Schmierung der Lager verzichtet werden?

2. **Zahnriemen-Antrieb (Bild 2).** Die Zähnezahlen der Zahnriemenscheiben betragen z_1 = 25 und z_2 = 36. Zu berechnen sind
   a) das Übersetzungsverhältnis des Zahnriemenantriebes,
   b) der Drehzahlbereich des Motors bei den geforderten Geschwindigkeiten des Schlittens,
   c) die Geschwindigkeit des Zahnriemens im Eilgang. Der wirksame Durchmesser der treibenden Zahnriemenscheibe beträgt 40 mm.
   d) Warum werden bei NC-Vorschubantrieben keine Flach- oder Keilriemen eingesetzt?

3. **Sicherheitskupplung (Bild 3).** Die Riemenscheibe des Motors wird mit der Anstellmutter gegen die Reibscheibe gedrückt. Die Anpresskraft ergibt sich durch die Druckkraft der Tellerfedern. Die Riemenscheibe wird durch die Reibungskräfte an ihren beiden Planseiten mitgenommen. Steigt die Vorschubkraft des Schlittens sehr stark an, z.B. durch Kollision der Arbeitsspindel mit dem Werkstück, dreht die Nabe mit der Reibscheibe und der Anstellmutter gegenüber der dann still stehenden Riemenscheibe durch.
   a) Welche Reibungskraft entsteht an jeder Planseite der Zahnriemenscheibe, wenn die Anpresskraft auf beiden Seiten je F_N = 2500 N und die Reibungszahl μ = 0,25 betragen?
   b) Welches Drehmoment kann dadurch übertragen werden? Die Reibungskräfte greifen an einem mittleren Durchmesser d_R = 55 mm an.
   c) Wie ändert sich das Drehmoment, wenn die Sicherheitskupplung anspricht und die Kupplungsteile nicht öl- oder fettfrei eingebaut werden?
   d) Für die Teile der Überlastsicherung wurden die in **Tabelle 1** genannten Werkstoffe festgelegt. Begründen Sie, ob die Eigenschaften dieser Werkstoffe den Anforderungen der Kupplung genügen.
   e) Welche Verfahren eignen sich zur Prüfung der Härte der Reibscheibe und der Anstellmutter?

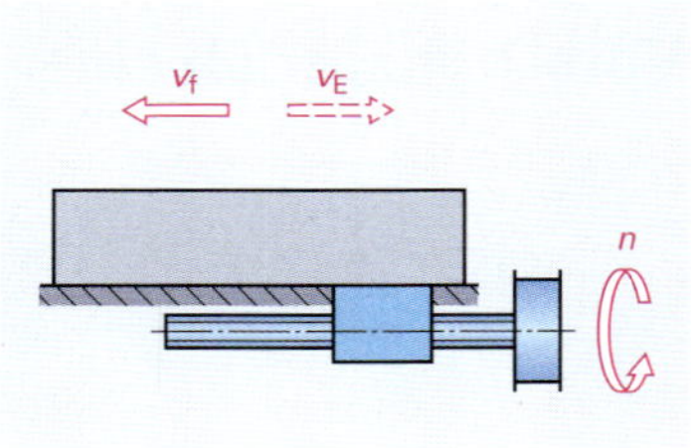

Bild 1: Gewindespindel-Antrieb

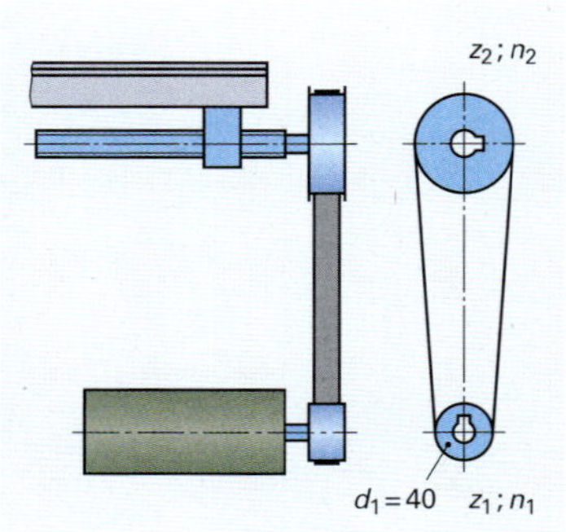

Bild 2: Zahnriemen-Antrieb

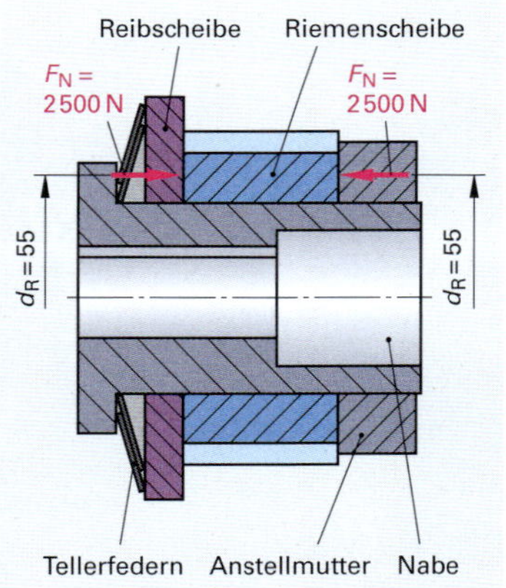

Bild 3: Sicherheitskupplung

Tabelle 1: Gewählte Werkstoffe

Nabe	16MnCr5
Reibscheibe	16MnCr5, gehärtet
Anstellmutter	16MnCr5, gehärtet
Riemenscheibe	AC-AlMg5Si

4. **Bearbeitung des Lagerflansches (Bild 1).** Der Lagerflansch (Pos. 20) wird mit 4 Zylinderschrauben an den Maschinenständer geschraubt. Der gegossene Flansch aus EN-GJL-200 wird vorher auf einer CNC-Senkrechtfräsmaschine komplett bearbeitet. Die Zeichnung **(Bild 1)** enthält alle dafür notwendigen Maße und Oberflächenangaben.

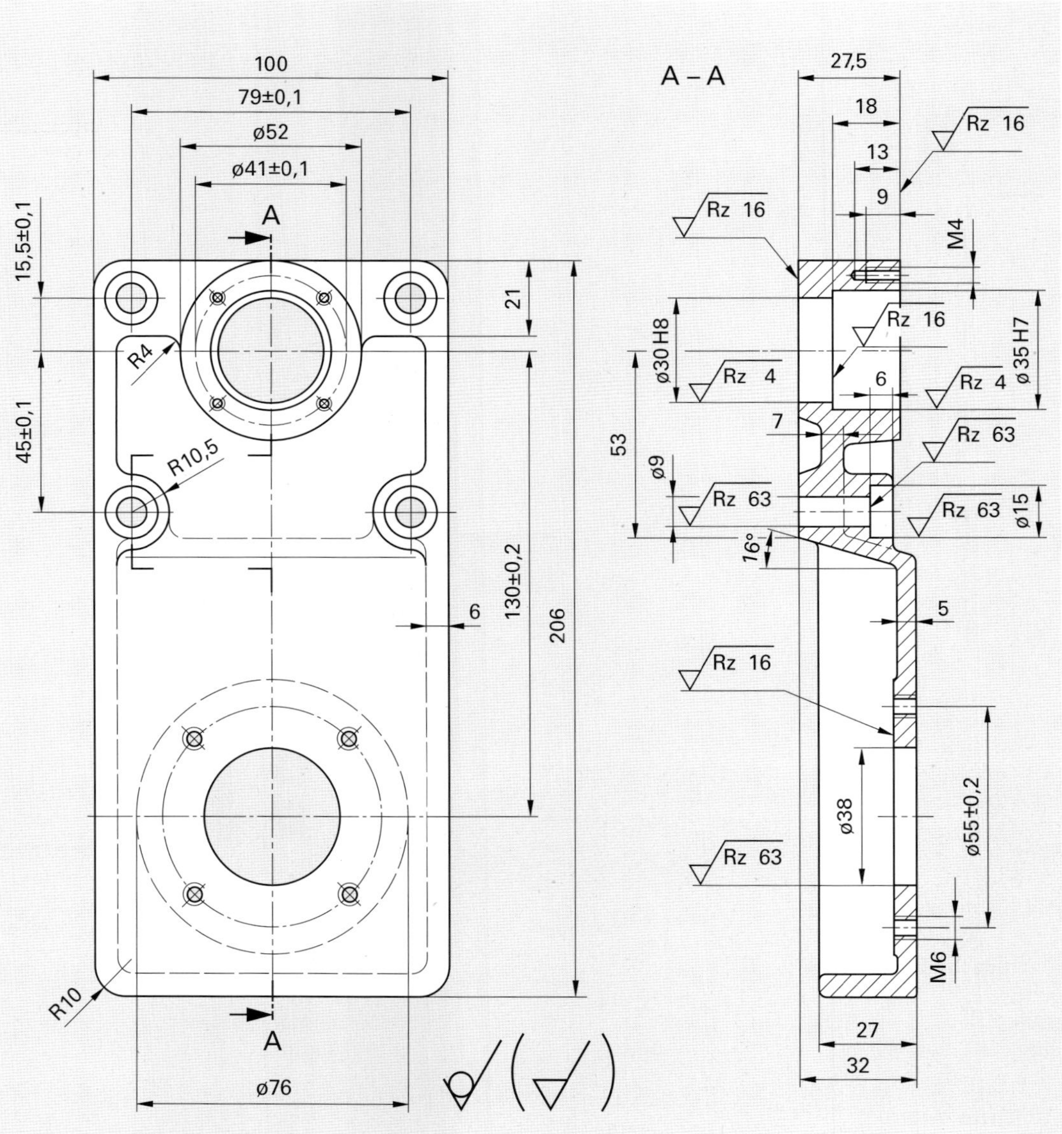

Bild 1: Lagerflansch

a) Beschreiben Sie in Stichworten den Ablauf der Fertigung von der Auftragserteilung bis zum einbaufertigen Teil.

b) Legen Sie fest, wie viele Aufspannungen für die spanende Bearbeitung notwendig sind und welche Arbeitsgänge in den Aufspannungen durchgeführt werden.

c) Welche Vorteile hat die Komplettbearbeitung in einer Aufspannung, und welche Ausstattung müssen die Fräsmaschinen dafür haben?

d) Wie sind NC-Programme aufgebaut? Geben Sie für die einzelnen Programmbestandteile jeweils einige typische Beispiele an.

Hubeinheit

Mit der Hubeinheit **(Bild 1)** werden Motorblöcke um s = 750 mm angehoben und einer Montagelinie zugeführt. Der Schlitten wird von einem Reversiermotor[1)] über ein Schneckengetriebe und eine Rollenkette gehoben und gesenkt.

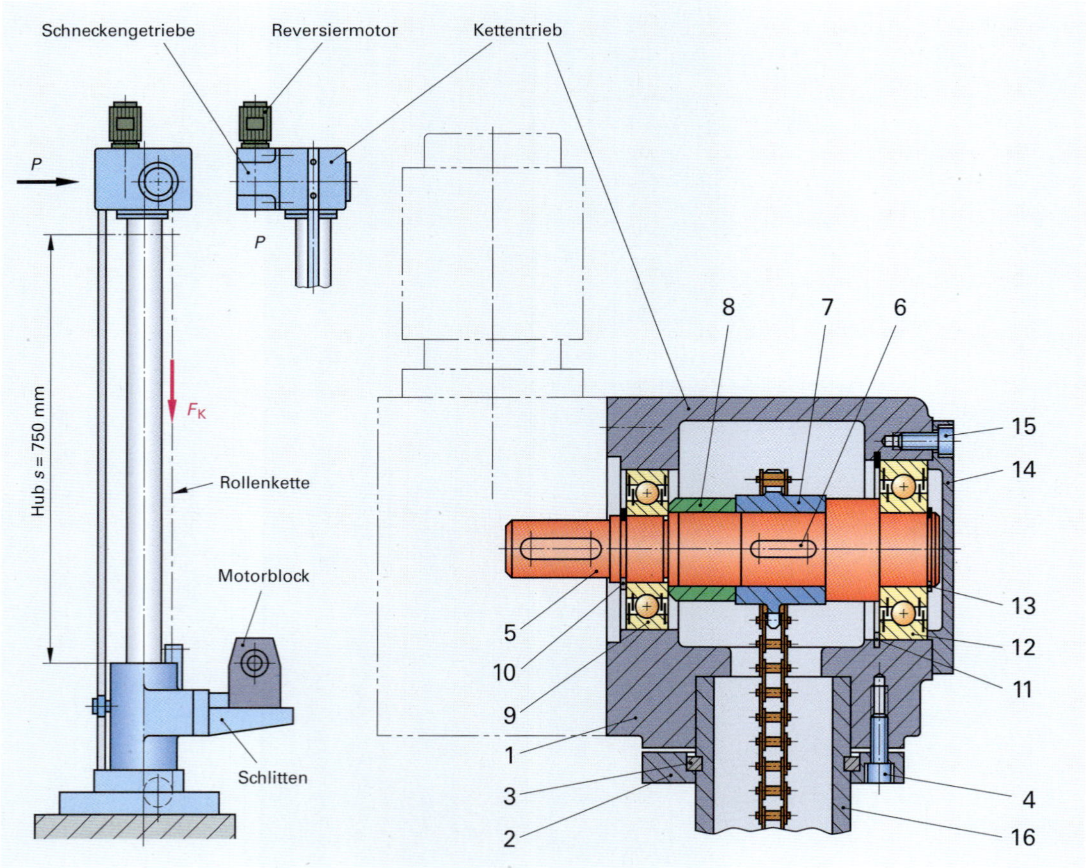

Bild 1: Hubeinheit

Technische Daten

Motor:	Drehzahl	n = 750/min	**Kettentrieb:**	Zähnezahl	z = 18
Schnecken-getriebe:	Übersetzung	i = 11,25		Teilkreisdurchmesser	d = 54,85 mm
	Wirkungsgrad	η = 0,83		Wirkungsgrad	η = 0,80

Teileliste (Auszug)

Pos.	Benennung	Pos.	Benennung
1	Kettengehäuse	9	Rillenkugellager DIN 625-6007-2RS1
2	Spannring	10	Sicherungsring DIN 471 – 35 x 1,5
3	Klemmstück	11	Sicherungsring DIN 471 – 80 x 2
4	Zylinderschraube ISO 4762-M8 x 20 – 8.8	12	Rillenkugellager DIN 625-6208-2RS1
5	Antriebswelle	13	Sicherungsring DIN 471 – 40 x 1,75
6	Passfeder DIN 6885-A-8 x 7 x 30	14	Lagerdeckel
7	Kettenrad	15	Zylinderschraube ISO 4762 – M5 x 15 – 8.8
8	Hülse	16	Standrohr

1) von reversibel (lat.) = umkehrbar, d. h., Motordrehrichtung ist umkehrbar.

Aufgaben | Hubeinheit

1. **Übersetzung, gleichförmige Bewegung.** Der Kettentrieb wandelt die Drehbewegung der Antriebswelle (Pos. 5) in eine Hubbewegung um.
   Wie groß sind
   a) die Drehzahl der Antriebswelle (Pos. 5),
   b) die Hubgeschwindigkeit des Schlittens?

2. **Beschleunigte Bewegung.** Die Hubbewegung des Schlittens wird mit der Beschleunigung $a = 0{,}9\ \text{m/s}^2$ eingeleitet und mit der Verzögerung $a = 1{,}2\ \text{m/s}^2$ abgeschlossen. **Bild 1** zeigt den Geschwindigkeitsverlauf des gesamten Hubes.
   Wie groß sind
   a) die Beschleunigungszeit t_1,
   b) die Verzögerungszeit t_3,
   c) der Beschleunigungsweg s_1,
   d) der Verzögerungsweg s_3,
   e) der Weg s_2 und die Zeit t_2, die mit der konstanten Geschwindigkeit $v = 0{,}19\ \text{m/s}$ zurückgelegt werden,
   f) die gesamte Hubzeit t?

3. **Lagerkräfte (Bild 2).** Das Kettenrad (Pos. 7) überträgt die Kettenkraft $F_K = 450\ \text{N}$ auf die Kettenradwelle.
   Wie groß sind die Lagerkräfte F_A und F_B?

4. **Arbeit, Leistung.** Der Schlitten wird in 4,1 Sekunden angehoben. Dabei wirkt an der Rollenkette die mittlere Kraft $F_K = 450\ \text{N}$.
   Wie groß sind
   a) die Hubarbeit W,
   b) der Gesamtwirkungsgrad η,
   c) die Antriebsleistung P des Motors?

5. **Gehäusepassungen.** Für die Rillenkugellager (Pos. 9 und Pos. 12) sind im Kettengehäuse (Pos. 1) folgende Passungen vorgesehen:
   - Festlager: leichte Übergangspassung,
   - Loslager: enge Spielpassung.

   Der Lagerhersteller empfiehlt Toleranzklassen nach **Tabelle 1.** Die Außendurchmesser D der Rillenkugellager werden nach den in **Tabelle 2** angegebenen Abmaßen gefertigt.
   Bestimmen Sie
   a) das Fest- und das Loslager aus **Bild 1, vorherige Seite,**
   b) die Toleranzklasse für die engste Spielpassung der Loslagerbohrung,
   c) die Toleranzklasse für die Festlagerbohrung.

6. **Montagetechnik.** Die Antriebswelle (Pos. 5) wird als Baugruppe komplett vormontiert und anschließend in das Kettengehäuse (Pos. 1) eingebaut.
   Begründen Sie, warum
   a) das Rillenkugellager (Pos. 9) als Loslager gewählt wurde und
   b) Lager mit verschiedenen Durchmessern verwendet werden.
   c) Legen Sie in einer Tabelle die Reihenfolge der Montageschritte für die Baugruppe und den Einbau fest.

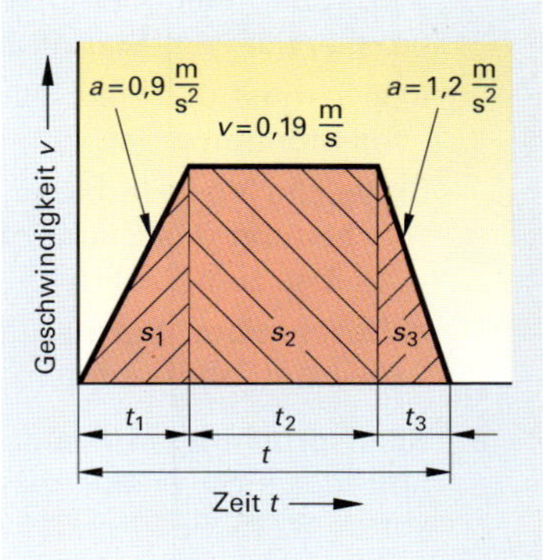

Bild 1: Geschwindigkeits-Zeit-Schaubild

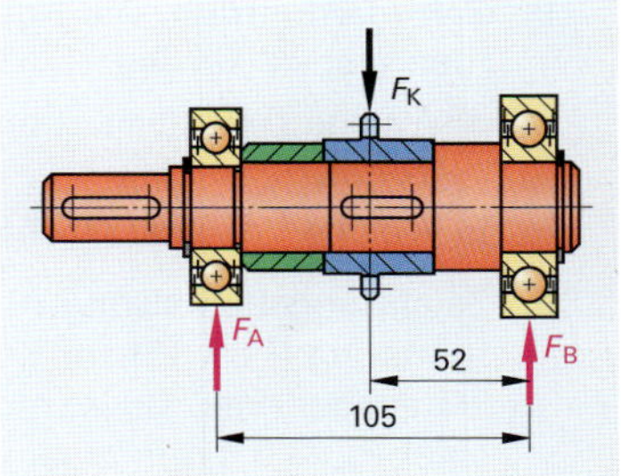

Bild 2: Lagerkräfte

Tabelle 1: Toleranzklassen für Gehäusebohrungen

Lastfall	Toleranzklassen
Punktlast 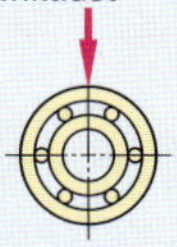	F6, F7, G6, G7, H6, H7, J6, J7
Umfangslast 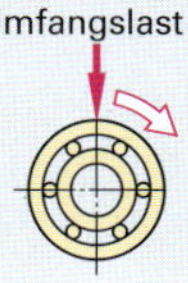	K6, K7, M6, M7

Tabelle 2: Lageraußendurchmesser D

Lager	Nennmaß D in mm	Abmaße in µm
6007-2RS1	62	0
6208-2RS1	80	−13

7. **Befestigungstechnik (Bild 1).** Das Kettengehäuse (Pos. 1) wird über das Klemmstück (Pos. 3) und den Spannring (Pos. 2) auf dem Standrohr (Pos. 16) befestigt.
   a) Wie muss das Klemmstück (Pos. 3) ausgeführt sein, damit es montierbar ist?
   b) Welche Vorteile bietet diese Verbindungsart für die Bearbeitung des Standrohres und die Ausrichtung des Antriebes zum Schlitten?
   c) Beschreiben Sie den Montagevorgang beim Befestigen des Antriebes auf dem Standrohr.

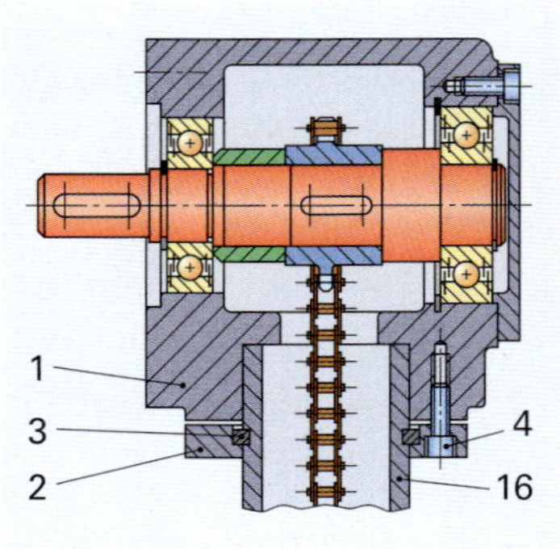

Bild 1: Befestigungstechnik

8. **Beanspruchungen/Stahlauswahl.** Zur Herstellung der Kettenräder (Pos. 7) sind warmgewalzte Stangen in den Stahlsorten S235JR, 16MnCr5 und 42CrMo4 vorrätig.
   a) Leiten Sie aus den Beanspruchungen der Kettenzähne die notwendigen Werkstoffeigenschaften ab.
   b) Wählen Sie einen geeigneten Stahl und begründen Sie die Wahl.

9. **Zahnriementrieb.** Die Rollenkette soll durch einen Zahnriemen ersetzt werden.
   a) Welche Teile des Kettentriebes sind von der Änderung betroffen?
   b) Welche Vor- und Nachteile bringt diese Änderung?

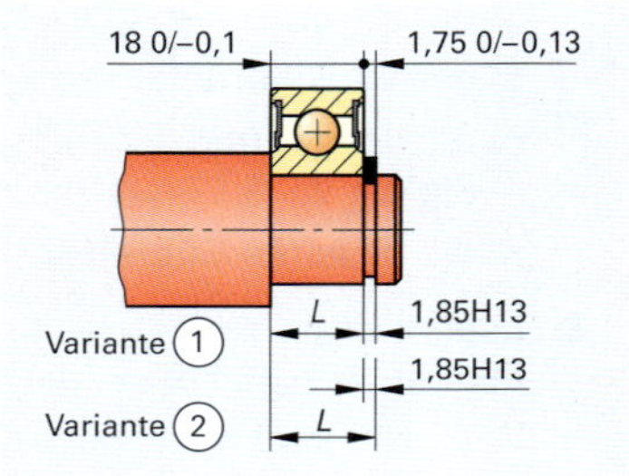

Bild 2: Zeichnungsbemaßung

10. **Zeichnungsbemaßung (Bild 2).** Der Einstich für den Sicherungsring (Pos. 13) soll so bemaßt werden, dass das Rillenkugellager (Pos. 12) im montierten Zustand um das Mindestspiel P_{SM} = 0,1 mm axial verschiebbar ist. Zur Auswahl stehen die Bemaßungsvarianten ① und ②.
    a) Wählen Sie die günstigste Bemaßungsvariante und begründen Sie die Wahl.
    b) Berechnen Sie das Nennmaß L und die Grenzabmaße, wenn L mit der Toleranz T = 0/+0,1 mm gefertigt wird.
    c) Berechnen Sie das Höchstspiel P_{SH}.

11. **Passfederverbindung (Bild 3).** Die Passfeder (Pos. 6) überträgt das Drehmoment von der Kettenradwelle auf das Kettenrad.
    Wie groß sind
    a) das Drehmoment auf die Kettenradwelle,
    b) die Umfangskraft F, bezogen auf den Wellendurchmesser,
    c) die Flächenpressung zwischen Passfeder und Kettenrad,
    d) die Sicherheit gegen plastische Verformung bei einer zulässigen Flächenpressung p = 125 N/mm²?

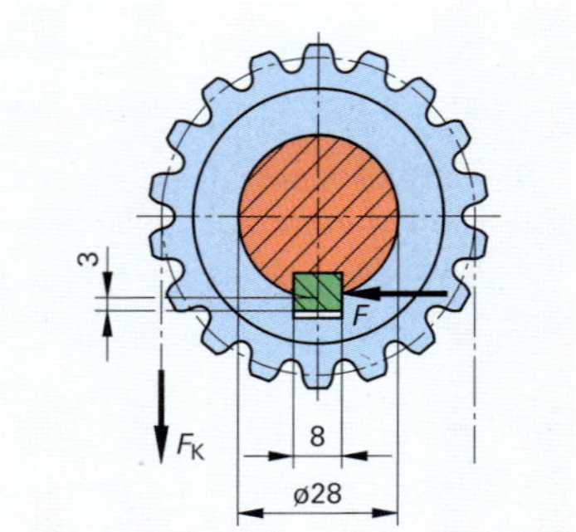

Bild 3: Passfederverbindung

12. **Hauptnutzungszeit.** Der Spannring **(Bild 4)** wird auf jeder Seite in einem Schnitt plangedreht. Bis zur Grenzdrehzahl n_g = 3000/min arbeitet die Maschine mit konstanter Schnittgeschwindigkeit v_c = 240 m/min. Für alle Drehdurchmesser $d < d_g$ wird mit der Grenzdrehzahl n_g zerspant.
    Wie groß sind für f = 0,2 mm, $l_a = l_u$ = 1 mm
    a) der Grenzdurchmesser d_g,
    b) die Vorschubwege L_1 und L_2,
    c) die Hauptnutzungszeit t_h?

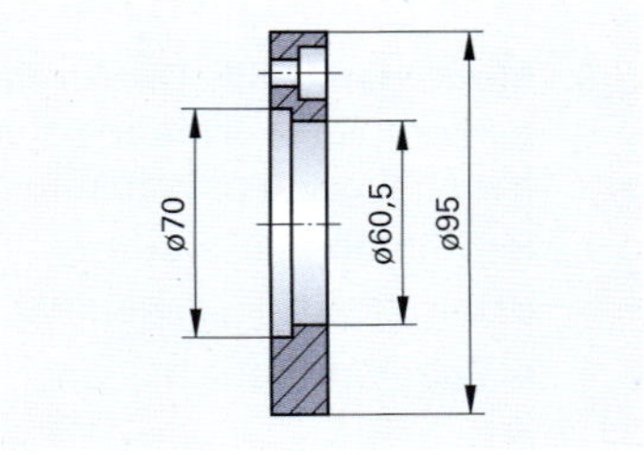

Bild 4: Spannring

Zahnradpumpe

Die Zahnradpumpe **(Bild 1)** ist Bestandteil der zentralen Schmieranlage einer Pressenlinie.

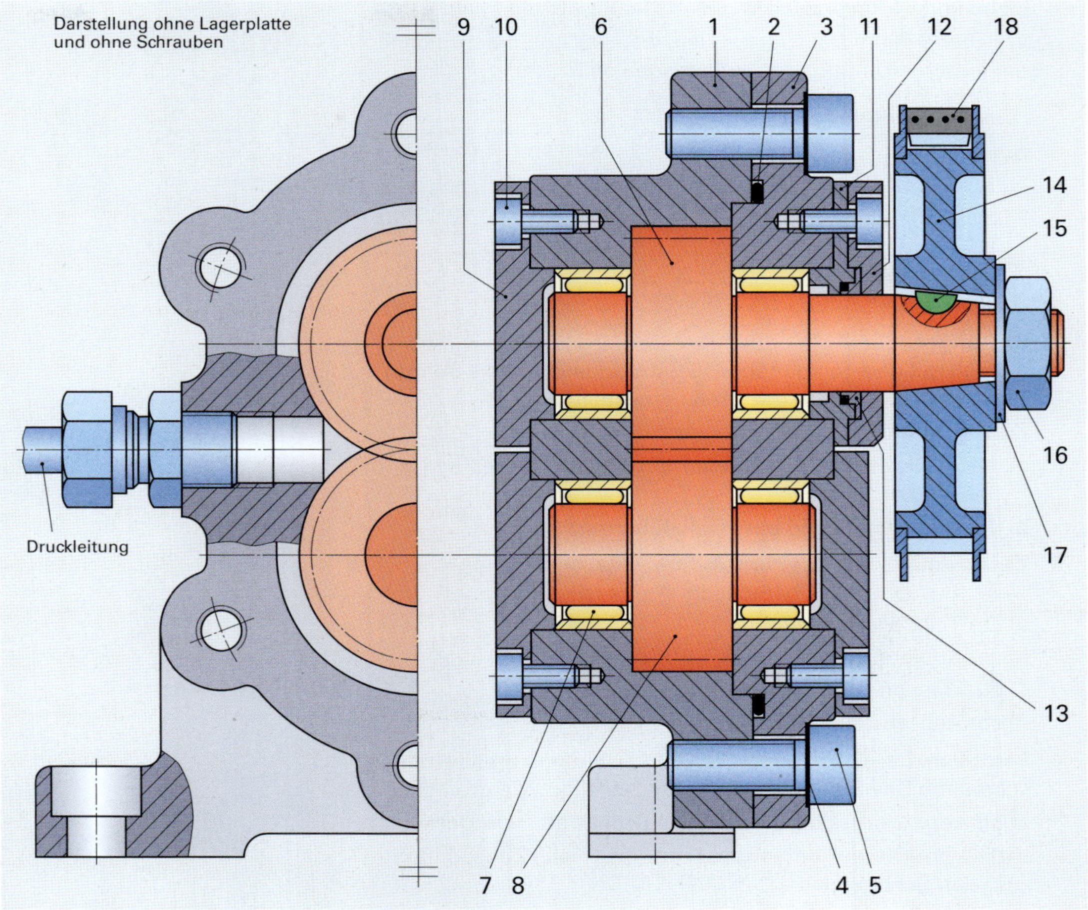

Bild 1: Zahnradpumpe

Technische Daten

Pumpe:	Volumenstrom Betriebsdruck	$Q = 0{,}6$ l/min $p_e = 12$ bar	**Zahnräder:**	Modul Zähnezahl Kopfspiel	$m = 1{,}5$ mm $z = 24$ $c = 0{,}25 \cdot m$

Teileliste (Auszug)

Pos.	Benennung	Pos.	Benennung
1	Pumpengehäuse	10	Zylinderschraube DIN 7984 – M5 x 12 – 8.8
2	O-Ring DIN ISO 3601 – ... x 2 – NBR70	11	Stützring
3	Lagerplatte	12	Zentrierdeckel
4	Zahnscheibe DIN 6797 – A8, 4 – FSt	13	Wellen-Gleitdichtring
5	Zylinderschraube ISO 4762 – M8 x 20 – 8.8	14	Zahnriemenscheibe
6	Antriebswelle	15	Scheibenfeder
7	Nadellager DIN 617 – RNA4901	16	Sechskantmutter
8	Pumpenritzel	17	Scheibe
9	Abschlussdeckel	18	Zahnriemen

Aufgaben | Zahnradpumpe

1. **Längen**. Zur Abdichtung der Planflächen werden O-Ringe (Pos. 2) in die Nut der Lagerplatte **(Bild 1)** gelegt. Zur Auswahl stehen die O-Ringe nach **Tabelle 1.**

   Welcher O-Ring ist zu verwenden, wenn er im Einbauzustand am äußeren Umfang der Nut anliegen soll?

Tabelle 1: O-Ringe

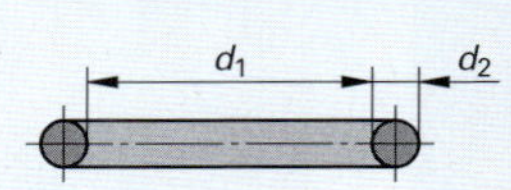

Bezeichnung	Durchmesser d in mm	
	d_1	d_2
68 × 1	68	1
68 × 2	68	2
70 × 1	70	1
70 × 2	70	2

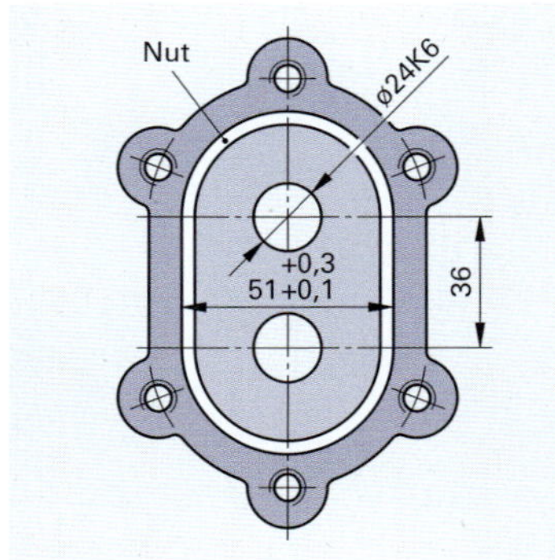

Bild 1: Lagerplatte

2. **Passungen**. Die Außendurchmesser der Nadellager (Pos. 7) werden mit dem tolerierten Maß 24h6 angeliefert, die Bohrungen in der Lagerplatte mit 24K6 hergestellt **(Bild 1).**

   Zu bestimmen sind

   a) die Abmaße und die Toleranzen der Nadellager und der Bohrungen,

   b) das Höchstspiel und das Höchstübermaß.

3. **Zahnradmaße.** Für das Pumpenritzel (Pos. 8) und die Antriebswelle (Pos. 6) sind zu berechnen

   a) der Teilkreisdurchmesser,

   b) der Kopfkreisdurchmesser,

   c) die Frästiefe,

   d) der Achsabstand.

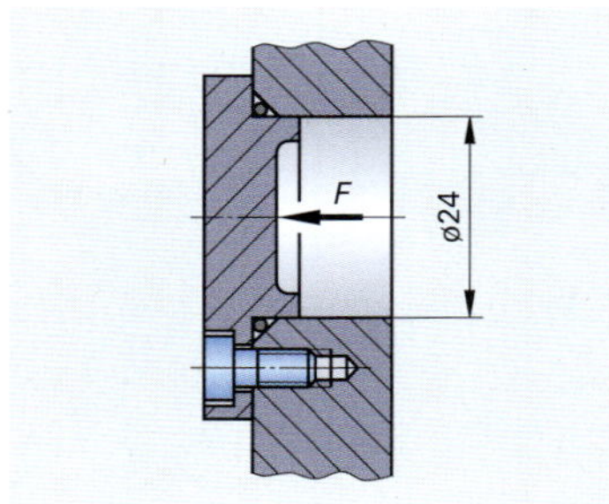

Bild 2: Abschlussdeckel

4. **Festigkeit.** Der Abschlussdeckel **(Bild 2)** wird mit drei Zylinderschrauben DIN 7984 – M5 x 12 – 8.8 befestigt. Wie groß sind

   a) die vom Öldruck hervorgerufene Druckkraft *F* am Deckel,

   b) die vom Öldruck hervorgerufene zusätzliche Zugspannung in den Schrauben?

5. **Konturpunkte.** Die Innenkontur des Pumpengehäuses **(Bild 3)** wird auf einer NC-Fräsmaschine gefertigt. Für die Programmerstellung sind zu ermitteln

   a) der Durchmesser *D* und die Grenzabmaße, wenn die Bohrungen nach der Toleranzklasse H7 gefertigt werden,

   b) der Achsabstand *a* der Bohrungen,

   c) die Koordinaten der Punkte P1 und P2, bezogen auf den Werkstücknullpunkt.

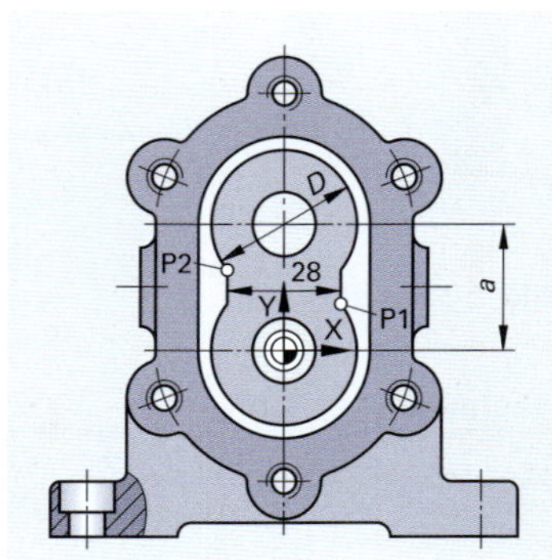

Bild 3: Pumpengehäuse

6. **Kegeldrehen.** Der Kegel der Antriebswelle **(Bild 4)** dient zur Aufnahme einer Zahnriemenscheibe. Wie groß sind

   a) der Kegelwinkel,

   b) der Neigungswinkel,

   c) der Kegeldurchmesser *d?*

7. **Hydraulik.** Bei einem Betriebsdruck $p_e = 12$ bar liefert die Zahnradpumpe den Volumenstrom $Q = 0{,}6$ l/min. Für die Druckleitung wird ein Rohr 8 × 0,5 verwendet. Wie groß sind

   a) die Strömungsgeschwindigkeit des Öles in der Druckleitung,

   b) die Leistung der Zahnradpumpe?

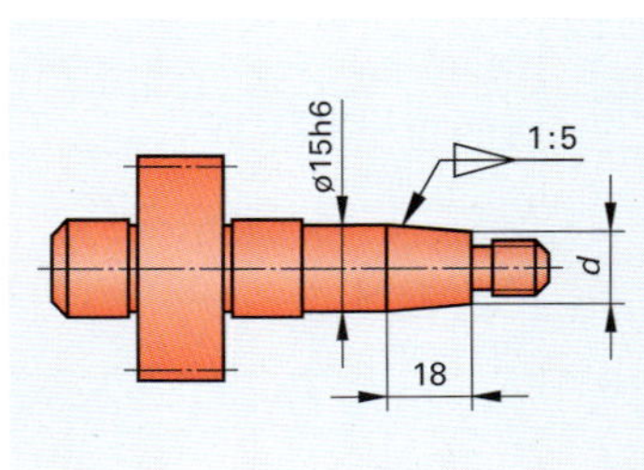

Bild 4: Antriebswelle

8. **Warmumformung.** Die Rohteile der Antriebswelle (Pos. 6) aus 16MnCr5 werden im Gesenk geschmiedet. Der Temperaturbereich für die Warmumformung liegt zwischen 950 °C und 1430 °C.
   a) Begründen Sie den Temperaturbereich der Warmumformung auf der Grundlage des Eisen-Kohlenstoff-Diagrammes.
   b) Welche Vorteile bietet das Schmieden der Rohteile im Vergleich zur spanenden Fertigung?

9. **Stahlauswahl/Wärmebehandlung.** Die Nadellager (Pos. 7) werden ohne Innenring eingebaut. Das Pumpenritzel (Pos. 4) und die Antriebswelle (Pos. 5) sind aus 16MnCr5 und werden einsatzgehärtet. Die geforderten Qualitätsmerkmale der Lagerlaufbahnen auf Wellen sind in **Tabelle 1** festgelegt.
   a) Beschreiben Sie die Wärmebehandlung und erörtern Sie die Gefügeumwandlungen.
   b) Wie werden die Härte und die Einhärtetiefe in der Zeichnung angegeben?
   c) Durch welches Fertigungsverfahren lässt sich die geforderte Oberflächenqualität erreichen?

10. **Zahnradpumpe.** Die Pumpe versorgt alle Lagerstellen und Führungsbahnen der Presse mit Schmieröl der Sorte CL68 nach DIN 51502.
   a) Beschreiben Sie die Funktion der Zahnradpumpe.
   b) Bestimmen Sie die Drehrichtung der Antriebswelle (Pos. 6) und des Pumpenritzels (Pos. 8).
   c) Erklären Sie die Bezeichnung des Schmieröles.

11. **Kegelverbindung (Bild 1).** Die Zahnriemenscheibe (Pos. 14) wird über einen Kegel und eine Scheibenfeder (Pos. 15) mit der Antriebswelle verbunden.
   a) Welche Vorteile hat diese Verbindung gegenüber einer Passfederverbindung?
   b) Welche Aufgabe hat die Scheibenfeder?
   c) Welchen Einfluss hat der Kegelwinkel α auf die Normalkräfte F_N am Kegel und auf die Größe der übertragbaren Drehmomente?

12. **Schraubenverbindung (Bild 2).** Die Lagerplatte (Pos. 3) wird mit dem Pumpengehäuse (Pos. 1) durch sechs Zylinderschrauben ISO 4762 – M8 x 20 – 8.8 verschraubt. Die Schrauben sollen durch Senkschrauben mit Innensechskant ersetzt werden.
   a) Entwerfen Sie die geänderte Schraubenverbindung.
   b) Legen Sie die normgerechte Bezeichnung der Senkschrauben fest.

13. **Dichtung (Bild 3).** Aus Kostengründen soll der O-Ring (Pos. 2) durch eine Flachdichtung ersetzt werden.
   Wie wirkt sich diese Änderung
   a) auf das Spiel S_p zwischen dem Pumpenritzel (Pos. 8) und der Lagerplatte (Pos. 3) und
   b) auf den Wirkungsgrad der Zahnradpumpe aus?

Tabelle 1: Qualitätsmerkmale für Lagerlaufbahnen auf Wellen

Qualitätsmerkmal	Werte
Härte	HRC = 58 + 4
Einhärtetiefe	E_{ht} = 0,5 + 0,3
Rauheit	Ra ≤ 0,2 µm

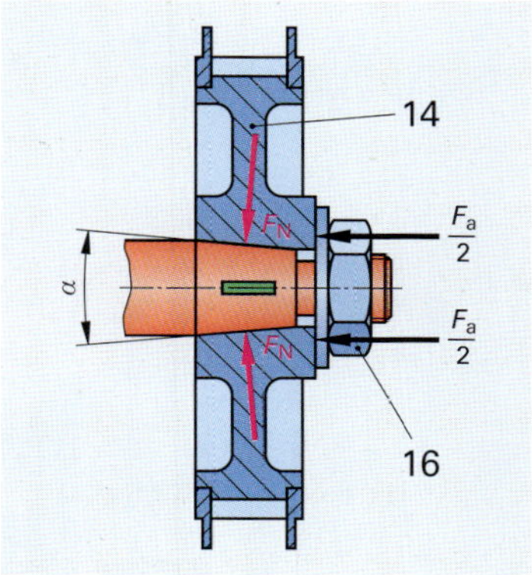

Bild 1: Kegelverbindung

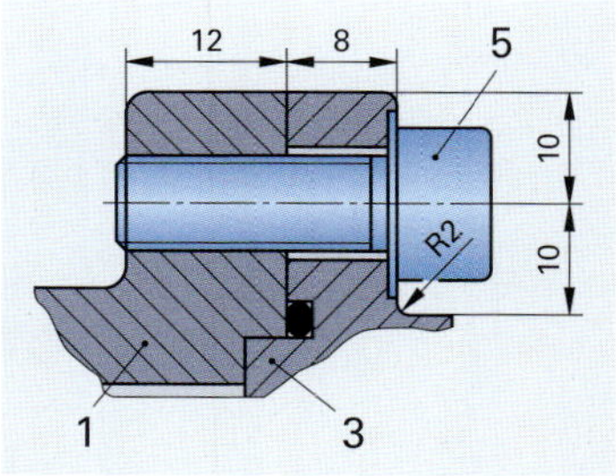

Bild 2: Schraubenverbindung

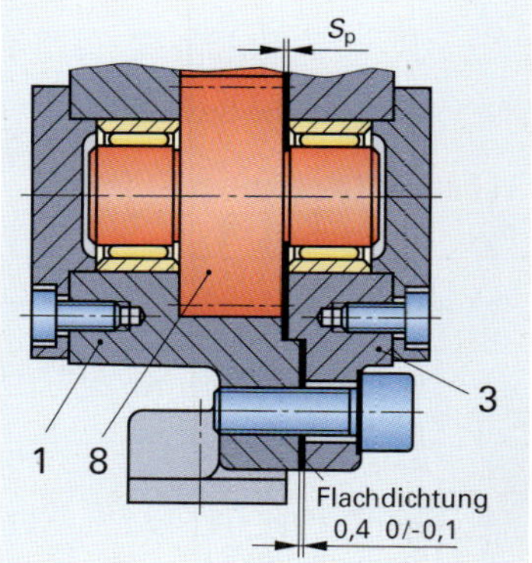

Bild 3: Dichtung

Hydraulische Spannklaue

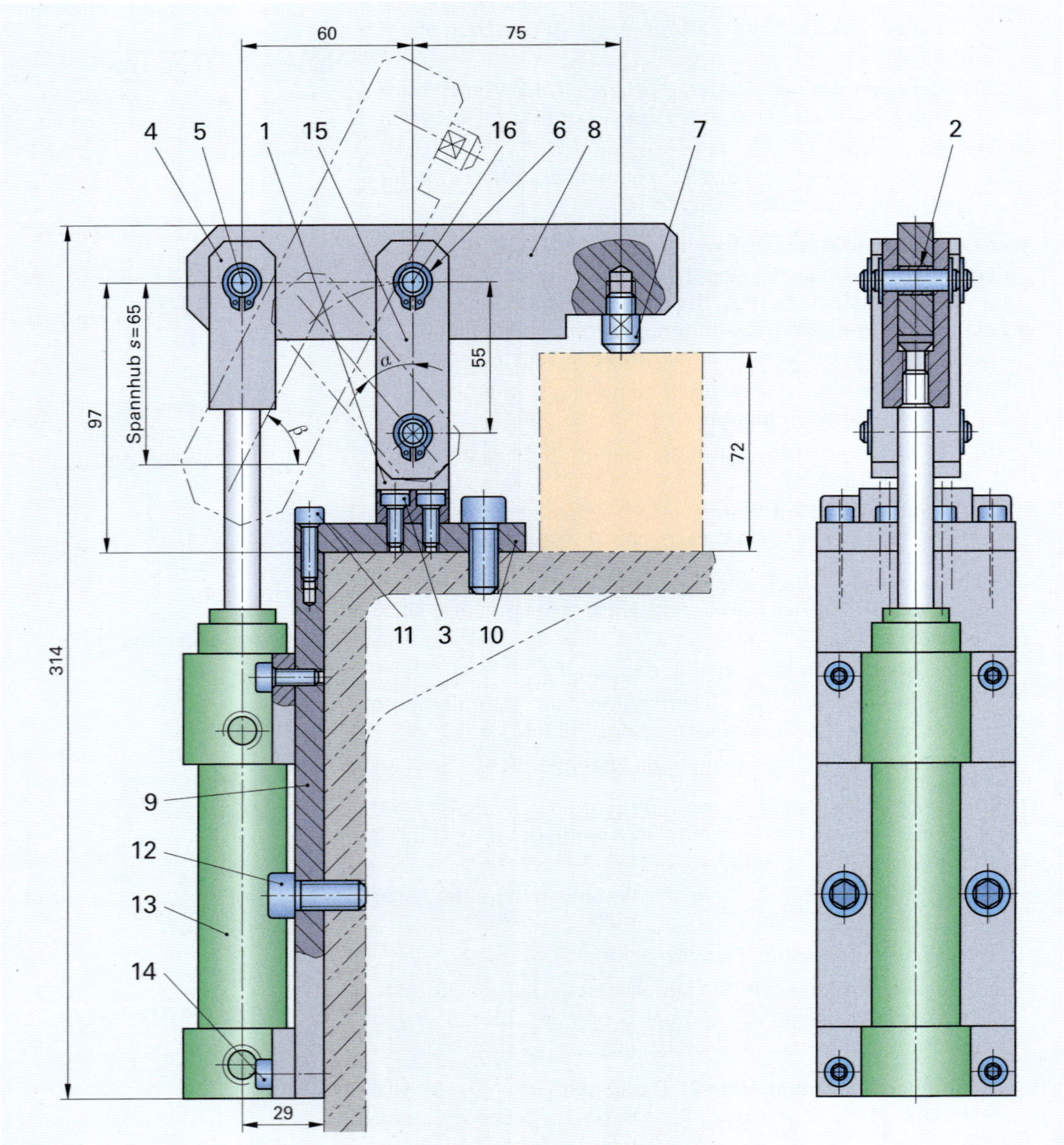

Bild 1: Hydraulische Spannklaue

Teileliste (Auszug)

Pos.	Benennung	Pos.	Benennung
1	Lagerbock	9	Winkelplatte, vertikal
2	Buchse	10	Winkelplatte, horizontal
3	Zylinderschraube ISO 4762 – M6 x 18	11	Zylinderschraube ISO 4762 – M6 x 20
4	Gabel	12	Zylinderschraube ISO 4762 – M10 x 22
5	Bolzen ∅ 10 x 28	13	Hydrozylinder ∅ 25 / ∅ 12 x 70
6	Sicherungsring DIN 471-10x1	14	Zylinderschraube ISO 4762 – M6 x 20
7	Pendelauflage	15	Lasche
8	Spannhebel	16	Bolzen ∅ 10 x 34

Aufgaben | Hydraulische Spannklaue

1. **Hydrozylinder (Bild 1).** Der Hydrozylinder (Pos. 13) hat einen Kolbendurchmesser d = 25 mm. Er spannt über den Spannhebel (Pos. 8) das Werkstück, wenn er mit dem Überdruck p_e = 250 bar beaufschlagt wird.
   a) Welche wirksame Kolbenkraft steht beim Ausfahren zur Verfügung, wenn der Wirkungsgrad des Zylinders 88 % beträgt?
   b) Welcher Volumenstrom Q ist erforderlich, wenn der Spannhub s = 65 mm in der Zeit t = 1,5 s durchfahren werden soll?
   c) Welcher Rohrleitungsquerschnitt kann gewählt werden, wenn bei einem Volumenstrom von Q = 1,3 l/min die Strömungsgeschwindigkeit v = 2m/s in der Rohrleitung nicht überschritten werden soll?
   d) Der Hydrozylinder wird durch 4 Schrauben (Pos. 14) festgehalten. Wie groß muss die Spannkraft einer Schraube sein, wenn der Zylinder durch die Kolbenkraft gegenüber der Auflage nicht verschoben werden darf? Als Reibungszahl kann μ = 0,20 angenommen werden.

2. **Spannhebel (Bild 2).** Der Spannhebel (Pos. 8) spannt das Werkstück in waagrechter Stellung.
   a) Wie groß ist die Spannkraft F_{Sp} auf das Werkstück?
   b) Welche Kraft F tritt im Gelenk A auf?
   c) Welche Flächenpressung entsteht in der Buchse des Gelenkes A **(Bild 3)?**
   d) Wie groß ist die Scherspannung im Bolzen (Pos. 16) des Gelenkes A?
   e) Wie groß ist die Zugspannung in den beiden Laschen (Pos. 15) **(Bild 4)?**

3. **Gabel (Bild 5).** Der Spannhebel (Pos. 8) ist in der Gabel (Pos. 4) geführt.
   a) Welches Höchst- und Mindestspiel können auftreten, wenn die Ausfräsung der Gabel mit 12H8 und die Breite des Spannhebels mit 12e8 angegeben sind?
   b) Wie viel wiegt die Gabel aus E295?
   c) Wie viel Prozent des Rohteils 22 × 22 × 62 sind zerspant worden?

4. **Geometrische Grundlagen (Bild 1, vorherige Seite).** Wenn die Kolbenstange des Zylinders einfährt, schwenkt der Spannhebel (Pos. 8) nach oben, damit das Werkstück besser entnommen werden kann. Außerdem schwenken die Laschen (Pos. 15) nach links. Wie groß sind die Schwenkwinkel α und β?

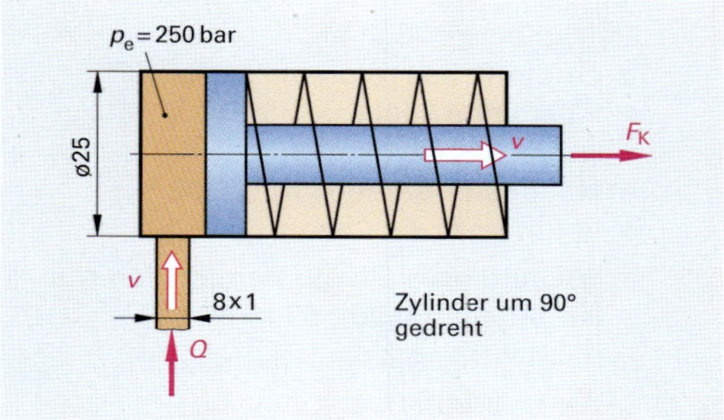

Bild 1: Hydrozylinder

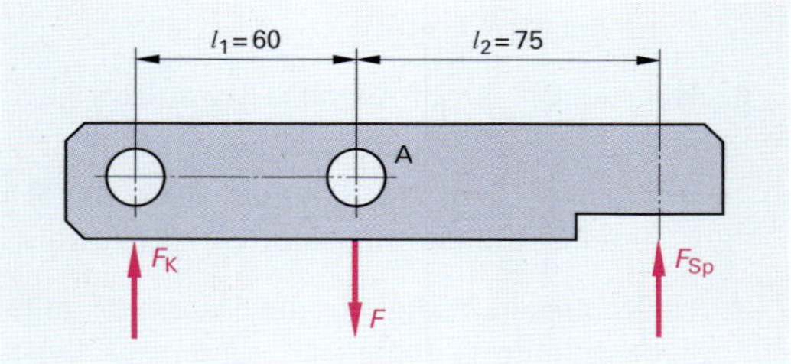

Bild 2: Spannhebel

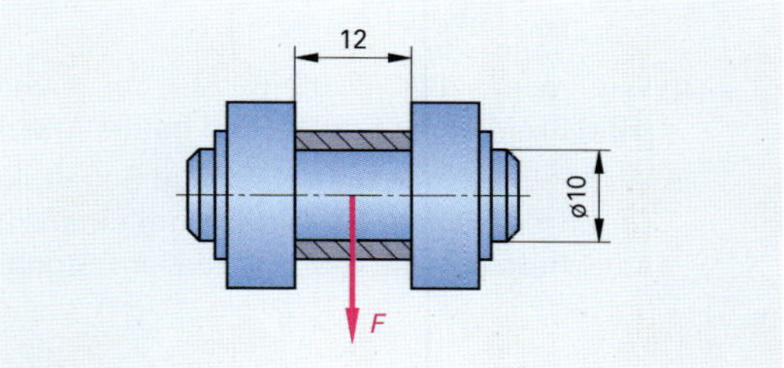

Bild 3: Gelenk

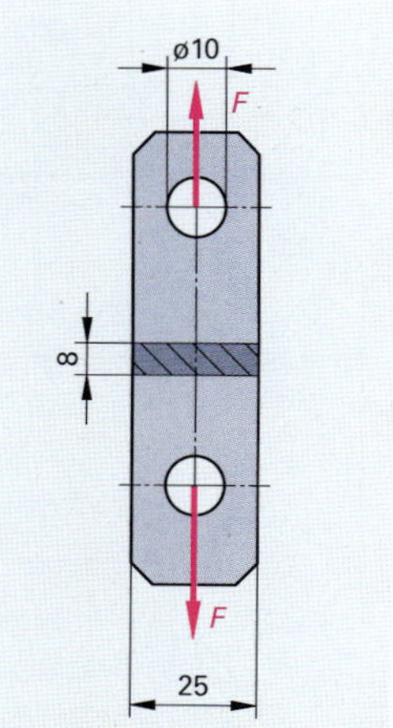

Bild 4: Lasche

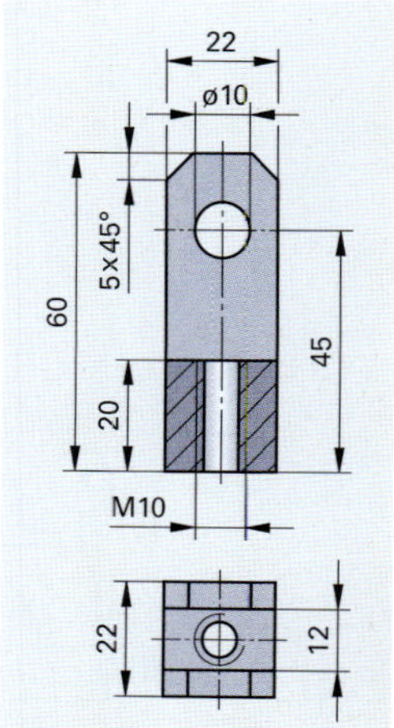

Bild 5: Gabel

5. **Hydraulikaggregat (Bild 1).** Der Hersteller gibt für das Aggregat u. a. die folgenden hydraulischen Kenngrößen an:
   - Empfohlenes Hydrauliköl HLP 22
   - Füllmenge 3,8 l
   - Nutzbares Ölvolumen 1,75 l
   - Maximaler Betriebsdruck 300 bar
   - Volumenstrom 2 l/min

   a) Reicht dieses Ölvolumen für den maximalen Spannhub von 65 mm aus?

   b) Berechnen Sie die hydraulische Leistung der Hydropumpe.

   c) Welche Leistung gibt der Elektromotor ab, wenn der Wirkungsgrad des Motors bei 91 % und der Wirkungsgrad der Hydropumpe bei 89 % liegt?

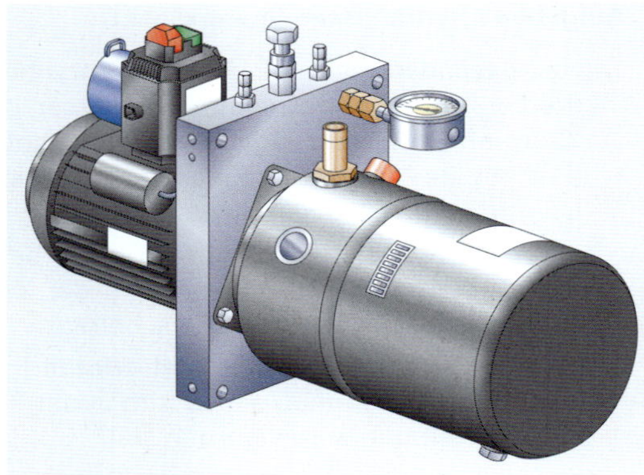

Bild 1: Hydraulikaggregat

6. **Hydrauliköl.** Empfohlenes Hydrauliköl HLP 22.

   a) Erklären Sie die Bezeichnung „HLP 22“.

   b) Welche Viskosität hat das Hydrauliköl bei einer Betriebstemperatur von 60 °C **(Bild 2)**?

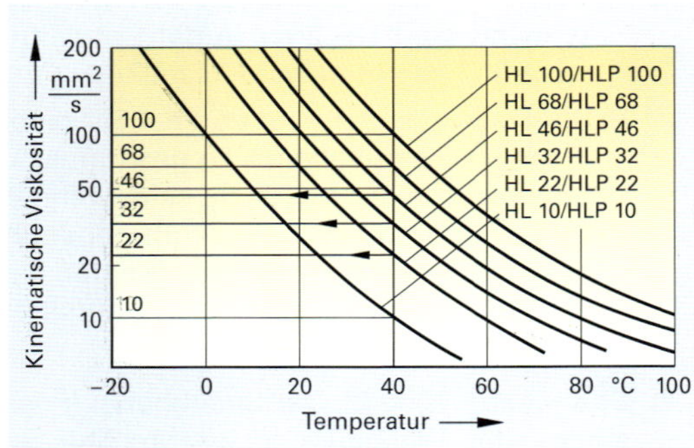

Bild 2: Viskositäts-Temperatur-Diagramm

7. **Hydraulikschaltung.** Für die Spannvorrichtung liegt schaltungstechnisch eine rein hydraulische Lösung vor.

   a) Wozu dient das Bauteil -CM2 „Hydrospeicher“? Mit welchem Gas ist der Speicher gefüllt?

   b) Wie wird das Bauteil -FL1 bezeichnet (**Bild 3**)? Welche Funktionen hat es in der Anlage?

   c) Wandeln Sie den hydraulischen Schaltplan in einen elektrohydraulischen Schaltplan (**Bild 3**) um. Ergänzen Sie den Schaltplan um einen zusätzlichen Drucksensor, der den Ladedruck des Hydrospeichers erfasst. Erst mit diesem Signal darf der Spannzylinder betätigt werden.

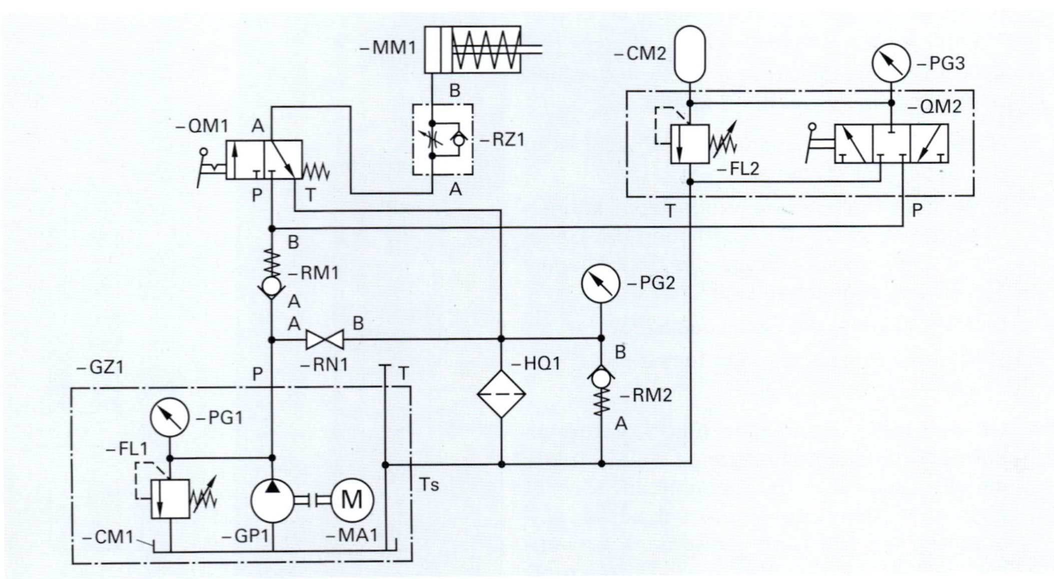

Bild 3: Hydraulischer Schaltplan – Spannvorrichtung

Folgeschneidwerkzeug

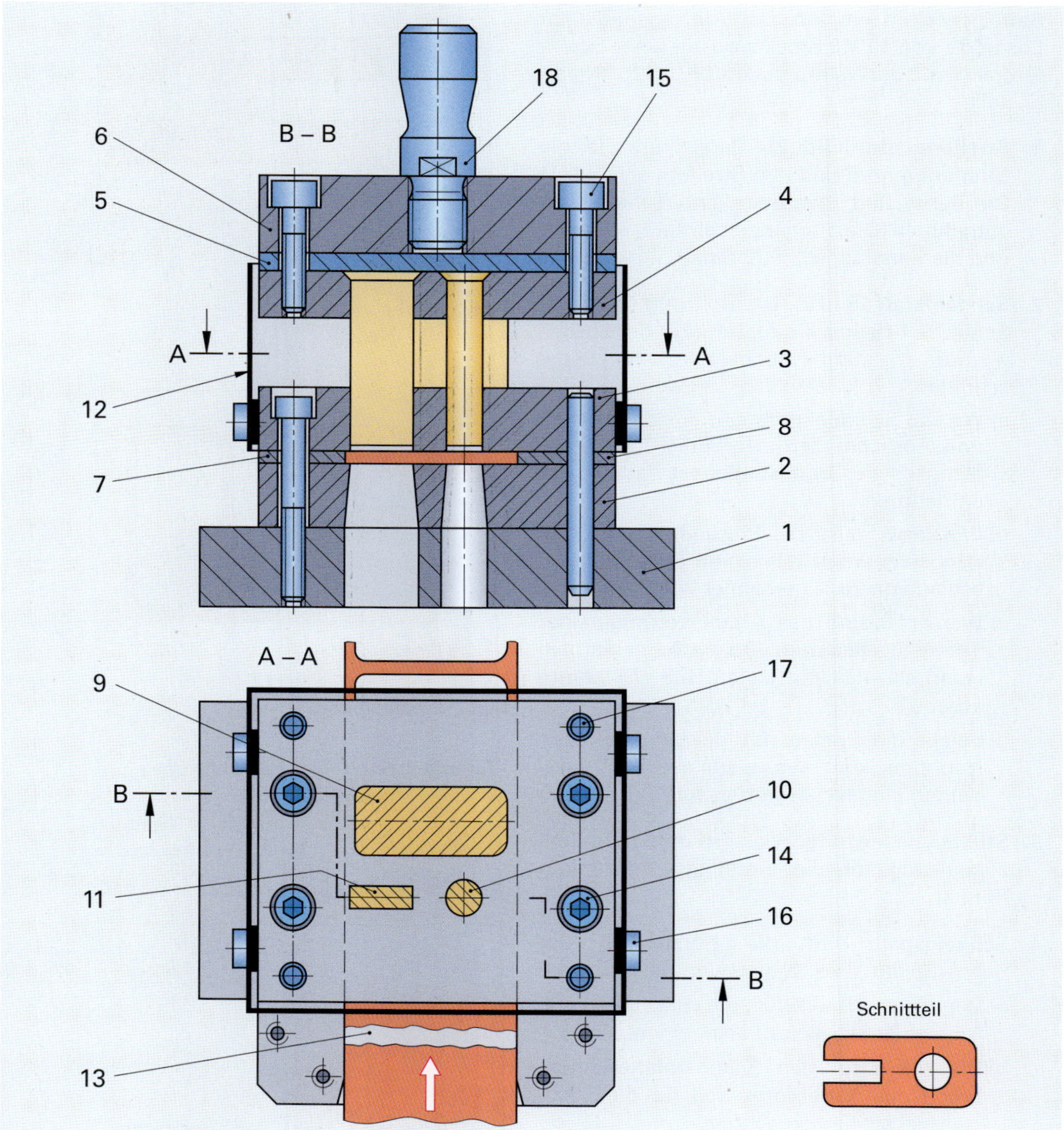

Bild 1: Folgeschneidwerkzeug

Teileliste (Auszug)

Pos.	Benennung	Pos.	Benennung	Pos.	Benennung
1	Grundplatte	7	Zwischenlage, links	13	Auflage
2	Schneidplatte	8	Zwischenlage, rechts	14	Zylinderschraube ISO 4762 – M6 x 40 – 8.8
3	Führungsplatte	9	Ausschneidstempel	15	Zylinderschraube ISO 4762 – M6 x 25 – 8.8
4	Stempelplatte	10	Lochstempel	16	Zylinderschraube ISO 4762 – M4 x 12 – 8.8
5	Druckplatte	11	Lochstempel	17	Zylinderstift ISO 8734-6 x 45-A-St
6	Kopfplatte	12	Schutzgitter	18	Einspannzapfen ISO 10242-1 A-20 x M16 x 1,5

Aufgaben | Folgeschneidwerkzeug

Die **Lasche (Bild 1)** soll aus Bandstahl DC01 mit dem Folgeschneidwerkzeug **(Bild 1, vorherige Seite)** gefertigt werden. Der Auftrag mit einer Losgröße von 10 000 Stück wird auf einer Exzenterpresse mit der Nennpresskraft F_n = 125 kN hergestellt.

1. **Streifenmaße (Bild 2).** Berechnen Sie die Streifenbreite *B* und den Streifenvorschub *V*. Die Rand- und Stegbreite sind **Tabelle 1** zu entnehmen. Die Steglänge beträgt l_e = 40 mm und die Randlänge l_a = 20 mm.

2. **Schneidkraft (Bild 2).** Die Bohrung ∅ 10, der Schlitz 8 × 15 und die Außenform der Lasche werden in einem Hub gelocht und ausgeschnitten.
   a) Welche Schneidkräfte sind für das Lochen und Ausschneiden erforderlich? Die Zugfestigkeit des Bandstahles ist Tabellen zu entnehmen.
   b) Wie groß muss die Pressenkraft mindestens sein, wenn mit einem Sicherheitszuschlag von 20 % gerechnet wird?
   c) Wie groß sind das Arbeitsvermögen der Presse im Dauerhub und die Schneidarbeit, wenn sie mit dem festen Hub *H* = 12 mm arbeitet?
   d) Reicht die Presse mit der angegebenen Nennpresskraft aus, wenn sie im Dauerbetrieb eingesetzt werden soll?

3. **Streifenausnutzung.** Wie groß ist die Streifenausnutzung für die einreihige Anordnung **(Bild 2)**?

4. **Schneidspalt.** Für die Herstellung der Schneidplatte (Pos. 2) sind zu ermitteln:
   a) Der Schneidspalt für die Blechdicke *s* = 1,5 mm ist Tabellen zu entnehmen.
   b) Die Maße für den Schneidplattendurchbruch der Außenform und für die Lochstempel sind zu berechnen.

5. **Druckplatte (Bild 3).** Bei einer Flächenpressung zwischen Lochstempel und Druckplatte von über 250 N/mm² sind gehärtete Druckplatten erforderlich. Es ist nachzuprüfen, ob eine ungehärtete Druckplatte ausreicht.

6. **Masse der Schnittteile.** Wie groß ist die Masse von 10 000 fertigen Laschen
   a) ohne Berücksichtigung der gerundeten Ecken,
   b) mit Berücksichtigung der gerundeten Ecken?

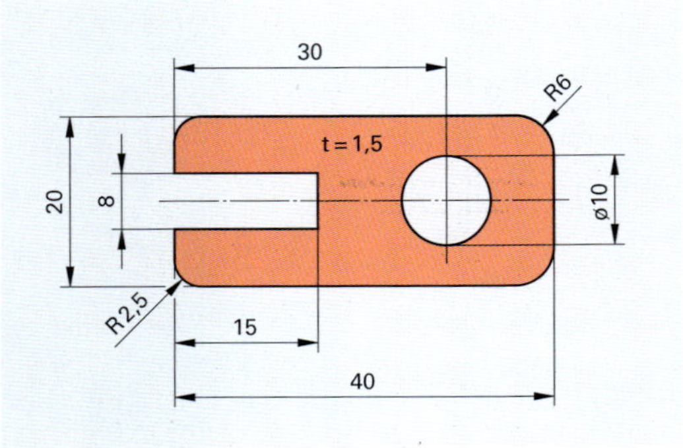

Bild 1: Lasche

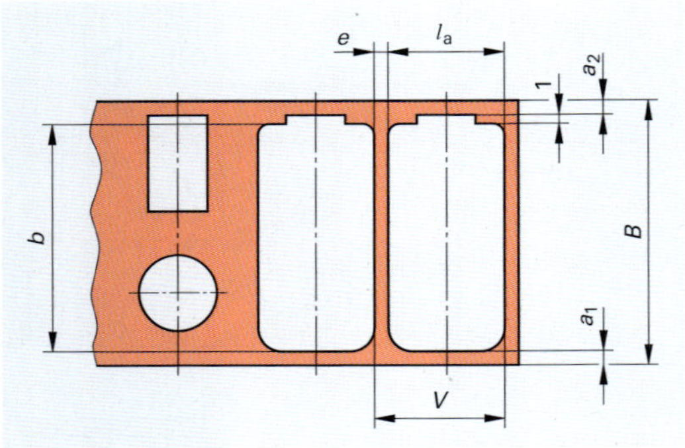

Bild 2: Streifenmaße

Tabelle 1: Steg- und Randbreiten nach VDI 3367

Steglänge l_e Randlänge l_a in mm	Steg- und Randbreite für Werkstoffdicke *s* in mm		
	1,0	**1,5**	**2,0**
bis 10	1,0	1,3	1,6
11 ... 50	1,1	1,4	1,7
51 ... 100	1,3	1,6	1,9
über 100	1,5	1,8	2,1

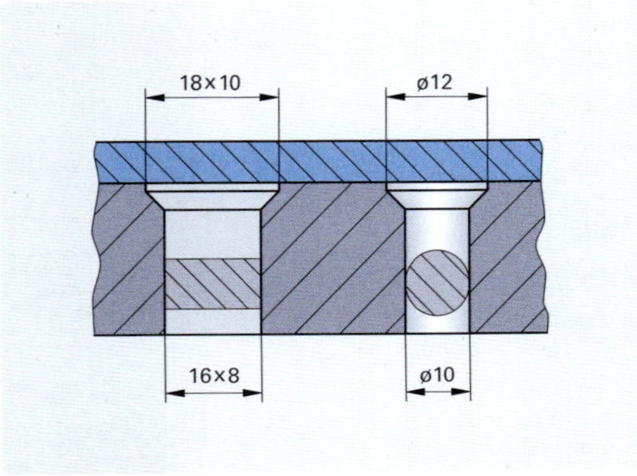

Bild 3: Druckplatte

7. Werkzeugführung (Bild 1).

a) Beschreiben Sie die Funktion eines Schneidwerkzeuges mit Plattenführung **(Bild 1, Seite 293)**.

b) Welche Vorteile hat das Schneidwerkzeug mit Säulenführung **(Bild 1)** gegenüber einem Werkzeug mit Plattenführung?

8. Arbeitsverfahren

a) Warum ist es vorteilhaft, dass beim Folgeschneidwerkzeug **(Bild 1, Seite 293)** der Schlitz (8 × 15) und die Bohrung (∅ 10) zusammen gelocht werden?

b) Unter welchen Voraussetzungen könnte zur Herstellung der Lasche ein Gesamtschneidwerkzeug vorteilhafter eingesetzt werden?

9. Schneidplatte (Bild 2). Der Freiwinkel der Schneidplatte beträgt $\alpha = 0{,}25°$.

a) Welchen Zweck hat der Freiwinkel?

b) Um welches Maß Δu vergrößert sich der Schneidspalt u, wenn die Schneidplatte um das Maß $b = 0{,}2$ mm nachgeschliffen wird?

10. Schneidspalt.

a) Wovon hängt die Größe des Schneidspaltes ab?

b) Welche Folgen ergeben sich, wenn der Schneidspalt zu groß gewählt wurde?

11. Lochstempel (Bild 3). Für ein Schneidwerkzeug mit zwei Schneidstempeln soll ein 3 mm dickes Blech aus S235JR gelocht werden.

a) Warum sind die Lochstempel meist mit einem kegeligen Kopf ausgeführt?

b) Berechnen Sie die Abstreifkraft, wenn diese 20 % der Schneidkraft beträgt.

12. Normalien. Welchen Vorteil hat der Einsatz von Normalien im Werkzeugbau?

13. Werkstoffe. Wählen Sie für die in der **Tabelle 1** aufgeführten Bauteile des Schneidwerkzeuges **(Bild 1, Seite 293)** jeweils einen geeigneten Werkstoff aus und erläutern Sie die Normbezeichnung.

14. Arbeitssicherheit. Beschreiben Sie wichtige Unfallverhütungsmaßnahmen an Schneidwerkzeugen und Pressen.

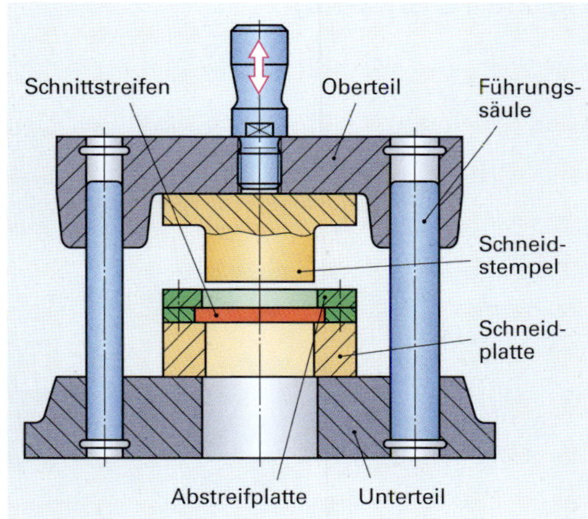

Bild 1: Schneidwerkzeug mit Säulenführung

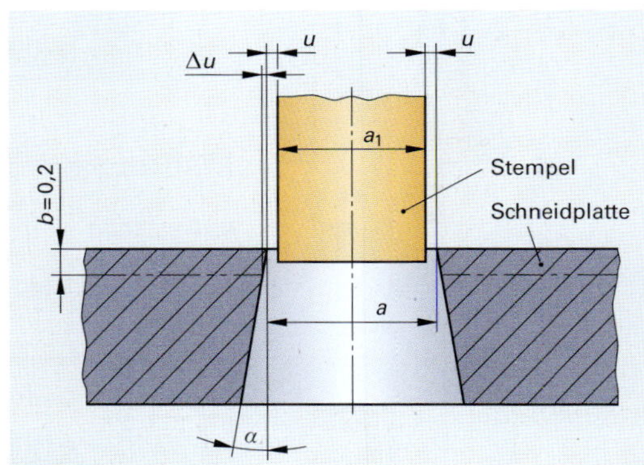

Bild 2: Schneidplatte

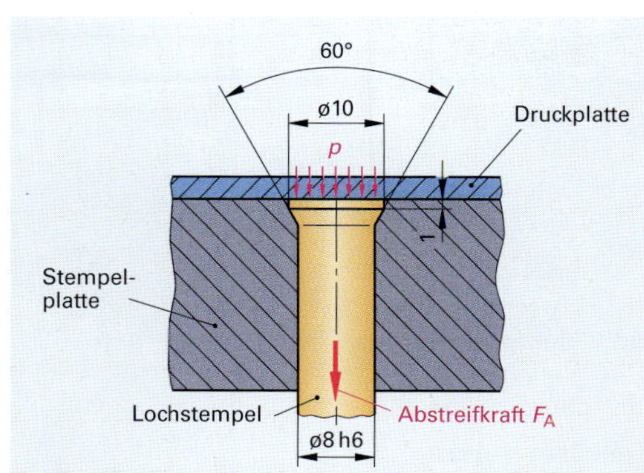

Bild 3: Lochstempel

Tabelle 1: Teileliste (Auszug)

1	Grundplatte	5	Druckplatte
2	Schneidplatte	6	Kopfplatte
3	Führungsplatte	7	Zwischenlage
4	Stempelplatte	9	Ausschneidstempel

Tiefziehwerkzeug

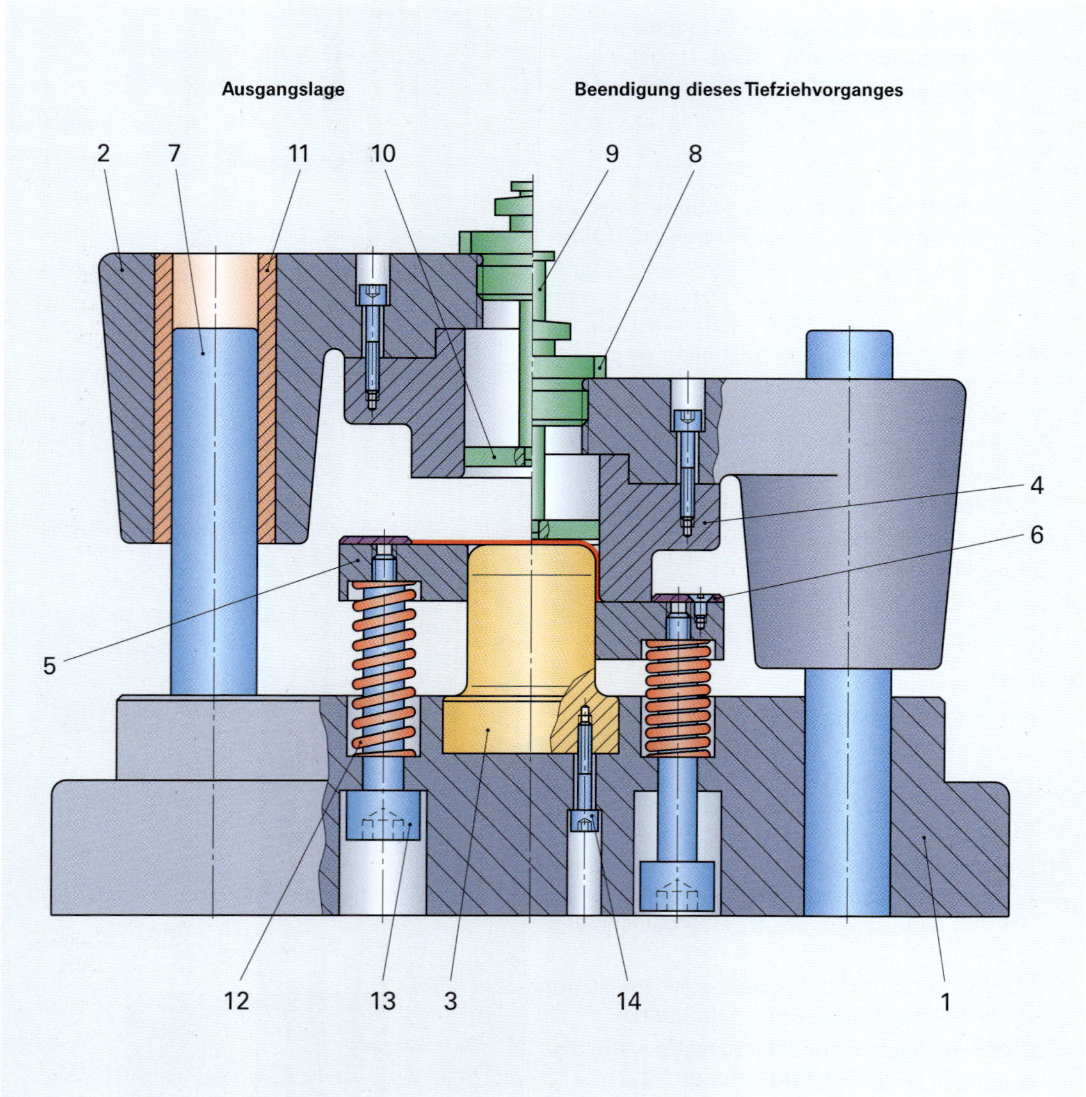

Bild 1: Tiefziehwerkzeug

Teileliste (Auszug)

Pos.	Benennung	Werkstoff/Norm	Pos.	Benennung	Werkstoff/Norm
1	Fußplatte	GJL – 250	8	Kupplungszapfen	E335
2	Kopfplatte	GJL – 250	9	Ausstoßstift	C60
3	Ziehstempel	90Cr3	10	Ausstoßer	S235JR
4	Ziehmatritze	90Cr3	11	Buchse	CuSn8
5	Niederhalter	E335	12	Druckfeder	Federstahl
6	Aufnahme	S235JR	13	Ansatzschraube	Schraube bearbeitet
7	Führungssäule	16MnCr5	14	Zylinderschraube	ISO 4762

Aufgaben | Tiefziehwerkzeug

Der Napf **(Bild 1)** aus kaltgewalztem Blech DC04, Zugfestigkeit $R_m = 330\ N/mm^2$, soll aus einem Blechzuschnitt (Ronde) ohne Zwischenglühen durch Tiefziehen hergestellt werden **(Bild 1, vorherige Seite)**.

1. **Tiefziehen (Bild 2).** Beim Tiefziehen wird der Werkstoff umgeformt. Dabei kommt es zu Werkstoffbeanspruchungen.
   a) Beschreiben Sie das Tiefziehverfahren.
   b) Welche Beanspruchungen treten beim Tiefziehen im Blech auf?
   c) Mit welchen anderen Fertigungsverfahren könnte der Napf auch hergestellt werden?
   d) Nennen Sie außer dem Tiefziehen weitere Ziehverfahren.

2. **Zuschnittermittlung.** Der Napf **(Bild 1)** wird aus einem runden Zuschnitt hergestellt.
   a) Welchen Durchmesser muss der Zuschnitt haben?
   b) Könnte ein anderer Durchmesser gewählt werden, wenn das Blech mit Tiefziehweißlack überzogen wird?

3. **Oberflächenbehandlung des Zuschnittwerkstoffes.** Der Werkstoff DC04 kann oberflächenbehandelt werden.
   a) Welche Behandlungsverfahren werden angewandt?
   b) Welche Vorteile haben die oberflächenbehandelten Bleche gegenüber den unbehandelten Blechen?

4. **Ziehverhältnis.** Das Ziehverhältnis β drückt die Formänderung eines Bleches beim Tiefziehen aus.
   a) Für den Ziehwerkstoff DC04 gilt für den Erstzug $\beta_1 = 2{,}0$. Welche Bedeutung hat das Ziehverhältnis, wenn der Zuschnitt den Durchmesser $D = 120$ mm hat?
   b) Warum muss ein Werkstück oft in mehreren Ziehstufen hergestellt werden?
   c) Von welchen Eigenschaften hängt das zulässige Ziehverhältnis ab?

5. **Ziehverhältnis und Stufenfolge.** Die maximal zulässigen Ziehverhältnisse für DC04 sind $\beta_{1max} = 2{,}0$; $\beta_{2max} = 1{,}3$ und $\beta_{3max} = 1{,}2$.
   Über die maximal zulässigen Ziehverhältnisse β_{max} für den Napf **(Bild 1)** sind zu bestimmen
   a) die Anzahl der erforderlichen Züge,
   b) die kleinsten zulässigen Durchmesser der Ziehstempel für jeden Zug.
   c) Wie groß sind die Ziehverhältnisse, wenn folgende Stempeldurchmesser gewählt werden, damit das Tiefziehblech nicht bis an die Grenze der Umformbarkeit beansprucht wird: $d_1 = 35$ mm, $d_2 = 28$ mm, $d_3 = 24$ mm?
   d) Wie groß ist das Gesamtziehverhältnis?

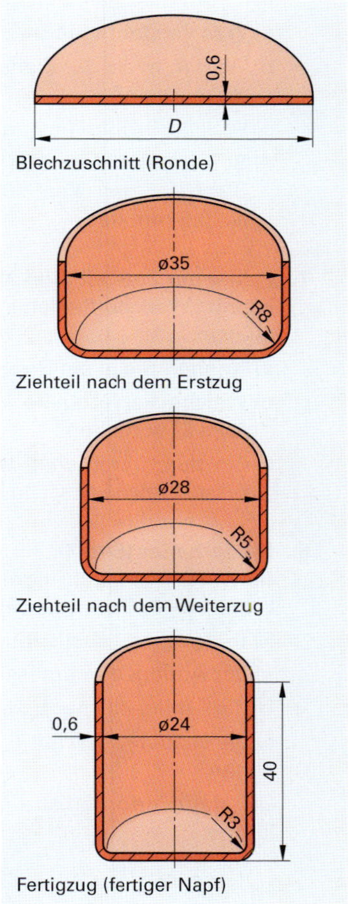

Bild 1: Ziehstufen eines Napfes

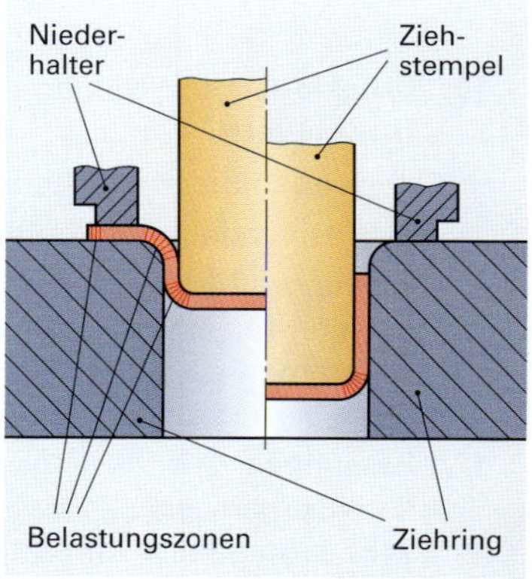

Bild 2: Beanspruchung des Werkstoffes beim Tiefziehen

6. Ziehspalt (Bild 1). Die Qualität eines Ziehteiles hängt wesentlich vom richtigen Ziehspalt ab.

a) Was versteht man unter dem Ziehspalt?

b) Warum muss der Ziehspalt w etwas größer als die Blechdicke s sein?

c) Welche Größen bestimmen den Ziehspalt?

d) Berechnen Sie den Ziehspalt w nach **Tabelle 1**, wenn das Blech für den Napf **(Bild 1, vorherige Seite)** eine Dicke $s = 0{,}6$ mm hat.

Tabelle 1: Abhängigkeit des Ziehspaltes w vom Werkstoff

Stahl	$w = s + 0{,}07 \cdot \sqrt{10 \cdot s}$
Aluminium	$w = s + 0{,}02 \cdot \sqrt{10 \cdot s}$
NE-Metalle	$w = s + 0{,}04 \cdot \sqrt{10 \cdot s}$

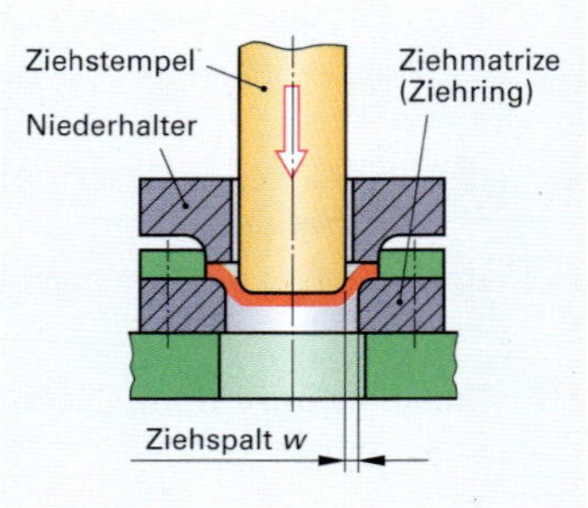

Bild 1: Ziehspalt

7. Fehler am Ziehteil (Bild 2). Fehler, die am Ziehteil auftreten, können Werkstofffehler, Werkzeugfehler oder Verfahrensfehler sein.

a) Nennen Sie je ein Beispiel für die drei Fehlerarten.

b) Welche Fehlerquelle könnte für die Falten am Ziehteil **(Bild 2)** vorliegen?

c) Ein durch Tiefziehen hergestellter Napf zeigt am Boden Risse. Welche Ursache könnte für diesen Fehler vorliegen?

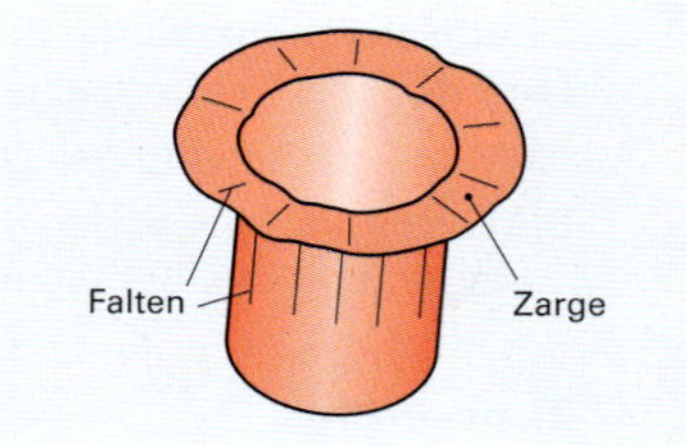

Bild 2: Ziehteil

8. Niederhalter (Bild 3). Für den Erstzug **(Bild 1, vorherige Seite)** wurden ein Ziehringradius $r_r = 2$ mm und eine Ziehspaltbreite $w = 0{,}77$ mm gewählt.

Mithilfe eines Tabellenbuches sind

a) der Auflagedurchmesser d_N des Niederhalters,

b) die Auflagefläche A_N des Niederhalters auf der Ronde,

c) die Niederhalterkraft F_N zu Beginn des Ziehens zu berechnen.

Der dafür erforderliche Niederhalterdruck p_N ist nach der Formel

$$p_N = \left[\left(\beta_1 - 1\right)^2 + \frac{d_1}{200 \cdot s} \right] \cdot \frac{R_m}{400}$$

zu berechnen.

9. Schmierstoffe. Schmierstoffen kommt beim Tiefziehen eine besondere Bedeutung zu.

a) Welche Aufgaben haben die Schmierstoffe?

b) Welche Schmierstoffe werden eingesetzt?

10. Druckfeder. Im Niederhalter **(Bild 3)** befinden sich sechs Druckfedern.

a) Nennen Sie mindestens drei Federarten.

b) Was versteht man unter der Federrate R?

c) Wie groß ist die Federrate R einer Feder im Niederhalter, wenn für einen Federweg $s = 30$ mm für alle Federn zusammen eine Kraft $F = 5\,400$ N erforderlich ist?

11. Passungen. Die Führungssäule (Pos. 7) **(Bild 1, Seite 296)** mit dem Durchmesser 24h6 soll im Untergestell mit der Bohrung 24S7 eingepresst werden. Gleichzeitig soll sie in der Buchse (Pos. 11) mit dem Durchmesser 24F8 gleiten.

Wie groß sind die Grenzpassungen für beide Passungen?

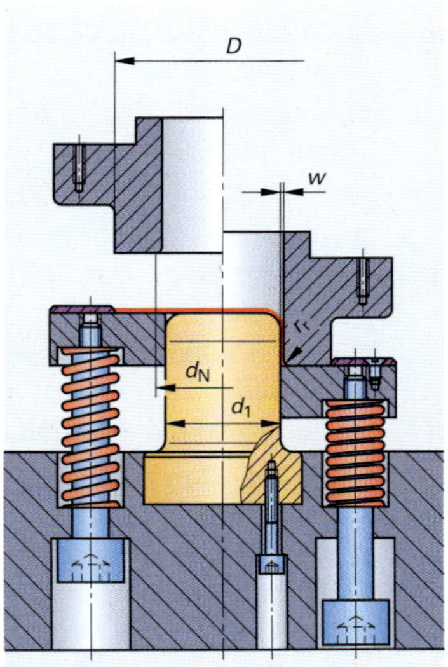

Bild 3: Niederhalter

Spritzgießwerkzeug

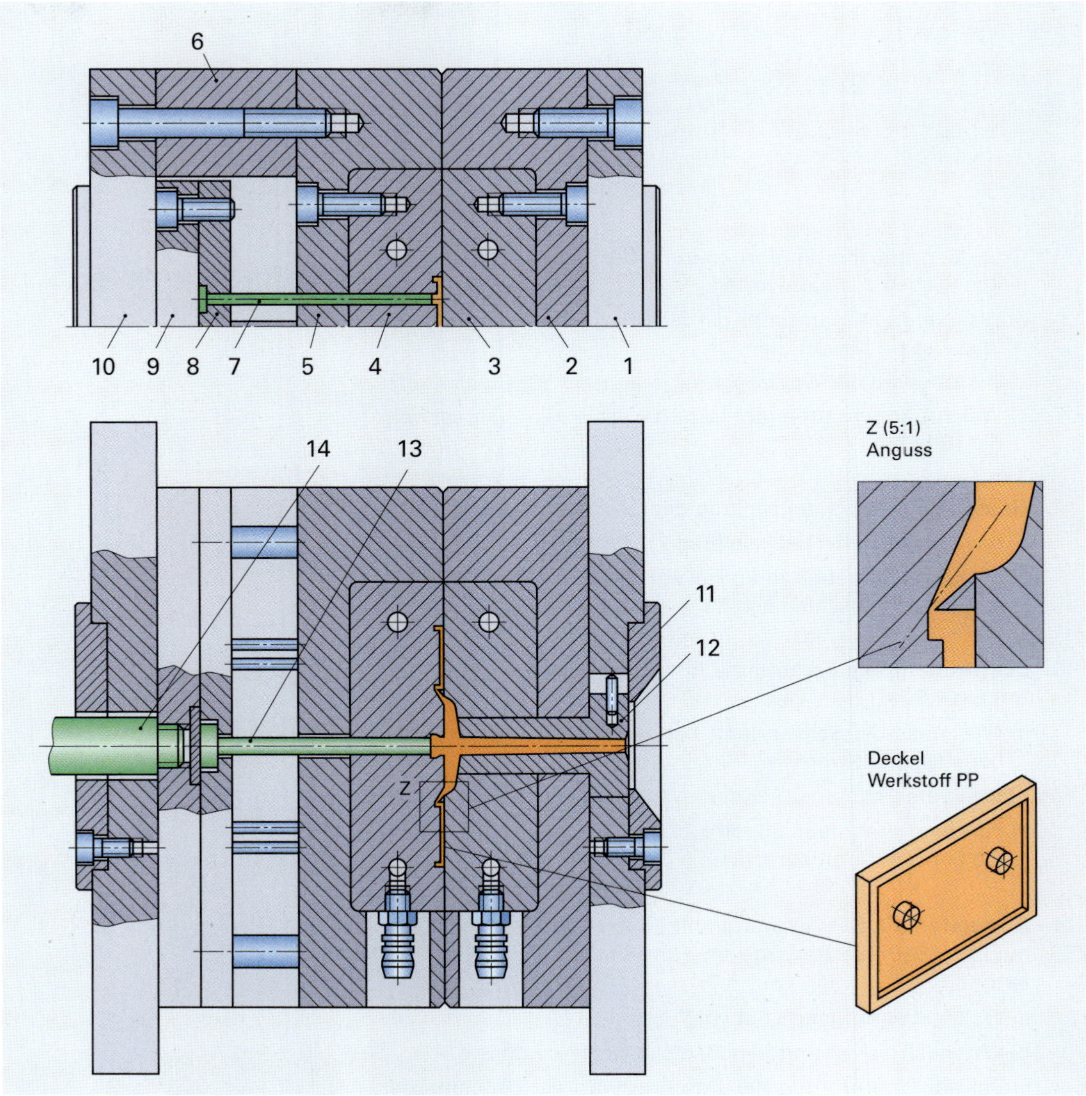

Bild 1: Spritzgießwerkzeug

Teileliste (Auszug)

Pos.	Benennung	Werkstoff/Norm	Pos.	Benennung	Werkstoff/Norm
1	Aufspannplatte (fest)	C45E	8	Auswerferhalteplatte	C45E
2	Formplatte	16MnCr5	9	Auswerfergrundplatte	C45E
3	Formeinsatz	X19NiCrMo4	10	Druckplatte	C45E
4	Formeinsatz	X19NiCrMo4	11	Zentrierflansch	C45E
5	Formplatte (beweglich)	16MnCr5	12	Angießbuchse	90MnCrV8
6	Leiste	C45E	13	Angussauswerferstift	102Cr6
7	Auswerferstift	102Cr6	14	Auswerferbolzen	S235JR

Aufgaben | Spritzgießwerkzeug

Mit dem **Spritzgießwerkzeug (Bild 1, Seite 299)** werden in einem Spritzzyklus zwei Deckel aus dem Werkstoff Polypropylen hergestellt **(Bild 1)**. In einem ersten Auftrag sind 50 000 Stück herzustellen.

Tabelle 1: Polypropylen PP – Ausgangsdaten

Dichte	0,91 g/cm³	Massetemperatur	220 °C
Zugfestigkeit	30 N/mm²	Werkzeugtemperatur	50 °C
Schwindmaß	1,5 %	Spritzdruck (maximal)	1 500 bar
Neigung	1,5 %	Werkzeuginnendruck	800 bar

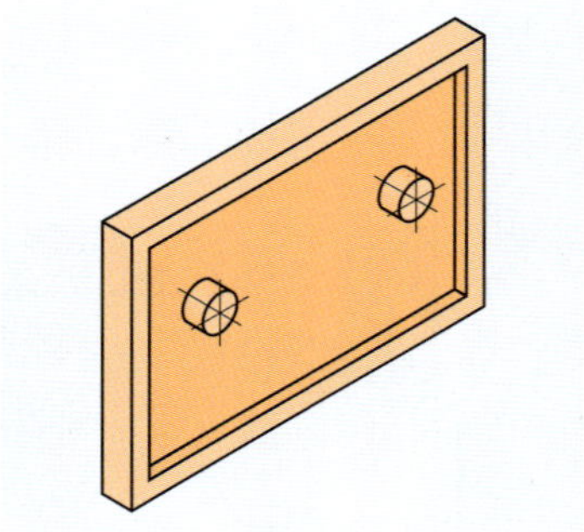

Bild 1: Polypropylen-Deckel

1. **Grundbegriffe.** Für die Vorbereitung der Herstellung sind folgende Fragen zu beantworten:
   a) Was versteht man unter der Neigung am Werkstück, und wozu ist sie notwendig?
   b) Warum wird die Werkzeugtemperatur auf 50 °C gehalten?
   c) Welche Angussarten gibt es und welche wird hier verwendet **(Bild 3)**?

2. **Granulat.** Für die Bereitstellung des Granulats sind gesucht:
   a) das Volumen des Deckels **(Bild 2)**,
   b) die Granulatmenge in kg für 50 000 Deckel, wenn für den Anguss ein Zuschlag von 25 % erfolgt.

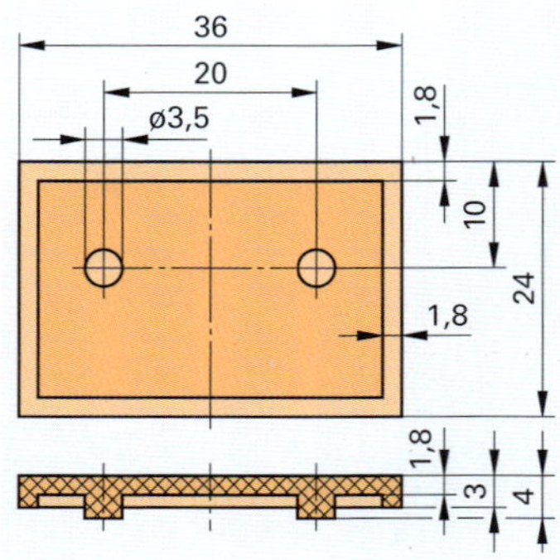

Bild 2: Deckel mit Bemaßung

3. **Schwindung.** Die Formmasse PP schwindet nach dem Spritzen um 1,5 %.
   a) Wie muss die Schwindung bei der Herstellung der Form berücksichtigt werden?
   b) Was versteht man unter dem Nachschwinden?
   c) Für die Außenmaße 36 mm, 24 mm, 4 mm und 3 mm sind die Formmaße zu berechnen.

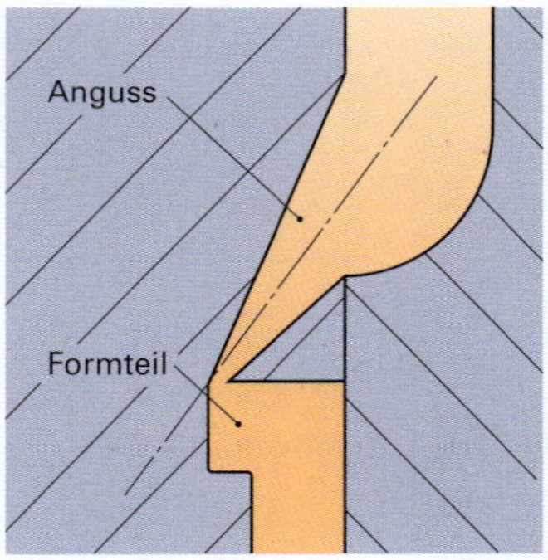

Bild 3: Angussdetail

4. **Auswerferstift.** Der Auswerferstift (Pos. 7) wird mit dem Passmaß ∅ 3,5g6, die Bohrung im Formeinsatz mit ∅ 3,5H7 gefertigt.
   a) Welche Passungsart liegt vor?
   b) Welches Höchst- und Mindestspiel ist zu erwarten?
   c) Bei der Überprüfung der Bohrung wird ein Durchmesser von 3,52 mm festgestellt. Liegt das Maß innerhalb der Bohrungstoleranz?

5. **Maschinenauswahl.** Für die Herstellung stehen drei Spritzgießmaschinen zur Verfügung **(Tabelle 2)**:
   Wie groß sind:
   a) die projizierte Fläche eines Deckels,
   b) die Auftriebskraft F_A für das Werkzeug? Die projizierte Fläche des Angusses beträgt 4 cm².
   c) Welche Spritzgießmaschine ist zu wählen, wenn für die Zuhaltekraft F_z ein Sicherheitszuschlag von 25 % berechnet wird?

Tabelle 2: Maschinenauswahl

Maschine	max. Zuhaltung
Maschine 1	250 kN
Maschine 2	500 kN
Maschine 3	750 kN

6. **Einstellwerte.** Die gewählte Spritzgießmaschine muss für den Herstellungsprozess vorbereitet werden **(Tabelle 1)**. Die Spritztemperatur an der Düse, die Zuhaltekraft des Werkzeuges, die Düsenandruckkraft, die Förderstrecke der Schnecke sowie die Zykluszeit sind einzugeben.

   Welche Folgen ergeben sich, wenn
   a) die Spritztemperatur nur 180 °C beträgt,
   b) die Zuhaltekraft mit 112 kN eingegeben wird,
   c) die Düsenandruckkraft zu klein ist,
   d) die tatsächliche Förderstrecke 30 mm beträgt,
   e) das Werkzeug zu früh öffnet, um den Deckel auszuwerfen?

Tabelle 1: Einstellwerte

Spritztemperatur	220 °C
Zuhaltekraft	212 kN
Düsenandruckkraft	10 kN
Förderstrecke	25 mm
Zykluszeit	35 s
Auswerferkraft	1,5 kN

7. **Hydraulikzylinder (Bild 3).** Die ausgewählte Spritzgießmaschine ist ausgelegt für eine Zuhaltekraft F_z von 50 bis 250 kN. Der Hydraulikzylinder hat einen Durchmesser d_1 = 160 mm. Der Kolbenstangendurchmesser für den Eilgangzylinder misst d_2 = 20 mm.

   Welchen Druck p muss die Hydraulikpumpe erzeugen, um
   a) die minimale Zuhaltekraft $F_{z\,min}$ = 50 kN,
   b) die maximale Zuhaltekraft $F_{z\,max}$ = 250 kN
   c) und die für das Spritzen des Deckels erforderliche Zuhaltekraft von F_z = 212 kN bereitzustellen.

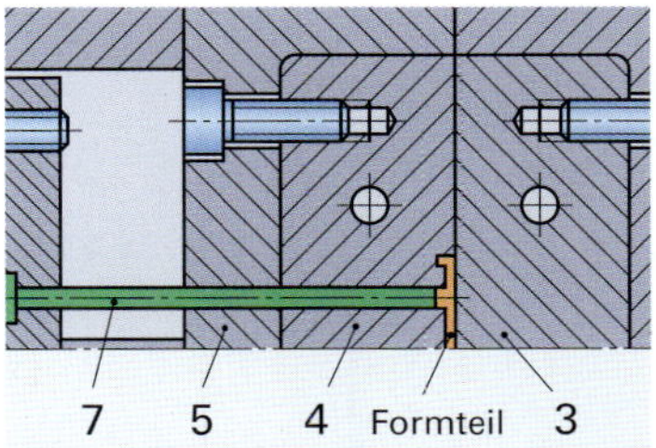

Bild 1: Auswerferstift

8. **Auswerferstift (Bild 1).** Durch den Spritzdruck treten am Auswerferstift (Pos. 7), zwischen gespritztem Formteil und Werkzeug (Pos. 3 und Pos. 4) sowie zwischen Einspritzdüse und Angießbuchse (Pos. 12) Flächenpressungen auf.
   a) Beim Auswerfen drücken drei Auswerferstifte (∅ d = 3,5 mm) auf Spritzling und Anguss. Sie erzeugen einen Druck, der das Fertigteil nicht beschädigen darf. Die maximal zulässige Flächenpressung am Polypropylen-Deckel wird mit 50 N/mm² angegeben. Die Auswerferkraft verteilt sich gleichmäßig auf die drei Auswerfer.

      Mit welcher maximalen Auswerferkraft könnte gearbeitet werden?
   b) Die Spritzdüse liegt an der Angießbuchse (Pos. 12) des Werkzeuges **(Bild 2)** an. Die Andruckkraft sorgt dafür, dass die Spritzmasse nicht seitlich entweichen kann. Für diese Dichtheit ist eine Mindestflächenpressung von p_{min} = 30 N/mm² erforderlich.

      Ist eine Andruckkraft von 10 kN dafür ausreichend?

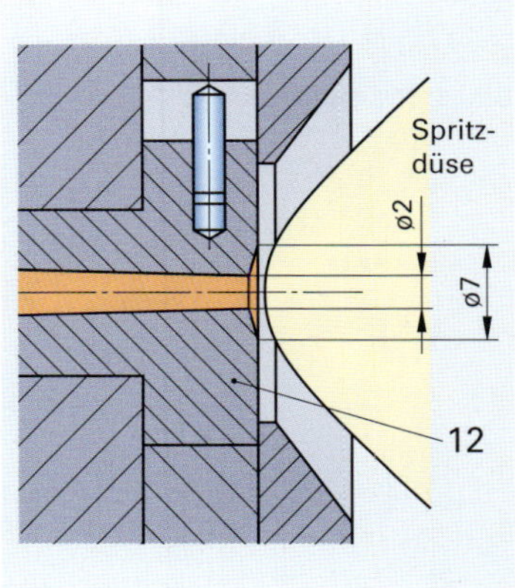

Bild 2: Spritzdüse

9. **Zykluszeit.** Je kürzer die Zykluszeit ist, umso mehr Spritzteile sind herstellbar.
   a) Aus welchen Einzelzeiten setzt sich die Zykluszeit zusammen?
   b) Wie lange dauert die Abkühlung der Formmasse bei überschlägiger Rechnung? Die Werkzeugtemperatur liegt unter 60 °C.

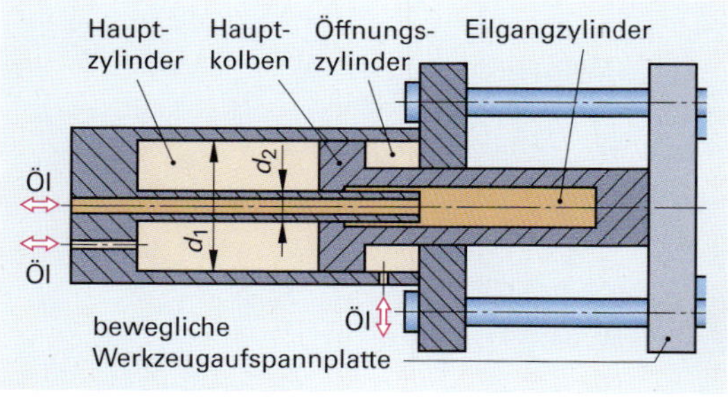

Bild 3: Hydraulikzylinder

Qualitätsmanagement

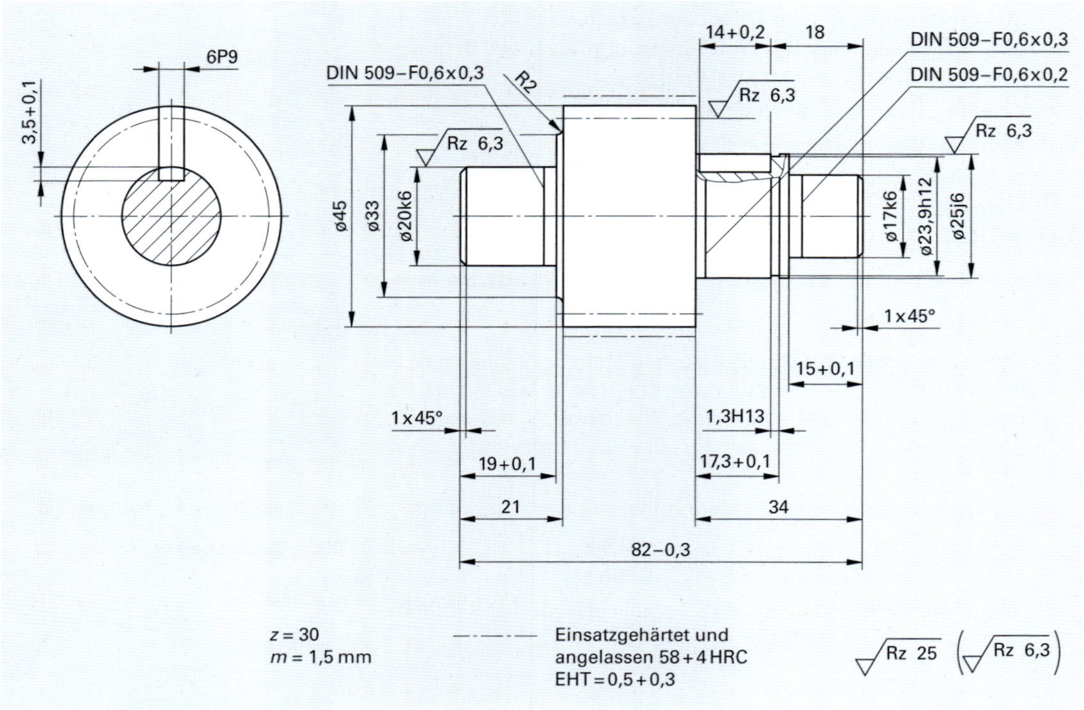

Bild 1: Ritzelwelle

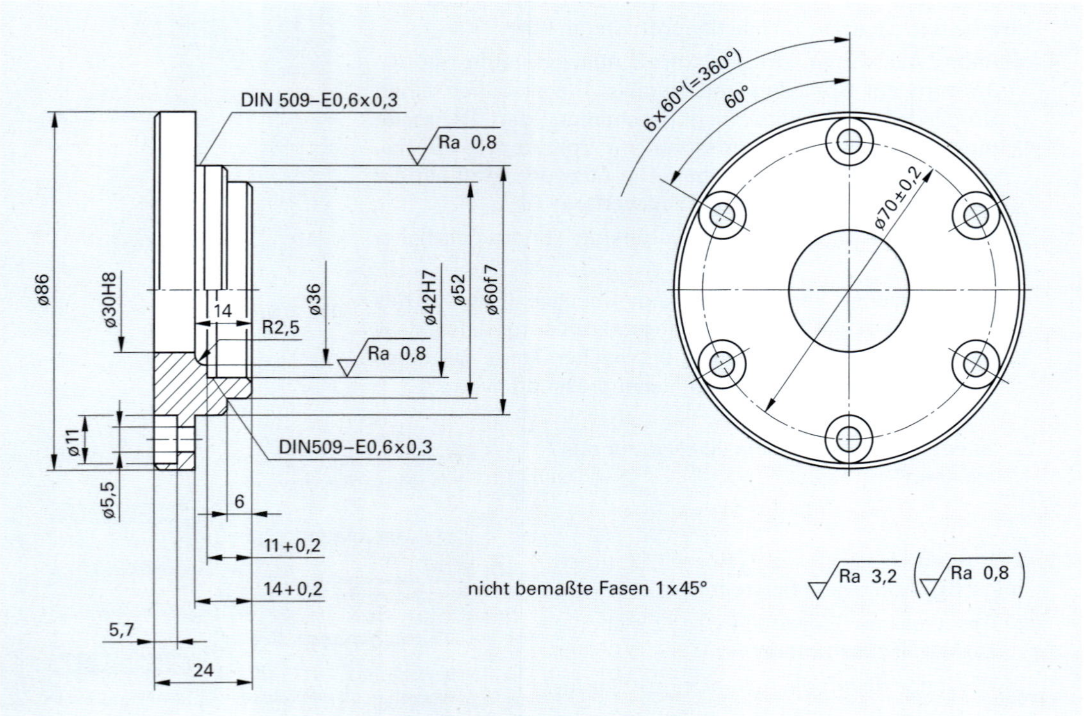

Bild 2: Lagerdeckel

Aufgaben | Qualitätsmanagement

1. **Ritzelwelle (Bild 1).** Die Ritzelwelle soll auf einer CNC-Maschine gefertigt werden. Im Rahmen der Maschinenfähigkeitsuntersuchung muss zunächst überprüft werden, ob es sich bei den ermittelten Messwerten **(Tabelle 2)** um eine normalverteilte Stichprobe handelt.
   a) Klassifizieren Sie die Messwerte nach den Vorgaben in **Tabelle 1**.

Tabelle 1: Strichliste

Klasse Nr.	Messwert		Strichliste	n_j	h_j in %
	≥	<			
1					
...					

   b) Für die grafische Darstellung der Messwerte ist ein Histogramm mit absoluter Häufigkeit n_j und relativer Häufigkeit h_j zu erstellen.
   c) Welche Aussage kann anhand des Histogramms über die Fertigung der Ritzelwellen getroffen werden?

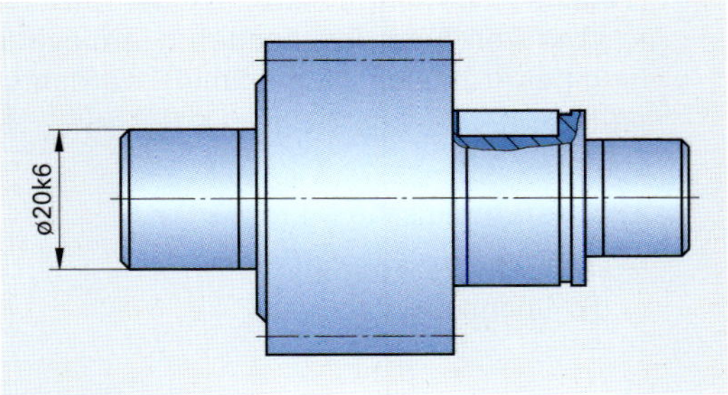

Bild 1: Ritzelwelle

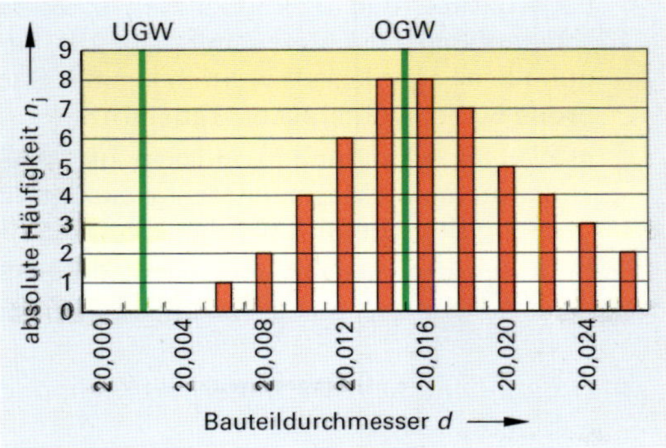

Bild 2: Histogramm der ersten Stichprobe

2. **Histogramm.** Die Darstellung von Prüfdaten der Ritzelwelle **(Bild 1)** ergab bei der ersten Stichprobe das in **Bild 2** und bei der zweiten Stichprobe das in **Bild 3** dargestellte Histogramm.
   a) Bei welcher Stichprobe handelt es sich um eine Normalverteilung?
   b) Bewerten Sie die Fertigung der Ritzelwellen anhand der beiden Histogramme.
   c) Lesen Sie aus dem Histogramm der ersten Stichprobe **(Bild 2)** den Mittelwert $\bar{x}$ und die Standardabweichung s heraus.

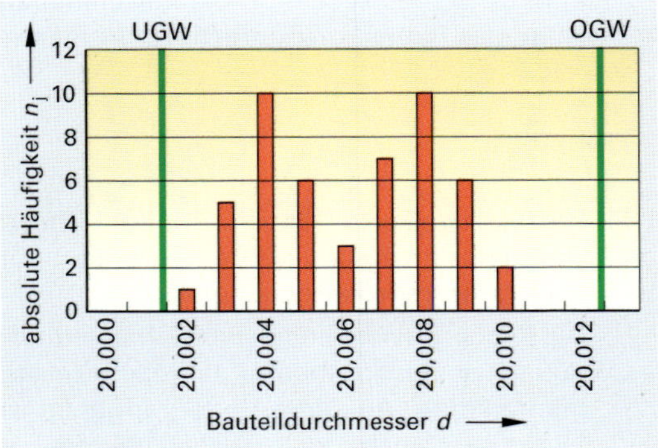

Bild 3: Histogramm der zweiten Stichprobe

Tabelle 2: Urliste

Stichprobenumfang: 50 Teile
Prüfmerkmal: Bauteildurchmesser 20k6

Gemessener Bauteildurchmesser *d* in mm										
Teile 1 ... 10	20,011	20,013	20,016	20,006	20,013	20,014	20,008	20,015	20,010	20,012
Teile 11 ... 20	20,012	20,010	20,013	20,016	20,011	20,015	20,012	20,014	20,018	20,015
Teile 21 ... 30	20,012	20,008	20,011	20,009	20,015	20,007	20,017	20,012	20,013	20,011
Teile 31 ... 40	20,010	20,014	20,016	20,014	20,012	20,017	20,010	20,008	20,018	20,017
Teile 41 ... 50	20,015	20,011	20,012	20,010	20,011	20,013	20,018	20,013	20,015	20,009

3. **Auswertung der Stichprobe der Ritzelwelle (Tabelle 2, vorherige Seite).** Bei der Ritzelwelle kann von einer Gaußschen Normalverteilung der Prüfdaten ausgegangen werden.

   Für die Stichprobe sind rechnerisch zu bestimmen

   a) der arithmetische Mittelwert $\bar{x}$,

   b) die Standardabweichung s,

   c) die Spannweite R.

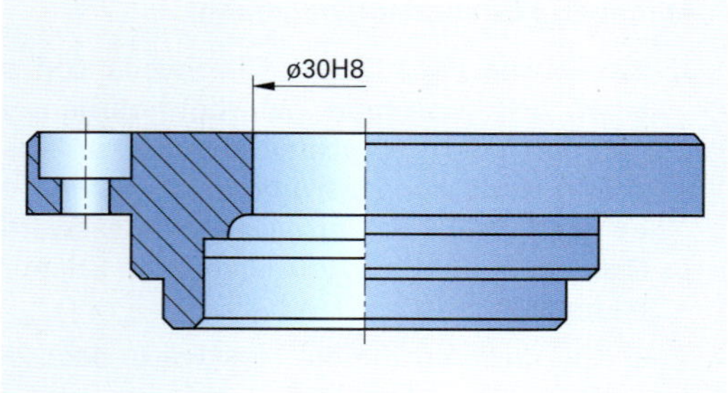

Bild 1: Lagerdeckel

4. **Lagerdeckel (Bild 1).** Im Rahmen einer Maschinenfähigkeitsuntersuchung für die Fertigung des Lagerdeckels wurden in einer Stichprobe 50 Teile untersucht **(Tabelle 1).**

   a) Welche Bedingungen müssen herrschen, damit eine Maschinenfähigkeitsuntersuchung durchgeführt werden kann?

   b) Überprüfen Sie mithilfe des Wahrscheinlichkeitsnetzes, ob es sich um eine normalverteilte Stichprobe handelt.

   c) Ermitteln Sie den Mittelwert $\bar{x}$ und die Standardabweichung s.

   d) Wie viel Prozent der Teile liegen unterhalb bzw. oberhalb der Toleranzgrenzen?

   e) Es ist zu beurteilen, ob die Maschine fähig ist, das Bauteil maßgerecht zu fertigen.

Tabelle 1: Strichliste

Stichprobenumfang: 50 Teile
Prüfmerkmal: Bauteildurchmesser 30H8

Klasse Nr.	Messwert		Strichliste	n_j
	≥	<		
1	29,976	29,984	|	1
2	29,984	29,992	||	2
3	29,992	30,000	~~||||~~ ||||	9
4	30,000	30,008	~~||||~~ ~~||||~~ ~~||||~~ ~~||||~~ |	21
5	30,008	30,016	~~||||~~ ~~||||~~ |||	13
6	30,016	30,024	|||	3
7	30,024	30,032	|	1

5. **Prozessregelkarte (Tabelle 2).** Zur Überwachung des Prozesses werden in der Fertigung $\bar{x}$-s-Prozessregelkarten eingesetzt.

   Die Stichproben m sollen hierzu halbstündlich mit einer Stichprobenanzahl $n = 5$ entnommen werden. Aus dem Vorlauf ergaben sich folgende Werte: $\bar{\bar{x}}_{\text{Vorlauf}} = 30{,}0165$ mm und $\bar{s}_{\text{Vorlauf}} = 5$ µm.

   a) Berechnen Sie die Eingriffsgrenzen für die $\bar{x}$-s-Karte.

   b) Zeichnen Sie die Regelkarten mit den Eingriffsgrenzen für die Aufnahme der Stichproben $m = 1 \dots 11$.

   c) Berechnen Sie für die einzelnen Stichproben die notwendigen Werte und tragen Sie diese in die $\bar{x}$-s-Prozessregelkarte ein.

   d) Bewerten Sie den Fertigungsprozess.

   Das Wahrscheinlichkeitsnetz kann von der dem Rechenbuch beigefügten Bilder-CD entnommen werden.

Tabelle 2: Stichproben

Stichprobenumfang: 5 Teile
Prüfmerkmal: Bauteildurchmesser 30H8

m	x_1	x_2	x_3	x_4	x_5
1	30,005	30,008	30,013	30.008	30,013
2	30,008	30,008	30,012	30,007	30,016
3	30,016	30,012	30,008	30,009	30,008
4	30,018	30,0015	30,016	30,015	30,009
5	30,019	30,016	30,015	30,009	30,008
6	30,019	30,015	30,016	30,021	30,016
7	30,018	30,015	30,019	30,021	30,018
8	30,018	30,024	30,025	30,023	30,025
9	30,023	30,025	30,025	30,023	30,03
10	30,034	30,036	30,028	30,038	30,045
11	30,056	30,046	30,043	30,039	30,042

Pneumatische Steuerung

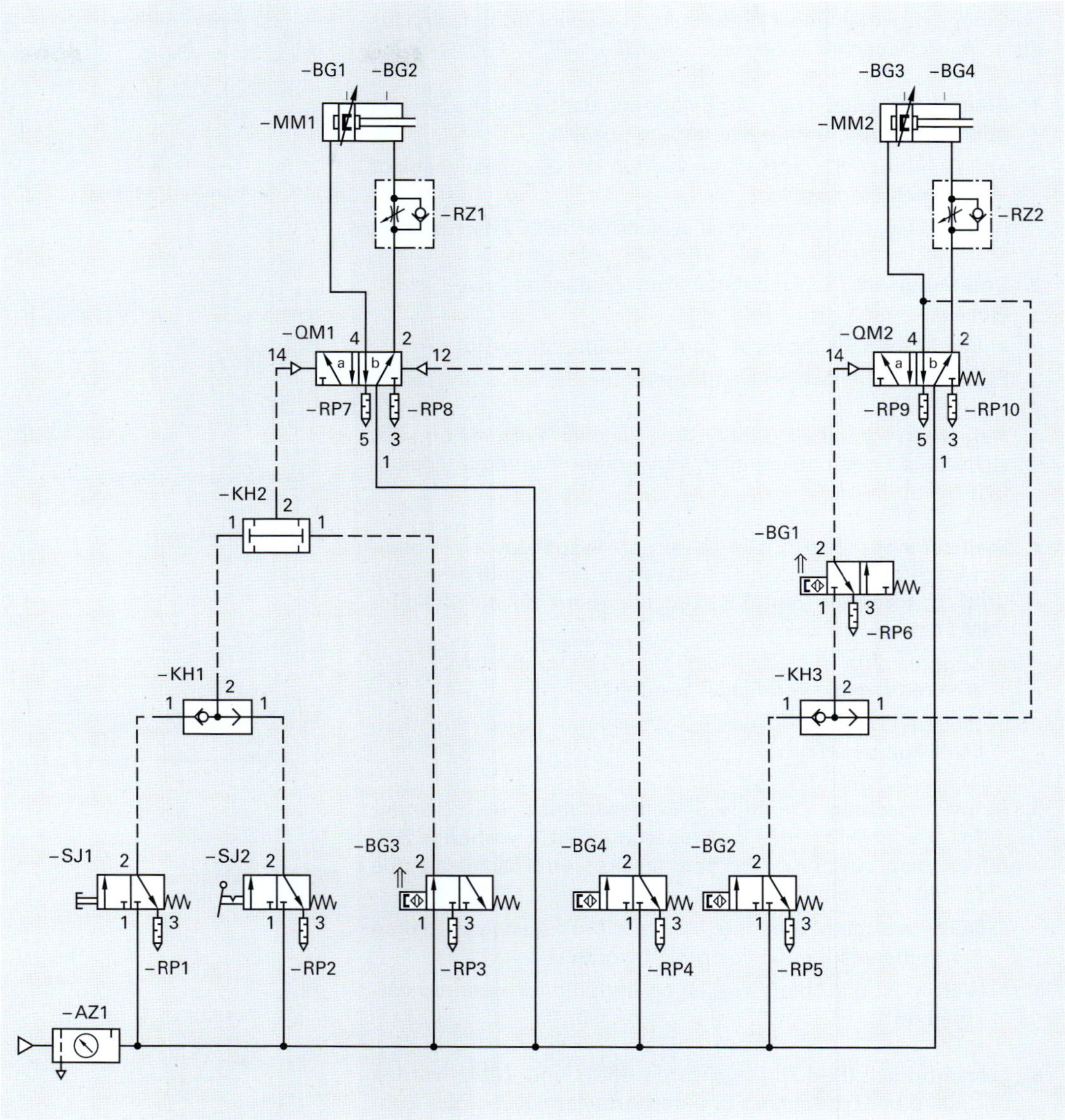

Bild 1: Pneumatische Steuerung

Materialbereitstellungsliste (ohne Schlauchmaterial und Verbindungsstücke)			
-MM1	doppelt wirkender Zylinder	-KH1	Wechselventil
-MM2	doppelt wirkender Zylinder	-KH2	Zweidruckventil
-BG1	3/2-Wegeventil, Durchflussruhestellung	-KH3	Wechselventil
-BG2	3/2-Wegeventil, Sperrruhestellung	-QM1	5/2-Impulsventil
-BG3	3/2-Wegeventil, Sperrruhestellung	-QM2	5/2-Wegeventil, federrückgestellt
-BG4	3/2-Wegeventil, Sperrruhestellung	-RZ1	Drosselrückschlagventil
-SJ1	3/2-Wegeventil, Sperrruhestellung	-RZ2	Drosselrückschlagventil
-SJ2	3/2-Wegeventil, Sperrruhestellung	-AZ1	Wartungseinheit
-RP1 bis -RP9 Schalldämpfer			

Aufgaben | Pneumatische Steuerung

Die pneumatische Ablaufsteuerung **(Bild 1, vorherige Seite)** mit zwei doppelt wirkenden Zylindern kann sowohl im Einzelzyklus als auch im Dauerzyklus betrieben werden.

1. Steuerungsablauf. Nach der Betätigung der Signalglieder -SJ1 oder -SJ2 wird die Ablaufsteuerung gestartet.

a) Beschreiben Sie in eigenen Worten den Steuerungsablauf für einen Einzelzyklus.

b) Der Ablauf der Steuerung ist in einem GRAFCET darzustellen.

2. Steuerungsart. Die Ablaufsteuerung besteht aus zwei Schaltkreisen.

a) Bestimmen Sie für jeden Schaltkreis die Steuerungsart.

b) Welche Bauteile sind bestimmend für die Steuerungsart?

3. Aufbereitungseinheit (Bild 1). Aus welchen Einzelteilen setzt sich die in Pneumatikanlagen verwendete Aufbereitungseinheit zusammen?

4. Stellelemente (Bild 2). Die beiden 5/2-Wegeventile als Stellelemente in den beiden Schaltkreisen der Ablaufsteuerung **(Bild 1, vorherige Seite)** haben die Aufgabe, die Zylinder -MM1 bzw. -MM2 zu steuern.

a) Könnten für die Stellelemente -QM1 und -QM2 auch 4/2-Wegeventile verwendet werden?

b) Welchen Vorteil hat das 5/2-Wegeventil gegenüber dem 4/2-Wegeventil?

5. Abluftdrosselung. Damit die Kolbenstangen der Zylinder -MM1 bzw. -MM2 der Ablaufsteuerung **(Bild 1, vorherige Seite)** langsam ausfahren, werden die Drosselrückschlagventile -RZ1 und -RZ2 eingesetzt.

a) Durch welche Maßnahme könnte dieses Ausfahrverhalten der Kolbenstangen auch erreicht werden?

b) Warum ist die Abluftdrosselung der Zuluftdrosselung vorzuziehen?

6. Luftverbrauch (Bild 3). Die Aktoren -MM1 und -MM2 werden mit p_e = 6 bar betrieben. Für einen Arbeitszyklus ist der Luftverbrauch der Zylinder zu berechnen.

7. Kolbenkräfte. Der doppelt wirkende Zylinder -MM1 wird mit einem absoluten Druck p_{abs} = 7,2 bar beaufschlagt (p_{amb} = 1 bar). Wie groß sind die nutzbaren Kolbenkräfte beim Vorhub und beim Rückhub? Der Wirkungsgrad des Zylinders beträgt η = 0,85.

8. Logische Verknüpfung (Bild 4). Beim beidseitig impulsbetätigten Stellglied -QM1 ist für das Eingangssignal E14

a) die gegebene Funktionstabelle zu vervollständigen,

b) die schaltalgebraische Gleichung zu erstellen,

c) der Funktionsplan (≙ Logikplan) zu zeichnen.

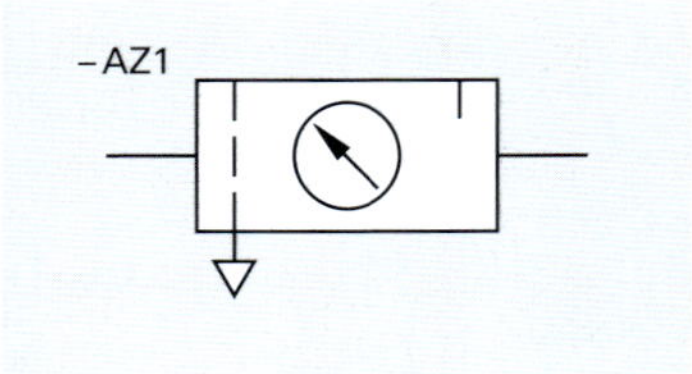

Bild 1: Aufbereitungseinheit

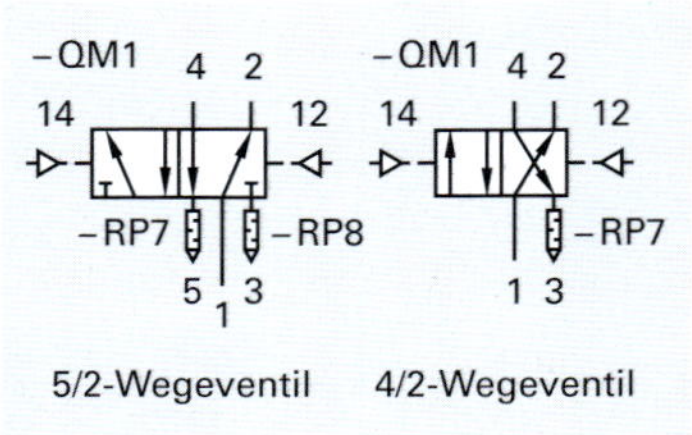

Bild 2: Stellelemente

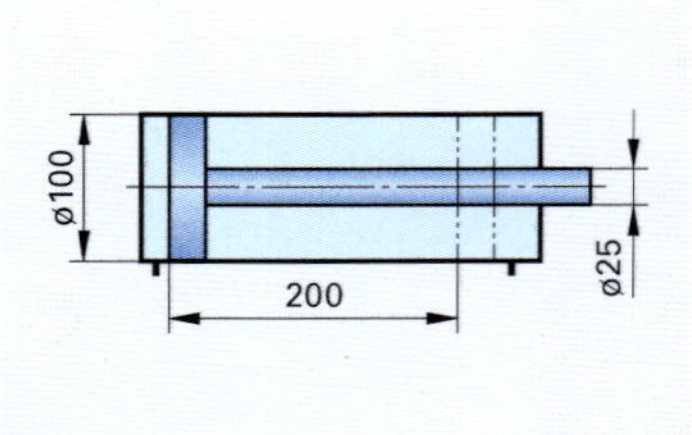

Bild 3: Luftverbrauch

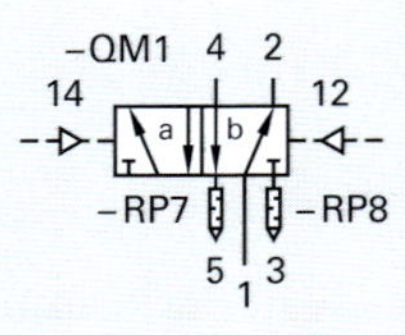

-BG3	-SJ2	-SJ1	E14
0	0	0	
0	0	1	
0	1	0	
0	1	1	
1	0	0	
1	0	1	
1	1	0	
1	1	1	

Bild 4: Logische Verknüpfung

9. Selbsthalteschaltung. Ein Teil der Ablaufsteuerung **(Bild 1, Seite 305)** soll als elektropneumatische Steuerung realisiert werden. Für das monostabile Stellglied -QM2 ist eine Selbsthalteschaltung erforderlich, die mit einem Relais -KF1 verwirklicht werden soll.
Mithilfe der **Tabelle 1** ist für das Relais -KF1
a) die schaltalgebraische Gleichung zu erstellen,
b) der Logikplan anzufertigen,
c) der Stromlaufplan zu zeichnen.

10. Elektropneumatische Steuerung. Die ganze pneumatische Ablaufsteuerung **(Bild 1, Seite 305)** soll durch eine elektropneumatische Steuerung ersetzt werden. Die Zuordnung der Signalglieder und Stellglieder für den elektropneumatischen Schaltplan ist **Tabelle 1** zu entnehmen. Für die elektropneumatische Steuerung, die mit 24 V Gleichspannung betrieben wird, sind
a) der pneumatische Leistungsteil zu zeichnen und
b) der Stromlaufplan zu erstellen.

11. Wirkungen des elektrischen Stroms. Der Steuerkolben im Stellelement -QM1 **(Bild 1)** wird durch die Spulen -MB1 bzw. -MB2 bewegt.
a) Welche Wirkung des elektrischen Stroms verursacht die Schaltung des Stellgliedes
b) Geben Sie weitere Wirkungen des elektrischen Stroms an.

12. Gemischte Schaltung (Bild 2). Bei Arbeiten an elektropneumatischen Steuerungen wird häufig die anliegende Energieversorgung von 24 V Gleichspannung nicht abgeschaltet. Deshalb kann bei Arbeiten an der Steuerung durch den menschlichen Körper ein elektrischer Strom fließen.
Berechnen Sie den ohmschen Widerstand, den ein menschlicher Körper bildet, wenn der Strom von
a) A nach C,
b) A nach CD,
c) AB nach C,
d) AB nach CD fließt.
e) Welcher größtmögliche Strom kann durch den menschlichen Körper fließen, wenn eine Gleichspannung von 24 V anliegt?

13. SPS-Programmiersprachen. Die Norm IEC 61131 weist fünf Programmiersprachen aus, mit denen die Steuerungsaufgaben für die Automatisierungsgeräte dargestellt werden können.
Geben Sie
a) Beispiele für eine grafische und eine textuelle SPS-Sprache an,
b) sowie eine kurze Beschreibung der jeweiligen Sprache.

14. SPS-Umsetzung für die pneumatische Steuerung. Die Ablaufsteuerung **(Bild 1, Seite 305)** soll mit einer speicherprogrammierbaren Steuerung realisiert werden. Aus der Zuordnungstabelle erstellen Sie eine Zuordnungsverdrahtung und eine entsprechende SPS-Lösung in einer grafischen SPS-Sprache.

Tabelle 1: Zuordnungstabelle

Pneumatik	Elektrik	SPS
-BG1	-BG1	I1/E0.1
-BG2	-BG2	I2/E0.2
-BG3	-BG3	I3/E0.3
-BG4	-BG4	I4/E0.4
-SJ1	-SF1	I5/E1.1
-SJ2	-SF2	I6/E1.2
-MM1+ [1]	-MB1	Q1/A0.1
-MM1− [2]	-MB2	Q2/A0.2
-MM2+	-MB3	Q3/A0.3

1) -MM1+ Kolbenstange von Zylinder -MM1 fährt aus (+/Plus)
2) -MM1− Kolbenstange von Zylinder -MM1 fährt ein (−/Plus)

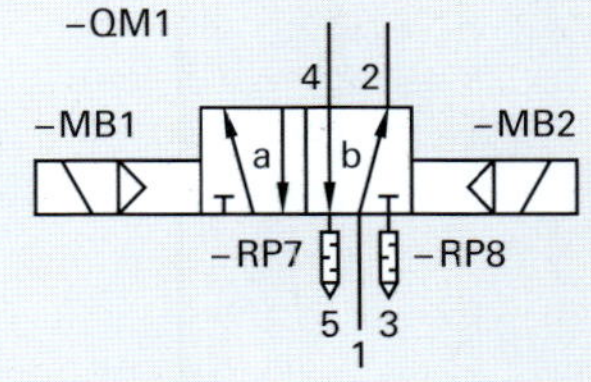

Bild 1: Stellelement

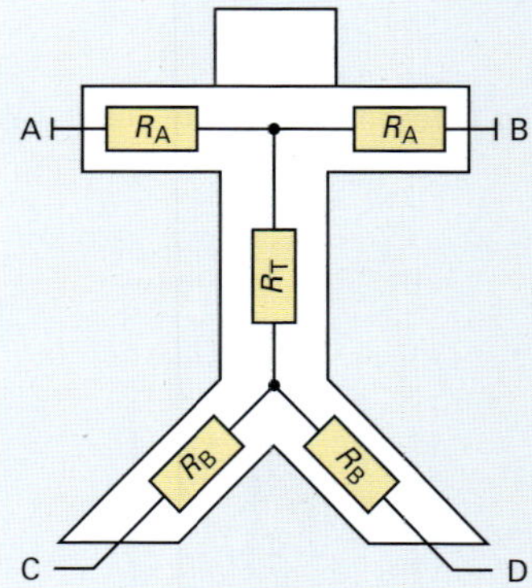

$R_A = 500\,\Omega$ (Widerstand eines Armes)
$R_T = 20\,\Omega$ (Widerstand des Torsos)
$R_B = 800\,\Omega$ (Widerstand eines Beines)

Bild 2: Gemischte Schaltung

Elektropneumatik – Sortieren von Materialien

Der Erkennungs- und Sortiervorgang von Bauteilen aus unterschiedlichen Materialien **(Bild 1)** wird durch den Starttaster -SF1 ausgelöst. Drei Sensoren (-BG6, -BG7, -BG8) erkennen die unterschiedlichen Materialien der Bauteile (Metall, Acrylglas, Kunststoff schwarz) und steuern das Auswahlverfahren für die Sortierung. Der Vakuumerzeuger -GS1 mit Sauger -UQ1 ist vorne an der Kolbenstange des Rundzylinders -MM2 befestigt. Beim Start fährt dieser Kolben zum Magazin. Durch Unterdruck im Vakuumerzeuger -GS1 wird das unterste Werkstück im Magazin am Sauger festgehalten. Durch das Zurückfahren von Zylinder -MM2 wird das Teil aus dem vorne offenen Magazin herausgenommen. Je nach Materialerkennung wird einer der drei Behälter angefahren. Die Lage der Behälter wird durch drei Näherungssensoren -BG1, -BG2 und -BG3 an der Lineareinheit -MM1 bestimmt. Je nach Material fährt die Lineareinheit einen bestimmten Ablagebehälter an. Der Vakuumerzeuger -GS1 wird dann ausgeschaltet, sodass das jeweilige Bauteil in den dafür vorgesehenen Behälter hineinfällt. Die Lineareinheit -MM1 fährt wieder in die Grundstellung zurück **(Bild 2)**.

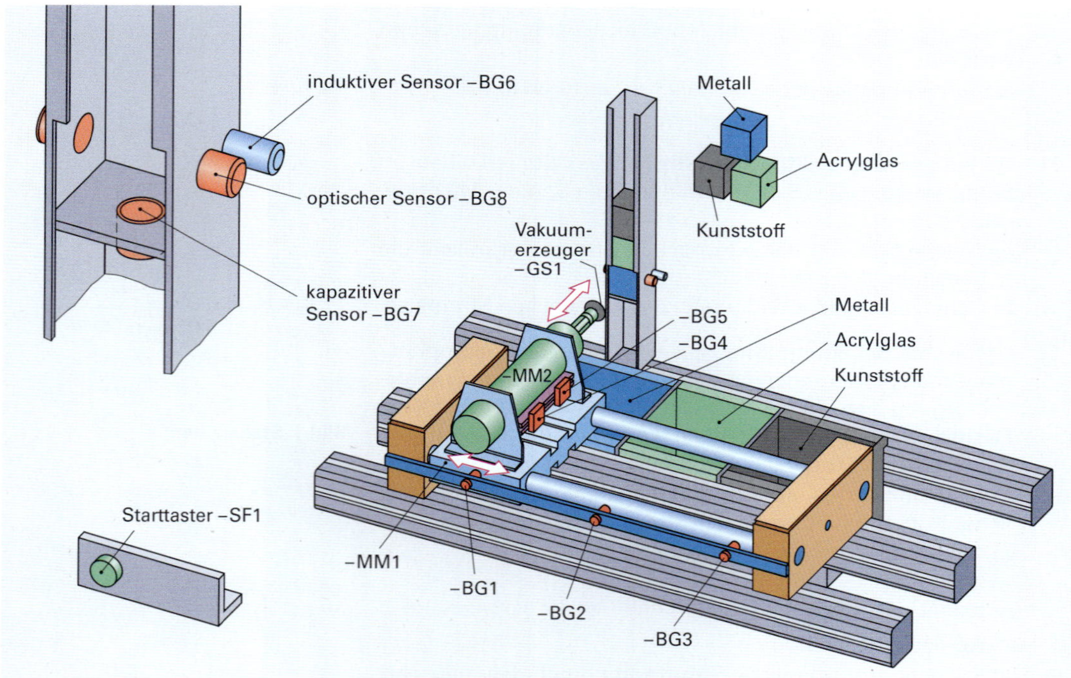

Bild 1: Technologieschema für das Erkennen und Sortieren von unterschiedlichen Materialien

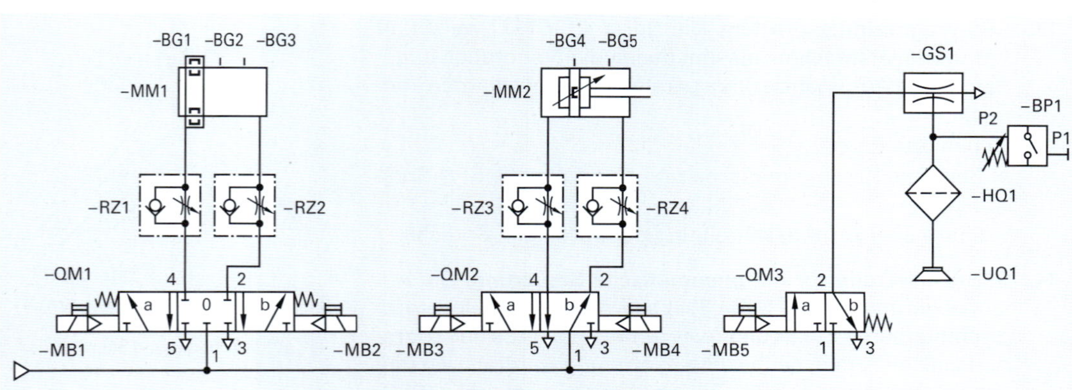

Bild 2: Pneumatischer Schaltplan der Materialerkennung und Sortieranlage

Aufgaben | Elektropneumatik – Sortieren von Materialien

1. **Materialsortierung durch Sensoren.** Die Sortierung der Teile in einen der drei Behälter erfolgt nach den Signalen der drei Sensoren **(Bild 1)**. Je nach Material ergeben sich unterschiedliche Signalzustände an den Sensoren. Die Signale der Sensoren werden auf die Relais -KF1, -KF2 und -KF3 geführt und ausgewertet.
   a) Erstellen Sie eine tabellarische Übersicht über die Sensoren, in der Sie auf folgende Punkte eingehen: Symboldarstellung, physikalisches Wirkprinzip, Einsatz und Anwendung sowie Einbaugesichtspunkte.
   b) Erstellen Sie zur Materialerkennung durch die drei Sensoren eine Funktionstabelle.
   c) Ermitteln Sie nach dieser Tabelle die drei Funktionsgleichungen und zeichnen Sie die Funktionspläne.
2. **Einzelschritte von Ablaufsteuerungen.** Die Aufgabenstellung soll über eine elektropneumatische Steuerung erfolgen, die einer Ablaufsteuerung entspricht. Diese setzt sich aus der Ablaufkette (Steuerungsteil) und dem Ausgabeteil (Leistungsteil) zusammen. Die Einzelschritte einer Ablaufkette wiederholen sich für jeden Schritt und entsprechen einem Standardschema **(Bild 2)**.
   a) Beschreiben Sie den Grundaufbau des Taktbausteins für den Schritt N. Der Initiator[1] ist z. B. eine Endlagenabfrage, bedingt durch einen Aktor des vorhergehenden Schrittes.
   b) Um welche Art von Selbsthalteschaltung handelt es sich?
   c) Zeichen Sie den Funktionsplan für diesen Einzelschritt und erstellen Sie die Funktionsgleichung.
3. **Logik der Stellelemente.** Im pneumatischen Schaltplan **(Bild 2, vorherige Seite)** werden drei Stellelemente zur Ansteuerung der Aktoren verwendet.
   a) Wodurch unterscheiden sich -QM1, -QM2 und -QM3?
   b) Ordnen Sie den Stellelementen die Begriffe „monostabil" und „bistabil" zu.
   c) Beschreiben Sie das Verhalten der Stellelemente bei Ausfall der Netzspannung.
4. **Sensorbautyp.** Die in **Bild 1** gezeigten Sensoren werden in Dreileitertechnik ausgeführt. Bei der Materialerkennung lassen sich auch Sensortypen in der Zweileitertechnik einsetzen **(Bild 3)**.
   a) Worin unterscheiden sich die beiden Sensortypen?
   b) Die in **Bild 3** gezeigten Sensoren unterscheiden sich auch in ihrer Logik. Beschreiben Sie diese und zeichnen Sie die Funktionssymbole der beiden Sensoren.
5. **Sensorverdrahtung.** Zwei Sensoren werden auf ein Relais verdrahtet **(Bild 4)**.
   a) Handelt es sich hier um eine Reihen- oder Parallelschaltung von Dreidrahtsensoren?
   b) Erstellen Sie eine Funktionstabelle, eine Funktionsgleichung und einen Funktionsplan für die Schaltung.
   c) Erstellen Sie eine alternative Verdrahtung, bei der mehrere Relais verwendet werden und die sich an **Bild 1** orientiert.

1) Initiator (lat.) Urheber, Anreger

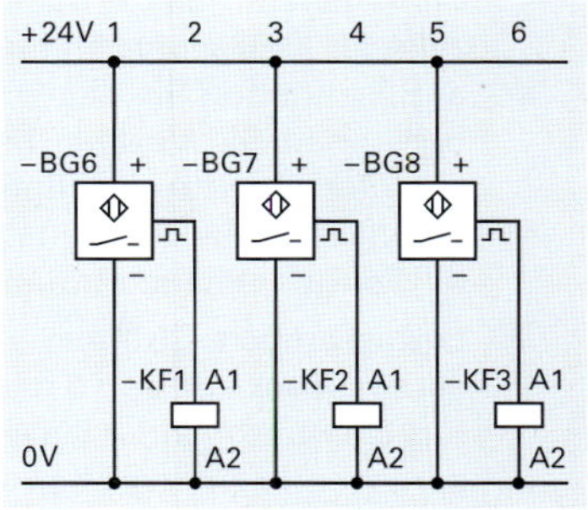

Bild 1: Materialsortierung durch Sensoren

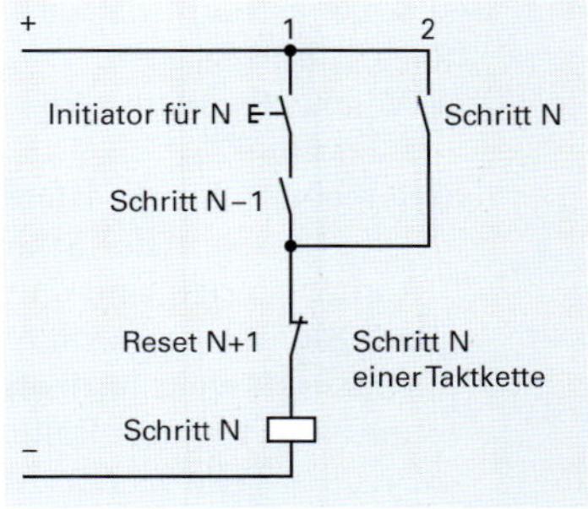

Bild 2: Einzelschritt einer Ablaufkette (Taktbaustein)

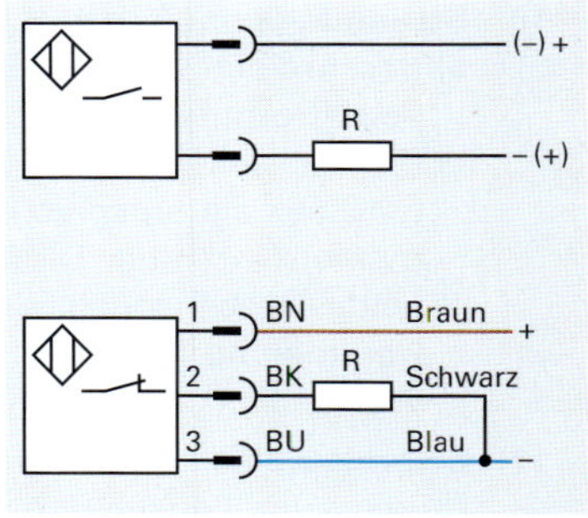

Bild 3: Zwei- und Dreileitertechnik

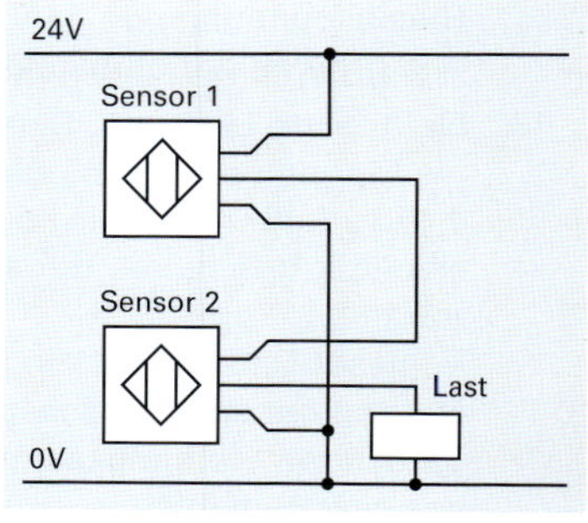

Bild 4: Verdrahtung zweier berührungsloser Sensoren

6. **Endlagenabfrage am Pneumatikzylinder (Bild 1).** Für die Endlagenabfrage bei der Lineareinheit -MM1 und dem Rundzylinder -MM2 werden magnetische Sensoren verwendet.
   a) Beschreiben Sie das Funktionsprinzip dieses Sensors.
   b) Nennen Sie Vorteile beim Einsatz dieses Sensortyps im Unterschied zu mechanisch betätigten Tastrollen.
   c) Zeichnen Sie das Schaltsymbol.
   d) Worauf ist beim Einbau dieser Signalelemente zu achten?
7. **Luftverbrauch.** 15 Teile werden in der Minute sortiert, bei einem Druck von p_e = 6 bar. Berechnen Sie den Luftverbrauch für den Rundzylinder DSW – 32 bei maximaler Hublänge. Entsprechende Kenngrößen entnehmen Sie einem Datenblattauszug **(Bild 2)**.
8. **Unterdruck.** Zum Festhalten der Bauteile wird durch einen Ejektor mit Venturidüse[1] -GS1 ein Unterdruck von p_e = –0,6 bar erzeugt. Es wird ein Vakuumsauger ESS – 30 eingesetzt **(Bild 3)**.
   a) Welche Probleme können beim Einsatz von Unterdruck entstehen?
   b) Berechnen Sie die Haltekraft F in Newton (N) und die mögliche Masse m der Stahlteile in kg am Vakuumsauger. Die Abmessungen sind dem Datenblatt **(Bild 3)** zu entnehmen. Der Sauger ist vorne am Rundzylinder montiert (D1). Die Haltekraft wirkt horizontal zur Gewichtskraft der Teile, daher ist mit einem Reibungswert von μ = 0,18 zu rechnen. Um die Teile sicher zu handhaben, wird zusätzlich eine zweifache Sicherheit angenommen.
9. **Ablaufplan.** Erstellen Sie den Ablaufplan nach DIN EN 60848 für den Gesamtablauf (entspricht GRAFCET).
10. **Strompfade.** Im **Bild 4** ist der Start des Ablaufes gezeigt.
    a) Beschreiben Sie den Teilablauf des Stromlaufplanes in den Strompfaden 9–12.
    b) Die Relais -KF5 und -KF6 gehen im Leistungsteil der Schaltung auf die entsprechenden Magnetspulen der Stellelemente -QM2 und -QM3. Zeichnen Sie die beiden Strompfade und benennen Sie alle Bauteile und deren Anschlussklemmen normgerecht.
    c) Welche Funktion haben die Öffner -KF8, -KF11 und -KF15?
11. **Stromlaufplan.** Erstellen Sie den gesamten Stromlaufplan für die Aufgabenstellung der Materialsortierung.
12. **Spulenwiderstand.** Durch die Magnetspule -MB3 des Impulsventils -QM2 fließt ein Strom von 0,19 A bei einer angelegten Gleichspannung von 24 V.
    Wie groß ist der ohmsche Widerstand in der Spule?
13. **Elektrische Leistung.** Beim Sortieren der Teile fließt durch die Magnetspule -MB1 der Lineareinheit ein Strom von I_1 = 0,48 A. Außerdem wird durch die Spule -MB5 der Vakuumerzeuger geschaltet, der einen permanenten Unterdruck erzeugt.
    In dieser Spule fließt ein Strom von I_2 = 0,32 A. Es wird ein Netzteil mit einer Gleichspannung von 24 V eingesetzt.
    Berechnen Sie die gesamte elektrische Leistung für die beiden Magnetspulen.

1) von Giovanni Battista Venturi (ital. Physiker, 1746–1822)

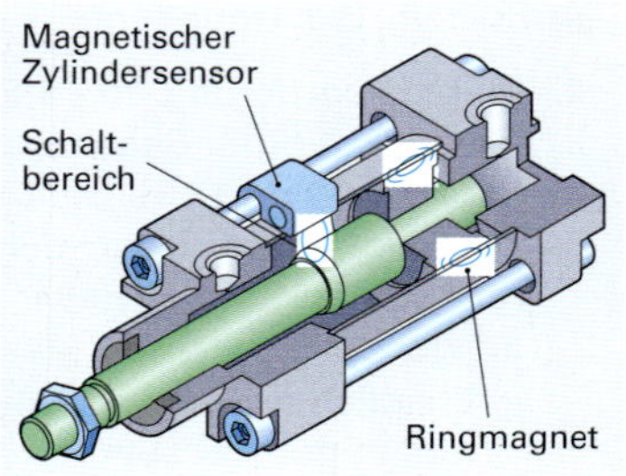

Bild 1: Endlagenabfrage am Pneumatikzylinder

Funktionsweise	doppelt wirkend
Form Kolben	rund
Form Kolbenstange	rund
entspricht Norm ISO	ISO 6431
Abfrageart	ohne
Dämpfungsart	Dämpfungsring intern (nicht einstellbar)
Verdrehsicherung	keine
Kolbennenngrösse	32 mm
X-Hub	X
Hub minimal bei X-Hub	100 mm
Hub maximal bei X-Hub	500 mm

Bild 2: Datenblatt

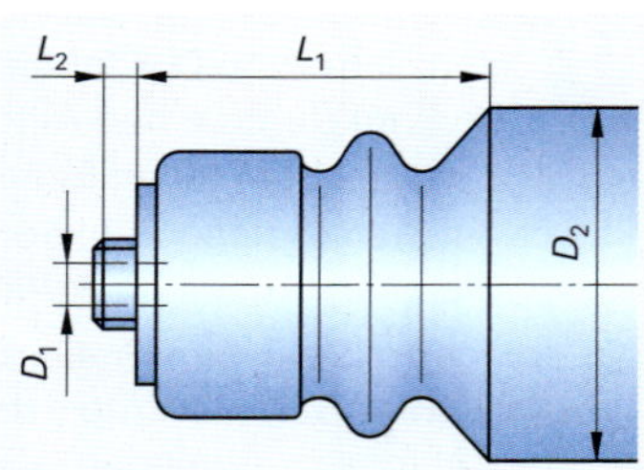

Typ: ESS –30
Material: PU
D_1: 3,000 mm
D_2: 30,000 mm

Bild 3: Vakuumsauger 30

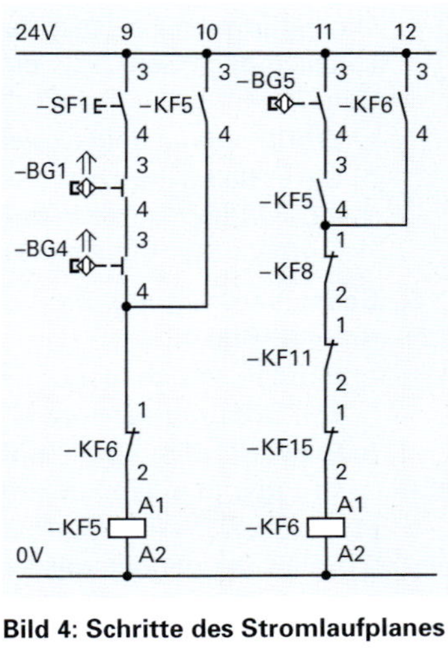

Bild 4: Schritte des Stromlaufplanes

Frästeil Spannplatte

Die Spannplatte wird in größerer Stückzahl benötigt und wird in Serien produziert. Der Fertigungsauftrag hat eine Losgröße von 100 Stück.

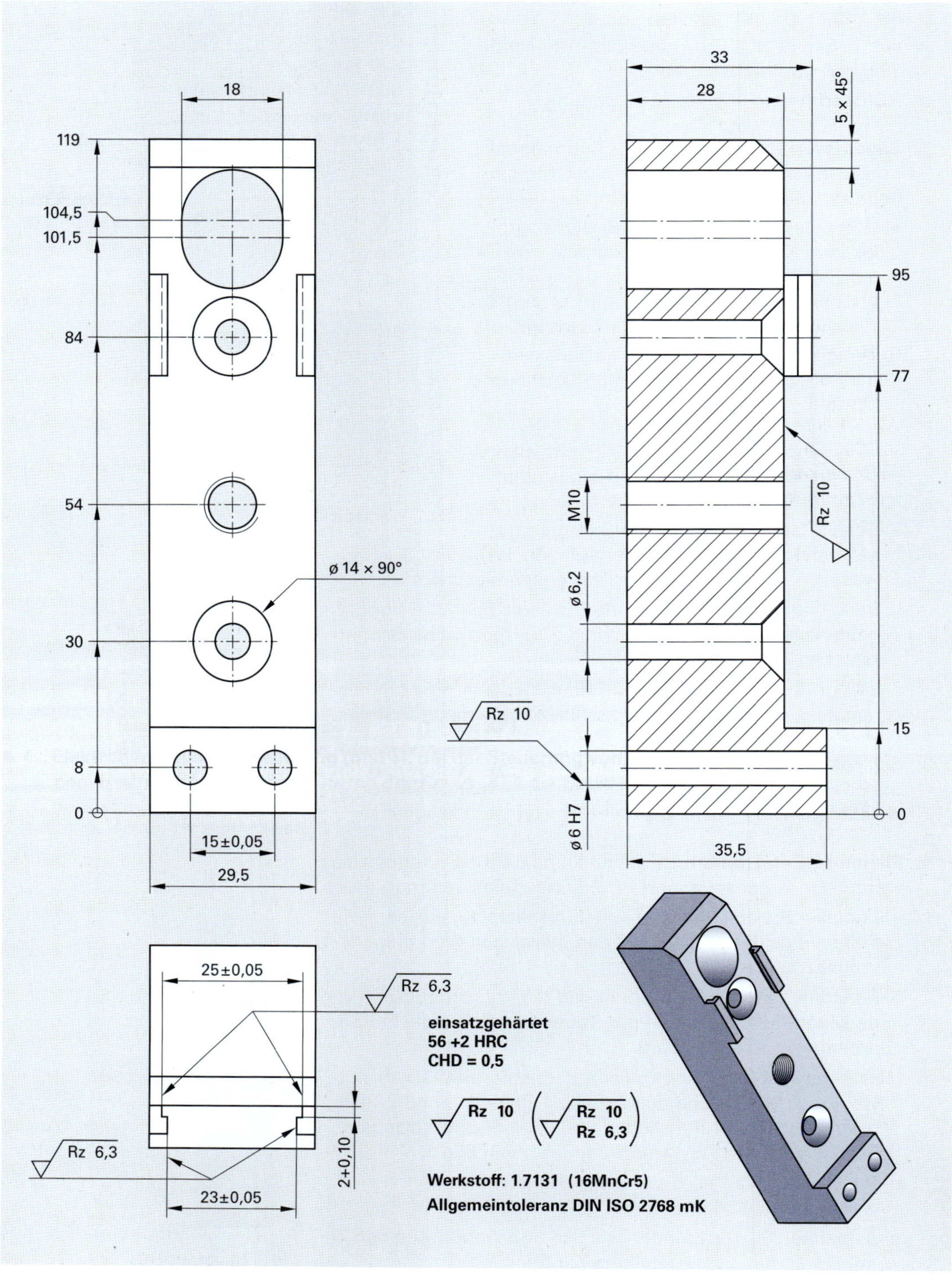

Aufgaben | Frästeil Spannplatte

Folgende Arbeitsgänge werden vorgesehen:

- Das Rohmaterial wird abgesägt,
- auf Breite 35,8 mm vorgefräst und beidseitig auf Länge 119 mm gestirnt,
- alle 4 Seiten auf Fertigmaß 35,5 mm und 29,5 mm geschliffen.
- NC-Bearbeitung in einer Aufspannung.

Tabelle 1: Werkzeugdaten (Auszug)

Nr.	Werkzeugbezeichnung	v_c m/min	f, f_z mm
1	HSS-Anbohrer, 16,0 mm	22	0,04
2	HSS-Spiralbohrer, 6,2 mm	18	0,05
3	HSS-Spiralbohrer, 5,8 mm	18	0,05
4	HSS-Spiralbohrer, 16,5 mm	18	0,05
5	VHM-Schruppfräser 16 mm, 4 Schneiden	80	0,18
6	VHM-Schlichtfräser 12 mm, 4 Schneiden	120	0,06
7	HM-Planfräser, 160 mm, 10 Schneiden	175	0,18

1. **Sägen/Werkstoffkosten.** Das Rohmaterial für die Spannplatte wird von einer Stange (40 × 30 × 3000 mm) abgesägt.
   a) Wie viele Stangen müssen für die Losgröße von 100 Stück bestellt werden, wenn auf 121 mm abgelängt wird und das Sägeblatt einen Schnitt von 1,5 mm erzeugt? Welche Stangenrestlänge bleibt übrig?
   b) Berechnen Sie die Rohstoffkosten, wenn der Preis für die Halbzeugstange 12,50 €/kg beträgt.

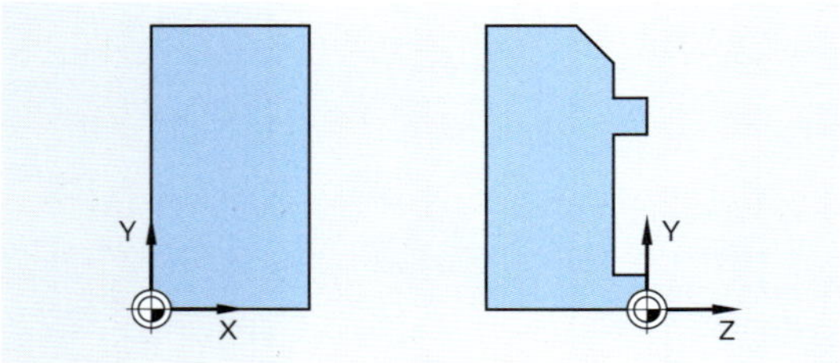

Bild 1: Werkstücknullpunkt

2. **Vorfräsen.** Zum Vorfräsen auf 35,8 mm steht ein Planfräser D = 160 mm mit 10 abgestumpften Wendeschneidplatten zur Verfügung.
   a) Berechnen Sie die Hauptnutzungszeit t_h bei einem Anlauf und Überlauf von jeweils 1 mm, wenn jeweils 5 Teile gespannt sind.
   b) Berechnen Sie die Schnittkraft F_c und die Schnittleistung P_c beim Vorfräsen in einem Schnitt. Die spezifische Schnittkraft beträgt k_c = 3011 N/mm².
   c) Wie groß muss die Antriebsleistung der Maschine mindestens sein, wenn an der Fräsmaschine 20 % Verluste auftreten.

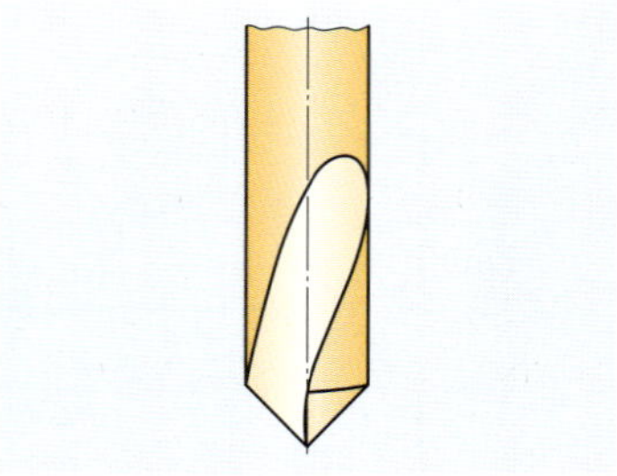

Bild 2: Anbohrer mit 90° Spitzenwinkel

3. **Schleifen.** Zum Abschluss der Vorbearbeitung müssen alle vier Seiten auf Fertigmaß geschliffen werden. Schlagen Sie vor, in welcher Reihenfolge die Seiten bearbeitet werden sollen.

4. **Planung NC-Bearbeitung.** Zur Erstellung des CNC-Programms werden ein Arbeitsplan und ein Werkzeugplan verlangt.
   a) Erstellen Sie einen vereinfachten Arbeitsplan, aus dem die Reihenfolge der Arbeiten mit dem jeweiligen Werkzeug hervorgeht.
   b) Berechnen Sie die Drehzahlen und die Vorschubgeschwindigkeiten der Werkzeuge aus **Tabelle 1,** die für die NC-Bearbeitung notwendig sind.
   c) Ermitteln Sie die Anfahrpunkte P1 bis P6 **(Bild 3)** der notwendigen Werkzeuge aus **Tabelle 1** in X-, Y-, und Z-Richtung mit jeweils 1 mm Anlauf und 0,3 mm Schlichtzugabe, bezogen auf den Werkstücknullpunkt nach **Bild 1.**
   d) Welche Werkzeuge, die nicht in **Tabelle 1** enthalten sind, werden für die NC-Bearbeitung noch benötigt?
   e) Berechnen Sie die Einbohrtiefe des HSS-Anbohrers **(Bild 2)** mit D = 16 mm zur Herstellung der Senkung.

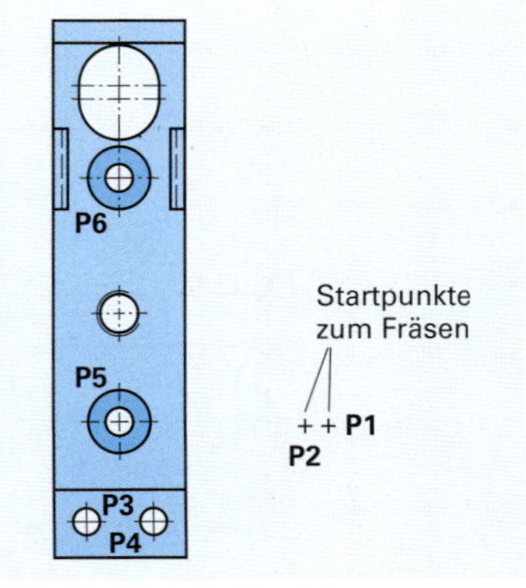

Bild 3: Hauptansicht

5. **Optimierung.** Berechnen Sie für die beiden Durchgangsbohrungen mit d = 5,8 mm die gesamte Hauptnutzungzeit t_h (An- und Überlauf beträgt jeweils 1 mm), wenn:
   a) mit einem HSS-Spiralbohrer **(Tabelle 1, vorherige Seite)**,
   b) mit einem Spiralbohrer aus Hartmetall gebohrt wird. Die Schnittgeschwindigkeit beträgt v_c = 60 m/min und der Vorschub beträgt ebenfalls f = 0,05 mm.
   c) Wie viele Bohrungen (Standmenge N) sind innerhalb der Standzeit möglich, wenn die Standzeit beider Bohrer T = 15 min beträgt? Bewerten Sie das Ergebnis.

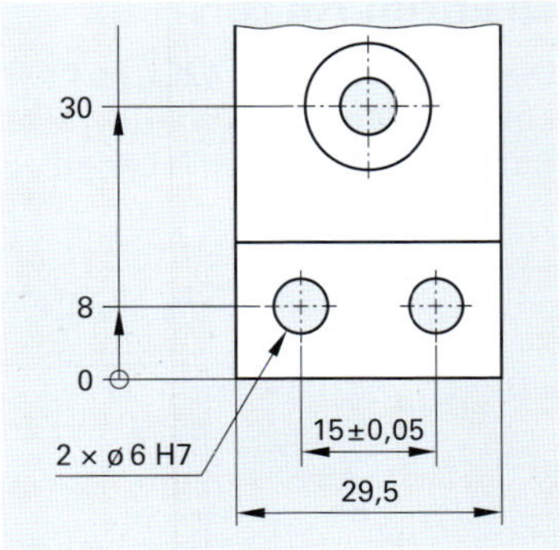

Bild 1: Durchgangsbohrungen

6. **Tieflochbohren.** Die Bohrungstiefe der Bohrung d = 5,8 mm ist tiefer als $2{,}5 \cdot d$.
   a) Welche Probleme können bei der Fertigung tiefer Bohrungen auftreten und welche Abhilfemaßnahmen schlagen Sie vor?
   b) Erstellen Sie den CNC-Tiefbohrzyklus mit zweimaligem Spanbruch und Entspänung.

7. **Langloch.** Zur Herstellung des Langlochs **(Bild 2)** wird zunächst vorgebohrt, dann mit einem Fräser vorgeschruppt und anschließend mit einem Fräser geschlichtet.
   a) Wählen Sie aus dem Werkzeugplan **(Tabelle 1, vorherige Seite)** die geeigneten Werkzeuge aus und geben Sie die Schnittdaten an.
   b) Erstellen Sie den CNC-Programmteil zur Herstellung des Langloches vom Werkzeugaufruf bis zum Wegfahren des Werkzeuges auf den Werkzeugwechselpunkt mit den Koordinaten X200, Y200, Z200.

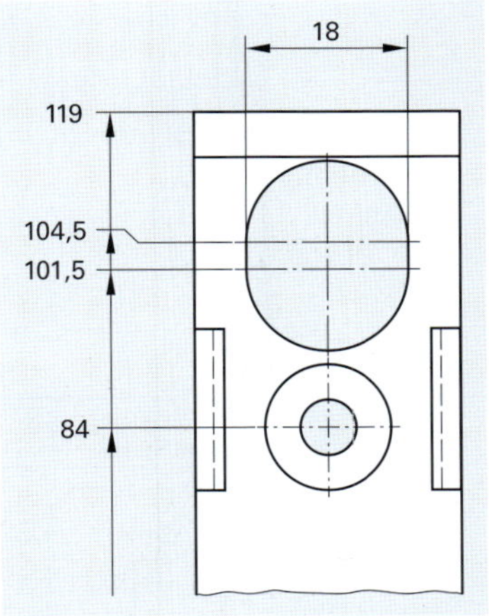

Bild 2: Langloch

8. **Qualitätssicherung.** Nach Prüfanweisung der Qualitätssicherung wird in einer Stichprobenprüfung **(Tabelle 1)** regelmäßig geprüft.
   a) Erstellen Sie eine $\bar{x}$-Qualitätsregelkarte für das Passmaß 25+0,05 mm mit OEG = 25,0336 mm und UEG = 25,0164 mm. Tragen Sie die Mittelwerte der Stichproben ein und beurteilen Sie den Prozess.
   b) Für das Passmaß 23+0,05 mm wurde eine statistische Prozesskontrolle durchgeführt. Dabei wurde ein arithmetischer Mittelwert $\bar{x}$ = 23,020 mm und eine Standardabweichung s = 0,0021 mm ermittelt. Berechnen Sie die Maschinenfähigkeit C_m und C_{mk}.

Tabelle 1: Prüfung

Stichprobe Nr.	Mittelwert $\bar{x}$
1	25,0319
2	25,0336
3	25,0304
4	25,0285
5	25,0263
6	25,0231
7	25,0210
8	25,0192
9	25,0165
10	25,0162

9. **Kalkulation.** Die Herstellung der Spannplatten erfolgt auf einem Bearbeitungszentrum. Folgende Angaben werden zugrunde gelegt:

   m = 100 Stück; t_r = 2 h; t_h = 4,2 min; z_v = 10 %; z_{er} = 10 %; K_{Mh} = 55,00 €/h; Lohnkosten = 21,50 €/h; Restgemeinkosten = 185 %; Werkstoffeinzelkosten = 1.480,00 €; Werkstoffgemeinkosten = 8 %.
   a) Berechnen Sie die Auftragszeit.
   b) Berechnen Sie die Herstellkosten für eine Spannplatte.

Drehteil Ritzelwelle

Die Ritzelwelle aus 42CrMo4 wird als Einzelauftrag auf einer konventionellen Drehmaschine mit einer Losgröße von 60 Stück hergestellt. Es wird Stangenmaterial von ∅ 40 mm verwendet. Die abgesägten Rohlinge besitzen eine Länge von l = 175 mm.

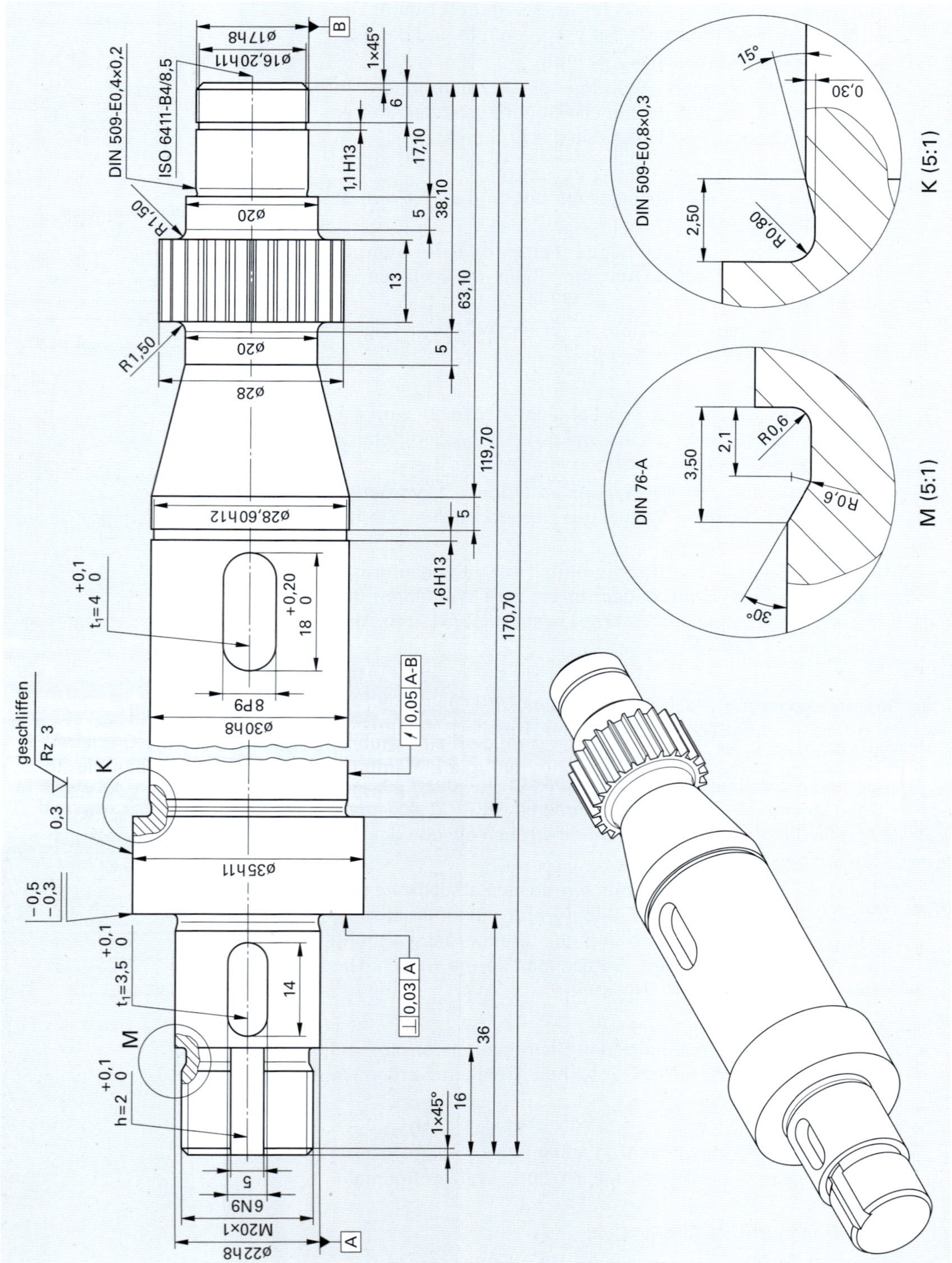

Aufgaben | Drehteil Ritzelwelle

1. **Arbeitsplanung.** Die Fertigung der Ritzelwelle wird auf einer konventionellen Drehmaschine mit Dreibackenfutter geplant.
   a) Beschreiben Sie die Bedeutung der Zeichnungselemente in **Tabelle 1.**
   b) Erstellen Sie einen tabellarischen Arbeitsplan für die Bearbeitung der Ritzelwelle auf der Drehmaschine.

2. **Passungen.** Ermitteln Sie zu den Maßangaben in **Tabelle 2** jeweils das Höchstmaß G_o, das Mindestmaß G_u und die Toleranz T.

3. **Querplandrehen (Bild 1).** Die Stirnseite der Ritzelwelle wird mit einem beschichteten HM-Werkzeug ohne Abstumpfung in zwei Schnitten gefertigt. Das Längenmaß des Rohlings wird hierbei von L = 175 mm auf L = 172 mm verkürzt. Der Vorschub beträgt f = 0,1 mm.
   a) Berechnen Sie mittlere Drehzahl n_m. Es sind normale Bearbeitungsbedingungen anzunehmen.
   b) Berechnen Sie die Hauptnutzungszeit t_h. Für den Anlauf sind l_a = 2 mm vorgegeben.

4. **Längsrunddrehen, Schruppen (Bild 2).** Die Ritzelwelle wird mit einem beschichteten HM-Werkzeug mit Abstumpfung in einem Schnitt von d = 40 mm auf d = 36 mm gedreht. Der Vorschub beträgt f = 0,4 mm. Es sind normale Bearbeitungsbedingungen anzunehmen. Berechnen Sie
   a) die Schnitttiefe a_p,
   b) die Spanungsdicke h sowie die spezifische Schnittkraft k_c,
   c) die Schnittkraft F_c,
   d) die Schnittleistung P_c und Antriebsleistung P (η = 0,7) und
   e) das Zerspanungsvolumen Q.

5. **Kegeldrehen.** Der kegelförmige Wellenübergang wird auf der Drehmaschine mithilfe einer Oberschlittenverstellung gefertigt. Entnehmen Sie die Maße **Bild 3** und berechnen Sie
   a) die Kegelverjüngung C,
   b) die Neigung $C/2$,
   c) den Kegelerzeugungswinkel $\alpha/2$ und
   d) den Kegelwinkel α.

Tabelle 1: Zeichnungselemente

DIN 509-E 0,4 × 0,2
ISO 6411 – B4/8,5
DIN 76 - A

Tabelle 2: Passmaße

Nr.	Bezeichnung	Passung
1	Anlagefläche RWDR	Ø 35 h11
2	Nut für Sicherungsring	1,6 H13
3	Nut für Passfeder	8 P9
4	Nut für Sicherungsring	Ø 28,6 h12
5	Nut für Passfeder	6 N9
6	Anlagefläche Kugellager	Ø 17 h8

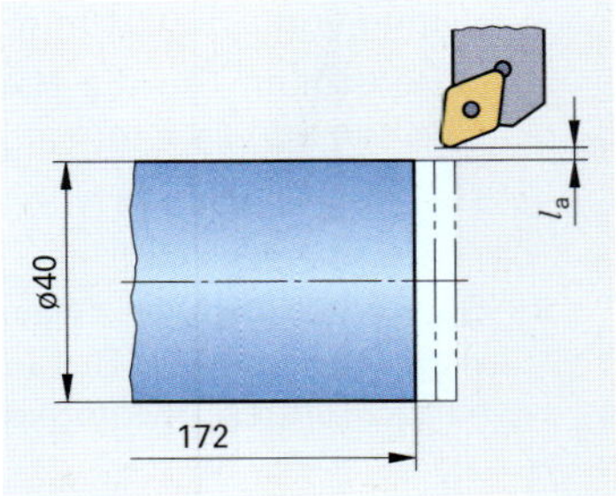

Bild 1: Querplandrehen

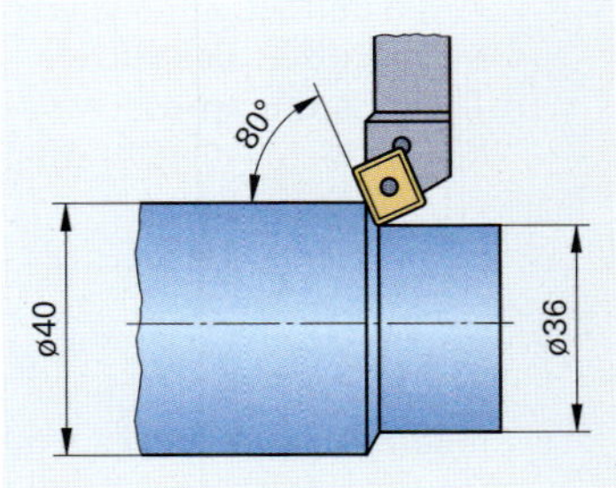

Bild 2: Längsrunddrehen

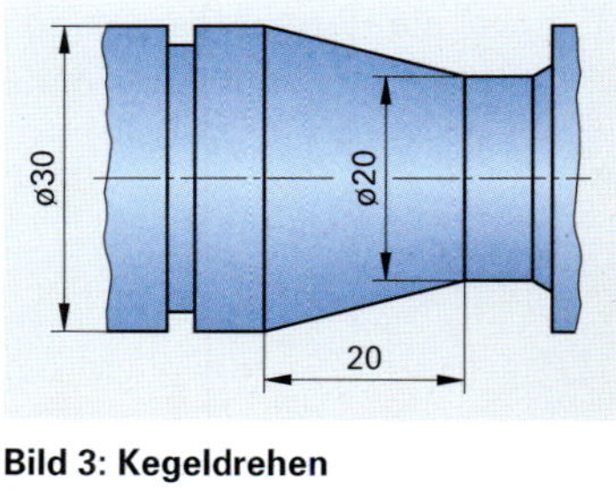

Bild 3: Kegeldrehen

6. **Schlichtbearbeitung, Rautiefe (Bild 1).** Ein Teil der Schlichtbearbeitung der Ritzelwelle wird mit einem HM-Drehmeißel mit einem Eckenradius von r_ε = 0,4 mm gedreht. Der Vorschub beträgt f = 0,2 mm.

   a) Ermitteln Sie die theoretisch erreichbare Rautiefe R_{th}.

   b) Es wird laut Fertigungszeichnung am Sitz des Radialwellendichtringes (∅ 35 h11) eine Oberflächengüte von Rz = 3 µm gefordert. Diese ist durch Schleifen herzustellen. Ist diese Oberflächengüte auch durch eine Schlichtbearbeitung zu realisieren?

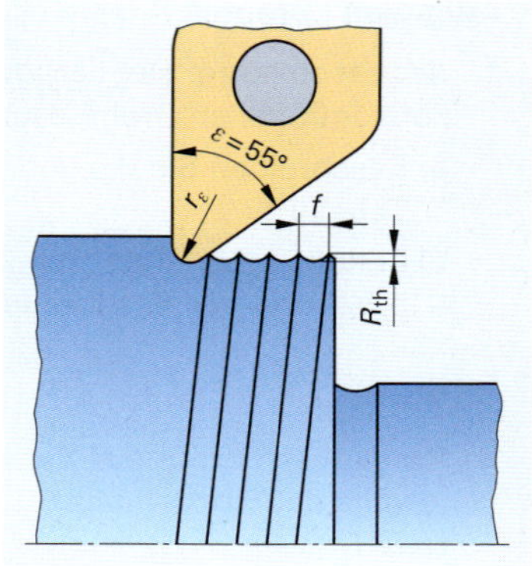

Bild 1: Schlichtbearbeitung

7. **Schleifen (Bild 2).** Die Ritzelwelle ist am Durchmesser 35 h11 laut Fertigungszeichnung zu schleifen. Die Bearbeitungszugabe beträgt 0,3 mm. Die Drehzahl der Ritzelwelle auf der Schleifmaschine beträgt n = 130 min^{-1}.

   a) Ermitteln Sie das Geschwindigkeitsverhältnis q und die Drehzahl n_s der Schleifscheibe bei einer Schnittgeschwindigkeit von v_c = 30 m/s.

   b) Berechnen Sie die Anzahl der Schnitte bei einer Zustellung von a_p = 0,01 mm.

   c) Berechnen Sie die Hauptnutzungszeit t_h für einen Vorschub von f = 5 mm je Umdrehung.

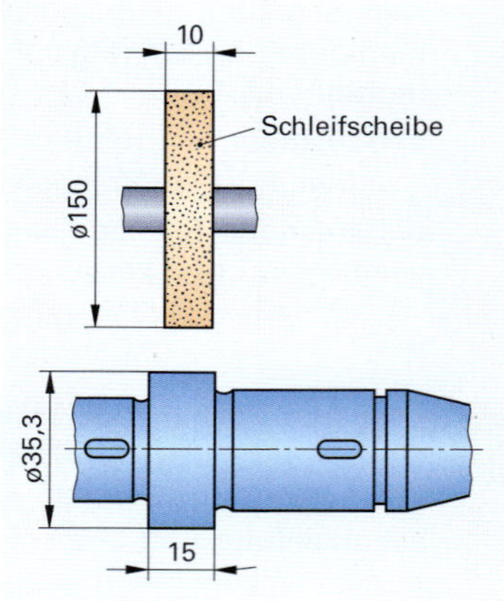

Bild 2: Schleifen

8. **Gewindedrehen.** Das Gewinde M 20 x 1 wird mit einem HM-Werkzeug gedreht. Bestimmen Sie die Anzahl der Schnitte, die Schnittgeschwindigkeit und den Vorschub f.

9. **Ritzel (Bild 3).** Das geradverzahnte Ritzel wird direkt auf die Welle gefräst. Zur Auswahl eines geeigneten Fräsers sind die Kenngrößen des Ritzels zu bestimmen. Berechnen Sie den Teilkreisdurchmesser d, den Modul m, die Teilung p, das Kopfspiel (c = 0,167 · m) und den Fußkreisdurchmesser d_f.

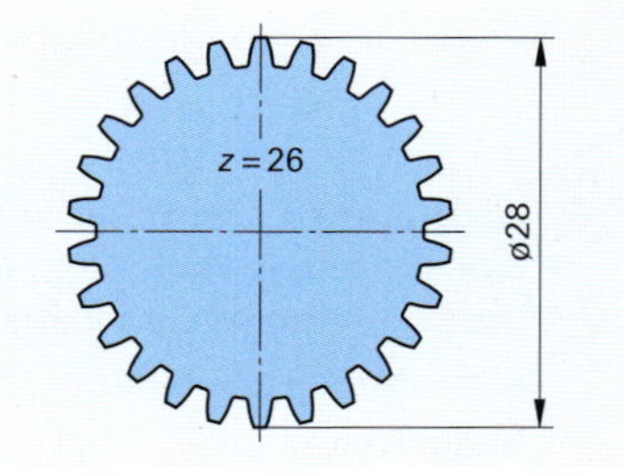

Bild 3: Ritzel

10. **Verkaufspreis (Tabelle 1).** Für die Bearbeitung der 60 Ritzelwellen werden folgende Zeiten kalkuliert: Sägen der Rohteile 2,4 h, Drehen 22,8 h, Schleifen 1,2 h. Die Werkstoffkosten belaufen sich auf 482,80 €. Die Zuschläge für Verwaltung und Vertrieb betragen 13 %, für den Gewinn 9 % und für Risiko und Provision 6 %. Berechnen Sie

    a) die Herstellkosten und

    b) den Verkaufspreis der 60 Ritzelwellen.

Tabelle 1: Stundensätze

Sägerei	41 €/h
Dreherei	37 €/h
Schleiferei	46 €/h

Anhang

Die Referenzkennzeichnung nach DIN EN 81346-2 zur Kennzeichnung von Bauelementen (= Objekten) ist aussagekräftiger als das reine Nummernsystem nach ISO 1219-2, die als DIN-Norm zurückgezogen wurde. Außerdem ist die Referenzkennzeichnung nicht nur auf fluidmechanische Bauelemente anwendbar, sondern sie bezieht sich auf alle Technologien wie Elektrotechnik, Elektronik, Mechanik usw. Aus diesen Gründen findet sie in diesem Buch Anwendung.

Pneumatik

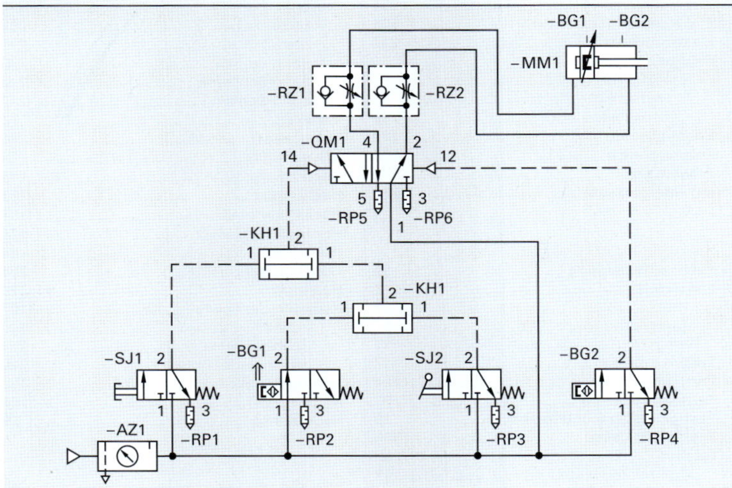

Kennzeichnung	Bauelement (Objekt)
-AZ1	Wartungseinheit
-BG1	Endlagenabfrage, Näherungsschalter
-KH1	Ventilblock z. B. UND, Vorsteuerventil, TIMER
-MM1	Zylinder, Aktor
-QM1	Wegeventil, Stellelement
-RP1	Schalldämpfer
-RZ1	Drosselrückschlagventil
-SJ1	Signalelement, handbetätigt

Das Minuszeichen „– vor der Bezeichnung der Baueelemente steht für den Produktaspekt

Elektrik

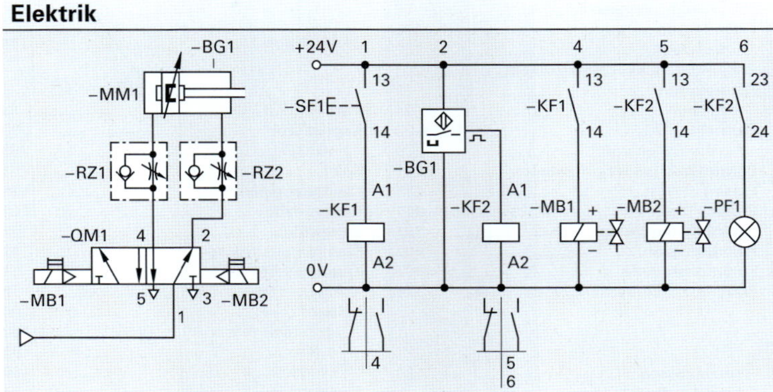

Kennzeichnung	Bauelement (Objekt)
-BG1	Näherungssensoren, Tastrolle
-KF1	Relais
-MB1	Magnetspule
-MM1	Zylinder
-SF1	Handtaster
-QM1	Wegeventil
-RZ1	Drosselrückschlagventil
-PF1	Meldeleuchte

Hydraulik

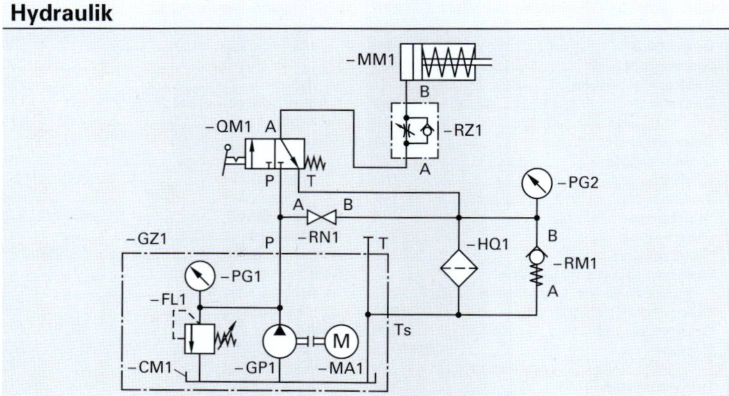

Kennzeichnung	Bauelement (Objekt)
-CM1	Ölbehälter, Druckbehälter
-FL1	Druckbegrenzungsventil
-GP1	Hydropumpe
-HQ1	Filter
-MA1	Elektromotor
-MM1	Hydrozylinder, Aktor
-PG1	Manometer
-QM1	Wegeventil, Stellelement
-RM1	Rückschlagventil
-RN1	Absperrventil

Sachwortverzeichnis